Reclams Mode- und Kostümlexikon

Reclams Mode- und Kostümlexikon

Von Ingrid Loschek

Mit 513 ein- und mehrfarbigen Abbildungen
5., aktualisierte und erweiterte Auflage

Philipp Reclam jun. Stuttgart

5., aktualisierte und erweiterte Auflage 2005

Umschlaggestaltung: büroecco!, Augsburg, unter Verwendung dreier Fotos:
Vorderseite oben: Modell Galitzine (Foto: Andreas Them),
Vorderseite unten: Schneiderpuppen (Foto: gettyimages),
Rückseite: Modell Voyage (Foto: Andreas Them)
Satz: Reclam, Ditzingen
Druck und buchbinderische Verarbeitung: Kösel, Krugzell
Printed in Germany 2005
RECLAM ist eine eingetragene Marke der
Philipp Reclam jun. GmbH & Co., Stuttgart

ISBN 3-15-010577-3

Inhalt

Vorwort zur 5. Auflage 7

Mode- und Kostümgeschichte 9

Frühe Kulturen und Antike in Südeuropa und Asien 9

Vor- und Frühgeschichte in Nord- und Mitteleuropa 22

Mittelalter 24

Renaissance 33

Barock 42

18. Jahrhundert 49

19. Jahrhundert 59

20. Jahrhundert 67

21. Jahrhundert 85

Sachwörter von A bis Z 89

Modeschöpfer, Designer und Designfirmen . . . 511

Abkürzungen 583

Literaturhinweise 584

Abbildungsnachweis 624

Vorwort zur 5. Auflage

Die Digitalisierung von Text und Abbildungen machte erstmals eine umfassende Neubearbeitung und Erweiterung auf 600 Seiten mit mehr als 500 Abbildungen möglich. Mit einer Vielzahl von Farbabbildungen und qualitativ hochwertigen Schwarz-Weiß-Abbildungen präsentiert sich nunmehr das Standardwerk neu. Die Aktualisierung von Designer-Biografien und Literatur sowie die Aufnahme von Modestilen, von Kunst und Mode und von Modetheorie geben dem Werk eine neue Dimension gemäß den aktuellen Wissensanforderungen.

Mode präsentiert sich heute als ein sehr komplexes Thema. Darstellungen der Modegeschichte, soziobiologische Modetheorien, kulturwissenschaftliche Aspekte sowie Œuvrepublikationen zu Modedesignern haben in den letzten Jahren an Bedeutung zugenommen. Neben dem kommerziellen Aspekt dokumentieren weltweit Ausstellungen den künstlerischen Stellenwert von Mode.

Reclams Mode- und Kostümlexikon ist als Fachlexikon zum unentbehrlichen Standardwerk für Designer und Kostümbildner, für Kostümhistoriker und Museumskuratoren, für Fachjournalisten und Redakteure, für Studierende und für interessierte Laien geworden.

Die drei übersichtlich gestalteten Hauptteile bieten eine kompakte Mode- und Kostümgeschichte, über 2000 Modebegriffe von A bis Z sowie Biografien von über 300 Modeschöpfern, Designern und Designfirmen. Die themenbezogenen Literaturhinweise im Anhang geben nützliche Hinweise für weiterführende Studien. Der erste Teil bringt einen Überblick über die Geschichte der Kleidung und der Mode vom Altertum bis zum Beginn des 21. Jahrhunderts. Neben dem Entstehen der Gewandformen in Mesopotamien, dem übrigen Kleinasien und Ägypten konzentriert sich die Darstellung auf die Mode europäischer Kulturzentren. Die abschnittsweise besprochenen Kulturepochen behandeln nacheinander die Entwicklung der Herren- und Damenmode.

Der zweite, lexikalische Hauptteil mit seinen über 2000 Stichworten bietet Informationen über Terminologie, Geschichte, stilistische Begriffe, Funktion und Aussage von Kleidung, Gewandteilen, Zubehör, Accessoires, Haarmoden, Farben und Muster sowie Stoffe. Tracht, Uniform und liturgische Kleidung, die eigene wissenschaftliche Fachgebiete bilden, sind insofern mit einbezogen, als sie gemeinsame Ansätze und Berührungen mit dem Modekostüm aufweisen. Der Begriff »Mode« sowie die Oberbegriffe »Gewand« und »Kostüm« werden eigens definiert; ebenso sind den Themen Kostümforschung und Modetheorie sowie Kunst und Mode eigene Stichworte gewidmet. Es ist wichtig, darauf hinzuweisen, dass im Laufe der Geschichte manche Begriffe einen Bedeutungswandel erfahren haben und Gewänder regional unterschiedlich bezeichnet oder durch Hilfsausdrücke nicht eindeutig benannt wurden.

Der dritte Hauptteil erfasst über 300 internationale Modeschöpfer, Designer und Designfirmen. Designer der jüngsten Generation sind ebenso aufgenommen wie die renommierten Modeschöpfer der Vergangenheit. Die Biografien geben Auskunft über Leben und Werk, Marken, Stile und Kreationen, Parfüms und Ausstellungen.

Mehr als 500 Abbildungen illustrieren die Mode- und Kostümgeschichte sowie den lexikalischen Teil. Dafür wurde aus einem sehr umfangreichen Materialfundus eine charakteristische Auswahl getroffen mit der Zielsetzung, Originale – Gemälde, Stiche, Plastiken und Zeichnungen – der Zeit zu verwenden und Nachzeichnungen möglichst zu vermeiden. Die dem neuesten Publikationsstand entsprechenden Literaturhinweise finden sich zur Geschichte der einzelnen Epochen und Länder, zu den einzelnen Stichworten sowie zu den Designern. Zusätzlich wurden Ausstellungskataloge berücksichtigt. Die Aufstellung umfasst weiter Literatur zur Bekleidungs- und Kostümforschung und Modetheorie, eine Auflistung der bedeutendsten Modejournale seit dem 16. Jh. sowie die Namen und Lebensdaten der namhaftesten internationalen Modezeichner und -fotografen.

Obwohl neben zahlreichen Primärquellen grundlegende Kostümwerke unverzichtbare Grundlage bei der Aufarbeitung der Geschichte der Bekleidung darstellten, war es notwendig, vieles durch themenbezogene Einzelpublikationen zu ergänzen und manche Sichtweise durch neuere Forschungen zu korrigieren. Bezüglich der Moden im 20. und beginnenden 21. Jh. konnte ich großenteils auf mein eigenes umfangreiches Archiv von Modezeitschriften, Fotografien und Bücher zurückgreifen. Zudem brachte mir der Zugang zu Kostümsammlungen und Modemuseen durch die praktische Anschauung erhaltener Originalkostüme wertvolle Erkenntnisse.

Den Verantwortlichen in Bibliotheken, Kostümsammlungen und Archiven, die mir bereitwillig halfen, sowie allen privaten Sammlern, die mir Einblick gewährten und mir interessantes, sonst nicht zugängliches Material zur Verfügung stellten, bin ich sehr zu Dank verpflichtet. Besonderer Dank gilt nicht zuletzt dem Verlag für seine Bereitschaft zur Auseinandersetzung mit den Problemen der Modegeschichte und der Darstellung neuester Moden sowie der intensiven redaktionellen Betreuung. Allen, die mich zu dieser umfassenden Neubearbeitung des vorliegenden Standardwerkes und während der Arbeit ermutigt haben, fühle ich mich verbunden.

Ingrid Loschek

Mode- und Kostümgeschichte

Frühe Kulturen und Antike in Südeuropa und Asien

Nach neuesten anthropologischen und ethologischen Erkenntnissen begann der Vorfahre des Homo sapiens frühestens vor etwa 600000 Jahren, sich zu »bekleiden«, indem er seinen Körper mit Vorhandenem, d.h. mit unzugerichteten Fellen, vielleicht auch mit Gräsern und Blättern bedeckte. Der Schutz vor Dornen und den Unbilden der Witterung war dabei nicht der erste Beweggrund dieses abgehärteten und stark behaarten Wesens. Ob es sich aber zuerst aus Schmuckbedürfnis, zur Abwehr (beispielsweise von Dämonen) oder um zu imponieren bekleidete, bleibt unbekannt.

Die Geschichte der Kleidung, auch »Kostümgeschichte« genannt, beginnt mit einem Zeugstück, dem Fell. Es war weder zugeschnitten noch genäht, sondern wurde mit dünnen Knochen oder Gräten um den Körper gehalten. Fundstücke wie Fleischschaber und Kratzer lassen auf einfache Haltbarmachung des Felles schließen (die Gerbung erfolgte durch Urin), Stichel und Bohrer aus Stein sowie Pfrieme und Nadeln aus Knochen, die bereits mit einem Öhr versehen sind, auf eine grobe Verarbeitung. Beim Zusammensetzen von Fellen mögen Tiersehnen und gedrehte Därme als Nähgarn gedient haben. Bezeugt ist, dass Felle mit Erdfarben eingerieben und zu Mustern zusammengesetzt wurden. Darstellungen von Bekleidung sind aus der JÜNGEREN ALTSTEINZEIT um 20000 v. Chr. durch die Felsmalereien – nicht mehr Höhlenmalereien – in Spanien und Südfrankreich bekannt. Sie lassen neben Lendenschurz und Kniebändern heute noch gültige Kleidungsformen erkennen, z.B. den Rock der Frau und die Hose des Mannes, ebenso ihr Material, das Fell, an dessen herabhängenden, unzugeschnittenen Teilen. Bezeugt sind neben Unterschieden zwischen Männer- und Frauenkleidung eine aus verschiedenartigen Fellen zusammengesetzte Kulttracht und Felle als besondere Rang- und Würdezeichen (wie später z.B. das umgehängte Leopardenfell hoher ägyptischer Priester und das Löwenfell des sagenhaften griechischen Helden Herakles), und bis heute schmücken Felle Krieger archaischer Kulturen und manche europäische Gardeuniform.

Das erste Vorkommen einer Kleidung aus Geweben und damit die Ausbildung von Kunstfertigkeiten wie Spinnen und Weben ist zeitlich nicht eindeutig fixierbar. Im Zusammenhang mit Ackerbau und Viehzucht sollen im 7. oder 6. Jahrtausend erste Wollgewebe entstanden sein, nach neuester Forschung schon um 9000 v. Chr. im Vorderen Orient, im Gebiet Mesopotamiens zwischen Euphrat und Tigris. Das älteste erhaltene Gewebe, ein Stück Mumienbinde aus Leinen, stammt aus dem altägyptischen Kulturkreis und datiert von etwa 5000 v. Chr. In Europa wurden Wolle und Leinen (Letzteres aus Flachs, nicht aus Hanf) erst etwa 4000 v. Chr. verarbeitet. Man wob die Kleidungsstücke bereits in ihrer fertigen Grundform oder in angepassten Einzelstücken, was wenig Näharbeit erforderte.

Viele bis heute in Europa übliche Kleidungsstücke gehen auf frühhistorische Urformen erster Kulturvölker zurück, daher müssen sie hier einbezogen werden. Die Bekleidung vorderasiatischer Völker weist, bedingt durch die schroffen klimatischen Gegensätze, eine mehr oder weniger vollkommene Verhüllung des Körpers, auch der Arme und Beine, auf. Die älteste bekannte Kultur ist im Vorderen Orient die der vermutlich aus Zentralasien in das Gebiet zwischen Euphrat und Tigris eingewanderten *Sumerer.* Aus der FRÜHSUMERISCHEN PERIODE (3500–3200 bzw. wegen archäologischer Datierungsdifferenzen 3200–2900 v. Chr.) und der FRÜHDYNASTISCHEN PERIODE (3200–2150 bzw. 2900–2020) erhaltene Statuetten zeigen an Männern einen um den Unterkörper gewickelten Halbrock, »Kaunakes« oder »Zottenrock« genannt, an Frauen einen die rechte Schulter freilassenden, gewickelten Mantel. Rock und Mantel bestanden entweder aus gebüschelten, in waagrechten Reihen verbundenen Schafwollzotten oder aus einem in losen Kettfäden endenden Wollgewebe. Fransenschmuck blieb für die assyrisch-babylonische Kleidung charakteristisch. Vornehme trugen eine Breitrandkappe aus Krimmerfell, einem persianerähnlichen Schaffell.

Abb. 1. Weihestatuetten aus einem Tempel in Eschnunna. (Mann im Halbrock, Frau im Wickelmantel.) Um 3200–2900 v. Chr. Irakisches Nationalmuseum, Bagdad.

Abb. 2. Der Assyrerkönig Assurnasirpal II. (885–860 v. Chr.) mit Tiara, Gefolge mit Fransenschärpe. Relief vom Palast in Nimrud. British Museum, London.

In der ASSYRISCH-BABYLONISCHEN KULTUR (2150/2030–612 v. Chr.) waren die Klassenunterschiede auch in der Kleidung genau festgelegt. Das Hauptgewand, ein für beide Geschlechter im Wesentlichen gleichartiges Hemdgewand mit kurzen Ärmeln, das Kthoneth, war bei Vornehmen knöchellang, beim einfachen Volk knielang. (Allerdings ist die Frauenkleidung nur in wenigen Darstellungen überliefert.) Könige, hohe Würdenträger und Beamte wickelten über dem Hemdgewand eine je nach Rang und Amtstracht unterschiedliche Schärpe mit Fransen spiralförmig um den Körper. Hohe Priester trugen als Zeichen ihrer Göttlichkeit die Hörnerkappe oder Hörnerkrone, Könige die Tiara, die in sehr hoher Form »Kidaris« genannt wurde. Die Assyrer drapierten einen Fransenmantel um den Körper, ähnlich dem späteren griechischen Himation. Assyrer, Babylonier, Hebräer und Phönizier kannten außerdem einen schmalen, langen Überwurf mit Kopfschlitz.[231] Assyrer und Babylonier hatten einen gekräuselten, waagrecht abschließenden Vollbart; ähnlich trugen ihn die Hebräer, denen er Zeichen der Freiheit und Frömmigkeit war.[394]

Hemdgewand und Umwurf wurden die grundlegenden Kleidungsstücke der Griechen und Römer. Darüber hinaus war das Hemdgewand Kleid der Frau und Rock des Mannes bis ins hohe Mittelalter.

Das Hemdgewand der *Meder* zeichnete sich durch große Weite und Länge, trichterförmige Ärmel und die für die Kleidung kleinasiatischer Völker charakteristisch bleibende farbige Musterung aus. Unter dem Hemdgewand wurde eine lange Hose und über beiden ab dem 6. Jh. v. Chr. die Kandys getragen. Das einfache Volk, Bauern und Jäger, trug einen Umhang aus Fell, Leder oder gefilzter Wolle und Beinbinden.

Dem kriegerischen Reitervolk der *Perser* entsprach ein kittelartiger, gegürteter Rock (Leibrock) und eine weite, an den Knöcheln abgebundene Hose, beide zunächst aus Leder, später aus Wollstoff. Die Hose, mit dem Beginn des Reitens in Gebrauch gekommen, hatten die Perser von indogermanischen Stämmen angenommen. Als Hof- und Staatskleidung übernahmen sie jedoch unter König Kyros (gest. 529 v. Chr.) das Medische Gewand und ab dem 5. Jh. v. Chr. die Kandys. (Letztere wurde Vorbild für das Übergewand mehrerer kleinasiatischer und osteuropäischer Völker, ebenso für den ungarischen Szür.)

Abb. 3. Statue eines Persers mit Kandys, Kittelrock, Hose, Baschlik. 5. Jh. v. Chr. Staatliche Museen, Berlin.

Abb. 4. Persischer Speerträger im Medischen Gewand aus Susa. Um 500 v. Chr. Staatliche Museen, Berlin.

Einen dem persischen Leibrock ähnlichen Rock trugen *Sarmaten, Hebräer* (▸Kasack[328]) und auch die *Parther,* die ihn einem tunikaartigen Hemdgewand annäherten. Der Rock der *Skythen* dagegen war vorn offen, halsfern und wurde gegürtet. *Semiten* kannten einen Schurz sowie ein um den Körper gelegtes Schultergewand, das die rechte Schulter unbedeckt ließ und auf der linken zusammengehalten wurde.

Die Kleidung der *Lykier, Phrygier* und *Lydier*[478] fällt durch die vollkommene Verhüllung, auch der Arme und Beine, auf. Unter einem faltenreichen, gegürteten, knielangen Rock mit Ärmelansätzen saßen ein langärmeliges Hemd mit Ärmeljacke und eine Beinbekleidung. Ihr anliegender Schnitt lässt eine Art Stricktechnik vermuten. Hinzu kommt eine farbige Stoffmusterung aus Sternen, Zacken, Blumen, sogar ganzen Figuren.

Die Kleidung der Kleinasiaten kennzeichnete in der griechischen Antike den Ausländer (»Barbaren«) allgemein (so auch im Bühnenkostüm). Die Kleinasiaten ihrerseits kannten den griechischen Chiton, den sie aber aus ihren bunt gemusterten Stoffen anfertigten. Von der Frauenkleidung in Klein- und Mittelasien ist wenig bekannt. Als Hauptteil ist ein langärmliges Hemdgewand anzunehmen, das heute als »Ärmelchiton« bezeichnet wird und ebenso durch seine farbige Musterung auffiel. Auf altbabylonischen Wandmalereien aus Mari (am Euphrat), etwa 1800 v. Chr., sind Halbröcke aus farbigen, in waagrechten Reihen zusammengesetzten Stoffstreifen oder Wollbüscheln zu erkennen. Das bunte Muster an den Armen der Thrakerinnen, wie man es auf kunsthandwerklichen Objekten sieht, ist dagegen nicht Teil der Kleidung, sondern Tätowierung.

Abb. 5. Skythen mit Kittel, Hose, Halbstiefeln, Baschlik. Von einem Goldbecher der Insel Krim. 2. Hälfte des 4. Jh. v. Chr. Eremitage, St. Petersburg.

Die Kleidung ÄGYPTENS[8,9] beeinflusste die europäische in geringerem Maß als die vorderasiatische. Die klimatischen Verhältnisse Ägyptens machten Kleidung ohnedies kaum notwendig. Zusammen mit der oft künstlichen Haar- und Barttracht[259,260], der Kopfbedeckung[350] und dem Schmuck signalisierte sie vielmehr den sozialen Stand des Trägers.

Abb. 6. Semitische Nomaden. Malerei im Grab des Fürsten Amenemhet (um 1990–1930 v. Chr.) in Beni Hasan. Bibliothèque Nationale, Paris.

Abb. 7. Phrygischer gemusterter Ärmelchiton und phrygische Mütze. Nach Weiss.

Abb. 8. Dedu (mit Schurz und Perlenkragen) und seine Frau Sit-Sobk (mit Trägerkleid). Mittleres Reich 2040–1785 v. Chr. Metropolitan Museum of Art, New York.

Das Hauptbekleidungsstück des Ägypters, ein um die Lenden geschlagener Schurz, wurde von allen Schichten getragen. Gegen Ende des Alten Reichs (um 2134 v. Chr.) wies er etwa 40 verschiedene Drapierungsarten auf. Die Ägypterin trug gewöhnlich ein anliegendes,[463] knöchellanges Kleid sowie ein die Brust freilassendes Trägerkleid, das heute zuweilen »Kalasiris« genannt wird. Im Neuen Reich (1551–1070 v. Chr.) begann man den Körper mehr und mehr zu verhüllen, gleichzeitig strebte man nach modischer Abwechslung. Der Mann höchsten Standes bedeckte nun Oberkörper und Arme mit einem breiten, mantelartigen, unter der Brust verschlungenen Umhang, dem Haik. Der Schurz, bei Vornehmen nun knie- bis wadenlang, wurde darunter, seltener darüber beibehalten.

Auch bei der Frau tauchten hochgeschlossene Hemdgewänder mit langen, anliegenden Ärmeln sowie ein mantelartiger Schulterumhang, ähnlich dem des Mannes, auf. Die Spätzeit (nach 715 v. Chr.) ist von strengeren Sitten, archaisierendem Geschmack und dem Streben nach der einfachen Kleidung der Frühzeit geprägt. Als Stoff diente feines, durchsichtiges Leinen. Erst zu Beginn unserer Zeitrechnung entwickelte sich im Sudan die Kultivierung von Baumwolle. Durch ein schmales Plissee und die bereits beim Spinnen erfolgte Fadendrehung war das Gewebe dehnbar und schmiegte sich dem Körper an – ein charakteristisches Merkmal der altägyptischen Kleidung.

Durch extravagante Kleidung fällt die KRETISCH-MINOISCHE KULTUR auf, deren Blütezeit etwa in die Jahre 1720–1200 v. Chr. fällt. Auf bildlichen Darstellungen strahlen die Kleidung des jungen Mannes mit dem in der Taille übermäßig eng gehaltenen Schurz und sein langes, wallendes Haar etwas Feminines aus, obgleich der unbedeckte Oberkörper sportlich muskulös ist. Erst in der Spätzeit wurde der Schurz, nach Wandmalereien zu schließen, von einem langen Gewand abgelöst, das aber ausschließlich Festkleidung gewesen sein könnte.

Terrakotta-Figürchen zeigen Priesterinnen und vornehme Frauen mit einem Oberteil in Form eines engen, manchmal geschnürten Miederleibchens, das die Brust freiließ und kurze, anliegende Ärmel hatte (auch als »minoan chiton« erforscht, s. Literaturhinweise, S. 585). Dazu gehörte ein aus einzelnen Stoffstücken in waagrechten Volantreihen zusammengesetzter, um die Hüften anliegender und zum bodenlangen Saum ausgestellter Rock. Darüber lag ein schürzenartiger Hüftüberwurf, heute auch »Hüftponcho« genannt. Diese Tracht ist im Altertum ohne Parallele (der Volantrock findet sich lediglich in ähnlicher Form als Teil der babylonischen, syrischen und phönizischen Frauenkleidung), ihre Herkunft und Bedeutung sind noch nicht eindeutig erforscht (die Entblößung der Brust könnte aus der Verbindung eines Fruchtbarkeitskultes mit modischem Stilmanierismus resultieren). Die spätmykenische Frauenkleidung zeigt ein gefibeltes Ärmelgewand.

Das Gewand der Griechen und Römer ist durch seinen charakteristischen Faltenwurf geprägt. Über die Kleidung der GRIECHEN in der Frühzeit ist wenig bekannt. Man kann aus schriftlicher Überlieferung und späteren Gewandformen folgern, dass beide Geschlechter ein rechteckiges Stück Wollstoff, allerdings von unterschiedlicher Länge, um den Körper legten, beim Mann als

Abb. 9. König Amenophis I. (um 1527–1507 v. Chr.) und Königin Ahmose Nofretere mit Geierhaube und plissiertem Wickelgewand, Haik. Aus dem Grab in Theben. Staatliche Museen, Berlin.

»Chlaina«, bei der Frau als »Peplos«[430] bezeichnet. Alle diese direkt auf dem Körper getragenen Gewänder wurden »Endymata« genannt.

In *Homerischer* und *früharchaischer Zeit* (etwa 800–600 v. Chr.) bestand das Gewand des Mannes aus dem leinenen, nur knielangen, anliegenden dorischen Chiton[184] mit der Chlaina als Mantel darüber. Bei körperlicher Arbeit trug man die schon den Lydiern bekannte Exomis.

In *spätarchaischer Zeit,* d. h. im 6. Jh. v. Chr., kam es zu stärkerem Einfluss des Orients, zumal der Ionier, und damit zu größerer Luxusentfaltung. Die Gewänder wurden weiter und faltenreicher. In der Männerkleidung überwog der knöchellange, gegürtete und hochgeraffte ionische Chiton, den nun auch die Frau annahm.[185] Durch seine Weite fiel er auf die Arme herab, so dass der Eindruck von Ärmeln entstand. Nur Landleute, Krieger, Reiter und junge Männer sowie Tänzerinnen und Amazonen trugen den kurzen Chiton. Als »Mäntel« kam Ende des 6. Jh.s für beide

Abb. 10. »Schlangengöttin« in Miederjäckchen, Volantrock, Hüftponcho (Schürze). Statuette aus Knossos. Um 1500 v. Chr. Museum, Iraklion.

Abb. 11. »Lilienprinz«. Kretisch-minoische Wandmalerei aus Knossos. 16. Jh. v. Chr. Museum, Iraklion.

Geschlechter das Himation, für männliche Reisende, Jäger, Krieger, aber auch für Stutzer die Chlanis in Gebrauch. Das Leinengewebe war beim Mann dicht und fest, bei der Frau locker und transparent. Neben den üblichen Sandalen sind von nun an knöchelhohe Schuhe und kniehohe Laschenstiefel überliefert. Kopfbedeckungen waren selten und hatten höchstens Schutzfunktion. Frauen schmückten ihr langes, hochgestecktes Haar mit Netzen und Diademen.[262] Noch war ein Bart beim Mann verbreitet.

In der *klassischen Periode,* von den Perserkriegen bis zu Alexander d. Gr. (448–336 v. Chr.), gewann die griechische Kleidung an Schlichtheit. Der Mann trug den kurzen Chiton, nur Standes- und Kultpersonen sowie Wagenlenker behielten das lange Hemdgewand. Das Himation wurde eng geschlungen. Männer asketischen Lebensstils zogen den Tribon vor. Unter dem bestimmenden dorischen Einfluss bekleidete sich die Frau noch im 5. Jh. wieder mit dem Peplos, während der Chiton Untergewand war; Letzterer wurde im 4. Jh. jedoch abermals vorherrschend (allerdings unterscheiden die späten griechischen Schriftsteller in der Benennung nicht mehr zwischen Peplos und Chiton).

In *hellenistischer Zeit* (330–30 v. Chr.) kam es erneut zu größerer Prachtentfaltung, wobei die Gewandformen im Wesentlichen beibehalten wurden. Am Frauengewand fällt die hohe Gürtung auf, weshalb der Stoff weniger tief als zuvor auf die Arme herabfallen konnte. Die Luxusentfaltung aber ging von den Stoffen aus, die in größerer Vielfalt (indische Baumwolle, chinesische Seiden sowie Mischgewebe und Leinen) und in noch dünnerer Verarbeitung als bei den Ägyptern zur Verfügung standen.

Abb. 12. Figuren im ionischen Chiton und Himation. Von einer attischen Vase. 5. Jh. v. Chr. Staatliche Antikensammlungen, München.

Eine Vermischung griechischer und römischer Elemente zeigt sich in der Kleidung der ETRUSKER. Im 6. Jh. erstreckte sich ihr Herrschaftsbereich von der Poebene bis über den Tiber hinaus. In Süditalien standen sie in unmittelbarem Kontakt mit den griechischen Kolonialisten.

Mann und Frau trugen Chiton und darüber die Tebenna, die dem griechischen Himation entsprach. Allerdings waren etruskische Gewänder regelrecht zugeschnitten; so konnte oft der

Abb. 13. Terrakottafigur mit Himation, Tholia und Fächer. Tanagra, Ende des 4. Jh.s v. Chr. Staatliche Antikensammlungen, München.

Abb. 14. Hellenistische Sitzstatue der Melpomene in Chiton, Peplos (?) und Himation. 3. Jh. v. Chr. Vatikanische Museen, Rom.

Abb. 15. Figurenfriese aus etruskischen Gräbern bei Tarquinia. 6./5. Jh. v. Chr.

Rockteil des Chitons ausgestellt sein. Arbeiter trugen die Exomis. An Übergewändern gab es neben einem der Chlamys ähnlichen Mantel verschiedenste Umhänge, z.B. U-förmige mit nach hinten getragenen Enden. Die Etrusker kannten Holzsandalen mit zweigeteilter, mit einem Scharnier versehener Sohle, ebenso einen Schnabelschuh und den kleinasiatischen Schnürstiefel. Als Haartracht für Priester und deren Frauen findet man die zu einem Kegel, dem Tutulus[261], hochgesteckten Flechten. Wie der Pilos[351] konnte er auch Kopfbedeckung sein.

Über die Frühzeit der RÖMISCHEN ANTIKE im heutigen Italien, noch vor den Etruskern, ist wenig bekannt. Als wichtigstes Kleidungsstück dürfte man einen wollenen Umhang oder einen Schurz getragen haben. Formal unterscheidet man hauptsächlich die Kleidungsstile der Republik (510–27 v.Chr.) und der Kaiserzeit (27 v. – 330 n.Chr.), obgleich es kostümgeschichtlich zwischen beiden Perioden keine feste Zäsur gibt. In der römischen Kleidung waren die Klassenunterschiede präzise festgelegt. Die Tunika war das auf dem Leib getragene Hemdgewand beider Geschlechter. Jene des Mannes war mit einem Streifen, dem Clavus, verziert, der je nach dem Stand des Trägers verschieden ausfiel. Über der Tunika trug der freie Römer die Toga (entsprechend dem griechischen Himation), ebenfalls standesmäßig variiert. Sie änderte sich im Laufe der Zeit und verblieb in der späten Kaiserzeit nur dem offiziellen Staatsgewand, im Übrigen wurde sie durch das Pallium[419] ersetzt. Über der Toga konnte als Wetterschutz die Lacerna getragen werden. Das Sagum war Mantel des Soldaten, das Paludamentum Mantel des Feldherrn. Der niedere Freibürger trug je nach Art der körperlichen Arbeit eine kurze, dunkelfarbige Tunika oder einen Schurz und eventuell eine Paenula[418] darüber. Bauern hängten sich auch ein Fell oder ein wollenes Vlies über.

Die Frau trug außer der Tunika ursprünglich ebenfalls die Toga, die jedoch bald auf Mädchen und übelbeleumdete Frauen beschränkt blieb. Bereits gegen Ende des 2. Jh.s bevorzugte die Frau der Ober- und Mittelschicht den Schnitt griechischer Kleidung, zumal des Chitons. Darüber trug die verheiratete Frau gleichsam als Ehrenkleid die Stola, darunter die Tunica subucula, auch

Abb. 16. Frauen in Tunika, Stola, Palla. Aus einem Wandbild der »Villa dei Misteri«, Pompeji. Um 60 v. Chr.

»Tunica inferior« genannt, und als Mantel die Palla. Anstelle der Stola gab es auch einfachere Überziehkittel (Jacken).[279]

Als Fußbekleidung[232] diente im Gegensatz zu den Griechen bei den freien Römern ein geschlossener Schuh, der Calceus, nur im Haus die Solea bzw. bei der Frau der Soccus. Außerdem gab es verschiedene Fußbekleidungen für den Landmann und den Soldaten; in der Spätzeit haben die Römer sie auch von anderen Völkern übernommen.

Mit Ausdehnung und Festigung des Römischen Reiches erreichte die römische Kleidung weite Verbreitung. So konnten Bevölkerungsteile Spaniens, Britanniens und des südlichen Gallien von den Römern als »stolati« und »togati« bezeichnet werden, doch hielten sich in diesen Ländern nationale Eigenprägungen. Dass auch die Römer selbst Fremdes übernahmen, so den gallischen Cucullus und den Caracalla oder Hose und Pelzkleidung der Gallier bzw. Germanen, welche der römische Soldat nördlich der Alpen trug[309], ist nur natürlich. In der nachchristlichen Kaiserzeit

Abb. 17. Statue einer Etruskerin aus Montegerazza. 5. Jh. v. Chr. Museo Civico, Bologna.

Abb. 18. Statuette eines römischen Genius in Tunika und Toga. 2. Jh. n. Chr. Römermuseum, Weißenburg in Bayern.

Abb. 19. Koptischer Stoff mit Fliegender Nadel. 6. Jh. n. Chr.

gelangte die römische Kleidung in den griechischen Osten. Bestimmte Teile (Dalmatika, Paludamentum, Tunika) fanden Eingang in das Herrscherornat, andere (Stola, Pallium) in die liturgische Tracht.

Die ersten Christen in Rom pflegten eine den Körper fast ganz verhüllende Kleidung zu tragen, so die Dalmatika. Seit dem 4. Jh. sind Gläubige in der knöchellangen und langärmeligen Talartunika dargestellt. Frauen hatten beim Gottesdienst das Haupt mit einem Schleier zu bedecken.

Die von den Arabern als *Kopten* bezeichneten ersten Christen Ägyptens nehmen in der Kostümgeschichte durch erhaltene Kleidungsstücke vom Typus der Dalmatika und der Tunika sowie durch Stoffreste einen besonderen Platz ein. Diese Stoffe stammen aus der Zeit nach der Mitte des 3. Jh.s, als die Erdbestattungen anstelle der Mumifizierungen zunahmen; infolge des trockenen Klimas blieb die Kleidung der Toten erhalten. Die koptischen Stoffe sind überdies bemerkenswert in der Webtechnik, die Bildwirkerei (Gobelintechnik), Brokat und Samt vorwegnahm. Außerdem ist das Beherrschen einer Stricktechnik durch erhaltene Stricksocken[479] belegt. Als Fußbekleidung trugen die Kopten aus Bast, Papyros oder Palmblattstreifen geflochtene Sandalen.

Aus dem Reich von BYZANZ kennen wir seit dem 5./6. Jh. hauptsächlich die Kleidung des Kaiserpaares und seines Gefolges sowie hoher Staatsbeamter und Kirchenfürsten dank der Darstellungen in Mosaiken, auf Elfenbeinen, Gold- und Silberschalen usw. Sie vereinte orientalischen Prunk und christlich-antike Formen. Die christliche Einstellung zum Körper des Menschen musste zwangsläufig zu einer Veränderung der antiken Tracht führen, wobei der lockere, freie Faltenwurf verloren ging. Die schweren, reich gemusterten, zudem bestickten Brokatstoffe wurden glatt und statisch verarbeitet, damit jegliche Körperformen negierend und den Träger überpersönlich, monumental zur Erscheinung bringend. Aus dem plastischen Gewand Westroms war ein malerisches oströmisches geworden.

Das Herrscherpaar trug Dalmatika, Stola und Paludamentum[420], der Kaiser als Untergewand purpurne lange Hosen und Sandalia. Anfang des 8. Jh.s fiel die Überkleidung noch starrer aus, der freie Faltenwurf des Paludamentum wurde durch entsprechenden Zuschnitt eliminiert oder durch eine reich mit Steinen und Goldplättchen verzierte Schärpe ersetzt. Zur allgemeinen Männerkleidung gehörte eine langärmelige Tunika, die je nach sozialer Stellung knöchellang oder, wie bei der körperlich arbeitenden Bevölkerung, kniekurz war. Darüber lag ein auf der Schulter gefibelter Mantel, die Lacerna, als Wetterschutz, bei den unteren Ständen der Cucullus.

Die Frau trug eine lange Tunika und darüber eine lang- oder kurzärmelige Stola. Diese Stola hat man im 6. Jh. so verkürzt, dass der Saum der Tunika darunter sichtbar wurde; dazu erhielt die Stola nun lange, tütenförmige Hängeärmel. Übergewand war die Paenula.

In der Tracht des gemeinen Volkes allerdings waren die alten griechischen Gewänder noch nicht ausgestorben, so findet sich noch der kurze Chiton.

Die Wirkung der byzantinischen Kleidung für die nachfolgenden Jahrhunderte lag weniger in ihrer Form und Bedeutung, abgesehen vom Einfluss auf Ornate, als vielmehr in den Stoffen.

Abb. 20. Oströmische Konsulartoga, darunter Dalmatica, Calceus. Diptychon des Boethius. 487 n. Chr. Civici Musei d'Arte e Storia, Brescia.

Abb. 21. Die Heilung des Ezechias (Dalmatiken mit Clavi, Paludamentum, Straußenfächer). Aus einem byzantinischen Psalter. 10. Jh. Bibliothèque Nationale, Paris.

Abb. 22. Umhang und Kappe einer Frau gehobenen Standes der Bronzezeit. Rekonstruktion. Textilmuseum, Neumünster.

Abb. 23. Mädchenkleidung der Bronzezeit. Um 1370 v. Chr. Frauenbluse, Gürtel und metallene Gürtelplatte sowie Schnurwickelrock aus Wolle. Baumsargfund von Egtved, Dänemark. Nationalmuseum, Kopenhagen.

Vor- und Frühgeschichte in Nord- und Mitteleuropa

Früheste Bekleidung des seit etwa 550 000 v. Chr. in Mitteleuropa lebenden Homo erectus war, wie man annehmen darf, das rohe Fell. Eine Stoffkleidung aus Wolle ist seit etwa 3500 v. Chr., der JUNGSTEINZEIT (um 4000–2000 v. Chr.), durch erhaltene Gewebeteile, Spinnwirtel, tönerne Webgewichte und Gravuren auf Tongefäßen unmittelbar belegt.

Um 1800–750 v. Chr., während der BRONZEZEIT, formten in Nord- und Mitteleuropa die *Germanen* und *Kelten* Gesellschaft und Kultur der Epoche am stärksten. Durch Funde originaler Kleidung aus Baumsärgen von etwa 1500 v. Chr., der ältesten vollständig erhaltenen Kleidung der Welt, wissen wir verhältnismäßig gut Bescheid. Wenngleich die Funde nur germanische Kleidung enthalten, kann eine sehr ähnliche für die Kelten angenommen werden. Zutage traten sie im dänischen Jütland und in Schleswig-Holstein. Die reich gekleideten Toten waren in ausgehöhlten Eichenbaumstämmen bestattet und durch einen Erdhügel, eine Steinschicht und außerdem durch feuchte Lagerung in Humussäure geschützt und konserviert, wenn auch Farbe und Struktur der Gewebe sich stark veränderten. Der Mann trug einen am Körper eng anliegenden gewickelten Rock, einen gewebten Gürtel, als Mantel[395, 450] einen Umhang, eine halbkugelförmige Mütze[352], Beinbinden und Bundschuhe. Als Unterkleidung ist – allerdings nicht im Original, sondern auf einer Bronzestatuette – eine kurze Hose, die Bruch, nachgewiesen. Umhänge oder Kittel waren aus Wolfs- und Bärenfell (‣Rheno).

Abb. 24. Frauenkleidung, bestehend aus Bluse, Rock Gürtel und Haarnetz aus Wolle. Fundort Borum Eshoj. Männerkleidung, bestehend aus Rock und Umhang (Fundort Trindhoj, Dänemark), Mütze (Guldhof) sowie ledernen Bundschuhen. Beides Nachzeichnungen von Originalen aus bronzezeitlichen Baumsärgen. Nationalmuseum, Kopenhagen.

Die Kleidung der Frau bestand aus einer über den Kopf zu ziehenden Jacke, einem

Abb. 25. Römisches Relief einer Germanin der Eisenzeit in römisch beeinflusster Tunika. 2. Jh. n. Chr. Konservatorenpalast, Rom.

faltenreichen, etwa knöchellangen Rock, zwei Gürteln und einem geflochtenen Haarnetz, alles aus Schafwolle. Sie trug Bundschuhe aus Leder oder Wollstoff. Außerdem wurde ein kniefreier Mädchenrock aus gezwirnten Wollschnüren, heute »Schnurrock« genannt, gefunden, der offensichtlich Sommerkleidung war.

Beim Umhang des Mannes und beim Rock der Frau handelte es sich nicht um ein Stück zugeschnittenes Tuch, sondern um einen in den erforderlichen Maßen bereits beim Weben[450] zugerichteten Stoff.

Über die *Kelten* während der EISENZEIT (um 750 v. – 400 n. Chr.) sind nur wenige authentische Quellen erhalten, zumal es von ihnen keine schriftliche Überlieferung gibt. Nur spärlich berichten griechische Schriftsteller und Geschichtsschreiber über sie, und die vorzügliche Beschreibung in C. Julius Cäsars »De bello gallico« kann nicht als neutraler Bericht gelten. Außerdem geben nur wenige römische Denkmäler ein Abbild der keltischen Kleidung wieder. Allerdings lassen Schmuckstücke, Gewandnadeln und Fibeln weitere Rückschlüsse auf die Kleidung zu. Auffällig müssen die farbig gemusterten Stoffe (häufig Karomuster) gewesen sein. Die Hose dürften die Kelten von den Skythen übernommen haben. Sie trugen sie zusammen mit einem über den Kopf zu ziehenden, knielangen Kittel mit charakteristischer Kapuze. Auch der Überwurfmantel, der Bardocucullus, von den Römern »Sagum cucullatum« genannt, hatte eine Kapuze. Daneben gab es den auf einer Schulter gefibelten Saie (lat. »Sagum«).

Die *Gallier* kämpften nach der Beschreibung der Römer oft nackt, nur mit Gürtel und dem daran befestigten Schwert. Ihre Kleidung bestand aus Kittel und Hose, darüber dem Cucullus oder den von den Römern als »Caracalla« und »Paenula« bezeichneten Überwurfmänteln.

Die keltische Frauenkleidung dürfte der griechischen geglichen haben, nur war ihr Stoff roher. In der Spätzeit waren auch Hemduntergewänder üblich.

Die Kleidung der *Germanen* unterschied sich in der Eisenzeit grundlegend von jener der Bronzezeit. Einzelne Stämme entwickelten eigenes kulturelles Leben und folglich auch Veränderungen in der Kleidung. Das geschah nicht ohne Übernahmen aus fremdem Kulturgut, vor allem in der Berührung mit den Illyrern im Osten und Südosten (schon in der späten Bronzezeit) und durch Zusammenstoßen mit den Kelten am Niederrhein und im heutigen Mitteldeutschland. Man nimmt an, dass ein plötzlicher Klimasturz die Hauptursache des Vordringens der Germanen nach dem Süden vor der Mitte des 4. Jh.s v. Chr. war. Leider fehlen authentische Dokumente aus der frühen Eisenzeit. Die (mit Vorsicht zu bewertenden) römischen Berichte über die Germanen stammen im Wesentlichen aus der Zeit um Christi Geburt bis ins 3. Jh. n. Chr., ebenso die Bilddokumente. Dazu gehören die »Germania« des Tacitus und die Reliefs an Trajans- und Markussäule in Rom (113 und 193 n. Chr.) sowie am Konstantinsbogen (4. Jh.). Aus dem 3. und 4. Jh. n. Chr. aber sind Originale überliefert, und zwar die Kleidung der sog. Moorleichen, Toten, die in den Mooren Norddeutschlands, Dänemarks und der Ostseeinseln gefunden wurden.

In der Männerkleidung fällt nun die Hose auf, die die Germanen[308] über die Kelten oder direkt von ihren südöstlichen Nachbarn, den Skythen, Thrakern und Illyrern, übernommen hatten. Die Germanen trugen die Hose im Gegensatz zu jenen aber anliegend, und zwar als lange Hose mit

Abb. 26. Germanische Wollkittel und -hosen der Eisenzeit aus dem Moorfund von Thorsberg. 3./4. Jh. n. Chr. Schleswig-Holsteinisches Landesmuseum, Schloß Gottorp, Schleswig.

angenähten Füßlingen oder, an der Nordsee, als Kniehose. Sie zogen einen Kittel mit langen, angesetzten Ärmeln über den Kopf und legten einen Mantelumhang an, den sie auf der rechten Schulter mit einer Fibel schlossen. Im Winter wärmte ein seitlich geschlossener Pelzrock. Ein leinenes Untergewand ist seit dem 3. Jh. anzunehmen, erhielt sich jedoch nicht. Als Bein- und Fußbekleidung dienten Beinbinden und Bundschuhe[233], seit dem 4. Jh. bei den Goten und Westgermanen die römische Solea, bei Herrschenden im heutigen Südwestdeutschland Calceus und Soccus der Römer, aus welchen beiden sich eine strumpfartige Bekleidung, die Socke, entwickelte.

Die Herstellung der Kleidung, einschließlich des Spinnens und Webens, war Hausarbeit, die Fußbekleidung ausgenommen. Interessant sind die variantenreichen Webarten der Wollstoffe in Köperbindung in Grat-, Fischgrat- und Rautenstruktur.

Frauengewänder sind kaum erhalten, was den Schluss zulässt, dass ein Großteil aus Leinen war. Ihr Aussehen lässt sich nur anhand der erwähnten, relativ späten römischen Darstellungen rekonstruieren. Demnach trug die Frau in der Eisenzeit ein langes, ärmelloses Hemdgewand, auf beiden Schultern gefibelt und zweimal gegürtet. Sie hatte es in den letzten vorchristlichen Jahrhunderten wahrscheinlich durch keltische Vermittlung erhalten. Darüber oder darunter konnte zusätzlich eine wahrscheinlich aus der Bronzezeit stammende Ärmeljacke getragen werden. Nach der Mitte des 2. Jh.s n. Chr. hatte auch das Hemdgewand selbst entweder lange oder kurze Ärmel. Mädchen trugen einen kurzen Halbrock. Zur Frauenkleidung gehörten nach Tacitus Umhänge aus Leinen, sicher aber das Kopftuch. Für den Winter sind Pelzumhänge anzunehmen. Vermutlich trug auch die Germanin Beinbinden und eine Busenbinde, wie oft die Griechin und Römerin (‣Fascia pectoralis), jedoch gibt es keine Indizien für die Verwendung einer Unterhose.

Die sicher vorauszusetzenden Unterschiede in der Kleidung der einzelnen Völkerstämme während der Völkerwanderungszeit und der Auflösung des Weströmischen Reiches sind wenig erschlossen.

Mittelalter

Von großer Bedeutung für die weitere gesellschaftliche Entwicklung in Mittel- und Westeuropa war das Reich der *Franken.* Sie hielten am längsten, bis ins 11. Jh., an der herkömmlichen keltisch-germanischen Tracht fest. Bis zur Zeit Karls d. Gr. (768–814) setzte sich deutsche Tradition gegen byzantinische und italienische Einflüsse durch. Karl selbst behielt die fränkische Tracht, d. h. Kittelrock und Hose, im Winter den Pelzrock, bei und legte nur auf Bitte des Papstes das römisch-byzantinische Zeremonialgewand an. Gegenüber anderen germanischen Völkern, wie Angelsachsen und Langobarden, war der glatte, weniger weit, also nicht tunikaartig geschnittene Rock des Mannes charakteristisch für die Franken. Dazu blieben bis ins 10. Jh. eine lange Hose und Beinbinden für die Unterschenkel üblich, während z.B. die Angelsachsen die kurze Bruch und daran genestelte Strümpfe trugen. In der Frühzeit pflegten die Franken ihr Haar lang und lockig zu tragen, bis sich im 6. Jh. die kurze, vom Wirbel aus als Kranz frisierte Haartracht durchsetzte.

Auf die Kleidung, besonders die der verheirateten Frau, gewann die christliche Kirche immer stärkeren Einfluss durch das Gebot der sittsamen Verhüllung und der Bedeckung des Hauptes. Außer im Gebiet des heutigen Italien musste die verheiratete Frau das Haar mit Schleiern, Tüchern oder dem Mantelumhang verhüllen, während es das Mädchen unbedeckt und offen ließ. Das weibliche Gewand war ein langärmeliges, gegürtetes Hemdgewand, die Kotta. Sie war im Schnitt noch für alle Schichten gleich, während standesmäßige Unterschiede die Qualität des Stoffes bedingten – Seide, Mischgewebe und feinster Wollstoff gegenüber gröberem Woll- und Leinenstoff – sowie die Farbwahl. Prächtige Gewänder und Stoffe wurden im Lande höchstens in Klöstern angefertigt. Ansonsten waren sie begehrte Geschenke aus dem Orient. Töchter höheren Standes lernten in Klöstern Weben und Sticken.

Bedeutsam ist die von Karl d.Gr. 808 erlassene erste deutsche Kleiderordnung in Form eines »Aufwandgesetzes«, das vorschrieb, wie viel für ein bestimmtes Kleidungsstück ausgegeben, aber noch nicht, was getragen werden durfte.

Nach der Aufteilung des Fränkischen Reiches ging die germanische Kleidung in die deutsche Kleidung des Mittelalters über. Da es noch keine rein weltlichen kulturellen Zentren gab, wo sich eine von der Kirche unabhängige Kultur und Mode hätte entwickeln können (in Deutschland hatte der Kaiser noch keine feste Residenz), und die Frauen zurückgezogen lebten, waren der modischen wie der kulturellen Entwicklung Grenzen gesetzt. Unter anderem aus diesem Grund kann man im hohen Mittelalter bis zum 15. Jh. von einer gesamteuropäischen Mode sprechen, wenngleich es da und dort Abweichungen gab. Beispielsweise zeichnete sich die französische Kleidung durch größere Körperbetonung aus. Außerdem glichen sich meist von der 2. Hälfte des 11. bis zum 1. Drittel des 14. Jh.s die Gewandschnitte beider Geschlechter. Die Kleidung sollte nicht die Körperformen betonen, nicht Individualismus, sondern überpersönlichen, gesteigerten Idealismus ausdrücken (ausgenommen in der 2. Hälfte des 12. bis Anfang des 13. Jh.s).

Im 11. Jh. machte sich der Einfluss byzantinischer Kleidung stärker bemerkbar, da Otto II. 972 eine byzantinische Prinzessin geheiratet hatte. Die Männerkleidung nahm Byzantinisches weiterhin auf dem Umweg über Italien auf, wo bereits 876 Karl der Kahle oströmische Traditionen kennen gelernt hatte. Somit setzte sich in der Oberschicht der lange Rock, die Tunika oder die altdeutsche Kotta (endgültig in der 2. Hälfte des 12. Jh.s) durch, ebenso der um das Handgelenk sehr weit werdende Ärmel, der erstmals im 11. Jh. in Europa begegnet. Das kurze Hemd verlängerte sich zu einem langen unteren Hemdgewand, dem Niderkleit. Darunter wurden die Bruch und daran genestelt die Strümpfe getragen. Das einfache Volk behielt weiterhin die altfränkische Tracht, die nun von der oberen Schicht als rückständig abgelehnt wurde, weshalb die Bezeichnung »altfränkisch« bereits im 15. Jh. den Sinn von ›altmodisch‹ erhalten hatte. Kopfbedeckung war die Kalotte und die Coiffe, ab dem 12. Jh. der hohe spitze Jagdhut, der sich zu dem im 13. Jh. beliebten Pfauenhut entwickelte. Ein sockenartiger, den Fuß fest umschließender Schuh herrschte bei beiden Geschlechtern vor.

Das Kleid der Frau – ebenfalls »Tunika« oder »Kotta« genannt – hatte seit der 2. Hälfte des 12. bis Anfang des 13. Jh.s einen den Körper deutlicher hervorhebenden Schnitt. Das Oberteil wurde durch Schnürung seitlicher Schlitze oder eines geschnürten Schlitzes im Rücken auf Figur gehalten. Den Rock der Oberschicht erweiterten Gêren (Zwickel). Besonders die französische Mode betonte das anliegende Oberteil, wie Skulpturen, wenn auch stilisiert, deutlich zeigen. Bis Anfang des 13. Jh.s findet man den Bliaud, ein reiches, rein höfisches Oberkleid. Die einfache Frau trug ein weniger stoffreiches und etwas kürzeres Kleid, das sie zudem hochschürzte, so dass das lange, leinene Hemd sichtbar wurde. Die weißen, leinenen Kopftücher nahmen im 12. Jh. eine

Abb. 27. Wanderer mit Exomis und Endromis. Miniatur aus einem Werk des Nikander über Schlangenbisse. 11. Jh. Bibliothèque Nationale, Paris.

steifere Form an. Nach der Mitte des 12. Jh.s kamen über der Kotta getragene Obergewänder, wie der Surkot, im 13. Jh. die Suckenîe und die Cotardie, in Mode. Den oberen Ständen beider Geschlechter blieb der nun vorn in der Mitte gefibelte Schultermantel und der 1175 aufgekommene Schnurmantel vorbehalten. Reisemantel und Mantel der niederen Stände war der als »Kappe« bezeichnete Kapuzenmantel.

Im Zusammenhang mit der beginnenden Verfeinerung des Schnitts in der 2. Hälfte des 12. Jh.s steht die Entwicklung des Schneiderhandwerks, das bereits im 12. Jh. zu Zünften zusammengeschlossen war. Die Anfertigung der Kleider ging von der Familie auf Gewerbetreibende über, wie den »Snider«, in Frankreich »Talierer« genannt, worunter man auch den Tuchkrämer verstand, und den »Couturier«, der das Nähen besorgte. Noch wurde nicht zwischen Herren- und Frauenschneider unterschieden.

Der frühe soziale Aufstieg des Bürgertums in Frankreich und Italien führte im 12. und 13. Jh. zum Erlass von Kleiderordnungen, die es in Deutschland vom 11. bis 13. Jh. nicht gibt. Die standesmäßige Gewandordnung, z. B. bezüglich der engen Taille, der Hängeärmel oder ab Ende des 12. Jh.s der Schleppe, scheint hier selbstverständlich gewesen zu sein.

Im 13. Jh., der sog. höfischen Zeit, war in ganz Europa das christliche Rittertum in Sitten, Kleidung und Kunst tonangebend. In der Kleidung nahmen nationale Unterschiede zu, wenn auch – im Vergleich zum 15. Jh. – in einem noch geringen Ausmaß. Auffallend wird ein größerer Einfluss der französischen Mode, ebenso häufen sich französische Kostümbezeichnungen. Aus dem 13. Jh. datiert auch die Trennung von Mantel-, Gewand- und Flickschneider.

Die Mode kehrte sich um 1230 von den extravaganten Schnittformen ab zugunsten größerer Ausgeglichenheit, die, wie das maßvoll schmückende Beiwerk, von einem hochentwickelten ästhetischen Formempfinden zeugt.

Abb. 28. Heilige Drei Könige aus dem Codex aureus Epternacensis (Ausschnitt), um 1030. Germanisches Nationalmuseum, Nürnberg.

Der Rock des Mannes war faltenreich, gegürtet und fast bodenlang, im 2. Drittel des Jahrhunderts im Oberteil hochgerafft. Ende des Jahrhunderts fiel der Gürtel zugunsten des freien Gewandfalls weg. Das Kleid der Frau war schleppend lang. Die Ärmel, für beide Geschlechter durchgehend anliegend, wurden zum Handgelenk hin mit zahlreichen Kugelknöpfen geschlossen. Damit spielte der Knopf als Verschluss erstmals in der europäischen Kleidung eine größere Rolle. Die Obergewänder, wie Surkot und Suckenîe, blieben ungegürtet (2. Hälfte des 13. Jh.s) und ärmellos, oder sie hatten Scheinärmel. Mann und Frau der Oberschicht trugen den Tasselmantel, eine Sonderform des Schnurmantels, der auch pelzgefüttert sein konnte und dessen Schnitt – von Frankreich ausgehend – den Körper weniger verhüllte. Als Reisemantel war der Garde-corps (▸Hérigaut) neu. Die Vielfalt von Mantelschnitten und Trageweisen nahm zu. In der französischen Hofmode spielte die Garnache[250] eine Rolle.

Im hohen und späten Mittelalter gab es eine Vielzahl von Kopfbedeckungen für die verheiratete Frau, wie Barbe, Gebende[252], Hulle, Kruseler und Rise, die sich regional sowie nach Stand und Zweck unterschieden. Manche der verhüllenden Kopfbedeckungen hielten sich fast bis heute in der Nonnentracht[508]. Mädchen und Jünglinge schmückten ihr Haar mit dem Schapel, einem Blumenkranz oder Metallreif.

Im 14. Jh. kam es zum wirtschaftlichen und politischen Aufstieg des Bürgertums, dessen Führung Ende des Jahrhunderts der Geldadel, das Patriziat, übernahm. Die Macht der Kirche und des Rittertums schwand, die der Städte mehrte sich. Diese Veränderungen kamen nach dem Ende der großen Pestepidemie, die 1348–50 in ganz Europa an die 25 Millionen Menschen hinwegraffte, voll zum Tragen. In der Mode drückte sich der Wandel, der mit dem Erwachen des Individualismus einherging, in neuen Gewandformen aus, in einer erneuten, nun noch größeren Anpassung der Kleidung an den Körper, einem schnelleren Wechsel der Moden und nicht zuletzt durch Auswüchse, wie Mi-parti und Schellen, übermäßige Hängeärmel und am Ende des 14. Jh.s die Zatteln. (Quellen für die Kostümkunde dieser Zeit sind Tafel- und Buchmalerei, Grabsteine, Dichtungen und Chroniken, wie insbesondere die »Limburger Chronik« 1336–98; ▸Modejournale.)

Abb. 29. Maria und Elisabeth in Cotte (Tunika), Jacke, Umschlagtuch. Aus einer Elfenbeintafel. 10. Jh. Bayerisches Nationalmuseum, München.

Abb. 30. Mann in Cotte (Rock) mit Tiraz, Almosentasche, Schultermantel. Aus dem »Hortus deliciarum« der Herrad von Landsberg. Um 1190. Ehem. Stadtbibliothek, Straßburg.

Abb. 31. Allegorie der Geometrie (seitlich geschnürte Cotte mit langen Ärmelschlaufen, darunter die engen Ärmel der Chainse, pelzgefütterter Schultermantel). Aus einer lateinischen Handschrift. Um 1200. Bayerische Staatsbibliothek, München.

Abb. 32. Hermann (Span-Frisur) und Regelindis (mit Gebenden, Surkot und Tasselmantel). Mitte des 13. Jh. Dom, Naumburg.

Die Veränderungen setzten an der Kleidung des Mannes an: Um 1330/40 verkürzte sich der lange Rock, lag am Oberkörper an und musste somit vorn geöffnet und durchgehend mit Knöpfen oder Schnürung geschlossen werden. Als ausschlaggebend dafür wird die Veränderung der Rüstung zu Beginn des 14. Jh.s mit Aufkommen des anliegenden, kürzeren Plattenpanzers anstelle des losen Kettenhemdes angesehen. Dies erforderte ein gepolstertes und höchstens hüftlanges Untergewand, das Wams, welches die Zivilkleidung übernahm. Der Rockschoß blieb anfangs faltig und seitlich geschlitzt. Nach der Mitte des 14. Jh.s wurde die gerade das Gesäß bedeckende Schecke (davon die spätere Bezeichnung »Jackett«) zum Oberrock des jungen Mannes.[283] Ältere Bürger zogen halblange Röcke oder mantelartige Obergewänder vor, den Tappert in Deutschland und nach 1375 die Houppelande in Frankreich, Burgund, England und Italien. Gleichsam als unteren Rock oder als Weste trug man allgemein das langärmelige Wams. Infolge der verkürzten Oberkleidung wurden die Strümpfe des jungen Mannes bis über die Oberschenkel verlängert und an das Wams genestelt.

Im 14. und ebenso im 15. Jh. finden sich sehr charakteristische Kopfbedeckungen[176], so die Gugel[257], nach 1360 turbanähnliche Kopfbedeckungen (‣ Sendelbinde), die, wie Schnabelschuhe und Trippen, durch die Kreuzfahrer in Europa heimisch wurden.

Am Kleid der Frau setzte nach 1340/50, also etwas später, eine Verengung des Oberteils durch

Abb. 33. Heinrich Frauenlob. (Pelzgefütterte Cotte mit Reitschlitz und Tütenärmeln im Mi-parti.) Aus der »Manessischen Liederhandschrift«. Um 1300–15. Universitätsbibliothek, Heidelberg.

Abb. 34. Frauen in geknöpften, seitlich geschlitzten Cotten mit gezattelten Hängeärmeln und Kruseler. Aus »Speculum humanae salvationis«. Um 1360.

Schnürung vertikaler Schlitze[313, 336] ein. Nach 1380 war es bis über die Taille hinaus knapp anliegend und vorn geknöpft, der Rock in Hüfthöhe faltig angereiht. Erstmals führte ein Dekolleté von Schulter zu Schulter. Die tiefliegende Taille wurde bei beiden Geschlechtern durch den Dusing betont, die insgesamt schlanke Silhouette durch Schnabelschuhe unterstrichen. Auch die Frau trug die Houppelande, seltener den Tappert, und in Norddeutschland die Heuke. Als modisches Beiwerk liebte man Handschuhe und Fächer. Im letzten Drittel des Jahrhunderts kamen in Frankreich und Italien auch für die Frau turbanartige Kopfbedeckungen mit einem breiten Wulstring, in Deutschland ein schmäler gewordenes Gebende, nach Mitte des Jahrhunderts der den Kopf weitgehend verhüllende Kruseler und in den Niederlanden die Diademhaube in Mode. Bei den niederen Ständen herrschte eine einfache Bundhaube vor. Der Adel gefiel sich dagegen in extravagantem Kopfputz.

Gegen Ende des 14. Jh.s kam es zu größeren Unterschieden in der Kleidung der einzelnen Völker, aber auch innerhalb der Nationaltrachten. Man konnte von nun an den Franzosen, Deutschen, Italiener oder Engländer an der Kleidung erkennen. Allerdings beschränkten sich die Besonderheiten auf einzelne Teile, z. B. die Kopfbedeckungen oder die Zoccoli (Stelzschuhe[234]) der Venezianerin.

In dieser Zeit entwickelte das französisch-niederländische Kostüm eine von keinem anderen Land erreichte Eleganz und Formenfülle. Das 1363 durch Philipp den Kühnen wiedererrichtete Herzogtum *Burgund* blieb bis zum Tod Karls des Kühnen 1477 kulturell und modisch tonangebend, der burgundische Hof der prächtigste Europas. Das Herzogtum, im Besitz weiter Teile der wirtschaftlich und kulturell am weitesten fortgeschrittenen Niederlande, vereinte deren großbürgerliche Lebensweise mit dem überfeinerten französischen Hofstil. So strahlte die burgundische Mode höfische Eleganz und bürgerliche Gediegenheit zugleich aus. Besonders hervorzuheben sind die prächtigen Stoffe der langen Houppelanden beider Geschlechter und als Aufputz Zatteln und Schellen. So extravaganter weiblicher Kopfschmuck wie Hennin[304] und Hörnerhaube[320] kamen in Mode. Neben Burgund reifte als zweites wirtschaftliches und kulturelles Zentrum Italien heran mit seinen reichen Stadtrepubliken und Fürstenstaaten.

Abb. 35. Herzogin Katharina von Böhmen (gest. 1395). (Kleid, Tasselmantel, Kruseler im Stil der Zeit um 1365–75.) Singertor am Stephansdom, Wien. Um 1365.

In der 1. Hälfte des 15. Jh.s hatten sich in den europäischen Adelszentren spezifische Moden ausgebildet. Während in Nord- und Mitteleuropa die burgundische tonangebend war, weisen Mittel- und Süditalien stärkere Bindungen an den Orient und an Spanien auf. Beim Mann dominierten mantelartige Obergewänder[255], so in Frankreich und England die Houppelande, in Burgund daneben der Tappert, der dann auch gerade in Deutschland zu finden ist, in Italien Giubberello, Giubbone und Zimarra, in Spanien Zamarro und Marlota. Der Tappert verkürzte sich um 1430 auf knappe Knielänge, wurde gegürtet und erhielt einen abstehenden Schoß[156]. Der junge Mann trug noch bis um 1420/30 die Schecke. Die Ärmel waren meist schleppend lang und ausgezattelt, etwa 1446–75 bevorzugte man – für die spätburgundische Mode charakteristisch – keulenförmige Ärmel, die Mahoître. Insgesamt dominierten turbanförmige Kopfbedeckungen, in Burgund der runde Biberhut und eine Art Spitzhut[354b], Letzterer auch in England. Das kurzgeschnittene Haar kämmte man vom Wirbel aus gleichmäßig nach allen Seiten. Bevorzugte Fußbekleidung waren das mit einer Ledersohle verstärkte Beinkleid und der Schnabelschuh in gemäßigter Form.

Das Kleid der Frau wurde faltenreicher, das Oberteil blieb allerdings anliegend[320, 484] und öffnete sich in Frankreich und Burgund zu einem spitzen Dekolleté, so dass im Ausschnitt das waagrecht abschließende untere Kleid oder die Gorge, ein Brusttuch, zur Geltung kamen. Venezianische Damen der Oberschicht trugen die Zimarra. Ein Schönheitsideal der Zeit war die hoch, z. T. bis zur Kopfmitte, ausrasierte Stirn. Die Ende des 14. Jh.s aufgekommenen Kopfbedeckungen wurden beibehalten, dazu kam in Italien der Balzo, in England gegen Ende des Jahrhunderts die Tudorhaube.

Obwohl das Mi-parti, besonders in der Herrenkleidung, beibehalten wurde und Farbenfreudigkeit herrschte, waren die Farben insgesamt gedämpfter. Herzog Philipp der Gute von Burgund (1419–67) bevorzugte überdies Schwarz, um sich von anderen abzuheben. Nach der Mitte des 15. Jh.s, mit dem Höhepunkt um 1480, erfuhren die Betonung des Vertikalen, das Spitze in der Linienführung und die Gespreiztheit im modischen Gebaren der höfischen Müßiggänger keine Steigerung mehr. Die Obergewänder insgesamt wurden wieder enger, das des jungen Mannes verkürzt. Der jugendliche höfische Geck trug einen kaum das Gesäß bedeckenden Rock, eine anliegende Strumpfhose mit ausgeprägter Schamkapsel und überaus lange Schnabelschuhe. Gegen diese extravertierte Kleidung bezog die Kirche wiederholt Stellung. Ständische Kleiderordnungen sollten möglichen Übertreibungen Einhalt gebieten.

Für die immer einflussreichere bürgerliche Gesellschaft als Träger von Wirtschaft und Kultur nach 1470 war der »Mantelrock«, die Schaube, ebenso repräsentativ wie bequem. Verzierungen wie Zatteln und Schellen fielen zugunsten von Pelzverbrämung weg. An die Stelle des Schnabelschuhs rückte der gemäßigtere Entenschnabel.

Die Frauenkleider verloren um die Mitte des 15. Jh.s ihren hemdartigen Schnitt. Das Oberteil erhielt vorn eine Schnürung[442], unter der das Hemd, ebenso wie unter den verkürzten und auf-

Abb. 36. Pfalzgraf (in einem dem späteren Giubbone ähnlichen Rock), Herzog von Sachsen (in Schecke und Dusing) und Markgraf von Brandenburg (in dem Giubberello ähnlichen Übergewand). Aus der »Goldenen Bulle«. 1400. Österreichische Nationalbibliothek, Wien.

Abb. 37. Rogier van der Weyden: Dreikönigsaltar. (Junger König in Giubbone, Ledersen, jüdischem Turbanhut mit Sendelbinde. Kniender König in Tappert, mit Gliedergürtel, Almosentasche, abgelegtem Judenhut.) Um 1455. Alte Pinakothek, München.

Abb. 38. Herzog Philipp der Gute von Burgund (in Houppelande, Schapperon), seine Gattin (im Kleid mit Gorge, Schmetterlingshaube) und Hofstaat. Aus einer Handschrift der flandrischen Privilegien. Zwischen 1454 und 1467. Österreichische Nationalbibliothek, Wien.

Abb. 39. Jan Gossaert (?): Kalenderblätter aus dem »Breviarium Grimani«. (Links: Frau im Arbeitskleid mit Miederoberteil und Rock, Schürze, Strohhut. Rechts: Frauen in Surkot mit Gorge, gezattelten Flügelärmeln und Schapperon, Kalotte. Mann mit Giubbone und Gürteltasche. Jüngling mit Wams, geschlitztem Kamisol, Hemd, Strumpfhose, Schnabelschuh, Schapperon.) Um 1500. Bibliotheca Marciana, Venedig.

geschlagenen Ärmeln, mehr oder weniger sichtbar wurde. Der Rock war nur knöchellang oder, wenn länger, hochgeschürzt. Die Schürze kam auf. Diese Kleidung hielt sich in der bäuerlichen Tradition und ging in deren Tracht ein.

Im 15. Jh. zeigt sich ein stärkerer Einfluss der Mode auf die Kleidung der körperlich arbeitenden Bevölkerung, die mit fortschreitender Entwicklung der Färbereien an Farbigkeit gewann. Bauern und Handwerker trugen engere Röcke oder die Schecke, auch das Wams anstelle der Kittel. Übergewand konnte der unmodern gewordene Tappert aus gröberem Wollstoff und ohne Pelzverbrämung sein. Separate Beinlinge oder eine Strumpfhose, die, um mehr Bewegungsfreiheit zu geben, nur leicht oder gar nicht an Wams oder Leibgurt gebunden wurden[310], bedeckten den Unterkörper.

Renaissance

Um 1500 besaß kein europäisches Land eine Vormachtstellung in der Mode. Es herrschten regionale Unterschiede und Individualität in Schnitt und Ausführung der Kleidung. Um 1480 – nachdem die enge Kleidung, von allen Schichten der Bevölkerung angenommen, kaum mehr Bewegungsfreiheit zugelassen hatte – begann man zuerst in *Italien,* die engen Ärmel beider Geschlechter an Achseln und Ellenbogen aufzuschlitzen. Beim Mann wurden die engen Strumpfhosen an den Oberschenkeln und etwas später an den Knien geschlitzt[311], so dass das Futter oder ein separat unterlegter Stoff zur Geltung kamen. Damit war die mit Unterbrechungen bis in die 1. Hälfte des 17. Jh.s herrschende Mode der Schlitze eingeleitet.

In *Deutschland* erhielt das Wams unter dem Einfluss der Frauenmode einen tiefen, spitzen Ausschnitt, der durch Schnürung locker zusammengehalten und vom ebenfalls halsfernen Hemd oder mit einem Brusttuch unterlegt war. Dieser tiefe Halsausschnitt hielt sich bei Stutzern bis um 1530.

Die Frauenkleidung zeigte ähnliche Veränderungen wie die des Mannes. Sie gingen ebenfalls von der zukunftweisenden italienischen Mode der Frührenaissance aus. Das anliegende Oberteil, »Mieder« oder »(Schnür-)Leibchen« genannt, öffnete sich um 1480 zuerst in Italien in der vorderen Mitte und wurde dort geschnürt, so dass das Hemd oder ein Brusteinsatz zum Vorschein kamen. Durch Schlitze wurden die anliegenden Ärmel erweitert. Damit erhielt erstmals das Hemd modische Bedeutung. Während in Frankreich das spitze Dekolleté mit Brusteinsatz erhalten blieb, wurde es in den meisten anderen europäischen Ländern großzügig rund bis viereckig. Die Taille rückte an die natürliche Stelle hinunter, wo der Rock faltig angereiht war; der Saum konnte auch rund, ohne Schleppe abschließen. Zuweilen war durch einen vorderen Rockschlitz oder durch Anheben des Rockes ein aus kostbarem gemusterten Stoff bestehender unterer Rock zu sehen. In Spanien wurde bereits um 1470 der Kleidrock sichtbar mit Gertenringen abgesteift (‣Reifrock).

Abb. 40. Lukas Cranach d. Ä.: Porträt einer sächsischen Adligen. (Kleid mit Miederoberteil, Koller, Halshemd, Kalotte.) 1534. Musée des Beaux-Arts de Lyon.

Abb. 41. Ottheinrich von der Pfalz (mit besticktem Hemd, Brusttuch, Faltrock, Schaube, Barett). Aus einem Gobelin. 1535. Heimatmuseum, Neuburg a. d. Donau.

Mit dem 16. Jh. waren die mittelalterlichen Standesprivilegien endgültig überwunden. An ihre Stelle trat der Reichtum des Geldadels, das Patriziat, dessen Prachtentfaltung nicht mehr hinter jener der Fürsten zurückstand. In den Kleiderordnungen mussten ihm Rechte gegeben werden, die zuvor nur dem Rittertum zustanden. Das reichsstädtische Patriziat und die Fürstenhöfe wurden Schöpfer und Träger der Kultur wie der Mode.

In der 1. Hälfte des 16. Jh.s kam es in *Deutschland* – neben *Italien* – zu einer allerdings nur kurzen kulturellen Hochblüte. In Kaiser Maximilian I. hatten Kunst und Kultur einen großen Mäzen; und danach rückte die Reformation Deutschland in den Brennpunkt der europäischen Welt.

Neu war das Interesse an Kostüm-Darstellungen, d. h., modische Dinge waren nunmehr wert, um ihrer selbst willen betrachtet und wiedergegeben zu werden. Dies beweisen eine Reihe von in der 1. Hälfte des Jahrhunderts veröffentlichten Trachten- und Kleiderbüchern sowie Modegraphiken (‣Modejournale). Außerdem trat das Porträt, das den individuellen Menschen und seine besondere Kleidung zeigt, in den Mittelpunkt künstlerischen Interesses.

Die Kleidung der Oberschicht hatte nunmehr einen insgesamt repräsentativen, aber bequemen bis behäbigen Charakter. In der Gesamtsilhouette dominierte nicht mehr die Vertikale wie noch um 1480, sondern die Horizontale.

Zur männlichen Kleidung gehören Schaube, Barett und Kalotte, sichtbares Wams bzw. Faltrock oder Koller und Hemd, Strumpfhose oder bereits eine Kniehose mit betonter Schamkapsel, der Braguette, sowie die breiten Kuhmaulschuhe. Auf die dekorativen, meist mit farbigem Futter unterlegten Schlitze verzichtete weder das Barett noch das Wams, die Hose oder der Kuhmaulschuh[235]. Mit dem in der Beinbekleidung noch beibehaltenen Mi-parti brachten sie eine gewisse Buntheit in die sonst dunkel, meist schwarz gehaltene Kleidung. Indessen waren es die Landsknechte, die in Deutschland Modisches auf die Spitze trieben. Sie, die zu Fuß kämpfenden Söldner der Kaiser Maximilian I. und Karl V., wollten so ihre Unabhängigkeit zum Ausdruck bringen. Sie übertrieben die Mode des »Zerhauenen« oder »Zerhackten«, wie die Schlitze auch genannt wurden, bis zum Äußersten. Ihre Kleidung konnte in über 5000 bogen- oder S-förmige sowie blumen- oder sternartige Schlitze aufgelöst sein, die nicht eingeschnitten, sondern eingeschlagen oder eingebrannt waren. Keine Kleiderordnung und keine Behörde konnten ihren modischen Eskapaden Einhalt gebieten. Maximilian I. soll gesagt haben: »Lasst sie doch gehen, bei ihrem unseligen und kümmerlichen Leben muss man ihnen einen Spaß gönnen.«

Abb. 42.
Melchior Feselen: Heerlager mit Landsknechten. Aus »Der Etruskerkönig Porsenna entläßt Cloelia in die Freiheit«. 1529. Alte Pinakothek, München.

Abb. 43. Hans Holbein: Jane Seymour (in Tudorhaube). 1536. Kunsthistorisches Museum, Wien.

Abb. 44. Hans Sebald Beham: Hochzeitsgäste. (Mann mit einfacher Schaube und Schapperon, Frau mit Bundhaube.) Um 1540. Albertina, Wien.

Abb. 45. Bernhard Strigel: Sibylle von Freyberg (mit Kugelhaube). Um 1513. Alte Pinakothek, München.

Trotz starker Differenzierung zwischen Männer- und Frauenkleidung waren beiden Geschlechtern Schaube und Barett gemeinsam. Die Frauenschaube, lang, aber nicht so weit wie die des Mannes, zierte ein schmaler Umlege- oder Stehkragen. Das Oberteil des Kleides blieb vorn weiterhin geschnürt und zeigte einen meist kostbaren Brustlatz. Frankreich und England ließen das Oberteil geschlossen; es wurde über der Brust ausgepolstert, so dass die weiblichen Formen weniger betont zur Geltung kamen. Zudem stieg das Dekolleté in der Mitte an. Ansonsten wurde das Dekolleté in der bürgerlichen Mode nach 1520 mit dem hochgeschlossenen und über der Brust gefältelten Hemd oder dem Koller verhüllt, während es die höfische Mode unbedeckt ließ. Das Festkleid besaß eine Schleppe. Den Kopf bedeckte die Frau in Nord- und Westdeutschland sowie in den Niederlanden mit einer weißen, über einem Drahtgestell arrangierten Leinenhaube483, in Süddeutschland mit der Kugelhaube353, während die Patrizierin das Barett bevorzugte. Die adelige Engländerin trug die heute so genannte Tudorhaube.

Wichtige modische Accessoires waren zu dieser Zeit neben Handschuh und Fächer das nur als Ziertuch dienende Taschentuch (‣Fazzoletto), das Flohpelzchen und die Schürze.

Große Aufmerksamkeit schenkten nun beide Geschlechter der Ausstattung der Leibwäsche, dem Hemd und dem Nachthemd. Mitte des Jahrhunderts adaptierte die Frau der Oberschicht die Unterhose.

Die Verbürgerlichung der Mode, die im Grunde nur eine neue Privilegienaufteilung war, brachte dem Bauern- und Handwerkerstand keineswegs größere Freiheit der modischen Entwicklung. In Deutschland bewirkte das Scheitern der Bauernkriege von 1524/25 ein Stagnieren des Modischen in der bäuerlichen Kleidung, die sich damit mehr und mehr zu einer den bäuerlichen Lebensbedingungen angepassten Tracht entwickelte.

In der 2. Hälfte des Jahrhunderts gipfelte die Monarchie im Absolutismus und stellte Kunst und Mode in ihre Dienste, auf die zugleich die katholische Kirche großen Einfluss gewann. Die Kleidung erhielt wieder ausgesprochen aristokratischen Charakter. Unter »Mode« im engsten Sinn verstand man fortan nur noch die höfische Kleidung. Sie unterwarf sich dem Vorbild Spaniens, das in Politik, Wirtschaft, Kunst und Mode dominierte, obgleich sich nationale Verschiedenheiten – ausgenommen der österreichische Habsburgerhof mit streng spanischem Zeremoniell – ausprägten; bis 100 Jahre später der Siegeszug der französischen Mode alle Unterschiede aufhob. Beispielsweise hielt in Deutschland der protestantische Norden zäher an der Kleidung der Reformationszeit fest, während der katholische Süden, wenn auch bedingt, das spanische Zeremoniell akzeptierte. Das Bürgertum büßte seinen kurzfristigen Einfluss auf die Mode ein und blieb bis gegen Ende des 18. Jh.s hinter ihr zurück. Die Stände waren wieder stärker modisch differenziert, Kaufleute gingen anders gekleidet als Handwerker, diese unterschieden sich ihrerseits von Bauern und Landsknechten. Desgleichen traten Amts- und Berufstrachten hervor, die an Althergebrachtem, wie der Schaube und dem Barett, festhielten.

Abb. 46. Kaiser Maximilian II. (in Capa, Wams, Spanischer Hose mit Schamkapsel) mit Gattin (in Kleid und Ropa mit Fazzoletto) und Kindern. 1553. Kunsthistorisches Museum, Wien.

Abb. 47. Deutscher Höfling in Pluderhose mit Schamkapsel, Capa, hohem Barett. Aus Hans Weigels Trachtenbuch. 1577.

Abb. 48. Leipziger Ratsherr mit Schaube und Toque. Aus Hans Weigels Trachtenbuch. 1577.

Abb. 49. Urteil des Salomon. Polsterstickerei. (Links: Capa, Culot, Fallkröse. Rechts: Geschlitztes Wams mit Gänsebauch, »Venezianer«-Pumphose, Schulterkragen.) Um 1605. Hardwick Hall, Derby.

Abb. 50. Sir Walter Raleigh (in Heerpauke mit Canons, Albanischem Hut) mit seinem Sohn (bereits mit Schlumperhose und Umlegekragen). 1602. National Portrait Gallery, London.

Die Mode der spanischen Aristokratie der Zeit um 1550–1618/20 ist in die Kostümgeschichte als *Spanische Mode* eingegangen und durch Porträts, Graphiken und erhaltene Kostüme recht gut belegt. Kennzeichnend sind sehr steife, jegliche Körperform negierende Gewänder, die eigenen, künstlichen Formen folgen. Voraussetzung dafür war die Absteifung aller Gewandteile, wodurch auch jede individuelle Faltenbildung vermieden wurde. Die Spanische Mode wollte kühle Zurückhaltung, Gemessenheit, bewusste Strenge, ja Steifheit ausstrahlen, woraus sich auch die Bevorzugung von Schwarz ableitet, verbunden mit Eleganz, Reichtum und Prunk.

Obergewand der Männerkleidung war, in Spanien neben Ropilla und Sayo, das vollkommen mit Werg abgesteifte Wams, dessen Schultern durch Achselwülste verbreitert wurden. Auch konnten zwei Wämser, eines mit, das andere ohne Ärmel, übereinander oder der Koller über dem Wams angelegt werden. Für Höflinge und Edelmänner gab es als mantelartigen Überrock das Mandilion. Über dem Stehkragen des Obergewandes wurde die bis Anfang des 17. Jh.s so charakteristische Halskrause umgelegt, als Pendant dazu um das Handgelenk die Handkrause. Die sog. Spanische Hose, im Deutschen umgangssprachlich »Heerpauke« oder »Melonenhose«[312], war etwa oberschenkellang und erhielt durch Ausstopfen mit Werg, Kleie oder Rosshaar ihre charakteristische runde Form. An die Hosenbeine konnten Canons angefügt sein. Schlitze blieben in gemäßigter Form erhalten, doch kam durch die prallen Formen der Unterstoff nicht mehr zur Geltung. Als Übergewänder, meist standesmäßig unterschieden, trug man steife Umhängemäntel, wie Capa und Capa magna. Außerdem gab es Ferreruolo, Boemio und Marlota sowie Balandran und Fieltro. Nach 1580 versteiften sich mit dem Spanischen Hut die Kopfbedeckungen. Als Beinbekleidung dienten Strümpfe, die meist innen an die Hosenbeine genäht wa-

ren, und gamaschenartige Canons. Sehr kostbare Strümpfe waren aus Seidengarn gestrickt und hinten zusammengenäht. 1589 erfand der Engländer William Lee den Strumpfwirkstuhl. Aber auch die mechanisch gestrickten Strümpfe blieben der Oberschicht vorbehalten. Einfache Bürger und Bauern trugen genähte Strümpfe aus Leinen oder Wollstoff, seltener handgestrickte Wollstrümpfe. Man hatte absatzlose Schlupfschuhe, die in etwa der Fußform angepasst waren, ohne jedoch rechts und links zu unterscheiden.

Außerhalb Spaniens zeigte die Herrenkleidung einige Besonderheiten: In Frankreich bildete das Wams den charakteristischen, »Panseron« genannten Gänsebauch[503], die Hose wurde zum extrem kurzen, d.h. bereits vollkommen beinlosen Culot. Die Pumphose war in England wie in Deutschland verbreitet, wo außerdem die Pluderhose[433] der deutschen Landsknechte, die auch der Bürger annahm, in Mode kam – ein frühes Beispiel für die Übernahme eines Kleidungsstückes vom unteren Stand in die Mode eines höheren. Allen Hosenformen war noch die ausgeprägte Schamkapsel eigen.

Die höfische Kleidung der Spanierin bestand aus dem Manteau, einer Art Mantelkleid, der sich aus dem steifen Mieder mit Achselwulsten, darunter angenestelten, anliegenden oder offenen Hängeärmeln und hohem Stehkragen sowie dem ebenfalls abgesteiften Rock zusammensetzte. Vorn war der Manteau anfangs durchgehend mit Nesteln oder Haken und Ösen geschlossen und nach 1570/75 (besonders außerhalb Spaniens) im Rock zu einer Dreiecksform geöffnet, die ein unterer Rock, der Jupe, ausfüllte. Der abgesteifte obere Rock fiel faltenlos über den kegelförmigen, über waagrechte Rohrreifen gespannten Reifrock (▸Basquina). In Spanien unterschied man zwischen der vorn nur über der Brust geschlossenen Marlotte und der vorn offenen Ropa. Auch gab es das einteilige Kleid (in Spanien »Saya« genannt) aus kostbarem, meist hellfarbigem Stoff und die Marlota. Über dem Ober-

Abb. 51. Nicolas Eliasz: Porträt einer jungen Frau (in Regentinnen-Kostüm mit Flügelhaube). 1. Hälfte des 17. Jh.s. Paul Getty Museum, Malibu.

Abb. 52. Prunkkostüm des Mannes. Um 1604. Historisches Museum, Dresden.

Gegenüberliegende Seite (von l. o. nach r. u.):

Abb. 53. Unbekannter Meister: Adelige Dame (in Marlotte mit Ropaärmeln, Halskrause, Fächer). Um 1620. Nationalmuseum, Lissabon.

Abb. 54. Vornehme Venezianerin mit geschnürtem Kleid und Fahnenfächer. Aus Cesare Vecellios »De gli habiti antichi et moderni«. 1590.

Abb. 55. Bäuerin aus Frankreich (mit Miederoberteil, geschürztem Rock, Strohhut). Aus Hans Weigels Trachtenbuch. 1577.

Abb. 56. Unverheiratete Frau aus Meissen (mit Harzkappe, plissierter Schürze, Kalotte). Aus Hans Weigels Trachtenbuch. 1577.

Abb. 57. Maria de' Medici (mit Vertugade en Tambour und Medicikragen). Um 1590/1600. Uffizien, Florenz.

gewand konnte die Berne[153] drapiert sein. Da das Obergewand einen mantelartigen Charakter hatte, waren Übergewänder bei der Frau selten. Die Patrizierin konnte allerdings auch den Spanischen Mantel, die Capa, tragen.

Außerhalb Spaniens gab es in der adeligen Damenmode als Abwandlung des Manteaus in Deutschland den Weiten Rock, in Holland den Vlieger mit dem Borst[51], in Frankreich die Marlotte[337] und den Manteau, der in England »Mantua« genannt wurde, mit extrem tiefer, in den Schoß hinabreichender Schnebbe, in Italien die Gamurra[153] neben der Form des spanischen Manteaus mit spitzer Schnebbe und faltig angereihtem Rock. In den vom Habsburgerreich unabhängigen Gebieten Italiens blieb das Kleid anstelle des Manteaus in Mode. Außerdem zeichnete sich die französische, englische und italienische Mode durch Beibehalten eines Dekolletés und verschiedener Kragenformen neben einer vorn offenen Halskrause aus. Als Übergewand kannte man speziell im Norden Europas die Harzkappe[56], in Deutschland und den Niederlanden auch noch Heuke[306, 318] und Schaube. Von Katholikinnen wurde in Frankreich, England und Deutschland die Attiffet[134] bevorzugt, die in Deutschland »Stuarthaube« hieß. In England trug Königin Elisabeth I. das Haar hochgesteckt und meist ohne Bedeckung. Nach 1575/80 nahm in Frankreich und England der Reifrock eine Tonnenform an, »Vertugade en tambour« (›Trommelreifrock‹) genannt. In Frankreich begegnet außerdem bereits 1583 das Hochraffen des oberen Rockes.

Die Bürgerin trug ein Kleid aus Mieder und Rock oder, wie auch in bäuerlichen Kreisen, eine Schoßjacke (‣Jacke, ‣Jubón, ‣Kamisol) und einen separaten, faltig gereihten Rock. Letzterer wurde durch zahlreiche Unterröcke und gegen Ende des Jahrhunderts durch ein Hüftpolster, jedoch nie durch einen Reifrock unterstützt. Die Hüftrolle setzte sich außerhalb Spaniens zu Anfang des 17. Jh.s auch in höheren und höchsten Ständen anstelle des Reifrocks durch.

Barock

Die Mode des 17. Jh.s wird im Allgemeinen eingeteilt in den Frühbarock (die Zeit des Dreißigjährigen Kriegs, 1618–48), den Hochbarock (etwa 1650–75, die Zeit der Rheingrafenhose, die um 1655 aufkam) und den Spätbarock (etwa 1675–1715) unter dem tonangebenden französischen König Ludwig XIV. (1643–1715).

Der Einfluss der Spanischen Mode reichte noch bis etwa 1618/20, obgleich Spaniens politische und wirtschaftliche Macht bereits Ende des 16. Jh.s zu schwinden begann. Am Madrider und Wiener Hof hielt sich die Spanische Mode, mit wenigen Konzessionen an den jeweils herrschenden Kleidungsstil und unter geringfügigen Veränderungen, als höfische Zeremonialtracht sogar bis ins 18. Jh. In den von Spanien abhängigen Gebieten, z.B. Genua, Neapel, Holland (in dessen Regenten- und Regentinnen-Kostüm), blieben Formen der Spanischen Mode bis um 1660, z.T. auch länger, erhalten.

Abb. 58. Großherzog Ferdinand II. von Toskana (in Wams, Schulterkragen, Pumphose und Stulpenstiefeln). 1630/32. Kunsthistorisches Museum, Wien.

Abb. 59. Bartholomeus van der Helst: Gastmahl im St. Georgs-Schützenhaus zur Feier des Friedensschlusses zu Münster (Ausschnitt). 1648. (Mann in Hongreline mit Offiziersschärpe, Röhrenhose, Strumpfband, Schlapphut mit Straußenfedern.) Rijksmuseum, Amsterdam.

Abb. 60. Sebastian Vrancx: Wallfahrer bei einer Stadt. (Mann links mit Wams, Pumphose, Golilla und Valona, Rubenshut. Frau in der Mitte mit geschürztem Manteau und sichtbarer Kragenstütze. Frau rechts mit Tipheuke und Borstwams.) 1622. Alte Pinakothek, München.

Noch vor Ausbruch des Dreißigjährigen Kriegs machte sich in Europa eine Lockerung der Gewandformen bemerkbar. Polsterungen und Versteifungen des Wamses verschwanden allmählich; die Hosenformen wurden einfacher, die geschlossene, wadenlange Schlumperhose löste, besonders in Deutschland und den Niederlanden, die geschlitzte Pluderhose ab, oder es dominierte die Pumphose. Die Frauenkleidung übernahm, wie bereits erwähnt, Hüftpolster und Unterröcke auch in aristokratischen Kreisen anstelle des Reifrocks. Die Halskrause gewann zwar noch an Umfang, wurde jedoch nicht mehr so extrem abgesteift. Leichtere Tafte und Wollstoffe ersetzten die schweren Brokate und Samte; die Farben hellten sich auf, auch liebte man Pastelltöne, während im 2. Viertel des Jahrhunderts besonders in der Männerkleidung wieder dunkle Farben vorherrschten.

Der Dreißigjährige Krieg (1618–48, FRÜHBAROCK) trennte zeitlich die beiden großen höfischen Moden, die steife spanische von der verspielten französischen.

Während des Kriegs bestimmte beim Mann die Kleidung des Soldaten den Geschmack, wobei die modischen Veränderungen bereits von *Frankreich* ausgingen. Das Wams wurde lockerer, die Taille rückte an die natürliche Stelle oder etwas höher hinauf, der breite Schoß setzte sich im 3. Jahrzehnt aus einzelnen, abgesteiften Teilen, den Flasques, zusammen und war später geschlossen. Brust und Ärmel des Wamses erhielten wieder Schlitze, jedoch nur senkrechte. Über dem Wams konnte das Koller[348] getragen werden. Nach 1630 fiel ein breiter, mit Spitzen verzierter Schulterkragen aus feinem Leinen über die Schultern des Wamses. Der einfache Soldat trug einen etwa oberschenkel- bis knielangen Leibrock, aus dem sich nach 1670 der Justaucorps entwickelte. Einen weiteren Einfluss brachte das Interesse für östliche Lebensstile, wobei nicht immer zwischen »ungarisch«, »polnisch«, »türkisch«, »moskowitisch« oder gar »japonisch« und »kinesisch« unterschieden wurde. Dortige Rockformen wie Kaftan und Kasack fanden insbesondere in die Hauskleidung in abgewandelter Form Eingang.

Nach 1625 setzte sich, von Frankreich ausgehend, eine etwa wadenlange, mäßig weite Röhrenhose[457], in Frankreich »Pantalon« genannt, durch. Konservative Kreise aber bevorzugten noch die Knie- oder Pumphose. Aus dem kurzen, steifen Spanischen Mantel wurde ein etwa knielanger, weicher Radmantel, der, im 2. Viertel des Jahrhunderts renommistisch über eine Schulter drapiert, in Frankreich »à la Balagny«, in Deutschland »Imponiermantel« genannt wurde. Dazu gehörte ein mit einer wehenden Straußenfeder verzierter Schlapphut und halblanges, wehendes Haar mit einer seitlichen, längeren Haarsträhne, der Cadenet. Den Schuh verdrängte der Stulpenstiefel, der als Becherstiefel, ausgefüllt mit einer Art von Manschetten, den Canons, auch vom Kavalier im Salon getragen wurde. Die gesamte Kleidung wurde vom bürgerlichen Stutzer mit Schleifen, Bändern und anderem billigen Schmuck überladen. Der Stutzer hieß in Frankreich und in Deutschland »Monsieur à la mode« oder »À-la-mode-Kavalier«[131]. So tauchte erstmals im Deutschen der Begriff »Mode« auf.

In der Frauenmode traten Veränderungen des Schnitts etwa 15 Jahre später als in der Männermode ein. Nach etwa 1635 fielen allgemein alle Hüftverbreiterungen weg, mit Ausnahme der spanischen Hofmode und dem holländischen Regentinnen-Kostüm. Der Rock wurde nun seitlich in lockere Falten gelegt und nur mäßig durch Unterröcke aufgebauscht. In Anlehnung an das Wams des Mannes erhielt das Oberteil des Kleides, das Mieder, mehr oder weniger breite, geschlitzte Schoßteile, während sich vorn eine tiefe, mit dem Blankscheit versteifte Schneppe in den Schoß senkte. Die Ärmel waren bauschig weit bis keulenförmig und durch Schlitze und Puffe unterteilt. Nach 1640 wurden die Ärmel dreiviertellang und enger. Anstelle des Kleides konnte auch eine einfache, dem Soldatenrock abgeschaute Jacke oder eine modische Schoßjacke getragen werden. Gleichzeitig mit dem

Abb. 61. Anton van Dyck: Königin Henrietta Maria von England mit ihrem Hofzwerg. (Kleid mit wamsähnlichem Oberteil und Schulterkragen, Schlapphut.) Um 1633. National Gallery of Art, Washington.

Abb. 62. Diego Velazquez: Infantin Maria Theresia (in Schoßjacke (Basquina) und Reifrock). Um 1650. Kunsthistorisches Museum, Wien.

Mann, um 1630, nahm auch die Frau den flachen, breiten Spitzenkragen an, zusammen mit einem Dekolleté. Die Bürgerin bedeckte es mit einem Dekolletékragen, der später so genannten Palatine. Anstelle von Perlen und Edelsteinen wurden nunmehr Bänder, Schluppen und Nesteln sowie Spitzen, die nicht minder kostbar sein konnten, als Verzierung geschätzt.

Von dieser Mode nach französischem Geschmack für Mann und Frau unterschied sich die Mode in Spanien und den davon abhängigen Gebieten sowie in Holland, England und Teilen Deutschlands am auffälligsten.

In *Spanien* wurde die Halskrause des Mannes 1623 wegen des zu hohen Spitzenverbrauchs durch die Golilla[379] ersetzt, die in ähnlicher, breiterer Form auch die Frau an-

Abb. 63. Pieter de Hooch: Die Einladung. (Offizier in Wams, Koller mit Baudrier, Rockhose. Frau mit Matinee, Schürze.) Um 1663. Germanisches Nationalmuseum, Nürnberg.

Abb. 64. Cornelis de Vos: Familienbild. Um 1620. Wallraf-Richartz-Museum, Köln.

Abb. 65. Herzog Gustav Adolf von Mecklenburg-Güstrow (in Rheingrafenkleidung mit Baudrier, Becherstiefeln und Canons). Um 1655. Schloss Frederiksborg, Hillerød.

Abb. 66. Erzherzogin Maria Antonia (in typisch hochbarockem Kleid mit Schneppe). Um 1680/84. Kunsthistorisches Museum, Wien.

nahm. Der Mann trug noch 1625 eine eng anliegende Pumphose, während die Frau den Reifrock des 16. Jh.s beibehielt, der um 1650 eine ovale, vorn und hinten abgeflachte Form erhielt, welche durch einen breiten, abstehenden Schoß des Oberteils noch betont wurde. Wohl aus der französischen Mode stammt ein nunmehr flaches, ovales, von einem anliegenden Kragen gerahmtes Dekolleté. Diese als »Infantinnentracht«[62] bezeichnete Modesilhouette hielt sich bis gegen Ende des 17. Jh.s (Anschluss an die herrschende französische Mode erlangte der spanische Hof erst im Jahr 1706, als die Bourbonen den spanischen Thron bestiegen.)

In den nördlichen *Niederlanden,* etwa dem Gebiet des heutigen Holland, stand die Kleidung des wohlhabenden und gesellschaftlich tonangebenden Bürgertums in Opposition zur höfischen, an Frankreich orientierten Mode; ein Teil der holländischen Jugend folgte jedoch der französischen À-la-mode-Kleidung[60]. Das konservative sog. Regenten- und Regentinnen-Kostüm[51] dagegen hielt bis etwa 1660 an überkommenen Formen der Spanischen Mode, wie auch am Schwarz, in der gesamten Kleidung fest.

In *England* herrschte 1642–49 offener Bürgerkrieg. Hier war die Kleidung Ausdruck politischer Gesinnung. Die »Kavaliere« der Königspartei gingen nach der allgemein höfischen Mode und dementsprechend mit langem, gelocktem Haar, während die Puritaner einfachst und ohne jegliche Verzierungen gekleidet waren und kurzes, rundgeschnittenes Haar trugen, weshalb sie als »Roundheads« (›Rundköpfe‹) bezeichnet wurden. Die nach Nordamerika ausgewanderten Puritaner und Quäker nahmen ihre Kleidung mit in die Neue Welt: einen einfachen, dunklen bis schwarzen Tuchrock, ein Hemd mit Stehkragen und einfacher Halsbinde und den Quäkerhut. Diese Kleidung lebte in der Kolonistenkleidung bis ins 19. Jh. weiter.

Im HOCHBAROCK, den Jahrzehnten nach dem Dreißigjährigen Krieg, um 1650–75, lässt sich zunächst keinem europäischen Land eine kulturelle Vormachtstellung bescheinigen. Mitte des Jahrhunderts erfuhr die bereits verhältnismäßig legere Kleidung des Mannes eine weitere Lockerung, indem sie den militärischen Charakter ablegte. Der adelige, aber auch der bürgerliche Kavalier erschien nun in der Rheingrafenhose, einer Art weiter, knielanger Rockhose, die 1655 durch den holländischen Gesandten in Paris, Karl Florentin Rheingraf zu Salm, in Mode gebracht worden sein soll. Zur Rheingrafenhose gehörte ein bis unter die Brust verkürztes, vorn offenes

Wams mit dreiviertellangen Ärmeln. Zwischen diesem und der Hose bauschte das Hemd hervor, ebenso an den Unterarmen. Diese »Rheingrafentracht«[331] war üppigst mit Bandschmuck, Schleifen, Rosetten oder Schluppen und den zu breiten Volants gewordenen, um die Waden gelegten Canons verziert. Das Haar war zu einer »Pudelfrisur« (so die umgangssprachliche deutsche Bezeichnung) gekräuselt. Die Schuhe zierte eine große Schleife. Diese Mode, in der sich auch der junge französische König Ludwig XIV. gefiel, hielt sich bis längstens 1680.

Abb. 67. Unbekannter Meister: Graf Otto Heinrich von Sinzendorff (in Justaucorps, Weste mit Amadis, Krawatte mit separaten Schleifen). Um 1685/90. Germanisches Nationalmuseum, Nürnberg.

Dagegen zeigte die Kleidung der Frau während des Hochbarock eine ausgeglichenere, ja z. T. verhältnismäßig strenge Linie. Der Schnitt des Kleides änderte sich insofern, als die Schoßteile des Mieders unter dem Rock lagen und nur die tiefe Schneppe sich außen sichtbar in den Rock hineinsenkte. Das Dekolleté schloss nun die Schultern mit ein und wurde von einem dünnen Batistkragen oder Gazeschleier gerahmt. Der meist ungemusterte Seidenstoff schimmerte durch die lockere Fältelung des Rocks in malerischem Schattenspiel. Die Kleidung der einfachen Bürgerin bestand aus Jacke und Rock. Die modische Frisur, bei der das Haar am Oberkopf glatt und seitlich zu Lockentuffs arrangiert wurde, wirkte jugendlich und ungezwungen.

Mit der Übernahme aller Regierungsgeschäfte durch König Ludwig XIV. nach Kardinal Mazarins Tod 1661 begann die über ein Jahrhundert währende kulturelle Vormachtstellung *Frankreichs.* Ludwig XIV. wurde zum Inbegriff des absoluten Monarchen, der von den Herrschern ganz Europas in der Regierungsweise, als Kunstmäzen und in der gesamten Lebensführung einschließlich der Kleidung nachgeahmt wurde. Man kann bis um 1770 mit Recht von einer gesamteuropäischen, von Frankreich ausgehenden Mode sprechen, wie auch Französisch zur Sprache der Mode wurde. Nationale Eigenheiten blieben lediglich auf ländliche und kleinbürgerlich-städtische Kleidung beschränkt. Die Mode um 1670–1770, also des SPÄTBAROCK und ROKOKO, war im Grunde eine ausschließlich höfische, Ausdruck von Lebensstil und geistiger Haltung der höfischen Elite. Sie war von der Kleidung der subalternen Stände getrennt, wenn sich auch das Bürgertum mehr oder weniger in Nachahmungen versuchte. Die für jeden Stand adäquate Kleidung und Verzierung wurde wiederholt in Kleiderordnungen festgelegt.

Die Zeit um 1660/65 setzte mit einem völlig neuartigen Anzug in der Männerkleidung eine einschneidende Zäsur. Ludwig XIV. zeigte sich während seiner Aufenthalte beim Heer immer häufiger in der Kleidung seiner Soldaten, dem knielangen Schoßrock, und machte diesen allmählich hoffähig. (Gleichzeitig mit dem stehenden Heer wurde eine einheitliche militärische Uniform eingeführt, worauf sich Schneiderwerkstätten spezialisierten; diese Neuerung entwickelte technische Grundlagen für die spätere Konfektion.) Der weite, lose Soldatenrock wurde für die Zivilkleidung mehr den Körperformen angepasst, weshalb er in Frankreich »Justaucorps« (›eng am Körper‹) genannt wurde. Zum etwa knielangen Justaucorps eine fast ebenso lange und lang-

Abb. 68. François Marot: Ludwig XIV. gründet den Orden von St. Michel. (Rückenfigur links: Justaucorps mit Grelots.) 1710. Schloss, Versailles.

ärmelige Weste, ein Hemd mit Halsbinde und eine Kniehose, die Culotte, zu tragen wurde allmählich die Regel. Er hielt sich uneingeschränkt unter geringfügigen modischen Änderungen bis zum letzten Viertel des 18. Jh.s. Nur anfangs, um 1670, zeigen Modeblätter unter dem Justaucorps noch das kurze Wams und die Rheingrafenhose. Justaucorps, lange Weste, Kniehose und Dreispitz gehörten sowohl dem Adel als auch dem Bürgertum, unterschieden sich jedoch grundlegend durch den Stoff (»adelige« Seiden-, Brokat- und später Samtstoffe gegenüber »bürgerlichen« Wollstoffen) und durch die höfische Verzierung (Stickereien, kostbare Borten und Knöpfe), abgesehen vom reichen französischen Justaucorps à brevet, der nur dem König und 60 auserwählten Höflingen zustand. Der Adelige fiel außerdem durch rote Absätze und besondere Schuhschnallen, durch weiße Seidenstrümpfe und die nach 1680 entwickelte Allongeperücke auf, die nach 1703, weiß gepu-

Abb. 69. Dame in der Mode à la Fontange mit Muff. Herr mit Justaucorps, Muff, Krawatte à la Steinkerke, Perücke à la Fontange de deux points. Um 1693.

dert, Staatsperücke war. (Stiefel wurden allein zur Jagd und vom Berufsreiter und Kutscher getragen.) Modisches Beiwerk waren Handschuhe, Muff und Degen, wobei Letzterer an die ritterliche Vergangenheit des adeligen Standes erinnern sollte.

Die Damenmode verfolgte seit dem Hochbarock eine eigenständige, von der Männerkleidung unabhängige Linie, ja beeinflusste von nun an in Details die Herrenmode mehr als umgekehrt, ganz im Gegensatz zu früher. In den 1670er Jahren änderte sich – von Frankreich ausgehend – die Modesilhouette der adeligen Dame zugunsten einer schlanken, gestreckten Linie, die etwa 1685–1713 nach der charakteristischen Frisur à la Fontange[223, 224] benannt wurde. (Diese Haartracht war eine Mode-, keine offizielle Hoffrisur.) Erneut trug die Dame den Manteau, der sich um 1685 vorn durchgehend öffnete und im Oberteil den Stecker, im Rock den Jupe freigab. Darüber trug auch die adelige Dame eine weiße Zierschürze aus Spitzen. Der Manteaurock wurde nunmehr nach rückwärts gerafft und über künstlichen Einlagen, den Bouffanten, gebauscht; eine Mode, die ihren Höhepunkt in Form eines Reifrocks[443] um 1685–1710 hatte. Die bürgerliche Frauenkleidung dagegen setzte sich aus Schoßjacke und Halbrock zusammen. Im letzten Viertel des 17. Jh.s werden die kostümhistorischen Quellen durch das eigentliche Modejournal ergänzt. Als das erste gilt der 1672–1717, allerdings nur sporadisch erschienene »Mercure galant«. Das Modejournal zeigt modische Neuerungen, im Gegensatz zum Trachtenbuch, das über das Kostüm einer Stadt oder Region Auskunft gibt.

18. Jahrhundert

Im 18. Jh. blieb die kulturelle Vormachtstellung *Frankreichs* weitgehend erhalten. Nach dem Tod Ludwigs XIV. von Frankreich 1715 übernahm Herzog Philipp von Orléans bis 1723 für den minderjährigen späteren Ludwig XV. die Regierung. Diese Periode wird in der französischen Kunst als RÉGENCE (›Regentschaft‹) bezeichnet und stellt den Übergang vom schweren, pomphaften Barock zum zierlicheren, kleinteiligeren Rokoko dar – wie er gleichzeitig auch in den anderen europäischen Ländern vollzogen wurde. In England ist diese Epoche etwa mit dem Queen-Anne-Style (1702–14) gleichzusetzen. In Frankreich folgten 1723–74 das Louis-quinze, 1774–92 das Louis-seize, in England George-I.-Style (1714–27), George-II.-Style (1727–60) und George-III.-Style (nach 1760). In Deutschland werden die Stilperioden unterteilt in FRÜHROKOKO (etwa 1720–50), HOCHROKOKO (um 1750–80), wobei die Zeit um 1774–92 auch als »Zopfstil« bezeichnet wird, und SPÄTROKOKO (1780–89).

Das 18. Jh. war die letzte Epoche, in der die höfische Mode dominierte. Von England ausgehend und getragen von den Ideen der Aufklärung, emanzipierte sich im letzten Drittel des Jahrhunderts das Bürgertum endgültig, und mit der Französischen Revolution kam bürgerliche Kleidung in ganz Europa zum Durchbruch. Die höfische Mode dagegen erstarrte zur reinen Zeremonialkleidung. Im höfischen Rokoko galten von der Natur gegebene Formen wenig, der Schein und das künstlich Geschaffene alles. Perücke, Puder und Schminke verkünstelten das Aussehen auch des Mannes, während der Reifrock der Dame sogar eine andere Gestalt gab. Die Vorliebe für Idylle und Schäferspiel brachte keineswegs eine Adaption ländlicher Kleidung – ein Strohhut wie die Bergère oder eine blumenreiche Verzierung genügten, um eine adelige Dame zur Schäferin zu machen. Man sprach dann vom sog. Schäfer- und Schäferinnenkostüm. Trotz dieses relativ belanglosen Eingehens auf die Kleidung des bäuerlichen Standes liegt hier eine Wurzel für die Trachtenmode. Desgleichen ließen geringe, wenn auch charakteristische Details im Aufputz ein Kleid z. B. »à la turque« erscheinen. Diese sich stetig wandelnden modischen Details besorgten Modehändler und -händlerin, jedoch noch nicht der Schneider. Der Wandel der höfischen Mode war im 18. Jh. weniger durch den Schnitt der Kleidung als vielmehr durch Aufputz, modisches Beiwerk sowie Farben und Muster der Stoffe gegeben. Stärker als je zuvor wurde nun zwischen der detailliert vorgeschriebenen, zeremoniellen Hofkleidung (»Cour« genannt), der höfischen Galakleidung (»Grande parure«), dem Halbputz (»Parure«), der auch dem Bürger als Festkleidung zustand, und dem Negligé, der Haus- und Straßenkleidung des Adels, unterschieden.

Abb. 70. Jean-François de Troy: Die Liebeserklärung. (Stehende Dame in Robe volante mit Watteaufalte. Sitzende Damen in Kontusche und Häubchen mit Barben. Herren in Justaucorps und mit Haarbeutelfrisur.) 1731. Schloss Charlottenburg, Berlin.

Von der Galakleidung des Herrn wie der Dame blieben viele Originale erhalten, da sie sorgfältigst aufbewahrt wurde. (Kaiserin Maria Theresia allerdings schenkte ihre Staatsroben der Kirche zur Herstellung prunkvoller Paramente.) Tageskleider dagegen wurden nach der Mode geändert und schließlich an Dienstboten weitergegeben. Die bürgerliche Kleidung wurde ebenfalls weitergegeben oder wie die einfache bäuerliche Kleidung aufgetragen. Für den höfischen Bereich sind kostümkundliche Quellen – Originale, Porträts, Modejournale – relativ ausreichend erhalten, für den bürgerlichen und bäuerlichen Bereich sind die Dokumente mangelhaft (‣Kostümforschung).

Die Männerkleidung blieb bis zum letzten Drittel des 18. Jh.s im Wesentlichen jene des Spätbarock. Sie bestand aus Justaucorps[70, 443], ab Mitte des Jahrhunderts »Habit« genannt, Weste und Kniehose; es ergänzten sie das sichtbar werdende Jabot des Hemdes, die Halsbinde, die Beutel- oder Zopfperücke[258, 431], der Dreispitz sowie weiße bis graue Wirkstrümpfe und Absatzschuhe. Dem Adeligen vorbehalten waren – abgesehen von den kostbaren Materialien[505] und der auch von privilegierten Bürgerlichen getragenen, im Negligé durch die Hauskappe[276] ersetzten weißgepuderten Perücke – der Degen, die weißen Seidenstrümpfe und die Schnallenschuhe, in französischen Adelskreisen mit roten Absätzen. Übergewänder waren Redingote[397] und Rockelor. Das 18. Jh. war die letzte Epoche, in der die männliche Kleidung Materialpracht und Farbenfreude ausstrahlen durfte. Zart- oder kräftigfarbige Samt-, Seiden- und Brokatstoffe blieben danach in der 1. Hälfte des 19. Jh.s höchstens dem Gilet vorbehalten. Mit dem Durchsetzen der Englischen Mode und des bürgerlichen Fracks nach etwa 1700 setzte bereits der Umschwung zu einer begrenzten, strengen Farbskala ein, die noch heute für die Herrenmode, mit Ausnahme der Freizeitmode, charakteristisch ist. Der höfischen Damen- und Herrenmode gemeinsam waren die sich zum Handgelenk erweiternden, dreiviertellangen Pagodenärmel und die daraus hervorquellenden Spitzenmanschetten, die Engageantes.

Nachdem 1710/15 die Frauenmode des Spätbarock endgültig überholt war, gingen von dem bereits seit 1703 modernen Negligé, der Adrienne, zusammen mit der später so genannten Watteaufalte, Impulse für Parure und Grande parure aus. Adrienne, zartes Spitzenhäubchen und an-

Abb. 71. Pietro Longhi: Das Kartenspiel. (Dame in Casaquin und Robe. Herren in Justaucorps, Weste, Cape.) Um 1760. Alte Pinakothek, München.

liegende Frisur gelten heute als typisch für die Régence-Mode. Nach 1715 hielt sich die Adrienne in verschiedenen Schnittvariationen unter der allgemeinen Bezeichnung »Robe volante« (›wehendes Kleid‹) bis 1730/35. Danach gehörten die Kontusch(e)[349] oder verschiedenartige Jacken (z. B. der Casaquin) und ein Halbrock zum Negligé. 1778/79 wurde das Negligé durch die Robe à la levantine und die Robe à la lévite neu belebt. Unter den Negligékleidern trug die Frau ein leichtes Mieder, die Gourgandine, ab etwa 1710 den Reifrock und darüber eine Jupe.

Zur Parure gehörte kurze Zeit in den 1730er Jahren die Robe à la française, sonst ein geschlossenes Kleid (in Frankreich »Robe ronde« genannt), zuweilen eine Jacke, der Casaquin, und ein Rock, 1766–85 die (nach 1775 fußfreie) Robe à la polonaise mit mäßig weitem Reifrock, Vorläufer des Cul de Paris.

Die Grande parure setzte sich aus Manteau, Stecker und Jupe, darunter dem Korsett sowie dem Reifrock zusammen. Um 1740 wurde die Robe à la française auch »Robe à plis« (›Robe mit Falte‹) genannt, da der Manteau »à dos flottant« (›mit flatterndem Rücken‹) von der Adrienne die Watteaufalte übernommen hatte. Zur Robe à la française gehörte nun der ovale Panier à coudes (›Reifrock für die Ellenbogen‹[445]). Um 1779 war die Robe à la turque, um 1786–89 die Robe à l'anglaise als Grande parure in Mode. In Frankreich beeinflusste Mademoiselle Rose Bertin, die Putzmacherin Marie Antoinettes (1774–93 Königin von Frankreich), die höfische Mode. Als Verzierung bevorzugte man bis Mitte des 18. Jh.s beliebig verteilte Kunstblumen, danach nahmen üppig arrangierte Schleifen, Blütentuffs, Girlanden, Quasten und Volants zu. Für den Winter gab es die heute so genannten Steppkleider (meist Jacke und Rock) aus wattiertem und in phantasievollen Mustern abgesteppten Seidenstoff. Sie waren als einzige Kleider stets fußfrei. Bedeutsam für die höfische Mode ist auch die Entwicklung der Haartracht: von der anschmiegsamen, leicht gewellten Frisur (bis 1723), den (bis etwa 1750) folgenden Rolllocken und den auf die Schultern fallenden Stöpsellocken bis zu den für das Spätrokoko charakteristischen, weißgepuderten Hochfrisuren, deren größte Beliebtheit 1775–85 erreicht war. Außer der schützenden Kalesche[326] ließ diese Frisur keinerlei Kopfbedeckung mehr zu. Höchstens zum Reitkostüm[322] setzte die Dame einen kleinen Dreispitz schräg auf den Kopf. Als Kontrast zum zartrosa gepuderten Teint wurden kleine, schwarz gummierte Schönheitspflästerchen, die sog. Mouches[69], vielsagend auf Antlitz und Dekolleté verteilt.

Auch in der bürgerlichen Kleidung blieben soziale Abstufungen erkennbar. So war die Kleidung der wohlhabenden Bürgerin in Zuschnitt und Aufputz der adeligen Mode angepasst, ihr stand für Theater- und Ballbesuch die Parure zu, während die Kleinbürgerin – Handwerkersfrau, Dienstbotin – sich wesentlich einfacher und billiger kleidete. Gewöhnlich trug sie ein rundum geschlossenes Kleid, das sich aus Miederoberteil und angenähtem Rock zusammensetzte, oder verschiedene Formen von Schoßjacken, wie Caraco und Casaquin[173], dazu einen separaten Rock, Hals- und Schultertuch sowie meist eine Schürze und stets eine Haube. Den Rock stützten Unterröcke und ein Hüftpolster, jedoch kein Reifrock.

Abb. 72. Robe à la lévite, Fichu, Berlocken, Baigneuse, Fächer. Aus »Mode-, Fabriken- und Gewerbszeitung«. Prag. 20. Juni 1787.

Abb. 73. Turiner Kammermädchen (mit Caraco, Schürze, Dormeuse, Fächer). Aus Teodoro Vieros »Raccolta di 126 Stampe«. 1783–91.

Abb. 74. Grande parure (Manteau, Reifrock à coudes, Barben, Halbhandschuh). 1760/65. National Museum of Antiquities of Scotland, Edinburgh.

Ab etwa 1760/70 begann die in England vom Landadel und z.T. vom Großbürgertum getragene Kleidung beider Geschlechter sowohl die höfische als auch die bürgerliche Mode auf dem Kontinent zu beeinflussen. Sie ging unter dem Begriff *Englische Mode* in die Kostümgeschichte ein.

England genoss durch seine politische Konstellation eine gewisse Sonderstellung auch in der Mode. Hier hatte das Königtum bereits Mitte des 17. Jh.s seine Vorrangstellung verloren, seit 1688/89 gab es die parlamentarische Monarchie. Im Gegensatz zu Frankreich war der englische Adel weniger an feudalen Privilegien als an wirtschaftlichem Reichtum interessiert. Die sehr stark am Handel orientierte Oberschicht prägte das gesellschaftliche und kulturelle Leben. Ihre Kleidung entsprach einerseits den Anforderungen des Geschäftslebens, andererseits dem mit Reiten und Jagen ausgefüllten Leben auf dem Landsitz.

Schon um 1700 hatte der englische Landedelmann als Negligéanzug und zum Reiten den Tuchrock des Kleinbürgers angenommen, ließ ihn jedoch nach 1740 an den Schoßkanten schräg nach rückwärts schneidern, um mehr Bewegungsfreiheit zu erreichen – eine Entwicklung, die etwa gleichzeitig der Militärrock mitmachte, bei dem jedoch die Schoßkanten zuerst nach rückwärts umgeschlagen (▸Retroussis) und mit Knöpfen befestigt wurden. Der Schnitt beider Gewänder gilt als Grundmuster für den Frack, der die Mode bis Mitte des 19. Jh.s bestimmte und

Abb. 75. Parure (Robe à la polonaise, Coiffure à la Belle Poule mit Cadogan, Badine). Um 1780.

darüber hinaus als festlicher Abendanzug erhalten blieb. Frack, Gilet und die etwa wadenlange, anliegende Reithose sowie Wadenstiefel und Hoher Hut prägen die englische Herrenmode im letzten Viertel des 18. Jh.s.

Aber nicht nur in England, sondern auch auf dem Kontinent entwickelte man, im Zuge der Aufklärung und der Wiederentdeckung der Antike, mehr Sinn für Natürlichkeit. Das fortschrittliche Bürgertum stand sozialpolitisch und erzieherisch im Widerpart zum dekadenten höfischen Spätrokoko; eine Haltung, die sich auch in der Kleidung ausdrückte. Es nahm die Englische Mode an und verlieh ihr sogar, z. B. in Deutschland mit der Wertherkleidung der Stürmer und Dränger und ihrem bewusst offenen Hemdkragen, dem später so genannten Schillerkragen[459], sozialpolitische Bedeutung.

Nach Frankreich war die einfache englische Kleidung zusätzlich über den Umweg Amerika (▸Quäkerhut[355c]) eingedrungen, da führende Männer der amerikanischen Freiheitsbewegung, wie Benjamin Franklin (als Gesandter), Thomas Jefferson und Thomas Paine, jahrelang in Paris lebten.

Nicht zuletzt auf die europäische Kinderkleidung[332] wirkten sich das englische Vorbild und der Geist der Aufklärung aus.

Selbst die höfische Mode wurde von der englischen beeinflusst. Ab den 1770er Jahren wandelte der Frack Schnitt und Ausführung des höfischen Justaucorps, den man seit Mitte des 18. Jh.s »Habit« nannte. Nunmehr wurde der französische Habit als »Frac à la française« bezeichnet und später von Napoleon I. wieder zur reich bestickten Galakleidung, dem Frac habillé, erhoben. Zu diesem höfischen Frack wurde weiterhin die Kniehose (anstelle von Reithose oder Pantalon), ferner der Dreispitz getragen, den in den 1780er Jahren der Zweispitz ersetzte.

In der Damenkleidung kam es ebenfalls unter dem Einfluss Englands zu modischen Veränderungen, wenn auch etwas später als in der Herrenmode. Die englische Adelige zog auf ihrem Landschloss das Negligé vor und trug anstelle des höfischen Manteaus und Jupes häufig ein Kleid aus einem Oberteil mit Schneppe und dem daran locker angereihten Rock. Den Reifrock hat sie zugunsten mehrerer Unterröcke und eines kleinen Gesäßpolsters, des Pad (eines Vorbilds für den Cul de Paris), aufgegeben. Als Material verwendete sie helle Baumwolle und selten, höchstens als Halbputz, Seide. Nach 1770 wurde diese Mode auch in französischen Hofkreisen als Halbputz akzeptiert und war 1786–89, also kurz vor Ausbruch der Französischen Revolution, sogar als Grande parure mit einem großen, kostbaren Kaschmirschal unter der Bezeichnung »Robe à l'anglaise« zulässig.

Für die Frau setzte sich 1785 eine neue Modekleidung durch, die sowohl von der Bürgerin als auch von der adeligen Dame, in etwas aufgeputzterer Form und mit voluminöser Hochfrisur, als Negligé und Parure getragen wurde. Einflüsse der bürgerlichen Kleidung einerseits und der des Mannes andererseits sind unverkennbar in Caraco, Gilet und Rock, der durch den Cul de Paris, ein Gesäßpolster, seine charakteristische Form erhielt. Das Dekolleté wurde durch ein hoch aufgebauschtes Fichu, Brusttuch der Bürgerin, bedeckt. Dazu trug die politisch engagierte Frau ei-

Abb. 76. George Romney: Catherine Clements (mit englischem Kleid, Fichu, Gainsborough-Hut). 1788. Neue Pinakothek, München.

nen Mantel, die Redingote, und einen »Hohen Hut«, beide ähnlich denen des Mannes; auch war die zu einer Huthaube gewordene Dormeuse in Mode. Der Spazierstock, ein ebenfalls männliches Modeattribut, oder ein Stockschirm ergänzte das modische Bild. Vereinzelt werden in Frankreich bereits 1786, in Venedig 1788 Chemisen à la grecque erwähnt, für die das Theaterkostüm das Vorbild lieferte, doch hatte man dabei noch nicht auf ein Korsett darüber und den Cul de Paris verzichtet. (Im Dezember 1788 berichtete erstmals das »Journal des Luxus und der Moden« von einer neumodischen »Robe à la grecque«. Abgesehen davon gab es 1764 schon eine Coiffure à la grecque und eine Vorliebe für Weiß, welches man für die Kleidungsfarbe der Antike hielt.)

Während der FRANZÖSISCHEN REVOLUTION spielte die Kleidung eine große Rolle als Zeichen der politischen Gesinnung; dabei war sie variantenreicher denn je. Die südfranzösischen Hafenarbeiter trugen die weite, wadenlange Hose der Matrosen, die Matelote[422], bekannt geworden unter der Bezeichnung »Pantalon«. Sie wurde kurz vor 1789 von allen Revolutionären der unteren Stände zusammen mit der Phrygischen Mütze, die schon in der römischen Antike Zeichen der Freiheit war, der

Abb. 77. Robert Dighton d. Ä.: Politiker und Helfer vor den Parlamentswahlen 1788. (John Wilkes im englischen Tuchfrack. Lord John Townsend in betont modischer, von Frankreich beeinflusster Kleidung mit Berlocken, Spazierstock und Igelfrisur. Herzogin von Devonshire mit Cul de Paris und Igelfrisur.) Aus »Westminster Election«. 1788.

Carmagnole und den Holzschuhen übernommen. 1791 eigneten sich auch die Jakobiner kurzfristig und in etwas abgewandelter Form (Jakobinerjacke, Jakobinermütze) diese Kleidung an, obwohl der Großteil die englische Kleidung bevorzugte. Die Pantalons tragenden Revolutionäre bilden als Sansculotten, was soviel wie ›ohne Kniehosen‹ bedeutet, eine radikale revolutionäre Gruppe. Der konservative Adelige fiel u.a. durch seine weißgepuderte Zopfperücke und die silbernen Schuhschnallen auf, die er bald auf dem »Altar der Freiheit« opfern musste.

Modeneuheiten beschränkten sich in den Revolutionsjahren 1789/90 auf Accessoires und Aufputz, wie »Freiheitsfächer«, »Frac à la Bastille«, »Cocarde nationale«, Knöpfe »à la Nation« oder »au Tiers État«. Ansonsten war man bedacht, sich durch Sparsamkeit oder eine nicht allzu gepflegte Kleidung auszuzeichnen. Die herrschende modische Unsicherheit bewirkte gleichzeitig ein Überhandnehmen der Uniform. Stutzer übernahmen in Frankreich die Uniform der »Garde-Bourgeoisie«, bestehend aus blauem Rock mit rotem Kragen und weißlederner Hose. So waren die meisten Schneider nun mit der Herstellung von Nationaluniformen beschäftigt. 1790–95 trugen junge Stutzer auch auffallende bunte Kleidung, wie einen gestreiften Frack, grüne Hosen und weiße Strümpfe mit rotem Zwickel. Statt des Hofes lieferte jetzt das Theater die modischen Leitbilder. Die Frau behielt während der Französischen Revolution großenteils jene Kleidung, die sie schon um 1785 angenommen hatte. Allerdings wurde der Stil insgesamt etwas männlicher. So verkleinerte sich nach 1790 der Cul de Paris und fiel bald ganz weg. Eine Kokarde konnte auch den Hut der Frau schmücken, und die revolutionäre Proletarierin trug wie der Mann die Phrygische Mütze und Holzschuhe. In England vereinfachte sich in den 1790er Jahren der Schnitt des Kleides, das Oberteil wurde zu einem einfachen Leibchen, die Taille rutschte hinauf und schloss rund ab, und der Rock war um 1795 mit einem Bauchpolster, wie das Gesäßpolster »Pad« genannt, unterlegt.

Im nachfolgenden DIRECTOIRE (so benannt nach dem Regierungsgremium der Ersten Französischen Republik, 1795–99) wurde erneut Frankreich modebestimmend.

Abb. 78. Pierre Étienne Lesueur: Revolutionäre (in Carmagnole, Pantalon, phrygischer Mütze) pflanzen den Freiheitsbaum. Aus »L'étandard de la liberté«. 1790/91. Privatbesitz, Neuilly-sur-Seine.

Abb. 79. Pierre-Paul Prud'hon: Familie Schimmelpenninck. (Damen in Chemisen, Herr in Redingote und Pantalon, Frisur mit Favoris.) 1801. Rijksmuseum, Amsterdam.

Abb. 80. Englische Chemisen, Boas und Muffe. Aus Niklaus Wilhelm von Heideloffs »Gallery of Fashion«. 1794.

Abb. 81. Robe de Cour mit Kragen à la chérusse, separater Courschleppe, Diadem, langen Handschuhen. Aus »Journal des Dames et des Modes«. 1805.

Die Herrenmode Ende des 18. Jh.s fand noch keine einheitliche Linie. In konservativen Kreisen wurden zum Tuchrock sogar noch bis in die 1820er Jahre Kniehose, Schnallenschuhe und Zopf getragen. (Letzterer z.B. wurde im preußischen Heer 1808 abgeschafft.) Ansonsten herrschte der Frack mit langer Hose (dem einstigen Pantalon des Revolutionärs), Weste oder Gilet, einem Hemd mit steifen, spitzen Kragenecken, einer weißen Halsbinde, Zweispitz[319] oder seltener Hohem Hut sowie halbhohen Stiefeln oder Escarpins. Modefrisur war der Tituskopf mit seitlichen Koteletten. In modischen Übertreibungen gefielen sich die Incroyables. Eine antikisierende Mode aber, wie sie der französische Maler Jacques Louis David 1794 als französische Nationaltracht vorgeschlagen hatte, fand in der Männerkleidung keine Resonanz, wohl aber – vorbereitet durch die Englische Mode, durch frühere Ansätze und durch das neu erwachte Interesse für die antike Kultur – in der Frauenkleidung. Unmittelbares Vorbild für die À-la-grecque-Mode war Davids »Schwur der Horatier« (1783). 1795 setzten sich allgemein die Chemisen durch. Sie waren aus dünnster Baumwolle, später im höfischen Bereich aus Seide, mit oft nur einem fleischfarbenen Trikot darunter. In England allerdings wurden sie nicht in dieser extrem modischen Form, sondern stoffreicher, weniger dekolletiert und mit Unterröcken getragen. Als Überkleidung wurden lange Kaschmirschals, Spenzerjäckchen, wie das Cannezou[169], die Pelisse[426] und als Mantelkleid die Pelisse-Robe, seltener die Redingote verwendet. Obwohl der Schnitt der gerade fallenden Chemise einen Mantel erlaubt hätte, findet man ihn kaum, da er dem antiken Vorbild nicht entsprach. Als Accessoires kamen Turbane und helmartige Kopfbedeckungen[398], flache, absatzlose Schlupfschuhe mit Kreuzbändern, lange, anliegende Handschuhe und der Ridikül in Mode.

19. Jahrhundert

Mit der Französischen Revolution hatte sich nicht nur unmittelbar ein neues modisches Bild ergeben, sondern es war zu einigen bis heute wirksamen Veränderungen gekommen. So bildete z. B. die Abschaffung der Kleiderordnungen, zusammen mit jener der Zunftgesetze, die Grundlage für das Entstehen der Konfektion, die etwa 1840–1914 den Kleidungsbedarf des Kleinbürgertums deckte. Die Mode selbst wurde im 19. Jh. nicht vom Adel, sondern von Hochfinanz und Bourgeoisie bestimmt. Dementsprechend bildete sie sich, unabhängig von den Residenzen, in den Großstädten. Das gilt durchweg, obwohl Kaiserin Eugenie von Frankreich (1826–1920) und Kaiserin Elisabeth von Österreich (1837–98) zeitweise Modevorbilder wurden; ihren Modestil hatte indessen die Haute Couture festgelegt. So hatten die von Kaiser Napoleon I. eingeführte Courschleppe und der reich bestickte Frac habille keinen Einfluss auf die Mode, sie blieben rein höfische Galakleidung.

In *Deutschland* wurde in NAPOLEONISCHER ZEIT (1804–15) mit dem Ende der Vielstaaterei den zahlreichen lokalen Sonderformen in der Kleidung der Boden entzogen. Städtische Trachten lösten sich immer mehr in der von allen Ständen praktizierten Mode auf. Desto deutlicher hob sich dafür die bäuerliche Kleidung der einzelnen Regionen ab. Sie trat nun geschlossen in Gegensatz zur städtischen Mode und verharrte wesentlich konstanter in ihren Formen. (Die Volkstrachten, wie man die ländlichen Trachten seit dem frühen 19. Jh. nennt, nehmen wohl in Details und oft verspätet modische Tendenzen auf, machen aber auch eigenständige Veränderungen, meist Vereinfachungen, durch. Andererseits beeinflussten die Volkstrachten immer wieder die städtische Mode und leisteten der Trachtenmode Vorschub. Mode und Tracht beeinflussen einander wechselseitig.)

Die politischen Unruhen des frühen 19. Jh.s förderten vielerorts das Interesse an den bodenständigen, bäuerlichen Trachten (sie wurden z. B. zunehmend gemalt) ebenso wie an einer eigenen »Nationaltracht«. In Deutschland propagierten während der Freiheitskriege namhafte Patrioten wie Ernst Moritz Arndt, Friedrich Ludwig Jahn und Karoline Pichler eine »deutsche Nationaltracht«[132]. Ihre Altdeutsche Kleidung[86] verschwand jedoch mit der bald abebbenden nationalen Begeisterung, ohne entscheidend durchgedrungen zu sein.

In der RESTAURATIONSZEIT (1818–29) waren rehabilitierte, vermögende Adelige und reiche Dandys, wie George Bryan Brummell (‣Beau), und ihre Begleiterinnen modisch tonangebend. Das gebildete Bürgertum hingegen begann sich in eine gefühlvolle, moralisch engstirnige Scheinwelt, in Deutschland und Österreich charakteristisch als Biedermeier bezeichnet, zu flüchten.

Die Herrenmode des 19. Jh.s war großbürgerlich orientiert. *England* war führend. In der 1. Hälfte des Jahrhunderts konnte der Herr in seiner Kleidung noch seinen individuellen Geschmack geltend machen, so z. B. in der Farbe von Frack und Gilet bzw. Weste und in der Art des Bindens der Krawatte. Es gab als Tagesanzug noch den vorn geschlossenen und in kräftigen, aber gedeckten Farben gehaltenen Frack, zu dem eine farbig gemusterte – geblümte, karierte oder gestreifte – Weste (Gilet), lange Hosen, bis etwa 1820 Escarpins, danach Stiefeletten, oder Reithose und Stiefel[179] getragen wurden. In konservativen Kreisen sah man noch bis in die 1820er Jahre Kniehose, Escarpins und Zweispitz. Beliebt war

Abb. 82. Mademoiselle Busc und Monsieur Corset. (Herr im Frack mit Pantalons, Hemd mit Jabot und Vatermörderkragen, Seidenstrümpfe und Escarpins.) Aus »Le Bon Genre«. 1819.

Abb. 83. Herrenmode 1865. Von links nach rechts: Jackett-Anzug und Bowler, Gehrock mit Plastron und Zylinder, Frack, Sakko-Jackett, Sakko, Paletot. Aus »Le Télégraph«. Juni 1865.

Abb *84*. Herrenmode 1891. Von links nach rechts: Paletot, Smoking und Bowler, Gehrock, Sakko mit Langbinder, Hemd mit Umlegekragen und Canotier, Sakko-Jackett, Klubjacke, Bundhose und Schirmmütze, Sakko-Jackett, Gehrock-Paletot. Aus »Der Beobachter«. Juli 1891.

Abb. 85. Herrenmode Frühjahr/Sommer 1897. Von links nach rechts: Jackett, Cut, Cut von hinten, Frack, Smoking, Gehrock, Sakko-Jackett, Gehrock. Unten: Cut, Gehrock-Paletot, Paletot, Radfahrerkleidung, Paletot, Kurzmantel (Gaban). Kunstbibliothek, Berlin.

in den ersten Jahrzehnten der sog. Polnische Rock, eine Sonderform des Gehrocks. Letzterer hatte sich um 1800 aus der Redingote entwickelt, hielt sich bis höchstens 1870 in kräftigen bis gedeckten Farben als Tagesanzug und ging so als »Rock« oder »Leibrock« in die bäuerliche Tracht (zusammen mit einer Kniehose) ein. Großbürgerlicher Abendanzug war der schwarze Frack mit schwarzem Zylinder und Lackpumps. Zu allen Anzugformen trug man stets ein weißes Hemd mit steifem Stehkragen, der sich im 2. und 3. Jahrzehnt zum Vatermörderkragen entwickelte. Dazu gehörten auf verschiedene Weise gebundene weiße oder schwarze Halsbinden (‣Krawatte); durch die Art ihres Anlegens konnte man die politische und ideologische Gesinnung signalisieren.

Universale Kopfbedeckung war der Zylinder[513], dessen Form jedoch modisch variierte und der nach 1823 bevorzugt aus glattem Biberfilz, in den 1830er Jahren, besonders abends, aus Seide war. 1848 zeichnete der Kalabreser[325] den Revolutionär und Freigeist aus, der den konservativ-bürgerlichen Zylinder als »Angströhre« verspottete. Schlapphüte und Baretts[132] wurden zum Künstlerhut, so die Wagnerkappe. Für den Sommer gab es Strohhüte nach Matrosenart.

Etwa ab der Mitte des 19. Jh.s versachlichte und vereinheitlichte sich die Herrenmode zusehends, bedingt durch die zunehmende Technisierung und Industrialisierung. Das Interesse des Mannes an modischen Dingen und damit der Ausdruck individuellen modischen Geschmacks verringerte sich. Stets passende, korrekte und zurückhaltende Kleidung wurde vom Geschäftsmann gefordert. Bis in Einzelheiten von Herrenschneidern festgelegte Kleidungsregeln, die auch in Modezeitschriften zu lesen waren, sollten dem Herrn die Zusammenstellung seiner Kleidung erleichtern. Farbige Auffälligkeit wurde dem Mann nicht einmal mehr für Krawatte[381] oder Weste zugestanden; Grau- bis Schwarztöne dominierten.[434] Kurz vor 1850 erschienen das Jackett,

Abb. 86. Karl Begas: Die Familie Begas (in Altdeutscher Kleidung 1821. Wallraf-Richartz-Museum, Köln.

zunächst noch mit einer Hose aus hellerem, nach etwa 1860 aus dem gleichen Stoff wie der Rock, sowie der Sakko[451], dessen Weste und Hose stets aus dem gleichen Stoff geschnitten sein mussten. Dazu gehörten ein Hemd mit allerdings noch steifem Umlegekragen, Langbinder und ab etwa 1880 Halbschuhe. Mitte des 19. Jh.s entwickelte sich aus dem Gehrock durch starkes Zurückschneiden der vorderen Schoßkanten der Cutaway. Daneben hielt sich der Gehrock noch als Tagesanzug; als reinen Abendanzug trug man den schwarzen Frack, ab 1889 den Smoking, der in England als kleiner Abendanzug für den Herrenclub eingeführt wurde. Das mit Ausnahme beim Sakkoanzug obligatorische Hemd mit steifem Stehkragen wurde um 1880 für Gehrock, Cut und Jackettanzug durch ein Hemd mit Klappenkragen ersetzt. Die Krawatten- bzw. Schleifenformen wurden nunmehr nach Art des Anzugs unterschieden. Nach 1890 kamen auch farbige Tageshemden, jedoch mit weißem Kragen, sowie das Jägerhemd[321] in Mode. 1896 wurde die Bügelfalte der Hosenbeine »erfunden«. Der sachlichen und auf Zweckmäßigkeit bedachten Herrenkleidung entsprechend, kannte das 19. Jh. die vielfältigsten Mantelformen; als rein abendliches Übergewand kam jedoch nur das Cape in Frage. Der Zylinder verschwand auch in der 2. Hälfte des 19. Jh.s nicht aus der Tagesmode des Herrn und wurde anfangs in einem matten Hellgrau noch zum Sakkoanzug getragen. Daneben kreierte man jedoch eine Reihe schlichterer Hutformen, wie den Bowler, die ähnliche Melone, den grauen Halbzylinder und für den Sommer Canotier und Panamahut. Zum Halbschuh wurden häufig Gamaschen getragen. Die Frisur war fast ausschließlich auf einen sachlichen Kurzhaarschnitt festgelegt, während die Barttracht nach dem Vorbild des monarchischen Herrschers wechseln konnte.

Als Wanderkleidung und für den Gebirgsaufenthalt erschienen Janker oder Joppe und kurze Lederhose, darüber die Kotze. Als Sportanzug kam in den 1880er Jahren die Norfolk-Jacke mit Knickerbockerhose[323] auf.

Die Frauenkleidung des 19. Jh.s spiegelte wesentlich deutlicher den Wandel des Geschmacks, der Kunst und des Lebensstandards wider als die Männerkleidung. Das Leben der Frau, zumal des gehobenen Bürgerstandes, nahm nur mittelbar an den sozialen und technischen Umwälzungen teil. Der Wirkungskreis der Frau beschränkte sich weiterhin, bis zum 1. Weltkrieg, auf Familie und gesellschaftliche Repräsentation. Die Großbürgerin bestimmte und vermittelte die Mode. Modische Impulse aber gingen von Aristokratinnen, Demimondänen und ab dem letzten Drittel des Jahrhunderts von Bühnenkünstlerinnen aus.

Abb. 87. Simon Meister: Die Familie Werbrun (in charakteristischer Kleidung des hohen Biedermeier). 1834. Wallraf-Richartz-Museum, Köln.

Abb. 88. Franz Xaver Winterhalter: Die Herzogin von Aumale (Kleid mit Berthe im Stil des Spätbiedermeier). Um 1840. Schloss, Versailles.

Während in der 1. Hälfte des 19. Jh.s in vielen Ländern noch modische Individualität möglich war, d. h., der bürgerliche Schneider vor Ort zählte, gab nach Mitte des Jahrhunderts allein *Paris* mit seiner Haute Couture den Ton an. Pariser Modelle wurden direkt bestellt, in anderen Städten in Lizenz gekauft oder nachgeschneidert. Die Pariser Mode dominierte in den Weltstädten.

Wenden wir uns den Modelinien des 19. Jh.s im Detail zu. Die hier genannten Jahreszahlen für Beginn und Ende einer Moderichtung sollen nicht als allgemeine Fixpunkte gelesen werden; selbstverständlich kam es verschiedenenorts zu Verzögerungen.

1800–1815/20, zur Zeit des EMPIRE, war die Damenmode durch die dünnen, fast gerade geschnittenen Hemdkleider, die Chemisen[79, 178], geprägt, nach 1806 oft ergänzt durch die biedere Schute. Danach wandelten sich die Chemisen[169, 179] sukzessive wieder zu »steifen« Kleidern von kompliziertem Schnitt[338]. Dieser 1824 abgeschlossene und damit ins Biedermeier überleitende Prozess hat zugleich die Wiedereinführung des Korsetts bewirkt. Außerdem setzte in der bürgerlichen Kleidung eine größere Differenzierung zwischen Tages- und Abendkleidung ein. Das Tageskleid war hochgeschlossen, das Altdeutsche Kleid (1815–20) hatte eine Art Halskrause oder einen Stuartkragen, während beim Ballkleid ein Dekolleté erhalten blieb. Für den Tag gab es auch eine separate Taille (Oberteil), aus der sich später die Bluse entwickelte, und einen separaten Rock. Als Fußbekleidung verdrängte in den 1820er und endgültig in den 1830er Jahren die Stiefelette[236] den flachen Kreuzbandschuh, der höchstens als reiner Ballschuh erhalten blieb und aus dem sich der Pumps entwickelte. In Frankreich kam es 1821–29 aus Anteilnahme am griechischen Befreiungskampf gegen die türkische Herrschaft neuerdings zu einer À-la-grecque-Mode, allerdings nur in Details.

1825–35 – in Deutschland und Österreich die Zeit des sog. HOHEN BIEDERMEIER – war die modische Silhouette durch die großen Hammelkeulenärmel (Höhepunkt 1830–35) charakterisiert, welche die Taille umso enger erscheinen ließen.[129] Der Rock, mäßig weit und von Unterröcken unterstützt, blieb stets fußfrei. Sommerkleider hatten ein großes, ovales bis waagrechtes, die

Abb. 89. Krinolinenmode. (Links: Prinzesskleid mit Bolero. Mitte: Bluse mit Rock. Rechts: erste Kostüme, Frisuren mit Chignon.) Aus »Modes de Paris«. Juni 1866.

Abb. 90. Erste Turnüre. Um 1873. Ehem. Privatbibliothek Eva Larraß, Darmstadt.

Abb. 91. Enge Mode mit Kürasstaille. Aus »Der Bazar«. 1. Juni 1881.

Schultern mit einbeziehendes Dekolleté. Das Haar war am Oberkopf zu einem kunstvollen Knoten arrangiert. Bei Mädchen durfte das Kleid kürzer sein, etwa wadenlang, darunter zeigte sich eine etwa knöchellange, spitzenverzierte Hose, »Pantalettes« genannt (▸Kinderkleidung).

Die Frauenmode des SPÄTBIEDERMEIER (1836–48) ist durch die schon 1837 anliegenden, allerdings weiterhin unterhalb der Schultern ansetzenden Ärmel[339], ab 1842 durch die Krinoline, die dem Rock eine Kuppelform gab, sowie durch die veränderte Haartracht, bei der das Haar in der Mitte gescheitelt, am Oberkopf flach gehalten und seitlich über den Ohren zu Spirallocken gedreht war, charakterisiert. Das Tageskleid blieb nunmehr bis Anfang der 1920er Jahre hochgeschlossen.

1842 ging die Bezeichnung »Krinoline« auf das entsprechende Kleid über, jedoch erst 1848–68/69 (zwischen der bürgerlichen Revolution und dem Aufkommen der Turnüre) auf die gesamte Modesilhouette, die auch unter der Bezeichnung ZWEITES ROKOKO bekannt ist. Das Kleid konnte eine sog. Schoßtaille, Schoßjacke oder Basquine, vorn in der Mitte mit einer weißen Chemisette ausgefüllt und durch einen separaten Rock ergänzt, ersetzen. Etwa 1848–56 wurde der Rock durch zusätzliche waagrechte Volantreihen oder Überröcke betont[168]; 1856 erfand der Engländer Thomson eine leichte, »künstliche« Krinoline aus Stahlreifen, die mit vertikalen Bändern zusammengehalten wurden. Diese, eigentlich ein Reifrock, wurde durch Charles Frederick Worth, den Begründer der Haute Couture, modisch lanciert. Zur typischen Krinolinenmode gehören der kunstvolle Nackenknoten, der Chignon, sowie als Kopfbedeckung die Capote[170] und im Sommer breitrandige Strohhüte.

Um 1860 erreichte die Krinoline als »Robe ronde« ihren größten Umfang, flachte danach vorn ab, so dass eine nach rückwärts ausschweifende Tütenform[458] entstand. Gleichzeitig galt es als besonders modisch, den Krinolinenumfang durch die Polonaise optisch zu verringern. Worth

Abb. 92. Wanderkleidung im Stil der »geraden Linie«. Aus »Harper's Bazar«. 5. März 1891.
Abb. 93. Cul de Paris. Aus »Le Moniteur de la Mode«. 1885.

Abb. 94. Mode 1895 mit charakteristischen Keulenärmeln und Kopfbedeckungen. Aus »Illustrirte Frauen-Zeitung«. 1. April 1895.

führte 1864 die verlängerte Taille ein, die er »Prinzesslinie« oder »Gabrielle« nannte, und löste die bis dahin modischen Hauben durch elegantere Hüte ab. 1867 eliminierte er die Krinoline und leitete zur 1869–75 aktuellen *Turnüre*[340] über, bei der der Kleidrock mittels eines Reifengestells über dem Gesäß hochgebauscht wurde. Vorn war der Rock üppig mit Rüschen, Fransen, Volants, Bändern und Schleifen bedeckt.

Um 1875 verringerte sich die rückwärtige Bauschung zugunsten einer verlängerten Taille, der Kürasstaille[369b]. Damit war die heute so genannte *Enge Mode*[341] mit schlanker, körpergerechterer Silhouette entstanden. Um auf das lästige Korsett im Hause verzichten zu können, trug man gegen Ende der 1870er Jahre als »Robe de chambre« (›Hauskleid‹) das Teekleid[488], das besonders von älteren Damen favorisiert wurde.

Im letzten Drittel des 19. Jh.s nahm, unter anderem durch technische Entwicklungen begünstigt, die Berufstätigkeit der mittelständischen Frau zu. Man kreierte, damit auch der Linie der Engen Mode folgend, das dafür zweckmäßige Kostüm und den Paletot[400]. Letzterer verdrängte die bis dahin üblichen großen Viereckschals, die Fülle der halb- bis dreiviertellangen Umhänge und Jacken sowie die gefütterten Mantelkleider. Dazu setzte sich der Schuh anstelle der Stiefelette durch.

Dennoch wurde der Kleidungsstil nicht endgültig funktionell und körpergerecht. Die Enge Mode war, in Bezug auf den Lebensstil der Frau, zu früh gekommen, als dass sie hätte weiterentwickelt werden können. Die vorausgegangene, also gewohnte künstliche Form, die Turnüre, wurde wiederbelebt und – wie etwa 100 Jahre zuvor – unter der Bezeichnung »Cul de Paris«[493, 495] 1882–88 getragen. Ballkleider erhielten wieder die Schleppe. Neu war als elegantes Morgenkleid die Matinee.

Nach 1889/90 setzte eine große Sprunghaftigkeit und Vielfalt in der Kleidsilhouette ein, einheitlich nur durch das enge Oberteil und die schlanke, vom Korsett geformte Taille.[371] Etwa 1893–96 gab es extrem große Oberarmpuffen, »Ballonärmel« genannt, die in einen engen Ärmel mündeten, sowie neuerlich umfangreiche Keulenärmel. Diese Ärmelformen findet man auch an der Bluse, die zusammen mit einem Halbrock als jugendlich-sportliche Kleidung galt. Die Röcke schwangen durch keilförmige Einsätze, 1898 durch zusammengesetzte Bahnen aus, bis man schnitttechnisch zum Glockenrock gelangte.[343] Als Überkleidung bevorzugte man die taillierte

Redingote anstelle des Paletots. Der zunehmende Sport, wie Frauenturnen, Radfahren und Wandern, forderte funktionellere Kleidung und Körperbewusstsein. Besonders für das populär werdende Radfahren gab es eine spezielle Kleidung.

Die modische Entwicklung in der 2. Hälfte des 19. Jh.s war vom Schwanken zwischen einer mehr oder weniger natürlichen und einer künstlichen Silhouette geprägt. Nur eine kleine Gruppe von Künstlern, besonders in England, hatte bereits seit Mitte des Jahrhunderts versucht, die Frauenkleidung von künstlichen Formen, besonders dem Korsett, zu befreien. Diese Künstlerkleider fanden jedoch keine allgemeine Nachahmung, so wenig wie das um 1898 kreierte Reformkleid.

20. Jahrhundert

Die Mode des ausgehenden 19. Jh.s hielt sich in ihrem Funktionswert noch bis zum 1. Weltkrieg. Besonders die Damenmode blieb luxuriös und großenteils auf die Oberschicht beschränkt, konnte sich jedoch vom Korsett befreien.

In der Herrenmode hielt sich im Prinzip jener sachlich-funktionelle Stil aus der 2. Hälfte des 19. Jh.s. Für den Herrn galt weiterhin der Grundsatz, für jede Gelegenheit passend, korrekt und unauffällig gekleidet zu sein. Die Herrenmode gab sich großstädtisch und stand zumindest bis zum 2. Weltkrieg international unter der ausschließlichen Führung *Englands.* Englische Herrenschneider stellten Regeln für zusammenpassende Kleidung auf. Als Arbiter elegantiarum, Sachverständiger in Fragen des guten Geschmacks, galt um 1900 der Prince of Wales und nachmalige König Edward VII., in den 30er Jahren der Herzog von Windsor. Vor dem 1. Weltkrieg konnte die Konfektion den individuellen Herrenschneider selbst bei der mittleren Einkommensschicht nicht verdrängen.

Abb. 95. Zweireihiger Sakkoanzug, Langbinder, Hemd mit steifem Umlegekragen, Bowler, Handschuhe, Spazierstock. 1903. Kunstbibliothek, Berlin.

Im Wesentlichen hielten sich bis zum 2. Weltkrieg noch alle zusammen mit dem Sakkoanzug (seit etwa 1862) verbreiteten Anzüge, ebenso wie die bereits bekannten Mantel-, Hut- und Schuhformen. Der Sakkoanzug in Schnitt und Ausarbeitung war Vorbild für die übrige Herrenoberbekleidung. In Farbe und Muster blieb er bis Anfang der 1920er Jahre sehr dezent, ebenso die Krawatte. Bis zum 1. Weltkrieg unterschied man noch den Sakkoanzug vom als wesentlich kleidsamer geltenden Jackettanzug. Der Schnitt des Rockes änderte sich dann, um 1910, durch ein langgezogenes Revers und eine stärkere Taillierung. Zeitweilig waren Gamaschen in Mode. Handschuhe, Stecktuch und Spazierstock waren noch unerlässlich für den gut gekleideten Herrn.

Auch in der Sportkleidung, zu der nicht nur Reit-, Jagd-[323], Wander- oder Tenniskleidung, sondern auch Reise- und Autokleidung gehörten, änderte sich in den ersten Jahrzehnten des 20. Jh.s nicht allzu viel. 1905 kam der Kombinierte Anzug als Strand- und Tennisanzug auf. Um 1900 verbreitete sich der Staubmantel als sog. Automantel. Zum Schwimmen trug der Herr ein einteiliges Badetrikot mit kurzen Beinen.

Kleidungs-Tabelle für Herren (zusammengestellt von der Fa. Alfred Guggenheim, Freiburg i. Br., 1911)

Gelegenheit	Rock und Überzieher	Weste	Beinkleider	Hut	Hemd und Manschetten	Kragen	Krawatte	Handschuhe	Stiefel	Schmucksachen
					Tageskleidung					
Hochzeit am Tage, Standesamt, Visite, Matinees etc.	Cutaway oder Gehrock, Überzieher	einreihig von demselben Material wie Rock, evtl. mit Pikee-Vorstoß	gestreifte Kammgarn- oder Cheviot-Beinkleider (dunkel)	Zylinderhut	weiß mit festen Manschetten	Stehkragen, evtl. mit umgelegten Ecken	schwarz, Atlas oder dunkelfarbig	weiße oder hellgraue Glacéhandschuhe	Lack- oder Chevreaux-leder-Knöpfstiefel	goldene Manschetten- und Frontknöpfe, Perlnadel
Geschäfts- und Morgenkleidung	Jackett oder Rock, Überzieher oder Ulster	entweder zum Rock passend oder Phantasie-Weste	dasselbe Material wie Anzug oder dunkel gestreift	steifer schwarzer oder weicher Hut	glatt oder Faltenfront, weiß oder farbig	Stehumlege- oder Stehkragen nach Belieben	Four-in-hand	farbige Clacé- oder Hirschlederhandschuhe	Boxcalf- oder Chevreaux-Schnürstiefel	goldene Manschettenknöpfe, beliebige Frontknöpfe und Nadel
5 o'clock Tee, Promenade	Gehrock oder Cutaway, Überzieher oder Ulster	Phantasie-Weste aus Wolle oder Seide	hellgrau oder dunkelgrau gestreift, Kammgarn	Zylinderhut	glatte oder Pikeefront, feste Manschetten	Stehkragen, evtl. mit umgelegten Ecken	Plastron oder Four-in-hand von feiner Farbe	graue schwedische oder graue Clacéhandschuhe	Lackleder- oder Chevreaux-Knöpfstiefel oder Halbschuhe	goldene Manschetten- oder Frontknöpfe, beliebige Nadel
					Abendkleidung					
Hochzeit am Abend, große Gesellschaft mit Damen, Oper, offizielles Bankett, Theater, Premiere	Frack, Havelock oder Überzieher	weiße Pikee- oder feinfarbige Seidenweste	dasselbe Material wie Frack	Zylinderhut	einfache glatte oder Pikeefront, feste Manschetten	Stehkragen	weiße Diplomaten-Krawatte	weiße Glacéhandschuhe mit weißen Raupen, weiße gestrickte für die Straße	Lacklederschuhe, Tanzschuhe für Ball etc.	Persmutter-, Achat- oder Mondstein-Manschetten- und Frontknöpfe
unoffizielles Bankett, Klub, Herrengesellschaft, Souper mit Freunden im eigenen Heim, Theater	Smoking-Jackett, Havelock, Überzieher	schwarze Tuch- oder feinfarbige Seidenweste	dasselbe Material wie Jackett	schwarzer steifer oder weicher Hut	einfache glatte oder Pikeefront, feste Manschetten	Stehkragen, evt. auch mit umgelegten Ecken oder Stehumlegekragen	schwarze Diplomaten-Krawatte	graue schwedische oder Hirschlederhandschuhe	Lacklederschuhe	Amethyst- oder Opal-Manschetten- und Frontknöpfe

Der 1. Weltkrieg brachte in der Herrenmode keine großen Neuerungen. Die meisten Herrenschneider, mit Ausnahme jener, die sich rechtzeitig auf Uniformen spezialisieren konnten, mussten wegen des Mangels an Aufträgen, an Personal und Material schließen.

Nach dem 1. Weltkrieg zwangen die schlechten Stoffe dazu, Brust- und Hüftpartie des Rocks mit einer Leinen- oder Rosshaarauflage zu versteifen[452], dazu wurde die Taille extrem hoch gearbeitet. Neue Mantelformen waren Trenchcoat und Kleppermantel.

Nach 1922 kam es – mit größer werdendem Angebot an Vergnügungen und dem etwas ungezwungeneren und sportlicheren Lebensstil – zur Lockerung des strengen Kleidungsreglements, obwohl gerade der Großbürger darauf bedacht war und eine konservative, unauffällige Mode vertrat. Modevorbilder waren Bühnen- und Filmstars wie Richard Tauber, Victor de Kowa, Adolphe Menjou, Clark Gable. Allzu Modisches und Ausgefallenes war der »Jugend, den Individualisten, Dandys, Intellektuellen und Schiebern« (Alfred Polgar) vorbehalten, die sich in der 2. Hälfte der 20er Jahre in weiten Tangohosen und einem knapp geschnittenen, in auffälligen Farben gehaltenen Sakko gefielen. Als neue Anzugform kam der erst später nach dem deutschen Reichskanzler und späteren Außenminister benannte Stresemann auf. Der Sakkoanzug verlor nach 1922 alle Absteifungen, war lose bis leicht tailliert, seine Hose gleichmäßig weit geschnitten. Diese legere Anzugform, zusammen mit dem weichen Filzhut, kam aus den USA und war für die alltägliche Arbeit gedacht. Der wohlhabende Herr trug im Winter einen Stoffmantel mit Innenpelz und Pelzkragen, den sog. Stadt- oder Gehpelz. Zum modisch auffälligen Aufputz entwickelte sich das Dessin der Krawatte. Ebenso wurde das Angebot an farbigen, auch leicht gemusterten Stoffen größer. Es gab dunkles Blau und Braun und dezente Karos, Sprenkel, Streifen, Fischgrat sowie Salz- und Pfeffernoppen. Zum Wandern und Golfspielen wurden Norfolk-Jacke und Knickerbocker[229], zum Tennis weiße lange Hosen[489] und Jumper und im Sommer eine Klubjacke getragen.

Nach 1929 entwickelte sich eine die männlichen Schultern betonende V-Linie, die sich bis nach dem 2.Weltkrieg hielt. In die Freizeitkleidung fand der Blazer, zuvor schon im Ausland heimisch, auch in Deutschland Eingang. Zum Skifahren passten Norweger-Anzug und nach 1936 Keilhose und Anorak, zum Tennisspielen eine kurze Hose, zum Schwimmen eine Hose, oft noch mit Oberteil. Die Fülle der verschiedenen Mäntel reduzierte sich auf den eleganten Paletot, den sportlichen Ulster und den Trenchcoat als Regenmantel. Das Hemd zeigte nun senkrechte oder horizontale Streifen oder blasse Unifarben. Kopfbedeckung zum korrekten Sakkoanzug war nach 1935 der Eden.

Während des 2.Weltkriegs änderte sich die Herrenkleidung kaum. Die Uniform drang auch in die Privatsphäre ein.

Nach Kriegsende war das Problem der Bekleidung, vor allem infolge der Stoffrationierung, für den Mann besonders schwierig. Von den traditionellen Kleidungsvorschriften konnte demnach kaum die Rede sein. Vorhandenes wurde aufgetragen. Der Sakkoanzug wurde Standardkleidung, wobei der Sakko häufig zweireihig gearbeitet war, damit auf die Weste verzichtet werden konnte. Außerdem tendierte man stärker zur Kombination, die mehr Abwechslungsmöglichkeiten bot. 1946 waren die Sakkos zunächst überweit, wirkten wohl auch so auf den abgemagerten Körpern, ein Jahr später passte man sie mehr der Figur an, während die Hosen sehr weit blieben und durchweg – mit Ausnahme der reinen Abendhose – Stulpen hatten. Farben und Muster der Herrenanzüge waren erneut sehr dezent. Weiße Hemden hatten anknöpfbare Ersatzkragen und -manschetten, auch bevorzugte man dunkelfarbige Hemden – eine Situation, die sich mit der pflegeleichten Nylonfaser bald ändern sollte. Neu war der Dufflecoat, ein Mantel der englischen Marine, der sich bis auf den Kontinent verbreitete. Existenzialisten gefielen sich in dunklen Hemden, schwarzen Rollkragenpullovern, Cordhosen und Dufflecoat.

In den 50er Jahren, nachdem die Materialschwierigkeiten überwunden waren, erinnerte sich der Herr, besonders in England, der vornehmen Kleidung vom Anfang des Jahrhunderts, aus der Zeit König Edwards VII. Englische Herrenschneider kreierten nun den »New-Edwardian-Style«[416]. Er stand bis 1955 im Gegensatz zu der ebenfalls modernen weiten amerikanischen V-Silhouette. Die korrekte, der Figur mehr angepasste englische Linie griffen italienische Herrenschneider auf und entwickelten sie zu einem jugendlichen bis eleganten Stil, der sog. Y-Linie[453]. Damit wurde erstmals die italienische Herrenmode über die Grenzen des Landes hinaus bekannt (▸Haute Couture). Insgesamt legte man auf eine korrekte Herrenkleidung – Sakkoanzug mit Weste und dezenter Krawatte, passender Mantel und Hut sowie Handschuhe und Stecktuch – größten Wert. Jedoch wurde weder Gehrock noch Cut (Letzterer höchstens für diplomatische Funktionen) wiederbelebt, und der Frack blieb nur vornehmsten Anlässen vorbehalten. Als Abendanzug waren jetzt der schwarze oder dunkelblaue Sakkoanzug sowie der feierlichere Smoking korrekt. Bei den Hemden trugen jene aus Nylon – ungeachtet der negativen Trageeigenschaften – für ein Jahrzehnt gegenüber weißen Baumwollhemden den Sieg davon. Eigene Vorstellungen von Mode entwickelte die Jugend, der »zornige junge Mann«, der sich von der neu etablierten Gesellschaft »verraten und verkauft« (Harold Pinter) fühlte und bewusst gegen sie opponierte. Die dandyhaft, à la New Edwardians (aber billig, was den Stoff betrifft) angezogenen Teddy-Boys standen im Gegensatz zu den in schwarzes Leder gekleideten Halbstarken. Ihre Idole waren Filmschauspieler und Schlagersänger aus den USA, wie James Dean und Marlon Brando, Elvis Presley und Bill Haley, die jeder für sich einen eigenen »Look« lancierten. Allen gemeinsam waren die von Brillantine glänzenden Haare, die Bill Haley zur »Schmachtlocke« frisierte[268]. Für die Jugend allgemein, jedoch ausschließlich für diese und nur als reine Freizeitkleidung, begannen die nach 1945 von amerikanischen Besatzungssoldaten nach Europa gebrachten Blue jeans ihren Siegeszug. Die Freizeitkleidung eröffnete für die Modebranche einen neuen, großen Wirtschaftszweig. Neu waren Shorts ebenso wie über der Hose getragene Waikiki-[502] und Titihemden sowie Buschhemden, neben einer Fülle von Klubjacken.

Nach 1964 – bis dahin unterschied sich die Herrenmode kaum von jener der 50er Jahre – setzte sich ein neuer Stil durch, getragen von der »Jungen Mode« wie jener der Beatles[269, 454]. Die nach dem 2. Weltkrieg geborene Generation hatte andere Vorstellungen von Mode und wollte ihr Leben, mehr oder weniger unbelastet von der Vergangenheit, nach eigenen Vorstellungen gestalten. Sie forderte sowohl auf politischer und sozialer Ebene als auch im moralischen und sexuellen Bereich Gerechtigkeit, Aufklärung, Entlarvung von Vorurteilen und Selbstbetrug. Die Hippies, die sich Mitte der 60er Jahre in den USA zusammenfanden und gegen Rassendiskriminierung, Klassenunterschiede, Leistungszwang und besonders gegen die amerikanische Beteiligung am Vietnamkrieg auftraten, lehnten jede überkommene Kleidernorm ab. Sie verachteten praktische, funktionelle ebenso wie repräsentative Kleidung und ließen nur Natürliches, auch Verspieltes gelten. Kleidungsstücke aus National- und Volkstrachten wurden übernommen und zusammen mit Jeans getragen, die sie mit aufgemalten oder -gestickten Blumen verzierten. Jede künstliche Frisur wurde abgelehnt, auch junge Männer ließen ihr Haar natürlich lang, aber nicht ungepflegt herabfallen. Die Hippiekleidung wurde zusammen mit Pop-Art- und Weltraumkleidung von Modeboutiquen und Konfektion aufgenommen und vermarktet. Wesentlich weniger war dies bei den Gammlern der Fall, die mit bewusst vernachlässigter Kleidung, die sie von Flohmärkten und Trödelläden bezogen, ihre Verachtung gegenüber der Leistungsgesellschaft ausdrücken wollten.

Obwohl es bis heute, besonders bei der älteren Generation, gegen allzu nachlässige oder avantgardistische Kleidung Ressentiments gibt, wurden gerade in der 2. Hälfte der 60er Jahre in den Großstädten Vorurteile gegen Äußerlichkeiten abgebaut. Die Kleidung als Spiegel der sozialen Stellung und Bildung wurde anders bewertet. Die Junge Mode dominierte und ließ dem reiferen Modekonsumenten wenig Alternativen.

In der Herrenmode schlug sich das Neue fast ausschließlich in der Freizeitmode des Teenagers nieder. Korrekte Berufskleidung blieb weiterhin der Sakkoanzug. Im Schnitt war er knapp, der Figur angepasst und – das gilt besonders für die italienischen Modelle – stark tailliert – eine Modelinie mit zweifellos femininem Einschlag. Außerdem hatte unter dem auf Figur gehaltenen Rock weder eine Weste Platz, noch konnten Gewandtaschen das Notwendige aufnehmen, weshalb der Herr zu einer separaten Umhängetasche griff. Die Herrenmode verzichtete auf anspruchsvollere Details, z. B. fielen die Doppelmanschetten am Hemd, die Weste und der Kummerbund des Smoking weg. Zugleich wurde die Kleidung farbiger und individueller. Die Krawatten, nun extra breit, zeigten Blumen, Bäume, Schmetterlinge, sogar fahrende Autos, Pullover wurden bunt, Mäntel kniekurz[401]. Ein weißer Rollkragenpullover konnte das mit Rüschen und Biesen verzierte

Smokinghemd ersetzen. Jeans und im Sommer T-Shirts waren zur Freizeitkleidung schlechthin geworden, jedoch an Schulen und den meisten Arbeitsplätzen noch ungern gesehen, um nicht zu sagen verboten.

Um 1975 kam es in der Herrenmode – der Entwicklung der Damenmode etwas nachstehend – im Zuge der sog. Nostalgie-Welle nach fast zehn Jahren zu einer umfassenderen Veränderung der modischen Silhouette. Unter der Bezeichnung ‣Gatsby-Look, die sich an den Stil der 1930er Jahre anlehnte, wurde das Jackett weiter mit breiten, durch Achselpolster unterlegten Schultern; die Weste kam erneut in Mode, und die Hosen erhielten einen bequemen Schnitt mit Bundfalten. Die Mäntel trug man wadenlang; man versuchte, den Hut wieder einzuführen. Französische Haute-Couture-Häuser, wie Yves Saint Laurent, Christian Dior und Pierre Cardin, widmeten sich stärker der Herrenmode. Den größten modischen Impuls gab die Freizeitkleidung, in der nun nicht mehr ausschließlich Jeans dominierten, sondern Hosen von diversen Schnitten und Materialien. Dazu gab es Blousons und Pullover mit vielfarbigen, geometrischen Mustern.

Großen Einfluss auf die Mode gewannen nach 1977 die Punks (‣Punk-Mode) und ihre Subkultur. Ihre Kleidung sollte eine antibürgerliche, z.T. paramilitärische, in jedem Fall schockierende und Aufsehen erregende Signalwirkung haben. Nachahmer fanden sich nicht nur unter ihresgleichen, sondern auch unter den Modekreateuren, die Punkkleidung für den modeempfänglichen Durchschnittsbürger akzeptabel machten und allzu Brutales, z.B. Sicherheitsnadeln in den Wangen, wegließen. Vom Punk-Stil profitierte insbesondere die Lederbekleidungsindustrie, der auch Verbesserungen in Zurichtung und Färbung zu Hilfe kamen. Leder verlor das harte Underground- oder Berufskleidungsimage. Nappalederhosen und Nappalederblousons konnten selbst vom modebewussten Geschäftsmann getragen werden.

Abb. 96. Sakkoanzug von Brioni in der typischen schmalen Linie mit breiter Krawatte. Rom, 1974.
Abb. 97. Kombinierter Anzug mit Oversize-Gaban in Raglan-Fasson, Schirmmütze und Schal von Gianni Versace. Mailand, 1984. Zeichnung: Werner.

Abb. 98. Männermode von Jean-Paul Gaultier. (Anorak mit Camouflage-Muster, Kapuzenshirt, Jogginghose.) Paris, 2001/02.

Um 1985 erregte der französische Designer Jean-Paul Gaultier mit Röcken für den modischen jungen Mann einiges Aufsehen. Im Gegensatz dazu gab es die korrektere Herrenmode der ‣Yuppies, wodurch auch wieder die Weste, bunt gemustert oder dezent zum Anzug, in Mode kam. In der ersten Hälfte der 1990er Jahre waren Sakkos in auffallenden Farben – Lila, Grün oder Rot – beliebt. In der ‣Jugendmode spielen Markennamen wie Chevignon, Diesel, Chiemsee, Stüssy, Adidas oder Reebok, neben »Kultklamotten« wie Levis-501-Jeans und 1460er ‣Doc-Martens-Schuhe eine bedeutende Rolle. Großen Einfluss auf die Jugendmode übt die Musik und damit der Tanzstil aus, durch die sich eine stark gruppenbezogene Mode ausprägt (‣Techno-Mode). Daraus ergibt sich auch das ›in‹ und ›out‹ von Marken. So gefallen sich Anhänger von Hip-Hop in ‣Baggy Pants, extrem weiten Shirts und verkehrt getragenen Caps. Als neues Männeraccessoire kam ein Männerohrring oder -stecker, als besonders »cool«, nicht nur Zeichen von Homosexualität, in Mode.

Charakteristisch für die Herrenkleidung ist der bis ins 21. Jh. trotz aller Freiheiten und dem mancherorts eingeführten ‣Casual Friday erhalten gebliebene betonte Unterschied zwischen Berufs- und Freizeitkleidung, wobei die Art des Berufes eine große Rolle spielt. Konservative Berufskleidung ist nach wie vor der korrekte Sakkoanzug mit Hemd und Krawatte. Nachdem in manchen Berufen (Journalismus!) »Freizeitkleidung« tragbar geworden ist, bezeichnet man sie heute als »Legerkleidung«[230]. Dazu gehören Cargo pants[468], Daunenjacken, Gabans, Blousons, Lederkleidung, Jeans, Pullover, Sweat- und T-Shirts.

Jugendliche gefallen sich mit kurzem, weißblond gefärbtem und mit Gel oder Wachs gestyltem Haar sowie mit Tattoos und Piercings. 2002 war das modische Trendmaterial Cord, 2003 waren quergestreifte Herrenhemden modern. Designeranzüge der Häuser ‣Gucci und ‣Dior oder von Helmut ‣Lang sind extrem figurbetont, während sich geknitterte Anzugmaterialien wie von Issey ‣Miyake wenig durchsetzen.

In der Damenmode gab es vom Beginn des 20. Jh.s bis zum 1.Weltkrieg für adelige Damen und Großbürgerinnen wenig Veranlassung, ihren repräsentativen Stil zu ändern. Allerdings opponierten Frauenrechtlerinnen, Künstler, Mediziner und sportbegeisterte Mädchen gegen das gesundheitsschädliche Korsett. Das von ihnen propagierte Reformkleid[441], unter dem kein Korsett, sondern höchstens ein lockerer Brust- und Leibgürtel[164] getragen wurde, war wenig erfolgreich. Auch die Entwürfe von Jugendstil- und Sezessionskünstlern halfen nichts, denn der Anspruch der Zweckmäßigkeit und Funktionalität des Reformkleids war für die Großbürgerin Grund genug zur Ablehnung. So kam um 1900–06/08 eine noch künstlichere Mode auf, die Sans-Ventre-Linie, deren starkes Korsett den Körper zu einer unnatürlichen Haltung zwang. Der repräsentative Charakter dieser Mode wurde zudem durch den am Boden ringsum aufliegenden Saum, die langen, schmalen Ärmel, den hohen Stehkragen – selbst in der Tageskleidung – unterstrichen.

In diese ambivalenten Geschmacksrichtungen und Weltanschauungen geriet ein junger Künstler, bald berühmtester Grand Couturier der Zeit, der Franzose Paul Poiret[281]. Er verstand

Abb. 99. Reformkleid nach einem Entwurf von Kolo Moser (Stoff mit charakteristischem Jugendstil-Muster). Wien, um 1905. Wien Museum.

Abb. 100. Sans-Ventre-Linie mit Batiststehkragen und Schultervolant sowie Bahnrock. Modekupfer. Um 1903/04.

es, die gegensätzlichen Strömungen in Kunst und Mode einander anzunähern, ja aus ihnen ein neues Ganzes entstehen zu lassen. Er vereinte die fließenden Linien des Jugendstils mit den grellen, plakativen Farben der Fauves, den den Körper befreienden Schnitt des Reformkleides unter Weglassen des Korsetts mit einem fernöstlichen Stil, wie er durch Gastspiele der »Ballets Russes« in Paris vorgeführt wurde. Poirets Kreationen war eine neue, allerdings ähnlich exklusive Aura eigen wie jenen der Belle Époque. Damit aber war es dem Großbürgertum möglich, Poirets Roben zu akzeptieren, ohne dass es z.B. beanstandete, dass das Korsett dabei keine Rolle mehr spielte.

Jedenfalls wurde es, wenn überhaupt, durch ein breites, weniger steifes Hüftmieder ersetzt. Unter anderem stellte Poiret »Le Vague«, eine den hochtaillierten Chemisen des Empire nahestehende Linie, 1910 den Humpelrock[281,317] und 1911 die lange Hose auch als Overall[315], für die Frau vor. Allerdings wurde die Hose ebenso wenig wie die von anderen Haute Couturiers kreierten Hosenröcke von der Frau angenommen. Sie kamen zu früh; den entscheidenden Impuls gab erst die Situation der Frau während des 1.Weltkriegs.

Poirets Stil ist wie der von Erté und Mariano Fortuny[282] als »Art-Déco-Mode« zu bezeichnen. Poirets Kreationen beeinflussten die Schneider- und Konfektionsmode[375a] von etwa 1907 bis

Abb. 101. Chinchilla-Kostüm mit Humpelrock, großem Muff und hochmodischer Hutkreation. 1910. Kunstbibliothek, Berlin.

Abb. 102. Abendkleid in deutlich von Paul Poiret beeinflusstem Tunika-Stil mit Tangoschlitz. Um 1913/14. Kunstbibliothek, Berlin.

1914/15 (›Kleid, ›Mantel). Sie allerdings ergänzte seinen Stil durch voluminöse Hüte mit üppigen Straußenfedern.

Zu erwähnen ist noch das Tanzkleid, das kurz vor Ausbruch des Krieges im Zeichen des 1912 aus Argentinien eingeführten Tangos stand (›Tangomode).

Während des 1. Weltkriegs prägten große Versorgungsschwierigkeiten, die Rationierung von Stoffen und Kleidung durch Bezugscheine und der Wiederverkauf von Altbekleidung großenteils das Erscheinungsbild der Mode. Es kam aber auch zu divergierenden nationalen Ambitionen im Modeschaffen; so wurde in Deutschland Ende 1914 ein eigener Reichsausschuss gebildet, um über eine »teutsche Tracht« zu diskutieren. Dennoch zeigten in jedem europäischen Land Modejournale 1915–16/17 einheitlich die bald so genannte Kriegskrinoline. Sie war keine Kreation der Haute Couture, sondern entsprang einem Gefühl der Rückbesinnung auf vergangene, bessere Zeiten. Den Kriegsumständen entsprechend, brachte die Französin Gabrielle Chanel einfache, gerade geschnittene, wadenlange Kleider aus Baumwolltrikot (›Jersey) sowie Hemdblusenkleider ohne Korsett. Chanel schnitt auch das Haar kurz, in der Art eines Pagenkopfes. (Allerdings dauer-

te es noch bis zu Beginn der 20er Jahre, bis sich für die Frau jeden Alters die Kurzhaarfrisur durchsetzte.) Chanels Kleidstil führte 1917 zu einfachen, stoffsparenden, zweckmäßigen Kittelkleidern.[3] Daneben wurde die Kleidlinie von 1914 zu einer fassartigen Silhouette, dem Tonnenrock (1917–19), fortgeführt. 1918 kam das gerade, enge und daher noch stoffärmere Futteralkleid.

Als Frauen während des Kriegs in Munitionsfabriken, Hilfsdiensten der Armee, im Verkehrs- und Gesundheitswesen, in Industrie und Landwirtschaft arbeiten mussten, griffen sie zu Schürzen-, Blusen- oder Hemdhosen, die unseren heutigen Overalls nahe kommen, oder zu langen, im Schnitt der Herrenhose gleichenden Flanellhosen und zu Uniformjacken. Damit war die lange Hose Teil der Frauenkleidung geworden; sie blieb auch nach dem Krieg akzeptiert. Allerdings wurde die Hose bis in die 1960er Jahre – sehen wir von wenigen Ausnahmen wie der Garçonne-Mode oder der Marlene-Dietrich-Hose ab – nur als Arbeits-, Freizeit- und Sportkleidung getragen und erst Mitte der 60er Jahre für alle Gelegenheiten und für die Frau jeden Alters akzeptiert.

Der 1. Weltkrieg hatte für die Frau eine grundlegende Veränderung ihrer sozialen Stellung und ihres Wirkungsbereiches gebracht. Berufstätigkeit und Selbständigkeit waren die Hauptkomponenten. Nicht die Sucht nach Vergnügen, wie aus heutiger Sicht oft einseitig dargestellt, sondern Arbeitslosigkeit, Hungersnot, Inflation und politische Unruhen prägten die 20er Jahre.

In der Kleidung wurde unmittelbar nach Kriegsende Vorhandenes, wie Uniformen, Heeresdecken oder »Hinübergerettetes«, tragbar gemacht. Selbst einstmals exklusive Maßsalons boten sich für Änderungsarbeiten an. 1919 gab es Blusen aus Kunstwolle, Kunstseide, 1922 Viskosestoffe und Strickkleider[476]. Abendkleider wurden bescheiden »Teekleider« genannt, um nicht den Anschein von Luxus zu geben. Danach beeinflussten die sozialen Umwälzungen in hohem Maße die neue Mode der Frau.

Abb. 103. Tonnenrock, Bluse, Toque und Schirm. Um 1918. Kunstbibliothek, Berlin.

Abb. 104. Jersey-Kostüme von Gabrielle Chanel im Stil der Kriegskrinoline. 1917.

Nicht mehr Paul Poirets »L'art-pour-l'art«-Stil war gefragt, sondern Chanels Jacken-, Hemdblusen- und Kittelkleider. Chanel erfasste wie kein anderer Couturier die zeitgemäße neue Einfachheit und Zurückhaltung, folgerichtig nutzte sie bisher für die Oberbekleidung kaum beachtete Materialien, z.B. Jersey. Sie begriff auch die nicht mehr zu umgehende und bis heute gegebene Differenzierung zwischen funktioneller Tages- und elegant-verführerischer Abendmode. Für den deutschsprachigen Raum aber bestimmte weniger Paris als vielmehr Berlin die Mode (▸Haute Couture). Auch waren die Beziehungen zwischen den USA und Deutschland stärker geworden; selbst amerikanische Tänze, wie Shimmy und Charleston, beeinflussten die Mode. Seit den 1920er Jahren kam es zu einem rascheren Modewechsel, bedingt durch die insgesamt beschleunigte Lebensweise, die wiederum eine Folge der Ausweitung und Temposteigerung des Verkehrs, der verstärkten Ausbildung der Großstadtkultur, der hektischeren Tagesabläufe und des größeren Freizeitangebots war.

Abb. 105. E. L. Kretschmann: Die Deutsche Elite. (Herren in schmalgeschnittenen Sakkoanzügen und Smoking. Damen in Futteralkleidern.) 1924.

In der Kleidung setzte sich einerseits die Vereinfachung und Anpassung an praktische Bedürfnisse fort, andererseits übernahmen Frauen gewisse männliche Erscheinungsformen. So entschloss sich die Frau nicht nur zur praktischen kniekurzen Saumlänge, sondern trug eine Kurzhaarfrisur[161], den Bubikopf, kreierte das Smoking-Kostüm und näherte den Schnitt der Kostümjacke dem Herrensakko an.

1918–25 war die Mode noch durch ein rasches Wechseln der Saumlänge geprägt. Erst 1924–27, in der Tagesmode bis 1929, ließ sie das Frauenbein bis zum unteren Knieansatz sehen,[284] dies nicht zuletzt wegen der neuen Kunstseidenstrümpfe, die die wollenen Strickstrümpfe und die baumwollenen Florstrümpfe endgültig ablösten. Obgleich Tages- und Abendkleider den geraden Schnitt des Hängers[345] gemeinsam hatten, unterschieden sie sich doch durch das tiefe Dekolleté und die üppige Jettperlen- und Paillettenverzierung am Abendkleid voneinander. Als Alternative zum Hänger gab es das Stilkleid[283], das besonders als Sommer- oder Abendkleid beliebt war; die Pariser Modeschöpferin Jeanne Lanvin beherrschte seinen Entwurf vollendet.

Anstelle der Bluse setzte sich der bequemere Jumper durch, zusammen mit Faltenrock, Strickweste und Sportschuhen die passende Kleidung für die »Landpartie«. Tagesmäntel waren im Stil des Kleides[403] oder hatten Herrenfasson, während Gesellschaftsmäntel um den Körper drapiert und mit der Hand zugehalten wurden. Eine besonders große Rolle spielte der Pelzmantel, dessen Qualität man dem Einkommensgefälle anzupassen wusste. Allein die betont emanzipierte Garçonne trug um 1925 lange Hosen ebenso wie Smoking und als Schlafgewand den Pyjama.

Die Sportkleidung brachte zum Tennisspielen den kniekurzen Rock, zum Schwimmen ein unversteiftes, ganzteiliges Trikot, an dem allerdings mancherorts noch die Beinansätze durch ein Röckchen[140] verdeckt sein mussten, und zum Skifahren den sog. Norweger-Anzug mit knöchellanger Überfallhose und lumberjackartiger Jacke.

1927 setzte, zunächst beim Abendkleid, ein leichter Wandel mit Hinaufrutschen der Taille und Verlängerung des Saums[346] ein. 1929 gab es bereits auch als Tagesmode wadenlange Prinzesskleider mit glockigem Rock und der Taillenmarkierung annähernd an natürlicher Stelle, daneben kniekurze Hängerkleider.

Abb. 106. Frühjahrsmodelle. (Sportliche Kostüme und Ensembles, Glocken- und Topfhüte.) Aus »ITZ«. Nr. 20. 1927. Zeichnung: Annie Offterdinger.

Abb. 107. Wanderkleidung von Herrmann Gerson mit Bundhose. 1921. Kunstbibliothek, Berlin.

Der Beginn der 30er Jahre war geprägt durch den New Yorker Börsenkrach von 1929 und den drastischen Anstieg der Arbeitslosenzahl. Die Frau suchte Häuslichkeit und Geborgenheit und schien des Vamp- und Garçonne-Daseins müde zu sein. Dieser Umschwung setzte in Deutschland schon vor Hitlers Machtübernahme ein.

Weder die nationalsozialistische Partei noch Adolf Hitler nahmen direkten Einfluss auf die Mode, sieht man von der mehr oder weniger verpflichtenden Einstellung ab, die sich in dem doktrinären Satz »die deutsche Frau schminkt sich nicht« äußert. Allerdings führten die Uniformierung der Hitler-Jugend und die Tatsache, dass Mode nur von ›Ariern‹ gemacht werden durfte, zur Verkümmerung und Einseitigkeit der deutschen Mode. Der bestimmende Einfluss kam aus Paris. In deutschsprachigen Modejournalen konnte während der gesamten 1930er Jahre der internationale Charakter, mit z. T. sehr aufwendigen Modellen aufrechterhalten werden.

Im Mittelpunkt der Mode stand das figurbetonte Prinzesskleid, tagsüber hochgeschlossen, mit weißem Kragen und Manschetten aufgeputzt und wadenlang, abends bodenlang mit kleiner Nixenschleppe und verführerisch dekolletiert. Der für das damalige Prinzesskleid unentbehrliche Schrägschnitt kam ebenfalls aus Paris; ihn hatte Madeleine Vionnet als erste praktiziert. Im Übrigen prägten das taillierte Kostüm mit anliegendem Rock, ein schmal geschnittener Mantel sowie ausgefallene Hutkreationen das modische Bild. 1933 kam es zu einer stärkeren Betonung der Schultern, beeinflusst durch die Pagodenschultern von Elsa Schiaparelli[285], der in den 30er Jahren neben Chanel und Vionnet berühmtesten Modeschöpferin (‣Farbe und Muster). Zweifelsohne wirkte diese Mode gegenüber jener des vorangegangenen Jahrzehnts zurückhaltender, auch weiblicher, und entsprach so den Vorstellungen der Nationalsozialisten weit mehr. Die figurbetonte Kleidung brachte das Korsett zurück, nun aus elastischem Gewebe ohne Schnürung

Abb. 108. Nachmittagskleider und Mäntel. Aus »Robes Élégantes«. Nr. 35. 1934.
Abb. 109. Gegürtetes Mantelkleid mit Chasuble-Falte und Glockenärmel. Um 1944.

und »Mieder« genannt. In der Abendmode kamen 1936 sog. Walzerkleider[122] mit weitschwingendem Rock auf, an denen Hitler besonderen Gefallen fand.

1938 wurde die Modelinie strenger: Die Schultern hat man extrem betont und durch Rosshaareinlagen stark verbreitert, die Röcke fielen kürzer aus, so dass sie gerade noch das Knie bedeckten.

Im süddeutschen Raum und in Österreich verbreitete sich die Trachtenmode, der Propaganda des Bodenständigen und »Völkischen« folgend. Da auf körperliche Ertüchtigung und besonders auf das Volksturnen großer Wert gelegt wurde, kamen allgemein die kurze Sporthose, später »Shorts« genannt, die Keilhose und der Anorak in Gebrauch.

Während des 2. Weltkriegs diktierten in ganz Europa zunehmend Stoffrationierung (im Deutschen Reich wurden bereits am 20. 11. 1939 Reichskleiderkarten eingeführt) und der Zwang zu praktischer und einfacher Kleidung die modische Entwicklung. Nach 1943 wurden unter der Devise »Aus Alt mach Neu« in Sonderbroschüren Ratschläge zum Kombinieren der vorhandenen Stoffe und zum Ersetzen schadhafter Teile gegeben, so, als ob die Kombination aus zweierlei Stoffen schon immer das Normale gewesen wäre. In England regte die Regierung zu sog. Utility collections an, die u. a. von namhaften Modeschöpfern wie N. ‣Hartnell und E. Molyneux entworfen wurden. Die Schultern von Kleidern und Jacken wurden noch breiter, die Röcke allmählich kniekurz, und nur die sehr enge Taille gab einen femininen Anstrich[375b]. Dennoch gab es immer auch Vorschläge für dezente Abendkleider, bestimmt für Funktionärsgattinnen. Die Schuhe wurden durch hohe, auch hölzerne Keilabsätze plumper, die Frisuren höher, die vielfach selbst modellierten Hüte grotesker. Schließlich wichen Letztere um 1945 zu allerlei Formen geschlungenen Kopftüchern. Söckchen oder braungeschminkte Beine im Sommer, Wollstrümpfe im Winter ersetzten Kunstseidenstrümpfe und natürlich auch echte Seidenstrümpfe.

Abb. 110. Kostüm »Bar« von Christian Dior. Ligne Corolle (New Look). Frühjahr/Sommer 1947.

Die Haute Couture kam während des 2. Weltkrieges fast vollständig zum Erliegen. Nur wenige Salons konnten ihren Betrieb für die neue elitäre Schicht von Gattinnen hoher Funktionäre oder »Schwarzmarkt-Kapitalisten« aufrechterhalten. Trotzdem gelang es Lucien Lelong, dem Pariser Modeschöpfer und damaligen Präsidenten der »Chambre Syndicale de la Couture Parisienne«, die Haute Couture in Paris zu halten, als 1941 die deutsche Besatzungsmacht sie insgesamt nach Berlin oder Wien verlegen wollte. In Deutschland und Österreich konnten politisch einwandfreie Modesalons bis 1941 – in Ausnahmefällen auch länger – weiterarbeiten.

Die Kleidung der ersten Jahre nach 1945, dem Ende des Krieges, war von Entbehrungen geprägt. Die Linie blieb streng, mit breiten Schultern und gerade kniebedeckendem Saum. Trotzdem konnten bald nach Kriegsende die meisten Grand Couturiers ihre Salons oder eine Depen-

Abb. 111. Kostüme im Stil der Engen Linie mit Hüftknick. Zeichnung von Anton Garden für die »Wiener Presse«. 1950.

Abb. 112. Petticoat-Kleid mit Dachkragen von Roberto Capucci. Aus »burda Moden«. H. 2. Februar 1960.

dance eröffnen. Die meisten ihrer Vorschläge blieben jedoch unausgeführt. Nicht ohne Einfluss auf die Kleidung der Jugend war der funktionelle »American Look«, der in den USA als »Sportswearmode« bekannt war.

1947 eröffnete der noch unbekannte Christian Dior mit finanzieller Unterstützung des Seidenfabrikanten Marcel Boussac einen Modesalon. Diors erste Kollektion, vorgestellt am 12. Februar 1947, war zunächst, besonders wegen des hohen Stoffverbrauchs, ein geteilter, bald jedoch ein überwältigender Erfolg, der unter der Bezeichnung »New Look« Modegeschichte machte.[110] Dabei aber handelte es sich nicht um eine von Dior völlig neu erfundene Silhouette (der weite, schwingende Rock, das signifikante Zeichen des New Look, war bereits 1936, 1939 und 1946 bei Abendkleidern vorgestellt worden). Es war jedoch Diors Verdienst, die feminine Linie der Tagesmode zurückerobert und alle Details, die Accessoires und die Frisur darauf abgestimmt zu haben. Noch im Herbst 1947 brachte Dior als Alternative zum New Look die Enge Linie, auch »Bleistiftlinie« genannt, mit einem engen Rock, dem der berühmt gewordene Dior-Schlitz[196] Bewegungsfreiheit gab.

In ganz Europa begannen die Frauen die Achselpolster aus den alten Oberteilen zu entfernen, den Saum zu verlängern und mit allen möglichen Mitteln, z.B. der neuerlichen Kombination von zweierlei Stoff, weit schwingende Röcke hervorzuzaubern. In Deutschland kam der New Look[404] am spätesten an, obgleich die Modebranche auch hier erstaunlich rasch an Zuversicht und Aufbauwillen gewonnen hatte. Erst im Januar 1948 berichtete »Berlins Modenblatt« davon.

Die modische Entwicklung wurde auch durch die USA beeinflusst. Die Jugend schwärmte vom funktionellen »American Look«. Als in Deutschland und Österreich die Frauen der Besatzungssoldaten nachkamen, trugen sie Regenmäntel aus durchsichtigem oder farbigem Kunststoff, Nylonstrümpfe, lange Hosen und bequeme Pullover aus Synthetics. »Nylons« wurden eine allgemein begehrte Schwarzmarktware. (Die in Deutschland entwickelte Kunstfaser Perlon, die dem Nylon fast gleich war, stand der Modeindustrie noch nicht zur Verfügung. ‣Stoff, ‣Strumpf.)

In den 1950er Jahren konnten sich die Frauen mit der Energie lang erduldeter Entbehrung wieder modischen Dingen zuwenden.[286] Der Aufholbedarf sowohl für alltägliche als auch luxuriöse Güter war groß. Die Frau war, ähnlich wie der Mann, bestrebt, gut und für jede Gelegenheit passend angezogen zu sein. Dabei stand die Übereinstimmung aller Accessoires im Mittelpunkt.

Modevorbilder wurden betont feminine, temperamentvolle Filmstars, wie Gina Lollobrigida, Sophia Loren und Ava Gardner. Mädchen dagegen schwärmten mehr für Brigitte Bardot oder Audrey Hepburn. Diese »Prestige-Persönlichkeiten« (René König) waren von einem außerordentlichen, zu Träumereien verführenden Nimbus umgeben. Für den Kleidungsstil gab die Pariser Haute Couture den Ton an, allen voran Christian Diors Linien[347]. Die Haute Couture war zum Millionengeschäft geworden. Der Pariser Mode allerdings erwuchs in Italien Konkurrenz durch so bedeutende Modeschöpfer wie Emilio Pucci und Emilio Schuberth.

Die Normalverbraucherin vertraute sich der Hausschneiderin an, die sich manches Haute-Couture-Modell abschauen musste.

Der Backfisch, das Mädchen unter 20, hingegen war entscheidend für den Aufschwung der Konfektion. Seine nun selbstverständliche Berufstätigkeit vergrößerte die Kaufkraft. Backfische gefielen sich in Petticoatrock oder in Fischerhosen[221], in American-Look und College-Linie. Die intellektuelle Jugend fühlte sich vom französischen Existenzialismus angezogen und kleidete sich à la Juliette Greco mit schwarzem Rollkragenpullover, Rock oder Hose, eng und schwarz, schminkte die Augen schwarz und ließ das lange Haar glatt herunterhängen. Mädchen in Opposition zur etablierten Gesellschaft folgten der Halbstarkenmode, trugen Hängerkleider oder Röcke aus schwarzem Leder oder Kunstleder, schwarze Pullover und schwarze Strumpfhosen. In den Jahren 1959 bis etwa 1963, einer modischen Übergangsphase, war die Farah-Diba-Frisur aus der Mode nicht wegzudenken, jener hochtoupierte Haarknoten, den die persische Kaiserin trug.

Mit den 1960er Jahren begann die Verlagerung der modischen, gesellschaftlichen und kulturellen Führung: Die Jugend wurde zum Leitbild (vgl. auch S. 70 Herrenmode nach 1964). Zum ersten Male in der Kostümgeschichte ging die Gestaltung der Mode von der Jugend aus, und auch der angesprochene Käuferkreis für Mode waren zum Großteil Teenager. Bisher musste sich die Kleidung junger Menschen nach jener der Erwachsenen richten, zumindest gab es, wie in den 50er Jahren, zwei Stile nebeneinander, einen für die reife Frau, einen für Mädchen. Nun aber musste die Frau ihr modisches Image aufgeben und der Jugend Zugeständnisse machen.

Mode verlor gänzlich ihren elitären Charakter, Reichtum war nicht mehr ausschlaggebend für modische Präsenz, was nicht nur soziologisch und psychologisch zu begründen ist, sondern auch mit der Fülle preisgünstiger Chemiefasern[212] sowie der rationalisierten Herstellungstechnik von Modeartikeln zusammenhängt.

Da in England das Modeschaffen weniger als in Frankreich durch berühmte Modeschöpfer vorbelastet war und es bereits seit dem 2. Weltkrieg Schulen für Modedesign gab, konnte hier eine junge Generation Modeschaffender ihren Ideen freien Lauf lassen. 1963/64 schaffte Mary Quant[436] den internationalen Durchbruch (zusammen mit dem neuen Haarschnitt von Sassoon[272]), obwohl sie schon 1959 – der Zeit voraus – Minikleider entworfen hatte. Mary Quant hielt mit ihrer Mini-Mode, auch dank der neuen Herstellungstechnik von Feinstrumpfhosen, dann mit Maxi und Midi die Modebranche fast ein Jahrzehnt lang in Atem.[291] Und sie verwendete für Regenmäntel und -stiefel PVC, ein künstliches Material, das erstmals in der Mode kein Naturprodukt nachahmen sollte. Barbara Hulanicki begeisterte die Jugend mit »Plüsch, Edelplunder und Nostalgischem«, das sie per Versandsystem und in ihrem Londoner Kaufhaus »Biba« an die Jugend brachte. In »Swinging London« wurden Pop-Art[290], Beatles und Hippiekleidung vermarktet (vgl. S. 70 Herrenmode nach 1964). Der Weltraumlook[405b] von Cardin, Courrèges und Ruben Torres, Op-Art-Mode, Oben-ohne-Mode von Gernreich[144], Metallkleider von Rabanne[292], Hippiemode, Gammlerlook und Transparentlook lösten einander ab. Oben-ohne-Mode und Transparentlook wurden freilich nicht allgemein, aber sie gaben der Bekleidung eine neue, freizügige Selbstverständlichkeit, die besonders in der Badekleidung und der Unterkleidung (‣Büstenhalter) zum Tragen kam. Diese Entwicklung ist parallel zum moralisch freien und aufge-

Abb. 113. Ensemble von Manfred Schneider (Mini-Kleid mit Midi-Mantel). München, 1969.

Abb. 114. Maxi-Look im Folklore-Stil. Kaufhof AG. 1974.

klärten Denken der Jugend (symptomatisch ist die zunehmende Verbreitung der Antibabypille) zu sehen. Hosen, auch Jeans, wurden nunmehr sowohl am Arbeitsplatz als auch für den Theaterbesuch selbstverständlich. Zum Teil stellte die Hose[314] eine willkommene Alternative zum Minirock dar.

Die Pariser Haute Couture musste ihre Verkaufspreise anpassen und neben dem angestammten Salon und der Boutique auch das Prêt-à-porter zulassen. Yves Saint Laurent, André Courrèges, der die Minilänge in die Haute Couture einführte, und Pierre Cardin gehören zu den erfolgreichsten Pariser Modeschöpfern der 1960er Jahre.

In den 1970er Jahren geriet die allgemeine Fortschrittseuphorie ins Wanken. Zukunftsangst und Flucht in Drogenkonsum machten sich bei manchen Jugendlichen breit. Dem gegenüber stand ein zunehmendes Bewusstsein für Umwelt und für körperliche Fitness als Ausgleich zunehmender Arbeitskonzentration und als Folge vermehrter Freizeit (seit den 50er Jahren war es zu einer Verdreifachung aktiven Sports gekommen).

Mit sich ausbreitender Wirtschaftsrezession machte sich in der Kleidung der Oberschicht ein »Understatement« breit, das dem allgemeinen Tragen von Jeans Vorschub leistete. Sportkleidung beeinflusste in hohem Maße die Freizeitkleidung, wie Hot pants, Jogginganzug, Boxershorts, T-Shirt und Sweatshirt. Leitbilder, die für die Mode der beiden vorangegangenen Jahrzehnte so bedeutungsvoll waren, konnten sich nicht durchsetzen. Es kam zu einem unübersehbaren modischen Experimentieren bis hin zum Verkleiden; die Moden wechselten ständig. So setzte sich im Winter 1970/71 die wadenlange Midimode durch, doch kehrte die Jugend im Sommer wieder zum Mini zurück (hielt sich bis 1973!). 1971/72 kam die Maxilänge besonders bei Mänteln in Mode und fand einen Gegenpol in den superkurzen Hot pants. Erst danach pendelte sich die Modelänge auf Midi ein. Erfolgreichstes Material wurde Denim, der Jeansstoff, aus dem nun auch Mäntel, Röcke, Bikinis und Jacken gefertigt wurden. Nach 1973 folgte eine Reihe von »Looks«, die sich wohl in einzelnen Kreisen durchsetzten, aber keine durchschlagenden Erfolge wurden. Es waren Moden, die Hose und Kleid gleichermaßen berücksichtigten und besonders als Prêt-à-porter lanciert wurden. So kamen 1972–73/74 der Slinkylook, danach der Romantik-look, 1975 Kaftankleider und Chinalook, 1976 der Beduinenlook mit Tunikas und Kaftans über Harems- und Zuavenhosen, und der Zwiebellook. Ein weitaus größerer Erfolg war dem 1976 aufgetauchten Folklorelook beschieden, zu dem auch Yves Saint Laurents Edel-Bäuerinnen-Look[293] gehörte. Daneben gab es um 1977 kurzfristig den Carmenlook. Insgesamt wurde Ende der 70er Jahre seitens der Modeschöpfer zu mehr individueller, persönlicher Gestaltung des Kleidungsstils angeregt und dafür Coordinates und Separates angeboten. Doch diese demokratische Haltung der Mode verunsicherte zum Teil jene Frauen, die sich selbst weniger mit Modischem auseinandersetzten.

Seit etwa 1977 erregen japanische Modedesigner wie Kenzo und Miyake, seit 1981 Kawakubo und Yamamoto in Europa Aufsehen. Nach den Traditionen japanischer Kleidung drapieren sie übergroße Stoffbahnen locker um den Körper und bringen extrem weite Hosen, die kaum als solche zu erkennen sind. Der Stoff soll dem Körper keine enge, anliegende Haut, sondern räumlich wirkende Hülle sein.

In den 80er Jahren standen für die Frau weiterhin (wenn nicht verstärkt) Gleichberechtigung und Anerkennung im Beruf im Vordergrund.

Die Tagesmode der Frau, besonders in Deutschland, war durch »Verleugnen« des Körpers mittels künstlicher Verbreiterung der Schultern, durch Achselpolster, weite Ärmel und durch Überweite, sog. Oversize[294, 405], geprägt. Die Tageskleidung blieb funktionell, sportlich und leger, allzu Figurbetontes und Adrettes bekam einen negativen Beigeschmack. Naturstoffen (entsprechend dem größeren Umwelt- und Gesundheitsbewusstsein) wurde trotz des Knitterns der Vorzug gegeben, um 1984 der sog. Knitterlook hochgespielt. Die Länge des Saums war kein Modethema mehr, sondern richtete sich nach dem Kleidungsstil; zu einer nur vagen Richtlinie wurde mini für Teenager, kniekurz und geschlitzt für enge Röcke, dazu hochhackige Schuhe (anders als Ende der 60er Jahre), und wadenlang für weite Röcke mit flachen Schuhen.

Um 1980 fanden kurzfristig, aber umso intensiver Bermudas aus edlem Wollstoff mit passender Jacke auch im Winter Eingang in die Gesellschaftskleidung, ebenso Pagenhosen aus Brokat oder golddurchwirktem Seidenstoff. Seitdem ist die Hose so selbstverständlich, dass sie als Zeichen der Gleichberechtigung der Frau nicht mehr taugte. »Klassisches« Businesskostüm wurde der lange Blazer zum kniekurzen, engen Rock (▸Yuppies).

Großen Einfluss besonders auf die Kleidung der Jugend hatte die englische Subkultur der Punks (vgl. auch S. 71 Herrenmode nach 1977). Punkkleidung wurde von der gesamten Modebranche, insbesondere in der Lederbekleidung, aufgegriffen und spielte eine ebenso große Rolle für Frisur und Modeschmuck. Modeschöpfer setzten den Punkstil zum Fetzen- und Löcherlook um. Grau-, Schwarz- und Braun-Schattierungen sowie Graffitimuster waren obligatorisch.

Nach 1982 standen die Abendmode und die wieder aktuell gewordene Cocktailmode im Zeichen femininer Eleganz, angeregt durch die erfolgreichen Fernsehserien »Denver« und »Dallas«. Enge Korsagen, tiefe Dekolletés, enge, hochgeschlitzte Röcke lösten die Mode des Understatements ebenso ab wie die farbigen Brokatstoffe für enge Hosen und kurze Jäckchen, die der Film »Amadeus« (1984)[116] propagierte. Pop-Idol Madonnas Korsettoberteile von Jean-Paul Gaultier und seine Kleider mit spitzen Ringelbusen gaben nach 1985 einen Trend zu einem körperbewussten Modestil vor und den Anstoß zu einer nachhaltigen Neo-Dessous-Welle mit Spitzenbodys und Push-up-Bras. Kleider mit Bustier- und BH-Oberteil[373] wagten sich allerdings erst 1992 in die Konfektion. Stattdessen waren Kleider mit kurzem Ballon- oder Tütürock in jeder Preislage aus der Abendmode kaum wegzudenken. Als Topmode galten 1989 weite, wadenlange, durchsichtige Chiffonröcke, die die Beine durchschimmern ließen und zu denen Po bedeckende Blazer oder Pullover getragen wurden. Die neue Sportmode mit ihren hautengen Aerobic-Stretchanzügen und Radlerhosen stand Pate für die um 1990 so beliebten Leggings. Bunt gemustert aus glänzendem Lycra, aus Pannesamt-Stretch mit Blumendruck oder aus schwarzem Baumwolljersey mit Spitzensaum und in allen Größen wurden sie zu langen Pullovern und sogar zu konservativen Blazern getragen. Die winterliche Überkleidung wird seit den 1980er Jahren von voluminösen Daunensteppjacken und -mänteln[405b] beherrscht, die für beide Geschlechter ähnlich aussehen. Pelzmäntel wurden infolge der Tierschutzkampagnen durch modische Plüschmäntel

Abb. 115. Abend-Hosenanzug von Cerruti (mit Pagenhose, Bolero, Transparent-Bluse). Mailand, 1981/82.

Abb. 116. a) Hosen-Ensemble von Beatrice Hympendahl (mit Shirt und Mozartweste). München, 1985. b) Lingerie-Look in Spitze über Satin-Unterkleid von Anna Molinari. Mailand, 1997.

verdrängt. Um 1988–93 prägten kniekurze, weite Swingermäntel in vielen Farben das winterliche Modebild.

In den 1990er Jahren entwickelten sich in der Haute Couture, der Designermode (der Begriff steht neuerdings für Prêt-à-porter), der Konfektion und der Jugendmode auch stilistisch fast eigenständige Modekategorien. Die Stilvielfalt der Designermode nahm zu durch den ▸Minimalismus bzw. ▸Purismus von Helmut ▸Lang und Jil ▸Sander, durch den ▸Dekonstruktivismus und die Recyclingmode der Belgier wie Ann ▸Demeuleemester[193] und Martin ▸Margiela, die um 1993 mit der Jugendmode des heruntergekommenen ▸Grunge und Poorlook übereinstimmten, durch den opulenten, postmodernen Eklektizismus von Vivienne ▸Westwood, John ▸Galliano und Alexander ▸McQueen[448] und vor allem durch die teuren Kultlabels von ▸Dolce & Gabbana, ▸Gucci und ▸Prada. Miuccia Prada gelang es, die graphischen Muster der 1950er Jahre als Prada-Muster[216] zu einem Begriff zu machen. Außerdem drängten die erfolgreichen amerikanischen Designermarken von Donna ▸Karan, Calvin ▸Klein und Ralph ▸Lauren auf den europäischen Modemarkt. Die Designermode gab den Transparentlook[376] vor, bei dem die durchsichtigen Kleider durch breite Satinslips und für die Normalverbraucherin durch Lingerie-Unterkleider tragbar gemacht wurden. Die Berufung von John Galliano und Alexander McQueen an die

Abb. 117. Ledertop mit Rüschen und Hose mit retrobarockem Muster von Gattinoni. Strähnenfrisur. Mailand, 2001/02.

kreative Spitze der Häuser Dior und Givenchy 1996/97 dokumentiert den Erneuerungswillen der nicht mehr als zeitgemäß empfundenen Haute Couture. Bei Modenschauen und in der Werbung dominierten Supermodels (das Wort Starmannequin wurde zu einem veralteten Begriff) wie Claudia Schiffer, Linda Evangelista, Naomi Campbell und Stella Tennant. 1999 stellte Issey ‣Miyake sein zukunftweisendes Bekleidungskonzept »A-POC« (»A Piece of Cloth«) als neues Label vor.

Die Konfektion war um 1993 vom Lagenlook geprägt, bei dem die »Layers« aus langer Bluse, Pullover und kurzem Gilet so getragen wurden, dass der längere Teil unter dem kürzeren hervorblitzte. Ein großes Thema war die Ökomode mit ihrer Verarbeitung von naturfreundlichen Stoffen und Farben, der die Jugend um 1995 im Zuge ihrer Sixties- und Seventies-Revivals abschwor, als sie Polyester, Nylon und Lycra wieder entdeckte. Laufend werden neue Hightech-Materialien erfunden und besonders in der Sportmode verarbeitet. Ende des 20. Jh.s ließen bauchnabelfreie Rippenstrickpullover Nabelpiercing und Tattoos zur Geltung kommen. Mädchen stelzten neuerlich auf höchsten Plateausohlen, selbst bei Joggingschuhen, über die Straße. Zu den absoluten Kleidungsfavoriten der 1980er und 1990er Jahre zählten Jeans, T-Shirts und Joggingschuhe.

21. Jahrhundert

Die allgemein modische Silhouette der ersten Jahre des 21. Jh.s blieb körperbetont, wofür bei jungen Frauen die nur auf den Hüftknochen sitzenden Hosen (‣Hipsters), aber auch Röcke und taillenkurze Pullover, die möglichst den Bauch sowie das Steißbeintattoo frei lassen, sprechen. In der Businessmode bewährte sich das Tweedkostüm im Stile des ‣Klassikers von Gabrielle ‣Chanel, doch mit ausgefransten Kanten und Nähten. Sportlichkeit betonten Cargopants mit Tunnelzug und übergroßen, auch auf den Hosenbeinen aufgesetzten Taschen. Diese Hosen wurden von beiden Geschlechtern getragen und gewannen an Funktionalität durch ab- und anzippbare Beine. Dazu waren Comic-T-Shirt von ‣Custo »in«.

2000 dominierten Reptilienoptik und Animalprints in möglichst unechten Farben. Echter Pelz eroberte seither wieder den Markt, doch weniger der prestigevolle Pelzmantel als Pelz, verarbeitet zu Pullovern, Kragen, Stolen und Handtaschen oder als Innenfutter von Jeansjacken. Daunensteppmäntel gewannen an Vielfalt in Verarbeitung und Farbe. Kurzfristig in Mode waren Pullover mit separaten, abnehmbaren Ärmeln, die einen Spalt den blanken Oberarm frei lassen. Die 1997 aufgekommene Baguettehandtasche (‣Fendi) ließ Handtaschen – meist unter dem Arm geklemmt – anstelle von Cityrucksäcken üblich werden. Die Schuhmode passte sich mit hochhackigen Slingpumps und Pantoletten an, selbst Stiefel erhielten hohe Absätze. Das Marken-Prestigedenken ließ Logos zu All-over-Mustern auf Bekleidungsstoffen werden, ausgelöst durch die Verjüngung der Klassikermarke ‣Burberry. Experimentelles Interesse gilt der sog. ‣ »elektronischen Kleidung« und den »intelligenten« ‣Stoffen.

2001/02 verstärkte sich durch den Zusammenbruch der »New Economy« und den terroristischen Anschlag auf das World Trade Center in New York City am 11.9.2001 ein romantischer Retrolook. Die Designermode wurde differenzierter denn je. Breite Tüllsäume an Glocken- oder Faltenröcken, stoffreiche Wickelungen und üppige, unversäumte Stoffrüschen an weißen Blusen (oft aus gecrashten Stoffen) gehen u.a. auf den Einfluss des Designerduos ‣Viktor & Rolf[390] zurück. Man sprach von »Punk-Couture«, wenn den schräg verarbeiteten Tweedrock von Louis ‣Vuitton ein abgerissener Jeansbund belebt oder die teure Jeans von ‣Gucci oder ‣Dolce & Gabbana durchlöchert oder ausgefranst ist. Der Spaßfaktor stand im Vordergrund bei ‣Moschino mit Trompe l'œil-Effekten wie ein auf einem glatten weißen Mantel aufgemalter Trenchcoat.

Manche Modedesigner machten durch ihre zum Teil höchst intellektuellen Laufsteginszenierungen von sich reden. Bei Alexander ‣McQueen zerbarst 2001 ein Glaskubus in tausend Scherben, in dem Hunderte von Schmetterlingen um eine üppige, weibliche faunistische Figur, die aus einem Sauerstoffschlauch atmete, flatterten. Bei Hussein ‣Chalayan zerschlugen sich die Models gegenseitig die aus farblosem Wachs geformten Kleider. Und ‣Viktor & Rolf präsentierten ihre ausschließlich schwarzen Kreationen an vollkommen in Schwarz geschminkten Models. Die Avantgardemode war so widersprüchlich wie unsere Lebenskultur zwischen Wohlstand und Armut, zwischen Luxus und Lumpen[406].

Das in der Designermode seit Mitte der 1990er Jahre verbreitete Schnürmieder als modisches Oberteil fand[374] – gefördert durch den Film »Moulin Rouge« (2002) – Akzeptanz auch in der Konfektion. Junge Frauen tragen es seither über Blusen oder Shirts. Revivals der Moden der letzten Jahrzehnte waren beliebt, weil bewährte Details unterschiedlicher Epochen spielerisch gemixt wurden, blieben jedoch nur kurzfristige Modethemen.

2003 wurde das Comeback von Jil ‣Sander (allerdings nur bis 2004/05) nach drei Jahren Abwesenheit als Sensation gefeiert. Aufmerksamkeit erregte die Symbiose von Sport und Couture durch die Zusammenarbeit des japanischen Modemachers Yohji ‣Yamamoto mit dem deutschen Sportswearhersteller Adidas für die Kollektion Y-3. In der allgemeinen Mode 2003 standen Bänder und Gurte im Mittelpunkt modischen Aufputzes. Sie flatterten scheinbar lose, rafften den Stoff oder fixierten ausgefranste Säume[193]. Die Mode griff verstärkt ethnische Elemente[477] wie bäuerliche Stickereien, indische Stoffe oder den ‣Suzie-Wong-Stil auf. Ebenso wurden Flip Flops,

Abb. 118. Jugendmode (Hosenanzug, Korsettoberteil, Lingerie-Look). 2003.

einst billige Zehenschlappen, und Boxerschuhe[246] von der Mode entdeckt. Bernhard ‣Willhelm[365], erfolgreicher deutscher Designer in Antwerpen und Paris, kombinierte fröhlich Kindliches wie Blumen, Vögel und Comicfiguren mit einem globalen Folklorestil.

2004 kamen Empirekleidchen und Baby-Doll-Oberteile in Mode. In der Cocktail- und Abendmode der Couturiers wurden Korsagenoberteile und Cuts[438] favorisiert, am kreativsten gestaltet von Jean-Paul ‣Gaultier, nun auch Chefdesigner des Hauses ‣Hermès. Den erhofften Werbeeffekt erzielt der globale schwedische Vertikalanbieter Hennes & Mauritz mit einer Kollektion, entworfen und fotografiert von und mit Kurt Lagerfeld.

2005 steht Buntes und Glamouröses im Vordergrund, Minimalismus ist nicht mehr gefragt. Prada brilliert mit mit Pfauenfedern besetzten Cocktailkleidern und mit mit Strass oder bunten Kristallsteinen besetzten Twin-Sets. Letztere ebenso wie gehrockartige Mantelkleider aus indischer Seide, Samt oder besticktem Leder werden auch von der allgemeinen Mode aufgenommen. Berühmte Labels trennten sich von ihren Stardesignern: Tom Ford verließ Gucci, Jil Sander und Helmut Lang dankten ab. Im Allgemeinen herrscht ein beliebiger Stilmix – das Korsett über einem Pullover, die Daunenjacke zu Netzstrümpfen, das dünne »Flatterkleid« über Jeans – und ein Retro-Look mit Etuikleidern in Stoffmustern der frühen 1960er Jahre. Hüfthosen und -röcke etablieren bei der Jugend echte und unechte Steißbeintattoos. ‣Jugendmode.

Abb. 119. Modell mit Baby-Doll-artigem Oberteil von Strenesse Gabriele Strehle. 2004.

Sachwörter von A bis Z

A

Aba, Abadjeh, *die* (arab.), Hauptobergewand der Araber aus Schafwolle (arab. *aba*) oder Kamelhaar; sackförmiger, vorn offener Umhang aus zwei Stoffbahnen, die in der Breite aneinandergesetzt werden. Dadurch ergibt sich eine horizontale Naht in Kniehöhe und eine Schulternaht. Je ein senkrechter Einschnitt an den Seiten von der Schulternaht nach unten lässt die Arme durch, die jedoch wegen der extremen Weite des Gewandes bedeckt bleiben. Die A. wird auch von der muslimischen Frau, meist in Schwarz, über den Kopf gelegt getragen.

Abb. 120. Aba über Weste und Kaftan mit Kummerbund. Der Kopf ist mit der Keffijeh und dem Agal bedeckt.

Abat-Jour, *der* (frz., ›Schirm, Schild‹), früher *Abajour,* auch *Garde-vue,* Augenschild, im 17. Jh. von Damen auf der Jagd gelegentlich anstelle des Hutes verwendet.

Abendanzug ▸Anzug, ▸Frack (großer Gesellschaftsanzug), ▸Smoking (kleiner Gesellschaftsanzug), ▸Messjackett, dunkelblauer oder schwarzer Sakkoanzug (kleiner A.) (▸Sakko).

Abendkleid, elegantes, langes Kleid, das sich durch Besonderheiten in Stoff, Schnitt und Aufputz auszeichnet und abends zu festlichen Gelegenheiten getragen wird. Die Bezeichnung »A.« bürgerte sich in Deutschland erst nach dem 1. Weltkrieg ein, davor hieß es *Ball-, Soiree-* oder *Galakleid* bzw. *-toilette* (▸Gala). 1924–28 kniekurz. Seit Ende des 2. Weltkriegs wird zuweilen zwischen dem »großen« (langen)[288, 294] und dem »kleinen« (kurzen) A. unterschieden. ▸Cocktailkleid, ▸Kleid.

Abendmantel, von der Frau zum ▸Abendkleid getragener boden- oder wadenlanger Mantel[402] oder langes ▸Cape[289] meist von erlesenem Stoff. Einen eleganten Gesellschaftsmantel für den Mann gab es seit ca. 1820 in Form eines seidengefütterten Capes mit Seidenspiegel (▸Spiegel); es blieb die eleganteste Form des A.s. Hinzu kam Mitte des 19. Jh.s der ▸Paletot (3) mit Seiden- oder Samtspiegel. Ende des 19. Jh.s wurden als Frackmäntel der Frackhavelock (▸Havelock (1)), der ▸Inverness und der ▸Mac Farlane getragen, nach dem 1. Weltkrieg – auch zum ▸Smoking passend – der ▸Chesterfield mit Spiegel, der ▸Balmacaan mit seidenen Ärmelaufschlägen sowie der dunkelblaue Paletot und der dunkle ▸Raglan.

Abb. 121. Abendkleid aus Spitze mit Korsage von Manfred Schneider. München, 1985.

Abb. 122. Walzerkleid. Entwurf für den Bund Deutscher Mädel. 1938. Historisches Museum Frankfurt a. M.

Abnäher, Naht zum Einhalten einer Mehrweite und zur Formgebung. Es werden unterschieden: ein- und zweispitzige A., Form-A., eingeschnittene und eingelegte A. In der Herrenschneiderei bis ins 19. Jh. *Cisson* (frz.) genannt.

Absatz, unter der Ferse des Schuhwerks angebrachtes Holz-, Kork-, Leder-, nach 1945 auch Plastikstück, dessen Form und Höhe sich nach Art und Mode der ‣Fußbekleidung änderte.

Abb. 123. Absatz an persischem Reitstiefel. 15. Jh. (?). Deutsches Ledermuseum, Offenbach a. M.

In Altertum und Antike waren A.e völlig unbekannt. Die Einführung des A.es steht in unmittelbarem Zusammenhang mit jener des Steigbügels und der dadurch bedingten Veränderung der Reithaltung, die während der Völkerwanderungszeit erfolgt sein dürfte. (In der Antike saß der Reiter ohne Steigbügel mit weit nach vorn gestreckten Füßen im Sattel.) Beim Steigbügel lief der Reiter Gefahr, mit dem ganzen Fuß bis über den Knöchel hindurchzurutschen und sich beim Kampf nicht mehr aufrichten zu können. Deshalb begegnet erstmals bei persischen Reiterarmeen ein kleiner, dornenförmiger Haken unter der Ferse. Auch im Abendland wurden persische Reitstiefel mit einem solchen A. bekannt. Ein frühes Abbildungsbeispiel ist eine Miniatur von 1307. Bereits jetzt bediente man sich des A.es nicht nur beim Reiten; ein figur- und haltungsverändernder Effekt zur Steigerung des Körperausdrucks (Imponiergehabe) spielte wohl auch eine Rolle. Im 16. Jh. lässt sich ein Vordringen des orientalischen A.es, wo er nicht mehr nur am Stiefel zu finden war, sondern sogar beim Frauenschuh auftaucht, über den Balkan und Polen nach Mitteleuropa verfolgen. 1570 wurden in Polen und Ungarn nachweislich A.e getragen. Für die Übernahme des A.es am Schuh wird das figurverändernde Moment als entscheidend gewertet. Der hohe A. verleiht dem Träger einen tänzelnden Gang, der bei der Frau die weibliche Figur betont. Er lässt ferner den Fuß kleiner und zierlicher erscheinen. Trotz der Absatzlosigkeit des ‣Escarpins um 1800 war man bestrebt, nur auf den Zehen aufzutreten, um Leichtfüßigkeit zu bewahren. (Zur modischen Entwicklung des A.es ‣Fußbekleidung nach 1570.)

Abstich, Kurzform für *Kanten-A.*: Verlauf der Vorderkante vom Schließknopf bis zum Saum an ‣Sakko, ‣Jacke und ‣Rock (1). Man unterscheidet geraden, schwachen und starken A. ‣Topper-A.

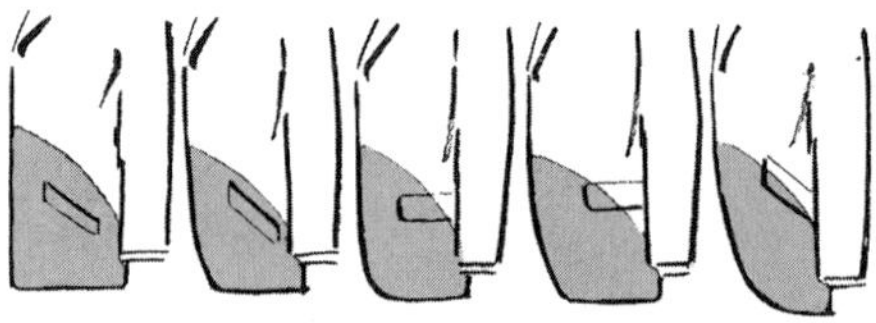

Abb. 124. Formen des Abstichs. Nach Hofer.

Accessoire, *das* (frz., ›Beiwerk‹), modisches Zubehör, z.B. Ansteckblume, ‣Berlocke, ‣Boa, ‣Fächer, ‣Flohpelzchen, ‣Fußbekleidung, ‣Gürtel, ‣Handschuh, ‣Hornfessel, ‣Knopf, ‣Kopfbedeckung, Modeschmuck, ‣Schärpe, ‣Schal, ‣Schelle, ‣Schirm (1), ‣Spazierstock, ‣Stola (6), ‣Tasche (1), ‣Tuch (1).

Accroche-cœur, *der* (frz., ›Schmachtlocke‹), urspr. auch *Cruche* (frz., ›Krug‹), um 1685 zur ‣Fontange aufgekommene Sechser[224] (Locken in Form einer 6) aus kurzen Haarsträhnen, die in die Schläfen frisiert wurden.

Achselstück, auch *Achsel-* oder *Schulterwulst,* ugs. zeitweilig *Schwalbennest* genannt, ein über die Achsel stehender kurzer Flügel[330] oder ringförmiger Wulst[50, 51] zur Verbreiterung der Schultern[125] am ‣Jubón (dort span. *Brahónes* genannt), am ‣Manteau der Dame und am ‣Wams[503] oder ‣Faltrock des Mannes; gebräuchlich 2. Hälfte 16. (besonders nach etwa 1575) bis 1. Drittel 17. Jh. Der Achselflügel hatte häufig einen ‣Piccadillyabschluss. Beim

Abb. 125. Aus dem Hängeärmel des 15. und 16. Jh.s entwickeltes Achselstück der deutschen Soldatenuniform des 1. Weltkriegs. Nach Otto Koenig.

A. war dieser separat darunter angebracht. Im letzten Viertel des 17. bis Anfang des 18. Jh.s gab es am höfischen ‣Justaucorps (2) ein nur auf der rechten Schulter angebrachtes A. in Form langer, herabhängender Bandschluppen,

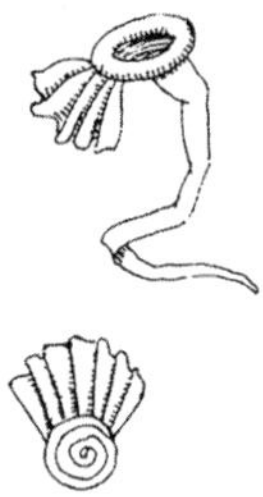

Abb. 126. Vorform des Achselstücks mit der Aiguillette. Aus Vincenzo Foppas »Leben des hl. Petrus Martyr«. 1465. Mailand, S. Eustorgio, Portinari-Kapelle.

Abb. 127. Aus dem Chaperon entstandenes Achselstück. 15. Jh. Nach Wilcox.

zuweilen mit ‣Aiguilettes oder ‣Grelots[68] verziert. Bestimmte Formen von A.en sollen sich vom Schulterstück der Rüstung ableiten oder aus dem ‣Chaperon (‣Kopfbedeckung) entstanden sein. Der Verhaltensforscher Otto König leitet in seinem Aufsatz »Kleidung aus kulturethologischer Sicht« (Wien 1976) den Achselflügel vom senkrecht geschlitzten Ärmel des Obergewandes ab. A.e wurden zu Abzeichen militärischen Ranges und öffentlicher Amtstrachten. ‣Epaulette.

Adrienne, *die* (frz.), urspr. *Andrienne,* Anfang des 18. Jh.s als höfisches ‣Negligé getragenes weites, vorn meist offenes Kleid, das in einem Stück, also ohne Taillennaht, vorn nur leicht antailliert, geschnitten war. Die A. hatte im Rücken, von den Schultern weg, meist angeschnittene, lose fließende Quetschfalten, die später als sog. ‣Watteau-Falten[70] beliebt wurden, dazu ‣Pagodenärmel, die unterhalb der Ellenbogen einen Aufschlag bildeten oder in Falten gelegt waren. Die A. wurde über ‣Reifrock, zuweilen auch über ‣Jupe (2) und ‣Korsett bzw. ‣Gourgandine getragen. Ein kleines, weißes Spitzenhäubchen ergänzte sie. Benannt ist sie nach dem Schauspiel »Andria« von Terenz, in dem 1703 die Schauspielerin Dancourt als Glycerium in einem weiten Umstandskleid auftrat. Vorbild für die A. waren wahrscheinlich die ‣Ropa und die ‣Innocente. Die A. hieß auch *Robe à la tronchin, Robe à la hollandaise* (frz., ›Kleid nach holländischer Art‹, wahrscheinlich benannt nach der Frau des Malers Jean-Baptiste Pater, eines Watteau-Schülers); in Deutschland und den nordischen Ländern *Saloppe* (in der 2. Hälfte des 18. Jh.s in der Taille mehr eingezogen), *Französischer* ‣*Sack* (vorn ganz geschlossen, aber untailliert), im zeitgenössischen Französisch auch *Robe lâche* (›lockeres Kleid‹) oder *Robe sans ceinture* (›Kleid ohne Gürtel‹) und in England *Trollopy* (französisiert *Trollopée*), *Cardinals* oder *Slammerkins* (nach einer Person in John Gays »Bettleroper«, 1727) genannt. Eine Mittelform zwischen A. und ‣Casaquin war die ‣Kontusche. Nach 1715 lebte die A. in Frankreich in verschiedenen Schnittvariationen – entweder mit einer geschlossenen, festgenähten Faltengruppe im Rücken oder auch vorn an den Schultern in Falten gelegt – allgemein als *Robe volante* (frz., ›wehendes Kleid‹) oder *Robe ballante* (frz., ›schlenkerndes Kleid‹) bis 1730/35 fort und wurde 1778/79 als ‣*Robe à la levantine* und ‣*Robe à la lévite* wiederbelebt.

Ärmel (mhd. *ermel*), ein den Arm ganz oder teilweise bedeckendes, meist röhrenartiges Bekleidungsstück, sowohl als Schutz des Armes als auch als Schmuck. (Siehe auch unter den einzelnen Gewandtypen.)

Das ‣Hemdgewand der Babylonier und Assyrer hatte angeschnittene, meist kurze Ä. mit einer gemusterten Abschlussborte, das Gewand der Meder weite, tütenförmige Ä., der kittelartige Rock der Perser und Skythen[5] anliegende, genähte Ä., wie sie auch bei den anderen Volksstämmen Kleinasiens anzutreffen sind (‣Ä.-Chiton[7]). Diese Ä.-Formen waren bei den

Gewändern beider Geschlechter identisch. Die Kretisch-minoische Kultur in ihrer Blüte (1750–1400 v. Chr.) kannte eng anliegende, eingesetzte, genähte Ä., allerdings nur für die Frauenkleidung (‣Mieder[10]). Die altägyptische Kleidung weist sehr selten und dann nur am Hemdgewand (‣Kalasiris) der Frau lange, anliegende Ä. auf. Ansonsten kam es höchstens durch die Weite des Hemdgewandes zu ärmelähnlichen Überfällen. Erst im Neuen Reich (1551–1070 v. Chr.) bedeckte auch ein Schulterumhang (‣Mantel) die Oberarme. ‣Peplos und ‣Chiton der Griechen sowie die ‣Tunika der Römer waren ärmellos bzw. hatten infolge der Weite des Gewandes »Schein-Ä.«[12,14] aus der an den Schultern mit Fibeln oder Knöpfen zusammengehaltenen oberen Längsnaht (im Unterschied zu den angeschnittenen oder angenähten, oft sog. »echten« Ä.n). Erst in der Spätantike verbreitete sich mit zunehmendem Einfluss des Ostens das im Grundschnitt »kreuzförmige Gewand« mit den heute als ‣*Kimono-Ä.* bezeichneten angeschnittenen Ä.n, wie bei der ‣Dalmatika (um 200 v. Chr. in die römische Kleidung aufgenommen) und der späten Tunika[279]. Außerdem erhielt die ‣Stola (5) in byzantinischer Zeit Ä.

Die Frauenjacke der Bronzezeit (1800–750 v. Chr.) hatte halblange, gleichmäßig weite, angeschnittene Ä.[23, 24]. Der ‣Rock (1) (‣Kittel) des Mannes während der Eisenzeit (750 v. – 400 n. Chr.) war mit oder ohne Ä.[23, 25] gearbeitet. Der spätere »fränkische Rock« hatte sehr lange, anliegende, am Unterarm Querfalten bildende Ä., die zuweilen um die Handgelenke bereits mit je einer ‣Fibel geschlossen wurden und bei Vornehmen mit einer Randborte und dem ‣Tiraz geschmückt waren. Die Germanin trug ein dem Chiton vergleichbares, ärmelloses Hemdgewand, zuweilen mit einer Ä.-Jacke darunter oder darüber. Erst Mitte des 2. Jh.s n. Chr. tauchten Kleider mit langen oder halblangen Ä.n auf, oft auch ein kurzärmeliges Übergewand über einem langärmeligen Kleid.

Erstmals in der byzantinischen Tracht war der Ä. auch Schmuckstück. Er konnte durchgehend anliegend, um den Ellenbogen auch weit und um das Handgelenk in einer engen Borte zusammengefasst sein. Die Obergewänder des Herrschers hatten im 11. Jh. tütenförmige Ä. Die Ä. Vornehmer waren mit Perlen und Edelsteinen bestickt und mit dem Tiraz verziert.

Abb. 128. Ärmel einer Statue der Königin von Saba. Um 1230. Kathedrale von Chartres, Nordquerhaus-Portal.

Im 11. Jh. erweiterten sich die Ä. des Kleides ab den Ellenbogen tütenförmig, später *Tüten-* oder *Trompeten-Ä.* genannt (‣Flügel-Ä.). In der 2. Hälfte des 12. Jh.s nahm auch der Mann der Oberschicht generell die lange Tunika (‣Cotte, ‣Rock (1)) an, so dass bis ins 14. Jh. der Rock des Mannes und das Kleid der Frau ähnlich waren. Gegen Ende des 12. Jh.s blieb der Ä. des Kleides bis knapp vor dem Handgelenk eng und bekam dann weite, fast bis zum Boden herabreichende Ä.-Schlaufen[31]. Zuweilen gab es auch dreiviertellange Tüten-Ä. Beim Mann waren die Ä. anliegend oder öffneten sich zum Handgelenk trichterförmig. Reine Zier-Ä., ‣*Stuche* (2) genannt, waren im 11. und 12. Jh. auswechselbar zum Annesteln gearbeitet. Die notwendige Bewegungsfreiheit wurde durch faltiges Zusammenziehen übermäßiger Länge in der Achselhöhle erreicht.[31] Der Untergewand-Ä. (‣Chainse, ‣Hemd) war im 11. und 12. Jh. anliegend und etwas länger, so dass er zu kleinen Parallelfältchen zusammengeschoben und am Unterarm sichtbar wurde.

Im 13. Jh. blieb der Ä. bei beiden Geschlechtern meist durchgehend anliegend[32] und wurde am Handgelenk mit einigen kleinen, runden Knöpfen geschlossen. Höchstens die Frau behielt im 1. Drittel noch die extravaganten Formen des vorherigen Jh.s. Ende des 13./Anfang des 14. Jh.s setzte sich z. T. auch auf dem Kontinent eine englische Form durch, bei der der Ä. von der Taille schräg zum Ellenbogen angeschnitten war – heute als ‣*Fledermaus-Ä.* bezeichnet – und sich dann verengte. Das Obergewand, der ‣Surkot, verlor um 1200 den dreiviertellangen Ä., wurde sogar ärmellos und erhielt dafür um 1230 tiefe Armlöcher. In Frankreich hatte das Obergewand um die Mitte des 13. Jh.s einen von den Schultern frei herabhängende Schein-Ä. oder nur sehr knapp ausgeschnittene Armlöcher. Eine besondere Ä.-Form wies die ‣Garnache auf.

Im 14. Jh. besaß das Obergewand des Mannes anliegende Halb-Ä., die sich im 2. Drittel des Jh.s zu schmalen Tüten öffneten, die bald am Unterarm lappenförmig[34] hinunterhingen; selten wurde der hinten herabhängende Stoffstreifen. Die Untergewand-Ä. blieben anliegend. In der 2. Hälfte des 14. Jh.s wurde der Obergewand-Ä. zu einem *Beutel-*, dann zu einem spitzen *Sack-Ä.* Im letzten Viertel des Jh.s gab es lange, bis zum Knie herabhängende *Tüten-Ä.*[32,509] (bei der ‣Dogaline über die Schultern zurückgeschlagen) mit Zattelung (‣Zattel). Das ganze 14. Jh. kannte jedoch auch den anliegenden, glatten Ä.[283] (‣Schecke, ‣Tappert, ‣Houppelande). Die Untergewand-Ä. (‣Wams) verlängerten sich über das Handgelenk zur ‣Muffe[336]. Die Frau gefiel sich weit mehr als der Mann in langen, zuweilen auch halblangen, anliegenden Ä.n, nach 1330 auch in kleinen Tüten-Ä.n, auch sieht man ausgezattelte Stoffstreifen vom Oberarm herunterhängen (‣Zatteln). Gleichzeitig erhielt der Surkot einen so tiefen und weiten Armausschnitt, dass nur ein schmaler Steg als Vorderteil übrigblieb. Erst gegen Ende des 14. Jh.s nahm auch die Frau die ausgezattelten Tüten-Ä. an. Die Ä. des unteren Kleides zeigten etwa im letzten Drittel des Jh.s ebenfalls die Muffe. Alle extravaganten Ä.-Formen waren seit dem 14. Jh. annestelbar.

Im 15. Jh. trifft man bei den Obergewändern des Mannes (Rock, ‣Zimarra, ‣Houppelande, ‣Giubbone) bis in die 1430er Jahre, bei denen der Frau (Kleid, Houppelande, Surkot) bis in die 1440er Jahre auf mannigfaltige, von der Mode Ende des 14. Jh.s übernommene Ä.-Formen.[37] Es gab wadenlange, reich ausgezattelte oder pelzverbrämte ‣*Hänge-* und *Tüten-Ä.* und nur über den Schultern angenähte, lange, pelerinenartige Ä. Die herabhängenden Beutel-Ä. hatten in der Armbeuge je einen meist pelzverbrämten ‣Schlitz[37] und waren zunächst am Handgelenk geschlossen, später auch offen und von einem Bündchen eingefasst, so dass zwei Öffnungen zu sehen waren. Nach der Mitte des 15. Jh.s wurden die Ä. bei beiden Geschlechtern anliegend und erweiterten sich – bei der Frau etwas zurückhaltender – zu den für die spätburgundische Mode charakteristischen Schulterpuffen, den ‣*Mahoîtres* (1446–75). Um 1480 wurde in Italien begonnen, die Ä. an Schultern und Ellenbogen durch Schlitze zu öffnen *(Ä. à brassard* oder *à l'italienne* genannt), so dass das ‣Hemd hervorquoll. Der Untergewand- bzw. Hemd-Ä. blieb mäßig weit und am Handgelenk in einem Bündchen zusammengefasst.

Bereits um 1500 galt es allgemein als extrem modisch, die ganze äußere Ä.-Naht offen zu lassen und mit ‣Nesteln oder durch Schnürung zusammenzuhalten. Besonders kostbare Kleid- und Wams-Ä. waren mit Goldfäden und Perlen bestickt und (besonders in Italien) separat zum Annesteln gearbeitet, so dass zu einem Gewand oft mehrere auswechselbare Ä.-Paare, zuweilen von anderer Farbe als die Rumpfbekleidung, vorhanden waren. In Italien und Frankreich wurden die Ä. extrem weit und stoffreich, beim Wams zu mitunter geschlitzten *Puff-Ä.n.* Dagegen blieben in Deutschland enge, geschlitzte Ä. an Wams und Kleid mit zahlreichen Längs- und Querschlitzen, die oft mit andersfarbigen ‣Stoffen (meist dem leichten, seidenen Kartek) unterlegt waren, modern. Um 1520 wurde der Ä. weiter und zudem ein oder mehrere Male quer abgebunden, so dass sich der Stoff in Etagen überlappte, die zudem in sich geschlitzt waren. Die ‣Schaube war gewöhnlich mit großen Oberarmpuffen[48], die zuweilen in enge Ä. (span. *Cañons,* dt. ugs. ‣*Stößl* oder *Stimpfl* genannt[41]) übergingen, mit weiten *Trichter-* oder mit *Hänge-Ä.n* ausgestattet. Vielfach (besonders vom 2. bis 4. Jahrzehnt) waren jedoch die Wams-Ä. so üppig, dass die Schaube ärmellos, mit pelzverbrämten Armschlitzen, blieb. Der weite Hemd-Ä. puffte aus den Schlitzen und wurde am Handgelenk in einer fallenden ‣Rüsche, einem ebensolchen Volant (‣Falbel) oder einem schmalen, hochgerollten Aufschlag sichtbar. In der deutschen gutbürgerlichen Festtagskleidung der Frau findet man um 1500 *Flügel-* oder *Hänge-Ä.*: extrem lange, oft pelzverbrämte Stoffstreifen, die hinten an den Schultern befestigt waren und bis auf die Schleppe herabhingen oder über die Arme gelegt wurden. Die Kleid-Ä. blieben verschiedenartig gepufft, gebauscht und geschlitzt. Oft waren die Unterarm-Ä. separat und nur an den Oberarm-Ä. genestelt. Auch gab es trichterförmige Ä. mit Aufschlag, seltener geschlossene, röhrenförmige Ä. Die

Hemd-Ä. bauschten üppig zwischen den Puffen und Schlitzen der Obergewand-Ä. hervor.

Während der Spanischen Mode (1550–1618/20) wurden von beiden Geschlechtern lange, eher anliegende und durch Wattierung füllig und rund erscheinende[46], in den 1580er Jahren keulenförmige Ä. bevorzugt. Sie hatten höchstens kleine Zierschlitze mit meist aufgenähten kleinen, weißen Stoffpuffen[49], die das herausbauschende Hemd vortäuschen sollten. Weitere charakteristische Merkmale waren ‣Achselstücke[50, 52, 125, 330] und ‣Piccadill sowie unterschiedliche Stoffe und Farben von Rumpfbekleidung und Ä.n. Letzteres kam dadurch zustande, dass separate Ä. unter den Achselstücken am ärmellosen Kleid oder Wams befestigt wurden, dass der Mann zuweilen über einem hellen, langärmeligen ein dunkles, ärmelloses Wams oder den ‣Koller (1) trug und dass bei der Frau die anliegenden Kleid-Ä. unter den Hänge-Ä.n des ‣Manteaus oder unter den kurzen Puff-Ä.n[46] der ‣Marlotte oder der ‣Ropa[53] (diese hatte noch andere Ä.-Formen) zur Geltung kamen.[318] Der Hemd-Ä. war stets am Handgelenk in einer der ‣Halskrause entsprechenden, schmalen Krause (‣Handkrause[298]), seltener, jedoch zunehmend nach 1590, als Aufschlag sichtbar.

Im 17. Jh. wurden während des Dreißigjährigen Kriegs die Wams-Ä. bauschig weit und am Oberarm mit senkrechten Schlitzen versehen. Darunter wurde der Hemd-Ä. sichtbar, der nun in einer über das Ende des Wams-Ä.s gestülpten Spitzenmanschette (‣Manschette) endete. Zur ‣Rheingrafenhose (1655–80) trug man die Wams-Ä. nur ellenbogenlang[65], zuweilen mit einem Längsschlitz; sie endeten meist in zahlreichen Bandschluppen. Dominierend waren die mit Schleifen quer abgebundenen Hemd-Ä. und deren breite, leicht abstehende oder auf das Handgelenk fallende Volants aus ‣Spitzen (Spitzenmanschetten). Nach etwa 1670 erschien der Herr ausschließlich im ‣Justaucorps (2), dessen Ä. zunächst knapp vor dem Handgelenk endeten, gerade und mäßig weit bis eng waren und schmale, weite ‣Stulpen (Aufschläge) hatten. In den 1680er Jahren waren die Ä. nur dreiviertel- bis ellenbogenlang und hatten einen sehr weiten, breiten, mit ‣Litzen verzierten Aufschlag[67], der hochgeknöpft sein konnte. In den 1690er Jahren wurden die Ä. wieder länger und erweiterten sich zu den breiten Aufschlägen hin. Unter dem Justaucorps-Ä. wurden meist die langen, anliegenden, am Handgelenk zugeknöpften Ä. der ‣Weste[67], ‣*Amadis* genannt, sowie die lose fallenden Volantabschlüsse der Hemd-Ä. sichtbar. Die Kleid-Ä. wurden, ähnlich den Wams-Ä.n, bauschig weit, in Längsstreifen zerschnitten oder zu Rundwülsten abgebunden und die Spitzenmanschetten der Hemd-Ä. darübergelegt. Die Manteau-Ä. waren zu einer mehr oder weniger breiten Puffe[56] zusammengeschrumpft. Im Hochbarock (etwa 1648–75) setzten die nun bauschigen, dreiviertellangen Ä.[61] infolge des breiten ‣Dekolletés erst unterhalb der Schultern an. Über die Ä.-Enden waren die manchmal separat gearbeiteten Spitzenmanschetten geschlagen. Im Spätbarock (1675–1715) setzten die Ä. des Manteaus beim großen Dekolleté tief an und bildeten nur eine schmale, wenig gebauschte Oberarmpuffe, die mit einer Bandrosette oder -schleife abgebunden[66] war. Bei nur mäßigem Dekolleté (ab den 1690er Jahren vorherrschend) setzten die Manteau-Ä. an der Schulter an und reichten als ‣*Pagoden-Ä.* mit mäßig breiter Stulpe gerade bis über die Ellenbogen. Die Hemd-Ä. traten ab den 1680er und insbesondere ab den 1690er Jahren in üppigen ein- bis dreifachen ‣Engageantes aus Spitzen hervor.

Im 18. Jh. (und bereits seit Ende des 17. Jh.s) hatte der Justaucorps bis annähernd zum Handgelenk reichende Pagoden-Ä.[68] mit sehr breiten, weiten, oft mit einer großen Schmuckspange oder mit andersfarbiger oder -gemusterter Seide besetzten Stulpen. Die anliegenden Westen-Ä. wurden selten sichtbar; auf jede Hand fiel ein Spitzenvolant der Hemd-Ä. Der sich nach 1770 in bürgerlichen Kreisen durchsetzende ‣Frack hatte lange, anliegende Ä. mit etwa handbreiten, engen Aufschlägen.[226] Diese Ä.-Form wurde auf den ‣Habit (ehem. Justaucorps) übertragen. Der Hemd-Ä. wurde höchstens in einer schmalen Handkrause oder auch in einem einfachen Bündchen sichtbar. Die Frau trug im 18. Jh. die Pagoden-Ä. des Obergewandes gerade ellenbogenlang und am Oberarm anliegend, während sie bei ‣Adrienne und ‣Kontusche etwas weiter, d. h. bequemer geschnitten[70] wurden und einen Aufschlag hatten oder um den Saum zu Falten gelegt waren. Auf den Unterarm fielen in der höfischen Mode die üppigen Spitzenengageantes[71, 74] des Hemdes, während es ansonsten in einem schmalen Bünd-

Abb. 129. Ferdinand Waldmüller: Die Sängerin Isabella Colbran. Um 1834. Neue Pinakothek, München.

chen abschloss. Die ‣Englische Mode brachte nach etwa 1770/75 den langen, glatten, anliegenden Kleid-Ä.[76] mit allenfalls einer schmalen Hemdrüsche am Handgelenk.[80]

Im 19. Jh. gingen die modischen Veränderungen der Ä. in der Herrenoberkleidung von jenen der Frauenkleidung aus. Etwa 1820 bis höchstens 1835 setzten die Ä. beim Mann hoch in kleinen Fältchen oder Oberarmpuffen[82,87] an, waren bequem weit und liefen am Handgelenk zuweilen in Muffen aus oder hatten offene Seitenschlitze. Darunter blitzten die Hemdmanschetten, seltener kleine Handkrausen hervor. Danach begann der Ä. glatt und verlief bis zum Handgelenk röhrenförmig bis leicht verjüngt; nur zwischen 1865 und etwa 1875 trug man um den Ellenbogen leicht erweiterte, insgesamt sehr voluminöse Ä.[83] Die Obergewand-Ä. erhielten häufig angenähte oder markierte Stulpen mit je einem seitlichen Knopf. Bei den Hemd-Ä.n tauchten Mitte des 19. Jh.s separate, steife sog. Röllchen auf (‣Manschette), die sich, obwohl sie als unelegant galten, bis zum 1. Weltkrieg hielten. Neue Ä.-Schnitte kamen vom ‣Mantel her. Bei der Frauenkleidung schrumpften nach 1795, mit Beginn des Directoire, die Ä., um dem antiken Vorbild möglichst nahe zu kommen (‣Grecque, Mode à la), zunächst zu kurzen, glatten Ä.n[79], bald darauf zu schmalen, gezogenen Stegen oder rüschenbesetzten Zugbändern. Dennoch bedeckte eine Art Unter-Ä. oder ein Hemd-Ä. aus dünnstem Schleierstoff den Oberarm.[178] Nach 1804 wurden die Ä. leicht gebauscht[179] und nach 1810 wieder etwas breiter. Die ‣Courschleppe wurde nur mit Trägern[81] gehalten. Die Ä. der Winterkleidung liebte man schmal und überlang, bis zu den Fingern reichend[82]. Nach 1810 erhielten die langen Ä. eine kleine Oberarmpuffe »à la Renaissance« oder wurden als ‣*Mameluck-Ä.* in mehreren Puffen[86] abgebunden. Nach 1818 wurden die Oberarmpuffen größer und erweiterten sich 1820 zu großen Puffen[338], die bis 1825 hoch, direkt an den Schulterkanten, ansetzten und zum Handgelenk ein wenig enger wurden. Daraus entwickelten sich 1825 die ‣*Hammelkeulen-Ä.*[87] (auch *Keulen-, Schinken-,* ‣*Elefanten-* oder ‣*Gigot-Ä.*, frz. ugs. à *l'imbecile,* ›einfältig‹, oder *à la folle,* ›närrisch‹, genannt), die erst unterhalb der Schultern, etwa in halber Oberarmhöhe, ansetzten und bis etwa 1835 ihre größte Weite um die Ellenbogen erreichten. Die Weite wurde durch gestärkten Futterstoff oder ein Fischbeingestell im Inneren gehalten. Am Handgelenk schloss der Hammelkeulen-Ä. in einem Zugband, einem Bündchen oder einer aufgeschlagenen Manschette eng ab. Im Sommer 1836 begann er sich zu verschmälern. Die Ä. setzten weiterhin tief an, wurden anliegend und hatten zunächst als Verzierung am Oberarm ein bis drei quer abgebundene Puffen oder waagrechte Rüschen[339]. Die Ä. von Sommer- und Ballkleidern waren kurz und anliegend und oft von der ‣Berthe, einem Schulterkragen, verdeckt. Zur Zeit der ‣Krinoline (1848–69/70) setzten die Kleid-Ä. unterhalb der Schultern glatt an und liefen aus in den dreiviertellangen, zunächst nur mäßig ausgestellten ‣*Nonnen-Ä.n,* die sich bald zu den *Pagoden-Ä.n*[512] (seinerzeit auch *progressive Ä.* genannt) entwickelten. Aus beiden quollen Engageantes oder bauschige Unter-Ä. aus weißem ‣Duchesse (3) oder Musselin, die um das Handgelenk in einem Zugband, einem Bündchen, einer Rüsche oder in umgeschlagenen Manschetten schlossen. Ende der 1850er Jahre nahm dieser Puffunter-Ä. einen solchen Umfang an, dass er zuweilen mit Roßhaar oder Metallschienen gestützt wurde. Sommer- und Ballkleider behielten tief ansetzende, schmale Ärmelchen, von der Berthe verdeckt oder leicht gepufft, »à la Marie-Louise« genannt. Bereits ab 1860 hatten die Tageskleider wieder lange, anliegende Ä. Zur Zeit der ‣Turnüre (1869–75) waren die Ä. des Straßenkleides lang, glatt und anliegend, jene des Gesellschaftskleides unterhalb der Ellenbogen trichterförmig[340,400] ausgestellt oder endeten in je ein oder zwei Volants, Plisseestreifen oder Spitzen, Unter-Ä. fehlten. Das Ballkleid hatte breite, rüschenbesetzte Träger, die gerade an der Achsel saßen. Die ▸Enge Mode (1875–81) brachte glatte, anliegende Ä., häufig mit Aufschlag.[91–93] Um 1884/85, zur Zeit des ▸Cul de Paris, erhielten die langen Ä. leichte Schulterpuffen. Die Träger des Ballkleides rutschten wieder etwas auf den Oberarm hinab. Im Herbst 1889 setzte der Ä. in einer großen Puffe ein, die von Saison zu Saison am Oberarm größer wurde.[342] Allerdings lag der Ä. am Unterarm extrem eng an und hatte zuweilen eine Stulpe. Auch das Ballkleid erhielt kurze Puff-Ä. Um 1893–96 war die Beliebtheit der extrem großen Oberarmpuffe[488], *Ballon-Ä.*[94] genannt (den entscheidenden Anstoß dazu soll 1892 der Wiener Haute Couturier C. ▸Drecoll gegeben haben), sowie neuerlich umfangreicher Keulen-Ä. auf dem Höhepunkt. An ▸Blusen hielten sich die Oberarmpuffen sogar bis 1906. Im Übrigen lagen die Ä. seit 1897/98 wieder gleichmäßig an und reichten bis zu den Fingerspitzen. Zuweilen trug man sie am Unterarm auch leicht glockenförmig ausgestellt.

Im 20. Jh. erfuhr der Ä. in der Herrenoberkleidung kaum mehr wesentliche Veränderungen. Bis heute ist er glatt und von bequemer Weite, nur in den 1950er Jahren war er besonders weit und etwa 1964 bis Anfang der 1970er Jahre eher eng und kurz.[96] Er setzt direkt an der Schulter an und verjüngt sich etwas vom Ellenbogen zum Handgelenk, wo er in einem mit drei oder vier Zierknöpfen versehenen Seitenschlitz endet. Der Hemd-Ä. ist ebenfalls von bequemer Weite und schließt am Handgelenk in einer doppelten oder einfachen Manschette. In der Frauenkleidung gab es um 1900 als Kleid-Ä. sog. *Griechen-Ä.*, die am Unterarm der Länge nach geschlitzt waren und darunter einen anliegenden Ä. aus dem gleichen Stoff hatten. Daneben findet sich bis etwa 1906 der anliegende, am Handgelenk zu einem Beutel erweiterte Sack- oder Beutel-Ä., der in einem Bündchen oder einer Manschette zusammengefasst war. Das ▸Reformkleid (1898 bis 1910) hatte meist gleichmäßig weite, gerade oder leicht ausgestellte Ä., *Beutel-Ä.* oder angeschnittene *Kimono-Ä.* Das Gesellschaftskleid der Sans-Ventre-Linie (▸Kleid, 1899/1900 bis 1906/07) weist tief ansetzende, nur ellbogenlange[100] weite Ä. auf, die mehrere Male quer abgebunden[441] waren und in Volants oder Rüschen aus Tüll oder Spitzen endeten. Das Ballkleid hatte mehrere kleine Oberarmpuffen. In der Mode des ▸Art Déco fanden *Kimono-* und *Fledermaus-Ä.* großen Anklang. Um 1908 bis 1916 waren die Ä. der Tageskleidung glatt und gerade, an Kostümjacken und Mänteln hatten sie Stulpen oder Seitenschlitze mit Zierknöpfen; bei Gesellschaftskleidung trug man sie dreiviertellang. 1917/18 bis um 1920 findet man weite, oft angeschnittene Ä. 1923 wurden die Kleid-Ä. anliegend und endeten in phantasievollen Manschetten (z.B. Blumenkelchen) oder in Verzierungen, wie japanischen Quasten, chinesischer Stickerei, Flechtwerk etc. Für die Ä. von Kostümjacken und Tagesmänteln liebte man die Herrenfasson. ▸Abendkleider blieben durchweg ärmellos mit meist nur dünnen Trägern.[345,346] Der Ä.-Schnitt des ▸Abendmantels variierte stark, weite Sack-Ä., Kimono-Ä. oder künstlerisch drapierte Ä. waren keine Seltenheit. Nach 1927/28 wurden die Kleid-Ä. verspielter und endeten häufig in einer Tüten- oder extrem weiten Glockenform[108]. Anfang der 1930er Jahre hatten Tageskleider und Kostüme überwiegend glatte, anliegende Ä. mit Bündchen, Aufschlag oder Zierknöpfen am Handgelenk. Bei Gesellschaftskleidern gab es individuelle Variationen durch Volant-Ä. oder durch sackförmige Erweiterungen an Oberarm oder Ellenbogen. Ab 1933 erhielt der Ä. zur optischen Verbreiterung der Schultern, die durch E. ▸Schiaparelli angeregt worden sein soll, am Oberarm Puffen, Fältchen, gekonnte Raffungen oder ▸Epauletten. Jedoch erst nach 1933 wurden die Schultern, wie in der Herrenmode, mit Roßhaarpolstern unterlegt – bis Chr. ▸Dior 1947 mit seinem ▸New Look runde Schultern und damit *Raglan-* und *Fledermaus-Ä.* in Mode brachte (▸Raglan). In den 1950er bis Anfang der 1960er Jahre gab es bei sportlichen Kleidern gerade, bequem weite Ä., bei ▸Hemdblusenkleidern blusig weite Bündchen oder Manschetten-Ä. und bei eleganten Kleidern dreiviertellange Ä. Abend- und Sommerkleider blieben meist ärmellos mit breiten Trägern. Mäntel hatten häufig extrem weite Raglan-Ä. Nach etwa 1964 trug man die langen Ä. gerade und mäßig weit, während die ärmellosen Sommer- und Partykleider hochausgeschnitte-

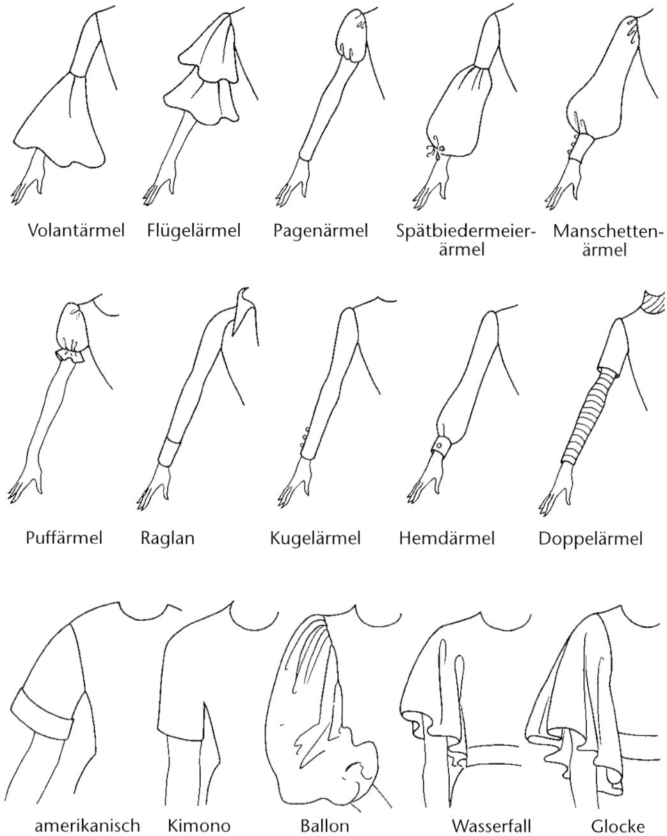

Abb. 130. Ärmelformen bei Blusen und Kleidern. Nach Hofer.

ne Armlöcher (sog. französisches Armloch) hatten, so dass die Schultern entblößt waren. In den 1970er Jahren kam es zu einer überaus großen Vielfalt von nebeneinander existierenden Ä.-Formen: *Flügel-, Trompeten-* und *Sack-Ä.*, um 1973 kreiert mit dem ‣Romantiklook; diverse Formen von *Kimono-* und *Ballon-Ä.n* etc. mit der 1976 aufgekommenen ‣Folkloremode. In den 1980er Jahren (ab etwa 1977) wurden die Schultern stark betont, auch mit Schaumgummipolstern unterlegt, die Ä. am Oberarm sehr füllig und weit und zuweilen in kleinen Fältchen eingesetzt. Seit den 1990er Jahren wurden die natürliche Schulterlinie und schmale Ärmelformen favorisiert. Zu Beginn des 21. Jh.s waren dreiviertellange, dagegen bei Blusen und Pullover überlange Ärmel, bei Sommerkleidern Spaghettiträger beliebt. Um 2000 waren Pullover mit separaten, abnehmbaren Ärmeln, die einen Spalt den blanken Oberarm freiließen, in Mode.

Ärmelchiton, *der* (‣Chiton), auch *Ärmelhemd*[7], heutige Bezeichnung des von den Kleinasiaten im Altertum getragenen, bunt gemusterten ‣Hemdgewands mit langen, angeschnittenen, genähten ‣Ärmeln. Die Stoffe hatten applizierte oder gestickte Muster, wie Sterne, Zacken, Figuren, Laufender Hund, Spiralen etc. (‣Farbe und Muster). Den Ä. trugen Frauen bodenlang, Männer knielang (‣Rock (1)), darunter die persische ‣Hose. Bei den Griechen galt der Ä. als Zeichen der Barbaren und wurde als Schauspielertracht getragen.

Ärmeltunika ‣Tunika.

Abb. 131. À-la-mode-Kleidung. Niederländisches Flugblatt. 1628.

Aesthetic movement, auch *Ästhetenkleidung,* ▸Künstlerkleider.

Afro-Look. Als Teil der ▸Hippie-Mode und der Black-power-Bewegung wurde Kraushaar zum Symbol afrikanischer Authentizität und ethnischen Selbstbewusstseins. Der A.-L. unterstrich den Anspruch auf soziale Gleichberechtigung der African Americans. Aus Solidarität wurde um 1970 Kraushaar, meist mittels Dauerwelle, auch von Nichtafrikanern getragen. Als Symbolfigur galten der Musiker Jimi Hendrix (1942–70) und die US-amerikanische farbige Bürgerrechtlerin Angela Davis. Der A.-L. wurde 1967 Thema des Musicals »Hair«.

Agal, Akal, Igal, Ogal, *die* (arab.), Kopfring (anfangs aus Kamelhaarwolle) zum Halten des Kopftuchs der Araber (▸Keffijeh[120]). Urspr. ein achtfach gedrehter Strick zum Anbinden des Kamels an den Vorderbeinen.

Aigrette, *die* (frz., ›Reiher‹), festlicher Kopfputz in Form eines büschel- oder strahlenförmig hochstehenden (Reiher-)Federschmucks, der auf einem Edelmetallring, einer Perlenschnur oder einem ▸Turban[281] befestigt war; während des Empire (1800–15/20) und im ▸Art Déco (1908–31)[402] als Schmucknadel und Haarschmuck, in den 1930er Jahren als Hutschmuck verwendet.

Aiguillette, *die* (frz., ›Tresse, Achselschnur‹), Nestel(schnur) (▸Nestel) mit Metallspitzen; an Uniformen auch Achselschnur als Rang- und Dienstabzeichen oder um das Bandelier (▸Baudrier) auf der Schulter zu fixieren.

Ailes (de pigeon), *Pl.* (frz., ›Taubenflügel‹), seitliche Lockenrollen, sog. *Roll-* oder *Schläfenlocken*[258], an der Stutzperücke sowie der ▸Haarbeutel- und der Zopffrisur bzw. -perücke des Mannes im 18. Jh. Die A., ein Rest der ▸Allongeperücke, variieren in Anordnung – waagrecht oder seltener senkrecht – und Anzahl, doch sind sie stets regelmäßig angeordnet und entsprechen den Rolllocken der gleichzeitigen Damenfrisuren. ▸Haarmode, ▸Perücke, ▸Zopf.

Akal ▸Agal.

À-la-grecque-Mode ▸Grecque, Mode à la.

À la mode (frz., ›nach der Mode‹), auch *alamodisch* oder *Alamode-Kleidung.* Die Bezeichnung tauchte um 1628 für eine stutzerhafte, gekünstelte Männerkleidung auf, die sich durch extreme Übertreibung der neuesten französischen Mode während des Dreißigjährigen Kriegs in Deutschland, aber auch in Frankreich selbst auszeichnete. Der »Monsieur à la mode« oder »À-la-mode-Kavalier«, wie der bürgerliche Stutzer genannt wurde, trug ▸Becherstiefel mit hohen Absätzen und extrem großen Sporen (auch wenn er nicht zu Pferd war), einen breitkrempigen ▸Schlapphut, »Respondent«, und einen weiten Überrock, ▸»Hongreline« (1) oder ▸»Kasack« (2) genannt. Darüber warf er einen Radmantel, in

Deutschland »Imponiermantel« genannt, renommistisch um eine Schulter, à la ▸Balagny drapiert. Er hatte stets einen Degen, schulterlanges Haar und einen ▸Knebelbart mit hochgezwirbeltem Oberlippenbart. ▸Kragen, ▸Koller (1), ▸Wams und ▸Hose waren nach der Zeitmode, jedoch mit Bändern, ▸Nesteln, Schleifen und billigem Schmuck überladen. Im Gegensatz zu der Àlamode-Kleidung und ihrem weiblichen Pendant, der »Damischen Bisarrie«, stand die ▸»altfränkische« Kleidung, die bewusst an der eben überwundenen Mode, am Hergebrachten festhielt.

Albe ▸Tunika.

Alçacuello, *der* (span.), ▸Golilla, ▸Halskrause.

Alcantara (aus dem Arabischen: *al kantar* ›Brücke‹), Produktbezeichnung für ein Kunstmaterial (Faservlies) aus 60% Polyester und 40% nichtfasrigem Polyurethan, das nach einem japanischen Patent von 1972 seit 1974 von einem gleichnamigen Joint-Venture-Unternehmen mit Hauptsitz in Mailand, Italien, in Umbrien hergestellt wird. Es wird ähnlich dem Aufbau von feinsten Spinnweben versponnen, anschließend beschichtet und in Lagen aufgeschnitten, wobei die Schnittfläche einen veloursähnlichen Charakter zeigt. A. ist waschbar, form- und farbecht und brennt nicht, sondern glimmt nur. Es ist kein Leder- oder Stoffersatz bzw. -imitat.

A-Linie ▸Haute Couture (1955).[287]

Allongeperücke (von frz. *allonger* ›verlängern‹), auch *Staatsperücke* oder ugs. *Wolkenperücke.* Die Bezeichnung »A.« kam erst nach 1845 für die in Frankreich entwickelte, urspr. *Perruque à crinière* (frz., ›Rosshaarperücke‹) genannte, nach 1680 extrem hoch und breit gewordene Männerperücke auf. Zu dieser Zeit wurde die Kräuselung des Haares aufgegeben zugunsten geordneter Locken, »in-folio« genannt. Etwa ein Jahrzehnt später bekam die A. wegen ihrer extremen Höhe einen Mittelscheitel, so dass je eine Lockensträhne vorn auf beide Schultern und eine auf den Rücken fiel, und wurde nun *Perruque à la fontange (à deux points)* genannt, nach der gleichzeitigen Damenfrisur (▸Fontange, ▸Binette). Die A. war »löwenbraun« oder gelb (blond), in den 1680er Jahren vorübergehend dunkelbraun, nach 1703 auch weiß gepudert.[68,69] Diese weißgepuderte Perücke war um 1700–89 Staatsperücke in allen Ländern mit französischer Etikette, d.h., sie war Ausdruck von Würde und Repräsentation und gehörte zur offiziellen, die Staatsmacht repräsentierenden Kleidung. Bisweilen waren die fast bis zur Taille herabfallenden Lockenpartien zur besseren Bequemlichkeit schon 1690 zu einem Knoten hochgebunden, was nach 1710 als Perücke à la ▸Cadogan modern wurde. Nach 1715 wurde die A. von der Stutzperücke verdrängt, die bis heute Amtstracht z.B. in Großbritannien (Lord Mayor, Richter) blieb. ▸Perücke.

Almosentasche, auch *Aumonière, die* (von frz. *aumône* ›Almosen‹), flache, trapezförmige ▸Tasche (1) mit oben abgerundeten Ecken, an den unteren Ecken mit – heute oft fehlenden – ▸Troddeln oder ▸Bommeln und oben einem Überhang (Klappe) als Verschluss; selten als doppelte A. mit einer zuknöpfbaren Einsatztasche oder mit einem am oberen Ende halbkreisförmigen Metallreifen zum bequemeren Einführen der Hand.[37] Die A. wurde von Männern und Frauen vom Ende des 12. bis zum 15. Jh. zur Aufbewahrung von Geldstücken für Almosen meistens am Gürtel oder mit Tragebändern quer über die Schulter getragen. Im späten Mittelalter nahm die A. auch Arzneien, Schlüssel, Schmuck u.a. auf, unterschied sich jedoch stets von der ▸Geldtasche. Die A. war aus Stoff oder Leder, reich figürlich oder ornamental verziert, selten – und nur im 15. Jh. – leder- oder metallbeschlagen. Hauptherstellungsort war Paris, Art und Form aus dem Orient übernommen.

Alpaca, Alpaka ▸Stoff (19. Jh.).

Alta Moda, *die* (ital.), ▸Haute Couture.

Alta Moda Pronta, *die* (ital.), ▸Prêt-à-porter.

Altdeutsche Kleidung, auch *Altdeutsche Tracht,* später auch *Deutsche Nationalkleidung* genannt; erstmals um 1639 gebrauchte Bezeichnung für die in Deutschland vor der Reformation getragene Kleidung; danach für eine um 1785 in größerem Umfang von Ärzten (u.a. von Samuel Thomas von Sömmerring) und Künstlern (u.a. von Daniel Chodowiecki) diskutierte deutsche Nationalkleidung. (Chodowiecki brachte 1785 den Entwurf eines »Deutschen Frauen-Reform-Kleides« im »Leipziger Frauenzimmer-Almanach«. Auch in anderen Ländern Europas, z. B. in Schweden, gab es Bemühungen um eine Nationalkleidung. Als Erster beschäftigte sich damit Justus Moser.) Ökonomische und besonders gesundheitliche Aspekte, wie die Abschaffung des enggeschnürten ‣Mieders oder zu hoher Schuhabsätze, standen dabei im Vordergrund, wobei das »Natürliche« in Opposition zur französischen Mode gesehen wurde. Doch erst der Kampf gegen die französische Fremdherrschaft ließ während der Freiheitskriege 1813–15 die Schaffung einer deutschen Nationaltracht Gestalt annehmen.[86] Man versuchte in der Rückwendung zu historischen Kostümen gegen die herrschende Mode zu opponieren. Studenten und Künstler trugen den *Altdeutschen Rock,* einen hochgeschlossenen, fast knielangen Rock mit Stehkragen, eine halbweite, lange Hose, keine Krawatte und halblanges Haar, »wie es ehemals eines freien Mannes für würdig galt« (Ernst Moritz Arndt). Das *Altdeutsche Kleid* allerdings war mehr eine Abwandlung der herrschenden Empiremode, hochgeschlossen mit ‣Stuartkragen, ‣Halskrause oder Zackenband (‣Dent de loup) oder beim abendlichen Dekolleté mit Cyrus oder Chérussekragen (Phantasiebezeichnungen für eine rahmende Stehkrause) sowie gepufften langen Ärmeln. 1814 schrieb Ernst Moritz Arndt »Über Sitte, Mode und Kleidertracht – ein Wort aus der Zeit«; 1815 Karoline Pichler »Über eine Nationalkleidung für deutsche Frauen«. 1820, zur Zeit der Reaktion, wurde die A. K. durch Friedrich Wilhelm III. als »aufrührerisch und staatsgefährdend« verboten.

Altfränkisch. Unter den Nachfolgern Kaiser Karls d. Gr., als sich ab dem 11. Jh. byzantinische Formen in der Kleidung bemerkbar machten (‣Rock (1)), wurde »fränkisch« i. S. v. ›althergebracht, nach Väter Art‹, d. h. auch nach Art der Kleidung Karls d. Gr., lobend hervorgehoben. Die a.e Kleidung wurde zwar vom einfachen Volk bis ins 18. Jh. getragen, von den oberen Schichten aber als rückständig abgelehnt, weshalb die Bezeichnung »a.« bereits im 15. Jh. i. S. v. ›altmodisch‹ angewandt wurde. Im Dreißigjährigen Krieg wurde »a.« im Gegensatz zu ‣»À la mode« gebraucht.

Abb. 132. Altdeutsche Kleidung (Waffenrock, Beinkleider und Barett aus schwarzem Tuch). Aus »Journal des dames et des modes«. 1815.

Amadis, *der,* enger, am Handgelenk geknöpfter ‣Ärmel der Herrenweste[67] Ende des 17. und im 18. Jh.; benannt nach der Hauptrolle in Jean-Baptiste Lullys Oper »Amadis« (1684 uraufgeführt). ‣Weste.

Amazonenkleid,[168] Bezeichnung für die ‣Reitkleidung der Frau[448], benannt nach den Amazonen der griechischen Mythologie.

American Look ‣Sportswearmode.

Amictus, *der* (lat.). **1.** Sammelbezeichnung für alle um den Körper gewickelten Ober- bzw. Übergewänder, z. B. die ‣Toga, aber auch für deren Faltenwurf. **2.** Gegensatz zu Indumentum (von lat. *induere* ›anziehen‹), Sammelbezeichnung für über den Kopf zu ziehende Gewänder, wie die ‣Tunika.

Anaxyrides, *Pl.* (griech.), Bezeichnung für die lange altpersische ‣Hose.

Androgyne Mode (von griech. *andros* ›männlich‹ und *gyne* ›weiblich‹), eine geschlechtsneutrale Mode, um 1985 aktuell, als Designer wie J.-P. ‣Gaultier einen Halbrock für den Mann vorschlugen. A. M. wurde neuerlich um 1997 ein Thema, u. a. durch streng männlich geschnittene Hosenanzüge für Frauen. Heute werden modische Anleihen beim anderen Geschlecht als »cross-over« oder »gendercrossing« bezeichnet, ein androgynes Aussehen der Männermode als »Metrosex« (von »Metropole«, ›Großstadt‹).

Androsmane, *Chapeau à l'A., der* (frz.), auch *Schweizer (Militär-)Hut,* in England und den USA *K(h)evenhüller* genannt (nach dem österreichischen Feldmarschall Ludwig Andreas Graf von Khevenhüller, 1683–1744). ‣Dreispitz, bei dem die vordere Spitze stark abgerundet, die Seiten stark aufgeschlagen waren, ähnlich dem ‣Napoleonshut (‣Zweispitz (2)[226]). Der A. war im 3. Viertel des 18. Jh.s besonders bei preußischen Regimentern während des Siebenjährigen Kriegs (1756–63) Militärhut.

Anglaise, Mode à l' ‣Englische Mode.

Angströhre, volkstümliche Bezeichnung politischen Ursprungs für den ‣Zylinder[83, 513]. Sie tauchte am 29./30. Oktober 1848 in Wien auf, als Bürgergardisten ihren ‣Demokratenhut, den breitkrempigen ‣Kalabreser, gegen den gutbürgerlichen Zylinder aus Angst vor den kaiserlichen Truppen eintauschten und dieser von den Studenten als A. verspottet wurde. (Ein halbes Jh. vorher noch war der Zylinder selbst eine ausgesprochen revolutionäre ‣Kopfbedeckung.)

Anorak (eskim. *ah-no-rack*), aus Skandinavien stammende Windbluse und Schneejacke für beide Geschlechter; seit den 1930er Jahren auch in den Alpenländern gebräuchlich. Urspr. Schlupfbluse mit Kreuzbandverschluss am Halsausschnitt, später vorne durchgehend mit ‣Reißverschluss, ‣Kapuze mit Zugband (urspr. mit Kinnschutz[466]), seitlich eingeschnittenen Taschen oder großer »Kängurutasche« in der Mitte; aus leichten, imprägnierten Materialien, anfangs in gedeckten Farben. In den 1950er Jahren häufig mit Plüsch (›Teddybärfell‹) gefüttert und mit pelzverbrämter Kapuze; in den 1960er Jahren sportliche Vielzweckkleidung; seit etwa 1978 gibt es daunengefütterte, abgesteppte, seit den 1990er Jahren A.s aus Hightech-Materialien[98].

Antike Mode ‣Grecque, Mode à la.

Anti-Mode, auch *Protestkleidung,* schlagwortartige – und umstrittene – Bezeichnung für jene seit gegen Ende der 1960er Jahre meist von jugendlichen Subkulturen getragene Mode, die bewusst in Opposition zur bürgerlichen Mode, insbesondere der ‣Konfektionsmode und natürlich der ‣Haute Couture steht. Die A. versteht sich als individueller, oft gewollt nachlässiger Stil. Zur A. werden ‣Gammler-Look, ‣Punk-Mode, ‣Grunge, ‣Overall (Schlosseranzug), aber auch Castro- und ‣Mao-Look gezählt.

Anzug, im weitesten Sinn jede Art von Bekleidung, im Besonderen der Herren-A. im 18. Jh. ‣*Habit*[70] und seit dem Aufkommen des ‣Jacketts Mitte des 19. Jh.s sowie des ‣Sakkos 1867 »A.« genannt.[85] Zu unterscheiden sind heute der korrekte *Straßen-, Geschäfts-* oder *Sakko-A.*[95, 96] (ehem. *Jackett-A.*) als Dreiteiler (Sakko, ‣Weste und ‣Hose), der seit dem 2. Weltkrieg häufig durch den Zweiteiler ohne Weste ersetzt wurde, und der offiziellere ‣*Zweireiher* mit doppelter Knopfreihe. (Der Jackett-A. war der erste Herren-A., bei dem Rock, Weste und Hose aus dem gleichen Stoff waren.) 1905 wurde der ‣*kombinierte Herren-A.* als Strand- und Tennis-A. (‣Strandkleidung, ‣Tenniskleidung), in den 1920er Jahren auch als Tages-A. getragen, der häufig eine neue Modebezeichnung erhielt. Daneben gibt es den der sog. ‣Freizeitmode und der ‣Trachtenmode zugehörigen Herren-A. Ergänzt wird der A. durch das Oberhemd (‣Hemd), die ‣Krawatte oder ‣Schleife (1), das ‣Stecktuch und seit etwa 1900 bis zum 2. Weltkrieg durch die ‣Gamasche. Offizielle Repräsentations-A.e: ‣*Cutaway* (2) (Tages-Gesellschafts-A.), ehem. auch ‣*Diplomatenfrack,* ‣*Gehrock,* ‣*Stresemann* (heute auch *Bonner A.* genannt; offizieller Tages-Gesellschafts-A.).[455] In der Damenmode gibt es den ‣Hosen-A. ‣Abend-A., ‣Konfektion, ‣Zoot-Suit.

A-POC ‣Miyake, Issey.

Apoptygma, *das* (griech.),[185] Überschlag bei ‣Peplos und ‣Chiton.

Appetitröck(e)l ‣Unterrock.

Applikation (von frz. *application* ›Auflegen‹), aufgenähtes oder aufgeklebtes Muster meist aus ‣Spitzen oder ‣Leder, bereits seit dem 5. Jh. n. Chr. bekannt; Gegensatz dazu ‣Inkrustation.

Après-Ski-Kleidung (von frz. *après* ›nach‹), in den 1950er und Anfang der 1960er Jahre gebräuchliche Bezeichnung für die sportlich-legere Kleidung, die nach dem Skilaufen getragen wurde und zunächst meist aus einer modischen ▸Hose und einem überweiten ▸Pullover bestand. Die Bezeichnung kam 1948 bei der Winterolympiade in St. Moritz auf.

Abb. 133. Après-Ski-Kleidung (Benny, Bantamac und Keilhose). Deutsches Institut für Herrenmode, um 1957. Kunstbibliothek, Berlin.

Aquascutum, *der* (von lat. *aqua* ›Wasser‹ und *scutum* ›Schild‹), ein 1951 von der englischen Firma Bax & Co entwickelter Wollstoff mit regenfester Oberfläche, woraus Regenmäntel für beide Geschlechter hergestellt wurden, auf die die Bezeichnung »A.« überging. »A.« wurde zur Marken- und Firmenbezeichnung mit dem Hauptgeschäft in Regent Street 100, London.

Araberkopftuch ▸Agal, ▸Keffijeh.

Arafat-Kopftuch ▸Keffijeh.

Arbiter elegantiarum, *der* (lat., für *Arbiter rerum elegantiarum,* auch *Arbiter elegantiae,* ›Schiedsrichter in Sachen des Geschmacks‹). Die Bezeichnung, von Tacitus zur Charakterisierung des Petronius geprägt, gilt auch heute noch für einen Sachverständigen in Fragen des guten Geschmacks und der modisch-eleganten, korrekten Kleidung. In der griechischen Antike wurde Alkibiades (um 450–404 v. Chr.) wegen seiner unnachahmlichen Eleganz und Blasiertheit gepriesen. Kaum zu übertreffen

Abb. 134. Frisur à l'arcelet mit Attiffet und Maske. Um 1575.

aber soll der römische Kaiser Heliogabal (204–222 n. Chr.) gewesen sein. ▸Beau.

Arcelet, Frisur à l' (frz., von *arcelet* ›Bogen‹)[134], auf einer über der Stirn von Ohr zu Ohr führenden Metallspange geformte Frauenfrisur aus hochgedrehten Haarrollen. Die F. à l'a. war Teil der spanischen Frauenmode, insbesondere im letzten Viertel des 16. Jh.s, und wurde oft mit der ▸Attif(f)et getragen.

Art Déco, *der* (von frz. *art décoratif* ▸›dekorative Kunst‹), Stil der angewandten Kunst in der Mode von etwa 1919 bis 1931, der den Jugendstil ablöste, benannt nach der Pariser »Exposition Internationale des Arts Décoratifs et Industriels Modernes«. Als Wegbereiter und Schrittmacher der »A.-D.-Mode« gilt P. ▸Poiret[281, 315], einflussreich war das 1909 in Paris gastierende »Ballet russe«, besonders durch Nikolaj Rimski-Korsakows »Scheherazade« im Bühnenbild von Léon Bakst 1910. Die A.-D.-Mode zeigte fernöstliche sowie – durch die Entdeckung des Grabes Tut-ench-amuns 1922 angeregt – ägyptische Einflüsse. Sie verwendete grelle Farben (Zitronengelb, Nachtblau, Orange, Violett), bevorzugte fließende Gewänder und steigerte die Zeitmode ins Phantastische. Poiret regte auch zu einer neuen, künstlerisch gestalteten Modezeichnung an, gekennzeichnet durch zweidimensionale, plakative, nach 1918 vielfach kubistische Malweise unter Verwendung expressiver Farben. Bekannte Modezeichner waren: Georges Barbier (1882–1932), Edouard Garcia Benito (1891–1953), Robert Bonfils (1886–1952), Umberto Brunelleschi (1879–1949), Étienne Drian (1885–1961), ▸Erté, Paul Iribe (1883–1935),

Georges Lepape (1887–1971)[283], Charles Martin (1884–1934), André Marty (1882–1974). ‣Modejournale. ‣Farben und Muster.

Assuke ‣Weiter Rock.

Atlas ‣Stoff (15. Jh.).

Atours, *Pl.* (frz., Putz oder Schmuck vornehmer Damen, von frz. *atourner* ›schmücken‹)[39], hörnerartig aufgestecktes Haar, das mit Gold- oder Brokatstoff oder einem ‣Haarnetz überzogen wurde; zwischen den A. konnte ein Schleier, die ‣Huve, gespannt sein. Die A. entwickelten sich nach 1380 aus Schläfenrollen (‣Haarmode, 14. Jh.) und gingen 1385/90 in die ‣Hörnerfrisur über.

Attif(f)et, *die* (frz., von *attifer* ›herausputzen‹), in Deutschland ‣*Stuarthaube* genannt nach Maria Stuart, die sie gerne trug. Kleiner, weißer (bei Witwen schwarzer) Damenkopfputz der 2. Hälfte des 16. Jh.s, stets zusammen mit der Frisur à l'‣arcelet getragen.[134] Der Stoff der A., Samt, Seide oder Spitze, ist meist über einen Rahmen geformt, der in der Kopfmitte anliegt, in einem Bogen die Stirn berührt und an beiden Seiten bogig absteht. In schlichterer Form wurde die A. auch als ‣Nachthaube und von der einfachen Bürgerin als Tageshaube getragen; sie entwickelte sich um 1600 zur ‣Schnebbe (1) und zur ‣Flügelhaube.

Abb. 135. Automantel, -brille und -schleier. England, um 1905.

Attila, *der* oder *die* (ungar.), ‣Dolman.

Audace, *die* (frz., ›Verwegenheit‹), Schnur, die meist die linke Vorderseite des ‣Dreispitzes hochhielt, wobei sie um einen Knopf geschlungen war.

Augsburger Kragen ‣Rabat.

Aumonière ‣Almosentasche.

Authentics, authentische Kleidung (von griech. *authentes* ›Urheber‹: ›echt, glaubwürdig‹). Seit den 1990er Jahren Bezeichnung zum Teil für ‣Klassiker sowie für die ersten, d. h. die ursprünglichen Modelle einer Marke.

Autohandschuh ‣Golfhandschuh.

Automantel, um 1900 auch *Reise-* oder ‣*Staubmantel* genannt. Weiter Mantel mit eingesetzten Zwickeln und tiefen Armlöchern, der um 1900 bis etwa 1914 als reiner Schutzmantel über dem ‣Paletot (3) getragen wurde; für Damen aus knisternder Seide, für Herren aus sandfarbenem oder havannabraunem Leinen. In den 1920er Jahren wurde er zum ‣Schlüpfer (1), in den 1930ern zum ‣Slipon. In den 1950er Jahren verstand man allgemein unter »A.« einen dreiviertel- oder halblangen Herrenkurzmantel in Raglanfasson, einreihig mit hochschließendem Ringkragen, schrägen Taschen und ‣Autoschlitz. ‣Benny, Caban (‣Gaban (3)), ‣Raglan, ‣Stutzer.

Autoschleier, um 1900 von der Dame über den Hut und eng um das Gesicht gezogener dichter Tüllschleier, der mittels eines am unteren Rand eingearbeiteten feinen, biegsamen Drahtes gehalten wurde.

Autoschlitz, nach links (sonst allgemein üblich nach rechts) offener Rückenschlitz an ‣Sakko und ‣Mantel, um das Zerknittern beim Einsteigen zu verhindern und dennoch Bewegungsfreiheit zu gewähren. Beim Mantel geht der A. fast bis zum Gesäß und ist teilweise durch einen Reißverschluss oder Knöpfe verschließbar.

B

Babusche ‣Pantoffel.

Baby Doll, *das* (engl., ›Babypuppe‹), Sommerpyjama für Mädchen. Weites, loses, leicht ausgestelltes, mit kleinen Rüschen oder Spitzen eingefasstes Oberteil mit kurzen Puffärmeln, dazu Pumphöschen; bevorzugt in Rosa oder Himmelblau. Das B.D. kam 1956 in Mode, benannt nach der Hauptfigur des gleichnamigen amerikanischen Spielfilms von Elia Kazan. 1957 kreierte außerdem J. ‣Griffe unter der Bezeichnung »B.D.« eine von den Schultern lose herabhängende, ausgestellte Modesilhouette. 2004 wurden Baby-Doll-artig geschnittene, meist ärmellose Oberteile in der Jugendmode beliebt.[119] ‣Pyjama.

Abb. 136. Baby Doll. Aus: »burda Moden«. H. 7. Juli 1960.

Backenbart (frz. *favorites,* engl. *whiskers*). In den 1830er Jahren wurden die seitlichen ‣Koteletten bis zum Kinn zum sog. B. verlängert.[434] Nach 1860 wurde er zusammen mit einem vollen ‣Schnurrbart ‣Kaiser-Franz-Joseph-Bart[150d] genannt, wie ihn auch der deutsche Kaiser Wilhelm I. trug und wie er allgemein in den 1860er und 1870er Jahren in Mode war. B. und Kinnbart zusammen waren schon in griechisch-archaischer Zeit bekannt. ‣Bart (1).

Backenkappe[176] ‣Cappuccio (a gota), ‣Coiffe, ‣Kopfbedeckung (Mann, Ende 14. und 15. Jh.).

Badehaube. In der Antike ist ein Schutz der Haare vor Nässe beim Baden nicht belegt. Im Mittelalter benutzte man dafür eine Art Turban, im 18. Jh. wurde die ‣*Baigneuse*[72] gebräuchlich. Als Mitte des 19. Jh.s das öffentliche Baden für Frauen möglich wurde, trugen sie Netzhäubchen aus feinem Wachstaft, ab 1863 aus Wachskattun,[138] sowie Badehüte aus Strohgeflecht. 1883 gab es B.n aus »Gummistoff«, in den 1890er Jahren aus Kautschuk, alle bauschig gezogen mit anliegendem Rand und zuweilen mit Nackenschutz. Die um 1900 mehr oder weniger anliegenden Kappen aus Gummi waren mit einer Stoffhaube überzogen oder mit einem Satin- oder Seidentuch drapiert. Daneben gab es noch B.n aus geöltem Wachstuch. Die den Kopf fest umschließende Kappe mit Kinnband erschien etwa 1920; sie wurde ab den 1930er Jahren mit plastischer Musterung, ab Mitte der 1960er Jahre mit Blumen- und Blätterapplikationen verziert. Seit den 1980er Jahren sind B.n unüblich, mit Ausnahme von ganz glatten Schwimmkappen.

Badekleidung. Aus der römischen Antike sind Darstellungen von Frauen in einer unserem heutigen ‣Bikini ähnlichen B. erhalten, die aus einem Busenband (lat. ‣*Fascia pectoralis,*

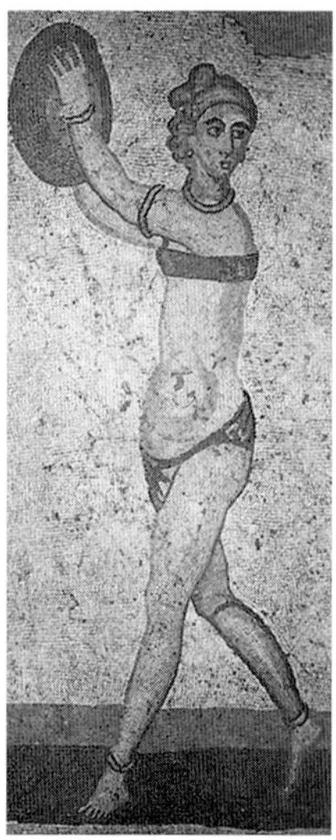

Abb. 137. Bade- und Sportkleidung der Römerin. 3./4. Jh. n. Chr. Mosaik in der »Villa Romana del Casale«, Piazza Armerina.

Abb. 138. Badekleidung mit Badehaube und Halsring (zum Schutz des Teints, in der Hand gehalten), Bademantel und -schuhen. Aus »Harper's Bazar«. London. 7. April 1885.

‣Büstenhalter) und einer kurzen Dreieckshose (lat. ‣*Subligaculum,* ‣Schurz, ‣Unterhose) besteht. Im Mittelalter wurde in den Badeanstalten nackt oder höchstens mit einer seitlich zusammengebundenen Dreieckshose (‣Bruch) gebadet, während die Bademägde lose, weiße Leinenhemdkleider mit Trägern, wadenlang und zuweilen gegürtet, trugen. Im 16., 17. und 18. Jh. war das Baden im Allgemeinen und besonders von den höheren Ständen missbilligt worden. In der 1. Hälfte des 19. Jh.s gab es in den Städten geschlossene Badeanstalten für Frauen. Hier badete man in der Unterkleidung: weites, unter den Knien zusammengefasstes Beinkleid, dekolletiertes Miederleibchen (‣Kamisol (3)) oder Hemd mit kleinen Puffärmeln aus Weißzeug und Strümpfe. Mit dem Baden in der Öffentlichkeit wurde erst ab Mitte des 19. Jh.s begonnen und somit die B. erstmals Gegenstand der Mode unter Wahrung der Sittlichkeitsgebote. In den 1860er und 1870er Jahren setzte sich die B. aus einem waden- bis knöchellangen, meist unten abgebundenen Beinkleid und einer vorn durchgeknöpften, gegürteten Bluse mit ‣Schoß (1) aus schwarzem, geköpertem Halbwollstoff zusammen, wobei darunter stets ein Miederleibchen getragen wurde. Um 1880 bestanden diese Badekleider aus Perkal oder Flanell. Die Farben waren nur sehr bedingt wasser- und sonnenbeständig, auch trocknete der Stoff sehr langsam. 1887 wurden über den Kopf zu ziehende Badekleider mit Matrosenkragen, ein Jahr später mit »tegetthoffblauen« (nach dem österreichischen Admiral Wilhelm von Tegetthoff, 1827–71) Ankern modern. Das Beinkleid hatte in der Taille einen Zug. Seit Ende der 1880er Jahre verwendete man breitgestreiften Serge (‣Stoff, 17. Jh.), der sich weniger an den Körper anlegt. 1891 kamen kurze ‣Kimonoärmel auf. Die Beinkleider wurden kürzer (zuerst in USA) und weiter und zu einer unter den Knien abgebundenen ‣Pumphose; die Schoßteile der Bluse blieben oft separat zum Anhaken an den Gürtel. Um 1901 wurden die Badekleider kürzer, die Hose blieb unsichtbar, doch wurden schwarze Strümpfe getragen; das Oberteil wurde mit Fischbeinstäben (‣Fischbein) auf Figur gehal-

Abb. 139. Badekleidung der Gibson Girls. USA, 1890er Jahre.

Abb. 140. Badeanzüge. England, um 1930.
Abb. 141. Zweiteiliger Badeanzug. Aus »Stella«. Nr. 70. Sommer 1949.
Abb. 142. Strandkleidung. Aus »burda Moden«. H. 5. Mai 1955.

ten. Bereits 1903 gab es reine Schwimmanzüge aus Woll- und Baumwolltrikot, nachdem in den USA die Schwimmerin Annette Kellermann 1900 erstmals einen anliegenden Einteiler getragen hatte. Am Strand wurden Badekleider aus Liberty-Satin mit japanischem Blumenmuster, aus Zephir, Kretonne, Foulard, Taft, Satin oder Lüster (▸Stoffe), bereits in kräftigen Farben, getragen. Die einteiligen Schwimmtrikots bürgerten sich jedoch erst allmählich im 2. Jahrzehnt und vollends in den 1920er Jahren ein. Sie waren vollkommen unversteift und hatten oft effektvolle geometrische Muster. In vielen Badeanstalten musste jedoch darüber ein Rock getragen werden, der zumindest den Hosenbeinansatz verdeckte. Neben blauer, weißer und schwarzer gab es nun auch B. in Lila, Rot, Grün und Gelb. Auch Haute Couturiers, wie J. ▸Lanvin und J. ▸Patou, kreierten bereits B. ohne Versteifung oder Einlage. Um 1928 fing man an, im Rücken, seitlich in der Taille und an der Achsel Stoff auszuschneiden (▸Dekolleté). Gleichzeitig sah man auch die ersten zweiteiligen Badeanzüge aus den USA mit dunkler, gegürteter, oberschenkellanger Hose oder zuweilen mit Pumphose und hellem, hemdartigem Oberteil. Diese *Palm-Beach-Kombination,* wie sie bereits damals genannt wurde, war meist blauweiß und wurde auch von Herren getragen. 1936 erschienen als große Modeneuheit Badeanzüge aus Kunstseide, mit feinen Gummifäden durchzogen, in farbenfrohen Mustern. Doch störte die Tatsache, dass Viskosefasern im nassen Zustand weniger fest als im trockenen sind. Nach dem 2. Weltkrieg wurde der zweiteilige Badeanzug etwas kleiner, behielt jedoch den festen Büstenhalter und erhielt ein Pumphöschen oder darüber genähtes Röckchen, wie es »Backfische« auch zum Einteiler trugen. 1947 kam der ▸Bikini auf.[157] Er war den Jüngsten vorbehalten, während der Einteiler, weil damenhafter, bis Anfang der 1960er Jahre dominierte. Sein meist trägerloses Oberteil war wie eine ▸Korsage (1) gearbeitet. Die Oberschenkelansätze blieben durch verlängerte Beine oder ein angeschnittenes Röckchen verdeckt. Der Einteiler bestand aus Perlontaft, mit gummielastischen Fäden durchwirkt, oder aus Baumwolle, mit Lastex verstärkt. Pailletten und Spitzen verzierten die Strandmodelle. Dazu wurden hochhackige Holzsandalen mit einem Steg aus Segeltuch oder Flechtwerk getragen. In den 1960er Jahren setzte sich der Bikini endgültig durch, allerdings war das Oberteil noch mit Fischbein, Metallbügeln oder Plastikeinlagen versehen. Anfang der 1970er Jahre kamen Mini-Bikinis

Abb. 143. Badeanzug von Bleyle. Aus »Bravo«. Mai 1965.

aus hauchzarten Stoffen ohne jegliche Verstärkungen und mit seitlich nur durch eine Schnur zusammengehaltenen Höschen auf, an der Côte d'Azur sog. *Monokinis* ohne Oberteil (▸Oben-ohne-Mode, ▸Transparent-Look; R. ▸Gernreich). 1972 gab es Bikinis aus sonnendurchlässigem Suntex. Ende der 1970er Jahre verbreitete sich der einteilige Sport-Schwimmanzug neben sehr extravaganten Modellen aus Goldstoff, mit künstlerischen Aufdrucken oder Handmalereien. Als Zweiteiler erschienen um 1980 *Bandeau-Bikinis* mit trägerlosen Oberteilen in Form breiter Stoffstreifen (frz. *bandeau*), und Bikinis, deren Hose betont hohe Beinausschnitte hatten, (▸Unterhose, Mann 20. Jh.). In den 1990er Jahren verbreiteten sich Bikinis mit ▸Tanga.

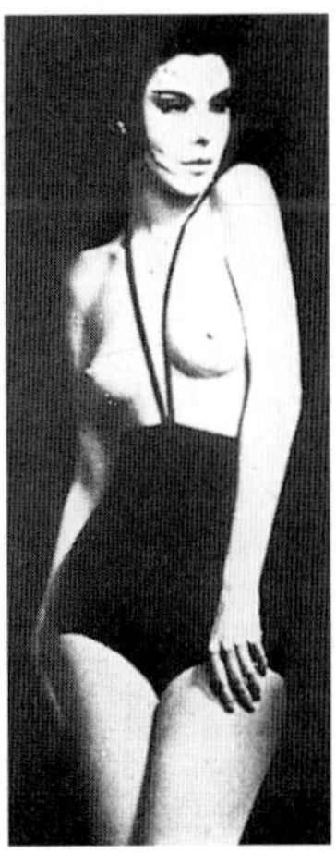

Abb. 144. Monokini von Rudi Gernreich. 1964.

Die *Badehose* des Mannes war im 19. Jh. kein Modethema. Beim Militär gab es »Badeuniformen«, ansonsten badete der Mann mit einem Unterbeinkleid und einem Leibchen aus Baumwollstoff. Um 1900 gab es einteilige Badeanzüge mit kurzen Beinen aus gestreiftem Trikot. In den 1930er Jahren wurde das Oberteil auch des Herrenbadeanzugs mehr und mehr ausgeschnitten, erhielt auch »Löcher« und schließlich nur noch Träger. In den USA jedoch kannte man schon die Badehose mit Gürtel, der dann durch eine innen geführte Schnur ersetzt wurde. Nach dem 2.Weltkrieg kamen Badehosen aus Latexstoffen, Ende der 1960er Jahre sehr knapp geschnittene Badehosen aus luftdurchlässigen, schnell trocknenden und in

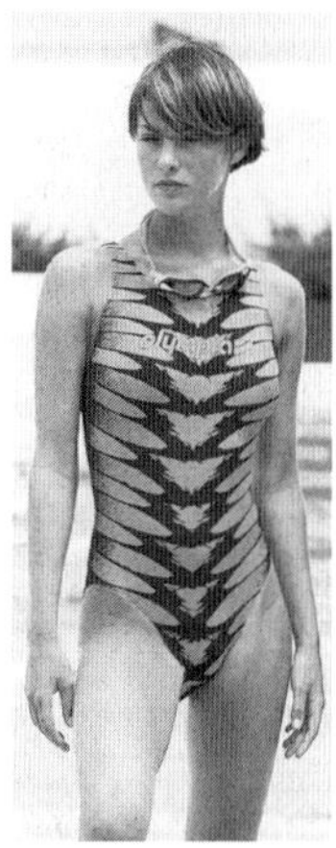

Abb. 145. Schwimmanzug von »olympia«. 2000.

Form bleibenden Synthetics in Mode, um 1970 kurzfristig Badehosen mit oberschenkellangen, anliegenden Beinen, Ende der 1980er Jahre mit extrem hohem Beinausschnitt, beeinflusst durch die 1985 von dem griechischen Designer Nikos Apostolopoulos kreierte ▸Unterhose des Mannes, während die männliche Jugend ▸Bermudas bevorzugt. ▸Badehaube, ▸Bademantel, ▸Badeschuhe, ▸Bikini.

Bademantel. Nach 1880, als das Baden im Meer populärer wurde, begann sich die Frau eine Art Cape aus Biber, Flanell oder bereits einem frottee-ähnlichen Stoff umzulegen.[138] Um 1900 begann sich auch der Herr eines B.s aus den gleichen Stoffen, jedoch im Schnitt dem Hausmantel angeglichen, zu bedienen. Der B. ist bis heute knopflos, wird nur gegürtet und ist zuweilen mit Kapuze gearbeitet.

Badeschuhe. Im 19. Jh. badete die Frau stets mit Strümpfen und B.n. Die B. waren gestrickt, hatten Kreuzbänder und die Form des flachen Biedermeierschuhs (‣Fußbekleidung). 1875 waren sie aus Segeltuch mit mehreren Spangen, Löchern und einer dünnen Ledersohle. Um 1900 bestanden die B. aus englischem »Rubberstoff« und hatten eine Spange. Enganliegende Plastik- oder Gummischlüpfschuhe dienen heute nur als Schutz. Üblich sind Plastiksandalen wie ‣Flip Flops mit Zehenhalt.

Badine, *die* (frz., ›Spazierstöckchen‹)[75], Bezeichnung für den dünnen ‣Spazierstock der Dame Ende des 18. Jh.s (meist zu ‣Caraco oder ‣Redingote (2) getragen).

Bärentatze ‣Kuhmaulschuh.

Baggy Pants (engl. ›weite Hose‹), überweite, unter den Hüften sitzende (so dass die Unterhose und besonders deren Markenname sichtbar wird), jeansartig geschnittene Hose mit tiefem Schritt, in denen um 1995 männliche Kids auffielen und die die Anhänger von Hip-Hop beibehalten haben. Ihr Ursprung ist in amerikanischen Elendsvierteln, wo Jugendliche aus Solidarität mit Gefängnisinsassen, die ihre Hosen ohne Gürtel tragen müssen, ihre Hosen absichtlich hinunterrutschen lassen.

Bahnenrock, ‣Glockenrock[343], der 1898 durch einzelne, konisch geschnittene Bahnen entstanden und dadurch um die Hüften anliegend und um den noch knöchellangen Saum bequem weit war.

Bai, Bay ‣Stoff (17. Jh.).

Baigneuse, *die* (frz., ›Badende‹), während des ganzen 18. Jh.s zur Morgentoilette[72] aufgesetzte ‣Haube, der ‣Dormeuse gleich und wie diese im letzten Viertel des 18. Jh.s auch in Gesellschaft als Modehaube getragen.

Balagny, à la, frz. Bezeichnung für den über eine Schulter geworfenen Männermantel (Radmantel) im 2. Viertel des 17. Jh.s[131]; benannt nach dem Sohn eines französischen

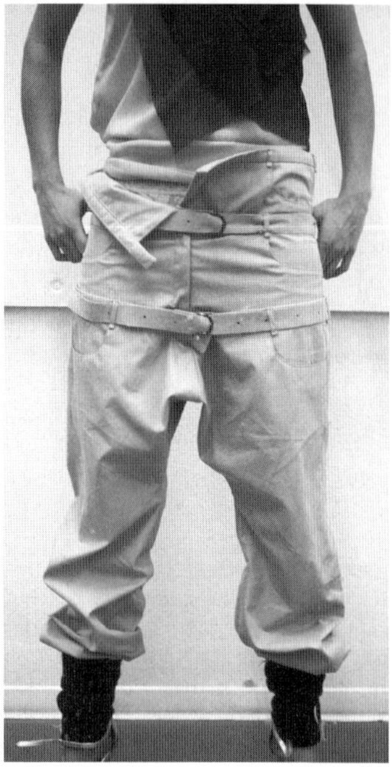

Abb. 146. Baggy Pants von Kathrin Sarzio. 2005. Hochschule Pforzheim.

Marschalls Balagny, der den ‣Mantel besonders elegant zu drapieren wusste; in Deutschland auch *Imponiermantel* genannt.

Balaklava-Mütze, gutschützende Wollmütze, die über das Gesicht gezogen wird und nur Augen und Nase freilässt, einen kurzen Schirm und einen angestrickten Kragen hat, der auf die Stirn hochgestülpt werden kann. Die B. wurde von James Henry Lord Raglan (1788–1855) zur Ausstattung der englischen Truppen im Krimkrieg 1854 nach dem Vorbild des ‣Baschlik erfunden und nach dem siegreichen Gefecht bei Balaklava benannt.

Balandran, *der* (frz.), im mittelalterlichen Frankreich ein Regenschutz in Form eines langen, kittelartigen Überrocks oder einer Art Überziehmantel mit ‣Kapuze. In Spanien als *Balandrán* oder ‣*Zamarro* Ende des 15. / Anfang des 16. Jh.s ein schleppender, vorn offener, gegürteter Mantel mit langen, trichterförmigen Ärmeln oder Armschlitzen, der besonders von älteren Standespersonen als Kälteschutz getragen wurde. Danach blieb der B. bis ins 17. Jh. auch in Frankreich und Italien (dort *Palandrano* genannt) ein vorn zu schließender, weiter Mantelumhang, aber auch Überziehmantel beider Geschlechter, vorn gerade, im Rücken halbkreisförmig geschnitten, mit Armlöchern, gelegentlich mit Kapuze. Als langer Reitrock erscheint ein B. um 1600 in Spanien, ebenso in Deutschland (hier *Guallodran* genannt). Es scheint eine gewisse Übereinstimmung mit dem ‣Gaban (1) gegeben zu haben. Von der Bezeichnung »B.« leitet sich wahrscheinlich der deutsch-österreichische ‣Waldtran-Mantel ab.

Balayeuse, *die* (frz., von *balayer* ›fegen, kehren‹; engl. *dust ruffle* ›Staubrüsche‹; dt. ugs. *Staubfeger*)[500], Stoffvolants oder Spitzenrüschen, die innen um das Ende des langen Rockes bzw. der ‣Schleppe als Schutz genäht waren. Mit kurzen Unterbrechungen etwa 1875–1906 gebräuchlich, später Teil langschleppender Ballkleider. Um die Jahrhundertwende musste die B. aus Taft sein, um das gewünschte Knistern (‣Frou-Frou (1)[501]) zu erzeugen.

Baldikin ‣Stoff (Mittelalter).

Bal entrée, *die* (frz., ›Balleingang‹), um 1900 allgemein gebräuchliche Bezeichnung für einen langen Schal zum Bedecken des großen ‣Dekolletés oder für eine ‣Boa.

Ballerinaschuh, weit ausgeschnittener, slipperartiger Schuh aus weichem Leder, mit dünner Sohle und einer Zugschnur um den Ausschnitt; im Ballett mit kleiner Sohle als Sprungschuh verwendet; in den 1950er Jahren und wieder 1980–83 jugendlicher Modeschuh mit niederem Absatz oder stärkerer Sohle, meist in Pastellfarben oder aus schwarzem Lackleder. B.e zählen heute zu modischen ‣Klassikern.

Ballkleid ‣Abendkleid, ‣Haute Couture, ‣Kleid.

Ballonärmel ‣Ärmel (Frau, nach 1889).[94]

Ballon-Look, 1957 von H. de ‣Givenchy kreierte Modelinie mit weitem Petticoatrock (‣Petticoat), der um den Saum durch eine

Abb. 149. Ballon-Look. Aus »burda Moden«. H. 11. November 1958.

hohe, enge Passe stark eingehalten war, wodurch eine ballonartige Silhouette des Rockes entstand. Diese extreme Linie fand etwa bis 1958 bei ‣Cocktailkleidern Anklang. In gemäßigter Form waren Ballonröckchen zu langem ‣Blazer auch als Businesskostüm um 1987–90 große Mode.[188] ‣Fasslinie, ‣Haute Couture.

Balmacaan, *der,* loser, weiter Herrenabendmantel mit Raglanärmeln (‣Raglan), Slipon-Revers (‣Slipon, ‣Revers), verdeckter Knopfleiste und den in späterer Zeit charakteristischen, zuweilen seidenbesetzten Ärmelaufschlägen. Der B. ist schottischer Herkunft, zumeist aus Tweed oder Gabardine (‣Stoff) und wurde etwa 1850–1950 getragen.

Balteus, *der* (lat.), altrömisches Wehrgehenk, Gurt, Gürtel (i. S. v. ›Degengürtel‹) sowie die vorn »wie ein Wehrgehenk« von der rechten Seite des Oberkörpers quer über die Brust zur linken Schulter laufenden Falten der ‣Toga.

Balzo, *der* (ital.), in Italien im 1. Drittel des 15. Jh.s anzutreffender kugelförmiger Kopfputz der Frau, wahrscheinlich aus Haaren geformt, mit Stoff überzogen und durch darübergezogene Bänder gehalten. Erneut kam er im 1. Drittel des 16. Jh.s in Mode, nun jedoch kleiner, aus Kupferblech oder wulstringartig

Abb. 147. Balzo. Italien, Anfang des 16. Jh.s. Nach Wilcox.

aus Drahtnetz, Leder oder Haaren gebildet und mit bestickter Seide, Brokat oder einem kostbaren Netz überzogen. In dieser Form wurde der B. zuweilen auch vom Mann getragen. Dem B. ähnlich war in Deutschland die ‣Kugelhaube. ‣Kopfbedeckung.

Band, Schmalgewebe bis zu 35 cm Breite, das mit beidseitig festen Kanten in der B.-Weberei gewebt, mitunter auch aus Breitgeweben geschnitten wird, wobei die Kanten durch Falzen oder Verkleben befestigt werden. B.er, seit dem Altertum in allen Kulturen bekannt, wurden urspr. in der Technik der Brettchenweberei hergestellt; sie werden aus den verschiedenartigsten Fäden und in unterschiedlichen Webarten (Atlas-, Jacquard-, Samt-, Seiden-B. u.a.), auch mit einseitigem Muster, bestickt oder als Spitzenband (‣Barbe (2)) fabriziert, im 17. Jh. vom Posamentenmacher (‣Posament), ab dem 18. Jh. vom Weber. Urspr. wurde das B. auch als ‣Gürtel verwendet. B.er spielen als Verzierung der Kleidung seit dem frühen Mittelalter eine große Rolle. Eine Sondergruppe bilden gummielastische B.er mit eingewebten Gummi-Kettfäden für ‣Hosenträger, Strumpfhalter und ähnliches Zubehör. Um 2003 standen Bänder und Gurte erneut im Mittelpunkt modischen Aufputzes. Sie flatterten scheinbar lose, rafften den Stoff oder fixierten ausgefranste Säume, standen für Beweglichkeit und Veränderlichkeit und für die Kombination von Funktion und Verführung. ‣Capote (1), ‣Échelle, ‣Fontange, ‣Schleife (2).

Bandana (von Sanskrit *bandha* ›zuziehen‹), urspr. aus Indien stammendes Seidentuch, das Anfang des 18. Jh.s nach England und Holland kam, nach Nordamerika exportiert und nun auch aus Baumwolle hergestellt und mit politischen Emblemen bedruckt wurde; als Halstuch typisch für die Siedler und Cowboys sowie Symbol für Freiheit. Seit den 1980er Jahren von der männlichen Jugend wie ein Piratenkopftuch beim Freizeitsport, aber auch als Halstuch getragen.

Bandelier ‣Baudrier.

Bandelierstreifen (von frz. *bandoulière,* breiter, quer über die Brust getragener Schulterriemen als Wehrgehänge), breites, schräg verlaufendes Streifenband als Krawattendessin (‣Krawatte), das nur einmal, im Ausschnitt, erscheint; in den 1950er Jahren auch *Séparéstreifen* genannt.

Bantamac, *der,* benannt nach dem kleinsten Zwerghuhn, dem Bantamhuhn. Aus den USA kommende, in den 1950er Jahren moderne, kurze, lose, joppenartige Herrenfreizeitjacke bzw. kürzeste Form eines Mantels, häufig aus Karostoff.[133] Der B. hat eine verdeckte Knopfleiste oder einen Reißverschluss, große, meist aufgesetzte Taschen, einen kleinen Kragen und ist hochgeschlossen.

Banyan, Banian, Banjan, *der* (von Hindi *banian* ›Kaufmann‹), auch *Indisches Gewand,* in England Bezeichnung für den Hausmantel (‣Hauskleidung[148]) meist des Mannes in der 2. Hälfte des 17. bis Anfang des 19. Jh.s. Der

Abb. 148. Banyan aus wattiertem und abgestepptem Kattun. Mitte des 18. Jh.s. Gallery of English Costume, Platt Hall, Manchester.

B. war knielang, vorn offen oder zuknöpfbar, hinten im ‣Schoß (1) hatte er einen ‣Schlitz. In den 1780er Jahren wurde er auch auf der Straße getragen. Im frühen 19. Jh. findet man ihn wadenlang und ohne rückwärtigen Schlitz. Er bestand meist aus Flanell, Damast oder bedrucktem, auch wattiertem und abgesteppten Baumwollstoff.

Barbe, *die* (frz., ›Bart‹; engl. *barb, lappet*). **1.** Auch *Barbette,* eine Art Brusttuch aus Leinen, das vorn in schmale, senkrechte Falten gelegt und an beiden Seiten an Kopfschleier oder Haube befestigt war, so dass Ohren, Hals und zuweilen auch Kinn ganz bedeckt waren. Die B. wurde Ende des 13. Jh.s (in England etwas früher) und von älteren Frauen z.T. noch bis ins 16. Jh. in Weiß, von Witwen in Schwarz getragen und ist bis heute in der Nonnentracht erhalten. **2.** Weißzeug- oder Spitzenband (Spitzen-B.)[74], das paarweise als Schmuck vom Haar (‣Haarmode), der ‣Fontange und von ‣Kopfbedeckungen des 18. und 19. Jh.s herabhing.

Barbour-Jacke, 1890 von dem Engländer John Barbour erfundene, funktionelle, hochpreisige Öljacke mit Cordsamtkragen und kariertem Innenfutter.

Barchent ‣Stoff (Mittelalter).

Bardocucullus, *der* (von lat. *cucullus* ›Kapuze‹), von den keltischen Barden getragener mantelartiger, wahrscheinlich rund geschnittener Überwurf mit Kopfloch und Kapuze, bedeutend länger als der gallische ‣Cucullus. Beide wurden von den Römern übernommen. ‣Caracalla (1), ‣Sagum (cucullatum).

Barège ‣Stoff (19. Jh.).

Barett, ehem. auch *Biret(t)* (von lat. ‣*birrus,* ›kurzer Mantelumhang mit Kapuze‹, und *birrum* ›Kapuze‹; mlat. *birretum* (Diminutiv); afrz., mfrz. *barrete*; nfrz. *barrette*), Ende 12. bis 14. Jh. halbkugelige ‣Kappe (2), deren Form sich wahrscheinlich vom ‣Pilos herleitet; bereits 1311 (Synode von Bergamo) als liturgische Kopfbedeckung belegt, die sich im Unterschied zum weltlichen B. in steifen Formen weiterentwickelte. Um das weltliche vom geistlichen B. zu unterscheiden, begann man in Deutschland bereits Ende des 15. Jh.s die frz. Bezeichnung abzuwandeln, anfangs u.a. zu *Bereth* oder *Paredt,* volkstümlich auch zu *Schlappe* oder *Schleppe* in der Bedeutung einer lappenartig herabhängenden Kopfbedeckung oder eines Teils davon. Um 1480–1570 flache, meist runde Kopfbedeckung aus Samt, Seide oder Tuch,[41] Ende des 15. Jh.s auch gestrickt, für beide Geschlechter meist der oberen Stände (‣Strick- und Wirkware). In Deutschland wurde das B. den unteren Ständen seit 1518 mehrmals untersagt bzw. nur in einfacher Form und Ausführung erlaubt. Ende des 15. Jh.s war das B. noch klein und hatte einen weichen, runden Kopfteil mit hinten hochstehender, schmaler ‣Krempe. Anfang des 16. Jh.s wurde es breiter und hatte vorn eine flache, hinten eine breitere und höhere Krempe. Daraus entwickelte sich das platte *Teller-B.*[42], bei dem Kopfteil und Krempe eine Fläche bildeten, die Krempe jedoch auch hochgeklappt werden konnte. Das B. nahm nunmehr in den einzelnen Ländern mannigfaltige und rasch wechselnde Formen an (‣Baskenmütze). Als Sonderform gab es das heute so genannte *Ohrenklappen-B.* mit Nacken- und Ohrenklappe als Kälteschutz, meist von Gelehrten oder älteren Männern getragen,[509] oder es saß eine separate Backenkappe unter dem B. Das B. erhielt in der 1. Hälfte des 16. Jh.s (besonders 1515–25) die damals beliebten ‣Schlitze, die mit farbigen Bändern unterlegt oder durchzogen oder mit goldenen Klammern zusammengehalten waren. Auch zierten es Schmuckstücke und herabhängende Kleinodien. Besonders bunt und mit großen Straußenfedern geschmückt trugen die Landsknechte ihre sehr breiten B.e, die sie stets schräg aufsetzten und deshalb auf anliegenden Hauben, den ‣Kalotten, befestigten. Adelige Damen bevorzugten breitrandige, reich verzierte B.e, von perlenverzierten Netzhauben gehalten. In der Spanischen Mode (1550–1618/20) wurde der Kopf des B.s schmäler, leicht faltig und höher, die Krempe kleiner, oder sie fiel ganz weg, so dass die Kopfbedeckung geradlinig oder leicht abgerundet abschloss.[47,48] Nach 1570/80 verschwand das B. aus der Mode und erhielt sich nur in der ‣Toque (1) sowie in der Amtstracht von Professoren, Räten und Richtern in einer an das im 17. Jh. vierkantig gewordene Birett der Geistlichkeit angeglichenen Form. Daraus wiederum entstand ein als Hauskappe (‣Negligé, ‣Nachthaube[276]) des Mannes verwendete B.

Im 19. Jh. wurde das B. von Künstlern der deutschen Romantik[132] wiederentdeckt, sein berühmtester Träger war Richard Wagner (sog. *Wagner-Kappe*), im 20. Jh. von Pablo Picasso u. a., aber auch von Intellektuellen wie Jean-Paul Sartre. Mitte der 1920er Jahre wurde das B. zum Zeichen emanzipierter Frauen (‣Garçonne-Mode) und allgemein zur sportlichen Kopfbedeckung. Seit dem 2. Weltkrieg auch militärische Kopfbedeckung, die sich durch Trageweise, Farbe und Embleme je nach Nation und Regiment unterscheidet; auch paramilitärische Verwendung und Symbol für ideologisch-freiheitlichen Untergrundkampf (ähnlich der ‣phrygischen Mütze) von Guerilla- und Partisanenkämpfern, wie etwa dem Kubaner Ernesto »Che« Guevara (Che-Guevara-Mütze) sowie den Black Panthers in den USA. ‣Kangol.

Barrette à l'Ypsilanti ‣Grecque, Mode à la.

Bart. 1. Die B.-Mode unterliegt der unterschiedlich starken Gesichtsbehaarung des Mannes, seinem Alter, der Mode und war oft Ausdruck der Standeszugehörigkeit, der Weltanschauung und der politischen Gesinnung.

Im ägyptischen Altertum war Bartlosigkeit allgemein üblich. Götter und als Gottheit dargestellte Könige trugen den falschen, geflochtenen, von Bändern gehaltenen *Götter-B.* mit leicht nach vorn gebogenem Ende. Dagegen war der ebenfalls umgebundene *Zeremonien-B.*[350], etwas kürzer und quergerippt; er schloss waagrecht ab. Hofbeamte und Würdenträger hatten einen ebenfalls quergerippt dargestellten kurzen *Kinn-B.*

In der Frühdynastischen Epoche Mesopotamiens (3200/2900–2150/2020 v. Chr.) findet man sowohl Bartlosigkeit als auch einen *B.-Kranz* (‣Fräse (1)) sowie einen quergerippten *Voll-B.* Assyrer und Babylonier[1,2] trugen einen zu einem Muster gekräuselten Voll-B., der waagrecht, bei Syrern, Medern und Persern hingegen spitz abschloss.[328] Den Juden galt der B. als Zeichen der Freiheit und Frömmigkeit.

Während die Kreter in minoischer Zeit (2620 bis 1200 v. Chr.) den B. rasierten, trugen die Griechen in archaischer Zeit (800–500 v. Chr.) einen glattgekämmten, spitz zugeschnittenen *Backen-* und *Kinn-B.*[12], ihre Dichter und Philosophen dagegen stets einen *Voll-B.* Das Scheren galt allgemein auch als Zeichen der Trauer. In der klassischen Zeit des 5./4. Jh.s war ein kurzer, runder B. allgemein, doch bevorzugten Jünglinge Bartlosigkeit. Im Hellenismus setzte sich unter dem Einfluss Alexanders d. Gr. (336–323 v. Chr.) die Glattrasur durch. Bei den Etruskern scheinen Jünglinge bartlos gewesen zu sein, ältere Männer einen gekämmten Voll- bis Spitz-B. gehabt zu haben.

Auch die Römer trugen urspr. einen *Voll-B.*, bis 300 v. Chr. die ersten Barbiere aus Griechenland kamen. Seitdem war Glattrasur in republikanischer Zeit üblich, mit kurzfristigen modischen Ausnahmen eines gestutzten Voll-B.s. Nur Trauernde, Angeklagte und Verurteilte trugen einen langen B. In der Kaiserzeit wurden ‣Haarmode und B. durch das Vorbild des Herrschers bestimmt: Zu Beginn des 2. Jh.s n. Chr. führte Kaiser Hadrian den Voll-B. ein, der sich fast 200 Jahre hielt (ausgenommen die Jahre unter Caracalla 211–217, und Elagabalus, 218–222), dann von Kaiser Konstantin (306–337) wieder abgelegt wurde.

In der Bronzezeit (1800–750 v. Chr.) rasierte man sich, wie aus gefundenen Rasiermessern zu schließen ist. Vornehme Kelten trugen einen an den Seiten lang herabwachsenden *Oberlippen-B.*, ähnlich dem gallischen *Vercingetorix-B.* (benannt nach dem berühmten Heerführer).

In der Eisenzeit ab 800 v. Chr. wurde ein gepflegter Voll-B. üblich. Bei den Germanen war der B. – wie auch die Haartracht – stammesgebunden, doch trugen sie überwiegend Voll-B. (wie z. B. der Name »Langobarden« besagt), manchmal auch in spitzer Fasson.

Für die Franken ist ein dünner, an beiden Seiten leicht verlängerter Oberlippen-B., ehemals ‣*Granne* genannt, charakteristisch. In der Frühzeit trugen Vornehme auch noch einen Kinn- und Backen-B., der zur Zeit Karls d. Gr. (768–814) verschwand. Otto I. war bartlos. Im 11. und 12. Jh. pflegten Kaiser (z. B. Friedrich I. Barbarossa), Geistliche und Vornehme gelegentlich einen spitz oder rund gestutzten Kinn-B.[264b], oft zu einzelnen kleinen Locken gedreht, mit Oberlippen-B. zu tragen. Im Allgemeinen jedoch herrschte bis zum 14. Jh. Glattrasur vor.

Abb. 150. Bartmoden, a) Fränkischer Adeliger mit Granne. Um 870. b) Heinrich III. von Frankreich mit Toque, Oberlippenbart, kurzem Kinnbart und Fliege. Um 1580. Beide nach Wilcox. c) Kaiser Napoleon III. mit Zwirbel- und Knebelbart. Um 1850. d) Kaiser Franz Joseph I. mit Backenbart. Um 1880. Beide nach Domnick.

In der 2. Hälfte des 14. Jh.s war ein kurzer, gespaltener Kinn-B. – *Doppelspitz-B.* – zusammen mit einem Oberlippen-B. und zu Beginn des 15. Jh.s zuweilen ein fein ausgezogener *Spitz-B.* in Mode. 1430–90 herrschte Bartlosigkeit.

Im 16. Jh. wurde der B. in verschiedensten Fassons als männliches Attribut herausgestellt. Um 1500 liebte man einen kurzen, tief sitzenden Kinn-B. mit ▸Fliege (1) und schmalem Oberlippen-B., *auch Dürer-B.* genannt. Zur ▸Kolbe (1520–60) trug man meist keinen B., ab Mitte des 16. Jh.s einen kurzgeschnittenen Voll-B. Daneben wurde in Deutschland bis 1555 eine gekrauste Fräse[266b] (vom Landsknecht ein wild wuchernder Voll-B.) und besonders in England ein breiter, eckig geformter[41], kurzer Voll-B. getragen. Zuweilen sieht man einen kurzen, gespaltenen Doppelspitz-B., der in Deutschland um die Mitte des Jh.s zu einem langen *Gabel-* oder *Zwillich-B.*[48] (mhd. *zwillich* ›zweifach‹) wurde. Der kurze Doppelspitz-B. hielt sich auch in der Spanischen Mode (1550–1618/20), jedoch favorisierte diese den *Spitz-B.*[46] zusammen mit einem dünnen *Oberlippen-B.*[49,50] oder, wie Heinrich III. von Frankreich (1574–89), stutzerhaft-mondän zusammen mit Fliege.

In der 1. Hälfte des 17. Jh.s waren der ▸*Henri-quatre-B.* (erst in den 1860er Jahren so genannt) und der ihm ähnliche *Wallensteiner* (auch *Van-Dyck-B.* genannt)[131] verbreitet, die sich beide durch einen schmalen, spitzen ▸*Knebel-B.* auszeichneten, den auch Gustav Adolf von Schweden (1611–32) in etwas längerer Form trug. Der schmale Oberlippen-B.[379] wurde auch *Chevalier-B.* genannt. In der 2. Hälfte des 17. Jh.s blieb das Gesicht glattrasiert mit Ausnahme eines auch von manchen Herrschern (Kaiser Leopold I., 1658–1705) favorisierten kleinen Oberlippen-B.s, der sich gegen Ende des Jh.s zu zwei kleinen Pünktchen, auch ▸*Mouche* (2) genannt, verkleinerte.

Im 18. Jh. war, den Idealen der Zeit entsprechend, das Gesicht des Mannes bartlos; nur in bestimmten militärischen Kreisen, vor allem Husaren und Grenadieren, war ein *Schnauz-B.* (▸*Schnurr-B.*) vorgeschrieben.

Um 1795 entwickelte sich aus den seitlich herabhängenden Haarsträhnen der Haartracht der Revolutionäre ein Schläfen-B., *Favoris* (später ▸*Koteletten*) genannt, der für den ▸Tituskopf charakteristisch war. Um 1800 tauchte ein kleiner Oberlippen-B. auf. In den 1820er Jahren wurden die Favoris gekräuselt, in den 1830er Jahren bis unter das Kinn zum ▸*Backen-B.*[434] verlängert. In den 1840er Jahren trugen besonders politisch Oppositionelle einen schmalen B.-Kranz zur amerikanischen Haartracht, ebenso war ein wild wuchernder B. Zeichen des Freigeistes, weshalb 1846 preußischen Beamten B.e verboten wurden. Bürgerlich Gesinnte trugen höchstens einen Schnauz-B. In den 1860er Jahren setzte sich der Henri-quatre-B. wieder durch, den Napoleon III. (1852–70) zuweilen mit einem gezwirbelten Schnurr-B. (▸*Zwirbel-B.*) trug. Der B. des jeweiligen Herrschers, der seinerseits auch der Mode folgte,[83–85] wurde nun gern zum allgemeinen Vorbild genommen, ohne jedoch andere Formen zu verdrängen: in den 1860er und 1870er Jahren war es der ▸*Kaiser-Franz-Joseph-B.*, der auch für den deutschen Kaiser Wilhelm I. (1871–88) charakteristisch wurde. Kaiser Wilhelm II. (1888–1918) trug einen Zwirbel-B., den der Volksmund ▸*Es ist erreicht* nannte; in den beiden ersten Jahrzehnten trug man ihn in weniger extremer Form als schmalen, seitlich leicht geschweiften Oberlippen-B.

Nach dem 1. Weltkrieg wurde Glattrasur oder ein schmaler gepflegter Oberlippen-B.[278], der ‣*Englische Schnurr-B.*, bevorzugt, nach den amerikanischen Schauspielern ‣*Menjou-Bärtchen* und, in den 1930er Jahren, *Clark-Gable-B.* genannt. Die schmale ‣*Bürste*, der *Charlie-Chaplin-B.* (fälschlich auch *Fliege*), wurde in den 1930er und Anfang der 1940er Jahre große Mode, sie war für Adolf Hitler charakteristisch. Nach 1945 herrschte Bartlosigkeit, bis auf den *Existentialisten-B.* der Jugend, einen gepflegten Spitz-B., etwa 1948–58. 1967–73/74 war bei Gammlern (‣Gammler-Look) ein bewusst vernachlässigter, meist voller B. beliebt. In den 1970er Jahren kam bei jungen Männern ein Oberlippen-B. in Mode. Seit den 1990er Jahren war bei jungen Männern ein sog. *Goatee* ›in‹, ein Ziegenbart nach dem Vorbild u. a. des DJs Sven Väth.

2. Faltiger Nackenschirm an der ‣Capote (2) der 1850er Jahre, aus der sich die B.-Haube, eine schlesische Trachtenhaube, entwickelte.

Baschlik, Baschlyk, *der* (türk.), Wollhaube mit langen Seitenteilen, die entweder über die Ohren gebunden oder um den Hals geschlungen wurden. Im Altertum war der B. u. a. Parthern und Skythen Schutz gegen Steppenwinde (‣Kopfbedeckung[3, 5]) und ging in die Volkstracht der Kaukasier über. 1876 wurde der B. wärmende, modische Kopfbedeckung der Frau in Europa; er diente als Vorbild für die ‣Balaklava-Mütze und in den 1930er Jahren kurzfristig als Skimütze. Den B. trägt man bis heute in ganz Russland und auf der Balkanhalbinsel.

Bas de cotte, Bas de jupe, *der* (frz., von *bas* ›niedrig, Unter-‹), auch *Bas de robe,* bis zum 18. Jh. gebräuchliche Bezeichnung für das untere ‣Kleid bzw. den unteren ‣Rock (2)[69, 70] sowie den Rock im Unterschied zum Oberteil, zum ‣Corps de Robe. ‣Unterrock.

Baseballkappe. Seit Mitte des 19. Jh.s tragen US-Baseballspieler als Schutz steife Kappen, die sich aus dem ‣Bowler entwickelten. Dessen Krempe wurde, zwecks besseren Sonnenschutzes, durch einen Schild ersetzt. Seit etwa 1980 bei der männlichen Jugend in Mode und oft mit dem Schild nach hinten getragen, da windschnittiger.

Baskenmütze, *die* (frz. *béret* von aprovenz. *berret*), österr. *Pullmankappe* (nach dem amerikanischen Industriellen George Mortimer Pullman, 1831–97), schirm- und randlose Filzmütze, die sich um 1570/80 wahrscheinlich aus dem ‣Barett entwickelt hatte und zur nationalen Kopfbedeckung der Basken, aber auch allgemein der Fischer (ähnlich wie die Schottenhaube) wurde; meist in Dunkelblau, bei Trauer schwarz. Die B. wird aus Filz geformt, deshalb der dünne, 1–2 cm lange Zipfel in der Mitte, der auch als Schlinge zum Aufhängen der Mütze gearbeitet sein konnte. Seit etwa 1927 zeitweilig modisch-sportliche Kopfbedeckung beider Geschlechter, auch Künstlerkappe.[386]

Abb. 151. Baskenmütze Philosophy. Mailand, 2004/05.

Basquina, *die* (span.), *Basquine,* auch *Vasquine* (frz., von *basque* ›Rockschoß‹). **1.** Weiter, geschlossener Oberrock der Frau Ende des 15. bis 17. Jh.s; aus Wolle oder Seide, mit Buckram (Steifleinen) abgefüttert oder zeitweilig mit dem Verdugado (‣Reifrock) verschmelzend. Wenn darüber ein vorn offener ‣Manteau getragen wurde, so war nur das Vorderteil aus reichem Stoff gearbeitet. Die B. war an den Cuerpo baxo (‣Corps piqué) oder den ‣Jubón genäht. Der in Frankreich nach 1575/80 modische, in der Taille horizontal abstehende Volant wurde nach Mitte des 17. Jh.s in der Spanischen Mode an das Oberteil[62] gesetzt, weshalb die Bezeichnung »B.« auf eine ‣Schoßjacke überging. **2.** Mitte des 19. Jh.s eine zur ‣Krinoline getragene Schoßjacke mit ‣Pagodenärmeln.

Batist ‣Stoff (18. Jh.).

Battoir-Form (von frz. *battoir* ›Klopfer‹; gemeint ist die untere Form des Hockey- oder Golfschlägers), in Deutschland auch *Helgoland* genannt, ▸Schleife (1) mit zwei sichtbaren, eckig oder abgerundet geformten Flügelenden im Unterschied zur Schmetterlingsschleife.

Bauchnabelfreie Mode ▸Hipsters.

Baudrier, *der* (frz., ›Wehrgehänge‹; ▸Balteus; mhd. *balderich*; ags. *belt*; die mögliche etymologische Verbindung zu *Bandelier* und *Bandoulière* ›Wehrgehenk, Schultergehenk‹, ▸Bandelierstreifen, ist noch nicht geklärt), etwa 1630–90 zur aristokratischen Herrenkleidung quer über das ▸Wams[58,63,65] bzw. den ▸Justaucorps (2) von der rechten Schulter zur linken Hüfte umgelegtes breites Degenband aus Seide oder Leder, mit ▸Posamenten oder Fransen verziert.[331] ▸Écharpe.

Baumwolle ▸Stoff.

Bautta, *die* (ital.), klassisches venezianisches Maskenkostüm des 18. Jh.s, das Männern und Frauen Zutritt zu allen Häusern gewährte. Die B., eine Sonderform des ▸Domino, bestand meist aus einem schwarzen Umhang mit breiter, gezogener Spitzenmantille (▸Mantille), einer Art ▸Kapuze und darüber häufig einem ▸Dreispitz, ergänzt durch eine Vogelkopf-Gesichtsmaske. Die B. ist auf vielen venezianischen Gemälden (z.B. von Pietro Longhi, 1702–85) dargestellt.

Bavette, *die* (frz., ›Latz‹), der extrem kleine, in der Form variierende Latz der Zierschürze im Spätbarock. ▸Schürze.

Bavolet, *der* (frz., von *bas* ›niedrig‹ und *voilette* ›kleiner Schleier‹), seit dem 16. Jh. Bezeichnung des Hutschleiers; um 1840 bis in die 1860er Jahre ein auch ▸*Bart* (2) genannter Nackenschleier oder -volant[170] an der ▸Capote (2).

Bayadère, *die* (ein Zusammenhang mit frz. *bayadère* ›Bajadere‹ ist nicht ausgeschlossen), langer, schmaler ▸Schal aus Seide oder Spitze im frühen Biedermeier zum Bedecken des ▸Dekolletés.

Abb. 152. Bautta über Justaucorps-Anzug. Aus Teodoro Vieros »Raccolta di 126 Stampe«. 1783–91.

Beatle-Frisur,[269] von den vier englischen Pop-Musikern »The Beatles« 1963 lancierter Haarschnitt mit Stirn, Nacken und Ohren bedeckenden (später noch etwas längeren) Haaren, die mit Hilfe des Föns sehr füllig frisiert wurden. Die B. wirkte nach fast 150 Jahren betonter Kurzhaarfrisur der Männer revolutionierend. ▸Haarmode.

Beau, *der* (frz., ›schön, vornehm, geputzt‹, auch als ›übereitel‹ abwertend), auch unter der Bezeichnung *Dandy* (engl., ›Stutzer‹) geläufig. Der B. oder Dandy ist kein eitler Stutzer, sondern ein modisch elegant, jedoch nicht auffällig gekleideter Herr, der durch seine guten Manieren und gesellschaftlichen Umgangsformen besticht. In diese Einschätzung fallen bereits Minnesänger und Ritter der höfischen Zeit oder der Ästhet Graf Baldassare

Castiglione (1478–1529) zur Zeit der Renaissance. Das Dandytum etabliert sich, nach Baudelaire, besonders in politischen Übergangsphasen. Eleganz und Extravaganz des B.s sind Protest gegen Routine und Trivialität des bürgerlichen Lebens. Besonders im 18. und 19. Jh. wurde eine Reihe von B.s berühmt: Robert Fielding (gest. 1712), Richard Nash (1674 bis 1761), Heinrich Reichsgraf von Brühl (1700 bis 1763), König George IV. von England (1762–1830), George Bryan Brummell (1778 bis 1840); im 19. Jh. Alfred Graf d'Orsay, Hermann Fürst von Pückler-Muskau (1785–1871), Honoré de Balzac (1799–1850), Jules-Amédée Barbey d'Aurevilly (1808–89), Charles Baudelaire (1821–67), König Eduard VII. von England (1841–1910), Joris-Karl Huysmans (1848 bis 1907); im 20. Jh. Hermann-Marten Freiherr von Eelking (1887–1973). ‣Arbiter elegantiarum.

Becherstiefel, der etwa 1625–50 modische Stulpenstiefel, bei dem der lange Schaft bis unterhalb des Knies zu einer becher- oder trichterförmigen ‣Stulpe umgeschlagen war; darunter trug man leinene, meist spitzenbesetzte ‣Gamaschen (‣Canons (1)). Innen war der B. an der Hose befestigt, um ein tieferes Herabgleiten zu verhindern.[58] Zum Reiten wurde er hinaufgezogen. Er hatte einen hohen, schrägen Absatz, vorn eine eckige Fasson, ein großes ‣Spornleder mit Sporn.[65] Letzterer gehörte zur À-la-mode-Kleidung (‣À la mode) auch im Salon. ‣Fußbekleidung.

Beduinenmantel ‣Burnus.

Beffchen (von mlat. *biffa;* niederd. *beffe* ›Kragen, Umhang‹), Herrenkragen in Form von zwei schmalen, rechteckigen, etwa 10–15 cm langen, vorn herabhängenden, steifen, weißen Leinenstreifen.[380] Das B. entwickelte sich um 1670/75 aus dem ‣Rabat und war zunächst etwas breiter und weich. Um 1680 gehörte es zur bürgerlichen Kleidung, ging dann in die Standestracht verschiedener Zünfte (so der Ältesten der Bergleute) und in die Amtstracht geistlicher und weltlicher Würdenträger über und wird heute noch von protestantischen Geistlichen getragen. Zeitweilig, wie in den 1950er Jahren, war es auch Zierkragen in der Damenkleidung. ‣Kragen.

Beinbinden (german. *huson;* ahd. *hosas;* ‣Hose), heutige Bezeichnung *Wickelgamaschen;* in der römischen Antike die ‣Fascia cruralis der Jäger und Hirten; in der germanischen Bronzezeit wahrscheinlich mit Riemen um Füße und Unterschenkel gehaltene Tuch- oder Felllappen; in der germanischen Eisenzeit schmale Zeugstreifen (Stoff oder Leder), die als Schutz um die Unterschenkel gewickelt, zuweilen mit metallenen Schnallen geschlossen und vom Mann zusammen mit der ‣Bruch getragen wurden. Aus Bodenfunden von Schnallen zu schließen, trugen auch Frauen solche Unterschenkelbinden. Nur die Franken behielten anstelle von Strümpfen (Beinlingen) die B. über der knöchellangen Hose bei (daneben wurde seit dem 7. Jh. der Wadenstrumpf verwendet), bis Ende des 10. Jh.s endgültig die B. durch Beinlinge ersetzt wurden. ‣Strumpf.

Beinling. 1. ‣Strumpf. **2.** Bezeichnung für das einzelne Hosenbein; auch für das Schnittmuster einer Hosenhälfte.

Belle Poule, Coiffure à la, *die* (frz., ›schönes Huhn‹),[75] auch *Coiffure à la frégate,* höfische Damenfrisur um 1780, in die eine aus Seide gefertigte Fregatte (etwa 60 cm breit und ebenso hoch) eingearbeitet war in Erinnerung an das gleichnamige siegreiche Schiff, mit dem Frankreich 1778 am Nordamerikanischen Unabhängigkeitskrieg gegen England teilgenommen hatte. Die B.P. wurde vom französischen Hoffriseur Léonard Autier für Königin Marie Antoinette gearbeitet. ‣Coiffure, ‣Haarmode.

Benny, *der* (Diminutiv von *Benjamin;* bibl.: jüngster Sohn Jakobs, daher ›der Nachgeborene, »Kleine«‹), dreiviertel- bis halblanger Herrenkurzmantel der 1950er Jahre, auch ‣*Automantel*[133]. In den 1920er Jahren hieß der Kurzmantel ‣*Stutzer,* in den 1960er Jahren ‣*Gaban* (3).

Benny-gown, *der* (engl., von *gown* ›Gewand‹ und ‣*Benny*), ‣Hausjacke[280] des Mannes meist aus Foulardseide, innen aus Wollstoff, mit Schalkragen und Stoffgürtel; in den 1950er Jahren zusammen mit einem dekorativen ‣Halstuch getragen.

Abb. 153. Vornehme Dame aus Conegliano bei Venedig in Gamurra und Berne mit Faltfächer. Aus Cesare Vecellios »De gli habiti antichi et moderni«. 1590.

Berger, *der* (frz., ›Schäfer‹), Locken, die an den Schläfen zu Puffs zusammengenommen wurden; zum weiblichen Kopfputz (‣Cornet(t)e) um 1680 in Mode.

Bergère ‣Kopfbedeckung (Frau, 2. Hälfte 18. Jh.).

Bergschuh, Wanderschuh; über die Knöchel reichender, fester Schnürschuh mit stark profilierter Sohle. Spezielle B.e sind ‣*Goiserer*[377], ‣*Haferlschuh* und *Klotzbruder* (mit Ristriemen), seit den 1990er Jahren verstärkt auch der ‣Timberland.

Berlocke, *die* (von frz. *breloque* ›Anhängsel, Uhrgehänge‹),[72,77] kleiner, zu mehreren an der Uhrkette – Châtelaine (‣Gürtel der Frau, Spätmittelalter) – befestigter Schmuckanhänger; wegen des modischen Geklimpers etwa 1770–90[226] viel getragenes ‣Accessoire des Mannes, seltener der Frau.

Bermudas, Bermuda-Shorts, Freizeithose beider Geschlechter mit knapp oberhalb der Knie endenden Beinen (im Unterschied zu den wesentlich kürzeren ‣Shorts); benannt nach den Bermuda-Inseln. Die B. wurden gegen Ende der 1950er Jahre bunt gemustert und in auffallenden Farben von Nordamerikanern als Strandhose getragen, seit den 1960er Jahren dann allgemein. Mit Jacke waren die B. um 1980/83 auch als elegantsportlicher ‣Hosenanzug für Damen in Mode.

Berne, Bernia, *die* (von lat. *Hibernia* ›Irland‹), irischer Stoff, der von Soldaten als Decke verwendet wurde; in Andalusien ein rechteckiger Mantelumhang wahrscheinlich maurischer Herkunft, daher *B. à la mauresque.* Im 15. Jh. war die B. in Spanien ein ärmelloses, nur mit Armlöchern versehenes Obergewand der Frau, ähnlich der späteren ‣Marlotte. In der 2. Hälfte des 16. Jh.s wurde die B. zu einer breiten ‣Schärpe, die, vorn in tiefem Bogen herabhängend und an einer Schulter, meist links, zusammengerafft, von Damen auch in Italien (*Sbernia* genannt) und im 17. Jh. in England getragen wurde. Die Art der Drapierung stammt entweder aus dem Orient oder war griechischen Statuen nachempfunden.

Berthe, *die* (frz.; wahrscheinlich nach Königin Berthe – dt. Bertha –, Mutter Karls d. Gr., gest. 783, benannt), feiner, etwa handbreiter Leinen-, Baumwoll- oder Spitzenkragen, der das ‣Dekolleté in den 1830er und 1840er Jahren (‣Kleid) umrahmte.[88] Mitte des 19. Jh.s wurde daraus meist ein kragenartiger, oft doppelter oder dreifacher Spitzenbesatz, der den Ärmelansatz, aber auch den zu einem schmalen Streifen zusammengeschmolzenen ‣Ärmel völlig verdeckte. (Ein ähnlich breiter ‣Kragen war schon um 1650–70 in Mode.)

Besatz. 1. Aufgenähte Bänder (‣Band), ‣Borten, ‣Litzen, ‣Rüschen, ‣Spitzen und dgl. als Verzierung der Kleidung. **2.** Auch *Besetzen, das,* Teil der Oberbekleidung: an der vorderen Innenkante von ‣Sakkos, ‣Jacken oder Mänteln (‣Mantel) aufgesetzter Stoff, damit beim Offentragen des Kleidungsstückes eine rechte Seite des Stoffes sichtbar wird; d. h., die vordere Kante wird mit dem B. verstürzt. Das Besetzen bildet das ‣Revers.

Betrügerchen, ugs. für ‣*Plastron* (4).

Betsie, Betsy ‣Kragen (Frau, um 1800).

Beutel (mhd. *biutel*; isländ. *budda* ›Geldbeutel‹; frz./engl. *bourse*), Stoff- oder Lederstück, meist von rechteckigem oder rundem Zuschnitt, das durch Zusammenziehen einer

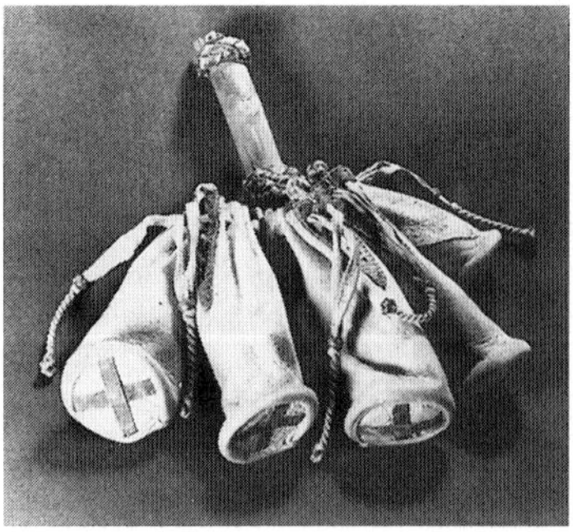

Abb. 154. Stielbeutel. Süddeutschland, 16. Jh. Bayerisches Nationalmuseum, München.

Abb. 155. Ridikül aus Baumwolle mit eingestrickten Glasperlen. Deutschland, um 1820. Bayerisches Nationalmuseum, München.

durch den Saum oder durch Löcher am Rand gezogenen Schnur zu einem Sack (B.) geschlossen wird. Bereits im frühen Mittelalter wurde ein B. als Behältnis an die Brustfibel gehängt. Um die Jahrtausendwende scheint sich ein Unterschied zwischen dem B. der Frau und der ‣Tasche (1) des Mannes herausgebildet zu haben, während die ‣Almosentasche von beiden Geschlechtern verwendet wurde. Besonders beliebt waren reich bestickte sog. *sarazenische B.,* welche die Kreuzritter mitbrachten, was im 13. Jh. in Paris das blühende Gewerbe der Boursiers (›Beutler‹) hervorrief. Der B., noch ausschließlich aus Stoff, wurde vom 12. bis 15. Jh. an einer Tragschnur oder einem Goldkettchen befestigt, die vom Gürtel lang herunterhingen, meist unter dem oberen Rock (das Gewand selbst hatte noch keine Tasche). In der 1. Hälfte des 16. Jh.s gab es den in der Hand gehaltenen *Stiel-B.* mit einem kurzen, hölzernen Stiel und daran befestigten einzelnen Ledertäschchen. Weiter kannte man den *Hals-B.,* der an einem langen Riemen in den Busen gesteckt wurde. Für die Frau setzte sich außerdem eine feste Ledertasche durch. Auch gab es sog. *B.-Taschen* mit Klappe oder Metallverschluss in Bügelform. Mit der Spanischen Mode des Reifrocks verlor der B. an modischer Bedeutung (der Geld-B. wurde in die nun vorhandene Tasche des Gewandes gesteckt). Mit der Verbürgerlichung der Mode im letzten Viertel des 18. Jh.s gewann der B. wieder an Bedeutung. Zunächst ‣*Pompadour* (2) genannt, nach dem dafür verwendeten mit Blumenmuster bedruckten Stoff. Um 1800 bis Mitte des 19. Jh.s war der B. unter der Bezeichnung ‣*Ridikül* allgemein. Allerdings gab es auch den *Farceur* (frz., ›Hanswurst, kleiner Schäker‹) oder, in extrem kleiner, nur ein Taschentuch aufnehmender Form, den *Coup de poing* (frz., ›Faustschlag‹). Letzterer wurde so in der Hand gehalten, dass nicht der B., sondern nur die Tragebänder zu sehen waren. Nach 1870 wurde der B. zunehmend durch die Handtasche ersetzt, jedoch verblieb er bis heute dem Ballkleid (‣Abendkleid).

Beutelperücke ‣Haarbeutelfrisur, ‣Haarmode (18. Jh.), ‣Perücke.

BH, verbreitete Abk. für ‣*Büstenhalter.*

Biais, *der* (frz., ›schräg, schief‹), engl. *bias,* im 19. Jh. allgemein gebräuchliche Bezeichnung für schräg zum Fadenlauf zugeschnittene Streifen (Schrägstreifen), Volants (‣Falbel) oder ‣Blenden; auch für querlaufendes Streifenmuster.

Biber. 1. Pelz mit seidigem, dichtem, hell- bis dunkelbraunem Fell (Unterhaar) und kräftigem, grobem Grannenhaar, das bei der Zurichtung entfernt wird. Urspr. (15. Jh.) wurde B.-Haar zur Herstellung von feinem Hutfilz, sog. ‣Demi-Castor, verwendet, der sehr kostbar war und schon früh imitiert wurde (‣B.-Hut[355d, 504]). **2.** Kräftiger, beidseitig stark gerauter Baumwollflanell. ‣Stoff.

Biberhut, auch *Castor-* oder seit dem 19. Jh. *Kastorhut, beaver-hat,* aus Biberhaaren (frz. *castor* ›Biber‹) gearbeiteter Filzhut des Mannes. Der B. kam im 15. Jh. mit einem breiten, zylinderförmigen Kopf und schmaler, runder, etwas aufgebogener ‣Krempe in Mode und wurde im 17. Jh. und erneut um 1780 bis Anfang des 19. Jh.s mit einem etwas höheren, verjüngten Kopf getragen. Um 1785–95 war

Abb. 156. Paar in burgundischer Mode (Mann mit Biberhut und Tappert mit gezattelten Hängeärmeln). Aus »Der Herzog von Burgund und sein Hof bei der Vogeljagd«. Gemälde des 17. Jh.s nach einer Miniatur vom Anfang des 15. Jh.s. Ausschnitt. Schloss, Versailles.

er mit Bändern (‣Band), ‣Kokarden und ‣Federn geschmückt und wurde auch von der Frau getragen. Man nannte ihn *Castorhut*[355d], auch wenn es sich um einen ‣*Demi-castor* handelte. Nach 1813 wurde er vom ‣Zylinder und insbesondere nach 1830 durch den Seidenzylinder verdrängt. ‣Kopfbedeckung.

Biese, schmales, auch wulstartig verdicktes Stofffältchen als Verzierung von Oberkleidung; auch farbiger Vorstoß (Kantenbesatz) an Uniformen.

Bikini,[157] 1946 von dem Maschinenbauingenieur Louis Réard (1903–84) erfundene und urheberrechtlich geschützte Bezeichnung für eine zweiteilige ‣Badekleidung der Frau. Die Bezeichnung »B.« leitete Réard werbewirksam von den gleichnamigen Südseeinseln ab, da ihr Name wegen darauf stattgefundener Atomtests durch die internationale Presse ging, als er, fünf Tage später, am 5. Juli 1946, im Pariser Nobelbad »Molitor« zweiteilige Badeanzüge vorstellte. Bereits seit 1928 gab es – zwecks größerer Bewegungsfreiheit infolge der noch unelastischen Gewebe – in der Taille auseinandergeschnittene Badekleidung. Réards B. war jedoch die erste Badekleidung, die aus »Schnur«-Höschen und ‣Büstenhalter bestand. Um 1970 war er als *Monokini* (‣Oben-ohne-Mode, R. ‣Gernreich[144]) in Europa verbreitet. Nach 1985 erhielt die B.-Hose einen extrem hohen Beinausschnitt (‣Badekleidung), in den 1990er Jahren wurde ein ‣Tanga bzw. Stringtanga als Hose getragen.

Billetttasche, eingeschnittene Klappentasche (‣Tasche (2)) oberhalb der rechten Seitentasche des ‣Anzugs (nicht zu verwechseln mit der linken Brusttasche für das Ziertuch). Die B. wurde um 1850/55 beim eleganten Herrn für das Trinkgeld angebracht, danach erst wieder um die Jahrhundertwende beim ‣Ulster (Reisemantel) für Tickets[84], später auch

Abb. 157. Original-Bikini von Louis Réard. 1946.

bei anderen Mänteln. Mitte der 1930er Jahre findet man die B. auch beim ‣Sakko, in den 1950ern beim ‣Stresemann und danach beim Sportsakko, bei Letzterem auch als aufgesetzte Klappentasche.

Billycoke ‣Bowler.

Bindung ‣Stoff.

Binette, *die* (frz.), leichte Machart der ‣Allongeperücke mit drei Lockensträhnen; Ende des 17. Jh.s für Ludwig XIV. von dem Perückenmacher P. Binette geschaffen.

Binisch ‣Djubbeh.

Birett ‣Barett.

Birger-Ruud-Kappe ‣Kopfbedeckung (Mann, 1937 und 1980er Jahre).

Birkenstock-Sandale, eine mit dem in Bad Honnef patentierten Gesundheitsfußbett ausgestattete Sandale aus Kork, Jute, Naturkautschuk und Leder, die in den 1980er Jahren bei Naturanhängern beliebt wurde. Zu Beginn des 21. Jh.s avancierte die B. zur modischen Sandale, unter anderem durch eine 2003 von dem Supermodel Heidi Klum entworfene Kollektion.

Birrus, *der* (spätlat., von alat. *birrus, burrus;* griech. *pyrrhós* ›feuerfarben, rot‹ von *pyr* ›Feuer‹), auch *Byrrum, das,* allgemein ein rotes Oberkleid, auch Regenmantel; in spätrömischer Zeit ging die Bezeichnung auf einen vorn offenen Mantelumhang mit Kapuze aus rauem Wollstoff (wahrscheinlich gallischer Herkunft) über, der von Personen jedes Standes als Kälteschutz getragen wurde. Es ist nicht geklärt, ob ein etymologischer oder artverwandter Zusammenhang zum arabischen ‣Burnus besteht.

Bischofsärmel ‣Nonnenärmel.

Blankscheit, *das,* auch *Blankscheid* (österr., schweiz., ›Holzstück‹), vor etwa 1670/75 auch in Deutschland *Planchette* (frz., ›Brettchen‹) genannt; zunächst, in der 2. Hälfte des 14. Jh.s, ein dünner, biegsamer Holzstab (frz. *busc;* verwandt mit frz. *bois* ›Holz‹; davon bis ins 19. Jh. *büskieren* ›mit einem Blankscheit versehen‹), mit dem die Mitte des Kleidoberteils versteift wurde. Dieser Miederstab hielt sich seit der Spanischen Mode, also von der 2. Hälfte des 16. Jh.s an, mit Unterbrechungen bis ins 19. Jh. als mittlere Versteifung des ‣Korsetts bzw. ‣Mieders und bildete häufig die Schneppe (‣Schnebbe (2)). Er war nun aus Holz, Elfenbein, Perlmutter, Fischbein oder Metall und blieb im 17. Jh. in der Taille schön verziert oder ausgeschnitzt sichtbar.

Abb. 158. Blankscheit. 1678.

Blasebalgtasche, aufgesetzte Gewandtasche (‣Tasche (2)) mit einer mittleren ‣Quetschfalte[204, 307] oder seitlichen Falteneinsätzen, die eine große innere Taschenweite ermöglichen; an ‣Norfolk-Jacken, ‣Buschhemden, Sportsakkos (‣Sakko) und ‣Cargo pants.

Blaustrumpf (engl. *bluestocking*). **1.** Im 17. und 18. Jh. Spottname für die Gerichtsdiener, die vielfach blaue Strümpfe trugen. **2.** Um 1820 in Deutschland eingebürgerter Spottname für eine gelehrte und schriftstellernde Frau, abgeleitet aus dem Englischen, wo 1750 für literarische Kreise, z. B. die Gesellschaft der englischen Literatin Lady Elizabeth Robinson Montague (1720–1800), der Name *Blue stockings* aufkam. Der Ausdruck bezog sich auf den Naturforscher und Schöngeist Benjamin Stillingfleet, der immer blaue Strümpfe trug und in Lady Montagues Kreis verkehrte. Bis in die Gegenwart abschätzig für ›intellektuelle, unweibliche Frau‹ gebräuchlich.

Blazer, *der* (von engl. *blaze* ›leuchten‹ und *blazon* ›Wappenschild‹), Herrenklubjacke in Sakkofasson (‣Sakko), so genannt wegen der auffallenden Farbe und Aufmachung, die bewusst als Gegensatz zum bürgerlichen Alltagsanzug gedacht waren, sowie wegen des Klubabzeichens auf der linken Brusttasche; meist in Blau, seltener auch in den Klubfarben gestreift, mit abgesteppten Kanten, zuweilen auch mit ‣Bordierung, eingeschnittenen Taschen, Ärmelaufschlägen und Knöpfen aus Metall oder Perlmutter. Die Bezeichnung »B.« für einen bereits Ende des 19. Jh.s existenten Sportsakko mit dem Emblem des Sportklubs (zuerst Ruder-[84], dann Tennisklub) kam in den 1920er Jahren in England auf. In den 1930er Jahren war der B. auch in Deutschland bei Mitgliedern privilegierter Sportklubs gefragt. In den 1950er Jahren avancierte der B. zum exklusiven Freizeitsakko, aus Wollstoff oder ‣Jersey (1), im Sommer aus Leinen. Er wurde etwa 1963 als sportliche Frauenjacke übernommen. In den 1980er Jahren wurde der Begriff B. allgemein für die Kostümjacke der Frau verwendet.

Bleistiftabsatz ‣Absatz, ‣Fußbekleidung, Frau 20. Jh.

Bleistiftlinie ‣Enge Linie.

Blende, aufgesetzter Stoffstreifen als Verzierung oder Kantenabschluss; Schräg-B. zur Versäuberung von Kanten.

Bliaud, Bliaut, *der.* **1.** (Afrz.; mhd. *blîalt*; mengl. *blihand*), kostbarer Stoff aus Seide mit Goldfäden, einfarbiger Seide (u.a. von purpurbrauner ‣Farbe) oder aus Seidenfäden zweierlei Farbe. Importiert aus dem Orient, vor allem Syrien, etwa in der 2. Hälfte des 12. / Anfang des 13. Jh.s und oft mit dem Baldikin (‣Stoff, Mittelalter) in Verbindung gebracht. **2.** (Von mlat., roman. *blialdus, bliaudus*; afrz. *blial, bliaud*), in der 2. Hälfte des 12. / Anfang des 13. Jh.s langes höfisches Obergewand beider Geschlechter aus kostbarem Stoff (‣(1)), mit Goldstickerei um Halsausschnitt und Ärmelende, oft auch pelzgefüttert. Als Kleid der Frau soll der B. aus Oberteil und Rock bestanden haben, die in der tiefliegenden Taille zusammengenäht waren. Das Oberteil (afrz. *corps*) hatte seitliche Schlitze, die eine enge Schnürung erlaubten, wodurch es unterhalb der Brust zu zahlreichen waagrechten Zugfalten kam, die in der bildenden Kunst zuweilen übermäßig stilisiert dargestellt sind. Der angesetzte Rock (afrz. *gironée*) war faltenreich und

Abb. 159. Hiobs Frau in Bliaud und Cotte. Aus einer Handschrift des Stiftes St. Peter in Salzburg. 1080–1150.

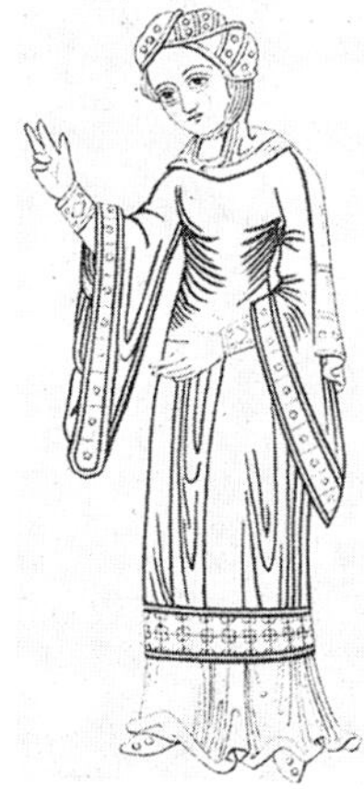

schleppend. Die tiefliegende Taille wurde durch einen lose geknoteten ‣Gürtel aus Seide mit Stickerei betont, der Halsschlitz mit einer ‣Fibel oder Brosche geschlossen. Die ‣Ärmel lagen meist eng an und konnten eine sehr weite Ärmelschlaufe um das Handgelenk haben. Der B. des Mannes war wahrscheinlich stets durchgehend aus einem Stück geschnitten und ebenfalls im Oberteil durch Schnürung eng gehalten. Er war kürzer als jener der Frau und konnte auch unter der Rüstung getragen werden (‣Rock (1)). Aus dem Wort »B.« entwickelte sich um 1800 frz. *blouse* (‣Bluse).

Blonde, Klöppelspitze mit fortlaufendem Faden aus weißer und schwarzer (im 18. Jh. auch farbiger) Seide für Kleider- und Haubenbesatz (‣Spitze), meist mit ausgeprägtem Figuren- oder Blumenmuster. Die B. ist erstmals 1678 in Frankreich als Modeartikel bezeugt und erlebte um 1820–70 einen Höhepunkt in Biedermeier und »Zweitem Rokoko« (‣Krinoline). Die Bezeichnung »B.« stammt von der Naturfarbe des im 17. und 18. Jh. ungebleicht verarbeiteten Seidenfadens. Seit etwa 1830 werden B.n auch aus Baumwolle maschinell imitiert.

Bloomers, *die,* 1851 bis in die 1860er Jahre von der amerikanischen Frauenrechtlerin Amelia Jenks Bloomer (1818–94) lancierte, lange, extrem weite und an den Knöcheln zusammengefasste Frauenoberhose;[160] zunächst von ihr ‣*Türkische Hose* genannt. Diese wurde unter einem gerade kniebedeckenden Kleid ge-

Abb. 160. Bloomer-Kostüm. Lithographie von N. Currier. 1851. Aus »Zeitschrift für historische Waffen- und Kostümkunde«. Bd. 24. 1982. H. 2.

tragen, dessen Oberteil anliegend, jedoch ohne Fischbeinstäbe, selten vorn taillenlos als ‣Hänger (2), und dessen Rock weit und faltenreich gearbeitet war. Darunter wurden weder ‣Korsett noch ‣Krinoline getragen. Hose und Kleid, zuerst *Türkisches Kostüm,* später *Bloomer-Kostüm* genannt, wurden von der Mehrheit abgelehnt und höchstens als Turngewand der Frau akzeptiert. In der Idee kommt das spätere ‣Reformkleid nahe. Die B. hielt sich in der nur wadenlangen ‣Pumphose der ‣Radfahrkleidung und dem Pumphöschen für Kleinkinder. Ende der 1970er Jahre wurde die B. kurzfristig als Modehose wiederentdeckt.

Blouson, *das,* um 1952 aus dem Frz. übernommene Bezeichnung für eine hüftlange, weite ‣Bluse oder ‣Jacke beider Geschlechter (dem ‣Lumberjack ähnlich) mit anliegendem Gürtelbund in variantenreicher Ausstattung.[175, 469]

Blüchermantel, in Deutschland nach dem preußischen Feldmarschall Gebhard Leberecht Fürst Blücher (1742–1819) benannter ‣Mantel, der dem ‣Carrick entsprach.

Blücher(schuh) (‣Blüchermantel), von Blücher angeregter hoher, derber Schnürschuh (meist Armeeschuh) mit Zunge und eisenbeschlagener Sohle.

Blue Jeans ‣Jeans.

Bluse (von frz. *blouse,* urspr. ›Arbeitskittel‹, um 1800 abgeleitet von ‣*Bliaud*), loses, hemdartiges Kleidungsstück für den Oberkörper.

Männer-B. Häufig Teil der Uniform des Mannes, Erkennungszeichen politischer Organisationen (z.B. die rote B. der Garibaldianer) oder Teil von Volkstrachten (*Hessen-* und *Russen-B.*; ‣Smock (2)).

Frauen-B. Die dem heutigen Begriff »B.« nahekommende Bekleidung des Oberkörpers der Germanin der Bronzezeit wird als ‣*Jacke*[23, 24] bezeichnet. Im frühen Biedermeier, etwa 1820–35, findet man bei der Frau erstmals ‣Rock (2) und separate B., ‣*Taille* (2) genannt, bedingt durch die schnittmäßige Trennung von Rock und Oberteil. Jedoch hatte diese B. noch den anliegenden, körperbetonten Schnitt des Kleidoberteils und unterschied sich von jenem nur in Material und Farbe (B. meist in Weiß). Als ‣Badekleidung diente eine *Schoß-B.* mit Hose. Zur Zeit der ‣Krinoline (1848–69/70)[89] ersetzte die ‣Chemisette die B. In den 1880er Jahren begann sich mit der Beliebtheit des ‣Kostüms die B. durchzusetzen und löste die in jenem Jahrzehnt noch gängige Trikottaille (‣Strick- und Wirkware) ab. Bis in die 1890er Jahre lag die B., meist dem Kleidoberteil entsprechend, eng an und hatte einen hohen Stehkragen.[92] Vorne war sie in Fältchen gelegt, konnte gegen Ende des Jh.s über die Taille lose herabfallen und mit Spitzenrüschen besetzt sein. 1893–1906 hatte sie die modischen Ballonärmel (‣Ärmel)[94]. Unter

Abb. 161. Bluse mit Stepperei und Bubikragen. Aus »Beyers Deutsche Moden-Zeitung«. H. 3. 1927/28.

der B. wurde noch stets das ‣Korsett getragen. Anfang des 20. Jh.s war die B. vorn leicht bauschig; es gab *Hemd-B.n* und die *russische B.,* deren Schoß außen über dem Rock getragen wurde. Begünstigt durch das ‣Reformkleid, setzte sich im 1. Jahrzehnt des 20. Jh.s der lose, locker fallende, heute charakteristische Blusenschnitt durch. Verschiedene Blusenarten kamen auf[441]: die *Abend-B.* mit Spitzeneinsätzen (‣Spitze)[100], ‣Plissees, ‣Stickereien, ‣Jabot und dreiviertellangen, spitzen- oder aufschlagverzierten Ärmeln; die *Wiener B.,* eine handgeschneiderte Hemd-B. mit feinster Säumchenarbeit, kostbarer Handstickerei und Spitzenbesatz; die *Kimono-B.* (‣Kimonoärmel). Während des 1. Weltkriegs wurden B.n mangels Naturfaser erstmals in größerem Umfang aus Kunstseide[103] hergestellt. Nach dem 1.Weltkrieg kamen die eigentliche *Hemd-B.*[104] mit Herrenhemdkragen oder ‣Bubikragen und mit ‣Manschetten[344] oder Bündchen und die vorn nur halb offene *Schlupf-B.* in Mode.[106] In den 1920er Jahren verdrängte der ‣Jumper die B. In den 1930er Jahren spielte die B., etwas mehr auf Figur gearbeitet, wieder eine große Rolle als *Tee-, Nachmittags-* und *Abend-B.* aus verschiedenen Materialien, vom zarten Batist bis zum Lamé (Gewebe aus Metallfäden, die mit (Kunst-)Seide übersponnen sind), mit Schleife, Jabot, halsfernem Rollkragen, Plisseeoder ‣Pierrotkragen oder asymmetrischem Knopfverschluss. 1936 wurden *Charmeuse-B.n* (‣Stoff, 20. Jh.) modern, in den 1950er Jahren B.n aus leicht waschbarem, knitterfreiem Nylon oder Perlon (‣Stoff, 20. Jh.). Ein Jahrzehnt später war die Hemd-B. beliebter denn je. Um 1968 war der ‣Transparent-Look[115] wichtig. 1973 brachte die Nostalgiewelle romantische weiße Oma-B.n aus Baumwolle (Batist[114]) mit Durchbrucharbeit oder Spitzen. Ende der 1970er Jahre zog die Frau elegante, feminine B.n[293] aus reiner Seide mit plissiertem Pierrotkragen oder mit Schlingkragen oder Schleife auch zum ‣Hosenanzug an. Um 1985 waren übergroße Hemdblusen[116] über Rock oder Hose getragen, modern. In den 1990er Jahren wurde die B. oft durch ein ‣T-Shirt oder ‣Body ersetzt. 2001–03 waren B.n aus gecrashten Stoffen[374] oder mit üppigen Stoffrüschen um den Ausschnitt in Mode, die auf den Einfluss des Designerduos ‣Viktor & Rolf zurückgehen. Für berufliche Zwecke setzte sich die Herrenhemdbluse durch.

Boa, *die,* nach der Riesenschlange Boa constrictor benannter, extrem langer, schmaler ‣Schal aus ‣Pelz[80] oder ‣Federn, der schon um 1800 zum Bedecken des ‣Dekolletés umgelegt wurde (im frühen Biedermeier ‣*Bayadère* genannt). Erneut um 1900 und in heutiger Zeit zum Ballkleid (‣Abendkleid) sehr beliebt.

Boater, *der* (engl., ›Bootfahrer‹), steifer, mit Schellack überzogener Strohhut (Ursprung des ‣Canotiers), von Admiral Nelson um 1800 als Sommerhut für Matrosen eingeführt und zu dessen Ehren von den Eton-Schülern jährlich zum »Boat Day« getragen; Ende des 19. Jh.s Herrensommerhut in England und den USA, auf dem europäischen Kontinent unter ‣*Canotier, Butterblume* oder *Kreissäge* bekannt.

Bobbycap, Bobbymütze (von engl. *Bobby,* Abk. von *Robert,* ugs. für den englischen Polizisten, und *cap* ›Mütze‹), halbhohe, weiße, runde Leinenmütze mit hochstehender ‣Krempe. In den 1930er Jahren modische Sportmütze beider Geschlechter und um 1968 bei jungen Frauen beliebt.

Bobine-Absatz ‣Fußbekleidung (Frau, um 1869/70–88).

Bodybag ‣Tasche, um 2000.

Bodystocking, *der* (engl., ›Körperstrumpf‹), Damenfeinstrumpfhose mit angewirktem Oberteil, vorwiegend für Mannequins und Balletttänzer. Bereits 1943 hatte die amerikanische Designerin Claire ‣McCardell sog. *Leotards,* ganze Anzüge mit langen Ärmeln aus Wolljersey, gebracht, über die lediglich ein Rock angezogen wurde. Der Florentiner Modeschöpfer Emilio ‣Pucci bemühte sich um die Verbesserung von Stretchgeweben, bis 1959 der höchst elastische Stoff »Emilioform« gefunden war, der sich für seine »Capsula« genannten B. eignete. In lebhaften Modefarben wurden B. als Disco-Kleidung Ende der 1970er Jahre getragen.

Body(-Suit). Der B. besteht aus einem anliegenden Oberteil mit angeschnittenem Slip meist aus Jersey oder Lycra und wird als sichtbares Oberteil zu Rock oder Hose getragen. Er kam nach 1950 in den USA in Mode, angeregt durch Claire McCardell (‣Sportswearmo-

Abb. 162. Body(suit) von Madeleine 1992/93.

de), und setzte sich in den späten 1980er Jahren gegen Bluse oder T-Shirt durch. D. ‣Karan.

Boemio, *der* (span., ›böhmisches Mäntelchen‹), prunkvoller spanischer Mantelumhang des vornehmen Mannes, 2. Hälfte 16. bis 17. Jh. (in der Spätzeit auch von der Frau getragen). Der B. war oberschenkel- bis knielang, durch eingesetzte ‣Zwickel im Rücken besonders weit, vorn knöpfbar und hatte einen Stehkragen im Nacken, gezackten Randbesatz oder Pelzverbrämung. ‣Capa.

Bolero, *der* (span.). **1.** Jäckchen als Teil der Tracht der spanischen Toreros; taillenkurz, vorn offen, langärmelig und mit farbigen ‣Posamenten verziert. **2.** Auch *Figarojäckchen*; aus der spanischen Tracht übernommenes taillenkurzes, vorn offenes Frauenjäckchen mit oder ohne Ärmel sowie mit oder ohne ‣Revers; um 1864 zur späten ‣Krinoline[89], Anfang des 19. Jh.s zur Sans-Ventre-Linie (‣Kleid) sowie in den 1930er und 1950er Jahren zu Sommer-, Cocktail- und Ballkleidern getragen.[115] Strick-B. und schalartig geschnittene B. waren um 2000 in Mode. (Im Unterschied zum B. gibt es den vorn zu schließenden Spenzer, ‣Can(n)ezou.) **3.** Steifer, runder spanischer Hut mit aufgeschlagener ‣Krempe.

Bombassin ‣Stoff (17. Jh.).

Bombast ‣Stoff (16. Jh.).

Bommel, runde ‣Quaste aus Wollfäden oder in Posamenteriearbeit (‣Posament).

Bonner Anzug ‣Stresemann.

Bonnet, *das* (frz., ›Mütze, Haube‹), urspr. jeder vorzügliche (frz. *bon* ›gut‹) Stoff, der als ‣Kopfbedeckung (nicht Hut) oder Kopfschmuck mit Kinnband verwendet wurde. Im Frz. auch jede mittelalterliche Kopfbedeckung. Ab dem 18. Jh. ein am Hinterkopf sitzendes, weißes (von Witwen in Schwarz getragenes) Häubchen mit Kinnband, aus Tüll, Musselin (‣Stoff) oder ‣Spitze, mit ‣Rüschen, Spitzen oder Bändern verziert.[356] Im Engl. steht B. auch für ‣*Capote* (2)[170] und ‣*Fanchon* (2); im Frz. gab es außerdem den *B. phrygien* (‣Phrygische Mütze) und den *B. rouge* (›rote Mütze‹, ‣Jakobinermütze).

Boot-Ausschnitt, Schiffchen-Ausschnitt, flaches, von Schulter zu Schulter führendes ‣Dekolleté, erstmals um 1916.

Bord-à-Bord-Jacke (von frz. *bord à bord* ›Kante an Kante‹), an ihren Vorderkanten zusammenstoßende, demnach nicht übereinandergehende Damenjacke, mit Doppelknöpfen (zwei mit einer Kette oder einem Stäbchen verbundenen Knöpfen) oder einer Brosche geschlossen, wie z. B. die Jacke des ‣Chanel-Kostüms.

Bordfrack ‣Messjackett.

Bordierung (von afrz. *bord* ›Rand‹; im 16. Jh. frz. *border* ›umranden, einfassen‹), schmückende Einfassung von sichtbaren Kanten, Säumen, Rändern und Taschenleisten meist in der Frauenoberkleidung[294]; in der 2. Hälfte des 19. Jh.s auch am eleganten Herrenanzug (Diplomaten trugen einen bordierten Cut, ‣Cutaway (2)); heute höchstens an ‣Smoking und ‣Blazer.

Borsalino, *der,* eleganter, weicher, handgearbeiteter Herrenfilzhut, dessen Filz aus drei Jahre gereiftem Naturfell besteht; benannt nach dem italienischen Hutmacher Giuseppe Borsalino, der 1857 eine Hutfabrikation bei Mailand gründete. B.-Hüte waren bis in die 1930er Jahre sehr begehrt und wurden weltweit exportiert. Seit den 1950er Jahren stellte das Un-

Abb. 163. Borsalino aus Haarfilz von Hut-Breiter, München. Um 1927–30. Münchner Stadtmuseum.

ternehmen in Alessandria, Italien, auch Hüte für Rabbiner, Fes für Araber, Siddara für Inder und Hüte im Kolonialstil her. Nachdem in den 1980er Jahren die letzte B.-Erbin gestorben war, übenahm Roberto Gallo das Unternehmen, der die modische Kollektion seit 2004 um Männermode erweiterte. ‣Kopfbedeckung.

Borst, *der* (niederl., ›Brust‹), Bezeichnung für die extreme Verlängerung und Verbreiterung der Schneppentaille (‣Schnebbe (2)) bzw. für den so gearbeiteten ‣Stecker[52]; etwa 1610–30 beim ‣Regentinnen-Kostüm[60]. Der B. war aus Leder oder Fischbein gearbeitet und mit Seide oder Brokat überzogen.

Borte (von ahd. *borto* ›Rand, Besatz‹), meist farbiges, auch gemustertes Schmal-, (Band-)Gewebe zur ‣Bordierung. Da der Saum häufig mit Bändern eingefasst war, bekam das Wort »B.« den Sinn von ‣*Band.*

Bottine, *die* (frz., ›Halbstiefel, Stiefelette‹), ‣Fußbekleidung (19., 20. Jh.).

Boucle pendante, *die* (frz., ›Hängelocke‹), ‣Stöpsellocke bei der ‣Hurluberlu.

Bouffanten, Bouffans, *Pl.* (von frz. *bouffant* ›bauschig‹), im 17. und 18. Jh. Bezeichnung für wulstige Unterlagen (künstliche Einlagen, Gesäßpolster) an Röcken, Ärmeln oder Halstüchern. Im Besonderen Anfang des 17. Jh.s ein über dem Unterrock getragenes Ringpolster (‣Hüftpolster); etwa 1685–1710 (Höhepunkt 1690 im Spätbarock) ein Gesäßpolster[495], auch ‣*Französischer (Pariser) Steiß* genannt, zur Hebung des zurückgerafften ‣Manteaus, Ende des 18. Jh.s des ‣Cul de Paris und 1869–75 sowie 1882–88 der ‣Turnüre.

Bouffons, *Pl.* (frz., von *bouffer* ›blasen‹),[61] ‣Coiffure bzw. ‣Haarmode der Frau um 1630 bis 1650 mit seitlich gepufftem, kinnlangem, leicht gewelltem Haar, sehr kurzen ‣Stirnfransen (‣Garcette) und glattem Hinterhauptknoten.

Bouillon, *die* (frz., von *bouilloner* ›bauschig machen‹), Raffung des Rockes, insbesondere jene, die um 1865–69 aufkam und 1868/69 Vorläufer der ‣Turnüre war. ‣Kleid, ‣Robe.

Bouillonieren (‣ Bouillon), bouillonierte Röcke sind senkrecht gerafft; sie waren 1869–88 und in den 1930er und 1950er Jahren bei Abendkleidern modern. Heute bouilloniert man die Außennähte von Jackenärmeln und extrem modischen Hosen und Röcken der Frau.

Bourgogne ‣Cornet(t)e.

Bourse, *die* (frz., ›Beutel‹). **1.** Urspr. allgemein gebräuchliche Bezeichnung für *Haarbeutel* (‣Haarbeutelfrisur). **2.** Geldbörse, ‣Tasche (1).

Boutique-Mode (von frz. *boutique,* ›[kleines] Geschäft‹). In den 1930er Jahren wurde in Paris erstmals die Idee eines vom Couture-Salon separaten Straßengeschäftes (Boutique) verwirklicht: 1933 durch L. ‣Lelong, 1935 durch E. ‣Schiaparelli. Zunächst diente die Boutique dem Verkauf von ‣Accessoires, später von preisgünstigeren, einfacheren Modellen der »Couture-Création«. Nach dem 2. Weltkrieg wurde die Funktion der Mode-Boutique ausgebaut. Die Unternehmen der ‣Haute Couture sollten durch Herstellung einer größeren Anzahl tragfertiger Modelle besser ausgelastet und Topmode einem breiteren Publikum zugänglich gemacht werden. 1948 kreierte J. ‣Fath erstmals Modelle für ein Kaufhaus (von Joseph Halpert in New York). 1959 entwarf P. ‣Cardin eine erste Boutique-Kollektion für das Pariser Kaufhaus Printemps und den deutschen Hertie-Kaufhauskonzern. Die B. widmete sich zunehmend der jungen Mode. In den 1960er Jahren ging aus Funktion und Stil der B. das ‣Prêt-à-porter hervor. Heute umfasst der Begriff »B.« exklusives, teures Prêt-à-porter, gehobene bis betont modische jugendliche ‣Konfektion und von einer Einzelperson entworfene und in kleinsten Auflagen hergestellte Mode.

Bouton à queue, *der* (frz., ›Knopf am Stiel‹), im 17. und 18. Jh. ein ‣Knopf, der an einer Posamentenschlaufe (‣Posament) sitzt und durch eine solche geschlossen wird. ‣Brande(n)bourg.

Bowler, *der,* 1850 von Thomas William Bowler & Son in London entworfener steifer Herrenhut aus schwarzem Filz mit halbkugelförmigem, bis um 1870 noch etwas flach gezogenem Kopf[83–85,95] (deshalb ab 1863 in Frankreich und Deutschland *Melone,* volkstümlich *Eiersieder* und *Hartmann* genannt), zunächst mit Schellack versteift, und steifer ‣Krempe mit leicht aufgebogenem Rand. Der B. sollte eine nach dem 1848er Revolutionsjahr weniger provokante Hutform als der ‣Zylinder darstellen und dennoch gegenüber dem Schlapphut (‣Kalabreser) eine steife Form haben. Der B. wurde auch *Billycoke,* nach William Coke, einem Vetter des 2. Earl of Leicester, genannt, der diesen seinen Jagdausflügen standhaltenden Hut anfertigen ließ. In den USA hieß er um die Jahrhundertwende *Derby,* nach dem 17. Earl Edward George Derby (1865–1948), der zum Pferderennen stets einen grauen B. trug. Im Dt. wurde der B. oft als *Koks* bezeichnet (vermutlich nach dem jidd. Wort für ›Dach‹). Der B. wurde bei halboffiziellen Anlässen zum ‣Stresemann, ‣Paletot (3), ‣Chesterfield, auch zum Reitanzug getragen; seit etwa 1933 in Deutschland aus der Mode, in England dagegen bis heute bei Bankiers, Maklern und Rechtsanwälten als Tageshut üblich.[416]

Boxcloth ‣Stoff (19. Jh.).

Boxcoat, *der* (engl., ›Kutschbockmantel‹). **1.** In den 1830er Jahren loser, gerader, ein- oder zweireihiger Übermantel für Kutscher mit oder ohne Schulterkragen. **2.** In den 1950er Jahren sportlicher Herrenkurzmantel mit Vorder- und Rückenpasse (‣Sattel), breitem Kragen, zuweilen auch ‣Kapuze, aufgesetzten Taschen und abgesteppten Nähten. **3.** ‣Automantel, ‣Hänger (1).

Bozener Mantel, nach der Südtiroler Stadt Bozen benannter Wandermantel für beide Geschlechter aus Bozener ‣Loden (2) (imprägnierter schwerer Tuchloden ohne Strich), von Johann Klepper (Rosenheim; ‣Kleppermantel) Ende des 19. Jh.s entworfen und besonders im 1. Jahrzehnt des 20. Jh.s sehr verbreitet. Er ist einreihig, gerade bis leicht glockig, wadenlang mit tiefer Schlitzfalte in der Rückenmitte, großen aufgesetzten Taschen, Vorder- und Rückenpasse, die etwas über den Ärmelansatz hinausstehen, und breitem Kragen, eventuell ‣Kapuze.

Bracca ‣Bruch.

Braguette ‣Hose, ‣Schamkapsel.

Brahónes ‣Achselstück.

Brande(n)bourg, weiter Überrock (‣Kasack (3)) der brandenburgischen Soldaten mit in der Farbe des Futters umrandeten Knopflöchern und tressenartigen Besätzen und Verschnürungen, der 1674/75, als die Truppen des Großen Kurfürsten ins Elsass vordrangen, von den Franzosen »B.« genannt wurde. Obwohl die Art des Knopfverschlusses (‣Bouton à queue) schon vorher bekannt war (vor allem in verschiedenen ethnischen Bekleidungen), ging Ende des 17. Jh.s die Bezeichnung »B.« auf den ‣Knopf, die Knopflochverzierung und den Litzenbesatz (auch ‣*Galons* (1) genannt; ‣Litze) in der Männer-[409,434] und später in der Frauenkleidung über.[201] (Auch die reiche Rankenstickerei des ‣Frac à la française sowie ein ebensolcher Miederverschluss am Kleid wurde »B.« genannt.) Bis in die 1950er Jahre wurden ‣Hausjacke[278] und Hausmantel des Mannes gern mit B.s geschlossen.

Brassière, *die* (frz., ›Mieder‹), in Deutschland seit Ende 1970 ein ärmel- und trägerloses Damenoberteil, das im Unterschied zur ‣Korsage (1) nicht durch Schnitt und Nähen, sondern durch Stretchmaterial oder trikotartigen Stoff die figurbetonte Form gewährleistet. ‣Disco-Mode.

Bratenrock (von wienerisch brat ›breit‹) ›breiter Rock‹, Ende des 19. Jh.s mancherorts ugs. für ‣*Gehrock.*

Brautkleidung (*wedding dress*), die B. ist nach Religion und regionalem Brauchtum unterschiedlich, jedoch passt sie sich weit mehr als z. B. die ‣Trauerkleidung der herrschenden Mode an (‣Kleid). Bereits in römischer Zeit trugen Jungfrauen eine weiße ‣Tunika mit einem weißen, geknoteten Gürtel, den nur der Ehemann öffnen durfte, einen roten Schleier und einen Myrtenkranz. Im 16. Jh. war Rot häufig die Farbe der B. Während sich der Blumenkranz hielt, stammt die heutige Tradition des weißen Kleides, als Zeichen der Unschuld, aus der Zeit des Empire (1800–15/20), was nicht heißt, dass auch zuvor weiße B. existierte. Im 19. Jh. wurde – in ländlichen Gegenden bis ins 20. Jh. – in Schwarz als festlicher Farbe geheiratet (‣Farbe und Muster). Der weiße Brautschleier als Zeichen der Jungfräulichkeit der christlichen Braut stammt schon aus dem 4. Jh. Schnitt und Verzierung[168] des mit wenigen Ausnahmen (ca. 1924–28 und ca. 1964–72) langen, hochgeschlossenen Brautkleids variieren nach der Zeitmode in Anlehnung an das Ballkleid.[338] In ländlichen Gegenden trägt die Braut eine sog. Hochzeits- oder Festtagstracht. Die korrekte Kleidung für den Bräutigam besteht in einem Cut (‣Cutaway (2)), für die Trauzeugen in einem ‣Stresemann; heute meist durch einen schwarzen oder dunkelblauen Anzug ersetzt.

Brayer, Brayette ‣Bruch.

Breeches, *Pl.* (ags.-engl., ›Kniehose‹; ahd. *bruoh* ›Bruch‹), eng anliegende Reithose mit Ballon, d. h. seitlich an den Oberschenkeln extrem weitem, ballonförmigem Schnitt, unterhalb der Knie eng anliegend durch einen mit Schnürung, Knöpfen oder ‣Reißverschluss geschlossenen Schlitz und wadenlang. Urspr. war die Sitzfläche aus Hirschleder, heute sind es nur die Innenbeine. Die B. werden stets mit Reitstiefeln getragen. ‣Bruch, ‣Kniehose, ‣Reitkleidung.

Breton, *der* (frz.), runder Hut des Mannes mit steifer, hochgeklappter Krempe, wie er in der Bretagne getragen wird; in den 1940er Jahren Vorbild für einen modischen Damenhut.

Brisée ‣Fächer.

Brogue, *der* (engl.), Bezeichnung für Arbeits-, gegen Ende des 19. Jh.s auch Golfschuhe aus derbem Leder, als *Fullbrogues*[239b] zur ‣Knickerbocker (1), als *Halfbrogues* zum sportlichen Sakkoanzug getragen. Der B. hat eine bekappte Fersenpartie und Lochmuster (zunächst beim Arbeitsschuh, damit Wasser ablaufen konnte), der Fullbrogue eine Flügelkappe; seit dem letzten Viertel des 19. Jh.s und qualitativ besonders hochwertig von Schuhmachern in Buda und Pest, deshalb auch *Budapester* genannt, bis heute verbreitet.

Brokat ‣Stoff (15. Jh.).

Brokatelle ‣Stoff (17. Jh.).

Broschierte Gewebe ‣Stoff (15. Jh.).

Bruch, *die* (von kelt. *brâca*; lat. *brac(c)a*; ahd. *bruoh*; mhd. *bruoch* oder *bruche*), auch *Niderwât* (‣Niderkleit). Kelten, Germanen und Sarmaten trugen in der Bronzezeit zum Schutz des Unterleibs ein von vorn durch die Beine nach hinten gezogenes Schamtuch. Daraus entwickelte sich eine seitlich zusammengehaltene (meist geknotete) ‣Hose oder eine vorn geknotete Dreieckshose oder – je nach Größe des Stoffes und Art des Anlegens – eine Hose, die die Oberschenkel bedeckte. Gehalten wurde Letztere mittels Einrollen der oberen Kante, durch die man später einen Gurt (frz. »Brayer«, »Brayette«) zog. Die den Römern unbekannte B. veranlasste sie, das nördlich der Alpen gelegene Gallien *Gallia braccata* (etwa: ›hosentragendes Gallien‹) zu nennen, während das Gebiet südlich der Alpen bis zur Poebene *Gallia togata* (›togatragendes Gallien‹) hieß. Den ersten Christen galten die *bracae* weiterhin als Barbarentracht. Bereits im 1. Jh. n. Chr. wuchsen bei den Ostgermanen die Beinlinge (*hosas* ›Hose‹, ‣Strumpf) mit der B. zusammen, im 2. Jh. auch bei den Westgermanen. Blieben die Beinlinge jedoch separat, so wurden sie an die B. genestelt (‣Nestel). Im Laufe des 12. Jh.s spaltete sich allgemein die Hose wieder in B. und Beinlinge, die an Erstere genestelt wurden. Die B. konnte auch Badehose (‣Badekleidung) sein.[497b] Im Laufe des 15. Jh.s wurden Strümpfe und B. hinten durch eine Naht und vorn durch einen Hosenlatz zur anliegenden Strumpfhose verbunden.

Brust (niederl. *borstwams, borstlîf* ›Brustwams, Bruststück‹, ‣Borst). **1.** Versteiftes und geschnürtes ‣Leibchen, meist mit reichem Spitzenbesatz (‣Spitze) in der bürgerlichen Frauentracht des 16. und Anfang des 17. Jh.s. **2.** Auch *Steife B.*, ‣Chemisette, Frackhemd (‣Frack), ‣Hemd.

Brusttuch (mhd. *borstdôk, borstlappe, vörlegge*), auch *Brusteinsatz, -fleck, -latz.* Gegen Ende des 15. Jh.s wurde das an der Brust tief ausgeschnittene ‣Wams mit einem oft andersfarbigen, auch abgesteiften Stoffstück ausgefüllt, das hinten mit vier Bändern oder seitlich mit ‣Nesteln zusammengebunden und vorn durch die Verschnürung des Wamses gehalten wurde.[41] Gleichzeitig wurde das tiefe ‣Dekolleté bei der Frau mit einem B., auch ‣*Gorge*[38, 39] genannt, ausgefüllt. Es war oft bei beiden Geschlechtern bordiert und mit Seiden-, Gold- oder Silberfäden und Perlen bestickt. (1482 wurden Leipziger Studenten zu kostbare B.er verboten.) Das B., im 16. Jh. beim Kleid auch *Brüstlein* genannt, hielt sich bis um 1530, in Frankreich bis Ende des 16. Jh.s[40, 45] und entwickelte sich um 1680 zum ‣*Stecker.* Eine Art B. waren im 18. Jh. die ‣*Folette* und das ‣*Fichu* (in der künstlich aufgebauschten Form *Trompeuse* genannt), in den 1790er Jahren das sehr kleine ‣*Mouchoir* und die zur ‣Chemise (2) gehörende Gorge. B., Brüstlein (beide in etwas veränderten Formen) und Stecker hielten sich in manchen Volkstrachten.

Bubikopf,[345] nach 1920 aus dem ‣Pagenkopf (2) hervorgegangene Haartracht der Frau. Der B. war etwas kürzer als sein Vorbild, konnte aber auch ‣Stirnfransen sowie einen Seitenscheitel haben. Er war bis gegen Ende der 1920er Jahre in Mode.[161] Für den Abend waren weiße Bubikopfperücken extrem modisch. ‣Eton-Boy, ‣Haarmode.

Bubikragen, urspr. auch *Claudine* (frz.) genannt, runder, liegender, meist weißer Frauenkragen,[161, 506] der um 1920 zum aufkommenden ‣Pagenkopf (2) getragen wurde.

Buckram, Bogram ‣Stoff (16. Jh.).

Budapester ‣Brogue.

Bügelfalte, gebügelter Faltenbruch in der vorderen und hinteren Hosenbeinmitte. Die B. soll, wie der Hosenumschlag, 1896 durch den späteren englischen König Edward VII. aufgekommen sein, nachdem einmal seine nasse ‣Hose, mit einem Brett beschwert, getrocknet worden war. Die anfangs nur leicht eingebügelten Falten setzten sich etwa 1906 durch, da sie der Hose einen strafferen Sitz verliehen.[278] Die B. am Herrenhemdärmel tauchte um 1930 auf und galt als charakteristisch für die amerikanische Herrenmode. ‣Jeans und Freizeithosen werden ohne B. getragen.

Bürste, mehr oder weniger schmaler, nach unten frisierter, glatter Oberlippenbart, ab etwa 1920 und besonders 1933–45 in Mode (Charlie Chaplin, Adolf Hitler).

Bürstenhaarschnitt, nach 1945 aus den USA übernommene ‣Haarmode mit extrem kurzen, aufrecht stehenden Haaren, ugs. ‣*Igel* oder *Meckifrisur* genannt; in den 1950er und 1980er Jahren bei jungen Männern beliebt.

Büstenhalter (frz., engl. *brassière,* Abk. engl. *bra,* ›Leibchen‹), heute meist abgekürzt BH.

Griechinnen und Römerinnen trugen zuweilen eine Brustbinde, die ‣*Fascia pectoralis*[137]. Im Mittelalter ist ein dem B. gleichkommendes Bekleidungsstück nicht bekannt. Ab der 2. Hälfte des 16. bis etwa gegen Ende des 18. Jh.s wurde das Kleidoberteil versteift oder ein ‣Korsett darunter getragen. Im Directoire (1795–99) und Empire (1800–15/20) war die modebewusste Frau entsprechend der Antikenvorliebe (‣Grecque, Mode à la) vom steifen, geschnürten Oberteil abgekommen und trug, in Anlehnung an die antike Busenbinde, ein unversteiftes Brustleibchen. Da die ‣Chemise (2) die natürliche Brust allzu genau wiedergab, gab es auch künstliche Busen zum Umlegen oder Einstecken. Dieser »Brustverbesserer«[501] blieb während des ganzen 19. Jh.s in Form eines wattierten B.s, der über dem Korsett angelegt wurde, erhalten. Ab 1810 wurde für fast 100 Jahre wieder das Kor-

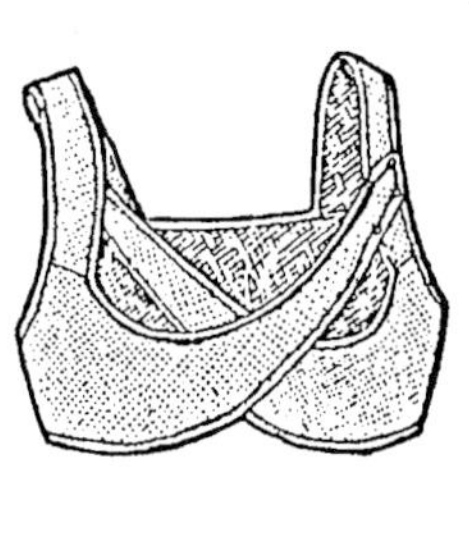

Abb. 164. Brusthalter. 1917. Aus »Das Kleid der arbeitenden Frau«. 1917.

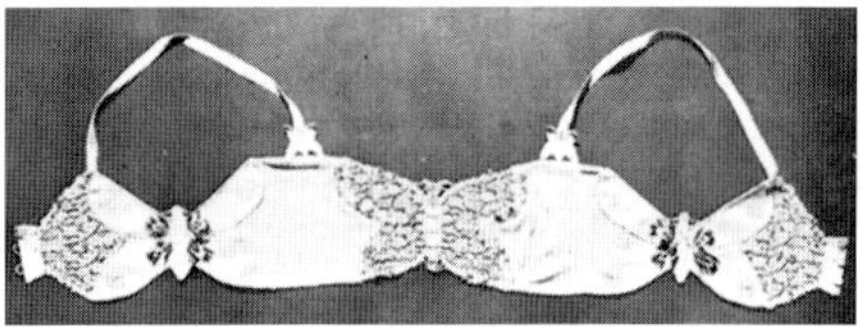

Abb. 165. Büstenhalter. 1925. Musée de la Mode et du Costume, Paris.

sett üblich. Nur zu den ‣Künstler- und ‣Reformkleidern (um 1898–1910) wurde ein nicht beengendes, unversteiftes Brustleibchen zusammen mit einem ‣Hüftgürtel getragen. Bereits 1891 hatte der böhmische Industrielle Hugo Schindler ein Patent (Nr. 62641) für ein Brustleibchen, den B., angemeldet. 1899 folgte ein Patent (Nr. 110888) von Christine Hardt aus Dresden für ein »Frauenleibchen als Brustträger«, 1904 eine B.-Erfindung des schwäbischen Korsettmachers Wilhelm Meyer-Ilscher (erst später patentiert), 1905 des Cannstatters Sigmund Lindauer, die 1912 unter der Bezeichnung »Hautana-Brusthalter, als B. ohne Versteifung auf der Haut zu tragen« patentiert wurde. Die modische Linie (Sans Ventre, ‣Kleid) um 1899/1900–06/07 aber verlangte

Abb. 166. Büstenhalter. 1936. Kunstbibliothek, Berlin.

ein Bauch und Hüften vollkommen wegschnürendes Korsett. Nach 1906 propagierte P. ‣Poiret eine weitgehend korsettlose Mode (Mode des ‣Art Déco). Diese hatte auf die allgemeine Unterkleidung der Frau insofern Einfluss, als nun ein fester, bis unterhalb der Brust reichender Hüftgürtel getragen wurde und die Brust selbst nur vom Unterkleid (‣Unterrock) oder einem unversteiften Brustleibchen bedeckt war. Während des 1. Weltkriegs mussten wegen der zunehmenden körperlichen Arbeit und des Mangels an Korsetts Brust- und Hüftgürtel selbst geschneidert werden und blieben mehr oder weniger unversteift. 1916 tauchte erstmals der Name *Brassière* für ein Leibchen auf, das die Brust speziell unterstützte. In den 1920er Jahren sollte der B. die weiblichen Formen nicht betonen, sondern entsprechend dem Ideal einer knabenhaften Figur möglichst flach erscheinen lassen. Der B. war aus Seide, Kunstseide, Batist, Musselin oder Leinen gearbeitet. Die Garçonne (‣Garçonnemode) aber verzichtete bereits ganz auf einen B. In den 1930er Jahren rückte das einteilige Korsett wieder in den Vordergrund und auch dem B. kam eine die Brüste stützende und hervorhebende Funktion zu. Der B. hatte raffinierte Absteppungen, Auflagen und Versteifungen, die den Brüsten eine spitze, auseinanderstehende Form geben sollten. In den 1950er Jahren bestand der B. aus zwei dicht nebeneinanderliegenden, von halbkreisförmigen Metallbügeln gerahmten »Körbchen« mit – falls erforderlich – zusätzlichen Schaumstoffeinlagen. Der B., nun aus Nylon bzw. Perlon oder blumengemustertem Jacquarddamast (‣Stoff, 20. Jh.), hatte Gummistoff- und Spitzeneinlagen. Der *Körbchen-BH* blieb in den 1960er Jahren mit einem vorderen Verschluss in Mode. Die Idee der ‣Oben-ohne-Mode (1964) des nordamerikanischen Modedesigners R. ‣Gernreich brachte den – ebenfalls durch Gernreich lancierten – sog. ›*No bra*‹ *bra* (engl., ›kein-BH-BH‹), der sich, bestärkt durch den ‣Transparent-Look von 1968, zu Beginn der 1970er Jahre durchsetzte (‣Badekleidung). Dieser B. ist ohne jede Einlagen oder Versteifungen aus dünnem, durchsichtigem Material thermoplastisch, vorn ohne Nähte, geformt und zusammengeschweißt und gewährleistet eine so hohe Dehnfähigkeit, dass er ein »One-Size-BH« der Größen 36–42 ist. Während in den 1970er und 1980er Jahren junge Frauen ent-

Abb. 167. Push-up-BH mit hochgeschnittenem String-Slip von Triumph International, 1998/99.

sprechend ihrer aktiv-emanzipierten Einstellung oft keinen BH trugen, kam es nach 1990, u. a. beeinflusst durch Pop-Star Madonna, zu einem Revival des B.s durch den *Wonderbra* mit Einlage und den *Push-up-bra* mit Bügel. Seit 1997 geht der Trend wieder zu natürlichen Formen und seit 2001 zu nahtlosen, sog. Shirt-B.s mit durchsichtigen Plastikträgern.

Bundfaltenhose, Oberhose mit zwei bis vier unter dem Bund eingelegten Falten, die der ‣Hose um die Hüften eine bequeme Weite geben; in den 1920er (ab 1922) und 1930er Jahren sowie zwischen 1975 und 1990 in Mode. ‣Gatsby-Look.

Bundhaube, Bündlein[44] ‣Coiffe[250], ‣Kugelhaube[353].

Bundhose. 1. Anliegende ‣Kniehose, deren Beine gerade unterhalb der Knie mit je einer Schnalle oder einer Schnürung geschlossen werden. Die B. entwickelte sich aus einer Trachtenhose, in der sich die ‣Culotte erhalten hatte. Die B.[84] war urspr. aus geschwärztem Bockleder oder ‣Loden (2)[107], heute ist sie meist aus imprägnierten Elastikstoffen, und wird zum Wandern und zum Skilanglauf verwendet. **2.** Als *Pagenhose* brachte 1967 Y. ‣Saint Laurent eine B. als Abendhose für die Frau.[115] In dieser Form wurde sie um 1980 große Mode, wie um 1973 die ähnliche ‣Caddyhose. 2003/04 erlebte die B. ein modisches Revival.

Bundschuh (›Bindeschuh‹), bronzezeitliche ‣Fußbekleidung[233] beider Geschlechter aus einem zusammengelegten Fell-, Leder- oder Stoffstück, das um die Fußsohle gelegt wurde und am Rand mit Einschnitten versehen war, durch die eine Schnur (Lederriemen) durchgezogen und um die Fesseln zusammengezogen wurde.[24] Dieser sohlenlose Schuh wurde vom einfachen Mann bis ins 17. Jh. getragen. Seine politische Bedeutung erlangte der B. nicht als Symbol der Bauern, sondern sie lag in der Wortbindung an den »Bund« – Symbol einer Vereinigung mit stark bürgerlichem Einschlag, der auch Ritter angehörten. Um 1500 scheiterten im Gebiet des Oberrheins Aufstände unter der B.-Fahne, die jedoch nicht als Vorbereitung der späteren Bauernkriege angesehen werden dürfen. ‣Opanke.

Burberry, *der,* Markenbezeichnung für einen ‣Trenchcoat, charakteristisch durch Schulterklappen und Ärmelspangen, einen breiten Sattel auf Vorder- und Rückenteil, um den Schulterbereich vor Wind und Wetter zu schützen, sowie einen Stoffgürtel mit Metallösen und einer lederüberzogenen Gürtelschnalle. Weitere untrügliche Kennzeichen für einen echten Burberry sind die Hornknöpfe und das 1924 eingeführte und bald berühmte kamel-schwarz-rot-weiße Karo des wollenen Innenfutters. Letzteres lässt sich herausknöpfen, denn es war dazu bestimmt, auf Reisen auch als Morgenmantel verwendet zu werden. Der dunkelbeige, wasserabstoßende Gabardine-Stoff wurde von T. ‣Burberry (1835–89) entwickelt und 1879 patentiert und markengeschützt. Aus ihm wurde Sport-, Expeditions- (für die Arktis) und Armeekleidung wie der Burberry-Trenchcoat im 1. Weltkrieg hergestellt. 1917, zur Zeit der Stoffrationierung in England, gab Burberry die Herstellungsrechte für Gabardine frei und behielt nur die Markenbezeichnung des B. Aus dem typischen Karo-Wollstoff des Futters werden seit 1924 Schirme, bald danach auch Reisegepäck und andere Accessoires, seit Ende der 1990er Jahre auch modische Kleidung gefertigt.

Burgundische Haube ‣Hennin.

Burka, den Körper einschließlich Gesicht und Hände ganz verhüllendes Gewand von Musliminnen u. a. in Afghanistan. ‣Chador.

Abb. 168. Krinolinenmode. Reitkleidung, Burnus, Brautkleid. Beilage zur »Allgemeinen Musterzeitung«. 1. April 1859.

Burnus, *der* (arab., ›Kapuze‹, wahrscheinlich von griech. *býrros,* lat. *birrus* oder *birrum*), arabischer Beduinenmantel in Form eines halbkreisförmigen oder ovalen, ärmellosen vorn offenen oder – bei den Mauren – geschlossenen Umhangs mit angesetzter ‣Kapuze. Letztere besteht aus einem Stoffstreifen, der zu einem Quadrat zusammengelegt wird und mit Zierborte und ‣Quaste entlang des Scheitels verziert ist. Um 1830 war der B. Vorbild für einen Herrenmantel, Mitte des 19. Jh.s für einen zur ‣Krinoline getragenen Damenumhang, beide »B.« genannt.

Bursat ‣Stoff (16. Jh.).

Buschhemd, auch *Buschjacke,* über der Oberhose mit oder ohne Gürtel getragenes Freizeithemd aus grobem Leinen oder Gabardine mit Sliponrevers (‣Slipon), vier aufgesetzten ‣Blasebalgtaschen und kurzen Ärmeln. Das schon seit dem 2. Jahrzehnt des 20. Jh.s für Busch-Safaris traditionelle Hemd wurde in den 1930er Jahren als erstes modisches Freizeithemd übernommen. Dem B. ähnlich gibt es auch B.-Kleider. ‣Freizeitmode.

Bustier, *das* (von frz. *buste* ›Büste, Oberkörper‹), miederartig anliegendes Oberteil in Bandeauform (von frz. *bandeau* ›Band‹), ohne Ärmel und Träger und kaum bis zur Taille reichend. Das B. kam um 1970 auf und besteht entweder aus Trikot (‣Strick- und Wirkware) oder aus verschiedenen Stretchmaterialien (von engl. *stretch* ›dehnen‹); meist sommerliches Oberteil junger Frauen. ‣Korsage.

Butterblume ‣Boater, ‣Canotier.

Butterfly, *die* (engl., ›Schmetterling‹), ‣Schleife (1).[382d, 461]

Button-down-Kragen (von engl. *button* ›Knopf‹ und *down* ›unten, hinunter‹)[301c], sportlicher Hemd- und Blusenkragen, dessen Ecken mit je einem Knopf heruntergehalten werden. Hemden mit B. zählen nicht als elegantes Hemd und werden daher nicht mit ‣Krawatte und zum korrekten Sakkoanzug getragen. ‣Hemd (1950er Jahre).

Byron, Krawatte à la ‣Schleife (1).

Byssos, Byssus, ‣Stoff (ägypt. Altertum, griech. Antike, 18. Jh.).

C

Siehe auch K

Caban ‣Gaban (3).

Caban-Anzug (‣Gaban (3)), jugendlicher Herrensportanzug mit bis über die Hüften reichendem ‣Sakko, breitem ‣Kragen, breitem ‣Gürtel und aufgesetzten Seiten- und Brusttaschen; etwa 1965 bis Anfang der 1970er Jahre aktuell.

Cabriolet, *das* (dt. *Kabriolett* ›leichter, zweirädriger Wagen‹), ‣Kalesche.

Cachenez, *das* (frz., ›versteck die Nase‹; die Bezeichnung *cache-nez* findet sich im 13. Jh. für den über die Nasenspitze gezogenen ‣Wimpel).

1. Frz. mask. auch *touret de nez* oder *loup* (›Halbmaske‹) genannt, von der Stirn bis unter die Nase reichende Maske aus schwarzem Samt oder Seide, die Mitte des 16. Jh.s in Frankreich als Schutz gegen die Witterung aufkam und vom Mann beim Reiten, von der Frau als Teintschutz getragen wurde.[134] Etwa ab Ende des 17. Jh.s benutzten beide Geschlechter das C., um unerkannt zu bleiben, die Frau auch aus Koketterie. In Frankreich trug man das C. an einem kleinen silbernen Stiel mit einem Knopf, um es mit dem Mund halten zu können. In England wurde die Maske an Haube oder Kopfputz (‣Kopfbedeckung, 2. Hälfte 16. Jh.) befestigt und mit einem über den Mund reichenden angehängten Tuch versehen. Im 17. Jh. auch in Deutschland sehr beliebt. In Gegenwart Höhergestellter war es nicht erlaubt, sich des C. zu bedienen. Im Laufe des 18. Jh.s verschwand das C. als Halbmaske, während die Bezeichnung auf ein Tuch (‣(2)) überging.

2. Großes, quadratisches ‣Halstuch, mit dem urspr. die ‣Incroyables Kinn und Ohren verhüllten (‣Krawatte). Erst Anfang 1930 zum modischen Halstuch für den Herrn geworden: zunächst schwarz-weiß oder silbergrau zum Abendanzug; ab 1934 zum eleganten ‣Mantel zunächst in dezentem, später auch türkischem und persischem Muster, im Sommer anstelle der Krawatte als C.-Schleife zur Sportkleidung; nun auch von der Frau im Mantelausschnitt getragen. Im Unterschied dazu kamen in den 1950er Jahren kleine Halstücher, *Carrés* (frz., ›Vierecke‹) oder *Souvenirtücher*[267d], auf.

Caddyhose, enge ‣Knickerbocker (1), im Schnitt ähnlich der ‣Bundhose (2); urspr. Hose der englischen Golfballjungen (Caddies); Anfang 1970 modische Mädchenhose, meist aus Strickstoff mit Gummizug in der Taille.

Cadenet, *der, Pl. Cadenettes* (benannt nach Honoré d'Albert Seigneur de Cadenet, einem Günstling Ludwigs XIII. von Frankreich), auf einer Seite länger getragene Haarsträhne (zuweilen auch zwei) in der ‣Haarmode des Herrn um 1630–50, später auch diese selbst. Die Haarsträhne wurde geflochten oder mit Perlen und Bändern geschmückt, den sog. ‣Faveurs, einem begehrten Geschenk einer Dame.

Cadogan, *der* (engl.), auch *Catogan,* ugs. *Puderbeutel,* große Nackenrolle der Herren- und Damenfrisur[75] (auch als ‣Perücke oder Haarteil) etwa 1770–95 (auch noch zu den Kurzhaarfrisuren der Revolution) getragen, die mit einer schwarzen ‣Schleife (2), einem Kamm oder ‣Netz gehalten und von den Mitgliedern des Macaroni-Clubs (‣Macaroni) in Mode gebracht wurde. Der C. war allerdings schon 1690 an der ‣Allongeperücke entstanden, als diese in Partien zu Knoten zusammengebunden wurde. Nach 1710 *Perücke à la C.* genannt nach Earl Cadogan und am Hofe Philipps II. von Orléans (1715–23) bevorzugt. ‣Chignon, ‣Haarmode.

Cäsarenfrisur, auch *Napoleonfrisur,* glatt nach vorne gekämmte Kurzhaarfrisur des Mannes mit Stirnlocke, die allgemein nach der ‣Haarmode römischer Kaiser benannt und auch von Napoleon I. getragen wurde, der den aufwendigen, gelockten ‣Tituskopf für seine Person ablehnte. Die C. war etwa 1812–20 allgemein.

Calceus, *der* (lat., ›Schuh, Halbstiefel‹), geschlossener römischer Schuh des Mannes, aus einem Stück Leder gearbeitet, das den Knöchel mit einschloss, zuweilen mit einer separaten Sohle unterlegt war,[18] vorn einen mit einer Lederlasche verdeckten Schlitz hatte und von meist vier bis über die Knöchel gewickelten Lederbändern mit zwei Knoten gehalten wurde.[232] Der C. war zur ‣Toga vorgeschrieben: Senatoren (*C. senatorius*) trugen ihn urspr. rot, ab der Kaiserzeit schwarz, Patrizier (*C. patricius*) mit einer elfenbeinfarbenen, halbmondförmigen Agraffe (lat. *lunula*) oberhalb des Knöchels.[20] Diese zwei Arten waren oft nicht eindeutig getrennt. Triumphatoren trugen einen roten C. mit hoher Sohle und Knöpfen oder Haken am oberen Rand zur Befestigung der Riemen (*C. mulleus*). Aus Etrurien stammte eine vorn schnabelartig aufgebogene Form des C. Der C. der Frau, *Calceolus,* war eine leichtere, elegantere, in verschiedenen Farben gehaltene Ausführung. Zur Zeit der Völkerwanderung wurde der C. von den Germanen in Südwestdeutschland übernommen. ‣Fußbekleidung.

Calèche ‣Kalesche.

Caleçon ‣Unterhose.

Caliga, *die* (lat.),[232k] unterschiedlich geformter, sandalenartiger Halbstiefel des römischen Soldaten bis zum Centurio. Die C. war zehenfrei, die Sohle, bei Reitern auch der Fersenschnitt, meist mit Nägeln beschlagen und von Riemen gehalten. Der römische Kaiser C. Julius Caesar Germanicus (37–41 n. Chr.) trug häufig diesen seinem Stand nicht entsprechenden Schuh, weshalb er den Beinamen »Caligula« (›Stiefelchen‹) erhielt. Die Bezeichnung »C.« ging später auf den geschlossenen byzantinischen Schuh und um 750 auf die Pontifikalstrümpfe des Bischofs über. ‣Fußbekleidung.

Camber, *der* (engl., ›Krümmung‹), Herrenhut (Klapprandhut) mit vorn flacher, seitlich und hinten deutlich aufgebogener, unbordierter ‣Krempe. Der C. kam Ende der 1930er Jahre als korrekter, auch halbsportlicher Stadthut in Mode und wurde später in Schwarz auch zum ‣Smoking getragen. Die Bezeichnung »C.« wurde erst um 1950 populär.

Cambrai, Cambric ‣Stoff (16. Jh.).

Camelaucum, Camelaukion ‣Kamelaukion.

Camisia, *die* (lat., ›Hemd‹; wahrscheinlich wurde die Bezeichnung durch kelt. Vermittlung aus westgerm. *hamibia* ›Hülle, Hemd‹ ins Lat. übernommen; oder von arab. *kamîs* ›Untergewand‹; ital. *camicia*; frz. *chemise*), leinenes ‣Hemd, das unmittelbar auf dem Körper getragen wurde; nicht vor dem 4. Jh. n. Chr. bei den Römern bekannt.

Campagus, *der* (lat.), Sandalenschuh des römischen Soldaten der späten Kaiserzeit, auch vom Kaiser selbst getragen. Beim C. waren Ferse und Zehen bedeckt, Kreuzriemen führten über den Spann. ‣Fußbekleidung.

Campestre ‣Schurz.

Campingkragen,[218] in einem Stück geschnittener Oberkragen und ‣Besatz (2) ohne ‣Spiegelnaht; in den 1950er Jahren beliebte Kragenform an ‣Freizeithemden.

Campus-Anzug, Campus-Stil ‣Freizeitmode, ‣Kombinierter Herrenanzug.

Canadian, *der* (engl., ›Kanadier, kanadisch‹), auch *Canadienne, die,* sportliche Frauen- und Männerjacke (Windjacke) mit Gürtel, aus imprägniertem Stoff. Urspr. Armeejacke der Kanadier und Winterjacke amerikanischer Soldaten während des 2. Weltkriegs.

Canadien, *der* (frz., ›Kanadier‹), weicher Herrenfilzhut mit breiter, leicht gebogener ‣Krempe, dem ‣Kalabreser ähnlich. Urspr. der Hut der berittenen kanadischen Polizei; 1947/48 von dem französischen Hutfabrikanten Carlos Medina in Mode gebracht.

Canadienne ‣Canadian.

Can(n)ezou, *der* (frz.),[169] wahrscheinlich von südfrz. *camisou* ›kleines Hemd‹; im Dt. auch *Kaneçou* oder *Kanezou*; etwa 1800–20 ein kurzes, gerade bis unter die Brust reichendes Frauenjäckchen mit meist langen ‣Ärmeln, zum Bedecken des ‣Dekolletés. Nach 1825 wurde daraus, bedingt durch die großen ‣Hammelkeulenärmel, eine Art breiter, meist mit ‣Rüschen, ‣Spitzen oder auch ‣Pelz besetzter Schulterkragen, der vorn in der Taille spitz zusammenlief und dort mit einer ‣Schleife (2) oder Agraffe zusammengehalten wurde;

Abb. 169. Canezou über Chemise, Schute und Handtasche. Aus »Ackermann's Repository«. London. 1. Juni 1814.

in dieser Form bis um 1870 getragen. Es gab auch eine sog. *C.-Schürze* – ebenfalls zur Bedeckung des Dekolletés – mit langen Enden, die vorn gekreuzt und hinten gebunden wurden. (»C.« hieß um 1848–69/70 auch eine ▸Schoßjacke zur ▸Krinoline. ▸Camisia, ▸Kamisol (3).

Canon, *der* (frz., ›Kanone‹; ital. *cannone* ›großes Rohr, Kanone‹; dt. *Kanone,* ugs. *stößl, stimpfl, stützñ*; engl. *canion*; span. *cañon*).[50] **1.** C.s sind lange Strumpfbänder (▸Straps, ▸Strumpf) in Form von Wickelgamaschen (▸Gamasche) oder fertig genähte, enge, röhrenförmige Hosenbeine, die an die Beine der ▸Heerpauke (*Heerpauke à canons,* ▸Hose des Mannes) angearbeitet waren und beide Oberschenkel bis unterhalb der Knie bedeckten. Die Strumpfbänder wurden unter den Knien seitlich zu einer Schlaufe gebunden. In diesen beiden Formen waren die C.s im letzten Drittel des 16. Jh.s in Mode. Nach 1625, mit der Verbreitung der wadenlangen ▸Röhrenhose, wurden aus den C.s Wadenüberstrümpfe bzw. sog. Stiefelstrümpfe (engl. *boot hose*) aus Leinen, meist mit angenähten Spitzenrändern. Diese C.s wurden über die Seidenstrümpfe zu deren Schutz gegen den rauen Stiefel gezogen und die Spitzenränder als dekorativer Überschlag über die Stiefelstulpe gelegt. Bei den ▸Becherstiefeln[65] füllten die Spitzen die weiten ▸Stulpen aus. Als um 1655 die ▸Rheingrafenhose aufkam und diese zu Schuhen getragen wurde, erhielt sich nur der Spitzenrand der C.s, der nun zu einem breiten, herabfallenden, unterhalb der Knie gebundenen Volant (▸Falbel) aus Seide wurde. Mit der Rheingrafenhose verschwanden um 1680 auch die C.s endgültig. ▸Fußbekleidung. **2.** Im Port. *(Canhõe)* und Span. *(Cañon)* auch ein den Unterarm bedeckender Ärmelteil der Frauenkleidung.

Canotier, *der* (frz., ›Kahnfahrer‹), auch *Matelot* (frz., ›Matrose(nhut)‹), in Deutschland volkstümlich *Butterblume, Sonnenblume* und *Kreissäge,* in Österreich *Girardihut* (nach dem Volksschauspieler Alexander Girardi, 1850 bis 1918) genannter, steifer, runder bis ovaler Strohhut mit flachem, niederem Kopf, breitem, waagrechtem Rand und dunklem Ripsband, das urspr. hinten gekreuzt war und über die ▸Krempe hing.[84] Der C., vom englischen ▸Boater abstammend, wurde um 1860 als Kinderhut, nach 1870 als Frauenhut[85] und um 1880 als Herrensommerhut[452] modern. Als Herrenhut – Anfang des 20. Jh.s auch zum ▸Frack getragen – verschwand er 1930/35; als Damenhut war er um 1900, oft mit einem Kinnschleier, zum Radfahren, Tennis oder Krocket und um 1930–50 in Mode. ▸Kopfbedeckung.

Canvas ▸Stoff (16. Jh.).

Cap (engl., ▸Kappe) ▸Baseballkappe.

Capa, *die* (span., von mlat. *cappa* ›Mantel mit Kapuze‹), spanischer Umhängemantel des vornehmen Mannes im 16. bis Anfang des 17. Jh.s, in der spanischen Hofkleidung bis ins 18. Jh. Die C. war kreisrund geschnitten, anfangs noch wadenlang, bald jedoch höchstens knielang, in Frankreich und England auch kürzer, vorn offen, kragenlos oder mit Überfallkragen.[46,47] Mit Kapuze *Spanische Kappe*[49] genannt. Aus Wollstoff, Samt oder Seide, verschieden drapiert[312] oder abgesteift, mit andersfarbiger Seide gefüttert und mit ▸Posamenten und Goldstickerei verziert. Die C. konnte auch von der Patrizierin getragen werden. ▸Cappa.

Capa magna, *die* (span., ›großer Mantel‹, von mlat. *cappa* ›Mantel mit Kapuze‹). **1.** Großer, rundgeschnittener, meist knielanger, aber auch längerer Mantelumhang mit ▸Kapuze, Ende 16. bis 17. Jh. in Spanien von Männern getragen; auch in Frankreich als *Cape à l'espagnole,* bei dem in höfischen Kreisen die hinten nachschleppende Länge und die Farbnuance des Rot den Rang der Person kennzeichnete. Im 19. Jh. zuweilen für ein großes Abendcape des Herrn übernommen. ▸Capa, ▸Kappe (1). **2.** Meist *Cappa magna* (lat.), ein mit ▸Schleppe, Kapuze und Schulterkragen versehener Mantelumhang als Zeremonialtracht der Kardinäle und Bischöfe. ▸Cappa.

Cape, *das* (engl., ›Mantelkragen, Umhang‹, von lat. *cappa* ›Reisemantel, Kappe‹)[71], im 19. Jh. aus dem Engl. übernommene Bezeichnung für einen mehr oder weniger weit, auch kreisförmig (Radmantel) geschnittenen, vorn offenen Mantelumhang beider Geschlechter, zuweilen mit Armschlitzen und ▸Kapuze. (Der Umhang als solcher ist schon seit dem Altertum bekannt, ▸Cappa, ▸Kappe (1), ▸Mantel.) Seit Anfang des 19. Jh.s Herrenabendumhang in Schwarz mit Samt- oder Seidenkragen und rotem Seidenfutter; später Uniform- und Diplomaten-C. mit einer Schließkette (sog. *Spanier*). Mitte des 19. Jh.s sehr kurzes, gerade bis zu den Oberschenkeln reichendes C. mit vorn jackettartigem Schnitt; seit etwa 1900 auch sportliches C. aus Loden (2) als Wetterschutz. Künstler gefielen sich in einem langen, weiten C., *Imponiermantel* genannt, der zuweilen malerisch über eine Schulter geworfen wurde.

In der Frauenmode waren Mantelumhänge (unter unterschiedlichen Bezeichnungen, ▸Mantel) aufgrund der ausladenden Kleidungen (▸Reifrock, ▸Krinoline) angenehm. Im 20. Jh. setzten sich C.s als Wetterschutz und als Abend-C.s aus verschiedenen Stoffen[289] oder aus ▸Pelz durch. C.s, die eng die Arme umschließen, tauchten um 2000 in der Designermode, u. a. bei A. ▸McQueen, auf.

Cape à l'espagnole ▸Capa magna (1).

Cape-Paletot ▸Inverness.

Capote, *die* (von frz. *capot* ›Regenmantel; engl. *bonnet*).

1. Übergewand. Im Griechenland und Istrien der Neuzeit wird ein Mantel *Kapot* genannt (▸Kandys). Im 16. Jh. in Deutschland ein weiter Überrock; in Spanien und Frankreich ein langer Regenumhang mit ▸Kapuze für den Mann, ebenso ein Mantelumhang für die Frau. Im 18. Jh. bezeichnete im Dt. *Kapotte* oder *Kaput* einen sehr langen Regenmantel aus schwarzem Tuch, der in die Kutscherlivree übernommen wurde (dem ▸Carrick gleich). Um 1800 daneben Bezeichnung für die ▸*Redingote* beider Geschlechter, auch für den Militärmantel. In Frankreich um 1850 bis heute Regenmantel mit Kapuze.

2. Frauenhut (Haubenhut) des 19. Jh.s von unterschiedlichen modischen Formen, jedoch immer die Ohren bedeckend und mit Kinnband; aus Perkal, Taft, Linon, Krepp, Pannesamt, Seide, Stroh, Reisstroh und mit ▸Blonden, Strohblumen, Spitzenrüschen und einem Nackenschleier, dem ▸Bavolet, verziert. (Die frz. Bezeichnung »C.« ist bis um 1865 auch in Deutschland – neben der einfachen Bezeichnung »Hut« – gebräuchlich.) Die C. entwickelte sich um 1780 aus der ▸Haube und erhielt um 1800 jene Form mit rundem, den Hinterkopf umschließendem, zuweilen gefälteltem Kopf aus Steifleinen und schmalem, mit Draht versteiftem Stirnschild. Um 1806 wurde der Rand, auch »Schild« oder »Schirm« genannt, breiter und stand waagrecht nach vorn, so

Abb. 170. Capoten. Aus »Allgemeine Moden-Zeitung«. Nr. 40 und 42. 1840.

dass er eine halbzylindrische Fasson erhielt; zuweilen hing davor ein Gesichtsschleier herab. In dieser Form, die sich in Varianten bis 1814 hielt, wurde die C. ‣*Schute* genannt.[169] 1813 kamen sog. Helmhüte mit helmartigen Kopfformen[398] in Mode, 1814 eine hohe, zylinderartige, die oben leicht nach vorn geneigt war und scharfkantig oder abgerundet in die vorn breitere und hinten schmälere ‣Krempe überging: *Pamelahut* genannt, nach der Hauptfigur aus Samuel Richardsons gleichnamigem Roman (1740, dt. 1772). 1815 wurde der Kopf niedriger, zugleich oft oben weiter, die Krempe verlief schräg nach unten und hatte Ohrenklappen, sog. ‣Fanchons (2). 1817 erhielt der nun kleinere Kopf eine breite, das Gesicht rahmende Krempe. 1820 rutschte der zylindrische bis runde Kopf der C. wieder auf den Hinterkopf, die Krempe blieb breit, stand immer steiler, zuletzt fast senkrecht in die Höhe, so dass Gesicht und Haaransatz sichtbar blieben, und wurde in den 1830er Jahren am Innenrand mit ‣Rüschen verziert, z.T. auch mit Fanchons. In dieser Form wurde die C. in manche Volkstrachten übernommen. (Um 1820 war eine sog. Gipsyschute – Zigeunerschute – aus Stroh in Mode.)

Als 1840 der Kopf der C. kleiner, faltig gezogen oder gebauscht und mit einem Band im Nacken zusammengezogen wurde, hieß sie auch *Zughut*. Die Krempe schmälerte sich und hing manchmal seitlich, außerhalb der Kinnbänder, herunter, so das Gesicht oval einrahmend. Daneben gab es eine Form, bei der der waagrecht nach hinten stehende Kopf und der waagrecht nach vorn verlaufende Schirm eine Ebene bildeten.[168] Um 1850 wurde die C. zu einem breiten, spangenartigen, nur Hinterkopf und Ohren (Fanchonform) bedeckenden Hut, reich mit Blonden[89], ‣Spitzen und Rüschen verziert, mit sehr schmalem, hochstehendem Schirm, der innen mit Strohblumen und Rüschen ausgefüllt war; im Nacken saß die sog. Cadogan-Schleife (‣Cadogan) mit herabhängenden Enden oder faltigem Nackenschirm, dem sog. ‣Bart (2) oder Bavolet. (Im Unterschied dazu gab es kleine, weiße Negligéhäubchen, ‣*Bonnets* genannt, bis Ende des 19. Jh.s.) Die eigentliche C. verschwand um 1875, allerdings trug man danach ein kleines, schräg nach vorn[91] gesetztes, zuweilen auch am Hinterkopf sitzendes Hütchen mit Kinnband, flachem Kopf und mit Schleifen, Spitzen und Blumen[93, 400] verziert, *Kapotte* oder *Kiepenhut* genannt. Dieser wurde nach 1890 zum unmodischen, einfachen, bis etwa 1955 (!) getragenen Hut.

Cappa, *die* (mlat., ›Reisemantel, Kappe‹), Reisemantel in Form eines ärmellosen Mantelumhangs mit ‣Kapuze (Kapuzenmantel); später auch liturgisches Übergewand. ‣Capa, ‣Capa magna, ‣Cape, ‣Kappe (1).

Cap(p)eline, *die* (frz.; von mlat. *capellus* ›Kapuze, Kopfbedeckung‹; afrz. *capel*; nfrz. *chapeau*; dt. *Kapeline*), flacher, kleiner, am Vorderkopf sitzender Strohhut (Sonnenhut) der Frau; etwa 1860–90 in Mode. ‣Kappe (2).

Cappuccio, *der* (ital., ›Kapuze (mit Schulterkragen)‹, von lat. *cappa* ›Reisemantel, Kappe‹), im 12. bis 14. Jh. *C. a gota* (ital., ›Backenkapuze‹; im Frz. der ‣Coiffe entsprechend) genannt, enganliegende Backenkappe oder Ohrenhaube aus Leinen oder Seide, unter dem Kinn gebunden; auch von den Dogen unter dem Corno (Dogenmütze) getragen. Auch ital. Bezeichnung für die turbanartige ‣Sendelbinde. ‣Cappa, ‣Kappe (2).

Caprihose, auch *Piratenhose,* ‣Fischerhose (2).

Capuchon, *der* (frz., ›(Mönchs-)Kapuze‹), in Deutschland Mitte des 19. Jh.s eine Art Damenmantel (Umhang) mit ‣Kapuze; auch die Kapuze allein.

Caracalla, *die* (gall./lat.). **1.** Enger, langärmeliger Überwurf der Gallier, später auch der Germanen, etwa knielang, vorn und hinten geschlitzt und oft mit ‣Kapuze. Der römische Kaiser Marcus Aurelius Bassanius übernahm nach dem Germanenfeldzug 213 n.Chr. dieses als Wetterschutz bestimmte Übergewand in einer etwas längeren, weiteren Form, weshalb er den Beinamen »C.« erhielt. **2.** *Frisur à la C.,* eine Ende des 18. Jh.s in Frankreich aufgekommene Herren- und Damen-Haarmode, dem ‣Tituskopf ähnlich, jedoch mit etwas längeren Locken.

Caraco, *der* (frz.), eine in ihrem Schnitt variierende ‣Schoßjacke der Frau.[73] Die Schöße (‣Schoß (1)) waren mehr oder weniger stark zurückgeschnitten, entweder hüftlang und glatt oder hinten faltig über einem Reifgestell oder Polster (‣Bouffanten) gebauscht und *Peten-l'air* (frz., etwa ›in die Luft stehender Puff‹) genannt. Hingen die Schößе lang herab, Frackschößen ähnlich, hieß er *Demi-Redingote* (‣Redingote (2)). Er kann im Rücken auch eine lose ‣Watteau-Falte haben. Der C. hatte dreiviertellange, glatte ‣Ärmel mit Aufschlag, ein tief hinuntergezogenes, unterschiedlich geformtes Dekolleté, das mit einem ‣Folette, später mit einem ‣Fichu ausgefüllt war, Umlegekragen und ‣Revers oder eine Rüscheneinfassung. Geschlossen wurde er vorn durch Haken oder Schnürung, die sichtbar – dann von einem Brusteinsatz (einer Art ‣Stecker) unterlegt – oder verdeckt war. Seltener waren Knöpfe (meist als Dekoration). Auch gab es einen vorn offenen C. mit einem darunter eingenähten ‣Gilet. Der Stoff des C. konnte von unterschiedlichem oder gleichem Material wie der Rock sein. Der C. war urspr., in der 1. Hälfte des 18. Jh.s, eine kurze, bürgerliche Frauenjacke mit hinten kleinem, gefälteltem Schoß, die das ‣Mieder ersetzte; er wurde um 1768 – angeblich vom Herzog von Aiguillon an den Bürgerinnen von Nantes entdeckt – als modisches ‣Negligé sowie als Reit- und Reisejacke, mit Tressen (‣Litze) besetzt, zum ‣Reifrock übernommen. Während der Französischen Revolution hatte der C. einen frackähnlichen Schnitt und verdrängte – zusammen mit der Redingote – ‣Manteau und ‣Kleid der Hofmode und kann als Vorläufer der Kostümjacke (‣Kostüm (2)) angesehen werden. Dem C. ähnlich und von diesem in der Bezeichnung nicht immer eindeutig unterschieden ist der ‣Casaquin.

Carbatina ‣Fußbekleidung (griech. Antike).

Carcasse, *die* (frz., ›Gerippe, Gehäuse‹), in den 1790er Jahren unter dem ‣Fichu angebrachte Sprungfeder, die dieses bauschig erscheinen ließ. C. und Busenpolster, ‣Gorge postiche, wurden auch *Trompeuse* (frz., ›Betrügerin‹) genannt.

Cardigan, *der* (engl., ›Weste‹, im Krimkrieg, 1853–56, von James Thomas Brudenell, Earl of Cardigan, getragen), sportliche, kragenlose Herren- und Damenweste, ein- oder zweireihig; seit den 1930er Jahren zeitweise in Mode und Teil des ‣Twin-Sets. ‣Weste.

Abb. 171. Overall mit Cargo pants und anzippbaren Beinen von Atsuro Tayama. Paris, 2003/04.

Cargo pants (amer. *cargo* ›Fracht‹), im übertragenen Sinn ›Hosen, die viel transportieren können‹, d. h. Hosen mit vielen Taschen. Aus der Militär- bzw. Arbeitshose (»workwear«) und Snowboard-Hose[468] Mitte der 1990er Jahre aufgekommene sportive Tageshose. Sie zeichnet sich durch Tunnelgürtel oder Zugschnur am Bund und vielen, auch auf den Beinen aufgesetzten Taschen, meist ‣Blasebalgtaschen und seit etwa 2000 oft durch an- bzw. abzippbare Hosenbeine aus. 1994/95 von Karl ‣Lagerfeld zur Chanel-Jacke kombiniert. 1999 trug die Pop-Sängerin Cher weite C. aus goldlamiertem Nylon.

Abb. 172. Carrick König Ludwigs I. von Bayern. Um 1820–30. Bayerisches Nationalmuseum, München.

Carmagnole, *die* (ital.),[78] urspr. kurzes, blaues ‣Wams (Jacke) der piemontesischen Arbeiter aus Carmagnola, mit ‣Kragen und breitem ‣Revers sowie Metallknöpfen. Darunter legte man eine kurze Weste an. Die Deputierten von Marseille trugen die C. während der Französischen Revolution in Paris, worauf Mitglieder des Jakobinerklubs sie zum Zeichen ihrer revolutionären Gesinnung übernahmen. ‣Jakobinerjacke.

Carmen-Kleid, Carmen-Look (nach dem span. Vornamen Carmen), modischer Kleidstil mit schulterfreiem, von Volants (‣Falbel) eingefasstem Halsausschnitt (*Carmen-Dekolleté*[293]) und mit meist um die Hüften engem, um die Knie weitschwingendem, volantreichem ‣Rock (2), vielfach auch mit breitem ‣Gürtel. Das C. ist dem Kleid der andalusischen Volkstracht (Flamenco-Kleid) entlehnt und war besonders um 1977 in Mode. ‣Folklore-Mode.

Carpatina, Carbatina, *die* (von lat. *carpatinus* ›aus rohem Leder‹), einfachster Schuh aus rohem ‣Leder oder Fell (‣Pelz) im römischen Altertum, dem ‣Bundschuh ähnlich. ‣Fußbekleidung.

Carré ‣Cachenez (2).

Carrick, *der* (engl.), heute auch *Garrick,* in Deutschland ‣*Blüchermantel.* Nach der gleichnamigen offenen Kutsche benannt, deren Bezeichnung auf einen Kutscher John Carrick zurückgeht. Weiter Herrenreisemantel mit mehreren, etagenweise übereinanderliegenden Schulterkragen, C.- oder *Kutscherkragen* genannt, einem Steh-, später Umlegekragen und schließlich auch mit aufgesetzten ‣Taschen (1). Der C.-Kragen tauchte erstmals 1792 am Reitrock auf. Der C. selbst kam um 1800 von England auf den Kontinent, wurde als Kutscher- und Reisemantel sehr beliebt und um 1850 mit maximal sechs bis zum Handgelenk herabreichenden Schulterkragen versehen. Ein ähnlicher Kutschermantel war der Kapotte (‣Capote (1)). Anfang des 19. und des 20. Jh.s wurde der C. auch als Frauenmantel gearbeitet.

Casaque ‣Kasack.

Casaquin, auch *Casquin, der* (frz., ›kurzer Überrock‹, von *casaque* ›Kasack‹), bereits im 16. und 17. Jh. erwähntes Hausgewand in Form eines kurzen ‣Kasacks (3); im Deutschen auch *Ko(s)säcklein,* ‣Schoßjacke der Frau[71] und ‣Rock (1) des Mannes, im 18. Jh. bürgerliche ‣Hausjacke, aber auch ‣Negligé beider Ge-

Abb. 173. Casaquin aus Indienne. Um 1780. Bremer Landesmuseum für Kunst- und Kulturgeschichte (Focke-Museum).

schlechter. Der C. der Frau konnte im Brustausschnitt mit einem ‣Stecker ausgefüllt sein und im Rücken eine ‣Watteau-Falte haben und soll so der etwas längeren ‣Kontusch(e) ähnlich gewesen sein. In loser, offener Form wurde der C. auch *Jaquette* (frz., ›Jacke, Jackett‹) genannt. Der C. fand im Kasack des 19. Jh.s eine Nachfolge. ‣Caraco.

Castor, *der* (frz., ›Biber‹). **1.** Im 19. Jh. auch *Kastor,* ‣Biber (1). **2.** Hochfeines Streichgarntuch für Besätze und Pelzimitationen, auch *Sommer-Eskimo* genannt.

Castorhut, auch *Kastorhut,* ‣Biberhut.

Casual Friday Wear, 1995 in den USA eingeführte Legerkleidung, die jeweils freitags am Büro-Arbeitsplatz offiziell getragen werden darf; in Europa nur zum Teil und nur bis etwa 2001 übernommen.

Catogan ‣Cadogan.

Chaconne, Cravate à la, *die* (frz.), in den 1690er Jahren getragene lange, breite Spitzenkrawatte, die zweimal, direkt am Hals und etwas tiefer, geschlungen wurde. In dieser Form trug der Tänzer Pécourt die ‣Krawatte 1692 beim Tanz einer Chaconne am Pariser Hof.

Chador, auch *Schador* (pers.), von Muslimen (urspr. im Iran) getragenes Kopf, Teile des Gesichts und des Körpers verbergendes Schleiertuch. ‣Burka.

Chainse, Chansil, *die* (afrz.; mhd. *niderwât, niderkleit*; lat. *tunica),* bodenlanges ‣Hemdgewand mit angeschnittenen, kurzen oder überlangen ‣Ärmeln (Ärmeltunika), die am Unterarm zu kleinen Parallelfältchen zusammengeschoben wurden[31] und zuweilen in den Achseln durch Zwickel, ‣Gêren, erweitert waren. Der Halsschlitz wurde mit einem ‣Fürspan zusammengerafft, wie es zuweilen im Halsausschnitt des ‣Kleides bzw. des ‣Rocks (1) (‣Cotte) zu sehen ist. Die Ch. bürgerte sich – unter byzantinischem Einfluss – im 10. Jh. bei der Frau, im 12. Jh. auch beim Mann ein. Sie wurde als Unterkleid unter der Cotte getragen, im Haus auch ohne Cotte, ist jedoch nicht mit dem ‣Hemd gleichzusetzen. Ihr Material war – zuweilen gefälteltes – Leinen, ‣Sendel oder eine *Chansil* genannte Halbseide, deren Name auf das Gewand überging. Die Ch. der Vornehmen war mit Borten und Stickereien umsäumt,[37] hatte jedoch keine Schleppe. ‣Niderkleit, ‣Tunika.

Chamarre ‣Gamurra.

Chambre Syndicale de la Couture Parisienne, *die* (frz., ›Verband des Pariser Schneiderhandwerks‹), 1868 auf Anregung von Ch. F. ‣Worth durch Monsieur Despaigne gegründete Couturier-Organisation (bis 1911 *Chambre Syndicale de la Couture Française* genannt), deren Aufgabe es ist, Erstkreationen zu schützen, alle Aktivitäten der Couture zu koordinieren, Modenschauen zu organisieren (seit 1911 viermal, heute zweimal jährlich), Öffentlichkeitsarbeit zu betreiben und Journalisten und Einkäufer zu akkreditieren. Bei den Schauen der ‣Haute Couture müssen Einkäufer ein Gelddepot leisten, das ihnen beim späteren Kauf eines Originalschnitts angerechnet wird. (Noch bis Mitte der 1960er Jahre war Mitzeichnen und Fotografieren während der Haute-Couture-Schau wegen unerlaubten Kopierens verboten. Heute gehört Publicity zum Geschäft, und seit den 1990er Jahren werden die meisten Kollektionen auch im Internet gezeigt.) Führende Grands Couturiers waren Präsident der Ch.: Ch. F. Worth, H. C. ‣Doeuillet, J. ‣Paquin, P. ‣Gerber, J. ‣Worth, L. ‣Lelong, J. Gaumont-Lanvin (‣Lanvin), J. ‣Heim, R. ‣Ricci und J. Manusardi. 1929 wurde die *École de la Ch. S. de la C. P.,* eine Schule für alle Sparten der Modeherstellung mit verschiedenen Abschlussmöglichkeiten, gegründet. Während der deutschen Besetzung von Paris 1940–44, als die Absicht geäußert wurde, die noch vorhandene Haute Couture nach Berlin oder Wien zu verlegen, traten die Ch. und ihr Präsident Lucien ‣Lelong dem erfolgreich entgegen. 1973 wurde innerhalb der Ch. eine eigene Organisation für Modedesigner von Luxuskonfektion und ‣Prêt-à-porter begründet unter der Bezeichnung *Chambre Syndicale du Prêt-à-porter, des Couturiers et des Créateurs de Mode* sowie die *Chambre Syndicale de la Mode Masculine.* Beide Organisationen sind seitdem in der *Fédération Française de la Couture, du Prêt-à-porter des Couturiers et des Créateurs de Mode,* mit Sitz in 75008 Paris, Rue du Faubourg St-Honoré 100, zusammengefasst.

Chanel-Kostüm, von der französischen Modeschöpferin G. ‣Chanel 1954 (Neueröffnung ihres Salons) kreierter Kostümstil von bald anhaltendem Welterfolg: gerade, hüftlange Kostümjacke (durch den ‣Janker inspiriert) mit einreihigen Goldknöpfen oder als ‣Bord-à-Bord-Jacke nur am Halsausschnitt geschlossen, meist ohne Kragen, mit charakteristisch bordierten Kanten, geraden, eingesetzten Ärmeln (ursprünglich mit über den Ärmel fortlaufender Schulternaht), eventuell ein oder zwei kleinen Taschen und einem leicht ausgestellten, meist in vier Bahnen geschnittenen Rock. Dieser Schnitt änderte sich kaum, doch lässt die bewusst stets abgewandelte Musterung des körnig weichen, melierten Tweeds sowie die Farbe der Bordierung an den Jackenrändern eine Datierung des Original-Ch.s zu. Seine häufige Nachahmung war im Sinne der Erfinderin. Dazu passend die Chanel-Bluse mit Schlingkragen. Seit dem Frühjahr 1983 belebte der Designer K. ‣Lagerfeld das Ch. durch Anpassung an die jeweils zeitgenössische Mode.[294] ‣Kostüm (2).

Changeant, *der* (frz., ›wechselnd, schillernd‹), Seiden-, Halbseiden- (auch Kunstfaser-) oder Baumwollgewebe (besonders Taft), bei dem Kett- und Schussfäden verschiedenfarbig sind, so dass je nach Lichteinfall die Stofffarbe wechselt.

Changierende Stoffe ‣Stoff (19. Jh.).

Chapeau à la Charlotte ‣Charlotte.

Chapeau-bonnet, *der* (frz., ›Huthaube‹), etwa 1780–95 getragener großer, haubenartiger Frauenhut mit gebauschtem Kopf nach Art der ‣Dormeuse, reichlich mit Bändern, Federn und Blumen verziert, darüber oft auch einem breiten, unter dem Kinn gebundenen Schleier. Dazu gehörte u. a. die sog. *Charlotte-Corday-Haube,* benannt nach der Royalistin Charlotte Corday (1768–93), die den Präsidenten des Jakobinerklubs, Jean-Paul Marat, ermordete.

Chapeau bras, *der* (frz., ›Arm-Hut‹, später im Dt. *Chapeau bas*),[69] ‣Dreispitz, um 1695 (zur Zeit der ‣Allongeperücke) bis 1778/80, der unter den linken Arm geklemmt wurde, um die ‣Perücke nicht in Unordnung zu bringen; danach als ‣*Chapeau brisé* gearbeitet.

Abb. 174. Chanel-Kostüm von Karl Lagerfeld für Chanel. Paris, 2005.

Chapeau brisé, *der* (frz., verbrochener Hut‹), eine 1778/80 vorkommende Version des ‣*Chapeau bras,* die den ‣Dreispitz nur vortäuschte. In Wirklichkeit ein zusammengefalteter, mit Taft überzogener Karton, der so eher die Form eines ‣Zweispitzes (2) hatte, auf den die Bezeichnung »Ch. b.« auch überging.

Chapeau claque, *der* (frz., ›Klapphut‹), urspr. nach seinem Erfinder *Gibushut,* später auch *Operahut* genannt, ein mittels einer Feder zusammenklappbarer, mit Seide überzogener ‣Zylinder, der 1823 von dem Pariser Hutmacher Gibus erfunden und 1837 patentiert wurde. 1844 vervollkommnete der Pariser Hutmacher Duchêne d. Ä. das Klappsys-

Abb. 176. Chaperon über Backenkappe. Frankreich, Anfang des 15. Jh.s. Nach Wilcox.

tem durch eine pneumatische Feder, mittels der man den Hut durch einfachen Druck falten und aufrichten konnte. Der Ch. c. wurde bis zum 1. Weltkrieg zum ‣Frack im Ballsaal und im Theater unter dem Arm getragen. (Auch der ‣Zweispitz (2) konnte zusammengeklappt werden.)

Chaperon, *der* (frz., Diminutiv von *chape* ›Kappe‹; mlat. *cappa;* später zu frz. *chapeau* ›Hut‹; dt. *Schap(p)(e)ron)*[38,176], ‣Kapuze mit Schulterkragen, Ende 13. bis 15. Jh. beim Herrn turbanartige (‣Cappuccio), bei der Frau wulstringartige ‣Kopfbedeckung. Heute Bezeichnung für ‣*Haube,* ‣*Kappe* (2). ‣Cappa, ‣Schap(p)(e)ron.

Chapka (von poln. *czapka* ›Mütze‹), auch ›Tschapka‹, urspr. Militärmütze der poln. Ulanen, u. a. von den Husaren übernommen, in verschiedenen Formen, jedoch immer mit viereckigem Deckel als Kopfabschluss. Im 20. Jh. geläufige Bez. für die um 1940 eingeführte sowjetische Pelzmütze der Militärs mit hohem, herunterklappbarem Rand und Ohrenschutz; in den späten 1960er Jahren – lanciert durch den Film »Dr. Schiwago« (1965) – und erneut Anfang des 21. Jh.s modische Kopfbedeckung beider Geschlechter.

Charlestonkleid (benannt nach dem 1926 von den USA nach Europa eingeführten Gesellschaftstanz), volkstümliche Bezeichnung für das kniekurze, taillenlose Hängerkleid 1925–27[345], das zum Tanz getragen wurde. ‣Hänger (2), ‣Kleid.

Charlotte, *die* (frz.), auch *Chapeau à la Charlotte, der* (frz., ›Hut nach Art der Charlotte‹), breitkrempiger Damenstrohhut mit Kinnband und einem rundum vom Rand herabhängenden, kurzen Volant (‣Falbel); um 1784 durch die englische Königin Charlotte (Gemahlin Georgs III.) eingeführt und auf dem Kontinent nach ihr benannt. In etwas abgewandelter Form Ende des 19. / Anfang des 20. Jh.s wieder modern.

Charmeuse ‣Stoff (20. Jh.), ‣Strick- und Wirkware (20. Jh.).

Abb. 175. Ensemble mit Blousonoberteil von Valentino und Chapka. Rom, 2003/04.

Abb. 177. Chasubleschultern (links) und -blende. Um 1970. Nach Hofer.

Chasseur, *der* (frz., ›Jäger‹),[357a] Damenhut um 1880–1900 nach dem Vorbild des Hutes der »Chasseurs d'Afrique«, der französischen Jägerregimenter in Afrika (vergleichbar der ‣Fedora[400]). ‣Kopfbedeckung.

Chasuble, *die* (engl./frz., ›Kasel‹). **1.** Im Schnitt der Kasel, einem Meßgewand, ähnlicher, über den Kopf zu ziehender und seitlich durchgehend offener, ärmelloser ‣Pullover, zuweilen auch Bezeichnung für einen ärmellosen ‣Mantel; Ende der 1940er Jahre in Mode. **2.** Von (1) abgeleitet, ein vorn offenes, gerades, ärmelloses ‣Kleid mit Gürtel, zuweilen mit der charakteristischen ‣Ch.-Falte. Das Kleid wird durch eine ‣Bluse oder einen Rollkragenpullover komplettiert.

Chasuble-Falte, Chasuble-Schnitt (‣Chasuble), eine seitlich über die Schulter gezogene Hohlfalte, die den Ärmelansatz verdeckt, markant abgesteppt ist und die Schultern bewusst verbreitert.[108]

Châtelaine ‣Gürtel, ‣Tasche (1).

Chausses à la grecque ‣Grecque, Mode à la, ‣Hose (Mann, 16. Jh.).

Che-Guevara-Mütze ‣Barett.

Chemiefaser ‣Stoff (20. Jh.).

Chemise, *die* (frz., ›Hemd‹, von mlat. *camisia*). **1.** ‣Camisia, ‣Chainse, ‣Hemd, ‣Unterhemd. **2.** Auch *Chemisenkleid,* um 1800 in Frankreich zuweilen auch *Tunique* genannt. ‣Kleid von hemdartigem, geradem, durchgehendem Schnitt mit hoher, gezogener Taille aus dünnem, fast durchsichtigem Stoff; während Directoire und Empire (1795–1815/20)[79] in ganz Europa in Mode. Die Ch. entwickelte sich aus der englischen Kleidmode (‣Englische Mode) der Zeit um 1780, die im Zuge der allgemeinen Vorliebe für die Antike durch den französischen Maler Jacques Louis David zur À-la-grecque-Mode (‣Grecque, Mode à la) gewandelt wurde. Kleidmodelle dieses Stils tauchten erstmals 1788 auf. Das gerade bis unter die Brust reichende Oberteil der Ch. hatte vielfältige Schnittformen: Vorder- und Rückenteil konnten gleich geschnitten sein, oder das Vorderteil war nach rückwärts gezogen, so dass der Rücken nur aus einem kleinen, rautenförmigen Einsatz bestand, oder zwei sich kreuzenden Stoffbahnen in der Art eines ‣Fichus bildeten das Vorderteil. Die ‣Ärmel, glatt und kurz, bestanden beim Fest- und Sommerkleid aus dem rüschenbesetzten Zugband, das Träger und Einfassung des Halsausschnittes zugleich war. Dennoch waren die Kleider nie ärmellos –

Abb. 178. Chemise mit »Tunique sans corsage«, Turban. Aus »Journal des Dames et des Modes«. 1804.

Abb. 179. Dame in Chemise und Schute. Herr in Frack, Reithose und Reitstiefeln, Hemd mit Jabot, Krawatte. Aus »Journal des Dames et des Modes«. 1813.

im Gegensatz zur Antike –; zumindest ein dünner, kaum sichtbarer Gazeschleier bedeckte die Schultern bis zum Oberarm. Das ▸Dekolleté – um 1800 besonders freizügig – bezog beim Ballkleid die Schultern mit ein, war ansonsten oval bis eckig, mit ▸Falbeln oder Spitzenrüschen[78] umrandet oder ▸en cœur mit einem Einsatz, der ▸Gorge, in der Mitte. Die Ch. wurde hinten am Halsausschnitt und im Taillenband geschlossen oder – häufiger – seitlich zusammengebunden, so dass vorn der Stoff doppelt lag, in der Art eines Wickelgewandes. Zum Schutz vor Kälte legte man ein ▸Can(n)ezou, Fichu oder einen ▸Schal um. Bevorzugt waren fließende, weiche Baumwoll- oder dünne Leinenstoffe, Mull, Musselin, Batist, Tüll, Kattun, Linon, auch ▸Spitzen über Taft. Napoleon I. favorisierte französische Seide und verbot ausländische Wollstoffe (▸Stoff). Da Weiß fälschlicherweise für die Farbe der Antike gehalten wurde, waren die Ch.n weiß, unterbrochen höchstens durch ein zartfarbenes Brustband mit Schleife, durch Blüten- und Rankenstickerei oder ein Mäanderband um den Saum. Nur die ▸Merveilleuse neigte zu übertriebenem Aufputz. Um dem antiken Vorbild möglichst nahe zu kommen, wurde unter der Ch. kein ▸Korsett, sondern nur ein Mieder- oder Brustleibchen (▸Büstenhalter) und etwa 1802 statt des Unterkleides ein fleischfarbenes ▸Trikot (1) (▸Strumpf, 1790er Jahre) getragen. Diese sog. Nackte Mode war wohl der Jugend vorbehalten. Bis etwa 1806 lief die Ch. in eine ▸Schleppe aus, die sich danach nur beim Ballkleid und in der ▸Courschleppe erhielt; ansonsten wurde die Ch. fußfrei mit rundem Saum getragen. 1801/02 machte die in Frankreich modische sog. Tunique à la Mameluck (in Erinnerung an Napoleons Ägyptenfeldzug) allgemein die ▸Tunika beliebt (Höhepunkt 1804–10), ein halb- bis dreiviertellanger Überrock, der vom Brustband weg in einem einseitigen Zipfel herabhing, asymmetrisch gerafft, übereinandergeschlagen oder, ähnlich dem ▸Manteau, vorn offen war.

Nach 1810 bahnte sich eine modische Veränderung zugunsten einer stärkeren Verhüllung an, besonders ab 1813/14 (dem Sturz Napoleons). Das ▸Leibchen erhielt einen festen

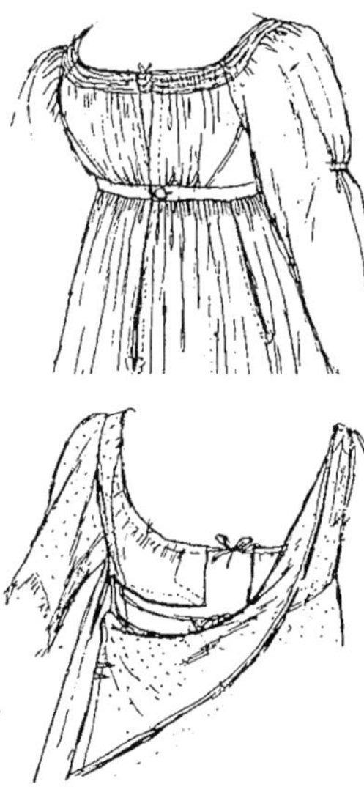

Abb. 180. Chemisenverschlüsse. 1803–05 und 1806–09.

Abb. 181.
Chemisette.
Aus »Harper's Bazar«.
London 1830–35.

Schnitt mit rückwärtigem Kleidverschluss[180] (Schnürung oder Knöpfe), die Zugbänder fielen weg, der Rock war an der noch hochliegenden Taille glatt angesetzt, enger und etwas abgesteift, so dass er faltenlos und leicht ausgestellt zum nunmehr knöchelfreien Saum herabfiel. Der kurze Ärmel wurde etwas länger und mehr gepufft, der lange Ärmel erhielt eine Oberarmpuffe (»à la Renaissance«) oder wurde in mehreren Puffen abgebunden. Nach 1815 (allmählich in die Mode des Biedermeier hinüberleitend) wurde das Dekolleté, nun wesentlich sparsamer, mit einer steifen ‣Halskrause oder einem Zackenband (‣Dent de loup) verziert, jedoch bevorzugte man hochgeschlossene Kleider mit rüschenverziertem Umlege- oder Stehkragen. Der Aufputz wurde üppiger: Um den Saum lagen mehrere Reihen von Rüschen, Borten, Zackenbändern oder Kunstblumen. Festere Stoffe in Pastellfarben wurden nun bevorzugt. Nur das Ballkleid blieb im Stil des frühen Empire antikisch einfach mit tiefem Dekolleté. Gegen 1820 rückte die Taille allmählich hinunter. Das Leibchen war eng zusammengeschnürt und ohne jede Falte, das Dekolleté mit einem Tuch »à la Sévigné« (benannt nach Marie Marquise de Sévigné, 1626–96) drapiert. Gleichzeitig war ein über dem Kleid getragenes kürzeres Schürzenkleid, ‣Schurzrobe oder ‣Robe-Tablier, beliebt, das mittels Achselbändern angelegt und hinten mit Schnürung oder Haken geschlossen wurde.

Chemisette, *die* (frz., ›Vorhemd, Brustlatz‹, ‣Chemise; engl. *dickey*; dt. auch *Chemischen*), beim Herrn latzartiges Vorhemd aus feinem Baumwoll- oder Leinenstoff, das sich in den 1830er Jahren in England aus dem hohen, steifen ‣Vatermörderkragen entwickelte. Die Ch. wurde an das Herrenoberhemd geknöpft oder um dieses gebunden, um so den sichtbaren Teil des ‣Hemdes häufiger wechseln und das Oberhemd aus einfachem Stoff (z. B. Flanell) arbeiten zu können. Der ‣Kragen war bis in die 1850er Jahre an die Ch. genäht. Nach 1860 etwa wurde sie wegen der störenden Bändchen zu einem am Hemd festgenähten breiten, abgesteiften Brusteinsatz ohne Kragen, der nun separat umgelegt wurde. Für den elegant gekleideten Herrn galt die Ch. als unpassend, während sie sich in einfachen Kreisen als sog. *Serviteur* über das 19. Jh. hinaus hielt. Die Ch. wurde als steife Hemdbrust, meist aus Waffelpikee (‣Stoff, 19. Jh.), an Frack- und (weniger abgesteift) an Smokinghemden eingeführt (‣Frack, ‣Smoking).

Bei der Dame ein weißer Brusteinsatz oder falscher, das ‣Dekolleté mit bedeckender Kragen, oft auch ein Stehkragen, aus ‣Spitzen oder Musselin an Kleidern der 2. Hälfte des 19. / Anfang des 20. Jh.s. Zur ‣Krinoline auch ärmelloser, anliegender, blusenartiger Einsatz aus weißem Batist oder Pikee, der die vorn durchgehende offene Schoßtaille (‣Jacke) ausfüllte. Im letzten Drittel des 19. Jh.s wurde eine Ch. aus dünnem, weißem Stoff, zuweilen rüschenverziert, auch ‣*Guimpe* (2) oder ‣*Plastron* (2) (im 20. Jh. nur so) genannt.

Chenille ‣Stoff (18. Jh.).

Cheongsam, Cheungsam (kantonesisch)[182]. Das urspr. *qipao* genannte Kleid mit »Mandarin«-Stehkragen stellt einen westlichen, weil körperbetonten Schnitt der ursprünglich weiten Robe im Manchu-Stil aus chinesischer Seide dar. Dieser vermeintlich traditionell chinesische Stil etablierte sich in Hongkong der 1920er und 1930er Jahre und wurde durch den Film »Die Welt der Suzie Wong« von 1960 weltbekannt mit einem dementsprechenden modischen Revival.

Um 2002–04 kamen die figurbetonten Kleider mit asymmetrischem Verschluss im chinesischen Suzie-Wong-Stil aus asiatisch gemusterter Seide, auch ähnlich gearbeitete Blusen und selbst T-Shirts in Mode.

Chérusse, *die* (frz., von *chérusque* ›Cherusker‹; Deformation von *Collerette à la Cyrus* ›Halskrause à la Kyros‹), Modebezeichnung für den abstehenden Spitzenkragen der Hofkleider des Empire (1800–15/20)[81]. ‣Kragen (Frau, um 1804).[86]

Chesterfield, *der,* eleganter, gerader Herrenmantel aus leichterem Wollstoff als ‣Paletot (3) und ‣Ulster, einreihig, in klassischer Form mit verdeckter Knopfleiste, eingeschnittenen Klappentaschen (‣Tasche (2)), eingesetzten Ärmeln, steigendem oder fallendem ‣Revers und oft mit Samt besetztem Oberkragen. Der Ch. wurde 1889 von einem Familienmitglied der Earls of Chesterfield (nicht von Lord Chesterfield) erfolgreich in Mode gebracht und nach diesem benannt. Nach dem Ersten Weltkrieg hieß in Deutschland jeder einreihige Mantel mit Revers »Ch.«, während es in England auch einen sportlichen ‣Zweireiher gab. Nach dem Zweiten Weltkrieg wurde die Bezeichnung »Ch.« ungebräuchlich. ‣Mantel.

Chevalierbart, *der* (von frz. *chevalier* ›Ritter‹), schmaler Oberlippenbart der Ritter, übertragen auch auf modebewusste Männer während des Dreißigjährigen Kriegs (1618 bis 1648)[131]. ‣Bart (1).

Cheviot ‣Stoff (19. Jh.).

Chien couchant, *der* (frz., ›Hühnerhund‹, im übertragenen Sinn für ›Kriecher‹), ugs. für die nach vorn liegende ‣Fontange.

Chiffon ‣Stoff (19. Jh.).

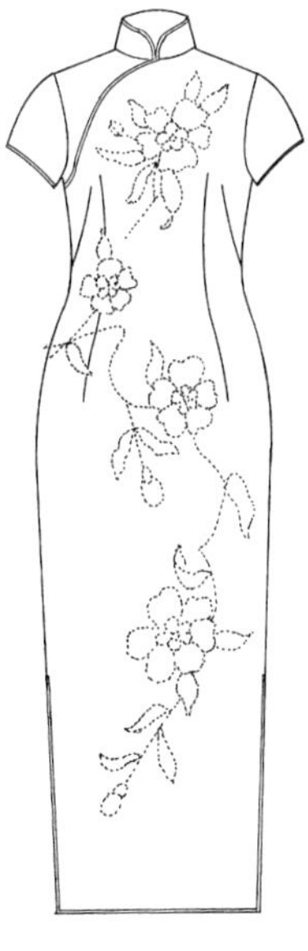

Abb. 182.
Kleid im Cheongsam-Stil (auch »Suzie-Wong-Kleid«) mit Blütenbesatz. Hongkong oder San Francisco, 1961. Victoria and Albert Museum, London.

Abb. 183.
Chesterfield und Homburg. 1950er Jahre. Kunstbibliothek, Berlin.

Chignon, *der* (frz.),[89] im Nacken geflochtener oder geschlungener Haarknoten, der in Frankreich um 1850 in Mode kam (dort auch *rouleau* ›Rolle‹ genannt) und sich bis etwa 1875 hielt. Zuweilen wurde auch die gesamte Frisur oder jeder Nackenknoten, fälschlicherweise auch der ‣Cadogan, »Ch.« genannt. Erneut in den 1940er Jahren modern. ‣Haarmode.

Chiné ‣Stoff (18. Jh.).

Chinos ‣Khakihose.

Chintz, Zitz ‣Stoff (17. Jh.).

Chiridotae, *Pl.* (griech. *cheiridōtós;* lat. *tunica chiridotae*), ‣Tunika, die durch ihre besondere Weite die Arme bedeckte und dadurch sog. Scheinärmel erhielt. Zu Beginn der römischen Kaiserzeit (27 v. – etwa 14 n.Chr.) trugen Frauen und weichliche Männer die Ch. ‣Ärmel.

Chiton, *der* (griech., von semit. *ketōn,* ›Gespinst aus Pflanzenfasern, Leinen‹; lat. *tunica,* ‣Tunika). Der Ch. war assyrischer Herkunft (babylonisch-assyrisches ‣Hemdgewand[2]: ‣Kthoneth) und das Hauptstück der griechischen Kleidung. Das über den Kopf zu ziehende Hemdgewand ohne Schulternaht

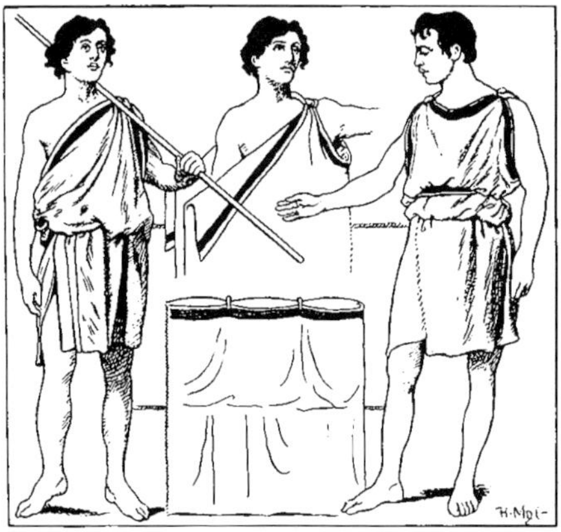

Abb. 184. Kurzer Chiton. Nach Mützel.

bestand aus einem länglich rechteckigen, dreimal so langen wie breiten Stoff, der an der Breitseite zusammengenäht war. (Die Naht wurde stets an der rechten Körperseite getragen.) Auf den Schultern wurde der Ch. mit ▸Fibeln, aber auch mit Knöpfen zusammengehalten, so dass die Armlöcher aus der oberen Kante, nicht aus der Seitennaht entstanden. Die frühen ostgriechischen und frühattischen Ch.e waren bunt gemustert. Man unterscheidet heute den im Allgemeinen nur von Männern getragenen kurzen dorischen Ch., auch *Chitonsikos* genannt, und den langen ionischen Ch. Der *dorische Ch.* reichte bis zu den Oberschenkeln, wurde einfach gegürtet und auch ohne rechte Schulternadeln getragen, so dass die rechte Schulter und Brust frei blieben (▸Exomis (2)). Schulter- und Saumumschlag waren mit eingewebter Musterborte verziert. Der kurze Ch. wurde von Landleuten, Kriegern, Reitern und jungen Männern sowie von Tänzerinnen und Amazonen beibehalten, während sich im 6. Jh. v. Chr. allgemein der nun auch von der Frau getragene *ionische Ch.*[12], der knöchellang und weiter war, durchsetzte. (Die Frau hatte zuvor den ▸Peplos getragen.) Durch den weiten Stoff fielen die gefibelten Schulterkanten bis auf die Unterarme und bildeten Scheinärmel, die zuweilen durch ein um die Schultern gelegtes und sich vorn oder hinten kreuzendes Band (*analabos*) anliegend gehalten wurden. Der ionische Ch. war aus weißem bis naturfarbenem Leinen, später durch die Angleichung an den Peplos auch aus Wolle, meist mit Öl appretiert, fein plissiert (▸Plissee) und konnte eingewebte Muster haben. Der Frauen-Ch., *Chitonion*, wurde verschiedenartig angelegt: Der Stoff konnte oben doppelt genommen werden, wodurch ein Überschlag, das ▸Apoptygma (vgl. auch ▸Diplois), entstand, der verschieden lang, seitlich zu einem Zipfel verlängert oder rund geschnitten war oder seinerseits doppelt genommen wurde und einfach oder doppelt umgürtet oder frei herabfallend getragen wurde. Der Diplois wurde später auch einzeln geschnitten, wodurch ein separates Überkleid, die ▸Epumis, entstand. Eine weitere modische Variation wurde durch die Art der Gürtung erzielt: einfach oder doppelt sowie mit zu einem Überfall, dem ▸Kolpos, hochgerafftem Stoff oder – wie in hellenistischer Zeit – sehr hoch, gerade unterhalb der Brust.[14] In klassischer Zeit (500–336 v. Chr.) verwischten sich die Formen des dorischen Peplos und des ionischen Ch. Oft wurden beide Gewänder übereinander getragen, der Peplos stets als Übergewand, der Ch. als Untergewand. Nach den Perserkriegen (bis 479 v. Chr.) verschwand der lange Männer-Ch. und erhielt sich nur als Tracht von Göttern, Priestern, Schauspielern, Wagenlenkern und Kriegern. Der Ch. der Krieger wurde oft nur auf einer Schulter zusammengehalten und blieb ungegürtet. Männer (z. B. Philosophen), die Verweichlichung und Luxus ablehnten, verzichteten ganz auf den Ch. und legten nur das ▸Himation oder den ▸Tribon an. Kinder trugen einen ungegürteten

Abb. 185. Chiton mit Apoptygma oder Epumis aus gemustertem Leinen; griechische Haarmode mit Bändern oder Diadem. Nach Weiss.

Ch. Eine Sonderform war der kleinasiatische ▸Ärmelchiton[7]. Der Ch. war auch den Etruskern eigen, erhielt jedoch oftmals einen festen Zuschnitt, um ihn z.B. zum Saum hin zu erweitern, und war um den Saum farbig verziert; der Mann trug ihn knielang, die Frau knöchellang. Die Germanin übernahm in der Eisenzeit, wahrscheinlich durch keltische Vermittlung, ein Ch.-ähnliches Hemdgewand.

Chlaina, *die* (griech.; latinisiert *Chlaena*), ältestes Bekleidungsstück der griechischen Männer, das von den Doriern in vorhomerischer Zeit eingeführt wurde. Der rechteckige, grobe Wollstoff, der auch als Schlafdecke diente, wurde über Rücken und Schultern gelegt und vorn in der Mitte oder, um den rechten Arm freizuhalten, auf der rechten Schulter mit einer ▸Fibel zusammengehalten. Selten wurde die Ch. unter der linken Achsel durchgeführt. Die Ch. reichte gerade bis zu den Oberschenkeln und wurde über dem ▸Chiton, aber auch – im Unterschied zur ▸Chlamys – direkt auf dem Körper getragen. Neben dieser einfachen Art, *Ch. haplois* (›einfache Ch.‹) genannt, gab es eine Ch. aus einem doppelten (▸Diploma), also zusammengelegten Wollzeug. In nachhomerischer Zeit hielt sich die Ch. in der Kleidung der Krieger und Bauern; allgemein wurde sie jedoch von der leichteren Chlamys oder dem ▸Himation abgelöst. In der weiblichen Kleidung entsprach der Ch. der ▸Peplos. Insgesamt werden ganz unterschiedliche Arten der Ch. angegeben, u.a. eine auch von Frauen getragene, dem Peplos ähnliche und eine um den Körper drapierte, dem Himation (und somit wie dieses über einem unteren Gewand getragen) nahekommende Form. Ebenso konnte die Ch. dem ▸Tribon ähnlich sein.

Chlamys, *die* (griech.), urspr. länglich rechteckiges Übergewand des Mannes, vermutlich makedonisch-thessalischer Herkunft, vom 6. Jh. v.Chr. an getragen. Die etwa knielange Ch. wurde, wie die ▸Chlaina, über die linke Schulter gelegt und auf der rechten mit einer ▸Fibel zusammengehalten, so dass der rechte Arm unbedeckt blieb. Die Ch. bestand jedoch im Unterschied zu jener aus einem leichteren, auch farbigen Wollstoff und wurde über dem ▸Chiton angelegt. Sie konnte auch als ▸Diploma getragen werden. Ausgenommen bei Festspielen trugen griechische Jünglinge nur einen Hüftschurz darunter. Bald wurde eine Seite des Stoffes abgerundet und in hellenistischer Zeit (330–30 v.Chr.) halbrund zugeschnitten. Die Ch. war der ▸Mantel von Reisenden, Jägern, Kriegern und Reitern, ihr entsprach in der römischen Kleidung das ▸Sagum. In der späten Kaiserzeit (um 150 n.Chr.) wurde die Bezeichnung ▸»Paludamentum« durch »Ch.« ersetzt. Die byzantinische Ch. der Hofbeamten hatte ein purpurgefärbtes, viereckiges Stück Stoff (das Tablion, ▸Clavus) an der Vorderseite, um es dem Beamten zu ermöglichen, dem Kaiser stets mit purpurbedeckten Händen Gegenstände zu überreichen.

Chlanis, *die* (griech.), altgriechisches Übergewand des Mannes, aus feinstem, leichtem Wollstoff, in Form und Anlegeweise der ▸Chlamys ähnlich, jedoch etwas kürzer. Die Ch. wurde hauptsächlich von Stutzern getragen.

Chopine, *der* (frz.; span. *Chapíne*),[186,187] bereits um 1300 in Spanien erwähnter Stelzpantoffel (▸Pantoffel), der von vornehmen Frauen außerhalb des Hauses über den eigentlichen Schuh, einen anliegenden Schlupfschuh, *Servilla* genannt, gestreift wurde. Der Ch. bestand aus einem 10–15, aber auch bis zu 50 cm hohen Sockel aus mehreren, innen zusammengenähten Lagen Kork (seltener durch einen äußeren Metallring gefestigt), einer se-

Abb. 186. Spanische Dame mit Sombrero und Chopines, begleitet von einem Herrn mit Zwillichbart in Schoßrock, Sayo, Mantelumhang und Barett. Zeichnung von Christoph Weiditz. 1529. Germanisches Nationalmuseum, Nürnberg.

paraten Sohle und einer breiten, stets zu schnürenden Lasche über dem Spann. Sockel und Lasche waren mit ▸Leder (oft Cordoban-Leder), Samt oder Seide überzogen, auch mit Edelsteinen oder Emailplättchen verziert. Der Sockel war an der Ferse etwas höher, konnte vorn und hinten zur Sohle hin etwas schmäler werden und war seitlich breiter, so dass die Sohle eine ovale Grundfläche hatte. Der Vorderteil des Sockels hieß *Branques* (wahrscheinlich von bask. *branka* ›Schiffbug‹). Die Innensohle musste ebenfalls mit Leder überzogen sein. Der Ch. war kürzer als der Schlupfschuh, so dass Letzterer darüber hinausstand. Die Hersteller des Ch., *Tapiners* genannt, stellten eine eigene, von den anderen Schuhmachern unabhängige Zunft dar; nur sie durften Kork verwenden. Es gab je nach Landesteil über Aussehen und Trageweise für Ch.s Regeln; so durften in Granada verheiratete Frauen nur schwarze, Mädchen farbige Ch.s tragen. Die Dame musste bei sehr hohen Ch.s von einem Begleiter oder einer Zofe beim Gehen gestützt werden. Sie zog die Ch.s deshalb beim Tanzen oder beim Niederknien in der Kirche aus. In neueren Forschungen (u.a. von R.M. Anderson und C. Bernis) wird die rein spanische Herkunft des Ch. betont, zumal Spanien selbst über Kork verfügte. Er unterscheidet sich durch gerade Form vom geschweiften venezianischen ▸Zoccolo, der damals in Italien als *Calcagnino* (›Ferschen‹) bekannt war. Die Blütezeit des Ch. lag im 16. Jh., als er z.T. sogar in Frankreich und England übernommen wurde. Neben dem Ch. gab es noch andere Fußbekleidung mit Korksohle, den *Chapel bajo* (svw. ›kleiner, niedriger Ch.‹), der höchstens zwei Lagen Kork aufweisen durfte und ebenso groß wie der Schlupfschuh war, sowie den *Pantuflo,* der auch einen Fersenschutz hatte. ▸Fußbekleidung.

Cimarra ▸Zimarra.

Abb. 187. Chopine. Spanien, 16. Jh. Museo de Indumentaria, Barcelona.

Cinctus ▸Schurz.

Cingulum, *das* (lat., ›Gürtel, Wehrgehenk‹), urspr. Schwertgurt der Soldaten; ▸Gürtel, Leibgurt der ▸Tunika, später weiße Leinen- oder Baumwollschnur mit ▸Quasten zur Gürtung der Albe (Untergewand des Priesters) und, in Schwarz oder Braun, der Mönchskutte.

Cioppa, Gioppa ▸Surkot.

Circassienne. 1. ▸Robe à la polonaise. **2.** ▸Stoff (Frauenkleidung, nach 1820).

Cisson ▸Abnäher.

Clarks ▸Fußbekleidung (Herr, 1970).

Claudine, *die,* ▸Bubikragen.

Clavus, *der* (lat.), vertikaler, farblich vom Unterstoff abgesetzter, meist purpurner Streifen, der Standeszeichen, später Zierstreifen an der römischen ▸Tunika sowie an der Toga picta (▸Toga) war. In archaischer Zeit und bei den Etruskern ist ein breiter, senkrechter Mittelstreifen belegt, während es bei der römischen Tunika zwei von den Schultern herabführende Streifen (selten einen Mittelstreifen) gab, und zwar breite Streifen (*lati clavi*) für Senatoren und deren Söhne, schmale Streifen *(angusti clavi)* für Ritter und ihnen Gleichgestellte. Auch gab es verschiedene Clavi bei Militärs sowie für offizielle Trauer. Eine Form der ▸Paenula konnte einen schmalen C. haben. Zu Beginn der römischen Kaiserzeit (um 10 v.Chr.) wurde der C. allgemein (auch bei Dienern) und damit zum reinen Zierstreifen, nun auch an den Unterärmeln. Der C. hielt sich in koptischen und byzantinischen Gewändern sowie in der liturgischen Kleidung, z.B. der ▸Dalmatika. Der C. war urspr. durchgehend und einfarbig in tiefem Schwarzblau-Purpur (▸Farbe). Im 4. Jh. reichte er manchmal nur bis unter die Brust, in dieser Form lat. *Lorum* genannt, da den beiden Riemen des Brustpanzers nachgebildet, weshalb er so nur auf der Männertunika zu finden ist. Je nach Zahl der aufgenähten Lora unterschied man *Tunicae monolores, dilores, trilores.* Dazu gesellten sich kreisrunde Purpurflecken, die Segmenta, an Schultern und in Kniehöhe, für die Tertullian den Ausdruck »vestes purpura oculare« verwendete.[21]

Abb. 188. Cocktailkleid mit Ballonröckchen. 1992/93. Trendschau Modewoche München.

Bei den Kopten zeigte der C. ornamentale Muster (Mäander, Laufender Hund, Spiral- und Flechtmotive, ‣Farbe und Muster) und nach dem 6. Jh. n.Chr. figurale Darstellungen[19] in sparsamer Mehrfarbigkeit. Der C. war nun nur etwa oberschenkellang und endete in einem Medaillon, dem ‣Sigillum. Das Grundgewebe des C. war immer aus Wolle, da Leinen Purpur nicht annimmt. Außerhalb Roms war der C. meist eingewebt; in der römischen Kleidung war er aufgenäht, wodurch das Gewand eine gewisse Starre erhielt. Der koptische C. weist einen leinenen Musterfaden auf, der nicht gestickt, sondern mit der sog. fliegenden Nadel (im direkten Schuss nicht regelmäßig, sondern nur fallweise einen oder mehrere farbige Schüsse überquerend) hergestellt wurde. Eine Sonderform des C. ist das Tablion[420], ein viereckiger, auf der rechten Seite meist in Brusthöhe aufgenähter Stoff, beim byzantinischen Herrscherornat aus Gold mit ornamentalem und figuralem Schmuck, bei hohen Beamten in Purpur, um die Hände damit zu bedecken, wenn man dem Herrscher einen Gegenstand überreichte. ‣Limbus, ‣Tiraz.

Cloche ‣Glocke (3).

Clog, *der* (engl., ›Klotz, Holz-, Überschuh‹). **1.** In der 2. Hälfte des 17. bis gegen Ende des 18. Jh.s hölzerner Unterschuh mit Eisenring oder Holzklötzen als Lauffläche, um den eigentlichen Schuh vor Straßenschmutz zu bewahren. ‣Fußbekleidung. **2.** Dicksohliger, seit den 1930er Jahren (mit Unterbrechungen) modischer Holzpantoffel (‣Pantoffel), der ‣Klompe ähnlich, jedoch mit Vorderkappe aus ‣Leder oder Kunststoff.

Clubwear ‣Hip-Hop-Mode, ‣Techno-Mode.

Cocktailkleid (von engl. *cocktail* ›Hahnenschweif‹, auch für das 1905 in Europa bekannt gewordene Mixgetränk), elegantes, in der Saumlänge etwa dem Tageskleid entsprechendes Gesellschaftskleid, das seit 1947 immer wieder zu Cocktailpartys aktuell war; mit einem häufig als ‣Korsage (1) gearbeiteten Oberteil an dünnen »Spaghettiträgern« und großem ‣Dekolleté, aus Seide, Brokat, Samt oder, in jugendlicher Linie, mit weitem, wippendem Petticoatrock (‣Petticoat),[149] oft mit Miedergürtel und einer breiten ‣Schleife (2) als Aufputz, aus Taft, Atlas, Matelassé, im Sommer aus Baumwollstoffen (häufig mit Waffelstruktur). 1957/58 im ‣Ballon-Look. Zu beiden Varianten war ein kurzes Jäckchen oder ‣Bolero (3) geradezu obligat. Um 1965–75 lehnte man sowohl den Terminus als auch den Kleidtypus als »zu konservativ« ab. In den 1980er Jahren wurde das C. mit zunehmender Differenzierung zwischen sportlicher, legerer Tageskleidung und effektvoller, weiblicher Abendkleidung wieder zu einem Begriff. Das C. wird bei allen gesellschaftlichen Ereignissen am Abend, wo das bodenlange Ballkleid nicht angebracht ist, getragen. 1985/86 figurbetont, doch mit breiten Schultern; 1987/88 mit figurbetontem Oberteil, tiefer Taille und Ballon- oder Tütürock.[188] 1997 wurden C.er im ‣Transparent- oder Lingerie-Look modern. Seit den 1990er Jahren haben C.er wieder häufig ein Korsagenoberteil.[295]

Coiffe, *die* (frz., ›Haube‹; im 6. Jh. n.Chr. zu lat. *cofea, cufea*; afrz. *coif*; ahd. *kuppja,* von germ. *kuffia*; mhd. *goufe, koiphe, koife*; ital. *cuffia*; span. *cofia*; engl. *coif*), in Frankreich seit dem 12. Jh. enganliegende Bundhaube (‣Hau-

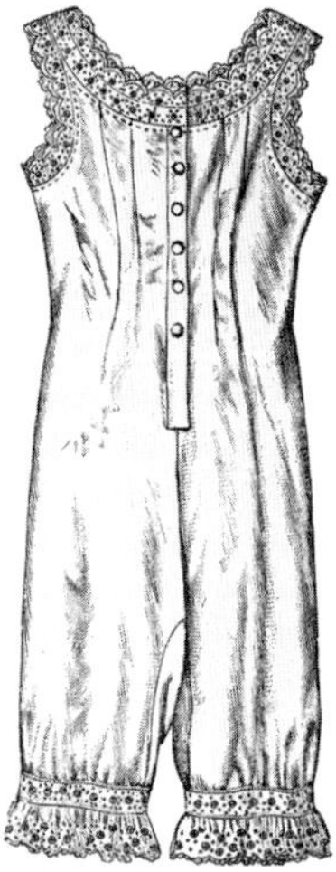

Abb. 189. Combinaison. Aus »Harper's Bazar«. London 1892.

be)[250] des Mannes, aus Leder unter dem Helm getragen, aus Leinen in den unteren Ständen als alleinige Kopfbedeckung, in den oberen unter einer zweiten Kopfbedeckung, vom Herrscher auch unter der Krone getragen. Ende des 14. Jh.s wurde die C. zur ▸Backenkappe[176] (▸Kopfbedeckung des Mannes, 15. Jh.) und hielt sich daneben in ihrer urspr. Form als Schlafhaube beider Geschlechter. Als *Escofia* wurde in Spanien im 1. Drittel des 16. Jh.s eine anliegende Haube (▸Kappe (2)) aus Seide oder Goldstoff bezeichnet. Die C. war auch Haube (frz. *cornet*) der Frau, konnte um 1500 eine Kugelform (▸Kugelhaube) und eine Bespannung aus Netz oder Golddraht haben, im 1. Drittel des 16. Jh.s in Spanien *Escofion,* in Frankreich *Escoffion* genannt, eine Bezeichnung, die auch für eine Form der ▸Hörnerhaube zu finden ist. Als *holländische C.* wurde die ▸Flügelhaube bezeichnet.

Coiffure, *die* (frz., ›Kopfputz, Frisur‹, auch ›Kopfbedeckung‹), besonders im 17.–19. Jh. auch in Deutschland gebräuchliche Bezeichnung einer kunstvollen, mit Bändern, Blumen, Kämmen oder einem Hütchen u.a. geschmückten ▸Haarmode. ▸Belle Poule, ▸Bouffanten, ▸Fontange.

Coiffure en bourse ▸Haarbeutelfrisur.

College-Linie, College-Stil (von amerik. *College,* wo dieser Stil aufkam), sportlich-strenger, adretter Kleidstil für Mädchen; ▸Hemdblusenkleid oder hochgeschlossenes, dunkles ▸Kleid mit weißem ▸Bubikragen; 1955/56, aber auch später aktuell.

College-Schuh ▸Fußbekleidung (1950er Jahre).

Colobium, *das* (lat., ›»verstümmeltes« [ärmelloses] Gewand‹). **1.** Ein vermutlich der altrömischen ▸Tunika sehr ähnliches, ebenso wie diese ärmelloses Gewand, das mit der ▸Paenula zur inoffiziellen Tracht römischer Senatoren gehörte und zusammen mit der ▸Dalmatika in Rom erstmals erwähnt wurde. Es scheint, dass eine ärmellose Dalmatika »C.« genannt wurde. Das C. war aus Leinen, im Falle einer ärmellosen Dalmatika auch aus Wolle, Seide oder Halbseide mit ▸Clavus. Es wurde über einer langärmligen Tunika getragen. Das C. (frz. *colobe*) erhielt sich als ärmellose Tunika in der gallisch-römischen Tradition des französischen Mittelalters. **2.** Das den Arm nur bis zum Ellenbogen bedeckende Gewand der Mönche.

Combinaison, *die* (frz., ›Verbindung‹; engl. *combination*; dt. *Kombination*). **1.** Damenunterkleidung (Wäschegarnitur), bei der zwei oder mehrere Unterwäschestücke in einem gearbeitet sind: ab 1877 Hemdhose, 1897 Unterrockhose, 1898 Korsett-Unterrockhose, seit den 1920er Jahren Hemd-Unterrock (heute Unterkleid); ▸Unterrock, ▸Hemd und ▸Unterhose der Frau. **2.** 1920 Bezeichnung für ▸*Overall* (Kombination ▸Kittel und ▸Hose). **3.** *Kombination:* ▸Kombinierter Herrenanzug.

Abb. 190. Combinaison mit French Knickers von Triumph International. 1986.

Comfortmantel (von engl. *comfort,* frz. *confort* ›Behaglichkeit‹), gesellschaftsfähiger Hausmantel (▸Hauskleidung) des Herrn im 18. Jh., oft mit Schalkragen (▸Kragen) und nur wenigen großen Knöpfen.

Commode, *die* (frz., ›bequem‹). **1.** Ein die ▸Fontange unterstützendes, mit Roßhaar und Seide überspanntes, zwei bis drei Stufen hohes Drahtgestell, worüber das Haar und steife Spitzenrüschen bzw. -schleifen gesteckt wurden. Sie war bis zu 60 cm hoch. Die C. löste um 1690 den ▸Palis(s)ade ab und gab der gesamten Frisur zuweilen den Namen. Nach 1698 neigte sie sich nach vorne. In England wird mit »C.« die Fontange selbst bezeichnet. **2.** Bequemes Morgengewand der Dame im 18. Jh. ▸Negligé.

Complet, *das* (frz., von *compléter* ›vervollständigen‹). **1.** Seltener *Komplet,* ▸Kleid oder ▸Rock (2) mit ▸Mantel oder hüftlanger ▸Jacke, urspr. aus gleichem Stoff, heute auch aus verschiedenen, jedoch aufeinander abgestimmten Materialien. ▸Composé, ▸Coordinates (2), ▸Ensemble, ▸Separates. **2.** Ende des 19. Jh.s ein Sakkoanzug (▸ Sakko, ▸Anzug) mit ▸Weste aus gleichem Stoff.

Composé, *das* (frz., ›zusammengesetzt‹), Damenoberkleidung aus zwei oder mehreren Einzelteilen, die aus verschiedenen, jedoch in Musterung oder Farbe aufeinander abgestimmten Materialien besteht. Das Material des einen Teils (z. B. des ▸Rocks (2)) kann sich auch als Ausschmückung des anderen Teils (der ▸Jacke) wiederfinden. ▸Complet (1), ▸Ensemble, ▸Separates.

Confidantes, *Pl.* (frz., ›Vertraute‹), zur ▸Fontange frisierte kleine Löckchen neben den Ohren.

Considérations, *Pl.* (frz.),[446] zwei in der Form den halben Paniers (▸Reifrock) ähnliche, jedoch leichtere halbrunde Reifgestelle, die über beide Hüften gebunden wurden, bis zu den Knien reichten und den ▸Rock (2) (▸Jupe (2)) ohne weitere Unterröcke unterstützten; um 1770 von Pamard erfunden.

Contouche ▸Kontusch(e).

Coordinates, *Pl.* (von engl. *coordinate* ›abstimmen‹). **1.** Stoffe, deren Muster Variationen (groß/klein), Farbunterschiede oder Materialverschiedenheit aufweisen, sog. Partnerstoffe, z. B. für ein ▸Complet (1). **2.** Sakkoanzug (▸Sakko, ▸Anzug), auch ▸Hosenanzug und ▸Kostüm (2), bei dem ein oder zwei Teile aus einem Partnerstoff gearbeitet sind.[417] Die Bezeichnung C. wurde um 1970 gebräuchlich.

Cordsamt,[230] auch Manchester- und Genuacord sowie Corduroy (wahrscheinlich von engl. *cord* ›Seil‹ und *duroy* von engl. *durable* ›haltbar‹), ein sehr haltbarer Schusssamt (ein Samt, bei dem nur der Schussfaden den Flor bildet und somit die Streifenwirkung gibt) aus Wolle oder Baumwolle. Bereits im 19. Jh. für Arbeits- und Reithosen bes. in England verwendet. Um 1900 entdeckte die intellektuelle Pariser Szene Cordsamthose und ▸Gabanjacke. In den 1930er Jahren für Bergsteigerhosen benutzt, in den frühen 1950er Jahren Teil der Existenzialistenkleidung; als Cordanzug von den Beatles in den 1960er Jahren lanciert und um 2002 modisches Trendmaterial.

Cornet(t)e, *die* (frz., ›(Nonnen-)Haube‹), im mittelalterlichen Frankreich das mehr oder weniger lange Ende der ▸Kapuze. Ende des 15. Jh.s ging die Bezeichnung auf eine anliegende Frauenhaube über, die in der Mitte oder auch an den Schläfen zu einer Spitze abgesteift war. In England wurden in der 2. Hälfte des 16. Jh.s die ▸Attif(f)et sowie die ▸Flügelhaube als *Cornet* (frz., ›Horn‹) bezeichnet. In den 1670er Jahren verstand man unter »C.« eine ▸Kopfbedeckung (▸Coiffure) aus übereinanderliegenden Spitzentüchern (-schleiern), in England *Pinner* genannt, deren jedes einen eigenen Namen hatte – *Bourgogne* (›burgundisch‹): das unterste; *Jardinée* (von *jardin* ›Garten‹): das dazwischenliegende; *Cornet:* das oberste, seitlich als ▸Barben (2) herunterhängende; *Coupée* (›abgeschnitten‹): ein zusätzlicher kurzer Schleier. 1682 begann sich die Zahl der Schleier zu verringern. Es wurde daraus ein lose über das stark gelockte Haar (▸Berger) gelegter oder um das Kinn gebundener Schleier oder ein Kopfputz mit einer ▸*Duchesse* (1) genannten ▸Schleife (2) oder einer zweiten Schleife darüber, die ▸*Fontange* hieß. Daraus entwickelte sich um 1685 einerseits die französische Hoffrisur à la Duchesse, andererseits die Frisur à la Fontange. Ende 18. /

1. Hälfte 19. Jh. wurden Morgenhauben der Frau als »C.« bezeichnet.

Corolle-Linie ‣New Look.

Corporate Fashion (engl. ›korporative Mode‹), seit den 1990er Jahren gebräuchliche Bez. für gleichartige Kleidung in Unternehmen als Zugehörigkeitszeichen (Berufskleidung).

Corps (de robe), *der* (frz., ›Körper (des Kleides)‹), im 17. Jh. das Kleidoberteil, ‣Korsage (2), im Unterschied zum Bas de robe (‣Bas de cotte), dem Kleidrock. ‣Kleid, ‣Rock (2).

Corps piqué, *der* (frz., ›gesteppter Leib‹), auch *Corps à baleine* (›Leib aus Fischbein‹), span. *Cuerpo baxo* (›Miederleib‹), das abgesteppte und mit ‣Blankscheit versehene ärmellose Oberteil des Unter- oder Obergewandes der Spanischen Mode der Frau. Im Spätbarock (um 1680–1710) hieß allgemein der sichtbare, mit schönem Stoff überzogene Teil des ‣Mieders »C. p.«.

Cotardie, auch *Cotte-hardie, die* (‣Cotte), Ende des 13. bis 15. Jh. getragener ‣Surkot, beim Mann vorn offen, mit seitlichen zuknöpfbaren ‣Schlitzen; bei der Frau scheint sie ein gürtelloser Surkot gewesen zu sein. Bevorzugt wurden ‣Hängeärmel, die ab dem Ellenbogen als Stoff- oder Pelzstreifen herabhingen. Im Winter war die C. auch mit ‣Pelz gefüttert. Die C. war wohl eine Art Hausgewand. Die Bezeichnung wurde offensichtlich auf den ersten kurzen ‣Rock (1) des Mannes übertragen.

Cotte, *die* (afrz., von afränk. *kotta* ›Obergewand aus grobem Wollstoff‹; davon dt. *Kotze, Kutte*; engl. *coat* ›Mantel‹), bis ins 15. Jh. allgemeine Bezeichnung für das ‣Kleid der Frau.[29, 31, 34, 313, 336] Mitte des 12. Jh.s bis um 1330/40 Bezeichnung für den langen, dem Kleid ähnlichen ‣Rock (1) (‣Hemdgewand) des Mannes.[30, 33] Die C. wurde von allen Schichten getragen.

Country-Style ‣Freizeitmode.

Coupée ‣Cornet(t)e.

Courrèges-Stil, von dem französischen Modeschöpfer A. ‣Courrèges 1963/64 kreierter und bis etwa Ende der 1960er Jahre aktueller Modestil für die Frau, der sich durch strikt abgegrenzte Farben (meist Schwarz-Weiß-Effekte in Op-Art-Technik) und geometrische Schnitt-, Saum- und Nahtlinien, z.B. eckige Kragenformen, auszeichnete.[291] Bevorzugt wurden ‣Hosenanzüge, flache Stiefeletten mit relativ weitem Schaft aus Plastik und ebensolche Regenmäntel[405a] sowie helmartige ‣Kopfbedeckungen mit Augenschlitzen (»Weltraum-Look«); alles meist in Weiß.

Courschleppe (von frz. *cour* ›Hof‹)[81], von Napoleon I. eingeführte, separat gearbeitete Hofschleppe, die in das knapp unter der Brust um den Oberkörper geführte Brustband der ‣Chemise (2) eingehängt wurde oder mit Armlöchern zum Hineinschlüpfen versehen war. Die C. war zur Zeit des Empire (1800–1815/20) aus schwerem, auch andersfarbigem Stoff als das Kleid und reich bestickt. Sie gehörte bis zum 1. Weltkrieg zum höfischen Galakleid (‣Gala).

Couvre-chef ‣Cueuvre-chief.

Covercoat, *der* (engl., ›Deckmantel‹). **1.** Dichtgewebter Mantel- und Kostümstoff (‣Mantel, ‣Kostüm) aus Mouliné und Kammgarn oder Wolle und Baumwolle, beige-grau oder bräunlich-grün meliert und oft wasserdicht appretiert. **2.** Eleganter, leichter Herrenmantel aus dem gleichnamigen Stoff (‣(1)) von einreihigem, weitem, geradem bis glockigem, schulterbetontem Schnitt, dreiviertellang, mit verdeckter Knopfleiste, fallendem ‣Revers, Steppkanten, Seiten- und Brusttaschen mit ‣Patten. Dazu wurde Melone (‣Bowler) oder ‣Porkpie getragen. Der C. war um 1900 aktuell.

Crapaud, *der* (frz., ›Kröte‹), im 18. Jh. gebräuchliche frz. Bezeichnung für *Haarbeutel* (‣Haarbeutelfrisur).

Cravate, *die* (frz., ›Halsbinde‹), in der 2. Hälfte des 17. Jh.s allgemein gebräuchlich für ‣*Krawatte.* ‣Steinkerke.

Crêpe, Krepp ‣Stoff (19. Jh.).

Crêpe Georgette ‣Stoff (20. Jh.).

Crepida ‣Fußbekleidung (röm. Antike).

Crève-cœur, *der* (frz., ›Herzensbrecher‹), zwei zur ▸Fontange frisierte kleine Löckchen im Genick.

Criardes ▸Reifrock.

Crin, der (frz., ›Roßhaar‹),[384] daraus frz. *crinoline* (▸Krinoline).

Crinolinette, *die* (frz., eigtl. ›halbe Krinoline‹, ▸Crin), urspr. Bezeichnung der ▸*Turnüre.*

Crispin, *der* (frz.). **1.** Herrenhandschuh des 17. Jh.s mit besonders weiter, ausgestellter ▸Stulpe. **2.** Kragenloser Umhang (▸Cape) mit Armschlitzen, 1826 für Schauspielerinnen als Wärmeschutz hinter den Kulissen aufgekommen, später auch von Schauspielern und Zirkusleuten übernommen.

Crochet, *der* (frz., ›Haken‹),[218] auch *Fassonspiegel,* Winkel (Haken), auch *C.-Winkel,* zwischen ▸Revers und ▸Kragen des ▸Sakkos. Der C. erhält seine Form durch die ▸Spiegelnaht, auch *C.-Naht* genannt, und den Kragenabstich (▸Abstich) und ist ausschlaggebend für das fallende oder steigende Revers. Der C. ist Teil des ▸Fasson (2) des Sakkos.

Crochet-Weste (▸Crochet), Herrenweste mit steigendem ▸Revers und ▸Kragen, demnach mit kleinem Crochet. Die C. war Ende des 19. Jh.s bis etwa 1930 in Mode.

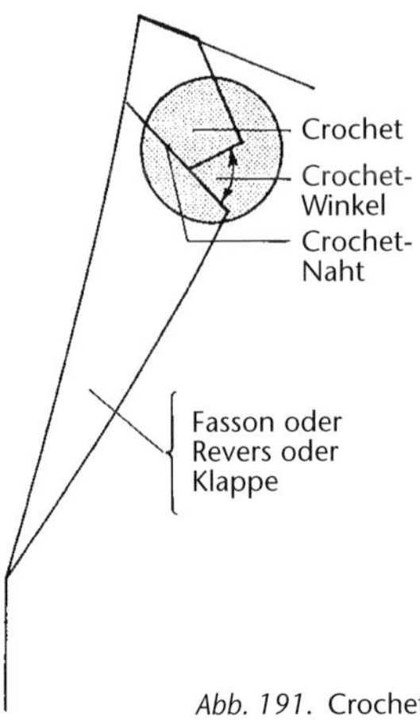

Abb. 191. Crochet. Nach Schierbaum.

Abb. 192. Cucullus. Nach Weiss.

Cruche, *die,* ▸Accroche-cœur.

Csákora-Schnitt[348] ▸Dolman (2).

Cucullus, *der* (lat., von kelt. *kūkka* ›Gipfel‹, schon im 1. Jh. n. Chr. eine Kapuze bezeichnend; ahd. *cucula*; mhd. *gugel*), kurzer Überwurf mit Kopfloch und ▸Kapuze, aus dunklem Wollstoff. Die Römer übernahmen den C.[418] aus Gallien als Sagum cucullatum (▸Sagum), manchmal auch mit angeschnittenen Ärmeln. Bedeutend länger war der ▸Bardocucullus. Dem C. ähnlich war der ▸Caracalla (1). Vom 1. Jh. n. Chr. bis ca. 1350 die am Mantel befestigte Kapuze. ▸Gugel. Er hielt sich im *Skapulier* katholischer Ordenstrachten.

Cuerpo baxo ▸Corps piqué.

Cueuvre-chief, *der* (afrz.; nfrz. *couvre-chef* ›Mütze‹), im Mittelalter (bis zum 12. Jh.) Schleier oder Tuch aus Seide oder Leinen zum Bedecken des Frauenhaares; je nach Stand der Trägerin boden-, halblang oder kurz, oft bestickt und zuweilen mit einem Reif gehalten. Später wurde daraus das ▸Gebende. ▸Kopfbedeckung.

Cul de Paris, *der* (frz., ›Pariser Gesäß‹), auch *Cul postiche* (frz., ›falscher Steiß‹). Der C. de P. war unter der Bezeichnung ▸*Bouffanten* oder ▸*Französischer Steiß* erstmals in der Damenmode des Spätbarock, um 1690–1700, aktuell. Unter der Bezeichnung »C. de P.« etwa 1785 bis 1791 ein über dem Gesäß getragenes Reifengestell zur Bauschung des ▸Kleides[77] bzw. der ▸Redingote (2), wobei um 1790 das Gestell sich zu einem Gesäßpolster verkleinerte. Um

1869–75 war der C. de P. unter der Bezeichnung ‣*Turnüre*[90] neuerlich in Mode, hervorgegangen aus einer Raffung (‣Polonaise), ein drittes Mal 1882–88 in sehr voluminöser, steifer Form als sog. zweite Turnüre[93], die abermals »C. de P.« genannt wurde.[438] ‣Miniorini.

Culot, *der* (frz., ›Unterteil‹),[49] urspr. Bezeichnung für die nur die Hüften bedeckende, leicht ausgestopfte Hose (Oberbeinkleid) des Mannes unter Heinrich III. von Frankreich (1574–89). Der C. war kürzer als die spanische ‣Heerpauke. ‣Culotte, ‣Hose (2. Hälfte 16. Jh.).

Culotte, *die* (frz., ›kurze Hose‹, von *cul* ›Gesäß‹ übertragen auf die kurze, nur das Gesäß bedeckende Hose).[67] Die Bezeichnung »C.« kam unter Heinrich III. von Frankreich (1574–89) auf (‣Culot, ‣Hose, 1580er Jahre und 1. Hälfte 17. Jh.), gebräuchlich war sie für die nach 1670/75 allgemein in Mode gekommene mäßig enge Kniebundhose (‣Bundhose (1)). Um 1673 wurde über der C. zuweilen die ‣Rheingrafenhose getragen. Die C. war anfänglich noch etwas weit, nach 1700 mehr und mehr anliegend[68, 70], bis sie die Beine faltenlos umspannte. Die Hosenbeine reichten gerade bis unter die Knie, wo sie bis etwa 1740 von den darübergezogenen und über die Strumpfbänder geschlagenen Strümpfen (‣Strumpf) verdeckt wurden. Unter den Knien wurden die Hosenbeine bis 1740 mit einer an einem ringsum angenähten Knieband sitzenden Schnalle geschlossen, danach mit drei oder vier sichtbaren Knöpfen (‣Knopf). Über den Hüften wurde die C. mit einem vorn geknöpften, hinten zur Regulierung der Weite geschnürten oder geschnallten Bund gehalten.[225] Bis Mitte des 18. Jh.s saß vorn ein Schlitz mit sichtbarer Knöpfung oder Nestelung, danach (weil zu eng geworden) ein breiter, kurzer Hosenlatz (in Frankreich C. *à la bavaroise* ›kurze »bayerische« Hose‹ oder *C. à pont* ›Hosenlatz-Hose‹ genannt), der an den Hosenbund hochgeknöpft wurde. Der Hosenlatz reichte meist von Hüfte zu Hüfte, wobei die seitlichen Öffnungen im letzten Viertel des 18. Jh.s häufig von je einer Uhrkette mit ‣Berlocken verdeckt wurden. Vorn im Bund, seitlich oder in der Mitte der Oberschenkel befanden sich schräg oder waagrecht eingeschnittene, ledergefütterte und außen mit ‣Litzen verzierte ‣Taschen (2) (im 17. Jh. insgesamt 4, im 18. Jh. bis zu 10). Als Material bevorzugte man Samt und festgewebte Seiden, zum Reiten Leder (hierbei gab es nur eine äußere Hosenbeinnaht); das einfache Volk trug leinene C.n, Bauern längere ‣Kniehosen. Die C. des Galaanzugs (‣Gala) stimmte in Material, Farbe und Verzierung mit dem ‣Justaucorps (2) überein. (Im letzten Viertel des 17. Jh.s wurde die C. vom Justaucorps sowie von der ‣Weste fast ganz verdeckt.) Nach 1770 übernahmen bürgerliche Kreise die bis zu den Waden reichende englische Hose des Reithabits. Zur Zeit der Französischen Revolution kam der ‣Pantalon (1) auf, der von den Revolutionären getragen wurde, die deshalb auch »Sansculotten« (›ohne Kniehosen‹) genannt wurden. In konservativen Kreisen der älteren Generation hielt sich die C. bis etwa 1820, in der höfischen Gala- und offiziellen Staatskleidung bis zum 1. Weltkrieg; sie ist bis heute in der vornehmen Dienerlivree und in der ‣Trachtenmode und Trachtenkleidung zu sehen.

Cul postiche ‣Bouffanten, ‣Cul de Paris, ‣Postiche.

Cut, allgemein gebräuchliche Abk. für ‣*Cutaway* (2).

Cutaway, *der*[455] (engl., ›weggeschnitten‹).

1. Englischer Reitrock der 1. Hälfte des 19. Jh.s in Form eines Schoßrocks mit zurückgeschnittenen Schößen (‣Schoß (1)).

2. Meist *Cut,* bis um 1900 auch ‣*Rock* (1) oder *Rockjackett* genannter Herrenrock,[85] der sich nach 1850 in England aus dem ‣Gehrock entwickelt hatte. Sein eigentliches Vorbild war der »C.« (1) genannte Reitrock. Dagegen heißt der im 20. Jh. in Deutschland als »C.« bezeichnete Rock engl. *Frock-* oder *Morningcoat.* Im Schnitt des Oberteils und in modischen Details folgt der C. dem Gehrock, ist jedoch stets einreihig, im Rücken mit charakteristischen Teilungsnähten in der Taille und zu den Armlöchern hin, hat stets ein steigendes ‣Revers, einen großen Halsausschnitt, so dass die ‣Weste zur Geltung kommt, und häufig Steinnussknöpfe (aus Palmensamen). Urspr. war der C. noch farbig und nicht selten kariert, gegen Ende des 19. Jh.s jedoch aus schwarzem oder dunkelgrauem Tuch, meist Marengo (einem melierten Streichgarngewebe). Um 1900 bekam der C. die von da an allein vorschriftsmäßige schwarz-grau gestreifte, stulpenlose ‣Hose aus Wollstoffen, wie Kammgarn (‣Stoff, Mittelalter), dem grobfädigeren, melierten Shetland, dem feinfädigen Panama oder Cheviot (‣Stoff, 19. Jh.). 1930 galt eine Hose in dünnrotem Streifenmuster, Glencheck oder Pepita (‣Farbe und Muster, 19. Jh.) mit Pepita-Langbinder und lachsfarbenem Hemd mit weißem ‣Kragen als modische Extravaganz. Die vom Rock abstechende Hose ist für den C. als offiziellem Anzug charakteristisch und unterschied ihn gleichzeitig von dem schon vor 1900 getragenen Cut-Anzug oder Rockanzug, zu dem auch der aus einem Stoff geschnittene Rennbahn-Cut gehörte, der besonders in Karostoff dandyhaft wirkte. Die Cut-Weste aus silbergrauem oder beigem Tuch, vorwiegend zweireihig, hatte ein Revers.

Zum C. wurde ein weißes Hemd mit Klappenkragen und ‣Plastron (3), nach 1918 ein Hemd mit Umlegekragen und silbergrauer ‣Krawatte getragen. Zum schwarzen C. gehörten urspr. nur der Glanzzylinder und Lackstiefeletten, die als Knöpfstiefeletten einen grauen oder beigen Wildledereinsatz hatten. In den 1950er Jahren waren auch ein grauer ‣Zylinder und Chevreauschuhe mit heller Hopsackgamasche (‣Schuh, ‣Gamasche) erlaubt. Die ‣Handschuhe waren, je nach Weste, aus grauem Wildleder oder beigem Glacéleder (‣Leder). Als ‣Mantel diente der zweireihige ‣Paletot (3). In England galt der C. nur als offizieller Vormittagsanzug, zu Ausstellungseröffnungen, Tagesempfängen, großen Konferenzen, während er in Deutschland bis in die 1930er Jahre auch als privater Repräsentationsanzug getragen wurde, danach nur noch dem Bräutigam bei der Hochzeit am Vormittag vorbehalten blieb und zeitweise als Anzug für offizielle Regierungsgeschäfte wiederbelebt wird. (Heute wird der C. meist nur für den Tag geliehen.)

D

Dalmatika, *die* (lat. *dalmatica*), im Mittelalter manchmal auch ‣*Tunika* genannt. Aus dem in der Antike griechischen Dalmatien stammendes Obergewand in der Form eines weiten, bis unter die Knie reichenden, ungegürteten ‣Hemdgewandes mit angewebten weiten (echten) ‣Ärmeln und einem oft doppelten purpurnen Streifen, dem ‣Clavus, auf Vorder- und Rückseite. Im Unterschied zur Tunika ein kreuzförmiges Gewand, das in der Spätantike so gewoben wurde, dass die Kette, hatte man die D. angelegt, waagrecht verlief, die Webkante demnach den Saum bildete. Das Muster des Clavus verlief rechtwinkelig zur Kette des Grundstoffes. Im 5. oder 6. Jh. n. Chr. wurde es, wahrscheinlich unter persischem Einfluss, üblich, die Kette in der Längsrichtung zu führen; dementsprechend war das Muster in Kettrichtung eingetragen. Die D. war urspr. aus weißer Wolle, seit 320 auch aus Leinen, Seide oder Halbseide (‣Colobium (1)). Ende des 2. Jh.s n. Chr. wurde sie Teil der römischen Kleidung[20] und von Diokletian (284–305 n. Chr.) zur Kaisertracht erhoben, damit Teil des byzantinischen Herrscherornats.[420] In den Katakombenmalereien erscheint sie ab dem 3. Jh. als Gewand der Christen, meist der Frauen. Sie war Gewand der Kopten[21] beider Geschlechter und ist in leicht veränderter Form seit 320 (Edikt des Bischofs von Rom) liturgisches Amtskleid der Diakone. Karl d. Gr. (768–814) hat die D. als Krönungsgewand der römisch-deutschen Kaiser eingeführt.

Damast ‣Stoff (15. Jh.).

Dandy ‣Arbiter elegantiarum, ‣Beau.

Danton-Kragen (benannt nach dem französischen Revolutionär Georges Danton, 1759–94). Im Zuge ihrer Erneuerungen, auch der Mode, versuchten die französischen Revolutionäre diese neue, bis unter die Brust hinuntergezogene Kragenform am Herrenhemd einzuführen – mehr oder weniger vergeblich. Sie wurde erst wieder nach 1948 vorübergehend an Damenblusen modern.

Dauerwelle. 1906 von dem deutschen Friseur Karl L. Nessler (1872–1951) in den USA erfundenes Verfahren, mittels Hitze und Chemikalien das Haar in relativ dauerhafte Wellen zu legen. Die Haare wurden anfangs über Spiralwickler vertikal gedreht; 1924 erfand Josef Mayer (1881–1952) in Karlsbad die Flachwicklung. Seit 1947 ist die Kalt-D. gebräuchlich, bei der das Keratin des Haares chemisch erweicht, dann neu geformt und gefestigt wird. 1977 kam eine D. für extrem kleine Löckchen, die Dauerkrause, in Mode: Man verzichtete auf das zweite Eindrehen des Haares (Wasserwelle) und trocknete es an der Luft oder mit Wärmelampen. ‣Haarmode.

Decke. Anstelle des geschlossenen Schlurpfers (‣Muff) trug die Bürgersfrau als Kälteschutz im 17. und 18. Jh. auch eine hochrechteckig zusammengelegte D., in die sie ihre Hände steckte.

Dekolleté, *das* (frz.), Halsausschnitt an der Frauenkleidung in den drei Grundformen des *kleinen D.s* bis oberhalb des Brustansatzes, des *großen D.s,* das Brustansatz oder Schulter zeigt, und des *Rücken-D.s.* Im Altertum war eine entblößte oder mit einem durchsichtigen ‣Hemdgewand bedeckte Brust keine Seltenheit: Im ägyptischen Altertum reichte das ‣Trägerkleid bis knapp unterhalb der Brust; breite Träger hielten es so, dass ein tiefes, V-förmiges D. entstand; das Miederoberteil der kretisch-minoischen Frauenkleidung ließ die Brust völlig entblößt. Aber erst im 14. Jh. kam das eigentliche D. auf in meist ovaler, flacher, oft die Schultern umschließender Form oder als V. Isabella von Bayern (1371–1435) soll das mit kostbarem Hermelinkragen eingefasste D. auf Brust und Rücken in die französische Hoftracht eingeführt haben. In zahlreichen ‣Kleiderordnungen wurde versucht, den »ärgerlich und schändlich entblößten Brüsten« (1662 Rat zu Braunschweig) ein Ende zu machen. Im 15. Jh. dominierte das von den Schultern geschwungen zur Brustmitte verlaufende herzförmige *D.* ‣*en cœur*[38, 39], meist mit ‣Pelz verbrämt und mit spitzem Rücken-D. Ende des 15. Jh.s war das D. vorn und hinten rund.

(Auch ‣Hemd und ‣Wams des jungen Mannes waren tief ausgeschnitten.) Bei sehr tiefem Vorder-D. verdeckte ein waagrechter Miedereinsatz (‣Brusttuch, ‣Gorge[320, 40]) den Busen. Anfang des 16. Jh.s war ein großes, eckiges oder in sanftem Bogen nach oben verlaufendes D. in Mode, mit Brokatborten und Stickerei eingefasst und mit dem ‣Koller (2) als Kälteschutz[42] und beim Kirchgang bedeckt. In der bürgerlichen Mode nach etwa 1520 verdeckte das hochgeschlossene, feingefältelte Hemd das D.[40], während die höfische Kleidung das große D.[45] noch bis Mitte des 16. Jh.s kannte.

Die Spanische Mode (2. Hälfte 16. / Anfang 17. Jh.) lehnte das D. vollkommen ab; der Busen galt als unschön. In England, Frankreich und Italien jedoch behielt die Frau ein D. bei bzw. nahm es bald wieder auf, meist in waagrecht abschließender Form und mit einer vorn offenen Kröse (‣Halskrause) oder einem ‣Medici-Kragen[54] als Rahmen – am freizügigsten in der venezianischen Mode[57].

Zur Zeit des Dreißigjährigen Krieges wurde das Kleid allgemein – mit Ausnahme der Niederlande (‣Regenten- und Regentinnen-Kostüm) – wieder dekolletiert. Der breite und tiefe, hinten halsferne Ausschnitt wurde um 1650 zum Oval; so nahm ihn, in flacherer Form allerdings, auch die Spanische Mode an. Ein breiter Spitzen-[61] oder durchsichtiger Leinenkragen, mitunter auch eine zarte Stoffdrapierung[66] rahmte es (‣Palatine (1)). Bürgerinnen bedeckten es mit einem ‣D.-Kragen, den vornehme Damen nur zum Schutz des Teints umlegten. Um 1685 wurde das D. viereckig und schmal,[69] es reichte anfangs noch bis zum Brustansatz. Nach 1700 war es kleiner und von der Rüsche des Hemdes gerahmt. Im Winter bedeckte man es mit der Palatine. Das D. des höfischen Galakleides im 18. Jh. blieb eckig, wurde jedoch etwas breiter und trapezförmig,[75] während ‣Adrienne und ‣Kontusch(e) eher hochgeschlossen waren. Nach 1770 brachte die ‣Englische Mode ein kleineres, von einem Brusttuch[73] (in Frankreich ‣Fichu oder in voluminöser Form Trompeuse[72, 76]) bedecktes D., das um 1780 allgemein übernommen wurde, nur nicht für die Hofrobe.

Im 19. Jh. hatte das zur ‣Chemise (2) vereinfachte Kleid der À-la-grecque-Mode (1795 bis 1815, ‣Grecque, Mode à la) ein freizügiges, ovales bis eckiges,[79] aber auch en cœur[179] geschnittenes D., Letzteres meist mit einem Brusteinsatz, der Gorge, bedeckt. Bei Sommer- und Ballkleidern reichte das D. bis zum Brustansatz und schloss die Schultern mit ein. Im Winter diente das ‣Can(n)ezou als Kälteschutz. Nach 1810, insbesondere nach 1815 wurde das D. beim Tageskleid kleiner und von einem Zackenband (‣Dent de loup) oder einer ‣Halskrause eingefasst. Bis 1825 blieb das Tageskleid hochgeschlossen oder hatte lediglich einen kleinen, runden Ausschnitt, während das Festkleid um 1822 vorn und hinten viereckig, später oval[338] bis rund ausgeschnitten war. Danach war auch beim Tageskleid ein großes, ovales bis fast horizontales, die Schultern mit einbeziehendes D. üblich,[129] das von einer kleinen ‣Rüsche oder der ‣Berthe umrandet wurde. Nach 1836 trug die Frau das Tageskleid wieder hochgeschlossen oder höchstens mit einem von der ‣Chemisette unterlegten V-Ausschnitt[339]. Diese D.-Form wurde zur Zeit der ‣Krinoline (1848–70) beibehalten, ging aber nach 1860 in eine trapezförmige Form über. Das Ballkleid behielt das große D., eckig bis rund und mit Rüschen oder Stoffdraperie eingefasst. Zur Zeit der ‣Engen Mode (1875–81), als am Ballkleid der Träger leicht über die Schultern rutschte, kam im ‣Genre canaille das asymmetrische, eine Schulter freilassende D., ehem. ‣*Diana-D.* genannt, auf.

Das ‣Reformkleid (1898 – ca. 1910) ließ einen mäßig großen, viereckigen Ausschnitt zu, der in der Mode des ‣Art Déco zum kleinen runden abgewandelt wurde, während das Schneiderkleid bis 1914/15 gewöhnlich hochgeschlossen, mit Stehkragen, war; am Gesellschaftskleid war nur ein kleines eckiges, mit ‣Spitzen unterlegtes D. (‣Plastron (4)) erlaubt – einzige Ausnahme bildete das Ballkleid mit einem viereckigen bis ovalen, von Rüschen, Volants (‣Falbel) oder Drapierungen gerahmten D.[102] 1917/18–22/23 hatten ‣Kittelkleid und ‣Futteralkleid einen flachen, von Schulter zu Schulter reichenden Halsausschnitt, ‣*Boot-* oder *Schiffchen-Ausschnitt* genannt, der auch am ‣Abendkleid in fast schulterfreier Form bis 1920 dominierte. Danach, z. T. auch schon seit 1918, schloss das Abendkleid knapp über der Brust ab und wurde nur von Trägern gehalten; um 1925 erhielt es einen tiefen V-Ausschnitt[345] und ein charakteristisch tiefes Rücken-D. Tageskleider der 1920er Jahre waren hochgeschlos-

Abb. 193. Modell von Ann Demeulemeester im Stil des Dekonstruktivismus. Antwerpen–Paris, 2005.

sen oder hatten einen kleinen V- oder U-förmigen Ausschnitt. Das Abendkleid der 30er Jahre war vorn mäßig dekolletiert, behielt jedoch das tiefe Rücken-D. in V- oder U-Form.[346] E. ‣Schiaparelli machte das asymmetrische, einen Arm ganz freilassende Diana-D.[195] gesellschaftsfähig. In den 1940er Jahren blieb das Tageskleid meist hochgeschlossen. In den 1950er Jahren wurde das D., besonders beim Sommerkleid, vielfältiger denn je, runde V- oder herzförmige Ausschnitte dominierten; 1955 kam zur A-Linie (‣Haute Couture) ein breites, eckiges D. auf. Das Abend- und ‣Cocktailkleid erhielten ein tiefes, bis zum Brustansatz reichendes D.,[286] oder das Oberteil war als ‣Korsage (1) gearbeitet. Etwa 1964–70 wurden beim Sommerkleid die Armlöcher bis an den Hals ausgeschnitten, so dass die Schultern entblößt waren. 1968 kam der ‣Transparent-Look auf, der den Oberkörper der Frau nur mit einem dünnen, durchsichtigen Stoff bedeckte, allerdings bis zum Hals. Das Abendkleid hatte um 1965 und bis Anfang der 1970er Jahre einen extrem tiefen vorderen herzförmigen Ausschnitt, 1977 kamen das *Carmen-D.* (‣Carmen-Kleid), das asymmetrische und das große D. mit Spaghettiträgern bei Sommer- und Abendkleidern in Mode. Seither große Vielfalt an D.-Formen.

Dekolletékragen, schleierartiges Tuch, breiter Leinenkragen oder ‣Koller (2) zur Verhüllung des ‣Dekolletés, Ende des 15. / Anfang des 16. Jh.s. Bis 1630 von Bürgersfrauen und von adeligen Damen im Freien zum Schutz des Teints getragen. ‣Berthe, ‣Can(n)ezou, ‣Kragen, ‣Palatine (1).

Dekonstruktivismus. Im D. werden herkömmliche Ordnungen und Konventionen abgelehnt sowie ästhetische Gewohnheiten bezüglich Körperproportionen und Schönheitskriterien in Frage gestellt. Die De-Konstruktion basiert auf dem Sichtbarmachen von (Entstehungs-)Prozessen und auf dem Hinzufügen oder Offenbaren eines irrationalen Moments. Formen sind wichtiger als Farben.

In der Mode nahm der D. bei den japanischen Designern R. ‣Kawakubo (Comme des Garçons) und Y. ‣Yamamoto in den 1980er Jahren seinen Ausgang. Die Belgier A. ‣Demeulemeester und M. ‣Margiela stehen dem Stil des D. nahe, der um 1991 mit ‣Grunge, Poor-Look und Recycling-Mode übereinstimmte. Demeulemeester machte Zerstörtes und Heruntergekommenes sichtbar und wertete es zum begehrenswerten Konsumprodukt auf: Outlaw und Establishment, Provokation und Gefallen verschmolzen. Margiela setzte zusammen, was nicht zusammen gehört, etwa einen viel zu weiten Ärmel in ein zu enges Armloch. Dadurch werden Körper und Kleidung nicht als ein Ganzes oder Zusammenhängendes präsentiert, sondern deren Zerlegbarkeit demonstriert. Margiela recycelt alte Mode, zertrennt, dreht um, kehrt Nähte und Reißverschlüsse nach außen. Er zeigt damit den Ursprung und die Künstlichkeit der Schneiderkunst sowie die Seele beziehungsweise Seelenlosigkeit der Mode.

Delle, *die* (von mhd. *telle* ›Schlucht‹; niederd. *delle* ›Tal‹)[163], beiderseitige Vertiefungen am vorderen Kopfteil des weichen Herrenfilzhutes zum leichteren Aufsetzen und Abnehmen. Beim Hut mit steifem Rand erübrigt sich die D.

Delphos-Robe[282] ‣Fortuny y Madrazo, M., ‣Haute Couture (1. Hälfte 20. Jh.).

Demi-castor, *der* (frz., ›Halbbiber‹), ein im 17. Jh. aufgekommener Mischfilz aus Biberhaaren (frz. *castor*) und Wollfilz, der zunächst verboten war, aber im Laufe des 18. Jh.s bis Anfang des 19. Jh.s Verwendung fand, u. a. für einen Hut, der »D.« hieß (wie danach die Damen der Halbwelt, ‣Genre canaille).

Demimonde ‣Genre canaille.

Demokratenhut, 1867 aufgekommene Version des ‣Kalabresers mit flachem, eingedelltem Kopf. ‣Delle, ‣Kopfbedeckung.

Denim ‣Jeans, ‣Stoff (19. Jh.).

Denims ‣Jeans.

Dent de loup, *der* (frz., ›Wolfszahn‹), in der Art von »Wolfszähnen« ausgezackte ‣Borte (Zackenband)[179], die das Dekolleté der ‣Chemise (2) im Spätempire, nach 1810, umgab. ‣Kragen.

Derby. 1. ‣Bowler. **2.** Um 1862 nach einem Lord Derby benannte Herrenstiefelette, bei der die beiden später auch »D.« genannten Quartiere (Seitenteile) über dem Blatt liegen und die Seitennähte geschwungen verlaufen. Diese Schnittform wurde um 1880 beim Herrenhalbschuh ebenfalls »D.« genannt[239c, 239d] und bald darauf für die meisten anderen Herrenhalbschuhe übernommen. ‣Fußbekleidung.

Abb. 194. Derby. Nach Eelking.

Deshabillé, *der* (frz., ›Hauskleid, Morgen-, Schlafrock‹), ‣Negligé.

Design, *das* (engl., ›Plan, Entwurf‹), heute gebräuchliche Bezeichnung für Form- und Schnittgestaltung u. a. eines Kleidungsstückes.

Designer, *der,* **Designerin,** *die* (engl., ›Entwerfer(in)‹, von *design* ›Entwurf, Muster, Modell‹), Formgestalter für Gebrauchsgüter; in der Modebranche Entwerfer von Bekleidung und Accessoires für den Bereich ‣Prêt-à-porter und ‣Konfektion. In der ‣Haute Couture wird der Modeschöpfer als *Grand Couturier* bezeichnet, doch versteht sich dieser seit der Angliederung von Prêt-à-porter-Kollektionen an die Haute Couture Ende der 1960er Jahre meist ebenfalls als D.

Designermode, seit den 1990er Jahren gebräuchliche Bezeichnung für die Avantgardemode ebenso wie für exklusive Designermarkenmode (z. B. ‣Gucci, ‣Prada) und für ‣Prêt-à-porter.

Dessin, *das* (frz., ›Zeichnung‹), allgemein gebräuchliche Bezeichnung für die vom Musterzeichner oder Dessinateur entworfenen Stoffmuster (‣Farbe und Muster).

Dessous, *das* oder *Pl.* (frz., ›Damenunterwäsche‹), ‣Unterkleidung.

Deutsche Nationaltracht ‣Altdeutsche Kleidung.

Deux-pièces ‣Ensemble.

Diadem, *das* (von griech. *diádēmas* ›Umgebundenes, Binde‹), eine aus Flechtwerk, Stoff oder (Edel-)Metall verfertigte, hinten offene Kopf- oder Stirnbinde bzw. Stirnreif, in der Stirnmitte besonders geschmückt oder verbreitert. Das D. ist ägyptisch-orientalischen Ursprungs und stellte immer eine Auszeichnung dar. Ägyptische Herrscher trugen Federn-D.e oder Stirnband mit Uräusschlange, altpersische Könige ein Purpurband mit weißen Verzierungen um die ‣Tiara (1). In der griechischen Antike war das D. Zeichen der Priesterwürde. Frauen und junge Männer trugen diademartige Reife aus Stoff oder Metall, Vornehme solche aus Gold. Der Reif der Frau, *Stephanos* (›Kranz‹) genannt, hatte oft ein längeres Hinterhauptband (»Sphendone«)[185] als Befestigung und Stütze. Alexander d. Gr. übernahm das D. als Herrschaftssymbol aus dem Orient in Form einer weißen Binde mit Randverzierung samt den mit goldenen Fransen verzierten, in den Nacken fallenden ‣Infulen (1). Im republikanischen Rom war das D. als Zeichen der Monarchie verbannt. Erst seit Kaiser Konstantin (306–337) gehörte es zum Ornat der römischen Kaiser, in Form eines im Nacken mit dem »Herkulesknoten« geschlungenen, breiten Purpurbandes mit einem gefassten Edelstein, über dem sich als Stirnschmuck ein Dreiblatt aus Perlen oder Edelsteinen erhob. Im oströmischen Reich, ebenfalls zum Herrscherornat gehörend, war das D. kostbar mit Schmuck besetzt.

Bis ins hohe Mittelalter wurden die Bezeichnungen »D.« und »Krone« synonym gebraucht. In der mittelalterlichen Kunst war das D. immer ein Hoheitssymbol, in der Frührenaissance findet es sich u.a. als Attribut der Sibyllen, danach bis in den Barock oft noch als Kennzeichen antiker Göttinnen, obgleich es in der Hochrenaissance seine Bedeutung als symbolhaftes Hoheitszeichen verloren hatte und vielfach nur als ‣Haarschmuck getragen wurde. In der napoleonischen Ära wurde das D. wieder mehr adeliges Hoheitszeichen. Im 20. Jh. ist es festlicher Haarschmuck zum Ballkleid (‣Abendkleid), auch aus unedlem Metall und mit Straßsteinen (‣Straß); seit der 2. Hälfte des 20. Jh.s höchstens bei Debütantinnen.

Diademhaube, in der 2. Hälfte des 14. Jh.s in Deutschland (selten in Frankreich und Holland, gar nicht in Italien) erwähnte ‣Haube, deren Form nicht zweifelsfrei bekannt ist. Sie war wohl eine elegantere Form der ‣Flügelhaube[51] und hatte im Unterschied zu jener eine um den Kopf diademartig (‣Diadem) abstehende Oberhaube. Vom Anfang bis zur Mitte des 17. Jh.s trat sie in Holland, insbesondere als Teil des ‣Regentinnen-Kostüms, wieder in Erscheinung.

Dianadekolleté, Dianaoberteil[213] (von *Diana,* der römischen Göttin der Jagd, die häufig in der ‣Exomis dargestellt ist), ein asymmetrisches, eine Schulter ganz entblößendes ‣Dekolleté, das in der 2. Hälfte des 19. Jh.s im ‣Genre canaille Mode wurde. In den 1930er Jahren machte E. ‣Schiaparelli das D. gesellschaftsfähig. In den 1950er Jahren waren Mme ‣Grès' extravagante ‣Abendkleider mit D. berühmt. Um 1978/80 war es auch bei Sommerkleidern und ‣T-Shirts und erneut um 1995/96 modern.

Dinnerjacket, *das* (engl., wörtl. ›(Fest-)Mahlzeit-Jacke‹), engl. Bezeichnung für den ‣*Smoking,* in Deutschland speziell für den (weißen) Sommersmoking; für halboffizielle gesellschaftliche Anlässe. Entspricht dem amerikanischen *Tuxedo.*

Abb. 195. Dianadekolleté. Transparentes Strickkleid von Missoni. Mailand, 2005.

Dior-Schlitz, mit dem Stoff des Rockes unterlegter Gehschlitz, der dem engen, figurbetonten ‣Rock (2) der Frau die notwendige Bewegungsfreiheit gibt. Den D. kreierte 1948 Ch. ‣Dior für seine ‣Enge Linie.

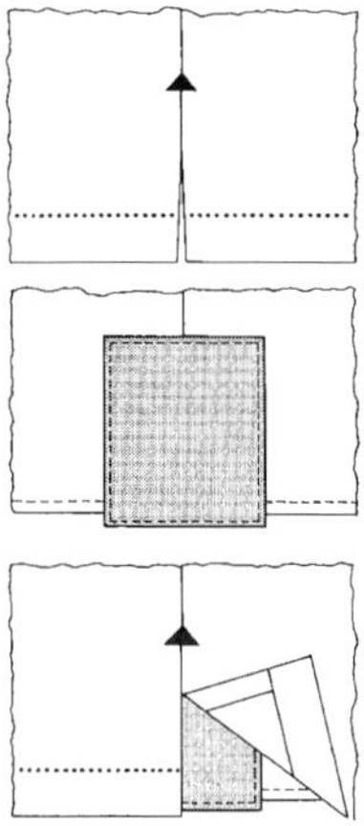

Abb. 196. Dior-Schlitz. Nach Schierbaum.

Diplois, *der* (griech., ›doppelt gefaltet‹), Überhang des Oberteils griechisch- und römisch-antiker Obergewänder der Frau, also des ‣Chiton, des ‣Peplos und der ‣Stola (2). Der Stoff wurde dafür oben an der Längsseite umgeschlagen. Der D. konnte als modisches Detail mannigfaltig variiert werden (besonders am Chiton) und wurde in der griechischen Antike auch separat geschnitten, so dass ein eigenes Übergewand, die ‣Epumis, entstand.

Diploma, *das* (griech., ›doppelt gelegtes Stück eines Stoffes‹, von *diploē* ›Verdoppelung, Falte‹), Übergewänder der griechischen und römischen Antike, wie ‣Chlaina, ‣Chlamys, ‣Chlanis, ‣Himation, ‣Palla, ‣Pallium (2), ‣Toga, konnten ab dem 5. Jh. v. Chr. in doppelter Stofflage umgelegt werden, wodurch das Gewand wärmer wurde.

Diplomatenfrack, ‣Frack mit vollen knielangen Schößen (‣Schoß (1)), demnach eigentlich ein ‣Gehrock, der während der 2. Hälfte des 19. Jh.s in der Türkei und in Ägypten (ab 1869) zusammen mit dem ‣Fes von höheren Staatsbeamten, Ärzten und Vornehmen getragen wurde. Im 20. Jh. hat der D. eine verdeckte Knopfleiste, sein Oberteil ist in den Schößen eckig abgesetzt.

Diplomatenschleife, 1851 kam im Kreise der Diplomaten der Frankfurter Nationalversammlung die Mode auf, anstelle des weißen Halstuches (‣Krawatte) zum ‣Frack eine schwarzseidene, schmale ‣Schleife (1), wie die Engländer, zu tragen. Für ihren gehobenen Anspruch war ungewöhnlich, dass diese D. kein Selbstbinder, sondern eine »genähte« Schleife mit einer Schließe war.

Directoire-Mode ‣Grecque, Mode à la.

Dirndl(kleid) (von mhd. *dierne* ›Jungfrau‹; bayer.-österr. *Dirndl* ›junges Mädchen‹), modisch abgewandeltes Trachtenkleid, das aus einer urspr. bäuerlichen Unterkleidung in Österreich und Bayern um 1870 entstand. Es wurde in den 1930er Jahren durch die Operette »Im Weißen Rössl«, Musik von Ralph Benatzky, Kostüme von Ernst Stern (rumän.-jüdischer Herkunft, geb. 1876, gest. London 1954) und inszeniert von Eric Charell (1930 in Berlin, unter »White Horse Inn« 1931 in London und 1936 in New York) weltweit (besonders in den USA) Mode. Das D. besteht aus einem ‣Leibchen mit hinten faltigem kleinen ‣Schoß (1) oder aus einem vorn verschnürten ‣Mieder mit puffärmeliger, weißer Dirndlbluse, einem in Stäbchenfalten (parallel, zu »Stäbchen« gereihten Falten) gereihten oder gezogenen ‣Rock (2) und einer weißen oder farbigen, oft zart gemusterten ‣Schürze. »Leibl« und Rock sind aus buntgewebten oder buntbedruckten Baumwollstoffen, Abend-D. (eine reine Modekleidung) aus Damassé (‣Stoff, 15. Jh.) oder Brokat. Das D. wird modisch variiert (die Saumlänge oft der des Tageskleides angepasst) und ist immer wieder Vorbild für Modelle von ‣Haute Couture und ‣Prêt-à-porter. ‣Folklore-Mode, ‣Kleid, ‣Trachtenmode.

Disco-Mode, extrem jugendliche, unkonventionelle bis extravertierte Mode für Tanzlokale (»Discos«), seit Ende der 1970er Jahre. Um 1978–82 war sie sehr gegensätzlich: entweder extrem figurbetont oder lässig weit. Bei der weiblichen D. wurden glänzende Stoffe aus Metalleffektgarnen, mit Straßsteinchen (‣Straß) oder ‣Pailletten verziert, oder fluoreszierende Stoffe bevorzugt. Mädchen trugen als Oberteil ‣Bodystocking, ‣Body-Suit, Trägerhemdchen mit Spitzeneinsatz oder ‣Brassière aus dehnbarem Paillettenstoff, dazu einen hochgeschlitzten, hautengen ‣Rock (2) oder eine Satinstretchhose, Boxershorts (‣Shorts) oder hautenge Röhrenjeans (‣Röhrenhose, ‣Jeans) mit grellfarbenen Lurexsöckchen (Lurex: Gewebe mit metallisierenden Fasern), flache ‣Ballerinaschuhe, weiche Musketierstiefel oder Stiefeletten (‣Fußbekleidung). Jungen gefielen sich in »Elvis-Jacken«, d.h. schwarzen oder weißen Nappalederjacken, wie sie der amerikanische Schlagersänger Elvis Presley (1935–77) trug, Stiefeln, ‣Overalls aus silberfarbener Fallschirmseide, ‣Latzhosen oder weichen, bequem geschnittenen Leinensakkos. Dazu gehörten die schmale Strickkrawatte, ein farbiges ‣Hemd mit weißem Kragen und College-Schuhe (‣Fußbekleidung, 20. Jh.). 1982 kamen für beide Geschlechter hautenge Hosen auf, meist in Rot oder Gelb mit schwarzen Längsstreifen. 1983 wurden für die supersportlichen Robot- und Break-Tänzer ‣Jogging-Anzüge und weiße Handschuhe (Lichteffekte!) unentbehrlich. In den 1990er Jahren setzte sich mehr sportliche Freizeitkleidung durch, Schwarz wurde zur dominanten Farbe. Die Bezeichnung D.-M. hat sich Ende des 20. Jh.s weitgehend überholt.

Djubbeh, Dschubbeh, Gibbeh, *die* (von arab. *alchubba, aljuba*), langes, vorn offenes Übergewand der Mohammedaner. Die Bezeichnung wurde im späten 12. Jh. von Kreuzfahrern nach Europa gebracht (‣Gippe) und zum Stammwort von *Cioppa* (‣Surkot), *Giubba* (‣Jupe), ‣*Giubberello,* ‣*Giubbone* (ital.); ‣*Jubón* (span.); ‣*Jupe* (frz.); ‣*Joppe,* ‣*Schaube* (dt.); *Szuba* (russ.). Aus dem ‣Kaftan entwickelt, jedoch komplizierter im Schnitt. Die D. ist vorn offen und ungegürtet, mit höchstens einem ‣Knopf am Halsausschnitt, stets aus Wollstoff und ungefüttert. Die vordere Längskante ist ausgestellt geschnitten, ohne den angesetzten Keil des Kaftans. Seitlich sind mehrere Teile schräg eingesetzt, die rückwärtige Mittelbahn verjüngt sich nach unten. Die ‣Ärmel sind rechtwinkelig angesetzt und etwas weiter als beim Kaftan. Die D. wurde über dem Kaftan von männlichen Standespersonen im Türkischen Reich und dessen Vasallenstaaten, wie auf der Balkanhalbinsel, in Ägypten, Tunesien und Algerien, getragen. Der D. ähnlich ist der meist von Gelehrten getragene Binisch, der jedoch weite, geschlitzte Ärmel hat, die hinten frei herabfallen – ein Ärmelschnitt, den im 16. Jh. die europäische Mode oft verwendete.

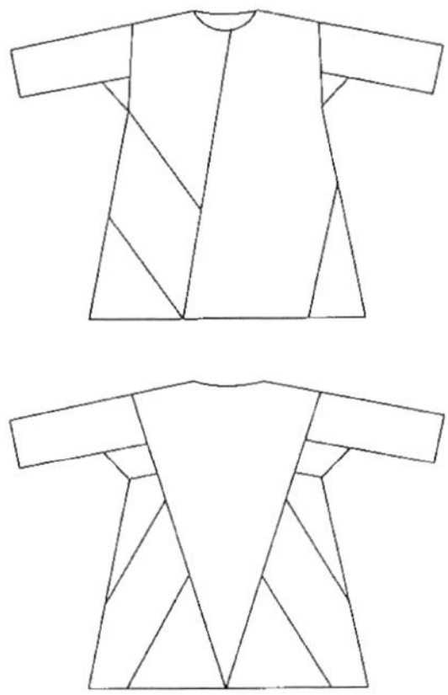

Abb. 197. Djubbeh Schnitt in Vorder- und Rückansicht. Nach Tilke.

Es gibt auch eine Frauen-D., meist aus Samt oder Seide mit Goldborten und Stickerei verziert.

DOB, branchenübliche Abk. für *Damenoberbekleidungsindustrie,* vertreten durch den deutschen »Verband der Damenoberbekleidungsindustrie e.V.«, 50668 Köln, Mevissenstr. 15.

Dockers ‣Khakihose.

Doc Martens, derber Halbschuh oder Stiefel (nach der Anzahl der Ösen) mit oder ohne Stahlkappe, mit gelber Rahmennaht (Markenzeichen des »1460er«, der am 1. 4. 1960 auf den Markt kam) sowie mit der 1945 von dem deutschen Arzt Klaus Maertens und dem Techniker Herbert Funk erfundenen Luftpolstersohle, die zunächst (und bis heute) bei Gesundheitsschuhen verwendet wurde. In England

Abb. 198. Doc-Martens-Schuhe mit Air-Cushion-Sohle.

wurde die Sohle ab 1960 von der Firma Griggs bei Arbeitsschuhen (für Polizisten, Briefträger, Bauarbeiter) eingesetzt. Da auf die D.M. keine Verkaufssteuer erhoben wurde und diese somit preiswert waren, wurden sie bei Jugendgruppen, wie ‣Skinheads und ‣Punks[440] begehrt.

Dogaline, *die* (von ital. *dogale* ›Dogen-‹, urspr. *abito alla dogalina* ›Gewand nach Art des Dogen‹), weiter ‣Mantel mit sehr weit, bis fast zu den Knien ausgeschnittenen ‣Ärmeln, die oft über die Schultern zurückgeschlagen wurden. Die D. ist venezianischer Herkunft[509] und wurde Ende 14. bis 16. Jh. von beiden Geschlechtern getragen, als Frauenmantel am Boden schleppend, von Männern auch kniekurz.

Dolde, spitzenähnliche, aus weißem Garn gearbeitete Ball-, Trauben- oder Tropfenform als Abschluss einer Kordel.

Dolly-Varden-Kleid, in England 1870–75 populär, nach der Hauptfigur in Charles Dickens' »Barnaby Rudge«, das 1780 spielt, benannt, bestehend aus einer hinten über einer ‣Turnüre hochgerafften ‣Polonaise (1) und einem knöchellangen ‣Rock (2), um dessen Saum sich gefältelte Krausen ziehen. Aus geblümtem Stoff, meist Kretonne (‣Stoff, 17. Jh.); von kräftiger Farbe. Dazu wurde ein Strohhut mit vorn aufgebogener Krempe getragen, den ein unter den tiefen Nackenknoten führendes Band hielt.

Dolman, *der* (türk.). **1.** Leibrock der türkisch-islamischen Tracht in Form eines fußlangen ‣Kaftans mit langen, weiten Ärmeln, aus Samt, Seide oder Wolle. **2.** In der 2. Hälfte des 16. Jh.s von (1) übernommener und nach der westlichen Mode (‣Wams) abgewandelter ungarischer ‣Rock (1) von geradem Schnitt, mit Stehkragen. Er hatte zunächst halblange Ärmel, so dass die feinen, bestickten Hemdärmel sichtbar blieben, später lange Ärmel mit Umschlag, dazu reichen Schnürbesatz und Knöpfe sowie Knopflöcher aus ‣Posamenten (‣Bouton à queue); der ‣Schoß (1) im sog. Csákora-Schnitt, mit übereinanderliegenden Schoßenden, reichte bis zum Oberschenkel.[409] Ende des 18. Jh.s wurde der D. anliegend, mit taillenkurzem Schoß. Gleichzeitig

Abb. 199. Dolman-Ärmel: Bogen-Dolman (links) und Ungaro-Dolman. Nach Hofer.

wurde er zur Husarenjacke und als solche Mitte des 19. Jh.s durch die Attila (eine kurze, mit Schnüren besetzte Husarenjacke als Teil ungarischer Adjustierungen) ersetzt. Über dem D. wurde der ‣Mente getragen. **3.** Aus (2) abgewandelte ‣Hausjacke des Herrn, beliebt in der 1. Hälfte des 18. und der 2. Hälfte des 19. Jh.s. Im 19. Jh. zur Frauenjacke mit türkischem Muster oder Schnurbesatz sowie zu einer Knabenjacke (‣Kinderkleidung) abgewandelt.

Dolman-Ärmel, urspr. der angeschnittene ‣Ärmel des ‣Dolmans; heute ein hoch (rund, oval oder eckig) eingesetzter, in das Oberteil eingeschobener, weiter Ärmel an ‣Mantel,[400] ‣Bluse (2) und ‣Kleid. Die eckige Fasson hat E. ‣Ungaro um 1968 kreiert, daher *Ungaro-Dolman.*

Domino, *der* (ital., eigtl. ›Herr, Geistlicher‹). **1.** Weiter Mantelumhang italienischer und spanischer Geistlicher mit ‣Kapuze als Regen- und Kälteschutz. (Urspr. mancherorts auch das ähnliche Pluviale.) **2.** Der D. wurde im 16. Jh. in die weltliche Kleidung beider Geschlechter übernommen und im 18. Jh. und 19. Jh. wegen seiner verhüllenden Form zum charakteristischen venezianischen Maskenkostüm, der

‣Bautta[152], getragen, im 19. Jh. auch in Deutschland. Der D. war nun ein weiter, das ganze Gewand bedeckender und vorn geknöpfter Mantel mit abnehmbarer Kapuze. Im 18. Jh. kam man von der bis dahin dominierenden schwarzen Farbe ab.

Donegal ‣Stoff (19. Jh.).

Doppelgewand. Schon im Altertum wurden zwei Obergewänder – meist ein leinenes Untergewand (kein Hemd!) und ein wollenes, buntes Obergewand – übereinander getragen, um Reichtum zu demonstrieren. Im späten Mittelalter dann als Verbindung von ‣Cotte und ‣Suckenîe bzw. ‣Surkot[32]. Das D. gab es in der Frauenkleidung bis ins 19. Jh., meist als Doppelrock. ‣Jupe (2), ‣Kleid, ‣Manteau, ‣Robe.

Doppelhennin ‣Hörnerhaube.

Doppelknopf. 1. Zwei gegeneinander – an der Innen- und an der Außenseite eines Gewandes – angenähte Knöpfe, zum besseren Halt des Außenknopfes. **2.** Zwei durch einen längeren Stiel oder ein Kettchen verbundene Knöpfe (‣Manschettenknopf, ‣Bord-à-Bord-Jacke). Ende des 19. Jh.s kamen zwei zusammenpressbare Knöpfe, sog. Junggesellenknöpfe, auf, die das Knopfannähen erübrigten. ‣Knopf, ‣Verschluss.

Doppelmanschette, die umgeschlagene ‣Manschette des Herrenoberhemdes (‣Hemd), die mit dem ‣Manschettenknopf geschlossen wird. Die D. entstand Anfang des 20. Jh.s als Teil des Seidenhemds, für das die abgesteifte Manschette nicht in Frage kam; durch das Umschlagen erhielt die Manschette größeren Halt. Die D., später auch *französische Manschette* genannt, schaut im Gegensatz zur einfachen, der sog. *italienischen Manschette,* weiter unter dem Ärmel des ‣Sakkos hervor. ‣Bluse.

Dorloterie ‣Posament.

Dormeuse, *die* (frz., ›Langschläferin‹), bürgerliche Schlafhaube (‣Haube) des 18. Jh.s, die nach 1775 zur modisch eleganten Morgenhaube[73] wurde (‣Cornet(t)e). In Deutschland wurde sie bis etwa 1810, von älteren Frauen auch länger getragen. Ihr hoher, runder Kopf war aus weißem Batist oder anderem feinen Leinen, wurde rundum durch ein vorn zur Schleife gebundenes Zugband auf Form gehalten und von einer gerüschten oder gefältelten ‣Spitze umrandet. Zur Zeit der Hochfrisuren des Spätrokoko (Höhepunkt um 1775–85) wurde der Kopf der D. mittels eines Drahtes entsprechend der ‣Haarmode geformt. Sie war auch Vorbild für den ‣Chapeau-bonnet.

Doubleface, *der* (engl., ›Doppelgesicht‹), Wendemantel mit einem zweiten Oberstoff anstelle des ‣Futters; in den 1920er Jahren aus Gabardine (‣Stoff, 19. Jh.) und ‣Kamelhaar aufgekommen. ‣Mantel.

Doublet, *der* (frz., ›Dublette‹, von *doubler* ›füttern‹), eine urspr. aus doppeltem Stoff gearbeitete ‣Jacke (2) (‣Kamisol (3), ‣Wams[503]), vom 12. bis 15. Jh. von beiden Geschlechtern als Unterjacke getragen. Dann wurde sie wattiert, zunächst mit Werg oder Bombast (‣Gänsebauch). Bis heute Fechtjacke.

Doubilette, *die* (frz., ›weich‹), über der ‣Chemise (2) getragener anliegender ‣Mantel der Frau, etwa 1795–1820.

Dragoner, österr. für ‣*Rückengurt*[455].

Dreadlocks ‣Rastas.

Dreispitz, auch *Dreimaster* (bis Ende des 18. Jh.s *dreieckiger Hut,* frz. *tricorne* genannt), ein auf drei Seiten hochgekrempter, abgesteifter Herrenhut aus Filz oder Halbfilz, seltener aus Seide oder Samt, der um 1690 aufkam. Er entwickelte sich aus dem großen, runden ‣Schlapphut des 17. Jh.s, dessen wahrscheinlich wegen ihrer Größe unbequem gewordene ‣Krempe individuell aufgeschlagen und durch eine Schnur, die ‣Audace, in der gewünschten Form gehalten wurde.[67,68] Die Audace hat man später, als der D. eine feste Form erhalten hatte, vielfach als Schmuck – der auch nur noch ein Knopf sein konnte – beibehalten.[69] Anfang des 18. Jh.s war seine hintere Krempe stärker als die beiden seitlichen hochgeschlagen, er lief vorn in einer markanten Spitze aus. Ab etwa 1740 waren seine drei Seiten gleichmäßig hoch, ohne den Kopf zu überragen. Um 1770 trugen die ‣Macaronis eine sehr kleine Form des D. mit stark aufgebogenen Rändern, *Nivernois* genannt, nach dem gleichnamigen Herzog. In England galt im ganzen 18. Jh. die Fasson ‣*Ramillies* (2). Der sichtbare Rand des D. war mit silbernen oder goldenen ‣Borten und zeitweilig mit einer ‣Kokarde verziert. Um 1700 schmückten ihn außerdem zwei vorn befestigte, wehende Straußenfedern, ‣»Panache« oder »Plumet« (frz., ›Federbusch‹) genannt,[322] die später um den Hutkopf gelegt wurden und als ‣Plumage über den Rand[397] ragten. Um 1695–1778/79 wurde der D. meist – um die ‣Perücke nicht in Unordnung zu bringen – als ‣*Chapeau bras* unter dem linken Arm getragen. Der D. war urspr. ein Privileg der oberen Stände, erst nach 1720 trug ihn der Bürger, bald auch der »gemeine Mann«. In der Frauenkleidung wurde er Teil der ‣Reitkleidung und des Maskenkostüms, der ‣Bautta. Sonderformen waren der *Hut à l'* ‣*Androsmane*[77] und der ‣*Chapeau brisé*. Ende 1780 entwickelte sich der D. zum ‣Zweispitz (2) und wurde im zivilen Bereich vom Hohen Hut, dem ‣Zylinder, abgelöst. In der höfischen ‣Livree und in Volkstrachten ist er bis heute erhalten.

Dressing-gown, *der* (engl.), langer, eleganter Morgenmantel ohne Knöpfe, mit ‣Gürtel, Schal- oder Reverskragen (‣Kragen), aus Flanell oder Foulardseide (‣Stoff, 19. Jh.), seit etwa 1960 auch aus Frottee (Schlingenstoff). Der D. ist eine Neuerung der 1920er Jahre, urspr. nur für Herren. ‣Hauskleidung, ‣Negligé.

Droguet ‣Stoff (18. Jh.).

Druck ‣Zeugdruck.

Druckknopf, zweiteiliger (Feder- und Kugelteil) Patentknopf aus Messing, seit den 1950er Jahren auch aus Kunststoff, als unsichtbarer Kleidverschluss. Das erste Patent eines Einnietdruckknopfs gab es 1861 in England. 1885 erfand Heribert Bauer eine zweiteilige, leicht aufspringende Feder für den D., die als Patent 1903 von der Firma William Prym in Stolberg, unter Heinrich August Prym (1875–1965), aufgekauft und, u.a. durch eine einteilige Doppelfeder aus Bronze, entscheidend verbessert wurde. Der D. löste Haken und Öse ab, setzte sich als Annäh-D. erstmals um 1900 beim ‣Reformkleid durch und kam 1939 auch als Einniet-D. auf den Markt. ‣Reißverschluss, ‣Verschluss.

Duchesse, *die* (frz., ›Herzogin‹). **1.** Die um 1685–1713 zur Hoftoilette getragene Damenfrisur mit Bandschluppenarrangements als Bekrönung. Der Name ist übernommen von der untersten, dem Haar am nächsten liegenden ‣Schleife (2), die auch bei der ‣Fontange, mit der die D. nicht zu verwechseln ist, verwendet wurde. Die D. entstand aus der ‣Cornet(t)e. **2.** Mitte des 19. Jh.s Bezeichnung für die ‣*Engageantes.* **3.** Sehr dichter, schwerer Seidenstoff von glänzender Vorder- und matter Rückseite in Atlasbindung (‣Stoff); auch Futterstoff mit Reyonkette und Baumwollschuss.

Abb. 200. Duchesse. 1679.

Düffel ‣Dufflecoat, ‣Stoff (19. Jh.).

Dufflecoat, *der*[201] (von engl. *duffle* ›Düffel‹, und *coat* ›Mantel‹), auf den ‣Polnischen Rock[434] des 19. Jh.s zurückgehender ‣Mantel der englischen Marine im 2. Weltkrieg, wadenlang und beigefarben. Berühmter Träger war der britische General Bernard Montgomery (daher wird der D. in England auch Monty genannt). Nach Kriegsende wurde er, modisch leicht abgewandelt und meist blau eingefärbt, von Anhängern des philosophischen Existenzialimus, aber auch von Frauen und Kindern getragen. Der D. war in den 1950er Jahren von sackartigem, einreihigem Schnitt, etwa wadenlang, hatte abgesteppte Kanten, lederne und hölzerne ‣Knebelknöpfe und Schnurknopflöcher, aufgesetzte ‣Taschen (2), ‣Sattel, ‣Kapuze und Seitenschlitze; später kam er zweireihig vor, mit Muff- oder Flapptaschen, Ringkragen oder ‣Revers, und wurde unter Beibehaltung des Namens auch aus ‣Loden (2), ‣Kamelhaar, Gabardine oder Popeline hergestellt. Er ist bis heute, in modi-

Abb. 201. Dufflecoat und Kilt von Dolce & Gabbana. Mailand, 1999/2000.

schen Abwandlungen, Sport- und Kindermantel. ‣Düffel, ‣Stoff (19. Jh.).

Dupfing, *der* (von mhd. *dupfen* ›mit der Nadel sticken‹), ein ‣Gürtel, den vom 10. Jh. an beide Geschlechter trugen. Er war zuweilen nur aufgestickt, im 14. und 15. Jh. auf das ‣Wams als Tresse (‣Litze) aufgenäht. Heute ist er nicht mehr eindeutig vom ‣Dusing unterschieden. Die Bezeichnung »D.« soll nicht vor 1500 erschienen sein, im Unterschied zu dem älteren Wort *Dusing.*

Dusing, Duzing, Dusinck, *der* (von niederd. *dus* ›Getöse‹; mhd. *duz* ›Schall, Geräusch‹), ein im 14. und bis Ende des 15. Jh.s modischer ‣Gürtel aus Metallgliedern (sog. Platten- und Scharniergürtel), der meist um die Hüften, aber auch ähnlich der ‣Hornfessel quer über die Brust oder um den Hals getragen wurde. (Edel-)Metallplättchen, Edelsteine und eine große Schnalle zieren ihn.[35,36,37] Es ist nicht geklärt, ob der »klirrende« Gürtel allein oder nur mit zusätzlichen modischen ‣Schellen »D.« hieß. Man befestigte auch ‣Taschen (1), ‣Handschuhe und kurze Waffen an ihm. Die Bezeichnung »D.« kam, wie oft, erst eine Zeit lang nach seinem Erscheinen auf und ist erstmals 1389 in der »Limburger Chronik« (1336–98) des Tilman Ekken von Wolfhagen nachweisbar. Das Aufkommen des D. aus Metallgliedern soll mit dem des Plattenharnisches zusammenhängen. Der D. ging in die Mode beider Geschlechter ein, zunächst als Vorrecht des Adels, dann weisen ihn aber auch bürgerliche Testamente und städtische ‣Kleiderordnungen aus. (Die Sekundärliteratur trennt ihn nicht immer deutlich genug vom ‣*Dupfing.*)

Duttenkragen (von niederd. *dute* ›Tüte‹), niederl. Bezeichnung für die große ‣Halskrause.

Duvetine ‣Stoff (20. Jh.).

E

Écharpe, *die* (frz., ›Schärpe‹), urspr. die am Bandelier (Wehrgehenk) getragene Packtasche des Soldaten. Anfang des 14. Jh.s ging die Bezeichnung auf das quer von der Schulter zur Hüfte gehende Band über, an dem sie gehalten wurde, im Laufe des 16. Jh.s auf die ▸Schärpe[49], deren Farbe die Truppenzugehörigkeit anzeigte. Etwa 1675 wurde die É. modisches Beiwerk in Form einer über ▸Justaucorps (2) oder ▸Weste getragenen, um die Hüften vorn oder an der Seite gebundenen Seidenschärpe mit Fransen. In Frankreich war die É. im 17. Jh. auch ein Kopf- und Schultertuch der Frau, das sie zum ▸Negligé trug; seit dem letzten Viertel des 18. Jh.s die in der Art eines breiten ▸Gürtels um die Frauentaille gebundene Schärpe. ▸Kleid (18.–20. Jh.).

Échelle (à ruban), *die* (frz., ›(Bänder-)Leiter‹), in der adeligen Frauenkleidung um 1688–1780/85 Verzierung des Kleidoberteils in Form nach unten kleiner werdender Bandschleifen vorn am ▸Stecker oder am ▸Korsett. ▸Schleife (2).

Eckenkragen ▸Klappenkragen.

Eden, halbsteifer, schwarzer Filzhut mit hochgestelltem, im Unterschied zum ▸Homburg unbordiertem, geradem Schnittrand. Der E. kam nach 1935 als sog. *Demi-Homburg* zum korrekten Sakkoanzug (▸Anzug, ▸Sakko) auf und wurde später nach dem britischen Politiker Sir Robert Anthony Eden, der ihn häufig trug, benannt.

Edwardian-Style, nach dem als ▸Arbiter elegantiarum geltenden König Edward VII. von England (1901–10) benannter Herrenmodestil seiner Zeit. Kam als ▸*New-Edwardian-Style*[416] 1950 wieder auf. ▸Hose, ▸Sakko, ▸Weste.

Ehrrock ▸Gestaltrock.

Eiersieder ▸Bowler.

Einreiher, ugs. für den einreihig geknöpften ▸Sakko.

Einsatz, in dem Ausschnitt eines Kleidungsstückes eingesetzter oder aufgenähter Stoffteil, z. B. eine ▸Spitze. ▸Brusttuch, ▸Chemisette, ▸Gorge, ▸Hemd (Frau), ▸Plastron (4), ▸Stecker.

Einsatzschuh ▸Fußbekleidung (Frau, ab Ende 19. Jh.; Mann, nach 1930).

Einsatzstiefelette ▸Fußbekleidung (Frau, ab etwa 1870; Mann, seit Ende 19. Jh.[237]).

Einstecktuch ▸Stecktuch.

Eklektizismus ▸Postmoderne.

Elefantenärmel, auch ▸*Hammelkeulen-*, *Schinken-* oder ▸*Gigotärmel* genannt[87, 129], um 1825–35 charakteristische Kleidärmelform des Biedermeier. ▸Ärmel.

Elektronische Kleidung, auch *E-dress, wearable computing, wearable electronics*, Kleidung mit integrierten, elektronischen, meist kommunikativen Geräten, wie Mobiltelefon (Handy), GPS-System (*Global positioning system*, Navigationssystem), aber auch MP3-Player; sozusagen ›Online-Kleidung‹. E. K. verfügt oft über eine Kapuze, in die Kopfhörer und Mikrofon integriert sind, und über ein Touchpad am Ärmel. Sie wird aus sog. intelligenten Stoffen (der Schweizer Fa. Schöller als Marktführer) hergestellt, die biotechnisch ausgerüstet, das heißt atmungsaktiv und wärmeregulierend sind. E. K. mit eigener Stromerzeugung, etwa durch Solarzellen an der Oberfläche oder durch leitungsfähige Stoffe sind weitgehendst im Experimentierstadium.

Embas, *die* (griech.), ein Schnürstiefel mit nicht sehr hohen Lederlappen und Riemen an den Seiten und für beide Füße verschieden zugeschnittenen Sohlen; etwas derber und niedriger als der ▸Kothurn. Der E. ist thrakischer Herkunft und wurde in der griechischen Antike meist von armen Leuten, Jägern und Reitern, kostbar ausgestattet jedoch auch von Frauen getragen; auch war er Teil des griechischen Theaterkostüms. ▸Fußbekleidung.

Empirekleid, Empiremode ‣Chemise (2), ‣Grecque, Mode à la.

Empire-Stil, heute allgemein gebräuchlich für gerade und locker geschnittene ‣Kleider mit hochliegender ‣Taille[427] (1).

Emporwurf ‣Schärpe[2].

En cœur (frz., ›in Herzform‹). Der En-coeur-Ausschnitt ist ein mehr oder weniger breites, von den Schultern zur Brustmitte »in Herzform« geschwungen verlaufendes ‣Dekolleté, das oft mit einem über der Brust waagrecht abschließenden Einsatz, der ‣Gorge, versehen war.[38, 39] Kam im 14. Jh. auf, war neuerlich um 1670, um 1805–15, in den 1950er Jahren und beim ‣Abendkleid in den 1970er Jahren in Mode.

Endromis ‣Fußbekleidung (griech. Antike), ‣Kothurn[27].

Engageant, *der* (frz., ›einnehmend, anziehend‹), im 18. Jh. eine Bandschleife als Taillenschmuck, die auch *Parfait contentement* (frz., ›vollkommene Befriedigung‹) genannt wurde.

Engageantes, *Pl.* (frz., ›Verlockungen‹), als Abschluss an den ‣Ärmel angesetzte separate Volants (‣Falbel) aus ‣Spitze, Batist oder Musselin, auf Fasson gearbeitet, d.h. am Außenarm schmäler, am Innenarm breiter.[71] Die E. wurden meist unter dem ‣Pagodenärmel des Obergewandes getragen. Sie waren in der adeligen Damenkleidung etwa 1680–1770 in Mode, allgemein auch in der bürgerlichen Frauenkleidung zur Zeit der ‣Krinoline, etwa 1848–70, nun auch *E. à la* ‣*Duchesse* (2) genannt.

Enge Linie, auch *Bleistiftlinie*[111], 1948 von Chr. ‣Dior als Gegensatz zum ‣New Look kreierte figurbetonte Linie mit anliegendem Oberteil, runden Schultern, extra enger ‣Taille (1), jedoch mit einem ‣Rock (2), bei dem die Hüften durch Bundfalten oder durch starke Hüftabnäher hervorgehoben wurden und der unterhalb der Hüfte wie eine Bleistiftspitze enger wurde. Ein Gehschlitz, später ‣»Dior-Schlitz« genannt, gab die notwendige Bewegungsfreiheit. Charakteristisch für die E.L. war beim Gesellschaftskleid die Betonung der Hüften durch Stoffdrapierungen, eine tief sitzende ‣Schärpe oder asymmetrische Raffungen. Die E.L. war schon kurz nach 1945 von der ‣Haute Couture, insbesondere von J. ‣Fath, vorgeschlagen worden, allerdings noch mit den für die Kriegsmode typischen breiten Schultern mit Achselpolstern. Fath blieb ein Meister der E.L. Sie hielt sich in der Tages- und Abendmode bis Ende der 1950er Jahre[286]. ‣Cocktailkleid, ‣Kleid, ‣Kostüm (2).

Enge Mode,[91] Frauenmode 1876–81, die ihre Bezeichnung durch die stark verlängerte, enge ‣Kürasstaille[341] erhielt und bei der auf die ‣Turnüre verzichtet und nur hinten ab etwa Kniehöhe eine Stoffraffung beibehalten wurde. ‣Kleid, ‣Kostüm (2), ‣Mantel.

Englische Mode, in höfischen Kreisen *Mode à l'anglaise*[76, 77] genannt; die etwa 1770–95 modische bequemere, bürgerliche Kleidung beider Geschlechter, die vom englischen Landadel[80] ausging und im Gegensatz zur höfischen französischen Mode stand. ‣Fourreau (1), ‣Frack, ‣Fußbekleidung, ‣Kleid.

Englischer Schnurrbart, schmaler gepflegter Oberlippenbart, nach dem 1. Weltkrieg modern, von berühmten amerikanischen Filmstars in etwas unterschiedlichen Fassons getragen und nach ihnen benannt, wie der *Menjou-Bart* (nach Adolphe Menjou) oder in den 1930er Jahren der *Clark-Gable-Bart.* ‣Bart (1), ‣Schnurrbart.

Ensemble, *das* (frz., ›miteinander‹), zwei oder mehrere im Stil oder Material aufeinander abgestimmte, sich ergänzende Kleidungsstücke, die als Ganzes angeboten werden. Die Bezeichnung »E.« kam in den 1920er Jahren für eine Verbindung von ‣Kleid und ‣Mantel[113] oder von Sweater (‣Jumper), ‣Rock (2) und Mantel auf und wurde nach 1950 sehr beliebt für Kleid und ‣Paletot (5) oder ‣Tailleur (2) und Paletot. Heute fallen unter den Begriff »E.«[116] auch ‣Complet (1), ‣Composé und ‣Coordinates (2). Ein zweiteiliges Kleid aus ‣Bluse und Rock (2) wird hingegen als *Deux-pièces* (frz., ›zwei Stücke‹) die Zusammenstellung von ‣Pullover und ‣Jacke aus Strickware als ‣*Set* bezeichnet.

Entari ‣Kaftan.

Entenschnabel, um die Zehen abgerundete und in eine wenige Zentimeter lange Spitze auslaufende Form des Schnabelschuhs um 1480 bis 1505/10. Meist aus gelbem oder geschwärztem Leder, wurde der E. zuweilen mit ‣Trippen getragen. Nach etwa 1505 zum ‣*Kuhmaulschuh* entwickelt. ‣Fußbekleidung.

En tous cas (frz., ›für jeden Fall‹). **1.** Bezeichnung eines für viele Gelegenheiten passenden ‣Kleides. **2.** Um 1850–80 ein kleiner ‣Schirm (1), der als Regen- und Sonnenschutz gebraucht wurde.

Enveloppe, *die* (frz., ›Hülle, Futteral‹), über der ‣Chemise (2) getragener ‣Mantel der Frau in Form eines Mantelkleides, etwa 1795 bis 1815.

Epaulette, *die* (von frz. *épaule* ›Schulter‹; im 14. Jh. frz. *ailette* ›Flügel‹, eigtl. ›Wappenschildchen‹, oder *lambel,* heute *lambeau* ›Lappen, Fetzen‹), ‣Achsel- oder Schulterstück[126], das sich aus der Rüstung entwickelte, im 17. Jh. zum Halten des Schulterriemens diente und später zum militärischen Rangabzeichen wurde. In der zivilen Mode gab es die E. als Achselstück von der 2. Hälfte des 16. bis zum 1. Drittel des 17. Jh.s auch in der Damenmode, zuweilen mit ‣Piccadillyabschluss. Im letzten Viertel des 17. / Anfang des 18. Jh.s erschien am höfischen ‣Justaucorps (2) eine nur auf der rechten Schulter angebrachte E. (aus dem ‣Chaperon entstanden?) in Form langer, herabhängender Bandschluppen, zuweilen mit einer ‣Grelot[68] verziert. (Die E. mit drei herabhängenden Seidenbändern erhielt sich in Galauniformen.) E.n in der Damenmode erschienen etwa 1938–45 wieder (‣Kleid). (In der Form der E. besteht kein Zusammenhang mit der ‣Schulterklappe.)

Epinglé ‣Stoff (20. Jh.).

Epumis, *die* (griech.), in der griechischen Antike halblanges Überziehgewand der Frau[185], das über dem ‣Chiton getragen wurde und sich in Farbe, Muster und Verzierung von diesem unterscheiden konnte. Die E. ist der verselbständigte ‣Diplois.

Escarpin, *der* (frz. und span.; frz. im 18. Jh. auch *eshapin, eschapin*; afrz., schon 12. Jh., *escafin, escafignon*; nach neuer Forschung eher von arab. *ascaf* als von ital. *scarpa, scarpino*), generell in der Bedeutung ›leichter Schuh‹ im Unterschied zum Stiefel, im 16. Jh. Bezeichnung für den ‣*Kuhmaulschuh*; leichter, absatzloser, weit ausgeschnittener Herrenhalbschuh mit dünner Sohle, aus ‣Leder, Samt oder Seide. Um 1760 wurden drei Arten unterschieden: *E. retourné, E. non retourné* (›gewendeter‹ bzw. ›nicht gewendeter E.‹, weil er von innen gearbeitet und erst im fast fertigen Zustand gewendet wurde) sowie *E. des bottes* (›Stiefelschuh‹, da er in schweren Reitstiefeln getragen wurde). Der E. erschien um 1770 in Deutschland als gewendeter Schuh oder Tanzschuh mit einer Zierschnalle und wurde um 1800 allgemein getragen, da er der À-la-grecque-Mode entgegen kam (‣Grecque, Mode à la[78]). (Zu höfischen Bällen wurde »en escarpin« geladen.) Mit der Französischen Revolution entfiel die silberne Schuhschnalle. Ab 1820 wurde der E. als reiner Tanz- und Galaschuh[82, 236e] aus Lackleder mit niedrigem Absatz und einer Schleife bis Ende des 19. Jh.s getragen. Die Schnalle hingegen wurde mit der Restauration wieder charakteristische Verzierung höfischer Schuhkleidung.

Die Bezeichnung »E.« wird zuweilen auch auf den flachen Schuh der Frau angewandt, der etwa 1795–1820 und danach als reiner Ballschuh meist in Form des ‣*Kreuzbandschuhs* getragen wurde. Im Französischen bezeichnet »E.« heute einen sehr leichten Damenschuh, den ‣*Pumps.* ‣Fußbekleidung.

Escofia, Escofion, Escoffion ‣Coiffe.

Es ist erreicht, volkstümliche Bezeichnung für den vom deutschen Kaiser Wilhelm II. (1888–1918) getragenen, fast rechtwinklig geformten, stark hochgezwirbelten Oberlippenbart, den ‣Zwirbelbart, den sein Hoffriseur François Haby erfand. ‣Bart (1).

Eskimo ‣Stoff (19. Jh.).

Esmouchoir ‣Fächer.

Espadrillo (von span. *esparto*, lat. *spartum*), eine nordafrikanische Grassorte, aus der Seile gemacht werden, die man u.a. zu Schuhsohlen verarbeitet; ergänzt durch textiles Obermaterial, meist Baumwollstoff, ging die Bezeichnung E. bereits in den 1920er Jahren auf einfache, hochsommerliche Schuhe über.

Etamine ‣Stoff (17. Jh.).

Ethno-Look ‣Folklore-Mode.

Eton-Boy, Eton-Crop, *der* (engl., ›Eton-Bub, Eton-Schnitt‹ nach dem berühmten englischen Eton College), um 1926–28 zur ‣Garçonne-Mode getragene, extrem kurze Frisur der Frau, in strenger Herrenfasson glatt nach rückwärts gekämmt, Ohren und Stirn freilassend. ‣Haarmode.

Eton-Jacke, hüftlange, vorn offene, gerade ‣Jacke, die zusammen mit einem ‣Zylinder von den Schülern des englischen Eton College getragen wird. Die E. wurde in den 1860er Jahren als Frauenjacke zur ‣Krinoline und zeitweise auch im 20. Jh. in die Mode übernommen.

Eton-Kragen, weißer, gestärkter Umlegekragen mit abgerundeten Ecken am Herrenoberhemd; seit 1820 von den Schülern des englischen Eton College getragen; ab etwa 1870 zunächst vereinzelt und inoffiziell, ab Ende des 19. Jh.s allgemein zum Sakkoanzug (‣Anzug, ‣Sakko). Gleichzeitig wurde der E. zur ‣Bluse modern.

Etuikleid ‣Futteralkleid.

Existenzialisten-Mode, von den jugendlichen Anhängern der durch Jean-Paul Sartre vertretenen Philosophie des Existenzialismus getragene Mode um 1947–54. ‣Mode- und Kostümgeschichte, 20. Jh., Mann und Frau.

Exomis, *die* (griech., ›Schulter freilassend‹, von *ex* ›aus‹ und *omos* ›Schulter‹). **1.** Die Libyer trugen im Altertum ein nur auf einer Schulter geknotetes Obergewand, die andere Schulter blieb unbedeckt. **2.** ‣Peplos und dorischen ‣Chiton[184] trugen die Griechen zuweilen, besonders bei körperlicher Arbeit, nur auf der linken Schulter gefibelt, so dass rechte Schulter und Brust unbedeckt blieben; in dieser Form wurden Peplos und Chiton »E.« genannt. Die E. ist schließlich als eigenes Gewand[27] anzusehen, das, wie der Peplos, auf einer Seite offen oder, wie der Chiton, auf beiden Seiten geschlossen sein konnte, also über den Kopf zu ziehen war. Sie wurde von beiden Geschlechtern, bei Frauen vor allem von Amazonen, sonst aus Fellen gefertigt von Bauern, Fischern und Hirten getragen. Die E. wurde auch in der römischen Antike (lat. *Tunica exomis*) getragen, meist von Sklaven als Arbeitskittel.

F

Facelet, Facenet, Facilettlein, Facinet, *das* (von ital. *fazzoletto* ›Taschentuch‹; mhd. *vetze* ›Fetzen, Lumpen‹, vgl. *vassen* ›kleiden‹, *fat* ›Decke‹; heute noch oberd. *Fazilett, Fazinetle* ›Schnupftuch‹), im 16. Jh. in Deutschland gebräuchliche Bezeichnung für das italienische ‣*Fazzoletto.*

Façonne ‣Farbe und Muster (19. Jh.).

Fächer (lat. *flabellum*; im Dt. bis zum 17. Jh. *ventulin* nach ital. *ventarola* oder frz. *éventail*; mdal. *Wedel, Wedelin* (schwäb.), *Waderl* (österr.), *Waier* (nordd.), *Schatten* (schles.); erst danach die Bezeichnung »F.«, von frühnhd. bis spätmhd. *focher* mit Nebenformen *fechel, focht, fucker* ›Feuerwedel‹ von lat. *focare* ›anfachen‹).

Der F. besteht aus einem Stiel und dem daran befestigten sog. Blatt. Das Blatt kann aus Federn, dann auch »Wedel« genannt, oder zusammenschiebbaren Stäben bestehen, die ein Dorn und ein Band, Papier, Stoff oder ähnliches Material zusammenhalten. Seit dem Altertum werden F. zum Zufächeln von Luft und zur Vertreibung von Insekten, aber auch als Hoheitszeichen und seit dem 14., insbesondere dem 16. Jh. als Spielzeug weiblicher Koketterie verwendet.

In den Kulturländern des Altertums war ab ca. 2000 v. Chr. der F. ein Zeichen höchsten Standes[2]; als *Wedel* aus Palm- oder Papyrosblättern, Straußen-[21] oder Pfauenfedern, die in einer Platte zusammengefasst waren, hielt ihn ein Diener an einem sehr langen oder einem kurzen abgewinkelten Stiel. In dieser Form und Bedeutung wurde das *Flabellum* aus Pfauenfedern in das päpstliche Zeremoniell übernommen. Der F.-Wedel ist bis heute außereuropäischen Kulturen und der europäischen Volkskunst bekannt. Griechinnen benutzten als persönlichen Gebrauchsgegenstand einen in Blattform geflochtenen F., den *Blatt-F.*[13], daneben den *Feder-F.* und übernahmen wahrscheinlich etwa 300 v. Chr. von den Chaldäern den *Fahnen-F.,* dessen in Fahnenform geflochtenes Blatt seitlich an den Stiel geschnürt war. Diese F.-Arten wurden von der Römerin übernommen. Ihr Blatt-F. konnte auch aus dünnem, geschnitztem, bunt bemaltem oder vergoldetem Holz bestehen. Aus byzantinischer Zeit stammt der zusammenfaltbare *Rad-F.*, der zu 360° geöffnet und in seinem hohlen Stiel aufbewahrt werden konnte, weshalb er gelegentlich *Stiel-* oder *Stab-F.* heißt.

Auf mittelalterlichen Darstellungen werden F. über Kranke gehalten. Im 14. Jh. wurde der F. in Form eines Fahnen-, Rad- oder Feder-F.s als ‣Accessoire und Nutzgegenstand neu belebt; in Frankreich hieß er *Esmouchoir,* ›Fliegenvertreiber‹. Mit dem 16. Jh. begannen drei Jahrhunderte der Blütezeit des F.s. In Italien gab es zunächst noch den Fahnen-F., *Ventarola* genannt, besonders als Braut-F., während die verheiratete Frau den Feder-F. benutzte. Eine Kette am Gürtel hielt ihn. Der Wedel kam außer Gebrauch, blieb höchstens Luxusgegenstand mit Spiegelchen, Perlen und Edelsteinen als Zier. In der 1. Hälfte des 16. Jh.s kam der *Falt-F.*[53] in der heute noch

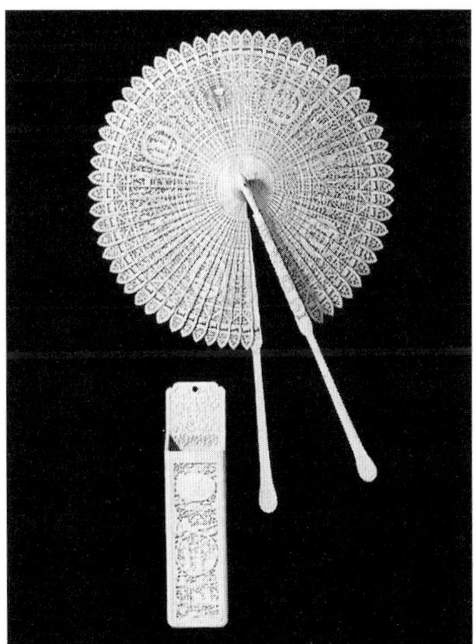

Abb. 202. Radfächer aus Elfenbein mit Behälter. China, Anfang des 19. Jh.s. Württ. Landesmuseum, Stuttgart.

Abb. 203. Fächer mit beweglichen Deckstäben. Frankreich, um 1780. Auktion Christie's, London, 4. Mai 1978.

gebräuchlichen Form eines halben Rades auf; man importierte ihn über Venedig[153] oder Portugal und Spanien aus China und Japan. Das F.-Blatt war aus ‣Leder, erst ab dem 17. Jh. aus geleimtem Papier und Pergament, danach aus Seide, Tüll oder ‣Spitze. Selten waren die F. aus dem feinen Leder ungeborener Ziegen, der Kapaunen- oder Schwanenhaut. Die Stäbe bestanden aus Edelhölzern, Perlmutter, Schildpatt, Knochen oder Elfenbein. Eine Sonderform des Falt-F.s ist der ebenfalls aus Ostasien stammende *Brisée-F.* (von frz. *brisé* ›gebrochen‹) aus Stäben, die oben von einem Band zusammengehalten werden. Im 16. Jh. kam in Venedig der kurzlebige *Bukett-F.* aus Straußenfedern auf. Ende des 16. Jh.s wurde Italien das Haupterzeugerland Europas vor allem von Fahnen-[54], Feder- und Rad-F.n. Anfang des 17. Jh.s erhielten F. erstmals graphische Muster. Kostbare Stücke wurden von Künstlern bemalt oder mit Stichen geschmückt. Ende des 17. bis Anfang des 19. Jh.s hatte Frankreich, wo das Hofzeremoniell strenge Regeln zur Benutzung des F.s vorschrieb, den ersten Rang in der F.-Erzeugung inne. Auch die Bürgersfrau verwendete den F.

Der Höhepunkt der F.-Mode lag im 18. Jh. Die Koketterie entwickelte eine eigene F.-Sprache[70], die an Tanzschulen gelehrt wurde. Zu Beginn des Jh.s überzogen das ganze F.-Blatt Bilder, am Braut-F. mit biblischen, am Hof-F. mit mythologischen Themen, während ab Mitte des Jh.s sich zunehmend kleine Felder mit Genrebildern und Schäferszenen in der Art der Bilder von Watteau, Fragonard und Lancret aneinanderreihten. Im letzten Viertel des 18. Jh.s nahm die Darstellung aktueller Ereignisse zu. Fast immer gebrauchte man dafür die gegen das häufige Auf- und Zuklappen relativ unempfindliche Gouachemalerei. Berühmt waren die *Vernis-Martin-F.*, Brisée-F., die mit einer von den Pariser Gebrüdern Martin nach ostasiatischem Vorbild entwickelten Lackmalerei, dem sog. Vernis Martin, überzogen sind. Eine deutsche Eigenheit dagegen scheinen F.-Blätter mit Applikationen gewesen zu sein. Die Stäbe standen in der 1. Hälfte des 18. Jh.s dicht und überlappend zueinander, während sie in der 2. Hälfte immer größeren Abstand gewannen; sie waren am Anfang des Jh.s einzeln dekoriert; zwischen 1720 und 1780 reichte dann ein Bild über mehrere Stäbe.[72,73] In England hat man häufig auf das sonst übliche Hinterfangen des Blattes mit Papier oder Pergament verzichtet. Eine Sonderform war der *Porzellan-F.*, so genannt wegen der blauen Bemalung auf weißem Grund. Der *Telegraphen-F.* zeigte das telegraphische Alphabet, der *Surprise-F.* (›Überraschungs-F.‹) nach chinesischem Vorbild doppelt bemalte Stäbe, so dass zwei verschiedene Bilder entstanden, je nachdem ob man nach rechts oder links öffnete. Bis Ende des 19. Jh.s wurden viele F. aus China, Japan und Indien importiert, als kostbarster der chinesische *Mandarin-F.* mit Auflagen aus bemalten Elfenbeinscheiben und Textilien.

Während der Französischen Revolution verschwand der F., wurde aber bereits um 1800 in sehr kleiner Form, mit Gold- und Silberflitter verziert, für den Ball wiederbelebt. Typisch für das frühe 19. Jh. sind kleine *Pocket-* (›Taschen‹-)*F.*, *Assignaten-F.* mit dem kurzlebigen Papiergeld der 1790er Jahre, sowie *Falt-F.*, auf zartgetönter oder weißer Gaze. Gegen Mitte des Jh.s begann man die Elfenbeingestelle maschinell herzustellen. Stark verbreitet war der gern als kleiner Sonnenschirm mit geknicktem Stiel verwendete *Parasol-F.* in der Form des ehemaligen Rad-F.s. Beliebt waren auch die F.-Blätter aus Valenciennespitze.

Mit der Restauration nahm die im 18. Jh. besonders gepflegte Vorliebe für den F. als Gegenstand des koketten Spiels wieder zu, sie fand einen neuen Höhepunkt zur Zeit der ‣Krinoline. Die Blattverzierung ahmte nun häufig Rokokoformen nach oder zeigte rein ornamentale Muster; auch Signaturen u.a. von Künstlern, F. mit Lithographien bekannter Maler wie Kaulbach, Liebermann oder Makart galten als kostbare Raritäten. Es herrschten indessen die industriell hergestellten Papierfalt-F. vor. Einen vorläufig letzten Höhepunkt erreichte der F. als abendliches Accessoire in den 1920er Jahren mit Straußenfedern oder Marabuspitzen. Heute ist der F. allenfalls in südlichen Ländern noch in Gebrauch.

Fäustling, Fausthandschuh ‣Handschuh.

Faille ‣Stoff (19. Jh.).

Falbel (im 17./18. Jh. von ital. *falbala*; engl., frz. *falbala*), verschieden breiter gezogener, gefältelter, plissierter oder mit dem Brenneisen »getollter« Stoff- oder Spitzenstreifen, der zuweilen mit Köpfchen (d.h. mit oberhalb des Reihfadens überstehendem und somit ebenfalls gerüschtem Stoff) als horizontale Verzierung an Rock- und Ärmelsaum in der Frauenkleidung verwendet wurde, heute meist *Volant*[69], in schmälerer Form ‣*Rüsche*[89] genannt. Einen ganz aus Volants zusammengesetzten Frauenrock kannte die kretisch-minoische Kultur. Die F. war als Zierbesatz vom 17. bis 19. Jh. beliebt. In den 1930er Jahren und seit dem 2. Weltkrieg war zuweilen ein Volantrock in Mode. ‣Ärmel, ‣Carmen-Kleid, ‣Kleid, ‣Rock (2).

Fallkröse ‣Halskrause.

Falte. Schon im Altertum bestimmten der natürliche Faltenwurf, d.h. der Fall der drapierten, ungebügelten ‣Stoffe und ebenso die künstliche Form der *Plissee-F.* (‣Plissee) Aussehen und modische Variation[9, 463] der aus weichen, sog. plastischen Stoffen bestehenden Gewänder mit. Die Eleganz des Faltenwurfs ging erst in byzantinischer Zeit, Anfang des 6. Jh.s, durch die schweren, sog. malerischen Stoffe, die allein durch ihre Muster wirkten, verloren (‣Farbe und Muster).

Im Mittelalter kehrten F.n durch den weiten Schnitt der Kleidung als Glocken oder durch Einsetzen von Keilen, ‣*Gêren,* heuten *Godets* genannt, wieder. In der 1. Hälfte des 16. Jh.s trug der Herr zuweilen einen ‣Faltrock, die Frau den Rock des ‣Kleides mit gleichmäßig gereihten F.n. In der Spanischen Mode (2. Hälfte 16. / Anfang 17. Jh.) war der Rock der Frau vollkommen glatt und faltenlos über Rei-

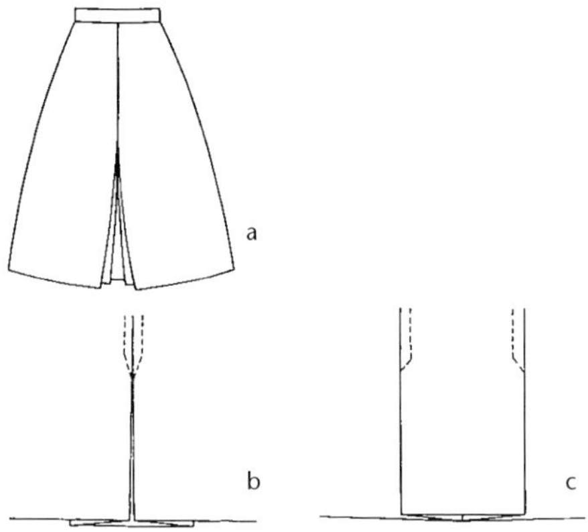

Abb. 204. Falten. a) Fächerfalte. b) Kellerfalte. c) Quetschfalte. Alle nach Schierbaum.

fen gespannt (‣Reifrock). Mitte des 17. Jh.s war er in lockeren, Ende des Jh.s in großen, starren F.n angesetzt. In von der Spanischen Mode nicht oder wenig beeinflussten Gebieten sowie in der bürgerlichen Kleidung blieb der Rock in sporadischen lockeren Falten gereiht.

Anfang des 18. Jh.s hatte im ‣Negligé die ‣Adrienne charakteristische Rücken-F.n, später zusammenfassend ‣*Watteau-F.* genannt, die sich bei der ‣Robe à la française hielt. Die ‣Englische Mode brachte um 1770 die locker gereihte F., die ‣Chemise (2) des Directoire und Empire (1795–1815/20) die gezogene F. Im Biedermeier (1820–48) setzte sich die gleichmäßig genähte und einseitige, nun zuweilen auch gebügelte F. im angesetzten Rock durch. Nach 1868/70 kamen durch den unteren, gerade fallenden Rock der ‣Turnüre und später in der ‣Engen Mode das *Bahnenplissee*[403] oder einseitige F.n in Mode (‣Faltenrock, ‣Glockenrock).

In der Herrenkleidung des 20. Jh.s findet man an der ‣Norfolk-Jacke die senkrechte sog. *Pilaster-F.* und nach dem 1. Weltkrieg die *Golf-F.,* eine an ‣Sattel und ‣Taille (1) abgenähte *Keller-F.,* die beim Sportsakko (‣Sakko[485e]) übernommen wurde. Die Herrenhose weist seit 1896 die ‣*Bügel-F.* und seit den 1920er Jahren zeitweilig die *Bund-F.* (‣Bundfaltenhose) auf. Seit Ende der 1930er Jahre verbreiterte die ‣*Chasuble-F.* die Schultern des ‣Mantels auch in der Frauenmode. ‣Kilt.

Faltenrock, ‣Rock (2), der im Bund regelmäßig genähte oder gebügelte ‣Falten aufweist,[106] oder ein glatter Rock mit einem breiten Faltensaum. Bei den Falten handelt es sich meistens um einseitige Falten, Keller-, ‣Quetsch- oder Plissee-Falten (‣Plissee). Der F. kam bei der ‣Turnüre um 1870 in Mode. ‣Faltrock, ‣Kilt, ‣Kleid (19., 20. Jh.).[106, 287] Kurze F.e sind bei Mädchen immer wieder sehr beliebt.[201]

Faltentasche, eine meist an sportlichen ‣Mänteln oder ‣Sakkos aufgesetzte ‣Tasche (2) mit einer oder zwei Keller- oder ‣Quetschfalten[485e] zur Vergrößerung oder als Verzierung. ‣Falte.

Faltrock, *auch Paltrock* (span. *paletoque,* ‣Paletot), in der 1. Hälfte des 16. Jh.s über dem ‣Wams oder an seiner Stelle getragener ‣Rock (1) mit charakteristischem, in tiefe, breite ‣Falten gelegtem ‣Schoß (1). Er war entweder hochgeschlossen mit durchgehendem, nur die ‣Schamkapsel[41] freigebendem, verdecktem Verschluss vorn, oder er hatte einen großen, viereckigen oder runden Ausschnitt und wurde über den Kopf gezogen und auf der Schulter oder seitlich unter dem Arm geschlossen. Der über dem Wams getragene F. war ärmellos und hatte oft ‣Achselstücke oder kurze Puffärmel. Der anstelle des Wamses getragene F. hatte der Mode entsprechende ‣Ärmel und ‣Schlitze.

Fanchon, *die* (frz., ›Kopftuch‹). **1.** Haubenartig gebundenes Tuch, auch aus ‣Spitze, das von der Dame im Rokoko und zur Zeit der ‣Krinoline getragen wurde. **2.** Ohrenpatten an der ‣Capote (2)[170], weshalb diese auch *F. bonnet,* engl. *Kerchief bonnet* (›Kopftuch-Haube‹), wegen der Ähnlichkeit mit einem diagonal gefalteten Kopftuch, ‣Bonnet, genannt wurde.

Farah-Diba-Frisur, eine durch starkes Toupieren des Haares füllige, hoch aufgesteckte Haarrolle am Hinterkopf, die Farah Diba, Kaiserin von Persien (geb. 1938), 1959 anlässlich ihrer Hochzeit trug. Sie war bis etwa 1963 allgemein große Mode.

Farbe. F.n sind modischer Ausdruck ihrer Zeit. Sie haben eine nach Ländern und Überzeugungen differierende Werte- und Standessymbolik. (Rot z. B. kann als F. der Liebe wie der königlichen Würde gelten.) Sie sind Ausdruck politischer und religiöser Gesinnung (Gelb war im Mittelalter die F. der Juden), haben Bedeutung in der Heraldik und so in den Abzeichen von Zünften, Vereinen und staatlichen Einrichtungen.

Für die Kleidung wurden bis 1856, der Erfindung des ersten synthetischen organischen Farbstoffes aus Steinkohlenteer (Anilin-F.), ausschließlich Naturfarbstoffe von pflanzlichen oder tierischen Extrakten verwendet:

ROT gab es z. B. als *Purpurfarbstoff,* der viele Schattierungen, vom reinen Rot bis zu Dunkelviolett, aufweist. Das Pigment wurde aus dem Drüsensekret zweier Arten von Meeresschnecken gewonnen – ein mit dem Ende der Antike in Vergessenheit geratenes Färbergeheimnis. In der Eisenzeit dienten in Mittel- und Nordeuropa eine Heidelbeerart und Malve der Rotfärbung. Aus den Wurzeln der einheimischen Krapp-Pflanze wurde ein leuchtendes Rot (Färberröte) gewonnen. *Scharlach* (auch Bezeichnung eines ‣Stoffes (Mittelalter)) erhielt man durch Trocknen und Zerreiben der Kermesschildlaus (Urheimat Afrika; seit dem 9. Jh. n. Chr. auch in Deutschland), das seit dem 16. Jh. auch in Europa verwendete *Karminrot von* der südamerikanischen Cochenille-Schildlaus.

BLAU wurde in Europa zuerst aus einer Heidelbeere, seit dem frühen Mittelalter aus den Zweigen des Färberwaid gewonnen. Seit etwa 1500 kam *Indigo,* der aus der ostindischen Indigopflanze gewonnene Farbstoff, in Pulverform aus Indien und China nach Europa, wo er zunächst verboten wurde.

GELB gewann man aus Safran, Ginster, Wau (»Färberreseda«) sowie aus dem Saft der Kreuzbeere.

Für GRÜNtöne verwendete man hauptsächlich Beerenfarbstoffe, wie Wacholder- und Schwarze Johannisbeeren, auch aus Rinden und Blättern gewonnene Färbemittel.

SCHWARZ, wobei es auch hier Farbabstufungen gibt, wurde bis ins 19. Jh. durch Auslaugen von Blauholz, bis in die 1950er Jahre auch noch mit Ruß – neben künstlichen Farbstoffen – erzielt.

1856 erfand William Perkin (1838–1907) den ersten künstlichen, d. h. synthetischen Farbstoff, einen violettblauen Teerfarbstoff aus

Anilin, Phenol und Benzol, für den die Bezeichnung *Anilin* gebräuchlich wurde. Kurz vor 1880 gelang Adolf von Baeyer (1835–1917) die künstliche Herstellung des Indigo, 1901 René Bohn (1862–1922) das *Indanthren,* ein licht-, wasch- und ätzbeständiger Farbstoff in Blau, später auch in Gelb.

‣Farbe und Muster, ‣Zeugdruck.

Farbe und Muster. Aus der Altsteinzeit ist bezeugt, dass die Menschen ihre Körper und die Felle ihrer Kleidung mit Erdfarben einrieben, auch Felle zu Mustern zusammenfügten. In der Jungsteinzeit, etwa ab 4000 v. Chr., waren das Bemalen sowie Färben von Geweben üblich, es gab einfache Webmuster in Form eines Musterfadens. Im ägyptischen Altertum waren die Gewänder im Alten Reich (um 2640–2134 v. Chr.) wahrscheinlich rein weiß, im Neuen Reich (1551–1070 v. Chr.)[8] selten bunt bemalt oder mit waagrecht verlaufenden Punkten, Schuppen oder Zickzackmustern bedruckt. Auch kommen leichte Tönungen des ganzen Gewandes, die nach dem Rocksaum hin verblassen, vor. In Frühsumerischer und Frühdynastischer Periode Mesopotamiens (3500/3200–2150/2020 v. Chr.) waren ‣Hemdgewand und Übergewand der herrschenden Schicht mit allegorischen Figuren, in assyrischer und babylonischer Zeit, d. h. seit Beginn des 7. Jh.s, mit Sternchen und Rosetten[4] versehen. Die Verwendung von Purpur ist syrischer Herkunft und war im altpersischen Reich 550–323 v. Chr. dem König vorbehalten. Die kretisch-minoische Kleidung weist etwa 1720–1200 v. Chr. senkrecht oder vertikal verlaufende Streifen, Zickzack oder Schuppen sowie Netzmuster, Sterne und Kreuze auf. Die Kleidung der Kleinasiaten zeichnete sich im Altertum durch besonders reiche Musterung aus: Punkte, Sterne, Blumen, Mäander, Zickzack, Vierecke, Rauten[7] sowie Figuren und Tiere. Die Muster waren selten eingewebt, sondern meist appliziert oder gestickt, auch unter Verwendung von Metallplättchen. In griechisch-archaischer Zeit (etwa 800–750/500 v. Chr.) waren die Wollstoffe naturfarben, aber auch gelb, blau, violett oder grün gefärbt. Der ‣Peplos hatte auch eingewebte Muster, Streifenornamente an den Rändern, zuweilen einen breiten Mittelstreifen, oder er war im Ober- und Unterteil unterschiedlich gemustert. Der ‣Ärmelchiton und der lange ionische ‣Chiton[185] der Oberschicht waren mit Sternen, Zacken, Spiralen und dem Laufenden Hund, einem Mäanderornament in Wellenbandform, gemustert und bordiert. Der ionische Chiton zeigte auch figürliche und szenische Darstellungen. Einfache Ch.e hatten kein Muster. Im Hellenismus (330–30 v. Chr.) bevorzugte die Frau ornamental gemusterte Stoffe. Spätgriechische (202–395 n. Chr.) Seidenstoffe weisen Rauten mit ornamentalem Mittelkern auf. Die etruskische Kleidung war meist nach griechischen und kleinasiatischen Vorbildern gemustert.[15]

Die wohlhabende Römerin trug nach dem 1. Punischen Krieg (ab 241 v. Chr.) zunehmend farbige Gewänder. ‣Kleiderordnungen geben den Luxus in Stoffen, Farben und Mustern wieder. Für die Seidengewänder ließ Cäsar die Verwendung des Purpur, eines Rangzeichens, das in besonders kostbaren Stoffen aus der phönizischen Stadt Tyros kam, reglementieren. Die spätrömischen Seidenstoffe sind von griechischen Mustern geprägt. Die Kleidung des einfachen Volkes war gewöhnlich naturfarben, dunkelgelb bis braun. Die syrischen, persischen und ägyptischen Seiden waren mit Jagdszenen, Tieren und Fabeltieren gemustert. Byzantinische höfische Seidenstoffe zeigen großformatige Medaillons[20] mit stilisierten Tieren: Löwe, Greif, Tiger, Flügelpferd und Adler. Die Zwickelfelder enthalten Rosetten. Daneben gab es rein ornamentale Muster. Der Grund war dunkelfarbig, die Muster grün, gelb und schwarz.

Aus der europäischen Eisenzeit ist ein wollener Mantelumhang des 3. oder 4. Jh.s n. Chr. (der sog. Thorsberger Prachtmantel) mit gewebtem Karomuster erhalten. Besonders die

Abb. 205. Griechisch-antike Saummuster. Nach Weiss.

Kelten webten häufig Karomuster, die sich bis heute in den sog. Schottenkaros erhielten. Durch die Grat-, Fischgrat- und Rautenköperbindung war schon ein (Web-)Muster gegeben. Für Langobarden und Angelsachsen sind weiße Leinengewänder mit breiten, bunten Streifen bezeugt. Nach 400 n. Chr. wurden von der Oberschicht starkfarbige Stoffe bevorzugt: graue und blaue für Mantelumhänge, gelbe, rote, blaue, grüne, sowie weiße und schwarze, auch mit Goldfäden durchsetzte, für ‣Kleider. Im 9. Jh. sind bei Vornehmen scharlachrote Beinbinden belegt. Farben waren Standessymbole. Als höfische Farben galten in europäischen Ländern Purpur und Blau. Gemusterte Stoffe und Brokate waren sehr seltene und kostbare Importe aus dem Orient. Am karolingischen Kaiserhof wurden Stoffe mit regelmäßig angeordneten kleinen Sternen und Kreuzen verwendet. Niedere Stände trugen naturfarbene, graue, graubraune und gelbliche Wollstoffe. Im 10. Jh. tauchte erstmals in Europa das ‣Mi-parti auf. Im 12. Jh. waren besonders grelle Farben in Mode, während im 13. Jh. gedämpftere Farben als vornehm galten.

Die oberitalienischen, vor allem die venezianischen Seidenstoffe des 12.–13. Jh.s zeigten byzantinisches Kreisscheibenmuster oder (Lucca, Genua) westsarazenische symmetrische Tiermuster in Rot und Grün, später auch in Violett und Gelb; eine dritte italienische Gruppe enthält eine romanische Musterzeichnung, durch Rautennetze gegliederte Kreisscheiben, Quadratfelder und Streifen. Muster der Regensburger Halbseidengewebe des 13. Jh.s schlossen vollständig an die venezianischen an. Seit Beginn des 13. bis zum 16. Jh. war Gelb in Europa Kennzeichen verschiedener am Rande der Gesellschaft lebender, verachteter Bevölkerungsgruppen, insbesondere der Juden und Hetären (Festlegung beim 4. Laterankonzil 1215).

Im 14. Jh. nahm die Farbenfreudigkeit enorm zu (Mi-parti). Den höchsten adeligen Kreisen waren gemusterte Seidenstoffe und Seidendamaste, meist aus Oberitalien, vorbehalten. Sie zeigen stark naturalistisch wiedergegebene, asymmetrisch gereihte Tiere in Bewegung – oft nach chinesischen Vorbildern –, aber auch Diagonalornamente (parallele Schrägranken aus stilisierten Lotosblüten und Palmetten, von Tieren durchsetzt, Spitzovale

Abb. 206. Granatapfelmuster der Renaissance. Agnolo Bronzino: »Bildnis der Eleonore von Toledo und ihres Sohnes«. Ausschnitt. Um 1545. Uffizien, Florenz.

und Spiralranken, gebildet aus Lotosblüten, Palmblättern und Weinlaub) und Bauornamentik. Im 15. Jh. dominierten reine Pflanzenmuster.[37, 38, 442] Die von persischen Stoffmustern übernommene, wahrscheinlich altchinesische Lotosblume wandelte sich zum spätgotischen »Granatapfelmotiv« (bis 16. Jh.) – eine irreführende Sammelbezeichnung, die sich jedoch in der Fachliteratur allgemein eingebürgert hat. Kennzeichnend für sämtliche Spielarten dieses Musters ist nicht der Granatapfel, sondern eine geschweifte Rosette, die in der Regel als Folie für das aufgelegte Granatapfelmotiv dient. Dieses bestand aus gesprungenen, von Ranken umrahmten Granatäpfeln, stilisierten Ananas oder Pinienzapfen.[206] Mitbestimmend für die Entwicklung des Granatapfelmusters war der immer beliebter werdende Samt. Das Granatapfelmuster wurde in all seinen Variationen und in höchster Vollendung in der florentinischen Seidenweberei gehandhabt und war besonders am burgundischen Hof geschätzt. Nicht minder begehrt waren Stoffe mit – meist gestickten – astronomischen Motiven, arabi-

Abb. 207. Gewebemuster. a) Seide. Italien, um 1400–25. b) Seide, Velours ciselé. Italien, 2. Hälfte des 16. Jh.s. c) Atlas, broschiert. Frankreich, um 1700. d) Lampas liseré, broschiert. Lyon, Jean Revel, um 1735. e) Gros de Tours, broschiert. Frankreich, um 1760. Alle Kunstgewerbemuseum, Köln.

schen Schriftzeichen, Emblemen, Devisen und Monogrammen. Diese gemusterten Stoffe wurden oft für das untere Kleid verwendet und durch Hebung des Oberkleidsaums und weite, zurückfallende ‣Ärmel zur Geltung gebracht. Vom Jahr 1428 gibt es aus Genua das früheste Zeugnis für das verbriefte Recht des Musterzeichners auf Schutz vor Kopie und unstatthafter Ausbeutung. Gleichzeitig musste sich dieser verpflichten, seinen Entwurf nur einmal zu verkaufen.

Die vornehmste Farbe war Rot, gefolgt von Blau und Violett. Braun war die Farbe der unteren Schichten, Gelb die der Pagen und Diener, die wie die Soldaten in einheitlichen Farben gekleidet waren. Gelb – obwohl noch Farbe der Verachteten – wurde zunehmend auch Modefarbe. Um die Mitte des 15. Jh.s kam durch Herzog Philipp den Guten (1419–67) Schwarz in Mode, das die bunte Kleidung des burgundischen Hofstaats ablöste. Nach der Reformation setzte sich im deutschen Bürgertum Schwarz für ‣Schaube und ‣Barett durch, während ‣Hose und ‣Wams farbig blieben. Bunt waren in der 1. Hälfte des 16. Jh.s die farbig abgehobenen seidenen Unterlagen der ‣Schlitze und das Mi-parti. Beide wurden besonders farbenprächtig, ja übertrieben in der Kleidung der Landsknechte gestaltet. 1525 kämpften die Bauern vergeblich darum, rote Schauben tragen zu dürfen, die allein Rittern und Doktoren zustanden. Die Farbe des Bauernstandes war Braun.

Im 16. Jh. nahmen die führenden italienischen Seidenstoffe erst allmählich einen eigenen Renaissancestil an. Kennzeichnend hierfür sind Spitzovale mit festen Verbindungsstücken, wie Ringe, gebuckelte Knäufe, Kronen und kleine Vasen (2. Hälfte 16. Jh.), zwischen den die Felder bildenden Ranken. Die Vasen verselbständigten sich und rückten anstelle des Granatapfels in die Mitte des umrahmten Feldes. Die Ranken wurden zu Palmettenformen. Bei einer Reihe von Seidenstoffen tauchten Masken, Tritone, Eidechsen, antikisierende Brustpanzer usw. auf. Die spanischen Seidenstoffe der 1. Hälfte des 16. Jh.s waren in ihrer Musterung stark den italienischen angenähert. Das Granatapfelmuster wurde zu einer artischockenartigen Blüte. Blattumrahmung und Rankenwerk geben deutlich maurische Motive wieder. Die Textur der Samte, Brokate und

Damaste war außerordentlich reich, die Farben leuchteten. In der 2. Hälfte des 16. Jh.s, als die Spanische Mode tonangebend war, dominierten matte und gebrochene Farben. Die Muster wurden in der enganliegenden Herrenkleidung wesentlich kleiner[52] und in die Frauenkleidung übernommen; sie bestanden aus zierlichen symmetrischen Rahmenformen, die durch kleine Riegel zusammengehalten waren und in der Mitte eine kleine Vase mit Blumen oder eine vegetabile Form hatten. Ihr Stoff war großteils geschnittener Samt, ungeschnittener Samt auf andersfarbigem Grund umgab sie. Die gleichzeitigen Seidenstoffe waren meist einfarbig mit Rips- oder Taftmustern auf Satingrund. In Frankreich und Italien wurden helle Farben bevorzugt, am englischen Hof außerdem große naturalistische Muster.

Im 17. Jh. hielten sich dunkle Farben, zumal Schwarz, in den von der spanischen Hofetikette beeinflussten Ländern und in der bürgerlichen Kleidung der (ehemals spanischen) Niederlande (▸Regenten- und Regentinnen-Kostüm, ▸Isabellfarbe). Im Übrigen waren Pastelltöne bis hin zu kräftigen Farben[60] in Mode, mit so ausgefallenen Namen wie Lustige Witwe, Kranker Spanier, Nönnchenbauch u. Ä. Es bildete sich ein immer deutlicherer Unterschied zwischen Gewebemustern italienischer, spanischer und französischer Herkunft heraus, bis Ende des 17. Jh.s die französische Seidenweberei und ihre Muster maßgebenden Einfluss erlangten. Bei den italienischen und spanischen Gewandstoffen verschwand die Umrahmung, oder sie löste sich in einzelne schräge Zweige oder Balken auf und erhielt in der Mitte eine unsymmetrische Form. Daraus wurde das für die 1. Hälfte des 17. Jh.s charakteristische Muster mit Reihen abwechselnd nach rechts und links geneigter Blütenzweige. Für die italienischen Stoffe wurden aufwärtsschlängelnde Pflanzenstängel typisch. Manchen Mustern lagen erneut persische Vorbilder zugrunde.

Ende des 17. Jh.s war der französische Seidenmusterstil zu völliger Selbständigkeit gelangt. Den ersten Seidenstil, der dies für sich beanspruchen kann, markieren die sog. Bizarren Seiden etwa 1695–1720, mit ihren abstrakten Mustern, basierend auf Nachahmungen und Variationen asiatischer Vorbilder. Parallel dazu entwickelten sich ornamentale, flache Muster. Es gab wieder eine symmetrische Umrahmung in Form eines offenen Spitzovals mit großem, sich fächerartig entwickelndem Mittelkern; ihre eigenartige Stilisierung der Pflanzenformen und die Nachahmungen breiter Spitzenbänder und spitzenartiger Füllungen wichen von den früheren Mustern stark ab. Die unter Ludwig XIV. geförderte französische ▸Spitze wirkte um 1700 auf das Seidenmuster ein; in den 1720er Jahren hatte sie einen Höhepunkt.

Im 18. Jh. existierten bereits größere Unterschiede in den Stoffen für Damen- und Herrenkleidung. In der offiziellen Hofmode, besonders beim Herrn, wurden Stoffe mit Gold- und Silberstickerei[68] belegt. ▸Justaucorps (2) und ▸Weste hatten üppiges Rankenwerk aus Gold- und Silberfäden, im Spätrokoko bunte Blumen in farbiger Seidenstickerei dazu. In der alltäglichen gehobenen Herrenkleidung gab es Seidenstoffe mit Streublümchen, nach Mitte des 18. Jh.s vermehrt Samte. Die Kleiderordnungen schrieben dem Bürger einfarbige Wollstoffe in gedämpften Farben vor. Bei der höfischen Frauenkleidung bezeichnete das Stoffmuster den jährlichen Modewechsel. Die Kleidstoffe wiesen kleine, natürliche Pflanzenformen, Blumensträuße[148] und Blütenzweige in scheinbar willkürlicher Anordnung auf. Daneben gab es großzügige Spitzovalmuster mit wuchtigen, phantastischen Blumen-[70] und Fruchtgebilden in der Mitte sowie landschaftliche Motive, Architekturen und Muster türkischer und chinesischer Herkunft. Um 1730–40 war der sog. Style Revel (nach dem französischen Musterzeichner Jean Revel, 1684–1771) beliebt mit seiner naturalistischen, perspektivisch gebundenen Darstellungsweise, der phantasievolle Einzelformen

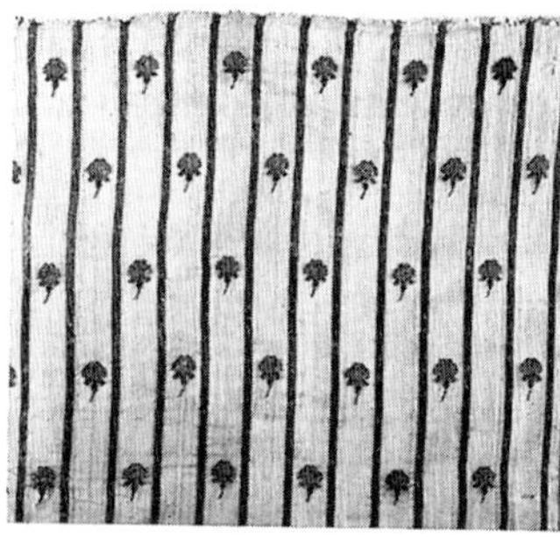

Abb. 208. Halbseide. Deutschland, um 1800.

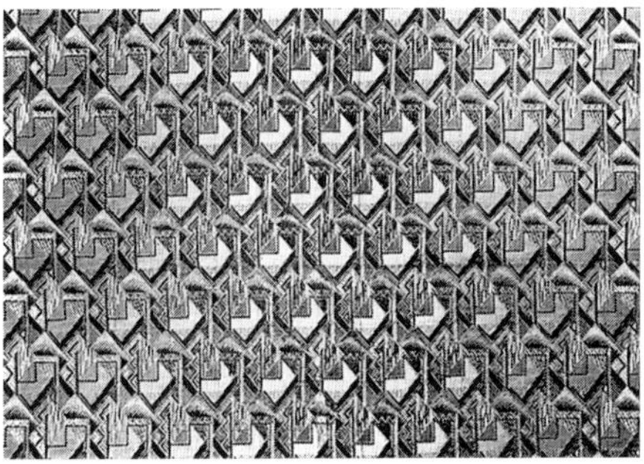

Abb. 209. Jacquard-Gewebe. Um 1900.

und unrealistische Größenverhältnisse gegenüberstanden. Das Ganze war von malerischen Farbübergängen gekennzeichnet. Insgesamt wurden lebhafte Farben in Pastelltönen, häufig mit Gold- und Silberfäden untermischt, bevorzugt.

Um 1765 ließ die Formen- und Farbenvielfalt nach; die großartigen Pflanzenornamente verschwanden, die Stoffe wurden von Längsstreifen und Schlängelbändern durchzogen,[74] die kleine Blumensträuße oder Streublümchen unterbrachen. Sehr extravagant waren Seiden mit Pelzmusterung. Zweifarbigkeit wurde beliebt, wobei helle Töne, weiß bis gelb, bevorzugt wurden. Auf den immer häufiger werdenden Kattunen und Chintzen dagegen leuchteten starke, hellfarbige Pflanzenmuster. (Von großer Wichtigkeit war in Frankreich die Regelung des Musterschutzes. Seidenstoffe, die modisch überholt waren, sandte man ins Ausland, wo sie als französische Ware weiterhin unvermindert Absatz fanden.) Kurz vor der Französischen Revolution (1789) gab es farbig gestreifte Stoffe auch für den Herrn.

In der 1. Hälfte des 19. Jh.s wies die Herrenkleidung noch eine gewisse Farbigkeit auf. Der ▸Rock (1) (▸Frack) hatte gedeckte, aber kräftige Farben, z. B. Flaschengrün oder Veilchenblau, die ▸Hose war etwas heller, auch längsgestreift, die ▸Weste kariert, gestreift oder geblümt. Nach Mitte des Jh.s vereinheitlichte sich das Bild der Herrenmode zunehmend zu Grau bis Schwarz; Sakkoanzüge weisen bis heute oft Nadelstreifen (sehr dünne, farblich kontrastierende Webstreifen), Mäntel ein Webmuster auf. Höchstens der ▸Krawatte wurde eine gewisse Farbigkeit und Musterung zugebilligt.

In der Damenmode des Directoire und Empire (1795–1815/20) herrschten ausschließlich weiße bis zart pastellfarbige Stoffe vor,[78] ungemustert oder höchstens mit kleinen verstreuten Sternen, Palmetten, Punkten, aber, in Anlehnung an die Kleidung der Antike, hauptsächlich mit antikisierenden Borten. Einen Farbkontrast boten ▸Schals aus Kaschmirwolle (oder nachgeahmt aus Wolle), an den Enden meist mit fernöstlichen Mustern (Blumen und stilisierte, halbaufgerollte, stängellose Palmblätter, sog. Paisley[458]) verziert. Eine bahnbrechende Erfindung für die Herstellung und bevorzugte Verbreitung bunt gemusterter Gewebe war der 1805 von dem Franzosen Joseph-Marie Jacquard (1752–1834) geschaffene Webstuhl (▸Stoff, 19. Jh.). Im Gegensatz dazu stehen die Façonnes (frz., durch die Bindung kleingemusterte Gewebe).

Die Kleiderstoffe des Biedermeier (1820–48) variierten zwischen kräftigen Farben und Pastelltönen. Elfenbeinfarbe war besonders in Mode. Für den Abend wählte die Frau changierende Stoffe, tagsüber trug sie Stoffe mit Karos, Rauten und Streublümchen (▸Mille fleurs). Die Streublümchen wurden im Spätbiedermeier in ein Streifenmuster gebannt. Zur Zeit der ▸Krinoline (1848–69/70) waren im Sommer helle, im Winter dunklere Farben in Mode, meist uni. 1856 war Mauve (frz., ›Malvenfarbe‹), 1858 Fuchsine, beides neue Anilinfarben, gefragt. Von einem einheitlichen Stil in der Gewebemusterung konnte nicht mehr die Rede sein. Zur Zeit der Ersten ▸Turnüre (1869–75) waren die Farben kräftig, zur Zeit der Zweiten Turnüre (1882–88, ▸Cul de Paris) gedämpft. Für Ballkleider wählte die junge Dame helle, die reifere Frau dunklere Töne.

Im ganzen 19. Jh. wurden Kattune und Chintze, die durch intensiv leuchtende Farbmuster bestachen, gerne für Tageskleider verarbeitet. In den 1880er Jahren bestanden ▸Kostüm (2) und ▸Mantel aus dunklen Wollstoffen mit Webmustern, wie Fischgrät, Hahnentritt[401], Salz und Pfeffer (Noppen), Glencheck (großflächiges Karo) sowie Pepita (span., ein schwarz-weißes Würfelmuster). Für Gesellschafts- und Ballkleider wurde bis 1914/15 der Effekt schwarzer Spitze und Stickerei über hellem Grund geschätzt.

Um 1900 griff der Einfluss künstlerischen Stoffdessins erstmals in größerem Ausmaß auf Kleiderstoffe über. Die Stoffmuster des deutschen Jugendstils, des französischen Art Nouveau und des österreichischen Secessionsstils reichten von phantasievollen, flächig stilisierten floralen Motiven[99] (Kolo Moser, 1868 bis 1918), einem naturalistisch floralen (Otto Eckmann, 1865–1902) und abstrahierend floralen (Hermann Obrist, 1862–1927) Stil bis zu einem abstrakt dynamischen (Henry van de Velde, 1863–1957), floralen (Alfred Mohrbutter) und streng geometrisierenden Stil (Josef Hoffmann, 1870–1956) (‣Künstlerkleider) – eine Ornamentik, die jegliche Assoziationen an historische Vorbilder verbot. Die Muster waren eingewebt, aufgedruckt oder appliziert, die Farben weich, vielfach in einfarbigen Schattierungen. Für ‣Abendkleider wurden helle, opalisierende Farben gewählt. Grelle, expressive Farben kennzeichneten die von der französischen Malergruppe »Les Fauves« beeinflussten Stoffe P. ‣Poirets[281] und die Kleidermode des frühen ‣Art Déco. Poirets Freund, der Maler Raoul Dufy (1877–1953) formulierte seine Eindrücke einer lebhaft farbigen Außenwelt auf Stoffmustern; seine Stoffe hießen »Der Dschungel«, »Die Schnitter« oder »Die Fischerei«. Die Industriestoffe dagegen wiesen meist gedämpfte Farben ohne Musterung auf.

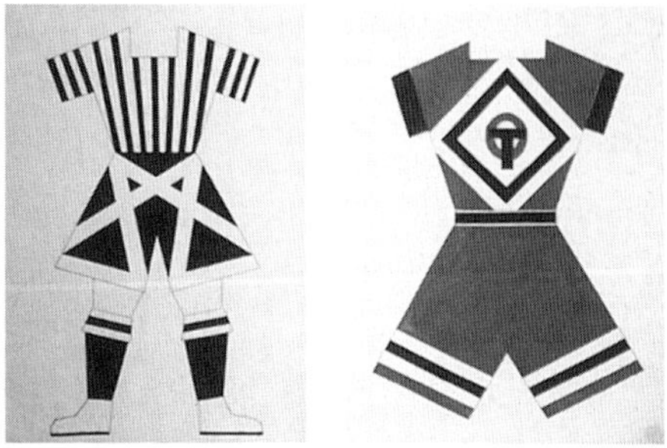

Abb. 211. Russischer Konstruktivismus. Sportbekleidung von Varvara Stepanova. 1924.

In den 1920er Jahren kreierten russische Künstlerinnen der Avantgarde, wie Ljubov Popova (1889–1924), Varvara Stepanova (1894–1958) und Aleksandra Ekster (1884 bis 1949), Stoffmuster mit einfachen geometrischen Formelementen und klaren Farbflächen, die bei der Kleidung in Kontrast zu großen Uniflächen gesetzt wurden. Ebenso im Zeichen des Funktionalismus standen die Stoff-

Abb. 210. Muster für den Stoffdruck, von Raoul Dufy, entworfen für Bianchini Férier und erstmals von Paul Poiret 1909/10 verwendet. Victoria and Albert Museum, London.

Abb. 212. Perlonkleid mit Blumenmuster. Aus: »burda Moden«. H. 7. Juli 1955.

Abb. 213. Sommerkleid mit Diana-Dekolleté und Petticoat von Enzo, Mailand. Großes Blumenmuster. Aus »burda Moden«. Heft 6. 1960.

Abb. 214. »Pinselstrich«-Muster eines seidenen Nachmittagskleids. Aus »burda Moden«. H. 6. Juni 1960.

Abb. 215. Nachmittagskleid »Stil Givenchy«. Aus »burda Moden«. H. 6. Juni 1960.

entwürfe der Webereiklasse des Bauhauses in Weimar. In Paris übertrug die Malerin Sonia Delaunay (1885–1980) ihre Farbrhythmen und »Simultankontraste der Farbe« auf Stoffe[388], die sie als »simultanées« bezeichnete. Diese »Künstlerstoffe« übten, wenn auch in vereinfachter Form, Einfluss auf die Massenproduktion aus. Graphische Muster überwogen in den 1920er Jahren. Als Kontrast dazu gab es aber auch großflächige, stilisierte gegenständliche und florale Motive. Die Farben waren eher gedämpft. Für Gesellschaftskleider wurden »Silberfarben« und Schwarz bevorzugt, die den Eindruck des Extravaganten vermittelten. In den 1930er Jahren machten in der Haute Couture E. ‣Schiaparellis Modefarbe »Shocking Pink« und ihr der späteren Op-Art vergleichbares Muster »Trompe l'œil« (frz., ›Augentäuschung‹) und andere kräftige Farben von sich reden.

Während des 2. Weltkriegs dominierte Schwarz in Kontrast mit weißen, auch mit »Polkatupfen« (talergroßen Tupfen[112]) versehenen Kragen und ‣Manschetten (‣Kleid, 20. Jh.). Charakteristisch ist die Zweifarbigkeit vieler Kleider, die sich durch Zusammensetzen von vorhandenen Stoffen ergab. In den 1950er Jahren gab es für Sommerkleider helle Farben mit klar herausgestellten geometrischen oder floralen Einzelmustern. Bei Theaterkleidern schwärmte man für das »kleine Schwarze«, während Ballkleider in hellen Farben gewählt wurden. Als Distanzierung von der bürgerlichen Umwelt gab sich das einfarbige Schwarz in der Kleidung jugendlicher Existentialisten und der Halbstarken. Anfang der 1960er Jahre waren kräftige Pastelltöne[214, 216] gefragt. Um 1963 stand die Mode der Frau im Zeichen der Op-Art mit ihren geometrischen Schwarz-Weiß-Kontrasten. Für die 2. Hälfte der 1960er Jahre brachten die farbenfreudige ‣Hippie-Mode und die Pop-Art eine Explosion an Buntheit, ‣Pucci. Sie führten die Farbigkeit in die Freizeitkleidung des

Abb. 216. Kostüm von Prada. Mailand, 1996.

Abb. 217. Pucci-Muster. Daunenstepp-Weste von Emilio Pucci. Mailand, 2003/04.

Herrn ein. Die 1. Hälfte der 1970er Jahre tendierte wieder zu gedämpfteren Farben. Nach 1977 kam es durch die ▸Folklore-Mode[114] zu einer neuen, breit gefächerten Farbigkeit. Es erschienen kräftige Erdfarben und für den Mitteleuropäer ungewohnte Farbkombinationen, nach dem Geschmack von Y. ▸Saint Laurent: Feuerrot mit grellem Pink, sattes Orange mit stumpfem Lila, dazu Olivgrün und Braun.[293]

1980/81 wurde Farbe durch Gold und Silber ersetzt. Beide waren in vielen Schattierungen in Mode. 1982/83 liebte die Jugend schreiende, fluoreszierende Farbtöne und kräftige Primärfarben. 1983/84 dagegen antwortete jene Jugend, die sich in tristem Zukunftspessimismus gefiel, mit Grau-, Schwarz- und Braunschattierungen sowie Graffiti-Mustern. 1985 setzten sich kräftige Farben – Orange kombiniert mit Grün – sowie große Blumenmuster durch. Danach kam ein Jahrzehnt der Dominanz von Schwarz. 1996 setzten sich die z. T. aus den 1950er Jahren übernommenen Muster von M. ▸Prada durch. Seit Anfang des 21. Jh.s behaupten sich neben Schwarz auch Weiß sowie starke Farben (Orange für 2005) und grafisch gemusterte Stoffe mit einem Revival der Pucci-Muster und militärische Camouflage-Muster[98] (frz. *camouflage* ›Tarnung‹). ▸Farbe, ▸Stoff, ▸Zeugdruck.

Unter der Bezeichnung Ethno-Look werden folkloristische Einflüsse von Indien (mit ▸Pailletten überstickte Paisley-Muster, s. S. 181) bis Ungarn (kräftige Blumenmuster) eingeführt. Computerdrucke ermöglichen gegenständliche Motive (Burgen, Landschaften) ohne Rapport auf fertigen Kleidungsstücken wie Röcken.

Farsetto, *der* (ital., ›Wams, Unterjacke‹), im 14.–16. Jh. florentinische Bezeichnung für den unteren ‣Rock (1) des Mannes. ‣Wams.

Farthingale, *der,* engl. Bezeichnung für den spanischen ‣Reifrock. ‣Manteau.

Fascia, *die* (lat.), Binde, Band oder schmales Tuch als Teil der Kleidung oder des Schmuckes in der römischen Antike.

Fascia collaris, *die* (lat.), glatte Halsbinde.

Fascia crinalis, *die* (lat.), Haarband.

Fascia cruralis, *die* (lat.), auch *Tibialia* genannt, Unterschenkelbinde gegen Kälte, von Jägern und Hirten aus Leinen oder Wolle, von Frauen auch farbig in der Art von Strümpfen oder ‣Gamaschen getragen. ‣Strumpf.

Fascia feminalium, *die* (lat.), kurz *Feminalia* (von *femina* ›Frau‹), leinene Hüftbinde und Lendentuch. Es gebot nicht nur der Anstand, dass jeder Römer und jede Römerin ein Lendentuch um die Hüften gewickelt trug: öffentlich völlig nackt zu erscheinen verstieß gegen das Gesetz. ‣Subligaculum.

Fascia pectoralis, *die* (lat.), auch *F. mamillaris* (von *mamilla* ›Brust‹) und *Strophium* (von griech. *stróphion*), in der griechischen und römischen Antike verwendete Busenbinde der Frau.[137] Diese sehr lange Binde wurde stets auf bloßer Haut umlaufend um Brust und Rücken gewickelt, meist als Stütze unter der Brust, aber auch direkt auf den Brüsten zum Verhüllen oder zur Einschränkung ihres Wachstums. Die F. p. war aus rotem, grünem, blauem oder violettem Stoff oder aus ‣Leder. Das Strophium wurde zusammen mit einer unserer heutigen Bikinihose ähnlichen Hose von Römerinnen beim Sport getragen. ‣Badekleidung, ‣Strophion (1).

Fasson (von frz. *façon* ›Form, Gestalt, Schnitt, Muster‹). **1.** *Die F.,* stilistisches Gesamtbild eines Kleidungsstückes. **2.** *Das F.,* Gesamtform von ‣Kragen und ‣Revers von der Schulternaht bis zur vorderen Kante, dem sog. *F.-Auslauf.*[191] Bedeutend für die F.-Gestaltung ist der *F.-Spiegel,* der ‣Crochet. Die beiden F.-Brüche, hohl (bogig) oder gerade, bilden den Ausschnitt von ‣Jacke, ‣Mantel oder ‣Sakko.

Fassonspiegel ‣Crochet.

Fassonweste oder ‣*Crochet-Weste,* ‣Weste mit ‣Revers.

Faveur, *die* (frz., ›Gunst‹), auch ‣*Galants* (1), im 17. Jh. in Deutschland auch *Favor* (engl.) genannt, ‣Band, ‣Schleife (2) oder Perle, die der Herr als Geschenk einer Dame an eine seitliche Strähne seines Haars, den ‣Cadenet, um 1630–50[63], zuweilen auch später noch heftete. Auch Zierschleifen am Damenkleid als Gunstbezeigung eines Herrn, deren jede je nach Stelle eine eigene Bezeichnung hatte.

Favoris, *Pl.* (frz.; von lat. *favere* ›günstig sein‹), um 1795 zum ‣Tituskopf aufgekommene seitliche Bartstreifen vor den Ohren (‣*Koteletten*).[77,79] Die F. entwickelten sich aus den ‣*Oreilles de chien* genannten Haarsträhnen der Revolutionsfrisur, wurden in den 1820er Jahren gekräuselt und in den 1830er Jahren zum ‣*Backenbart* verlängert.

Favorites, *Pl.* (frz., ›Lieblinge‹). **1.** Auch *Gingues galants* (frz., ›gefällig Hüpfende‹), zur ‣Fontange frisierte Seitenlöckchen. **2.** ‣Backenbart, ‣Koteletten.

Abb. 218. Fassons am Anzug. Von links nach rechts: 2 Arten des fallenden Fassons mit verschieden steiler Spiegelnaht. 2 Arten des gebrochenen C-Fassons mit verschieden weit geöffnetem Crochet-Eck. Haifischkragen. Campingkragen. Nach Hofer.

Fazzoletto, *der* (ital., ›Taschentuch‹), kleines, kostbar mit ‣Spitzen, ‣Stickerei oder ‣Quasten versehenes Ziertuch, das Ende des 15. Jh.s in Italien aufkam, im 16. Jh. in Frankreich, Deutschland – hier ‣*Facelet* oder *Facilettlein*[46] genannt – und den meisten übrigen europäischen Ländern[54, 62] verbreitet war und stets sichtbar in der Hand gehalten wurde.[60] 1595 wurde es den unteren Ständen verboten. Das Ziertuch wurde besonders von Damen der Oberschicht bis ins 19. Jh. verwendet. Es lebt weiter im seit etwa 1867 verwendeten ‣Stecktuch und in manchen Volkstrachten. ‣Taschentuch.

Feder. F.n von Zucht- und Wildvögeln wurden als modischer Schmuck und Zubehör, z. B. für ‣Fächer, seit dem Altertum bei vielen Völkern verwendet. Sie wurden als Attribut mythologischer und heiliger Figuren sowie zur Charakterisierung in bildlichen Darstellungen verwendet und haben große Bedeutung in der Heraldik. F.-Schmuck an einer Kopfbedeckung, besonders dem ‣Turban, kennzeichnete den Orientalen in der bildenden Kunst.

Als Hutschmuck des Mannes sind erstmals im 13. Jh. Hüte mit *Pfauenspiegel,* sog. Pfauenhüte (‣Kopfbedeckung), belegt. Anfang des 14. Jh.s wurden *Straußen-F.n,* die seit dem 13. Jh. über Venedig importiert wurden, als Hutschmuck erwähnt, seit Ende des 14. Jh.s in Frankreich *Papageien-F.n* verarbeitet. Dazu kamen kleine, kurze *Reiher-F.n* und im 15. Jh. lange, schmale *Fasanen-* sowie *Kranich-F.n,* die jedoch selten blieben. Pfauen-F.n dienten nun auch als Kleidbesatz. Bei Angehörigen niederer Stände waren nur *Hahnen-* oder *Pickers-F.n* (von lat. *pica* ›Elster‹) als Kopfschmuck erlaubt, und sie durften nicht vergoldet sein. Die F.n wurden in Agraffen zusammengefasst und an der Kopfbedeckung steil über der Stirn stehend befestigt. Im 15. Jh. ist ein erlesener Pfauenturban für beide Geschlechter, in Italien auch als Brautkrone, belegt. Im 15. und 16. Jh. war die Verwendung von F.-Schmuck in ‣Kleiderordnungen festgelegt. In der 1. Hälfte des 16. Jh.s wurden Straußen-F.n, die auch den Landsknechten zustanden, bevorzugt. Sie waren flach liegend auf dem ‣Barett befestigt und hingen seitlich herab. Zur Zeit der Spanischen Mode (2. Hälfte 16. / Anfang 17. Jh.) wurde der Straußenfederschmuck kleiner oder verschwand ganz. Im 17. Jh. nahm er wieder zu, zuerst am ‣Schlapphut[59, 65, 331], und später als ‣*Plumage,* bei Adeligen, am ‣Dreispitz.[131, 67] Letzteren zierte allerdings zunächst die ‣*Panache.* Man unterschied nach Arrangement[322] das *Bouquet des plumes* (frz.), den F.-Busch, und den *Bonnet des plumes* (frz., ‣Bonnet) mit mehrschichtig arrangierten Straußen-F.n. In den 1770er Jahren verschwand der F.-Schmuck aus der zivilen Kopfbedeckung des Herrn.

In der Damenmode, abgesehen von den auch von der Frau getragenen Kopfbedeckungen, wie Pfauenhut, Barett und Schlapphut, schmückten Anfang des 18. Jh.s F.n auch die ‣Fontange. Seit Ende des 17. Jh.s gab es ‣Palatinen (2) aus F.n in Schwarz, Weiß oder Rot, vom »Fourreur« (frz., ›Kürschner‹) aus den Bauch-F.n des *Schwanes* hergestellt. Hinzu kamen Anfang des 18. Jh.s F.-‣Muffe sowie Ansteckblumen aus F.n. Auch ‣Stecker und Ärmel konnten mit F.n verziert sein. Im Spätrokoko wurden Reiher-F.n (‣*Aigrette*) als höfischer Haarschmuck beliebt, während die breitrandigen Stroh- und Filzhüte mit üppigem Straußenfederputz versehen waren.[355b] Im Directoire und Empire (1795–1815/20) waren die modischen Turbane mit sog. *Sultanen* oder *Sultans-F.n*[80] verziert. Im 19. Jh. kamen *Paradiesvogel-F.n,* die erstmals im 16. Jh. erwähnt sind, groß in Mode. Die Steiß-F.n des *Marabus* wurden von nun an für ‣Boas, Jäckchen und als Besatz verarbeitet. Um 1900 schmückte eine große, stehende oder liegende Straußen-F., die ‣*Pleureuse* (2), den Damenhut. Für Trachtenhüte werden *Fasanen-* und *Adler-F.n* verwendet.

Das Schmücken von Kopfbedeckungen mit F.n oblag bis zum 15. Jh. den Hutmachern. Im 15. Jh. sind erstmals in Frankreich »Plumaciers, Plumassiers«, in England um 1510 »Plume makers« erwähnt. In Frankreich schlossen sie sich 1599 als »Panacher-bouquetiers« zusammen, während sie z. B. in Deutschland unorganisiert blieben. Industriell werden seit dem 19. Jh. minder kostbare F.-Arten durch Färben und Veredeln verarbeitet; so werden zugerichtete Schwanz-F.n des Hahnes als unechte Straußen-F.n verkauft.

Seit den 1980er Jahren werden Daunenfedern für Steppmäntel verarbeitet. Der Flaum von Gänsefedern wird oft als Verzierung von Pullovern verwendet.

Fedora, in England ein kleiner, einem Trachtenhut ähnlicher Hut[357a], vergleichbar dem

‣Chasseur. Wurde vor allem von Frauen – auf dem Vorderkopf – etwa 1880–1900 getragen und später nach dem gleichnamigen Schauspiel Victorien Sardous »F.« (1882) genannt.[400] ‣Kopfbedeckung.

Feh, *das* (ahd. *fêh*; mhd. *vech*), Fell des Eichhörnchens.[396] ‣Pelz.

Feminalia, *Pl.,* ‣Fascia feminalium.

Femoralia, *Pl.* (mlat., ›Beinkleid, Hose‹; lat., ›die Oberschenkel bzw. Hüften betreffend‹, von lat. *femur* ›Oberschenkel‹)[309a], ‣Bruch, ‣Unterhose.

Ferreruolo, auch *Herreruolo, der* (span.), kreisrunder, kaum knielanger Mantelumhang (‣Mantel) des Mannes mit Stehkragen, jedoch ohne Kapuze; in Spanien 2. Hälfte des 16. / Anfang des 17. Jh.s.

Ferronière, *die* (frz., ›Eisenhändlerin‹), metallenes Stirnband oder Kettchen mit einer Kamee oder Edelsteinagraffe in der Stirnmitte; orientalischen Ursprungs, im 16. Jh. in Italien und Frankreich in Mode, benannt nach Mme Ferron (wobei nicht feststeht, ob die Dame so hieß oder Gattin eines Eisenhändlers war), die um 1538 Mätresse des Königs Franz I. von Frankreich war. Im Empire und Biedermeier (1800–48), angeregt durch Leonardo da Vincis Gemälde »La Belle Ferronière« (gemalt um 1490–95; die Bezeichnung des Gemäldes beruht auf einem Missverständnis, es stellt nicht die Geliebte des Königs dar), erneut in Mode und in Deutschland volkstümlich »Seht hierher« genannt.

Fes, Fez, *der,* pers. *Tarbusch* genannt, kegelstumpfförmige, meist rote oder schwarze Filzkappe mit schwarzer oder blauer ‣Quaste; benannt nach der marokkanischen Stadt Fes, in der er zuerst hergestellt worden sein soll. Wurde urspr. im Orient und in Nordafrika getragen. Nach 1453 (Eroberung Konstantinopels durch die Türken) wurde der F. nach Europa (Italien) gebracht, wo er zunächst Kopfbedeckung der Dienerschaft war und in der Renaissance zu modischen ‣Kopfbedeckungen des Mannes anregte.[255] 1832 wurde der F. für türkische Staatsbeamte und Soldaten anstelle des ‣Turbans eingeführt; 1926 in der Türkei, 1953 in Ägypten abgeschafft. Heute noch in Marokko und in der albanischen und griechischen Tracht erhalten. Im 19. Jh. bevorzugte Form der ‣Hauskappe für den Herrn.[277]

Feston, *der* (frz.; von lat. *festum* ›Fest‹, urspr. ›Festschmuck‹). **1.** Schmuckgebinde aus Bändern (‣Band), Blumen und Früchten, meist als Stickerei oder als Bortenverzierung, im Spätempire und Frühbiedermeier, um 1815–25. **2.** Randbefestigung in der Weißstickerei in Bogen (Barmer Bogen) oder Zackenform durch festen Schlingstich, auch *F.-Stich* oder *Langette(nstich)* (von frz. *languette* ›Zünglein‹) genannt.

Fetzen-und-Löcher-Look. Modestil mit willkürlich eingeschnittenen Löchern in Oberteilen und ausgerissenen Gewandsäumen, der sich 1982 in der Avantgarde durchsetzte. Beeinflusst von der ‣Punkmode und der englischen Designerin V. ‣Westwood, jedoch unmittelbar initiiert durch die Japanerin R. ‣Kawakubo und ihre Marke Comme des Garçons, die mit scheinbar zufällig um den Körper gewickelten, zerfetzten und ärmlich wirkenden Stoffen 1981 in Paris Furore machte. Der zunächst von der Presse als ›F.‹ bezeichnete Stil kann als Vorläufer von ‣Grunge und als Beginn des ‣Dekonstruktivismus in der Mode angesehen werden. Ende des 20. Jh.s wurden zerschlissene ‣Jeans als sog. ›used look‹ besonders in der ‣Designer- und Jugendmode wieder aufgegriffen.

Fibel, *die* (von lat. *fibula* ›Schnalle, Spange‹), Bügelnadel oder Spange, der heutigen Sicherheitsnadel oder Brosche ähnlich, zum Zusammenhalten des Gewandes an Brust oder Schulter, um 1550 v. Chr. bis zum 14. Jh. n. Chr. gebräuchlich. Aus Form, Material und Verzierung lässt sich die Kulturepoche bestimmen. Als Grundform gelten die *zweigliedrige F.* (Bügel und Nadel sind gesondert) und die häufigere *eingliedrige F.* (Bügel und Nadel aus einem Stück), wobei die eine Seite elastisch (Kopf), die andere Seite fest (Fuß) ist. In der Bronze- und Hallstattzeit gab es u. a. *Brillen-, Spiralplatten-, Platten-, Bogen-, Schlangen-, Kahn-* und *Figuren-F.n*; im keltischen Bereich *Masken-* und *Tierkopf-F.n,* bei den Römern *Flügel-* und *Scheiben-F.n,* bei den Germanen[22, 24] *Augen-, Zwei-* und *Dreirollen-F.n,* in der Völ-

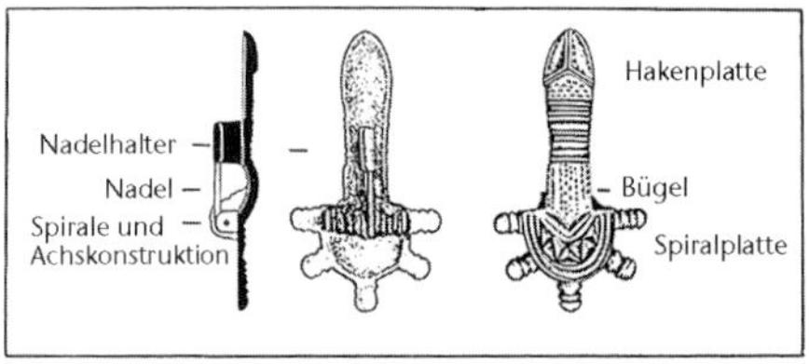

Abb. 219. Alemannische Bügelfibel. Württembergisches Landesmuseum, Stuttgart.

kerwanderungszeit broschenartige *Bügel-F.n.* ‣Fürspan, ‣Mantel (13. Jh.: Tasselmantel), ‣Nuschenmantel, ‣Verschluss.

Fichu, *der* heute *das,* (frz. ›Brust-, Halstuch‹), großes, dreieckiges Brust- bzw. Schultertuch der Frau, aus Musselin oder Batist (‣Stoff, 18. Jh.), von der englischen bürgerlichen Kleidung übernommen und etwa 1780–1836 allgemein in Mode. Zunächst wurde das F. locker in den Ausschnitt gesteckt, die stark verlängerten Zipfel hingen vorn herunter oder wurden gekreuzt[73] und im Rücken gebunden. In den 1790er Jahren wurde das F. künstlich durch eine Sprungfeder, die ‣Carcasse, oder ein Busenpolster, die ‣Gorge postiche, aufgebauscht und in dieser Form *Trompeuse* (frz., ›Betrügerin‹)[72] genannt. Die Trompeuse bildete ein optisches Pendant zum ‣Cul de Paris[76] (beide ergaben von der Seite die charakteristische S-förmige Silhouette). Sehr klein dagegen war der ‣Mouchoir. Ende des 19. Jh.s wurde das ‣Jabot ebenfalls »F.« genannt. Das F. blieb in vielen Volkstrachten über das 19. Jh. hinaus erhalten. ‣Folette.

Fieltro ‣Mantel (16. Jh.).

Figarojäckchen ‣Bolero (2).

Figurine, *die* (frz., ›Figürchen‹), Kostümentwurf als Zeichnung oder – für den Kostümbildner am Theater z. B. – als Modell.

Filet, *das* (frz., ›dünner Faden‹, ›Netz‹), Netzarbeit (im Unterschied zu der auf einem Rahmen ausgeführten Flechtarbeit, dem Sprang), die mittels Verknotens eines (Handarbeit) oder mehrerer (Maschinenarbeit) endlicher Fäden hergestellt wird. Dabei muss der Fadenanfang versteift sein, d. h., durch eine Nadel gezogen oder in ein Hölzchen verklemmt sein, und der gesamte – endliche – Faden muss durchgezogen werden. Um einen möglichst langen Faden verwenden zu können, wird er auf eine Spule oder eine F.-Nadel gewickelt – eine Technik, die in der Herstellung bestimmter ‣Spitzen angewandt wird.

Filz ‣Stoff (Mittelalter).

Firmament, Edelstein in Form eines Sternes, der zur ‣Fontange im Haar getragen wurde.

Fischbein, Handelsname für die aus biegsamen und festen Stäben bestehenden Barten verschiedener Wale. F. wurde bereits im späten Mittelalter zur Absteifung der Spitze des Schnabelschuhs (‣Fußbekleidung), der ‣Hennin und mancher Hutfeder (‣Feder) verwendet. Ab Mitte des 16. Jh.s wurde für den Miederstab (‣Blankscheit[337b], ‣Mieder) auch F. verwendet und später, insbesondere nach 1718, für den ‣Reifrock und das ‣Korsett[342, 366]. Nach 1945 wurde F. in der Miederherstellung durch Kunststoff ersetzt.

Fischerhose. 1. Die ganz aus Gummi gearbeitete ‣Latzhose der Fischer, häufig mit angeschweißten Stiefeln. **2.** Auch *¾-Hose, Capri-, Korsaren-, Piraten-, Torero-* oder *Sabrinahose*

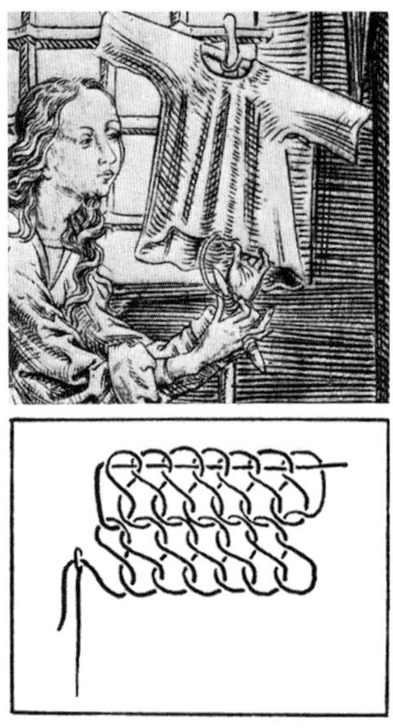

Abb. 220. Filet. Einfaches, verhängtes Schlingen eines endlichen Fadens. Aus einem Kupferstich von Veit Stoß. Um 1480.

Abb. 221. Dreiteiliges Modell mit Rock, Fischerhose und Bluse. Aus »burda Moden«. H. 5. Mai 1955.

(nach Audrey Hepburn in dem Film »Sabrina«, 1954) genannte modische Freizeithose für Mädchen, die, u.a. von E. ‣Pucci lanciert, in den 1950er Jahren aufkam. Knöchel- bis wadenlang, um die Hüften bequem geschnitten, jedoch unterhalb der Knie extrem eng, so dass ein kleiner seitlicher Schlitz an jedem Hosenbein notwendig wurde. Der Schlitz blieb entweder offen oder wurde mit Knöpfen oder einem ‣Reißverschluss geschlossen. Die F. hatte einen breiten, miederartigen Bund oder Bundfalten (‣Bundfaltenhose). Über der F. wurde oftmals ein passender ‣Wickelrock angelegt, um »gesellschaftsfähig« zu sein. Zur F. wurden flache ‣Ballerinaschuhe getragen. Die F. wurde in durchgehend enger Form um 1968 und um 1980 erneut modern.

Fischgrät(en), Fischgrat ‣Farbe und Muster (19. Jh.), ‣Stoff (Eisenzeit).

Flabellum, *das,* ‣Fächer.

Flamenco ‣Fußbekleidung (Frau, 1982/83).

Flammeum, *das* (lat.), über den Kopf gelegter und bis zum Boden den Körper bedeckender römischer Brautschleier.

Flanell ‣Stoff (19. Jh.).

Flaptasche (von engl. *flap* ›Klappe‹), Brusttasche (‣Tasche (2)) mit Klappe, urspr. an der ‣Reitkleidung, nach 1950 auch am Sportsakko (‣Sakko).

Flasques, *Pl.* (von frz. *flasque* ›schlaff‹, engl. *tab*), um 1600–40 Bezeichnung der Schoßteile (‣Schoß (1)) des ‣Wamses[51]. ‣Jacke[61].

Flechte ‣Gefrens, ‣Zopf.

Fledermausärmel, aus einem sehr tiefen Armloch geschnittener ‣Ärmel, der zum Handgelenk eng zuläuft (im Unterschied zum meist gleichmäßig weiten, gerade geschnittenen ‣Kimonoärmel). Der Schnitt des F.s findet sich erstmals im 13. Jh. in England an der ‣Cotte. Unter der Bezeichnung »F.« kam er um 1900 in Mode, war im ‣Art Déco, um 1930 und um 1940 an ‣Kleidern, um 1980 an ‣Pullovern beliebt.

Fliege. 1. Kleines Bartdreieck unterhalb der Lippe, um 1500 mit Kinn- und schmalem Oberlippenbart (Dürerbart), zur Zeit der Spanischen Mode, in der 2. Hälfte des 16. Jh.s bis etwa 1620, zusammen mit einem ‣Spitz- und Oberlippenbart getragen und insbesondere charakteristisch für Heinrich III. von Frankreich (1574–89).[150b] Ende des 17. Jh.s sprach man auch von einem aus zwei kleinen Pünktchen bestehenden Oberlippenbart als F. oder ‣Mouche (2)[277]. ‣Bart (1). **2.** ‣Krawatte, ‣Schleife (1). **3.** Gesticktes oder aufgenähtes kleines Dreieck am Ende einer Naht oder eines ‣Schlitzes, welches das Aufreißen verhindern soll.

Flinder. 1. ‣Flitter. **2.** Der lang herabhängende Schleier des ‣Hennin.[304]

Flinderhaube, auch *Flitterhaube,* kostbare Frauenhaube vom 15. bis Anfang des 17. Jh.s, zunächst in der Form einer ‣*Kalotte,* später als ‣*Kugelhaube.* Die F. war netzartig mit Seidenschnüren bespannt und in den Kreuzungspunkten mit Goldplättchen, Perlen oder Edelsteinen verziert, oder ein mit Goldfäden umwickelter Draht bildete im Netzstoff kleine Quadrate, wobei sich an den Kreuzungspunkten ein kleiner, hochstehender Bügel ergab, an dem Goldplättchen befestigt waren. Wurde als Brauthaube und einige Zeit nach der Hochzeit getragen (Ursprung des Wortes »Flitterwochen«). Die F. ist bis heute in Volkstrachten erhalten. ‣Haube.

Flip Flop, Sommersandale (‣Badeschuhe) aus Plastik mit V-Riemen als Zehenhalt. Der bereits seit den 1960er Jahren weltweit verbreiteten Billigsandale verpasste Stefanie Schulze (geb. München 1964) 1997 bunte Muster und den Namen F. F. und ließ sie aus weichem, stabilem Schaumstoff herstellen. 2003 ließen die US-amerikanischen Schuhdesigner Sigerson und Miranda Morrison F. F.s aus Hartplastik mit niederem Absatz, *kittenheel* genannt, herstellen.

Flitter, ehem. *Flinder,* aus Metallfolie, auch Goldfolie, Rauschgold oder ‣Straß gestanzte oder geschlagene kleine Plättchen in vielerlei Formen, die als Schmuck auf Gewänder oder ‣Accessoires aufgenäht (Metallstickerei) oder aufgeklebt werden. F.-Schmuck ist seit dem Mittelalter bekannt. Wird heute in etwas größerer Form ‣*Paillette* genannt. ‣Flinderhaube.

Flohpelzchen, ein Marder-, Iltis- oder Wieselpelz mit ausgestopftem Kopf und Klauen, den die Dame im 16. Jh., besonders in Italien, über den Rücken oder eine Schulter trug und mit den Fingern an einem kleinen Kettchen hielt. Kopf und Klauen waren oft vergoldet oder mit Perlen und Edelsteinen besetzt. Das F. sollte lästige Insekten auf sich ziehen, daher sein Name. ‣Pelz.

Flor. 1. Zartes, gekraustes Kreppgewebe, urspr. aus Florettseide (Abfallseide) (‣Stoff, 19. Jh.), nur in Schwarz heute noch »F.« (»Trauer-F.«, ‣Trauerkleidung) genannt, sonst *Seidenkrepp.* **2**. Gasiertes (d. i. glattgebranntes), merzerisiertes, gezwirntes Baumwoll- oder (nach dem 1. Weltkrieg) Zellwollgarn, aus dem die sog. F.-Strümpfe um 1900–20 oder auch F.-Gewebe hergestellt wurden. **3.** Samtartige Oberfläche eines Gewebes (‣Stoff, Kopten, 17. Jh.).

Florentiner Hut ‣Kopfbedeckung (Frau, 19. Jh.).

Florett ‣Stoff (16. Jh.).

Flügelärmel, auch *Tütenärmel,* ein am Hinterarm bis zu den Knien oder Waden herabhängender, tütenförmiger ‣Ärmel, in verschiedenen Varianten vom 11. bis 16. Jh. in Mode. Seine größte Weite hatte der F. im 15. Jh., als er pelzverbrämt oder häufig gezattelt (‣Zattel) war.[39] Im 16. Jh. war er am Vorderarm der Länge nach geschlitzt (‣Schlitz) und meist mit dekorativen ‣Nesteln geschlossen. Der F. wird begrifflich oft nicht klar vom ‣Hängeärmel unterschieden. Im 20. Jh. versteht man unter »F.« einen kurzen Volantärmel (‣Falbel).

Flügelhaube, niederländische Kopfbedeckung der Bürgerin des 17. Jh.s, aus der Stuarthaube (‣Attif(f)et) und dem anliegenden Schleierkopftuch Anfang des Jh.s entwickelt. Die F. bestand aus einer Unter- und der an ihr befestigten Oberhaube, wobei eine der beiden vorn die Stirn bogig berührte. Die Oberhaube war aus feinem, gestärktem Leinen und stand mit Hilfe einer metallenen Feder, dem Ohreisen, an beiden Seiten des Gesichtes flügelartig, gerade oder bogig, ab. An die Spitzen der Ohreisen wurden zuweilen Ohrringe gesteckt. Die F. ist, wie die ‣Diademhaube, besonders für das ‣Regentinnen-Kostüm charakteristisch und bis heute in manchen städtischen Trachten[51] erhalten. ‣Haube.

Abb. 222. Flügelhaube. Deutschland, um 1630. Nach Wilcox.

Flügelkleid. 1. ‣Kinderkleidung. **2.** Um 1900 ein langärmliges Jungmädchenkleid, mit herabhängenden Bändern am Rücken.

Fly-front, *die* (engl., ›fliegende Front‹, svw. ›verdeckte Knopfleiste‹), verdeckte Knopfleiste und scharfer ‣Abstich am ‣Sakko, der so Mitte der 1960er Jahre von der italienischen Herrenmode lanciert wurde.

Focale ‣Krawatte.

Folette, *die* (von frz. *foler* ›schäkern‹), kleines, dreieckiges ‣Brusttuch, das im 18. Jh. zum Bedecken des tiefen ‣Dekolletés über dem ‣Korsett getragen wurde; Ende des Jh.s unter dem wesentlich größeren ‣Fichu beibehalten.

Folklore-Mode, Folklore-Look[114], ein 1976 durch Y. ‣Saint Laurent[293] zum Erfolg geführter, zuvor bereits vom Haus ‣Lanvin und von japanischen Designern (‣ Prêt-à-porter) lancierter Modestil, der sich bis um 1982 hielt. In den 1990er Jahren wird die F. als *Ethno-Mix* oder *Ethno-Look* bezeichnet. Sie ist, im Unterschied zur ‣Trachtenmode, ein kurzlebiger, immer wieder aufkommender Modestil, bei dem Trachtenelemente der ganzen Welt abgewandelt und zu einem neuen, betont modischen Ganzen gefügt werden (‣Postmoderne). Bereits im 18. und besonders im 19. Jh. gab es von Zeit zu Zeit Einflüsse von National- und Volkstrachten auf die Mode; sie wurden auch in der Bezeichnung deutlich; so waren in der Männermode der 1. Hälfte des 19. Jh.s neben dem ‣Burnus Mäntel mit Posamentenverschluss (‣Mantel, ‣Posament), die immer als charakteristisch polnisch oder ungarisch galten, Hausmäntel (‣Hauskleidung) in Anlehnung an den ‣Kaftan, ‣Hauskappen in Art eines ‣Fes, sog. Kosaken- und Russische ‣Hosen und der Suwarowstiefel (‣Fußbekleidung) beliebt. Als ‣Kopfbedeckung für die Frau war um 1820 eine sog. Gipsyschute (›Zigeunerschute‹; ‣Capote (2)) und in der 2. Hälfte des 19. Jh.s die ‣Zuavenjacke (2) modern.

Fontange, *die* (frz.), auch *Frelange,* nach 1690 auch ‣*Commode* (1) genannt, Frauenkopfputz (‣Coiffure) etwa 1685–1713, benannt nach der Herzogin von Fontanges, einer Geliebten Ludwigs XIV.

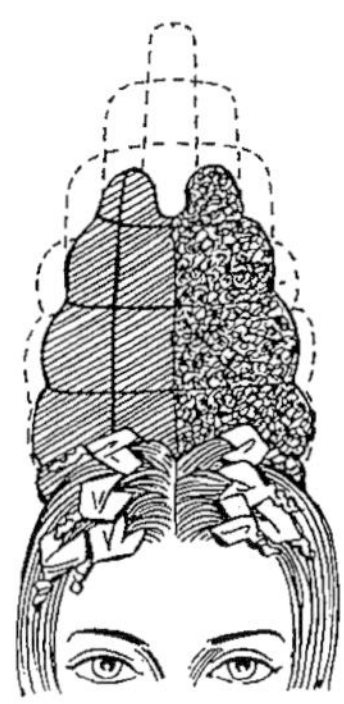

Abb. 223. Aufbau der Fontange. Nach Domnick.

Es heißt, die Coiffure (‣Cornet(t)e) der Herzogin habe sich auf der Jagd aufgelöst, weshalb sie zum Entzücken des Königs das Haar mit ihrem Strumpfband hochband. Nach dieser obersten, »F.« genannten Haarschleife wurde später die gesamte Coiffure, wie auch zuweilen die gesamte Damenmode der Zeit benannt. Die F. bestand aus einem am Hinterkopf getragenen Häubchen mit meist drei übereinanderstehenden, abgesteiften und gefältelten, zunächst gleich breiten ‣Spitzen (der eigentlichen F.) am Oberkopf, die in einer je auf eine Schulter fallenden ‣Barbe (2) endeten. 1687/88 wurde die F. höher, mit einer ‣Palis(s)ade, nach etwa 1690 mit einer ‣Commode (1) als Stütze. Damit erreichte die F. ihre größte Höhe, bis zu 60 cm.[69] Zugleich wurde sie schmäler, nach 1680 abgestuft wie Orgelpfeifen. Nach 1697/98 begann sie sich nach vorn zu neigen, à la ‣Chien couchant, wurde um 1710 niedriger, rund und weicher und kam 1713 aus der Mode, obwohl danach noch verschiedene ‣Hauben mit ähnlichen, stehenden Spitzenrüschen eingefasst waren. Die Haare waren in Locken gelegt, von denen einige besondere Namen hatten (‣Confidantes, ‣Crève-cœur, ‣Accroche-cœur, ‣Favorites (1), ‣Passagère), oder die Frisur wurde bei der besonders hohen *F. à la Lyra* mit einem lyraförmigen Schmuckstück an das falsche Haarteil (‣Postiche) arrangiert. Perlen und Juwelen (die mittlere Perle »Firmament« genannt) und ‣Schleifen (2) verdeckten die ‣Haarnadeln. Über die F. wurde als Wetterschutz über einer Wiehre (Drahtgestell) eine ‣Taftkappe oder ein ‣Regentuch gelegt.

Die F. war jedoch nicht französische Hoffrisur. Die Hoffrisur, eine Verbindung von Cor-

Abb. 224. Fontange, Frankreich, um 1680–90, und Fontangen-Frisur, 1690–1700. Nach Wilcox.

net(t)e und F., hieß nach ihrer untersten Haarschleife »Frisur à la ‣Duchesse (1)«.

Foulard ‣Stoff (19. Jh.).

Fourreau, *der* (frz., ›anliegendes Kleid‹). **1.** Frz. Bezeichnung für das Kleid der ‣Englischen Mode[76], die sich nach etwa 1760 zuerst in der ‣Kinderkleidung und nach etwa 1770 in der Frauenkleidung durchsetzte. Der Rock war in ‣Falten direkt an das anliegende Oberteil angesetzt (das ‣Kleid bestand also nicht aus ‣Manteau und ‣Jupe (2)) und wurde deshalb auch *falsche* ‣*Robe* genannt. **2.** Im 20. Jh. Bezeichnung für ein anliegendes ‣Futteralkleid.

Frac à l'anglaise ‣Frack.

Frac à la française, *der* (frz., ›Frack nach französischer Art‹), nach etwa 1770 in höfischen und adeligen Kreisen, besonders in Frankreich, getragener ‣Justaucorps (2) (seit Mitte des 18. Jh.s *Habit à la française* genannt, ‣Habit), dessen Schnitt sich an den modischen englischen ‣Frack angepasst hatte: die Vorderkante des Habit à la française war leicht bogig zurückgeschnitten, so dass der Frack nicht mehr geschlossen werden konnte, die Schöße (‣Schoß (1)) waren verkürzt, die ‣Ärmel eng und bis zum Handgelenk verlängert, mit etwa handbreitem, engem Aufschlag; die nun flachen Knöpfe reichten nur bis zum Schoßansatz. Die Taschen waren in die hinteren Rockschöße verlegt, nur blinde Taschenklappen wurden beibehalten. Der F. à la f. hatte einen Stehkragen ohne Revers. Die Ausstattung mit ‣Borten und ‣Stickerei war einfacher als zuvor, allerdings wurden noch Samt, Seide und feines Tuch bevorzugt. Den reich verzierten und bestickten F. à la f., *Frac habillé* oder *Staatsfrack* genannt, erhob Napoleon I. wieder zur höfischen Galakleidung, was er bis zum 1. Weltkrieg blieb.

Frack, *der*[455] (im 18. Jh. von engl. *frock* ›Rock, Kittel‹; urspr. Bezeichnung eines langen Mönchsgewandes; heute engl. *swallow tailed coat* ›Schwalbenschwanzrock‹, *claw-hammer coat* ›Splitthammerrock‹ oder *tails* ›Schwänze‹; frz. *habit noir* ›schwarzer Habit‹; engl. *frock coat* dagegen bedeutet ›Gehrock‹, aber auch ›Cutaway‹ (2)).

Der Schnitt des F.-Rocks – kurz »F.« genannt – mit seinen charakteristischen stark zurückgeschnittenen Schößen (‣Schoß (1)) entwickelte sich etwa 1740 aus zwei unterschiedlichen Gewandformen: dem englischen bürgerlichen Tuchrock und dem Militärrock. Beide Röcke (‣Rock (1)) hatten urspr. volle Schöße, die zur Vergrößerung der Bewegungsfreiheit beim englischen Tuchrock stark zurückgeschnitten wurden (um ihn als Reitrock zu benutzen) und beim Soldatenrock vorn zurückgeschlagen und hinten mit Knöpfen (‣Knopf) oder Haken befestigt wurden, so dass das bunte ‣Futter sichtbar hervortrat. Unter dem Einfluss des F.s veränderte sich nach etwa 1770 auch der bis dahin übliche ‣Justaucorps (2) (nun ‣*Habit* genannt) zum seidenen und bestickten ‣*Frac à la française* und verblieb als solcher allein der hö-

Abb. 225. »Frac à la polonaise, veste à bavaroise«. »Gallerie de Mode française et anglaise«. 1790.

Abb. 226. Frack: »Der französische (mit Androsmane) und der deutsche (mit hohem Hut) Reiter«. Aus »Journal des Luxus und der Moden«. August 1786.

fischen Galakleidung. Als *Bal-Habit* (frz., ›Ballkleidung‹) hatte dieser F. farbigen ▸Kragen, Aufschläge sowie bestickte ▸Brande(n)bourgs und wurde wegen seines uniformähnlichen Äußeren *Frac à la militaire* genannt. (Aus heutiger Sicht unterscheidet sich dieser kaum vom Habit à la française.) Dagegen setzte sich der einfache *Frac à l'anglaise* aus dunklem Wollstoff immer mehr in bürgerlich-fortschrittlichen Kreisen durch. Dieser F. war im 18. Jh. entweder ein- oder zweireihig auf zwei bis drei Knöpfe zu schließen, hatte einen Steh- oder häufiger einen Umlegekragen und ein ▸Revers. Seine Schöße waren zunächst von der vorderen Mitte bogig zurückgeschnitten. Die Ärmel waren sehr schmal und um das Handgelenk so eng, dass ein zuknöpfbarer Seitenschlitz einbezogen werden musste. Zum F.-Rock wurde zunächst die ▸Culotte (eine enge ▸Kniehose) aus Tuch, ab etwa 1770 auch die dreiviertellange englische Reithose (▸Hose, ▸Wertherkleidung) und erst mit der Französischen Revolution die lange Röhrenhose (▸Pantalon (1))[78] getragen. Konservative behielten bis Anfang des 19. Jh.s die Kniehose bei. Neben der ▸Weste wurde auch das ▸Gilet getragen.

Im Directoire und bis Mitte des Empire, 1795–1805, war die F.-Taille stark hinaufgerückt, das Oberteil figurbetont, so dass eitle Herren einen Schnürleib darunter anlegten. Die Schöße waren nur oberschenkellang. ▸Incroyables trugen einen F. mit überdimensional hohem Umlegekragen, breiten Revers sowie extrem langen, schmalen Ärmeln.

Seit dem 19. Jh. bezogen sich die Änderungen des F.-Schnitts im Wesentlichen nur noch auf modische Details. Während der ganzen 1. Hälfte des Jh.s gab es den in der Vorderkante bogig nach rückwärts geschnittenen Frac à la française mit etwa knielangen Schößen und den in der bürgerlichen Kleidung sich immer mehr durchsetzenden Frac à l'anglaise mit vorn in der Taille zunehmend eckig abgeschnittenen, hinten etwas über die Knie reichenden Schößen.[82,179]

Während des Biedermeier (1820–48) war der F. noch Tagesanzug, in gedeckten Farben[87] – tabakbraun, flaschengrün, pflaumen- bis veilchenblau oder mausgrau – und mit andersfarbigem, oft gemustertem Futter. Der Tages-F. wurde ein- oder zweireihig geschlossen und hatte kürzere Schöße als der Abend-F. Letzterer war aus schwarzem Tuch, im Rücken stark verengt, so dass er vorn offen, jedoch beidseitig mit Knöpfen besetzt blieb. Sowohl beim Tages- als auch beim Abend-F. waren die Ärmel (bis 1835) und die Schöße in kleinen Falten bauschig eingesetzt. Zum Tages-F. wurden auch auffällig gemusterte Hosen, zum Abend-F. stets eine helle, einfarbige Hose, beide im modischen Schnitt, getragen. Die Weste war zu jeder Tageszeit bunt, gestreift, kariert

Abb. 227. Frack aus gestreifter Seide. Um 1795. Victoria and Albert Museum, London.

oder geblümt. Etwa 1840–65 wurde die Brust des F.-Rocks durch eine Versteifung[434] – ein breites, abgesteiftes ‣Fasson (2) –, durch einen meist breiten Schalkragen und eine extrem tief sitzende Taille betont.

Um 1850, als ‣Cutaway (2)[83] und ‣Jackett[85] aufkamen, wurde der F. zum reinen Abendanzug und fast ausschließlich aus schwarzem Tuch gefertigt. Der knapp sitzende F.-Rock ist seither stets vorn offen, mit beidseitig trapezförmig angeordneten Knöpfen, sein Revers mit einem schwarzen seidenen ‣Spiegel besetzt.

Um 1900 hatte der F. Bord-à-Bord-Kanten (‣Bord-à-Bord-Jacke), einen tiefen, geraden Tailleneinschnitt, einen kurzen Kragen, geschwungene Reverskanten und kurze Schöße. Im 2. Jahrzehnt des 20. Jh.s wies der F. eine hochliegende Taille und ein schmales, langgezogenes Revers auf. Im Laufe der 1920er Jahre wurde die Brust herausgearbeitet, die Schultern wurden breit, nach 1933 zudem durch Achselpolster unterlegt; das nun gerollte Revers erhielt ein breites Fasson. Der F. war vorn in der Taille etwas länger als die Weste gehalten und erhielt eine Brusttasche für ein Ziertuch. Seit dem 2. Weltkrieg ist der F. hochoffizieller Abendanzug traditioneller Bälle und Galaveranstaltungen. Sein Schnitt änderte sich im Prinzip nur darin, dass nun vorn in der F.-Taille die F.-Weste stets sichtbar bleibt.

Die *F.-Weste* besteht aus weißem Pikée, der Rücken nur aus Futterseide oder Bändern, ist stark tailliert und hat einen schmalen Schalkragen. Sie war um 1900 kurzzeitig U-förmig ausgeschnitten und doppelreihig. Sonst weist sie einen leicht geschwungenen V-Ausschnitt auf (im Unterschied zur U-förmigen Weste des Kellner-F.s). Je nach Schnitt des F.-Rocks überragen vorn die unteren Ecken der Weste die Rocktaille.

Das *F.-Hemd* hat eine steife Brust (‣Chemisette (1)) meist aus Waffelpikee oder mit vertikalen Zierfalten (früher auch eine bestickte Knopfleiste), einen separaten, anknöpfbaren, steifen ‣Klappenkragen (vor dem 1. Weltkrieg einen Stehkragen) und zwei bis drei Perl- oder Goldknöpfe. Es wird wegen des straffen Sitzes mit einer Lasche an die Hose geknöpft. Bis um die Mitte des 19. Jh.s war die breite Halsbinde – in Schwarz oder Weiß – zum F. üblich. Danach wurde sie zunehmend durch eine schmälere Schleifenkrawatte (‣Diplomatenschleife) ersetzt und – da der F. zum Abendanzug wurde – meist in Weiß getragen (‣Krawatte). Nach 1904 setzte sich die ‣Schleife (1) in Butterflyform aus weißem Pikée durch.

Die *F.-Hose* ist im Schnitt der Zeitmode angepasst, ohne Umschlag, die Außennaht mit ‣Lampassen (‣Galon (1)) verziert. Als ‣Fußbekleidung zum F. diente noch bis in die 1930er Jahre die seitlich geknöpfte Lackstiefelette, als reiner Tanzschuh der Lackpumps, der in den 1940er Jahren die Stiefelette ganz verdrängte. Zum F. wurde der ‣Zylinder getragen.

F.-Mantel war in der 2. Hälfte des 19. Jh.s ein schwarzes ‣Cape, um 1900 auch der ‣Inverness, ‣Havelock oder ‣Mac Farlane in Schwarz, nach dem 1. Weltkrieg der ‣Balmacaan und in den 1920er Jahren der ‣Raglan und der zweireihige ‣Paletot (3), auch in Dunkelblau, und danach allmählich jeder dunkle, elegante ‣Mantel.

Mitte des 19. Jh.s wurde der F. Berufskleidung von Musikern und Kellnern, bei Letzteren mit schwarzer, U-förmiger Weste und schwarzer Schleife.

‣Diplomaten-F., ‣Gehrock, ‣Jackett (Hubertus-F., Jäckchen-F.), ‣Messjackett.[410]

Frackjackett ‣Smoking.

Fräse, *die* (frz., ›(Hals-)Krause‹, von *fraiser* ›krausen, verzieren‹). **1.** Auch *Bartkranz,* kurz gestutzter, eher schmaler Kinn- und ‣Backenbart ohne Oberlippenbart. Die F. wurde schon 3000 v. Chr. von den Semiten, in Deutschland in der 1. Hälfte des 16. Jh.s in gekrauster Form, in den 1840er Jahren meist von politisch Oppositionellen[266d] sowie vereinzelt um 1980 getragen. ‣Bart (1). **2.** Eingedeutschte Form der auch in Deutschland üblichen frz. Bezeichnung *Fraise* für die ‣*Halskrause.*

François-Villon-Kappe, sportliche Herrenkappe mit steifem Kopf und Schild, die 1951 zum ‣Dufflecoat aufkam und nach dem damals besonders geschätzten französischen Dichter (1431–63) benannt wurde. ‣Kappe (2).

Französischer Absatz, auch *Louis-quinze-Absatz,* hoher geschweifter Damenschuhabsatz, bei dem die Basis fast in der Sohlenmitte liegt. Der F. A. kam unter Ludwig XV. (1715–74) auf und ist für das Rokoko charakteristisch.[236d] Er kehrte 1869/70–88 in niedri-

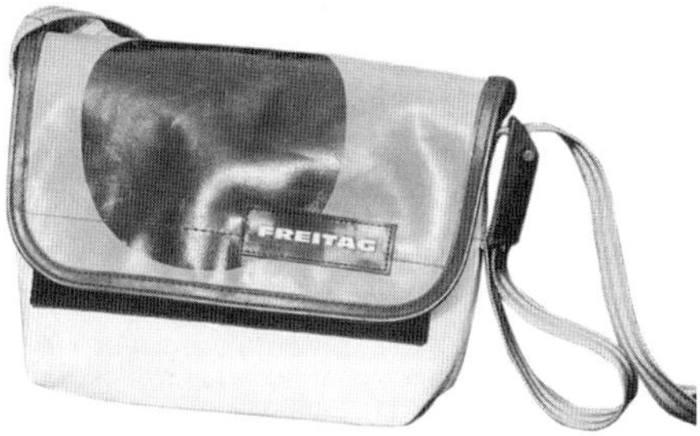

Abb. 228. Originale Freitag-Tasche (Kuriertasche aus Lkw-Plane) der Brüder Markus und Daniel Freitag. Zürich.

ger, leicht veränderter Form als *Pinet-Absatz* (nach dem Pariser Schuhhersteller F. Pinet) oder ▸*Bobine-Absatz,* in Deutschland ugs. als *Pfeifenkopf* bezeichnet, wieder. ▸Absatz, ▸Fußbekleidung.

Französischer Sack (engl. *sack dress* oder *Watteau sac(que)*), in Frankreich um 1730 *Robe lâche* (›lockeres Kleid‹) oder *Robe sans ceinture* (›Kleid ohne Gürtel‹) genannt, eine vorn geschlossene, auch untaillierte Form der ▸Adrienne.

Französischer Steiß, auch *Pariser Steiß,* etwa 1685–1710 Bezeichnung der ▸Bouffanten. ▸Cul de Paris.

Abb. 229. Sporthemdbluse, Krawatte und Knickerbockers. Aus »Deutsche Moden-Zeitung«. Jg. 42. 1932/33. H. 12.

Frégate, Coiffure à la[75] ▸Belle Poule, Coiffure à la.

Freitag-Tasche, seit 1993 von den Brüdern Daniel und Markus Freitag in Zürich in Handarbeit hergestellte Kuriertasche aus alten LKW-Planen, Autogurten und Fahrradschläuchen (recycling). Die funktionelle F. ist zum ›Kultlabel‹ geworden.

Freizeithemd, auch *Sporthemd.* Alle Herrenoberhemden, die zum korrekten Sitz keine Krawatte verlangen und höchstens mit einem Tuch getragen werden: ▸*Busch-,* ▸*Hawaii-,* ▸*Holzfäller-,* ▸*Lacoste-,* ▸ *Melbourne-,* ▸*Polo-,* ▸*Titi-* und ▸*Waikiki-Hemd.* ▸Hemd, ▸Tank Top, ▸T-Shirt.

Freizeitmode, Mitte der 1960er Jahre aufgekommene Bezeichnung für einen legeren, unkonventionellen, bequemen Modestil, der sich gegen Ende 1960 z.T. im Berufsleben durchsetzte und deshalb *Legermode* genannt wird. Dem Herrn waren im 20. Jh. bis zum 2. Weltkrieg für Reise und Sport bestimmte Bekleidungen vorgeschrieben, z.B. ▸Norfolk-Jacke

Abb. 230. Gaban von Angelo Litrico. Pullover mit Matrosenausschnitt und Cordhose. 1979. Kunstbibliothek, Berlin.

und ‣Knickerbocker (1) oder Trachtenanzug (‣Trachtenmode), heller Strandanzug (‣Kombinierter Herrenanzug), ‣Ulster (Reisemantel), ‣Automantel, ‣Staubmantel. Anfang der 1950er Jahre kamen, größtenteils aus den USA,[464] sportlich saloppe Freizeitanzüge, wie ‣Bantamac, ‣Lumberjack und Campus-Anzug (‣Kombinierter Herrenanzug) auf; später ‣Separates, ‣Coordinates (2) (Mitte 1970 *Countrystyle* genannt) und als Freizeitkleidung ‣Cargo Pants, ‣Jeans[324] und ‣Shorts, ‣Lederhose (1), kombiniert mit ‣Freizeithemden, ‣Sweatshirts, ‣Tank Tops oder ‣T-Shirts. Heute wird die F. von der ‣Sportswearmode beeinflusst. ‣Sportkleidung.

Frelange ‣Fontange.

French Knickers, *Pl.* (engl., ›französisches Höschen‹, von ‣*Knickerbockers* (1), der Kniebundhose mit Hosenlatz, abgeleitet, als in der 2. Hälfte des 19. Jh.s Damenunterhosen unterm Knie geschlossen waren und über dem Gesäß ein Latz angebracht war), aus glänzender Seidentrikotware genähte Unterrockhose mit kaum oberschenkellangen, lose fallenden, meist spitzenverzierten Beinen. Die Engländerin Janet Reger begann 1967 kostbare spitzenverzierte Unterwäsche aus Seide zu kreieren. Dabei nahm sie die um die Jahrhundertwende und in den 1920er Jahren getragene Unterrockhose (‣Unterrock) – und die noch beliebtere Hemdhose[190] – auf und wandelte sie unter dem Einfluss der ‣Hot pants zu ‣Shorts. Seit den 1970er Jahren werden seidene Unterrockhöschen ohne Bein als »F. K.« bezeichnet.

Fries ‣Stoff (Mittelalter).

Frip(p)ons, *Pl.* (frz., von *fripon* ›schelmisch‹), ‣Accroche-cœur.

Frisierumhang, Frisierjacke, Frisiermantel, verschiedene seit dem 17. Jh. bekannte, jedoch schon früher gebräuchliche Formen des kurzen Umhangs, mit oder ohne ‣Ärmel, vorn mit einem zur Schleife gebundenen Band. ‣Hauskleidung, ‣Negligé, ‣Pudermantel.

Frisur ‣Coiffure, ‣Haarmode.

Froschmäulchen, verdoppelte Stoffrüsche, die in Bogenform gereiht wird, so dass kleine Zungen entstehen. Eine Verzierung, die an der Frauenkleidung des Spätbarock aufkam und sich bis heute in der Volkstracht und an Zierkissen hielt. ‣Rüsche.

Frou-Frou, *der* oder *das* (frz., ›Rascheln, Knistern‹). **1.** Durch sprödes ‣Futter gewollt erzeugtes Rauschen und Knistern. In der Herrenkleidung des 16. Jh.s kam es bei der ‣Pluderhose durch die den ‣Schlitzen unterlegte Futterseide oder Futterhose zu hörbarem Knistern. Futterstoffe wie Kartek (leichte Seide) oder spröder Taft verstärkten es noch. In der Damenmode fand man etwa 1886–1900 Gefallen am Knistern der mit taftenen ‣Rüschen besetzten ‣Unterröcke und Innensäume.[501] Diese Mode hatte sich aus den mit »Staubrüschen« (‣Balayeuse) versehenen Unterröcken für die schleppenden Gesellschaftskleider[500] zur Zeit der ‣Engen Mode um 1876–81 entwickelt. Im Bühnenkostüm des Cancan fand das F. seinen Höhepunkt. **2.** Heute Sammelbezeichnung für alle Rüschenverzierungen an Blusen und Kleidern (‣Jabot, ‣Plastron (4), Wasserfall u. Ä.).

Fürspan, *der* (mhd. *vürspan* ›Vorspange‹), einzelne Spange (‣Fibel), oft in Goldschmiedearbeit, mit der der kurze vordere Halsschlitz der ‣Cotte und der ‣Chainse im 12. und 13. Jh. zusammengehalten wurde. Nicht zu verwechseln mit der Tassel (‣Mantel, 13. Jh.).

Fürstecker ‣Stecker.

Fürtuch, Ende 15. bis 17. Jh. Bezeichnung für ‣*Schürze.*

Fuggerer, Fucher, Focher, frühnhd. und regional für ‣*Fächer.*

Full dress, *das* (engl., ›vollständige Kleidung‹), seit Ende des 18. Jh.s in Deutschland verwendete Bezeichnung für *Galakleidung* (‣Gala), später für große Gesellschaftskleidung.

Fully fashioned, *adj.* (engl., ›formgerecht‹), in den 1960er Jahren aufgekommene Bezeichnung für ‣Strick- und Wirkwaren (‣Pullover, Pulloverkleider, ‣Sweatshirts, ‣T-Shirts, ‣Unterhemden), bei denen sämtliche Teile schnittgerecht gewirkt oder maschinengestrickt (meist als Röhre), in Form gepresst und anschließend zusammengenäht werden. Ähnlich in Form gepresst werden seither Strümpfe (‣Strumpf) sowie leichte, unversteifte ‣Büstenhalter.

Fußbekleidung (Sandale, Schuh, Stiefel; davon unabhängig ‣Strumpf (Socke, Strumpfhose)).

In der späten Steinzeit banden Jäger Felle als Schutz um die Füße. Die älteste erhaltene Art der F. ist jedoch die SANDALE (griech. *sándalon,* das selbst vermutlich iran. Lehnwort ist; lat. *sandalium*; dt. *Sandale* erst seit dem 15. Jh.). Sie besteht aus einer Sohle aus Flechtwerk, Holz, ‣Leder oder Kunststoff, die mit einfachen Riemen über dem Rist oder zwischen den Zehen wie auch mittels eines Pflocks, urspr. aus Holz oder Knochen, gehalten wurde.

Die Ägypter der Alten Zeit (bis ca. 2280 v.Chr.) gingen gewöhnlich barfuß. Im Neuen Reich (1551–1070 v.Chr.) waren Sandalen ein Luxusartikel und Standeszeichen und wurden von einem Sandalenträger nachgetragen. Sie bestanden aus Flechtwerk von Papyrus, Palmblättern oder Leder, mit einem breiten Spannband, später auch mit Zehen-, seltener mit Fersenriemen. Die Sandalen des Pharao waren aus Gold- oder Silberblech getrieben. Um 1300–1000 v.Chr. war die Sohle zum Schutz der Zehen, wohl auch aus modischen Gründen, vorn schnabelförmig aufgebogen[9] und zuweilen bis zum Spannriemen zurückgebogen.

Die Assyrer trugen Sandalen aus starkem Leder mit einem bis zum Rist auslaufenden Fersenschild, wodurch der Fuß mehr Halt bekam und die F. einem Schuh näher kam. In neuassyrischer Zeit (1048–612 v.Chr.) war für Krieg und Jagd der Stiefel aufgekommen (Bezeichnung aus dem Roman.; ahd. *stival*; mhd. *stivel*; seit 11. Jh. ›Schuh mit langem Schaft‹). Er war aus weichem Leder, vorn zehenfrei und wurde mit einem durch die Seitenteile gezogenen Riemen eng um Fuß und Waden gespannt.

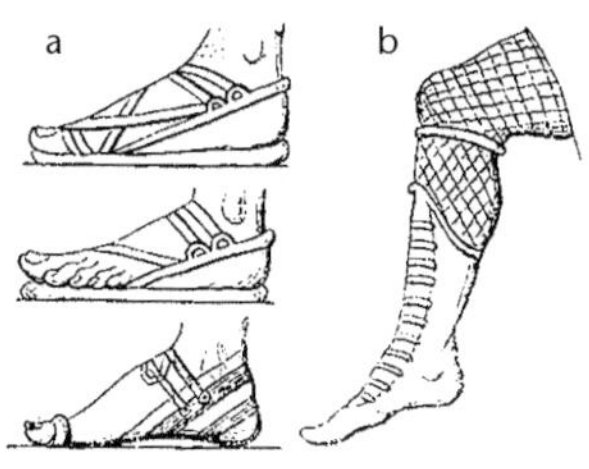

Abb. 231. Fußbekleidung der Assyrer. a) Sandalen. b) Militärstiefel. Beide nach Weiss.

Syrer, Meder, Phönizier, Perser und Hebräer kannten den geschlossenen SCHUH[4] (aind. *skunáti,* von idg. *skeu* ›bedecken‹; ahd. *scuoh*; mhd. *schuoch*). Dieser war aus einem Stück Leder, das um den Fuß bis zum Knöchel gelegt und vorn mit Riemen, Schlingen oder Haken zusammengehalten wurde. Der medische Schuh hatte eine lange, überstehende Zunge und zwei Knöpfe oder Haken am Spann zur Verbindung der Seitenteile. Die Meder trugen auch flache Riemensandalen mit Fersenschutz, Zehenring und Y-Bindung. Persern war neben einer Fülle von Stiefelformen ein *Halbstiefel*[5] zu eigen, dessen Schaft oben umgeschlagen und mit einer Schnur zusammengezogen wurde. Die Hosenbeine wurden in den Stiefelschaft gesteckt. Kleinasiatische Völker übernahmen den Stiefel, ebenso den Schuh, seltener auch den Halbstiefel.[6] Die Ionier trugen Sandalen mit vorn aufgebogener Spitze (Schnabelsandale); Hethiter einen Schnabelstiefel, Lydier den ‣*Kothurn* (1).

In der Kretisch-minoischen Kultur (Blütezeit 1720–1200 v.Chr.) trugen Männer und Frauen Sandalen mit dichtem Riemenwerk bis über die Knöchel, auch bis zur Wade geschnürt. Krieger trugen ‣*Gamaschen.*

In Griechenland herrschte die Sandale vor, die im Haus stets abgelegt wurde und anfangs wie in Ägypten Standeszeichen war. Allgemeine Bezeichnung für F. war im Griech. *hypodema* und *pedila* (›Sandale‹). Die einfache Sandale mit nur einem oder zwei Riemen hieß *Sohle.* Erst ein Geflecht aus mehreren, oft bunten, weißen, schwarzen oder roten Riemen machte diese zur Sandale, *Sandalia* genannt. Es gab eine große Vielfalt an Sandalen, je nach deren Riemengeflecht, die auch unterschiedlich benannt waren, jedoch weder schriftlich noch bildlich genau überliefert sind. Meist lag der Hauptriemen neben der großen Zehe, ein Fersenriemen um die Ferse. Schnallen oder Metallteile verbanden die Riemen. Ein blatt- oder zungenförmiges Lederstück auf dem Spann verhinderte das Einschneiden der Riemen. Zuweilen ist auch bereits rechts und links unterschieden. Sandalen vornehmer Frauen waren bestickt, purpurn gefärbt und mit Metallwerk verziert, die Sohle durch eine Lage Kork erhöht. Reisende, Hirten und Jäger trugen San-

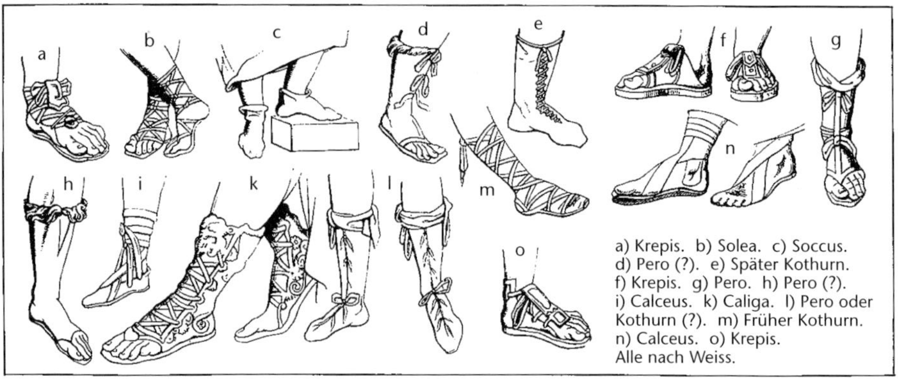

a) Krepis. b) Solea. c) Soccus. d) Pero (?). e) Später Kothurn. f) Krepis. g) Pero. h) Pero (?). i) Calceus. k) Caliga. l) Pero oder Kothurn (?). m) Früher Kothurn. n) Calceus. o) Krepis. Alle nach Weiss.

Abb. 232. Fußbekleidung der Römer.

dalen mit hoch hinaufführenden, horizontalen Riemen, die vorn durch einen vertikalen Riemen gehalten wurden. Bauern und Hirten trugen die ‣*Carpatina.* Es gab auch pelzgefütterte PANTOFFELN (eine F. mit Zehen-, jedoch ohne Fersenschutz) und *Filzschuhe.* Daneben gab es seit dem 7. Jh. v. Chr. die *Krepis* (lat. *crepida*), einen Riemenschuh (Zwischenform zwischen Sandale und Schuh), dessen Sohle mit Nägeln beschlagen und der bis oberhalb der Knöchel umschnürt war. Die Krepis gab es in vielen Ausführungen, vom derben Bauernschuh bis zum eleganten Frauenschuh. Weiter gab es den hochschaftigen *Kothurn,* als dessen Sonderform für Wandern und Jagd den *Endromis*[27], einen Stiefel, dessen Schaftteil seitlich, später nur vorn geschützt war und den kreuzweise durch Schnürlöcher geführte Riemen um die Waden hielten, sowie den ‣*Embas.* Der Tragödienschauspieler trug seit 500 v. Chr. den ‣*Kothurn* (2), der Komödienschauspieler den ‣*Soccus.* Im 5. Jh. v. Chr. übernahmen die Griechen den medisch-persischen Schuh, der zunächst als Zeichen des Barbaren (Fremden) gegolten hatte.

Als das Tragen von F. mehr oder weniger selbstverständlich geworden war, wurde Barfußgehen zu einem besonderen Symbol, z. B. der Armut, der Askese, der Reinheit oder Unterwerfung.

Die Etrusker trugen ab dem 6. Jh. v. Chr. Holzsandalen, auch solche mit Lederriemen, deren Laufflächen benagelt und rundum mit schmalem Bronzeblech verstärkt waren, wohl um einen besseren Griff auf schmutziger Straße zu gewährleisten. Die dicken Holzsohlen waren auch zweigeteilt, von einem Scharnier (einem mit Bronzenägeln befestigten Leder) zusammengehalten, und hießen in römischer Zeit *tyrrhenische Sandalen.* Daneben sind auf Bilddokumenten aus dem 6. Jh. v. Chr. Schuhe mit langen, nach oben gebogenen Spitzen belegt *(Schnabelschuhe)* sowie der kleinasiatische *Schnürstiefel,* der schon früh in Norditalien getragen worden sein muss und von dort über Etrurien nach Rom gelangte. Der Schnürstiefel war vorn offen und hatte unter der Schnürung eine Zunge. Er wurde auch von der Frau getragen. Nach dem 5. Jh. v. Chr. kamen neue Schuhtypen nach griechischem, kleinasiatischem und spanischem Einfluss auf, so der Vorläufer des römischen Pero und des Calceus sowie die Solea.

Für den Römer gebot es der Anstand, eine F. zu tragen, die zugleich seine soziale Stellung anzeigte. In früher republikanischer Zeit trug der Römer allgemein noch den ‣*Pero,* der bald zur F. des Landmannes wurde. Für den Stadtbewohner charakteristisch ist der geschlossene ‣*Calceus,* während im Haus die einfache *Solea* vorgeschrieben war. Letztere war eine Sohle mit dünnen Riemen, die dem vornehmen Römer auf der Straße von einem Diener nachgetragen wurde. Hohe Magistratsbeamte trugen den *Mulleus* aus Purpurleder, einen halbstiefel-, aber auch pantoffelartigen Schuh. Landleute und Sklaven mussten sich mit dem *Sandalium,* einer Holzsohle mit nur einem Riemen, nach 51 v. Chr. auch mit der gallischen Sandale, der ‣*Gallica,* begnügen. Im 1. Jh.

n. Chr. wurde die als typisch griechisch geltende Krepis (lat. *crepida*) auch von Kaisern und Prinzen getragen. Soldaten trugen die ‣*Caliga,* später den ‣*Campagus,* Schauspieler den Kothurn oder den Soccus. Die römische Frau trug den *Calceolus* (‣Calceus), im Haus den Soccus, beide meist aus feinem Leder in hellen Farben, verziert mit Stickerei und Perlen.

Die Kopten besaßen einfache Sandalen aus Schilf, Bast, Papyrus oder Palmblattstreifen. In der Spätantike gab es in Ägypten Purpursandalen mit Goldprägungen und Silbersandalen.

In byzantinischer Zeit (ab dem 6. Jh. n. Chr.) waren geschlossene, über die Knöchel reichende Schuhe verbreitet, die von Riemen über dem Spann gehalten wurden und auf die die Bezeichnung *Caliga* übergegangen war. Vornehme Männer und Priester trugen schwarze, sandalenartige Schuhe mit Zehen- und Fersenkappe, die auch auf frühen Heiligendarstellungen zu finden sind und auf koptisch-christliche Formen zurückgehen dürften. Dem Herrscherhaus waren mit Perlen und Edelsteinen besetzte Purpurschuhe (ähnlich einer ‣Opanke), den Frauen Pantoffeln vorbehalten. (Der Schuh des Herrschers erhielt sich im bischöflichen Pontifikalschuh – *Sandalia* –, der 1149 zu dem Krönungsschuh[420] der deutschen Kaiser wurde.) Es gab auch schon hölzerne Unterschuhe,[21] die ‣*Trippe* und ‣*Galosche.*

Nördlich der Alpen trug in der frühen Bronzezeit der Mann ‣Beinbinden um Fuß und Unterschenkel, ab der mittleren Bronzezeit auch die Frau den sohlenlosen ‣*Bundschuh.* Im 4. Jh. gesellte sich bei Goten und Westgermanen zum Bundschuh die römische Solea. Vornehme beider Geschlechter nahmen im südwestlichen Deutschland den Calceus, später den niedrigen Schlupfschuh (Soccus) an, beide aus Leder, Wolle, Leinen oder Filz. Aus Letzterem entwickelte sich eine strumpfartige Bekleidung, die Socke (‣Strumpf).

Vom 9. bis 11. Jh. herrschte ein bis zur Wade reichender, sockenartiger Schuh sowie ein Schuh[28] – wohl unter dem Einfluss der römischen Caliga – mit fehlender Spitze und sehr langen, kreuzweise hoch hinaufgeschlungenen Riemen vor. Nur Vornehme trugen einen niedrigen, mit ‣Stickerei, ‣Borten und Metallplättchen verzierten *Schlupfschuh.*

Im Mittelalter war die F. für beide Geschlechter weitgehend gleich. Obwohl sie bei der Frau kaum sichtbar war, wurde großer Wert auf feines Leder oder Brokat und auf Verzierung gelegt. Die Machart der mittelalterlichen Schuhe entsprach nicht jener der römisch-antiken, sondern ging von orientalischem und koptischem Einfluss aus. Sohle und Oberleder waren aus verschieden starkem Leder, mit Hilfe eines Rahmens zusammengenäht und meist gewendet gearbeitet. Man kannte schon Rechts-Links-Verschiedenheit der Sohle. Seit dem 12. Jh. gab es den Schuhmacher, der sich aus dem Lederbearbeiter spezialisiert hatte. Die niederen Stände fertigten wohl auch ihre F. selbst.

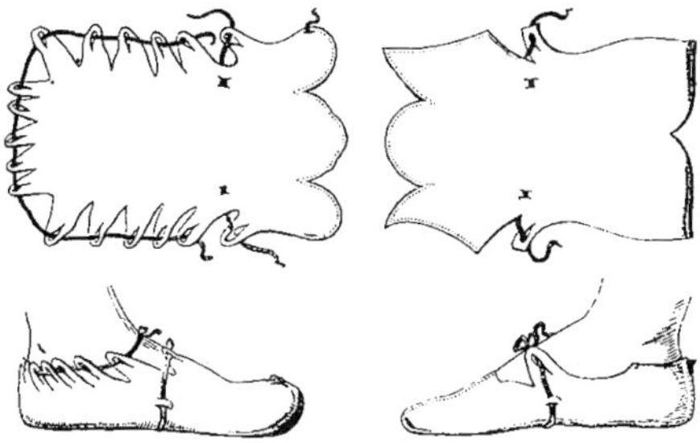

Abb. 233. Konstruktion des germanischen Bundschuhs der Eisenzeit. Nach Weiss.

Im 12. und 13. Jh. gab es den bis zu den Knöcheln reichenden Schlupfschuh[30], über dem Spann geschlitzt, an der Innenseite mit Spangen- oder Schnürverschluss[250] oder ganz geschlossen mit einem seitlichen Einschnitt außen. Beim ausgeschnittenen Schuh lief die angeschnittene Seitenlasche in einen schmalen Querriemen aus. Eine starke Schuhspitze (frz. ‣Pigache) war Zeichen höfisch-ritterlicher Eleganz. Es gab daneben netzartig geflochtene Sandalen. Höflinge trugen auch nur mit einer Ledersohle verstärkte Beinlinge (‣Strumpf). Der Bauernstand trug weiterhin den Bundschuh.

Im 14. Jh. kannte man einen tief ausgeschnittenen, mit vielen Schnallen geschlossenen Schuh *(Schnallenschuh).* Gegen Mitte des 14. Jh.s kam der eigentliche *Schnabelschuh* ebenso wie der Unterschuh, die Trippe, in Mode, die durch die Kreuzfahrer nach Europa gebracht worden waren. Der Schnabelschuh, in Deutschland *Kranich,* in Frankreich *Soulier à la poulaine* (›Schuh nach Art des Galion‹) genannt, war ein Schlupfschuh und hatte vertikale Schlitze an den Knöcheln und eine ausge-

Abb. 234. Zoccoli. Venedig, 2. Hälfte des 16. Jh.s. Bayerisches Nationalmuseum, München.

prägte, im letzten Viertel des 14. Jh.s ausgestopfte, Ende des Jh. aufgebogene Spitze, die mit ‣Schellen verziert sein konnte. Reiter trugen lederne Beinlinge, ‣*Ledersen* genannt,[37] Ritter strumpfähnliche lederne »Unterziehstiefel«. In Spanien trug die Frau bereits den ‣*Chopine,* einen Stelzpantoffel.[186,187]

In der 1. Hälfte des 15. Jh.s überwog das mit einer Ledersohle verstärkte Beinkleid. Im 1. Viertel des Jh.s nahm der Schnabelschuh eine weniger extreme Form an, um danach, bis um 1490/95, seine eigentliche Blütezeit zu erleben. Er war nun nicht mehr dem Adel vorbehalten, sondern wurde auch von Patriziern getragen und bald von Handwerkern und Bauern übernommen, jedoch wurde die Länge der Spitze in ‣Kleiderordnungen geregelt. Höflinge trugen den Schnabel[39] so lang (etwa 2 Fuß), dass er mit einer Kette zum Bein hin befestigt werden musste. Als Schutz legte man hölzerne Unterschuhe an, die Trippen. Bei der Frau war der Schnabelschuh wegen des langen Gewandes weit weniger ausgeprägt. Reiter trugen eine Art Stulpenstiefel, die durch loses Herabfallen der Ledersen entstanden waren. Handwerker bevorzugten einen geknöpften, geschnürten oder mit Riemen und Schnallen geschlossenen Halbstiefel,[44] in den das Hosenbein gesteckt wurde. Es gab auch hohe Schaftstiefel mit Schlitz über dem Rist, um das Anziehen zu ermöglichen. Um 1480 entwickelte sich aus dem Schnabelschuh der ‣*Entenschnabel,* der bis 1505/10 in Mode war. In Italien wurde ein einfacherer, bis über die Knöchel reichender, seitlich breit geschlitzter Schuh getragen. Die Venezianerin trug ab Ende des 15. bis Anfang des 17. Jh.s den ‣*Zoccolo.*

In der 1. Hälfte des 16. Jh.s dominierte der oft mit ‣Schlitzen verzierte ‣*Kuhmaulschuh* bei beiden Geschlechtern. Eine Sonderform davon war der *Hornschuh* mit zwei ausgestopften Spitzen, die vorne nach links und rechts wegstanden. In der Machart gab es keinen Rechts-Links-Unterschied mehr, Zwischensohlen und Rahmen wurden verwendet. F. wurde auf Bestellung gefertigt, in größeren Städten trieb man mit fertigen, auch mit getragenen Schuhen Handel, und der Marketender führte Schuhe auf Vorrat mit. In der 2. Hälfte des 16. Jh.s setzte sich mit der Spanischen Mode ein der natürlichen Form des Fußes mehr angepasster (jedoch rechts und links nicht unterscheidender) Schlupfschuh[46,47,312] aus weichem Leder bei beiden Geschlechtern durch. Er reichte bis unterhalb der Knöchel, hatte zuweilen auch eine Ristspange und war bis in die 1580er Jahre mit Schlitzen, aber auch mit Lochmusterung verziert. Daneben gab es einen seitlich stark ausgeschnittenen, über den Spann hoch hinaufführenden und dort mit einer Schnalle geschlossenen Schuh. Die F. war bei Vornehmen häufig aus dem Material des Gewandes, aber auch aus Leder,[50] bei der Frau mit Perlen verziert; die Sohlen bestanden aus Leder oder Kork, doch fehlte oft eine feste Sohle. Im Hause trug man Pantoffeln. Die Spanierin, selten auch die Französin sah man im Chopine,[187] die Venezianerin im Zoccolo. Außerdem waren hölzerne Unterschuhe verbreitet. Der Herr trug zum Reiten enganliegende, strumpfartige Stiefel[49] mit vertikalem, zusammengeschnürtem Einschnitt an der Innenseite, die nach 1575 salonfähig wurden.

Um 1600 erhielten der Schuh, zuerst der des Mannes, und der Stiefel einen zunächst

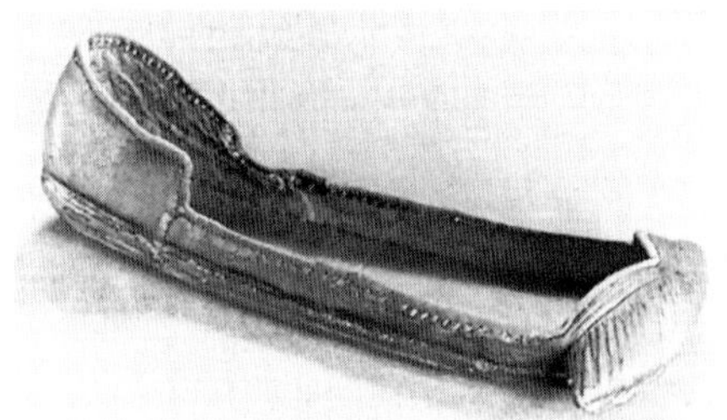

Abb. 235. Hornschuh als Abart des Kuhmaulschuhs. Süddeutschland, um 1530. Bayerisches Nationalmuseum, München.

flachen, jedoch bald höher (5–6 cm) werdenden ‣Absatz. Im Dreißigjährigen Krieg (1618–48) wurde der Herrenschuh vom Stiefel verdrängt. Nur in den vom Krieg nicht betroffenen Ländern zeichnete der *Spangenschuh* mit Absatz[123] den modisch gekleideten Herrn aus. Reiter trugen einfache *Stulpenstiefel,* vorne mehr rund als spitz, mit geraden Schäften und eher anliegenden, breiten ‣Stulpen, die unterhalb des Knies an den Stiefel angenäht und umgeschlagen waren; [457] »Kavaliere« trugen ‣*Becherstiefel* (‣ À la mode).[131] Die kostbarsten Stiefel waren ohne jede Naht aus einem Stück zusammengewalkt und weich, so dass der Schaft Querfalten bildete. Auch im Salon wurde das ‣Spornleder[60] getragen. Der Schuh, in der 1. Hälfte des 17. Jh.s vorn sehr langgezogen[397] und eckig und besonders bei der Frau seitlich stark ausgeschnitten, hatte einen schmalen Längssteg über dem Spann, er wurde mit einer Seidenschleife geschlossen und mit Schleifen und Rosetten verziert. Auf der Straße trug die Frau hölzerne Unterschuhe mit flachen Sohlen, damit der Absatz nicht einsank. Auch ihre Pantoffeln hatten Absätze. Nach der Mitte des 17. bis ins letzte Viertel des 18. Jh.s galt für den Herrn nur der Schuh als korrekt, mit Ausnahme des eigentlichen *Reitstiefels* (Jagd- und Postillonstiefel). Der Schuh beider Geschlechter hatte eine über den Spann hinausragende, breite Vorderkappe, war seitlich knöchelfrei, vorn eckig bis spitz, mit einer Quer- oder Kreuzlasche aus dem Material des Schuhs über dem Spann. Die (auswechselbare, oft kostbare) Schnalle darüber ersetzte Rosetten und Schnürbänder, meist ist sie heute verloren. Innen besaß der Schuh stets Seiden- oder Leinenfutter. Der Herrenschuh, zur ‣Rheingrafenhose üppig mit ‣Schleifen (2)[331] verziert, war meist aus schwarzem Corduan-Leder, hatte einen geraden Absatz und war in der Farbe Rot dem Adel vorbehalten. Der Frauenschuh mit nach unten schmäler werdendem, etwas höherem (7 cm), auch sehr spitzem Absatz war aus durchbrochenem Leder, aus Brokat, seltener aus Damast, die Spitze konnte um 1680 schnabelartig[236b] verlängert sein. Der Absatz wurde aus Holz oder aus Lederflecken zusammengesetzt und mit einfarbigem Leder, nicht mit Stoff überzogen. Meist verwendete nur die Frau einen Überschuh, eigentlich eine flache Zwischensohle, die den Bogen zwischen Absatz und Sohle ausfüllte und mit einer Lasche über dem Spann gehalten wurde. Außerdem gab es hölzerne Unterschuhe, ‣*Clogs* (1) (in England wurde auch der Überschuh so genannt) oder ‣*Patten,*[424] mit Eisenringen oder -stegen unter der Sohle zum besseren Schutz vor Straßenschmutz. Bürger und Handwerker trugen einfache Lederschuhe, bestickte oder bordierte Schuhe waren ihnen verboten.

Wert und Bedeutung der modischen F. werden deutlich im Aufstieg des Schuhmachers zum Kunsthandwerker während des 18. Jh.s; im Dienst des Adels erlangte der Cordonnier (frz.) namentlichen Ruf. Anfang des Jh.s wurde beim Herrenschuh das Seiten- und Vorderleder wesentlich höher zum Bein hinaufgeschnitten, es entstand eine lange Zunge, über die eine Querlasche mit Schnalle auf dem Spann seitlich oder kreuzweise geschlossen wurde. Die Schnalle bildete den Hauptschmuck des Schuhs. Sie war Ende des 17. Jh.s noch klein und oval, im 18. Jh., besonders in den 1760er und 1770er Jahren, groß, oft eckig.[67] Der *Schnallenschuh* des Herrn, aus Ziegen- oder Schafleder (Saffian) oder weißem Preußisch-Leder hergestellt, hieß »à la cavalière«. Der einfache Mann begnügte sich mit einem Bandverschluss. Ein Privileg des Adeligen war weiterhin der rote Absatz, zuweilen auch die rote Sohle und eine mit roter Seide gefütterte Zunge, die manchmal umgebogen wurde. Vorn war der Schuh meist spitz.[70,71] Allein zur Jagd und vom Berufsreiter wurde der Stiefel getragen. Besondere Form und Machart wies der *Postillonstiefel* aus schwerem, grobem Leder mit hohem, weitem, geradem und besonders ab Mitte des 18. Jh.s hartem Schaft auf. Er war in der Kniekehle ausgeschnitten, sein Vorderteil anfänglich noch beweglich, später ebenfalls versteift; die Spitze lag höher als der Absatz. Darin wurde ein zweiter, leichterer Stiefel oder Schuh (‣Escarpin) zum Gehen getragen. Der Jagdstiefel war etwas leichter. Einen ebenfalls vorn über das Knie reichenden Stiefel trugen Garderegimenter. In den 1770er Jahren übernahm der Herr einen leichten Stiefel zum Spaziergang aus England (‣Englische Mode). Zum englischen ‣Frack war auch ein flacher, weit ausgeschnittener Schnallenschuh mit einer um 1785 länglich ovalen und großen Schnalle üblich, der bereits die Form des *Escarpins*[78] annahm. In Mode kam der knapp kniehohe *Jo-*

ckeystiefel[179, 226, 239], dessen helles Lederfutter nach außen zu einer anliegenden, kontrastierenden Stulpe[77] umgeschlagen war. Das Spornleder wurde zu einem schmalen Riemen. Der *Husarenstiefel,* in Frankreich und England *Hessenstiefel* genannt, wurde in den 1780er Jahren von Husarenregimentern übernommen. Sein kurzer Schaft war vorn spitz ausgeschnitten und zuweilen mit Tasseln geschmückt. Im Frankreich der 1790er Jahre trug der revolutionäre Proletarier *Sabots* (‣*Klompe*), der ‣Incroyable Stiefel mit breiten, meist unordentlich herunterhängenden Stulpen. Allgemein dominierte der Stiefel in hoher und – in Deutschland *Fußgängerstiefel* genannter – halbhoher Form. Blieb der Schuh erhalten, wurde zumindest die silberne Schuhschnalle als Requisit des Feudalismus abgelegt. Beim Escarpin verschwand der Absatz bis etwa 1813/14 ganz.

Am Frauenschuh war um 1700 bis Anfang der 1730er Jahre das Seiten- und Vorderleder wesentlich höher zum Bein hinaufgeschnitten,[236c] es entstand eine lange Zunge, über die auf dem Spann eine Querlasche seitlich oder kreuzweise, jedoch im Unterschied zum Herrenschuh meist ohne Schnalle geschlossen wurde. Er war vorn spitz und leicht aufgebogen und hatte einen 9–10 cm hohen ‣Französischen Absatz. Den höfischen Schuh schloss eine Schleife oder kostbare, aus Seiden-, Gold- und Silberfäden gewirkte oder geflochtene Senkelbänder, die zugleich Zierde waren. Sein Material, meist Seidendamast, trug Silber-, Gold- oder Seidenstickerei. Die Einfassung der Kanten bestand bis in die 1760er Jahre aus einfarbigem Leder. Besonders im Régence (1715–23) waren Pantoffeln (im 16.–18. Jh. allgemein frz. ‣*Mule*[70] genannt) mit fast ebenso hohem Absatz auch für die Straße in Mode. Ab etwa 1735 wurde der Schuh vorn etwas abgerundet und weiter ausgeschnitten. Nach 1760 fiel der Absatz unter dem Einfluss der Englischen Mode niedriger[73] aus, es kam ein dünner italienischer Absatz in Mode.[75] Nach 1770 wurde der Schuh »pumpsartig« ausgeschnitten und zierlicher. Überschuhe und Clogs wurden beibehalten. Im letzten Viertel des Jh.s begann die Dame zum Spazierengehen Schuhe mit dicken, »englischen« Sohlen und niedrigem Absatz, zum Reiten und auf Reisen auch Stiefel zu tragen. Die Revolutionärin bevorzugte Anfang der 1790er Jahre auch Sabots, wie der Herr; ab 1795 gab es für die Frau einen dem Escarpin vergleichbaren Schuh.

Das 19. Jh. erfand folgenreiche Verbesserungen in der Schuhherstellung: Ab 1821 konnte der Schuhleisten auf der Drehbank, also in Serie hergestellt werden. Das Jahr 1856 brachte die erste Nähmaschine für Leder, Schuhfabriken wurden gegründet. Dennoch waren handgemachte Schuhe oberstes Gütezeichen. Selbst bei diesen nahm erst nach Mitte des Jh.s die Unterscheidung des Sohlenschnitts in rechts und links zu, jedoch erst Ende des Jh.s wurde auch das Oberleder unterschiedlich geschnitten, wodurch die F. ihre »einballige« asymmetrische Form erhielt.

Der Herr trug bis um 1815 allgemein den *Escarpin,* der nach damaliger Auffassung der À-la-grecque-Mode (‣Grecque, Mode à la) nahe kam und endgültig ab 1820 von der *Stiefelette* (einem Stiefel mit niedrigem Schaft, auch *Halbstiefel* oder frz. *Bottine* genannt) verdrängt wurde, wie der hochschaftige Stiefel. Die Stiefelette war bis 1848 seitlich geschnürt, ab Ende der 1840er Jahre auch geknöpft, schmal und lang, vorn eckig und wieder mit niedrigem Absatz, um den Steg der ‣Hose halten zu können. Nach 1839 kam, dank der Erfindung der Vulkanisation des ‣Gummis, die *Zugstiefelette* mit seitlichem Gummieinsatz. Details und Modenamen änderten sich oft. Um 1880 begann sich zum Sakkoanzug (‣Sakko) der bis heute dominierende *Halbschuh* zu verbreiten in der Form des *Oxford,* ‣*Brogue,* ‣*Derby* (2)[194, 239], die schon zuvor in England als Sportschuhe bekannt waren. Der Brogue war ein derber Sportschuh mit durch Lochmuster betonten Nähten, der Anfang des 20. Jh.s als sog. *Half-Brogue* eleganter gestaltet wurde. Ende des Jh.s kam die *Einsatzstiefelette*[237] in Mode, mit einem Schaft bis über den Spann aus hellem Tuch (auch Pepita) oder Leder, während der Grundschuh aus dunklem Leder war. Der Escarpin, in England und ab dem 20. Jh. auch in Deutschland ‣*Pumps* genannt, wurde nun reiner Ballschuh, auch aus Lackleder. Die Schnalle wurde zur charakteristischen Verzierung bei Hof. Der Abendschuh erhielt nach Mitte des 19. Jh.s einen kleinen Absatz und vorn eine Schnürung. Zum Reiten trug der Herr um 1800 den nach dem russischen General genannten *Suworowstiefel,* dessen gerader, mäßig weiter Schaft (so dass kein

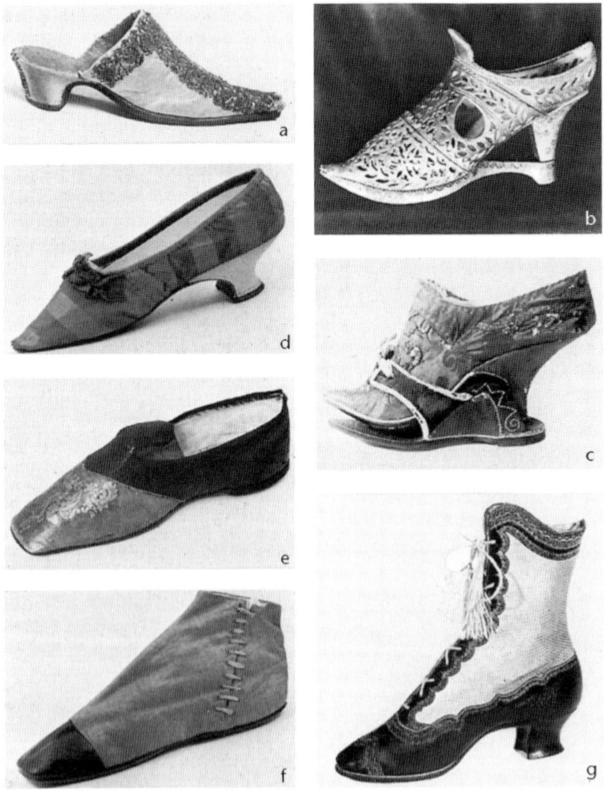

Abb. 236. a) Bestickter Damenpantoffel aus Stoff. Frankreich, um 1630–50. Bally-Schuhmuseum, Schönenwerd. b) Damenschuh aus vergoldetem und bemaltem Nußbaumholz. Oberitalien, Ende des 17. Jh.s. Bayerisches Nationalmuseum, München. c) Damenschuh aus Seide mit Silberstickerei, dazu Überschuh mit Bindeflügeln aus Leder. Frankreich, um 1715. Bally-Schuhmuseum, Schönenwerd. d) Damenschuh aus Stoff mit Schleife und Französischem Absatz. Frankreich, um 1780. Bally-Schuhmuseum, Schönenwerd. e) Escarpin aus Leder. Um 1840. Deutsches Ledermuseum, Offenbach a. M. f) Damenstiefelette aus Baumwollstoff mit seitlicher Schnürung. Deutschland, um 1830. Bally-Schuhmuseum, Schönenwerd. g) Damen-Schnürstiefelette. Zürich, 1883. Bally-Schuhmuseum, Schönenwerd.

Stiefelknecht gebraucht wurde) vorn und hinten bogig ausgeschnitten war. Daneben gab es den *Ungarischen Stiefel* mit nach hinten ein wenig abgeschrägtem Schaft. Beide hatten in der Mitte des vorderen Randes eine Quaste und einen flachen Absatz. Der *Wellington-Stiefel*[239], benannt nach dem englischen Sieger von Waterloo, hatte eine vorn aufgebogene Sohle und einen hinten etwas höheren Schaft. Den vorn über das Knie reichenden *Gardestiefel* trug auch Napoleon. Im Übrigen hatten alle diese vom Militär übernommenen Stiefelformen regional unterschiedliche Bezeichnungen und kamen in der 2. Hälfte des 19. Jh.s aus der Mode. Nach 1839 (Erfindung der Vulkanisation) kamen Überschuhe (▸*Galoschen*) aus Gummi zuerst in den USA, dann in England (Firma C. & J. Clark) und Russland auf.

Die Frau trug etwa 1795–1820 einen dem Escarpin vergleichbaren, vorn spitzen, nach etwa 1815 abgerundeten Schuh, nach 1810 vielfach mit kreuzweise um die Unterschenkel gebundenen Bändern (▸*Kreuzbandschuh*). Er war im Prinzip absatzlos, hatte jedoch zuweilen, besonders anfangs, einen niedrigen Absatz, auch in Form eines weniger auffallenden Keilabsatzes (offensichtlich für kleinere Frauen). Dieser Schuh war von heller, selten dunkler Farbe, aus Satin, Seide oder Leinen und mit Schleifen, Litzen oder Rosetten besetzt. Zur Mode à la grecque wurden auch Sandalen mit Kreuzbändern sowie durchbrochene Escarpins getragen. In den 1820er und endgültig in den 1830er Jahren verdrängte auch in der F. der Frau eine gerade über den Knöchel reichende *Stiefelette* den Kreuzbandschuh, der höchstens als reiner Ballschuh beibehalten wurde. Die anfangs noch absatzlose Stiefelette war vorn eckig, seitlich geschnürt und meist aus Stoff (Leinen oder Baumwolle), nur Sohle und Spitze aus Leder; die Spitze konnte auch schwarz gelackt sein. Zur Zeit der ▸Krinoline (1848 bis

1869/70) reichte die Stiefelette bis zur Wade, war seitlich geschnürt, ab den 1850er Jahren auch geknöpft, etwa ab 1860 auch mit seitlichem Gummizug. Sie war meist aus Seide, dunkelblau, violett oder braun, zur eleganten Garderobe auch von heller Farbe, jedoch galten allzu auffallende Farben als unelegant, trotz der nach 1860 aufgenommenen Anilin-Färbung. In den 1860er Jahren wurde – im Zeichen des Klassizismus eine Schnalle oder eine als »polnisch« oder »ungarisch« bezeichnete Quaste als Verzierung beliebt. In Russland trug man schwarzglänzende, pelzbesetzte Überschuhe aus Gummi. 1869/70–88, zur Zeit der ‣Turnüre, der ‣Engen Mode und des ‣Cul de Paris, blieb die Stiefelette noch Tagesschuh. Sie wurde mit einem weißen Schuhband vorn durch Ösen oder um Haken (1865 patentiert) geschnürt, seitlich geknöpft oder innen mit einem Gummizug versehen. Der nur 4–5 cm hohe ‣Französische Absatz hieß nunmehr nach dem berühmten Pariser Schuhhersteller des 18. Jh.s »Pinet-Absatz« oder ugs. »Bobine-Absatz« (frz., ›Fadenspulenabsatz‹, in Deutschland auch »Pfeifenkopf« genannt). Die Stiefeletten bestanden meist aus Leder oder Wildleder (besonders in den 1890er Jahren), auch aus Reptilienleder, höchstens der Schaft aus Leinen oder Seide *(Einsatzstiefelette)*; sie waren meist von dunkler Farbe mit hellem Steppmuster oder zartfarbiger Stickerei und nur beim ‣Genre canaille betont bunt. Beliebt waren russische Stiefel mit hohem Schaft, Pelzverbrämung und typischer farbiger Blumenstickerei. Zum Ballkleid gehörte stets der Schlupfschuh (Pumps) mit Absatz; er war aus Satin oder Glacéleder mit Perlstickerei. Nach etwa 1875 wurde der *Halbschuh* als Straßenschuh (‣*Trotteurschuh*) akzeptiert. Noch bedeckte er gerade den Knöchel, war vorn eckig, geschnürt oder mit einer Spange geschlossen und hatte einen bis zu 7 cm hohen Absatz. Der Halbschuh war aus Leder oder aus Lackleder und mit Steppnähten verziert. Beim sog. *Einsatzschuh* war Leder mit Stoff kombiniert, der häufig ein Streublümchenmuster (‣Mille fleurs) aufwies. Als besonders mondän galten die ‣*Goldkäferschuhe.* Zum Radfahren wurde von beiden Geschlechtern eine flache Schnürstiefelette getragen. Zum Bergsteigen kannte die Frau bereits einen hochschäftigen, mit seitlichen Schnallen versehenen Stiefel, noch mit Absatz, aber mit genagelter Sohle.

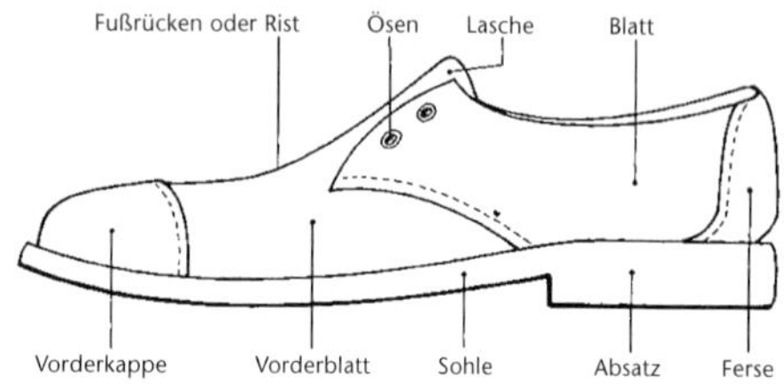

Abb. 238. Aufbau eines Schuhs.

Im 20. Jh. war bis zum 1. Weltkrieg die beim Herrn zum ‣Gehrock und Cut (‣Cutaway (2)) vorgeschriebene Einsatzstiefelette als eleganter Tagesschuh in Mode. An ihrer Stelle wurden auch Schuhe und Gamaschen[249] getragen. Zum ‣Frack blieb noch bis in die 1930er Jahre der geknöpfte Lackhalbstiefel, als reiner Tanzschuh der Lackpumps, auch zum ‣Smoking, korrekt. Die Entwicklung zur nahtlosen F. begann mit der Erfindung des Gummiklebstoffs (1910). Während des 1. Weltkriegs und ähnlich im 2. Weltkrieg gab es sog. Ersatzschuhe mit Schäften aus Lederstücken, Stoff oder Papier und Sohlen aus Holz, Metall oder geteerten Papierbindfäden. Als Reitstiefel gesellte sich zum Schaftstiefel der ‣*Jodhpur-Stiefel.* In den 1920er Jahren favorisierte man allgemein noch die *Schnürstiefelette,* obgleich der Halbschuh, wie die bereits erwähnten Oxford, Derby oder Brogue, Alternativen waren. Um 1920/22 kam als Sportschuh kurzfristig der ‣ *Haferlschuh* in Mode. Um 1922 tauchten flache, extrem spitze Schnürhalbschuhe auf, die sog. *Shimmy-Schuhe* (benannt nach dem Modetanz). Nach 1925 erhielten die Schuhe eine Karreespitze. Zum Tennis und auf Seereisen trug man helle Leinenschuhe. In den 1930er Jahren wurden der Einsatzschuh, ein vorn nun leicht runder Halbschuh mit andersfarbigem Einsatz, sowie die Gamasche wieder beliebt. Der modische ‣*Mokassin* war ein neuer sportlicher Schlupfschuh

Abb. 237. Einsatz-Knöpfstiefelette. Um 1912. Nach Eelking.

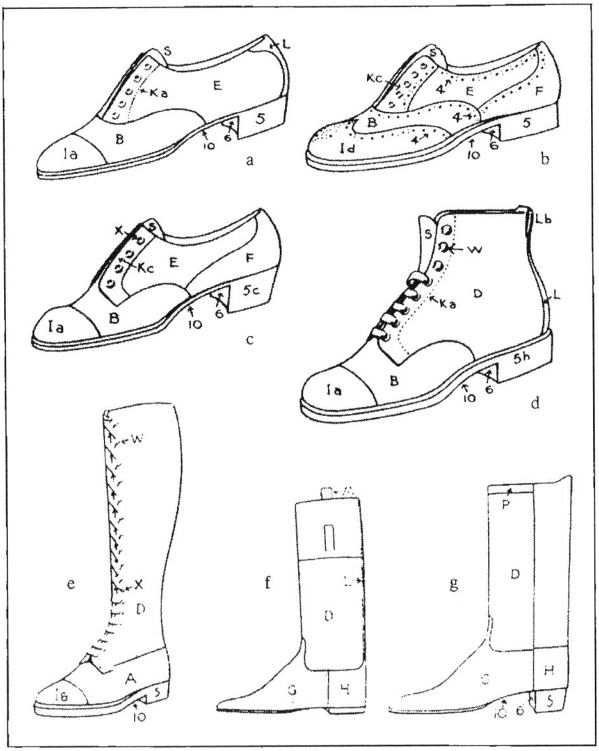

Abb. 239. a) Oxford. b) Brogue. c) Derby-Schuh. d) Derby. e) Feldstiefel. f) Jockey-Stiefel. g) Wellington-Stiefel. Alle nach Ribeiro.

mit ▸Kreppsohle. In den 1940er und 1950er Jahren war der Herrenschuh betont bequem, vorn rund und etwas gewölbt und hatte meist die besonders haltbare Kreppsohle. In den 1950er Jahren kam es mit dem ▸Edwardian-Style zu einer kurzfristigen Belebung des Einsatzschuhs. Der Schlupfschuh, in den 1950er Jahren *College-Schuh* genannt, war auch mit einem unter der Zunge verborgenen seitlichen oder vorderen Gummizug in Mode. Halbstarke gefielen sich in extrem spitzen Schuhen, die sich vorn bald aufbogen und deren Sohle an Spitze und Absatz mit einem Metallplättchen versehen war. Im Sommer gehörte zur Freizeitkleidung die *Sandale* mit seitlichem Schnallenverschluss. Der Frack verlangte nun den glatten *Lackpumps,* der Smoking den *Lackschuh* mit Kappnaht (Naht der Vorderkappe). Im Winter trug der Herr Überschuhe, Galoschen, pelzgefütterte Halbschuhe oder Stiefeletten mit Reißverschluss.[133] In den 1960er Jahren wurde der Herrenhalbschuh – ausgehend von Italien – extrem schmal und spitz, der Absatz etwas höher. 1964 kam die sog. *Beatle-Stiefelette* auf, mit weitem, seitlich mit breitem Gummizug versehenem Schaft, vorn extrem spitz und mit schräg nach innen stehendem Absatz. Beliebt für die Freizeit waren *Clarks,* bis zu den Knöcheln reichende Halbschuhe aus Sämischleder, die von Nathan Clark als Soldat 1945 für den Wüstenmarsch erfunden und nach seiner Zeichnung in der 1833 gegründeten Schuhfabrik seines Vaters in England angefertigt wurden.

Um 1970 waren bei jugendlichen Stutzern Schuhe mit bis zu 10 cm hohen *Plateausohlen* in Mode (▸Hippie-Mode). Seither sind auch *Cowboy-Boots* beliebt. Für den Schnee setzten sich für beide Geschlechter ▸*Moonboots* durch, als Freizeitschuhe Loafer (▸Gucci) und diverse Tennisschuhformen (Schnürschuhe aus Baumwolle oder Leinen mit dicker Gummisohle, betonten Steppnähten und breitem Schuhband), *Keds* oder *Sneakers* genannt, und seit den 1980er Jahren *Joggingschuhe* und ▸*Timberlands.* Jugendliche gefallen sich in *Springerstiefeln* und ▸*Doc Martens.*

Abb. 240. Ersatzschuh. Um 1916. Deutsches Ledermuseum, Offenbach a. M.

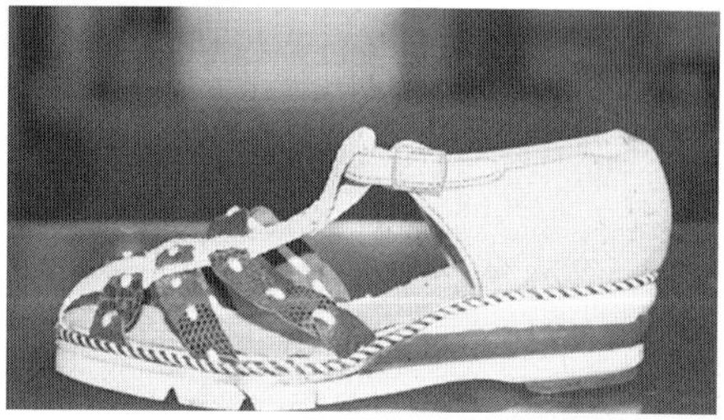

Abb. 241. Kriegssandalette mit Holzsohle und Lederriemen. Um 1942. Münchner Stadtmuseum.

In der F. der Frau im 20. Jh. dominierten *Halbschuh* und *Pumps.*[102] Um die Jahrhundertwende waren beide weit ausgeschnitten. Der *Spangenschuh* mit einer seitlich geschlossenen, schmalen Lasche über dem Spann, *Schnür-* und *Knöpfstiefelette* dominierten. Die F. war aus Leder, auch mit Seide überzogen, vorn spitz, mit halbhohem bis hohem geschweiften Absatz und mit Schleifen, Glasperlenstickerei oder Durchbrucharbeit verziert *(Goldkäferschuhe).* Die Form passte sich nun ganz dem Fuß an. Zum Sport (Wandern, Tennis) wurden absatzlose Schuhe getragen. Zur kaum wadenlangen ▸Kriegskrinoline (1915–17) kam erneut die Stiefelette auf, vorn geschnürt, mit fast über die Wade reichendem Schaft und hohem, geschweiftem Absatz. Daneben wurden auch Lederpumps mit seitlich geknöpfter, hoher, anliegender Gamasche aus Stoff getragen. In den 1920er Jahren herrschte der Spangenschuh[284, 403] vor. Der Pumps, nicht übermäßig weit ausgeschnitten, hatte eine lange, flachgezogene Spitze und einen hohen, meist geraden Absatz, der höchstens am eleganten Schuh geschweift war. Der Trotteurschuh (reiner Straßenschuh) hatte eine hoch hinaufgezogene Kappe, eine kurze Schnürung oder eine breite Spange und einen niedrigen, dicken, geraden Absatz. Er war oft zweifarbig, mit Loch- oder Flechtmuster (nach dem Brogue-Schuh des Mannes). Der Abendschuh war auf der Kappe mit Straßspange, Straußenfeder, Perlen, Schildpatt- oder Perlmutterschnalle, der Absatz mit Straßsteinen (▸Straß) verziert. Vom Winter 1921 an bis um 1927 trug die Frau hochschaftige sog. *Russische Stiefel* aus Juchten- oder Wildleder. Um 1922 war, wie beim Herrn, der flache, vorn extrem spitze *Shimmy-Schuh* modern. Nach 1929 wurden die Schuhe vorn abgerundeter und gewölbter. In den 1930er Jahren liebte man den zweifarbigen Schuh. Er war vorn rund mit hoher Kappe, der elegante Schuh extrem hochhackig. 1936 erfand der berühmte italienische Schuhmacher S. ▸Ferragamo den hohen, beim eleganten Schuh zuweilen ausgehöhlten Keilabsatz, dazu kam etwas später die hohe Plateausohle. Beide blieben ein Jahrzehnt sowohl für den geschlossenen Straßenschuh, den offenen Abendschuh als auch für die Sandale, oft mit Kork- oder Bastsohle, charakteristisch. Während des 2. Weltkriegs war der Keilabsatz[375b] meist aus Kork oder Holz ohne Lederüberzug. Der bequeme Trotteur- oder Sportschuh hatte eine Kreppsohle mit niedrigem Absatz, war oft aus Wildleder und Anfang der 1940er Jahre sehr farbig. 1947 gelang es Chr. ▸Dior, mit dem ▸New Look auch die Schuhmode bis etwa 1955 (für ihn arbeitete der Schuhdesigner Roger Vivier) zu verändern. Vorn abgerundete, weit ausgeschnittene Pumps mit relativ dünner Sohle und mäßig dickem, hohem Absatz gaben den Ton an, am Abend hochhackige Riemchenschuhe mit Fersenriemen oder mit kleinem Ausschnitt für die große Zehe. Als Sportschuhe dienten niedrige Schnürschuhe

Abb. 242. Schuh und Stiefel mit Plateausohlen. Großbritannien, 1975.

Abb. 243. Goldene Riemchensandale von Salvatore Ferragamo. Florenz, um 1951.

mit Kreppsohlen, auch College-Schuhe, eine Variante des Mokassins. Mädchen trugen sog. ‣*Ballerinaschuhe,* absatzlose Schuhe, ähnlich dem früheren Escarpin, deren weiter Ausschnitt mit einem Zug- oder Gummiband zusammengehalten wurde. Nach 1955 kam aus Italien der dünne, geschweifte Bleistift- oder

Abb. 244. Boatshoe im Mokassinstil von Timberland. 1993.

Pfennigabsatz (ital. *Stiletto* ›kleiner Dolch‹), anfangs sehr hoch (beim eleganten Schuh auch noch später), um 1960–65 jedoch niedriger und etwas dicker. Der Schuh war vorn sehr spitz und extrem dünnsohlig, 1958 kurzfristig vorn eckig. Im Winter trug die Frau pelzgefütterte Halbschuhe oder gerade über die Knöchel reichende *Bottinen* mit Absatz, daneben auch Galoschen, bei Regenwetter Gummistiefel, in England ‣*Wellingtons* genannt. Nach 1958 kamen flache, weitschaftige Halbstiefeletten auf. 1963 waren, unter dem Einfluss der Op-Art, geometrische Schwarz-Weiß-Muster modern. 1963/64 revolutionierte der französische Haut-Couturier A. ‣Courrèges (‣Courrèges-Stil) die Schuhmode.[291] Er lehnte Bleistiftabsätze als zu unbequem ab und schlug zur ‣Mini-Mode und zu Hosen flache, weitschaftige Stiefeletten aus schwarzem und weißem Lackleder vor. Damit erhielten auch Pumps, häufig nur mit Fersenriemen, und Halbschuhe einen breiten, niedrigen Absatz. Im Herbst und Winter dominierte zum Minirock bis Anfang der 1970er Jahre der Stiefel, häufig auch aus elastischem Kunststoff, mit hohem, oft bis über das Knie reichendem, anliegendem Schaft,[113] an der Innenseite mit Reißverschluss. Der Absatz war stets sehr niedrig. Ende der 1960er Jahre kamen dicke Sohlen und Blockabsätze bei allen Arten der F. auf, den Höhepunkt mit etwa 10 cm hohen Plateausohlen markierte das Jahr 1973. Die F. war vorn rund bis eckig. In der ‣Hippie-Mode war die F. grellfarbig, mit bunten Applikationen. Danach blieb der Absatz hoch, die Sohle wurde jedoch flach. Für den Sommer gab es Leinenschuhe mit Keilabsatz. Ende der 1970er Jahre brachte der Italiener Mario Valentino wieder zierliche Schuhe, vorn spitz und mit Pfennigabsatz. Abendschuhe hatten in der 2. Hälfte der 1970er Jahre einen extrem hohen Absatz. Modisch gleichbedeutend für Herbst und Winter war der Stiefel. Es gab Sommerstiefel mit Leinenschaft, für die Jugend Cowboy- und Westernstiefel mit Steppverzierung und niedrigem, zur Mitte hin schrägem Absatz. Im Winter gab es elegante, hochschaftige sog. *City-Stiefel* mit hohem Absatz oder winterfeste *Tundra-Stiefel* mit Lammfellfutter, abgesteppten Nähten und dicker Gummi- oder aufgeschweißter Plastiksohle (‣*Moonboots*). Das Jahr 1977 brachte anliegende Stiefel mit hohem Absatz in der Fasson der 1950er Jahre. 1980 verschwand der hohe Absatz ganz aus der Mode. Es gab vollkommen absatzlose *Ballerinaschuhe*[115], vorn spitze ‣*Slipper* mit nur 2–3 cm hohem, breitem Absatz, häufig ganz aus Leder geflochten, *College-Schuhe* oder flache, weitschaftige *Stiefeletten.* Die Modefarbe war Gold in vielen Schattie-

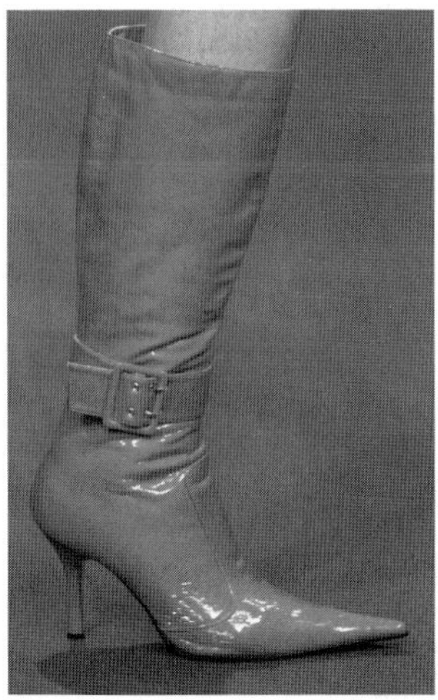

Abb. 245. High-heel-Boot. 2005.

rungen sowie Silber, zuweilen auch in Kombination mit anderen Farben. 1982/83 war der Absatz wieder da, als niedriger »Keil-Stiletto« oder als hoher Bleistiftabsatz. Zu Hosen und zu minikurzen Röcken blieb der flache, absatzlose Slipper. Elegante Schuhe wurden als *Flamenco,* ein Schuh mit Guckloch für die große Zehe, favorisiert. Seither wechseln sich spitze (um 1990) und eckige (um 1996 *Karrees* mit Plateausohlen) Schuhformen ab. Jugendliche gefallen sich seit etwa 1985 in ‣*Doc Martens.* Bei den Joggingschuhen (frz. *baskets*) spielen neben dem High-Tech-Aufbau der Sohle die Marke eine besondere Rolle als Zugehörigkeits- und Imagesymbol, u.a. *Reebok* (seit 1900 von Joseph W. Forster, UK), *Converse* (seit 1917 von Marquis M. Converse, USA), *adidas* (seit 1923 von Adi und Rudi Dassler in Herzogenaurach), *Puma* (seit 1948 von Rudi Dassler) und *Nike* (seit 1972 von Phil Knight und Bill Bowerman, USA). 1996 bis etwa 2000 gefielen sich Mädchen in Joggingschuhen mit über 10 cm dicken Sohlen. 1998/99 brachte Miuccia ‣Prada, die immer wieder auf die frühen 1960er Jahre zurückgriff, zusammen mit der kniebedeckenden Saumlänge das Revival der Stiletto-Absätze. Berühmt für seine fragilen offenen Schuhe mit hohen Absätzen ist Mundo Blahnik (geb. Santa Cruz, Kanaren, 1943), der 1970 ein Schuhgeschäft in London eröffnete und für zahlreiche Modehäuser F. entwirft. In den 1990er Jahren steigerte ‣Gucci die Absätze zu den sog. ›high heels‹ mit zehn Zentimeter Höhe[174] selbst bei hochschaftigen Boots.[429] 2004 kamen ‣Mukluks als Winterstiefel in Mode. ‣Bergschuh, ‣Birkenstock, ‣Flip Flop, ‣Root, ‣Tod's, Y. ‣Yamamoto.

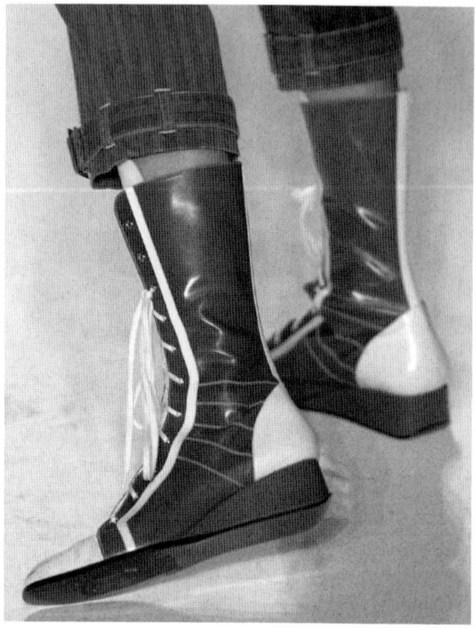

Abb. 246. Modische Boxer-Stiefel mit Keilabsatz. 2004/05.

Fustanella, albanisches Hemd, das in seiner extrem weiten Form in vielen Balkanstaaten als Männerhemd üblich war und seit 1832 Teil der griech. Nationaltracht des Mannes ist, über engen Kniebundhosen zusammen mit einem ‣Bolero getragen; im Laufe der Zeit auch als faltenreicher Rock gearbeitet.

Fustian ‣Stoff (Mittelalter).

Futter, alle ‣Stoffe, die als Innenteil zur Abfütterung von Oberkleidungsstücken verwendet und meist nach deren Schnitt zugeschnitten werden. Bereits im Mittelalter wurde das Obergewand (‣Cotte) der Vornehmen mit einer leichten Seide (‣Sendel) oder dünnem Leinenstoff gefüttert. Im 16. Jh. wurde häufig Kartek, eine leichte, billige Seide, verwendet, besonders zum Unterlegen der ‣Schlitze[46,47] und als F.-Hose für die Oberhose des Mannes[433]; später der Merveilleux (frz., ›wunderbar‹), ein schwerer, zugleich feiner, hochglänzender F.-Atlas, dann Tafte (besonders um 1900 für die ‣Balayeuse) und nach dem 1. Weltkrieg Kunstseide, wie die bis heute häufige Viskose, eine Zelluloseverbindung. Nach dem 2. Weltkrieg folgte eine Reihe von seidenartigen Chemiefasern, sog. Synthetics. Seither sind als F. am gebräuchlichsten, neben Atlas und Satin, der glänzende ‣Duchesse (3) und Glacé, der reinseidene, grobstrukturierte Liberty und der wildseidene Pongé (aus einer Schmetterlingsart). Amerikanische Fütterung: Halbfütterung mit F.-Seide von ‣Sakko und ‣Mantel bis in Brusthöhe. Französische Fütterung: Halbfütterung mit Oberstoff, besonders bei dünnen Sommersakkos.

Futteralkleid, auch *Etuikleid* oder ‣*Fourreau* (2), gerade und in einem Stück geschnittenes, taillenloses, jedoch an den Hüften anliegendes ‣Kleid, das 1918 aufkam, einen waagrechten oder ovalen Halsausschnitt hatte und als Abendkleid mit Trägern und viereckigem ‣Dekolleté um 1921–23 sehr beliebt war.[105]

Futurismus. Der F. steht im Zeichen des Fortschrittsglaubens. In der Programmatik des in Italien begründeten F. werden Technik sowie Schönheit und Lärm der Maschine verherrlicht. In Bezug auf Kleidung fasste Giacomo Balla in dem Manifest »Il vestito antineutrale, Manifesto futurista« (Mailand 11.9.1914) das Programm zusammen, in dessen Mittelpunkt die Männermode steht, die Vertreter des italienischen F. selbst entwarfen. Die farblich spektaktuläre Männermode eines Balla, Tullio Crali, Fortunato Depero, Ernesto Thayaht erregten großes Aufsehen. Sie trugen Anzüge und Westen in kühnen Farben und Mustern, die eine »vibrierende Farb- und Lichtzerlegung« wiedergeben sollten, sowie Accessoires von asymmetrischem Design. Provokant wirkten auch ihre »Anti-Krawatten« aus Aluminium und ihre Hemden aus Metall.

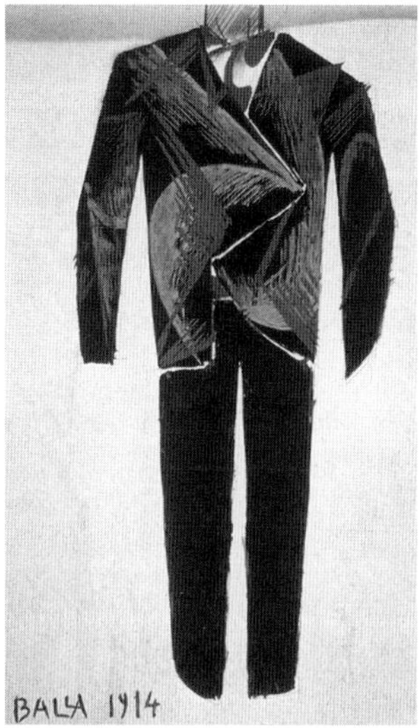

Abb. 247. Entwurf eines Herrenanzugs von Giacomo Balla im Stil des italienischen Futurismus. 1914.

G

Gaban, *der* (von arab. *gaba,* ‣Aba; span. *gabán*; ital. *gabbano, gabbanello*; frz. *caban*). **1**. Knie- bis wadenlanger Mantel mit langen Ärmeln und ‣Kapuze oder einem ‣Kragen. Der G. wurde meist nur in der Art eines Umhangs (etwa entsprechend der ‣Kandys des Altertums) über beide Schultern gelegt, die Ärmel fielen also leer herab; das Armloch konnte vorn auch offen bleiben, so dass sich hinter den Schultern ‣Hängeärmel bildeten. Der G. wurde mit Schnur oder Knopf und Schlinge am Halsausschnitt zusammengehalten. Zum Anziehen schlüpfte man in die Ärmel und schloss den G. zuweilen über der Brust mit Kugelknöpfen. Er diente allen Ständen als Regenmantel, war jedoch bei den Vornehmen auch pelzgefüttert oder -verbrämt. Der G. stammt von einem ähnlichen arabischen Übergewand ab. Er kam nach Mitte des 14. Jh.s über Sizilien (dort *Cabba* genannt) nach Europa, wird 1388 in Piacenza erwähnt, fand später Eingang in die Frauenkleidung (*Rapan* hieß in Österreich ein Frauenumhang) und erhielt sich als Übergewand für Hirten und Bauern. In Spanien wurde er auch zu einem anliegenden, mantelartigen Männerrock aus Wollstoff, der ‣*Gaba dina* (engl. *Gabardine*). **2**. Wahrscheinlich von (1) übernommener lose geschnittener, meist zweireihiger Herrenmantel mit Zipfelkapuze in der 1. Hälfte des 19. Jh.s. **3.** Meist *Caban* (frz.), im Engl. *pea-jacket* (wahrscheinlich aus dem Holl. *pijjekker*, von *pij*, ein fester Stoff, *jekker* ›Jacket, Jacke‹) genannter sportlicher, nur bis zu den Oberschenkeln reichender Herrenkurzmantel (‣Stutzer)[85], gewöhnlich zweireihig mit breitem ‣Revers und betonten Taschen; in den 1960er Jahren dunkelblau mit Anklängen an die Marinejacke und besonders von Yves ‣Saint Laurent und Calvin ‣Klein lanciert, in den 1970er Jahren kamelhaarfarben und leicht antailliert,[97, 230] zuweilen mit Mufftasche; nach etwa 1965, in den 1970er Jahren und um 1997 in Schwarz bei Jugendlichen beiderlei Geschlechts in Mode.

Abb. 248. Böhmischer Bürger mit dem Gaban über dem Kaftan. Aus Hans Weigels Trachtenbuch. 1577.

Gabardina, *die* (span., von *gabán*), ein anliegender Männerrock oder Mantel aus Wollstoff. ‣Gaban (1).

Gabardine, *der* (frz.; ‣Gabardina), ‣Burberry, ‣Stoff (19. Jh.).

Gabelbart, auch ‣*Zwillich-B., Doppelspitz-B.,* ‣Bart (1) (2. Hälfte 14. / 1. Hälfte 16. Jh.), ‣Spitz-B.

Gabrielle ‣Prinzesskleid.

Gänsebauch, *der*[49] (frz. *panse* oder *panseron* ›Wanst‹; der *Doublet à la poulaine* war ein ›Wams mit Schnabel‹, das auch *Doublet à la polonaise* ›polnisches Wams‹ hieß, da es nach dem Besuch König Heinrichs III. von Frankreich (1574–89) in Polen modisch wurde), ‣Wams mit vorn bis unter die Taille verlängerter, versteifter und mit Werg ausgestopfter ‣Spitze,[503] das nach der herrschenden Mode mit ‣Schlitzen verziert sein konnte. Der G. kam um 1567 in Spanien auf, nach dem Vorbild des vorn spitz zulaufenden Plattenharnischs. Er war in Frankreich und in den Niederlanden um 1570–90 große Mode und wurde zuweilen in Deutschland übernommen. ‣Doublet.

Gänseklein (frz. *abatis d'oie* oder *petite oie*), ugs. für die ▸*Galants* (1).

Gaffa ▸Stoff (16. Jh.).

Gainsborough-Hut,[76] nach dem englischen Maler Thomas Gainsborough (1727–88) benannter, in den 1780er Jahren zuerst in England beliebter breitkrempiger Hut aus schwarzem Samt oder Taft mit hohem Kopf, Taftschleife und wehenden Straußenfedern. In Frankreich wurde der G. *Marlborough-Hut* genannt, nach dem damals erneut populär gewordenen Lied »Chanson de Marlborough«.

Gala, *die* (von arab. *chila* ›Ehrengewand‹; span. *galan(o)* ›schön gekleidet, höfisch‹; afrz. *gale* ›Freude‹). Die am spanischen Hof in der 2. Hälfte des 16. bis 17. Jh. gebrauchte, über den Wiener Kaiserhof allgemein gewordene Wendung, bei Hoffesten »in G.« zu erscheinen, bedeutete: in vorschriftsmäßiger spanischer Hoftracht. Heute Bezeichnung für große Festkleidung (langes ▸Abendkleid, ▸Smoking oder ▸Frack). ▸Galon (1).

Galanteriewaren (von ital., span. *galante*; afrz. *gale* ›Freude, Vergnügen‹; frz. *galant* ›lebhaft, liebenswürdig‹; im 17./18. Jh. Bedeutung von ›modisch fein gekleidet‹), Sammelbezeichnung für zum Schmuck und Putz gehörende Waren, wie Tücher (▸Tuch (1)), ▸Handschuhe, ▸Fächer, ▸Schal u. a.

Galants, *Pl.* (frz.; ▸Galanteriewaren). **1.** Auch ▸*Faveurs,* kleine Liebesgaben der Dame an den Herrn, in Form von Bändern, Schleifen oder Perlen, die der Mann um 1630–50 an die ▸»Cadenet« genannte Haarsträhne, zuweilen auch an Gewandschultern, Strumpfbändern und Schuhschnallen befestigte. (Die Sitte geht auf den »Damendank« (›Damenspende‹) an den Ritter bei Turnieren im Mittelalter zurück.) Zur Zeit der ▸Rheingrafenhose wurden die zahlreichen Bandschluppen »G.« genannt, die ugs. in Frankreich *Abatis d'oie* oder *Petite oie* hießen und in Deutschland sinngemäß als ▸*Gänseklein* bezeichnet wurden. **2.** *Gingues galants,* ▸Favorites (1).

Gallica, *Gallicula, die*[232] (lat., ›gallisch, aus Gallien stammend‹; ▸Galosche), oft gleichbedeutend mit ›Sohle‹ und ›Sandale‹, »Schuhsandale« mit breiter, dicker Sohle, die nur durch Riemen gehalten wurde; schon den Griechen unter der Bezeichnung *Trochas, Trochadion* bekannt, bei den Römern der unteren Stände und seit ca. 110 n. Chr. bei den frühchristlichen Mönchen gebräuchlich. Bei den Römern nahm die Bezeichnung »G.« die allgemeinere Bedeutung ›offener Schuh‹ an. ▸Fußbekleidung.

Galligaskins ▸Hose (Mann, 16. Jh.).

Galon, *der* (*Pl. Galone*; ▸Gala oder – weniger wahrscheinlich – von afrz. *galonner* ›mit Goldfäden verzieren‹; vielleicht von fränk. *wôlôn* ›umwickeln‹). **1.** Schnurverzierung ist bereits an Gewändern der Syrier um 1500–1000 v. Chr. und in der kretisch-minoischen Kleidung 1720–1200 v. Chr. zu finden. Da die höfische Festkleidung des Herrn seit der Spanischen Mode (2. Hälfte 16. / Anfang 17. Jh.) mit ▸Litzen, ▸Borten, Tressen (▸Posament) besetzt war, die an Uniformen beibehalten wurden, entwickelte sich für die Verzierung die Bezeichnung »G.«. Auch die Schnurverzierung am ▸Kaftan, der als türkisches Ehrengeschenk nach Polen gelangte, wurde »G.« genannt. Ebenso waren die ▸Brande(n)bourgs G.e. Die um 1814–50 getragenen sog. Russischen Hosen hatten eine genähte, breite Bortenverzierung an den Seitennähten, die ebenfalls »G.« genannt wurde. Diese Verzierung kam um 1870 am eleganten Tagesanzug wieder vor, ab Ende des 19. Jh.s an der Abendhose zu ▸Frack und ▸Smoking, zunächst als aufgesetzte Borte, später als glänzender, auch ▸*Lampassen* genannter Atlasstreifen.[434] **2.** Bezeichnung einer sehr schmalen ▸Spitze als Abschluss einer großen Spitze oder als Säumung einer Maschinenspitze.

Galosche, *die* (von frz. *galoche*; ital. *galoscia*; mlat. *galochia*), bereits in byzantinischer Zeit bekannter Über- oder Unterschuh in der Art eines ▸Pantoffels mit einer dicken Sohle aus Leder, Kork oder Holz und einem Leder- oder Stoffsteg. Die G. wurde über den eigentlichen Schuh gezogen, um ihn vor Straßenschmutz zu schützen (nicht zu verwechseln mit den Stelzschuhen, wie ▸Chopine, ▸Kapkap und ▸Zoccolo). Im 14. bis 15. Jh. dienten ▸Trippen als Überschuhe; im 17. und 18. Jh. Überschuh der Dame, bestehend aus einer Sohle, die den Bogen zwischen Absatz und Sohle des eigentlichen Schuhs ausfüllte, und einer Lasche aus dem Material des Schuhs, die über dem Spann geschlossen wurde. Außerdem gab es hölzerne Unterschuhe, ‣Clogs (1) (im Engl. wurde auch der Überschuh so genannt) mit Eisenringen oder -stegen unter der Sohle. Im Biedermeier (1815/20–48) waren die Überschuhe absatzlose, vorn geschnürte Stiefeletten aus Leder mit verstärkter Sohle. In den 1830er Jahren wurde in den USA bereits Rohgummi, nach 1839 vulkanisierter ‣Gummi für geschlossene Überschuhe verwendet. Sie waren zunächst noch sehr schwer und hatten seitliche Metallspangen zum Schließen. Nach 1945 kamen G.n aus Kunststoff. In den 1950er Jahren trugen Frauen auch seitlich geschlossene Stiefeletten aus grobem Filz. Seit etwa 1960 trägt man anstelle von G.n, die es für Herrn in Form von Gummischuhen gibt, meist Gummistiefel (‣Wellingtons, ‣Fußbekleidung). Außerdem gab und gibt es Überschuhe aus Filz z.T. mit Holzsohle, die im Haus über die Straßenschuhe gezogen werden (‣Klompe).

Gamasche, *die* (urspr. span. Bezeichnung für eine Lederart: *gaudamaci* ›Leder aus der libyschen Stadt Ghadames‹; im 17. Jh. ins Frz. als *gamache* übernommen), sohlenloser Überstrumpf, der seitlich geschnürt oder geknöpft wird. In altgermanischer Zeit gab es ‣Beinbinden, die später Franken und Langobarden auch über die Hosenbeine wickelten. Im hohen und späten Mittelalter umschlossen lederne Beinlinge (‣Strumpf) den ganzen Fuß; sie reichten bis über die Knie und wurden an der Wade seitlich geschnürt. Als Zubehör der spanischen ‣Hose übernahmen die ‣Canons (1) im letzten Drittel des 16. Jh.s die Funktion der G. In der 2. Hälfte des 17. Jh.s waren die G.n Überstrümpfe, die bis zur Mitte des Oberschenkels reichten und mittels Kniebändern gehalten wurden. Die G.n aus Filz, Wollstoff oder Leinen (Soldaten trugen sie in ‣Leder) wurden im 18. Jh. Teil der Uniform und auch in Zivil auf Reisen und als Kälteschutz getragen. Sie reichten vom Knöchel bis zum Knie oder darüber, wurden zunächst im Schuh, später mit Steg und Vorfuß darüber getragen. Um 1820 wurde die G. in geringerer, gerade den Knöchel bedeckender Länge und mit seitlichem Knopfverschluss zum modischen Beiwerk; Stutzer trugen sie zur kaum bis an die Knöchel reichenden Hose. Erst um 1900 wurde die G. neu belebt: zum Cut (‣Cutaway (2)) war sie aus weißem Hopsack (schwerem Wollstoff mit flauschiger Unterseite) mit ebensolchem Steg, zum Sommersakko champagnerfarben mit Ledersteg, im Winter aus Boxcloth (dickem, grobem Wollstoff) und farblich auf den Anzug abgestimmt; für sportliche Zwecke gab es die ‣Norfolk-G.[323] Die G. wurde prinzipiell nur zum Tagesanzug und zur gestreiften, nur knöchellangen, meist stulpenlosen Hose getragen. Etwa 1914–22 war die G. noch beides, modisches Zubehör wie Kälte- und Staubschutz[452], danach nur noch praktisches Bekleidungsstück, aber in den 1930er Jahren wieder schmückendes ‣Accessoire zur gestreiften Hose. Nach dem 2. Weltkrieg verschwand die G. ganz aus der Herrenkleidung. Die Frau griff 1915–17, als die kaum wadenlange ‣Kriegskrinoline modern war, zu einer hohen, anliegenden und seitlich geknöpften Stoff-G. über Lederpumps. Kurzfristig in der 2. Hälfte der 1960er Jahre wurde eine kniehohe G. von Mädchen zum ‣Mantel in Minilänge getragen.[405a] 1980/81 kamen gestrickte, röhrenförmige Wadenüberstrümpfe, sog. *Legwarmers* (engl., ›Wadenwärmer‹) auf. Im Winter trägt man sie über den Hosenbeinen, beim Turnen über den Strumpfhosen- bzw. Trikotbeinen. Vorbild waren die gestrickten Überstrümpfe der Balletttänzer. Außerdem ist die G. reines Zweckbekleidungsstück beim Sport (Bergsteigen, Skifahren), meist aus imprägniertem Baumwollgabardine oder Perlon mit einem Gummizug an den Säumen. Anfang

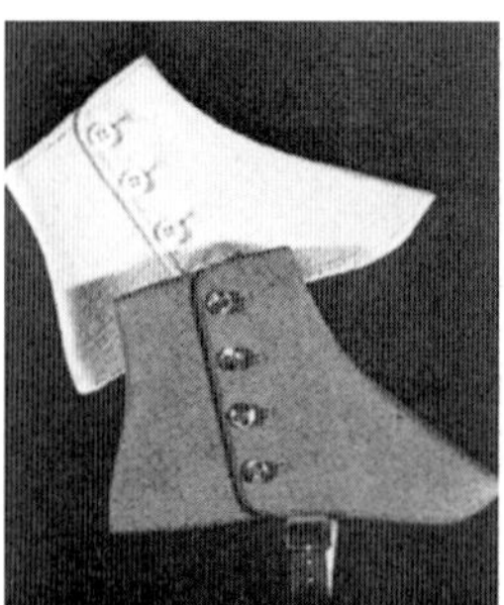

Abb. 249. Gamaschen. Nach Eelking.

des 21. Jh.s waren kurzfristig Strick-G.n zu Schuhen mit *high heels* in Mode. ‣Fußbekleidung.

Gammler-Look, Gammler-Stil (von nordd. *gammel* ›wertlos, schäbig‹), um 1967–73/74 bewusst unkorrekter, nachlässiger, unkonventioneller Kleidungsstil als Ausdruck einer bestimmten Lebenseinstellung. Vielfach als ‣*Anti-Mode* definiert, wurde er im Unterschied zur ‣Hippie-Mode nicht von der Modebranche aufgegriffen. Charakteristisch waren u.a. schulterlanges, absichtlich vernachlässigtes Haar, manchmal ein wirrer Vollbart, abgetragene ‣Jeans, zerschlissene ‣Pullover, alte Herrenwesten sowie fernöstlicher Schmuck (Amulette) vom Trödler oder Flohmarkt.

Gamsbart, büschelförmig gebundener Schmuck aus den Rückgrathaaren der Gämse (Gams) an Trachtenhüten. ‣Trachtenmode.

Gamurra, *die*[153] (ital.; von bask. *zamarra, zamarro*; span. *samarro*; arab. *sammûr* ›Pelzumhang‹; latinisiert *gamarra*; in Norditalien *camora* oder *zippa*; afrz. *chamarre*; frz. *marlotte*, ‣Marlota), vorn offener und nur am Hals oder über der Brust geschlossener ‣Manteau der Frau mit kurzen Puffärmeln, den ‣Mahoîtres, Stehkragen und darüber der ‣Halskrause. Die G. geht wahrscheinlich auf die bereits im 15. Jh. in Spanien bekannte Zamarra, einen einfachen Schafpelzmantel der Hirten, zurück, deren vornehmes, auch von der Frau getragenes Gegenstück der ‣Zamarro war. Die G. ist für die Spanische Mode nach Mitte bis Ende des 16. Jh.s charakteristisch. Sie stellt eine formale Weiterentwicklung der ‣Zimarra und der ‣Houppelande dar. In Frankreich und Spanien ist sie mit der ‣Marlotte, in den Niederlanden mit dem ‣Vlieger und in Deutschland mit dem ‣Weiten Rock gleichzusetzen. Die spanische ‣Ropa jedoch war im Unterschied zur G. vorn durchgehend geöffnet. Die deutsche ‣Schaube hieß im Frz. ebenfalls *Chamarre*, im Span. *Samarra*.

Garcette, *die* (frz.), sehr kurze ‣Stirnfransen, die um 1630–50 zu der kinnlangen, seitlich gepufften, leicht gewellten ‣Haarmode der Coiffure en ‣Bouffons getragen wurden.

Garçonne-Mode (frz.), strenge, in männlichem Stil gehaltene Mode, die von der emanzipierten Frau, der Garçonne (frz., ›Knäbin‹, nach der Hauptfigur des in den 1920er Jahren viel gelesenen Romans »La Garçonne« von Victor Margueritte), um 1927 getragen wurde. Für die G. waren charakteristisch: Smoking-Kostüm, enger ‣Rock (2), Kostümjacke in Sakkofasson mit Schalkragen, gerader Paletot-Mantel (‣Paletot (5)) und Frisur im Herrenschnitt (‣Eton-Boy).

Garde-corps, *der*[250] (frz., ›Körperschutz‹), in Deutschland *Reisekappe* genannt, Reiseüberziehmantel (über den Kopf zu ziehen) mit ‣Kapuze und sehr langen ‣Ärmeln, die am Oberarm je einen vertikalen Schlitz zum Durchstecken der Arme hatten, so dass die Ärmel auch als ‣Hängeärmel getragen werden konnten. Der G. wurde nach 1240 bis Anfang des 15. Jh.s von beiden Geschlechtern getragen. Ihm kommt ein frz. ‣*Hérigaut*, engl. *Hery-goud* genannter ‣Mantel gleich.

Garde-infant ‣Reifrock.

Garderobe (von frz. *garde* ›Verwahrung‹ und *robe* ›Kleid‹), ab 17. Jh. auch in Deutschland gebräuchliche Bezeichnung für ›Kleiderzimmer‹, ›Kleiderständer‹ sowie den gesamten Kleiderbestand einer Person.

Garde-vue, *die* (frz., ›Augenschild‹), ‣Abat-jour.

Garibaldi-Jacke, an die roten Hemden der Freischaren Giuseppe Garibaldis (1807–82) erinnernde Frauenjacke aus rotem Kaschmir mit großen goldenen Knöpfen, die um 1860 von Damen des ‣Genre canaille getragen wurde. Heute nicht mehr eindeutig von der ‣Zuavenjacke[512] zu unterscheiden.

Garnache, *die* (frz.; dt. *Garnasche*), weites, über den Kopf zu ziehendes Übergewand (Überziehmantel), meist ungegürtet und mit weiten, bereits von der Gürtellinie weg angeschnittenen Ärmeln, die entweder in Glockenform bis weit über das Handgelenk reichten und zurückgeschoben wurden oder pelerinenartig rund geschnitten waren. Die G. saß am Boden auf, konnte für Männer aber auch kürzer und mit Pelz verbrämt sein. Sie stammt von den in Italien und Spanien lebenden Arabern, wurde in der 2. Hälfte des 13. Jh.s in die

Abb. 250. Gottfried von Straßburg (mit Garnache und Bundhaube; links: Reisekappe). Aus der »Manessischen Liederhandschrift«. Um 1300–15. Universitätsbibliothek, Heidelberg.

höfische Mode Frankreichs übernommen, jedoch erst im 14. Jh. häufig. Der G. ähnlich ist die ‣Houce.

Garrick ‣Carrick.

Gascoynes ‣Hose (Mann, 16. Jh.), ‣Pumphose.

Gatsby-Look, Herrenmodestil um 1975–80 in Anlehnung an die Mode der 1930er Jahre mit locker geschnittenem ‣Sakko mit Schulterpolstern, ‣Weste, ‣Bundfaltenhose und breitkrempigem Hut. So genannt nach dem in den 1930er Jahren spielenden Film »Der große Gatsby« (1973). Der G. gehörte zur sog. Nostalgie-Welle, beeinflusste jedoch mit seinem bequem geschnittenen, legeren Stil die Herrenmode nachhaltig.

Gauchohose, in Anlehnung an die ‣Hose der Viehhirten (Gauchos) in der südamerikanischen Pampa Anfang der 1970er Jahre aufge-

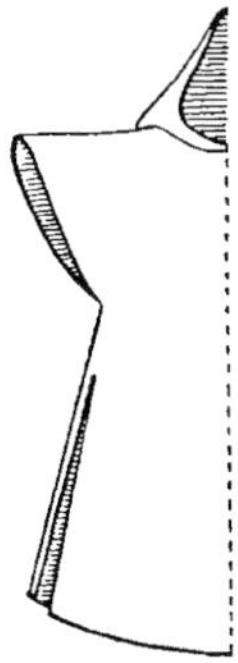

Abb. 251. Schnitt der Garnache mit Kapuze.

kommene Frauenhose mit weiten, leicht ausgestellten, wadenlangen Beinen, in dezentem Karomuster oder einfarbig. War um 1978 mit engeren, geraden Hosenbeinen und mit Bundfalten nochmals in Mode.

Gaze ‣Stoff (Mittelalter).

Gebende, *das*[32] (mhd.; ahd. *gibenti,* von *bant* ›Band‹), eine Oberkopf, Ohren und Kinn fest umschließende weiße Binde, die zusammen mit einem gesteiften, leinenen Stirnreif, aber auch in Verbindung mit dem ‣Schap(p)el oder einer Krone getragen wurde. Das Haar darunter wurde in Deutschland zum ‣Zopf gebunden, in Frankreich zum Nackenknoten gelegt. Das G. entwickelte sich Ende des 12. Jh.s aus dem Kopfschleier (‣Cueuvre-chief). Anfangs waren G. und Stirnreif schmal, auch seitlich herabhängend, im 13. Jh. breit und mehrfach um den Kopf geschlungen, so dass Wange und Haare verdeckt wurden, im 14. Jh. wieder schmal mit einem am oberen Rand mit einer ‣Rüsche verzierten Stoffreif um das offen hervorquellende Haar. Das G. war für die verheiratete Frau und beim Kirchgang vorgeschrieben.

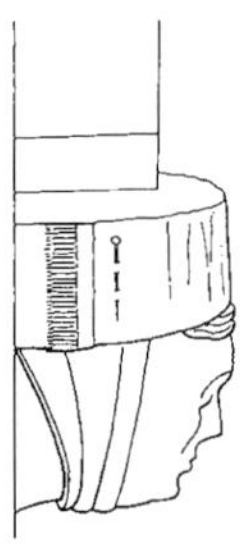

Abb. 252. Gebende: Kopfkonsole. 13. Jh. Notre-Dame, Bougival bei Paris.

Abb. 253. Zopffrisur mit Gefrens. Aus Albrecht Dürers »Junges Paar«. Um 1490–93. Albertina, Wien.

Geck, ein seinem Stand nicht entsprechend, aber übertrieben modisch und nicht geschmackvoll gekleideter Mann, wie z. B. um 1800 der ‣Incroyable. Im Unterschied zum G. sind der ‣Arbiter elegantiarum und der ‣Beau korrekt und dezent modisch gekleidet.

Gefrens, *das* (mhd.), an einem verzierten, glatten oder gedrehten Kopfreif befestigte Fransenborte, die den glatten Hinterkopf zwischen den Zöpfen (‣Zopf) bedeckte. Das G. wurde in Deutschland im 15. Jh. (Höhepunkt spätes 15. Jh.), in manchen Teilen auch bis Anfang des 16. Jh.s zu seitlich geflochtenen und über die Schläfen gelegten Zöpfen getragen. Der Reif mit dem G. hatte sich aus dem ‣Schap(p)el entwickelt.

Gehpelz, in Österreich »Stadtpelz« genannt, eleganter Herrenwintermantel als zweireihiger ‣Paletot (5) aus Stoff, ganz mit ‣Pelz (Lammfell, Hamster, Bisam, Nerz) gefüttert, mit pelzverbrämtem Schalkragen (meist brauner Otter, auch Seehund). König Georg VI. von Großbritannien (1936–52) brachte Persianerkragen und Pelzärmelaufschläge in Mode. Der G. kam im letzten Drittel des 19. Jh.s auf, wurde bis in die 1920er Jahre mit ‣Zylinder getragen und hielt sich bis zum 2. Weltkrieg, vereinzelt auch bis heute. ‣Mantel.

Gehrock,[455] auch *Leibrock, Schoßrock,* um die Mitte des 19. Jh.s allgemein ‣*Twine* genannt (engl. *frock, English coat* oder *Prince Albert*), Männerrock mit in der Taille angesetzten vollen, vorn übereinanderliegenden Schößen (‣Schoß (1)), Umlegekragen und ‣Revers, zuweilen auch mit Schalkragen und nur bis zur Taille geknöpft.

Der G. hatte sich um 1800 aus der ‣Redingote (1) entwickelt, deren Namen er in den ersten Jahrzehnten des 19. Jh.s besonders in Frankreich behielt. Er war urspr. einreihig und wurde bis zur Taille geknöpft. Dieser Tagesanzug in Blau-, Grau-, Braun- oder Grüntönen ging als ‣*Rock* (1) oder *Leibrock* in die bäuerliche Tracht ein. Um 1815 lag der G. am Oberkörper glatt an, hatte einen steifen Stehkragen und knapp über die Oberschenkel reichende Schöße.

Nach 1820 erhielt der G. einen knielangen, durch rückwärtige ‣Zwickel glockigen Schoß. Die starke Taillierung wurde zusätzlich durch Wattierung von Brust und Hüften hervorgehoben. Die ‣Ärmel setzten bis 1835 an den Schultern gepufft ein. In den 1840er Jahren verkürzten sich die Schöße. Ein Jahrzehnt später wurde der Oberkörper durch eine tief sitzende Taille[83], von da an zweireihige Knöpfung, keulenförmige Ärmel und gerade Schöße betont. Danach rückte die Taille an die natürliche Stelle und war leicht eingezogen.[85] Die modischen Veränderungen blieben nunmehr Details vorbehalten.

Der G. wurde meist offen getragen, das Revers war mit seidenem ‣Spiegel besetzt; dazu wurde eine zweireihige ‣Weste mit Revers, meist aus dem Stoff des Rockes, eine dunkle, gestreifte ‣Hose, ‣Hemd mit ‣Klappenkragen, schwarzer Querbinder (‣Schleife (1)) und ‣Zylinder getragen. Ab etwa 1870 bis zum 1. Weltkrieg war der G. in Dunkelgrau oder Schwarz offizieller Anzug von Ministern, Kommerzienräten, aber auch Ärzten und Geschäftsleuten (‣Diplomatenfrack). Nun wurde auch ein ‣Plastron (3) dazu getragen. 1955/56 versuchte man vergeblich, den G. in Hellgrau als eleganten Anzug zu Pferderennen zu aktualisieren. Kurzfristige modische Revivals als Männerjackett; in den 1990er Jahren und um 2003 auch Kostüm- bzw. Manteljacke für Frauen.

Gehrock-Paletot, zweireihiger, in der Taille zusammengesetzter und damit einem ‣Gehrock ähnlicher ‣Paletot (5), der um 1900 in Mode kam und um 1920 stark tailliert war, einen etwas glockigen ‣Schoß (1) und abgesteppte Nähte hatte. Der G. wurde auf Reisen und beim Sport, auch großkariert und im Winter wattiert, getragen.

Geierhaube, zeremoniale ‣Kopfbedeckung ägyptischer Göttinnen und Königinnen besonders im Neuen Reich (1551–1070 v. Chr.). Die G. ist aus kleinen Goldplättchen zusammengesetzt, wobei der Kopf des Geiers über die Stirn ragt, die ausgebreiteten Flügel hinter den Ohren herabfallen, der Schwanz sich am Hinterkopf ausspreizt und jede Klaue einen Siegelring hält.

Geldtasche. Die G. ist seit der Antike in Beutelform (▸Beutel) bekannt (lat. *sacculus*) und wurde meist an den ▸Gürtel gehängt. Im Mittelalter gab es lange, schlauchartige Netze, *Säckel* oder *Ränzel* genannt. Im 17. und 18. Jh. bevorzugten Reisende und Kaufleute aus Sicherheitsgründen im Gürtel hinten eingearbeitete ▸Taschen (1), aus Katzenbalg gemachte sog. *Geldkatzen,* die sich um den Körper schmiegten. Daneben gab es Geldstrümpfe, gehäkelt oder aus ▸Leder, mit Eingriffschlitz oder aus zwei ineinanderschiebbaren, einseitig zusammengenähten Lederschläuchen. Im 18. Jh. waren Geldbeutel, nunmehr *Börse* oder *Bourse* (frz., von spätlat. *bursa* ›Fell, Ledersack‹) genannt, aus Leder, außen mit Samt überzogen und mit Mottos oder Porträts bestickt, auch mit Emailbildern verziert.

In der 1. Hälfte des 19. Jh.s gab es Geldbeutel mit Petit-point-Stickerei (▸Petit point), aus Häkelarbeit oder aus Baumwolle mit eingestrickten Glasperlen und einem Metallbügel (bereits um 1500 kannte man Taschen mit festen Eisenbügeln), aber auch harte G.n aus Elfenbein, Emaille oder Schildpatt. Im Biedermeier allerdings erfreuten sich die heute oft fälschlicherweise »Geldkatzen« genannten *Geldstrümpfe* größter Beliebtheit. Das waren beidseitig zugenähte Schläuche mit einem Eingriffschlitz in der Mitte und einem verschiebbaren Ring auf jeder Seite. Diese Geldstrümpfe übertrafen einander an bedeutungsvollen Stickereien und kunstvoller Glasperlenverzierung. In den 1840er Jahren begann sich die G. durch neue Konstruktionen von Verschlüssen grundlegend zu verändern. Als neuartig wurden Metallrahmen und Leder, obwohl im Mittelalter bereits vorhanden, gepriesen. Allerdings wurde nun das Leder nicht mehr an den Metallbügel genäht, sondern mit Hilfe eines zweiten eingelegten Bügels »angeschlagen« und genietet. Der neue sog. Brevete-Verschluss (verballhornt aus frz. *brevet* ›Patent‹, einem Wort, das auf den ersten aus Paris importierten Metallbügeln stand) war ein U-förmiger Bügel, der über beide Metallrahmen geklappt wurde. In der Zwischenzeit hatte sich im deutschsprachigen Raum das frz. Wort *Portemonnaie* (›Geldträger‹) für »G.« in der Oberschicht durchgesetzt, das jedoch in Frankreich kaum gebraucht wurde. Nach 1870 gab es u. a. harte G.n mit einer Metallfeder, die die Münzen hielt, und außen einem kleinen Kettchen.

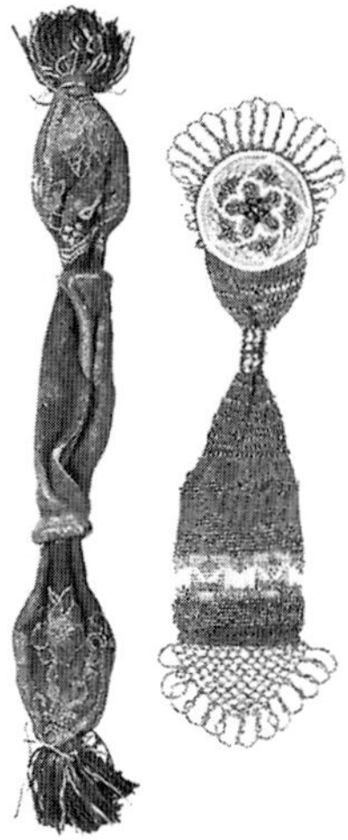

Abb. 254. Geldstrümpfe, gehäkelt und aus Leder. Anfang des 19. Jh.s. Deutsches Ledermuseum, Offenbach a. M.

Um 1900 kamen aus dünnen Silbergliedern gefertigte *Geldbeutel* mit Silberrahmen auf. Gleichzeitig wurde das Hartgeld immer mehr durch Geldscheine verdrängt, wodurch die *Brieftasche* in Gebrauch kam – im Prinzip eine Geldscheintasche, für deren Machart aber die ehemalige Brief-, nämlich Schreibpapiertasche, Vorbild war. Deshalb begann sich nach 1900 das *Überschlagportemonnaie* durchzusetzen mit mehrteiliger Fächerung und einem mit einem Federschloss versehenen Fach für die Münzen. Heute dominieren G.n mit Klipp- oder Druckverschluss, für den Herrn auch das zusammenklappbare *Hufeisen* mit einem Lederrand.

Genre canaille, *der,* auch *das* (frz., ›Mode des Pöbels‹; Anfang des 19. Jh.s frz. ▸*Demi-castor,* heute *Demimonde* ›Halbwelt‹ genannt), in der 2. Hälfte des 19. Jh.s gebräuchliche Bezeichnung für den betont mondänen Kleidungsstil der Halbweltdamen mit emanzipatorisch männlichem Einschlag. Charakteristisch dafür waren: Frackjacke (▸Frack) aus gelbem Samt, ▸Schoßtaille (▸Jacke) mit ▸Revers, Taschen und großen Knöpfen (▸Knopf), ▸Garibaldi- oder ‣Zuavenjacke (2), mit ‣Pagen hochgeschürzte, fußfreie Röcke, so dass farbige ‣Unterröcke sichtbar wurden, roter Samtmantel mit schwarzem Spitzenkragen oder ‣Paletot (3), schwarze Tüllkleider mit Goldspitzen, ‣Abendkleid mit ‣Diana-Dekolleté; kontrastierende Farben und auffallende Muster, rotes, lockig herabhängendes Haar, frisiert »à la toutou« (frz., ›Schoßhund‹) oder »en caniche« (frz., ›Pudel‹), und ‣Spazierstock.

Gêren, *Pl.* (mhd.), *Gehren,* heute ‣*Godet*[256] oder ‣*Zwickel* genannte keilförmige Stoffeinsätze, die die ‣Cotte (‣Kleid) in der 2. Hälfte des 12. und im 14. Jh. unterhalb der Taille glockig werden ließen.[313, 336] Das Einsetzen von G. blieb der Oberschicht vorbehalten.

Gesäß, Gsäß ‣Hose (Mann, um 1500).

Gesellschaft für Historische Waffen- und Kostümkunde ‣Kostümforschung.

Gestaltrock, auch *Ehrrock,* der ‣Harzkappe[56] entsprechende, enge und verkürzte Form der späten ‣Schaube (2. Hälfte 16. Jh.).

Gewand (von ahd. *giwant* ›gewendet‹: das gefaltete oder in Falten gelegte, aufbewahrte Tuch), urspr. ›Tuch‹, heute ›Kleidungsstück‹. ‣Hemd-G.

Gewebe ‣Stoff.

Gibson Girl (engl., ›Gibson-Mädchen‹),[139] Modestil der 1890er Jahre für die sehr junge, sportliche, emanzipierte Frau; nach einer von dem amerikanischen Künstler Charles Dana Gibson (1867–1944) erdachten Mädchenfigur benannt: ‣Bluse mit großen Puffärmeln, Ballon- oder Keulenärmeln (‣Ärmel) und »Ascotschleife« (der ‣Lavallière ähnlich), knöchellanger ‣Glockenrock, aufgestecktes, leicht gewelltes Haar (‣Haarmode) und ‣Canotier.

Gibushut ‣Chapeau claque.

Giebelhaube ‣Tudorhaube.

Gigotärmel (von frz. *manche à gigot* ›Hammelkeulenärmel‹), auch *Schinken-* oder ‣*Elefantenärmel* genannt, charakteristische Kleidärmelform während des Biedermeier um 1825–35[87] und erneut um 1893–96[94] (‣Ärmel, ‣Hammelkeulenärmel). Eine Form des G.s war um 1446–75 der ‣Mahoître.

Gilet, *das* (frz., ›Unterjacke, Unterweste‹). In der 1. Hälfte des 19. Jh.s wurde in Deutschland die ‣Weste vielfach »G.« genannt (in Österreich und der Schweiz teilweise bis heute).

Der Herr trug nach etwa 1770 eine aus der Alltagsweste entstandene Westenart, die unter der eigentlichen Weste angelegt wurde und zunächst sehr kurze, zurückgeschnittene Schöße hatte (‣Schoß (1)). Das G. war ärmellos, hochgeschlossen, hatte manchmal einen Stehkragen und wurde vorn durchgehend geknöpft. Es wurde unter der Frackweste getragen (‣Frack). Um 1780 verlor es die Schöße ganz und schloss zunächst unter der Taille geradlinig ab.[77, 227, 332] Um 1800 endete das G. knapp unterhalb der Brust, weshalb bis um 1825 zunächst ein zweites, längeres G. und etwas später mehrere mit Umlegekragen übereinander getragen wurden. Zuweilen wurden jedoch nur die ‣Revers aus verschiedenen Stoffen doppelt oder dreifach gearbeitet. In den 1830er Jahren hatte das G. einen tiefen Ausschnitt, manchmal einen gerollten Schalkragen. Die beiden Seitentaschen waren oberhalb der Taille eingeschnitten und ohne Klappen. In den 1840er Jahren verlängerte man das G. ein wenig über die Taille hinaus. Nur die Vorderseite wurde aus farbigem oder gemustertem (persische und türkische Muster, gestickte Streublümchen) Oberstoff (Kaschmir, Seide oder Wollstoff), das Rückenteil aus Futterstoff (einfachem Leinen, Baumwolle oder Futterseide) gearbeitet.

Das G. der Dame war eine verkürzte Männerweste, die oft nur in einem über den ‣Schnürleib gebundenen Latz bestand und während der Französischen Revolution zu ‣Redingote (2) oder ‣Caraco getragen wurde.

Gingham ‣Stoff (19. Jh.).

Gingues galants ‣Favorites (1).

Gioppa ‣Surkot.

Giornea, *die* (ital., wahrscheinlich von *giorno* ›Tag‹, im Sinne eines an allen Tagen getragenen Gewandes; span. *jornea),* kaum oberschenkellanger, seitlich offener, ärmelloser

Abb. 255. Giornea und Fes. Aus Gian Giacomos da Lodi »Der hl. Bernhardin von Siena und seine Gefährten«. 1477. S. Francesco, Lodi.

Überwurf des Mannes, im 15. Jh. in Italien und Spanien besonders zu militärischer Kleidung üblich. Die G. fiel faltenreich und lose, selten war sie in der Taille seitlich von ‣Nesteln oder rundum von einem ‣Gürtel zusammengehalten. Bei Vornehmen hatte die G. von den Schultern lose herabhängende, offene Scheinärmel, war mit ‣Pelz gefüttert oder verbrämt, im Übrigen waren die Säume häufig mit ‣Borten eingefasst. Am Hals schloss sie anliegend in einem Bündchen ab. Um 1450 ist auch von einer vorn offenen und einer langen G. der Frau die Rede.

Gippe, *die,* **Gippelein,** *das* (von frz. *gipon,* ‣Djubbeh), vorn offenes, geknöpftes, oberschenkel- bis knielanges, eng anliegendes Obergewand des Mannes (‣Rock (1)) mit langen oder kurzen Ärmeln, aber auch ärmellos. Die G. wurde als »persische Djubbeh« im späten 12. Jh. von den Kreuzfahrern aus dem Orient gebracht und von allen Ständen – von den oberen unter der ‣Cotardie – bis ins 14. Jh. getragen. Im letzten Drittel des 14. / 1. Hälfte des 15. Jh.s eine Art Frauenjacke, meist aus Pelz; es lässt sich nicht immer eindeutig feststellen, ob sie das Oberteil des weit ausgeschnittenen ‣Surkot bildete.

Gipsy-Look (engl., ›Zigeunerstil‹). Bereits im 19. Jh. gab es Anlehnungen an die Kleidung der Zigeuner (wie auch an slawische und fernöstliche Kleidung, ‣Folklore-Mode). Beispielsweise war um 1820 eine sog. *Gipsyschute* aus Stroh (‣Capote (2)) modern. Nach 1976 kam der eigentliche G. als Teil des Folklore-Looks auch unter der Bezeichnung ‣*Carmen-Look* in Mode; er hielt sich in Abwandlungen bis heute. Charakteristisch sind: Volantröcke, Zipfelsaum, Carmen-Dekolleté, unter der Brust gebundene ‣Blusen, üppiger Silberschmuck.

Girardi-Hut ‣Canotier.

Giselafransen ‣Haarmode (Frau, 17.–20. Jh.), ‣Stirnfransen.

Giubba, *die* (ital.; ‣Djubbeh), venezian. Bezeichnung für den unteren ‣Rock (1) des Mannes, 14.–17. Jh.; florentin. ‣*Farsetto.* ‣Jacke, ‣Jupe (1), ‣Wams.

Giubberello, *der* (ital.; lombard. *ziparello;* ‣Djubbeh),[36] ärmelloses, seitlich offenes und über den Kopf zu ziehendes Übergewand des Mannes in der italienischen Frührenaissance,[156] eine reichere Form des ‣Tappert. Der oft pelzverbrämte G. bestand aus halbrund geschnittenen Brokatteilen, so dass er sehr faltenreich fiel. Man trug ihn mit oder ohne ‣Gürtel.

Giubbone, *der* (ital., heute ›Wams‹),[36] auch *Zuppone, Zipone,* im 15. Jh. in Norditalien gebräuchlicher faltenreicher Überwurf des Mannes mit Gürtel und trichterförmigen Ärmeln, etwa oberschenkel- bis knielang.[37,39]

Glacé ‣Futter, ‣Leder.

Glencheck ‣Farbe und Muster (19. Jh.).

Globetrotter ‣Kopfbedeckung (Mann, 1960er Jahre).

Glocke (mhd., von kelt. *cloc).* **1.** Rund geschnittener, mit einem Kopfloch versehener Überziehmantel mit ‣Kapuze (‣Kappe (2)), ein- oder beidseitig ab dem Ellenbogen zum Saum hin geschlitzt (Vorform: ‣Paenula). Die G. kam in der 1. Hälfte des 14. Jh.s in der Männerkleidung auf, hatte bei Vornehmen einen breiten, runden Schulterkragen, auch aus Hermelin, und hielt sich danach als ‣Mantel beim einfachen Volk. Sie ist heute nicht mehr eindeutig von der ‣Heuke[283] zu unterscheiden. Die G. blieb bis heute in der ‣Kotze erhalten und entspricht in der Form dem ‣Poncho. **2.** Melone (‣Bowler). **3.** Auch *Glockenhut*[403, 106] oder *Cloche* (frz.) genannt, Frauenhut mit hohem, gewölbtem Kopf, schmalem, heruntergebogenem Rand (im Gegensatz zum randlosen Topfhut), der tief in die Stirn bis zum Augenansatz gezogen wurde und das Haar ganz verdeckte, um 1925–30, neuerlich[363e] in den 1950er Jahren und als Strickhut Mitte der 1970er Jahre modern. ‣Kopfbedeckung. **4.** ‣Schelle.

Glockenfalte ‣Godet.

Glockenrock, bis zum 2. Weltkrieg auch ‣*Bahnenrock* genannt, ein um die Hüften anliegender und zum Saum hin glockig ausschwingender Frauenrock, dessen Schnitt – der ‣Rock (2) besteht aus einem Kreis oder Kreissegment – erst 1898 erfunden wurde. (Zuvor wurde die zum Saum hin glockige Weite durch Einsetzen von Keilen, im Mittelalter ‣Gêren, heute auch ‣Godet genannt, erzielt.) Seit dem 2. Weltkrieg wird der kreisrund zugeschnittene *Tellerrock* (»tellerförmiger« Grundriss) auch »G.« *(Vollglocke)* genannt, im Unterschied zum eigentlichen G., nun als *Halbglocke* bezeichnet.

Goatee ‣Bart, seit etwa 1995.

Godet, *der* (frz., ›falsche Falte‹), auch *Glockenfalte* (frz. *G. en éventail* ›Fächerfalte‹), keilförmiger Stoffeinsatz. In regelmäßigen Abständen eingesetzt, erhält der Frauenrock durch ihn glockige Weite. Die mittelalterliche Entsprechung zu den G.s waren die ‣Gêren. ‣Glockenrock, ‣Kleid.

Goiserer, *der,* nach dem österreichischen Ort Goisern benannter Trachten- und Bergschuh mit steifer, hoher Vorderkappe (zum Schutz vor Geröll), zur Sohle hin abgeschrägten Blatträndern, tiefem Knöchelausschnitt und kurzer Schnürung an der Außenseite.

Goldkäferschuh, Schnürhalbschuh oder ‣Pumps aus »Goldkäferleder« mit Bobine-Absatz (‣Fußbekleidung der Frau, 1869/70). So benannt, weil der metallisch-irisierende Glanz des Leders an die Farbe des Goldkäfers erinnert. Sein glänzendes Goldbraun bewirkte ein mit Farbstoff versetzter Schellack. Die G.e waren erstmals um 1880 in Mode. Von da an blieben goldene Schuhe allgemein als Abendschuhe, um 1980 auch als Tagesschuh, mit niedrigem Absatz und Flechtmuster beliebt. Die Goldfarbe wird durch Auftragen chemischer Farbbänder oder durch Sprühfarbe erzielt.

Gold- und Silberstickerei ‣Kantille.

Golffalte, oben und unten abgenähte Kellerfalte, meist als Rückenfalte, am Golfsakko (‣Golfkleidung) und der ‣Norfolk-Jacke. ‣Falte.

Golfhandschuh, Lederhandschuh mit Knöchellöchern, auch mit gehäkelter Oberhand (‣Karlsbader Handschuh); wurde dann auch Autohandschuh.

Golfkleidung. Zur G. des Mannes gehört der Golfsakko, ein Sportsakko mit einer in der Rückenmitte vom Sattel bis zur Taille verlaufenden ‣Golffalte zur größeren Bewegungsfreiheit; manchmal auch mit seitlichen Golffalten und aufgesetzten ‣Faltentaschen, zunächst mit Rundgurt, später mit ‣Rückengurt. In dieser Form entwickelte sich der Golfsakko um 1913 aus der ‣Norfolk-Jacke und wurde wie jene zunächst mit ‣Knickerbockern (1) – aus denen sich die etwas engere Golfhose entwickelte –, später auch mit langer Hose getragen. Golfballjungen trugen die sog. ‣Caddyhose. Zur G. gehört auch eine ‣Schirmmütze und ‣Golfhandschuhe. Die Frau trägt eine jeweils modische Freizeitkleidung, heute meist ‣Pullover und ‣Rock (2) (oft mit Mittelfalte), ‣Hosenrock oder ‣Hose.

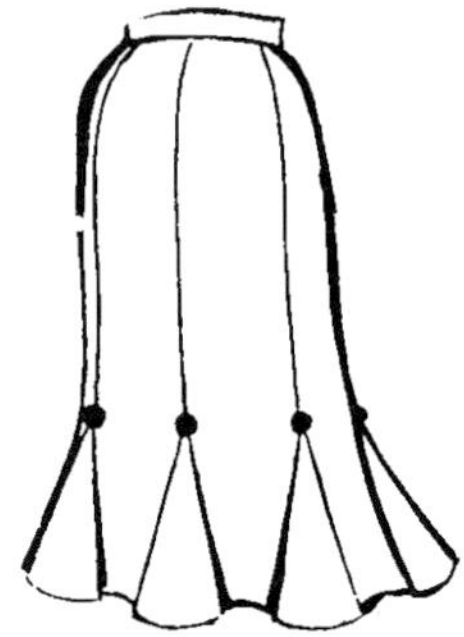

Abb. 256. Godet. Nach Hofer.

Golilla, *die* (span., *von gola*; lat. *collum* ›Hals‹), steif abstehender, flacher, breiter Herrenkragen, der in Spanien zu Beginn des 17. Jh.s allmählich die ‣Halskrause ersetzte, die überdies in Spanien 1623 wegen ihres hohen Spitzenverbrauchs verboten wurde. Die G. war aus Pappe, mit schwarzem oder weißem Taft oder Leinen überzogen (‣Stoff, u. a. Mittelalter), stand Anfang des 17. Jh.s seitlich breit ab[379] und wurde nach 1660 schmaler und vorn spatenförmig. Über der G. lag die »Valona« (nach den Wallonen, die eine breite Hemdkragenform trugen; urspr. auch »Balona«), die aus dünnem, zuweilen mit Stickerei umsäumtem Leinen bestand. G. zusammen mit Valona bildeten einen separaten Herrenhemdkragen. Beide waren außerhalb Spaniens wenig verbreitet, in England und Frankreich entsprach ihnen in etwa der »runde Kragen«. Sie waren bis ins 19. Jh. in Spanien Teil offizieller Hofuniformen, sind in der liturgischen Kleidung und in spanischen Amtstrachten (Richter und Magistratspersonen) bis heute erhalten. (Man nahm an, dass die G. in der 2. Hälfte des 16. Jh.s als stützender Unterkragen für die Halskrause gedient hatte, doch war diese Stütze der Alçacuello oder der ‣Piccadill.)

Goller ‣Koller.

Gonne, Gonella, *die* (frz.; afrz. *gone*; ital. *gonna* ›Frauenrock‹; wahrscheinlich von gall. *gunna* ›Pelz, Pelzrock, langes Gewand‹; später zu engl. *gown* ›Gewand‹). Das Aussehen der G. ist nicht eindeutig zu rekonstruieren; entweder war sie ein über den Kopf zu ziehendes, langes ‣Hemdgewand, der ‣Kotta oder ‣Cotte (‣Kleid, 11. Jh., ‣Rock (1)) gleich, oder sie war ein vorn offenes Obergewand. Die G. wurde wahrscheinlich meist von Ordensleuten, die sie u. a. als Kreuzfahrer auch über die Rüstung zogen, aber auch von Nonnen getragen. Erstmals ist sie Anfang des 11. Jh.s erwähnt. Die Bezeichnung erscheint bis ins 16. Jh. für verschiedene Obergewänder.

Gore-Tex ‣Stoffe (20. Jh.).

Gorge, *die,* auch *Gorgerette* (frz., ›Halskragen‹, von *gorge* ›Kehle‹, aber auch ›Brust, Busenstreifen‹; frz. *touret de col* ›Halsrolle‹) genannt, im 14./15. Jh. allgemein gebräuchliche Bezeichnung für jede Art von Hals- und Dekolletéhülle (‣Brusttuch[38, 39]); im 17. Jh. ein ‣Halstuch, *G.* de *Paris* genannt; im 18. Jh. eine Schleife am Dekolletérand; um 1800 der Brusteinsatz in der Mitte des ‣en cœur geschnittenen ‣Dekolletés der ‣Chemise (2).

Gorge postiche, *die* (frz., ›falsche Brust‹), auch *G. de Venus,* Busenpolster zur Unterstützung des ‣Fichu (Brusttuch), um dieses bauschig erscheinen zu lassen, in den 1790er Jahren in Mode. ‣Carcasse und G. p. wurden auch *Trompeuse* (frz., ›Betrügerin‹) genannt.

Gothics ‣Grufties.

Gourgandine, *die* (frz.), leichtes ‣Korsett (Korselett) ohne Versteifungen, vorn geschnürt, das Anfang des 18. Jh.s über dem Hemd zum Hauskleid (‣Negligé) getragen wurde, bevor das Korsett zur offiziellen Kleidung (‣Kleid, ‣Manteau) angelegt wurde.

Grande parure, *die*[74] (frz., ›großer Putz, Schmuck‹), auch *L'habillé* (frz., ›Festkleidung‹) und *L'ajusté* (frz., ›Aufputz‹) genannt, im 18. Jh. auch in Deutschland gebräuchliche Bezeichnung für die höfische Galakleidung (‣Gala), im Unterschied zur ‣Parure, dem Halbputz, und dem ‣Negligé. Zur G. p. der Dame gehörten ‣Manteau, ‣Jupe (2) und ‣Stecker und darunter ‣Korsett und Reifrock à coudes (‣Reifrock). Häufigste G. p. war 1740–86 die ‣Robe à la française, 1786–89 die ‣Robe à l'anglaise (‣Kleid) und um 1779 die ‣Robe à la turque. Dazu gehörte nach Mitte des 18. Jh.s die hohe Rokokofrisur (‣Haarmode), auf die um 1785 Hauben und Hüte gesetzt wurden, die sie dann auch ersetzten. Der Herr[225] trug als G. p. den seidenen, bestickten ‣Justaucorps (2), eine ebensolche ‣Weste und seidene Kniehosen (‣Culotte), weiße Seidenstrümpfe, Schnallenschuhe mit rotem Absatz (‣Fußbekleidung) und eine weißgepuderte ‣Perücke nach der Mode.

Granne, *die* (von ahd. *grana* ›Barthaar‹), der für die Franken (4./5.–9./10. Jh.) charakteristische dünne, an beiden Seiten herabhängende Oberlippenbart. ‣Bart (1).

Grecque, *adj.* (frz., ›griechisch‹), *Chausses à la g.* (auch *Grecques),* frz. Bezeichnung für die Spanische Hose (‣Hose des Mannes, 2. Hälfte 16. Jh.). ‣Grecque, Mode à la.

Grecque, Mode à la (frz., ›Mode nach griechischer Art‹), auch *Antike Mode, Robe à la romaine,* etwas später ‣*Nackte Mode* oder *Nuditätenmode* genannt. Bezeichnung für die an antike Vorbilder sich anlehnende Frauenmode im Directoire und frühen Empire (1795 – ca. 1810), die auf Anregungen des französischen Malers Jacques Louis David (1748–1825) Anfang der 1780er Jahre zurückgeht sowie auf das zunehmende Interesse für Kunst und Staatsform der Antike. Im Frühjahr 1788 wurde erstmals aus Venedig und im Herbst desselben Jahres aus Paris über das Tragen von Kleidern à la grecque berichtet, im Dezember 1788 in dem Weimarer »Journal des Luxus und der Moden«. Die À-la-grecque-Mode zeichnete sich durch fast durchsichtige ‣Chemisen (2)[79,178,179] (Hemdkleider), durch Sandalen oder durchbrochene, absatzlose Schuhe mit Kreuzbändern und antikisierende ‣Haarmode aus. Erneut kam es zu einer Mode à la grecque 1821–29, der Zeit des griechischen Befreiungskampfes von der türkischen Herrschaft, an dem besonders Frankreich großen Anteil nahm. Diese griechische Mode äußerte sich jedoch nur in Details, z.B. als »Tunica à la grecque«, deren Schnitt dem frühen Biedermeier entsprach, deren Verzierungen jedoch in den griechischen Nationalfarben, Weiß-Blau, gehalten waren. Auch gab es eine »Barrette à l'Ypsilanti«, nach dem griechischen Freiheitshelden Alexander Ypsilanti (1792–1827).

Grelot, *der*[68] (frz., ›Schelle‹), ‣Borte mit kleinen, in kurzen Abständen anhängenden ‣Quasten oder ‣Pompons als Verzierung der Achselbandschluppen (‣Epaulette) am ‣Justaucorps (2) Ende des 17. / Anfang des 18. Jh.s.

Grenadine ‣Stoff (19. Jh.).

Grisette ‣Stoff (17. Jh.).

Grobgrün ‣Stoff (12., 16. Jh.).

Gros ‣Stoff (19. Jh.).

Grosgrain ‣Stoff (16. Jh.).

Grufties, Jugendkultur, deren Anhänger sich auf Friedhöfen zwischen Gruften (davon ihr Name) und Grabsteinen treffen und sich ganz schwarz kleiden und schminken – im Kontrast zur kalkweißen Haut – und die Haare schwarz färben. Sie verbinden mit Schwarz Energie und Ruhe, Leben und Tod und sehen im Schwarz einen optimalen Ausdruck ihrer morbiden Selbstinszenierung. Entstanden zeitgleich mit den ‣Punks Ende der 1970er Jahre gehören auch New Waver, New Romantics und Gothics (Anhänger verherrlichen das ›dunkle‹ Mittelalter) zur Schwarzen Szene. Die schwarze Jugendkultur verschließt sich der Welt des Alltags und gilt somit nicht als ‣Streetstyle.

Grunge (amerik. ugs., ›Abfall, Dreck‹; abgeleitet von der urspr. Bez. für die Underground-Rockmusik in Seattle/USA), eine bewusst verwahrlost aussehende Mode der Jugend, aufgekommen um 1992, in der eine Romantik des Heruntergekommenen ausgedrückt wird, wie ausgefranste Säume, eingelaufene, verfilzte Pullover etc. Als ‣Designermode von belgischen Designern wie A. ‣Demeulemeester[193] und M. ‣Margiela lanciert. Erhält sich bis heute auch im sog. Vintage-Look. Als Modestil schon in den 1980er Jahren von R. Kawakubo für ‣Comme des Garçons kreiert.[406]

Guallodran ‣Balandran.

Guarda infantes ‣Reifrock.

Guardscot, *der* (engl., von *guard's coat* ›Gardemantel‹), zweireihiger Herrenreisemantel mit steigendem ‣Revers, tiefer Kellerfalte, sog. G.-Falte (‣Falte), in der Rückenmittelnaht und seitlichen Falten, die durch einen ‣Rückengurt zusammengehalten werden; aus Tweed oder Homespun (‣Stoff, 19. Jh.). Ende des 19. / Anfang des 20. Jh.s in Mode.

Guêpe, *die* (frz., ›Wespe‹), ‣Haarnadel mit Edelstein, meist zur ‣Fontange verwendet.

Guêpière, *die* (frz. von *guêpe* ›Wespe‹; engl. *waspwaisted*), korsettartiger Miedergürtel (‣Mieder), der ‣Taille (1) und Hüften umschloss und die enge Wespentaille und den Hüftknick beim figurbetonten ‣New Look 1947 garantieren sollte. Die G. wurde 1942 von dem französischen Modeschöpfer M. ‣Rochas kreiert. ‣Haute Couture (1947).

Gürtel (von idg. *ĝher* ›umzäunen, einfassen‹; mniederd. *gördel* ›Kleiderborte‹, später ›Taillenband‹; *rême* ›Riemen, Leder-G. des Mannes‹), Zweck- und Schmuckgegenstand zum Halten der Kleidung, zum Raffen weiter Gewänder[3] und zum Anhängen von Gegenständen des täglichen Gebrauchs; zur Betonung der ‣Taille (1) bzw. der Hüften und zur Entlastung der Schultern bei schweren Gewändern. Bis in die frühe Neuzeit und bei Naturvölkern sogar bis heute kam dem G. auch eine kultisch-religiöse, entsprechend verziert eine Unheil abwehrende, auch eine Kraft und Stärke symbolisierende sowie eine sozial differenzierende Bedeutung zu. Eine Art G. stellt die ‣Schärpe dar.

Im Altertum, u. a. bei Assyrern und Babyloniern (2150/2030–612 v. Chr.), sind G. aus Stoff- oder Fellstreifen oder aus bemaltem, auch mit Goldplättchen[7] verziertem ‣Leder[5] zum Zusammenhalten der Kleidung in der Taille bezeugt. In Ägypten findet sich aufwendig gearbeitete G., z. B. mit aufgereihten Edelsteinen, G. aus einem Metallband oder aus verknüpften Perlbändern (wobei beide Enden des G.-Bandes in halbkreisförmigen Metallzungen auslaufen, unter denen die Fäden des Perlengewebes zu Schnüren zusammengefasst und verknotet sind). Die Spangen bestanden aus Metall oder auch aus mit Goldplatten besetztem Holz. Verzierungen aus Gold und Edelsteinen zeigen häufig figürliches Dekor und enthalten den Namen des Trägers. G. aus Goldplättchen und farbigem Glasfluss, die miteinander verknüpft oder auf ein Lederband genäht waren, kennzeichneten hohe Beamte. Der Pharao trug dazu eine Schurzplatte aus dem gleichen Material. Ägypterinnen fassten ihr weites, plissiertes Gewand unter der Brust mit einem G. zusammen.[9] Tänzerinnen trugen auf nacktem, mit Halsband und Armreifen geschmücktem Leib einen Hüft-G. mit Akaziensamen oder aus nachgeformten Kaurimuscheln sowie mit kleinen Tieren, die Perlenkugeln enthielten und bei Bewegung zart klingelten. Auch gab es G. mit herabhängenden Perlenschnüren.

In der kretisch-minoischen Kleidung wurde der ‣Schurz des Mannes durch einen wulstförmigen, oft mit Metallplättchen verzierten G. gehalten. Er war bei den Kretern außerordentlich eng geschnürt,[10] was auf eine Gürtung seit frühester Kindheit schließen lässt.

In der griechischen und römischen Kleidung diente der G. (lat. *cingulum*) zum Einhalten bzw. »Hochschürzen«[75] und damit auch zum Verkürzen des weiten Gewandes (‣Chiton, ‣Peplos, ‣Tunika), der Frau auch zur modischen Gestaltung, z. B. der ‣Kolpos[185] und in hellenistischer Zeit (330–30 v. Chr.) die hohe Gürtung.[14] Bei den Römern diente der G. der sozialen Differenzierung: Zenturionen gürteten sich höher als die gewöhnlichen Römer, Frauen tiefer als Männer. Das Gürten gebot der Anstand, doch setzte man sich bereits zur Zeitenwende darüber hinweg. Unfreien, Gauklern und Dirnen war das Gürten stets verboten.

In der Bronzezeit diente der G. zum Halten des bundlosen ‣Rockes (2) der Frau sowie des Schurzes und der ‣Hose des Mannes. Der G. bestand aus einem gewebten ‣Band mit Fransenabschluss[23, 24], aus einem Streifen Flechtwerk oder Leder und wurde beim Mann geknotet, von der Frau mit einer Scheibenfibel (‣Fibel) geschlossen.

In der Hallstattkultur (800–400 v. Chr.) gab es breite Leder-G. mit Metallbeschlägen aus Eisen, Bronze oder Gold sowie G., die bereits ganz aus einem verzierten Blechband bestanden und mit Haken und Öse geschlossen wurden. Danach kamen aus Eisen- oder Bronzegliedern zusammengesetzte G. auf.

Im Mittelalter war der G. Symbol von Kraft, Herrschaft, ehelicher Treue und Keuschheit (Dirnen durften keinen G. tragen) und besaß magische Kräfte. Die Hose sowie der ‣Rock (1) des Mannes und das ‣Kleid der Frau wurden von einem G. gehalten bzw. zusammengerafft. Die anfangs meist bestickten *Band-G.* waren extrem lang, so dass sie zweimal (12. Jh.) um den Leib gewickelt wurden und beträchtlich herabhingen.[30] In der 2. Hälfte des 12. Jh.s rutschte der G. unter die Taille, in der 1. Hälfte des 13. Jh.s saß er wieder in der Taille[128] und fiel in der 2. Hälfte des 13. Jh.s ganz weg. Insbesondere seit dem hohen Mittelalter bestanden die G. entweder aus einer gewebten ‣Borte oder einem Lederriemen mit Metallbeschlägen, an deren einem Ende ein Schnallenrahmen mit beweglichem Dorn saß, während das andere Ende durch eine metallene Riemenzunge eingefasst war, die das Abstoßen verhinderte und das G.-Ende schwer herabhängen ließ. War der G. durch seine Überlänge beim Gehen hinderlich, so wurde er mit einem besonderen Haken, dem »Passant« (frz.) ausgestattet, an dem man das herabhängende Ende hochnehmen und befestigen konnte. Beschläge hatten figürliches Dekor oder Medaillons. Die Medaillons kamen auch in halber Länge, als sog. Demi-ceints (frz.), bei Frauen vor. Fiel ein G. besonders kurz aus, wurde an einem Ende eine Kette angebracht, in deren Glieder der Haken beliebig eingehängt werden konnte. Im späten Mittelalter verbreitete sich in der Zivilkleidung der *Platten-* und *Scharnier-G.*, der vordem nur von Rittern über dem Lendner, dem ledernen Waffenrock, getragen worden war. Er war so knapp bemessen, dass er gerade den Leib umschloss. In der 2. Hälfte des 14. und im 15. Jh. war der tief auf den Hüften sitzende ‣*Dusing* Vorrecht des Adels.[35, 36, 283] In der 2. Hälfte des 15. Jh.s rückte der G. mehr an die natürliche Stelle,[311] oder man verzichtete ganz auf ihn. Im 13.–15. Jh. wurden an den G. von beiden Geschlechtern die ‣Almosentasche[37], im 14. Jh. bis etwa 1480 ‣Schellen und bis Anfang des 17. Jh.s an den *Châtelaine* (frz., ›Burgfrau, Kastellanin‹) genannten G. ‣Beutel, Zahnstocher, Schere, Federmesser, Essutensilien an einer lang herabhängenden separaten Trageschnur oder an mehreren Metallkettchen mitgeführt.

In der 2. Hälfte des 16. Jh.s wurde der so ausgestattete G. meist unter dem obersten Kleidrock getragen. Da metallbeschlagene G. sehr weit verbreitet waren, bildete sich ein besonderes Gürtlerhandwerk heraus, dessen älteste Verordnungen auf das Jahr 1137 zurückgehen. Die Zunft zählte zum metallverarbeitenden Handwerk, aber Ledergerber und Riemenschneider gehörten ihr auch an. In der Renaissance traten textile Materialien, wie Brokat, Samt und Seide, die versteift und zusätzlich bestickt waren, u.a. mit Edelsteinen, in den Vordergrund. Zur Zeit der Spanischen Mode (2. Hälfte 16. / Anfang 17. Jh.) bestanden die G. fast ausschließlich aus Metall und sahen wie Ketten aus, passend zum Hals- und Armschmuck.[46] Der nunmehr reine Schmuckcharakter wird daraus ersichtlich, dass die versteifte Kleidung von Mann und Frau den G. überflüssig machte. Bei der Frau hing der G. über dem ‣Manteau vorn in der Mitte lang herab.[53] In Frankreich, England und Italien wurde mit Rücksicht auf die Schnebbentaille (‣Schnebbe (2)) auf den G. verzichtet, oder man passte ihn deren Kontur an.[54] Der Herr trug das ‣Wams in der Taille gegürtet, um so die Versteifung des Oberkörpers und der Hosen zu betonen.

Im 17. und 18. Jh. verlor der G. an Bedeutung. Der Herr trug, abgesehen vom Degengurt, zur Zeit Ludwigs XIV. als Muffhalter die ‣*Passacaille* und etwa 1675–1780 eine breite *Schärpe,* die ‣*Écharpe,* um die Hüften.[457] Die englische Frauenmode kannte um 1770–95 eine um die Taille gebundene, zartfarbene Stoffschärpe. G. bzw. Schärpe wechselten stark mit der Tagesmode, um 1785 war z.B. eine *Ceinture au Bramin* (nach der Garde der indischen Brahmanen) aktuell.

Im Directoire und Empire (1795–1815/20) wurde bei der ‣Chemise (2) das Zugband bzw. die Ansatznaht des Rockes verdeckt durch ein zartfarbiges Band, das auch *Leibbinde* hieß. Nach 1815 mitunter verbreitert und *Mieder-G.* oder frz. *Ceinture corsage* genannt, erhielt diese Leibbinde 1819 eine nach oben weisende Spitze. Das breite Taillenband wurde nach 1820, wieder an der natürlichen Taillenstelle, beibehalten. Etwa 1835 kam der G. aus der Mode; an seine Stelle rückte höchstens eine attraktive Schleife. In den 1890er Jahren hielt der G., breit und mit Schnalle, den nun separat getragenen Rock der Frau (‣Glockenrock).

1887 kam aus den USA der *Hosen-G.*[84] für den Mann, da durch den Verzicht auf die ‣Weste, zumal beim Tennisspiel, die ‣Hosenträger wegfielen. Dieser schmale G. aus Sämischleder fand allerdings erst gegen Ende der 1920er Jahre allgemeine Verbreitung. In der bürgerlichen Alltagsmode der Frau spielte der G. als Taillenbetonung bis nach dem 1. Weltkrieg eine Rolle. Er fiel erst in den 1920er Jahren durch den taillenlosen geraden Kleidschnitt (Hängerkleid, ‣Hänger (2)) weg, wurde höchstens noch tief sitzend getragen. Die körperbetonte Linie der 1930er Jahre steigerte ein schmaler G. mit Schnalle, der auch über Kostümjacke oder Mantel getragen wurde. Ende der 1940er Jahre und in den 1950er Jahren bevorzugte man breite G.[464] und sog. *Mieder-G.*[280] aus Stoff, Lack- und Imitationsleder oder aus Plastik. 1964 bis Anfang der 1970er Jahre war der G. zum Minikleid (‣Mini) weniger gefragt, dagegen gehörte er zum ‣Hosenanzug und zum ‣Mantel. Er bestand aus Posamentierschnüren (‣Posament) oder Leder mit großer, verzierter Modeschmuck-Schnalle. Seit den 1970er Jahren wurde er mehr denn je dem individuellen Kleidungsstil angepasst und in Form und Art vielfältig.[146, 199, 374, 429] So gab es breite *Stretch-G.* aus farbigem Gummiband. Um 1982 kam der G. etwas außer Gebrauch, während eine breite *Hüftschärpe*[293] Mode war.

Die symbolisch-magische Bedeutung des G.s nahm in neuester Zeit wieder zu. In der Kleidung von gesellschaftlichen Randgruppen, wie Rockern und Punks, spielt ein tief sitzender, breiter, mit Metallnieten beschlagener Leder-G. als Symbol von Kraft und Macht eine Rolle. (Dies gilt auch für Kostüme in Science-Fiction- und Actionfilmen.) Eine Sonderform stellt der sog. *Tunnel-G.* dar, ein rundum oder partienweise unter einem Oberstoff geführter G.

Gürteltasche ‣Almosentasche, ‣Beutel, ‣Tasche (1).

Gugel, *die* (mhd. auch *gogel, kogel, kugel*; ahd. *cucula*; afrz. *cogole*; mfrz. *cocule*; lat. *cucullus*; wohl von kelt. *kukka* ›Gipfel‹; seit dem 1. Jh. n. Chr. ›Kapuze, Kappe‹), kapuzenartige Kopfbedeckung mit zunächst schmalem, später breitem, schulterbedeckendem bis umhangartigem, angeschnittenem Kragen, dem sog. Goller (‣Koller (1)). Die G. entwickelte sich im 14. Jh. aus dem ‣Cucullus, den Bauern, Jäger und Reisende trugen, und wurde zur modischen Kopfbedeckung des Mannes, seit etwa den 1360er Jahren auch der Frau höheren Standes. Sie hatte leuchtende Farben, auch im ‣Mi-parti, war mit Devisen bestickt und mit Perlen und Edelsteinen verziert. Der Kapuzenzipfel wurde allmählich zur schwanzartigen ‣Sendelbinde verlängert und die Kopfbedeckung *geschwänzte G.* genannt. Der Kragenrand war meist vorn offen und nur am Hals, selten durchgehend geknöpft. In den 1360er Jahren war der Kragenrand eckig und im letzten Drittel des 14. Jh.s gezattelt (‣Zattel). Um 1365 lag die G. ganz eng an. Außerdem wurde im 14. Jh. die G. auch mit der Gesichtsöffnung aufgesetzt, so dass Zipfel, Kragen und eigentlicher Kapuzenteil als lose Stoffmasse herunterhingen oder zu einem turbanähnlichen Gebilde aufgerollt wurden. Nach etwa 1360 wurde die G. als turbanähnliche Kopfbedeckung, ‣Cappuccio, ‣Chaperon, ‣Schap(p)(e)ron, ‣Sendelbinde, allgemein. Ende des 14. Jh.s verschwand die als Kapuze getragene G. aus der Mode, hielt sich jedoch als Reise-, Jagd- und Bauernkopfbedeckung sowie in der Trauerkleidung[490] bis ins 16. Jh. und darüber hinaus als Narrenkappe und in bäuerlichen Volkstrachten. Die G. war auch Vorbild für die Ende des 15. Jh.s zur Hauskleidung des deutschen Mannes getragene ‣Zipfelmütze. ‣Kappe (2), ‣Kapuze.

Abb. 257. Gugel mit langer Sendelbinde, sog. geschwänzte Gugel. Mitte des 14. Jh.s. Nach Wilcox.

Guimpe, *die* (frz., ›Brustschleier‹). **1.** ‣Wimpel. **2.** Im letzten Drittel des 19. Jh.s wurde die Bezeichnung übertragen auf einen Brusteinsatz (‣Chemisette) aus weißem, dünnem, gelegentlich mit Rüschen verziertem Stoff.

Gummi, *der* oder *das, Kautschuk, der* (indian. *Cahu-Chu* ›aus dem Holz fließend‹, ‣Milchsaft des Kautschukbaumes, der als Rohstoff für die Gummiherstellung verwendet wird). Bereits in den 1830er Jahren wurde in den USA der im Winter hart, im Sommer weich werdende Roh-G. für Fußbekleidungen verwendet. Der Glasgower Charles Macintosh (‣Macintosh) legte ein gummiertes Material zwischen zwei Stofflagen. Johann Nepomuk Reithoffer (1781–1872) aus Wien umspannte Kautschukfäden (*Federharz* genannt) mit Garn und stellte dehnbare Gewebe für ‣Mieder, ‣Hosenträger, Sockenhalter (‣Strumpf, 20. Jh.) usw. her. Nachdem es 1839 Charles Goodyear gelungen war, G. zu vulkanisieren, begann man wasserdichte Überschuhe (‣Fußbekleidung, ‣Galosche, ‣Wellingtons) sowie die Zugstiefeletten, ‣Kreppsohlen und Gummiregenmäntel (‣Mantel, ‣Waterproof, ‣Kleppermantel) herzustellen. Nach dem 2. Weltkrieg wurde G. häufig durch synthetischen G. und andere Kunststoffe ersetzt.

H

Haarbeutelfrisur, Beutelperücke, auch frz. *Coiffure en bourse,* französische Männerhaarmode, etwa 1725–85, bei der das lange Nackenhaar in einen kleinen, schwarzen Haarbeutel aus gummiertem Seidenstoff, frz. ‣*Crapaud* oder ‣*Bourse* genannt, gelegt und in einer Schleife im Nacken zusammengehalten wurde.[70] Das Schleifenband war so lang, dass es vorn über Hemdkragen und Halstuch (‣Krawatte) nochmals zu einer Schleife,[69] der Solitaire (frz., ›einsam‹), gebunden wurde. Das Seitenhaar wurde mit Talg oder Pomade zu je einer oder mehreren Rolllocken, den ‣Ailes, geordnet, ebenso das Stirnhaar zu einer Rolle, der ‣Vergette. Um 1760 wurde das Haar vielfach in Nachahmung der Damenfrisur von der Stirne weg hochtoupiert, so die Stirnrolle ersetzend. In den 1780er Jahren trugen modisch fortschrittliche Herren das Haupthaar aufgelockert und wirr. Bereits Ende des 17. Jh.s hatte ein Haarbeutel zum Einbinden des Nackenhaares als Schutz des Rockes gegen den Puder gedient. Gleichzeitig hatte man beim Militär begonnen, das lange Haar im Nacken zusammenzufassen und in einen Beutel zu stecken. In der Gesellschaft wurde die H. erst nach dem Tod Ludwigs XIV. (1715) getragen und erst allmählich hoffähig. Danach war sie Haartracht adeliger Herren und wohlhabender Bürger. Die H. wurde meist als grau- bis weißgepuderte B. (frz. *Vergette)* getragen. In Deutschland war an ihrer Stelle der ‣Zopf allgemein üblich.

Abb. 258. a) Haarbeutelperücke. Frankreich, um 1770 bis 1780. b) Haarbeutelperücke mit Solitaire, Ailes und Vergette. England, um 1730. Beide nach Wilcox.

Abb. 259. Doppeluschebti aus Steatit (Ausschnitt). Frau (links) mit Hathor- oder Volutenfrisur. Beides Perücken. Ägypten, um 1250 v. Chr. Ägyptisches Museum, Kairo.

Haarmantel ‣Frisierumhang, ‣Pudermantel.

Haarmode. Das Haar galt bei allen Völkern und zu allen Zeiten als natürlicher Schmuck, und der Art, das Haar zu tragen, wurde oft besondere Bedeutung zugemessen; z. B. war in der Antike geschorenes Haar ein Zeichen des Unfreien, zerrauftes Haar bedeutete Trauer.

In Frühsumerischer Zeit (um 3500/3200 bis 3200/2900 v. Chr.) trug das Volk langes, oft bis zur Taille glatt herabhängendes Haar, während Höhergestellte das Nackenhaar aufrollten und mit einem Stirnband befestigten. In der Frühdynastischen Periode Mesopotamiens (um 3200/2150–2900/2020 v. Chr.) wurde das Haar schulterlang mit Mittelscheitel getragen. In Assyrischer Zeit (um 2150/2030–612 v. Chr.) trugen die Männer das schulterlange Haar glatt nach rückwärts gekämmt, die Haarspitzen stark gekräuselt oder gelockt.[1,2] Die Frauen ließen es glatt auf die Schultern fallen und verzierten es mit einem Reif, legten es in Rollen, mit ‣Haarnetz darüber, oder steckten es zu einem Zopfkranz auf. Mit Bitumen geschwärzt, hielten es, wie in Ägypten, Öle und Salben in Form.

Im ägyptischen Altertum waren bereits im Alten Reich (um 2640–2134 v. Chr.) das natürliche Haar und die für die Oberschicht charakteristische ‣*Perücke* zu ähnlicher Frisur gestaltet. Zunächst waren Kurzhaarfrisuren mit glat-

Abb. 260. Der oberste ägyptische Reichsbeamte Eje mit Perücke und Salbkegel. Aus einem Kalksteinrelief. Tell-el Amarna, um 1450 v. Chr. Ägyptisches Museum, Kairo.

Abb. 261. Etruskischer Tutulus. (Mitte.) Byzantinische Frauenfrisur. (Rechts.) Nach Wilcox.

tem oder gekräuseltem, kinnlangem Haar und auch mit ‣Stirnfransen, später halblange bis schulterlange Strähnenfrisuren mit Mittelscheitel verbreitet. Während der 12. Dynastie (1991–1786 v. Chr.) trifft man die *Voluten-* oder *Hathorfrisur* mit vielen dünnen, geflochtenen Strähnen, die in Fransen endeten, an.[259] Götter sind häufig in der dreigeteilten Langhaarfrisur dargestellt, mit je einer auf die Schultern und in den Nacken fallenden Strähne; als sehr voluminöse Perücke trugen sie verheiratete Frauen im Neuen Reich (1551–1070 v. Chr.). Auf den Scheitel wurde zuweilen ein Kegel aus parfümiertem Fett gesetzt, das in der Wärme langsam schmolz und über Kopf und Schultern floss.[260] Bei Jugendlichen und Prinzen war eine lange Haarlocke (Jugendlocke) verbreitet, die bei der Kugelkopffrisur am Hinterkopf, bei geschorenem Kopf an einer Seite herabhing. Allen Frisuren gemeinsam waren die stets gleichmäßige Länge des geraden Schnittes und oft gedrehte oder geflochtene, dünne Strähnen. Im Neuen Reich wurde der Schädel zeitweilig kahlrasiert, was Vorschrift für Priester wurde.

In der Kretisch-minoischen Kultur (um 1720 bis 1200 v. Chr.)[10, 11] galt – selbst beim Mann – wallendes, oft taillenlanges Haar, das die Frau auch lose aufgesteckt und mit Reifen und Perlen geschmückt trug, als besonders reizvoll.

In Griechenland trugen seit dem 1. Jahrtausend v. Chr. beide Geschlechter langes Haar. In archaischer Zeit (ca. 800–600 v. Chr.) hatten die Männer, den Frauen ähnlich, das Haar auf der Stirn zu Löckchen gedreht, das lange Nackenhaar zu einem Schopf, dem *Krobylos,* aufgebunden oder in Locken über Schulter und Nacken herabfallend und mit Binden und goldenen Bügeln verziert. Zum Frisieren wurden eine Art Lockenwickler und Pomade verwendet. Auch *Zöpfe* (‣Zopf) trugen die Männer. In der 2. Hälfte des 6. Jh.s v. Chr. setzte sich, nach dem Vorbild der Athleten, mittellanges bis kurzes Haar für Männer durch; nur in Sparta hatten Männer noch langes,[12] die Knaben kurzes Haar. In Athen wurde das lange Haar der Knaben beim Eintritt in das Ephebenalter (18 Jahre) abgeschnitten. Ihre Götter stellten die Griechen noch immer mit langem Haar dar. Die Frau kämmte im 5. Jh. v. Chr. das Haar in Form des ‣*Polos.* Danach frisierte sie es zurück und legte es am Hinterkopf in Löckchen, zu einem Knoten oder einem schneckenförmigen Wulst; ein Reif, ein ‣Diadem oder Stephanos waren als Schmuck dazu wichtig.[12, 185] In hellenistischer Zeit (330–30 v. Chr.) wurde das Haar hoch aufgetürmt, das Vorderhaar um die Stirne in kleine Löckchen gelegt oder quer von einem Ohr zum andern gescheitelt (den uns geläufigen Längsscheitel kannte man in der Antike nicht).[14] Junge Mädchen trugen im Nacken oder auf dem Hinterkopf das Haar ähnlich dem heutigen Pferdeschwanz zusammengebunden. Den Griechen war auch die Perücke bekannt.

H. und Barttracht der Etrusker standen in der Frühzeit unter assyrischem Einfluss. Etwa ab dem 5. Jh. v. Chr. war das Haar des Mannes mittellang und gekraust und wurde von einem Band oder Haarnetz (‣Filet) in Ordnung gehalten.

Die Frauen (nur die der Priester?) trugen kegelförmig hochgesteckte Zöpfe, eine Frisur, die ebenso wie die konische Kopfbedeckung ‣*Tutulus* (2)[261] (auch beim Mann) genannt wurde; ansonsten findet man auch herabhängende Flechten.

In der römischen Antike trugen Männer bis zum 3. Jh. v. Chr. das Haar in natürlicher Län-

Abb. 262. Römische Frauenfrisur mit Stirnrolle und Zopfnest. Bronze. Ende des 1. Jh.s n. Chr. Museo Arqueológico Nacional, Madrid.

Abb. 263. Germanenfürst (Daker) mit Suebenknoten. Nach einem Relief der Trajanssäule. Rom, um 110 n. Chr.

ge, bis sie von den Griechen die Kurzhaarfrisur übernahmen. (Die ersten Friseure waren Griechen.) In der Kaiserzeit war die Haartracht (wie die Barttracht, ‣Bart (1)) des Kaisers vorbildlich: glatt oder gewellt, zu Locken gebrannt oder gekraust. (Die Bezeichnung ‣*Tituskopf* stammt allerdings aus dem Directoire und Empire.) Die Frau trug in republikanischer Zeit (510–27 v. Chr.) die Haare in der Mitte gescheitelt und hinten in einem Knoten, den Griechen ähnlich. Im 1. Jh. v. Chr. kamen Scheitelzopf, Stirnwelle und Nackenknoten auf, bis in der Kaiserzeit die Frisur außerordentlich kompliziert und die H. schnelllebig wurde. Unter den flavischen Kaisern (69–96 n. Chr.) kamen mehrreihige gedrehte Löckchen auf, die über der Stirn hoch auftoupiert waren; das rückwärtige Haar drehte man zu einem Zopfnest. Unter Kaiser Hadrian (117–138 n. Chr.) kam es zu einfacheren Frisuren, unter Commodus (180–192 n. Chr.) fiel das Haar leicht gewellt bis in den Nacken und wurde z. T. mit Zöpfen eingefasst. Im Laufe des 3. Jh.s wurden wieder Löckchen und Zopfnester modern. Schon früh bediente sich die Römerin der Perücke, wobei in spätrömischer Zeit besonders Perücken aus den blonden

Abb. 264. a) Normanne. 9. Jh. b) Westfränkischer Fürst. 12. Jh. Beide nach Wilcox.

Haaren von Germaninnen geschätzt waren. Auch färbten sich die Römerinnen das eigene Haar blond und schmückten es mit Bändern (lat. *Fascia crinalis*).

Die byzantinische H. zeichnet sich im 5./6. bis etwa 10. Jh. n. Chr. beim Mann durch mittelkurzes Haar aus. Die Frau der Oberschicht durchzog das in einer Rolle zurückgesteckte Haar mit Bändern, so dass das Gesicht ein turbanartiger Wulst rahmte.

Die Kelten wurden von den Römern im 2. Jh. n. Chr. stets mit kurzem, struppigem, durch Einreiben mit Kalklauge strohblond getöntem Haar dargestellt. Bei den Germanen war die Frisur stammesgebunden. Mit Ausnahme der Sachsen trugen sie seit dem 2. Jh. v. Chr. langes bis mittellanges, lose herabfallendes Haar. Die Ostgermanen und Bastarnen frisierten es von links über den Kopf und banden es auf der rechten Schläfe zu einem oft mit Harz versteiften Knoten (*Suebenknoten*) zusammen. Die westgermanischen Alemannen trugen eine Art Pferdeschwanzfrisur. Diese Haartrachten waren Standesattribute, langes Haar war ein Symbol der Lebenskraft. Nach dem 1. Jh. n. Chr. galt der Haarknoten ausschließlich als fürstliches Standeszeichen (bis zu den Franken). Keltische und germanische Frauen trugen das Haar schlicht. Verheiratete und ältere Frauen steckten es mit Kämmen auf, schmückten es oder hielten es mit Haarnetzen und Tüchern zusammen. Junge Mädchen ließen es frei herabfallen, in der Mitte gescheitelt und mit einem Stirnband geschmückt. Während der Völkerwanderung trug die Germanin ein oder zwei Zöpfe. Verbreitet war das Färben der Haare zu einem als besonders schön geltenden Rotblond.[25]

Im 4./5. Jh. trugen die Franken nach eigener alter Tradition langes, lockiges Haar, ursprünglich seitlich zusammengeknotet wie bei den Sueben. Als Standeszeichen behielt man es bei (die Frankenkönige wurden als »gelockte Könige« bezeichnet), während schon im 6. Jh. kurzes, vom Wirbel aus als Haarkranz frisiertes Haar üblich wurde.[28,150] Ab dem 11./12. Jh. wurde das Haar etwas länger gelassen, es kam zu stärkeren landes- und standesmäßigen Differenzierungen. Es war etwa kinnlang, gerade geschnitten mit Mittelscheitel oder kurzen Stirnfransen. Die Haarspitzen wurden im 13. Jh. mit ‣Papilloten oder dem Brenneisen (lat. *calamistrum*) zu einer Rolle aufgedreht, weshalb die Frisur der Ritter *Loc* (ahd./mhd., ›Locke‹)[32] oder *Span* (nach dem Hobelspan) genannt wurde. Untertanen und Bürger trugen das Haar kürzer, Geistliche als Zeichen der Demut kurzgeschoren. Perücken oder Goldfäden täuschten Haarfülle vor. In der 2. Hälfte des 13. Jh.s wurde das Haar besonders in Frankreich etwas kürzer, rund geschnitten und zu einer leichten Innenrolle frisiert. Im 14. Jh. setzte die Mode dem Adelsprivileg des langen Haares ein Ende. Das Haar wurde vom Wirbel aus nach allen Seiten kinnlang geschnitten, seitlich und in den Spitzen gekraust, mit kleinen Stirnlöckchen, und mit Eiweiß in Form gehalten. Scheitel galten als sehr stutzerhaft.

Das Mittelalter unterschied zwischen der Frisur der verheirateten Frauen und jener der Mädchen: Im 11. und 12. Jh. trugen junge Mädchen das lange Haar offen, mit Mittelscheitel, seitlich mit dem Brenneisen etwas gewellt, meist jedoch mit geflochtenen oder gedrehten Zöpfen, die mit Bändern umwunden und mit dem ▸Schapel oder einem losen Schleier verziert bzw. in Ordnung gehalten wurden. In der Kirche – von der verheirateten Frau auch in der Öffentlichkeit – wurde das Haar mit Schleiern, Tüchern (▸Kopfbedeckung) oder dem Mantel verhüllt. Im 13. Jh. war das Haar fast vollständig vom ▸Gebende verhüllt, das Stirnhaar wurde hoch ausrasiert. In Deutschland steckten unter dem Gebende Zöpfe, oder ein Zopf hing am Rücken herab, während in Frankreich das Haar in einem Nackenknoten gehalten wurde. Im 14. Jh. verhüllte die Frau ihr Haar bereits weniger, das Gebende war kleiner geworden. Im frühen 14. Jh. trug das Mädchen in Deutschland um den Hinterkopf gelegte Zöpfe oder auch offenes Haar, die verheiratete Frau verhüllte es mit dem ▸Kruseler. In Frankreich und England wurden zu beiden Seiten des Gesichts Zöpfe zu senkrechten Rollen gelegt und mit festen Netzen oder fertigen Rollen gehalten (engl. *Templers*, frz. *Truffe(au)s*, ›Schläfen‹, genannt). Diese wurden nach 1380 zu den hörnerartigen ▸*Atours* aufgesteckt, während ein Schleier, die spätere ▸Huve, das Hinterhaar bedeckte. Aus den Atours entwickelte sich um 1385/90 die ▸*Hörnerfrisur.* (Etwa gleichzeitig entwickelten sich ▸Hörnerhaube und ▸Hennin.)

Das Männerhaar wurde Ende 14. / 1. Hälfte 15. Jh., der Burgundischen Mode folgend, extrem kurz geschnitten, vom Wirbel aus nach allen Seiten gekämmt und über Nacken und Ohren rasiert[156]. In Italien blieb das Haar etwas länger, in den Spitzen gekraust oder gelockt und mit Pomade gehalten, wie es in der 2. Hälfte des 15. Jh.s allgemein wurde. Jünglinge durchflochten es mit Bändern und Schnüren.

a

b

Abb. 265. Junge Flämin mit Chaperon (Sendelring) über unbedecktem, zusammengefasstem Haar. Flandern, 2. Hälfte des 15. Jh.s. Nach Wilcox. (Links.)

Abb. 266. a) Kolbe und Vollbart. Deutschland, um 1540. Nach Domnick. b) Mittelscheitel, Fräse und Oberlippenbart. England, um 1840–50. Nach Wilcox.

Im 15. Jh. verhüllten Kopfbedeckungen, wie Hörnerhaube, Hennin oder ▸Schap(p)(e)ron, meist das Haar der Frau. Die Stirn war nach dem Schönheitsideal der Zeit oft bis zum Hinterkopfansatz ausrasiert, das Haar safrangelb gefärbt. In Deutschland trugen junge Mädchen eine Zopffrisur, bei der die Zöpfe, auch falsche, in den ersten Jahrzehnten des 15. Jh.s noch an den Schläfen schneckenförmig aufgerollt, dann bis Anfang des 16. Jh.s über den Kopf gelegt und am Hinterkopf mit dem ▸Gefrens[253] verziert wurden.

Um 1500 trugen die Männer ihr gebleichtes oder schwarz gefärbtes Haar passend zum vorn tief ausgeschnittenen ▸Wams, langwallend und gekraust oder gewellt mit kurzen Stirnfransen. Diese Haartracht wurde in ungepflegter Form von den Landsknechten länger beibehalten. Alte Männer bedeckten ihr Haupt. Bauern trugen das Haar kurz geschnitten. Im Zuge der Reformation wurde das Männerhaar kinnlang, zur ‣*Kolbe* geschnitten, die etwa 1520–60 in ganz Europa verbreitet war. Nach Mitte des Jh.s wurde das Haar kürzer und war in der Spanischen Mode (2. Hälfte 16. / Anfang 17. Jh.), bedingt durch den hohen Stehkragen und die breite Halskrause, nur wenige Zentimeter lang[330] und glatt nach rückwärts frisiert.

In Italien und Spanien begann die Frau Ende des 15. Jh.s das Haar unbedeckt zu lassen,[40] bis auf einen kleinen Schleier oder ein Netz auf dem Hinterkopf. Im 16. Jh. trug sie es in der Mitte gescheitelt (»Madonnenscheitel«), das Seitenhaar kinnlang, lose und gekräuselt oder gewellt, auch gepudert, während sie das lange Haupthaar zu einem Nackenknoten schlang oder zu einem dicken herabhängenden Zopf flocht.[442] Sie schmückte es in mannigfaltiger Weise mit Perlen, Blumengirlanden, künstlichen Zöpfen, Stirnbändern, ‣Ferronières. ‣*Toupets* und *Perücken* waren damals keine Seltenheit. Durch Waschen in einem Destillat aus Asche von entrindetem Buchenholz oder mit Kamille und anschließendes Bleichen an der Sonne wurde das begehrte Blond erlangt; Goldstaub und Irispuder gaben einen hellen Glanz. Modefarbe war jedoch ein mit Henna erzieltes sattes Rotblond, das »Tizianrot«. In Deutschland (‣Kugelhaube, ‣Kalotte) und in England (‣Tudor-Haube) wurden dagegen weiter das Haar verhüllende Kopfbedeckungen getragen. Mitte des 16. Jh.s wurde allgemein die Frisur der Frau strenger, das Seitenhaar nach hinten in einen schlichten Knoten frisiert. Stehkragen und Halskrause in der Spanischen Mode bedingten die mehr oder weniger streng zu einem nun hohen Knoten frisierte Haartracht der Frau. In höfischen Kreisen wurde daraus die *Kegelfrisur*[53], bei der das gekräuselte, ringsum hochtoupierte Haar über eine Drahtstütze, die ‣Palis(s)ade, gesteckt war.[57] Daneben gab es im letzten Viertel des 16. Jh.s die *Frisur à l'*‣*arcelet*[134]. Ende des 16. Jh.s legte die Venezianerin das Stirnhaar zu zwei Halbmondformen.[54]

Nach etwa 1610, mit Aufkommen des liegenden ‣Kragens, wurde das Männerhaar länger, ohrenbedeckend und mit Papilloten gelockt, später kinnlang und mit dem Brenneisen gekraust, um 1630–50 waren eine seitlich längere Haarsträhne *à la*‣ *Cadenet* oder strähnig schulterlanges Haar (‣À la mode[131,457]), Stirnfransen oder Mittelscheitel modern, ohne dass die Kurzhaarfrisuren gänzlich verschwanden. Da das Haar sehr füllig sein sollte, gab es ‣Perücken; Modehaarfarbe war – auch bei der Frau – Schwarz.[63] 1655 bis etwa 1675/80, zur Zeit der ‣Rheingrafenhose, blieb das Haar schulterlang und gekräuselt, am Oberkopf flach mit Mittelscheitel[65] und kurzen, krausen Stirnfransen, ugs. *Pudelfrisur* genannt.[331] Danach wurde das Haar wesentlich fülliger, die Krause über der Stirn horizontal abgeschnitten und zu geordneten Lockenpartien zusammengefasst. In der Oberschicht wurde die Perücke allgemein zur ‣*Allongeperücke.*[67–69] In England signalisierte die Männer-H. um 1620–89 den politischen Standort: Die Kavaliere der Königspartei trugen gepflegt gelocktes, schulterlanges, die Puritaner kurzes, glattes Haar, weshalb sie 1642 als »Rundköpfe« bezeichnet wurden.

Die Frauen-H. entwickelte sich Anfang des 17. Jh.s – neben der noch getragenen Spanischen Haartracht und der Frisur à l'arcelet – zu einem Hinterhauptsknoten und herabhängendem, locker gekraustem Seitenhaar, mit der ‣Schnebbe (1) als Kopfputz. Nach etwa 1620 wurde das lange, in der Mitte gescheitelte Haupthaar ganz flach nach rückwärts gekämmt, am Hinterkopf zu einem flachen Nest gedreht, von einem Netz oder Haarbeutel gehalten und mit Perlenschnüren, Bändern und Schmuckkämmen verziert. Das Seitenhaar blieb etwa schulterlang herabhängend, gelockt und stark gebauscht. Dazu wurden kurze, dünne Stirnfransen getragen, *Coiffure en* ‣*Bouffons*[61] *et en*‣*Garcettes* genannt, ein Haarstil, der in Frankreich durch Anna von Österreich (1601–66), Gattin Ludwigs XIII., in Mode gebracht und in der spanischen Hofmode im 2. Viertel des 17. Jh.s extrem übertrieben wurde.[62] In den 1650–60er Jahren wurde das Seitenhaar zu ‣*Stöpsellocken* oder zu zwei festen Puffen (Tuffs) auf oder über das Ohr gelegt, während vom Nacken seitlich eine lange ‣*Korkenzieherlocke* nach vorn auf die Schulter fiel. 1671 kam die ‣*Hurluberlu* auf; Hoffrisur war die *Coiffure à la*‣ *Cornet(t)e,* aus der sich dann die Hoffrisur *à la*‣*Duchesse*[200] (1) und die *Frisur à la*‣*Fontange* (1685–1713)[69,223,224] entwickelte.

Als Männer-H. wurde 1710 neben der Allongeperücke die *Perücke à la*‣*Cadogan,* deren Frisur schon nach 1690 bei den Militärs üblich war, modern. Danach gab es, besonders in Frankreich, eine Fülle von verschiedenen Perückenformen, u. a. um 1725 die französische ‣*Haarbeutelfrisur* oder *Beutelperücke*,[431,70,71] in Deutschland die *Zopffrisur* oder *Zopfperücke* (‣Zopf) bzw. eine Haartracht oder Perücke, bei der das lange Haar durch eine Schleife im Nacken zusammengefasst wurde. Nach etwa 1760 wurde die Perücke in bürgerlichen Kreisen, generell jedoch erst mit der Französischen Revolution, abgelegt. Die höfische Gesellschaft hielt das Haar stets weiß gepudert oder weiß gefärbt; Puder war ein den unteren Schichten verbotenes Standesmerkmal. Um 1770–90 war eine Nackenrolle, der Cadogan, in Mode. Während der 1780er Jahre machten die Stürmer und Dränger das lose, ungeordnete Haar modern.[459] In England kam eine kurze, zerzauste Frisur auf, der *Hedgehog cut*[77] (›Igelfrisur‹).

Nach 1713 wurde ein für die H. der Frau im Régence (1715–23) charakteristischer schlichter Knoten üblich, mit leicht gewelltem, flach nach hinten frisiertem Haar.[70] Die Haarfarbe blieb meist naturbelassen, wurde aber zu offiziellen Veranstaltungen weiß, rosa oder bläulich gepudert und mit zartfarbenen Kunstblumen und Bändern aufgeputzt. (Dagé, Hoffriseur unter Ludwig XV., erfand für Mme Pompadour täglich eine neue Frisur.) Etwa 1725–50 kam diese locker sich anschmiegende Frisurform aus der Mode, die Locken wurden in Anlehnung an die Männer-H. in wohlgeordneten Reihen übereinander zu Rolllocken stilisiert, wobei auf beide Schultern Stöpsellocken fielen, die im Kontrast zum weiß gepuderten Oberhaar die natürliche Farbe behielten. Nach Mitte des 18. Jh.s wurde das Haar – nun mitunter eine Perücke – über der Stirn straff in die Höhe gekämmt und seitlich und am Hinterkopf zu großen Rolllocken gelegt. Bisweilen blieb der Hinterkopf glatt, und die Locken bauten sich über Stirn und Schläfen diademartig auf. Diese H. wurde zu der für das Spätrokoko charakteristischen Hochfrisur, die 1775 ihr größtes Ausmaß erreichte. Das mit Pomade gesteifte und weißgepuderte Haar wurde über Drahtgestelle, Haarkrepp oder Rosshaarkissen, ‣»Pouf« genannt, ringsum hoch nach oben toupiert, zusammengesteckt und mit Bändern, Straußenfedern, kleinen Figuren und Girlanden geschmückt. In den Nacken fielen ein oder mehrere große Rolllocken, der ‣*Cadogan*[355b], ugs. *Puderbeutel* genannt. Diese Coiffuren waren höchsten höfischen Kreisen vorbehalten, ihr Schmuck konnte sich auf aktuelle Ereignisse beziehen, wie die *Coiffure à la* ‣*Belle Poule*[75]. Wegen ihres schwierigen Aufbaus trugen die Damen sie über längere Zeit, so auch zum ‣Negligé (neben der ‣*Dormeuse*). Der langstielige Grattoir (Kopfkratzer) war dazu das angemessene Requisit. Nach 1785 wurden die Hoffrisuren flacher, breiter und weniger fest, am Hinterkopf löste sich das Haar in eine große, unregelmäßige Lockenmasse auf und fiel in einzelnen kleinen Lockensträhnen auf die Schultern. Nach dem Vorbild der Engländer, die das Haar schon zu Beginn der 1780er Jahre in natürlicheren, oft nur leicht grau gepuderten Locken herabfallen ließen, wurde es blond oder braun gepudert und etwa ab 1789 naturbelassen. Auch das in England bei beiden Geschlechtern kurzgeschnittene, zerzauste, weißgepuderte Haar, der *Hedgehog cut*[77] fand Nachahmung in Frankreich als *Frisur à l'hérisson* (›Igelfrisur‹). Als letzte Hoffrisur kam 1789 die breite, schräg hochgesteckte, gepuderte *Rosenkranzfrisur* (weil mit einer Rosengirlande verziert) auf, nach einer mit Königin Marie Antoinette befreundeten Prinzessin auch *Lamballe* genannt. Die besten Friseure, wie Frédéric (?) Dagé, Hoffriseur Ludwigs XV., Léonard Autier (meist Léonard genannt), Hoffriseur Marie Antoinettes, und Le Gros (de Rumigny), 1763 Begründer der »Académie des Coëffures« und Verfasser eines grundlegenden Lehrbuchs (s. Literaturhinweise, S. 596), wurden zu akademischen Künstlern erklärt und erhielten das Degenprivileg, wodurch sie höfischen Kavalieren gleichgestellt waren. Eine bemerkenswerte Veröffentlichung mit 3744 Illustrationen von Haarstilen ist das Lehrbuch »L'Éloge des coiffures adressé aux dames«. In England gab Peter Gilchrist in den späten 1760er Jahren »A Treatise on Hair or Every Lady her own Hair-Dresser« heraus.

Während der Französischen Revolution wurde die H. zum politischen Bekenntnis. Anhänger des Ancien Régime erkannte man an weißgepuderten Zopf- oder Haarbeutelperücken, während die Revolutionäre das Haar strähnig herabfallen ließen. Der neue Haarschnitt war am Oberkopf sehr kurz und hatte seitlich herabhängende Strähnen, die ‣*Oreilles de chien*[319], eine H., die die ‣Incroyables bei-

Abb. 267. a) Haartracht in Frankreich um 1860. b) Abendfrisur mit Roll- und Stöpsellocken. Frankreich, 1868. c) Marcel-Welle. Frankreich, 1907. d) Cadogan und Stirnlöckchen. 1935. e) Pompadour-Rolle. 1939. Alle nach Wilcox.

behielten. Im Directoire (1795–99) kam der ‣*Tituskopf* mit ‣Koteletten, den Favoris (‣Bart (1)[79]), auf, der sich bis um 1835 hielt. Ende des 18. Jh.s war daneben die *Frisur à la* ‣*Caracalla* (2) in Mode, mit gekräuselten und etwas längeren Locken als bei der Titusfrisur. Auch gab es 1812–20 die von Napoleon I. bevorzugte ‣*Cäsarenfrisur.* Stutzer hielten das Haar hochgekräuselt und über der Stirn gebauscht (im Dt. hieß das vielfach *Frisur à la Franz Schubert*)[82,179]. In den 1820er Jahren wurde das Haar des Mannes allgemein stärker gelockt (ebenso der Backenbart) und stark pomadisiert oder eingeölt. Ab Ende der 1830er Jahre wurde es individuell gescheitelt, am Oberkopf glatt und erst in den gerade die Ohren bedeckenden Spitzen gelockt. Der Bart trat in den modischen Mittelpunkt. Mitte des 19. Jh.s gab es die englische Fasson mit Seitenscheitel, glattem Haar und ausgedrehten Sechsern (anliegenden Halblocken) an den Schläfen, auch die besonders von Freigeistern getragene amerikanische Frisur mit tiefem Seitenscheitel, fast kinnlangem, glattem Haar[150,150c,179,451] und schmaler Bartfräse. Insgesamt bedeckte das Haar gerade eben die Ohren, war individuell gescheitelt und glatt oder leicht gewellt. 1870 wurde das glatte Haar kürzer geschnitten, was nach 1880 die Erfindung einer Haarschneidemaschine förderte, bis das Haar um 1900 extrem kurz nach rückwärts gekämmt und im Nacken stets ausrasiert wurde.

Die weibliche H. brachte während der Französischen Revolution eine Fülle krauser, herunterhängender Locken. Im Directoire (1795–1799) gab es eine Vielfalt an H.n, z. B. hielt die Frau das Haar um Stirn und Schläfen kunstvoll zu ‣*Papilloten* gedreht oder glatt und im Nacken zu einem ‣*Cadogan* zusammengefasst; füllige Locken wurden am Oberkopf gebauscht. Die À-la-grecque-Mode (‣Grecque, Mode à la) brachte auch für sie den kurzen *Tituskopf,* die *Frisur à la Caracalla* sowie bis etwa 1815 eine sog. *griechische Frisur,* bei der um Stirn und Schläfen kurze Löckchen, sog. Schlangen-, Titus-, Sechser- oder Tellerlocken, gelegt wurden und das Hinterhaar in einem kunstvollen, variantenreichen Knoten, auch nach griechischer Art mit einem Band umschlungen, am Hinterkopf arrangiert war. (Es ist zwar in Modeberichten bereits 1764 von einer Frisur »à la grecque« die Rede, doch beschränkte sich das »Griechische« auf ein Detail des Aufputzes.) Daneben wurde das Haar individuell, mittellang und leicht gelockt getragen. Perücken und künstliche Locken gab es als »Zweitfrisur«, am Tag in Schwarz und Braun, abends in Hellblond. Neu war die Differenzierung zwischen einer Tages- und einer mit Diadem, eingearbeitetem Schleier, Straußenfedern, Perlen, Edelsteinen, Kunstblumen u. a. verzierten oder von einem ‣Turban umschlossenen Abendfrisur. Um 1815–20 rückte der Haarknoten vom Hinterkopf auf den Scheitel, hochstehend oder zu einer Flechtkrone arrangiert; dazu gehörte ein kurzer Mittel-, Dreiecks- oder Schrägscheitel zur Aufteilung der Haare (insgesamt waren Scheitelfrisuren ungewöhnlich). Die Löckchen bauschten sich zu beiden Seiten an den Schläfen oder waren zusammengedreht. Glattes Haar wurde vom

Mittelscheitel weg zu zwei Schläfenpuffen, der Zopf junger Mädchen zu Schnecken gedreht. Danach formte man den Haarknoten, der nun höher saß, zu phantastischen Gebilden. Auf dem Höhepunkt, um 1830, wechselten Flechten (‣Zopf) mit glatten, breiten Schleifen aus Haaren ab, die bald fächerförmig, bald in einer Spirale auf dem glatten Mittelscheitel des Oberkopfes angeordnet waren.[129] Der sog. Marquisenkamm aus Schildpatt[87] stützte bisweilen die mit Strohblumen, für den Abend auch mit Perlenketten geschmückte Frisur am Hinterkopf. Nach 1835 wurde die Frisurensilhouette niedriger und breiter, der oft nur zur Schnecke gedrehte Knoten rutschte auf den Hinterkopf hinab. Das Seitenhaar lag in kinnlangen Korkenzieherlocken.[88] In den 1850er Jahren frisierte die Frau das in der Mitte gescheitelte Haar in einem weichen, die Ohren völlig bedeckenden Bogen oder in einer Rolle (frz. *rouleau*) nach hinten zu einem kunstvollen, tief sitzenden Nackenknoten, dem ‣*Chignon*[89], aus dem sich zuweilen ein paar auf Schultern und Nacken gleitende Stöpsellocken lösten. Kunstblumen, Bänder, Haarnetze aus Gold- und Silberfäden, auch echte und falsche Perlen sowie Edelsteine bildeten den Schmuck. Vorbild waren die Frisuren der französischen Kaiserin Eugénie.[267a] Danach wurden die Frisuren weitaus aufwendiger und kamen selten ohne falsche Haarteile aus. 1863, als die ‣Krinoline vorn flacher wurde, war das Haar, die Ohren freilassend, streng und glatt nach hinten frisiert, am Hinterkopf in einem kunstvollen Knoten aus einzelnen Haarteilen oder Zöpfen[267b] zusammengefasst und zusätzlich ein großer Cadogan arrangiert. Um 1868 sah man als Aufputz mit Perlen, Fransen und Tasseln geschmückte ‣Haarnetze »à la napolitaine« (›nach Art der Neapolitanerin‹). Zur ‣Turnüre (1869–75) trug die Frau am Oberkopf hoch aufgebauschte und bis tief in den Nacken fallende, schmale Haarknoten und Lockenarrangements oder auch Rolllocken mit lose in den Nacken fallenden Stöpsellocken. Die Ohren blieben stets frei, das Stirnhaar legte man gern in senkrechte Rolllocken und kleine Sechser oder zu in die Stirn fallenden Stöpsellöckchen. Dunkelblond und Tizianrot waren bevorzugte Farben. Während der ‣Engen Mode (1876–1881) wurden die Tagesfrisuren etwas einfacher.[400] Zum ‣Cul de Paris (1882–88) trugen junge Mädchen ‣Stirnfransen, die der Ästhetiker Friedrich Theodor Vischer kritisierte: »Aber der modernen Dame, die die Haare in die Stirn kämmt, fällt es nicht ein, dass sie […] sich mit dieser Verdunkelung vollends zum Bilde eines Simpels […] macht.« Danach hießen sie *Simpel-*, aber auch *Ponyfransen.* Einen beliebten Aufputz für die Abendfrisur bildeten Parmaveilchen. In den 1890er Jahren wurde das gewellte, streng nach oben frisierte Haar zu einem kleinen, am Scheitel sitzenden Knoten oder Puff zusammengefasst oder zur einfachen »Bananenrolle«. Über der Stirn saßen kleine Kräusellöckchen.[94] Noch erreichte man die starke Wellung des Haars mit Hilfe eines einfachen Kreppeisens oder des mit Schiebern versehenen Welleneisens, bis nach 1900 das 1872 von dem Pariser Friseur François Marcel Grateau (1852–1930) erfundene Verfahren zum Legen der weicheren und natürlicher wirkenden Ondulationswelle (‣Ondulation, ehem. »Marcel-Welle«[267c] genannt) Allgemeingut wurde. Während der ganzen 2. Hälfte des 19. Jh.s unterschieden sich diese bürgerlichen Frisuren von denen der Damen des ‣Genre canaille, die ihr rotgefärbtes Haar lockig, »à la toutou« (frz., ›Schoßhund‹) oder »en caniche« (frz., ›Pudel‹) fallen ließen.

Die H. des Mannes war in der 1. Hälfte des 20. Jh.s kein großes Thema. Er trug es sehr kurz, mit Pomade glatt und anliegend nach rückwärts gekämmt. In den 1920er Jahren galt kurze Zeit ein Mittelscheitel als modern. In den 1930er Jahren wurde das etwas längere und leicht gewellte Haar in einem Fassonschnitt (Fachterminus für ›modischer Schnitt‹) geformt. 1938 kam der amerikanische Militärschnitt mit sehr kurzem Haar und rundem, durch Maschinenschnitt kahlem Kopf in Europa auf. Nach 1945 wurde die ‣*Igelfrisur* (ugs. *Meckifrisur,* nach dem populären Steifftier-Igel) Mode. 1950 verfeinerte Georg Hardy (1896–1959) den Messerhaarschnitt und trug damit entscheidend zu seiner Verbreitung bei. Mitte der 1950er Jahre standen die Haare am Oberkopf etwas höher und wurden mit dem Fön angehoben. Halbstarke und James-Dean-Anhänger frisierten das mit Brillantine in Form gehaltene, glänzende Haar über der Stirn zu einer hochgerollten Welle, dem »Enten-Po«, während Bill-Haley- und Elvis-Presley-Fans sich die »Schmachtlocke« ihrer Idole in die Stirn legten. 1963, mit dem Aufkommen der ‣*Beat-*

Abb. 268. Halbstarkenfrisur mit »Enten-Po«. Um 1955.

Abb. 269. Beatlefrisur mit Koteletten. 1966.

Abb. 270. Irokesenfrisur. Um 1985.

le-Frisur, wurden das Haar sowie die ▸Koteletten allgemein länger. Für diesen üppigeren Haarstil verwendete man z.T. ▸Toupets. Verfechter des ▸Gammler-Looks um 1967 liebten schulterlanges, meist betont ungepflegtes Haar. Eine Wende in den 1970er Jahren führte wieder zu kürzerem Haar. 1977 bediente sich auch die Herren-H. der Dauerwelle. Bei der ▸Punk-Mode stand das Haar durch Haargel steif hoch. Besonders extrem nehmen sich dabei ein von der Stirn zum Nacken führender Haarkamm (*Irokesenschnitt;* benannt nach gleichnamigen Indianerstämmen) sowie der glattrasierte *Skinhead* (engl., ›Glatze‹) aus. Ebenso ungewohnt sind ▸Rastas (Dreadlocks). Um 1992 trugen Jugendliche eine kurze H. mit einem langen, dünnen Nackenschwanz. Nach 2000 kam bei Jugendlichen kurzes, weißblond gefärbtes und mit Gel oder Wachs gestyltes Haar in Mode. ▸Mullet.

Die Frau trug ihr Haar um 1900–10/11 onduliert,[267c] breit und lose hochgerollt und zu einem kleinen Knoten am Hinterkopf aufgesteckt, der von einem aufrecht stehenden Schildpattkamm gehalten wurde. Das an den Seiten schmal und leicht asymmetrisch zu einer Stirnrolle frisierte und am Hinterkopf bauschig hochgesteckte Haar wurde die charakteristische Jugendstil-Frisur. Seitenscheitel und damit asymmetrische Frisuren gewannen immer mehr an Reiz. Daneben gab es die Reformfrisur mit Mittelscheitel und glatt über die Ohren frisiertem, zu einem flachen Nackenknoten zusammengefasstem Haar. Die Silhouette kündigte die erst Anfang der 1920er Jahre sich allgemein durchsetzende Kurzhaarfrisur an. 1906 erfand Karl Nessler in Deutschland die ▸Dauerwelle, die zunächst jedoch noch zu teuer und zu zeitaufwendig war. P. ▸Poiret ließ bereits 1911 seine Mannequins mit ausgefranster Kurzhaarfrisur und kurzen Stirnfransen[102] (ebenso M. ▸Snischek 1914 bei der ▸Wiener Werkstätte) in intensiven Haarfarben (Strohblond, kräftiges Rot, Schwarz) auftreten. Durch ihn kam auch der orientalische ▸Turban mit einigen Löckchen in der Stirn (in Erinnerung an das Empire auch Frisur »à la façon de Mme Tallien«, Gattin des französischen Revolutionärs Jean Lambert Tallien, genannt) in Mode. 1912–14 gab sich die allgemeine H. etwas strenger, das ondulierte Haar wurde über die Ohren zu einem flachen Hinterhauptknoten frisiert. Mit Aufkommen der ▸Kriegskrinoline, 1915–17, wurde das Haar seitlich schmal zu einem strengen Knoten am Oberkopf oder zu einer Bananenrolle frisiert, wobei die Ohren ein kleines Löckchen oder ein Sechser und die Stirn dünne kurze Stirnfransen umspielten. 1916/17 kreierte die Französin G. ▸Chanel den ▸*Pagenkopf* (2). 1920 setzte sich erstmals die Kurzhaarfrisur für die Frau jeden Alters durch, damit die jahrhundertealte Tradition des standesgemäßen langen Frauenhaares brechend. Zunächst war das kurze Haar noch leicht gewellt[506] und endete in einer Innenrolle. Zugleich wurde als modische Konzession bis etwa 1924 noch langes Haar straff zu einem schlichten Nackenknoten zurückgekämmt. Die Modefrisuren hießen ▸*Bubikopf*[105,161], *Pagenkopf, Windstoß-Frisur* und – 1926–28 zur ▸Garçonne-Mode gehörend – ▸*Eton-Boy.* Eine Zeit lang waren für den Abend weiße Bubikopfperücken und gelacktes Haar gefragt. Anfang der 1930er Jahre wurde das Haar länger, in Form gehalten dank der Ondulations- oder Dauerwelle und mittels des nun allgemein verbreiteten Haarlacks. Nach 1933 wurde das Seitenhaar, die Ohren freilassend, straff nach rückwärts zu einem Knoten, einem Cadogan oder einzelnen großen Locken frisiert, das Stirnhaar zu vielen kleineren Löckchen,[267d] der H. der 1890er Jahre ähnlich. Junge Frauen trugen Pagenkopf mit starker Innenrolle und nach innen oder außen gerolltem Stirnhaar (nach dem Vorbild von Greta Garbos Frisur im Film

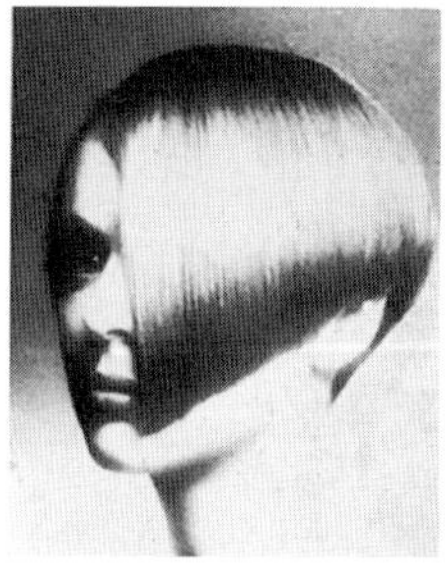

Abb. 271. a) Engelsfrisur. 1935. b) Frisur »Cosi«. 1970. Nach Domnick.

Abb. 272. Sassoon-Schnitt. 1965.

»Königin Christine«). Tonangebende Frisurvorschläge stammten von Starfriseur Antoine, aber auch von C. ▸Balenciaga und anderen Couturiers. 1938 begann man das Haar in einer hohen, weichen Rolle, der ▸Pompadour (3), rundum aus dem Gesicht zu kämmen und lose Locken oder einen Chignon in den Nacken fallen zu lassen.[267e] Dieser Haarstil wurde in leichten, meist strengeren Abwandlungen bis Ende des 2. Weltkriegs beibehalten. Haarnetze oder dünne, auf dem Scheitel zu einer Schleife gebundene Tücher hielten die Frisur in Ordnung. Gleichzeitig avancierte der Turban zur »Zweitfrisur« für jede Tageszeit. Nach 1947 setzten sich unter dem Einfluss von Chr. ▸Dior (▸New Look) schlichte, weiche, anschmiegsame Frisuren durch: kurzes, leicht gewelltes oder halblanges, in einem sanften Knoten zusammengefasstes Haar. Für den Abend erhielt die Kurzhaarfrisur oft einen falschen Chignon als Ergänzung (Federn von Paradiesvögeln als Kopfputz waren verboten). Auch wurde das Haar vom Wirbel weg zu einer den Kopf rahmenden Innenrolle frisiert. In zunehmendem Maß gaben der Film und seine Stars den Ton in der H. der Dame an, so in den 1950er Jahren der wirre »italienische« Lockenkopf. Vorausgegangen war die Durchsetzung der *Pudelfrisur* mit kurzer Krause. Backfische bevorzugten *Pferdeschwanz* mit vollen, leicht nach innen gerollten Stirnfransen (Pony) à la Brigitte Bardot oder kurzes, glattes Haar mit »wie von Mäusezähnen ausgebissenen Stirnfransen« (Anny Latour) à la Audrey Hepburn. Intellektuelle ließen das schwarzgefärbte Haar strähnig herabfallen. 1957 kam ein breites Haarnest am Oberkopf in Mode, wobei kurzes, lockiges Haar hochtoupiert wurde,[149] am Oberkopf oft von einem Samtband bauschig gehalten, während ein paar Sechser in die Stirn fielen, oder das lange Haar am Oberkopf zu einem dichten Nest gedreht wurde.[136] 1959–63 war die ▸*Farah-Diba-Frisur* allgemein. Diese Aufsteckfrisur belebte die Verwendung von Perücken und falschen Haarteilen, sie machte Toupieren (wobei durch Ineinanderschieben des Haares mit dem Kamm ein volleres Aussehen erzielt wird) und Haarspray unerlässlich. Monsieur Alexandre de Paris (Louis Alexandre Raimon, geb. 1922 in St. Tropez) stieg damit zum Starfriseur auf. 1963 »erfand« der Engländer Vidal Sassoon (geb. 1928) einen revolutionären Kurzhaarschnitt in geometrischen Formen.[272] Diese Fönfrisur, bei der das Haar mit Fön und Haarbürste statt Lockenwicklern in Form gelegt wird, passte zu den neuen Modestilen von M. ▸Quant, P. ▸Cardin und A. ▸Courrèges. Langes Haar wurde als *Mozartzopf* (▸Zopf) getragen. ▸Hippie-Mode und Romantikwelle brachten langes, offenes Haar in Mode, stufig geschnitten, zu einer wilden »Löwenmähne« toupiert oder gleichmäßig lang und glatt gehalten; daneben gab es Anfang der 1970er Jahre kinnlange Fönfrisuren. Etwa 1969–72 waren Perücken, hand- oder maschinengeknüpft, aus Echt- oder Kunsthaar, als Zweitfrisur große Mode, oft in anderer Haarfarbe als das Eigenhaar. 1977 begann die luftgetrocknete Dauerkrause (ohne das nochmalige Eindrehen über Lockenwickler) beliebt zu werden. Dazu wurde anfangs das Haar stufig geschnitten, so dass eine pyramidenförmige *Frisur »à la Cleopatra«* entstand, oder man schnitt die Krause rundum kurz zum sog. *Afro-Look.* 1979 verbanden sich bäuerliche Zopffrisuren mit dem ▸Folklore-Look, aber beliebt war auch langes, fein gekräuseltes und üppig abstehendes Haar. Seit 1977 sind auch bei Mädchen Punk-Frisuren üblich. 1980 gefielen sich junge Frauen in der nach dem amerikanischen Filmstar benannten *Bo-Derek-Frisur,* aus dem Film »Die Traumfrau«, bei der das gesamte Haar in zahlreiche dünnste Zöpfchen nach Art afrikanischer Frisuren mit Perlen zu *Braids* (engl., von ›flechten‹) geflochten war. Anders als beim Mann jedoch beeinflussten die Punk-Frisuren die allgemeine H. der Frau zu sog. Edel-Punk-Frisuren mit grellen Farbpartien. Seither sind Farbsträhnchen und um 1996 grellrote Haare und ein strähnig ausgefranster Stufenschnitt[117] en vogue.

Haarnadel, dünnes, meist flach U-förmig gebogenes Metallstäbchen zum Zusammenhalten der Haare. Bereits seit frühester Zeit, wahrscheinlich seit ca. 10000 v. Chr., gab es H.n aus Elfenbein oder Knochen; seit etwa 3000 v. Chr. in Mesopotamien und nach 2700 v. Chr. in Ägypten solche aus dünnem Gold. Germaninnen verwendeten außer ihren sog. Lockenringen bronzene und goldene H.n. Seit der Neuzeit sind Schmuck-H.n, meist aus Horn oder Schildpatt, mit ‣Strass oder Filigrankugeln (‣Guêpe) verziert, während Gebrauchs-H.n früher aus Eisen oder Bronze waren. Um 1900 kamen H.n aus schwarz oder bronzefarben lackiertem Stahl auf.

Haarnetz, haubenartiges, aus Schnüren, Fäden oder Bändern geknüpftes, aus Bändern rautenförmig zusammengenähtes oder aus Garn gehäkeltes rundes Netz mit einem durch den Rand gezogenen Band zum Zusammenziehen; als Schmuck oder zum Schutz der Frisur (‣Haarmode). H.e sind bereits seit dem Altertum bekannt. In der Frühdynastischen Zeit Mesopotamiens (3200/2900–2150/2020 v. Chr.) trugen Hofdamen ein mit Blütenblättern und Perlen verziertes H. aus Goldbändern. Seiden-H.e sind eine Erfindung Chinas. Aus Europa haben sich mit Schafwolle gehäkelte oder geknüpfte H.e der Bronzezeit von etwa 1500 v. Chr. erhalten. Griechinnen benutzten schon in archaischer Zeit zum Schlafen ein H., auch Haarbänder, mit denen das Haar umschlungen wurde, oder einen *Haarsack,* der meist ein gemustertes, über der Stirn oder am Hinterkopf geknöpftes Tuch war. Seit dem 6. Jh. v. Chr. trugen sie H.e aus Gold- oder Seidenfäden auch in der Öffentlichkeit (‣Diadem). Auch die Römerin hatte ein H. oder eine Haarhaube, die *Reticula.*

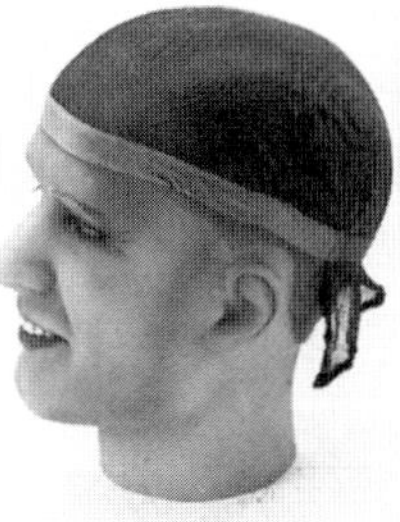

Abb. 273. Haarnetz. Um 1930. Münchner Stadtmuseum.

Ebenso kannte die byzantinische Mode das H.; im 12. Jh. brachten es Kreuzfahrer nach Europa. Es gab H.e aus mehrfarbigen Seidenfäden, mit Stickerei auf Leinenstückchen verziert. (Ein H. wurde auch unter dem ‣Gebende getragen.) Im 13. Jh. waren H.e Allgemeingut und von größter Vielfalt. Im späten Mittelalter und in der Renaissance wiesen sie Perlen und Edelsteine als Schmuck auf. Zuweilen war die ‣Kalotte einem H. ähnlich. Danach wurden sichtbare Schmuck-H.e erst wieder etwa 1860 zu ‣Chignon und erneut Ende der 1930er Jahre gebraucht. Außerdem gab es möglichst unsichtbare »Zweck-H.e« aus Menschenhaar, heute sind sie aus dünnen Nylonfäden.

Haarsack ‣Haarbeutel, ‣Haarnetz.

Haarschmuck (Kopfputz), ein Teil der ‣Haarmode, auch ‣Kopfbedeckung: ‣Aigrette, ‣Band, ‣Barbe (2), ‣Diadem, ‣Duchesse (1), ‣Feder, ‣Ferronière, ‣Fontange, ‣Haarnadel, ‣Haarnetz, ‣Kunstblumen, ‣Schap(p)el, ‣Schleier, ‣Stirnband.

Haartuch, bis ins 16. Jh., mancherorts darüber hinaus, Bezeichnung für *Kopftuch;* ‣Kopfbedeckung.

Habit, *das,* auch *der* (frz., ›(Leib-)Rock, Anzug, Gewand‹, von lat. *habitus* ›Kleidung, Tracht‹). Nach 1750 bis um 1770 wurde der ‣Justaucorps (2), auch der gesamte Herrenanzug »H.« genannt. Der Justaucorps wurde nach 1770 zum ‣*Frac à la française.*[225] Im 20. Jh. bezeichnet »H.« allgemein die Amtstracht und das klerikale Gewand.

Habit habillé, *das,* auch *der* (von frz. *habiller* ›(an)kleiden‹), Hofkleidung des Mannes.

Habit noir, *das,* auch *der* (frz., ›schwarzer Anzug‹), ‣Frack.

Häkelarbeit ‣Handschuh, ‣Spitze, ‣Strick- und Wirkware.

Hängeärmel,[125] auch *falscher Ärmel,* ein meist nur am Rückenteil des Gewandes angenähter, stets hinter dem Arm frei herabhängender ‣Ärmel. In der 2. Hälfte des 13. Jh.s erhielten der ‣Surkot und der ‣Gardecorps (Obergewand) in Frankreich einen hinter dem Arm freihängenden, halblangen Ärmel, der nur im Rückenteil angenäht war. Dieser Schmuckärmel, heute »H.« genannt, wurde zum Prunkärmel an Obergewändern des 15. bis 17. Jh.s[37] (‣Houppelande, ‣Manteau, ‣Marlotte, ‣Zimarra). Der H. konnte gerade geschnitten und durchgehend geschlitzt sein und als eine Art Stoffstreifen herabhängen oder am Ärmelende durch ein Bündchen geschlossen sein zum beliebigen Durchschlüpfen.[39] Eine Sonderform des H.s stellt der auch ‣*Flügelärmel* genannte lange, streifenartige, an den Schultern angenähte Ärmel des gutbürgerlichen Festtagskleides der Frau in Deutschland um 1500 dar. Terminologisch wird zwischen dem H. und dem Flügelärmel oft nicht klar unterschieden. Der H. wurde als *Trompeterflügel* bei den Trompetern der Reiterregimenter des 17. Jh.s üblich und verkümmerte in der Folgezeit zu dem im 2. Viertel des 18. Jh.s von Musikern getragenen sog. *Schwalbennest* (eine kurze, über die Schulter hinausstehende Stoffpatte).[125] ‣Achselstück.

Hängelocke ‣Stöpsellocke.

Hänger. 1. Gerade, ausgestellt oder leicht glockig von den Schultern zum Saum fallende, weit gehaltene Mantelform für Herren und Damen; besonders in den 1950er Jahren in Mode. **2.** Taillenloses, gerade geschnittenes Frauenkleid; um 1900 ‣*Reformkleid,* 1917–23 ‣*Kittel-* und ‣*Futteralkleid,* um 1925–27 *Sackkleid*[345], ‣*Charlestonkleid.* ‣Kleid. **3.** Taillenloses Kinderkleid mit kurzer Passe (‣Sattel) und daran gereihtem Rock.

Hänschen. 1. Auch *Springrock,* ‣Reifrock. **2.** Auch *Hänslein,* ‣Schecke.

Haferlschuh, fester Berghalbschuh mit langer, breiter, quer über die Ristverschnürung geschlagener Lasche, deren Ende zu Lederfransen ausgeschnitten ist. Der H. ist schwäbisch-alemannischen Ursprungs, aber nur im alpenländischen Raum üblich. Er wurde um 1920/22 auch als modischer Sportschuh in der Stadt getragen.

Haferlsocke, in der 1. Hälfte des 20. Jh.s zum Wandern oder Skifahren getragene grobgestrickte Socke, die oben umgerollt wurde.

Hahnentrittmuster ‣Farbe und Muster (19. Jh.).

Haifischkragen ‣Fasson (2).

Haik, *der* (arab., von *hâka* ›weben‹), heutige Bezeichnung für: **1.** Leichten, vorn geknoteten Umhang[9] aus plissiertem, dünnem Leinen der ägyptischen Pharaonen und Königinnen im Neuen Reich (1551–1070 v. Chr.). ‣Mantel. **2.** Arabischen Umhang beider Geschlechter aus Wollstoff, nach Land und Stamm verschieden, meist über den Kopf gelegt und gefibelt oder geknotet. Der H. setzte sich in der ‣Heuke und wahrscheinlich in der spanischen ‣Mantilla (1) fort.

HAKA. Branchenübliche Abk. für ›Herren- und Knaben-Oberbekleidungsindustrie‹, vertreten durch den »Verband der Herrenbekleidungsindustrie e.V.«, 50668 Köln, Mevissenstr. 15.

Haken und Öse ‣Verschluss.

Halbschuh ‣Fußbekleidung.

Halbstarkenmode. Bereits 1912 veröffentlichte der evangelische Pastor Clemens Schultz auf St. Pauli in Hamburg das Buch »Der Halbstarke« (der Begriff tauchte schon um 1900 auf), worin er den jungen Mann zwischen 15 und 22 Jahren, »der zur verkommenen Großstadtjugend gehört«, beschreibt. Thematisiert im Film »Der Wilde« (1953, mit Marlon Brando) und in »Die Halbstarken« (1956, mit Horst Buchholz und Karin Baal) wird die H. in den 1950er Jahren zu einem Begriff: Die Kleidung besteht aus schwarzen, mit Nieten verzierten Lederjacken (deshalb wurden die Halbstarken in Frankreich »Blousons-noirs«, ›Schwarzjacken‹, genannt; ▸Perfecto), röhrenförmigen, engen Lederhosen oder ▸Jeans, schwarzen, bestickten Cowboy-Stiefeln, breitem, nietenbeschlagenem ▸Gürtel und schwarzem Hemd. (Im Gegensatz dazu stand die Kleidung der ▸Teddy-Boys.) Halbstarkenmädchen trugen enge Röcke oder ▸Hänger (2) aus schwarzem Leder oder Kunstleder, schwarze Rollkragenpullover (▸Pullover), schwarze Strümpfe und schwarze ▸Pumps mit niedrigen Bleistiftabsätzen. ▸Mod-Mode.

Halbstiefel, auch *Stiefelette,* ▸Fußbekleidung.

Halbzylinder, in den 1950er Jahren auch *Sevilla* (weil dem traditionellen spanischen Hut, dem ▸Bolero (3), ähnlich) oder *Lincoln* genannt (da der H. durch den damals erfolgreichen, zur Zeit des amerikanischen Präsidenten Abraham Lincoln, 1861–65, spielenden, 1939 gedrehten Film »Vom Winde verweht«, populär wurde), steifer Hut mit niedrigem, oben abgeplattetem Kopf, steifer Krempe und leicht aufgebogenem Rand. Der H. existierte schon um 1860 und wurde 1952 von einer schweizer Hutfirma wieder hergestellt. Er ist in der Rangordnung dem ▸Homburg gleichzusetzen und wurde bis in die 1950er Jahre zum Sakkoanzug getragen. Eine Weiterentwicklung des H.s ist der breite ▸*Porkpie.* Fälschlich wird die Melone (▸Bowler) oft als »H.« bezeichnet. ▸Kopfbedeckung.

Halsausschnitt ▸Dekolleté.

Halsbinde ▸Krawatte, ▸Schleife (1), ▸Steinkerke.

Halskrause, auch *Fraise* (frz.), ▸*Fräse* (1), *Kröse, Krüskragen, Krause,* ▸*Duttenkragen* (span. *gran gola* ›großer Hals‹; engl. *ruff*), waagrecht abstehender, im Nacken etwas ansteigender, in verschiedensten Formen getollter oder in mehreren Lagen gekrauster ▸Kragen beider Geschlechter, der für die Spanische Mode (2. Hälfte 16. / Anfang 17. Jh.) charakteristisch[46] war, vereinzelt jedoch, besonders in den Niederlanden, bis um 1660 getragen wurde. Die H. bestand aus feinem bis grobem Leinen, hatte nach etwa 1575 um den Saum ▸Spitze oder gelegentlich Stickerei, war aber sehr selten ganz aus der in vielen Ländern als Luxusware verbotenen Spitze. Das Leinen wurde weit oder eng getollt, in dichten Falten knapp zusammengefasst oder in parallelen ▸Quetsch- oder Fächerfalten (▸Falte) zu mehreren Lagen übereinandergelegt. Die mit Reismehlstärke stark abgesteifte und mit Plissiereisen geglätteten H. stützten ein gesteifter Unterkragen, der Portefraise oder der ▸Piccadill bzw. der Alçacuello (von span. *alçar* ›heben‹ und *cuello* ›Krause‹), wenn nicht ein aus Draht geformter Unterkragen (▸Rebato). Die H. entwickelte sich nach etwa 1525/30 aus dem Hemdkragen des Mannes, wobei an den schmalen Stehkragen des ▸Hemdes (der gefältelten Hemdbrust entsprechend) eine kleine Krause angesetzt wurde. Oft wurden auch die Hemdbrustfalten zu einem Stehkragen zusammengehalten und richteten sich als kleine H. wieder auf. Die H. war stets oberhalb des Stehkragens von ▸Kleid[153] oder ▸Wams[312, 330] sichtbar. Nach 1550 wurde – zuerst in Spanien[509] – der Stehkragen höher und die H. breiter, so dass sich nach 1575 aus ihr ein selbständiger Kragen entwickelte, der über das hochgeschlossene Wams[50] bzw. Kleid[53] gelegt wurde. Um 1600 entstand aus der H. der über beide Schultern reichende sog. Mühlsteinkragen, der sich in der konservativen niederländischen Frauenmode[51] (besonders bei älteren Frauen) bis um 1660 hielt. Im Allgemeinen jedoch kam die H. um 1630 aus der Mode. In Spanien war die H. schon 1623, wegen des großen Spitzenaufwands, verboten und durch die ▸Golilla, andernorts durch die weich herabfallende sog. Fallkröse[131] oder den später so genannten ▸Pierrotkragen ersetzt worden, auch durch den schon um 1610 aufgekommenen flachen Schulterkragen. Obwohl die H. zur Spanischen Mode in ganz Europa getragen wurde, waren bei der Frau außerhalb Spaniens auch andere Kragenformen aktuell, z. B. der ▸Medici- und

Abb. 274. Silberne Portefraise. Leeuwarden, um 1610–20. Privatbesitz.

der ‣Stuartkragen, der dreiviertelkreisförmige, schräg nach oben abstehende, aus Italien stammende Spitzenkragen oder der englische sichelförmige Flügelkragen. 1814/15–20 wurde eine H., oft mit ausgezackten Rändern, zur ‣Chemise (2) und besonders zur ‣Altdeutschen Kleidung getragen. Die H. ist bis heute in weiblichen Volkstrachten, Amtstrachten und meist in liegender Form als Pierrotkragen erhalten.

Halstuch, rechteckiges, meist quadratisches Zeugstück (im Gegensatz zum länglich rechteckigen ‣Schal), in Größe und Material verschieden. Das H. stammt wahrscheinlich aus Zentralasien (Tibet, Mongolei, Nordchina), wo es seit etwa 200 v. Chr., an das Untergewand genäht, belegt ist. In dieser Form gilt es als Vorläufer des Stehkragens (‣Kragen). Die Römer lernten es in ihren nördlichen Provinzen kennen; sie nannten es *Focale.* ‣Brusttuch, ‣Cachenez (2), ‣Fichu, ‣Krawatte.

Hammelkeulenärmel, auch ‣*Gigotärmel* (von frz. *gigot* ›Hammelkeule‹), *Keulen-, Schinken-* oder ‣*Elefantenärmel* genannt, charakteristische Kleidärmelform während des Biedermeier, um 1825–35, und erneut um 1893–96[94] (‣Ärmel). Eine Form des H.s war der ‣*Mahoître,* um 1446–75.

Handblatt, im 17. Jh. Bezeichnung für ‣*Manschette.*

Handkrause,[53, 330] Abschluss des Hemdärmels, 2. Hälfte 16. / Anfang 17. Jh., in Form einer über das Handgelenk fallenden Krause aus Leinen oder ‣Spitzen, zur ‣Halskrause passend. ‣Ärmel, ‣Engageantes, ‣Hemd, ‣Manschette.

Handschuh, engl. *glove,* Handbekleidung als Schutz und modisches ‣Accessoire, bestehend aus Handteil und Fingern, Daumen, »Schichteln« genannten Keilen zwischen den Fingern und Stulpe.

Ägypter, Griechen und Römer trugen bei der Feld- und Gartenarbeit H.e, wahrscheinlich in Form eines kleinen Sacks aus Stoff oder Fell; Griechen und Römer beim Essen dünne Fingerlinge als Schutz, da sie mit den Fingern aßen; Perser und Germanen der Bronzezeit als Kälteschutz Faust-H.e aus Schafwolle.

Der H. wurde für liturgische Funktionen übernommen und ging im frühen Mittelalter bereits als *Finger-H.* (mit Aussparung für den Ring) in das Bischofs- und das weltliche Herrscherornat über. Im Mittelalter war seit dem 8. Jh. der Finger-H. Herrschafts- und Rechtssymbol. Es gab spezielle Jagd- und Falkner-H.e; die niederen Stände durften nur Faust-H.e tragen. Um 1000 kam der Damen-H. auf.

Der H., meist ein Stulp-H., war aus Ziegen-, Kalbs-, häufiger aus Hundeleder oder aus Seide genäht, weshalb er noch schlecht saß. Die Stulpe, meist separat angesetzt, oft reich mit Edelsteinen, Perlen und Goldknöpfen bestickt, endete in Fransen. Die erste französische Innung der H.-Macher gab es 1190; Hugenotten brachten die H.-Fabrikation nach Deutschland; Leder-H.e wurden vom Beutler angefertigt. Die besten H.-Qualitäten kamen aus Spanien. Im späten Mittelalter wurde der H. zum Modeartikel der höheren Stände. Im 14./15. Jh. kamen fingerlose, über der Handfläche und dem Handrücken spitz in einer Schneppe (‣Schnebbe (2)) auslaufende Damen-H.e, sog. *Halb-H.e* oder ‣*Mitaines,* auf und gleichzeitig pelzgefütterte Winter-H.e. Im 13. Jh. gab es erste gestrickte, seit dem 17. Jh. gewirkte H.e aus Seide, z. T. mit eingearbeiteten Gold- und Silberfäden. Sie waren immer hochgeschätzte Geschenke. Leder-H.e waren stark parfümiert, wahrscheinlich um den Gerbgeruch zu überdecken, und hatten sehr breite, weite Stulpen, oft aus anderem Material, z. B. Atlas oder Seide; sie wurden mit Karton versteift und mit Seide gefüttert. Höchsten Standespersonen vorbehaltene Exemplare waren bestickt und mit Goldspitzen oder eingeklöppeltem Goldflinder umrandet. Der Seitenschlitz war oft mit ‣Spitze[51] verbunden.

Abb. 275. Halbhandschuh aus bestickter Seide, Metallspitze; Futter aus Glacéleder. Deutschland, 1. Hälfte des 18. Jh.s. Bayerisches Nationalmuseum, München.

Im 16. Jh. wurden H.e Allgemeingut.[509] Die kostbarsten Stücke des 17. und 18. Jh.s waren aus ‣Muschelseide oder kamen aus der irischen Stadt Limerick, nach der sie benannt wurden. Sie bestanden aus der Haut ungeborener Schafe und waren so dünn, dass sie in einer Nussschale Platz fanden. Im 17. Jh. trugen die Herren H.e mit besonders weiten, aufgestellten Stulpen »à la Crispin«. Ende des Jh.s wurden die H.e in ihrer Ausstattung einfacher. Damen bevorzugten im 17. und 18. Jh. die vorn spitz auslaufenden oder auch gerade endenden *Halb-H.e,* da sie eine sehr schmale Hand machten.

Im 18. Jh. trug der Herr seltener H.e als zuvor, gewöhnlich zur Jagd. Der Damen-H. variierte am stärksten in der Länge, die sich meist nach der Ärmellänge richtete. Material und Farbe passten sich der Kleidung an. Zu den kurzärmeligen ‣Chemisen (2) und später ebensolchen Ballkleidern reichten die H.e bis zum Oberarm.

Im 19. und bis Anfang des 20. Jh.s wurde auch für den Herrn der H. wieder unerlässlich.[83–85, 95] Im letzten Viertel des 19. Jh.s kamen H.e aus merzerisierter Baumwolle auf den Markt. Anfang des 20. Jh.s kamen für den Damen-H. formgerechte *Kulier-* (feine Wirkware) oder *Einnaht-Finger-H.e,* für den Abend *Netz-H.e* mit eingewebtem Muster, die auf der Jacquard-Petinet-Maschine (‣Stoff, Anfang 19. Jh.) hergestellt wurden, und 1929 der ‣*Karlsbader H.* auf. Außerdem wurden Spitzen-H.e modern. Für *Leder-H.e* wird Glacéleder (‣Leder) geschätzt. Als Sport-H. beider Geschlechter werden meist *Fäustlinge* aus Leder, Strick oder Segeltuch verwendet (‣*Golf-H.*). Seit Ende der 1950er Jahre wird der H. meist nur als Kälteschutz und weniger aus modischen Gründen getragen.[110, 111, 214, 286] Um 2001 kurzes Revival eleganter Winter-H.e mit Pelzstulpe. ‣Strick- und Wirkware.

Handtasche ‣Beutel, ‣Tasche (1).

Haplois ‣Chlaina.

Hartmann ‣Bowler.

Harzkappe (‣Kappe), nordd. für die verengte und verkürzte (etwa oberschenkellange) Spätform der ‣Schaube, die als eine der spanischen ‣Capa angenäherte Überjacke von beiden Geschlechtern in vielen Teilen Europas etwa 1550–80 getragen wurde; [56] beim Mann auch *Ehr-* oder ‣*Gestaltrock* genannt. Der breite Schulterkragen der Schaube war zum angeschnittenen Stehkragen, die Ärmel waren zu ‣Hängeärmeln oder großen Oberarmpuffen geworden. Die H. hielt sich als Amtstracht für Gelehrte, Bürgermeister und Ratsherren bis ins 18. Jh. ‣Cappa, ‣Kappe (1).

Haube (ahd. *huba*; mhd. *hube*; aengl. *hufe*; heute frz., engl. *bonnet*; niederl. *huif),* ‣Kopfbedeckung meist der Frau in vielfältigen Formen, das Haar im Allgemeinen vollkommen verdeckend. ‣Bonnet, ‣Coiffe.

Hausbuch ‣Modejournale.

Hausjacke, Hausjoppe (‣Joppe, ‣Jacke) des Mannes. Im 18. Jh. ‣*Casaquin*; im 19. Jh. ‣*Pekesche*; etwa ab 1900 als *Rauchjacke* (engl. *Smoking-Jacket*) eine gerade geschnittene (deshalb in der 2. Hälfte des 19. Jh.s auch *Sack* (‣Sakko) genannt), ein- oder zweireihige Herrenjacke aus Wollstoff oder Foulardseide mit Flanellfutter (‣Stoff, 19. Jh.), oft in türkischem Muster (‣Farbe und Muster), mit Posament- oder Holzknöpfen oder Knebeln und Posamentschlingen (‣Posament), Kordeleinsäumung, seidenbesetztem, oft abgestepptem ‣Kragen und ebensolchen Ärmelaufschlägen. In den 1950er Jahren war der sog. ‣*Bennygown* in Mode. Die Frau trug als H. ebenfalls den Casaquin, außerdem ‣*Kamisol* (3) und ‣*Matinee.*

Hauskappe, auch *Negligéhaube.* Im 17. Jh. kamen für den Mann eine hohe, zugespitzte,

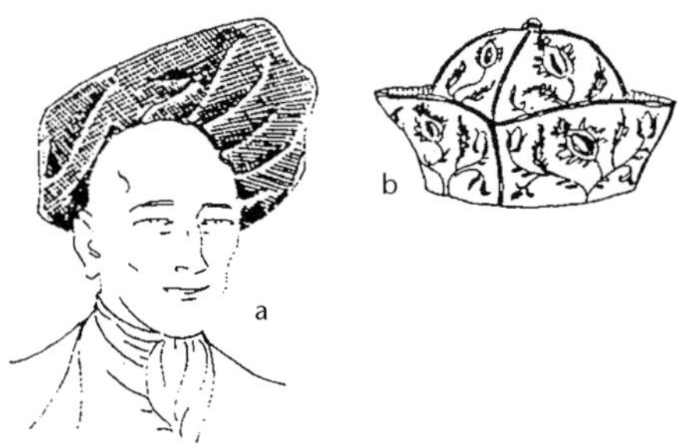

Abb. 276. a) Hauskappe. USA, 1767. b) Negligékappe. Frankreich, 2. Hälfte des 18. Jh.s.

in der 2. Hälfte des 17. Jh.s eine randlose, dem *Birett* (▸Barett) der Geistlichen ähnliche H. und eine andere mit steifer, fast senkrecht aufgeschlagener ▸Krempe auf. Auch die ▸*Kalotte* diente im 17. und 18. Jh. als H. Im Garten trug der Herr gegen Ende des Jh.s eine dreispitzartige Mütze aus Brokat. Im 18. Jh. hielten sich reich bestickte *Barette* und ▸*Toques* (1) aus Seide oder Brokat, die anstelle der Perücke getragen wurden. Im 19. Jh. diente eine flache, fezartige sog. *türkische Kappe*[277] aus Samt, bunt bestickt und mit seitlich herabhängender ▸Quaste, als H. ▸Zipfelmütze.[510]

Die Römerin trug in der Antike im Haus eine Art Kopftuch oder ▸Haube. In der 2. Hälfte des 16. Jh.s diente eine einfache ▸*Stuarthaube* als Haus- oder Negligéhaube, im 18. Jh. die ▸*Dormeuse* als Morgenhaube. Nach Mitte des 19. Jh.s kannte man eine weiche Form der ▸*Capote* (2).

Abb. 279. Kurze Ärmeltunika (Kittel), wie sie die Römerin als Hauskleidung trug. Nach Weiss.

Hauskleidung, *Hauskleid, Haus-* und *Morgenmantel*; 17.–19. Jh. auch ▸*Robe de chambre.*

Beim Mann erhielt sich im 16. bis Anfang des 17. Jh.s der bereits unmodische ▸*Tappert* noch als Hausgewand, insbesondere bei Gelehrten als Kälteschutz. In höfischen Kreisen der 2. Hälfte des 17. und im 18. Jh. trug der Mann seidengefütterte Brokat-Hausmäntel im Schnitt eines ▸Kaftans oder ▸*Kimonos* (engl. deshalb *Indian gown*) mit ostasiatischen Mustern (▸Farbe und Muster) und Schalkragen bzw. angesetztem Kimonokragen. Das Aufkommen des Kimonos als Hausmantel ist wahrscheinlich auf den Einfluss der Niederländisch-Ostindischen Handelskompanie zurückzuführen. Im 18. Jh. war der ▸*Comfortmantel* gesellschaftsfähig, der mit dem englischen ▸*Banyan*[148] gleichzusetzen ist. Anliegende, vorn übereinandergeschlagene und seitlich zugebundene Hausmäntel waren oft aus wattierter und abgesteppter Seide oder Baumwolle. Dazu gehörte anstelle der ▸Perücke eine Negligéhaube (▸Hauskappe). Für die bürgerliche Gesellschaft und vom 19. Jh. an allgemein war der Hausmantel einfacher. Im 20. Jh. trägt der Herr einen knöchellangen, durchgehend geknöpften oder mit Gürtel geschlossenen Hausmantel mit ▸Revers oder Schalkragen, wenn nicht die ▸*Hausjacke.* Seit den 1920er Jahren wird der Hausmantel häufig ▸*Dressinggown* genannt. Etwa ab 1950 wurde der Hausmantel zunehmend durch den gegürteten ▸*Bademantel* aus Frottee (▸Stoff, 19. Jh.) ersetzt.

Für die Frau werden im 16. Jh. als Teil der aristokratischen Kleidung weite Hauskleider aus Brokat oder Samt erwähnt. Die Bürgerin

Abb. 277. Hausmantel mit türkischem Muster und Fes. Aus »Allgemeine Moden-Zeitung«. 1851.

Abb. 278. Rauchjacke mit Steppkragen und Posamentverschluss. Aus »Die elegante Herren-Mode«. Jg. 11. 1902. H. 2.

Abb. 280. Herr in Hausjacke, Frau im Overall. Zeichnung von Anton Garden, Wien. Aus »Die Presse«. 1949.

trug die ‣*Matinee.* Ende 17. bis 18. Jh. dienten als ‣Negligé die ‣*Innocente,* ‣*Mantua* (1), ‣*Adrienne* und ‣*Kontusche,* die über dem unteren Kleid oder über Rock und ‣Korsett oder der ‣Gourgandine getragen wurden. Das Hauskleid hatte stets einen weiten, von den Schultern weg fließenden, dem Mieder nicht angepassten Schnitt, dreiviertellange ‣Pagodenärmel und war vorn offen. Im Haus war es gesellschaftsfähig, gehörte jedoch nicht zur ‣Grande parure oder ‣Parure. Im 18. Jh. zählten auch ‣*Frisierjacke* und ‣*Pudermantel* (frz. *peignoir*), die vorn nur mit einer Schleife geschlossen wurden, zur H. Im 20. Jh. gibt es *Morgenmäntel* mit Schalkragen und Gürtel aus Seide oder Flanell, die jedoch seit den 1950er Jahren – wie beim Mann – durch den vielseitigeren ‣*Bademantel* und seit den 1980er Jahren durch den ‣*Jogging-Anzug* ersetzt wurden.

Hausschuh ‣Fußbekleidung, ‣Galosche, ‣Pantoffel.

Haute Couture, *die* (frz., ›gehobene Schneiderei‹; ital. *Alta Moda),* für die elegante Mode international richtungweisende Pariser Schneiderkunst in exklusiver Maßarbeit von Großunternehmen.

Die französische H. C. ist seit 1868 in der ‣»Chambre Syndicale de la Couture Française« und seit 1911 in der »Chambre Syndicale de la Couture Parisienne« (»Fédération française«) organisiert; beide vertreten die globalen Interessen des Schneiderhandwerks. Speziell der Wahrung der Geschmacksmuster diente das 1914 auf Initiative P. ‣Poirets begründete »Syndicat de Defense de la Grande Couture Française«. Ähnliche Institutionen wurden später auch in anderen europäischen Ländern gegründet, 1942 die »Incorporated Society of London Dress Designers« und 1960 die »Camera Nazionale dell' Alta Moda Italiana«.

Das Schneiderhandwerk entstand in der 2. Hälfte des 12. Jh.s im Zusammenhang mit der beginnenden Verfeinerung des Schnittes von Kleid und Rock. Zuvor wurde die Herstellung von Kleidung in der Familie und in Klöstern besorgt. *Snider* (mhd.) hieß indessen auch der Tuchkrämer. In Frankreich unterschied man zwischen *Talieur,* dem Schneider, und *Couturier,* dem Näher. Noch gab es nicht die Spezialisierung von Damen- und Herrenschneider. Allerdings durften Schneiderinnen erst viel später als die Kleidermacher, in Frankreich nicht vor 1675, Zünfte gründen. Außerdem war ihnen bis gegen Ende des 18. Jh.s nur die Herstellung von Unterkleidung, Morgenröcken und dergleichen erlaubt. Im 18. Jh. waren die aus dem Geist des Mittelalters entstandenen Zünfte in ihren strengen Zunftregeln erstarrt und absolutistischer Willkür preisgegeben. Nachdem der französische Finanzminister Turgot 1776 die Zünfte verboten und Gewerbe- und Handelsfreiheit proklamiert hatte, wurde er bald gestürzt, der Erlass rückgängig gemacht. Die Französische Revolution hob die Zünfte generell auf. Schneider, die mit ihren Schöpfungen den Berufsgenossen voraus waren, gab es zu allen Zeiten, aber bis Mitte des 19. Jh.s übte keiner einen bestimmenden Einfluss auf die Mode aus; u. a. deshalb, weil die handwerkliche Tradition den schöpferisch tätigen, von der bürgerlichen Gesellschaft als Künstler anerkannten Schneider allgemein noch nicht zuließ. Anstelle der Schneiderzunft hatte sich jedoch gegen Ende des 18. Jh.s ein anderer, erst um 1760 gegründeter Berufsverband Einfluss auf die Mode zu verschaffen gewusst: die aus der Zunft der *Merciers* (frz., ›Kurzwarenhändler‹) hervorgegangene Zunft der *Marchands* bzw. *Marchandes des modes* (frz., ›Modehändler, Modehändlerinnen‹). An Kleidungsstücken durften sie zwar nur Mäntel, Umhänge und ‣Fichus nähen, aber sie besorgten den Aufputz eines Kleides, das Beiwerk, dazu Kopfbedeckung und Coiffure. Wegen der langwierigen und teuren Herstellung von Kleidung machten aber diese Details die Modeänderung aus. Dazu kam, dass sich nach dem Regierungsantritt Ludwigs XV. 1723 die Kleidschnitte, besonders der Hofroben, kaum wesentlich änderten. So wurden Kleidgarnierung und Kopfputz das Spielfeld des modischen Wechsels. Als *Marchands,* Kaufleute nämlich, verstanden sie sich auch auf die wirtschaftliche Ausnutzung der rasch aufeinander folgenden Kreationen. Sie wussten die »Vorteile der fraulichen Schönheit abwechslungsreich zu gestalten« (A. Varron) und modische Details in Verbindung zu aktuellen Geschehnissen (vgl. die Coiffure à la ‣Belle Poule) zu setzen. Deshalb hießen sie auch *Modekünstler* und waren mehr als die Schneider über die Landesgrenzen hinaus bekannt. Im Einzelnen ist heute trotzdem kaum noch Wesentliches über sie in Erfahrung zu bringen. An Namen blieben R. ‣Bertin, die Putzmacherin der Königin Marie Antoinette, ihre Konkurrentin Mme Éloffe, von der zwei Rechnungsbücher erhalten sind, und ein gewisser Beaulard, der als »Erneuerer und Erfinder modischer Dinge« und als »wagemutiger Berechner« (»Les Modes. Épitre à Beaulard«, anonyme, undatierte Veröffentlichung der Zeit; nach A. Varron) überliefert ist.

Auf die Situation der französischen Schneider und Modehändler im letzten Drittel des 18. Jh.s wirkte sich aber auch aus, dass die Kleidung des gebildeten Bürgertums und des englischen Landadels allgemein Geltung und Einfluss erlangte. So blieb die Hofmode, und hier insbesondere die Mode der Dame, mehr oder weniger die Domäne des Modehändlers. Die Herrenschneiderei war deshalb weit weniger als die Damenschneiderei von dem »Einbruch« der Modehändler betroffen, weil sie die – im Übrigen durch Stellung und Rang des Kunden einigermaßen festgelegte – Garnierung des Anzugs in eigener Regie behalten konnte.

Berühmte Pariser Modehändler, aber auch Schneider, unterhielten im letzten Viertel des 18. Jh.s prächtige Häuser in der bereits damals bevorzugten Pariser Gegend zwischen Faubourg und Rue Saint-Honoré, die bis heute das Viertel der H.C. geblieben ist und als Firmensitz für das Ansehen eines Modehauses fast unerlässlich scheint.

Die Aufhebung aller Zünfte, d.h. Freigabe von Handel und Gewerbe durch die Revolution 1789, hatte für Frankreich eine Zeit der Unsicherheit auch im modeschöpferischen Bereich zur Folge. Die Impulse für die Mode des Directoire (1795–99) gingen von der bildenden Kunst aus, vor allem von den Bildern Jacques Louis Davids. In dieser instabilen Periode ist ein Mann wie L.H. ‣Leroy, Hofschneider Napoleons I. und französischer Modekönig des Empire (1800–15/20), eine Ausnahme. Im Übrigen sind aus der Epoche des Empire und der Restauration (1815–30) drei Schneiderinnen mit Namen bekannt: Palmyre, Vignon und Victorine. Am Rande zu erwähnen sind in diesem Zusammenhang die während der Restauration (1815–30) zu Ansehen gelangten bürgerlichen Schneider T.G. Beer (nachweisbar 1825–44), Thomas Petko (eigtl. Petyko, nachweisbar 1824–59), Gottfried Röhberg (nachweisbar 1816–21) und Josef ‣Gunkel in Wien.

Die bürgerlichen Revolutionen von 1848 änderten an der sozialen Struktur wenig. Das inzwischen dominierende Großbürgertum blieb bis zum 1. Weltkrieg modebestimmend, wenn auch Impulse von der Aristokratie und von tonangebenden Demimondänen ausgingen, gegen Ende des Jh.s auch von gefeierten Schauspielerinnen und Tänzerinnen. Dieses Großbürgertum drängte um 1850 in die Modeführung, auch in die wirtschaftliche, und zwar sowohl in die H.C. als exklusivste Form der Bekleidungsherstellung als auch in die ‣Konfektion, die nun allmählich industrialisierte Massenherstellung von Bekleidung (‣Schnitt). Diese Entwicklung zu einer H.C. hat in Paris ihren Ursprung. In Paris wohl deshalb, weil es hier eine der Modeschöpfung nahe Tradition im Gewerbe der Schneider(innen) und Putzmacher(innen) (‣Modistin) gab, außerdem ausgezeichnete Stickerinnen und Hersteller von Zubehör wie Knöpfen, Gürteln, Schnallen, Federn, Stoffblumen, Handschuhen, Fächern etc. In Paris gab es auch die entsprechende Kundschaft, die die Mode als wesentlichen Teil eines exklusiv-luxuriösen Lebensstils zu betrachten verstand.

Der eigentliche Begründer der H.C., der Engländer Ch. F. ‣Worth, hatte sich bezeichnenderweise Mitte des 19. Jh.s in Paris etabliert. Er war Schneider und Modekünstler in einem, d.h., er war technisch und schöpferisch begabt; außerdem war er geschäftstüchtig. Er unterschied sich entscheidend von seinen Vorgängern. Der Soziologe René König hat ihn so beschrieben: »Arbeiteten jene [die Vorgänger] traditionsgebunden für eine kleine Gesellschaftsschicht und innerhalb derselben für eine bestimmte Persönlichkeit, so gestaltet der modische Créateur nicht nur neuschöpferisch, sondern immer ausschließlicher – und dies ist entscheidend – für eine unbekannte Vielzahl von Frauen einer internationalen Welt [...]. Das individuelle Kleid wird abgelöst durch das Modell. Die Kollektion wird für eine Vielfalt menschlicher Typen kreiert.« Worth beeinflusste die internationale Mode über dreißig Jahre lang, von der ‣Krinoline bis zum ‣Cul de Paris[88–92]. Er löste die bis dahin modischen Hauben durch den eleganteren Hut ab. Er verwirklichte seine eigenen Vorstellungen in luxuriösen Modell-Kollektionen. Jede Kreation – einige sind im Original erhalten, andere von Fotos bekannt – bekam einen passenden Namen, wie z.T. bis heute üblich. Worth ließ auch als Erster seine Kleider von einem Mannequin, seiner Frau Marie, vorführen. Berühmte Kundinnen, wie Kaiserin Eugénie von Frankreich, Fürstin Metternich von Österreich und die umschwärmte Demimondäne Cora Pearl, sorgten für seinen Ruhm. Er verkaufte seine Modelle auch an andere Modesalons in Paris, London, Berlin und New York mit dem Recht auf Abwandlung und Vervielfältigung.

Die Konkurrenz in Paris wuchs rasch: 1875 eröffneten J. ‣Doucet, 1891 Mme ‣Paquin, 1895 die Schwestern ‣Callot einen Modesalon. Andere Modehäuser von Ruf wurden in dieser Epoche die Maison Rouff, Félix und ‣Laferrière, die Maison Gagelin, in der Worth gelernt hatte, Chanille Rober, Palmyre et Vignon und Delatour. 1895, nach dem Tod ihres Vaters, übernahmen Jean Philippe und Gaston Worth das Geschäft; sie führten als Erste 1900 ein »Parfum Couture« ein.

In England dagegen gab es in der 2. Hälfte des 19. Jh.s »nach alter Tradition« elegante, aber wenig schöpferische Schneider. Ausnahmen waren ‣Lucile, J. ‣Redfern und H. ‣Creed, ein namhafter Schneider von Herren- und Damenreitkostümen. Alle drei Modeschöpfer etablierten sich auch in Paris, was wiederum verdeutlicht, wie wichtig ein Geschäft in der Modemetropole war.

Deutschland, zumal Berlin, war in der 2. Hälfte des 19. Jh.s weniger in der H.C. als vielmehr in der Konfektion bedeutsam. Allerdings bot z.B. das 1848 in Berlin gegründete Warenhaus Herrmann Gerson, Hoflieferant des preußischen Königshauses, maßgefertigte Modellkleider, auch aus Paris, an.

In Wien konnte sich insbesondere Chr. ‣Drecoll in den 1880er Jahren einen Namen als Modeschöpfer machen. Bald überschritt er die Grenzen des Landes und gründete 1905 einen H.-C.-Salon in Paris, später je einen in New York und in Berlin. Als renommierte und solide Modehäuser galten daneben ‣Bohlinger & Huber, ‣Faschingbauer, ‣Flöge, Francine Grünbaum, Spitzer und Ungar sowie der Herrenschneider J. ‣Knize. Die meisten pflegten enge Kontakte zu Paris und waren bestrebt, die Pariser Mode abzuwandeln, d.h., gefälliger, lieblicher und damit zur ‣Wiener Mode zu machen. 1888 wurde der heute noch existente ‣Wiener Modeclub gegründet.

Die Prosperität zur Zeit der Jahrhundertwende schuf vorerst für die weibliche Mode keine tiefgreifend neuen Probleme; sie verlangte zwar nach Neuheiten, aber nicht nach Neuorientierung; sie veränderte sich zwar, doch keinesfalls radikal. Stabilität gesellschaftlicher Sitten und modischer Formen bedeuteten den Zeitgenossen alles, wirkliche Experimente eine Gefahr. So wurden das zumal von Suffragetten und Ärzten geforderte ‣Reformkleid und die ‣Künstlerkleider als allgemeiner Modestil abgelehnt. Stattdessen dominierte der vom ‣Korsett beherrschte Stil des Sans Ventre, in dem auch Jean Philippe Worth, um 1900 einer der einflussreichsten Hautes Couturiers, schwelgte. Dennoch konnte sich ein neuer Modestil dank dem bald zum Pariser Modefürsten aufsteigenden P. ‣Poiret durchsetzen. (Dass eine Frau, die Modeschöpferin Mme Paquin, Präsidentin der Modeabteilung der Pariser Weltausstellung 1900 wurde, sagt übrigens einiges. Sie war auch die erste Frau, die mit der Légion d'honneur ausgezeichnet wurde.)

Paul Poiret stand der Idee der Reform- und Künstlerkleider ebenso wie der Kunst und dem Kunsthandwerk der zeitgenössischen Avantgarde nahe. Er ließ sich vom Stil der ‣Wiener Werkstätten, von der Malerei der Fauves um Matisse, auch von den farbexpressiven, fernöstlichen Kostümen Leon Baksts für Diaghilevs »Ballets Russes« beeinflussen, so viele Kunstströmungen seiner Zeit vermittelnd. Entscheidend war sein gesamtkünstlerisches Konzept. »Poiret ist«, schrieb Peter W. Schuppisser, »ein kühner Neuerer und doch zutiefst in der Gegenwart verwurzelt, ein glänzender Praktiker und doch zu phantasiereich, um nicht die Grenzen zu sprengen, die der Funktion der Kleidung gezogen sind. [...] Bohemien im besten Sinn des Wortes, fühlt er sich nicht an die Spielregeln der tonangebenden Gesellschaft gebunden, er beherrscht sie mehr, als er ihr dient und ist doch als Grandseigneur zutiefst der Belle Époque verhaftet. [...] aber bei aller Aufgeschlossenheit ist er kein Kritiker bestehender Lebensformen. [...] Seine Kreationen haben einen unverkennbar eigenen Stil, sind so durchgeformt, klar in der Linie und großzügig im Aufbau, daß sie neben den Modellen der anderen Couturehäuser eindeutig hervortreten.« Seinen Stil könnte man als Art-Déco-Mode avant la lettre (‣Art Déco) beschreiben. Poirets ‣Tuniken, ‣Turbane und sehr weite, hinten über die Schultern gleitende und dadurch schleppende Mäntel (‣Mantel) wurden internationale Mode (‣Hose).

Abb. 281. Modelle von Paul Poiret. Aus »Les Choses de Paul Poiret vues par Georges Lepape«. 1911.

1911 richtete in Paris die Chambre Syndicale viermal (später zweimal) jährlich Modeschauen für Einkäufer ein, die Modelle für Kopien kauften. Die Käufer müssen vor der Schau eine Geldsumme als Sicherheit gegen unerlaubtes Kopieren hinterlegen, die ihnen später auf gekaufte Modell-Schnitte angerechnet wird. Besonders amerikanische, aber auch führende europäische Warenhäuser, wie Gerson in Berlin und Swan & Edgars in London, bezogen so ihre »Pariser Modelle«. Weitere Neugründungen in Paris vor dem 1. Weltkrieg waren die Modesalons von J. ‣Lanvin (mit Kinderkleidern), M. ‣Vionnet und J. ‣Patou, die jedoch erst in den 1920er und 1930er Jahren internationalen Ruhm erlangten. Einen Namen hatten auch der neue Wege suchende H.C. ‣Doeuillet und Mme ‣Chéruit mit ihren schlichten, aber teuren Kleidern.

Neben der H.C. als kommerziellem Modeunternehmen gab und gibt es von Künstlern geschaffene Mode (nicht gleichzusetzen mit den ‣Künstlerkleidern der 2. Hälfte des 19. Jh.s, die meist nur von den Frauen der Künstler getragen wurden). Ein Beispiel ist das Schaffen M. ‣Fortunys, dessen plissierte, seidene »Delphos«-Abendroben noch heute getragen werden. In Wien trat das Modeschaffen in der Modeabteilung der ‣Wiener Werkstätte durch einen sehr erlesenen künstlerischen Stil hervor. Ihre Modelle und Accessoires wurden weltweit in eigenen Geschäften verkauft und genossen internationales Renommee.

Während des 1. Weltkriegs schlossen in ganz Europa viele H.-C.-Häuser. In den meisten europäischen Ländern konzentrierte man sich auf das eigene Modeschaffen. Manche Pariser Couturiers führten ihre Kollektionen in den USA vor. Dagegen erregte der praktische Kleidungsstil der noch unbekannten G. ‣Chanel[104] in Frankreich Aufsehen. Chanel begann während des Kriegs, als praktische Kleidung mehr als hohe Schneiderkunst gefragt war, einfache Sweater (‣Jumper), Segel- und Matrosenjacken, wadenlange ‣Faltenröcke, ‣Paletots (3), gerade, ebenfalls nur wadenlange ‣Kittel- und ‣Hemdblusenkleider aus beigem, baumwollenem Maschinentrikot (‣Jersey (1)) herzustellen. Sie nahm viele ihrer Anregungen aus der Männer- und Arbeitskleidung und verstand ihre Modelle nicht exklusiv, sondern stets als Vorschlag zur Nachahmung für die Selbstschneiderei und Konfektion. Chanels einfacher, ruhig-eleganter, funktionaler Stil war aus der Zeit geboren und kam ihren Anforderungen nach. Sie beeinflusste damit entscheidend die Frauenmode der 1920er Jahre.

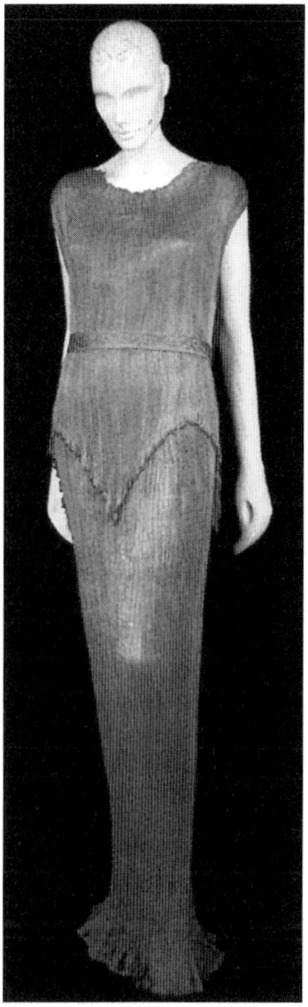

Abb. 282. »Delphos«-Kleid von Mariano Fortuny. Venedig, um 1912.

In Berlin entstand um 1916/17 der »Verband der Damenmode und Industrie«, dem gleichermaßen H.C. und Konfektionshäuser mit Modellabteilungen angeschlossen waren. Mitglieder waren u.a. M. Gerstel und Herrmann Gerson (beide Konfektion) sowie die heute kaum mehr bekannten H.-C.-Häuser von Regina Friedländer, M. Hammer, Cläre Kluge, Martha Löwenthal, Johanna Marbach, Klara Schult, Alfred-Marie, dazu Chr. ‣Drecoll sowie Becker & Maass. Dank seinem künstlerischen Leiter O. ‣Haas-Heye und dessen Kostümen und Abendkleidern im Stil der ‣Kriegskrinoline (1915/17) ragte das Haus Alfred-Marie heraus; ein Teil der Entwürfe ist in Holzschnitten von Annie Offterdinger überliefert.

In Wien wurde 1915 die »Wiener Modellgesellschaft« (nachweisbar bis 1933) mit einem eigenen Modenhaus am Graben gegründet, die Kreationen Wiener Couturiers in Modeschauen vorführte. Die Wiener Werkstätte gab zusammen mit anderen Grands Couturiers 1915 einen »Modealmanach« heraus.

Nach dem 1. Weltkrieg musste sich die Struktur der Pariser Couture ändern, um weiterbestehen zu können. Der Modeschöpfer war nicht nur vor neue Gestaltungsprobleme gestellt, auch seine wirtschaftliche Basis bedurfte der Neuorientierung. Von der europäischen Privatkundschaft, die bis dahin der wesentliche Träger der großen H.-C.-Häuser war, schied ein beträchtlicher Teil aus. Die USA begannen einen nicht unerheblichen Einfluss auszuüben. Die Anpassung speziell der Pariser H.C. wurde deshalb in der Intensivierung der Exportbeziehungen zu Amerika (einschließlich Südamerikas) gesucht. 1925 erreichte der Export der französischen Couture 2,5 Milliarden Francs, während er 1929–39 nie die 100-Millionen-Francs-Grenze überschritt. Außerdem war die Zeit der »Phantasiepreise«, wie sie in der Belle Époque und davor üblich waren, vorbei. Einen Ausgleich bot die Herstellung großer Mengen für den Export. Es galt das notwendige Gleichgewicht zwischen Export und

Abb. 283. Stilkleid von Jeanne Lanvin. Zeichnung von Georges Lepape. Paris, 1923.

Privatkundschaft herzustellen und dabei die ungeheuren Kosten der wesentlich größer gewordenen Kollektionen zu amortisieren. Die »tote Zeit« zwischen den Kollektionsvorführungen musste jedoch die Privatkundschaft decken. Gegen Widerstände aus eigenen Kreisen, die bis in die 1960er Jahre nicht abgeklungen waren (siehe C. ‣Balenciaga), wurde nun die H.C. zur eigentlichen Industrie, das individuelle Kleid zum anonymen Modell. Von Charles Frederick Worth bis Poiret haben die Modeschöpfer ihre Kunden persönlich beraten und bedient; sie schufen fast täglich neue Kreationen für bestimmte Persönlichkeiten. Nach 1918 trat der Modeschöpfer immer seltener und nur noch bei einzelnen prominenten Kunden – die weiterhin aus Gründen der Werbung sehr wichtig bleiben – persönlich in Erscheinung. Chanel z.B., so sehr sie auch im Privatleben eine große gesellschaftliche Rolle spielte, pflegte keine Kundin persönlich zu beraten. Der Couturier musste sich ab nun auf die Gestaltung immer umfangreicherer Kollektionen konzentrieren, er wirkte hinter den Kulissen und kannte viele Abnehmer nur noch dem Namen nach. Die individuelle Gestaltung wich einer – allerdings nicht minder großartigen – Typisierung.

Diese Umstellung fiel vielen etablierten Couturiers schwer und ließ sie resignieren. So war es weniger Paul Poirets Modestil, der ihn zu Fall brachte, wie oft behauptet wird, sondern dieser Strukturwandel der H.C., denn trotz seines »L'art pour l'art« konnte Poirets Stil funktionell sein. (Poiret glänzte ein letztes Mal 1925, mit seinen Modellen für die »Exposition des Arts Décoratifs«, doch war bereits Ende 1924 sein Geschäft von einer Gesellschaft übernommen und 1927 endgültig geschlossen worden.) In den 1920er Jahren arbeiteten von den bereits vor dem Krieg maßgebenden Firmen u.a. noch Callot Sœurs, Drecoll, Doucet, Redfern, Chéruit, Paquin, Doeuillet, Poiret und Worth.

Der jungen Generation wurden hingegen die neuen Gegebenheiten zum Ansporn, sie mit anderen Mitteln und zeitgemäßer Zielsetzung zu meistern. Durch die sozialen Veränderungen konnten so die avantgardistischen Forderungen der Vorkriegszeit durchgesetzt und zu allgemeiner Mode werden. Freilich blieb die H.C. trotz aller revolutionärer und experimentierfreudiger Einstellung exklusiv. Für die

Abb. 284. Gabrielle Chanel im Chanel-Kostüm aus Jersey mit Modeschmuck. 1929.

1920er Jahre wurden folgende neue Häuser am wichtigsten: allen voran G. ‣Chanel, gefolgt von J. ‣Patou, J. ‣Lanvin, die bereits vor dem Krieg tätig war, jedoch erst jetzt zu internationalem Ruhm gelangte, L. ‣Lelong, M. ‣Vionnet[492], E. ‣Molyneux, ‣Augustabernard, M. ‣Rochas und ‣Louisboulanger. Sie rangierten vor Modellhäusern wie Beer, Madame Jenny, Madeleine et Madeleine, Martial et Armand, Premet, Rodier, Yvonne und Lemonnier. Aber nicht nur die Anzahl der Modeschöpfer hatte zugenommen, sondern auch der Umfang der Unternehmungen, dank des Exports, vor allem nach den USA. Firmen wie Vionnet und Patou beschäftigten 1925 mit 1200–1500 Personen mehr Arbeitskräfte als in den 1950er Jahren Christian Dior, und bei Chanel verdoppelte sich diese Zahl.

Die radikale Umstellung der Mode stand eindeutig unter der Führung von Gabrielle »Coco« Chanel. Obwohl Poiret schon vor ihr die konsequente Eliminierung des Korsetts betrieben hatte, die Dessous reduziert, den Rock zu verkürzen begonnen und die Hose für die Frau kreiert hatte, führte Chanel diese Neuerungen aus dem rein künstlerischen Gestaltungsprinzip zur Selbstverständlichkeit. Sie ergänzte sie durch eine Kurzhaarfrisur und bisher wenig beachtete Materialien, wie grobmaschige Strickwaren und feinmaschiges, anschmiegsames Jersey, und schuf einen neuen, einheitlichen Stil daraus. Chanel verwirklichte die Distinktion mit dem Mittel raffinierter Einfachheit. Sie gelangte instinktiv zu dem zeitgemäßen Stil, der ein Stück ihrer selbst war. Sie war von einem unbändigen Drang nach Unabhängigkeit beherrscht und verkörperte alle Eigenschaften der damaligen emanzipierten Jugend. Nicht nur ihre Kleider, auch ihre Lebensart wurden kopiert. Chanel versicherte: »Kleider sind weniger wichtig als die Art, sie zu tragen.« Sie exemplifizierte, dass die Frau, nun am Tage anerkannt im Beruf und dabei praktisch, aber nicht ohne Eleganz gekleidet, am Abend verführerisch und extravagant sein wollte. Die Einfachheit ihres Stils entsprach nicht nur dem Zeitbedürfnis, sondern war technisch hervorragend für die Konfektionierung geeignet, wenn auch die letzten Feinheiten der raffinierten Exklusivität nie in der Serienfabrikation reproduziert werden konnten. Die Hemdblusenkleider von Chanel, ihre Jersey-Ensembles mit der geraden Jacke und die Pullover wurden Standardartikel. Der Grundsatz: »Mode ist erst dann Mode, wenn sie auf die Straße geht«, wird auch noch von dem heutigen Modeschöpfer der Chanel-Kollektion, Karl Lagerfeld, vertreten.

J. ‣Patou, der einen ähnlichen Stil wie Chanel vertrat, verstand es am besten, den amerikanischen Markt zu nutzen. Er entwarf spezielle Kollektionen für die USA, präsentierte sie in eigenen Modeschauen, für die er amerikanische Mannequins unter Vertrag nahm. Er setzte sich, wie nun insgesamt die französische H.C., mit den Wünschen und dem Lebensstil in der Neuen Welt auseinander, nicht wie ehedem Poiret, der bei seinen Modeschauen in den Staaten allein bestrebt war, französische Kultur zu vermitteln. Jeanne Lanvin setzte ebenfalls auf die neuartige Differenzierung zwischen Tages- und Abendkleidung. Ihre femininen romantischen ‣Stilkleider (2) standen im Gegensatz zu ihrer sportlichen, knabenhaften Tagesmode. E. ‣Molyneux' Kreationen wurden wegen ihrer ruhigen, diskreten Eleganz geschätzt.

1925 trat in Frankreich Mode als Kunst in den Vordergrund. Es war das Jahr der berühmten, der Epoche den Namen (Art Déco) gebenden Pariser »Exposition Internationale des Arts Décoratifs et Industriels Modernes«, bei der 72 Couturiers ausstellten. Mme Lanvin gestaltete die Dekorationen des Pavillon d'Élégance. Die Modepuppen waren künstlerisch stilisiert und in Gold, Silber, Grün oder Schwarz gehalten. Die Malerin S. ‣Delaunay[388] zeigte Kostüme und Mäntel aus ihren in »simultanen Farbkontrasten« gehaltenen Stoffen und gestaltete zusammen mit dem Pelz-Couturier J. ‣Heim, der auch vom Kubismus beeinflusste Kleider schuf, eine »Boutique simultanée«. Art-Déco-Mode mit ihren linearen und geometrischen Schwarz-Weiß-Effekten präsentierte am reinsten ‣Erté, bei dem die Grenze zum reinen Künstlerkleid offen blieb, neben ihm J. ‣Doucet. Mme Chéruit gestaltete Kleider aus Stoffen mit handgemalten kubistischen Motiven. Lucien Lelong brachte als Antithese zu den geraden Konturen und geometrischen Mustern »kinematographische Linien«; das Kleid sollte nicht statisch, sondern in Bewegung gesehen werden. Seine Kleider waren aus zarten, flatternden Stoffen, die bei geringster Bewegung durch eingelegte Falten, Glocken und Zipfel in Schwingung gerieten. Chanel ließ Hunderte von Blütenblättern eines Stoffmusters ausschneiden und wieder auf den Grund heften, so dass die Applikationen beim Gehen vibrierten.

Die deutsche Mode war in den 1920er Jahren zum Großteil auf sich selbst konzentriert und weder stilistisch von der Pariser H.C. noch wirtschaftlich in dem Maße wie Paris vom Export in die USA abhängig. Der Krieg und die devisenarme Nachkriegszeit hatten Deutschland aus den engen Bindungen mit Paris gelöst. Berlin war ebenso das Zentrum der deutschen Mode wie allgemein der Kultur und des Vergnügens: in zahlreichen Modellhäusern, wie Alfred-Marie, Götz, Marbach, Friedländer, Brandstätter und Latz, entstand jene betont mondäne Mode, die als »Berliner Chic« bekannt ist. Anders als in Paris oder Wien sind hier jedoch kaum Modelle erhalten geblieben, auch Abbildungen nur spärlich vorhanden; die Modeschöpfer selbst sind zum Großteil in Vergessenheit geraten.

In Wien war die H.-C.-Mode der 1920er Jahre durch den ornamentalen, phantastischen oder verspielten Stil D. ‣Peches an der Wiener Werkstätte geprägt, deren Modelle und Accessoires weltweit Beachtung fanden. Als H.-C.-Haus hatte der heute vollkommen in Vergessenheit geratene Salon von Max Becker einen Namen.

In England fing N. ‣Hartnell an, der das Stilkleid bevorzugte und der 1927 als Erster den seit 1924 kniekurzen Saum wieder verlängerte.

Noch zu Beginn der 1920er Jahre waren zwei der hervorragendsten ‣Modejournale von Grands Couturiers finanziert worden: in Paris 1912–25 die »Gazette du Bon Ton« und in Berlin 1920–22 der »Styl«.

Anfang der 1930er Jahre litt die H.C. aller Länder erheblich unter den Folgen der Weltwirtschaftskrise. Während vor 1929 (New Yorker Börsenkrach) viele amerikanische Modehäuser bei jedem Couturier in Paris pro Kollektion rund zehn Modelle erstanden, kauften sie nun zusammen nur ein Modell pro Kollektion und liehen es sich gegenseitig zur Reproduktion aus. Der Modeexport sank: Noch 1925 stand er in Frankreich an zweiter Stelle der Handelsbilanz, 1933 fiel er auf den 27. Platz zurück. (Diese Rezession verhalf u.a. der sich bereits Ende der 1920er Jahre ankündigenden femininen, figurbetonten und wadenlangen Modelinie zum Durchbruch.)

In Frankreich weitete M. ‣Vionnet ihren legendären Erfolg durch die Erfindung eines neuen Grundschnitts, des sog. Schrägschnitts[346], aus. Dabei werden die Schnitt- und Umbruchlinien diagonal zum Fadenlauf des Stoffes gelegt. Das so geschneiderte Kleidungsstück passt sich dem Körper und seinen Bewegungen besser an. Vionnet entwarf ihre Modelle nicht auf dem Zeichenblock, sondern drapierte und schnitt den Stoff an einer Holzpuppe. Sie dachte und gestaltete dreidimensional. Die Konstruktion sah sie gleichzeitig, wie später auch z.B. ‣Courrèges, als dekoratives Element an. Diesem Schwerpunkt waren alle Details untergeordnet.

Der ruhigen, zeitlosen Klassik in einem exzeptionellen Stil war Mme ‣Grès verbunden, die 1931 unter dem Namen »Alix« anfing. Sie bevorzugte Faltenwürfe oder asymmetrische Drapierungen nach antikem Vorbild. Jede Unterstützung der Körperformen durch ein damals wieder üblich gewordenes Korsett oder einen Büstenhalter lehnte sie ab. Sie drapierte, schnitt und steckte, einem Bildhauer gleich, zuerst ihre Modelle an Puppen oder direkt an

Abb. 285. Haute-Couture-Robe von Elsa Schiaparelli, mit Stickerei-Motiven von Jean Cocteau. Zeichnung von Jean Cocteau. Harper's Bazar. Juli 1937.

Mannequins. Letztere ließ sie meist ohne Schmuck und Accessoires – oft sogar ohne Schuhe – auftreten, um die Aufmerksamkeit allein auf die Kleidlinie zu lenken.

Im Gegensatz zum Modestil von Vionnet, Grès oder Chanel stand deutlich jener von E. ‣Schiaparelli, einer Italienerin, die allein in Paris wirkte. Schiaparelli verstand es auf sehr unkomplizierte Weise, Anregungen von der Straße, von der Trachtenkleidung, ebenso von der bildenden Kunst, besonders dem Surrealismus, modisch zu verarbeiten. Sie war gegen die Tendenz der Zurückdämmung von Farbe und liebte klare, reine, nicht gebrochene Farbtöne, womit sie bewusst an Poiret anschloss. 1933 betonte sie – durch chinesische Pagoden inspiriert – die Schultern durch ‣Epauletten und seitlich überstehende Zacken, woraus eine allgemein schulterbetonte Modelinie (‣Kleid) entstand, die später – von ihr ungewollt – übertrieben wurde. (Schon 1931 hatte sie breite Schultern gebracht, die jedoch noch ohne Einfluss blieben.) Ebenso machten ihre asymmetrischen Abendkleid-Dekolletés (‣Diana-Dekolleté) Furore, wie ihre erstmalige Verwendung des ‣Reißverschlusses an teuren H.-C.-Kleidern. Großen Einfluss auf die damalige Alltagsmode hatten auch ihre ausgefallenen Hutkreationen: Eistüten, Schiffchen, Schalen und Scheiben. Schon 1936 brachte Schiaparelli in ihren »Walzerkleidern«[122] jenen weiten Rock, der später als ‣New Look große Mode wurde.

In scharfer Konkurrenz zu Schiaparelli stand M. ‣Rochas, der gleichzeitig mit ihr ähnliche Modevorschläge brachte. Weitere Neueröffnungen von Pariser H.-C.-Häusern in den 1930er Jahren erfolgten 1929/30 durch den Amerikaner Main Rousseau Bocher unter dem Namen ‣Mainbocher, 1932 durch N. ‣Ricci und 1933 durch R. ‣Piquet, einen hervorragenden Schneider, der aber nicht selbst entwarf, sondern Designer verpflichtete (bis 1937 P. ‣Balmain, 1937–40 Chr. ‣Dior). 1937 eröffneten J. ‣Fath, C. ‣Balenciaga und J. ‣Dessès, deren beginnender Ruhm durch den 2. Weltkrieg unterbrochen wurde, Salons. Im selben Jahr schlossen J. ‣Heim und Schiaparelli »Couture-Boutiquen« an und machten dort den Anfang mit preisgünstigeren Modellen neben jenen der H. C.

In England machte sich in den 1930er Jahren Norman Hartnell einen Namen als Schneider der Prinzessin Mary, 1936–52 Gattin König Georgs VI., und des englischen Hochadels (er wurde in den 1950er Jahren Hofschneider von Königin Elisabeth II.). Hartnell bevorzugte eine stets passende, sehr korrekte und betont feminine Kleidung in zarten Pastellfarben und brachte im Herbst 1937 weite, volle Röcke in Anlehnung an die romantische Krinolinenmode. Daneben gab es das Couture-Haus Lachasse mit D. ‣Morton als Designer, der sich 1933 selbständig machte und dem H. ‣Amies folgte. Hoch geschätzt wurde stets die sehr seriöse englische Herren-H.-C., bei der jedoch der Name des Modeschöpfers nur intern eine Rolle spielte.

In Wien zeichnete sich das Modehaus von G. ‣Höchsmann, einer Schülerin der Wiener Werkstätte, durch ihr sicheres Gefühl für Materialgerechtigkeit und handwerkliche Gediegenheit aus. 1938 wurde dort das »Haus der Mode« von privater Seite gegründet zur Erarbeitung von Modeneuheiten und für Modeschauen.

In Deutschland erschütterten die Ereignisse der 1930er Jahre das nationale Modeschaffen erheblich. Durch die »Arisierung« wurden Berlins Modesalons stark dezimiert. Erfolgreich weiterarbeiten konnten noch Schulze-Bibernell, Eggeringhaus, Gehringer & Glupp[286], Seeger, Bornholdt und Scheppach, Schwichtenberg.

Im Frühjahr 1940 kam in Paris die letzte große Saisonmodenschau zustande. Kurz vor der deutschen Okkupation gingen Charles Creed und Edward Molyneux nach England, Mainbocher und Schiaparelli in die USA, Chanel schloss (bis 1953), ebenso Vionnet und andere Couturiers; aus finanziellen Gründen versuchten sie meist nur ihre Parfüm-Produktion aufrechtzuerhalten. Als die deutsche Besatzungsmacht die gesamte in Paris noch vorhandene H. C. nach Berlin und Wien verlegen wollte, gelang es Lucien Lelong, die Chambre Syndicale in Paris zu halten und sogar weitgehend von Stoffrationierungen zu befreien: Piguet, Lelong, Grès, Fath, Paquin, Lanvin, Dessès, Rouff, Griffe, Lafaurie und Madeleine de Rauch konnten weiterarbeiten. Ihr Kundenkreis bestand aus der politisch privilegierten Schicht der deutschen Führungsspitze sowie aus »Schwarzmarkt-Kapitalisten«.

Von der dominierenden französischen Mode abgeschnitten, versuchte man sich in vielen Ländern auf das eigene Können zu konzentrieren. Stoffrationierungen erschwerten indessen erheblich die Produktion. In England stellten trotzdem 1941 führende Londoner Designer, von der Regierung unterstützt, eine gemeinsame Kollektion zusammen, allerdings nur für den Export. 1942 wurde die »Incorporated Society of London Fashion Designers« gegründet, mit Molyneux als Vorsitzendem, Hardy Amies, Creed, Worth of London, Bianca Mosca und V. ‣Stiebel sowie Peter Russell als Mitgliedern. Im deutschsprachigen Raum rückte Wien wieder mehr in den modischen Mittelpunkt. In Deutschland arbeiteten wenige, politisch genehme Couturiers sowie die Münchner Meisterschule für Mode und das Berliner Haus der Mode weiter.

In allen europäischen Ländern war die modische H.-C.-Linie stark schulterbetont, die Röcke waren kniekurz, unter peinlicher Vermeidung überflüssiger Weite. Klassische Kostüme neben schwarzen Nachmittagskleidern, ergänzt durch möglichst phantasievoll drapierte Kopfbedeckungen, wurden bevorzugt.

Im August 1944, gleich nach der Befreiung der Stadt, konnte die Pariser H. C., dank der

Aufrechterhaltung während des Kriegs und der darauffolgenden staatlichen Subventionierung, eine gemeinsame Kollektion vorstellen. Journalisten und Kundinnen waren über den großen Stoffverbrauch und die Extravaganz der meisten Modelle (weite Ärmel, geraffte Doppelröcke) so erregt, dass im Herbst 1945 kurzfristig der Stoffverbrauch auf drei Meter pro Kleid limitiert werden musste. Einen großen Werbeerfolg brachte der Pariser H.C. das im April 1945 gestartete »Théâtre de la Mode«, eine Ausstellung, bei der an kleinen Puppen Modelle von 53 Pariser Couturiers in neun internationalen Städten, einschließlich New York und San Francisco, vorgestellt wurden. Im Frühjahr 1946 entstand die erste Pariser H.-C.-Kollektion ohne Restriktionen. Die gezeigten Modelle unterschieden sich stark von der Alltagskleidung. Die Kleider waren von einer figurbetonten, gleichzeitig stoffaufwendigen Linie geprägt, die die Bleistiftlinie vorbereitete: anliegendes Oberteil, kleines Dekolleté, extrem schlanke, wieder durch das ‣Korsett betonte Taille und die Hüften betonende Doppelrockeffekte, asymmetrische Drapierungen, Schärpen, ausgestellte Taschen oder Cut-artig zurückgeschnittene und seitlich ausgestellte Schöße über einem engen Rock. Jedoch blieben die breiten, achselunterlegten Schultern und der kurze Saum. Die ersten Abendkleider hatten enge ‣Korsagen (1) mit dünnen oder gar keinen Trägern, asymmetrische Dekolletés und einen knöchel- bis bodenlangen, schon 1946 (!) von Balenciaga, Rouff, Delanghe, Hartnell u.a. kreierten weiten, von Unterröcken unterstützten Rock (meist Satin) mit mehreren Tüllröcken darüber. Vorgestellt wurden auch Abendkleider mit engen, figurbetonten Röcken, die hinten einen aufspringenden Falteneinsatz hatten oder an der Seite bzw. vorn leicht geschlitzt waren. Neben dem Abendkleid entstand, den neuen gesellschaftlichen Wünschen und Verpflichtungen entsprechend, das ‣Cocktailkleid.

Erste Neueröffnungen waren 1945 die Salons von Mme ‣Carven und P. ‣Balmain. Die sehr geschwächte Textilindustrie hatte ernsthafte Sorgen, ihre bisherige Machtstellung neu zu festigen. Es war das Verdienst des größten französischen Textilindustriellen Marcel Boussac, den Blick der Welt wieder auf die Pariser Mode zu ziehen. Er ließ ein neues Couturehaus mit großen Mitteln ausstatten und übertrug die künstlerische Leitung Chr. ‣Dior, der die seltene Chance hatte, sich von Anfang an ganz auf seine kreative Arbeit zu konzentrieren. Am 12. Februar 1947 stellte er seine erste Kollektion, »Ligne Corolle« (»Blütenkelchlinie«), vor,[110] die in von der internationalen Modepresse einhellig als Sensation empfunden und in den USA als ‣New Look gepriesen wurde. Allerdings blieben anfänglich negative Kritiken wegen des zu großen Stoffverbrauchs und der starken Tailleneinschnürung nicht aus. Der weite Rock des New Look war schon 1937/38 von verschiedenen Couturiers ebenso wie von Dior selbst (noch bei Piquet) aufgegriffen, doch nun zu einem einheitlichen Look mit weicher, lockiger Frisur und aufeinander abgestimmten Accessoires von neuen Formen weiterentwickelt worden, was den großen Erfolg mit ausmachte. Dabei spielte es eine geringe Rolle, dass die Durchschnittsfrau davon nur träumen konnte. Ein Jahr später, 1948, stellte Dior als Alternative zum New Look eine bleistiftschmale Rocklinie vor, die sich zum wadenlangen Saum extrem verjüngte und ein Gehschlitz, später ‣Dior-Schlitz genannt, die nötige Bewegungsfreiheit gab. J. ‣Fath, Diors größter Konkurrent, war Meister dieser ‣Engen Linie.

In Deutschland ging der Neuanfang der H.C. nur sehr langsam und schwierig vor sich, obgleich bereits 1946 eine Exportmodenschau in München gehalten wurde. Erst 1948 wurde in deutschen Modejournalen der New Look vorgestellt, mit Vorschlägen, wie man durch Einsetzen anderer Stoffe die gewünschte Weite und Länge des Rockes erzielen könne. Damals begann München die Stelle Berlins als Modestadt einzunehmen. In München machte sich H. ‣Schulze-Varell selbständig, der bis in die 1980er Jahre durch äußerst erlesene Modellkreationen in raffinierten Schnitten auffiel, fing der Salon Ponater an und begründeten W. und M. ‣Bogner ihre weltbekannte Sportmode. Als Herrenschneider etablierten sich hier Max Dietl, M. Hussmüller und L.H. von Hees. In Berlin fing H. ‣Oestergaard an, der der Pariser Mode einen gefälligen, in Deutschland vertretbaren Chic gab und auch jugendliche Mode machte. Hermann Schwichtenberg und H.W. ‣Claussen, Gehringer & Glupp[286], ‣Staebe-Seger waren klingende Namen in der deutschen H.C. Einen Salon bei Wiesbaden gründete E. ‣Topell, genannt die »deutsche Vionnet«, da sie wie diese ihre Modelle vom

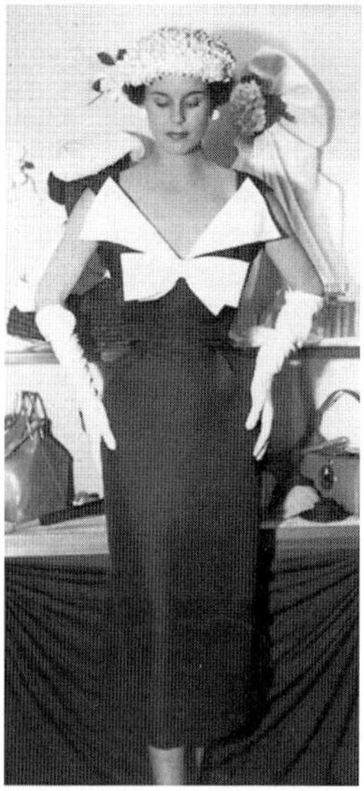

Abb. 286. Modellkleid in Enger Linie von Gehringer und Glupp. Berlin, um 1955.

Schnitt, nicht vom zeichnerischen Entwurf her aufbaute.

In England machte sich 1946 Hardy Amies selbständig, der später neben Hartnell »Dressmaker to Her Majesty« wurde. Berühmte Namen wurden außerdem D. ‣Morton, Bianca Mosca, V. ‣Stiebel und John Cavanagh.

Dank dem großen Aufholbedarf bedeuteten die 1950er Jahre einen neuen Höhepunkt für die H.C. Sich modisch kleiden und alle Accessoires aufeinander abstimmen zu können war eine Sache des Prestiges, sowohl der Oberschicht als auch des Mittelstandes. Die höchsten Einnahmen der H.C. resultierten aus teuren Einzelmodellen und deren hohen Kopie- und Lizenzkosten, sowie aus der Parfümherstellung. Reiche Privatkundinnen – Filmstars, Frauen amerikanischer Unternehmer, fernöstliche und arabische Prinzessinnen – bildeten den finanziellen Rückhalt der H.C., d.h. der französischen H.C., die weiterhin weltweit tonangebend war. Den größten Kundenkreis lieferten die USA, für ihn schufen manche Pariser Salons eigene Kollektionen. Die französische H.C., allen voran Dior, diktierte die Linien, auch in der Konfektion und den ‣Modejournalen, die sie dem Publikum vermittelten. 1950 brachte Dior die mäßig figurbetonte Vertikallinie mit 30 cm über dem Boden liegenden Saum; 1951 die Gestreckte Linie (»Ligne longue«; Prinzessform ohne überbetonte Hüften), während Fath eine sehr elegante Variation der Bleistiftlinie zeigte. 1952 war die Pariser H.-C.-Linie allgemein weich und fließend. Dior stellte die Schlangen- oder Wellenlinie (»Ligne sinueuse«) vor mit einem im Rücken blousonartig gehaltenen Oberteil, tief sitzendem Rückengurt (‣Martingale (1)) und ‣Raglanärmeln, dazu einem engen Rock, H. de ‣Givenchy seine erste, auffallend jugendliche Kollektion noch aus einfachen ‣Stoffen (Shirt-

Abb. 287. Mode-Linien von Christian Dior. Paris, 1951–56.

ing, Frottee, Leinen, Organdy, Chintz), die jedoch bald sehr exklusiv, auch im Muster (halbierte Zitronen, Weintrauben oder Ananas), wurden. 1952/53 kam Diors Profilierte Linie (»Ligne profilée«), 1953 die noch stärker figurbetonende Tulpenlinie, bei der das Oberteil mit raffinierten Drapierungen und tiefem Dekolleté die Blüte darstellte, der in der Taille durch einen Gürtel eng gehaltene Rock mit Bundfalten und seitlich die Hüften modellierendem Schnitt den Stiel. Im selben Jahr zeigte P. ‣Cardin seine erste Damen-H.-C.-Kollektion. 1954 eröffnete Chanel wieder ihren Salon mit einer neuen Kollektion. 1953/54 machte Diors Kuppellinie (»Ligne vivante«) Furore mit weitem, steifem Rock mit kürzerem, 40 cm über dem Boden liegendem Saum und tief sitzender Taille, so dass im Oberteil die Prinzesslinie erhalten blieb; dazu gehörte ein sehr weiter Mantel, der das Kleid »wie eine Kuppelschale« einhüllte. Baimains Kollektion »Bezaubernde Pariserin« (»Jolie Madame de Paris«) war stark figurbetont, in der Silhouette eines Champagnerkelches, mit etwas verbreiterten Schultern; Fath brachte mit »Römischer Bogen« aufgeblähte, tief ansetzende Ärmel und überspielte Taille und Hüften. 1954 kam Diors Maiglöckchenlinie (»Ligne muguet«) mit losem, boleroartigem Oberteil, enger Taille und einem Rock in Sonnenplissee (‣Plissee); Cardin eröffnete seine erste Boutique, »Ève«. 1954/55 brachte Dior die berühmt gewordene H-Linie in mäßig taillierter Prinzessform mit tief angesetztem, durch Gürtel oder Schärpe betontem Rock, anliegendem Oberteil und schmalen Hüften, während Balenciaga eine extrem enge I-Linie vorstellte. 1955 kam Diors nicht weniger berühmte A-Linie mit schmalen Schultern, breitem, eckigem Dekolleté, meist kragenlos, mit tief sitzender, anliegender Taille und ab den Hüften stark ausgestelltem Rock. 1955/56 lancierte Dior die schlanke, körperbetonte Y-Linie mit breitem Kragen oder Stoffdrapierungen in V-Form, die den oberen Teil des Y bilden sollten. 1956 brachte Dior die Pfeillinie (»Ligne flèche«), eine Verschmelzung seiner körperbetonten und seiner geraden Linie, indem ein kurzes Bolero oder eine Tunika die hohe Taille eines Prinzesskleids überspielte.

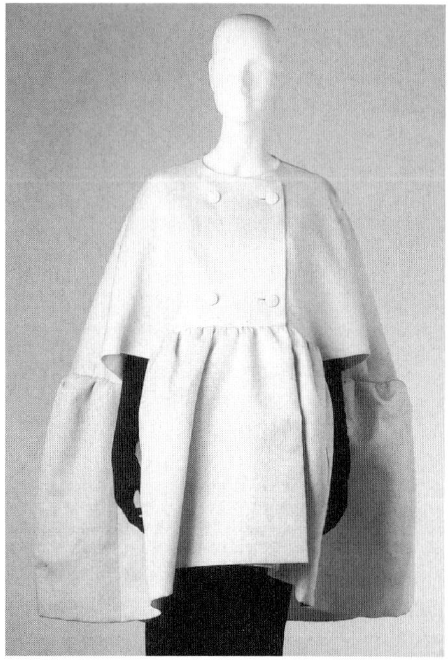

Abb. 289. Abendcapejacke von Cristobal Balenciaga. 1963. Victoria and Albert Museum, London.

Abb. 288. Abendrobe des Hauses Eggeringhaus & Oestergaard. Berlin, 1951. Zeichnung: Gerd Hartung.

1957 wurde die 1956 in Italien aufgekommene Sacklinie durch einen leicht eingezogenen Saum zur Tonnen- oder Fasslinie, die Givenchy zum ‣Ballonlook[149] steigerte. E. ‣Ungaro eröffnete sein erstes Modehaus. 1958 erregte zum ersten Mal Y. ‣Saint Laurent als Nachfolger Diors (gest. 1957) mit der ‣Trapez- oder Zeltlinie[347] in sensationell kniekurzer Länge größtes Aufsehen. Balenciaga und Givenchy brachten Empire- und Sacklinie; G. ‣Laroche eröffnete sein H.-C.-Haus. 1959 vereinte Saint Laurent die gerade, enge Linie und die Fasslinie in einem knielangen Doppelrock, dabei bestimmte die Fasslinie den kürzeren Oberrock; die Taille wurde durch einen eng anliegenden breiten Gürtel betont. Cardin kreierte im gleichen Jahr zum ersten Mal Konfektionsmodelle (‣Prêt-à-porter).

In den 1950er Jahren erstand der französischen H.C. in Italien erstmals große Konkurrenz. 1951 wurde die italienische H.C. organisiert und *Alta Moda Italiana* zum weltberühmten Begriff. Bis heute zeichnet sich die italienische H.C. gleichermaßen durch Qualität und Originalität aus. Der Marchese Giovanni Battista Giorgini gewann 1951 führende Modekreateure für seine Idee, ihre Kollektion alljährlich in seinem Florentiner Palazzo amerikanischen Einkäufern und Journalisten vorzuführen. Beteiligt waren: aus Florenz Antonelli, Giovanna Caracciolo (Salon Carosa), Sorelle ‣Fontana, A. ‣Fabiani; aus Rom E. ‣Schuberth, ‣Simonetta, die Duchessa Colonna di Cesaro, dazu Germana Marucelli, V. und J. ‣Veneziani, ferner die Boutiquen des Conte E. ‣Pucci di Barsento (noch mit Sportkleidung) aus Florenz und der Baronessa Gallotti aus Capri, schließlich Avolio und Bertoli aus Mailand. In diesem Jahrzehnt wurden P. ‣Lancetti, R. ‣Capucci und M. ‣Schön weitere berühmte Couturiers in Italien.

Abb. 290. Pop-Art-Kleider aus Wolljersey in Mini- und Maxi-Länge von Yves Saint Laurent. Paris, 1966/67.

1954 entstand das »Centro di Firenze per la Moda Italiana«, das im Palazzo Pitti zweimal jährlich Modeschauen organisiert. Emilio Pucci begann mit seinen heute noch begehrten und weltbekannten Kleidern aus leichtem, knitterfreiem und handbedrucktem Seidenjersey, der seine jährlich wechselnden Muster trug, nach denen die Kleider »datierbar« sind. Die Anregung lieferten seine erfolgreichen Seidentücher mit von ihm gezeichneten Ansichten der Stadt Florenz, die er zuerst zu Blusen, später zu Kleidern zusammensetzte. In jenen Jahren ebenso berühmt waren seine Caprihosen (‣Fischerhose (2)) und schwarzen Blusen. Als Schnitt bevorzugt Pucci klare, geometrische Linien. Emilio Schuberth schuf die elegantesten, teuersten und raffiniertesten Kreationen der 1950er Jahre für eine weltberühmte Klientel. 1956/57 brachte Germana Marucelli die »Maiskolben-Linie«, die in Paris als Sacklinie zur allgemeinen Mode gemacht wurde. 1957 eröffnete ‣Valentino sein erstes Modehaus in Rom. 1959/60 gab die Prinzessin ‣Galitzine ihr Debüt mit ihren weltbekannt gewordenen Palazzo-Pyjamas, einer eleganten Hosenanzugform für die Frau.

1952 war erstmals die italienische Herren-H.-C. bei den Florentiner Modeschauen vertreten und wurde bald zum weltweiten Begriff, was mit dem Namen des römischen Herrenmodeschöpfers Gaetano Savini und seinem weltberühmten Alta-Moda-Maschile-Salon ‣Brioni eng verbunden war. Brioni-Anzüge, betont modisch, stehen im Gegensatz zur konservativ verhaltenen englischen Linie. Sie sind immer noch besonders in Amerika und Japan gefragt. Anerkannt ist ebenso die elegante und modische Herren-H.-C. von A. ‣Litrico, von Ugo

Coccoli, Massimo Datti, Bruno Piatelli, Franzoni, Carlo Palazzi und Testa.

In Deutschland fingen in den 1950er Jahren U. ‣Richter und D. ‣Albers in Berlin, Werner Wunderlich und B. ‣Becker in München an. Bessie Becker bot jugendliche Modellkonfektion (dem späteren Prêt-à-porter ähnlich) mit einfallsreichen, unkomplizierten Kleidern, die stets ihrer Zeit voraus waren. M. ‣Bogner machte mit exklusiven Sportmodellen von sich reden. Schulze-Varell und Heinz Oestergaard blieben Deutschlands exklusivste Grands Couturiers.

In Wien baute W. F. ‣Adlmüller ein exklusives H.-C.-Haus auf, und Resi Hammerer begann mit H. C. im Trachten-Look. Farnhammer und Höchsmann blieben außerdem und neben anderen ein Begriff für Wiener Mode.

In den 1960er Jahren entstand eine vollkommen neue kommerzielle Situation in der gesamten Modebranche. Die Jugend, die nach dem 2. Weltkrieg geboren war, begegnete der Mode mit bisher ungewohnter Selbstverständlichkeit und setzte ihr neue Maßstäbe. Mit der sich exklusiv und diktatorisch gebenden H. C.

Abb. 292. Aluminiumkleid von Paco Rabanne. Paris, 1981.

konnte sie nichts anfangen. Reichtum war für ihre modische Präsenz nicht ausschlaggebend. Eine Fülle preisgünstiger Chemiefasern und rationelle Verarbeitungstechniken erlaubten modische Vielfalt. Erstmals musste die reife Frau die Führung in der Mode aufgeben und Zugeständnisse an die Jugend machen. Diese Situation wurde nicht zuerst in Paris erkannt, sondern in England, wo bereits seit Kriegsende am London Royal College of Art und an anderen Kunsthochschulen Modedesign unterrichtet wurde. Die dort ausgebildeten Modedesigner traten gegen Ende der 1950er Jahre mit unkonventionellen Ideen hervor, allen voran M. ‣Quant. In das Liniendiktat der Pariser H. C. ließen sie sich nicht einzwängen (‣Boutique-Mode, ‣Prêt-à-porter).

Allmählich begriff man auch in Paris, dass die H. C. einen Schritt aus der Exklusivität heraus machen und sich den Massenmärkten öffnen musste. Pierre ‣Cardin, der bereits 1959 eine Kollektion von Damenkonfektion entworfen hatte, blieb allerdings zunächst eine Ausnahme. Couturiers begannen unabhängig von den zwei alljährlichen H.-C.-Kollektionen zwei jugendliche Kollektionen pro Jahr mit erweiterter, wenn auch limitierter Auflagenzahl der Einzelteile, das Prêt-à-porter, zu entwerfen. Dazu kamen junge Designer, die sich allein

Abb. 291. Modell von André Courrèges. Paris, 1965.

dem Prêt-à-porter widmeten. H.C. und Prêt-à-porter beeinflussen einander seither in der Damenmode, während in der Herrenmode nunmehr die größeren Impulse vom Prêt-à-porter gesetzt werden. Zusätzlich mussten die Hautes Couturiers vielschichtiger werden, durften ihre schöpferische Kreativität nicht allein der Mode widmen, sondern mussten sich auch dem Industriedesign zuwenden, u.a. für Accessoires (Sonnenbrillen, Schmuck), aber auch für Haushaltswäsche, Porzellan, Inneneinrichtungen. Die H.C. wurde zu einem erheblich diversifizierten Industriezweig.

Neue dynamische Modeschöpfer brachen in die Pariser H.C. ein. 1960 stellte L. ‣Féraud seine erste Kollektion vor. M. ‣Bohan wurde im selben Jahr Chefdesigner bei Dior. Yves Saint Laurent machte sich 1962 selbständig und begann sich zum Modegiganten zu entwickeln. Ebenfalls 1962 eröffneten J.L. ‣Scherrer und Ph. ‣Venet ihre Salons. 1963 wurde J. ‣Crahay Chefdesigner bei Lanvin, G. ‣Pipart bei Ricci. Die Hautes Couturiers, allen voran

Abb. 293. Abendkleid im »Edel-Bäuerinnen-Look« der Kollektion »Opéra / Ballets Russes« von Yves Saint Laurent. Paris, 1976.

Saint Laurent und Féraud, ließen sich 1963/64 von der aktuellen Op- und Pop-Art[290], besonders in effektvollen Schwarz-Weiß-Mustern, inspirieren, was bald allgemein große Mode wurde. Hinzu kam 1964/ 65 aus England die von M. ‣Quant erfundene ‣Mini-Mode, die bis um 1973 weltweit dominierte. Weltraum-Look und ‣Courrèges-Stil[291] wurden weitere erfolgreiche Modeschlagworte, neben Cardins »Kleid-Skulpturen« und Rabannes Mini-Kleidern aus Plastik- und Metallteilen[292]. 1966/68 machte Paris, allen voran ‣Saint Laurent, Furore mit dem ‣Transparent-Look. Der Amerikaner russischer Herkunft O. ‣Cassini beeinflusste durch seine für Jacqueline Kennedy kreierten einfachen, geraden ‣*Shiftkleider.*

Die Herrenmode erhielt Auftrieb durch die Gründungen eines speziellen Pariser Salons durch den Italienern. ‣Cerruti und eines Londoner Hauses durch T. ‣Nutter. Die italienische H.C. verlor während der 1960er Jahre in der Damenmode – jedoch nicht in der Herrenmode – wegen des allgemeinen Prestigeverlusts der H.C. und ihrer Umstellungsschwierigkeiten an Konkurrenzkraft. Darüber konnte auch die 1960 gegründete »Camera Nazionale dell'Alta Moda Italiana« als Dachorganisation nicht hinweghelfen. Allerdings eröffnete 1959 ‣Valentino einen Salon in Rom, ein Jahr später R. ‣Balestra, 1961/62 folgte P. ‣Lancetti. 1966 beschloss die italienische Alta Moda, ihre Kollektionen wieder in eigenen Räumen zu zeigen. Im Florentiner Palazzo Pitti wird seitdem Prêt-à-porter präsentiert. In den 1970er Jahren wurden in allen europäischen Ländern Neugründungen von H.-C.-Salons sehr selten. In München eröffnete im Jahr 1970 M. ‣Schneider.[121] In Paris etablierte sich 1977 die Japanerin H. ‣Mori (ansonsten sind die Japaner stärker im Prêt-à-porter vertreten). Der stärkste Modetrend seit dem allgemeinen Ablegen des Mini um 1973 war der 1976 besonders durch Saint Laurent erfolgreich lancierte ‣Folklore-Look, der bis 1980/81 variiert wurde. In den 1980er Jahren war auch in der H.C.-Elite. ‣Oversize mit polsterunterlegten Schultern dominant. Ausschließlich der Mode als Kunst widmet sich R. ‣Capucci. 1984–2002 gehörte der Salon ‣Lecoanet Hemant zur Pariser H.-C.-Elite. 1987 sorgte C. ‣Lacroix mit seiner opulent voluminösen H.C. mit folkloristischem Einschlag erstmals für Schlagzeilen, eine vergleichbar neobarocke Mode kreierte G. ‣Ver-

Abb. 294. Robe »Chanel Impératrice« von Karl Lagerfeld für Chanel. Paris, 1984.

sace 1990 bei seiner ersten H.-C.-Schau. In den 1980er Jahren machten A. ‣Alaïa mit seinen dicht den Körper umspannenden Latexmodellen, in den 1990ern H. ‣Léger mit seinen Kleidern aus Stretchbändern Furore. Seither gilt die H.C. wieder mehr als modischer Impulsgeber, bestätigt durch die Verpflichtung der britischen Moderebellen J. ‣Galliano für Dior und A. ‣McQueen für Givenchy (beide Häuser gehören dem Louis-Vuitton-Moët-Henessy-Konzern). 1997 schließlich wagten auch J.-P. ‣Gaultier und T. ‣Mugler H.-C.-Kollektionen. In Italien macht seit 1994 der Römer Gai ‣Mattiolo von sich reden. Für die Herbst-/Winter-Kollektionen 1999 und 2000 fertigte das Designerduo ‣Viktor & Rolf eine H.-C.-Kollektion. Am 22.1.2002 zeigte Yves ‣Saint Laurent seine letzte H.-C.-Kollektion und mit der Herbst-/Winter-2004-Kollektion schieden die Häuser ‣Balmain, ‣Givenchy, ‣Ungaro und ‣Versace aus der H.C. aus. Seither bieten u.a. die Häuser ‣Chanel, ‣Dior, ‣Gaultier und ‣Lacroix, ‣Torrente, ‣Scherrer, ‣Saab und ‣Valentino H.C. im eigentlichen Sinn an.

Die hohe Qualität der Stoffe und ihre Exklusivität ist stark mitverantwortlich für die enormen Preise der H.C. Unmittelbare Zusammenarbeit von Haute Couturier und Stoff-Dessinateur ist unumgänglich notwendig; der Stoff-Dessinateur vermag mit seinen Vorschlägen die Ideen des Modeschöpfers anzuregen. Mode werden seine Entwürfe allerdings erst, wenn sie zumindest von einer bestimmten Gesellschaftsgruppe angenommen sind. Er entwirft also strenggenommen nicht Mode, sondern einen Kleidungsstil.

Um heute der H.C. in Frankreich anzugehören, muss ein Modeschöpfer mindestens 15 Schneider/-innen beschäftigen, zweimal jährlich eine Kollektion aus mindestens 35 Modellen vorstellen und neben Konfektionskleidung auch maßgeschneiderte Kreationen anbieten. Ein Komitee aus Modefachleuten und Vertretern der »Chambre Syndicale de la Couture Française« entscheidet jährlich über die Zugehörigkeit eines Modeschöpfers zur H.C. Allerdings verstärken sich die Bemühungen, diese strengen Regeln zu ändern.

Abb. 295. Cocktailkleid von Gianfranco Ferré für Dior. Paris, 1992/93.

Abb. 296. Havelock. Ende des 19. Jh.s. Kunstbibliothek, Berlin.

Havelock, *der.* **1.** Mantelumhang des Herrn (▸Cape) mit Armschlitzen und hüftlanger ▸Pelerine. Der H., benannt nach dem englischen General Sir Henry Havelock (gest. 1857), kam 1857 in Mode. Er wurde auch von der Frau zur ▸Krinoline und erneut als Reisemantel um 1900 getragen. Gleichzeitig wurde er Vorbild für viele Herrenwettermäntel und war lange Zeit als sog. ▸*Kaisermantel* beliebt. Heute wird der Schnitt für sportliche Regenmäntel verwendet. Als Herrenabendmantel wurde der *Frack-H.* mit verdeckter Knopfleiste, Pattentaschen, Seidenrevers und Seidenfutter getragen. **2.** Schutzkopftuch für Soldaten in Wüstenländern.

Hawaiihemd, mit romantischen Hawaii-Motiven gemustertes Männerfreizeithemd, aufgekommen Anfang des 19. Jh.s durch die auf Hawaii tätigen Missionare und zunächst von Plantagenarbeitern getragen. 1921 wurden H.en von der hawaiianischen Firma »Wong Products« in die Massenproduktion aufgenommen. Anfang der 1930er Jahre wurde das noch »Aloah-Shirt« genannte H. durch auf Hawaii stationierte US-Soldaten und die ersten Touristen mit nach Hause gebracht. Der große Durchbruch erfolgte Anfang der 1950er Jahre, als für Hollywoodfilme wie »Verdammt in alle Ewigkeit« (1954) mit Burt Lancaster und »Blue Hawaii« (1963) mit Elvis Presley das H. entdeckt wurde.

Heckerhut ▸Kalabreser.

Heerpauke,[312] allgemeine, aber ugs. Bezeichnung für die oberschenkelkurze Spanische Hose des Mannes mit ihren stark ausgestopften, kugelförmigen Beinen. ▸Hose (2. Hälfte 16. Jh.).

Helgoland ▸Battoir-Form.

Hemd (von idg. *kem* ›bedecken, verhüllen‹; german. *hama(n)* ›Kleidung‹; ahd. *hamed;* mhd. *hemede;* mlat. *camisia,* davon afrz. *chainse;* frz. *chemise*), ein bis etwa Mitte des 19. Jh.s ausschließlich auf der Haut getragenes Bekleidungsstück von losem, geradem Schnitt; meist aus Leinen, aber auch aus Wolle, seit dem 14. Jh. bis 1769 aus Barchent (▸Stoff, Mittelalter), danach aus reiner Baumwolle und meist nur in höfischen Kreisen aus Seide.

Seit dem 3. Jh. n. Chr. gab es in der mitteleuropäischen Männerkleidung nachweislich ein leinenes, selten wollenes Untergewand, das im Schnitt dem Leibrock (▸Rock (1)) entsprach. Es hielt sich als weites, etwa oberschenkellanges H. am längsten in der fränkischen Kleidung, bis ins 9. Jh. Seit dem 8./9. Jh. trug die Frau unter dem langen Obergewand (ahd. *hamo,* ▸Kleid), das ebenfalls von hemdartigem Schnitt war, ein etwas kürzeres, anliegendes, unteres Gewand (mhd. ▸*Niderkleit* genannt), das seit dem 10. Jh. am Hals gefältelt sein konnte. Da die Frau im 12. Jh. begann, mehrere (meist zwei) untere H.-Gewänder anzulegen, ist die terminologische Unterscheidung von H. und Unterkleid (▸Unterrock) nicht eindeutig, doch dürfte das Niderkleit das auf der Haut getragene H.(-Gewand), die ▸Chainse dagegen Unterkleid gewesen sein. Im 12. Jh. wurde unter byzantinischem Einfluss auch das H. des vornehmen Mannes etwa knöchellang und seitlich geschlitzt, nur beim körperlich arbeitenden Mann blieb es hüftlang und hieß *Niderwât* oder *Niderkleit.* Seine ▸Ärmel, kurz oder lang, waren zuweilen in der Achsel durch Zwickel, die ▸Gêren, erweitert, die langen Ärmel am Unterarm zu kleinen Parallelfältchen zusammengeschoben. Der Halsschlitz wurde mit einem ▸Fürspan geschlossen. Das H. bestand

Abb. 297. Knabenhemd aus Leinen mit seidenbesticktem Stehkragen und Handrüschen. England, Mitte des 16. Jh.s. Victoria and Albert Museum, London.

Abb. 298. Damenhemd aus feinem Leinen mit Stuartkragen aus Nadelspitze. 1603–15. The Museum of London.

aus Leinen, ‣Sendel oder Chansil, einer Halbseide, bei Vornehmen säumten es Borten und Stickereien.

Nach Mitte des 14. Jh.s wurde das H. des Mannes wieder oberschenkelkurz und am Hals sichtbar. Im 15. Jh. quoll es beim Mann zwischen dem kurzen ‣Wams und der Strumpfhose (‣Strumpf) hervor. Nach etwa 1480 wurden die H.-Ärmel bei beiden Geschlechtern sehr weit, traten durch die ‣Schlitze des Obergewandärmels hervor und bestimmten das modische Gesamtbild mit.[39] Unter dem seidenen H. wurde zuweilen ein leinenes getragen. Um 1500–20 war das H. nicht nur im Ärmel, sondern auch im tiefen Halsausschnitt, den selbst das Männerwams aufwies, sichtbar. Das H. hatte nun einen halsfernen, waagrechten, bortenverzierten Halsausschnitt. Zum Bedecken der Brust des Mannes bzw. des Dekolletés der Frau forderte besonders die Kirche kurze, hemdartige sog. *Hals-H.en.*[40]

Nach 1520 wurde das H. wieder halsnah und die fein gefältelte oder plissierte H.-Brust in einer schmalen Halsborte mit darüberstehender schmaler ‣Halskrause zusammengefasst.[41,42] Der kurze Halsschlitz wurde mit einem Bändchen oder einem Knopf geschlossen. Danach erhielt das H. einen Stehkragen mit kleiner angesetzter Halskrause, die über dem Stehkragen des Wamses sichtbar blieb, allmählich größer und daher separat gearbeitet wurde. Der oft auswechselbare Ärmel endete in einer ‣Handkrause. Daneben hatte das H. seit den 1540er Jahren vereinzelt, besonders aber in Italien, einen kleinen Umlegekragen. Nur das höfische Frauen-H. der 1. Hälfte des 16. Jh.s blieb dekolletiert. Um 1575–1630 wurde die Halskrause bzw. der Spitzenstehkragen (‣Kragen) separat umgelegt; so wurde das eigentliche H. unsichtbar, seine Ausstattung vernachlässigt.

Während des Dreißigjährigen Kriegs kam beim Mann durch die erneute Schlitzung der Wamsärmel der H.-Ärmel oder ein farbiges Futter zur Geltung, doch blieben Schulterkragen und ‣Manschetten meist separat umlegbar. Zuweilen war der Halsschlitz bereits von einer Rüsche (‣Jabot) umsäumt. Nach 1640 wurde das Herren-H. zusammen mit dem kurzen, engen französischen Wams und besonders dem boleroartigen Wams zur ‣Rheingrafenhose (1655–75/80) in der Taille sichtbar. Das H. war seitlich geschlitzt, hinten etwas länger, hatte ein schmales Halsbündchen und einen kurzen, zuknöpfbaren Halsschlitz, der zur Rheingrafen-Mode[65] mit dem Jabot verziert war. Die Ärmel waren von den Ellbogen an unbedeckt, bisweilen mit Bändern bauschig abgebunden und endeten in einem schmalen Bündchen, an das – je nach Stand eine breite, auf die Hand fallende Krause gebunden oder geknöpft, seltener genäht war.

Das Frauen-H. des 17. Jh.s war knielang, der Halsausschnitt meist mit einem Zugband variabel gehalten, so dass er dem ‣Dekolleté des Kleides angepasst werden konnte. Die Ärmel waren dreiviertellang, mit umgeschlagenen Leinen- oder Spitzenmanschetten. Der breite, das Kleid-Dekolleté rahmende weiße Leinen- oder Spitzenkragen[66] wurde meist separat umgelegt. Um 1670–1713 wurde die Spitzenhalsrüsche des H.es im bald kleiner und viereckig gewordenen Dekolleté sichtbar. Die Ärmel endeten in ‣Engageantes.

Das Herren-H. des 18. Jh.s hatte einen vorn zuknöpfbaren Stehkragen und einen Halsschlitz; beide verdeckte nach 1720 das Jabot. Über dem Stehkragen lag eine dreiteilige, hinten mit einer Schnalle geschlossene Halsbinde, darüber wurde zuweilen noch die Solitaire (‣Krawatte) gebunden. Das H. des Bürgers war einfacher, auch mit Umlegekragen. An die Stelle des Jabots konnte auch ein vorn geknotetes Halstuch treten. Als Zeichen aufklärerischer Gesinnung ließ man das H. nach 1774 vorn offen (‣Schillerkragen, ‣Wertherkleidung).[332] 1789–94, während der Französischen Revolution, verschwand das höfische Spitzenjabot, die Halsbinde wurde breiter und länger und von den ‣Incroyables mehrfach bis zum Kinn ansteigend umgebunden.

In der Frauenkleidung kam das H. im 18. Jh. wenig zur Geltung und wurde zunehmend zum eigentlichen ‣Unter-H. Der Halsausschnitt wurde weiterhin mit einem Zugband variabel gehalten, die Halsrüsche blitzte zuweilen aus dem Dekolleté der Oberkleidung hervor. (Häufiger wurde eine weiße Lingerierüsche, ‣Lingerie, direkt an das Kleid-Dekolleté genäht.) Die Ärmel waren kurz, die Engageantes separat am Oberkleid befestigt. Das sog. *Habit-H.* war eine Art kurzes Herren-H., das die Dame z.B. zum Reiten trug.

1804 tauchte am Herren-H. das Jabot, kleiner und schmäler, wieder auf. Es erhielt sich nach etwa 1840 nur am eleganten Abend-H., dem *Frack-H.* (‣Frack). Damit war erstmals eine Differenzierung zwischen Tages- und Abend-H. gegeben. In der 1. Hälfte des 19. Jh.s war an den H.-Schultern je ein Zwickel, bis nach der Jahrhundertmitte auch unter dem Armloch ein oder mehrere Zwickel eingesetzt. Im 2. und 3. Jahrzehnt wurde der ‣Vatermörderkragen[82] separat angeknöpft oder umgelegt, wobei er an einen kurzen Brust- und Rückenlatz genäht war. Daraus entwickelte sich im 4. Jahrzehnt die ‣*Chemisette* (1). Das H. konnte nun aus einem einfachen Stoff oder aus Wirkware (‣Strick- und Wirkware) be-

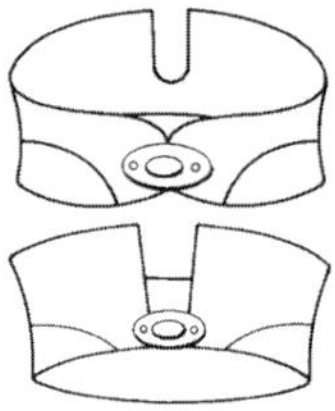

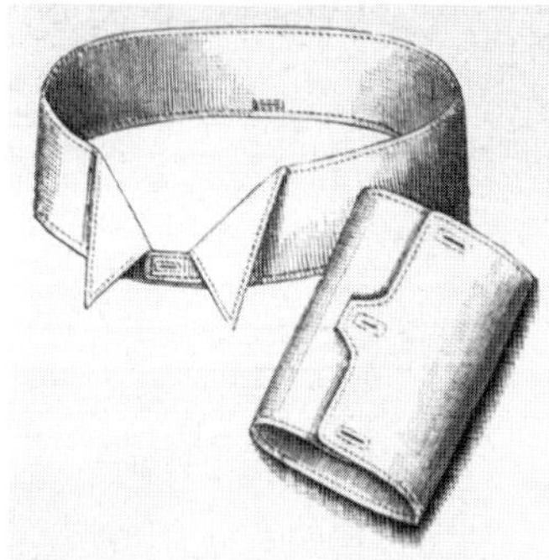

Abb. 299. Separate, steife Herrenkragen zum Herrenhemd.

Abb. 300. Separater, steifer Eckenkragen und Manschette zum Herrenhemd. 1888.

stehen und nur die sichtbare Chemisette, ein Brustlatz, aus Oberstoff sein. Nach Mitte des 19. Jh.s lag das H. enger an, um die Seitenschlitze herum war es abgerundet, und an die Stelle der Manschetten traten separat anknöpfbare, steife Röllchen. (Chemisette und Röllchen galten als unelegant.) Gleichzeitig wurde bei inoffiziellen Anlässen zum Sakko- oder Jagdanzug sowie zum Langbinder (‣Krawatte)[84] der stets abgesteifte Umlegekragen üblich, der sich bis nach dem 1. Weltkrieg hielt. Um 1870 kam das ‣*Unter-H.* aus ‣Trikot (1) auf. Um 1880 wurde das H. mit ‣Klappen- oder Eckenkragen[85] zu ‣Gehrock, ‣Cutaway (2) oder ‣Jackett, dazu passend Querbinder oder ‣Plastron (1), modern. Insgesamt wurden die Kragenformen des H.es bis 1890 schmäler, um danach wieder zum hohen Vatermörder anzusteigen.[95] Nach 1890 kamen auch farbige Tages-H.en, jedoch mit weißem Kragen, sowie das ‣*Jaeger-H.* auf.

Im 19. Jh. hatte das Frauen-H. als reines Untergewand (‣Unterhemd) wenig modische Bedeutung. Zur À-la-grecque-Mode (‣Grecque, Mode à la, 1795–ca. 1810) soll die Frau auf das H. verzichtet haben, um dem antiken Vorbild näher zu kommen, doch wird auf allen zeitgenössischen Gemälden ein die Schultern bzw. den Oberarm bedeckender dünner Ärmel sichtbar, der wahrscheinlich Teil eines H.es war. Manchmal trug die Frau statt des H.es ein ‣Trikot (2) (‣Strumpf) unter der ‣Chemise (2). Der um 1810 bis Ende des Jh.s das Dekolleté des Kleides rahmende Wäschekragen war entweder an das Kleid genäht oder umgelegt (‣Berthe).

Im 20. Jh. änderte sich das Herren-H. (Ober-H.) im Schnitt nur wenig, der Kragen bestimmte seine modische Form: 1900–10 trug der modisch Konservative zum offiziellen ‣Anzug noch den steifen Stehkragen[278], ansonsten den Klappenkragen auch zu Frack (bis heute) und ‣Smoking, zum Smoking auch bereits – noch unkorrekt – den Umlegekragen wie zum Sakkoanzug, mit fast parallelen Vorderkanten und Doppelmanschetten. Der Kragen konnte, zum leichteren Bügeln des H.es, noch immer anknöpfbar sein. Um 1910 gab es erstmals seidene H.en mit ungesteiftem Kragen, den eine durch beide Kragenecken geführte Kragennadel in Form hielt. Die Kragenecken waren oft durch Fischbein-, später Kunststoffstäbchen (bis in die 1950er Jahre) verstärkt. Zur ‣Sportkleidung waren bunte H.en erlaubt. 1910–22 dominierte der weniger steife Umlegekragen mit leicht abgerundeten Ecken, selten – doch auch noch zum Sakkoanzug – sah man den Klappenkragen. Nach 1922 trug der Herr einen niedrigen Umlegekragen mit runden Kragenecken; er galt zum Smoking als korrekt. In den 1930er Jahren gab es mehr denn je farbige oder gemusterte H.en, meist mit blauen Streifen oder quergestreiftem Brusteinsatz und sehr langgezogenen Kragenecken.[452] (Dandys trugen den obersten H.-Knopf offen.) Am Kentkragen, benannt nach dem damaligen Herzog von Kent, Sohn König Georgs V. von England, der ihn populär machte, bildeten die Ecken einen rechten Winkel, um so dem breiteren Krawattenknoten Platz zu geben. Als Freizeit-H.[229] wurde das *Busch-H.* eingeführt. 1945–50 waren die H.en dunkelfarbig und konnten anknöpfbare Ersatzkragen und -doppelmanschetten haben. Um 1950 wurden aus den USA die ersten pflegeleichten *Nylon-H.en* (‣Stoff, 20. Jh.) eingeführt, weshalb in den 1950er Jahren wieder mehr weiße H.en, weit

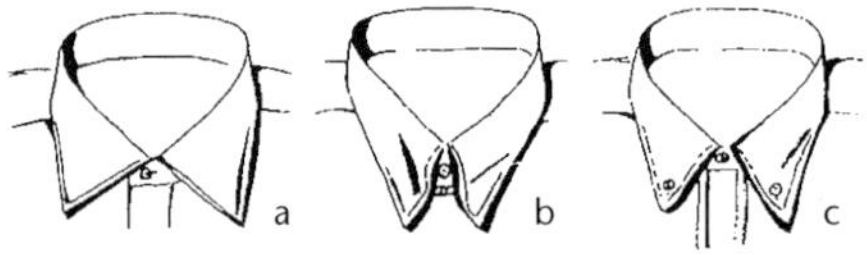

Abb. 301. Hemdkragenformen. a) Kentkragen. b) Tab-Kragen. c) Button-down-Kragen.

Abb. 302. Herrenhemd mit Stehkragen, passend zum Mao-Look. 1969. Aus »burda Moden«. H. 12. Dezember 1969.

und untailliert, mit Kentkragen oder großen Kragenecken, aktuell wurden. Als modisch, jedoch nicht zum Sakkoanzug korrekt galt der ‣Button-down-Kragen. Als ‣Freizeit-H. kam 1948 das ‣*Lacoste-H.* auf, außerdem trug man dunkelfarbige, dezent gemusterte H.en, nach 1955 auch mit Diagonalstreifen, breiten sog. Broadwaystreifen, im Sommer ‣*Melbourne-H.*[408], ‣*Waikiki*-[502] und ‣*Titi-H.en,* alle außen, über der Hose, getragen. Um 1965–75 waren die H.en stark tailliert, hatten große Kragen[96, 313] und zunehmend einfache, ungestärkte Manschetten. Als Material wurden Baumwolle, Leinen und immer öfter Mischfasern verwendet. Der italienische Herrenmode-Designer Carlo Palazzi (geb. 1928) brachte elegante *»Guru«-H.en* aus Seide mit hohem Stehkragen und einem ‣Reißverschluss im Rücken, G. ‣Armani sportlich-elegante H.en mit niedrigen Stehbündchen, ohne Kragen Als Freizeit-H.en für beide Geschlechter sind ‣*Polo-H.en*[489], karierte *Holzfäller-H.en* und ‣*T-Shirts* beliebt. Nach 1975 hatte das H. einen bequemen, nur leicht taillierten Schnitt und kleine Kragenformen mit leicht runden Ecken. Gestreifte H.en mit weißen Kragen und Kragennadel kamen wieder in Mode. 2003 waren quergestreifte Herrenhemden modern.

Hemdblusenkleid, aus einer sog. Hemdbluse, d. h. einer ‣Bluse mit einem Kragen in Herrenhemdfasson und ‣Manschetten oder

Bündchen als Oberteil, und einem daran angesetzten, meist geraden, aber auch weiten gezogenen ‣Rock (2) zusammengesetztes Kleid. Das H. wurde, im Schnitt eines ‣Kittelkleids, um 1916 durch G. ‣Chanel lanciert. Immer wieder modisch abgewandelt, war es besonders etwa 1936–65 beliebt.

Hemdgewand (‣Hemd, ‣Gewand), Kleidungsstück, das stets über den Kopf gezogen wird und von verschiedenen einfachen Schnittarten ist: a) durchgehende Stoffbahn für Vorder- und Rückseite mit Kopfloch und zwei Seitennähten; b) zwei separate Bahnen mit Schulter- und zwei Seitennähten; c) eine durchgehende Bahn mit Schulter- und einer Seitennaht. Das H. ist eines der ältesten Oberbekleidungsstücke. Dazu zählen die ägyptische ‣*Kalasiris,* das babylonisch-assyrische H.[2] ‣*Kthoneth,* das ‣*Medische Gewand*[4], das von den Persern in der Hof- und Staatskleidung übernommen wurde, der ‣*Ärmelchiton*[7] der Kleinasiaten und Etrusker, der griechische ‣*Chiton*[12–14], die römische ‣*Tunika*[16,18] und die ‣*Dalmatika*[20], die von den Kopten übernommen wurde, sowie das byzantinische H. (Tunika)[21]; außerdem das in der Eisenzeit von der Germanin getragene, dem Chiton (nicht der auf den Schultern zusammengenähten römischen Tunika) ähnliche H. aus Wollstoff[25], das wahrscheinlich durch die Kelten vermittelt wurde. Es wurde an den Schultern durch ‣Fibeln zusammengehalten und ein- bis zweimal gegürtet. Im 2. Jh. n.Chr. wurde es faltenreicher, erhielt von der bronzezeitlichen ‣Jacke

Abb. 303. Drusin mit Turtur. Nach Mützel.

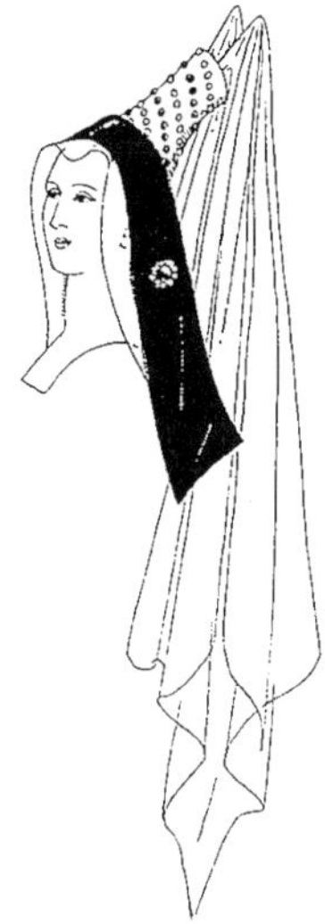

Abb. 304. Hennin mit Flinder. Frankreich, um 1470–1500. Nach Wilcox.

die Ärmel und setzte sich im frühmittelalterlichen *Roc,* später ‣*Cotte* bzw. ‣*Kleid* genannt, fort. Die Ärmeljacke wurde auch unter oder über dem H. getragen.

Hemdhose ‣Combinaison, ‣French Knickers, ‣Unterhose.

Hemdkragen ‣Hemd, ‣Klappenkragen, ‣Kragen.

Hennin, *der* (frz.; von arab. *hanîn* ›lieblich tönend‹; in Deutschland auch *Burgundische Haube* genannt; die Bezeichnung »H.« war in Frankreich 1385/90 zunächst unehrenhaft, wahrscheinlich weil der H. anfangs von Damen zweifelhaften Charakters getragen und u.a. von der Kirche angeprangert wurde), weibliche Kopfbedeckung in Form eines hohen, spitzen Kegels aus Metall, Pappe oder steifem Leinen und mit Brokat oder anderem kostbaren Stoff überzogen. Die hoch ausrasierte Stirn (‣Haarmode) bedeckte das Mandil (arab., ›Tuch‹), während ein oft bodenlanger Schleier, der Flinder, von der Spitze herabfiel oder um diese drapiert war. Die Höhe des H. regelten ‣Kleiderordnungen (Bürgersfrauen wurden 50–60 cm zugestanden). Der H. wurde 1385–1483 in fast ganz Europa getragen. Bereits Mathilde, Markgräfin von Tuszien (1046–1115), ist mit einem hohen, kegelför-

Abb. 305. Johann von Holzhausen: Grabmalfigur (mit Heuke, darunter Rock und die am Gürtel befestigte Tasche). Um 1396. Dom, Frankfurt a. M.

migen Hut abgebildet, vor 1385 soll ihn auch eine spanische Königin getragen haben. Andererseits findet man diese Form bereits im etruskischen ▸Tutulus (1), im ▸Turtur und im kegelstumpfartigen Kopfputz der palästinensischen sowie im Spitzhut der südjemenitischen Frauentracht. Durch die Kreuzfahrer nach Europa gebracht, wurde der H. endgültig modische Kopfbedeckung durch Elisabeth von Bayern, die anlässlich ihrer Vermählung mit König Karl VI. von Frankreich (1385) einen aus Silber gearbeiteten Turtur trug, der wegen seines klingenden Tones *Hanîn* genannt worden sein soll. Der H. mit doppeltem[38], kunstvoll abgesteiftem Schleier hieß auch *Schmetterlingshaube.*

Henri-quatre-Bart, in den 1860er Jahren verbreiteter, nach Heinrich IV. von Frankreich (1589–1610) benannter ▸Knebelbart, der Mitte des 19. Jh.s von Napoleon III.[150c] mit einem gezwirbelten, von Heinrich IV. jedoch mit einem schmalen Oberlippenbart getragen wurde. ▸Bart (1).

Hérigaut, *Hergot, der* (frz.), *Hery-goud* (engl.), ein dem ▸Garde-corps gleichkommender ▸Mantel. ▸Kappe (1).

Herreruolo ▸Ferreruolo.

Heuke, *Hoike,* niederd. *Hoyke, die* oder *der* (▸Haik), ärmelloser, glockenförmig geschnittener, etwa wadenlanger ▸Mantel, für den Mann als Mantelumhang auf einer Seite durchgehend offen und nur auf den Schultern zugeknöpft oder, wie meist für die Frau, als Mantelüberwurf über den Kopf zu ziehen, seitlich nur bis in Ellbogenhöhe offen und zuknöpfbar (im Gegensatz zu der auf beiden Seiten geschlitzten ▸Husse). Die H. entstand aus dem nordafrikanischen ▸Haik (2), einem gefibelten oder geknoteten Mantelumhang beider Geschlechter, wurde im 13. Jh. in Südfrankreich, nach 1300 in Norddeutschland bekannt und war in der 1. Hälfte des 14. Jh.s beim Bürgertum stark verbreitet. Mit einem Hermelinkragen geschmückt, blieb sie dem Kurfürsten vorbehalten. Die H. war der ▸Glocke ähnlich. Nach 1400 trug nur noch die Bürgerin die H. Sie wurde zu einem über den Kopf gelegten Mantelumhang, auch *Kopfmantel* genannt. Die Tragweise war jedoch nach Landstrichen verschieden, z. B. hat man die über den Kopf gelegte H. zu beiden Seiten des Kopfes mit einem elastischen, bogig abstehenden Metallstab versteift, so dass eine Art Schirmdach entstand, und hielt sie unter der Brust mit den Händen zusammen. Oder die H. wurde in dichten Falten (mniederd. *Rydelhoyke*) auf dem Kopf von einer *Tiphoike* (von niederl. *tip* ›Zipfel‹), einer kleinen gedrechselten Holzschale mit einem Stiel, der in einem Wollpompon abschloss,[60] oder mit einer aus Pappe gefertigten hornartigen Spitze, *Schnabel-H.*, gehalten. (Die Tiphoike wurde zuweilen auch ohne Mantel als Kopfputz getragen.) Als Regenschutz hielt sich die H. in manchen Trachten, z. B. als *Friesen-H.*, bis Anfang des 20. Jh.s.

Himation, *das*[12–14] (griech., Diminutiv von *hīma, heıma* ›Anzug, Kleid‹), altgriechisches Übergewand beider Geschlechter (Mantel, Umwurf; ▸Schärpe), das im späten 6. Jh. v. Chr. die ▸Chlaina ablöste. Das H. bestand aus einem rechteckigen, meist naturfarbenen oder mit bunten Streifen verzierten Wollstoff (Decke), der unbefestigt um den Körper dra-

Abb. 306. Heuke.
a) Holländerin mit Schnabelheuke in Begleitung ihrer Magd, b) Kölnerin. Beide aus Hans Weigels Trachtenbuch. 1577.

piert wurde: ein Ende wurde vom Rücken über die linke Schulter nach vorn gelegt, danach der Stoff der Länge nach unterschiedlich lang herabreichend um den Rücken, unter dem rechten Arm und um den Vorderkörper geführt und über die linke Schulter geworfen, so dass nur die linke Schulter und der linke Arm bedeckt waren. Die Frau trug das H. auch über den Kopf und legte den rechten Arm in die obere Querfalte. Das H. wurde im Allgemeinen über dem ‣Chiton getragen, nur Philosophen, Redner und alle, die gegen Verweichlichung und Luxus waren, trugen es direkt auf dem Körper, wenn sie nicht ohnehin den ‣Tribon vorzogen. In klassischer Zeit wurde der Stoff umfangreicher, so dass das Anlegen und das Drapieren der Falten schwieriger wurden und einer besonderen Schulung bedurften. Um ein Herabgleiten zu verhindern, befestigte man an den Stoffenden mit Tuch umnähte quastenartige Gewichte.

Hipbag ‣Tasche um 2000.

Hip-Hop-Mode. Eine stark von Musik (Rap), Tanz (Breakdance) und Kunst (Graffiti) beeinflusste, vielschichtige sog. Clubwear. Man unterscheidet zwischen Old School der 1970er Jahre mit Kapuzenshirt, weiten Trainingsanzügen und Turnschuhen u.a. von Adidas und Caps, der Run DMC 1985 den Song »My Adidas« widmete, und der New School mit adaptierter Workwear- und Streetstyle-Kleidung in Form von ‣Baggy Pants, dicken Daunenjacken und XXL-Shirts. Diese materielle Masse zusammen mit dicken Goldketten setzt auf männliches Imponiergehabe (black male posturing; B-boys). Mädchen, B-girls oder Flygirls, spielen eine untergeordnete Rolle. Zu den Szenemarken zählen Stüssy, Vision Streetwear und Homeboy.

Hippie-Mode, farbenfrohe, unkonventionelle und individuell zusammengestellte Kleidung der Mitte der 1960er Jahre in den USA aufgekommenen Hippie-Bewegung. Die Hippies machten so auf ihre naturnahe, pazifistische und antibürgerliche Lebenseinstellung aufmerksam: weite, bunte Röcke, ‣Jeans mit Blumenapplikationen und bunter Stickerei, Rüschenblusen und Trachtenkleidungsstücke der von der industriellen Zivilisation noch kaum berührten Völker, wie ‣Ponchos, Eskimohauben, Indien-Hemden oder afghanische Schaffelljacken. Die Hippie-Kleidung wurde bald von der ‣Boutique- und Konfektionsmode (‣Konfektion) sowie vom ‣Prêt-à-porter, insbesondere in England, aufgegriffen. Immer wieder gab es ‣Revivals der H.

Hipsters, eine Hüfthose, die 2000 durch die Sängerin Maria Carey lanciert wurde, als sie im Video zum Song »Heartbreaker« kurzerhand den Bund ihrer Jeans abgeschnitten hatte. Bereits 1996 hatte A. ‣McQueen extrem tiefsitzende H., die er Bumsters nannte, kreiert. Anfang des 21. Jh.s setzten sich H., nun auch mit breitem Bund, in der weiblichen Jugendmode durch, vor allem um die Bauchzone unbedeckt zu lassen und um das modische Steißbein-Tattoo zu zeigen. Nicht zu verwechseln mit den ebenfalls auf den Hüften sitzenden ‣Baggy Pants.

H-Linie ‣Haute Couture (1954).[287]

Hochzeitskleid ‣Brautkleidung.

Hörnerfrisur (frz. *Coiffure à cornes*), weibliche Haartracht um 1380–1460, bei der das Haar zu zwei Zöpfen geflochten oder gedreht, über den Schläfen hörnerartig festgesteckt und mit Netz, Schleier oder Spitze umwunden oder mit dem hörnerartigen ‣Atours bedeckt wurde. Oft waren H. und ‣Hörnerhaube[39] zu einer Einheit verbunden.

Hörnerhaube,[320] auch *Doppelhennin* (frz. *Coiffure à cornes*; entspricht der italienischen ‣Sella), extravaganter weiblicher Kopfputz um 1380/90–1460 in Form von zwei steilen oder flachen hörnerartigen Kegeln über den Schläfen. Die H. wurde auf verschiedene Weisen gebildet, u. a. mittels eines steifen, runden Wulstes[38] oder einer ebenso geformten Netzhaube, frz. *Escoffion* (‣Coiffe) genannt, der hörnerartigen ‣Atours (engl. *Templers* ›Schläfen‹) oder als ‣Hörnerfrisur. Zwischen den Hörnern war oft ein Schleier, die ‣Huve, gespannt, der über den Rücken herabfiel.

Hoher Hut, Ende 18. / Anfang 19. Jh. in Deutschland gebräuchliche Bezeichnung des ‣*Zylinders.*

Hoike ‣Heuke.

Hollandaise ‣Adrienne, ‣Kontusch(e).

Holzfällerhemd. Hemd aus kariertem, weichem Baumwollflanell, schon um 1920 von kanadischen Holzfällern getragen und als winterliches Freizeithemd bis heute modisch aktuell.

Abb. 307. Hosenanzug mit Hipsters und aufgesetzten Cargo-Bags (Blasebalgtaschen). Kollektion 2004 von Viktoria Masur und Kristine Walter. Hochschule Pforzheim.

Holzschuh ‣Clog, ‣Fußbekleidung, ‣Kapkap, ‣Klompe, ‣Pantoffel, ‣Patten, ‣Trippe.

Homburg,[183] eleganter, steifer Herrenhut aus schwarzem oder grauem Filz mit roulierter, d. h. hochgerollter und bordierter ‣Krempe, einer dreieckigen Einkerbung in der Kopfmitte und dunklem Schmuckband. Der H. wurde urspr. in Bad Homburg hergestellt und um 1900 durch den häufigen Kurgast Prince of Wales, später König Edward VII. von England, in Mode gebracht. Er wurde bei offiziellen und halboffiziellen Anlässen zum ‣Stresemann und schwarzen Sakkoanzug (‣Sakko) bis in die 1950er Jahre getragen. *Demi-Homburg,* auch ‣Eden wird der um 1935 aufgekommene unbordierte halbsteife H. mit gerader Krempe genannt.

Homespun ‣Stoff (19. Jh.).

Hongreline, *die* (frz.; dt. auch ‣*Kasack,* frz. *casaque*). **1.** Weiter, etwa knie- bis oberschenkellanger Überrock des Mannes, auch Soldatenrock, der sich wahrscheinlich Ende des 16. Jh.s aus der verkürzten ‣Schaube entwickelte, einen dem ‣Wams ähnlichen Schnitt annahm, zuweilen auch pelzverbrämt und während des Dreißigjährigen Krieges zur À-la-mode-Kleidung (‣À la mode) charakteristisch war.[59] Erhielt sich im Schoßrock der Soldaten, aus dem sich der ‣Justaucorps (2) entwickelte. **2.** Überjacke, auch der einfachen Bürgersfrau. Könnte Vorbild für die ‣Matinee gewesen sein.

Hornfessel, urspr. das schräg über eine Schulter getragene Lederband zur Befestigung des Hifthorns. Ende 14. / 1. Hälfte 15. Jh. wurde die H. in breiter, schärpenartiger Form und mit ‣Schellen besetzt zum modischen ‣Accessoire der Oberschicht. Heute Tragriemen des Jagdhorns.

Hornschuh ‣Fußbekleidung (16. Jh.), ‣Kuhmaulschuh.

Hose (ahd. *hosa,* mhd. *hose* ›strumpfähnliche Beinlinge‹, von german. *huson* ›Unterschenkelbinden, Beinbinden‹).

Ober-H. des Mannes: Im Altertum wurden H.n mit etwa knöchel- bis wadenlangen gewickelten oder genähten Beinen bei den Chinesen, Mongolen, Kimmeriern, Skythen, später Persern und Medern insbesondere von Kriegern getragen, schon vor der Zeitenwende auch von der Frau. Perser trugen urspr. eine anliegende, knöchellange H. aus Leder,[3,5] von den Griechen ‣*Anaxyrides* genannt, seit dem 6. Jh. v. Chr. auch aus Wollstoff, knielang und weiter, doch unter dem Kittel sichtbar. (Ägypter dagegen hatten den ‣Schurz als Ober-, später auch als Untergewand.) Den Hebräern und Phöniziern war die H. ebenfalls bekannt, wurde aber selten getragen. Wahrscheinlich von den Persern übernahmen sie die Sarmaten, Daker und Lyder; die Lyder liebten sie reich gemustert und anliegend, wobei es fraglich bleibt, ob sie gestrickt war. Auch trojanische Edelleute sind in solchen Beinkleidern dargestellt. (Die Musterung wiederholte sich in den Ärmeln des Untergewandes.) Im griechisch-antiken Bühnenkostüm kennzeichnete die H. den Barbaren, d.h. den Nichtgriechen. Kelten, Germanen und Sarmaten trugen in der Bronzezeit eine kurze H., die ‣*Bruch* (‣Unterhose), dazu ‣*Beinbinden.* Um die Wende zur Eisenzeit (um 750 v. Chr.) lernten die Germanen von südöstlichen Nachbarvölkern (u.a. Skythen, Thrakern, Illyrern) direkt oder über keltische Vermittlung die knöchellange H. kennen, die sie im Gegensatz zu jenen anliegend trugen. Die Ostgermanen nähten an die lange H. auch Füßlinge.[26] Seegermanen und andere nordgermanische Stämme behielten allerdings die ‣*Knie-H.* bei, die sich allmählich aus der Bruch entwickelt hatte und auch zu den benachbarten keltischen Stämmen gelangte. Im 2./3. Jh. (z.T. wahrscheinlich schon früher) übernahmen sie die römischen Soldaten von den Galliern und Germanen aus ‣Leder oder Stoff; der Oberschicht blieb sie vorläufig verboten, aber in den niederen Ständen wurde sie als ‣*Femoralia* oder *Feminalia* (‣Fascia feminalium) bzw. *Brac(c)a* (Bruch) üblich. Im 4. Jh. bereits werden »purpurne H.n« als Teil des kaiserlichen Ornats erwähnt, so auch in Byzanz. Nach Völkern und Stämmen verschieden existierten bis ins 10. Jh. lange H.n mit ausge-

Abb. 309. a) Römische Kniehose, Femoralia. b) Lange Hose und Tunika römischer Krieger nördlich der Alpen. Nach 140 n. Chr. Beide nach Weiss.

Abb. 308. Kniehose und Kittel der Germanen in der Eisenzeit nach Moorleichenfunden in Oberaltendorf. 3./4. Jh. Nach Mützel.

Abb. 310. An das Wams zu nestelnde, rote Strumpfhose. Aus Matthias Grünewalds »Geißelung Christi«. 1503. Alte Pinakothek, München.

fransten, aufgerollten, abgebundenen oder mit Binden umwickelten Beinen (wie bei den Franken) sowie Bruch und *Beinlinge* (wie bei den Angelsachsen) nebeneinander. Die Beinlinge wurden wahrscheinlich mit Bändern oder Schnüren außen am Gurt der Bruch befestigt – nicht, wie oft behauptet, an der Bruch selbst.

Im 11. Jh. setzte sich die Kombination von Bruch und Beinlingen durch. Nach Mitte des 14. Jh.s wurden die H. und die nun an das ‣Wams (Untergewand) genestelten Strümpfe sichtbar, da seit 1330/40 das Obergewand kürzer war und die von jungen Männern getragene ‣Schecke nur eben noch das Gesäß bedeckte. Nach 1446 wurden die Strümpfe wegen des noch mehr verkürzten Männerrocks in der hinteren Mitte zunächst zusammengenestelt, später -genäht und vorn durch einen Hosenlatz geschlossen, so dass bis Ende des 15. Jh.s eine enganliegende Strumpf-H. (‣Strumpf) mit dreieckigem Hosenlatz als Oberhose entstand. (Im 14. und 15. Jh. waren Strümpfe bzw. Strumpfhosenbeine von unterschiedlicher Farbe, ‣Miparti.) Im letzten Viertel des 15. Jh.s wurde in Italien begonnen, die zu eng und unbequem gewordene Strumpf-H. bis zu den Knien hinunter durch ‣Schlitze zu öffnen.

Um 1500 trennte man die Strumpf-H., die sich in den unteren Ständen bis um 1520 hielt, in eine nur oberschenkellange H., die zudem durch Schlitze bequemer[42] und nachgiebiger gehalten war, und in Strümpfe. Die Strümpfe hielt ein Strumpfband unterhalb der Knie, oder sie waren an die H. genäht. Aus dem Hosenlatz – eine besondere Form hieß ‣»Martingale« (2) – entwickelte sich in Frankreich Ende des 15. Jh.s die ‣Schamkapsel (frz. *Braguette*). Die mit andersfarbigem Futterstoff unterlegten Schlitze erhielten große modische Bedeutung in der Kleidung der Landsknechte. In Spanien entstand um 1530 aus der Knie-H. eine oberhalb der Knie endende H., die zunächst noch anliegend war; darunter saßen Strümpfe oder die Strumpf-H. Nach 1540 wurde sie weiter, die Längsschlitze wurden lockerer, so dass das Futter oder die Futter-H. aus Kartek, ‣Sendel, Tobin oder Taft (‣Stoff, 16. Jh.) etwas hervorquoll.[46] Um 1550 begann man am spanischen Hof, die Ober- und Futter-H. mit Werg, Kleie oder Rosshaar auszustopfen; die Futter-H. quoll nun nicht mehr aus den Schlitzen hervor. So war eine H. mit nur oberschenkellangen, kugelförmigen Beinen entstanden, die sog. ‣*Heerpauke,* auch ‣*Melonen-H.* oder ‣*Gesäß* (*Gsäss*; beides ugs.) bzw. *Spanische H.*[50, 312] (in der deutschen Lite-

Abb. 311. Durch Schlitze erweiterte Strumpfhose (links an das Wams genestelt), aus der sich die kurze Oberhose mit separaten Strümpfen entwickelte. Um 1480/90. Nach Squire.

Abb. 312. Vornehmer Burgunder mit Heerpauke, Cape und Toque sowie Strümpfen mit Strumpfbändern und geschlitzten Schuhen. Aus Hans Weigels Trachtenbuch. 1577.

ratur mit vielen Phantasienamen belegt), die an das Wams genestelt wurde. Sie hatte anfangs noch eine Schamkapsel. Die Spanische H. gehörte bis ins 17. Jh. allgemein zur europäischen Hoftracht. Spanien schaffte sie 1623 ab. Der einfache Mann trug unausgestopfte, kaum knielange H.n aus Wollstoff. In Frankreich wurde die Spanische H. *Chausses à la grecque* oder *Grègues* (›griechische H.‹), später bei der Pagenkleidung *Trousses* genannt; außer ihr trug man einen sehr kurzen ▸*Culot*[49] sowie seit den 1580er Jahren eine pralle, enge ▸*Pump-H.*, die *Chausses à la polacre* oder *à la vénitienne.* Anstelle des Latzes versuchte man in Frankreich für die Oberschicht einen Schlitz mit sichtbaren Knöpfen einzuführen, doch wurden solche Beinkleider verboten. In England war die höfische Heerpauke (engl. *trunks*) kaum oberschenkelbedeckend und wurde nach etwa 1570 mit ▸*Canons* (1) (engl. *Canions*)[50] getragen. Daneben gab es die *Venezianer-H.*, eine Pump-H., die in sehr weiter, praller Form engl. *Galligaskins, Gascoynes* oder *Slops* hieß. In Deutschland trug der Bürger in der 2. Hälfte des 16. Jh.s eine Pump-H. oder eine meist knielange ▸*Pluder-H.*[433], die von den Landsknechten übernommen wurde, oder eine oberhalb der Knie endende, längsgeschlitzte H., die der Adel übernahm und mit extrem bauschig herausquellendem Futter, Strumpfbandschleifen und Schleifenschmuck[47] an der Schamkapsel herausputzen ließ. Landsknechte trugen eine fast wadenlange und überweite Pluder-H. Matrosen und Fischer trugen waden- bis knöchellange, weite H.n, ▸*Matelots* oder ▸*Pantalons* (1) genannt.

Anfang des 17. Jh.s wurden die H.n einfacher. Die geschlitzte Pluder-H. wandelte sich zur geschlossenen, weiten, wadenlangen ▸*Schlumper-H.*[131], die vor allem in Deutschland und den Niederlanden sehr verbreitet war. Nach etwa 1625 setzte sich, von Frankreich ausgehend, in ganz Europa eine etwa wadenlange, gerade und mäßig weite *Röhren-H.*[457] (in Frankreich *Pantalon* genannt) durch (▸À la mode). Diese war bereits um 1600 in Holland und in anderen Ländern als Jagd-H. zu finden. Man trug sie mit Stiefeln oder Schuhen; über dem Schuh wurde sie am Saum mit einem sehr breiten, farbigen, spitzenverzierten, seitlich zur Schleife geknüpften Strumpfband abgebunden, zum Stiefel hatte sie eine Bandschluppenverzierung rund um den Saum, oder man steckte sie einfach in die Stiefelstulpen. Die Außennaht der Hosenbeine zierten Knöpfe (▸Knopf), Kreuzschnürung, ▸Nesteln oder ▸Borten. Die Röhren-H. wurde an das Wams nicht mehr angenestelt, sondern angehakt, anstelle der Nestelschleifen saßen an der äußeren Wamstaille kleine Zierschleifchen. Besonders in Holland sieht man außerdem eine nur knielange Röhren-H. In der spanischen und allgemein der höfischen Herrenkleidung wurde eine enganliegende Pump-H.[58,60] (frz. *Culotte à l'espagnole,* eine Knie-H.) modern; in bürgerlichen Kreisen der Niederlande und Deutschlands war sie etwas weiter. Um 1640 wurde der Hosenbund ziemlich breit, vorn geknöpft und hinten mit Löchern und einer Zugschnur versehen, mit der man das Beinkleid beliebig fest verschnüren konnte. Der von Hüfte zu Hüfte reichende Latz wurde an den Hosenbund geknöpft. Die Oberschicht bevorzugte um 1655–80 die ▸*Rheingrafen-H.*[63,65,331], eine Art Rock-H., die aus einer um 1645 aktuellen kürzeren, unten nicht gebundenen Knie-H. entstanden war. Nach 1670/75 setzte sich die ▸*Culotte*[67,68,70,71] allmählich durch, die allerdings von ▸Justaucorps (2) und ▸Weste verdeckt blieb. Bis etwa zur Französischen Revolution wurde im 18. Jh. von allen Schichten die Culotte getragen, von modisch Konservativen sogar bis etwa 1820; als Teil der Hofkleidung hatte sie noch länger Bestand (als Livree- und Trachten-H. schließlich bis ins 20. Jh.). Jedoch begann sich um etwa 1770 in der bürgerlich-fortschrittlichen Mode ganz Europas die H. des englischen Reithabits[77,179], eine Röhren-H., durchzusetzen. Da sie zu Stiefeln getragen wurde, war sie etwa wadenlang, außerdem eng anliegend und, um einen straffen Sitz zu gewährleisten, an den Strümpfen befestigt. Die englische H. bestand aus ‣Nanking (1) oder gelbem Leder (‣Wertherkleidung). 1789–95, während der Französischen Revolution, war der ‣*Pantalon*[332] (1) mit kaum knöchellangen, geraden[79], weiten, unten nicht abgebundenen Beinen in Mode. Zunächst trugen ihn nur Revolutionäre zum Zeichen ihrer politischen Gesinnung; man nannte sie deshalb »Sansculottes« (›ohne Kniehosen‹). 1795–1810 lagen die Pantalons extrem eng an.

Im 19. Jh. hat man während der beiden ersten Jahrzehnte den Pantalon[79,82] getragen. Daraus wurde in den 1820er Jahren die »H.« oder »lange Herren-H.« in Deutschland. Als extravagante H.n galten um 1814–50 die sog. *Russischen H.n* oder *Kosaken-H.n.* Sie waren im Bund stark gefältelt und hatten anfangs sehr weite, knöchellange und im Saum abgebundene Hosenbeine, deren Seitennähte mit ‣Galons (1) verziert waren. In die Mode gebracht hatten sie Kosaken des Zaren während der Friedensfeiern 1814 in England. Modisch war um 1820–40 auch die ab dem Knie leicht glockig erweiterte *H. à la matelote* (frz., ›nach Matrosenart‹). In den 1830er Jahren waren die Hosenbeine gleichmäßig weit, nach 1839 anliegend, außerordentlich lang und um den Saum leicht ausgestellt, so dass sie den Schuh bedeckten; ein an die Seitennähte des Hosenbeins genähter Steg hielt sie. An der Abend-H. wurde dieser Steg weggelassen, damit man die bestickten Strümpfe sehen konnte. Um die Hüften war die H. bequem weit, sie hatte einen breiten, kurzen Hosenlatz mit einer Mittelnaht und einem vorn zuknöpfbaren Bund. In den 1850er Jahren erhielt die H. einen mit einer Leiste versehenen, knöpfbaren Mittelschlitz, der jedoch den Latz nicht gleich verdrängen konnte. Der Steg fiel weg, die Hosenbeine waren um die Knie eng und zum Saum hin leicht ausgestellt. Bis Anfang der 1860er Jahre verwendete man für H.n meist hellfarbene ‣Stoffe[83] mit auffallendem Karo- oder Streifenmuster: Nanking, Kaschmir, Barchent oder Tuch. Danach büßte die Herren-H. an Farbigkeit und Mustern ein und wurde im Stoff auf den Rock (‣Cutaway (2), ‣Frack, ‣Gehrock, später ‣Smoking) abgestimmt.[84] Die Tages-H., zum ‣Jackett und später zum ‣Sakko getragen, bestimmte den modischen Schnitt. In den 1860er und 1870er Jahren waren die Hosenbeine weit, nur um die Waden etwas enger, und saßen stets auf dem Schuh auf. Um 1880 gab es gleichmäßig weite Hosenbeine, um 1890 H.n mit engen und gerade auf dem Fuß aufsitzenden Beinen, die man später *Röhren-H.n*[85] nannte. Etwa 1895 wurden die ‣*Knickerbocker* (1) zum Radfahren populär.

Um 1900 kannte man H.n mit extrem langen, dadurch sehr viele Querfalten bildenden Beinen; nach Etablierung der ‣Bügelfalte (um 1906) hießen sie *Ziehharmonika-H.n.* Mit der Bügelfalte kam auch der ‣Hosenumschlag in Mode, der aber nur an der sportlichen Tages-H. korrekt war (‣Edwardian-Style). Die weitere Entwicklung in Stichworten: 1910–18: gerade die Knöchel bedeckende Hosenbeine, ab 1913 zum Fuß hin verjüngt; ab 1914 knöchelfrei, mit hohem Umschlag und Bügelfalte (ugs. *Hochwasser-H.n*), dazu stets ‣Gamaschen. 1918–22: bequem geschnittene *Korkenzieher-H.n* (zum Stehbrustsakko), um die Hüften mit zwei Bundfalten, die in die Bügelfalten ausliefen; etwas längere, zum Saum hin stark verengte Hosenbeine, mit oder ohne Umfall; Gamaschen. 1924–28: Die in England aufgekommene, hochmodische bis dandyhafte ‣*Oxford-H.* mit zum Saum hin extrem weit werdenden, langen Hosenbeinen – in Deutschland *Tango-H.* genannt – beeinflusste die allgemeine Hosenmode durch nunmehr gleichmäßig weit gehaltene, gerade bis zum Spann reichende Hosenbeine mit oder ohne Umschlag. Statt ‣Hosenträgern immer öfter ‣Gürtel, da man allmählich das Weglassen der Weste erlaubte. 1930er Jahre: vier Bundfalten, gerade geschnittene Hosenbeine, wieder häufiger Aufschlag und Gamaschen. 1936: Aufkommen der ‣*Keil-H.* als Ski-H. 1945–55: sehr weite, gerade geschnittene Hosenbeine mit Umschlag; allmählich anstelle des Knopfverschlusses am Hosenschlitz ein ‣Reißverschluss; zwei Bundfalten, die jeweils in die Bügelfalte

Abb. 313. Manchester-Hosen, taillenkurze Strickjacken und Hemden mit großen Kragen von Angelo Litrico. Rom, 1973/74.

ausliefen; Spitzbund *(Spitzbund-H.)* mit hoher Leibhöhe, die Hinter-H. mit zweiteiligem Schnallgurt und daran angesetztem sog. Kappstück, an dem die Knöpfe der Hosenträger befestigt waren. Nach 1945: Die ‣*Jeans* kommen aus den USA nach Europa. 1950er Jahre: Halbstarke (‣Halbstarkenmode) in schwarzen ‣*Leder-H.n* (1). 1955 bis etwa 1965: Der bereits Anfang der 1950er Jahre aufgekommene ‣New-Edwardian-Style (‣Sakko) und der von italienischen Schneidern konsequent weitergeführte körperbetontere Hosenschnitt bestimmen die allgemeine Mode: noch bequem mit zwei Bundfalten um die Hüften, jedoch wesentlich engere, nur knöchellange Hosenbeine; Hosenträger jetzt, besonders bei der Jugend, fast völlig durch Gürtel ersetzt. Als Wander-H. setzt sich die ‣*Bund-H.* (1) durch. Mitte der 1960er Jahre: Einzel- oder Kombinations-H. mit dezentem Streifen-, Karo-, Hahnentritt-, Fischgrat- oder Jacquardmuster. 1965–75: insgesamt sehr eng anliegender, körperbetonter Schnitt mit engen Beinen;[96] *Rundbund-H.* mit breitem, fast waagrecht um die Taille angesetztem Bund und mit Gürtel oder als sehr eng sitzende Hüft-H. mit geringer Leibhöhe, daher Taschen kaum mehr möglich. Für kurze Zeit von Stutzern getragen: die ‣*Manchester-* oder *Marine-H.n* mit unter den Knien extrem weiten Hosenbeinen, oft durch Einsetzen eines manchmal andersfarbigen Zwickels in Kniehöhe. 1975 bis etwa 1980: in Anlehnung an die 1930er Jahre (‣Gatsby-Look) bequem sitzende H. mit zwei bis vier Bundfalten, geraden, mäßig weiten Beinen mit, später auch ohne Umschlag. Modisch sind H.n aus feinem Nappa- oder Kunststoffleder. Seit den 1990er Jahren werden H.n relativ eng geschnitten, Helmut ‣Lang brachte ‣Lampasse entlang der Hosenbeine in Mode. Als bequeme Freizeit-H. setzen sich *Jogginghosen* aus Wirkware mit Gummibund durch.[98] Modische H.n werden stark von Jugendgruppen und deren Musikvorlieben bestimmt, wie um 1996/97 die entlang der weißen Seitenstreifen zu öffnende *Adibreak* der Hip-Hopper von Adidas aus Polyester sowie die ‣Baggy pants. Als sportliche Freizeit-H. für beide Geschlechter setzten sich ‣Cargo pants durch. ‣Jeans.

Frauen-H.: Bei Griechinnen diente ein Knieband dazu, das Untergewand (‣Peplos, ‣Chiton) hosenartig über den Knien abzubinden. Später gehörten leinene Kniebänder zur Kleidung der Hetären. Aus der griechischen Spätantike sind leinene Kniebänder (Meretrix) als Teil der Kleidung der Göttin Artemis überliefert. Ansonsten wurde das Knieband zu einem schmückenden Metallreif über dem Knöchel, auch von der Römerin übernommen. In orientalischen Ländern, z.B. der Türkei, war eine meist knöchellange, weite, abgebundene H., die bereits im 14./15. Jh. bei Maurinnen in Spanien zu finden ist, verbreitet. Schon seit dem Mittelalter gilt der ›Kampf um die Hose‹ in Mitteleuropa als Zeichen der Gleichberechtigung der Frau mit dem Mann, dargestellt in Frühformen der Karikatur der Zeit (siehe Literaturhinweise S. 597). Lange H.n unter einem knielangen Rock trugen Pilgerinnen schon im 16. Jh. Später hatten Zirkusreiterinnen oder Schauspielerinnen in bestimmten Rollen H.n an. Arbeits-H. der Mägde war im 18. Jh. eine weite Knie-H. mit Hosenträgern. Um 1800–10 tauchten erstmals knöchellange Beinkleider, sog. ‣*Pantalons* (2) oder *Pantalettes,* auf, die unter nur wadenlangen ‣Chemisen (2), vorn bis zu den Oberschenkeln offenen ‣Pelissen oder Tuniken (‣Tunika) sichtbar wurden, in der Art ‣*Türkischer H.n* oder als H.n mit weiten, echten Beinen, die an den Knöcheln zusammengefasst in einer schmalen Rüsche endeten. Die H.n waren in der vorderen und hinteren Mittelnaht offen, vorn im Bund mit Knöpfen geschlossen; hinten wurden sie mit einem Band zusammengezogen. (In ähnlicher, meist etwas kürzerer Form wurden auch Unter-H.n vorgestellt.) Die Pantalettes hielten sich in der ‣Kinderkleidung[168] bis Mitte des 19. Jh.s. Unter dem nur wadenlangen Kleidrock der Kinder kamen sie gut zur Geltung. Im Übrigen trugen höchstens Schauspielerinnen auf der Bühne lange Beinkleider. Lange H.n wurden in den USA unter einem »Turnkleid« vorgeschlagen. 1851 bis etwa 1870 stellte die amerikanische Frauenrechtlerin Amelia Bloomer wiederholt weite, knöchellange H.n, später ‣*Bloomers*[160] genannt, unter einem etwa knielangen, faltenreichen Rock vor. Die Bloomers waren in den letzten Jahrzehnten des 19. Jh.s eines der Vorbilder für die wadenlangen ‣*Pump-H.n* der Radfahrerinnen, die auch den ‣Hosenrock akzeptierten.

Um 1909 kam in London ein geteilter Reitrock (‣Reitkleidung) als »Safety-habit« (›Sicherheitskleidung‹) auf. 1911 stellte P. ‣Poiret lange H.n, ‣*Hosenanzüge* und sogar ‣*Overalls*[315] mit langen, mäßig weiten, am Knöchel abgebundenen Beinen vor. Auch Mme ‣Paquin und C. ‣Drecoll in Paris sowie ‣Béchoff-David in Berlin brachten knöchellange *Hosenröcke.* Alle diese Hosenmodelle waren der Zeit weit voraus und blieben nur Vorschläge. Während des 1. Weltkriegs versuchte man auf vielerlei Art einen hosenähnlichen Rock für die arbeitende Frau zu gestalten. So gab es das *Rockbeinkleid,* bei dem mittels eines in der vorderen und rückwärtigen Saummitte festgenähten Bandes der Rock zwischen den Beinen hochgerafft werden konnte. Fabrikarbeiterinnen trugen einteilige *Hemd-H.n* oder Overalls, Frauen im öffentlichen Dienst Uniformen mit Jacken und (im Winter) einer langen H. Damit war die lange Ober-H. für die Frau akzeptiert. Jedoch blieb die H. bis Anfang der 1960er Jahre Teil der Haus-, Strand-, Sport- und Freizeitkleidung. Allein die betont emanzipierte Garçonne (‣Garçonne-Mode) trug um 1925 lange H.n, ‣Smoking, ‣Pyjama.

Abb. 314. Hosenanzug mit einer auch als Mini-Kleid tragbaren Tunika. Aus »burda Moden«. H. 12 Dezember 1969.

In den 1930er Jahren war die *Marlene-Dietrich-H.* mit Bundfalten und geraden langen Beinen mit Umschlag aktuell. Strand-H.n waren um die Hüften eng und unterhalb der Knie glockig weit geschnitten. Als Sport-H.n kamen etwa 1935 ‣*Shorts* und 1936 ‣*Keil-H.n* auf. In den 1950er Jahren lancierte E. ‣Pucci als Freizeit-H. die *Capri-* oder ‣*Fischer-H.* (2). Außerdem kamen die ersten *Blue Jeans* aus den USA. Die ‣Haute Couture stellte *Abend-H.n* aus elastischem Lurex (Garn mit Metalleffekt) vor, in der Taille hoch hinaufgeschnitten oder mit breitem Bund; die Beine, schmal und anliegend, hatten einen Steg unter der Ferse. Anfang der 1960er Jahre kamen für den Strand *St.-Tropez-H.n* auf, die ohne Bund tief auf den Hüften saßen und den Nabel freiließen; dazu gehörte ein ‣Bolero (3).

Erst nach 1965 setzte sich die H. als für jede Gelegenheit passende Frauenkleidung durch, die man auch im Beruf zu akzeptieren begann (damals als Alternative zum Minirock, ‣Mini). Der ‣*Hosenanzug* wurde gesellschaftsfähig. Es gab sog. *Slacks* mit gerade geschnittenen Beinen ohne Aufschlag und modische H.n in der Art der ‣*Manchester-H.* [313] mit ab den Knien stark ausgestellten Beinen. Pop-Art und ‣Hippie-Mode brachten H.n in »Schockfarben« mit poppigen und Blumenmustern. Schon 1967 stellte ‣Saint Laurent eine *Kniebund-H.* für den Abend vor; erst um 1980 wurde sie als *Pa-*

gen-H. allgemein Mode. Der Anfang der 1970er Jahre brachte einen Höhepunkt der Hosenmode. Die Jugend trug ‣*Bermudas,* ‣*Hosenröcke* in Minilänge, ‣*Gaucho-H.n,* ‣*Caddy-H.n,* ‣*Knickerbocker* (1), mäßig weite, um die Knöchel zusammengehaltene *Überfall-H.n,* knöchellange *Röhren-H.n* und 1971/72 ‣*Hot pants.* Die Frau gefiel sich in »klassischen« Marlene-Dietrich-H.n, auch *Zigaretten-H.n* (da von gerader Beinform) genannt. Jedoch wurden – ungeachtet des Alters – *Jeans* favorisiert. 1975 brachte Saint Laurent als ‣Prêt-à-porter modische *Overalls* für beide Geschlechter. Gleichzeitig kamen ‣*Latz-H.n* und einfache Monteuranzüge auf, die seither bei der Jugend beliebt blieben. 1975/76 wurden in Anlehnung an die 1930er Jahre (‣Gatsby-Look) H.n mit Bundfalten modern. Die 1976 von Pariser Modeschöpfern lancierte ‣Folkloremode brachte weite ‣*Pump-H.n, türkische Sack-H.n, Wickel-H.n, Harems-H.n, Pyjama-H.n,* ‣*Zuaven-H.n,* später die bis 1982 immer wieder modisch abgewandelten ‣*Jodhpurs.* Dagegen rückten Jeans von der Topmode in die Alltagsmode. 1977 kamen *Korkenzieher-, Karotten-* und enge *Röhren-H.n,* sog. *French Cuts,* auf, 1978 Abend-H.n aus fließenden, weichen Stoffen, die bis unter die Knie sehr weit, um die Waden jedoch hauteng waren, sowie der äußeren Längsnaht nach geraffte *Jalousie-H.n* (‣Bouillonieren) und *Disco-H.n* als Teil hautenger Stretchanzüge (Gymnastikanzüge). 1980/1981 standen Kniebund-H.n (Pagen-H.n[115], Knickerbocker), Caddy-H.n und Bermudas, auch mit Aufschlag, im modischen Mittelpunkt auch der eleganten Kleidung. Es folgten H.n aus Nappaleder, das sehr fein und anschmiegsam und in allen Farben zugerichtet wurde. 1982/83 waren bei der Jugend durchgehend extrem enge, längsgestreifte, gepunktete oder gescheckte H.n gefragt. Seit 1996 sind enge Hüfthosen als ‣*Hipsters,* um 2003 kurzfristig ‣Pagenhosen ›in‹. ‣Badekleidung, ‣Cargo pants, ‣Reitkleidung, ‣Skikleidung.

Abb. 315. Hosenanzüge (Tuniken mit knöchellangen Pumphosen, Turban) von Paul Poiret. Paris, 1911.

Hosenanzug. Den H. für die Frau, bestehend aus ‣Jacke und ‣Hose, stellte erstmals 1911 der Pariser Grand Couturier P. ‣Poiret vor. (Davon abgesehen wurden bereits 1851 in den USA die ‣Bloomers zusammen mit einem knielangen Kleid lanciert.) Die Garçonne (‣Garçonne-Mode) trug um 1927 eine Jacke und lange Hosen in Herrenfasson, ebenso den ‣Smoking. Der H. setzte sich jedoch erst nach 1963 allgemein in der Frauenmode als Alternative zum Kostüm mit Minirock durch. Gleichzeitig stellte der Amerikaner Norman Norell bereits einen H. für den Abend vor. 1964 kamen H.e »à la Marlene Dietrich« mit doppelreihiger Jacke in Herrenfasson oder H.e mit dazu passendem ‣Gaban (4). 1967–69 wurden superkurze Minikleider als ‣Kasack (5) über Hosen getragen. Im Sommer gab es auch leichte H.e im Safari-Look, als Abendkleidung *Smokinganzüge* oder *Haremshosen* mit dazu passendem Oberteil. Um 1970 waren *Jeansanzüge,* später ‣*Coordinates* (2) oder ‣*Separates,* um 1980 Jacken mit ‣Bermudas, ‣Caddyhosen oder Pagenhosen (‣Bundhose (2)) als H.e aktuell. In den 1980er Jahren waren auch H.n aus Nappa- oder Veloursleder ›in‹ (‣Leder). Seit 1990 können H.n streng männlich geschnitten sein.[118] Anfang des 21. Jh.s waren weiße Hosenanzüge in Mode.

Hosenlatz ‣Hose, ‣Schamkapsel.

Hosenrock, Frauenhose mit sehr weiten, oft glockig geschnittenen Beinen, die nur in der

Bewegung als solche erkennbar sind. Der H., der Ende des 19. Jh.s zum Radfahren und Wandern aufkam, wurde zunächst *geteilter Rock* oder (frz.) *jupe-culotte* genannt. Er war zum Radfahren seit Ende des 19. Jh.s eine praktische Alternative zu der für die Frau bis zum 1. Weltkrieg noch unakzeptablen Herrenhose. Danach hielt sich der H. als modisch sportliche Bekleidung und war in den 1930er Jahren, um 1966–73 und um 1980 besonders aktuell. ‣Haute Couture, ‣Hose.

Eine Rockhose des Herrn war die sog. ‣*Rheingrafenhose* um 1650–80.

Hosenträger, ehem. *Hosenhebe* genannt; Riemen oder Bänder, nach 1830 aus ‣Gummi, die über die Schultern gelegt und vorn und hinten am Hosenbund befestigt werden. Schon Anfang des 18. Jh.s mit Quersteg an Arbeits- und Kinderhosen sowie in der Volkstracht aufgekommen, wurde er mit dem ‣Pantalon (1) um 1792 Teil der allgemeinen Kleidung; besonders in der Mode der ‣Incroyables verbreitet. Im 19. Jh. trug man ihn hinten gekreuzt und unter der ‣Weste verborgen, nur bei Trachtenhosen war er immer ein sichtbares Schmuckstück. Um 1913 wurde mit dem allmählichen Weglassen der Weste beim Alltags- und Sportanzug der H. durch den ‣Gürtel ersetzt. Nach dem 2. Weltkrieg trug man den H. noch zur Abendhose, heute meist nur noch an der Frackhose (‣Frack), abgesehen von seiner Verwendung als eine Art Hilfsmittel im Alltag.[469]

Hosenumschlag, auch *Hosenaufschlag* oder ‣*Stulpe,* um 1900 durch den späteren König Edward VII. von England in Mode gebrachter, umgestülpter Saum des Hosenbeins (Edward soll auf einem vom Regen durchweichten Rennplatz einmal seine Hosenbeine hochgekrempelt haben). Der H. verkürzte die ‣Hose, die deshalb mit ‣Gamaschen getragen wurde. Er war nur an der Tageshose korrekt. Bald wurde er zum Modedetail, die Hose mit Umschlag ebenso lang wie die Hose ohne Stulpe. Die elegante Hose ist stets ohne Umschlag.

Hot pants, *Pl.* (engl., ›heiße Höschen‹), äußerst kurze, gerade das Gesäß bedeckende ‣Shorts, die 1971/72 als junge Mode aktuell waren. In Italien hatte sie bereits 1970 Krizia (‣Mandelli), in Frankreich D. ‣Bis eingeführt. Sie wurden auch unter vorne nur oben zugeknöpften Röcken (Slit-Look, ‣Kleid 1971/72) getragen. Es gab sie außerdem als Abendhose aus Samt, Lurex (Garn mit Metalleffekt) oder Brokat.

Houce, Housse, *die* (frz., ›Decke‹, im 14. Jh. auch ›Überkleid, Mantel‹), in Frankreich ein der ‣*Garnache* (1) entsprechendes Übergewand, meist des Mannes, jedoch mit lanzettförmigen Stoffklappen als Verschluss des Kopfschlitzes. Die H. wurde über den Kopf gezogen und im 14. Jh. über dem ‣Surkot getragen. In Deutschland hieß sie *Husse* (mniederd. *Assuke,* südd. ‣*Hussecke,* ›Frauenmantel mit Pelzaufschlägen‹) und war im Unterschied zur französischen H. ärmellos, seitlich durchgehend geschlitzt und an den Schultern geknöpft; das Rückenteil war doppelt so breit wie das Vorderteil.

Houppelande, *die* (frz., von ags. *hoppad*), weites, mantelartiges Obergewand, das aus den südschottischen Uplands stammt und das englische Truppen 1356 im Elsass trugen, wonach es in die französische Mode, zunächst vom Mann, etwas später auch von der Frau, übernommen wurde. Um 1375 bis Ende des 15. Jh.s war die H. besonders in Frankreich[38], England und Italien (dort als *Pelanda*) verbreitet. Nach etwa 1450 hieß sie frz. *robe,* engl. *gown.* Die H., meist aus kostbaren Samt- oder Brokatstoffen, lag um die Schultern an, erweiterte sich sehr faltenreich durch eingesetzte Keile zum zunächst knöchellangen Saum und wurde gewöhnlich gegürtet. Sie war vorn offen, hin und wieder hatte sie aber Kopfloch und Brustschlitz. Die Männer-H. war seitlich geschlitzt und hatte einen hohen, sich verbreiternden Stehkragen, seltener einen aufgestellten Umlegekragen. Anfang des 15. Jh.s wurde die Männer-H. kürzer und körperbetonter, nur die Zeremonial-H. behielt die alte Form. Die lange, schleppende Frauen-H. besaß um 1400 manchmal ein pelzverbrämtes, V-förmiges ‣Dekolleté und ein Rückendekolleté (‣Kleid). Die ‣Ärmel waren der Mode entsprechend vielfältig; im 15. Jh. waren, besonders zur schleppenden Zeremonial-H., ausgezattelte ‣Hänge- und Tütenärmel, sonst lange, anliegende Ärmel charakteristisch. Oft waren die H. mit ‣Schellen verziert.

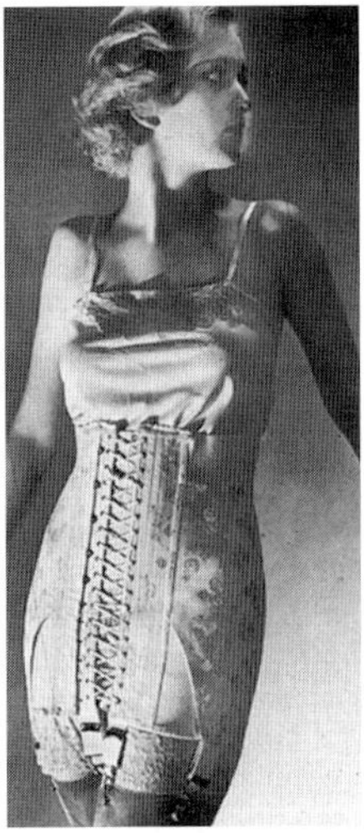

Abb. 316. Hüftgürtel mit Gummieinsatz und Schnürung, über Hemd. 1936.

Hubertusfrack (benannt nach dem hl. Hubertus, Patron der Jäger), aus der Jagdlivree übernommener roter Galafrack der Parforcejäger, vorn mit waagrechtem Schluss, so dass die Ecken der farbigen Weste sichtbar sind; dazu werden ▸Breeches und Reitzylinder (▸Zylinder) getragen. Für den Jägerball ist der H. grün bordiert (▸Borte).

Hubertusmantel (▸Hubertusfrack), sportlich-modischer Trachtenmantel beider Geschlechter aus grünem ▸Loden (2) mit rund geführtem, losem ▸Koller (3), besonders Anfang der 1950er Jahre beliebt; urspr. Jagdmantel.

Hüftgürtel, zunächst auch *Leibhalter* genannt; um 1900 mit dem ▸Reformkleid anstelle des ▸Korsetts aufgekommener sog. Strumpf- und Leibhalter mit herabhängenden Strumpfbändern, zunächst aus starkem Leinen mit Gummizugeinlagen. Er umschloss die Hüften von der Taille bis zum Oberschenkelansatz. Nach dem 1. Weltkrieg stellte man ihn konfektionsmäßig aus verschiedenen gummielastischen Geweben her. In den 1920er Jahren wurde er in unterschiedlichen Breiten angeboten. Die Strumpfbänder werden seither ▸»Straps« (engl.) genannt. In den 1930er Jahren hieß der H. meist *Hüftmieder.* 1947 erfand M. ▸Rochas die ▸*Guêpière.* Gegen Ende der 1950er Jahre wurde der H. meist durch den schmäleren Strumpfhalter aus Batist oder Synthetics (▸Stoff, 20. Jh.) oder durch die Miederhose (▸Unterhose) ersetzt, in den späten 1980ern jedoch durch die Neo-Dessous-Welle wiederbelebt. ▸Büstenhalter.

Hüftpolster, *Steißrolle,* ugs. auch *Weiberspeck,* frz. *Vertugadin française* oder *Vertugadin en bourrelets* ›Tugendwächter als Wulst‹ (da sich darunter die Folgen eines »Fehltritts« verbergen ließen). Dicke, kreisförmige, meist mit Werg (▸Stoff, Mittelalter, 16. Jh.) ausgestopfte Rolle, die um die Hüften gebunden wurde. Das H. kam um 1600 in der bürgerlichen Mode anstelle des ▸Reifrocks auf, setzte sich bis um 1630 auch in der höfischen Kleidung durch und erhielt sich im holländischen ▸Regentinnen-Kostüm bis etwa 1660.

Hüftschurz, auch *Lendenschurz,* ▸Schurz.

Hühnerkorb, ugs. für *Panier* (▸Reifrock).

Hulle, Hülle, *die* (von german. *hel* ›verbergen, hehlen‹; ahd. *hullan* ›verhüllen‹; ahd. *hulla,* mhd. *hüllen* ›Kopftuch‹), im frühen Mittelalter ein Kopftuch, im hohen Mittelalter eine Kopf und Hals vollkommen verhüllende haubenartige ▸Kopfbedeckung der verheirateten Bürgersfrau. Die H. bestand aus weißem Leinen und wurde in mannigfaltiger Weise umgelegt. Als Kopftuch und Haube bis heute in der Tracht erhalten.

Humpelrock[281], 1910 von P. ▸Poiret aus Le ▸Vague entwickelte Kleidlinie mit einem um den Saum durch eine Pelzbordüre[101] oder eine Passe (▸Sattel) eng zusammengefassten knöchellangen Rock. Um den engen Rocksaum nicht zu zerreißen, wurden auch sog. Fußfesseln getragen, bei denen ein breites Band die Waden eng verband. Der H. wurde

Abb. 317. Zum Humpelrock getragene Fußfesseln. 1910/11.

Abb. 318. Nürnberger Patrizierin in Hussecke. Aus Hans Weigels Trachtenbuch. 1577.

zunächst heftig kritisiert, dennoch bald von manchen modebewussten Frauen getragen, wenn auch oft mit Konzessionen an die Beweglichkeit durch seitlich eingesetzte Falten oder einen mit einem Steg zusammengefassten Schlitz. Als Konsequenz brachte Poiret danach die enge ‣Hose für die Frau.

Hurluberlu, *die* (frz., ›Sonderling‹), urspr. auch *Hurlupé,* dt. auch *Kohlkopffrisur;* 1671 von einer Pariser Coiffeuse erfundene Damenfrisur, bei der das Haar locker gekraust, am Oberkopf flach, seitlich und hinten stark gebauscht war, mit vom Nacken nach vorn auf die Schultern fallenden ‣Stöpsellocken (frz. ‣*Boucle pendante* ›Hängelocke‹) und einem Aufputz aus vielen Seidenblumen. Die H. blieb nur bis 1675/76 als reine Modefrisur neben der Coiffure à ‣Cornet(t)e en vogue. ‣Haarmode.

Husse ‣Houce.

Hussecke (Augsburg, Nürnberg), *Assuke* (Hamburg) oder *Sucke, die* (‣Houce; eine etymologische Verbindung zu ‣*Suckenîe* ist anzunehmen), im 15. bis Anfang des 17. Jh.s regional unterschiedliche Bezeichnung für eine Mantelart zwischen ‣Schaube (der Frau) und ‣Weitem Rock; nur im 15. Jh. auch vom Mann getragen. Die H. war bodenlang, wurde am Hals mit einer Spange geschlossen, Kragen und Vorderkante waren meist pelzverbrämt, die Ärmel hingen seitlich nur als Attrappen (wie bereits bei der ‣Kandys) herab. Im 18. Jh. langer, schwarzer Trauermantel, speziell in Augsburg (‣Trauerkleidung).

Hut (von mhd. *huot(e)* ›Obhut, Hut‹), meist mehr oder weniger steife, das Haar nicht ganz verdeckende ‣Kopfbedeckung, oft mit ‣Krempe, seit dem 12. Jh. (sieht man von ‣Petasos und ‣Tholia der griechischen Antike ab).

Huve, *die* (frz.), urspr. der Schleier, der um 1390–1460 über die ‣Hörnerfrisur oder ‣Hörnerhaube gelegt wurde und auf den Rücken herabfiel; später ging die Bezeichnung auf die gesamte so gestaltete Frisur über.

I/J

Igal ‣Agal.

Igelfrisur (engl. *hedgehog cut*; frz. *coiffure au hérisson*), um 1780 in England aufgekommene kurze, zerzauste, weißgepuderte Haarmode beider Geschlechter[77] (in der Form ist ihr die Punkfrisur, ‣Punk-Mode, um 1980 ähnlich). »I.« oder *Bürstenhaarschnitt*, ugs. *Meckifrisur* (nach dem »Mecki« genannten Steifftier-Igel) heißt auch der nach 1945 (ausgenommen 1964–75) modische Männerhaarschnitt mit sehr kurzem, in die Höhe stehendem Haar, das anfangs mit Haaröl in Form gehalten wurde. In ähnlicher Form mit Wachs oder Haargel gestylt Anfang des 21. Jh.s in Mode.

I-Linie ‣Haute Couture (1954/55).

Imponiermantel. 1. ‣Balagny. **2.** Ein über eine Schulter geworfenes ‣Cape, mit dem sich vor allem Künstler und Intellektuelle im 19. Jh. porträtieren ließen.

Incroyable, *der* (frz., ›der Unglaubliche‹, übertr. ›Modenarr‹), zunächst im Directoire (1795–99) der grotesk große ‣Zweispitz (2) des Stutzers, schließlich der Stutzer selbst. Der I. übersteigerte die zeitgenössische Mode, trug einen schlechtsitzenden, engen ‣Frack mit zu großem ‣Revers, hohem ‣Kragen und überlangen Ärmeln, eine oft schief geknöpfte, zu kurze ‣Weste, ein ‣Hemd mit übermäßig hohem Kragen und mehrmals um den Hals gewickelte Halstücher (‣Cachenez (2), ‣Krawatte), einen langen, enganliegenden, bis unter die Brust hinaufgeschnittenen ‣Pantalon (1) mit ‣Hosenträgern, dazu Stiefel (‣Fußbekleidung) mit breiten, meist unkorrekt umgeschlagenen ‣Stulpen. Das Haar war »à l'oreille de chien« (frz., ›Hundeohr‹) frisiert (‣Haarmode): Die Haare hingen über beide Ohren herunter; sie waren seitlich am längsten. Weibliches Gegenstück des I. war die ‣Merveilleuse. Die Bezeichnungen »I.« und »Merveilleuse« wurden gelegentlich für die sehr aufgeputzte Mode um 1814/15 wieder aufgegriffen, speziell aber der entsprechende Typus in den Modezeichnungen von Horace Vernet (1789–1863; s. Literaturhinweise, S. 605) so bezeichnet.

Abb. 319. Incroyable. Frankreich, 1795–99. Nach Wilcox.

Indienne. 1. ‣Stoff (17. Jh.). **2.** Ein Blaudruck aus Baumwolle, ‣Zeugdruck.

Indisches Gewand ‣Banyan.

Indumentum, *das,* ‣Amictus (2).

Infantinnentracht[62] ‣Kleid (um 1660 bis Ende 17. Jh.).

In-folio ‣Allongeperücke.

Infula, Inful, *die* (lat.). **1.** Zwei von der ‣Tiara (1) und der ‣Mitra herabhängende, etwa schulterlange Stoffstreifen, oft reich bestickt und in Goldfransen endigend. Auch die *Mitra* selbst. **2.** In der römischen Antike eine weiße, mit scharlachroten Streifen versehene oder scharlachfarbene Kopfbinde aus Wollstoff, die um die Stirn geführt wurde und zu beiden Seiten herabhing. Würdezeichen u. a. der römischen Priester und Vestalinnen, in der Kaiserzeit auch der Kaiser und hoher Magistratspersonen.

Inkrustation, wie eine Einlegearbeit in einen Stoff eingepasstes Teil aus anderem Material, z. B. Spitze oder Blende. Gegensatz: ‣Applikation.

Innocente, *die* (frz., ›die Unschuldige‹), taillenloses, weites Überkleid, das Mme de Montespan, 1668–76 Maitresse Ludwigs XIV. von Frankreich, vor ihren Niederkünften trug. Es gehörte zum ‣Negligé und war wahrscheinlich Vorbild für die ‣Adrienne.

Inverness, *der,* in den 1850er Jahren in Mode gekommener Herrenmantel, sog. *Cape-Paletot,* mit taillenlanger ‣Pelerine, urspr. aus sehr weichem Wollstoff, auch kariert (‣Tartan), der in der schottischen Stadt Inverness hergestellt wurde. Der I. änderte sich häufig mit der Mode; nach 1880 gab es ihn oft ohne Ärmel. Um die Jahrhundertwende wurde er in Schwarz zum klassischen Frack- und Smokingmantel; dazu trug der Herr den ‣Chapeau claque oder den schwarzen ‣Camber.

Isabellfarbe, ein graugelber bis gelbbrauner Farbton, dessen Bezeichnung auf die spanische Infantin Isabella zurückgeht, die 1601 bei der Belagerung Ostendes geschworen haben soll, ihr Hemd nicht eher zu wechseln, bis ihr Gemahl Erzherzog Albrecht von Österreich die Stadt erobert hätte. Das geschah 1604.

Jabot, *das* (frz., ›Hemdkrause‹, urspr. ›Kropf‹, von afrz. *gibot,* lat. *gibba* ›Buckel, Höcker‹), eine Spitzen- oder Leinenkrause, ein- oder beidseitig um den Brustausschnitt des Herrenhemdes genäht, um diesen zu verdecken. Das J. findet sich erstmals, noch sehr selten, unter dem enger und kürzer gewordenen ‣Wams in der französischen À-la-mode-Kleidung (etwa 1625/30–50, ‣À la mode), danach zur ‣Rheingrafenhose (1655–75/80) und im 18. Jh., nachdem um 1715 die lang herabhängende ‣Krawatte, die ‣Steinkerke, aus der Mode gekommen war. Im Laufe des 18. Jh.s wurde es größer und üppiger[70] (eine Form hieß *Wasserfall*), um im letzten Drittel des Jh.s wieder kleiner zu werden. Es kam während der Französischen Revolution aus der Mode, tauchte aber 1804, kleiner und schmäler, wieder auf.[179] Im 19. Jh. wurde der Brustausschnitt des Hemdes zugeknöpft, so dass das J. entfiel. Um 1830 gab es das J. nur noch zur ‣Chemisette, dann lediglich am Abendhemd (‣Frack)[82, 434]. Ende des 19. Jh.s wurde das J. in die Damenmode übernommen, meist in Form eines fast bis zur Taille reichenden Wasserfalls aus Spitze oder Chiffon (‣Stoff, 19. Jh.) auf einem ‣Plastron (4) im Kleidausschnitt oder als Blusenaufputz. Es war in der Frauenmode bis Ende der 1950er Jahre und erneut in veränderter Form um 1980 in Mode.

Abb. 320. Jacke sowie Hörnerhaube der burgundischen Mode. 1. Hälfte des 15. Jh.s. Nach Racinet, aus Mützel.

Jacke (im 14./15. Jh. von frz. *jaque,* im Dt. zunächst als *Schecke* übernommen; Mitte des 19. Jh.s zu *Jackett* umgebildet), taillen- bis hüftkurzes, vorn zu öffnendes Oberbekleidungsstück verschiedener Formen und Bezeichnungen. Ende 12. bis 14. Jh. ist für beide Geschlechter die ‣*Jupe* (1)[320] bekannt. Im gleichen Zeitraum trug der Mann die ‣*Gippe.*

Männer-J.: Die Bezeichnung »J.« wurde erstmals für die ‣*Schecke* (2. Hälfte 14. Jh. bis um 1420/30, ‣Jaque) gebraucht. Unter den Begriff »J.« fallen: ‣*Blazer,* ‣*Canadian,* ‣*Carmagnole,* ‣*Gaban,* ‣*Haus-J.,* ‣*Jakobiner-J.,* ‣*Janker,* ‣*Joppe,* ‣*Jubón,* ‣*Mao-Jacke,* ‣*Norfolk-J.,* ‣*Spenzer;* heute Strick- und Sport-J.n, wie ‣*Blouson,* ‣*Lumberjack,* ‣*Nato-J., Leder-J.* (Nicht darunter fallen ‣Jackett, ‣Justaucorps (2), ‣Rock (1), ‣Sakko, ‣Wams, ‣Weste.)

Frauen-J.: Die Kretisch-minoische Kultur (ca. 1720–1200 v. Chr.) kannte ein jackenartiges, die Brust freilassendes Oberteil der Frauenkleidung.[10] Eine Urform der J., und heute als solche bezeichnet, stellt die etwa taillenkurze Frauen-J. (‣Bluse)[22] der Bronzezeit (1800–750 v. Chr.) dar. Sie war von ponchoartigem Schnitt (‣*Poncho*) mit halblangen, angeschnittenen ‣Ärmeln (‣Kimonoärmeln, ohne Schulternaht) und mit waagrechtem Halsausschnitt, seltener mit einem durch eine ‣Fibel geschlossenen Brustschlitz. Schnitt und Nähweise entwickelten sich wahrscheinlich aus dem urzeitlichen Fell-Poncho, denn der unter der Brust angesetzte Stoff war wie bei der Fellkleidung zusammengenäht. Der angesetzte Rand aber diente wahrscheinlich dazu, der J. am Saum eine einengende Festigung zu geben. Neueste Auswertungen von Textilfunden im heute schwedischen Birka führten zu der Annahme, dass die J. im frühen Mittelalter mit Leinen gefüttert und mit Pelz oder Borten besetzt war.

In der 1. Hälfte des 15. Jh.s kannte man in Frankreich und England ein anliegendes, vorn offenes, über der ‣Cotte (‣Kleid) getragenes Jäckchen, dessen Aussehen allerdings nicht eindeutig überliefert ist. Es bleibt also die Frage, ob es sich dabei nicht um die Gippe handelte. In der bürgerlichen Mode des 16. Jh.s gab es eine J. in Verbindung mit einem ärmellosen, hochgeschlossenen ‣Leibchen, im 2. Viertel des 16. Jh.s den ‣*Koller* (2) als Frauen-J. und ab der 2. Hälfte des 16. Jh.s eine ‣*Schoß-J.* (‣*Kamisol* (3), Brustwams) anstelle des engen ‣Mieders. (Sie erhielt sich in manchen alpenländischen Trachten unter der Bezeichnung *Schalk.*) Eine bei Bürgern beliebte Über-J. war die ‣*Harzkappe.*

In der Spanischen Mode (2. Hälfte 16. / Anfang 17. Jh.) wurde die J. *Jubón* genannt. Um 1600 übernahm die Frau auch die ‣*Hongreline* (2) des Mannes als Über-J., die wahrscheinlich für die bürgerliche Haus-J., die ‣*Matinee,* das Vorbild abgab. Während des Dreißigjährigen Kriegs fanden eine halb- bis dreiviertellange J. mit Schnur-, Litzen- und Knopfbesatz (vom Soldatenrock übernommen) und eine J. mit geschlitzten Schößen (‣Flasques, ‣Schoß (1), ‣Schoß-J.), modischen Ärmeln und ‣Dekolleté Verbreitung (‣Kleid). In der spanischen Hofmode der 2. Hälfte des 17. Jh.s gab es eine J., deren breiter Schoß auf dem ovalen ‣Reifrock auflag – eine Mode, die als »Infantinnentracht« (‣Kleid, um 1660 bis Ende 17. Jh.) bezeichnet wird.

Im 18. Jh. wurde die bürgerliche Schoß-J., der ‣*Caraco* und ‣*Casaquin,* zunächst in die Damenreitkleidung[322], gegen Ende des Jh.s in die allgemeine Frauenmode übernommen; sie stellte eine Vorläuferin der Kostüm-J. (frz. *Jaquette,* dt. *Jaquett*) dar. Weitere Formen der Schoß-J. waren ‣*Casaquin*[173] und ‣*Kaschett.* Als Negligé trug die Dame im letzten Drittel des 18. Jh.s ein Schoßleibchen anstelle des engen Mieders oder ‣Korsetts.

Im Empire, etwa 1800–15/20, wurde das ‣*Can(n)ezou* als Kälteschutz getragen. Danach diente als Unter-J. (*Lingerie-J.,* ‣Lingerie) das Kamisol (3). In der 2. Hälfte des 19. Jh.s war die ‣*Zuaven-J.* (2), im ‣Genre canaille um 1860 die ‣*Garibaldi-J.* in Mode. Zur ‣Krinoline trug die Frau eine Schoß-J., auch »Can(n)ezou« genannt, aus anderem Stoff als der Rock, während die ‣Schoßtaille ein Kleidoberteil war.[89] 1868/69–75 stand der Schoß der J. über der ‣Turnüre ab. Nach 1875 kam mit der ‣Engen Mode[91,462] (‣Kleid) und der ‣Kürasstaille die schoßlose, d.h. in der Taille bis zu den Hüften in einem Stück geschnittene *Kostüm-J.* auf (‣Kostüm (2), ‣Jackenkleid).[94]

1899/1900–06/07 wurde ein lose herabhängendes ‣*Bolero* (3)[100], mit dem die modische Sans-Ventre-Linie (‣Kleid, ‣Korsett) besser zur Geltung kam, der J. vorgezogen. Erst von den 1950er Jahren an[106,107,284] verselbständigte sich die Kostüm-J. zur J.[110,111,287,375], die häufig den Mantel ersetzt. Dabei unterscheidet man nach der Saumlänge die *Dreiviertel-J.,* und die *Siebenachtel-J.,* d.h., die J. bedeckt $^3/_4$ bzw. $^7/_8$ der Kleidlänge. Zur Hose werden Blazer[376], Blouson und um 1998 sowie um 2003/04 auch ‣Gehrock getragen. *Pelz-J.* ‣Pelz, *Strick-J.* ‣Strick- und Wirkware.

Jackenkleid, Kleid mit zugehöriger ‣Jacke[375], besonders in den 1930er und 1950er Jahren in Mode. Vorläufer: ‣Caraco, ‣Kleid (Ende 18. Jh.), ‣Schoßtaille (‣Jacke, ‣Schoß (1), ‣Taille (2)), ‣Rock (1) und ‣Chemisette zur Zeit der ‣Krinoline.

Jackett (von frz. *jaque* ›Jacke‹, im 15. Jh. zu frz. *jaquette* ›Jäckchen‹). Der Name ging Mitte des 19. Jh.s auf das männliche Obergewand, den ‣*Rock* (1), über (auch als *Rock-J.*), während ‣»Jacke« ein weibliches Obergewand bezeichnete. Das J. entwickelte sich kurz vor 1850 aus dem sog. Jäckchenfrack, der bereits vom obersten Knopf stark zurückgeschnitten und dessen Schöße (‣Schoß (1)) immer kürzer und allmählich ganz weggelassen wurden. Das J. war knapp oberschenkellang, vorn von der Taille weg mit scharfem ‣Abstich, stets einreihig und von dunkler Farbe.[83,85] Dazu wurde eine hellere ‣Hose getragen. Um 1860 arbeitete man J. und Hose aus dem gleichen Stoff. Um 1865–67 waren die Ärmel sehr weit, 1867 kam ein neuer J.-Schnitt, das sog. *Sakko-J.*[84], bald nur ‣*Sakko* genannt.

Um 1900 wurde noch zwischen dem Sakkoanzug und dem als wesentlich kleidsamer empfohlenen J.-Anzug unterschieden. Das J. war nun fast knielang, ohne Taillennaht mit starkem, leicht abgerundetem Abstich (insgesamt weniger füllig als der ‣Gehrock) und oft mit paspelierten Kanten. Die Ärmel hatten meist einen festgenähten Aufschlag mit Zierknöpfen. Heute wird auch der Sakko »J.« genannt. ‣Casaquin, ‣Jaque, ‣Schecke.

Jaconet, *der,* ‣Kamisol[327] (3).

Jacquard ‣Farbe und Muster (19. Jh.), ‣Stoff (19. Jh.).

Jaeger-Hemd, Jaeger-Kombination, in den 1870er und 1880er Jahren von dem Stuttgarter Professor für Zoologie und Physiologie Gustav Jäger (engl. Jaeger, 1832–1917) aus Gesundheitsgründen empfohlenes Herrenhemd oder ganzteilige Kombination (Hemd und Hose) aus reiner Wolle. Jaeger vertrat die Ansicht, dass tierische Fasern für den Menschen verträglicher seien als pflanzliche. Er plädierte außerdem für einen seitlichen Verschluss beim Herrenrock, damit der Stoff vorn doppelt liege. Sein Buch »Die Normalkleidung als Gesundheitsschutz« (1872–80) erregte besonders in England großes Aufsehen, wo der Schriftsteller und Ästhet Oscar Wilde Jaegers Ideen zu Leitartikeln in englischen Zeitungen zusammenfasste. 1884 eröffnete der Engländer Lewis Tomalin ein Geschäft in London für Jaeger-Gesundheitswäsche. Um 1900 folgten in England hergestellte, sehr erfolgreiche Strickanzüge, die u.a. von George Bernard Shaw favorisiert wurden, sowie Expeditionsausrüstungen für die Polarforscher Nansen, Scott und Hillary. Außer Merinowolle (Schafwolle) verarbeitete man nun auch ‣Kamelhaar, Vicuna, Alpaca und Kaschmir (‣Stoff, 18. Jh.). In den 1920er Jahren wurden farbige Wollanzüge hergestellt und 1934 mit allgemeiner Sportkleidung begonnen. Heute ist die Firma Jaeger mit Stammhaus in London für gediegene sportliche Herren- und Damenmode bekannt und unterhält neben 60 Geschäften eigene Schafherden in Australien und 14 Fabriken in Großbritannien.

Abb. 322. Jan Frans Douven: Anna Maria Luisa von Pfalz-Neuburg in Jagdkleidung (die der Reitkleidung entspricht). Um 1695. Galleria Pitti, Florenz.

Abb. 321. Jaeger-Kombination von Gustav Jäger. Um 1885.

Jagdkleidung. Im Mittelalter wandelte sich die Jagd vom Nahrungserwerbszweck zur höfischen Unterhaltung, an der auch die Frau teilnahm.[354a] Die Kleidung entsprach der höfischen Tageskleidung bzw. der ▸*Reitkleidung.* Ende des 17. Jh.s entwickelten sich höfische Jagduniformen, die es in den meisten europäischen Ländern bis zum 1. Weltkrieg gab. Die Frau trug bis gegen Ende des 18. Jh.s Reitkleidung aus ▸Schoßjacke[322] und schleppendem Rock. Im letzten Viertel des 19. Jh.s bildeten sich, abgesehen von den Jagduniformen und der einfachen Kleidung für Berufsjäger, ▸Norfolk-Jacke und ▸Knickerbocker (1) als ideale freizeitliche J. aus. Die Frau begann das ▸Kostüm (2) zu tragen, z.T. sogar mit fast kniekurzem Rock, darunter eine ▸Pumphose und hohe ▸Gamaschen. Teile der ▸Trachtenmode werden bis heute für die J. übernommen.

Jakobinerjacke, kurze Jacke mit ▸Revers, hohem Umlegekragen und langen Ärmeln, vorn meist offen getragen. Die J. wurde während der Französischen Revolution von den Jakobinern (radikale Republikaner während der Französischen Revolution 1789) mit ▸Jakobinermütze, ▸Pantalon (1) und Sabots (▸Klompe) als Zeichen revolutionärer Gesinnung getragen. Sie war aus der ▸*Carmagnole* entstanden, wie die J. in Frankreich weiterhin genannt wurde.

Jakobinermütze (frz. *bonnet rouge* ›rote Mütze‹), rote, mit blau-weißer ▸Kokarde geschmückte, leicht abgewandelte Form der ▸*Phrygischen Mütze,* die noch die Kopfbedeckung der Galeerensklaven war und deshalb von den Jakobinern übernommen wurde (▸Jakobinerjacke).

Jakonett ▸Stoff (19. Jh.).

Janker, *der* (vielleicht von ▸*Jacke*), *Jängger, Jänkher,* in Österreich im 16./17. Jh. ein bodenlanger Frauenmantel mit langen ▸Hängeärmeln. Erst im 18. Jh. ging die Bezeichnung über auf die bayerisch-österreichische Trachtenjacke von geradem, hüftlangem Schnitt mit andersfarbigem Kantenbesatz, mit ▸Revers und Umlegekragen oder Stehkragen, Horn- oder Metallknöpfen. (Der J. soll G. ▸Chanel zur Jacke des ▸Chanel-Kostüms inspiriert haben.) Die Farbe des J.s ist regional unterschiedlich, meist grau, grün oder rot, für den Winter aus Loden (2) (▸*Walk-J.*), für den Sommer aus wattiertem, abgestepptem Baumwollstoff. Ende

Abb. 323. Jagdkleidung, bestehend aus Norfolk-Jacke, Knickerbocker, Schirmmütze und Gamaschen. Aus »Die Mode. Halbjahr-Schrift für elegante Herrenbekleidung der Firma Alfred Guggenheim & Co«. Freiburg i. Br. 1911.

der 1960er Jahre, als der Trachtenlook beliebt war, wurde der J. zum Modegewand.

Janséniste ▸Reifrock.

Jaque, *der* (frz.), Bezeichnung für das Ende 13. bis Ende 15. Jh. über dem Panzer getragene hemdartige Gewand (Waffenrock); 2. Hälfte 14. und 15. Jh. im Dt. ▸*Schecke.* Das frz. Diminutiv *Jaquette* bezeichnete im 15. Jh. die Bauernkutte; gleichzeitig hieß in England ein bis zu den Oberschenkeln reichender Überrock *Jacket.* ▸Jackett.

Jaquette ▸Casaquin, ▸Jackett.

Jardinée ▸Cornet(t)e.

Jarretière, *die,* ▸Strumpf (17. Jh.).

Jean, *der* (engl., von frz. *Gênes* ›Genua‹, ehem. Hauptausfuhrhafen für Baumwolle), robuster Baumwollstoff in Köperbindung, der bereits seit dem 18. Jh. für einfache Arbeitskleidung und nach 1850 für ‣Jeans verwendet wurde.

Jeans, Blue Jeans, *Pl.* (engl.; ‣Jean), heute Allroundhose für beide Geschlechter im ursprünglichen klassischen Schnitt wie in modischen Hosenschnitten (‣Hose).

Die Erfindung der J. wird Levi (eigentl. Löb) Strauss (geb. 1829 in Buttenheim, Franken, gest. 1902 in San Francisco), einem gebürtigen Bayern, zugeschrieben, der 1847 mit einigen Ballen bleichen Segeltuchs (Leinwand) nach San Francisco auswanderte. Zunächst ließ er daraus Zelte und Planen, dann strapazierfähige ‣Latzhosen mit Trägern, die hinten am Bund befestigt wurden, mit aufgesetzten Taschen und doppelten Nähten für Goldgräber machen. Noch vor 1870 gründete er eine Hosenmanufaktur. Als das Segeltuch ausgegangen war, führte er einen noch haltbareren Baumwollstoff in Köper- oder auch Sergebindung (kurz »Köper« oder »Serge«, ‣Stoff, ‣Jean) aus der bereits im 15. Jh. von Ludwig XI. gegründeten Baumwollmanufaktur Nîmes ein. Aus diesem Serge de Nimes wurde in den USA nach 1850 die Bezeichnung »Denim« für jenen Stoff, den wir als »J.-Stoff« bezeichnen (‣Stoff, 19. Jh.). Heute wird auch ‣Nanking (1), Broken Twill (gebrochene Köperbindung) und Cord verwendet. Von da an wurden die Hosen *Denims* genannt. Der Kettfaden des Denim wurde mit Indigo, der ältesten Naturfarbe, die seit 1880 chemisch hergestellt werden kann (‣Farbe und Muster), blau eingefärbt (Blue Denim), während der Schussfaden weiß blieb. Die Nähte der Hosen verstärkte Strauss mit Kupfernieten; darauf – und auf den Hosenschnitt (Gürtelschlaufen, äußere Doppelkappnaht, Hinterhosensattel), auch den von Latzhosen – erhielt er am 20.5.1873 ein Patent. Cowboys ließen zur Unterstreichung ihrer persönlichen Note mit rotem oder orangefarbenem Garn Zierbögen wie Adlerschwingen auf die Gesäßtaschen nähen. Ab 1886 wurde als Markenzeichen ein Lederetikett mit zwei Pferden aufgenäht, seit 1890 gibt es den Grundschnitt für die Levi's mit der Produktionsnummer ›501‹, die 5 steht für die 5 Taschen, 01 für die erste Serie (noch mit Hosenträgerknöpfen anstelle von Gürtelschlaufen). Das rote Wäschezeichen am linken Rand der rechten Gesäßtasche wurde erst 1936 von Levis Erben entwickelt, seit 1953 doppelseitig, mit vertikal eingewebter Aufschrift ›LEVI'S‹ (heute wegen des Sammlerwertes »Big E« genannt); seit 1971 besteht sie aus Kleinbuchstaben. Seit 1966 wird auf die verdeckten Nieten an den Gesäßtaschen verzichtet. Zu den Hosen passend gab es Jacken, Westen und Hemden aus Denim.

Abb. 324. Amerikanischer Prospector in Levis' Jeans und Jacke in Lumberjackform. Um 1870.

1917 lernte Europa Denim-Overalls der Firma Lee (USA), sog. *Union Alls,* die den amerikanischen Infanteristen als Kampfanzug dienten, kennen. In den USA wurde in den 1930er Jahren aus der reinen Arbeitshose auch eine Freizeithose. Im 2. Weltkrieg waren die J. als *Texas-* oder *Nietenhosen* bekannt, Besatzungssoldaten brachten sie nach 1945 in die Länder Europas und andere Erdteile. 1949 stellte die Firma Mustang (Künzelsau) erstmals in Deutschland J. her.

In den 1950er Jahren waren die J. noch nicht mehr als eine jugendliche Freizeithose für beide Geschlechter, eng anliegend und unten umgeschlagen (für Mädchen auch im Schnitt der ‣Fischerhose (2)). Erst nach 1965 wurde sie allmählich zur allgemein akzeptierten Alltags- und Modehose. Pop-Art, ‣Romantik-Look und ‣Hippie-Mode brachten buntbestickte oder kunstvoll bemalte J. in sog. »Denim-Art« (›Denim-Kunst‹) oder solche mit ‣Patchwork, andersfarbiger Saumborte, ausgefranstem Saum usw. in Mode. Ende der 1960er Jahre rückte ein hellblauer, ausgewaschener, deshalb weicher J.-Stoff in den Vordergrund. Um 1970 gab es Jacken im Monteurstil, ‣Bikinis, Röcke, ‣Shorts, ‣Bermudas, ‣Overalls, ‣Latzhosen sowie auch Mäntel aus

Blue Denim. J. werden nun als modische ‣Bundfalten-, enge ‣Röhren- oder um die Knöchel enger werdende Karottenhosen geschnitten. Ende des 20. Jh.s wurden zerschlissene J. als sog. »used look« auch bei teuren sog. *Designerjeans* mit Markennamen wie ‣Armani oder ‣Gucci modern, darüber hinaus zählt die Levi's 501 als Kultmarke.

Jerkin ‣Sayo.

Jersey (engl., nach der britischen Kanalinsel Jersey, wo angeblich schon im 15. Jh. Kittel für Fischer und Matrosen von den Frauen gestrickt wurden). **1.** *Der J.* ist eine (oft gewalkte und angeraute) Wirk- oder Strickware (‣Strick- und Wirkware); heute Sammelbegriff für verschiedene Maschenwaren, auch als Meterware, für Herren- und Damenoberbekleidung; zeichnet sich durch hohes Dehn- und Erholungsvermögen sowie durch weichen, wolligen Griff aus. 1879 machte die Engländerin Lillie Langtry (1852–1929), eine später als »Jersey-Lily« bekannte Demimondäne, ein ‣Kostüm (2) aus Woll-J. von J. ‣Redfern im Stil der ‣Engen Mode berühmt[462]. Danach setzte sich J. auch als Arbeitskleidung durch, nämlich als Oberteil, die sog. Tricottaille, für Telefonistinnen. 1916/17 fing G. ‣Chanel mit ‣Kittelkleidern, Segel- und Matrosenjacken aus beigem, baumwollenem Maschinentrikot (‣Trikot (2)) an und machte J. in der Folge zu einem auch in der Haute Couture verwendeten Material[284, 290]. **2.** *Das J.* bezeichnet ein Oberteil der Sportkleidung. In den 1860er Jahren begann man in England nach dem Vorbild der Seemannsoberteile J.-Leibchen, kurz *Jerseys* genannt, für den Ballsport herzustellen. Seither sind Trikotwaren für Sportbekleidung stark verbreitet. ‣Unterhemd.

Jet-Hose (von engl. *jet* ›Düsenantrieb‹), in den 1970er Jahren aufgekommene Skihose aus bielastischem (d. h. der Länge und Breite nach dehnbarem) Material, leicht, z. B. mit Wirkplüsch, gefüttert, körpernah (windschlüpfig) geschnitten, mit Kniepolstern, eventuell Seitenstreifen, angeschnittenem Bund und Trägern. Sie ist nur wadenlang und wird an der Schnalle des Skischuhs straff eingehakt.

Jodhpurhose, Jodhpurs, knöchellange Reithose mit Umschlag (‣Hosenumschlag), seitlich an den Oberschenkeln mäßig weit ausladend, an der Innenseite mit Leder verstärkt und anstelle von Schaftstiefeln mit Halbstiefeln, sog. ‣Jodhpurstiefeln, getragen; bis heute populär. Ihren Namen trägt sie nach dem für seine Pferdezucht und Verbreitung des Polospiels (‣Polohemd) bekannten indischen Fürstenstaat Dschodhpur. Sie entwickelte sich Anfang des 20. Jh.s aus der sich nach unten verengenden indischen Reithose und wurde von den Engländern nicht nur zum Polospiel, sondern auch für die in Indien stationierte Kavallerie eingeführt. Seit den 1970er Jahren wird der Schnitt der J. häufig für eine modische Frauenhose verwendet. Gegensatz: ‣Breeches.

Jodhpurstiefel, kappenloser Halbstiefel mit oben zweigeteiltem, sich überlappendem Schaft, der durch einen Lederriemen mit seitlichen Schnallen zusammengehalten wird. Zusammen mit der ‣Jodhpurhose aufgekommen.

Jogging-Anzug (von engl.-amerik. *jog* ›traben, laufen‹; übertr. *jogging* ›Freizeit-Dauerlauf‹), ein in den 1970er Jahren aktuell gewordener Sportanzug für beide Geschlechter zum Freizeitlauf und Aufwärmen (Profisportler). (Zuvor *Trainingsanzug* mit Reißverschlussjacke.) Der J. besteht aus einem Pullover und einer bequemen, weiten Hose mit Gummizug im Bund und als Beinabschluss. Beide Teile sind aus innen flauschig aufgerautem Baumwolltrikot (‣Trikot (2)) als ‣Fullyfashioned mit Strickbundabschlüssen hergestellt. Der J. wurde bald als bequeme ‣Hauskleidung entdeckt, das Oberteil kam als ‣Kapuzen-[98] oder ‣Sweatshirt in Mode. Zum J. werden *Jogging-Schuhe* in allen Preisklassen, bei denen die ‣Marke, wie u. a. Adidas, bestimmt, getragen (‣Fußbekleidung 20. Jh.).

Jogging-Schuhe ‣Fußbekleidung, Mann (20. Jh.).

Joppe, regional *Jup(p)e,* auch *Schoppen* (‣Djubbeh), frz. ‣*Jupe* (1); ital. ‣*Giubba,* wahrscheinlich urspr. kaftanartiges Obergewand, das von den Kreuzfahrern aus dem Orient mitgebracht worden ist. Seit Ende des 12. Jh.s ein enganliegendes, vorn geknöpftes, etwa oberschenkellanges Kleidungsstück (‣Jacke) des Mannes, erst im 15. Jh. auch der Frau (in Frankreich schon früher); stimmte mit der

‣*Gippe* überein. Die J. wurde vom Mann unter der Rüstung, aber auch als Obergewand zum Reiten getragen. In der 2. Hälfte des 16. Jh.s war sie mit ‣Zatteln verziert. Ab dem 16. Jh. auch eine bürgerliche Jacke, wurde sie im 17. Jh. Jagdweste des Herrn und war bis in die 1950er Jahre auch ‣Hausjacke. In der Trachtenkleidung des Mannes war die J. urspr. eine kragen- und knopflose Lodenjacke Tiroler Holzarbeiter, die Mitte des 19. Jh.s zuerst von den Jägern übernommen und durch einen grünen Kragen und grüne Ärmelaufschläge aufgeputzt wurde. In der ‣Trachtenmode[392] ist sie heute eine taillenlose Jacke, ein- oder zweireihig, mit Steh- oder Umlegekragen, aus dickem Wollstoff oder ‣Loden (2).

Jubón, *der* (span.; von arab. *aljuba,* ‣Djubbeh), eine Art ‣Wams des Mannes und ‣Jacke der Frau in der Spanischen Mode (2. Hälfte 16. /1. Hälfte 17. Jh.). Der J. war schoßlos (anfangs, um 1640, manchmal mit ‣Schoß (1), das Vorderteil beim Mann als eine Art ‣Gänsebauch, bei der Frau – insgesamt mit Fischbein ausgesteift – als ‣Schnebbe (2) ausgebildet. Er hatte lange, anliegende Ärmel und meist einen hohen Stehkragen. Im Winter war er wattiert und abgesteppt. Er wurde entweder allein, dann mit ‣Achselstücken, oder unter dem Rock bzw. Schoßwams (‣Ropilla, ‣Sayo) und unter dem Kleid (‣Saya) getragen.

Juchten ‣Fußbekleidung, ‣Leder.

Judentracht. Bereits 1180 wurde in Deutschland den Juden ein gelber, spitzer Hut[37], z. T. mit abschließendem Knauf, als Kennzeichen bis ins 16. Jh. vorgeschrieben. Das 4. Lateranische Konzil 1215 beschloss die Kennzeichnung Andersgläubiger, insbesondere der Juden, wofür in den meisten europäischen Ländern ein auf der Brust sichtbar getragener gelber (‣Farbe) Fleck oder Ring aus Stoff vorgeschrieben wurde. Die deutsche J., 1229 auf dem Mainzer Diözesankonzil festgelegt und bis Ende des 16., vielerorts bis ins 18. Jh. beibehalten, bestand aus dem gelben Spitzhut (lat. *pileum cornutum*), dem langen Judenrock (einem ‣Kaftan) mit gelbem Brustfleck, dem langen, spitzen Judenbart (meist bei Ostjuden) und dem Judenstock. (Die J. ist aus vielen Komödien des 16. Jh.s überliefert; in der Commedia dell'arte z. B. wurde sie verwendet.)

Jugendmode (Mode von Subkulturen), ‣Afro-Look, ‣Existenzialisten-Mode, ‣Gammler-Look, ‣Grufties, ‣Halbstarkenmode, ‣Hip-Hop, ‣Hippie-Mode, ‣Mod-Mode, ‣Punks, ‣Skinheads, ‣Streetstyle, ‣Teddy-Boys, ‣Techno-Mode, ‣Zoot-suit.

Jugendstil, benannt nach der 1896 in München begründeten deutschen Kulturzeitschrift »Jugend«. Dem mit dem Historismus des 19. Jh.s brechenden J. entspricht in Österreich der Secessions-Stil, benannt nach der 1897 gegründeten Künstlervereinigung, sowie die ‣Wiener Werkstätte, in Frankreich der abstrakt florale Stil des Art Nouveau, der englische Liberty-Style (‣Künstlerkleider) sowie der schottische J. von Charles Rennie Mackintosh.

Zur Mode des J. gehörte jene des ‣Sans Ventre sowie im Gegensatz dazu das ‣Reformkleid. ‣Farben und Muster.

Jumper, *der* (norweg.-engl. (Seemannssprache), ›Springer‹), urspr. gewirkte Überziehbluse (‣Jersey (2)) der Seeleute, die zur Arbeit in den Takelagen eine warme, elastische Kleidung benötigten. In den 1860er Jahren wurde diese Strickbluse in England und in den 1890er Jahren in den USA, dort unter der Bezeichnung *Sweater* (›Schwitzer‹), für den Sport angenommen. Um 1900 gab es als ‣Radfahrkleidung für den Herrn den vorn zuknöpfbaren Sweater aus Trikot (‣Strick- und Wirkware), der als Vorläufer der Strickjacke gelten darf. In der Frauenkleidung kamen in den 1880er Jahren für Telefonistinnen Oberteile aus ‣Jersey (1), sog. Tricottaillen, auf. Während des 1. Weltkriegs wurde das Stricken »Mode«, und selbst- oder maschinengestrickte J. bürgerten sich in den 1920er Jahren in ganz Europa[107] ein. Bereits in jenen Jahren verwirklichte G. ‣Chanel[284] mit dem J. immer neue modische Kreationen. In den 1920er Jahren reichte der J. über die Hüften, hatte Gürtel, Blende oder engere Hüftpasse, V-Ausschnitt oder, besonders nach 1927, Stoffschleife, Schalkragen oder Bluseneinsatz und war einfarbig oder hatte geometrische Muster. Er wurde oft anstelle der Bluse getragen, auch an den Rock angesetzt als *J.-Kleid* (von Chanel in Mode gebracht). In den 1930er Jahren erhielt der J. die Bezeichnung ‣*Pullover.*

Jumpsuit, *der* (engl., ›Spring-Anzug‹), einteiliger ‣Hosenanzug mit meist kurzen Beinen für die Frau aus ‣Jersey (1), ‣Nicki oder Frottee (gekräuselter Baumwollstoff), um 1969 in Mode gekommen; heute meist Hausanzug.

Jupe, *die* (frz.; von arab. *djubbeh* oder *aljuba,* ‣ Djubbeh).

1. Span. ‣*Jubón,* ital. ‣*Giubba,* dt. ‣*Joppe,* anliegende, vorn durchgehend offene, geknöpfte, etwa oberschenkellange ‣Jacke bzw. Rock des Mannes mit langen oder kurzen Ärmeln oder ohne Ärmel. Die J. war aus verschiedenen Stoffen oder ganz aus ‣Pelz oder wenigstens pelzverbrämt. Da sie einer kurzen, anliegenden ‣Cotte nahe kam, hieß sie afrz. auch *cot(t)erel.* Sie wurde von beiden Geschlechtern vornehmen Standes über der Cotte (‣Kleid, ‣Rock (1)), jedoch unter den Obergewändern, z.B. dem ‣Surkot, oder unter den Übergewändern (‣Mantel) getragen. Die J., ein Gewand der Sarazenen, wurde gegen Ende des 12. Jh.s entweder durch die Kreuzfahrer oder über Spanien nach Mitteleuropa gebracht und bis ins 14. Jh. erwähnt als »Männerrock«, gleichbedeutend mit dem ‣Wams. Danach scheint die Bezeichnung »J.« in der Bedeutung ›Jacke‹ verloren gegangen zu sein. Es kam zu einer sprachlichen Trennung in *Corps de jupe* und *Bas de jupe* (frz., ›Oberteil‹, ›Unterteil‹). Die Bezeichnung »J.« erhielt sich für den unteren Teil und taucht 1672 im »Dictionnaire de l'Académie« für ›Frauenrock‹ (‣Rock (2), ‣Jupon) auf. Als *Juppe* für das ärmellose Oberkleid der Bregenzwälderin hat sie sich in Österreich bis heute erhalten.

2. Im letzten Viertel des 17. und im 18. Jh. allgemein für den unter dem vorn offenen ‣Manteau zur Geltung kommenden ‣Rock (2) der Frau.[69,70] Der so sichtbare Teil der J. konnte sowohl aus anderem wie auch aus dem gleichen ‣Stoff wie der Manteau sein, jedoch war der unsichtbare Teil aus anspruchslosem, ungemustertem Stoff, z.B. Leinen oder einfacher Seide. In der Taille wurde die J. locker angereiht und hinten mit einem Band zusammengebunden. Im Spätbarock war sie mit breiten ‣Borten, Spitzenvolants, besonders aus eben in Mode gekommenen schwarzen oder plissierten ‣Spitzen »à la ‣Psyche«, Stickereiborten, Quastenkordeln (‣Posament), ‣Prétintailles, ‣Pistaigne, ‣Froschmäulchen oder Falbalas (‣Falbel) verziert. Die *J. traînante* hatte, wie der Name sagt, eine ‣Schleppe. Im Rokoko passte sich die J. der Form des ‣Reifrocks an. In der 1. Hälfte des 18. Jh.s wies sie noch eine leichte Fältelung in der Taille auf und war höchstens mit ein oder zwei Volantreihen, Rüschen oder Rosetten verziert. In der 2. Hälfte des Jh.s wurde sie zur ‣Robe à la française reich mit Girlanden, Quasten und Fransen geschmückt. Zur ‣Robe à la polonaise[75] war die J. kaum knöchellang. Im Schweizerdt. wird der Rock der Frau noch heute »J.« genannt.

Jupe-culotte ‣Hosenrock.

Jupon, *der* (frz., ›Unterrock‹). Als im letzten Viertel des 17. Jh.s die Bezeichnung ‣»Jupe« (2) für den ‣Rock (2) der Frau allgemein wurde, bildete sich das Wort »J.« für den etwas kürzeren untersten Rock. Im 19. Jh., bis 1890, wurde die Bezeichnung »J.« jedoch oft sowohl für den Unter- als auch für den Oberrock gebraucht, danach bis in die 1920er Jahre nur noch für den ‣Unterrock.

Justaucorps (frz., ›eng am Körper‹).

1. *Die J.* war um 1640–90 die auch in Deutschland gebräuchliche Bezeichnung für ein Frauenmieder mit angesetztem Rock.

2. *Der J.* (engl. *coat*)[67–69] war ein etwa knielanger, taillierter ‣Rock (1), um 1660/65–1770 allgemeine Hauptoberkleidung des Mannes. Die Bezeichnung »J.« wurde unter Ludwig XIV. während des Niederländischen Feldzugs (1654–59) dem knielangen ‣Schoßrock der Soldaten gegeben, der, vom König und von Offizieren an der Front getragen, zum modischen und hoffähigen Rock wurde. (Der Schoßrock der Soldaten hatte sich aus der ‣Hongreline (1)[58], mancherorts auch ‣»Kasack« (3) genannt, entwickelt. Auch General Tillys bekannter roter Samtrock war ein Schoß- oder Leibrock, wie der im Oberteil anliegende, knielange sog. ‣Polnische Rock, der als Vorläufer des J. angesehen werden darf.) Der J. wurde über ‣Weste und ‣Culotte, um 1670 zuweilen noch über dem kurzen ‣Wams und der ‣Rheingrafenhose getragen. Er war anfangs gerade oberschenkellang, so dass die Culotte noch sichtbar blieb, und stark taillenbetont. Er hatte einen schmalen Übertritt, kleine Kugelknöpfe, die ab der Taille offen blieben, und Seitenschlitze; durch den linken Seitenschlitz wurde der Degen zu einem Schlitz an der Rückseite geführt. Die anliegenden Ärmel endeten knapp vor dem Handgelenk und hatten schmale, jedoch weite Aufschläge. Die horizontal eingeschnittenen Taschen lagen ungewöhnlich tief, nur wenig oberhalb des Saums. Bis etwa 1760 war der J. kragenlos. In den 1680er Jahren wurde er knielang und nur in der Taillengegend geknöpft.[67] Die Vorderkanten waren nach Belieben mehr oder weniger umgebogen, so dass eine Art ‣Revers und das andersfarbige ‣Futter sowie die zugeknöpfte Weste zur Geltung kamen. Die Taschen waren (nur bis 1690) vertikal eingeschnitten und mit Borten und Knöpfen eingefasst, die Ärmel nur noch ellbogenlang mit breiten und sehr weiten angesetzten und hochgeknöpften ‣Stulpen[69]. Die nach 1685 seitlich stark ausgestellten Schöße wurden in den 1690er Jahren abgesteift, die Ärmel länger, die Taschen wieder horizontal und höher mit breiten, zuknöpfbaren Klappen.

Bei dem um 1700 getragenen *J. à la Teckeli* (nach dem ungarischen Grafen Emerich von Tököli, 1656–1705) waren die Vorderkanten durchgehend umgeschlagen. Nach 1700 wurden die Schöße durch seitlich eingesetzte Zwickel[68], deren Ansatz ein Knopf verbarg, stark erweitert, der rückwärtige Schoßschlitz war zuknöpfbar, damit er nicht auseinanderschlug und beim Reiten offen bleiben konnte. Die Ärmel wurden trichterförmig zu ‣Pagodenärmeln erweitert, so dass sie in der Weite mit den breiten Stulpen übereinstimmten. Die Taschenklappen waren bogig begrenzt. Nach 1710 blieb der J. durchgehend offen, die Seitennaht wurde etwas nach rückwärts versetzt, so dass die Weste sichtbar wurde bzw. im Ausschnitt offen bleiben und das ‣Hemd zeigen konnte. Ende der 1720er Jahre wurde der faltenreiche Schoß mit Wachstuch, Rosshaar oder Papier abgesteift, so dass die Schöße seitlich stark abstanden[70]. Nach Mitte des 18. Jh.s wurde der J. in Schnitt und Ausstattung einfacher. Auspolsterungen, Versteifungen und ein Großteil der eingesetzten ‣Gêren (‣Zwickel) fielen weg. Man nannte ihn jetzt ‣*Habit.* Nach etwa 1760 erhielt er einen Stehkragen, und die Schöße wurden an den Vorderkanten etwas umgeschlagen (‣Retroussis). In den 1770er Jahren veränderte der in der bürgerlichen Mode getragene ‣Frack den Schnitt des J. Die Vorderkanten wurden konvex nach rückwärts geschnitten, die Schöße verkürzt, die Ärmel lang und anliegend. Er wurde zum ‣*Frac à la française.*[225]

Anfangs waren J. und Culotte aus Tuch, mit Tressen, Borten, ‣Brande(n)bourgs und in der höfischen Mode mit Achselbandschluppen[68] (‣Epaulette) und einer ‣Écharpe verziert. Bereits um 1700 hat man ihn für den Adel aus Seidenstoffen gearbeitet. Der J. aus Gold- und Silberbrokat mit Metallstickerei (Gold- und Silberstickerei) und ebensolchem Besatz entlang der Vorderkante, um Taschen und Ärmelaufschläge, war in Frankreich nur dem König und 60 auserwählten Adeligen vorbehalten; er wurde *J. à brevet*[68] (frz. *brevet* etwa ›Vorrecht, Auszeichnung‹) genannt. Nach 1700 wurde der J. zusätzlich mit Schmuckagraffen verziert.

K

Käppi, im 19. Jh. aus dem Schweiz. übernommenes Diminutiv von ‣*Kappe* (2), schiffförmige (deshalb ugs. *Schiffchen* genannte) militärische Kopfbedeckung.

Kaftan[120] (urspr. pers., ins Türk., dann ins Arab. als *gaftân, chaftân* übernommen; ägypt. *kuftan*), in knapper, anliegender Form auch *Entari* (türk.) genannt; vorn offenes, langes Obergewand (Rock)[248], das durch einen an die Vorderkante angesetzten Keil übereinander geht; manchmal sind auch seitlich Keile zur Erweiterung des ‣Schoßes (1) eingefügt. Urspr. bestand der K. aus zwei im Rücken zusammengenähten Stoffbahnen ohne Schulternaht. Die geraden Ärmel sind rechtwinklig eingesetzt, manchmal mit einem Zwickel unter dem Arm zur größeren Bewegungsfreiheit. Der K. wird fast stets mit einem ‣Kummerbund (nicht von der Frau) getragen, selten und je nach nationaler Gewohnheit mit Bändern oder Knöpfen geschlossen. Er ist meist kragenlos, kann aber, wie beim Kimono, einen angesetzten Schalkragen haben. Er ist aus Baumwolle oder Halbseide (für Vornehme war er aus Brokat oder Atlas; ‣Stoff, 15., 17./18. Jh.), das Futter aus Nesselstoff. Über dem K. wurden die ‣Djubbeh oder ein ärmelloser Über-K., als Kälteschutz auch mehrere K.e übereinander getragen, darunter Weste, Hemd und Hose. Manche Völker verkürzten den K. zu einer Jacke. Er verbreitete sich über ganz Asien in verschiedenen Ausführungen und Bezeichnungen (‣Kimono). Im Mittelalter, teilweise bis ins 18. Jh. war er charakteristisches Kleidungsstück der Ostjuden (‣Judentracht) und bis heute der orthodoxen Juden. Im späten Mittelalter gelangte er nach Russland, Polen und Ungarn. Im Osmanischen Reich war er Ehrenrock; er wurde von den Ungarn übernommen (‣Dolman (1)) und gelangte als Ehrengeschenk nach Polen (‣Kontusch). Seit dem 17. Jh. war der K. Vorbild für Haus- und Morgenmantel (‣Hauskleidung) des Mannes (‣Gaban (3)). In asiatischen Ländern wird er bis heute getragen.

Abb. 325. Kalabreser. Um 1850. Nach Eelking.

Kaiser-Franz-Joseph-Bart,[150] üppiger ‣Backenbart mit ‣Schnurrbart.

Kaisermantel, auch *Hohenzollernmantel,* von Kaiser Wilhelm I. häufig zur Jagd getragener ‣Havelock (1).

Kalabreser, auch *Karbonari-* oder *Heckerhut,* weicher, breitkrempiger Filzhut (‣Schlapphut) mit rundem oder spitzem Kopf; benannt nach den kalabrischen Republikanern. Bereits um 1820 trugen ihn die Karbonari, italienische Geheimbündler, die sich in stillgelegten Kohleminen (ital. *carbone* ›Kohle‹) trafen, 1848 Revolutionäre und Freigeister als Gesinnungszeichen, daher auch *Heckerhut* (nach dem revolutionären Politiker Friedrich Hecker, 1811–81, der ihn zusammen mit dem Bauernkittel, ‣Smock, trug). Wurde dann Künstlerhut. Die Bezeichnung »K.« ging auch auf einen Damenstrohhut gleicher Form über.

Kalasiris, *die* (ägypt.-griech.),[8] wahrscheinlich im 19. Jh. aufgekommene (in der ägyptologischen Fachterminologie jedoch ungebräuchliche) Bezeichnung des ‣Trägerkleides der Frau (bereits seit dem Alten Reich, etwa ab 2640 v. Chr.) sowie des ‣Hemdgewandes beider Geschlechter (seit etwa 1600 v. Chr.) im ägyptischen Altertum. Die K. war aus meist feinem, plissiertem Leinen und besaß als Hemdgewand höchstens bei der Frau lange, anliegende Ärmel, eher wirkten jedoch die Überfälle durch die Weite des Gewandes ärmelähnlich.

Kalesche, *die* (von frz. *calèche*), auch *Cabriolet* (frz.), in der Art eines Wagen-Klappverdecks konstruierte, große ‣Kapuze, die mit dünnen Stäbchen durchzogen war, so dass sie auf- und zusammengeklappt werden konnte.

Abb. 326. Kalesche. 1770er Jahre. Nach Wilcox.

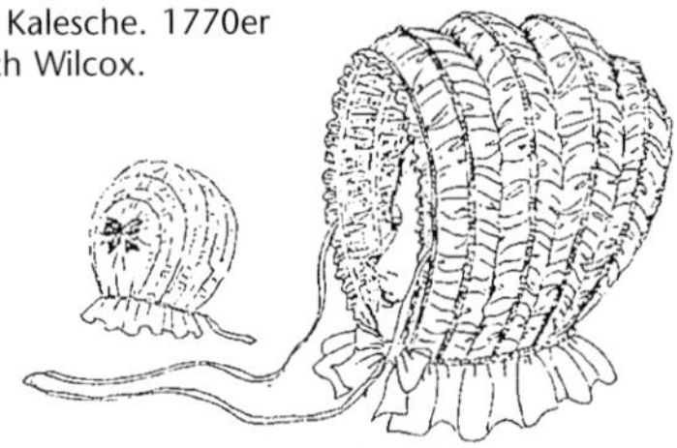

Die K. diente zur Zeit der hohen Rokokofrisuren, um 1780, als Wetterschutz, war oft an die ▸Pelisse angesetzt und kam neuerlich um 1840 in Gebrauch. ▸Taftkappe.

Kalotte, *die* (von frz. *calotte* ›Käppchen‹), halbkugelförmige Kopfbedeckung des Mannes, die auf den griechischen ▸Pilos zurückgeht und seit dem 13. Jh. unter dem Helm getragen wurde. Ende 15. /1. Hälfte 16. Jh. wurde die K. als sog. *Haarhaube* (Unterkappe) zur Befestigung des großen, schräg aufgesetzten ▸Baretts von beiden Geschlechtern verwendet. (Vorläufer dieser Art der K. sind die dichten, schweren ▸Haarnetze[39,40] des 15. Jh.s, die der Frau zur Befestigung der ▸Kopfbedeckung[56] dienten.) Die K. war bei den Landsknechten aus Leder, bei wohlhabenden Frauen aus Goldstoff mit Perlen, aus Seide oder Samt in leuchtenden Farben und mit Goldfäden netzförmig bestickt. Im 17. und 18. Jh. war die K. auch ▸Hauskappe des Mannes. Als kleines, rundes Scheitelkäppchen wird die K. zur Bedeckung der Tonsur von katholischen Geistlichen getragen.

Kambrai, Kambrik, Cambrai, Cambric ▸Stoff (16. Jh.).

Kamelaukion, *der* (griech., von spätlat. *calamaucus,* entlehnt von einer Turksprache; ›Mütze, Haube, Kalpak‹, nämlich die hohe, kegelförmige Lammfellmütze der Tartaren), zur byzantinischen Herrschertracht gehörende Haube, die von zwei mit Perlen und Schmucksteinen verzierten Tressen kreuzweise überspannt war. (An ihre Form sollen die Bügel der ungarischen Königskrone, der Stephanskrone, aus dem 11. Jh. erinnern.) Zum K. werden Kidaris und ▸Tiara (2) als Artverwandte gezählt.

Kamelhaar, aus den weichen, sandfarbenen bis goldbraunen Grundhaaren des Kamels gesponnenes Garn, das zu anschmiegsamem, stark wasserabstoßendem *K.-Stoff* gewoben wird; für Unterwäsche, Hausschuhe, Decken und Mäntel. ▸K.-Mantel.

Kamelhaarmantel, aus Kamelhaarstoff (▸Kamelhaar) gefertigter Mantel. Ehem. auch *Magnatenmantel* genannt, da er von ungarischen Großgrundbesitzern zur Zeit der Olympiade 1908 in London getragen und bekannt gemacht wurde. In den 1920er Jahren wurde der K. eleganter Herrenallzweckmantel; in den 1930er Jahren auch Frauenmantel, bis heute.

Kamelot(t) ▸Stoff (Mittelalter, 17. Jh.).

Kaminrock, langer Abendrock der Frau, meist aus Wollstoff oder Samt, als elegante ▸Hauskleidung besonders in den 1960er Jahren beliebt.

Kamisol, *das* (von frz. *camisole;* mlat. *camisia* ›Hemd‹; arab. *kamîs* ›Untergewand‹; ▸Chemise). **1.** Frz. *Camisole, die,* Zeremonialgewand französischer Könige. **2.** Leichtes ▸Wams des Bürgers, auch Unterwams, im 16. und 17. Jh. **3.** Kurzes, leinenes Überhemd der Frau. Ab der 2. Hälfte des 16. Jh.s eine kurz- oder langärmelige ▸Schoßjacke der Bürgerin für den Alltag, *Brustwams,* niederl. *Borstwams* genannt; im 18. Jh. auch Teil des ▸Negligés der vornehmen Dame. Das K. wurde anstelle des engen ▸Mieders getragen und war aus Damast, Taft, Tuch, Kamelott, Halbseide oder Baumwolle (▸Stoff). Als Jacke mit kurzem Schößchen erhielt es sich in manchen alpenländischen Trachten unter der Bezeichnung *Schalk.* Im 19. Jh. eine unversteifte, anliegende, vorn

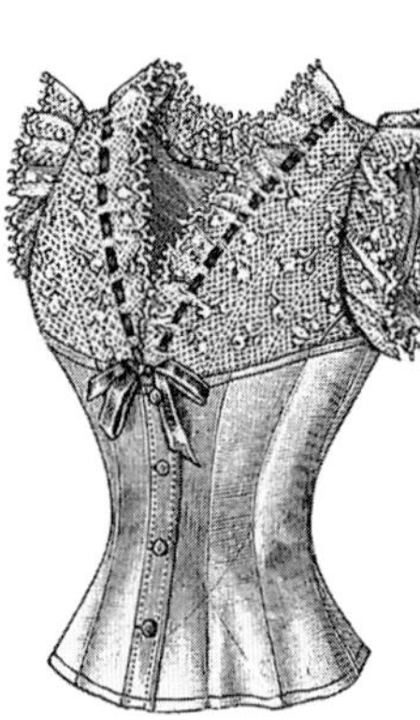

Abb. 327. Kamisol. Aus »Harper's Bazar«. 1. 7. 1893.

durchgehend geknöpfte Unterjacke mit kurzen Ärmeln aus weißem Leinen oder Baumwolle, deshalb auch *Lingeriejacke* (‣Lingerie) genannt. Diese Art K. wurde über dem ‣Korsett oder anstelle des Korsetts, nach 1880 auch unter der Bluse als *Miederleibchen* getragen. Unter der Bezeichnung *Jaconet* (frz., von *jaconas* ›Baumwollstoff‹), *Untertaille* oder *Cache-corset* (frz., von *cacher* ›verbergen‹) wird es über dem Korsett getragen.

Kammgarn ‣Stoff (Mittelalter).

Kandys, *der*[3] (griech.), ab dem 6. Jh. v. Chr. bei den Medern und ab dem 5. Jh. bei den Persern der höchsten Stände nachweisbarer ‣Mantel mit langen, angeschnittenen Ärmeln und umgeschlagenen Vorderkanten, der meist über einer Schulter getragen und mit einem Riemen über der Brust gehalten wurde, so dass die Ärmel auf der Brust und im Rücken leer herabfielen. Die Perser trugen den K. um die Schultern, die Ärmel blieben zunächst Attrappen (wie auch bei der ‣Hussecke des 16. Jh.s bekannt), wurden dann im Laufe des 5. Jh.s v. Chr. auch benutzt: die kurzen, »Kheiris« genannt, bei Kampfhandlungen, die extrem langen, »Korê«, beim Friedensgewand. Unter dem K. wurde ein ‣Hemdgewand, das ‣Medische Hemdgewand, und eine lange, oft am Knöchel abgebundene ‣Hose getragen. Der K. wurde von Führern nomadischer Steppenvölker Asiens vom Mittelmeer bis China angenommen. Im 6./7. Jh. n. Chr. ist er in China, auch von Frauen getragen, als *Hu-fu* nachweisbar, was svw. ›ausländisches‹, d. h. besonders iranisches Gewand‹ heißt (weil von dort übernommen). Im 9. Jh. gelangte er durch südosteuropäische Steppenvölker nach Ungarn, wo er zum ‣*Szür* wurde, und verbreitete sich allmählich unter verschiedenen Bezeichnungen über die gesamte Balkanhalbinsel: Im Moldaugebiet heißt er *Manta,* in Serbien und Makedonien *Kabanica, Guna* oder *Sakma,* in Albanien *Xhurdine,* in Griechenland und Istrien *Kapot.* Eine etymologische Verbindung mit ‣*Kontusch* ist anzunehmen. ‣Gaban (1).

Kangol. Markenname (*K* für *knitted, ang* für *angora, ol* für *wool*) für führenden Hersteller von ‣Baretts, gegründet 1930 in England durch Jakob Henryk Spreiregen (geb. Warschau 1893, poln.-jüd. Herkunft, gest. als Jacques Sergene, Schweiz 1980er Jahre), der um 1910 nach Frankreich und bald darauf nach England auswanderte und Baretts von Frankreich nach England importierte. 1938 Gründung einer eigenen Barettherstellung, Ausstattung des britischen Militärs (berühmter Träger: General Bernard Montgomery) und 1948 der britischen Teilnehmer der Olympiade in London. Modische Kopfbedeckung u. a. der ‣Existenzialisten, in den späteren 1960er Jahren durch Entwürfe von M. ‣Quant und P. ‣Cardin. 1978–97 in US-Besitz, Hauptherstellung seither in China.

Kanone ‣Canon.

Kantille, *die* (von frz. *cannetille*), schraubenförmig gedrehter, vergoldeter oder versilberter Draht zur Herstellung von ‣Borten, Tressen (‣Litze) und Metallstickerei.

Kapkap, Kabkab, *der* (wahrscheinlich arab.), Holzstelzsandale der Frau im Orient, oft mit kostbaren Perlmutter- und Elfenbeinverzierungen, bis ins 20. Jh. belegt; diente vielleicht als Vorbild für ‣Chopine, ‣Clog (1), ‣Trippe und ‣Zoccolo. ‣Fußbekleidung.

Kapot ‣Kandys.

Kapotte ‣Capote, ‣Kiepe.

Kappe (ahd. *kappa,* von spätlat. *cappa* ›Mantel mit Kapuze‹). **1.** Rundum geschlossener, anliegender Mantel (Überziehmantel) mit Kopfloch und angesetzter Kapuze, der im Mittelalter bei den Geschlechtern als Reisemantel diente.[250] (Diese Form hatte auch die sagenhafte »Tarnkappe«.) Die Bezeichnung »K.« hielt sich für den Kapuzenmantel von Geistlichen, für die Mönchskutte und die ‣Kapuze. Im Übrigen ging um 1400 die Bezeichnung »K.« vom Mantel auf die Kapuze und auf eine krempenlose ‣Kopfbedeckung (2) über. In der Bedeutung ›Mantel‹ hielt sich das Wort noch im 16. Jh. für die ‣*Harz-K.,* die spanische ‣*Capa,* die mit oder ohne Kapuze gearbeitet sein konnte, für die ‣*Regen-K.* und bis heute für das ‣*Cape.* ‣Cappa. **2.** Von (1) abgeleitete Bezeichnung für eine meist mit einem Schirm versehene ‣Kopfbedeckung: nicht eindeutig von ‣*Mütze* unterschieden und regional unterschiedlich. ‣Baseballkappe.

Kaput ▸Capote (1).

Kapuze (spätlat. *cappa;* mhd. *kappe* oder *zipfel;* ital. *cappuccio*), erst um 1500 aufgekommene Bezeichnung für ein den Kopf umhüllendes Kleidungsstück[250], ▸*Kappe* (2) genannt. Eine separate K. (die ebenso als ▸*Mütze,* ▸Kopfbedeckung, bezeichnet werden könnte) findet man im Altertum bei Persern, Parthern und Skythen. Seit der Bronzezeit (1800–750 v. Chr.) war die K. an ein Überwurfgewand, den Kapuzenmantel (Wetterschutz), angeschnitten oder angesetzt, so beim keltischen ▸Bardocucullus, dem gallischen ▸Cucullus[192, 418], dem römischen Sagum cucullatum (▸Sagum) und der ▸Caracalla (1). Auch an griechischen Phallusfiguren lässt sich ein Kapuzenumhang erkennen. In der frühen Eisenzeit diente eine K. aus Fell Bergleuten als Schutz, kelt. *Kukka* (▸Gugel) genannt (eines der ältesten Zeugnisse einer Arbeitskleidung). Im 14. Jh. war die K. in Form einer Kragen-K., der *Gugel,* für Männer hochmodisch und erhielt sich darüber hinaus bei den Bauern. Bis heute ist sie als Narrenkappe im Karnevalskostüm, aber auch in bäuerlichen Volkstrachten erhalten. Sie war u. a. Vorbild für die Ende des 15. Jh.s als Teil der ▸Hauskleidung des deutschen Mannes[283] getragene ▸Zipfelmütze[510]. Die spanische ▸Capa des 16. bis Anfang des 17. Jh.s konnte mit K. gearbeitet sein. In Deutschland waren K.n am Mantelumhang weit weniger verbreitet. Die K. hieß ugs. *Langsack* (wohl wegen der Form der Tücher, durch die man Asche siebte). Kapuzenmäntel oder -umhänge erhielten sich in verschiedenen Formen als Reise- und Wettermantel[434]; im 18. Jh. im Roquelaure (▸Rockelor) und in der Kapuzenhaube (▸Kalesche) der Frau, Mitte des 19. Jh.s im modischen ▸Burnus[168]. Heute winterliche Kopfbedeckung beider Geschlechter, meist an Mänteln (▸Dufflecoat), ▸Jacken, Shirts der ▸Hip-Hop-Mode und der ▸Sportswear-Mode oder ▸Anoraks. ▸Cappa, ▸Cappuccio.

Kapuzenshirt[98] ▸Hip-Hop-Mode, ▸Jogging-Anzug.

Karbonarihut ▸Kalabreser.

Karlsbader Handschuh, 1929 von der Karlsbader Firma Schröder und Schmidt patentierter ▸H. mit lederner Innenhand und aus Wollgarn gehäkeltem Rücken (Oberhand).

Kartek ▸Stoff (16. Jh.).

Kasack, *der* (frz. *casaque;* span. *casaca;* ital. *casacca;* von hebr. *casock* ›Rock‹). **1.** Wahrscheinlich der über den Kopf zu ziehende ▸Rock (1) (▸Kittel) der Hebräer, der auf den Überwurfmantel (▸Mantel) der Assyrer zurückgehen könnte. **2.** Im 11. Jh. bezeichnete engl. *Cassock* einen männlichen Überrock; mit Pelz gefüttert, hieß er *Pellicia* (mlat., ›Pelzwerk‹). **3.** Im 16. Jh. war der K. eine Art knielanger, vorn geknöpfter Mantelrock der Bauern und Fußsoldaten, mit Seitenschlitzen und kurzen, weiten Ärmeln; nach Mitte des 16. Jh.s zuweilen mit einem Schulterkragen versehen und *Cassagge* genannt, trugen ihn die höheren Stände, auch der Herrscher selbst, zum Reiten und Jagen. Im 17. Jh. war der K. eine Art schoß- und kragenloser, etwa oberschenkellanger Rock, auch ▸*Hongreline* genannt. 1666 bis Anfang der 1670er Jahre war in England der *Cassock* ein »an den Leib geschnittener« Rock mit kurzen Ärmeln, den König Karl II. als sichtbare Abkehr von der französischen Mode am englischen Hof einführte. In Frankreich andererseits wurde der *Casaque* im 17. Jh. Lakaienrock, als der er bis heute erhalten blieb. Im 17. und 18. Jh. war der K. außerdem Gala-Überrock europäischer Gardetruppen. **4.** ▸Casaquin. **5.** Von (2) (als Überwurf) oder (3) (vorn durchgehend offen) abgeleitete, etwa hüftlange Schoßbluse, die ab etwa 1870 für kurze Zeit und erneut seit etwa 1922 in modischen Variationen über dem Rock der Frau, seit den 1930er Jahren und um 1965–70 als

Abb. 328. Kasack und Kthonet der Hebräer. Nach Weiss.

Art Hängerkleid in Minilänge über Hosen getragen[314] wurde.

Kaschett, *das* (frz. *cachet,* von *cacher* ›verbergen‹), ‣Schoßjacke der mittleren und unteren Schichten im 18. Jh., mit in Klappen zerlegtem, angeschnittenem ‣Schoß (1). Über das K. war meist eine ‣Schürze gebunden.

Kaschmir ‣Schal, ‣Stoff (18. Jh.).

Kasha ‣Stoff (20. Jh.).

Kastorhut ‣Biberhut.

Kattun ‣Stoff (17. Jh.).

Kaunakes, *Pl.* (griech.), Bezeichnung für einen Pelz aus Wiesel- oder Mäusefell, übertragen auf den aus dem ‣Schurz entwickelten Halbrock aus Fell der Frühsumerischen Periode (3500/3200–3200/2900 v. Chr.) Mesopotamiens, dann auf den im 3. Jahrtausend (Frühdynastische Zeit der Sumerer) daraus entstandenen Halbrock aus regelmäßig in waagrechten Reihen zusammengebundenen Schafwollzotten (Wollbüscheln), weshalb er heute auch *Zottenrock* genannt wird. Eine Weiterentwicklung ist das eine Schulter bedeckende *Plaidkleid* (‣Kleid, ‣Mantel). Der Zottenrock könnte Vorbild für den Volantrock der Frau in der Kretisch-minoischen Kultur (1720–1200 v. Chr.) gewesen sein. ‣Rock (2).

Kausia, *die* (griech.), auch *Pilos makedonisos* (‣Pilos), Filzhut[351] mit flachem Kopf, breiter, aufwärtsgebogener Krempe, deren Unterseite ein Stoffstreifen einfasst, und zuweilen mit Kinnband. Wurde in der Antike vornehmlich in Makedonien, aber auch in Griechenland und Rom (hier meist vom niederen Stand) als Sonnenschutz getragen und ist schwer vom ‣Petasos zu unterscheiden. Die purpurne K. mit ‣Diadem, einem weißen, mit Gold durchwebten Band, war Würdezeichen der makedonischen Könige. Seltener war die K. eine Art Helm aus Leder.

Keffijeh, *Koffia, Qahfiya, die*[120] (arab.), zu einem Dreieck gefaltetes quadratisches Kopftuch der Araber, das durch die ‣Agal gehalten und als Schutz gegen Sonne und Staub getragen wird. In den 1970er Jahren wurde die K. als Kopfbedeckung und eine Art Halstuch in Europa, genannt *Arafat-Kopftuch,* nach dem arabischen Politiker und Gründer der palästinensischen Befreiungsorganisation Al Fatah, Jasir Arafat, zum modischen Accessoire Jugendlicher.

Keilabsatz[241, 375] ‣Fußbekleidung (Frau, 20. Jh.).

Keilhose,[133] Skihose mit nach unten sehr viel schmäler werdenden Hosenbeinen, die mittels eines Stegs unter der Ferse straff und im Schuh gehalten werden. Die K. kam 1936 anlässlich der Olympischen Winterspiele in Deutschland auf. Sie war urspr. aus Gabardine (‣Stoff, 19. Jh.) und um die Hüften weit geschnitten. Anfang der 1950er Jahre setzte sich der neue Latexstoff durch, womit die K. wesentlich straffer und körpernah gearbeitet werden konnte. In den 1960er Jahren wurde die K. von hautnah geschnittenen Ski-Elastikhosen abgelöst (‣Skikleidung). Um 1980 war die K. in sehr enger Form als Freizeithose kurze Zeit in Mode. ‣Bogner, E. ‣Pucci.

Kelly-Bag ‣Hermès, ‣Klassiker.

Kentfasson, stark ausgeschnittener, zweireihiger ‣Sakko, dessen ‣Revers (‣Fasson (2)) den mittleren Knopf »überrollt« (überdeckt); nur der unterste Knopf wird zum Schließen benutzt. Dadurch wurden das neu aufgekommene farbige Hemd und die Krawatte besser sichtbar. Die K. wurde vom Herzog von Kent, einem Sohn König Georgs V. von England, nach 1934 lanciert, später nach ihm benannt und auch zum zweireihigen ‣Smoking übernommen.

Kentkragen[301] ‣Hemd (1930er Jahre).

Kepenek, *Kepernig* (wahrscheinlich von türk. *kepeng* ›Hülle‹), halbkreisförmig geschnittener ‣Mantel des Mannes mit großem Kragen, Ende 16. /Anfang 17. Jh. Sein Schnitt ist wahrscheinlich vom Spanischen Mantel abzuleiten.

Kethoneth ‣Kthoneth.

Keulenärmel ‣Hammelkeulenärmel.

Khakihose. Freizeithose aus einem khakifarbenen (hindi für ›staubfarbenen‹) Baumwollstoff, aufgekommen 1848 in Indien, nachdem die weißen Uniformen der Engländer stets schmutzig waren und beige eingefärbt wurden. K. werden auch Chinos genannt, nachdem China ein Herstellungs- und Exportland dafür wurde. Als Dockers sind die K.n von dem Jeanshersteller Levi Strauss auf dem Markt.

K(h)evenhüller ‣Androsmane.

Kidaris ‣Tiara (1).

Kiepe, *die* (nordd., eigtl. geflochtener Rückentragekorb), Abk. von *Kiepenhut,* großer bäuerlicher Strohhut, der bei der Feldarbeit getragen wurde. Im 19. Jh. dt. für ‣*Capote* (2).

Kilt, *der* (schott.; von agäl. *kelt,* wohl im Zusammenhang mit dem Volksstamm der Kelten, übertragen auf den keltischen ‣Schurz), ein um die Hüften gewickelter, etwa knielanger Wickelrock (gael. *philibeg, filibeg* genannt, bei dem urspr. das Stoffende als ‣Plaid über den Oberkörper gelegt wurde), der seitlich mit einem Lederriemen und einer Silbernadel zusammengehalten wird. Auf der Rückseite hat er regelmäßige, einseitige Liegefalten. Der K. besteht seit der Eisenzeit aus einem in den Stammesfarben (Clanfarben) karierten Wollstoff (engl. *tartan* ›Schottenmuster‹; Karo gehört neben Streifen zu den ältesten Webmustern, ‣Farbe und Muster). Er wird eigentlich ohne Unterkleidung (da urspr. ein Schurz) getragen. Den K. kannte man auch in der Bretagne. 1747–82 war *the highland dress,* das heißt jegliche Kleidungsteile aus Tartan (einschließlich Mütze, Strümpfe und Dudelsack), als Zeichen schottischen Patriotismus vom Britischen Parlament verboten. Danach erhielt sich der Kilt als Teil der Nationaltracht sowie als Parade- und Ausgehuniform der Schotten. Erst nach dem 1. Weltkrieg taucht der K. auch als modischer Frauenrock auf.[201]

Im Modedesign der Postmoderne wird der K. häufig aufgegriffen, so von J.-P. ‣Gaultier in der Männermode, und, etwa bei A. ‣McQueen und bei V. ‣Westwood, stilistisch neu und durchaus auch politisch interpretiert.

Kimono, *der* (von jap. *ki* ›anziehen‹ und *mono* ›Gegenstand, Gewand‹), kaftanartiges, vorn von links nach rechts übereinander

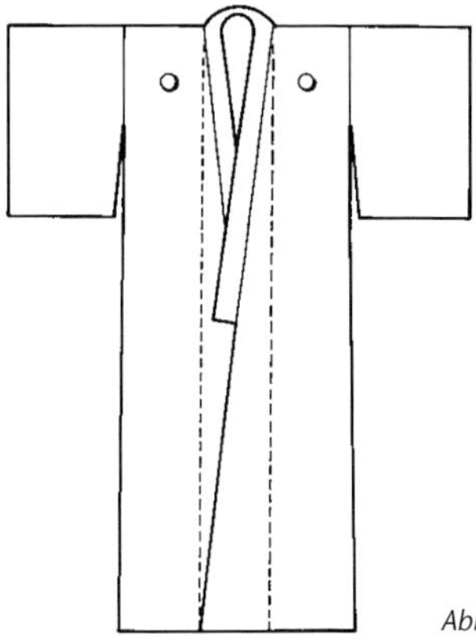

Abb. 329. Kimono.

gelegtes Hauptgewand der japanischen Männer- und Frauentracht, mit rechtwinklig angesetzten, auch abgerundeten oder angeschnittenen Ärmeln (‣K.-Ärmel). Ein meist sehr kostbarer, 60 cm breiter und 3,65–9,60 m langer Stoffgürtel (Obi) hält ihn zusammen, am Frauen-K. für bestimmte Anlässe zu einer besonderen Schleife im Rücken arrangiert. Die Bindungsart zeigt die soziale Stellung der Trägerin an. (Kurtisanen binden die Schleife vorn, junge unverheiratete Mädchen im Rücken abstehend, verheiratete Frauen am Rücken flach anliegend.) Der K. wurde im 7./8. Jh. n. Chr. aus dem chinesischen Kaftan als Bekleidungsstück der Oberschicht entwickelt. Als zweite Wurzel gilt der Kosode, ein dem K. ähnliches, aber volkstümliches Kleidungsstück mit »Kosode«, kleinen Ärmeln. Im 17. bis 19. Jh. entfaltete sich der K. voll als höfisches und bürgerliches Gewand und avancierte zur Nationaltracht der Japaner. Je nach Stand werden auch mehrere K.s übereinander getragen. Der lose, bequeme Schnitt des K. (ohne Obi) wurde – wie der des Kaftans – immer wieder in der europäischen Mode für Haus- und Morgenmäntel übernommen (‣Hauskleidung).

Kimonoärmel (‣Kimono),[130, 329] gerader, rechtwinklig angesetzter oder angeschnittener Ärmel, wie er beim Kimono zu finden ist; als angeschnittener Ärmel bereits beim ‣Hemdgewand (‣Kthoneth) der Babylonier, Assyrer, Meder und Kopten; ab dem 3. Jh. n. Chr. an der ‣Tunika zu finden. In Europa wurde der Schnitt des K.s um 1903 beim ‣Reformkleid und danach in der ‣Haute Couture (P. ‣Poiret,

‣Art Déco) aufgegriffen. (Ebenfalls angeschnitten, jedoch zum Handgelenk verjüngt ist der ‣Fledermausärmel.)

Kinderkleidung. Die K. spiegelte bis ins 20. Jh. Stand und Vermögen der Eltern wider. Folglich änderte sich die Kleidung von Kindern der Oberschicht mit der Mode weitaus öfter als jene der unteren Schichten. Bis in die 2. Hälfte des 18. Jh.s entsprach die K. weitgehend der Erwachsenenkleidung.

In der griechischen Antike tauschte der Ephebe, der wehrfähige junge Mann, das ‣Himation gegen die kurze ‣Chlamys ein. Im antiken Rom legte der Jüngling der Nobiles (›Aristokraten‹) die mit einem Purpurstreifen verzierte Toga praetexta für die weiße Toga virilis ab (‣Toga). Vom 16. bis ins 19. Jh. trug der Knabe bis zu seinem 5. oder 6. Lebensjahr ein bodenlanges Kleid, ähnlich dem der Mädchen, darunter ebenfalls ein ‣Korsett und über dem Rock eine ‣Schürze. Erst danach erhielt der Knabe ein der modischen Hose des Mannes entsprechendes Beinkleid. Mädchen erschienen in der Kleidmode der Mutter. Vom 16. Jh. an wurde ihnen schon in sehr frühen Jahren ein Korsett angelegt, um den Oberkörper entsprechend dem herrschenden Schönheitsideal zu formen. So wurden in der Spanischen Mode den Mädchen Bleiplatten auf den Oberkörper gelegt, um die Entwicklung der als unschön geltenden Brüste zu verhindern. Kleinkinder, die gehen lernten, bekamen bis ins 19. Jh. ein »Fallhütchen«, einen wulstartig mit Werg (‣Stoff, Mittelalter) ausgestopften Ring, aufgesetzt sowie Gängelbänder[57,64] an das Kleid genäht.

Abb. 330. Tiberio Titi (?): Francesco di Ferdinando I. von Florenz in der als »türkisches Gewand« bezeichneten Kontusch. 1597. Uffizien, Florenz.

Abb. 331. Kurprinz Karl Emil von Brandenburg in Rheingrafenhose. 1662. Städtisches Museum Schloss Rheydt, Mönchengladbach.

Entscheidende Impulse für eine dem Kind angemessenere, d. h. weniger einengende Kleidung kamen nach etwa 1760 von England auf den Kontinent. In England erhielten die Knaben – die Entwicklung vorbereitet haben die Schriften John Lockes, der Lehrer war – schon um 1730 eine lange, bequeme Hose, in Frankreich »à la matelote« (›nach Matrosenart‹) genannt, einen taillenkurzen ‣Rock (1), ein Hemd mit Umlegekragen und eine breite Taillenschärpe. Auch gab es von etwa 1780 an einen einteiligen Knabenanzug, den Skeleton-suit[79] (bis 1820). (Auf dem Kontinent wurde oft die Hose von Medizinern als Ursache von Verweichlichung und Frühreife abgelehnt.) Jean-Jacques Rousseau plädierte in seinem Erziehungsroman »Émile« (1762) für ein freies Aufwachsen der Kinder und entsprechende Kleidung.

Die Verbesserung zur kindgerechten Mädchenkleidung setzte etwas früher ein. Um

Abb. 332. Knabe im Anzug à la matelote und Hemd mit Umlegekragen. Aus »Journal des Luxus und der Moden«. Februar 1787.

etwa 1760 wurde dem Mädchen ein Kleid mit unversteiftem, jedoch anliegendem Oberteil, angekraustem Rock und hochliegendem Taillenband, den ganz Kleinen auch ein Hängerkleidchen erlaubt. In Schulen wurden Schuluniformen eingeführt. (In Wien verbot Kaiser Joseph II. 1783 das Miedertragen in allen Mädchenerziehungsanstalten.) Für Knaben der Oberschicht gab es eine Kadettenuniform.

Im 19. Jh. wies die K. im Zugeständnis an Mode oder Bequemlichkeit[86] Unterschiede je nach der Einstellung des Elternhauses auf. Dabei neigte die Oberschicht weit mehr als die Mittelschicht zur kindgerechten, abhärtenden Kleidung. Knaben trugen während des Biedermeier (1820–48) ein Kleid mit langer Hose[87] darunter oder einen ‣Matrosenanzug. Im 3. Viertel des 19. Jh.s war für Knaben die ‣Zuavenjacke (1), eine Husarenjacke mit Schnurverzierung und Knebelknöpfen, oder ein historisierendes Gewand beliebt. Dazu wurden knie- bis wadenlange Hosen getragen.

Im Empire (1800–15/20) waren Mädchen- wie Frauenkleid (‣Chemise (2)) gleichermaßen bequem. Im Biedermeier fiel das Mädchenkleid in der Taille noch etwas bequemer aus als das Frauenkleid, vor allem war es kürzer. Darunter wurden bis zum 11. Lebensjahr lange, an den Spitzen- oder Rüschenenden sichtbare Hosen, die Pantalettes, getragen. Dies waren im Prinzip zwei nur die Beine verhüllende separate Hosenbeine. Der höchstens wadenlange Saum blieb während des ganzen

Tageskleidung der Hitlerjugend[1]

Jungen	Mädchen
Hitlerjugend (HJ): Angehörige der HJ trugen, mit der Grundfarbe hellbraun, folgenden Anzug: Braunes Hemd mit Schulterklappen und Lederknöpfen, schwarze Hose (im Sommer kurze Hose mit braunen Halbschuhen, im Winter Stiefelhose mit Schaftstiefeln), braune Schirmmütze, braunes Koppel mit Schulterriemen und Fahrtenmesser sowie einreihigen braungrünen Mantel mit aufgesetzten Brusttaschen, herausgeklappten Kragenaufschlägen und Lederknöpfen.	*Bund Deutscher Mädel (BDM):* Blauer Rock mit Gürtel, weiße Bluse (im Sommer halbe, im Winter lange Ärmel) und schwarzes Halstuch mit Lederknoten, dazu als Kopfbedeckung Tuch; sechsknöpfige braune Kletterweste mit vier Taschen, Berchtesgadener Jacke. Führerschnüre.
Deutsches Jungvolk (DJ): Braunes Hemd mit Lederknöpfen, schwarzes Halstuch mit braunem Knoten, Koppel mit Runenschloss, Schulterriemen und Fahrtenmesser, schwarze kurze Hose, schwarze Schiffchenmütze. Das Abzeichen des DJ ist eine Rune als Armscheibe unterhalb des Armzeichens für Gebiet und Obergebiet.	*Jungmädel (JM):* Bekommen Halstuch und Knoten nach der Aufnahmeprüfung zur Bundestracht verliehen.

[1] Nach Alice Herdan-Zuckmayer, »Genies sind im Lehrplan nicht vorgesehen«, Frankfurt a.M. 1979.

Abb. 333. Matrosenanzug. Um 1910. Münchner Stadtmuseum.

19. Jh.s ein Charakteristikum der Mädchenkleidung, während das Beinkleid in den 1850er Jahren aufgegeben wurde. Mädchen trugen oft eine Zierschürze, deren Oberteil nur aus breiten, gekreuzten Bändern bestand. Nach Mitte des Jh.s blieben den wenigsten Mädchen Korsett[94] und ▸Turnüre[92] erspart. Wieder waren es englische Künstler, die sich gründlich mit der K. befassten, im Zusammenhang mit Kleidung überhaupt (▸Künstlerkleider). Gegen Ende des Jh.s förderten pädagogische Reformen und die Popularisierung des Sports die Entwicklung einer speziellen K.[168]

Um 1900 trugen Knaben bequeme Kniebundhosen und Rock. Die gerade kniebedeckende Hose wurde bis in die 1950er Jahre beibehalten und ist z.T. in Frankreich und England heute noch üblich. Bei Mädchen bestimmten knielange Glocken- und Faltenröcke sowie seit 1880 Hängerkleidchen (als Vorreiter des Reformkleids ▸Hänger (3)) die Kleidung, ohne dass freilich z.B. auf modische ▸Hammelkeulenärmel verzichtet worden wäre. Mädchen ab etwa 14 Jahren wurden als »Backfische« gesondert in den Modejournalen berücksichtigt. Nach dem 1. Weltkrieg rutschte bei Mädchen der Rocksaum über das Knie hinauf. Von nun an war die Vermeidung jeglicher Einschnürung des Oberkörpers selbstverständlich[283]. Halbröcke wurden durch breite Bänder gehalten, Kleinmädchenkleider erhielten im Oberteil Smokarbeit (▸Smock (3)). In England und Frankreich wurden auch in kühlen Jahreszeiten kurze Strümpfe oder Söckchen für Mädchen und kniekurze Hosen für Knaben bevorzugt. Während des Nationalsozialismus bedeutete es in Deutschland vielen Jugendlichen eine Ehre, die Uniform des Führers tragen zu dürfen. Die Kleidung war für Hitlerjugend, Deutsches Jungvolk, Bund Deutscher Mädchen und Jungmädel genau festgelegt. Nach dem 2. Weltkrieg trugen Knaben in den Alpenländern häufig die kurze ▸Lederhose (2), Hemd und Janker, die Mädchen eine Art ▸Dirndl. In den 1950er Jahren tauchten allmählich wieder Anzüge für Jungen und Hängerkleidchen für Mädchen auf. Es kam zu einer größeren Unterscheidung zwischen Kinder- und ▸Teenager-Mode. Seit den 1960er Jahren nahm die Tendenz, K. der Kleidung der Erwachsenen, besonders der Freizeitkleidung, anzugleichen, zu, was mit der starken Konfektionierung der K. zusammenhängt.

Kittel (wahrscheinlich von arab. *qutun,* griech. *chitōn* ›Baumwolle‹), seit dem 12. Jh. dt. Bezeichnung für ein hemdartiges, hüftlanges Obergewand des Mannes, vorn geschlossen und mit weitem Halsausschnitt, Brust-

Abb. 334. Kittel. a) Smock aus England. b) Hessen-Kittel aus Deutschland. c) Fuhrmannskittel (Sarrau) aus Frankreich. Alle nach Mützel. (Von links nach rechts.)

schlitz oder Schulterverschluss und mit langen Ärmeln, das (gegen die etymologische Bedeutung) aus Leinen war. Vorläufer des K.s sind: der altpersische[3], hebräische (‣Ärmelchiton[5]), keltische, germanische, und fränkische Rock (Hemdrock[26, 308]). Der fränkische Rock erhielt sich im K. (‣Smock (2)) des Bauern, aus grauem ‣Loden (2) oder aus Leinen, später auch bestickt oder mit Zierfalten (Smokarbeit), dann in der Arbeitskleidung, z. B. als Fuhrmanns-K., und in der Trachtenkleidung, z. B. im blauen, leinenen Hessen-K. Die Bezeichnung gilt bis heute für lose, gerade, auch vorn zu schließende Übergewänder, wie Arbeits-K. und Arzt-K. Der Wickelrock des Germanen der Bronzezeit kann nicht als »K.« bezeichnet werden, vgl. ‣Rock (1).

Kittelkleid (‣Kittel, ‣Kleid), loses, gerades Kleid, urspr. mit gerade oberhalb der Hüfte angesetztem Rock, dessen Ansatznaht durch einen losen Gürtel verdeckt war. Das K. war wegen seines praktischen, Stoff sparenden Schnitts 1917/1918 aktuell. Lanciert hatte es G. ‣Chanel, die es schon 1911 aus Baumwolltrikot vorstellte. Das K. war Vorläufer des kurzen Sackkleids um 1924–28, ‣Hänger (2), ‣Kleid.

Klag(e)kappe, Klagrock, Klagmantel ‣Trauerkleidung.

Klappenkragen, auch *Eckenkragen,* Herrenhemdkragen, der sich um 1880 aus dem steifen Stehkragen durch Umknicken der Ecken entwickelte; zu Cut (‣Cutaway (2)), ‣Gehrock oder Jackettanzug (‣Jackett) getragen. In konservativen Kreisen hielt sich der K. auch zum Sakkoanzug (‣Sakko) bis um 1922 und bis heute zum ‣Frack, meist als separater, stark abgesteifter ‣Kragen, der mit einem Knopf an dem weichen Stehkragen des ‣Hemdes befestigt wird.

Klapphut ‣Chapeau claque, ‣Zweispitz (2).

Klassiker, Kleidung, die sich durch ihre Funktionalität, ihre vielseitige Tragbarkeit und durch ihre stilistische Anpassungsfähigkeit an die aktuelle Mode bewährt. Da sich das Klassische durch seine immer wiederkehrende Wiederbelebung als »organische Tradition« darstellt, bleibt es funktionsfähig. Zu einem Begriff wurde das »klassische Kostüm«, mit dem das sog. »Englische Kostüm« oder »Tailleur« gemeint ist. Es ist das dem Körper akribisch nachgeformte »Schneiderkostüm« seit Ende des 19. Jh.s, in dem das Postulat der Klassik nach Symmetrie und Ebenmaß so sehr verwirklicht wird, dass die Natur des Körpers, das heißt seine Unregelmäßigkeiten und Asymmetrie, schneidertechnisch ausgeglichen wird. Dieses klassische Kostüm (keineswegs jedoch funktionelle Kostüm) wurde von C. ‣Dior 1948 in seiner ›Engen Linie‹ wieder aufgegriffen. Der italienische Modedesigner G. ‣Armani »modernisierte« in den 1990er Jahren das Klassische im Puristischen (‣Purismus).

Zu K. zählen u. a. ‣Ballerina-Schuhe, ‣Barbour-Jacke, ‣Chanel-Kostüm, ‣Jeans, ‣Kelly Bag, ‣Kleines Schwarzes, ‣Polohemd, ‣Trenchcoat.

Kleid (von mhd. *kleit* ›Tuch, Kleid(ung)‹, abgeleitet von *klei* ›fette Tonerde‹; »Tuch« ist ›das mit Klei Gewalkte‹; die Bezeichnung »K.« kam erst im 12. Jh. auf und hatte bis ins 14. Jh. die Bedeutung ›Kleidung‹ für beide Geschlechter.

Im Altertum war das K. der Frau meist ein waden- bis knöchellanges ‣*Hemdgewand,* das in etwas kürzerer Form meist auch vom Mann getragen wurde. In der Frühdynastischen Zeit Mesopotamiens (ca. 3200/2150–2900/2020 v. Chr.) trug die Frau als Hauptbekleidungsstück einen um den Körper gewickelten ‣*Mantel,* der auch als *Plaid-*[1], *Volant-, Stufen-* oder *Wickel-K.* bezeichnet wird. Assyrer, Babylonier und Hebräer[2] beider Geschlechter trugen ein Hemdgewand, griech. ‣*Kthoneth.* Bei kleinasiatischen Völkern entsprach diesem der heute so genannte ‣*Ärmelchiton*[7]. In Ägypten trug die Frau ein Hemdgewand oder das ‣*Träger-K.,* beide werden heute vielfach ‣*Kalasiris*[8] genannt. Das griechisch-antike Frauengewand war in der Frühzeit der auf einer Seite offene ‣*Peplos*[430] (kein Hemdgewand), später der ‣*Chiton*[12, 14]. Letzterem entsprach in römischer Antike die ‣*Tunika,* über welche die Frau, als zweites Obergewand, die ‣*Stola* (3)[474] anlegte, so den Vorfahr des ab Mitte 12. bis 19. Jh. für die Frauenkleidung charakteristischen »Doppelgewandes« schaffend. Bei den Kopten war die ‣*Dalmatika* Obergewand der Frau. In der byzantinischen Mode verkürzte sich die Stola, so dass der Saum der Tunika sichtbar wurde; sie hatte schon seit der Spätantike lange oder kurze Ärmel. Die Germanin besaß erst in der Eisenzeit ein Hemdgewand, faltenreich und ärmellos (zuvor trug sie ▸Jacke und ▸Rock (2)), unter oder über das sie eine Ärmeljacke anzog.[25] Erst Mitte des 2. Jh.s n. Chr. erhielt das Hemdgewand lange oder kurze, genähte Ärmel. Es konnte auch ein kurzärmliges Gewand über einem langärmligen getragen werden.

Das langärmlige, etwa knöchellange, hemdartige, d. h. ohne waagrechte Taillennaht geschnittene Gewand hielt sich bis etwa 1380. Es hieß ahd. *Hamo* oder *Roc.* »Roc« bedeutete ›Gewand‹ schlechthin. Das afränk. Wort *Kotta* bezeichnete ein Obergewand aus grobem Wollstoff (davon ▸Kotze, ▸Kutte, engl. *Coat ›Mantel‹*); ab dem 13. Jh. ▸*Cotte* (auch im Dt. eine sehr verbreitete Bezeichnung) sowie ▸*Tunika* genannt. (Es wurde in ähnlicher Form ebenso vom Mann der Oberschicht, vereinzelt ab Mitte des 11., allgemein ab Mitte des 12. Jh.s getragen (▸Rock (1)). Die Kotta wurde von beiden Geschlechtern und allen Schichten getragen, während der ▸*Bliaud*[159] (2) (2. Hälfte 12. / Anfang 13. Jh.) ein reiches, höfisches Ober-K. darstellte. Unter der Cotte trug die Frau ab dem 10. Jh. (unter Einfluss der byzantinischen Mode) ein hemdartiges Untergewand, die ▸*Chainse,* die wahrscheinlich nicht mit dem eigentlichen ▸Hemd identisch war. Sie war oft im Halsausschnitt, an den Ärmeln oder um den Saum sichtbar. Die Kotta (Cotte) war bis um die Mitte des 12. Jh.s weit, faltenreich und untailliert.[30] Der kurze Halsschlitz blieb offen oder wurde mit einer ▸Fibel geschlossen. Im 11. Jh. erweiterten sich die zuvor geraden Ärmel ab den Ellenbogen tütenförmig. Das Oberteil wurde über einem Gürtel hochgeschoppt. In der 1. Hälfte des 12. Jh.s erweiterte sich der Halsschlitz keilförmig. Die Kotta war zuweilen kürzer als das Untergewand, so dass jenes im Saum sichtbar wurde. Nach Mitte des 12. Jh.s kamen in der Oberschicht (bei beiden Geschlechtern) über der Kotta getragene Gewänder (Überkleider) auf, wie der ▸*Surkot*[32, 484] (bis 15. Jh.), die ▸*Suckenîe* (13.–15. Jh.) und die ▸*Cotardie* (13. bis 15. Jh.). Die Kotta (das K.) war in der 2. Hälfte des 12. / Anfang des 13. Jh.s im Oberteil anliegend dank seitlicher ▸Schlitze[31] oder einem Rückenschlitz bis zum Hüftansatz, der durch Schnürung zusammengehalten wurde. War die Kotta seitlich unter den Armen geschlitzt, so kam es unter der Brust zu zahlreichen waagrechten Zugfalten, die in der bildenden Kunst, besonders der französischen, mitunter übermäßig stilisiert dargestellt sind. Zuweilen kam unter den Schlitzen das Untergewand zum Vorschein. Der Rock war durch das nur der Oberschicht erlaubte Einsetzen von Keilen (▸Gêren) sehr faltenreich weit gehalten. Der sog. Bliaud soll aus Oberteil und Rock bestanden haben, die in der tiefliegenden Taille zusammengenäht waren. Die Linie unterstrich oft ein tiefsitzender Gürtel, der ▸Dupfing. Allerdings existierten, regional verschieden, anliegende und weite Formen nebeneinander, weite besonders in England. Gegen Ende des 12. Jh.s blieb der Ärmel bis knapp vor dem Handgelenk eng und bekam dann weite, fast bis zum Boden herabreichende Schlaufen. Zuweilen gab es auch dreiviertellange Tütenärmel (▸Flügelärmel). Ende des 12. Jh.s hatte das oberste Gewand eine ▸Schleppe und lag auch vorn tief am Boden auf. Um 1230 kehrte sich die Mode von den extravaganten Schnittformen ab. Das K. fiel lose herab, gerade bis leicht tailliert, ungegürtet oder mit einem Gürtel etwas hochgeschoppt, der Rock in tiefen Röhrenfalten und überlang. Die Ärmel lagen bis zum Handgelenk an[128], wo sie mit zahlreichen kleinen, runden Knöpfen geschlossen wurden. Höchstens im 1. Drittel des 13. Jh.s zeigten sich noch die extravaganten alten Formen. Das K. war rundum überlang, hatte jedoch keine Schleppe.

Nach 1340, allgemein nach 1350 (Ende der europäischen Pestepidemie) begann man das Oberteil durch Schnürung einzuengen; [34] das K. blieb gürtellos. Nach 1380 lag das Oberteil bis über die Taille hinaus eng an und war deshalb vorn geknöpft oder geschnürt – eine der Männerkleidung entsprechende Entwicklung. Der Rock setzte nun erstmals in Hüfthöhe in Fältchen gereiht an[35]. Die Nahtstelle wurde durch einen breiten Gürtel (▸Dusing) verdeckt. Die K.er hatten ein von Schulter zu Schulter führendes ovales ▸Dekolleté. Die Ärmel waren lang bis halblang und anliegend, sie standen im letzten Drittel des 14. Jh.s in einer ▸Muffe über das Handgelenk hinaus oder erweiterten sich zum Handgelenk hin mäßig tütenförmig.

In der 1. Hälfte des 15. Jh.s wurde das Ober-K., das nun nicht mehr als »Kotta« oder »Cotte« bezeichnet wird, etwas weiter, falten-

Abb. 335. Kleid und dessen Schnitt mit eingesetzten Gêren. Mitte des 14. Jh.s. Nach Köhler.

reicher und an der natürlichen oder einer etwas höher liegenden Stelle tailliert. Es war in Deutschland und in den Niederlanden hochgeschlossen, zuweilen mit Stehkragen, der sich manchmal vorn ein wenig, in Frankreich und Burgund mehr, zu einem spitzen Dekolleté öffnete und das waagrecht abschließende Unter-K. sichtbar ließ. Im deutschsprachigen Raum hatte das Obergewand um Mitte des Jh.s einen runden Ausschnitt. Es gab auch ein vorn durchgehend geknöpftes, weites, gegürtetes K., das nach neuesten Definitionen nicht etwa als ▸»Tappert« (der vorn geschlossen ist) bezeichnet werden kann. In höfischen Kreisen Frankreichs, Englands und Italiens wurde ein mantelartiges Obergewand, die ▸*Houppelande,* sonst weiterhin der Surkot oder die Cotardie getragen. In der 2. Hälfte des 15. Jh.s gab sich die Modesilhouette überschlank und überlang, was besonders durch die hochliegende Gewandtaille zum Ausdruck kam. Mantelartige Obergewänder dominierten. Das Oberteil, ▸»Mieder«, ▸»Leibchen« oder ▸»Taille« (2) genannt, war eng,[38,39] erhielt ab etwa 1475, besonders in Frankreich und Burgund (in Deutschland nur am Mittelrhein), ein tiefes, spitzes Dekolleté mit einem Brusteinsatz, der ▸Gorge, und rundem Rückendekolleté. Die Ärmel des K.es, sog. Röhrenärmel, waren meist mäßig weit und gerade. Der K.-Rock hatte ab 1480 nur einen Mittelschlitz von unten nach oben, oder er war offen und seine Teile waren übereinander gelegt. In Spanien wurde er bereits durch ringförmige, sichtbare Gerten, span. Verdugados (▸Reifrock[442]), abgesteift. In Italien setzte schon um 1480, gemäß dem Proportionsideal der Renaissance, eine Lockerung und Verbreiterung der Formen ein: die Taille rückte an ihre natürliche Stelle hinunter, wurde lockerer und das Mieder des Obergewandes vorn ganz geöffnet und verschnürt, so dass das Hemd oder ein Brusteinsatz (▸Brusttuch) zum Vorschein kam.[40,45] Das Dekolleté wurde großzügig, rund bis viereckig, Schultern und Rücken mit einschließend und zuweilen von der Hemdrüsche umrandet. Die engen Ärmel erhielten an Schultern und Ellenbogen Schlitze, so dass das weiße Hemd herauspuffte. (Das Unter-K. war demnach ärmellos und dekolletiert, kam jedoch zuweilen durch den Rockschlitz des Ober-K.es oder durch Anheben des Oberkleidsaumes zur Geltung.) An das Mieder wurde der runde, nicht mehr schleppende Rock in tiefen Falten angesetzt. In Frankreich und England war das Mieder bereits im letzten Viertel des 15. Jh.s vorn geschlossen und wattiert, so dass weibliche Formen nicht zur Geltung kamen; das Dekolleté stieg in der Mitte an.

Um 1500 hatten sich diese modischen Veränderungen auch in Deutschland festgesetzt. Das Fest-K. besaß eine Schleppe und ein tiefes, waagrechtes, bis etwa 1540 Schultern und Rücken mit einfassendes Dekolleté, das später mit einem reich verzierten Brusttuch, dem Brokatlatz, ausgefüllt wurde. Reine Zierde waren die im Rücken frei herabhängenden lan-

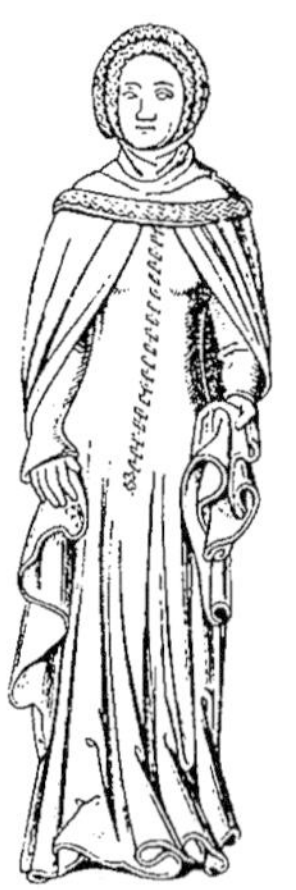

Abb. 336. Kleid, körpernah geschnürt, im Rock mit eingesetzten Gêren, Ärmel mit Muffen, darüber Nuschenmantel und Kragen-Kruseler mit Rise. Um 1380. Nach Weiss.

Abb. 337. a) Kleid, unter der Marlotte getragen. Um 1570–80. Germanisches Nationalmuseum, Nürnberg. b) Kleid-Oberteil mit Schnebbentaille und Flasques. England, um 1660. Beide nach Arnold.

gen ‣Hänge- oder Flügelärmel aus zwei Stoffstreifen. In der bürgerlichen Mode wurde das Dekolleté nach etwa 1520 mit dem zunehmend höher schließenden gefältelten Hemd oder dem ‣Koller (2) bedeckt. Neben diversen geschlitzten gab es auch geschlossene, üppig gebauschte Ärmelformen. Um 1550–1618/20, als die Spanische Mode den Ton angab, bestand das Frauengewand der Oberschicht aus dem ‣*Manteau* (einem meist dunkelfarbigen Ober-K., Mantel-K.) und dem Unter-K. Anstelle des vorn geschlossenen Manteaus wurde auch die vorn durchgehend offene ‣*Ropa*[46] oder, etwa 1555–80, die nur am ‣Hals und über der Brust geschlossene ‣*Marlotte*[53] (in Deutschland ‣*Weiter Rock,* in den Niederlanden ‣*Vlieger*[51] genannt) mit dem K. darunter getragen. Auch konnten ‣*Jubón* (eine Art Jacke) und Rock Oberkleidung sein. Das K., in Spanien ‣*Saya*[46] genannt, bestand aus Miederoberteil mit Ärmeln und Rock und war meist von heller Farbe. Es wurde in Italien, auch von der ‣Oberschicht, gern allein, ohne Manteau, getragen.[54] Einfach in Schnitt und Ausführung, war es Oberkleidung der niederen Stände.

Das Oberteil des Manteaus oder des K.es, seltener des Unter-K.es, war als ‣Corps piqué (abgestepptes, mit dem ‣Blankscheit versehenes Mieder) gearbeitet. Das Oberteil des Obergewandes lief vorn in der Taille in einer Schneppe (‣Schnebbe[54, 57] (2)) aus, deren Linie oft ein Gürtel folgte. In Spanien war das Obergewand hochgeschlossen mit Stehkragen und ‣Halskrause darüber. In Italien, England und Frankreich konnte das Oberteil des Manteaus vorn offen und mit einem Miedereinsatz (‣Brusttuch) unterlegt sein. Auch wurde ein Dekolleté beibehalten, das in Italien nur hinten von einer abstehenden Spitzenkrause, in Frankreich zunächst von einer geteilten Krause, später von einem fächerförmig hochstehenden ‣Kragen[57], dem ‣Medici-Kragen, gerahmt wurde. (In Deutschland wurde ein Dekolleté erst wieder im 2. Jahrzehnt des 17. Jh.s allgemein.) Das Oberteil des Unter-K.es konnte auch aus dem Jubón bestehen. Der Manteau hatte meist vorn offene Hängeärmel, ähnliche die Ropa[53], die auch ärmellos sein konnte, so dass die anliegenden Ärmel des Unter-K.es zur Geltung kamen, oder es waren separate anliegende Ärmel unter den ‣Achselstücken versteckt an das Manteau-Oberteil angenestelt. Die Marlotte hatte Ropa- oder Puffärmel. Der Rock des Manteaus war mit Wachstuch, Filz- oder Rosshaarauflagen abgesteift und lag in Spanien vollkommen faltenfrei über dem Unterkleidrock (span. ‣*Basquina* (1)), der mit dem kegelförmigen *Verdugado* (‣Reifrock) verschmolz. Außerhalb Spaniens war der Oberrock auch in mehr oder weniger breiten angekrausten Falten an das Oberteil angesetzt[54]. Nach etwa 1570/75 wurde der Manteau-Rock vorn zu einem Dreieck ausgeschnitten, worunter die vorn aus Oberstoff gearbeitete Basquina, frz. später ‣*Jupe* (2) genannt, zur Geltung kam. In Frankreich wurde nach 1575/80 kurze Zeit die *Vertugade en tambour* (frz., ›Trommelreifrock‹)[57] getragen; sie ließ den Oberrock in der Taille horizontal abstehen, was zusätzlich durch einen waagrecht abstehenden Schoßvolant (Hüftkrause) betont wurde. Diese Reifrockform hielt sich in nordischen Ländern bis um 1630.

Um 1600 wurde allgemein der starre Reifrock bzw. der versteifte Oberrock zugunsten mehrerer Unterröcke und eines runden ‣Hüftpolsters abgelegt. Besonders in Frankreich, aber auch in Holland nahm man den oberen Rock ringsum etwa um die Hälfte hoch[60] und hakte ihn in der Taille fest (sehr vereinzelt findet man dieses Hochraffen bereits um 1583), wodurch die gewünschte breite Hüftform zustande und der untere K.-Rock oder ein kostbarer oberer Unterrock zur Geltung kam. In der Spanischen Mode allerdings hielt sich der *Reifrock.* Das Oberteil senkte sich in einer extrem tiefen Schneppe in den Oberrock. Nach 1660 erhielt der Reifrock in Spanien eine ovale, vorn und hinten abgeflachte Form, betont durch einen breiten, abstehenden Schoß des Oberteils.[62] Auf dieses Oberteil, eine Art Schoßjacke, war die Bezeichnung *Basquina* übergegangen. Die Gewandsilhouette hielt sich bis gegen Ende des 17. Jh.s; sie wird als *Infantinnentracht* bezeichnet. In den Niederlanden beherrschte die Form des ‣*Regentinnen-Kostüms*[52, 60] die Mode.

Allgemein aber ließ man in den anderen Ländern ab etwa 1635 die Hüftverbreiterung weg, so dass der Rock rundum leicht schleppte, seitlich in lockere Falten gelegt und mit Unterröcken nur mäßig aufgebauscht war. In Anlehnung an das ‣Wams des Mannes erhielt das Mieder mehr oder weniger breite geschlitzte, angenähte oder auch angenestelte Schoßteile[61], die zuweilen – nach 1660 zunehmend – seitlich und hinten im Rock lagen, so dass nur die Schneppe sichtbar blieb.[337b] Dieses Schoßmieder wurde vorn über einem ‣Stecker geschnürt, oft auch nur die Schnürung angedeutet mit dem eigentlichen Schnürverschluss im Rücken. Vorn senkte sich das Mieder in einer tiefen, mit dem Blankscheit verstärkten, zunächst runden, nach 1640 spitzen Schneppe bis in den Rock, wo sie mit einer Schleife an den Rock genestelt wurde. Im Rücken dagegen lag die Taille sehr hoch. Die Ärmel waren bauschig weit bis keulenförmig, durch Schlitze und Puffen unterteilt und bald um Ellenbogen und Armgelenk mit Bändern waagrecht abgebunden. Nach 1640 wurden die Ärmel enger und kürzer, gerade noch die Ellenbogen bedeckend; die Spitzenmanschetten des Hemdes lagen darüber. In den 1630er Jahren legte sich der hochstehende Spitzenkragen auf die Schultern. Gleichzeitig wurde ein Dekolleté allgemein, das man um 1640 vergrößerte, um 1650 zu einem Schultern und Nacken mit einschließenden Oval verbreiterte und von einem drapierten Gazeschleier oder einem Kragen umrahmen ließ. Die Bürgerin bedeckte das Dekolleté mit einem schleierartigen Tuch[66] oder einer Art Dekolletékragen aus Spitze, der ‣Palatine (1). In den 1670er Jahren änderte sich die Modesilhouette zugunsten der schlanken, gestreckten Linie des Spätbarock, die etwa 1685–1713 nach der gleichnamigen Frisur »Mode à la ‣Fontange« genannt wurde. Erneut kam als Ober-K. in der Oberschicht der Manteau mit Mieder, Stecker (ab 1685) und Oberrock, ergänzt durch den Jupe als unteren Rock, in Gebrauch. Um 1685 öffnete sich das Mieder vorn und wurde mit dem Stecker unterlegt. Der Manteau-Rock wurde vorn geteilt, nach hinten geschlagen, so dass das andersfarbige Rockfutter zur Geltung kam, von einem Pagen hinten hochgehalten oder häufiger seitlich festgesteckt, hinten schleppte er am Boden. Etwa 1685–1710 (Höhepunkt 1690) war über dem Gesäß eine künstliche Einlage, die ‣Bouffanten, angebracht und der Manteau darüber gebauscht.[69] Eine weiße ‣Schürze aus Spitzen bedeckte häufig den Jupe.

Im 18. Jh. wurde die höfische Mode durch das ‣Korsett bzw. Fischbeinmieder und durch die Form des neuerdings nach etwa 1710 aufgekommenen Reifrocks[443] geprägt. Die Hofmode unterschied streng zwischen ‣Negligé (Straßen-, Reise- und ‣Hauskleidung), ‣Parure und ‣Gala, der sog. ‣Grande parure[446]. Das eigentliche K. mit geschlossenem Oberteil und daran angesetztem ebensolchen Rock ist im 18. Jh. nur in der sog. ‣*Robe ronde* des Halbputzes und dem K. der Bürgerin zu finden. Das Negligé bestand 1703–15 aus der ‣*Adrienne,* auch *Hollandaise* oder *Schlender* genannt, mit der charakteristischen ‣Watteau-Falte im Rücken. Danach lebten verschiedene Schnittvariationen der Adrienne bis 1730/35 fort, allgemein *Robe volante* (frz., ›wehendes Kleid‹)[70] oder *Robe ballante* (frz., ›schlenkerndes Kleid‹) genannt. Danach gehörten die ‣*Kontusch(e)*[349] und verschiedene ‣Jacken mit Jupe zum Negligé. 1778/79 wurde das Negligé durch die ‣*Robe à la levantine* und die ‣*Robe à la lévite* neu belebt. Zur Parure gehörten für wenige Jahre nach 1730 die ‣*Robe à la française,* die *Robe ronde,* ein geschlossenes K., eventuell ‣*Casaquin und Jupe*[71], 1766–85 die ‣*Robe à la polonaise* und als deren Variation die *Robe à la circassienne* (›Kleid à la Zirkassierin‹, d.h. ›Tscherkessin‹). Die Grande parure setzte sich aus Manteau, Stecker und Jupe und darunter dem Korsett und dem Reifrock, ab ca. 1740 dem charakteristischen ovalen *Reifrock à coudes*[445] zusammen. Zur Grande parure wurde etwa 1740 die *Robe à la française*[74], auch *Robe à plis* (frz., ›Robe mit Falten‹) genannt, mit dem *Manteau à dos flottant,* der von der Adrienne die Watteau-Falte übernommen hatte. Um 1779 war die ‣*Robe à la turque,* um 1786–89 die *Robe à l'anglaise* beliebte Grande parure. Für den Winter gab es die heute so genannten *Stepp-K.er,* meist Jacke und Rock, in wattiertem und in phantasievollen Mustern abgestepptem Seidenstoff, deren Röcke als einziges Kleidungsstück vor 1875 fußfrei waren. Im ‣Futter waren stets Säckchen für Duftkissen und Kräuter eingenäht. Die Bürgerin trug das rundum geschlossene K. aus einem im Rücken zu schnürenden Miederoberteil oder verschiedene Formen von ‣Schoßjacken (‣Caraco, ‣Casaquin, ‣Jacke) und ‣Rock (2). Nach 1770 gingen von der englischen K.-Mode[76] entscheidende Vereinfachungen und eine neue Modesilhouette aus. Sie wurde später als ‣Englische Mode zum Begriff und auch von französischen Adelskreisen als Parure, 1786–89 als Grande parure mit einem großen, kostbaren Kaschmirschal (‣Schal) unter der Bezeichnung *Robe à l'anglaise* aufgegriffen. Das Englische K., frz. auch ‣*Fourreau* (1) genannt, hatte ein mäßig enges Oberteil mit einer tiefen, mit Fischbein verstärkten Schneppe und einen locker angereihten Rock. Der Reifrock war zugunsten eines kleinen Gesäßpolsters, des ‣Pad, und mehrerer Unterröcke aufgegeben worden. Das Dekolleté war klein, die Ärmel waren lang und anliegend; die Taille betonte eine zartfarbene ‣Schärpe.

In Frankreich, z. T. auch in Italien, bahnte sich 1786 die Mode à la grecque an (‣Grecque, Mode à la). Zumindest gab es schon einteilige K.er, ganz ohne Cul und möglichst ohne steifen Unterrock, mit wesentlich leichter geschnürtem Korsett, wie dies im »Journal des Luxus und der Moden« versichert wird. In den 1790er Jahren vereinfachte sich allgemein der Schnitt des Oberteils, die Taille wurde rund und rutschte höher, den Rock stützte um 1795 in England ein Bauchpolster,

Abb. 338. Brautkleid aus weißem Atlas im Stil des frühen Biedermeier. Um 1822. Bremer Landesmuseum für Kunst- und Kulturgeschichte (Focke-Museum).

das ebenfalls »Pad«[80] hieß. (Um 1785–91 waren neben dem K. *Caraco* oder ‣*Redingote* (2) und der Rock über dem ‣*Cul de Paris*[77] als allgemeine Straßenkleidung in Mode.) Während der À-la-grecque-Mode des Directoire[79] und Empire (1795–1815) setzte sich von Frankreich ausgehend die ‣*Chemise* (2)[178, 179] in Europa weitgehend durch. Dieses Hemd-K. wurde ohne Formhilfe oft nur mit einem ‣Trikot (1) als Unterkleidung getragen, im Winter mit einem *Mantel-K.* (‣Mantel), Kaschmirschal, einer ‣Stola (6) oder mit der ‣*Pelisse*[425], einem Mantelumhang. Zu Beginn der Restauration (1818) folgte eine etwas steifere, geschlossenere Linie. In England lag die Taille besonders hoch, fast unter der Achsel. Im frühen Biedermeier, Anfang der 1820er Jahre bis 1835, wurde das kurze Oberteil anliegend, auch mit Fischbein verstärkt als Miederleibchen[82] oder mit einem Korsett darunter, getragen. Es gab vielerlei Oberteil-Variationen. Die Taille kehrte nach einigen Schwankungen, endgültig 1824, an ihre natürliche Stelle zurück. Mit Ausnahme des Mantel-K.es, der ‣*Pelisse-Robe*[426], waren die K.er im Rücken durch Haken und Ösen oder Knöpfe zu schließen. Der fußfreie Rock setzte möglichst faltenlos an, zum Saum hin war er ausgestellt und durch Volants und Verzierungen um den Saum betont. Eine größere Differenzierung zwischen Tages- und Ball-K. setzte ein. Das Tages-K. war bis 1825 hochgeschlossen, vielfach mit einer ausgezackten Fräse[86] (‣Halskrause) versehen, die ältere Frauen bis etwa 1840 schätzten; für den Sommer hatte es vorn und hinten einen kleinen eckigen oder runden Ausschnitt, von ‣Rüschen und ‣Posamenten eingefasst; nur beim Ball-K. blieb ein größeres Dekolleté[82]. Die Ärmel wurden am Oberarm zu kurzen, bauschigen Puffen, die im Winter in lange, glatt anliegende Ärmel mündeten. Auch gab es eine Taille, aus der sich später die Bluse entwickelte, mit separatem ‣Rock (2).

Nach 1825 änderte sich die Silhouette, fortan prägten sie die aus den Oberarmpuffen entwickelten, immer größer werdenden ‣Hammelkeulen- oder Schinkenärmel (‣Ärmel), die erst unterhalb der Schultern, in halber Oberarmhöhe ansetzten und ihre größte Weite in Ellenbogenhöhe erreichten (Höhepunkt 1830–35)[87,129]. Die Schultern erschienen dadurch glatt und unbetont, die Taille umso enger. Gleichzeitig bekamen auch Tages-K.er ein großes Dekolleté in ovaler bis waagrechter, die Schultern mit einbeziehender Form, das oft von einem handbreiten, losen Kragen, der ‣Berthe, umrandet war. Mit dem Dekolleté erhielt das Mieder eine kleine Schneppe, der nun faltig angesetzte Rock wurde weiter, mittels 5–6 Unterröcken beschwingt wippend. Ein Gürtelband betonte die Taille. Sehr beliebt war die vorn durchgehend zu öffnende Pelisse-Robe. Für Mädchen blieb das K. kürzer, mit unter dem Saum sichtbarem langbeinigen, mit Spitzen abschließenden Höschen, den Pantalettes, darunter (‣Hose, ‣Kinderkleidung). Im Sommer 1836 wurden die Hammelkeulenärmel kleiner. Ein Jahr später lagen die Ärmel glatt an, allerdings setzten sie weiterhin unterhalb der Schultern

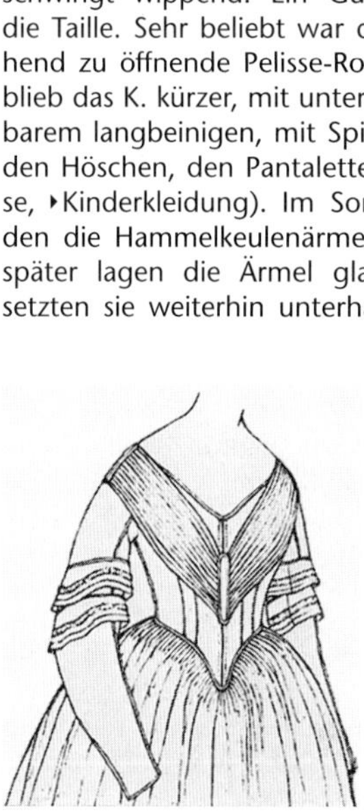

Abb. 339. Oberteil eines Tageskleides im Spätbiedermeier-Stil. Um 1840. Nach Arnold.

an und hatten höchstens ein paar Rüschen oder Raffungen über den Ellbogen. Das Tages-K. wurde hochgeschlossen mit kleinem Umlegekragen, wies höchstens einen kleinen V-Ausschnitt auf, während das Ball-K. dekolletiert und von der Berthe[88] umrahmt blieb. Das Oberteil wurde nun häufiger vorn geschlossen, die Schneppe tiefer. In der 2. Hälfte der 1840er Jahre wurde es auch als ‣Schoßtaille gearbeitet. Der Rock wurde wieder bodenlang und noch weiter und ab den Hüften zu einer Glockenform gebauscht. 1838/40 begann man den zweituntersten Unterrock mit Rosshaar zu durchziehen, 1842 wurde die »Crinolisation« (‣Krinoline) erfunden, wodurch der Kleidrock eine kuppelförmige Silhouette erhielt. Die Bezeichnung *Krinoline* ging auf die Kleidsilhouette seit etwa 1840/42 über, erst 1848–68/69 auf die gesamte Modeperiode (bürgerliche Revolutionen bis Beginn der Turnüre), die auch als »Zweites Rokoko« bezeichnet wird. Das Tages-K. war jetzt hochgeschlossen oder hatte einen mit einer ‣Chemisette (2) unterlegten Ausschnitt. Die dreiviertellangen Ärmel erweiterten sich nach unten zu ‣Pagodenärmeln, die mit Spitzenvolants, den ‣Engageantes, versehen und »Pagodenärmel à la duchesse« (›à la Herzogin‹) genannt wurden. Oder die Pagodenärmel waren mit bauschigen Puffunterärmeln ausgefüllt, die Ende der 1850er Jahre einen solchen Umfang erreichten, dass sie mit Rosshaar oder Stahlschienen gestützt werden mussten. Die Schneppentaille kam aus der Mode; zuweilen wurde nur das Leibchen mit Fischbein verstärkt. Als Oberteil trug die Frau auch eine Schoßtaille, die ‣*Basquine* (2). Im Rücken findet man als Verlängerung des Oberteils oftmals ein kleines, »Postillon« genanntes Schößchen. Der weite, kuppelförmige Rock war aus Stoffbahnen zusammengesetzt und – zu den mit Rosshaar versteiften Unterröcken hinzu – durch einige waagrechte Volantreihen oder mehrere übereinanderliegende, abgestufte Doppelröcke erweitert. Das Ball-K. behielt ein flaches, gerades bis ovales, die Schulteransätze mit einbeziehendes Dekolleté, das Rüschen, die ‣Berthe oder einen breiten Schulterkragen bildende Volants rahmten. Zumeist verdeckte der Kragen die zu schmalen Streifen zusammengeschmolzenen glatten oder leicht gepufften, engen und tief eingesetzten, »à la Marie Louise« genannten Ärmel.

Abb. 340. Von Krinoline (um 1863) auf 1. Turnüre (um 1872) geändertes Kleid. Bremer Landesmuseum für Kunst- und Kulturgeschichte (Focke-Museum). (Rechts.)

Abb. 341. Kleid der beginnenden Engen Mode (nach außen aufspringende, geraffte Doppelfalte, die innen durch Schnüre zusammengehalten wird). 1875/76. Nach Arnold. (Unten.)

1856 kam eine leichtere, »künstliche« ‣Krinoline aus Stahlreifen (eigentlich ein Reifrock) auf, die durch Ch. F. ‣Worth in Mode gebracht wurde. Der *Reifrock* bewirkte eine neue, 1858/59 einsetzende kegelförmige K.-Silhouette[168] (weniger äußere Volants und oft erst in Kniehöhe angebrachte Reifen der »künstlichen« Krinoline). Um 1860 erreichte die Krinoline als *Robe ronde* ihren größten Umfang. Um 1863 flachte die Krinoline vorn ab, so dass der K.-Rock eine nach rückwärts ausschweifende Tütenform[89] erhielt, die zusätzlich durch eine Schleppe betont wurde. Die Taille lag relativ hoch. 1864 lancierte Worth das ‣*Prinzess-K.* sowie ein halb- bis dreiviertellanges, auch vorn offenes Ober-K., in Anlehnung an die herrschende Antikenvorliebe ‣*Tunika* oder ‣*Peplum*[89] genannt. Der Oberrock konnte nun seitlich etwas hochgerafft und von einer Agraffe gehalten oder bouilloniert sein (‣Bouillonieren), so dass der zunächst gleichfarbige, später auch rote untere Rock (auch oberster Unterrock) zur Geltung kam. Tages-K.er waren kürzer als Nachmittags- und Ball-K.er. Als Oberteil gab es auch ein vorn kurzes Leibchen (‣Bolero (2)) mit Schneppengürtel oder ein hinten analog zur Schleppe verlängertes Schoßjäckchen; unter beiden wurde eine Chemisette getragen. Tages-K.er hatten Pagoden- oder glatte Ärmel von bequemer Weite, Sommer- und Ball-K.er kurze Schulterpuffen oder abstehende, die Schultern verbreiternde Rüschenträger.

1867 brachte Worth die ‣*Polonaise* (1) in Mode, ein jacken- oder tunikaartiges, halb- bis dreiviertellanges Ober-K., dessen Rock meist seitlich und hinten hochgerafft wurde und über einem glatten, nur mäßig ausgestellten unteren Rock lag. Die Polonaise hielt sich in modischen Abwandlungen bis etwa 1888. (Sie fand im ‣Genre canaille großen Anklang, wobei der untere Rock sehr kurz gehalten wurde.) Das Hochraffen des Oberrocks führte zu der 1869–75 (bei Ballroben schon 1868) getragenen ‣*Turnüre*[90], welche die gerafften Aufbauschungen über dem Gesäß unterstützte und betonte (‣*Dolly-Varden-K.*). Das K. bestand entweder aus einem vorn offenen Miederoberteil mit leichter Schneppe und bis zur Hüfte angeschnittenem Schoßteil, der nach rückwärts über dem Gesäß zusammengerafft wurde, und einem unteren Rock oder aus einer kurzen Schoßjacke (zuweilen mit Chemisette oder ‣Weste darunter) und einem unteren und oberen Rock, wobei Letzterer – in kürzerer Form »Tunika« genannt – seitlich hochgerafft und über dem Gesäß gepufft wurde, so dass vorn, bogig drapiert, eine Art Schürze entstand. Oder das K. setzte sich aus der Polonaise, dem unteren Rock und darüber einem separat angenähten, vorn quer drapierten schürzenartigen Teil aus dem Stoff der Jacke zusammen. Das Oberteil und die an der natürlichen Stelle sitzende Taille lagen extrem eng an. Manchmal, besonders 1869/70, war im Rücken eine Watteau-Falte gearbeitet. Noch hatte das Nachmittags-K. ein mäßig herzförmiges, viereckiges oder V-förmiges Dekolleté. Die Ärmel waren glatt und anliegend, endeten in einem Rüschenvolant oder hatten erneut Pagodenform. Auch das Promenaden-K. erhielt eine Schleppe, die von dem Jackenschoß, der Tunika oder, am häufigsten, dem unteren Rock gebildet wurde. Rock oder Jackenschoß waren reich mit Volants, Stoffpuffen, Quasten- und Fransenbordüren, Posamenten und Rosetten, zum K. farblich kontrastierend, verziert. Das Ball-K. hatte ein mäßig großes, V-förmiges oder rundes, von Rüschen und Schleifen eingefasstes Dekolleté. Die Ärmel waren kurz, wirkten wie Träger und bedeckten nur die Schulteransätze.

1875–81 gab es die sog. ‣Enge Mode[91], eine schlanke Linie, die das erstmals die Hüften mit modellierende ‣Korsett bestimmte. Die durchgehende, verlängerte Taille hieß ‣»Kürasstaille«[369b]. Damit rutschte die zunächst noch bauschige Rockweite von der Steißlage unter das Gesäß hinab bis knapp oberhalb der Knie, und die Turnüre wurde ganz weggelassen. Der Rock wurde nun hinten auf verschiedene Arten zusammengesteckt, in Puffen oder Volants durchgehend gerafft, an Gesellschafts-K.ern zu einem schmalen, senkrechten Streifen zusammengehalten, der meist eine tief ansetzende Schleppe bildete. 1878 war die größte Enge erreicht. Das Tages-K. war fußfrei, und der untere Rock lief zur größeren Bewegungsfreiheit in einen breiten, angesetzten, dicht gefältelten oder plissierten Volant aus. Promenaden-K.er hatten bereits eine Schleppe, und hier war der etwa wadenlange obere Rock oft quergerafft und mit Blumengirlanden oder Volants verziert. Als Oberteil gab es auch eine vorn geknöpfte Schoßjacke, eine Art Frackjacke; zusammen mit einem Rock können beide bereits als ‣*Kostüm* (2) bezeichnet werden. Das Sommer-K. hatte ein viereckiges Dekolleté. Beim Ball-K. rutschte der Achselteil (Träger) etwas über die Schultern hinab. Das ovale Dekolleté wurde vorn von einer quer verlaufenden Stoffdraperie betont und wie das Armloch von kleinen Spitzenrüschen gesäumt. Um auf das starke Korsett verzichten zu können, bevorzugte die Frau, gerade die ältere, gegen Ende der 1870er Jahre das ‣*Tee-K.*[488] als ‣*Robe de chambre.* 1880 begann man den Oberrock wieder hochzuraffen. 1882–88 kam die *Zweite Turnüre*[493, 494, 495], neuerlich *Cul de Paris* genannt, die wegen der beibehaltenen Kürasstaille tiefer als die Erste Turnüre, in Höhe des Gesäßes, saß. Im Rücken über dem Gesäß findet man zuweilen wieder das kleine, ‣»Postillon« genannte Schößchen. Der Oberrock wurde – bedingt durch den schweren Stoff – in etwas steiferer und stark abstehender Form über der Turnüre zusammengerafft und bildete vorn eine fast waagrecht durchhängende Drapierung, »Schürzentunika« genannt. Der untere Rock blieb unverziert, in tiefen Falten gereiht oder plissiert. Der im Prinzip glockige Oberrock wurde nach rückwärts hochgeschoppt. Tages- und Gesellschafts-K.er waren knöchellang, nur das Ball-K. hatte eine schmale Schleppe. Die Taille blieb verlängert. Am Tages-K. waren die Ärmel an den Schultern leicht gepufft, später glatt; sie reichten bis oberhalb des Handgelenks. Neu und ebenfalls charakteristisch für die Zweite Turnüre war ein hoher, vorn offener Stehkragen, der im Sommer einem mäßig großen, viereckigen, beim Ball-K. runden Ausschnitt Platz machte.

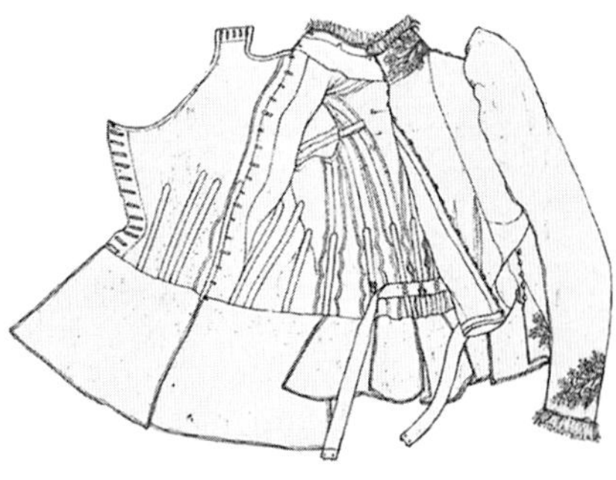

Abb. 342. Mit Fischbein verstärktes Kleidoberteil. Um 1890. Nach Arnold.

Abb. 343. Kleidröcke. a) Orgelpfeifenrock. 1894. b) Fächerrock. 1894. c–e) Bahnenröcke. 1903/04.

Im ganzen 19. Jh. war die ‣*Matinee* elegantes Morgen-K. Nach 1889/90 setzten sprunghafter Wechsel und Vielfalt der K.-Silhouette ein, kontinuierlich blieben allein das enge Oberteil und die schlanke, vom Korsett geformte Taille. Im Herbst 1889 setzte der Ärmel in einer großen Puffe an, die am Oberarm größer wurde, der Ärmel am Unterarm jedoch blieb anliegend. Auch das Ball-K. erhielt kurze Puffärmel. Um 1893–96 war dann der Höhepunkt der Ballonärmel[94, 488], extrem großer Oberarmpuffen, und neuerlich der umfangreichen Keulenärmel. Die Brust konnte mit einer Rosshaarauflage stark versteift sein (sog. Stehbrusteffekt); der hohe Stehkragen, zuweilen als ‣Plastron (4) gearbeitet, wurde beibehalten. Die Röcke schwangen durch keilförmige Einsätze glockig aus[94] und waren, wie auch die Unterröcke, um den runden Saum oft mit Rosshaar abgesteift. Nach 1896 lagen die Ärmel wieder an, zuweilen rutschte die Oberarmweite auf den Unterarm und bildete zwischen Ellenbogen und Handgelenk einen Beutel. 1898 gelang schnitttechnisch der eigentliche ‣*Glockenrock* durch Zerlegen des Rockes in einzelne Bahnen, wodurch er um die Hüften anliegend und unterhalb der Knie rundum glockig weit gehalten werden konnte (einfacher oder geschweifter ‣*Bahnenrock*). Der Glockenrockeffekt wurde zusätzlich durch rundum mit ‣Balayeusen besetzte Unterröcke aus raschelndem Taft betont, die das gewünschte ‣Frou-Frou (1) erzeugten. Der Saum saß auf dem Boden auf. Als K.-Verschluss dienten neben Haken und Ösen auch schon Druckknöpfe (‣Druckknopf, ‣Verschluss).

Um 1899/1900–06/07 kam es, dem Wunsch nach einer extrem schlanken Linie folgend, zu der – von der Seite gesehen – S-förmigen Körperhaltung (‣S-Form)[100], bei der durch das Sans-Ventre-Korsett der Bauch vollkommen weggeschnürt und die Hüften nach hinten gepresst wurden. Die S-Linie, deren extremste Form das Jahr 1902 brachte, wurde zusätzlich durch ein vorn leicht blusig überhängendes Oberteil oder ein loses Bolero mit überhängenden Volants und einen breiten Gürtel betont. Die Ärmel waren anliegend, erweiterten sich oberhalb des Handgelenks zu einem Beutel, der in einer ‣Manschette oder einem Bündchen wieder zusammengefasst wurde. Das K. war zweiteilig, höchstens das Ball-K. und das elegante Haus-K. hatten Prinzessform. Der Rock, als Glockenrock gearbeitet, mündete hin und wieder ab Kniehöhe in einen Volant. Gesellschafts- und Ball-K. hatten ein viereckiges Dekolleté und eine Schleppe. Elegante K.er waren mit Jugendstilmustern verziert.

Abb. 344. Kleiderschürze (»Bürokleid«).
Aus »Die arbeitende Frau«. 1917.

Die Modelinie des ▸Jugendstils wurde von der Mehrheit der Frauen akzeptiert, im Gegensatz zu dem um 1898 aufgekommenen und modisch weitgehend abgelehnten ▸*Reform-K.*[99] (Es hatte in den schon seit etwa 1854 kreierten ▸*Künstler-K.ern* seine Vorläufer.) Das Reform-K. wurde insbesondere von Jugendstilkünstlern, darunter den Künstlern der ▸Wiener Werkstätte, aufgegriffen, es beeinflusste nach 1906 die ▸Haute Couture, allen voran P. ▸Poiret, aber auch ▸Erté und M. ▸Fortuny, und wurde hier von der Art-Déco-Mode (▸Art Déco) abgelöst. Davon beeinflusst, ohne es zu kopieren, war das Schneider- und Konfektions-K. um 1907–14/15. Sein Oberteil war in der durch einen Gürtel betonten Taille angesetzt, leicht blusig, hochgeschlossen, meist mit einem hohen, durch Fischbeinstäbe versteiften Stehkragen; es hatte dreiviertellange ▸Kimonoärmel mit Aufschlag von anderem Stoff. Die Schultern betonten Stickerei oder Spitzenepauletten, jedoch fehlten Achselpolster. Der Rock war gerade, in kleine Falten gelegt oder plissiert. 1910/11 kreierte Poiret[281] den aufsehenerregenden ▸*Humpelrock*[101], den Vermittler vom bodenlangen Glockenrock zum faltenlosen, engen, knöchellangen Rock der Vorkriegsjahre. Durch Falteneinsätze ab Wadenhöhe, zuknöpfbare Schlitze, asymmetrische Nähte und Raffungen wurde ihm die notwendige Bewegungsfreiheit für den Alltag gegeben. Zusätzliche Variationen erzielten die – ebenfalls von Poiret lancierten – etwa knielangen *Tuniken*[102] aus andersfarbigem, mitunter durchsichtigem Stoff. Auch *Wickel-K.er* waren in Mode. Sommer-K.er gab es auch in Prinzessform, mäßig dekolletiert, mit halblangen Ärmeln. Die K.er wurden hinten mit dicht aneinandergereihten Knöpfen geschlossen (der ▸Druckknopf war noch selten und teuer). 1914 kamen hüftkurze, seitlich länger zipfelnde Tuniken oder separat aufgenähte, glockige oder gerüschte Seitenteile auf, die die Hüften betonten und in Modejournalen als *Paniers,* wahrscheinlich in Erinnerung an die seitliche Reifrockform des Rokoko, bezeichnet wurden. Auch wurde die Tunika hinten mittels Zugschnüren hochgerafft. Das Tanz-K. stand im Zeichen des 1912 aus Argentinien eingeführten Tangos (▸Tangomode)[102]. Im Frühjahr 1915 (und bis 1916/17) zeigten die europäischen Modejournale trotz des Kriegs und divergierender nationaler Bestrebungen im Modeschaffen einheitlich eine neue Silhouette, die bald als ▸*Kriegskrinoline*[104] bezeichnet wurde und auch von der Haute Couture in etwas weicherer, verspielterer Form und mit längerem Rocksaum vertreten wurde. 1916 führte G. ▸Chanel einfache, gerade K.er aus ▸Jersey (1) (ohne Korsett darunter) sowie ▸*Hemdblusen-K.er* vor, die 1917 allgemein zu den einfachen, Stoff sparenden, zweckmäßigen ▸*Kittel-K.ern* führten (von Chanel schon 1911 aus Baumwolltrikot kreiert). Daneben wurde die hüftbetonte und zum Saum hin enger werdende K.-Silhouette von 1914 wiederaufgenommen und fortgeführt zu einer fassartigen Rocklinie, dem *Tonnenrock*[103] (1917–19), der in Hüfthöhe durch seitlich ausgestellte, überdimensionale Beuteltaschen, glockige Schoßteile oder kaskadenförmige Volants noch voluminöser wurde. Die Ärmel waren bequem weit, halb-, dreiviertel-, selten ganz lang. ▸Abend-K.er wurden mit großem, eckigem Dekolleté und mit schmalen Trägern vorgeschlagen.

1918 kam das engere, noch stoffärmere ▸*Futteral-K.*[105] auf. Der Saum rutschte allgemein bis zur Wadenmitte hinauf, nur die Haute Couture blieb bei einem längeren; unter ihrem Einfluss wurde dann doch der Saum allgemein mit längeren Tunikateilen, seitlich längeren schmalen Stoffstreifen oder durchsichtigen Über-K.ern optisch verlängert. (Für die ▸Tenniskleidung zog die französische Sportlerin Suzanne Lenglen die Konsequenz mit einem kniekurzen Rock.) Der Aufputz, Spitzen oder Pelzstreifen, wurde reicher. Als Sommer- und Abend-K. war das ‣*Stil-K.* (2) modische Alternative. 1921 rutschte die Taille auf die Hüften hinunter, das hochgeschlossene Oberteil, im Sommer mit viereckigem Ausschnitt, fiel blusig über einen tief sitzenden Gürtel oder eine Schärpe. Die Ärmel waren weit, halb- bis dreiviertellang und angeschnitten. Der Rock war meist schmal und gerade. Schneider-K.er für den Alltag hatten Kittelform, Abend-K.er den lose die Figur umspielenden Prinzessschnitt oder auch den Futteralschnitt mit tiefsitzender, breiter Schärpe, dazu ein eckiges, oft durch ein Spitzenbolero verschleiertes Dekolleté mit Trägern. 1922 trug die Frau endgültig knöchellang. Das Oberteil war schmäler, dagegen die Hüften durch eine seitlich gebundene Schärpe oder ausgestellte Beuteltaschen etwas betont. Stoffmuster und Verzierungen entstanden kurz darauf in Anlehnung an die ägyptische Kunst, die durch die Entdeckung des Grabes des ägyptischen Königs Tut-ench-amun (1922) ins allgemeine Interesse geriet. 1923 wurde das Oberteil wieder lockerer; am Rock gewährten seitliche Falten- und Glockeneinsätze mehr Bewegungsfreiheit und bewahrten die schmale Linie beim Stehen. Haute-Couture-Modelle blieben knöchellang, sonst wurde die Mode etwas kürzer. 1924 verkürzte man – dank der Hinwendung zu funktioneller Kleidung – den Rock auf Wadenlänge, was zuweilen erneut durch einen zipfeligen Saum erleichtert und durch die allgemeine Verbreitung des Kunstseidenstrumpfs (‣Strumpf) begünstigt wurde. Der Rock wurde zum Saum hin leicht glockig oder durch tief angesetzte ‣Plissees oder Volants ausgestellt. Daneben waren ‣*Jacken-* und *Mantel-K.*, neben ‣Jumper und Rock, beliebt. 1925–27 war die Zeit des kniekurzen *Sack-* oder *Hänger-K.es* (‣Hänger (2))[345]. Heute werden Tanz-K.er der Zeit oft landläufig als ‣*Charleston-K.* bezeichnet. Tages-K.er waren meist hochgeschlossen, mit ‣Bubi- oder Herrenkragen und mit Blenden, ‣Jabots, Schleifen und tief sitzendem Gürtel verziert, die Ärmel gerade, schmal, mit Volants, Bündchen oder Aufschlag am Handgelenk. Der Schnitt des Abend-K.s entsprach dem Tages-K., doch hatte es ein vorn fast bis zur Taille spitz zulaufendes Dekolleté und ein etwas kleineres Rückendekolleté oder beidseitig ein großes viereckiges Dekolleté. Die gewünschte schwere, gerade, hängende Linie wurde durch Bleiknöpfe erzielt, die dünnen Stoffen den richtigen Fall gaben; ‣Pailletten und Perlen dienten als Verzierung. Das Stil-K. wurde etwas seltener. 1927 kam ein leichter Modewandel, zunächst nur beim Abend-K., dessen Taille leicht zur natürlichen Stelle hin anstieg. Der Saum rutschte etwas hinunter, vielfach durch seitlich längere Zipfel oder durch hinten bogige Verlängerung. Auch wurde das K. aus schrägen Bahnen zusammengesetzt, so dass sich ein asymmetrisches, schräges Dekolleté und ein ebensolcher Saum ergaben. Das Stil-K. wurde wieder stärker favorisiert. Insgesamt machte sich eine größere Verspieltheit in Aufputz und Schnitt bemerkbar. 1928 war das K. tagsüber noch kniekurz, abends bereits wadenlang, häufig auch vorn kniekurz und hinten bodenlang. Gesellschafts-K.er wurden diagonal zum Fadenlauf geschnitten (Schrägschnitt), wodurch sie sich mehr an den Körper schmiegten; eine Schnitttechnik, die in den 1930er Jahren M. ‣Vionnet

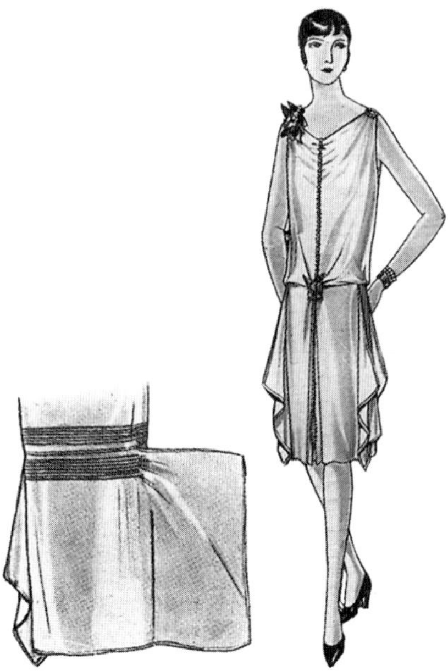

Abb. 345. Abendkleid mit »Zipfelgarnitur« (»Taschentuchrock«). Aus »Deutsche Moden-Zeitung«. H. 9. 1927/28.

(‣Haute Couture) zur Vollendung führte. 1929 gab es wadenlange, taillierte *Prinzess-K.er,* neben K.ern mit blousonartigem Oberteil. Die Taille saß annähernd an der natürlichen Stelle, die Röcke waren glockiger denn je, die Ärmel lang und schmal. Daneben trug man weiterhin noch – auch in der Haute Couture kniekurze K.er.

1930–38 bestimmte das figurbetonte K.[108] die Mode: hochgeschlossenes, anliegendes Oberteil mit weißem Spitzen- oder Lingeriekragen (Wäschekragen aus Leinen, Batist oder Pikee, ‣Lingerie), Schleife, ‣Jabot oder ‣Koller (3), mit zunächst glatt eingesetzten, anliegenden Ärmeln, einem Gürtel an der natürlichen Taillenstelle, dazu ein meist in Bahnen geschnittener Rock, der um die Hüften stets anlag und zum Saum hin glockig ausgestellt war, seltener mit bis zum Knie eingenähten Falten. Die ‣Trachtenmode spielte in den deutschsprachigen Ländern eine größere Rolle. 1933 änderte sich die Linie leicht zugunsten einer stärkeren Betonung der Schultern – beeinflusst durch ‣Schiaparellis Pagodenschultern (‣Haute Couture). Mittels breiter, die Schultern umfassender Kragen, Rüschen und Volants, raffiniert geraffter Wickeloberteile, modischer ‣Epauletten und gepufft eingesetzter Ärmel wurde der Oberkörper stärker betont. Taille und Hüften erschienen dadurch schlanker. Die Haute Couture lancierte dafür ‣Pierrotkragen (‣Halskrause) und ‣Chasublefalte. 1937 stieg der Saum bis über die Waden, die Schultern wurden extrem ausgepolstert, doch blieb die Linie feminin. Es herrschte eine Vorliebe für Boleros und Schärpen. Das Abend-K., im Schnitt ähnlich, war 1930 noch wadenlang, nach 1933 knöchel- bis bodenlang und hatte oft eine kurze, angeschnittene Schleppe; breite Träger oder kurze, angeschnittene Volantärmel und ein großes, jedoch unaufdringliches Dekolleté waren typisch, wobei ein tiefes V- oder U-förmiges Rückendekolleté[346] besonders favorisiert wurde, daneben auch das von Schiaparelli lancierte asymmetrische, eine Schulter freilassende Dekolleté (‣Diana-Dekolleté). 1938 setzte sich eine neue, strengere Linie in der Alltagsmode durch: Die Schultern verbreiterte man mit Rosshaarpolstern, die Röcke arbeitete man kürzer, eben kniebedeckend, zu geraden Falten- oder Glockenröcken. ‣*Hemdblusen-K.er* wurden favorisiert. Die Abendkleidlinie veränderte die Haute Couture zugunsten eines weiteren Glockenrocks[122] (1947 als ‣New Look gepriesen!), sonst blieb sie in der Linie der Zeit vor 1938.

Abb. 346. Abendkleid im Schrägschnitt nach Madeleine Vionnet. 1933.

1939–45 wurde der Rock in fast allen Ländern Europas aus Gründen der Stoffrationierung faltenlos und blieb gerade so weit, dass ein bequemes Ausschreiten möglich war; die sog. Boxerschultern waren überaus breit, die Oberarmpuffen etwas kleiner, die Ärmel meist nur halblang mit einem andersfarbigen Aufschlag, einer Passe oder einem engen Bündchen; die Taille wurde durch einen Gürtel zusammengezogen. Das Gesellschafts-K. (‣Abend-K.) war dunkelfarbig und hochgeschlossen, höchstens mit ein paar ‣Biesen oder Raffungen am Oberteil, einem großen Kragen oder einem kleinen Schößchen aufgelockert, der Rock etwas glockiger.[109] Auffallend ist die häufige Zweifarbigkeit der K.er durch Kombination ganz verschiedener, noch vorhandener Stoffe (auch aufgetrennter K.er), wofür Modejournale ausführlich Anleitungen gaben.

Nach 1945/46 boten Haute Couture und Alltagsmode ein sehr unterschiedliches Bild. Das selbstgeschneiderte Alltags-K. beschränkte sich auf Abwandlungen von Vorhandenem und auf die Verarbeitung freigegebener ‣Stoffe (Lazarettbettwäsche, Uniformstoffe, Fallschirmseide, Zellwollstoffe usw.). In Deutschland dominierte eine abgewandelte ‣Trachtenmode. Die Haute Couture zeigte (oft nur im Entwurf) eine durch größeren Stoffaufwand erzielte, hüftbetonte Bleistiftlinie (‣Enge Linie). Das große Abend-K. gab es nur als Haute-Couture-Vorschlag. Im Februar 1947 brachte Chr. ‣Dior seine erste Modekollektion heraus, die als ‣New Look[110] zur großen Sensation wurde. Wegen des enormen Stoffaufwands für den langen, weiten Rock konnte die neue Linie jedoch allgemein, selbst in Amerika, nur zögernd Aufnahme finden. In Deutschland wurde der New Look erst 1948 aufgegriffen, wobei die Erweiterung und Verlängerung des Rocks vorerst durch Einsetzen andersartiger Stoffe erzielt werden musste. Ab Herbst 1947 setzte sich auch, von Dior lanciert, die ‣Enge Linie durch, deren Rock er durch einen Gehschlitz, später ‣»Dior-Schlitz«[196] genannt, um den Saum noch enger machte, trotz Beibehaltung der neuen Saumlänge von 30 cm über dem Boden.

In den 1950er Jahren hielten sich sowohl beim Tages-K. (*Hemdblusen-K.er* waren beliebt) als auch beim ‣Cocktail- und Abend-K. modisch leicht abgewandelte Grundlinien: der weite, wippende *Petticoatrock* (‣Petticoat) und der enge, figurbetonte Rock. Beiden gemeinsam war ein anliegendes Oberteil mit herzförmigem, viereckigem oder ovalem Dekolleté. Die Ärmel waren schlank, lang und vielfach angeschnitten. Ein Bolero ergänzte häufig das K. Das Abend-K. hatte oft ein vollkommen schulterfreies, als ‣Korsage (1) gearbeitetes Oberteil oder ein Oberteil mit breiten Trägern und war mit Tüll- oder Satindraperien oder Strassstickerei (‣Strass) aufgeputzt. Der Rock war knöchellang, beim jugendlichen Abend-K. bestand der weite Rock häufig aus mehreren Lagen weißen oder elfenbeinfarbenen Tülls über einem abgesteiften unteren Rock aus Moiré oder glänzendem Satin, mit ebensolchen Drapierungen, Schleifen, Schärpen oder Rosetten. Das figurbetonte Abend-K. hatte seitlich einen langen Schlitz, in Kniehöhe eingesetzte Falten oder einen breiten, angesetzten Tüllvolant. 1955 kam für kurze Zeit ein kaum wadenlanges Abend-K. Modische Abwandlungen und Details wurden damals durch die von der Pariser Haute Couture, besonders Dior, lancierte »Linien«[287] geprägt: 1952 war das K.-Oberteil – entsprechend Diors Schlangenlinie – im Rücken blousonartig gehalten, blieb vorn jedoch figurbetont. 1953 wurde die Mode allgemein etwas kürzer, 40 cm über dem Boden galt als »Richtlinie«. 1954 wurde entsprechend Diors H-Linie das K. weniger stark tailliert, die Taille rutschte nach unten und wurde über den Hüften durch einen Gürtel oder eine Schärpe markiert. 1954/1955 brachte Dior mit der A-Linie den in Hüfthöhe angesetzten[287], glockig ausgestellten Rock.[213] 1956 beeinflusste die alpenländische Tracht à la Tyrolienne die Weltmode. 1957/58 wurde gerade kniebedeckend modern und der weite Petticoatrock am Saum leicht eingezogen, so dass die Tonnen-Linie und in extremerer Form der von H. de ‣Givenchy lancierte ‣Ballon-Look[149] entstand. Die Schultern ärmelloser K.er wurden durch große eckige Überfallkragen oder vorn offene Pelerinenkragen verdeckt. Y. ‣Saint Laurent brachte die Trapezlinie.

Bis etwa 1963 war die K.-Mode jener der ausgehenden 1950er Jahre verbunden: figurbetonte Linie, Doppelrocksilhouette, mäßig weiter Tulpenrock, neben Etui-(Sack-)linie, Prinzess- und Jumper-K.ern; charakteristisch die breiten Gürtel, halsfernen Rollkragen und großen Schulterkragen, sog. Dachkragen[112]. 1963 stand die Mode im Zeichen der Op-Art, die eine geometrische, klar abgesetzte Schnittführung mit ebensolchen Mustern brachte. Damit begann die Jugend die Mode zu prägen, deren grelle poppige Farben und Muster signifikant waren. 1965 setzten sich M. ‣Quants kindliche *Mini-K.er*[436] durch, die sie bereits 1958 (!) kreiert hatte und die 1962 erstmals in Modejournalen vorgestellt wurden (‣Prêt-à-porter). Der ‣Mini, eine allgemeine Bezeichnung für den gesamten Kleidstil, dessen Höhepunkt 1967 bis 1969 bei gerade oberschenkellanger Rocklänge war,[290–293] prägte die Mode bis Anfang der 1970er Jahre. Es waren kindliche Hänger in leicht antaillierter Prinzessform, zum Saum hin leicht ausgestellt, eventuell mit tief angesetztem Falten- oder Plisseerock. Das Oberteil, hochgeschlossen und äußerst schmal gehalten, hatte extrem hoch eingesetzte Ärmel. Beim ärmellosen K. saßen die Armlöcher hoch und waren schräg zum Hals hin ausgeschnitten, so dass die Schultern frei blieben. Ebenso aktuell waren Wickel-K.er mit Flügelärmeln und Glockenrock, Hemdblusen- und ‣*Träger-K.er.* Größten Einfluss auf die allgemeine Mode hatte der von A. ‣Courrèges kreierte sehr funktionelle, nüchterne, zugleich jugendlich-dynamische Stil, der die horizontale Linie und den konstruktiven Schnittaufbau betonte. Daneben gab es Nachahmungen von P. Cardins »Kleidskulpturen« mit runden Gucklöchern in der Taille oder als Dekolleté. 1966/67 kamen *Zelt-K.er* auf, oft mit einem durchgehenden Reißverschluss vorn. 1968 erschien der ‣Transparent-Look, allerdings höchstens beim Abend-K., 1969 der ‣Romantik-Look. Das sog. *Party-K.* war ebenfalls kurz und unterschied sich von der Tagesmode nur durch den eleganteren Stoff und Aufputz. Es wurde jedoch häufig durch einen ‣Hosenanzug oder einen langen ‣Kaminrock mit Rüschenbluse ersetzt. Das große Abend-K. war bodenlang, häufig im Empire-Stil mit hoher Taille oder mit die Taille überspielendem Hängeroberteil, hochgeschlossen oder mit kleinem Dekolleté, ärmellos oder mit langen, schmalen Ärmeln. Der Rock war leicht ausgestellt oder eng und hochgeschlitzt. Fließende Stoffe, häufig mit appliziertem Blütenmuster, wurden bevorzugt.

Anfang der 1970er Jahre verriet die K.-Mode Unsicherheit in der Länge: Im Winter 1970/71 setzte sich die wadenlange Midi-Länge durch, doch kehrte im darauffolgenden Sommer die junge Mode wieder zum Mini zurück. Die neuen Mini-K.er, die sich vielfach bis 1973 hielten, wiesen nicht den geometrisch strengen Stil der 1960er Jahre auf, sondern waren durch Flügel-, Volant- oder Trompetenärmel und durch weite glockige Röcke, eventuell mit zipfelndem Saum, romantisch abgewandelt. Als Kompromiss zwischen Mini und Midi behauptete sich 1971/72 der Slit-Look (engl., ›Schlitz-Look‹), unter dessen vorn offenem und höchstens bis zu den Oberschenkeln zugeknöpftem Rock in Maxi- oder Midilänge

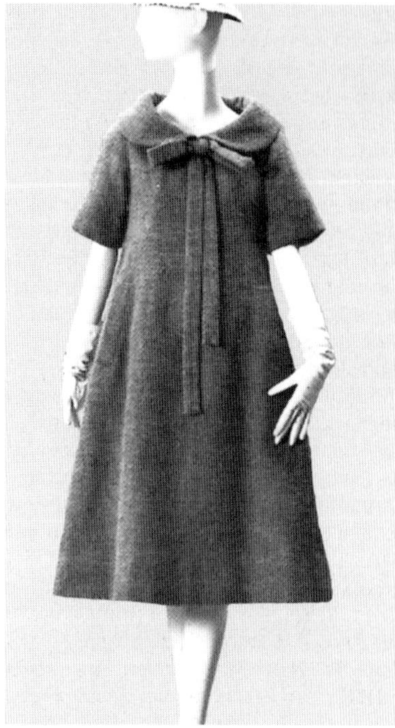

Abb. 347. Kleid in der »Trapezlinie« von Yves Saint Laurent für Dior. Paris, 1958.

‣Hot pants getragen wurden. Gleichzeitig war bei leicht antaillierten K.ern mit tief sitzendem Gürtel die knöchellange Maxi-Länge in Mode, die sich jedoch mehr bei Mänteln durchsetzte. Um 1972–73/74 kam der ‣Slinky, ein figurbetonter K.-Schnitt mit unterlegten Schultern, leicht gepufften Oberärmeln und einem um die Hüften anliegenden, zum Saum hin ausgestellten Rock in Midi-Länge auf. Diese Silhouette orientierte sich an der Mode der 1930er Jahre und stand am Anfang eines während der ganzen 1970er Jahre aktuellen Nostalgie-Stils (neben dem Romantik-Look mit weißen oder bunten Leinenröcken, Volants, Leinenmieder und rüschenverzierten Blusen) und des 1976 von Paris, insbesondere durch Y. ‣Saint Laurent lancierten ‣Folklore-Looks, der sich in Abwandlungen und Unterbrechungen bis Anfang der 1980er Jahre hielt.

Diese Linien rückten das K. modisch ins Abseits zugunsten von ‣Ensembles, ‣Coordinates (2) und ‣Separates. Die Saumlänge pendelte sich auf eine Linie knapp unterhalb der Knie ein, die Röcke wurden vorn angekraust und erhielten eingeschnittene Taschen, die auch beim eleganten K. nicht mehr fehlen durften. Es entstand eine leicht tonnenförmige Rocksilhouette. Die gesamte Modesilhouette wurde leger weit. Um 1977 kamen ‣*Carmen-K.er* in Mode, 1978/79 K.er mit blusig hochgerafften Oberteilen, deren Schultern Achselpolster stark betonten, neben geraden *Sack-K.ern* mit Saumvolants und Schleifen- oder Rüschenkragen. Das Abend-K. aus zarten, fließenden, großblumigen Stoffen war Anfang der 1970er Jahre eng tailliert mit tiefem Dekolleté, weiten Trompetenärmeln und weitem, gezogenem Rock. In der 2. Hälfte der 1970er Jahre wurden Abend-K.er aus steifem Moiré oder anderen raschelnden Taften modern, mit weiten, krinolinenartigen Röcken, rüschenumsäumten, schulterfreien Dekolletés, breiten Pierrotkragen oder seitlich über die Achseln verlaufenden, hochstehenden Volants und schmalen, durch Schärpen, Schleifen oder Gürtel betonten Taillen. Daneben kamen – beeinflusst durch die ‣Disco-Mode – Pailletten-Bustiers (‣Bustiers) mit angesetzten, fließenden Röcken oder ganze *Pailletten-K.er* auf.

In den 1980er Jahren folgte die Kleidmode dem ‣Oversize, die Taille blieb unbetont, die Saumlänge knieumspielend. Speziell das Mantel-K. entsprach diesem Stil. Figurbetont waren nur Abend-K.er meist mit Korsagenoberteil oder üppiger Gold- und Strassstickerei. Bei ‣Cocktail-K.ern dominierten Ballon- und Tütüröcke.[188] Um 1993 setzten sich neben kniekurzen K.ern solche mit wadenlangem, hochgeschlitztem Rock durch. Bei Sommer- und Cocktail-K.ern wagte man BH-Oberteile. Einen starken Trend lösten Mitte des Jahrzehnts ‣*Shiftkleider* aus, die dem modernen Minimalismus entsprachen. Die ‣Designermode setzte ab 1996 auf den ‣Transparent-Look. Insgesamt werden Kombinationen und Hosen dem K. vorgezogen.

Kleiderordnungen waren Gesetze zur Beschränkung des Aufwands und zur Bestimmung der standesgemäßen Form der Kleidung, sie dienten der Aufrechterhaltung der gesellschaftlichen Hierarchien und merkantilen Interessen. Daneben gab es zeitlich begrenzte Beschneidungen eines angestammten Ehrenrechts als Strafmaßnahme, die durchweg die Kleidungsprivilegien der Oberschicht betrafen. K. und vergleichbare Vorschriften wurden vom Altertum bis gegen Ende des 18. Jh.s von den Landesherren, von Reichstagen und selbständigen Stadtverwaltungen erlassen.

Schon im Altertum gab es Privilegien bezüglich der Art der Kleidung, des Beiwerks, der Haar- und Barttracht (‣Haarmode, ‣Bart (1)). Im Hellenismus (330–30 v. Chr.) kamen Klassengesetze unter anderem in der Art der zugelassenen Gewandstoffe zur Geltung. Für die Römische Republik bezeugen Kleidergesetze die strikte Regelung der sozialen Stufen: der ‣Clavus, ein Purpurstreifen, musste an der ‣Tunika der Senatoren breit, an der der Ritter schmal sein; seidene und purpurne ‣Stoffe blieben den Vornehmsten vorbehalten. Kaiser Diokletian erließ 301 n. Chr. den sog. Maximaltarif, in dem Höchstpreise u. a. für Kleidung angesetzt sind, die sich jedoch nicht durchsetzten. Prostituierten und Juden (‣Judentracht) war zu fast allen Zeiten die Kleidung oder kennzeichnendes Beiwerk genau vorgeschrieben. Karl d. Gr. erließ 808 das »Aufwandgesetz«, das vorschrieb, wie viel man für die Kleidung ausgeben, jedoch nicht, was man tragen durfte. So durfte die Oberschicht nicht mehr als 30 Solidi für einen Mantel aus Marder- oder Otterfell und 10 Solidi für einen aus Katzenfell bezahlen. Im 11. bis 13. Jh. gab es in Deutschland keine K., die standesmäßige Gewandordnung, z. B. bezüglich der engen Taille, der ‣Hängeärmel und der ‣Schleppe, scheint selbstverständlich gewesen zu sein. Hingegen wurden in Frankreich (1180 von Philipp II.) und in Italien (1274 von Papst Gregor X.) durch den frühen sozialen Aufstieg des Bürgertums Luxusgesetze erlassen, um den herrschenden Klassen sowie der Kirche Privilegien in der Kleidung zu sichern.

Im 14. Jh. gewannen die Städte, auch in Deutschland, immer größere wirtschaftliche Bedeutung, die ständische Kleidungshierarchie lockerte sich, das Bürgertum begann die Kleidung des Adels nachzuahmen. Auch drückten sich zunehmende Verweltlichung und Persönlichkeitsbewusstsein in körperbetonterer Kleidung aus, die besonders von der Kirche bekämpft wurde, mit wenig Erfolg: Selbst der Klerus musste 1337 von der Kölner Synode zum Ablegen zu enger Strumpfhosen (‣Strumpf), des ‣Mi-parti, der ‣Zatteln und ‣Trippen ermahnt werden. Speyerer und

Strassburger Ordnungen von 1356 verboten den Frauen lose herabfallendes, unverhülltes Haar und ‣Schap(p)el, die jungfräulichen Mädchen vorbehalten wurden. Der Zürcher Rat untersagte den Frauen, Brust und Schultern zu entblößen. In Strassburg wurde 1370 Unterkleidung, die den Busen hob, verboten.

Im 15. Jh. mussten die Modeübertreibungen, besonders unter dem Einfluss der Burgundischen Mode, reglementiert werden; so die Höhe des ‣Hennin (für Bürgerinnen ca. 60 cm, für Damen ca. 1 m), die Länge der Schnabelschuhe (‣Fußbekleidung) und besonders die der Schleppen. Auch strebte das aus der Kaufmannsschicht hervorgegangene Patriziat nach Modeprivilegien. In Nürnberg wurde das Ehrenrecht der Frau, den ‣Sturz zu tragen, bei Vergehen, z. B. bei Ehebruch, zeitlich begrenzt verboten. Ab dem ausgehenden 15. Jh. wurden die K. immer weniger befolgt und gerade deshalb häufiger.

Nicht mehr der Schnitt der Kleidung, sondern Stoffe und Ausstattung sollten nun die Standesunterschiede regeln. Im 16. Jh. verboten Spanien, Frankreich, Italien und England ihren Untertanen Gold- und Silberbrokate sowie Gold- und Silberstickerei. Im 16. Jh. waren in Deutschland die ‣Schaube und das ‣Barett Standestracht, die Bauern und einfachen Bürgern verboten blieben. Im Krieg der Bauern von Langensalza (1524/25) forderten diese vergeblich, die rote Schaube der Reichen tragen zu dürfen. 1530 verabschiedete der Augsburger Reichstag eine umfassende Neuregelung der Standestrachten, die allerdings 1548 erneuert werden musste. (Damit hinkte die bäuerliche Kleidung wieder der herrschenden Mode hinterher, stagnierte schließlich völlig oder entwickelte sich zu einer den bäuerlichen Lebensbedingungen angepassten »Volkstracht«.) Allein Landsknechte blieben durch eine Verfügung Kaiser Maximilians von den Vorschriften ausgenommen.

Im 17. Jh. häuften sich aus wirtschaftlichen Gründen die Luxusverbote in ganz Europa. 1623 wurden in Spanien ‣Spitzen verboten, 10 Jahre später auch in Frankreich, besonders solche flämischer Herkunft. Mazarin bestätigte die entsprechenden Erlasse Richelieus, er gestattete 1656 lediglich anstelle italienischer und spanischer Spitzen (die auch in anderen Ländern verboten waren, um die eigene Spitzenproduktion zu fördern) seidene Bänder als Aufputz. Die Folge war eine übertriebene Bändermode, besonders in der Herrenkleidung (‣Rheingrafenhose), so dass z. B. 1661 in Sachsen der Verbrauch von Bändern von 200 Ellen auf 15–20, je nach Stand, eingeschränkt werden musste. Insgesamt wurde in Deutschland seit etwa 1630 das französische ‣À la mode angeprangert.

Im 18. Jh. waren u. a. das Pudern der Haare und das Tragen eines Degens Vorrechte des Herrn der oberen Stände. Die fortschreitende Aufklärung (in Österreich hob Kaiserin Maria Theresia 1766 die K. auf) und endgültig die Aufhebung der Klassenunterschiede in der Französischen Revolution machten K. gegenstandslos. Spätere obrigkeitliche Verordnungen oder Einschränkungen hatten entweder wirtschaftliche Zwecke, z. B. die hohe Steuer auf die Einfuhr echter Kaschmirschals (‣Schal, 1. Hälfte 19. Jh.), oder sittliche Gründe, wie im 20. Jh. regionale Verbote zu freizügiger Badeanzüge. K. können für einzelne Veranstaltungen oder Örtlichkeiten (Abendclub, Restaurant) herausgegeben werden. Allerdings gibt es ungeschriebene Kleidungsvorschriften für bestimmte Berufsgruppen und Anlässe. Autoritäre Regimes reglementieren bis heute die Kleidung, auch durch K.

Kleines Schwarzes. 1926 lancierte Gabrielle ‣Chanel das »Kleine Schwarze«, ein durch seine schlichte Eleganz wirkendes schwarzes Gesellschaftskleid, das dem Anlass entsprechend mit Accessoires und Schmuck versehen wird. Als ‣Klassiker passt es sich dem Zeitgeschmack durch kleine Änderungen, wie der Saumlänge, an.

Klepper-Mantel, regendichter, gummibeschichteter Regenmantel mit geschweißten Nähten, weiten Raglanärmeln (‣Raglan), senkrecht eingeschnittenen Pattentaschen (‣Tasche (2)) und einreihigem Knopfverschluss. Der K. wurde 1919 von dem Deutschen Johann Klepper entworfen und zu einem geschützten, in ganz Europa bekannten Markenartikel.

Klettverschluss, aus zwei Teilen, dem Flausch- und dem Hakenband, die aneinander gedrückt werden, bestehender ‣Verschluss, meist bei Sport- und Freizeitkleidung und Schuhen. 1955 bis 1970 als Patent der US-Firma Velcro. ‣Verschluss.

Klompe, *der* (niederl. *klumpje*), pantoffelartiger Holzschuh, aus einem Stück geschnitzt, mit dicker Sohle, geformtem Fußbett und Vorderkappe, ohne Ferse. Im Winter mit dicken, mit einer Ledersohle versehenen Strümpfen getragen. Dieser Holzschuh ist schon in der späten Bronzezeit in Küstengegenden (Friesland, Finnland) verbreitet; die Ausbildung der Spitze ist regional unterschiedlich. In Frankreich wird er *Sabot* (*der,* möglicherweise von mlat. *Sabardia* ›Savoyen‹, wohl eher iberischen Ursprungs; span. *zapato,* mlat. *sabbatum* ›Schuh‹) für Sabotage genannt und war für die französischen Revolutionäre Anfang der 1790er Jahre charakteristisch.

Klubjacke ▸Blazer.

Knebelbart,[150c] kurzer, spitzer oder waagrechter, schmaler bis mäßig breiter Kinnbart (ohne Backenbart!), zusammen mit einem Oberlippenbart. Der K. war für die Spanische Mode charakteristisch, wurde während der ganzen 1. Hälfte des 17. Jh.s beibehalten und in Deutschland auch *Wallensteiner* genannt. Gustav Adolf II. von Schweden trug ihn in etwas längerer Fasson. In den 1860er Jahren nannte man ihn ▸*Henri-quatre-Bart,* Napoleon III. trug ihn mit gezwirbeltem Oberlippenbart. ▸Bart (1).

Knebelknopf, länglicher ▸Knopf aus Holz, Leder, Bambus oder Posamentierarbeit (▸Posament), mit einem schmalen Riemen oder einer Schnur am Gewand befestigt; meist in Verbindung mit einer Schlaufe anstelle eines Knopflochs als *Knebelverschluss*[278] bekannt. Der K. mag sich aus den ▸Brande(n)bourgs entwickelt haben und ist bis heute am ▸Dufflecoat und ▸Gaban (3) zu finden.

Knicker ▸Schirm (1).

Knickerbocker. 1. *Pl.,* mittelweite, fast wadenlange Herrenhose mit Kniebund und ungefähr handbreitem Überfall, ohne Bügelfalte und mit etwas nach hinten verlegten Seitennähten. Die Bezeichnung »K.« geht zurück auf den 1809 von Washington Irving (1783 bis 1859) unter dem Pseudonym Dietrich Knickerbocker geschriebenen Roman »Humorous History of New York« mit Jansen Knickerbocker als Hauptfigur, in dem die aus Holland stammenden ersten Siedler New Yorks in ihren charakteristischen ▸Schlumperhosen beschrieben werden. Als um 1895 ähnliche ▸Kniehosen zum Radfahren und Wandern populär wurden, wurden sie engl. *Knickerbockers* genannt. Urspr. waren sie nicht so extrem weit und ohne Überfall[323,229], so dass der Kniebund sichtbar war; sie wurden erst zum Golfspiel weiter und länger. Man trug dazu die ▸Norfolk-Jacke. In den 1920er Jahren kam in England eine bis zu 4 Inches (10, 16 cm) längere und weitere Version unter der Bezeichnung *Plusfours* (›plus vier‹) auf. Kurze Zeit wurden nun fast bis zu den Schuhen reichende K. als Skihose getragen (Kristianiahose, ▸Skikleidung). In den 1950er Jahren kamen die K. erneut als Wander-, später als Golfhose in Mode. **2.** *Der K.,* dicht gewebtes Halbwollgewebe (Baumwollkette und Streichgarnschuss) für Hosen (wahrscheinlich nach einer englischen Familie benannt).

Knieband, auch *Kniegürtel,* ▸Culotte, ▸Strumpf.

Kniebundhose ▸Kniehose.

Kniehose, unter den Knien abgebundene Männerhose, die sich um 1500 aus der Strumpfhose (▸Strumpf) entwickelte (neben einer kurzen, nur oberschenkellangen ▸Hose) und im Laufe der Kostümgeschichte verschiedene Formen und Bezeichnungen annahm: ▸*Bundhose* (1), ▸*Caddyhose,* ▸*Culotte,* ▸*Knickerbocker* (1), ▸*Pluderhose,* ▸*Pumphose,* ▸*Schlumperhose.*

Kniestrumpf, auch *Stutzen,* heutige Bezeichnung für einen wadenlangen Socken beider Geschlechter; im 18./19. Jh. auch *Wadenstrumpf* genannt. ▸Strumpf.

Knirps, Warenzeichen eines auf etwa 30 cm zusammenschiebbaren ▸Schirms (1), der 1926 von H. Haupt erfunden und patentiert wurde.

Knopf (mhd. *knouf* ›Knauf, Knopf‹ i. S. v. ›Schmuckknopf‹), ▸Verschluss, oft auch Zierde der Kleidung, bestehend aus K.-Loch oder Schlinge und dem eigentlichen K. Form, Größe, Farbe und Verzierung sowie das Material (Knochen, Holz, Horn, Metall, Glas, Edelstein, Schildpatt, Perlmutter, Posamenterie, Porzellan, Steinnuss und heute Kunststoff) lassen auf Alter und Herkunft eines K.es schließen.

Der K. ist zentralasiatischen, wahrscheinlich mongolischen Ursprungs und war bereits in Altertum, Antike und Bronzezeit bekannt. An der Kleidung der Phrygier waren kleine Leinwandknäuel mit Stiel angenäht, die durch Schnurschlingen geschoben wurden. Auch in der griechisch-antiken Kleidung gab es schon ab dem 6. Jh. v. Chr. K.e. (griech. *pyrénia,* von *pyrenion* ›Kern‹), z. B. um den ‣Chiton an den Schultern zusammenzuknöpfen. Der Wickelrock des Germanen wurde im Rücken mit einem Doppel-K. fixiert. Im byzantinischen Kulturkreis wurde der K. mit einer Öse geschlossen. In Europa allerdings hat man bis ins hohe Mittelalter meist ‣Fibeln, Spangen, ‣Nesteln, später Haken und Ösen verwendet. Allerdings verwendeten die Wikinger K.e., die sie in Kleinasien kennen gelernt hatten, meist aus Bronze, wahrscheinlich als Verschluss für die Halsöffnung, aber auch als Zierde.

Erst im 13. Jh. wurde der K. – angeblich durch die Kreuzfahrer aus dem Orient, wo sich der Kugel-K. in Gebrauch gehalten hatte – wieder nach Europa gebracht oder hier in Erinnerung gerufen. In dieser Zeit schlossen K.e den Halsschlitz und die vertikalen Schlitze am Unterarm der ‣Ärmel, ab etwa Mitte des 14. Jh.s den nun engen Rock des Mannes[283], die ‣Schecke, und nach 1380 das ‣Kleid vorn. Danach erhielten wieder Haken und Ösen sowie Bänder (‣ Band) den Vorrang in der Frauenkleidung bis ins 19. Jh.

In der Herrenkleidung setzte sich im 16. Jh. der K. am ‣Wams durch, ohne dass es auch nur andeutungsweise zu einer Regel in der Knöpfungsrichtung gekommen wäre. Oft waren an beiden Kanten des Wamses K.e. und K.-Löcher angebracht, so dass der K. je nach Belieben durchgesteckt werden konnte. In der 1. Hälfte des 17. Jh.s sah man im K. ein Zierobjekt. Ein französischer Graf soll K.e mit dem Porträt seiner Geliebten, ein anderer kleine Uhren als Rock-K.e verwendet haben. Auch finden sich K.e schockweise (d. h. zu 60 Stück) an den Außennähten der etwa wadenlangen Herrenhosen. Viel verwendet hat man den ‣*Bouton à queue,* der ab Ende des 17. Jh.s auch ‣*Brande(n)bourgs* hieß. Sehr kostbare K.e fertigte man zum Durchstecken, sie waren somit auswechselbar. *Durchsteck-K.e* wurden durch zwei K.-Löcher geschoben und mittels eines querzustellenden Dornes gehalten. Um 1785 übernahm die Frau bei ‣Caraco und ‣Redingote (2) die großen K. und die Knöpfweisen des Mannes.

In der 2. Hälfte des 19. Jh.s wurde in der Herrenmode endgültig die Links-auf-rechts-Knöpfung (K. rechts, K.-Loch links) zur ungeschriebenen Regel in der Herrenschneiderei. Die Dame bevorzugte im 19. Jh. die Schließung des Kleides im Rücken durch Haken und Ösen oder durch K.e. Die ‣Schoßjacke allerdings schloss sie ab etwa 1868/69 im Gegensatz zum Mann von rechts auf links, später den in Herrenfasson gearbeiteten Mantel ebenso.

Sonderformen: ‣*Doppel-K.,* ‣*Druck-K.* (ab 1885), ‣*Knebel-K.,* ‣*Manschetten-K.*

Köperbindung ‣Stoff.

Kohlkopffrisur ‣Hurluberlu.

Kokarde, *die* (frz. *cocarde,* von *coq* ›Hahn‹), Rosette als Hutschmuck oder Abzeichen an militärischen Kopfbedeckungen. Die K. war urspr. (vielleicht schon zur Zeit der Inkas) ein rundes Federbouquet in den Stammes- oder Wappenfarben des Besitzers. In der 1. Hälfte des 17. Jh.s wurden die Federn durch Bandschluppen oder Schleifen[78] ersetzt. Anfang des 18. Jh.s kam die K., bevorzugt in Rot, als Zierde für die vordere Spitze des ‣Dreispitzes in Mode. Stutzer zackten die Bandrosette zusätzlich aus, so dass sie dem Kamm eines Hahnes glich und die damit geschmückten Kopfbedeckungen (auch der Uniform) volkstümlich *Bonnet à la cocarde* (‣Bonnet) genannt wurden. In der Französischen Revolution wurde die K. zur blau-weiß-roten *Cocarde nationale* [319,415], einem politischen Gesinnungszeichen an den Kopfbedeckungen beider Geschlechter, von anderen Ländern in den jeweiligen Landesfarben übernommen und nun auch aus Stoff oder Metall gefertigt. Anfang des 19. und im 20. Jh. war die K. Damenhutschmuck.

Kolbe,[156] *die,* männliche Haartracht, bei der das Haar vom Wirbel aus ringsum herabgekämmt und geradlinig, Ohren und Nacken freilassend oder gerade bedeckend, geschnitten wurde. Etwa 1520–60[266a] in ganz Europa getragen. ‣Haarmode.

Koller, *das,* ehem. *Goller, der* (von lat. *collum* ›Hals‹, *collarium* ›Halsrüstung‹; frz. *collier,* heute ›Halsband‹, *collet* ›Kragen‹). **1.** Im Mittelalter hießen eine Halsbekleidung an der Rüstung sowie der Brust- und Rückenharnisch *Collier* bzw. *Gollier.* Im 14. Jh. wurde der Kragen der ‣Gugel *Goller* genannt. Ende 15. / 1. Hälfte 17. Jh. gehörte ein Leder-K. als runder Kragen aus Elch- oder Büffelleder zur Soldatenkleidung. In der 1. Hälfte des 16. Jh.s entwickelte er sich zu einem ärmellosen ‣Wams aus Leder mit wulstigen Schulterringen (‣Achselstücke), einem Schoß und zumeist einem Schnürverschluss. Nach 1630 wurden an das Lederwams[348] auch Ärmel angebracht. Die modischen ‣Schlitze sind dafür nicht belegt. Dieses »Überwams« wurde auch von Zivilisten, dann meist aus Tuch, zu einer stutzerhaften Kleidung getragen. **2.** Ende 15. / Anfang 16. Jh. verhüllte die Bürgerin das ‣Dekolleté mit einem separaten, breiten Schulterkragen, dem *Goller* (‣Dekolletékragen). Er hatte einen kleinen, hochstehenden Halskragen und wurde vorn zugehakt, zugeknöpft oder mit einer Samtschleife geschlossen. Der Goller war aus Wollstoff, Samt, Atlas, Damast, für adelige Damen aus Goldbrokat[40,42] und mit Pelz und Schmucksteinen besetzt. Erhalten hat er sich bis um 1630 allgemein bei Bürgersfrauen und als Teintschutz im Freien bei adeligen Damen, bis heute in bestimmten Volkstrachten. Im 2. Viertel des 16. Jh.s wurde der Goller größer, unter den Armen zusammengenäht und so zu einem ärmellosen Jäckchen, das bis etwa Mitte des 17. Jh.s verbreitet war. **3.** Rückwärtige Schulterpasse der ‣Schaube (um 1465–1550), für die sich die Bezeichnung bis heute hielt. ‣Sattel. **4.** In manchen Dialekten sowie in der Trachtenkleidung findet man die Bezeichnung »K.« auch für eine Männerjacke, einen Hemdkragen und um 1700, z.T. bis heute, auch für eine ‣Halskrause.

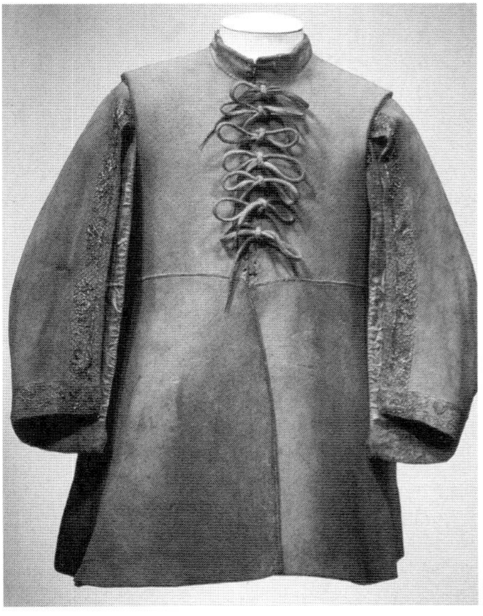

Abb. 348. Lederkoller mit Schoß im Csákora-Schnitt und vorne offenen Ärmeln, mit Silberspitze besetzt. Deutschland, um 1630/40. Bayerisches Nationalmuseum, München.

Kolpos, *der* (griech.), Überschlag bzw. Faltenbausch, der sich beim ‣Chiton durch Hochraffen des Stoffes über den Gürtel ergab. Erst ab dem 5. Jh. v.Chr. in Mode.

Kombination. 1. Einteiliger Schutzanzug (‣Overall) besonders der Flieger. **2.** ‣Combinaison. **3.** ‣Kombinierter Herrenanzug.

Kombinierter Herrenanzug, auch *Kombination,* ‣Sakko und ‣Hose aus verschiedenen, jedoch aufeinander abgestimmten Stoffen. Der k. H. kam um 1905 als Strand- und Tennisanzug auf, meist mit blauem Sakko und weißem Beinkleid. In den 1920er Jahren verbreitete sich der k. H. auch als Tagesanzug und als ‣Stresemann. In den 1930er Jahren wurden dafür in sich gemusterte ‣Stoffe (19. Jh.) beliebt, wie Shetland, Homespun oder Tweed. Um 1950 kam für den k.H. die Bezeichnung *Campus-Anzug* (von der legeren Mode in amerikanischen Universitätszentren, *campus*) auf, 1956 die Bezeichnung ‣*Separates* und um 1970 der Name ‣*Coordinates*[97] (2).

Konfektion (frz.-lat., ›Anfertigung‹), Bezeichnung für die serienmäßige (industrielle) Herstellung von Bekleidung sowie für die Bekleidungsindustrie und deren Erzeugnisse. *Luxus-K.* (‣Prêt-à-porter) ist hochwertige, modische Fertigware, die in beschränkten Lizenzen und nur in geringer Auflage angeboten wird. Bei der *Maß-K.* wird die endgültige Passform des Kleidungsstückes erst am Kunden vorgenommen.

Bereits seit dem 14. Jh. entwickelte sich neben dem Schneiderhandwerk ein illegaler Handel mit Fertigkleidung, dem in der Herstellung das Verlagssystem, wie es im 19. Jh. bis zum 2. Weltkrieg üblich war, zugrunde lag. Trödlern war der Handel nur mit alten Kleidern erlaubt, doch umgingen sie dies oft, indem sie neue Kleider einige Tage trugen und dann verkauften. Im 17. Jh. wurde dem Verlagssystem gewisse rechtliche Anerkennung zuteil. Von großem Erfahrungswert für die Herstellungstechniken – nicht für die Organisation – wurde die Erzeugung militärischer Uniformen. (1670 ordnete Ludwig XIV. erstmals in Farbe, Material, Schnitt und Zubehör einheitliche Paradeuniformen an. 1718–25 setzte sich eine exakte Uniformierung des preußischen Heeres durch, die in der Art der heutigen Maß-K. vorgenommen wurde.) 1716 gab es bereits in Paris und London Geschäfte mit Fertigkleidung.

Grundvoraussetzung für die K. war jedoch die Abschaffung der ‣Kleiderordnungen und Zunftgesetze gegen Ende des 18. Jh.s. Hinzu kam die laufende Verbesserung von Spinn- und Webmaschinen, wodurch die industrielle Herstellung von ‣Stoffen gewährleistet wurde. Außerdem wirkten sich die um 1800 modischen, sehr einfach geschnittenen ‣Chemisen (2) konfektionsfördernd aus. Es entstanden Manufakturen, die solche Kleider und Wäsche auf Vorrat herstellten. Ab 1791 konnte man von Pariser Kaufhäusern mit Versandabteilung »Quénin jeune« (Damen) und »Mme Teillard« (Herren) per Katalog fertige Kleidung bestellen. In Hamburg boten ab 1799 Korn & Hostrup fertige Herrenkleidung an. Äußere Entwicklungen wie beginnende Verbürgerlichung, Stadtkonzentration und Bevölkerungszuwachs begünstigten die serienmäßige Herstellung von Kleidung. 1824 gründete Pierre Parissot das erste große Konfektionsgeschäft »La Belle Jardinière« in Paris. 1837 eröffneten die Brüder David und Valentin Manheimer, 1839 Rudolph Hertzog ihre Kaufhäuser in Berlin. Die Brüder Manheimer begannen mit Herrenmänteln und Herrenschlafröcken, hinzu kamen um 1850 Umhänge, um 1880 Damen- und Kindermäntel. 1836 gründete Herrmann Gerson sein Geschäft, 1848 sein weltweit angesehenes Warenhaus mit eigener Modellabteilung in Berlin. 1861 wurden in London »Harrods« und 1884 »Marks and Spencer« eröffnet.

Die Näharbeiten wurden bis ins 20. Jh. an Heimarbeiterinnen ausgegeben. Eine Beschleunigung ihrer Arbeit wurde ab Mitte des 19. Jh.s durch die wesentlich verbesserte und durch Isaac Singer in Massenproduktion hergestellte Nähmaschine erreicht. Eine Erleichterung waren auch die 1863 von Ebenezer Butterick erfundenen Papierschnitte, die für jede Größe eingerichtet, käuflich erwerbbar waren und bald Modejournalen beilagen. Nach 1860 gab es als Konfektionsware ‣Taillen (2), Untertaillen, ‣Mantillen, ‣Kinderkleidung, Unterkleidung u. Ä. Schon in dieser Zeit orientierte man sich an der Pariser ‣Haute Couture, z. B. reisten deutsche Konfektionäre regelmäßig nach Paris zum Modelleinkauf. Berlin wurde zu einem großen europäischen Konfektionszentrum (Sitz am Hausvogteiplatz), das auch die USA belieferte. (Dort wurden in den 1860er Jahren ‣Jeans zu einer der ersten Konfektionswaren.) Insgesamt lagen Mäntel an erster Stelle der Produktion.

In den 1880er Jahren wurde von den Engländern die Arbeitsteilung in der K. entwickelt und eingeführt. D. h., jede Näherin besorgte nur noch einen bestimmten Gewandteil, während sie bisher das ganze Kleidungsstück geliefert hatte. Vorbild für diese Organisationsform waren die Gefängnisschneidereien. Große Bedeutung erlangte ab etwa 1900 die Wirk- und Strickwarenerzeugung, in Deutschland namentlich die Firmen Schiesser und Bleyle. Weitere Rationalisierungen bzw. Beschleunigung der Bekleidungsproduktion wurden um 1900 durch die Normierung der Kleidung und durch den Elektromotor in Nähmaschinen erzielt. Damit wurde Heimarbeit vielfach von Fabrikarbeit abgelöst. Die verbesserte industrielle Fertigung verbilligte die Kleidung und ermöglichte bzw. verlangte einen rascheren Modewechsel. Dennoch galt die Wirtschaftlichkeit der Fabrikbetriebe als unsicher.

In der 1. Hälfte des 20. Jh.s arbeiteten für die K. Werkstatt- und Heimarbeiter (bei Kleinbetrieben bis heute) sowie Zwischenmeister und Reisende (Vertreter). Das sog. Verlagssystem regelte die Verteilung der Herstellung durch den Zwischenmeister und die Heimarbeiter. Zwischenmeister sind Schneidermeister, die Aufträge, Stoffe und Zutaten von Konfektionsbetrieben entgegennehmen, in eigenen Räumen selbst zuschneiden, die Qualität der Arbeit bestimmen und das Nähen auf eigene Rechnung an Heimarbeiterinnen ausgeben. Dadurch konnten Produktionsrisiken und Preisniveau vermindert werden. (Anders als bis Anfang des 19. Jh.s wurden nun die Produktionsrisiken vom Unternehmer und nicht mehr vom Schneider getragen, der zum Arbeitnehmer geworden war.) In Deutschland ist heute das Verlagssystem weitgehend unrentabel geworden, während es in anderen Ländern, wie Frankreich und Italien, weiterhin praktiziert wird.

So groß auch der Wirtschaftsfaktor der K. z. B. in Deutschland war, so setzte sie sich doch bis etwa 1933 nur aus Klein- und Mittelbetrieben zusammen. (Die deutsche K. erlitt in den 1930er Jahren durch die »Arisierung« schwere Einbußen, von denen sich die Berliner K. nicht mehr erholte.) Erst nach dem 2. Weltkrieg entstand die Bekleidungsgroßindustrie, nun auch in der Damenkleidung. Heute beruht die Rentabilität der serienmäßigen Produktion auf der Arbeitsteilung und der Nutzung von Hochleistungsmaschinen und Automaten für Zuschneiden und Nähen. Die Planung der Modelle und die Bestellung der Stoffe (der Stoffdessinateur muss als Erster seine Entwürfe vollendet haben) setzen etwa ein Jahr vor dem Verkauf an den Endverbraucher ein; ein halbes Jahr vor jeder Saison werden die Modelle vom Handel u. a. auf Modemessen geordert. Der Produktionsprozess beginnt mit der Musterung, dem Entwurf der Konfektionsmodelle und der Zusammenstellung der Musterkollektionen für die Vertreter. Danach setzt die Produktion, oft in Billiglohnländern, der Stapel- und Lieferware ein. Letztere wird kurzfristig hergestellt, um die neuesten Modetrends aufgreifen zu können – der Erfolg der K. hängt davon ab. Die stärksten modischen Anregungen bezieht die K. seit den 1960er Jahren, mit Beginn des intensiven Einflusses der Jugend auf die Mode, vom Prêt-à-porter und von der sog. ‣Boutique-Mode; in den 1950er Jahren noch von der Haute Couture. Im Übrigen besteht seither eine starke gegenseitige Beeinflussung der drei Modebranchen.

Konservierung ‣Restaurierung.

Konstruktivismus. In der Mode liegt der Ausgang des K. bei den russischen Konstruktivisten (um 1913 bis in die 1920er Jahre)[211] und deren Anspruch auf konfektionsmäßig herstellbare, funktionelle Kleidung, die nicht als »beliebiges Objekt, sondern als Lebensraum, der nach einheitlichen, rationalen Stilprinzipien zu formen ist«, gesehen wurde. Konsequentestes Beispiel war Alexandr Rodschenkos Overallanzug (1922) aus Wollstoff, dessen Säume, Kanten und aufgesetzte Taschen mit Leder eingefasst waren. Als Stoffmuster ließen die russ. Konstruktivisten nur einfachste, geometrische Formelemente und klare Farbflächen in dramatischem Kontrast zu großen Uniflächen gelten. Als gegenständliche Motive kamen höchstens Maschinenteile, Räder und Hebel, Hammer und Sichel in Frage. Als Sonderform des K. ist der ‣Suprematismus zu sehen. Nadezhda Lamanova setzte auf streng grafische Schnitte, dekorative Passen und asymmetrische Knopfleisten bei ihren Kleidern, denen sie durch folkloristische Stickereien einen femininen Anstrich gab. Die Malerin Alexandra Exter kreierte Sport- und Berufskleidung mit streng geometrischen Akzenten. Varvara Stepanowa und Ljubov Popova schufen Entwürfe von großer Vielfalt[211] (‣Farben und Muster, 1920er Jahre).

Der K. spielt mit dem Bekenntnis zur modernen Technik und/oder mit der Beschränkung auf geometrische Formen der ‣Moderne z. T. auch im Modedesign von A. ‣Courrèges[291] sowie von I. ‣Miyake eine Rolle als Gestaltungsrichtlinie.

Kontusch, *der* (griech. *kandus,* eine Verbindung zu ‣Kandys liegt nahe; mlat. *contus, contas;* poln. *kontusz;* ungar. *köntös;* bulg. *kuntos;* serbokroat. *kuntoz;* türk. *kontos*), in der Neuzeit Mantel mit langen ‣Hängeärmeln oder anliegenden Ärmeln, in die jedoch nicht hineingeschlüpft wurde, d. h., der Mantel wurde nur über die Schultern gelegt. Der K. hatte angesetzte Seitenteile bzw. Vorderkanten, wie u. a. die arabische ‣Djubbeh. Er war bei den Türken Repräsentationsgewand und gelangte, als Geschenk des türkischen Sultans an den polnischen König Jan Sobieski (1674–96), in die Mode des polnischen Adels und vornehmen Bürgers.[330] Ungeklärt ist, ob der polnische K. im Rücken sehr weit oder mit Rückenfalten versehen war. Vorbild für das weibliche ‣Negligé, die ‣Kontusch(e), wie angenommen wurde, dürfte der K. nicht gewesen sein, doch liegt eine etymologische Verbindung nahe.

Kontusch(e),[349] *die* (‣Kontusch), französisiert *Contouche* (in Frankreich jedoch unter dieser Bezeichnung nicht bekannt), auch *Schlender* genannt, im deutschsprachigen Raum verbreitetes Oberkleid der Frau, das in der 1. Hälfte des 18. Jh.s als ‣Negligé[70] diente und eine Mittelform zwischen einer verkürzten ‣Adrienne und einem ‣Casaquin aufwies. Unter der K. wurden ‣Korsett oder ‣Gourgandine und ‣Jupe (2) getragen.

Kopfbedeckung. Die K. hat schützende, zierende und auszeichnende Funktion und vielfältige symbolische Bedeutung, die von Kulturkreis und Epoche abhängig ist. K.en sind in Form und Material sehr unterschiedlich.

Im ägyptischen Altertum (2780–715 v. Chr.) waren K.en meist Herrschern, Priestern und Göttern vorbehalten. Abgesehen von den Kronen, wie der zylindrischen, weißen Königskrone Oberägyptens und der roten, kegelstumpfartigen Krone Unterägyptens (beide wurden um 2800 v. Chr. durch König Menes in der Doppelkrone vereint), gab es verschiedene Kopftücher, u.a.: das waagrecht gestreifte einfache und das königliche Kopftuch *(Nemes)*[350], mit den auf die Brust fallenden Lappen, dem Nackenzopf, dem Stirnreif und dem Uräus, das Haarbeutelkopftuch mit zwei bunten Nackenbändern und die ‣*Geierhaube*[9] der Göttinnen und Königinnen. Auch kannte man eine vollkommen anliegende, kappenartige K.

In der Frühdynastischen Zeit (3200/2900 bis 2150/2020 v.Chr.) Mesopotamiens trugen Vornehme die den Kopf umschließende sog. *Breitrandkappe* (mit breitem, wulstigem Rand) aus Krimmerfell (‣Pelz). In Assyrischer Zeit (2150/2030–612 v.Chr.) wurde die ‣*Kappe* (2) als Zeichen der Göttlichkeit (von Priestern) mit einem stilisierten Horn geschmückt, später entstand daraus die vierfache Hörnerkrone der Götter; Könige trugen – auch bei den Medern, Persern und Armeniern – die steife ‣*Tiara* (1), die in sehr hoher Form *Kidaris* genannt und in einfacherer Form auch vom persischen und chaldäischen Volk getragen wurde, während die Gefolgsleute des persischen Herrschers eine einfache ‣*Mitra* trugen. Bei den Persern und ihren Oststämmen (u.a. Parther, Skythen) war den Königen eine zylindrische Tiara, den Noblen eine hohe, kegelförmige Mütze aus Leder mit Kinnband zu Eigen. Eine Art ‣*Baschlik* gab Schutz gegen den Steppenwind sowie gewickelte Tücher (‣*Turban*), die auch Kinn, Nacken und Schultern verhüllten. Als Abarten der Tiara werden die ‣*Phrygische Mütze*[3, 5, 7] der Phrygier und Lydier eingestuft sowie die weiche, kegelförmige Filzmütze der Phönizier, die bei den Hebräern aus weißem Zeug wie ein Turban in standesmäßig unterschiedlichen Formen gewickelt war. Für Frauen gab es reichgeschmückte ‣*Diademe,* auch *Mitren* genannt. In der Kretisch-minoischen Tracht (1720–1200 v.Chr.) waren K.en selten. Man findet verschieden gewickelte Turbanarten, die in der Zeremonien- und Festtracht mit

Abb. 349. Kontusch aus Seidenbrokat mit separatem, besticktem Stecker, 1742. Gallery of English Costume, Platt Hall, Manchester.

Abb. 350. Kopf des Tut-anch-amun mit dem Königskopftuch »Nemes«. Vom Eingeweidesarg des Tut-anch-amun aus Theben. Um 1335 v. Chr. Ägyptisches Museum, Kairo.

Emblemen und ▸Federn reich geschmückt waren, sowie Perlnetze und Schmuckreifen und, besonders auf Zypern, anliegende ▸Mützen sowie den ▸*Polos.*

In der griechischen Antike dienten K.en meist nur als Sonnenschutz. Reisende, Jäger und Soldaten hatten die ▸*Kausia* aus Makedonien und den ▸*Petasos,* der auch K. der Epheben war. Niederen Ständen waren ▸*Kynae* (1) und ▸*Pilos* vorbehalten. Frauen trugen die ▸*Tholia*[13] und den *Polos,* sie schmückten ihr Haar mit Bändern, wie es auch Jünglinge taten, mit ▸Haarnetzen und diademartigen Reifen. Zum ▸Peplos war ein leinenes, schleierartiges Hinterhaupttuch üblich. Als Kälteschutz wurde das ▸*Himation* über den Kopf drapiert. Brautschleier war das ▸*Flammeum.*

Etrusker trugen den hohen, kegelförmigen ▸*Tutulus* (2) und den *Pilos* in verschiedenen Formen. Die Römer scheinen in alter Zeit, 8.–3. Jh. v. Chr., eine Filzkappe getragen zu haben, während sie danach barhäuptig gingen. Jedoch übernahmen sie die *Kausia,* den *Petasos* und den *Pilos* (lat. *Pilleus*), der ihnen als Zeichen der Freiheit galt. Kaiser, Feldherren und Priester(innen) waren durch besonderen Haarschmuck, die ▸*Infula* (2), ausgezeichnet. Als Wetterschutz wurde die ▸*Toga* über den Kopf gelegt. Später kamen Kapuzenmäntel, wie der keltische ▸*Bardocucullus,* ▸*Caracalla,* der gallische ▸*Cucullus* (von den Römern *Sagum cucullatum,* ▸Sagum, genannt), und die ▸*Paenula* hinzu. Frauen schmückten ihr Haar mit einer den Kopf eng umschließenden netzartigen Kappe aus Gold- und Silberfäden, der *Reticula,* sowie mit sehr dünnen, auf die Schultern herabfallenden Schleiern und Tüchern[16] (▸*Rica, Flammeum* als Brautschleier). Auch bedeckten das ▸*Ricinium* und die ▸*Palla* den Kopf. Im Hause und zum Schlafen wurden Tücher

Abb. 351. a) Kynae. b) Pilos. c) Petasos. d) Kausia. e–f) Dem Tutulus ähnlicher etruskischer Pilos. g) Kausia. h) Pilos. Alle nach Weiss.

Abb. 352. Männermütze der Bronzezeit aus einem Baumsarg von Trindhøj (Dänemark). Original: Nationalmuseum, Kopenhagen.

und eine Art Haube getragen. Bei den Christen hieß der Kopfschleier *Velum* (lat.). Nicht selten war der Schleier mit Fransen (lat. *fimbriae*) ausgestattet.

Bei Goten und Daciern war, laut römischer Schilderung, der Pilleus Standeszeichen, während die Gemeinfreien das lange Haar unbedeckt ließen. Germanen trugen in der Bronzezeit eine halbkugelige oder kegelförmige Mütze aus drei Lagen groben Schafwollgewebes, das durch sorgfältiges Vernähen und Walken filzartig verbunden wurde. Eine sehr feste Mütze war wahrscheinlich auch für den Kampf gedacht. Frauen hielten das Nackenhaar in einem geflochtenen ‣Haarnetz aus Schafwolle zusammen. Ein Kapuzenmantel hieß bei den Galliern *Cucullus*[192], bei den Kelten *Bardocucullus*. In nordischen Ländern gab es Pelzmützen.

In der byzantinischen Kaiserzeit (4.–13. Jh. n. Chr.) waren dem Herrscherpaar verschiedene Arten von ‣Diademen *(Stephanos)* und Kronen (‣*Kamelaukion*) vorbehalten. Vornehme Frauen trugen als K. einen großen Wulstring, ähnlich dem im 15./16. Jh. getragenen. Außerdem benutzten sie Haarnetze, Schleier, Stirnbinden und kugelförmige K.en mit wulstigem Rand. Der einfache Mann hatte eine Mütze.

Im frühen Mittelalter gab es nur für den einfachen Mann als Wetterschutz den Kapuzenmantel (‣Cucullus, ‣Kappe (2)). Wikinger beiderlei Geschlechts hatten prachtvolle, mit Bändern und Gold- und Silberbesätzen verzierte K.en; u. a. tief in die Stirn gezogene Mützen, auch eine Art Phrygische Mütze (Zipfelmütze), die sie im Orient kennen lernten. Aber auch bei Angelsachsen und Franken finden sich umgebogene Spitzhüte. Erst ab dem 11./12. Jh. setzte sich allgemein eine K. durch, so eine halbkugelförmige, später ‣*Kalotte* genannte Mütze und eine enganliegende Bundhaube[250] aus Leder oder Leinen, frz. ‣*Coiffe* genannt, für den einfachen Mann einzige K., vom vornehmen Mann stets unter anderen K.en (Reisehut, Mütze, Krone) bis ins 14. Jh. getragen. Im 11. Jh. kam durch die stärkere Beziehung zum Nahen Orient eine Art Phrygische Mütze in Mode, die sich bei Reisenden und Bauern bis ins 13. Jh. hielt, ein Spitzhut aus Stroh diente als Sonnenschutz. Ab dem 12. Jh. hat man einen Hut mit hohem, spitzem bis kegelstumpfartigem Kopf besonders als Jagdhut geschätzt; im 13. Jh. sehr beliebt wurde er mit einer zum Abfließen des Wassers seitlich und hinten stark aufgebogenen ‣Krempe, die vorn weit über die Stirn hinausragte, und mit einem Fuchsschwanz oder Pfauenspiegel (daher *Pfauenhut* genannt, ‣Feder). Die Hüte wurden mit zwei Schnüren unter dem Kinn festgehalten oder hingen im Nacken herab. Ende des 12. Jh.s entwickelte sich aus der halbkugeligen Kappe eine barettartige, leicht gebauschte Mütze, häufig mit einem Knopf in der Mitte und mit Kreuzbügeln, eine Vorform des späteren Fürstenhutes, die in der 2. Hälfte des 13. Jh.s einen Pelzrand erhielt. Daneben gab es Pfauenhüte und breitkrempige Sonnenhüte mit Kinnband, in Spanien ‣*Sombrero*[186] genannt. Junge Ritter und Jungfrauen im 13. bis 15. Jh. trugen das ‣Schap(p)el. Den Juden war eine bestimmte Hutform und -farbe vorgeschrieben, der sog. *Judenhut*[37] (‣Judentracht). Nachdem durch Konstantin d. Gr. im 4. Jh. das Christentum Staatsreligion geworden war, bedeckte die Frau zunehmend ihr Haar, zunächst durch den Mantel oder ein Tuch, bei heiligen Handlungen.

Im Mittelalter verhüllte die verheiratete Frau stets (die italienische ausgenommen), die Jungfrau nur beim Kirchgang das Haar, im frühen Mittelalter mit dem Mantel oder einem großen farbigen Tuch, später mit einem weißen, lose

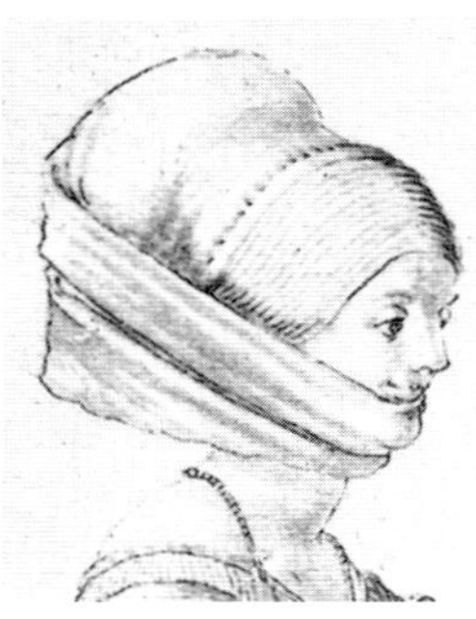

Abb. 353. Bund- oder Kugelhaube. Aus Albrecht Dürers »Nürnbergerin im Tanzkleid«. Zeichnung. 1510. Albertina, Wien.

herabfallenden Leinenschleier (afrz. *Cueuvre-chief*) und danach mit einem durch eine Agraffe (z. B. unter dem Kinn) zusammengehaltenen weißen Leinentuch (▸*Wimpel*[508], ▸*Stuche* (1)), das ab dem 12. Jh. eine steifere und ab dem frühen 13. Jh. eine fixierte Form erhielt, den Kopf ganz umhüllte und Ursprung zahlreicher, regional unterschiedlich bezeichneter Hauben- und Schleierformen des Hoch- und Spätmittelalters wurde (▸*Bonnet*, ▸*Gebende*[32, 252], ▸*Barbe* (1), ▸*Rise*, ▸*Hulle*, ▸*Kruseler*[35, 336], ▸*Sturz*). (Manche dieser verhüllenden K.en hielten sich in der Nonnentracht.) Gerade der weiblichen K., insbesondere Hauben und Kopftüchern, kam eine bedeutende ständisch-gesellschaftliche Zeichenfunktion zu (▸Kleiderordnungen), die sich zum Teil, besonders in ländlichen Gegenden, bis ins 20. Jh. hielt. Auf Reisen trug die Frau auch einen Kapuzenumhang oder über dem Schleier einen Hut mit Kinnband.

Im 14. und 15. Jh. kam es zu einer Fülle von einzelnen, an den Adelshöfen unterschiedlichen K.en; dabei ist u. a. häufig ein Einfluss durch den von den Kreuzfahrern nach Europa gebrachten Turban zu bemerken. Bei der K. des Mannes entwickelte sich im 14. Jh. aus dem Cucullus die in der Oberschicht modische ▸*Gugel*[257] (Kragenkapuze), deren Schwanz im Laufe des Jh.s länger sowie um Kopf oder Schultern gewunden, deren Rand gezattelt wurde. Mitte des 14. Jh.s verbreitete sich daneben – besonders in Italien und Frankreich – eine aus der Gugel entstandene turbanartige K., indem der Gugelkragen über die Ohren wulstartig hochgeschlagen wurde und der gezattelte Gugelrand bauschig links, der lange Gugelschwanz als ▸Sendelbinde (oft auch weggelassen) rechts bis über die Schultern herabfiel. Im 14. Jh. kam es auch bei der weiblichen K. zu großer Vielfalt und regionalen Unterschieden. Haartracht und K. bildeten eine heute formal und terminologisch oft nur schwer zu trennende Einheit. In Italien und Frankreich, wo man das Haar bereits freier sehen ließ, kam eine Art flacher Turban auf, den ein breiter Wulstring mit Gold- und Perlschnüren zierte, frz. ▸*Chaperon*, span. *Rodeo*, engl. *Roundlet* genannt (in neuerer Literatur fälschlich als »Escoffion« bezeichnet). Um 1370 nahm der Turban bzw. Wulstring eine hörnerartig gebogene Form an, wobei er, ebenso wie eine Netzhaube, auch über eine hörnerartige Frisur, die ▸Atours, gelegt werden konnte. Nach 1380 entwickelte er sich zu der ▸*Hörnerhaube*, frz./engl. *Escoffion* (▸Coiffe), in der kleineren italienischen Form ▸*Sella* genannt. (Daneben hielt sich die ▸Hörnerfrisur. Auch gab es mit Drahtgestell überzogene Schläfenwülste, engl. *Templers*, frz. *Truffeaux*, ›Schläfen‹, oder ▸*Cornet(t)e*, ›Hörnchen‹, genannt, eine Kombination von Haarmode und K.) Um 1380 kam der kegel- oder kegelstumpfförmige ▸*Hennin*[304] in Mode. In Deutschland war im 14. Jh. das Gebende schmäler geworden, während der nach Mitte des 14. Jh.s aufgekommene *Kruseler* wieder das Haar ganz verdeckte. Außerdem ist in dieser Zeit die ▸*Diademhaube* zu finden. Als Wetterschutz trug die Frau auch die Gugel, manchmal mit einer den Rand zierenden Leinenfältelung, sowie über Kopfschleier und Rise Jagd- und Reisehut des Mannes. Zur ▸Trauerkleidung vgl. den ▸*Sturz*.

Abb. 354. a) Jagdhut über Wimpel. Italien, 14. Jh. b) Filzhut. Frankreich, spätes 15. Jh. c) Kopfbedeckung der italienischen Renaissance. 15. Jh. Alle nach Wilcox.

Im 15. Jh. erhielten die Turbanformen des 14. Jh.s für den Mann, dt. ▸*Sendelbinde*, ital. ▸*Cappuccio*, frz. ▸*Chaperon*[38, 176, 44] (▸*Schap(p)(e)ron*) genannt, eine feste Form. Sie bestanden aus dem breiten Wulstring (dt. »Sendelring«, engl. »Roundlet«, ital. »Mazzocchio«), dem breiten, oft gezattelten Lappen (ital. »Foggia«) und der Sendelbinde (ital. »Becchetto«, engl. »Liripipe«). Diese Turbane waren aus Tuch, Seide oder Samt. Darunter wurde häufig die Ende des 14. Jh.s aus der Bundhaube entstandene, anliegende, ohrenbedeckende Backenkappe (ital. *Cappuccio a gota* ›Backenkapuze‹) aus Leinen oder Seide und ohne Bindebänder getragen, meist von älteren Männern, als Amtstracht von den Dogen Venedigs unter dem Corno. Außerdem gab es im Italien der 2. Hälfte des 15. Jh.s die sich nach oben verbreiternde, fesartige Herzogkappe und einen anliegenden, niedrigen ‣*Fes,* der angeblich zuerst unter dem Turban getragen wurde. Auch Mützen nahmen die Gestalt eines Sackes an. Im 1. Drittel des 15. Jh.s trugen beide Geschlechter den ‣*Balzo,* und während des ganzen 15. bis Anfang des 16. Jh.s legten sich Jünglinge und Mädchen einen Kranz aus Gold, Silber, Blumen oder Pfauenfedern um, der ital. *Ghirlanda,* dt. weiterhin *Schap(p)el* hieß. In Frankreich, zumal in der Bourgogne, und in England findet man eine hohe, spitzhutartige Mütze, oft mit Hermelinrand. Höflinge trugen oft zwei K.en, eine auf dem Kopf, die andre auf den Rücken hängend, um die in der Gegenwart des Souverän geforderte Barhäuptigkeit zu vermeiden. Im Sommer wurden breitkrempige Strohhüte, im Winter von Vornehmen Mützen mit breiter Pelzkrempe getragen. Für die Burgundische Herrenmode charakteristisch war der ‣*Biberhut*[156] mit großem, sich nach oben etwas erweiterndem zylindrischen Kopf und breiter Krempe. Ende des 15. Jh.s ging die ‣*Zipfelmütze* in die deutsche Haustracht ein.

Im 15. Jh. erfuhren Hörnerhaube und Hennin[304] der Frau eine Steigerung an Größe und Ausgefallenheit. Die Höhe des Hennin wurde in Kleiderordnungen reglementiert; Höhepunkt der Entwicklung war die *Schmetterlingshaube*[38, 320]. Der hörnerartige oder herzförmige Chaperon[39] erhielt, ähnlich dem des Mannes, seitlich herabhängende, ausgezattelte Lappen, seltener auch die Sendelbinde. Die K.en wurden meist auf einem starken, dichten und kostbar verzierten Haarnetz, Vorläufer der ‣Kalotte, mit Nadeln befestigt. Oft blieb die vordere Schlinge dieses Haarnetzes, aus Samt oder Goldfäden, auf der hohen, ausrasierten Stirn sichtbar. Jungfrauen trugen weiterhin das Schapel und andere kostbare Kränze. In Deutschland findet man im 1. Drittel des Jh.s noch den Kruseler, der nun auch in seitlichen Kurven abstand. Ende des 15. Jh.s kam erneut in Italien der Balzo auf, neben einem Stirnband, der ‣*Ferronière.* In Italien und Spanien bedeckte Ende des 15. / Anfang des 16. Jh.s auch ein Haarnetz oder eine runde Haube, die Coiffe, den Hinterkopf. Ebenso war ein mit kostbarem Stoff überzogener Wulstring[265], der mit Wolle oder Werg ausgestopft war, in Mode, der den Hinterkopf unbedeckt ließ (wie beim Mann ital. *Mazzocchio,* engl. *Roundlet,* span. *Rodeo* genannt). Zum Schutz vor der Sonne trug die Spanierin den ‣*Sombrero*[39, 55, 186]. In England entwickelte sich aus der hinten herabhängenden Samthaube bzw. der Gugel die heute so genannte ‣*Tudorhaube,* die für das frühe 16. Jh. charakteristisch wurde.

Bis um 1570 dominierte als K. des Mannes in ganz Europa das ‣*Barett*[41, 42], jedoch in regional und standesmäßig unterschiedlichen Formen und Details (u.a. gab es auch gestrickte Baretts). Gelehrte trugen das Barett mit Ohrenklappen oder mit einer Backenkappe darunter. Allgemein wurde das Barett auf der ‣*Kalotte* befestigt und mit Kleinodien und einer großen Straußenfeder aufgeputzt. Ältere Männer trugen bis 1530 auch ‣*Hauben,* Jünglinge einen Kranz aus Strohblumen oder Bändern schräg auf dem Haupt. In Italien benutzte auch der Mann gelegentlich den *Balzo*[147]. Hut und Gugel wurden zur Jagd, die Gugel aber auch als Teil der Trauerkleidung und mit dem Barett darüber getragen. Um 1570 wandelte sich das flache Barett zur ‣*Toque,* zunächst mit gefälteltem, haubenartigem Kopf und schmalem Rand.[47, 48] Etwa ein Jahrzehnt später entwickelte sich daraus der kleine zylinderartige Filzhut[150], *Spanischer Hut* oder *Spanische Toque* genannt, der mit Litzen, Agraffen, Kordeln und Straußenfedern verziert war und in Variationen in ganz Europa – auch von der Frau getragen wurde. Als *Albanischer Hut*[50] galt ein breitkrempiges, rundköpfiges Modell.

Die K.en der Frauen waren regional sehr unterschiedlich und kennzeichneten jeweils eine bestimmte Tracht. Die Frau trug in der 1. Hälfte des 16. Jh.s in Deutschland, besonders im Norden, darüber hinaus in kleinbürgerlichen Kreisen, verschiedene Haubenformen[44]: u.a. eine über ein Drahtgestell gespannte Leinenhaube, sowie seit Ende des 15. Jh.s die ‣*Kugelhaube*[42], zuweilen mit Kinnbinde, die im 2. Viertel des 16. Jh.s als wulstartiger Reif auf den Hinterkopf rückte und danach aus der Mode verschwand. Die reiche Patrizierin trug im Winter eine kuppelförmige Marderhaube. Mancherorts wurde die ‣*Heuke*[306], ein Mantel, über den Kopf gelegt. Zur ‣Brautkleidung gehörte vom 15. bis 17. Jh. die ‣*Flinderhaube.* Eine besondere K. kannte die ‣Trauerkleidung. In England waren bis um 1540 die Tudorhaube[43] und verschieden drapierte schwarze Tuchhauben Mode. In Italien blieb das Haar schon seit etwa 1500 offen und unbedeckt, es war mit Perlen und Bändern, der Ferronière oder der Netzhaube geschmückt (in Deutschland nur bei Jungfrauen) oder noch (im 1. Drittel des 16. Jh.s) unter dem Balzo versteckt. In Frankreich war es hochgesteckt und unbedeckt. Daneben trug in ganz Europa auch die Frau das *Barett* in verschiedenen Größen, meist auf der Kalotte[40,56] befestigt: 1570/80 die gefältelte *Toque,* nach 1580/1700 den *Spanischen Hut.* Besonders in Frankreich schmückte die Frau ab etwa 1560 ihr Haar mit dem ▸*Attif(f)et*[134], das in Deutschland *Stuarthaube* hieß. In England findet man nun häufig hochgestecktes Haar ohne K.

Im ganzen 17. Jh. dominierten bei den K.en des Herrn große, breitkrempige Hutformen, bis Mitte des 17. Jh.s bevorzugt aus Biberfilz (▸Biber (1)), für die weniger Begüterten aus Halbfilz (▸Demicastor). Um 1600/10 entwickelte sich aus dem Spanischen Hut, zuerst außerhalb Spaniens, der bürgerliche Rundhut mit hohem, kegelstumpfartigem Kopf und etwas breiterer, meist fallender Krempe, der sich im englischen Pilgrimshut erhielt. In Holland war der später so genannte ▸*Rubenshut*[60] in Mode. 1620 wurde zumeist der Hutkopf niedriger, die Krempe breiter und oft hinten aufgebogen. In Holland wurde die extrem breite Krempe auf drei Seiten aufgebogen. In Frankreich kam der *Respondent* um 1628 auf, der auch *Schwedenhut* und in England *Kavaliershut* genannte ▸*Schlapphut*[131]. An Adelshöfen mit spanischem Hofzeremoniell hielt sich noch die hohe, steife Hutform. In England gab es den *Pilgrims-* oder *Puritanerhut,* meist aus Biberfilz, mit sehr hohem, kegelstumpfartigem Kopf und breiter, fallender Krempe, der bald zur typischen amerikanischen K. wurde, ein Jh. später wieder nach Europa gelangte und – in Erinnerung an den amerikanischen Unabhängigkeitskrieg – Freiheitssymbol wurde. In Frankreich und Holland wurde Mitte des 17. Jh.s der Hut größer und steifer, mit herabfallender Straußenfeder. Um 1670 gab ihm eine große, leicht aufgebogene Krempe Schüsselform; seine Zier bestand aus Bandschluppen oder einer liegenden Straußenfeder (▸Plumage, ▸Plume à deux points) und einer Schmuckborte an dem nun sichtbaren unteren Krempenrand. Zur ▸Rheingrafenhose, um 1655–80, wurde ein Hut mit zylindrischem Kopf, breiter, weicher Krempe und üppigem Straußenfederschmuck[65] getragen. Ab 1680 wurde die Krempe des flachen Hutes verschieden stark aufgebogen und bildete um 1690 durch dreiseitiges Aufschlagen den ▸*Dreispitz,* der meist mit gespaltenen Straußenfedern am Rand garniert war. Im Haus trug der Herr anstelle der ▸Allongeperücke eine *Mütze* oder eine toqueartige ▸*Hauskappe,* im Garten eine dreispitzartige Mütze aus Brokat.

Im 17. Jh. nahmen Vielfalt und Häufigkeit der Frauen-K. ab zugunsten von Kopfputz (▸Haarmode). Um 1600 entwickelte sich aus der Stuarthaube, in Schwarz auch *Witwenhaube* genannt, die ▸*Schnebbe* (1), ferner bildeten sich die besonders zum holländischen ▸Regentinnen-Kostüm charakteristische ▸*Flügelhaube*[51, 222] sowie die reichere ▸*Diademhaube* aus dünnem, weißem, gestärktem Leinen heraus. Bis um 1610 trug die Frau auch noch den *Spanischen Hut* in größerer Form, daneben in Holland den *Rubenshut,* oft über einer Unterhaube. In den 1630er und 1640er Jahren waren der *Kavaliershut* und ein breitkrempiger Strohhut auch für Frauen hochmodisch. Frauen der unteren Stände trugen enganliegende Häubchen. Im Winter und als Regenschutz wurden die Heuke (▸Mantel) und das ▸Regentuch über den Kopf gelegt. Im Hochbarock trug die Dame neben der aktuellen Schnebbe Schleier und Tücher über dem Haar, wie auch bei der Hoffrisur der 1670er Jahre, der ▸Cornet(t)e. Etwa 1685–1713 wurde als Kopfputz die ▸Fontange[224] getragen, darüber als Wetterschutz die ▸*Taftkappe* oder ein Regentuch. Zum Reithabit trug die Frau den *Dreispitz.*

Im 18. Jh. dominierte bei der K. des Herrn der *Dreispitz* in verschiedenen Variationen[67, 68]; bis 1778/80 wurde er meist unter dem Arm, als ▸*Chapeau bras*[69], getragen, um die ▸Perücke nicht in Unordnung zu bringen. Durch einen sehr kleinen Dreispitz fielen in England in den 1960er und 1970er Jahren die ▸Macaronies auf. Besonders in Deutschland gab es im 3. Viertel des 18. Jh.s den *Dreispitz à l'* ▸*Androsmane.* In den letzten Jahren des Jh.s war der Dreispitz auch als ▸*Chapeau brisé* gearbeitet. Als Hauskappen dienten verschiedene Barett- und Toqueformen[276]. In den 1780er Jahren kam in Frankreich der ▸*Quäkerhut* mit flachem, rundem Kopf und geschwungener, breiter Krempe in Mode. Gleichzeitig trug in England der Landedelmann einen schwarzen *Filzhut* mit hohem, zylindrischem

Kopf und mehr oder weniger breiter Krempe. Dieser Hut hatte um die Mitte des 18. Jh.s noch als unelegant gegolten und höchstens als Reithut gedient. (Um ihm Halt zu geben, lag innen ein zusammenziehbares Band.) Diese Vorform des Zylinders wurde *Hoher Hut* oder *Kastorhut* (‣*Biberhut*) genannt und war als bürgerliche K. Gesinnungszeichen während der Französischen Revolution, wie die ‣*Phrygische* Mütze[78] (‣*Jakobinermütze*). 1797 kam der *Glanzzylinder* auf, der sich jedoch erst im 19. Jh. durchsetzte. Aus dem konservativen Dreispitz wurde der ‣*Zweispitz* (2). Abarten davon waren u.a. der ‣*Napoleonshut,* der ‣*Wellington-Hut* und der ‣*Incroyable*[319].

In der Frauen-K. des 18. Jh.s entwickelte sich nach 1710/13 aus der wesentlich kleiner gewordenen Fontange ein mit schmalen Spitzenrüschen verziertes, anliegendes, am Hinterkopf sitzendes Häubchen mit in den Nacken fallenden ‣Barben (2)[70], das für das Régence (1715–23) typisch war. Im Übrigen dominierte ‣Haarschmuck, besonders in Form von Kunstblumen. *Hauben* wurden zum ‣Negligé üblich. Nur beim Reiten und Jagen wurde ein kleiner *Dreispitz*[322] schief aufgesetzt. In der kleinbürgerlichen Frauenmode wurden im ganzen 18. Jh. anliegende, unter dem Kinn oft gebundene, weiße Leinenhäubchen getragen. Ab Mitte des Jh.s brachten die Schäferspiele flache Strohhüte, aus England kommend und in Frankreich *Bergère* (›Schäferin‹) genannt, in Mode. Die kostbarsten Strohhüte waren aus toskanischem Leghornstroh, das erst nach 1860 billigeres Chinastroh ersetzte. (Die Strohverarbeitung war Frauenheimarbeit.) In den 1770er Jahren waren in Frankreich der später so genannte *Watteau-Hut*[355b], der als flache Scheibe am Vorderkopf saß, um 1784 die ‣*Charlotte,* in den 1780er Jahren in England der breitkrempige, später so genannte ‣*Gainsborough-Hut* aus Samt oder Taft üblich. Über die hohe Rokoko-Frisur wurde als Wetterschutz die ‣*Pelisse* oder die ‣*Kalesche*[326] gelegt. Aus der Schlafhaube entwickelte sich nach 1775 die umfangreiche ‣*Dormeuse*[73], die bis Anfang des 19. Jh.s morgendliche Modehaube blieb. Daraus wurden die 1780–95 aktuellen großen ‣*Chapeau-bonnets.*[72] Daneben trugen 1785–95 auch Frauen zylinderartige *Biberhüte* mit ‣Kokarden und Schnallen, ausladende Sommerhüte mit Straußenfedern und Schleifen, ebenso eine Art Phrygische Mütze, Strohhüte mit langem, waagrechtem Schild, die bei den ‣Merveilleusen wie die heutigen Jockey-Kappen[355c] aussahen, sowie *Turbane,* die für den Abend eine stehende Straußenfeder oder eine ‣Aigrette als Schmuck erhielten. Alle diese K.en hatten kurzlebige Modenamen.

In der 1. Hälfte des 19. Jh.s dominierte beim Herrn der ‣*Zylinder*[513] in modisch variierten Formen als Tages- und Abend-K. neben diversen militärischen K.en. Anfang des Jh.s wurde noch der *Zweispitz* getragen. Im frühen Biedermeier war der Zylinder ein hoher Biberhut mit schmaler, leicht aufgebogener Krempe. Erst nach 1823 wurde der glatte Biber erfolgreich, als seine Herstellung perfektioniert worden war. Um 1820 erfand der Amerikaner J.R. Williams die erste Maschine zur Herstellung von Filzstumpen, der Vorform des ‣*Hutes.* Gleichzeitig wurde der Seidenzylinder immer beliebter, auch zur Tageskleidung. 1823 erschien der ‣*Chapeau claque.* Künstler trugen *Baretts,* z.B. die *Wagnerkappe* nach dem Vorbild Richard Wagners (1813–83). 1848 wurde der ‣*Kalabreser*[325] als Zeichen des Revolutionärs und Freigeistes populär, er hielt sich als Künstlerhut. Daneben gab es den sommerlichen *Strohhut à la matelote* (frz., ›auf Matrosenart‹). Der Zylinder verschwand auch in der 2. Hälfte des 19. Jh.s nicht aus der Tagesmode, wurde in Matt oder Hellgrau sogar noch zum Sakkoanzug getragen wie der schwarze *Glanzzylinder*[83, 434] zur Abendgarderobe. Daneben kamen jedoch andere Hutformen auf: 1850 der ‣*Bowler*[83], der als Kompromiss zwischen Zylinder und weichem Filzhut (Kalabreser) sehr willkommen war und mit der 1863 aufgekommenen *Melone* übereinstimmt; 1867 der ‣*Demokratenhut,* eine Abart des Kalabresers, mit flachem, eingedelltem Kopf; 1870 der graue ‣*Halbzylinder*[85] mit niederem Kopf; um 1880 als sommerliche Strohhüte der steife, runde ‣*Canotier*[84] und der ‣*Panamahut,* die zum Sakkoanzug (‣Sakko), ‣Cutaway (2), ‣Gehrock und auch ‣Frack getragen wurden. Als Haus- und Negligékappe trug der Herr im 19. Jh. eine flache, fesartige sog. *Türkische Kappe*[277] aus Samt, bunt bestickt und mit seitlicher Quaste.

Die K. der Frau im 19. Jh. war bis um 1880 im Allgemeinen die ‣*Capote* (2), deren modische Form häufig wechselte (u.a. 1806–14 zur ‣*Schute*[169], 1814 zum *Pamelahut,* 1840 zum *Zughut*). Daneben gab es noch bis 1830 Zylinder-, Hauben- und Strohhutarten, randlose

Abb. 355. a) Haube (Vorläuferin der Tudorhaube) über Coiffe. England, spätes 15. Jh. b) Watteau-Hut mit Straußenfedern über Coiffure à la Cadogan. Frankreich, 1770er Jahre, c) Merveilleuse mit Jockey-Kappe und Titusfrisur. 1796. d) Puritanerhut aus Biberfilz. 1840. e) Herrenfilzhut. Frankreich, um 1870–80. Alle nach Wilcox.

Toques und für den Abend *Turbane* und jene *Baretts,* die sich besonders in Frankreich bis in die 1830er Jahre hielten. Ältere Damen trugen ein ‣*Bonnet*[356], das in Deutschland auch *Blondenhäubchen*[86] genannt wurde. Morgenhauben hießen *Cornet(t)es.* Als Reithut wurde ein *Zylinder* getragen, als Sommerhut der breitkrempige *Florentiner Hut*[160], ein mit Strohblumen oder einem Schleier verzierter flacher Strohhut (benannt nach dem Herstellungsort der Rohform), der im ganzen 19. Jh. und zeitweilig in den 1930er und 1950er Jahren modern war. Abends wurde die Frisur mit Kunstblumen, in Frankreich auch mit Straußenfedern aufgeputzt. In den 1850er Jahren führte Ch. F. ‣Worth breitkrempige Hüte ein (die haubenartige Capote[89] wurde von ihm als undamenhaft abgelehnt). Nach dem Vorbild der französischen Kaiserin Eugènie war ein vorn und hinten breitkrempiger, nach der Kopfform gebogener Hut aktuell. Nach 1865 bereits wurde in Frankreich das später zur ‣Turnüre modische kleine, flache, schräg in die Stirn gesetzte Tellerhütchen[89], üppig mit Samtschleifen, Feder, Blumen und Spitzen verziert, modern; war es aus Stroh, hieß es ‣*Cappeline.* 1875–81, zur Zeit der ‣Engen Mode, wurde das Tellerhütchen, dt. *Kapott-* oder *Kiepenhut*[91] (‣*Kiepe*) genannt, auch am Hinterkopf getragen und thronte danach waagrecht auf der hohen Frisur. Insgesamt waren die Hüte klein, von sehr unterschiedlichen Formen und reich aufgeputzt. In den 1890er Jahren kamen etwas breitrandigere, flache Hüte dazu, neben Zylinderformen, Toquen, dem Alpenjägerhut, 1880 bis um 1900 *Tyrolien,* ‣*Chasseur,* in England ‣*Fedora* genannt, und dem jugendlichen *Canotier* zum Radfahren, sowie andere »sportliche« K.en. Bevorzugter Hutschmuck waren Vögel, Straußenfedern (auch hörnerartig[94] arrangiert), Samtschleifen und der neu in Mode gekommene Hutschleier in halblanger, um Gesicht und Hut drapierter Form.

Abb. 356. Bernhard Dietrich Funke: Regina Margareta Schroeder (mit Biedermeier-Spitzenhäubchen). 1832. Bremer Landesmuseum für Kunst- und Kulturgeschichte (Focke-Museum).

Abb. 357. a) Persianer-Hütchen in Chasseur-Form mit künstlichem Paradiesvogel. Frankreich, 1886. b) Toque aus Persianer mit Tuch (Wimpel). Frankreich, 1938. Beide nach Wilcox.

Der Herr ging im 20. Jh. bis in die 1950er Jahre nie ohne K. außer Haus. Zu den gegen Ende des 19. Jh.s vorherrschenden Herrenhüten kamen um die Jahrhundertwende ein grauer *Bowler*[95], *Derby* genannt, sowie der ‣*Homburg,* ein eleganter, steifer Filzhut. Zur sportlichen ‣Norfolk-Jacke wurde eine ‣*Schirmmütze*[84, 460, 468] getragen. Im 1. Jahrzehnt des 20. Jh.s setzte sich der dunkle, weiche *Filzhut* mit Triangelbeule, Delle und individuell aufgebogener Krempe zum Sakkoanzug, ‣Raglan und ‣Ulster durch. Der schwarze *Zylinder* wurde als reiner Abendhut zum Frack, der graue Zylinder bis in die 1950er Jahre zum Cut bei offiziellen Tagesanlässen, der *Chapeau claque* ins Theater getragen.

In den 1920er Jahren wurde der Filzhut sportlicher und in den Farben nuancenreicher. Mitte der 1920er Jahre kamen als elegante Sporthüte der runde ‣*Porkpie* mit flachem Kopf und Tellerbeule und der ‣*Snapbrim* mit Triangelbeule[358b], aus gerautem Filz, auf. Nach 1927 wurde die ‣*Baskenmütze* modisch-sportliche K. In den 1930er Jahren wurde die Krempe des Filzhuts breiter, er war anfangs mit einer kleinen Feder am Hutrand verziert und hieß so *getrimmter Hut* oder *Trimmer.* Um 1935 kam der *Demi-Homburg,* später ‣*Eden* genannt, Ende 1930 der ‣*Camber* als Tageshut zum korrekten Sakkoanzug, 1947 der ‣*Canadien* als Tageshut zum ‣kombinierten Herrenanzug und zum Tweedanzug 1951 die sportliche ‣*François-Villon-Kappe* auf. Noch in den 1950er Jahren war der Hut für den Herrn unerlässlich. Insgesamt herrschte der weiche Filzhut, *Klapprandhut*[453] oder nur *Herrenhut* genannt, vor. Er hatte eine vorn gerade, hinten leicht aufgebogene Krempe, Triangelbeule im Kopf und zwei seitliche Dellen. Noch wurde in Deutschland gelegentlich der Homburg getragen, der Bowler jedoch nur noch in England und der Zylinder höchstens zu großen, eleganten Abendveranstaltungen. Als sportliche

Abb. 358. a) Klapprandhut mit bordiertem Rand, Triangelbeule und Dellen von Friedrichs & Co., Berlin. 1940. b) Rundhut mit Tellerbeule von Mayer's Hutfabrik, Ulm. 1940.

Abb. 359. Motorradkappe aus Nappaleder. Um 1928–30. Münchner Stadtmuseum.

Freizeit-K. galten *Schirm-*[323] und *Baskenmütze,* als Reisehut der *Globetrotter*[360] mit schmalem, kaum abstehendem Rand.

In den 1960er Jahren kam der Hut mehr und mehr aus der Mode und wird bis heute nur noch von älteren Herren favorisiert. Höchstens kleinere, sportliche Herrenhüte aus Wildleder, Velours, Tweed oder Pepita fanden zunächst noch Anklang, sowie als Künstler- und Intellektuellenhut der *Schlapphut.* Im Winter wurden die heute noch verwendeten *Pelzkappen* in Schiffchenform oder im Russenstil mit herunterschlagbarem Ohrenrand getragen. Zum ‣Gatsby-Look (1975–ca. 1980) gehörten breitkrempige Herrenhüte. Anfang der 1980er Jahre versuchte man, für junge Herrn den sog. *Humphrey-Bogart-Hut,* der am Hinterkopf aufgesetzt und nach dem gleichnamigen amerikanischen Filmschauspieler (1899–1957) benannt wurde, sowie einige Arten von Western-Hüten, wie ‣*Stetson* und *Raider* (von engl. *raid* ›Überfall‹), mit relativ hohem, leicht verjüngtem Kopf und breitem, steifem, etwas aufgebogenem Rand zu lancieren. Als Sportk. gibt es Strickhauben und u.a. die *Birger-Ruud-Kappe,* aufgekommen 1937, mit breitem, über Ohren und Hals herunterschlagbarem Umschlag. In den 1980er Jahren griff die Jugend zu ‣*Baseballkappe,* ‣*Bandana* sowie *Beanies* und *Headsocks* (‣Zipfelmütze).

Die K. der Frau im 20. Jh. brachte anfangs eine Vielfalt an phantasievoll aufgeputzten, mäßig großen Hüten mit asymmetrisch aufgebogener Krempe, die meist schräg aufgesetzt wurden.[100] Zum Autofahren erhielten die

Abb. 360. Globetrotter aus Wolle mit Schottenkaro von Stanton. Schottland, um 1968. Münchner Stadtmuseum.

Abb. 361. Mrs. John Lavery mit Toque. Modell von E. O. Hoppe. 1917.

Abb. 362. Hut-Coiffure aus Strohborten von Adele List. Wien. 1941.

Hüte einen ▸Autoschleier. (1905 wurden zu kostbare Federn als Schmuck international verboten.) Nach etwa 1908 vergrößerte man die Hüte – als Ausgleich zur schmalen Gewandsilhouette – zu breitkrempigen Wagenrädern (▸*Wagenrad*) mit rundem, flachem Kopf, die üppig mit ▸Pleureuses, Reiherfedern, ▸Kokarden, Flügeln, Vögeln aufgeputzt waren. Daneben gab es überdimensionale *Toques* mit steifem zylindrischen oder mit gefälteltem haubenartigen Kopfteil[101]. P. ▸Poiret[281] brachte den *Turban,* geschmückt mit Aigrettes, für den Abend neu in Mode. 1913 senkte sich der Federschmuck auf die Krempe und fiel seitlich herab. Während des 1. Weltkriegs gab es flache, breitkrempige Hüte[104] neben kleinen K.en, hohen schmalen Toques[361] und Turbanen, die tief in die Stirn gesetzt wurden. Der kostbare Aufputz verschwand. 1920 kamen wieder breitrandige Hüte mit seitlich herabhängenden Straußenfedern, Hutbändern oder schmalem, rund um den Krempenrand genähtem Schleier, neben dreispitzartigen Hüten, Baretts aus Samt, Satin, Duvetine, Zylinderplüsch oder Panne, auch gelackt, Sommerhüte aus gelackter Spitze oder Stroh, für den Abend Turbane.

1924/25 änderte sich die Hutmode entscheidend: Es kamen *Topfhüte* (mit kuppelförmigem Kopf und ohne jede Krempe), *Glockenhüte*[106], *Cloche* (frz.) oder *Glocke* genannt, aus Filz, Velours oder Stroh, die tief in die Stirn, ein Auge halb verdeckend, aufgesetzt wurden, *Baskenmützen* und eng am Kopf anliegende, bis in den Nacken reichende Filzkappen, die jedoch die Stirn ganz freiließen. Nur Sommerhüte waren auch breitkrempig. Die Garçonne (▸Garçonne-Mode) trug auch einen Herrenhut. Der Hutschmuck wurde sachlicher: Es gab Bänder und Raffungen neben Leder-, Stahl- und Galalith-Schmuck. Beliebt waren auch Quasten und altchinesische Stickereinachahmungen »à la mandarin«, ugs. *Chinesendeckel* genannt. Zu den stilbildenden weltberühmten Modistinnen zählten in Paris u.a. Agnès (Firma 1919–49; berühmt für K.en aus ▸Jersey (1)), Maria Guy (Firmengründung 1910) bildete aus: Mme Suzy (aktiv 1921–53; übernahm 1936 Guys Salon) und Jean Barthet (seit 1949), Caroline Reboux (1865 Gründung der Maison Reboux, fortgeführt bis 1960). Gegen Ende der 1920er Jahre wurde der gewellte Rand der Filzglocke vorn oder seitlich aufgebogen, so dass man wieder mehr Gesicht zeigen konnte, wie bei den zunehmend bevorzugten anliegenden Kappen. In der 1. Hälfte der 1930er Jahre waren die Hüte klein, flach, mit schmaler oder ohne Krempe, aus Filz oder Samt, in kräftigen Farben, aufgeputzt mit stilisierten Blättern aus Filz oder Lackleder, Schmuckpfeilen, Seidenquasten, Ripsbändern oder einem Schleier. Daneben gab es sportliche *Schiffermützen, Wagnerkappen,* modische *Trachtenhüte,* ▸*Bobbycaps, Baskenmützen,* flache *Toques, Baretts* und *Schiffchenkappen, Teufelsmützen*[365] (besonders für Kinder und zum Wintersport) sowie Herrenhüte[466]. Besonders ausgefallen waren die Hutkreationen von E. ▸Schiaparelli, in Form von Eistüten oder Koteletts. Im Sommer gab es *Glockenhüte* mit breiter, individuell geformter Krempe, aus Stroh oder Pedalin (ein aus Hanf und Zellophan künstlich hergestelltes Stroh), im Winter *Kosakenkappen* und *Pelztoques* meist aus Persianer, über einem Kopftuch. Von 1936 an wurden die Modelle ausgefallener und vielfältiger mit dem Höhepunkt um 1940: große *Tellerhüte,* hohe *Spitzhüte* aus grünem Filz mit trachtenmäßigem Aufputz, chinesische *Kulihüte,* hohe *Turbane,* breitkrempige, rundum aufgebogene Hüte in Form von Obstschalen, Hutkappen mit einer Art Hahnenkamm aus Filz in großer Farbintensität. Grands Couturiers, wie Schiaparelli, ▸Mainbocher, ▸Patou, ▸Molyneux u.a., brachten Hutkreationen, neben weltberühmten Modistinnen wie in Paris Agnès, Suzanne Talbot (aktiv 1917–56), Rose Valois (lernte bei Caroline Reboux; aktiv 1927–70), Marie Christiane, Lilly Daché, in München Berta Häusler (Salon seit 1925), Ina Böckler (Salon, gegrün-

Abb. 363. a) »Pilzhut« von Cristobal Balenciaga. Paris, 1951. b) Pillbox aus Samt von Christian Dior. Paris, 1951. c) Hutspange von Saks F. A. New York, 1952. d) Watteau-Hut von Braagard. Paris, 1952. e) Glocke von Jean Barthet. Paris, 1959. Alle nach Wilcox.

det 1921), in Berlin Walter Florell, in Wien Adele List[362] (1893–1983) u. a.

Während des 2. Weltkriegs und kurze Zeit danach hielten sich die obengenannten phantasievollen K.en[375b] nun oft aus Filz, grobem Wollstoff, Stroh oder aus buntem Papier, von der Trägerin selbst modelliert. Modische Einheits-K. war der *Turban,* ebenfalls selbst drapiert, die Haare ganz verdeckend und je nach Aufputz und Material dem Zweck angepasst. Daneben gab es dünne Kopftücher und grobe Haarnetze. Nach 1945 wurden die K.en etwas kleiner. 1947 kreierten Chr. ‣Dior und C. ‣Balenciaga (‣Haute Couture) den breitrandigen, flachen *Tellerhut*[110] ohne Kopf, der mit Spange, Reif oder innerem Rand mit einer Hutnadel gehalten wurde.

In den 1950er Jahren war für die Dame K. unerlässlich. Sie war Teil der Kleidung, auf diese genau abgestimmt und wurde in Gesellschaft und im Theater aufbehalten. Neben dem breitrandigen *Wagenrad* oder *Tellerhut,* der, besonders im Sommer aus schwarzem Stroh oder Bast[214] und mit hellen Bändern verziert, attraktiv aussah, waren kleine *Toques, Baretts,* Hüte in Pilzhut-[40a, 286] oder Plateauform, Hutspangen[363c] und *Watteau-Hüte*[363d] in Mode. Federn waren beliebt, aber die seltenen, insbesondere die der Paradiesvögel, verboten. Nach 1957 wurden die Hutformen allgemein wieder größer, besonders verbreitet waren große *Kulihüte* und »Lampenschirmformen«.

Nach etwa 1960 kamen K.en bei beiden Geschlechtern zunehmend außer Gebrauch, aus verschiedenen zusammenwirkenden Gründen: Zunächst wurden mit der 1959 aufgekommenen ‣Farah-Diba-Frisur dünne, um Kopf und Nacken geschlungene *Kopftücher* aktuell, weil sie die Frisur weniger als ein Hut in Unordnung brachten; hinzu kamen die rapide Verbreitung des Autos und der sportliche, ungezwungene Lebensstil. Allein Trachten- und Sporthüte sowie winterliche K.en, z. B. die kugelförmige *Marabuhaube* um 1960, wurden getragen. Um 1965 gab es als jugendliche K. in Anlehnung an den »Astronauten-Look«[405a] anliegende, helmartige Strick- und Häkelhauben, etwas später am Hinterkopf sitzende, toqueartige sog. *Pillbox-Hüte* (engl., ›Pillenschachtelhüte‹)[363b, 364]. Die sportliche ‣*Kapuze* wurde selbst am ‣Abendkleid um 1970 für kurze Zeit aktuell. In den 1970er Jahren war die K. stark modisch bestimmt und wechselte rasch; z. B. trug man um 1973 *Schildkappen* mit großem, ballonartigem Kopfteil (‣Cap), um 1977/78 selbstgeschlungene *Turbane* aus Dreieckstüchern, deren Enden gedreht und am Oberkopf geknotet wurden, urspr. lanciert durch Y. ‣Saint Laurents Edel-Folklore-Look. 1979/80 kamen in Anlehnung an die frühen 1930er Jahre schräg nach vorn aufgesetzte Schiffchenmützen, flache Herrenhüte mit breitem Ripsband, niedrige Pillbox-Hüte aus Filz, für den Abend anliegende Paillettenkappen und für den Winter vielerlei Pelzhüte und -kappen. Die Jugend trug *Arafat-Kopftücher*

Abb. 364. Hut (in der Art der kleineren Pillbox-Hüte am Hinterkopf getragen). Aus »burda Moden«. H. 4. April 1964.

Abb. 365. Strickhaube im Stil der Teufelsmütze von Bernhard Willhelm. Antwerpen, 2001/02.

(‣Keffijeh). Um 1981/82 ersetzten farbige Ohrenschützer die winterliche K., und 1984 waren gestrickte Röhren als Kapuze und Schal in einem Stück aktuell. In den 1990er Jahren kreiert der Ire Philip Treacy (geb. 1967) die ausgefallensten Kreationen für den Laufsteg. Allgemein werden K. nur als Kälteschutz getragen, wofür Anfang des 21. Jh.s peruanische Hauben, Mützen mit Ohrenschutz und Pelzhauben (‣Chapka) sowie gehäkelte US-Bahnwärtermützen wieder in Mode kamen.

Kopfputz ‣Aigrette, ‣Allongeperücke, ‣Barbe (2), ‣Belle Poule, ‣Diadem, ‣Duchesse (1), ‣Feder, ‣Ferronière, ‣Fontange, ‣Haarbeutelfrisur, ‣Haarmode, ‣Haarnadel, ‣Haarnetz, ‣Haarschmuck, ‣Kopfbedeckung, ‣Perücke, ‣Schap(p)el, Schleier (‣Autoschleier, ‣Bavolet, ‣Sturz), Stirnband.

Kopftuch ‣Fanchon (1), ‣Keffijeh, ‣Kopfbedeckung, ‣Mantilla (1), ‣Schleier.

Koptische Stoffe ‣Stoff (Kopten).

Korkenzieherlocken, auch *Schlangen-* oder *Stöpsellocken,* langgezogene Haarlocken, die um 1640 aufkamen und bis in die Gegenwart zu verschiedenen Haartrachten der Frau, meist als Schulterlocken, getragen werden. Urspr. wurden dafür papillotierte, toupierte und gefettete Haarsträhnen über Lockenhölzer gedreht. ‣Haarmode.

Korksohle ‣Chopine, ‣Fußbekleidung (Antike, 16., 20. Jh.), ‣Kothurn (2).

Korsage, *die* (frz. *corsage,* seit dem 18. Jh. ›Oberteil, Leibchen‹, von afrz. *cors* ›Körper‹). **1.** Auf Figur gearbeitetes, oft, aber nicht notwendigerweise versteiftes, meist dekolletiertes, heute schulterfreies und trägerloses Kleidoberteil[121], auch separates ‣Leibchen, das im Gegensatz zur sog. ‣Taille (2) auch bis zu den Hüften reichen kann. Ab Ende des 15. Jh.s wurde das Oberteil des Obergewandes (‣Mieder) im Frz. *Corsage* genannt und im 18. Jh. ins Dt. übernommen. Im 17. Jh. wurde die K. ‣*Corps (de robe)* genannt. **2.** Eng anliegender Teil des Kleides (Gürtel- oder Hüftpartie). **3.** Im Dt. oft fälschlich für ‣*Korsett.*

Korselett, *das* (frz. *corselet;* Diminutiv von *Korsett*). **1.** ‣*Gourgandine.* **2.** Leichtes, bequemes ‣*Korsett;* in den 1920er Jahren auch ‣Hüftgürtel mit angeschnittenem Trägeroberteil; heute meist unter dem Begriff ‣*Mieder.*

Korsett, *das* (von afrz. *cors,* nfrz. *corps* ›Körper, Leib‹; ab 19. Jh. Diminutiv *corselet* ›Korselett‹), im Dt. ehem. *Schnürbrust* oder ‣*Mieder,* erst ab dem 18. Jh. auch »K.« genannt; den weiblichen Oberkörper, mitunter auch die Hüften – je nach dem modischen Schönheitsideal der Zeit – durch Schnürung und Versteifungen stark formendes Gewandstück, meist der Unterkleidung, seltener der Oberkleidung.

In der Antike soll neben der bekannten Brustbinde (‣Büstenhalter) ein Taillen- und Hüftband aus Bastruten (lat. *zona*) zum Verbergen allzugroßer Körperfülle getragen worden sein.

In der 2. Hälfte des 12. Jh.s bis um 1230 verstand man unter *Corset* ein nach der Form des ‣Kleides, der ‣Kotta, geschnittenes Unterfutter, das vermutlich *Côte* (frz., ›Rippe‹) hieß. In der 2. Hälfte des 14. Jh.s soll wegen des sehr eng anliegenden Obergewandes von Vornehmen beider Geschlechter (vom Mann schon früher) ein korsettartiges Untergewand getragen worden sein. In der 2. Hälfte des 15. Jh.s kam in der Burgundischen Mode eine Schnürbrust aus weichem Ziegenleder auf. In der Spanischen Mode (2. Hälfte 16. / Anfang

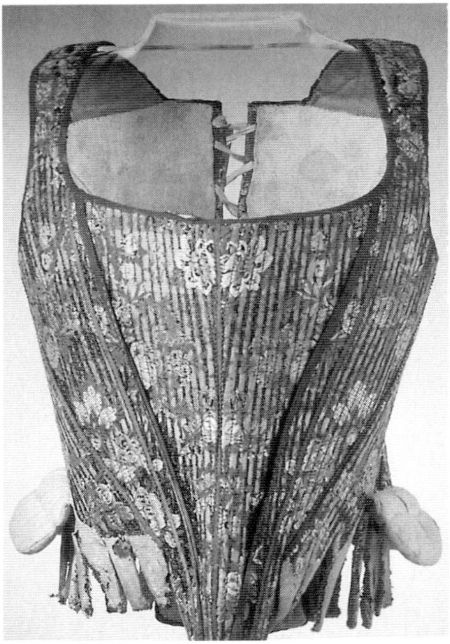

Abb. 366. Korsett aus Seidenbrokat mit Fischbeinstäben, Laschen, seitlichen Hüftpolstern, rückwärtiger Schnürung (vordere Zierschnürung fehlt). Um 1750/60. Sammlung des Carolino Augusteum, Salzburg.

17. Jh.) gab es zur Korrektur von Körper- oder Haltungsschäden ein K. aus steifem, hartem Leder oder aus Eisen. Sonst wurde das Mieder als Obergewand durchgehend mit Holz-, Eisen- oder Fischbeinschienen und vorn dem ‣Blankscheit, das eine Schneppe (‣Schnebbe (2)) bildete, versteift; es drückte die Brüste flach, u. a. mit Bleiplatten. K. und Mieder sollten, die weiblichen Formen negierend, dem Körper eine steife Kegelform geben (obwohl damals schon der französische Chirurg Ambroise Paré (1510–90) auf die schädlichen Folgen der künstlichen Einengungen hingewiesen hat). K. und Mieder werden allerdings – auch in der zeitgenössischen Literatur – nicht eindeutig unterschieden in Ober- oder Unterkleidung; im Frz. gibt es für beide die Bezeichnung ‣*Corps piqué* oder *Corps à baleine.*

In der 1. Hälfte des 17. Jh.s überwog infolge der lockerer gewordenen Kleidungsform das Mieder. In Spanien hatte das K. um 1650–60 als sichtbares Oberteil, mit schönem Stoff überzogen, eine überlange spitze Schneppe und war in der Brustmitte stark ausgepolstert, so dass eine glatte Fläche entstand. Das K. reichte vom Hüftansatz bis unter die Achseln und hatte Träger. In Absteppungen, die sich nach der zu erzielenden idealen Körperform richteten, waren Stäbe aus Rohr oder Fischbein eingefügt. Das englische K. wurde hinten, das französische auch vorn geschnürt. Vorn bildete das Blankscheit (ehem. das Planchette) die Schneppe, die über dem Rock lag. Das K. war am Saum seitlich und hinten in einzelne Laschen geschnitten, die unter den Rock gesteckt wurden. Der bei vorn offenem ‣Manteau (Oberkleid) sichtbare Teil des K.s wurde mit schönem Stoff, Seide, Satin, Atlas oder Brokat, überzogen oder mit dem ‣Stecker[471] bedeckt. Als ‣Negligé gab es die ‣Gourgandine und »Schwangerschafts-K.s«. Das K. wurde nun nicht mehr vom Kleidschneider und der Näherin, sondern vom Tailleur de corps à baleine (›Fischbeinleibschneider‹) angefertigt. Gleichzeitig konnte jedoch das Mieder (Obergewand) mit Absteppungen, Fischbein und Blankscheit ausgestattet und, wenn vorn offen, an den ebenso versteiften Stecker angehakt sein, so dass sich das K. darunter erübrigte.

Im 18. Jh. hielten sich in der höfischen Mode K. und Mieder nebeneinander, doch überwog das K. als Untergewand, das unter dem Einfluss der französischen Mode die weibliche Figur zusammen mit einem freizügigen ‣Dekolleté betonen sollte. Auch unter ‣Adrienne, ‣Kontusch und Manteau à dos flottant (‣Manteau) wurde das K., häufiger

Abb. 367. Korsett über Hemd und Unterrock. Aus Pierre Anton Willes »Die Korsett-Anprobe«. Um 1780.

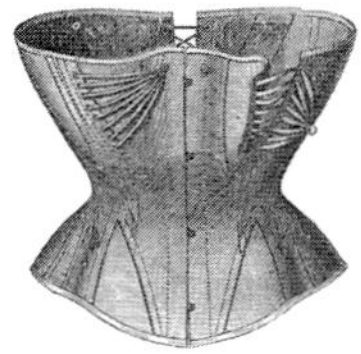

Abb. 368. Stillkorsett. Aus »Harper's Bazar«. 9. Oktober 1869.

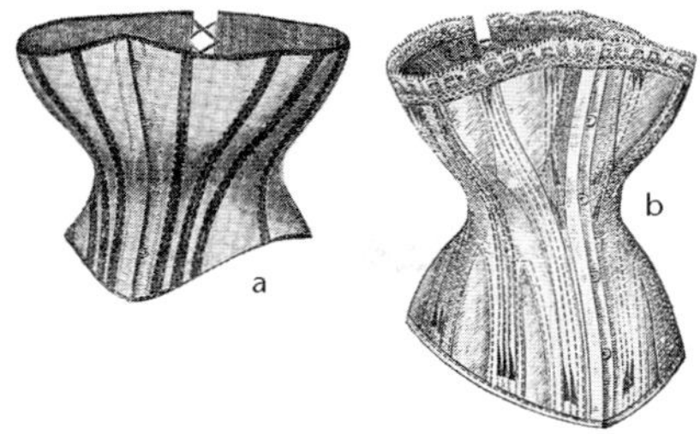

Abb. 369. a) Korsett. 1868. b) Korsett mit Küraßtaille. 1878. Beide nach Waugh.

jedoch die Gourgandine getragen. In der 1. Hälfte des 18. Jh.s war die Schneppe weniger ausgeprägt, wurde jedoch in der 2. Hälfte bei der höfischen ‣Robe à la française (‣Kleid) wieder tiefer.[446] Die Schnürung befand sich meist hinten, zuweilen zusätzlich auch seitlich. Die Schnürlöcher waren mit Seide umnäht. Vorn konnte eine Zierschnürung angebracht sein. Bei dem als Obergewand ausgestatteten K. wurde die Schnürung durch Rüschen verdeckt. Ärmel wurden durch die im Armausschnitt des K.s angebrachten Schnürlöcher angebunden. Es wurde über dem Hemd getragen. Dem K. kam zusätzlich eine den Rumpf stützende Funktion zu, die bei der oft schweren Kleidung und den ermüdenden Hofzeremonien notwendig war. Auch in der bequemeren ‣Englischen Mode im letzten Viertel des 18. Jh.s, bei der ‣Robe à l'anglaise, wurde auf das K. oft nicht verzichtet. Die zahlreichen ärztlichen Versuche einer Kleiderreform mit dem Ziel der Abschaffung des K.s (»Ueber die Schaedlichkeit der Schnuerbrueste« heißt eine Schrift des deutschen Anatomen Samuel Thomas von Sömmerring, 1788) konnten keinen Verzicht auf das K. durchsetzen. Allein während Directoire und Empire (1795 bis 1815/20, ‣Grecque, Mode à la, ‣Chemise (2)) vermochte das antike Schönheitsideal den Verzicht auf das starke K. herbeizuführen. Es wurde lediglich ein unterstützendes Brustband oder auch, nach 1810 immer häufiger, ein Untermieder oder ein dehnbares K. aus Baumwolltrikot, z. T. mit einem Spiralfedereinsatz in der Mitte, getragen. Statt dessen trug um 1800 der eitle Herr einen Schnürleib.

Anfang der 1820er Jahre wurde das K. wieder eingeführt als Zeichen der Moral des Mittelstandes, der die nachlässigen Sitten während des Directoire und Empire anprangerte. Auch eitle Männer trugen es. Das K. war separate Unterkleidung, meist aus Baumwolle

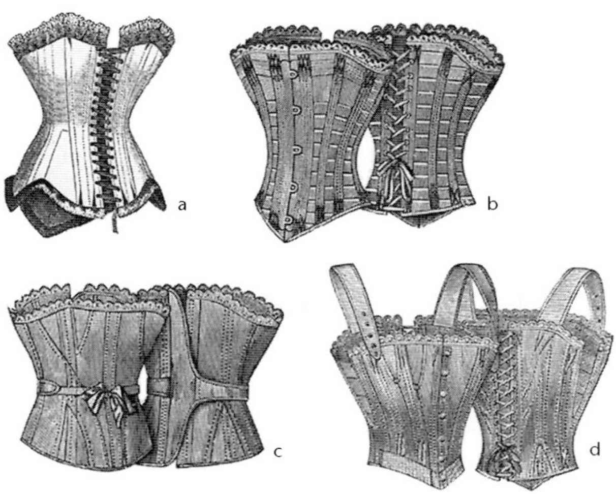

Abb. 370. a) Korsett (von hinten) mit verkürzter Kürasstaille. 21. Oktober 1882. b) Sommerkorsett, c) Morgenkorsett, d) Sportkorsett. Alle 1. Juli 1893. Alle aus »Harper's Bazar«.

Abb. 371. Korsett mit gerader Front von Peter Robinson. 1898.

(Drell oder Denim; ‣Stoff, 19. Jh.), auch aus Leder mit Musselin oder Satin überzogen, mit Schleifen und Spitzen verziert, und reichte nun bis zur Hüfte, weshalb sich die früheren Laschen erübrigten und in der Taille eingesetzte Zwickel zu den breiteren Hüften führten. 1820 begann man mit der industriellen Fertigung von K.s. Nach 1828 wurden die Schnürlöcher des K.s mit Metallringen verstärkt. Es gab gleichzeitig von oben und unten bis zur Mitte verlaufende Verschnürungen, aber auch solche, die durch einen Fischbeinstab gesteckt wurden und beim Herausziehen das K. öffneten. Die Zwickel konnten nach 1840 auch aus vulkanisiertem ‣Gummi sein, oder sie wurden zusätzlich geschnürt. Das K. wurde im Rücken geschnürt, in der Taille bis auf 40 cm, manchmal auch vorn zugehakt. Gleichzeitig konnte das K. auch fest in das Kleidoberteil eingearbeitet bzw. das Mieder innen korsettartig versteift sein. Nach 1835 wurde das K. vorn länger (das Kleid erhielt eine Schneppe), reichte rundum bis über den Hüftansatz und war meist trägerlos, oder die Träger lagen außen an den Achseln. Die Brust blieb weitgehend unbetont. In den 1850er Jahren war das K. vorn abgerundet, in den 1860er die Taille hochliegend[89]. Es bestand aus Baumwolle oder Satin und konnte auch farbig sein. Zur Zeit der ‣Turnüre (1868/69–75) wurde es hinten extrem eng, zu einer Idealtaille von nur 43–53 cm geschnürt und vorn zugehakt. Von nun an war es höchstens beim Ballkleid als Oberteil mit seitlichen Trägern gearbeitet. 1875 wurde begonnen, das K. bis unter die Hüften zu arbeiten und diese mit zu modellieren, wodurch die verlängerte ‣Kürasstaille[91] und damit die sog. ‣Enge Mode (1875–81, ‣Kleid) entstand. Dieses verlängerte K. wurde bis 1888 auch zur Zweiten Turnüre[93] (‣Cul de Paris) beibehalten. In den 1890er Jahren gab es die sog. *gerade Front,* ein K., das dem Körper eine starre, gerade Haltung verlieh. Die Fischbeineinsätze wurden nun vielfach durch rostsicher verzinkte Spiralfedereinlagen ersetzt. Selbst unter ‣Bluse und Badekostüm war bis um 1900 ein K. zwingend vorgeschrieben.

Um 1899/1900–06/07 war die berühmte S-Linie, das Sans-Ventre (frz., ›ohne Bauch‹), modern; das Sans-Ventre-K.[501], angeblich 1902 durch den französischen K.-Hersteller Gache-Sarrante erfunden, musste Bauch und Hüften wegschnüren. Dadurch entstand eine S-förmige Körperhaltung, bei der der Oberkörper nach vorn gedrückt wurde, die Taille etwas tiefer rückte, ein Hohlkreuz entstand und so das Gesäß betont wurde. Strumpfbänder (‣Strumpf, ‣Straps) waren jetzt am K. angebracht. (Daneben wurde von nun an ein separater ‣Hüftgürtel getragen.) Gleichzeitig lehnten die Anhängerinnen des ‣Reformkleids

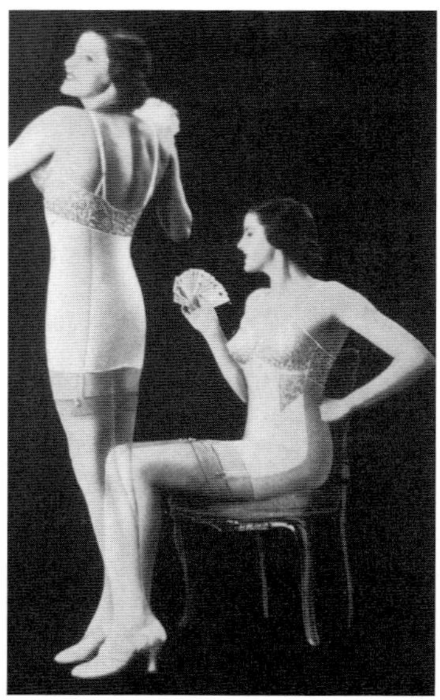

Abb. 372. Warner's »Legant« aus »Traumlastic«. Aus »Elegante Welt«. H. 3. 1935.

Abb. 373. Korselett aus Lycra von Escora. 1964.

(1898 – ca. 1910) – wie schon um Mitte des 19. Jh.s die Parteigängerinnen von A. ‣Bloomer (‣Bloomers) und etwas später der ‣Künstlerkleider[387] – das steife K. ab, was auch der Hinwendung zu sportlicher Betätigung entsprach und dadurch gefördert wurde (‣Sportkleidung). Ein selbstgenähtes unversteiftes Untermieder, das sog. Reformmieder, oder ein Büstenhalter und Hüftgürtel aus Leinen oder Baumwolle ersetzten es. Um 1910 hatte auch P. ‣Poiret Einfluss auf die mehr und mehr ablehnende Haltung zum K. In der bürgerlichen, städtischen Mode wurden allerdings nun breite, von oberhalb der Taille bis unter die Oberschenkel reichende, starke Hüftgürtel ohne einen Büstenhalter getragen. Endgültig zur losen, körperunbetonten Kleidlinie entschied sich die Frau nach 1917, beeinflusst auch durch die praktischen Kleidideen G. ‣Chanels (‣Haute Couture, ‣Kleid).

Erst in den 1930er Jahren, als eine figurbetonte Linie wieder gefragt war, kam ein gummielastisches K. auf. Es war aus verbesserten Lastexgeweben mit Satinzwickeln, Teilschnürungen und ‣Reißverschluss und reichte von oberhalb der Taille bis unter die Hüften, so dass der Büstenhalter separat getragen wurde, wenn er nicht mit ihm zusammengearbeitet war. Das K. sollte die Brust stützen, Hüften und Oberschenkel wegpressen, also mehr korrigieren als deformieren. Es wurde direkt auf der Haut, also nicht mehr über dem Hemd oder Unterkleid getragen. Nach 1947 machte Chr. ‣Diors ‣New Look ein gut gearbeitetes, elastisches K., meist *Mieder* oder ‣*Korselett* (2) genannt, unentbehrlich. Mehr noch erforderte die ‣Enge Linie mit dem Hüftknick das K. Insgesamt sollte es eine große Oberweite betonen oder durch Einlagen vortäuschen, die Taille möglichst schlank und die Hüften rundlich halten, durfte aber nicht auftragen und musste kaum spürbar, bequem und leicht sein. Für die geforderte Wespentaille erfand M. ‣Rochas ei-

Abb. 374. Ensemble von Nicola Del Verme, mit Korsett als Taillenmieder. Mailand, 2004.

nen Miedergürtel, die ‣Guêpière. Das Oberteil von Abend- und Cocktailkleidern war häufig als ‣Korsage (1) gearbeitet. Durch diese stark figurbewusste Linie nahm in den 1950er Jahren die K.-Industrie großen Aufschwung. Die Bezeichnungen »K.« und »Mieder« waren allerdings nicht mehr eindeutig voneinander getrennt. Seit den 1960er Jahren brachte der jugendliche, sportliche Lebensstil das K. aus der Mode. Das in der Designermode seit 1988 durch Jean-Paul ‣Gaultier lancierte Schnürmieder als modisches Oberteil, eigentlich eine ‣Korsage, findet – gefördert von Popstar Madonna seit ihrem Auftritt 1990 sowie durch den Film »Moulin Rouge« (2002) – selbst in der Konfektion Verbreitung. Junge Frauen tragen es über Blusen oder Shirts.[118, 364] ‣Mieder.

Kos(s)äcklein ‣Casaquin.

Kostüm (von ital. *costume,* frz. *coutume* ›Gewöhnung, Gewohnheit‹, abgeleitet von lat. *consuetudo*).

1. Ab Ende des 18. Jh.s Bezeichnung für (historische) Kleidung und Tracht der verschiedenen Völker in den verschiedenen Epochen. Ab dem 19. Jh. Bezeichnung für Verkleidung, Maskenanzug, sowie Bühnen-, im 20. Jh. auch für Filmkleidung.

2. Etwa 1870 kam das K. als Frauenoberkleidung, bestehend aus ‣Jacke und ‣Rock (2) und ergänzt durch ‣Bluse oder hochgeschlossene ‣Weste, auf; es galt speziell als »Straßenkleidung«. Das K. wurde *Promenadenanzug* oder allg. *Toilette,* nach 1907 ‣*Tailleur* (2) (frz.), engl. ‣*Tailor-made* und bald darauf »K.« genannt, im Gegensatz zum ‣Jackenkleid. Vorläufer des K.s waren Jacke und Rock, sowie das ‣Amazonenkleid. Noch in der 2. Hälfte des 19. Jh.s findet man »falsche« K.e[89], d. h. Jacke (‣Taille (2)) und Rock sind durch ein Blusen-chemisette fest verbunden, die Jacke somit nicht ablegbar. In Alpenländern gab es von 1875 an das *Trachten-K.*[92] aus Lodenstoff mit dunkelgrünen Verzierungen, das sich stets der Mode anpasste. 1875–81 (‣Enge Mode) lag die Jacke miederartig[91] an, reichte entsprechend der ‣Kürasstaille bis über die Hüften, hatte ein kleines ‣Revers, große auffallende Knöpfe, eingeschnittene Taschen und anliegende Ärmel. Zur Zeit der Zweiten ‣Turnüre (1882–88, ‣Cul de Paris) war der Jackenschoß hinten durch Zwickel erweitert und stand über der Turnüre ab. Stets waren Frackjacken mit hinten zweiteiligem, über die Hüften reichendem ‣Schoß (1) modern. Der Rock war, wie auch bei der Engen Mode, entsprechend dem des ‣Kleides gearbeitet. Nach 1889 wurde die gerade, hüftlange Jacke vielfach »Sacco-Paletot« genannt, wenn tailliert nur ‣»Paletot« (3). Die eigentliche Jacke war kurz. Alle Jackenformen hatten breite, mit Stickerei oder Posamenterie verzierte Revers und etwa 1893–96 Ballon- oder Keulenärmel[94] (‣Ärmel, ‣Hammelkeulenärmel). Der Rock hatte hinten einen Falteneinsatz und eine ‣Schleppe. Ab 1898 gab es den ‣Glockenrock.

1899/1900–06/07 wurde ein lose herabhängendes ‣Bolero (3), mit dem die modische Sans-Ventre-Linie (‣Kleid, ‣Korsett) besser zur Geltung kam, der Jacke vorgezogen. Gleichzeitig, bis etwa 1910, gab es – dem ‣Reformkleid angepasst – lose hängende Jacken[99] mit bequemen, weiten Bahnenröcken. Nach 1907 kamen strengere Reise-K.e, deren Jacken in der dem ‣Sakko angepassten Herrenfasson (jedoch antailliert) sehr breite Reverskragen, breit abgesteppte Nähte, große Knöpfe und Ärmel mit Aufschlag hatten. Beim eleganten K. waren Kragen oder Revers mit Samt- oder Seidenspiegel besetzt. Röcke waren schmal und gerade. Haute-Couture-K.e hatten vorn offene, lose, oberschenkellange Jacken, die ein breiter Gürtel um die Hüften zusammenhielt, oder kurze Bolerojäckchen; dazu einen knöchellangen, engen Rock mit tunikaartigem Überrock. 1913 kam die Cutaway-Jacke (‣Cutaway (2)) mit stark zurückgeschnittenen Vorderkanten (‣Abstich) und Schalkragen sowie die extrem modische Frackjacke mit einem Taillenknopf und von diesem weg stark zurückgeschnittenen, hinten spitz zusammenlaufenden Kanten auf (auch aus Karostoff!). 1915/16 folgte das K. im Stil der ‣Kriegskrinoline mit nur wadenlangem, weitem Rock und anliegender, stark taillierter Jacke, kurzem, jedoch hinten etwas längerem und glockig geschnittenem Schoß oder mit zwei seitlich längeren Schoßteilen. G. ‣Chanel brachte zweckmäßige K.e[104] mit lose herabhängenden Jacken und geraden, wadenlangen Röcken aus Baumwolltrikot. Daneben gab es taillierte Jacken mit abstehendem Schoß, der die Fasslinie des Rockes (‣Kleid) unterstrich.

Nach 1923 waren hüftbedeckende Jacken mit tiefem V-Ausschnitt, demnach langgezogenem Revers oder Schalkragen[106] und unter-

Abb. 375. a) Jackenkleid mit Frackjacke und Zweibahnenrock. Aus »Mode für Alle«. Nr. 25. 1913. b) Kostüm mit breiten Schultern und kniekurzem Rock. Aus »Le tailleur flou«. Sommer 1946.

halb der Taille liegendem zweireihigen Knopfverschluss charakteristisch. Dabei wurden die Schultern durch Achselpolster etwas betont, um so die Hüften schmäler wirken zu lassen. Die Ärmel waren lang und gerade, am Handgelenk geschlitzt und mit Zierknöpfen versehen. Daneben gab es Wickeljacken, die seitlich mit einer Schleife geschlossen wurden, sowie im Rücken blusig geschnittene Jacken mit enger Hüftpasse, in der Art des ▸Blouson. Die Röcke waren kniekurz, gerade oder mit seitlichem Falten- oder Glockeneinsatz. Anstelle der Bluse wurde nun vielfach ein Sweater (▸Jumper) getragen. Die ▸Garçonne-Mode brachte elegante Smoking-K.e[106] mit schmalen Röcken oder ▸Hosen. Nach 1927 wurde die Linie weicher, in Details verspielter ausgestattet, und die Taille rückte allmählich an die natürliche Stelle. Der Rock des sog. *Auto-K.s* erhielt vorn eine tiefe Kellerfalte (▸Falte).

1930 kam als Teil des Nachmittags-K.s das Bolero zum wadenlangen, um die Hüften schmal und unten glockig ausgestellten Rock in Mode, dazu wurde eine Schleifen- oder Jabotbluse (▸Jabot) getragen. Das sportliche K. hatte eine knapp hüftlange, leicht taillierte Jacke mit schmalem Gürtel oder eine gerade, lose Jacke, war ein- oder zweireihig, mit kleinem, zuweilen mit andersfarbigem Stoff besetztem Reverskragen oder kleinem, rundem Kragen, häufig mit Persianerverbrämung. Die Schultern waren breit, die Ärmel am Oberarm leicht gepufft. Nach 1938 bekam die Jacke ein uniformartiges Aussehen mit betont breiten, mit Achselpolstern unterlegten Schultern, ▸Schulterklappen, breiten Revers, abgesteppten Nähten und Manschettenringen (▸Tab). Der Rock war gerade kniebedeckend, meist eng mit einer Gehfalte oder Kellerfalte hinten. In diesem Stil ersetzte in den Kriegsjahren das zweckmäßige K., dessen Schnitt immer stoffsparender wurde, Kleid und Mantel und wurde auch weibliche Uniform.

Nach 1945 wurden die Jacken etwas länger, auch zweireihig. Nur die Pariser ▸Haute Couture brachte das figurbetonte K., das extrem enge Taillen, etwas ausgestellte, kurze Jackenschöße und fast wadenlange Röcke mit zusätzlich um die Hüften drapiertem Stoff aufwies. Anfang der 1950er Jahre war die K.-Mode einerseits vom ▸New Look[114], andererseits von der ▸Engen Linie (beide von Chr. ▸Dior kreiert) geprägt. 1952 erschien dank Diors Schlangenlinie (▸Haute Couture) eine Blousonjacke, die vorn mäßig tailliert oder weit war und hinten einen extremen Sackrücken oder losen ▸Sattel hatte. 1954 brachte Dior mit seiner H-Linie gerade oder V-förmig geschnittene Jacken, an den Hüften knapp sitzend und von einem tiefsitzenden Gürtel betont. Daneben gab es sportliche ▸Lumberjacks und Röcke. Eine völlig neue K.-Silhouette wurde 1954 durch das bald weltberühmte und über Jahre hinaus aktuelle ▸*Chanel-K.* eingeführt. 1955 beeinflusste die A-Linie[287] das modische K.: taillierte Jacke mit leicht ausgestelltem, hüftbedeckendem Schoß, dessen Saum optisch den Querbalken des »A« bildete, dazu ein um die Hüften schmaler, nach unten stark ausgestellter Rock. 1957 brachte die Tonnenlinie anstelle der K.-Jacke den Paletot. Die Kragenformen wurden größer, Schultern und Ärmel weiter, der Saum eng. 1958 dagegen gab es schmale Schultern, einen weiten Jackensaum und fast kniekurzen Rock entsprechend Y. ▸Saint Laurents ▸Trapezlinie.

1961–63 dominierten lose, gerade auf den Hüften aufsitzende Jacken und leicht ausge-

Abb. 376. Transparentes Top und Minirock aus Spitze mit Lederjacke von Gianni Versace. Mailand, 1996.

stellte Röcke. 1965–68 waren K.e im ‣Courrèges-Stil mit klaren, geometrischen Schnittlinien, kaum hüftlangen Jacken mit waagrechten unteren Reverskanten oder vorn weit auseinander stehendem Umlegekragen und leicht ausgestelltem Minirock (‣Mini) modern, neben dem aktuellen ‣Hosenanzug. 1969 sah man gut hüftlange ‣Gabans (4), unter denen der Minirock nur wenige Zentimeter sichtbar wurde.

Anfang der 1970er Jahre standen ‣Blazer, Gabans oder taillenkurze Blousons und dazu glatte, leicht ausgestellte Röcke oder solche mit tiefer, mittlerer Kellerfalte, in Mini- oder Midi-Länge (‣Midi), im modischen Mittelpunkt; daneben gab es Röcke im aktuellen, vorn offenen Slit-Look (‣Kleid, 1971/72). Jugendlich sportliche K.e aus Jeansstoff (‣Jeans) kombinierte man mit sog. Monteur-Jacken (geraden Jacken mit Abschlusspasse) oder Jacken im Schnitt von Herrenoberhemden und ausgestelltem Rock. Insgesamt wurde in den 1970er Jahren das aus einem Stoff hergestellte K. vom Hosenanzug und von Kombinationen, wie ‣Coordinates (2) und ‣Separates verdrängt. Nach 1977 wurden lange Jacken als Lumberjack oder um 1980 als Blouson mit breitem Hüftgürtel als ‣Oversize (von engl. *oversize* ›Übergröße‹) modern, um 1980 taillenkurze ‣Liftboyjacken. In den 1990er Jahren war das Business-K. im minimalistischen Stil und sehr schmal gehalten, meist kniekurzer Rock.[412] Seit Anfang des 21. Jh.s sind Kostümjacken aus Tweed (nicht unähnlich jener des Chanel-Kostüms)[174] mit ausgefransten Säumen und Nähten (‣Grunge) auch in der Massenmode en vogue.

Kostümforschung. Eine eigenständige K. im Sinne moderner Wissenschaft setzte – mit Ausnahmen – Ende des 18. Jh.s, umfassend jedoch erst in den 1850/60er Jahren ein. In den kostümgeschichtlichen Werken von Hermann Weiss, von Albert Kretschmer und Carl Rohrbach sowie von Jacob von Falke wurde Kleidung als Teil der Lebenskultur gesehen; neben modischer, kultischer und kriegerischer Gewandung werden auch Architektur und Inneneinrichtung behandelt. Auch Detailforschungen, so über Kopfbedeckungen des Mittelalters (von Jacob von Falke), gab es bereits.

1922 wurde vom »Verein für historische Waffenkunde« ein Sektor Kostümkunde angegliedert; er nennt sich seitdem »Gesellschaft für Historische Waffen- und Kostümkunde«. In ihrer seit 1897 bestehenden Zeitschrift erscheinen auch kostümkundliche Beiträge. 1945 erlosch die Organisation und wurde 1951 (Sitz Berlin) wieder ins Leben gerufen; seit 1955 wurden »Mitteilungen« herausgegeben, seit 1959 wieder die »Zeitschrift der Gesellschaft für Historische Waffen- und Kostümkunde«. Seit 1965 existiert die britische »Costume Society« und deren Publikationsreihe »Costume«, seit 1973 die »Costume Society of America« und deren Publikationsreihe »Dress«.

Die Kostümforschung stützt sich auf:

Bildliche Darstellungen: Höhlen- und Felsenmalerei, Plastiken, Miniaturen, Glasmalerei, Gemälde, Holzschnitte, Trachten- und Schnittmusterbücher (»Rißbuch«, »Meisterstückbuch« oder »Musterbuch« genannt), Kupferstiche, Kostüm- und Modezeichnungen, Modefotos und -karikaturen (‣Modejournale).

Literarische Darstellungen: Beschreibungen von Völkern und Volksgruppen, auch von Einzelpersonen, Sitten-, Stamm- und Tagebücher, Chroniken, ‣Kleiderordnungen, Nachlässe, Modealmanache, Berichte über Mode- und

Textilmessen, Tageszeitungen. Bildliche und schriftliche Darstellungen gleichermaßen bieten Trachtenbücher und Modejournale. (Bei bildlichen und schriftlichen Quellen ist meist eine Idealisierung oder sonstige Verfremdung zu berücksichtigen.) Als umfassendste Sammlung in Deutschland von bildlichen und literarischen Darstellungen gilt die Kunstbibliothek in Berlin.

Originalkleidung, -accessoires und -zubehör: Aus Altertum und Antike ist, abgesehen von Baumwollstoffresten aus Mexiko (Tehuacan) von 5800 v. Chr., von leinenen Mumienbinden aus Ägypten des 3. Jahrtausends v. Chr. und von koptischen Gewändern des 4. bis 9. Jh. n. Chr. nichts erhalten. Lediglich metallenes Kleidungszubehör, wie Nadeln und ‣Fibeln, Gürtelschließen (‣Gürtel) und metallene Sandalen der Ägypter, sowie lederne ‣Fußbekleidung sind original überliefert. Früheste Kleidungsfunde machte man in Baumsärgen der Bronzezeit von etwa 1500 v. Chr., gefolgt von jenen aus dem 3./4. Jh. n. Chr., der sog. Moorleichen Norddeutschlands, Dänemarks und der Ostseeinseln (s. Mode- und Kostümgeschichte, S. 20 ff.). Sieht man von liturgischen Gewandteilen und Krönungsornatstücken des Mittelalters ab, besitzen wir nur wenige, zerfallene Gewänder aus dem 14. und 15. Jh. Ende des 16. Jh.s nimmt die Zahl der erhaltenen Kostümteile zu; der größte historische Bestand stammt aus dem 18. und 19. Jh. Bei diesen Stücken handelt es sich meist um Festkleidung der weiblichen Oberschicht, Kleidung, die nicht aufgetragen und selten umgearbeitet wurde. Kostbare Staatsroben sowie Gala- und Festtagskleidungen, hier auch solche des Mannes, wurden oft schon zu Lebzeiten sorgfältig aufbewahrt und vererbt, Galakleider von Kaiserinnen und Königinnen auch zu kirchlichen Gewändern umgearbeitet.

Insgesamt ist die Kleidung der Oberschicht – auch durch ihre vorrangige Darstellung in der bildenden Kunst – eingehender dokumentiert und weltweit in Museen aufbewahrt als jene von Bauern, Handwerkern, Bediensteten und Arbeitern. Alltags- und Arbeitskleidung früherer Jahrhunderte ist so gut wie nicht erhalten. Die K. arbeitet interdisziplinär u. a. mit Archäologie, Textilforschung und -restauration, Volkskunde, Völkerkunde zusammen. ‣Mode, ‣Modestile, ‣Modetheorie, ‣Restaurierung.

Koteletten, auch *Kotelettenbart* (von frz. *côte* ›Seite‹), um 1795–1835 unter der Bezeichnung ‣*Favoris* (engl. *side whiskers*) zum ‣Tituskopf aufgekommener Schläfenbart, der sich aus den seitlich herabhängenden Haarsträhnen, »Oreilles de chien« genannt, der Revolutionsfrisur (‣ Haarmode) entwickelt hatte. In den 1820er Jahren, noch »K.« genannt, wurden sie gekräuselt[82, 132] und in den 1830er Jahren bis zum Kinn zum sog. ‣Backenbart verlängert[277, 434]. Kurze K. kamen um 1955 bei der Jugend auf, wurden 1965 etwas breiter[269] und hielten sich wieder in schmaler, kurzer Fasson bis heute.

Kothurn, *der* (griech.). **1.** Hoher, rundum geschlossener Schaftstiefel ohne zusätzliche Sohle, jedoch mit einem besonders eingesetzten Fersenstück; zuerst durch Umschnürung mit Bändern[232m], später durch Verschnürung eines vorderen Schaftschlitzes anliegend geschlossen. Häufig war der obere Rand zu einem Wulst umgeschlagen oder die Spitze leicht aufgebogen. Der K. war aus sehr weichem Leder und stets für beide Füße gleich geschnitten. Er stammte aus dem Vorderen Orient, war zunächst Fußbekleidung der Frau und wurde in der griechischen Antike vom 7. Jh. v. Chr. bis in die römische Kaiserzeit von beiden Geschlechtern unter verschiedenen Bezeichnungen als Alltagsfußbekleidung[232e], aber auch als Prunkstiefel mit purpur oder golden gefärbtem Schaft getragen (Sonderformen bildeten der *Endromis* für Wandern und Jagd und der ‣*Embas,* ‣Fußbekleidung). Mit einem Pelzstreifen am oberen Rand war er charakteristisch für den griechischen Gott Dionysos. **2.** Seit ca. 500 v. Chr. ist der K. in der unter (1) beschriebenen Form auch Fußbekleidung der tragischen Schauspieler. Durch den griechischen Dichter Aischylos (gest. 456 v. Chr.) erhielt er, um die Schauspieler auf der Bühne höher erscheinen zu lassen, eine Ledersohle, die im 4. Jh. 2, in hellenistischer Zeit 4 Lagen und ab dem 2. Jh. v. Chr. eine dicke Holzsohle hatte. Die Höhe der Sohlen drückte auch den sozialen Status der dargestellten Personen aus. Der K. wurde vom römischen Theater übernommen. Im 2. Jh. n. Chr. wurden die dicken Sohlen zu hohen Holzböcken. Die Bezeichnung »K.« ging vom Stiefel auf die Sohle über. Zur ähnlichen ‣Fußbekleidung (Mann, 1968–73; Frau, 1940–45 und 1996–2000).

Kotillon, *der* (frz. *cotillon* ›Unterrock‹, Diminutiv von *cotte;* ▸Cotte), vom 16. bis 1. Hälfte 18. Jh. dt. Bezeichnung für ▸*Unterrock* (in der bäuerlichen Tracht bis heute erhalten), die Mitte des 18. Jh.s auf den neuen gleichnamigen Gesellschaftstanz, der die Unterröcke sichtbar werden ließ, überging.

Kotta, *die* (afränk., ›Obergewand aus grobem Wollstoff‹; vgl. ▸Kotze, ▸Kutte; engl. *coat* ›Mantel‹), Bezeichnung für das Obergewand beider Geschlechter; bis ins 15. Jh. das obere, danach bis ins 17. Jh. das untere ▸Kleid der Frau; bis ins 14. Jh. der ▸Rock (1) des Mannes.

Kotze, *die* (mhd.; ahd. *chozzo, chozza* ›grobes Wollzeug, wollener Mantel, Decke‹; ▸Kutte; vielleicht Verbindung zu ▸Kotta), grobes Wollzeug, wollene Decke und Mantelüberwurf, der mit der ▸Paenula der römischen Antike übereinstimmt und bereits seit dem 1. Jh. n. Chr. aus grauem oder braunem Loden (▸Stoff) nachgewiesen ist; seit Ende des 14. Jh.s auch ▸*Glocke* (1), seit etwa der 2. Hälfte des 19. Jh.s *Wetterfleck* genannt. Ponchoartiger Überwurf aus einem rechteckigen oder runden, groben Lodenstück, mit Kopfloch und Brustschlitz, in den Alpenländern als Arbeitskleidung und Wetterschutz sowie seit der 2. Hälfte des 19. Jh.s allgemein zur Wanderkleidung, auch mit modischem Steh- oder Umlegekragen und vorn durchgehend geknöpft, getragen.

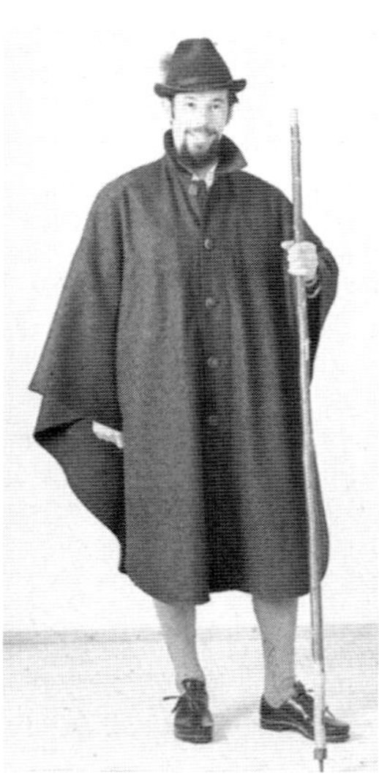

Abb. 377. Kotze und Goiserer aus Miesbach (Bayern). Um 1980. Bayerischer Landesverein für Heimatpflege, München.

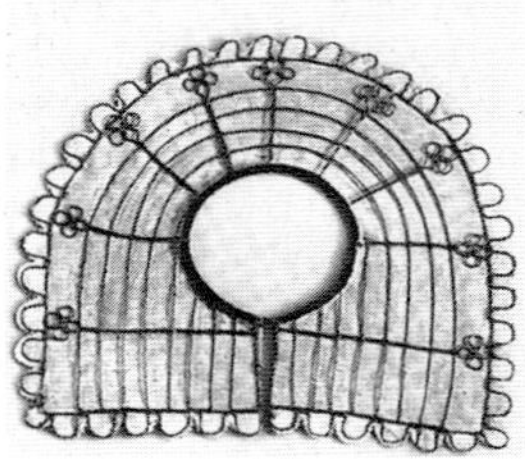

Abb. 378. Kragen mit Kragenstütze. Niederlande, um 1610–30. Bayerisches Nationalmuseum, München.

Krachlederne ▸Lederhose (2).

Kragen (bis ins Mhd. ›Hals‹, ab 14./15. Jh. mhd. *überschleg* für das den Hals bedeckende Kleidungsstück, den Halskragen), Hals, Schultern und/oder ▸Dekolleté bedeckendes (Letzteres auch rahmendes) selbständiges oder an die Kleidung als oberer Abschluss angenähtes Gewandstück in schmückender oder wärmender Funktion. (Hemd- und Mantelkragenformen ▸Hemd, ▸Mantel.)

Im ägyptischen Altertum trugen beide Geschlechter separate, breite und flach aufliegende Schmuck-K.[8,9] (breite Halskette) aus kleinen, bunten, mit Metallgliedern verbundenen (Edel-) Steinen. Die Germanen hatten einen Umhang (▸Mantel), der im Nacken umgeschlagen wurde und so eine Art Schal-K. bildete. Der eigentliche, an das Gewand genähte K. war wahrscheinlich aus dem in Zentralasien an das Untergewand genähten ▸Halstuch entstanden. Zum byzantinischen Herrscherornat gehörte ein reich bestickter K.

In der 2. Hälfte des 12. Jh.s hatte der Schultermantel einen kragenartigen Umschlag. Im

Abb. 379. Golilla. Aus einem Porträt Philipps IV. von Spanien der Velázquez-Werkstatt. 1632 (?). Kunsthistorisches Museum, Wien.

13. Jh. bildete sich anstelle des schmalen Zierstreifens, mit dem der Halsausschnitt der ‣Cotte (‣Kleid bzw. ‣Rock (1)) oft eingefaßt war, ein niedriger, vorn offener *Steh-K.* Die Cotte des Mannes weist zuweilen einen reversartigen Ausschlag am Halsausschnitt auf, der anscheinend mit einem ‣Knopf geschlossen werden konnte. In den 1280er Jahren erhielt der Schnurmantel einen breiten K. Ende des 14. und im 15. Jh. gab es an der ‣Houppelande einen hohen, tubenartigen Steh-K., seltener einen aufgestellten Umlege-K. Dagegen wirkte die Pelzverbrämung des Dekolletés an der Frauenhouppelande wie ein Schal-K. Steh-K. an den mantelartigen Obergewändern und der breite *Schal-K.*[41] *der* ‣Schaube waren ebenfalls pelzverbrämt, Letzterer auch samtbelegt. Im 14. Jh. wies die Kapuze (‣Gugel) einen angeschnittenen *Schulter-K.* auf. Ende 15. / Anfang 16. Jh. trugen Frauen einen separaten ‣*Dekolleté-K.*[40,42], »K.« oder *Goller* (‣Koller (2)) genannt.

In der 2. Hälfte des 16. Jh.s (Spanische Mode) hatte das ‣Wams einen Steh-K.[46–53], der extrem hoch wurde, mit der ‣*Halskrause*[53,56,330], die sich aus dem K. des Hemdes entwickelt hatte, noch darüber. Die Frau trug an Kleid oder ‣Manteau zunächst noch einen Umlege-K., nach etwa 1665 ebenfalls einen hohen Steh-K. und darüber die Halskrause. Doch differierten Ende 16./1. Viertel 17. Jh. in verschiedenen Ländern die K.-Formen[54,57], besonders die Hemd- bzw. separaten Wäsche-K. In Frankreich und Italien war in etwas abgewandelten Formen der ‣*Medici-K.*, zuweilen auch eine vorn offene Halskrause, in England der flügelförmig abstehende K. und der ‣*Stuart-K.*[134,298] modern, alle aus feinstem Batist (‣Stoff) mit Spitzenrand oder ganz aus ‣Spitzen.

Anfang des 17. Jh.s löste in Spanien die ‣*Golilla*[64] die Halskrause ab, die 1623 wegen des hohen Spitzenverbrauchs verboten wurde. In anderen europäischen Ländern fiel in den 1620er Jahren die Krause flach, ungestärkt[64,131] und ohne Untergestell als Fallkröse auf die Schultern; die Jugend trug einen zunächst noch abgesteiften, glatten *Spitzen-K.* Ab den 1630er Jahren fiel dieser ungesteift über die Schultern (bereits 1610 bildlich dokumentiert) und wurde vorn von einer weißen, in einer Weißzeugquaste (‣Dolde[65]) endenden Schnur zusammengehalten. Diesen breiten Schulter-K. (frz. *col rabattu*[58]) trugen auch Soldaten, meist vorn in eckiger Fasson, er war für die À-la-mode-Kleidung (‣À la mode) charakteristisch; besonders kostbare Exemplare trug König Gustav II. Adolf von Schweden, daher der Name *Schweden-K.* Das ‣Wams hatte im 17. Jh. einen niedrigen Steh-K. Etwa Ende der 1640er Jahre wurde der breite, weiße Schulter-K. des Hemdes infolge des länger werdenden Haares seitlich schmäler, vorn – zwei Falten bildend[63] – ein wenig zusammengeschoben und *Augsburger K.*[64] oder ‣*Rabat*[331] genannt. Daraus entwickelte sich 1670/75 das seitlich noch schmälere, zu zwei abgesteiften Leinenstreifen zusammengeschmolzene ‣*Beffchen.* Der von etwa 1660/65 an getragene ‣Justaucorps (2) war kragenlos (wegen der langen Haartracht des Mannes), höchstens beim vorn offenen Rock wurden die Kanten zu ‣Revers umgeschlagen. Das Hemd hatte seit etwa 1670 nur einen einfachen Steh-K., über den das Halstuch (‣Krawatte) gelegt wurde. (Der breite Schulter-K. war demnach durch die Krawatte abgelöst worden.) Die Frau trug einen großen Spitzen-K., der von einem drahtversteiften Unter-K., der *Portefraise*[60,274], gestützt wurde. Die Holländerin allerdings hielt länger an der Halskrause[52,64] fest. Um 1630 gab es, wie für den Mann, einen breiten, liegenden Spitzen-K. Dazu war ein Dekol-

Abb. 380. Beffchen. Deutschland, Anfang des 18. Jh.s. Nach Wilcox.

leté üblich, das die Bürgerin mit einem Dekolleté-K., der später so genannten ▸*Palatine* (1)[61], bedeckte. Im Hochbarock rahmte ein liegender, mehr oder weniger breiter Spitzen- oder feiner Leinen-K. das Dekolleté[62]. Im Spätbarock wurde das Dekolleté des ▸Mieders von der Hemdrüsche gerahmt, während der ▸Manteau in den 1690er Jahren einen *Schal-K.*, manchmal mit in Achselhöhe angedeuteten Ecken, hatte.

Im 18. Jh. blieb die Kleidung beider Geschlechter weitgehend kragenlos. In der Herrenmode entbehrte der Justaucorps bis etwa 1760 jeglicher K.[67–70] und erhielt danach unter dem Einfluss des ▸Fracks einen Steh-K., während das Hemd ab etwa 1715 ein ▸*Jabot*[225] aufwies. Der ▸Frack, der sich etwa 1740 entwickelte, hatte einen Steh-K. oder breiten Umlege-K. und erhielt dazu spitze Revers. Eine Sonderform war der über den Frack-K. geschlagene, vorn offene ▸*Schiller-K.*[332,459] des Hemdes. 1792 kam der ▸*Kutscher-* oder *Carrick-K.*[172] (▸Carrick), ein Schulter-K., am Reitrock auf. Im Directoire (1795–99) wurde der Frack-K., in Form eines Stehumlege-K.s und -Revers, bei Stutzern, den ▸Incroyables[319], ins Überdimensionale gesteigert. In der Frauenkleidung konnte das Dekolleté von der Hemdrüsche oder einer an das Hemd genähten Lingerierüsche (▸Lingerie, ▸Rüsche) umsäumt sein; Ende des 18. Jh.s hatten ▸Caraco und ▸Redingote (2) mitunter K. und Revers.

Im 19. Jh. und bis heute waren in der Herrenoberbekleidung Umlege-K. zusammen mit dem Revers in mäßig breitem, verhältnismäßig gering wechselndem ▸Fasson[218] (2) grundlegende K.-Form (▸Frack, ▸Jackett, ▸Sakko). Der Mitte des 19. Jh.s zum Abendanzug gewordene Frack erhielt einen seidenen ▸Spiegel am Revers, ebenso der spätere ▸Smoking, bei dem zuweilen ein Schal-K. in Mode ist. Mäntel hatten im 19. Jh. auch ▸*Kutscher-* und *Pelerinen-K.* (▸Pelerine). Der K. des Hemdes wechselte dagegen öfter die Form: ▸*Vatermörder-K.*[299], ▸*Klappen-K.*, *Kent-K.*[301], ▸*Camping-K.*, *Polo-K.* (▸Polohemd), *Veston-K.*

Das Frauenkleid, die ▸Chemise (2), war im Directoire und Empire (1795–1815/20) allgemein kragenlos, nur in England konnte eine hochstehende Spitzenhalskrause, *Betsie* oder *Betsy*, nach Königin Elisabeth I., um das Dekolleté arrangiert sein. 1804 wurde am Hof Napoleons I. eine steife, zackige Spitze (frz. *Chérusse*) hinten um das Dekolleté oder nur an den Schultern getragen. Um 1815–20 hatte das hochgeschlossene Altdeutsche Kleid (▸Altdeutsche Kleidung) eine *Halskrause*[129], ein Zackenband[86] (▸*Dent de loup*) oder einen *Stuart-K.* Im Frühbiedermeier, nach 1825, wurde das große, ovale Dekolleté von der ▸*Berthe*[88] umrandet oder, bis 1870, vom ▸*Can(n)ezou*, nun als Schulter-K., bedeckt. Nach 1836 waren Tageskleider hochgeschlossen oder hatten einen separaten, weißen Wäsche-K. (*Lingerie-K.*), der wie die ▸*Chemisette* den Halsausschnitt ausfüllte. Die etwa 1875 aufgekommenen ▸Kostüme, (2) und Mäntel hatten kleine , aber auch überdimensionale K. und Revers[94].

1899/1900–06/07, zur Zeit der Sans-Ventre-Linie, hatten Tageskleider einen hohen, mit Fischbeinstäben versteiften Steh-K.[342], der oftmals von einem ▸*Plastron* (4) gebildet und aus Spitzen gefältelt, bestickt oder mit ▸Posamenten verziert war. Um die Linie mehr zu betonen, gab es zusätzlich große Schulter-K., die boleroartig über die Brust herabfielen. Jäckchen hatten einen vorn offenen Steh-K., mit fischbeinverstärkten Ecken, zuweilen auch einen Schal-K. ▸Reform- und Jugendstilkleider waren meist kragenlos. Bei Schneiderkleidern liebte man bis 1914 breite Spitzen-K., am Tage verbunden mit einem Lingerie-Steh-K. im Halsausschnitt; Kostüme und Mäntel hatten K. und Revers in Herrenfasson oder, um 1913/14, Schal-K., Abendmäntel schulterbreite, mit Spitzen, Satinstoff oder Seide besetzte K. Zur ▸Kriegskrinoline (1916/17) war erneut der *Stuart-K.* in Mode. Danach wurden Sommer- und ▸Abendkleider kragenlos favorisiert, hochgeschlossene Kleider konnten einen ▸*Bubi-K.* haben, Kostüme und Mäntel hatten langgezogene schmale Revers oder Schal-K., Abendmäntel breite, pelzverbrämte Schal-K. In den 1930er Jahren zeigten sich am Tageskleid wieder verspieltere K.-Formen: neben ▸Jabots und Schleifen kleine *Pikee-K.*, ▸*Pierrot-K.*, ▸*Koller* (2), Spitzen- und Lingerie-Umlege-K., die nach 1933 bis zu den Achseln reichten, um diese optisch zu verbreitern, sowie der *Matrosen-K.* (▸*Marinière*)[346]. Abendkleider hatten einen Wasserfall. Nach 1939 waren Kostüme mit strengen, breiten Revers-K., Kleider mit dezenten kleinen Umlege- oder Bubi-K. ausgestattet.

In den 1950er Jahren gab es hochgeschlossene Tageskleider mit kleinen Umlege-K., Kostürme und Mäntel mit kleinen K. und Revers und ‣Pullover mit *Roll-K.* 1957/58 waren große schulterbedeckende K.-Formen[286], wie *Pelerinen-* oder *Dach-K.*[112], in Mode. Kleider der ‣Minimode und des ‣Courrèges-Stils[291] (um 1963–69) waren meist kragenlos, Kostüme und Mäntel dagegen hatten breite K.[401] und Revers in spitzer, eckiger Fasson, oft mit horizontaler Reverskante. In den 1970er Jahren überwogen kleine K.-Formen, der ‣Romantiklook brachte mit Volants (‣Falbel) und Rüschen eingefasste Dekolletés. Der ‣Folklorelook ab 1976 verlangte verschiedenste dem Stil entsprechende K.-Formen. Kleider hatten nun einen oft seitlich zuknöpfbaren Steh-K.[314], Blusen ab 1978 Schleifen und Pierrot-K. Pullover wurden eine Zeit lang mit breiten, runden Wäsche-K. verziert und erhielten nach 1981 seitlich schließbare, kragenartige Ausschläge, Kostüme wiesen K. und Revers in Herrenfasson auf, Mäntel oft einen Steh-K. In den 1990er Jahren wurde eine Pelzverbrämung (häufig aus Kunstpelz) am K. von Kostümen und Mänteln, aber auch um den Halsausschnitt des Pullovers modern.

Kragenkapuze, ‣Kapuze mit angeschnittenem, rundum geschlossenem, in der Spätzeit auch vorn zu schließendem Schulterkragen (‣Kragen). Die K. war als Regenschutz im Mittelalter allgemein. ‣Gugel, ‣Kappe (2).

Kragennadel ‣Hemd (1910, 1975).

Kranich, auch *Schnabelschuh*[435], ‣Fußbekleidung, Mitte 14. und 15. Jh.

Krause. 1. ‣Hals-K., ‣Hand-K. **2.** ‣Bart (1). **3.** ‣Haarmode (röm. Antike, 17., 20. Jh.).

Krawatte (von frz. *cravate,* zurückgehend auf dt. *Krawat,* mdal. für ›Kroate‹), auch *Halsbinde, Schlips* (von niederd. *Zipfel,* ab etwa 1840 auf die losen Enden des seidenen Halstuchs oder der Schleifen-K., später auf den Langbinder bezogen).

Die Ursprünge der K. sind noch nicht eindeutig belegt. Eine Halsbinde (lat. *focale*) trugen die römischen Legionäre nördlich der Alpen als Kälteschutz. Sie dürften sie von nördlichen Völkern, vermutlich den Dakern, übernommen haben. In Rom selbst galt das Umlegen des Focale als weibisch.

1380 ist in einem Text des frz. Balladendichters Eustache Deschamps (um 1340–um 1407) vom Engerziehen der K. (»cravate«) die Rede, was auf ein Bekleidungsstück schließen lässt. 1590 beschreibt Cesare Vecellio (um 1530–1606) in seinem Werk »Degli abiti antichi« (‣Modejournale) einen römischen Soldaten mit einer »Art von K. (cravata)« um den Hals. Vermutlich erhielt sich der Gebrauch des römischen Focale bei den Kroaten, deren Land römische Provinz war. Auf Abbildungen aus dem Dreißigjährigen Krieg taucht die Halsbinde wieder auf, sowohl an deutschen Reitern als auch an Offizieren französischer Truppen. Vermutlich hat man diese Halsbinde von kroatischen Söldnern übernommen. Ab etwa 1660 bürgerte sich bei den Truppen Ludwigs XIV. ein breites, farbiges Halstuch ein. Offiziere trugen diese, die *kroatische K.,* aus Musselin oder Seide, die gemeinen Soldaten aus Leinen. (Das kroatische Reiterregiment der Franzosen erhielt von da an den Namen »Royal Cravate«.)

Im zivilen Bereich kam um 1670 mit dem schulterlangen, gekräuselten Haar des Mannes in vornehmen Kreisen, zuerst in Frankreich anstelle des Spitzenkragens, ein ‣*Halstuch* nach Art des kroatischen in Mode. Dieses, in Weiß und mit Spitzenenden verziert (Spitzenbinde), hing über den Leibrock, den ‣Justaucorps (2), bis zum Brustansatz faltig herab, wurde über den niedrigen Stehkragen des Hemdes zweimal um den Hals geschlungen und nach 1675 vorn mit einer separaten, auch farbigen ‣Schleife (1)[67] zusammengehalten oder selbst zu einer Schleife gebunden und die Spitzenenden darübergelegt, so dass die Weißzeugschleifen außen sichtbar blieben. In den 1680er Jahren wurden Doppelschleifen gelegt und sogar abgesteift. Normalerweise jedoch war die K. fertig gebunden, wurde um den Hals gelegt und hinten mit einer Schnalle geschlossen. In den 1690er Jahren wurde die *Cravate à la* ‣*Chaconne* getragen, in England auch eine K. mit lose herabhängenden Enden. Häufiger allerdings war die ‣*Steinkerke*[69] (1692 – ca. 1715), die auch von der Dame zum Reithabit[322] getragen wurde. Außerdem erhielt sich das einfache Halstuch der Kroaten in der Matrosenkleidung.

Im Régence (1715–23) legte man die Steinkerke ab. Nun wurde ein länglich zugeschnittenes, zu einer schmalen Halsbinde zusam-

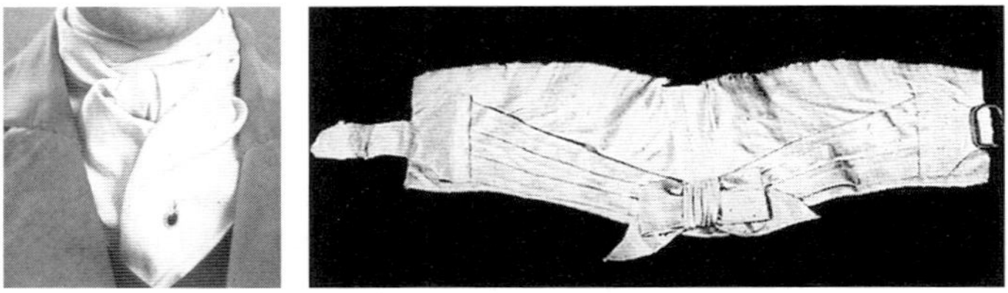

Abb. 381. a) Plastron mit Schmucknadel. b) Fertige Halsbinde aus weißem Satin. Um 1828. The Museum of the City of New York.

mengelegtes Tuch aus feinstem, weißem Leinen oder aus Seide zwei oder mehrere Male[68] über dem kleinen Stehkragen des Hemdes um den Hals gewickelt und hinten geknotet. Die Hemdbrust, damit auch den Hemdverschluss, bedeckte ein mehr oder weniger üppiges ‣Jabot. Oft war die Halsbinde mit einer Schmucknadel, dem Vorläufer der ‣Krawattennadel, versehen. Auch wurden, besonders in Frankreich, in den 1730er/40er Jahren die Enden des schwarzseidenen Haarbeutels – als Pendant zu dessen Nackenschleife – vorn über der weißen Halsbinde zu einer Schleife oder Rosette gebunden. Diese schwarze Seidenschleife hieß *Solitaire*[258a] (‣Haarbeutelfrisur), in schmaler Form auch *Petite cravate* (frz., ›kleine K.‹). Im letzten Drittel des 18. Jh.s wurde die weiße Halsbinde breiter und länger und auch vorn zu einer Schleife geknotet[258b]. Vertreter des aufgeklärten Bürgertums, z. B. Friedrich Schiller[459], verzichteten auf die »aristokratische« K. und trugen den Hemdkragen ausgeschlagen. Ebenso Ausdruck der politischen Gesinnung war das nachlässig geknotete, grobe Halstuch der Sansculotten (‣Pantalon (1)). Generäle der französischen Revolutionsarmee trugen eine breite, schwarze K., die später Napoleon bevorzugte. Als Gegenreaktion tauchten in Frankreich nach 1794 die ‣*Muscadins* mit großen grünen K.n als Zeichen royalistischer Gesinnung auf. Im Directoire (1795–99) trat der ‣Incroyable[319] noch stutzerhafter gekleidet hervor, u. a. durch mehrere weiße oder farbige Halstücher, die vorn mit einem Kissen unterlegt waren und Kinn und Ohren ganz verhüllten (‣*Cachenez* (2)). Nur die Ecken des ebenfalls größer gewordenen Hemdkragens blieben sichtbar. Anfang des 19. Jh.s war die elegante Halsbinde ein meist quadratisches, zu einer Längsbinde zusammengelegtes Tuch, vorn meist zu einer Schleife[87, 179] gebunden, aus weißem Batist oder Musselin. Es gab auch fertig genähte Halsbinden, die hinten zugehakt wurden.[381b] Intellektuelle dagegen gefielen sich in schwarzen, nachlässig gebundenen K.n, »höllenschwarz, wie ewige Verdammnis« (A. Varron). Die K. war sowohl politischer als stimmungsmäßiger Ausdruck ihres Trägers. Diverse Lehrbücher über die Kunst des Krawattenanlegens geben Auskunft darüber. So veröffentlichte Honoré de Balzac (?) unter einem Pseudonym 1827 »L'Art de mettre sa cravate« (»Die Kunst, seine K. zu binden«) mit 28 Beispielen; da gibt es u. a. die »Cravate sentimentale«, die, weich um den Hals geschlagen und mit steifer Schleife vorn, für junge Männer gedacht war, oder die »Cravate à la Byron«, die einfach umgebunden und vorn geknotet wurde, wobei die Schleife schlaff auf die Brust fiel (Vorbild für diverse Künstlerschleifen!). Der modebewusste Bürger trug auch gestreifte oder gepunktete Halsbinden aus Seide, Satin oder Samt. Eine schlecht gebundene und wieder aufgelöste K. konnte nicht wieder verwendet werden, bevor sie nicht gebügelt worden war. Um 1830 waren breite, ein- bis zweimal um den Hals geschlungene K.n in Mode, die auch von Amazonen (‣Reitkleidung) getragen wurden.

Um 1840 fielen die K.n noch länger aus, so dass sie vorn übereinander gelegt wurden und eine Vorstufe des 1860 aufgekommenen ‣*Plastrons* (3) bildeten. Die Enden der K. wurden mancherorts *Schlips* genannt. Die weiße Halsbinde trug man immer öfter am Abend. Wo sie tagsüber noch auftaucht, wurde sie kunstvoll geschlungen und war Symbol des Reaktionärs. Während des 1848er Aufstandes trugen Studenten und bürgerliche Revolutionäre blutrote K.n. Die schwarzseidene Schleifen-K. der Engländer wurde 1851 auf dem Kontinent als ‣*Diplomatenschleife*[434] zum Frack üblich. Nach Mitte des 19. Jh.s wurde die Schleifen-K. im Zuge des Strebens nach zweckmäßiger Herrenkleidung schmal[277], jedoch im Gegensatz zur übrigen Kleidung allmählich farbiger, auch bunt gemustert. Daneben gab es die ‣*Lavallière*[266b], eine breite

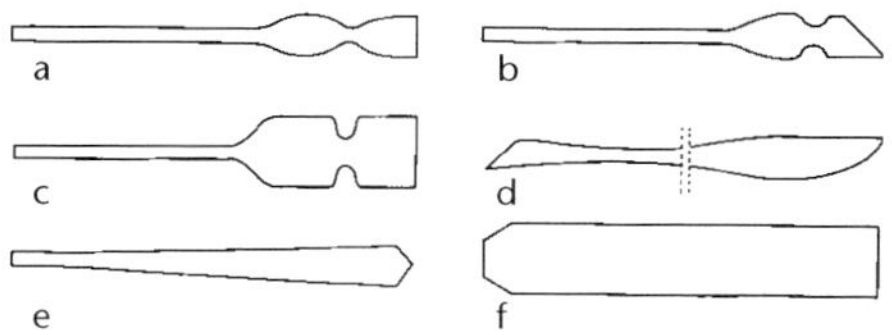

Abb. 382. Schleifen- und Krawattenformen. a) Opera. b) Butterfly. c) Zola. d) Zipfel. e) Schrumpfer. f) Big Ben. Nach Mosconi/Villarosa.

Schleife mit längeren, lose flatternden Enden, die besonders als Bohemien- und Künstlerschleife in den 1880er Jahren groß in Mode kam. Zum ‣Cutaway (2), später auch zum ‣*Gehrock* wurde das Plastron[85] getragen (beim Cut nach 1920 vom silbergrauen Langbinder abgelöst). Um 1867 kam mit dem Umlegekragen des Herrenhemdes und dem ‣Sakko der vorn geknotete und über die Brust herabhängende *Langbinder* auf. Seine Herkunft ist nicht eindeutig geklärt: In England hieß er *Four in hand* (›vier in der Hand‹, d.h. ›vierspännig fahren‹). Vermutlich hatten die Anhänger vierspänniger Kutschenrennen die Idee, ihre K. mit einem ebenso haltbaren Knoten wie bei den Zügeln zu versehen. In Frankreich dagegen wurde der neue Langbinder nach einem nautischen Knoten *Regate* genannt. Beide Bezeichnungen, die englische und die französische, sind mit Sportarten assoziiert. Bezeichnenderweise hatte sich der Langbinder auch zuerst beim Sport[84] (Tennis, Segeln und Golf), und zwar erst gegen Ende des 19. Jh.s, durchgesetzt. (Zuvor wurde auch zum Sakko noch die dunkle Schleifen-K. getragen.) Stets gab es alle Krawattenarten auch fertig gebunden mit einer rückwärtigen Schließe zu kaufen. Im 19. Jh. wurde sie in dieser Form als *eiserne K.* (engl. *Stocks*), 1900 ugs. als *gelötet* bezeichnet.

Seit dem 20. Jh. wird allein der *Langbinder* als »K.« bezeichnet und von diesem der Querbinder, die Schleife[452], und das Plastron unterschieden. Seitdem wird allgemein zum Tagesanzug die Langbinder-K.[95] getragen, in den ersten Jahrzehnten des Jh.s mit einer Nadel, in den 1950er Jahren mit einer Klemme am Hemd fixiert; seltener eine farbige oder auch gemusterte Schleife. Das Plastron war noch zu Cut oder Gehrock, die Schleife zu allen Abendanzügen (‣Smoking, ‣Frack) vorgeschrieben. Um 1906 kamen kunstseidene K.n auf, die jedoch sehr knitterten und deshalb bald in Form von Strick-K.n aus Kunstseide als Teil der Sportkleidung hergestellt wurden. In den 1920er Jahren bekam die K. mehr die Funktion des farbigen und modischen Aufputzes der Herrenkleidung, mit dezenten Karos, Streifen, Tupfen und sog. Türkischem Muster oder Paisley-Muster (‣Farbe und Muster). In den 1930er Jahren wurde die K. etwas breiter und im Muster auffälliger. Eine silbergraue K. zum schwarzen Sakkoanzug für den Abend kam auf und nach 1935 der ‣Windsorknoten[383]. In den 1950er Jahren wurde die K. wieder schmal (von den ‣Teddy-Boys *Strick* oder *Slim-Jim* genannt), mit sehr dezentem Ton-in-Ton-Muster. Um 1963/64–74 war die K. sehr breit[96], hatte große, phantasievolle Muster (Autos, Bäume usw.) in kräftigen, anfangs grell poppigen Farben und war aus Seide, Kunstseide, Wollstoff, Kaschmir, Trevira (‣Stoff); außerdem kannte man Batik- und

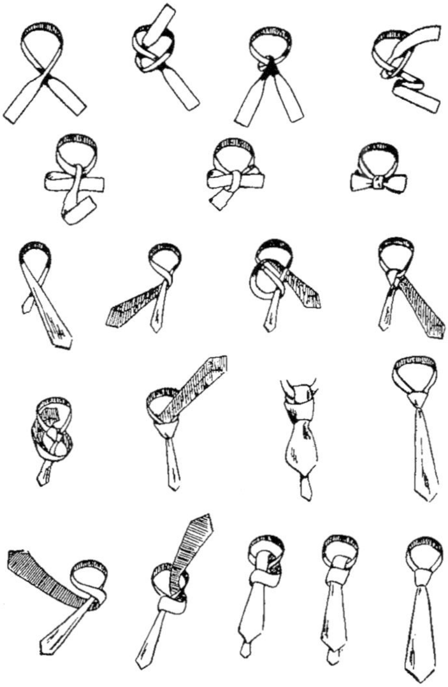

Abb. 383. Knüpfen der Krawatte. Reihe 1–2: Einfache Schleife. Reihe 3–4: Windsor-Knoten. Reihe 5: Einfacher Knoten. Nach Elmayer.

Strick-K.n. Danach wurde die K. wieder schmaler[97] und dezenter gemustert. An Krawattenarten und -dessins gibt es: die sommerliche seidene *Foulard-K.,* bedruckt mit kleinen orientalischen Dessins, einschließlich dem Paisley; die *Klub-K.,* mit nur einem breiten Streifen in den Klubfarben oder mit Klubabzeichen; die K. mit Séparées, einem nur einmal direkt in der Ausschnittmitte des Sakkos auftretenden Streifendessin (ihm ähnlich der diagonale Bandelierstreifen). Ferner K.n mit Panels (gleich unterhalb des Knotens horizontal angeordneten Streifen), mit Allover-Dessin (engl., ›Überall-Muster‹) aus kleinen, immer wiederkehrenden Einzelmotiven sowie mit Phantasiemustern.

Krawattennadel, Nadel mit Schmuckknauf (z.B. Perle, Koralle), die Anfang des 18. Jh.s den Knoten der weißen Halsbinde (‣Krawatte) zusätzlich fixierte und beim ‣Plastron[381a] (3) weitgehend beibehalten wurde. Der Nadelkopf zeigte gegenständliche Motive, z.B. Jagd-, Pferde-, Freimaurer- oder Kriegsmotive. In den ersten Jahrzehnten des 20. Jh.s wurde der Knoten des Langbinders mit einer K.[95] fixiert. In den 1950er Jahren war eine Klemme zur Befestigung der herabhängenden Krawatte am Hemd in Mode[97].

Kreissäge, ugs. für ‣*Canotier.*

Krempe, im 17. Jh. aufgekommene Bezeichnung für den (aufgeschlagenen) Hutrand; die K. bestimmt wesentlich den Stil des ‣Hutes mit. ‣Kopfbedeckung.

Krepis ‣Fußbekleidung (griech. Antike).

Krepp, Crêpe ‣Stoff (19., 20. Jh.).

Kreppsohle, bis in die 1920er Jahre *Crêpegummisohle,* aus vulkanisiertem, speziell präpariertem ‣Gummi hergestellte, etwa fingerdicke Sohle. Obwohl bereits seit 1857 das Anbringen von Gummi auf Leder bekannt war, gab es die K. nur vereinzelt und erst in den 1920er Jahren an Golf- und Kinderschuhen. An Verbreitung gewann sie, auf Sportschuhe aufgeklebt, erst nach 1936.

Kreuzbandschuh,[82] ‣Escarpin mit zwei seitlich angebrachten, langen Bändern, die kreuzweise um die Wade geschlungen wurden, um dem Schuh einen besseren Halt zu geben. Der K. wurde etwa 1795–1820[169,179] und danach höchstens als reiner Ballschuh von der Frau getragen. ‣Fußbekleidung.

Kriegskrinoline,[104] allg. Bezeichnung für die in ganz Europa 1915 bis Anfang 1917 herrschende Kleid- und Kostümsilhouette mit extrem weitem, von zahlreichen Unterröcken (jedoch keiner ‣Krinoline) unterstütztem ‣Rock (2). Das Oberteil war figurbetont mit enger Taille, hochgeschlossen, zuweilen mit einem ‣Stuartkragen, im Sommer mit kleinem runden, ovalen oder V-förmigen ‣Dekolleté. Beliebt waren ‣Schoßtaillen und Oberteile mit nur seitlich angesetzten Schößen, die die Hüften zusätzlich betonen und dadurch die Taille noch schmäler erscheinen lassen sollten. Tageskleider waren erstmals kaum wadenlang (dazu wurden allerdings hohe Schnürstiefel getragen). Gesellschafts- und Abendkleider fielen etwas länger aus, Letztere mit großem, spitzem Dekolleté, auch im Rücken, und hinten einem etwas verlängerten Saum. (Die hohen Kosten für den stoffaufwendigen Rock wurden durch schlechte Stoffqualität und bescheidenen Aufputz wettgemacht.) Auch die ‣Haute Couture stand im Zeichen der K., doch waren ihre Modelle weicher und verspielter und hatten einen längeren Rocksaum. Der weite, ausgestellte Rock der K. lebte im ‣Stilkleid (2) der 1920er Jahre weiter.

Krinoline, *die* (von frz. *crin* ›Rosshaar‹), mit Rosshaar versteifter ‣Unterrock.

Um eine noch größere Weite des Kleidrocks zu erzielen, begann man um 1839/40 den zweituntersten Unterrock mit Rosshaar zu durchziehen oder auch dessen Saum mit Strohflechten zu unterlegen. 1842 wurde die »Crinolisation« erfunden, d.h. das Verweben des Unterrockstoffs (Leinen, Seide, Taft, Wolle) mit Rosshaar. Dieser eine, allerdings sehr schwere Unterrock ersetzte die übliche Vielzahl von Unterröcken; er gab dem Kleidrock einen kuppelförmigen Umriß, der außen durch zusätzliche Volantreihen (‣Falbel) erweitert wurde. Die Bezeichnung »K.« ging auf die Kleidsilhouette seit etwa 1840 über, auf eine Modeperiode aber erst zwischen Bürgerlicher Revolution 1848 und Zeit der Turnüre 1868/69, also das sog. Zweite Rokoko, als nun

Abb. 384. Roßhaar-Krinoline. Um 1856. Nach Waugh.

auch die charakteristischen Rockvolants, ‣Pagodenärmel und die veränderte ‣Capote (1) hinzukamen. Um 1855 versuchte u.a. die Französin Mlle Millet, Metallreifen in den Unterrock einzunähen. Dem Engländer Thomson wird die Erfindung (1856) der sog. *Künstlichen* oder *Stahlreifen-K.* (ugs. *Käfig-K.*, frz. *jupe cage*) zugeschrieben[168]; sie bestand aus horizontalen, nach unten größer werdenden Stahlreifen, die durch vertikale Bänder verbunden waren[340]. Trotz des enormen Verbrauchs an Stahl – die metallurgischen Werke in Sachsen stellten in zehn Jahren 9,6 Millionen Stahlreifen-K.n her, von denen jede etwa 90 Ellen Metalldraht erforderte – war die neue K. bedeutend preisgünstiger als der mit Rosshaar versteifte Unterrock. (Thomson unterhielt vier große Krinolinen-Fabriken, in London, New York, Annaberg (Sachsen) und Paris-St. Denis.) Die Bezeichnung »K.« wurde auch für den Stahlreifenrock beibehalten. Zum entscheidenden Durchbruch verhalf Ch. F. ‣Worth der neuen K.

Die *Crinoline magique* des Franzosen Dilirac konnte bei Bedarf wie ein Regenschirm vergrößert (gespreizt) oder verkleinert (zusammengeklappt) werden. 1858 kam eine zusätzliche Konstruktion, die *Porte-jupe* (frz., ›Rockträger‹) auf, mit der die K. ein wenig über den Straßenschmutz hochgezogen werden konnte. Die leichteste (zugleich teuerste) K., der *Cage diamant* (frz., ›Diamantkäfig‹), wog 1 ½ Pfund. 1858 wurde die K. kegelförmig, und die äußeren Rockvolants fielen weitgehend weg. Anfang der 1860er Jahre erreichte die K. mit 6–8 m schleppendem Saumumfang ihre größte Weite. Der Oberrock wurde nun öfter hochgerafft und so als ‣*Polonaise* (1)[89] bezeichnet. 1862/63 bekamen die Stahlreifen eine ovale Form, so dass der Rock vorn flach war, nur hinten weit abstand und zugleich eine ‣Schleppe bildete. 1867 kam die K. aus der Mode, 1869 wurde sie endgültig von der ‣Turnüre abgelöst. 1984 brachte V. ‣Westwood ihre ersten *Mini Crini* in Form von engen, mit Pokissen unterstützten Miniröcken. Zur heutigen Designermode ‣Reifrock.

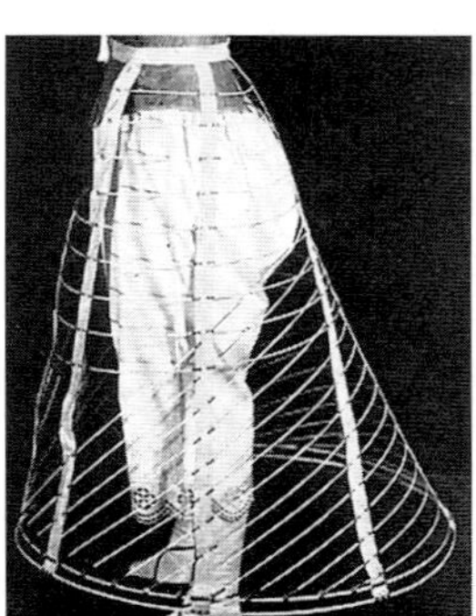

Abb. 385. Künstliche oder Stahlreifen-Krinoline in ovaler Form über Unterhose. 1866. Gallery of English Costume, Platt Hall, Manchester.

Kristianiahose ‣Skikleidung.

Krobylos ‣Haarmode (griech. Antike).

Kröse ‣Halskrause.

Kralle, *die* (von niederd. *krollen, krullen* ›kräuseln‹), 2. Hälfte 16. bis 17. Jh. für ‣*Halskrause* sowie Spitzenkrause an Frauenhauben (Krullhauben); davon *Krülle,* eine gefältelte Frauenhaube in Niedersachsen.

Kruseler, Krüseler, *der* (von mhd./mniederd. *krus* ›gedreht, gekrümmt‹; im 17. Jh. zu *Krause*), Frauenschleier mit mehreren Reihen dichter Krausen (‣Rüsche) um das Gesicht, in Deutschland und England nach Mitte des 14. bis 1. Drittel des 15. Jh.s verbreitet. Der K. entwickelte sich aus einem ähnlich dicht mit Rüschen besetzten schleierartigen Kopftuch (zuweilen noch heute regional »K.« genannt); er hatte die Form eines Halbkreises[34]. Die Anzahl der Krausen war in ‣Kleiderordnungen genau festgelegt. Anfangs wurde, besonders in England, der Schultern und Nacken bedeckende *Kragen-K.*[35, 336], um 1400 der K. zusammen mit der ‣Rise als stark verhüllendes ‣Halstuch getragen. Erst in der Spätzeit bedeckte der K. das Haar nicht mehr vollständig, sondern stand an den Schläfen ab. Um 1410/20 stand er auch über der Stirn als heute so genannter *Kleeblatt-K.* ab.

Kthoneth, *das* (hebr. ›Leinen‹), babylonisch-assyrisches und hebräisches ‣Hemdgewand[2, 328] beider Geschlechter. Das mäßig weit geschnittene K. hatte einen kleinen, runden Halsausschnitt, kurze angeschnittene Ärmel, wurde auch gegürtet und war waden- bis knöchellang, für Kampf und Jagd knielang. Es bestand aus Leinen (von »K.« leitete sich die spätere griech. Bezeichnung ‣*Chiton* ab). Je nach dem sozialen Stand des Trägers war es mit eingewebten oder aufgesetzten Borten sowie mit Fransen oder großen Quasten und mit applizierten oder gestickten Sternen, Quadraten, Zacken u. Ä., bei Königen und Priestern auch mit symbolischen Figuren verziert.

Kunst und Mode ‣Künstlerkleider, ‣Modestile, ‣Reformkleid.

Künstlerkappe ‣Baskenmütze, ‣Barett.

Künstlerkleider, von Künstlern entworfene Kleider.

Ab Mitte des 19. Jh.s nahmen sich in England Vertreter des »Arts and Crafts Movement«, der Präraffaeliten und des »Aesthetic Movement« der Erneuerung der Frauenkleidung unter kunstästhetischen, aber auch gesundheitlichen und hygienischen Reformgesichtspunkten an. Es waren u. a. der Kunsthandwerker und Schriftsteller William Morris, der Architekt Charles F. A. Voysey, die Maler James Whistler, Dante Gabriel Rossetti, Edward Burne-Jones, der Schriftsteller Oscar Wilde und nach 1884 die Firma Liberty & Co (gegründet 1875 von Arthur Lasenby Liberty). Ihnen lag an individueller Kleidung, an künstlerischen Stoffdessins und an Material- und Funktionsgerechtigkeit (ein die Bewegung nicht hemmender Kleidschnitt, Verzicht auf das ‣Korsett). Vorbild war die Kleidung der Spätgotik und Frührenaissance. Die Künstler kreierten für ihre Frauen und wenige Anhängerinnen weite, faltenreiche Hemdkleider mit Gürtel und großen Puffärmeln; dazu gehörten flache Schuhe und von einem Mittelscheitel locker herabfallendes Haar oder ein Nackenknoten. (Der Maler Rossetti trieb 1854 Studien für Faltenwurf an den Kleidern seiner Frau Elizabeth Siddall, wie es bei der zeitgenössischen Krinolinenmode nicht möglich gewesen wäre.) Ihre Ideen und Kleidentwürfe standen in Opposition zur aktuellen ‣Krinoline und später zur ‣Turnüre sowie zur beginnenden ‣Konfektion, die sie ablehnten, da sie Handgemachtes maschinell nachahme, Surrogate liefere und nicht eigenständig kreativ für die Vervielfältigung geeignete Modelle schaffe. Zwar waren ihre Kleider als wiederholbare Muster gedacht; doch künstlerisch elitär,

Abb. 386. Hellblauer Künstleranzug mit roter Schärpe und Pilos (als Zeichen der Freiheiten des Künstlers). Aus »Schnellpost für Moden und Literatur«. Nr. 41. 1834.

Abb. 387. Jane Morris in einem Künstlerkleid der Präraffaeliten von betont losem Schnitt. 1865. Gernsheim Collection, University of Texas, Austin.

Abb. 388. Mantelentwurf mit Muster in »Simultanen Farbkontrasten« von Sonia Delaunay. Paris, 1922/23.

Abb. 389. »Kunst zum Anziehen«: »Krawattenkleid« von Michael Ody. München, 1985.

dazu aus teuren, handgewebten und -bedruckten Stoffen, wie sie waren, entsprachen sie nicht dem allgemeinen Zeitgeschmack.

In Österreich setzten sich um 1900 Künstler der Sezession und der ‣Wiener Werkstätte (Josef Hoffmann, Kolo Moser, E. J. ‣Wimmer[507], Dagobert ‣Peche, Max Snischek u. a.) für die modische Anerkennung des ‣Reformkleids[99] ein und realisierten »den Gedanken der künstlerischen Einheit, des modischen Ensembles« (Wilhelm Mrazek). Bei den Kleidschnitten vermieden sie, jedenfalls anfangs, jegliche Körpereinschnürung, bewußt an die Forderungen der Reformkleidbewegung anschließend. Die Stoffdessins, zunächst geometrisch bis abstrakt floral, wandelten sich unter dem Einfluss Peches nach 1915 zu phantastischen ornamentalen Linien.

In Deutschland entwarfen etwa 1900–04 Vertreter des Jugendstils[441], wie Richard Riemerschmid, Hermann Obrist, Peter Behrens, Alfred Mohrbutter, Anna Muthesius, Hedwig Buschmann, Clara Möller, Else Oppler und Henry van de Velde einfach und funktionell geschnittene Kleidung, denen sie anstelle funktionsloser Verzierungen Material, Schnitt und Zweck betonende Ornamente »als eigenes, organisches Leben« (van de Velde) gaben. Ein Höhepunkt dieser Bewegung war der 1900 in Krefeld abgehaltene »Deutsche Schneidertag« mit einer Sonderausstellung »moderner, nach Künstlerentwürfen ausgeführter Damenkleider«. Diese K. hatten jedoch wenig Einfluss auf die Alltagsmode, umso mehr aber auf P. ‣Poiret[281], der seinerseits die allgemeine Mode beeinflusste, und auf die Mode des ‣Art Déco. Von sehr individuellem künstlerischen Stil waren die Roben M. ‣Fortunys[282] sowie Entwürfe des italienischen ‣Futurismus[247] geprägt.

In der Sowjetunion gestalteten in den 1920er Jahren neben dem Funktionalisten bzw. Konstruktivisten Wladimir Tatlin Künstlerinnen wie Ludmilla Popova, Alexandra Exter und Varvara Stepanova[211] Kleidung, die das künstlerische Formgefühl mit den rein praktischen Bedürfnissen und den technischen Bedingungen der Industrieproduktion vereinte (eine Tatsache, die 1979 auch im Westen an Bedeutung gewann, als ausgewählte Kleider dieser Künstlerinnen von Erika Hoffmann-Koenige für die Bekleidungsfirma van Laack nachgestaltet und in einer limitierten Auflage als »K.« verkauft wurden). Der Münchner Michael

Abb. 390. Modell der Kollektion »Volumen« von Viktor & Rolf. Paris/Arnheim, 2003/04.

Ody (1955–95) wurde um 1982 mit »Anziehskulpturen« bekannt.

Indessen gab es zu allen Zeiten Künstler, die sich mit Kleidung befassten; genannt seien Michelangelo, Leonardo da Vinci, Albrecht Dürer, Lucas Cranach, Jacques Louis David, Hans Makart, Raoul Dufy (‣Farbe und Muster), Kasimir Malewitsch, Johannes Itten am Bauhaus in Weimar, S. ‣Delaunay, L. ‣Fontana (‣Farbe und Muster, ‣Haute Couture), Salvador Dalí, Ernst und Eva Fuchs, erweitert zu Kleidung und Körper bei Rebecca Horn, Vanessa Beecroft, Jana Sterbak, Rosemarie Trockel, Lucy Orta, Jan Fabre, Cindy Sherman u. a.

Mode als angewandte Kunst wird auch von Designern praktiziert, in den 1930er Jahren von E. ‣Schiaparelli, in den 1970ern und 1980ern von R. ‣Capucci, seither von I. ‣Miyake, von V. ‣Westwood u. a. in ihrer Kollektion »Five Centuries Ago« (Herbst/Winter 1997), in der sie Renaissancegemälde nachstellte, ebenso wie von John Galliano für ‣Dior und von ‣Viktor & Rolf. Das Thema K. wird erweitert zu Mode in Wechselwirkung mit Skulptur und Architektur, etwa bei H. ‣Chalayan, Mode im Spannungsverhältnis zum Körper sowie Mode als Körpermutation, etwa bei R. ‣Kawakubo. Auch in Ausstellungen wird Mode als Kunst dokumentiert, so u. a. 1996 die große Kunst- und Mode-Biennale in Florenz »Looking at Fashion«, 1998 »Künstler ziehen an« in Dortmund, 1999 »Addressing the Century. 100 Years of Art & Fashion«, Kunstmuseum Wolfsburg, 2001 »untragbar. Mode als Skulptur«, Museum für angewandte Kunst, Köln.

Künstlerkrawatte, auch *Künstlerschleife,* ‣Lavallière.

Kürass, *der* (von frz. *cuir* ›Leder‹, *cuirasse* ›Lederkoller, Brustharnisch‹). **1.** Brustpanzer aus Eisen oder Gußstahl; im 17. Jh. noch Paradestück aus geschwärztem Eisen mit Vergoldung. **2.** Brustschutz beim Fechten. **3.** Knapp anliegende, böhmische Frauenjacke mit gepaspelten Nähten, Pelzumrandung am Halsausschnitt und am zierlichen, in dichte Stehtollfalten gelegten ‣Schoß (1).

Kürasstaille[91, 369b, 370a] (wie der ‣Kürass Taille und Hüftansatz mit modellierend; engl. *violin bodice,* dt. ugs. *Geigentaille*), stark verlängerte, anliegende Taillenform von ‣Kleid oder ‣Jacke (‣Kostüm (2)). Die K. entstand durch das erstmals über die Hüften reichende und diese mit modellierende ‣Korsett. Sie gab der ‣Engen Mode, 1875–81, den Namen und wurde etwas verkürzt zur Zeit der Zweiten ‣Turnüre[93] (1882–88) beibehalten.

Kürsen ‣Pelz.

Kugelhaube,[45, 353] heutige Bezeichnung für die vorn anliegende, das Gesicht fest umschließende Frauenhaube mit halbkugelförmigem, über ein Drahtgestell gespanntem Kopf. Darüber wurde ein die Stirn fast ganz verdeckendes, im Nacken geknotetes Schleiertuch, vor allem beim Kirchgang mit einem breiten Kinnband, getragen. Die K. hatte regional unterschiedliche Bezeichnungen, z. B. in Nürnberg *Bündlein*[353] (*Bundhaube,* frz. *Escoffion* oder ‣*Coiffe*). Sie war vom letzten Viertel des 15. bis 1. Hälfte des 16. Jh.s Standestracht der ehrbaren Bürgerin[42, 44], in Deutschland vor allem im Süden, in manchen Teilen Österreichs und in den Niederlanden bis gegen Ende des 16. Jh.s Die K. war aus weißem Leinen fest gearbeitet und je nach Stand mit Seidenschnüren, Goldborten, Edelsteinen und Perlen verziert. Im Laufe des 16. Jh.s wurde die K. kleiner und rutschte auf den Hinterkopf. In Italien war eine ähnliche Haube als ‣*Balzo* bekannt.

Kuhmaulschuh,[41, 42] auch *Ochsenmaulschuh* oder *Bärentatze,* volkstümliche Bezeichnung für den vorn flachen, jedoch extrem breiten Schuh beider Geschlechter in der 1. Hälfte des 16. Jh.s. Der K. war meist sehr stark ausgeschnitten, selten hielt ihn ein Ristband[311]. Das wenige Leder zierten modische ‣Schlitze, durch die farbige Strümpfe oder der unterlegte farbige Seidentaft zum Vorschein kamen. Manchmal hatte er als sog. *gehörnter Schuh*[235] vorn zu beiden Seiten eine Spitze.

Kulihose, den Hosen ostasiatischer Lastträger und Tagelöhner ähnliche, um 1984 modische weite, wadenlange ‣Hose, durch japanische Modedesigner beim Pariser ‣Prêt-à-porter als *Leinen-Look* zusammen mit einem losen, kaum taillenlangen Oberteil, meist wie die Hose aus naturfarbenem Sackleinen, in Mode gebracht.

Kummerbund, *der*[120] (von Hindi *kamarband*; engl. *cummerbund*), Taillenband der

Männer mit kleinen, waagrecht eingeschnittenen Taschen, in orientalischen Ländern sowie an National- und Volkstrachten, z. B. Armeniens, Albaniens, Griechenlands. Im Sommer 1893 wurde diese Leibbinde mit drei bis vier waagrechten Falten von den Engländern zum Abendanzug[85] anstelle der Weste genommen. So setzte sie sich in Europa in den 1930er Jahren am Sommersmoking (meist aus schwarzem oder burgunderrotem Satin) durch, verdrängte jedoch die Smokingweste allgemein erst in den 1960er Jahren (‣Smoking). (Mitte der 1950er Jahre war kurzfristig eine ‣Kummerweste in Mode.) Zum K. wurde die steife Brust des ‣Hemdes durch Ziersteifen oder Biesen ersetzt. In den 1970er Jahren wurde unkorrekterweise der K. oft weggelassen.

Kummerweste (‣Kummerbund), vorn geknöpfte Leibbinde (Taillenband) mit rechtwinkeligem oder stumpfem ‣Abstich vom untersten Knopf; einer gleichzeitigen Herrenweste ähnlich, aus Pepita, Samt, Seide oder Brokat, auch mit ‣Tartanmuster; kurzfristig in den 1950er Jahren zum ‣Smoking getragen.

Kunstseide ‣Stoff (19. Jh.).

Kuppellinie ‣Haute Couture (1953).

Kuriertasche ‣Freitagtasche.

Kutscherkragen, auch *Carrickkragen,* großer, mehrfach etagenweise übereinander liegender Schulterkragen. ‣Carrick.

Kutte (‣Kotta, ‣Kotze), rundum geschlossenes Mönchsgewand mit ‣Kapuze. ‣Kappe (1).

Kynae, *die* (griech.). **1.** Altgriechischer Filzhut[351a] mit aufgerolltem oder heruntergeklapptem, schmalem Rand; vorwiegend von Bauern getragen. **2.** Randlose Unterkappe aus Leder oder Filz unter dem Helm griechischer Krieger. ‣Kopfbedeckung.

L

Lacerna, *die* (lat.), vorn offener ‣Mantel in Form eines Kreissegments oder Vierecks, auf der Brust oder auf der Schulter mit einer ‣Fibel geschlossen. Charakteristisch für die L. ist der untere Fransenabschluss, weshalb Herkunft aus Asien, wo es Gewänder mit Fransen seit dem Altertum gab, angenommen wird. Die L. soll von Lucullus (um 117 – um 57 v. Chr.) in das römische Heer eingeführt worden sein. Sie war anfangs nur hüftlang und konnte wahrscheinlich auch eine ‣Kapuze (‣Cucullus) haben, oder sie wurde zum Schutz über den Kopf gezogen. Sie kam erst im 1. Jh. v. Chr. als Soldatenmantel auf und bürgerte sich immer mehr ein, besonders als Wetterschutz (auch über der ‣Toga); von armen Leuten aus grobem, dunklem Wollstoff, von Männern der Oberschicht aus weichen, fließenden Stoffen, zu Feierlichkeiten in Weiß, ansonsten farbig, von Stutzern auch golddurchwirkt oder purpurfarben getragen.

Lacostehemd, von dem französischen Tennisspieler René ‣Lacoste (1904–96; 1927 Davis-Cup-Sieger) 1934 aus dem ‣Polohemd entwickeltes Tennishemd mit einem Dreieckseinsatz im Ausschnitt (in den 1950er Jahren zugunsten einer kurzen Knopfleiste aufgegeben), durch den die Ecken des weichen Kragens stark auseinander gespreizt wurden und so in Form blieben. Markenzeichen ist ein Krokodil (nach dem ›Spitznamen‹ des Tennisspielers) auf der linken Brustseite. Heute ist das L. auch Freizeithemd beider Geschlechter.

Laidrock, Leidrock ‣Trauerkleidung.

Lamballe ‣Haarmode (1789).

Lamberghut, auch *Graf-Lamberg-Hut,* Salzburger Herrentrachtenhut aus schwarzem, gröberem oder feinerem Filz mit nach oben etwas verjüngtem Kopf und Scheitelkniff darin, vierfacher, grüner Kordel, abstehender Spielhahnfeder und flacher, roulierter (eingerollter), vorn etwas heruntergeklappter Krempe; in Österreich und Bayern auch sportlicher Stadthut. ‣Trachtenmode.

Lampas, *der* (frz.), damastähnlicher Stoff aus Seide oder Wolle.

Lampassen, *Pl.* (frz.), breite Atlasstreifen an Uniform-, Frack- und Smokinghose. ‣Galon (1). Von H. ‣Lang in den frühen 1990er Jahren auch an Tageshosen lanciert.

Landsknechtmode, als eine Art Berufskleidung auch *Landsknechttracht* genannt (Ende 15. und 16. Jh.).[433]

Langbinder ‣Krawatte.

Langette(nstich) ‣Feston (2).

Lasche (mhd., ›schlaff Herabhängendes, Lappen, Fetzen‹), ein angesetztes Stück Leder oder Stoff, wie die Zunge des Schuhs (‣Fußbekleidung), Ärmel- und Kragenspange (‣Tab), ‣Schulterklappe und Taschenklappe (‣Tasche (2)). ‣Korsett.

Latz ‣Bavette, ‣Brusttuch, ‣Chemisette, Hosen-L. (‣ Hose), ‣Latzhose, ‣Lederhose (2), ‣Plastron (2, 4, 5), ‣Schamkapsel, ‣Schürze, ‣Stecker.

Latzhose, ‣Hose mit vorn angesetztem, viereckigem Oberteil (Latz) und Trägern, meist aus blauem Drell (‣Jean, ‣Stoff); seit der 2. Hälfte des 19. Jh.s Arbeitshose, seit den 1970er Jahren jugendliche Freizeithose.

Laufender Hund ‣Farbe und Muster.

Lavallière, *die* (frz.)[451], breite, zu einer ‣Schleife (1) mit langen, lose herabfallenden Enden gebundene ‣Krawatte (*Schleifenkrawatte*). Die L. kam Mitte des 19. Jh.s auf. Benannt wurde sie nach einer Geliebten Ludwigs XIV., der Herzogin von Lavallière. In den 1880er Jahren war sie als Künstler- und Bohemeschleife Mode, nachdem der Maler Toulouse-Lautrec eine Tänzerin mit solch einer Schleife gemalt hatte.

Leder, die von Haaren befreite, durch Gerben haltbar gemachte, eventuell gefettete und gefärbte Tierhaut. Die Eiweißfaser der Haut wird je nach Art und Intensität des Gerbens zu mehr oder weniger elastischem, weichem und beständigem L. Bei der *Lohgerbung* (auch *Pflanzen-* oder *Vegetabilgerbung* genannt) (nhd. *Lohe* von ahd. *lō* ›Abgeschältes, Abgelöstes‹, idg. *leu* ›abschneiden, abschälen‹; zerkleinerte und gemahlene Gerbmittel) wird der Gerbextrakt aus Hölzern, Rinden, Blättern oder Früchten gewonnen. Das so gegerbte L. hat einen hohen Abriebwert, einen festen Griff und ist spezifisch schwer. Es wird als Sohlen- und technisches L. verwendet. Die während des 1. und 2. Weltkriegs verwendeten unverwüstlichen Militärmäntel waren aus lohgegerbtem L. Die *Mineralgerbung* wird mit Chrom-, Aluminium-, Alaun- oder Zirkonsalzen vorgenommen. Die *Chromgerbung* ist seit Ende des 19. Jh.s bekannt und dient zur Herstellung von Bekleidungs-L. (auch Schuhober-L.), das sehr widerstandsfähig, doppelt so reißfest wie pflanzlich gegerbtes L. und deshalb dünner verarbeitbar ist. Die *Fett-* oder *Sämischgerbung* mit Tranen ist eine sehr langwierige, reine Naturgerbung, deren Endprodukt stark dehnbar und wassersaugend ist, deshalb selten zur modischen Bekleidung dient (Salzburger Tracht, Lederhose).

Die Notwendigkeit des Gerbens ist seit der Altsteinzeit bekannt. Die Erfindung der *Alaungerbung* wird den Ägyptern, die der *Trangerbung* den Eskimos zugeschrieben. Erlesene ▸Fußbekleidung (meist Sandalen) aus alaungegerbtem Ziegen- oder Schafsleder findet man bei den Hethitern, Sumerern und Phöniziern sowie Chinesen, später den Griechen und Römern. Bei den Römern hieß solche Fußbekleidung »Aluta« (von lat. *alumen* ›Alaun‹). Alaungegerbtes Ziegen-L. wurde nach der Invasion Spaniens durch die Mauren 711 n. Chr. in Córdoba hergestellt und als »Korduan-L.« bekannt. Alaungerber (L.-Hersteller) hießen im Mittelalter deshalb »Alutarii«; sie wurden erstmals 1272 erwähnt. Bei Naturvölkern dagegen werden bis heute noch Felle mit Fetten, Aschen und bestimmten Pflanzen oder Urin bearbeitet, bei den Indianern geräuchert, bei den Eskimos weichgekaut oder geknetet, dann mit Tranprodukten wasserbeständig und haltbar gemacht.

Man unterscheidet zwischen Häuten (von Rind, Pferd, Schwein) und Fellen (von Kalb, Ziege, Schaf u. a.). Wildhäute stammen von freilebenden Rindern und weisen deshalb Lebensspuren (Dornrisse, Brandzeichen usw.) auf, die Zahmhäute von Rindern, die in Ställen bzw. geschützten Herden leben. Wildleder, das oft verwechselt wird mit den an der Oberfläche angeschliffenen sog. Rauledern, sind Felle frei lebender Tiere wie Hirsch, Rentier, Antilope, Gemse. Unter Fein-L. versteht man u. a. Krokodil-, Schlangen-[429], Eidechsen- und Straußenhaut.

Zu den bekanntesten Lederarten neben den Grund-L.n *(Schweins-, Rinds-* und *Kalbs-L.)* und den Fein-L.n zählten und zählen:

Korduan-L., ein nach maurisch-marokkanischer Art hergestelltes Ziegen-L. (daher *Maroquin-L.*). Es war für L.-Tapeten und Fußbekleidung, seit dem 16. Jh. besonders für Stiefel, wichtig; heute fast nur noch zum Buchbinden gebraucht. *Saffian* (von pers. *sachtijan* ›Ziegenleder‹), ein mit Sumach gegerbtes, feines Ziegen-L. mit stark profilierten Narben, wie es heute fast ausschließlich für Brieftaschen, Portemonnaies u. a. verwendet wird.

Juchten-L. (von russ. *jufti*), ein urspr. in Russland meist mit Weidenrinde gegerbtes und mit Birkenteeröl (davon der charakteristische Geruch) besonders wasserdicht gemachtes Kalbs- oder Rinds-L., gibt es heute kaum mehr; es wurde vor allem für Stiefel verwendet. Heutiges Juchten-L. ist ein mit pflanzlichen oder/und synthetischen Stoffen gegerbtes Chromleder.

Chevreau-L. (frz.), chromgegerbtes, sehr feinnarbiges Ziegen-L., besonders als Schuhober-L.

Glacé-L. (von frz. *glacé* ›Glanz‹), sehr feine, durch besondere Behandlung mit Alaun, Kochsalz, Eigelb und Mehl dünne, dehnbare und zartnarbige Lamm- oder Zickelhaut; vor allem für den Handschuh. Heute wird es chromgegerbt.

Lack-L., im 18. Jh. aufgekommenes, glattes, meist mit schwarzer Lackschicht oder -folie überzogenes L. Die Lackschichten bestehen heute aus Polyurethan oder einer Folie mit lackglänzender Oberfläche.

Nappa-L.[294] (nach der kalifornischen Stadt Napa)[359, 376], weiches, vollnarbiges, ungespaltenes L. (d. h., es wurde nicht, wie die meisten anderen L.-Arten, über die ganze Hautfläche in zwei oder mehrere Schichten geteilt), das durch Nachgerbung waschbar gemacht und stets durchgefärbt ist. Der Begriff gilt heute für alle weichen Narbenleder.[406]

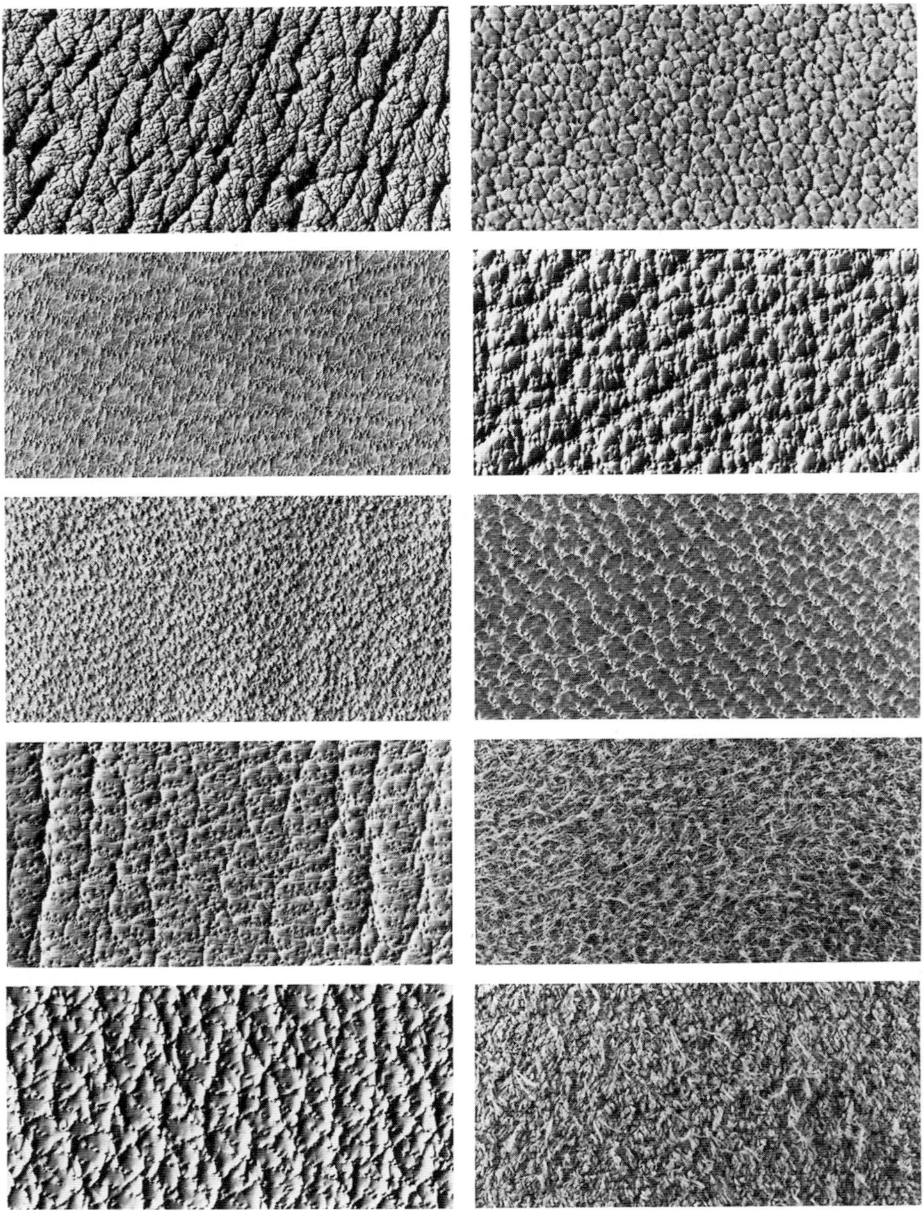

Abb. 391. Lederoberflächen (Maßstab 6 : 1). a) Schweinsleder. b) Rindsleder (Juchten). c) Ziegenleder. d) Korduan. e) Juchten (Rind-Vachette). f) Chevreau. g) Glacé (Zickel). h) Velour. i) Nappa. k) Spaltleder.

Kunst-L., künstlich, auch vollsynthetisch hergestelltes Material, das in seinen Eigenschaften und vielfach auch in seiner Oberfläche lederähnlich gemacht wurde. Es wird u.a. erzeugt auf Textilien (Gewebekunst-L,, wie *Skai*) oder auf Pappe (Kunstlederpappe) und als Faser- und Folienkunst-L.

‣Alcantara, ‣Beutel, ‣Gamasche, ‣Gürtel, ‣Halbstarkenmode, ‣Hose, ‣Koller (1), ‣Lederhose, ‣Lederse, ‣Leggin(g)s, ‣Lendner, ‣Lumberjack, ‣Mantel, ‣Paenula, ‣Pelz, ‣Strumpf, ‣Tasche (1), ‣Wams.

Lederhose. 1. Oberhose aus ‣Leder für starke Beanspruchung und Schutz vor Wind, z.B. beim Reiten und Motorradfahren. L.n gab es als Reithosen bereits im persischen Altertum, dann im 17. und 18. Jh. (mit einer äußeren Beinnaht, abweichend von der Stoffhose) und gibt es bis heute bei nordamerikanischen Indianern (‣Leggin(g)s) sowie bei Eskimos. Um 1770 kamen die etwa wadenlangen und in Stiefeln getragenen, englischen Reithosen aus gelbem Wildleder in bürgerlich-fortschrittlichen Kreisen in Mode (‣Wertherkleidung), in den 1950er Jahren schwarze Nappa-L.n mit Metallnieten als Teil der ‣Halbstarkenmode. Gegen Ende der 1960er Jahre gefielen sich auch die sog. Rocker in L.n, 1977 bis etwa 1981 auch die Punks (die Punkbewegung dauerte bis etwa 1984, ‣Punk-Mode). Seit Ende der 1970er Jahre sind Nappa-L.n in allen Farben als Modehosen bei beiden Geschlechtern gefragt, z.T. beeinflusst durch die Punk-Mode, aber auch bedingt durch die vielfältigere und preisgünstigere Verarbeitung von Leder. Die *Bund-L.,* auch *Bundlederne* genannt, ist eine österreichisch-bayrische Trachten-L. (‣Bundhose (1)). **2.** Die kurze L., *Krachlederne* oder *Wichs,* weil mit Creme glänzend gerieben, ist eine kniekurze Trachtenhose der Alpenländler, mit Trägern und schmalem, besticktem Latz, aus Reh-, Gams- oder Hirschleder, für Kinder auch aus Rindsleder. Die kurze L. ist bereits Anfang des 18. Jh.s, z.B. in Tirol und im Salzburger Land, belegt. Sie entwickelte sich wahrscheinlich aus der Bundhose (‣Culotte), die aus Bequemlichkeitsgründen seitlich offen gelassen (daher der kurze seitliche Schnürverschluss) und gekürzt wurde. (Allerdings ist der Schnitt der kniekurzen, unten offenen Hose in Holland bereits seit Anfang des 17. Jh.s belegt.) Die kurze L. konnte regional unterschiedlich geschnitten sein, anfangs noch vorn bis über das Knie reichen und nur in der Kniekehle kürzer sein oder einen etwas eingezogenen angesetzten Rand haben. Für junge Männer ist sie heute zuweilen auch nur oberschenkellang. Seit der 2. Hälfte des 19. Jh.s ist sie in den Alpenländern auch Freizeithose für den Mann und wurde in den Jahren nach dem 2. Weltkrieg in Wien oder München als Alltagshose getragen. Zur kurzen L. gehören Wadenstutzen (‣Kniestrumpf) ohne Fußteil, die sog. Loferl.

Abb. 392. Lederhose, Otterfinger Joppe (zweireihig) mit Hirschhornknöpfen, Kettlhemd, Bindl (Krawatte) mit silbernem Schuber, Loferl, Stieferlschuhe. Um 1980. Bayerischer Landesverein für Heimatpflege e. V., München.

Lederse,[37] auch *Lerse, der,* in der 2. Hälfte des 14. Jh.s lederner Beinling in Form eines ‣Strumpfes mit angesetztem Fußteil, der ohne Fußbekleidung getragen wurde. Ende des 15. und im 16. Jh. ging die Bezeichnung auf die von Bauern und Söldnern getragenen Lederstiefel[44] über, deren hohe Schäfte besonders zum Reiten über die Hosenbeine gezogen und mit einer Lasche am Gürtel befestigt wurden, sonst lose, eine Art ‣Stulpe bildend, herabfielen (Vorstufe des Stulpen- und Becherstiefels). Diese Lederstiefel waren aus spanischem Korduan- oder russischem Juchtenleder und nach 1575 salonfähig. ‣Fußbekleidung, ‣Leder.

Leggin(g)s, *Pl.* (engl., von *leg* ›Bein‹), Ledergamaschen in der Art zweier Beinlinge, d.h. zweier aus je einem Stück Leder mit einer hinteren Längsnaht gearbeiteter Röhren, die nicht im Rumpfteil zusammengenäht, sondern separat am Leibgürtel befestigt werden. Ergänzt werden die L. durch den Lendenschurz (‣Schurz). L. sind die Beinbekleidung nordamerikanischer Indianer. Auch Bezeichnung der hohen Reitgamaschen höfischer Uniformen im 18. und 19. Jh. Ende der 1980er Jahre waren für ein Jahrzehnt L. als fußlose Strumpfhosen aus zuweilen bunt gemustertem Stretchgewebe in der Frauenmode aktuell.

Leg warmers ‣Gamasche.

Leibchen (frühniederd. *Leybel,* Diminutiv von *Leib;* regional auch *lîf* oder *lîfstück*), anliegendes Oberteil des ‣Kleides, separat oder an den Rock genäht und oft durch Schnürung auf Figur gehalten. Der Begriff »L.« kam Mitte des 15. Jh.s auf, als das Kleid, u.a. auch noch »Rok« genannt, in ein Oberteil, das L., und ein Unterteil, auf das die Bezeichnung »Rok« überging, geteilt wurde. »L.« ist auch gleichzusetzen mit ‣*Mieder* und ‣*Taille* (2).

Leibgürtel. 1. ‣Gürtel, ‣Kummerbund. **2.** Leibhalter; ‣Hüftgürtel.

Leibrock ‣Gehrock, ‣Kittel (Hemdrock), ‣Rock (1).

Leinen ‣Stoff.

Lendenschurz ‣Schurz

Lendentuch ‣Fascia feminalium.

Lendner, ein oft mit Eisenplatten verstärkter, enganliegender und meist ärmelloser Schutzrock aus ‣Leder unter der Rüstung in der 2. Hälfte des 14. Jh.s Im 15. Jh. konnte »L.« auch jedes enganliegende, kurze männliche Obergewand heißen.

Lerse ‣Lederse.

Levantine. 1. ‣Robe à la l. **2.** *Die* L. (frz.), im 17. und 18. Jh. ein orientalisches Seidenzeug.

Lévite ‣Robe à la l.

Libellen ‣Schleife (1).

Liberty ‣Stoff (19. Jh.).

Liftboyjacke, taillenkurze, schoßlose ‣Jacke, hinten in der Mitte in eine leichte Spitze auslaufend; entstanden aus dem schoßlosen Bordfrack (‣Frack) als Arbeitskleidung der Liftboys. Um 1980 auch modische Jacke der Frau zu Hose oder Rock als ‣Hosenanzug bzw. ‣Kostüm (2).

Ligne corolle ‣New Look.

Limbus, *der* (von aind. *lámbate* ›hängt herab‹), Sammelbezeichnung für jede Form von ‣Borte, Gewebekante und Besatzstreifen (‣Besatz (1)) auf Kleidern.

Limerick. 1. ‣Handschuh. **2.** Art der Netzstickerei (‣Stickerei).

Lincoln ‣Halbzylinder.

Lingerie, *die* (frz.), Wäsche, besonders feine Weißzeugwaren; schweiz. für ›Wäschegeschäft, Wäschekammer, Wäscherei‹. Lingerie-Look[118].

Linon ‣Stoff (18. Jh.).

Lion, Perruque à la ‣Perücke.

Litze (mhd., von lat. *licium* ›umschlungener Kettfaden‹), schmales, glattes oder gemustertes Flachgeflecht in Bandform, aus mehreren sich über- und unterkreuzenden Fäden verschiedener Materialien. Dazu gehören *Einfaß-L.n, Tressen* (auch mit Metallfäden durchzogen; besonders für Verzierung und Rangabzeichen an Uniformen), *Gummi-L.n, Besatz-L.n* (*Bogen-* und *Zacken-L.n,* ‣Besatz (1)), und *Kordel-L.n,* die heute auf der Klöppel- oder Flechtmaschine hergestellt werden.

Livree, *die* (frz.), uniformähnliche Bedienstetenkleidung; ins 13. Jh. zurückgehend (Tracht der Vasallen in den Wappenfarben ihres Diensherrn).

Loc, auch *Span,* ▸Haarmode (Ende 12. / 1. Hälfte 13. Jh.).

Loden (von ahd. *lodo* ›grobes Wolltuch‹). **1.** Rohgewebe für Tuch vor dem Walken. **2.** Gewalkte und gerauhte Wolle, Kamelwolle (feinste Qualität) oder Mischgewebe aus Baumwolle und Wolle oder Reißwolle, imprägniert und mit einer in Strich gelegten Haardecke *(Strich-L.)* oder wollig *(Melton-L.)*. Man unterscheidet ferner zwischen dem schweren *Winter-* und dem leichten *Sommer-L.*; verwendet wird er für Wetterumhänge als Teil der Tracht, aber auch für modische Kostüme und Mäntel im Trachtenstil in den Alpenländern. (Auch der ▸Dufflecoat besteht heute aus L.) L. ist seit der Eisenzeit nachgewiesen.

Löcher-Look ▸Fetzen-und-Löcher-Look.

Loafer, *der* (engl., ›Faulenzer‹), Herrenhalbschuh mit einer gerollten Naht rund um den Fußrücken, in den 1930er Jahren als Freizeitschuh aus dem ▸Mokassin entstanden; in den 1950er Jahren bei Collegestudenten sehr verbreitet (Collegeschuh), aber auch bei Rockstars einschließlich Michael Jackson; 1960 von ▸Gucci mit einer Miniaturtrense verziert und zum Prestigeschuh gemacht. Je nach Verzierung des Lederriegels unterscheidet man Diamond-, Penny- und Tassel-Loafer.

Abb. 393. Penny-Loafer. Um 1985.

Loferl[392] ▸Lederhose (2), ▸Strumpf.

Lorum ▸Clavus, ▸Tunika.

Louis-quinze-Absatz ▸Französischer Absatz.

Lüster ▸Stoff (19. Jh.).

Lumberjack,[324] *der* (engl., ›Polterhans‹, ugs. für ›Holzfäller‹), hüftlange ▸Jacke mit Ärmelbündchen und engem, oft gestricktem Abschlussbund, blusig weit hochgerafft, zunächst vorn geknöpft, später mit ▸Reißverschluss. Der L. war urspr. Arbeitsjacke nordamerikanischer Holzfäller, später Uniformjacke amerikanischer Armeeeinheiten, und seit den 1930er Jahren Fasson von Sport- (Ski-, Windjacken)[466] und Freizeitjacken beider Geschlechter; heute auch ▸*Blouson* genannt und häufig aus ▸Leder hergestellt.

M

Macaroni, *Pl.* (von ital. *maccherone* ›Makkaroni‹), junge, elegante, englische Stutzer um 1760–80, die ihre »Kavalierstour« nach Europa, u.a. nach Italien, absolviert hatten und in den 1760er Jahren in London einen M.-Club gründeten, um südländische Eleganz zu propagieren. Die Kleidung der M. bestand aus weißseidenen ▸Kniehosen, ebensolchen Strümpfen und Schuhen mit diamantenbesetzten Schuhschnallen und roten Absätzen, wie sie dem französischen Hofadel vorbehalten waren. Außerdem fiel ihr winziger, »Nivernois« genannter ▸Dreispitz auf (nach dem Herzog von Nivernois, 1716–98).

Mac Farlane, auch *Macfarlane,* in den 1860er Jahren sehr populärer Herrenmantel mit einer ▸Pelerine in Ärmellänge, die nicht um den Rücken herumgeht, sondern sich hinten in der Achselnaht mit dem Mantel vereint, über den Armschlitz fällt und vorn lose herabhängt. Zuweilen war die Pelerine auch so weit, dass sie vorn geschlossen werden konnte. Der Mantel selbst ist einreihig und hat einen geraden, weiten Schnitt. Um 1900 war er auch häufig Frackmantel (▸Frack) mit verdeckter Knopfleiste und seidenem ▸Revers. In den 1950er Jahren wurde er von der Pariser Mode kurzfristig neu belebt; beim ▸Abendmantel hat man aus der Pelerine einen Ärmel ausgeschnitten, der somit über der Pelerine lag. Daneben gab es auch sportliche Ausführungen.

Macintosh, Markenname für einen wasserdichten, luftundurchlässigen Regenmantel aus ▸Gummi. 1823 ließ der Glasgower Färber Charles Macintosh (1766–1843) ein von James Syme entwickeltes Produkt aus Kautschuk und Kohlenöl patentieren und verarbeitete es zu einem Mantel. Um die »Tragefreundlichkeit« zu erhöhen, legte er u.a. das gummiartige Material zwischen zwei Stofflagen. Ein sog. *M.-Cape,* in Blau mit rotem Seidenfutter, trug 1825 der Herzog von York bei einer Parade; es wurde von den Gardeoffizieren übernommen. Verbesserung des intensiv riechenden, in der Kälte hart und in der Sonne weich und klebrig werdenden Materials brachte 1839 die Erfindung der Vulkanisation. Ab den 1860er Jahren war der M. mit Gürtel, großem Kragen und ▸Revers besonders in England sehr verbreitet, trotz ärztlicher Bedenken wegen der Luftundurchlässigkeit. Anfang des 20. Jh.s wurde der M. zur reinen Zweckkleidung, meist von Männern, allmählich auch von Frauen getragen. Nach dem 1. Weltkrieg kamen leichtere, zusammenlegbare Modelle. 1963 wurde der M. kurzfristig von der Op-Art-Mode entdeckt, die den glänzenden Lackeffekt in Schwarz-Weiß-Kontrasten ausnützte.

Madras ▸Stoff (19. Jh.).

Magnatenmantel ▸Kamelhaarmantel.

Mahoître, *der* (frz., von arab. *al mahoda* ›Kissen‹), um 1460 bei den »Aventuriers« (frz., ›Abenteurer‹) Ludwigs XI. von Frankreich erschienene Halbärmel. Die Bezeichnung ging auf einen durch ein ebenso bezeichnetes Polster ausgestopften, breiten Oberarmansatz des ▸Ärmels, also eine Schulterpuffe, über. Diese Ärmelform wurde 1446–75 in der spätburgundischen Mode charakteristisch für die Kleidung junger Männer. Schließlich ging das Wort »M.« auf die Söldner selbst über, die solche ausgestopften Ärmel trugen. Im 16. Jh. übernahm die Damenmode die Schulterpuffen in kleinerer, hochstehender Form.

Maiglöckchen-Linie ▸Haute Couture (1954).

Mameluckärmel, Mode-Ausdruck für eine lange Ärmelform der ▸Chemise (2) im späten Empire (um 1810–18), benannt nach einem Regiment Napoleons I. Der Ärmel ist mit Bändern zu einer Serie von nach unten zu kleiner werdenden Puffen abgebunden und endet in einem Volant (▸Falbel).

Mamillare ▸Fascia pectoralis.

Manchesterhose, auch *Marinehose*[313], um 1968/69 von der Jugend getragene lange ▸Hose mit unterhalb der Knie sehr weit ausgestellten Hosenbeinen, zuweilen auch mit andersfarbigem keilförmigen Einsatz (▸Zwickel).

Hosen mit stark ausgestellten Beinen wurden bereits 1820–50 als *Hose à la* ‣*matelote* getragen. Mitte der 1920er Jahre nannte man sie ‣*Oxford-* oder *Tangohosen*; sie gehören zur Tracht der Hamburger Zimmerleute.

Manchon ‣Muff.

Mandilion, *der* (span.), **Mandille,** *die* (frz.; afrz. *mandil* ›Schurz‹, von arab. *mandîl* ›Tuch‹; konnte auch einen Kopfschleier, ‣Hennin, bezeichnen), kurzer, loser, mantelartiger ‣Rock (1), vorn geschlossen mit zuknöpfbarem Brustschlitz, seitlich offen, mit an der inneren Längsnaht offenen, lose herabhängenden Ärmeln (Scheinärmeln), zuweilen auch mit Achselwulstring, oft pelzverbrämt. Der M. wurde um 1570–1620 von Höflingen und Edelmännern getragen, häufig schief über den Kopf gezogen, so dass ein Ärmel vorn über der Brust, der andere über den Rücken herabhing.

Mannequin, *das* (frz., von mniederl. *mannekijn* ›Männchen‹), im 18. Jh. aufgekommene Bezeichnung zunächst für die Modellpuppe der Maler, später für Schneider- und Schaufensterpuppe; erst im 20. Jh. bürgerte sich die Bezeichnung »M.« für Vorführdamen der neuesten Modeschöpfungen ein. Schon im 14. Jh. gab es ‣Modepuppen; in der 2. Hälfte des 17. und im 18. Jh. fungierte die ‣*Pandora* als solche. Vorführdamen führte Ch. F. ‣Worth um 1860 in der ‣Haute Couture ein. Als Fotomodelle wurden in den 1880er Jahren Schauspielerinnen engagiert, weil von Laien nicht die gewünschte Ausstrahlung ausging. Die Modehäuser hatten eigene ›Vorführdamen‹, während professionelle Models in den 1920er Jahren aus den USA nach Europa kamen. Damit entwickelte sich das M. zur bekannten Persönlichkeit. Seit den 1950er Jahren streben auch junge Damen der Gesellschaft den Beruf des M. an wie Lisa Fonssagrives, Carmen Dell'Orefice und in Deutschland Susanne Erichsen.

In den späten 1960er Jahren änderte sich das Bild des M.s grundlegend durch das Jugendidol Twiggy, gefolgt von Veruschka. Seither setzte sich auch in Europa die Bez. *Model* durch, als Vermittler fungieren eigene Model-Agenturen wie die seit 1946 von Eileen Ford in New York. Französische Eleganz verkörperte in den 1980er Jahren Inès de la Fressange. In den 1990er Jahren dominierten Supermodels (das Wort Starmannequin wurde zu einem veralteten Begriff) wie Claudia Schiffer, Linda Evangelista, Cindy Crawford und Naomi Campbell, bald darauf Kate Moss und Stelle Tennant.

Der Herr fungierte bis in die 1950er Jahre mehr als Begleiter der Dame auf dem Laufsteg. Danach verselbständigte sich der Beruf zu dem des *Dressman* (engl., ›Anzieh-Mann‹).

Manschette, *die* (frz. *manchette* ›kleiner Ärmel‹; engl. *cuff*), im 17./18. Jh. auch *Handblatt* genannter Abschluss des Herrenhemdärmels, im Unterschied zur ‣Stulpe. Die Bezeichnung »M.« kam erst im 17. Jh. auf, zuerst in Frankreich, später auch in Deutschland, für die separat gearbeiteten, abgesteiften ‣Spitzen, die über Wams-[58, 64, 65] oder Kleidärmelabschluss[51, 57, 61] gestülpt wurden. Ende des 17. und im 18. Jh. schloss der Hemdärmel in einem auf die Hand fallenden, auch abnehmbaren Volant (‣*Handkrause*[53, 330]) aus Spitze, Batist oder Seide. Gewöhnlich endete der Hemdärmel jedoch in einem seitlich geknöpften Bündchen. Mit der ‣Englischen Mode, nach etwa 1770, kamen schmälere, dezentere Handkrausen, meist aus dem Hemdstoff, die allmählich durch ein einfaches, nicht mehr zur Geltung kommendes Bündchen ersetzt wurden, nicht zuletzt wegen der anliegenden Frackärmel. Damit war die M. im heutigen Sinn geschaffen.

In der 1. Hälfte des 19. Jh.s war die M. nicht oder nur wenig sichtbar, als steifes Umschlagbündchen, beim Abendhemd als schmale ‣Rüsche. Es soll auch M.n aus baumwollenem oder seidenem ‣Trikot (2), die eng anlagen, gegeben haben. Mitte des 19. Jh.s kamen separate, nur über den Hemdärmelschluss geschobene, steife sog. *Röllchen* auf, die etwa 12 cm breit waren und seitlich mit einem ‣Manschettenknopf geschlossen wurden, damit die Kante umgedreht werden konnte.[300] Diese Röllchen hielten sich bis nach dem 1. Weltkrieg, obwohl sie als sehr unelegant galten, und nochmals kurze Zeit nach dem 2. Weltkrieg am Arbeitshemd. Seit etwa 1900 wurde der Manschettenknopf auch bei der einfachen, angesetzten M. verwendet. Anfang des 20. Jh.s erhielt das Seidenhemd, für das die steife M. nicht in Frage kam, die *Doppel-M.,* auch *französische M.* genannt; sie verdrängte allmählich die einfache, steife M., die aber am Abendhemd beibehalten wurde, zum ‣Frack mit scharfen, eckigen, zum ‣Smoking mit abgerundeten Kanten. Ende der 1920er Jahre kam zu sportlicher Kleidung die rund geknöpfte, nun auch mit zwei oder drei Knöpfen versehene und geschmeidigere sog. *italienische M.* auf. Zum eleganten Anzug wurde die Doppel-M. bis Anfang der 1960er Jahre beibehalten, erst danach von der einfachen M. verdrängt. Seit Ende der 1970er Jahre hatte das elegante Hemd wieder öfter die Doppel-M. Ab den 1920er Jahren wurde die M. in die Oberkleidung, u.a. für ‣Blousons, ‣Hemdblusenkleider und früher sogar schon für ‣Blusen[344] übernommen. ‣Ärmel, ‣Hemd.

Manschettenknopf, zwei mittels eines Kettchens oder Metallstegs verbundene Schmuckknöpfe oder ein Schmuckknopf mit Metallsteg und Knebel. Der M. kam nach Mitte des 19. Jh.s zu den Röllchen (separaten, steifen ‣Manschetten) auf und wird seit den 1960er Jahren bis heute bei der – allerdings höchstens am Abendhemd gebräuchlichen – Doppelmanschette verwendet. ‣Hemd.

Manteau, *der* (frz., ›Mantel‹; engl. *mantua;* in Deutschland um 1730–40 ›Aufsteckkleid‹), auch in Deutschland geläufige Bezeichnung für das Frauenoberkleid (Mantelkleid) im Wesentlichen der höfischen Mode, in der Spanischen Mode (2. Hälfte 16. / Anfang 17. Jh.), im Spätbarock (etwa 1675–1710) und im höfischen Rokoko bis um 1788, an manchen Herrscherhöfen als reines Zeremonialkleid bis Anfang des 19. Jh.s. (Formal handelt es sich auch bei der ‣Houppelande des 15. Jh.s um einen M.)

Der M. bestand aus Oberteil (‣Mieder, ‣Corps piqué) und Rock. Er entstand Ende des 15. Jh.s, als das obere, faltenreiche, schwere Kleid vorn, seltener seitlich aufgeschnitten und so zu einem mantelartigen Oberkleid wurde. In der Spanischen Mode war der M. vorn mit Bändern (‣Nestel), die durch Ösen in der Vorderkante durchgezogen und zu Schleifen gebunden wurden, später auch durch Haken und Ösen geschlossen. Der Rock fiel vollkommen faltenlos und kegelförmig über einen über Rohrreifen gespannten unteren Rock (‣Basquina (1), ‣Reifrock). Das Oberteil (Mieder) hatte einen hohen Stehkragen, worüber die ‣Halskrause lag, und lief in der Taille in einer tiefen Schneppe (‣Schnebbe (2)) aus. Die ‣Ärmel waren meist anliegend mit ‣Achselstück oder ‣Piccadill, oder es handelte sich um weite, der Armlänge nach geschlitzte ‣Hängeärmel. Der spanische M., meist von dunkler Farbe, bestand aus schwerem Brokat, Seidenstoff oder Samt, mit andersfarbigem ‣Futter, das bei den Ärmeln zur Geltung kam. Der nur am Hals oder auch über der Brust geschlossene M., von etwa 1555 bis Anfang des 17. Jh.s in Mode, wurde ‣*Weiter Rock,* ‣*Vlieger*[51] (bis 1660), ‣*Gamurra*[153] oder ‣*Marlotte,* der vollkommen offene M. ‣*Ropa*[46, 53] und der vorn zu schließende mantelartige M. ‣*Marlota* oder ‣*Zimarra* genannt.

Nach etwa 1570/75 wurde der M.-Rock, besonders außerhalb Spaniens, zu einer Dreiecksform geöffnet, d.h., man schnitt die Vorderkanten schräg nach außen, so dass die Basquina zur Geltung kam. Besonders in Frankreich und England wiederholte sich, auf die Spitze gestellt, diese Dreiecksform im Oberteil, so dass das ‣Brusttuch (Miedereinsatz) den Ausschnitt unterlegte. In Italien zog man das ‣Kleid dem M. vor. Königin Elisabeth I. von England (1558–1603) trug einen breiten, flachen Reifrock (engl. »Farthingale«) mit gefältetem, in der vorderen Mitte offenem M. In Frankreich und England wurde nach 1575/80 ein tonnenförmiger Reifrock, die Vertugade en tambour[57], getragen.

Anfang des 17. Jh.s konnte der M.-Rock hochgerafft werden.[60] Ab dem Spätbarock kam der M. als *Robe manteau* (‣Robe) erneut in Mode. Bereits nach Mitte des Jh.s verlängerte sich der obere Rock zu einer ‣Schleppe, wurde bald vorn geteilt und mit einer Rosette oder Schleife ein wenig zurückgesteckt. In den 1670er Jahren trug ein Page den etwas hochgerafften Rock. Häufiger jedoch war er mit Bändern, später mit Agraffen, Quasten u. Ä. an der Seite nach hinten gerafft, so dass das andersfarbige Futter zur Geltung kam und darunter der locker gereihte Rock (‣Jupe (2)) sichtbar wurde. Noch war das Oberteil geschlossen, hatte ein ovales, die Schultern mit einschließendes ‣Dekolleté oder war ‣en cœur geschnitten und von der Hemdrüsche umrahmt. Die Ärmel des M. fielen kurz aus, gerade den Oberarm bedeckend, während den Unterarm der in ‣Engageantes endende Hemdärmel bedeckte. Die Taille war in einer leichten Schneppe gearbeitet, manchmal das am Gürtel mit einer Schleife festgebundene ‣Blankscheit sichtbar. Um 1685–1715 wurde das hin und wieder als »Fontange-Mode«[69] (nach der gleichnamigen, charakteristischen Haartracht, ‣Fontange, ‣Haarmode) bezeichnete Oberteil (Mieder) vorn geöffnet und mit dem ‣Stecker unterlegt. Das Dekolleté war viereckig, von der Hemdspitze eingefasst. In den 1690er Jahren erhielt der M. einen Schalkragen, die Ärmel wurden länger, zu ‣Pagodenärmeln mit Aufschlag, die das Innenfutter sichtbar machten. Nach 1685 war der Rock des M. in Hüfthöhe nach hinten geschlagen und mit künstlichen Einlagen über dem Gesäß, den ‣Bouffanten, auch »Französischer« oder »Pariser Steiß« genannt, unterstützt und aufgebauscht. Den vorn sichtbaren unteren Rock besetzten dichte ‣Falbeln.

Im 18. Jh. hielt sich der M. in der höfischen Kleidung bis um 1788, wobei der Rock vorn meist zu einer Dreiecksform ausgeschnitten war und die bis zur Jahrhundertmitte meist aus andersartigem, danach aus dem gleichen Stoff wie der M. gearbeitete Jupe sichtbar werden ließ. Von der ‣Adrienne übernahm der M. in den 1730er Jahren die nur am Rückenansatz festgenähte ‣Watteau-Falte[70], die frei über Taille und Rock herabfiel. In dieser Form wurde der M. *à dos flottant* (›mit flatterndem Rücken‹) oder *à la française* genannt und als ‣Grande parure getragen. Der Rock war zart mit Volants, Kunstblumen und Rüschen, nach Mitte des Jh.s zunehmend üppig mit Girlanden aus Kunstblumen, Quasten und Schleifen verziert. Die Form des Rockes wurde durch den ‣Reifrock bestimmt. Ab den 1740er Jahren hielt sich der M. in der Form des *Reifrocks à coudes*[74], in den 1780er Jahren auch etwas hochgerafft, als höfische Zeremonienkleidung bis Anfang des 19. Jh.s. In der städtisch-bürgerlichen Mode sowie bei ‣Negligé und Halbputz (‣Parure) war um 1766–85 die ‣*Robe à la polonaise*[75] modern.

Mantel (lat. *mantellum* ›Hülle, Decke‹; ahd. *mantal*).

Im Altertum und in der Antike waren zu Beginn einer Kultur, wie später noch bei unteren Klassen, meist Über- und Obergewänder identisch. Eine erste Hülle war der Fellumhang (‣Pelz). Die einfache Schlafdecke diente auch als Umhang. Meist übernahm die

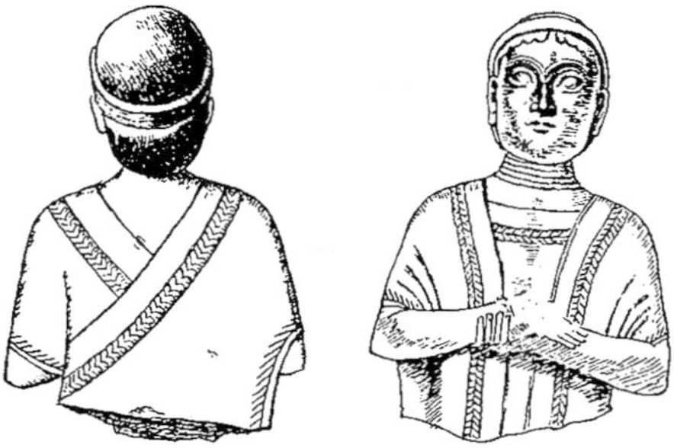

Abb. 394. Altbabylonischer Frauenmantel. Nach einer Dioritfigur aus Tello-Lagasch. Gudeazeit, um 2500 v. Chr. Nach Tilke.

Frau in etwas veränderter Form den M. des Mannes.

In der Frühsumerischen und Frühdynastischen Periode Mesopotamiens (ca. 3500 bis 2100 v. Chr.) trugen Frauen einen aus einem Stoffrechteck bestehenden M.[1], der so um den Körper gelegt wurde, dass die rechte Schulter, häufig auch die rechte Brust unbedeckt und nur linke Schulter und linker Arm bedeckt waren. Der M., der wahrscheinlich zugleich Obergewand war, bestand aus in waagrechten Reihen zusammengefügten Zotten von Schafwolle, aber auch von gewebter Wolle, wobei stets die Kettfäden als Fransen herabhingen. Diese Wollfransen sind für die assyrisch-babylonische Kleidung charakteristisch. Nach etwa 2290 trugen die Assyrer den *Fransen-M.*[2] (eher ein Schal?) freier drapiert, über die linke Schulter gelegt, den Rand umgeschlagen, unter dem rechten Arm geführt und über die linke Schulter geworfen, die Drapierung des griechischen Himations vorwegnehmend. Assyrer, Babylonier, Hebräer und Phönizier kannten außerdem einen schmalen, langen Überwurf (‣Kasack (1)) mit Kopfschlitz. Meder und Perser trugen die ‣*Kandys*[3] (die Perser nur als Hof- und Staatsgewand).

Erst im Neuen Reich (1551–1070) bedeckte ein breiter Umhang, der ‣*Haik* (1)[9], der altbabylonischen Ursprungs[394] ist, Oberkörper und Arme des vornehmen Ägypters. Dieser Umhang aus feingefälteltem Leinen wurde unter der Brust verschlungen.

In der griechischen und römischen Antike unterschieden sich die M.-Formen nach dem Rang des Trägers oder nach dem Zweck. Alle Übergewänder waren meist aus Wollstoff.

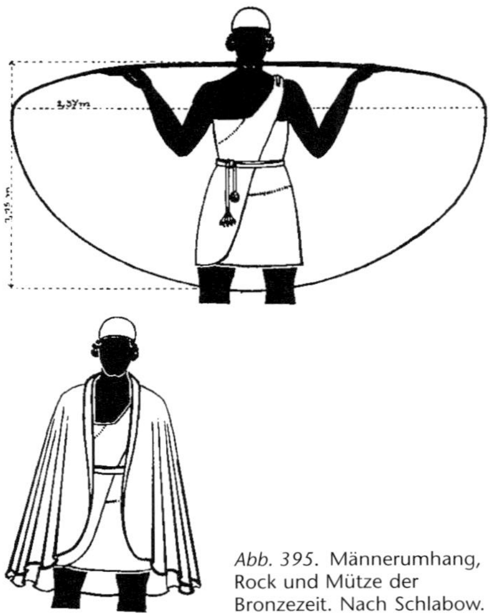

Abb. 395. Männerumhang, Rock und Mütze der Bronzezeit. Nach Schlabow.

In Griechenland gab es als Übergewand (griech. *epíblema*) die ▸*Chlaina* in Form eines mit einer ▸Fibel zusammengehaltenen Umhangs, die in der Frühzeit Über- und Oberkleidung des Mannes gewesen war und der in der Frauenkleidung der ▸*Peplos* entsprach. Die ebenfalls gefibelte ▸*Chlamys* war Reise-M. beider Geschlechter, die ▸*Chlanis* M. von Stutzern. Um den Körper drapiert dagegen trugen beide Geschlechter das ▸*Himation*[12,13], der abgehärtete Mann den ▸*Tribon.* Die Etrusker kannten ein dem Himation entsprechendes Übergewand, die *Tebenna* (▸Toga)[15,17], dazu eine Vielfalt von Umhängen, meist in sehr schmaler, rundgeschnittener Form, die auch mit den Enden nach rückwärts umgelegt wurden.

In der römischen Frühzeit drapierte der Mann die *Toga*[18], die Frau das ▸*Ricinium* (Überwurf), später die ▸*Palla*[16] um den Körper. Anhänger der griechischen Kultur trugen das *Pallium*[419]. Gefibelte Übergewänder, waren ▸*Lacerna,* ▸*Paludamentum* und ▸*Sagum.* Die ▸*Paenula*[418], Wetter-M. beider Geschlechter, wurde über den Kopf gezogen. In der Spätzeit kamen ▸*Caracalla* (1), ▸*Bardocucullus,* ▸*Cucullus* und ▸*Cappa* (▸Kappe (1)) hinzu. Im Byzantinischen Reich war das Paludamentum[420] Teil des Herrscherornats, die Paenula M. der Frau, Lacerna und Sagum Wetter- bzw. Soldaten-M., der Cucullus M. der einfachen Leute.

In der Bronzezeit (1800–750 v. Chr.) diente den Germanen ein Umhang aus dunkler Schafwolle als M.[24], dessen ovale Form durch Einweben entsprechender kurzer Schußfäden direkt am Webstuhl entstand, also nicht durch Zuschnitt. Der M. wurde über den Rücken und beide Schultern gelegt und im Nacken etwas umgeschlagen, so dass eine Art Schalkragen entstand. Auch gab es Umhänge, ebenso Kittel, aus Wolf- und Bärenfell (▸*Rheno*). Kelten trugen den *Bardocucullus* sowie das *Sagum,* das die Germanen von den Römern in der Eisenzeit übernommen hatten. Frauen kannten in dieser Zeit einen an der rechten Schulter gefibelten M., etwas länger als jenen des Mannes, dazu Umhängetücher (▸Kopfbedeckung). Die Gallier trugen den *Cucullus.*

Im frühen Mittelalter war das kniekurze, seitlich gefibelte *Sagum*[28] Übergewand des vornehmen Mannes; im Winter diente ein Pelzrock dazu. Bis ins hohe Mittelalter hielt sich der Kapuzen-M., die *Kappe,* als Reise-M. beider Geschlechter und als M. der untersten Stände. Die M. waren aus Wollstoff; in Deutschland war das friesische Tuch, aus dem die damals geschätzten *Friesen-M.* gearbeitet wurden, beste Qualität. Die Frau trug große Umschlagtücher[29], auch als Kopfbedeckung. Im hohen Mittelalter waren die M.-Formen für beide Geschlechter weitgehend gleich. Im 12. Jh. wechselte an dem den oberen Ständen vorbehaltenen Schulter-M.[30], der im Übrigen nur der verheirateten Frau zustand, der Sitz des Verschlusses von der seitlichen Schließe zur Fibel vorn. Dabei wurde der M. am Hals etwas hochgenommen und so eng geschlossen, dass ein kragenartiger Umschlag entstand. Auch wurde der M. gelegentlich mit zugeknöpftem Hals über die Schultern gehängt, so dass der Halsausschnitt auf einer Schulter lag[31]. Um den vordern Verschluss etwas zu lockern, kam um 1175 der *Schnur-M.,* ein halbkreisförmiger Schulter-M., auf. Er wurde mittels einer auf der linken Brustseite neben dem Knopf angenähten Schnur zusammengehalten, die durch das Knopfloch der anderen Seite durchgezogen und wieder zurückgeführt wurde. Der Schnur-M.[128] lag nur leicht auf den Schultern, so dass das Gewand darunter sichtbar blieb, daher hieß er auch *offener M.* Als Reise-M. wurde die *Kappe*[250] getragen.

Im 13. Jh. war der *Tassel-M.*[32] beider Geschlechter eine Sonderform des Schnur-M.s, bei dem die Schnur beidseitig an scheibenförmige Tasseln (Spangen, Agraffen, ▸Fibel) oder ▸Quasten befestigt wurde. Der Tassel-M., dessen Saum von der Frau auf einer Seite elegant hochgerafft wurde, war aus edlem Wollstoff oder Samt, auch mit Pelz gefüttert und hatte manchmal einen Pelzkragen. M. aus dünnem Stoff scheinen einen schmalen ▸Kragen zur Befestigung des Stoffes am Hals notwendig gehabt zu haben. Auch sieht man auf Bildern der Zeit unterhalb der Tasseln eine reversartige Verbreiterung, Kragenaufschläge, die die Reste eines Pelzkragens darstellen. Daneben tauchte um 1240 eine neue »Reisekappe« auf, mit langen Ärmeln, in denen zusätzlich Armschlitze waren, der ▸*Garde-corps* (bis Anfang des 15. Jh.s), ihm gleichkommend der ▸*Hérigaut.* Die Fülle an M.-Schnitten und Trageweisen, auch regional unterschiedlichen, nahm zu. In der 2. Hälfte des 13. Jh.s spielte die ▸*Garnache*[250] in der französischen Hofmode eine Rolle. Der M. wurde – mit Ausnahmen – kürzer und verhüllte den Oberkörper mehr. Der Schnur-M. wandelte sich, von Frankreich ausgehend, zu einem Dreiviertelkreis, der seitlich etwas schmäler geschnitten war, vorn in zwei langen, spitz endenden Bahnen über den Leib fiel und die Arme bedeckte. Dieser *kurze M.* wurde auch von Vornehmen getragen und auf verschiedene Weisen um den Körper drapiert. In den 1280er Jahren erhielt der Schnur-M. einen kreisförmigen Halsausschnitt und kurzfristig einen breiten Kragen (Umschlag). Seit Ende des 13. Jh.s und in der 1. Hälfte des 14. Jh.s herrschte in der vornehmen Männerkleidung erneut der auf der rechten Schulter geschlossene M., meist aus Samt oder Seide, vor. Anfang des Jh.s kamen der ▸*Heuke*[283], der zeitweilig stärker als der Schulter-M. verbreitet war, sowie die ▸*Glocke* (1) hinzu. In der 2. Hälfte des 14. Jh.s wurden beim Mann die M.-Formen kürzer, knie- bis hüftlang. Oft ersetzte die ▸*Gugel,* eine bis 1480 modische Kopfbedeckung, den M. Insgesamt kam im Laufe des 14. Jh.s der M. als Übergewand aus der Mode zugunsten mantelartiger Obergewänder (Rock und M. zugleich), wie des ▸*Tappert* und der 1375 aufgekommenen ▸*Houppelande*[38]. Außerdem trugen beide Geschlechter den dreiviertelkreisförmigen, vorn in der Mitte mit einer Nusche geschlossenen ▸*Nuschen-M.,* die sehr weite ▸*Dogaline*[509] (bis zum 16. Jh.) sowie die ▸*Houce* (dt. *Husse).* Ein Hirten-M., aus feinem Stoff ein M. der Vornehmen, war der ▸*Gaban* (1).

Die Frau trug bis in die 1330er Jahre noch den *Schnur-M.*[35], danach *Nuschen-M.*[336], *Houppelande,* seltener *Tassel-M.* und *Tappert.* Als wärmender M. diente bis ins 17. Jh. der ▸*Balandran.*

Im 15. Jh. waren beim Mann mantelartige Ober- bzw. Überwurfgewänder charakteristisch, zu denen in Italien die kaum oberschenkellange ▸*Giornea,* der ▸*Giubberello*[36] und der ▸*Giubbone*[37, 39] kamen (▸Rock (1), ▸Zimarra, ▸Zamarro). Anfang des 15. Jh.s wurde in Deutschland vom Mann neben dem Tappert die Heuke und Glocke sowie von beiden Geschlechtern der Nuschen-M. in sehr weiter Form und mit einer Art kleinem Stehkragen getragen. Um 1470 entwickelte sich die ▸*Schaube*[41, 44, 48], ebenfalls ein mantelartiges Obergewand (M.-Rock); sie wurde für die Reformationszeit in Deutschland charakteristisch. Ende des 15. Jh.s trug der junge Stutzer einen kurzen, knappen Schulterumhang, der beim spanischen Edelmann *Saie* oder *Saye* (▸Sagum) hieß und im ganzen 16. Jh. vorhanden war. Die Frau trug die Houppelande, seltener darüber noch einen Schnur-M., in Deutschland auch den Tappert, nach 1490 die Schaube, jedoch vor allem den nun zumeist über den Kopf gelegten Heuke.

Abb. 396. Vornehme Schwedin in einem mit Pelz (Feh) gefütterten Mantel und Pelzhut. Aus Hans Weigels Trachtenbuch. 1577.

In der 1. Hälfte des 16. Jh.s wurde in den meisten Ländern Europas vom Mann der Oberschicht die Schaube getragen, in Deutschland von beiden Geschlechtern. In Italien entsprach ihr die bodenlange *Zimarra*[509] und die auch in anderen Ländern übernommene Dogaline. Spanien kannte neben der Schaube bereits die noch fast wadenlange ‣*Capa*[186]. Besonders in Spanien spielte in der 2. Hälfte des 16. / Anfang des 17. Jh.s der M. eine große Rolle. Capa, ‣*Capa magna* (1), ‣*Ferreruolo*, ‣*Boemio*, ‣*Marlota* und ‣*Mandilion* zu tragen war z.T. Vorrecht des Adels.[46,47,49] Daneben gab es den praktischen ‣*Balandran* mit Armschlupflöchern und den *Fieltro*, einen Regen-M. mit separaten Schulterstücken, beides Umhänge-M. mit Stehkragen und Kapuze. Die Schaube war in Spanien zur reinen Amtskleidung geworden. Unter dem Einfluss der kurzen spanischen Umhänge-M. verkürzte sich die Schaube zur ‣*Harzkappe*[56], die etwa 1550–80 beide Geschlechter trugen; am Mann hieß sie *Gestalt-* oder *Ehrrock*. Auch werden ein sog. ‣*Kepenek* und ein kurzer, kreisförmig geschnittener *Scheibl* oder *Scheubel* (wohl von *Schaube*, trotz anderem Schnitt) erwähnt. Die spanischen M. hatten im deutschsprachigen Raum meist keine Kapuze. (Im Dt. bezeichnet »M.« bis Anfang des 18. Jh.s einen ärmellosen Umhang, während eine Überbekleidung mit Ärmel *M.-Rock* genannt wurde.)

In der Frauenkleidung verschmolz das Über- und Obergewand, indem, Ende des 15. Jh.s von Italien ausgehend, das obere, faltenreiche, schwere ‣Kleid vorn, seltener seitlich aufgeschnitten wurde. Dieses mantelartige, in der gesamten europäischen Hofmode – bei nationalen Eigenprägungen – in der 2. Hälfte des 16. Jh.s getragene Oberkleid hieß ‣*Manteau*. Anstelle des Manteaus gab es auch den ‣*Weiten Rock* oder die ‣*Marlotte* sowie die ‣*Ropa*. In der bürgerlichen Frauenkleidung hielten sich besonders in Deutschland und den Niederlanden Heuke[306] und Schaube, Letzte noch neben der nach 1550 verkürzten Form der Harzkappe, ferner der zu einem Jäckchen gewordene ‣*Koller* (2). In Österreich hieß so ein langer Frauen-M. *Jängger* (‣Janker). Patrizierinnen trugen auch den *Spanischen M.*

Im Dreißigjährigen Krieg (1618–48) verlor der Spanische M. sein steifes Futter, wurde weiter und länger und erhielt einen viereckigen Rückenkragen, zuweilen auch eine Pelzverbrämung. Dieser kreisförmig geschnittene Umhänge- oder Rad-M., im 2. Viertel des 17. Jh.s von Edelleuten und Soldaten, aber auch von Bürgern auf verschiedene Arten renommistisch über die Schultern und den linken Arm drapiert, hieß in Deutschland *Iponier-M.*[331] (1), in Frankreich *Manteau à la* ‣*Balagny*. Oft glitt er hinten über die Schultern herab und wurde vorn mit einer Schnur gehalten. Er hielt sich in verschiedenen Längen und Weiten bis Ende des Jh.s. (Daneben trug der Mann einen knie- bis oberschenkellangen Überrock, die ‣*Hongreline* (1).) Um 1630 kam ein weiter, wadenlanger und meist nur am Kragen zu schließender M. mit weiten Ärmeln auf, der *Kavaliers-M.*[131] Um 1660/65 entwickelte sich der ‣*Justaucorps* (2), der über ein Jh. Rock und M. zugleich war. Nur Reise- und Wetterschutz war der als Überrock getragene ‣*Brande(n)bourg* oder ein ‣*Cape*.

Die Frau kannte im 17. Jh. keine eigentliche Überkleidung, selbst der Manteau war bis ins letzte Viertel des Jh.s vielfach aus der Mode oder wurde nur im Winter, aus warmem Stoff gefertigt, angelegt. Die Bürgerin legte das aus der Heuke entstandene Regentuch (‣*Regenkappe)* über den Kopf; die Heuke selbst erstarrte zur Tracht. (Sonst behalf sich die Frau mit ‣Schoßjacken (‣Jacke), mit der ‣Palatine (1), einem ‣Muff und einer separaten ‣Kapuze und legte zusätzlich eine Maske (‣Cachenez (1)) als Teintschutz an.) Im Hochbarock kamen Kopftücher (‣Mantille) in Mode. Etwa 1675 wurde der Manteau wieder höfisches Überkleid.

Im 18. Jh. trug der Herr, da er den geschlossenen (mantelartigen) Oberrock, den Justaucorps, hatte, Übergewänder nur auf Reisen oder als Regenschutz: lange, weite Umhänge-M. und den ‣*Surtout*[71], nach etwa 1720 die *Roquelaure* (‣Rockelor), nach Mitte des Jh.s die ‣*Redingote* (1).

Die Frau behielt im 18. Jh. in der höfischen Kleidung den Manteau, der im Winter sehr warm gefüttert oder auch als wattiertes Steppkleid ausgestattet sein konnte. Darüber trug sie höchstens als reinen Wetterschutz das Regentuch, einen halblangen Umhang, ‣*Mantille* genannt, einen ärmellosen Kapuzen-M., der sich nach Mitte des Jh.s zur ‣*Pelisse* entwickelte, und die *Palatine*. Ende der 1780er Jahre

Abb. 397. Redingote. Aus Antoine Hérissets »Recueil des différentes modes du temps à Paris«. 1729.

verbreitete sich allgemein der ▸*Caraco,* eine mitunter pelzgefütterte Schoßjacke, und die ▸*Redingote* (2).

Im 19. Jh. wurde der Herren-M., allgemein ▸*Überzieher* genannt, wichtiger zunächst als Schutz des als Alltagsrock getragenen, vorn die Beine nicht bedeckenden ▸Fracks und nach Mitte des Jh.s als praktisches Kleidungsstück. In der 1. Hälfte des Jh.s findet man eine Fülle von sog. *Oberröcken,* deren Umfang und Länge einem M. entsprechen; Überröcke wurden meist – im Unterschied zum Rock – von links auf rechts geknöpft. Im Directoire (1795–99) und Empire (1800–15/20) trugen meist Stutzer als Übergewand den kurzen ▸*Spenzer* (1). Daneben waren bekannt: *Redingote,* ▸*Carrick*[172], in Deutschland auch ▸*Blücher-M.* genannt, ▸*Gaban* (3), ▸*Pelerine* und diverse, besonders für den Abend verwendete Umhängearten, die nun *Capes* hießen. Anfang des Jh.s kam der ▸*Ulster*[496], 1823/25 der ▸*Macintosh* (Regenmantel), in den 1830er Jahren der modische ▸*Burnus,* um 1836 der bis heute als klassischer Herren-M. vertretene ▸*Paletot* (3), Mitte des Jh.s ▸*Raglanmantel,* ▸*Balmacaan,* ▸*Talma* und ▸*Inverness*[83–85], 1851 der ▸*Aquascutum,* 1857 der ▸*Havelock*[296] (1), zeitweilig in Deutschland auch unter der Bezeichnung ▸*Kaisermantel* bekannt, in den 1860er Jahren der ▸*Mac Farlane,* 1879 der ▸*Burberry* (aus Gabardine), der ▸*Twine* sowie Ende des 19. Jh.s ▸*Gehpelz* und *Guardscot,* um 1889 der ▸*Chesterfield* und um 1900 der ▸*Covercoat* (2) und der ▸*Staub-M.* als ▸Auto-M. Künstler liebten über eine Schulter geworfene M.-Umhänge (▸*Imponier-M.* (2)).

Die Frauenkleidung des 19. Jh.s kannte bis ins letzte Drittel des Jh.s keinen eigentlichen M. Die ▸Schals, Tücher, M.-Kleider und eine Fülle von Umhängen, ohne oder mit angeschnittenen Ärmeln, dienten als Übergewand. Die Umhänge, obgleich ähnlich im Schnitt, hatten regional verschiedene Bezeichnungen oder kurzlebige Modenamen. Zwar hätte die gerade fallende ▸Chemise (2) des Directoire und Empire einen M. vom Schnitt her zugelassen, doch widersprach er dieser der Antike nachempfundenen À-la-grecque-Mode (▸Grecque, Mode à la). An seine Stelle traten, mit Ausnahme der Redingote, ▸Schals, besonders nach 1810 der ▸Can(n)ezou, ein kurzes Spenzerjäckchen, die Pelisse[426] und mantelartige Überkleider, ▸*Douillettes* und ▸*Enveloppes*[398] genannt. Letztere bestanden aus festem Samt oder Wollstoff, waren gefüttert, wattiert und mit ▸Pelz (bevorzugt »Schwanenpelz«) verbrämt, hatten lange, anliegende Ärmel, eine hohe, dem ▸Kleid angepasste Gürtung, waren nur etwas kürzer als dieses. Die anliegend geschnittene Douillette öffnete sich über der Brust zu einem spitzen Ausschnitt, die vorderen Rockkanten berührten einander gerade, ohne geschlossen werden zu können. Auch die Redingote passte

Abb. 398. Enveloppe mit Muff und Capote (»Morning Walking Dress«). Aus »La Belle Assemblée«. 1. November 1812.

Abb. 399. Pelerine mit Ärmeln über Kleid. Um 1850. Bremer Landesmuseum für Kunst- und Kulturgeschichte (Focke-Museum).

sich dem Kleidschnitt an und fiel unterhalb des knapp sitzenden, gerade bis unter die Brust reichenden Oberteils, mit Kragen und Revers, in dichten Falten herab, so dass sie vorn geschlossen werden konnte. Als reiner Reise- und Wetter-M. wurde der *Carrick* vom Mann übernommen. Um 1808 kamen die ersten, ganz mit Innenpelz gefütterten M. in Paris auf, die nach ihrer russischen Herkunft ‣*Witzschouras* hießen. Während des Biedermeier, 1825–35, ließen die umfangreichen Ärmel (‣Hammelkeulenärmel) wieder nur den zu einem großen quadratischen Tuch gewordenen Schal zu sowie das zu einem ‣Dekolletékragen gewordene Cannezou. Daneben gab es vielerlei dreiviertellange Umhangarten, wie die *Pelerine* und die ‣*Rotonde.* Am häufigsten jedoch waren *M.-Kleider* und eine dem Kleidschnitt angepasste *Redingote* aus dickem Wollstoff, mit Stoffpatten oder Häkchen und Ösen hoch geschlossen.

Während der Zeit der ‣Krinoline (1848 bis 1869/70) traten die M.-Kleider zugunsten der in Details und Namen rasch wechselnden und allgemein *Sortie* (frz., ›Ausgang‹) genannten Übergewänder zurück, die selbst in ‣Modejournalen der Zeit keine einheitlichen Bezeichnungen erkennen lassen. Es gab anliegende, taillierte ‣*Mantelets* oder ‣*Pardessus* mit Scheinärmeln oder langen Ärmeln, die meist tief an-

Abb. 400. Mantelformen. Von links nach rechts: Visite, Paletot, Paletot mit Fedora, Rotonde mit Marabu, Reisemantel, Paletot, »Masaniello« mit großen Dolmanärmeln und Fedora. Als Kopfbedeckung verschiedene Capoten. Aus »Journal des Demoiselles et Petit Courrier des Dames réunis«. Oktober 1877.

setzten und sich zum Handgelenk trichterförmig erweiterten, sowie den ▸*Capuchon* und die ▸*Mantille,* ein dreieckiges Umhängetuch, schalartige Sommermantelets und meist für Reisen Umhänge mit Armschlitzen, mit oder ohne Kapuze, die ▸*Ottoman* (1), *Pelisse* und *Pelerine* sowie, vom Mann übernommen, *Burnus, Talma* und, abgewandelt, *Paletot.* Sie bestanden meist aus Samt, Atlas, Kaschmir, Grosgrain (Grobgrün), waren auch wattiert und reichlich aufgeputzt mit ▸Posamenten, ▸Spitzen und durch Raffungen. Zur ▸Turnüre (1868/69–75) dominierten diverse, hinten meist zu abstehenden faltigen Schößchen gearbeitete ▸Jacken als Übergewand. Der Paletot im Herrenschnitt setzte sich als wadenlanger Frauen-M. Ende der 1870er Jahre durch, gefördert einerseits durch die ▸Enge Mode, andererseits durch die infolge der Wirtschaftskrise beginnende Berufstätigkeit z. T. auch der Frau des Mittelstandes. In der Zeit der sog. Zweiten Turnüre (1882–88) wurde der Paletot, nur mit einem Falteneinsatz über dem Gesäß, beibehalten. Er war aus Wollstoff, hatte einen kleinen Umlege- oder Schalkragen, der manchmal pelzverbrämt war, und lange, glatte Ärmel, oft mit Pelzmanschetten. Etwa 1891–96, zur Zeit der großen Puffärmel, wurde die figurbetonende Redingote dem sackartigen Paletot vorgezogen.

Beim Herren-M. des 20. Jh.s hielten sich jene in der 2. Hälfte des 19. Jh.s aufgekommenen M.-Formen zumeist bis zum 2. Weltkrieg. Anfang des 20. Jh.s verbreiteten sich der *Staub-M.*, der ▸*Schlüpfer* (2), später der ▸*Slipon* (als ▸Auto-M.), sowie der ▸*Bozener M.* Nach dem 1. Weltkrieg kamen ▸*Trenchcoat* und ▸*Klepper-M.*, in den 1920er Jahren der ▸*Stutzer,* in den 1930er Jahren der *Ulster-Paletot*[496], in den 1950er Jahren der ▸Hänger (1), der ▸*Benny,* in den 1960er Jahren der *Caban* auf. In den 1960er Jahren nahm die Vielfalt der M.-Formen ab. Die M. wurden kniekurz und tailliert. Zum klassischen Herren-M. zählt bis heute der *Paletot,* meist aus sandfarbenem oder dunkelblauem Kamelhaarstoff. In den Alpenländern werden ganz verschiedene Schnittfor-

Abb. 401. Herrenmantel im Trenchcoat-Schnitt aus Wollstoff mit Hahnentrittmuster. Dazu Rollkragenpullover, Autohandschuhe. 1974. Kunstbibliothek, Berlin.

Abb. 402. Abendmantel aus Samt, broschiert über Kleid mit »Nixenschleppe« und Aigrette-Kopfputz. Aus »Costumes Parisiens«. No 139. 1914.

men von *Loden-M.n* getragen, zum Wandern auch der *Wetterfleck* (‣Kotze, ‣Loden (2)).

Um 1900 wurde der Frauen-M. mehr und mehr nach seiner Zweckbestimmung differenziert. Straßen-, Reise- und Auto-M.[135], wie *Sackpaletot* und *Staub-M.*, waren kürzer als das noch bodenlange Kleid, Gesellschafts- und ‣Abend-M. dagegen bodenlang, auch mit ‣Schleppe. Durchweg folgten die M. der modischen Sans-Ventre-Linie (‣Kleid)[427], wofür über dem Gesäß eingesetzte Stoffzwickel dem M. zum Saum hin die nötige glockige Weite gaben. Vorn wurde der M. ein- oder zweireihig mit großen Posamenterieknöpfen geschlossen. Aufsehen erregten M. mit Außenpelz. Um 1910–14/15 wurden sehr breite Kragen- und Reversformen modern. Der Tages-M. blieb gerade und schmal, also ohne Taillierung, mit geraden, glatten Ärmeln, die Aufschläge hatten; er bestand aus Cheviot, Kammgarn, Fischgrat- oder Noppenstoff. Im Unterschied dazu wurde der Abend-M.[402] unter dem Einfluss der ‣Haute Couture weit gehalten, mit vorn ausgesprochen schräg geführter Kante und meist kunstvollem seitlichen Verschluss in Form von einem oder zwei Posamenterieknöpfen, so dass eine asymmetrische Linie entstand. Der M. hatte einen breiten, oft über die Schultern fallenden und vorn bis zum Verschluss herabgezogenen Schalkragen, der mit einem Seidenspiegel (‣Spiegel), mit Posamenteriestickerei oder Spitzenbesatz verziert war. In einer ähnlich üppigen, weiten Form waren *Pelz-M.* gehalten. Die Haute Couture (‣Art Déco) brachte kokette *Wickel-M.*; sie wurden vorn stark übereinander geschlagen, seitlich nur mit einer Hand zusammengehalten und hinten stets etwas über die Schultern fallend getragen. Auch hinten in der Art von Wolkenstores senkrecht gezogene M. waren in Mode. Die Abend-M., aus Satin, Samt, Brokat, dem mit Metallfäden durchzogenen Lamé, hatten eingewobene große Muster und üppige Pelzkragen.

Während des 1. Weltkriegs wurde der Frauen-M. vielfach durch das ‣Kostüm (2) ersetzt, bedingt nicht zuletzt durch die modische ‣Kriegskrinoline; als Alternative diente ein M. in Zeltlinie (‣Trapezlinie). In den 1920er Jahren wurde der M. zum unumgänglichen Kleidungsstück, erstmals in gleicher Länge wie das Kleid. Der Tages-M. hatte einen zweckbetonten Schnitt, war schmal und gerade, vorzugsweise zweireihig, mit langgezogenem Revers oder Schalkragen, auch hochgeschlossen mit ‣Bubikragen und geraden, schmalen Ärmeln. Vorübergehend gab es, besonders nach 1927, M.-Kleider mit tief angesetztem, breitem Falten- oder Glockensaum. Nur der Trenchcoat wurde straff gegürtet. Der Winter-M. war häufig mit Pelz verbrämt, bevorzugt Opossum, Fuchs und Affenpelz, und hatte einen breiten Schulterkragen. Der Abend-M. entsprach in der Linie dem der Vorkriegszeit, wie z. B. dem Wickel-M. oder dem Volant-M., nur war er nach 1924 ebenfalls knielang und schmäler. Extravagante Modelle waren aus bedrucktem, türkisfarbenem Samt mit Weißfuchs oder aus Jacquard-Satin mit Chinchilla.

In den 1930er Jahren wurde der M.-Stil sportlicher; der M. war auf Taille gearbeitet, mit oder ohne Gürtel, mit kleinem Reverskragen, der Rock leicht ausgestellt und zuweilen etwas kürzer als das nun länger gewordene Kleid. In Deutschland herrschten sportliche Gabardine-M. mit Schulterpasse und einfache M. aus Tweed und Noppencheviot in Fischgrätmuster vor, für den Winter mit Pelzkragen und -manschetten (Breitschwanzpersianer, Fuchs und Waschbär) verziert.[107] Nach 1934/35 wurde der Sport-M., häufig im Trenchcoat-Stil, strenger, mit breit abgestepptem Revers und Kragen und die Schultern betonenden Achselklappen. Nur der Abend-M. behielt weiterhin seinen großen Pelzkragen.

Während des 2. Weltkriegs war der M. seltener als das Kostüm reine Zweckkleidung und mit Ausnahme des eigentlichen Uniform-M.s und des Trenchcoats nicht unbedingt streng und uniformartig gehalten. Der M., aus grobem Wollstoff, oft auch aus zweierlei Stoffen zusammengesetzt, war gerade, mäßig weit geschnitten, die Achseln mit Rosshaarpolstern unterlegt oder durch eine ‣Chasuble-Falte[177] verbreitert, meist hochgeschlossen, aber auch mit Schalkragen oder einem kleinen Pelzkragen, aufgesetzten Pelztaschen und geraden, mäßig weiten Ärmeln, die Aufschläge hatten. Die Pariser Haute Couture stellte auch M. in Redingote-Form[287, 404], stark tailliert und mit glockigem Rock, vor. Diese M.-Formen wurden nach 1947/48 mit runden Schultern, etwas reicherer Ausstattung und allmählich aus besserer Stoffqualität gearbeitet.

In den 1950er Jahren war der modische M. nach den Vorschlägen der Pariser Haute Couture ausgerichtet. Insgesamt dominierten untaillierte, eher weite M., Hänger, mit tief angesetzten, weiten Ärmeln, in der 1. Hälfte des Jahrzehnts etwa wadenlang, später etwas kürzer. Anfangs war die auf Taille gearbeitete Redingote mit weitem, glockigem Rock jugendlicher Mode-M. 1952 erhielt der M., entsprechend Chr. ‣Diors Schlangenlinie (‣Haute Couture), einen tief sitzenden Rückengurt, wodurch ein blousonartiger Effekt entstand; zum Saum hin wurde er enger gearbeitet. 1953 brachte Diors Kuppellinie einen an den Schultern schmalen, sich kegelförmig über den Rock erweiternden und ab den Knien wieder eingehaltenen M., der demnach kuppelförmig das Kleid überspannte. Er war kragenlos oder hatte einen weiten Stehkragen, dazu weite, tief eingesetzte Raglan- oder ‣Fledermausärmel, zwei bis drei große Knöpfe oder eine Schleife als Schließe. Diese M.-Form wurde abgelöst von einer geraden Linie mit angedeuteter Taillierung: großer, flacher, die Schultern bedeckender Dach- bzw. Marinekragen oder Schalkragen, Ärmel mit breitem Aufschlag und ein bis drei tief sitzende Knöpfe. 1957 wurde der M. mit der modischen Tonnenlinie sehr voluminös und sah viel zu groß aus; um die Taille war er weit aufgebläht, wurde zum Saum hin enger und hatte einen breiten Schulterkragen und weite Raglanärmel. 1958 kam ein meist kragenloser M. in Trapezform in Mode. Der Pelz-M. war selten. Pelz, meist Bisam, wurde häufiger als Innenpelz verarbeitet, für Kragen Biber, Persianer, Ozelot. Für sportliche Zwecke wurde der ‣*Dufflecoat,* der *Gabardine-Wende-M.,* in den Alpenländern immer öfter der Trachten-M. aus Loden sowie als sehr sportlicher Regen-M. der *Klepper-M.* getragen.

Anfang der 1960er Jahre dominierte noch der M. in Tonnenlinie oder in geradem Schnitt mit weiten Raglanärmeln. Nach 1963 kamen mit der ‣Mini-Mode kniekurze Redingotes mit sehr breiten, eckigen bis leicht abgerundeten Kragen und Revers, breitem Gürtel, glockigem Rock und hoch eingesetzten, glatten Ärmeln, außerdem zweireihige M. in durchgehender, zum Saum hin leicht ausgestellter Prinzesslinie. 1966 brachte der modische ‣Schiwago-Look für kurze Zeit fast wadenlange M., während der eigentliche sog. Maxi-M. erst nach 1969 (mit dem Mini-Kleid darunter) zum M. für die Jugend wurde.[113] Auch hier dominierten breit ausgeschlagene Kragen und Revers. 1967 war der *Zelt-M.* in Mode. Der modische *Regen-M.* aus Plastik war durchsichtig, gerade oder in

Abb. 403. Mantel mit langgezogenem Revers, tiefer Taille und eingesetzten Schoßfalten, Glockenhut. Aus »Moden-Spiegel«. Februar 1925.

Abb. 404. Mantel in Zeltlinie (r.) und Redingote (l.) nach Jacques Fath. 1949. Zeichnung von Anton Garden, Wien.

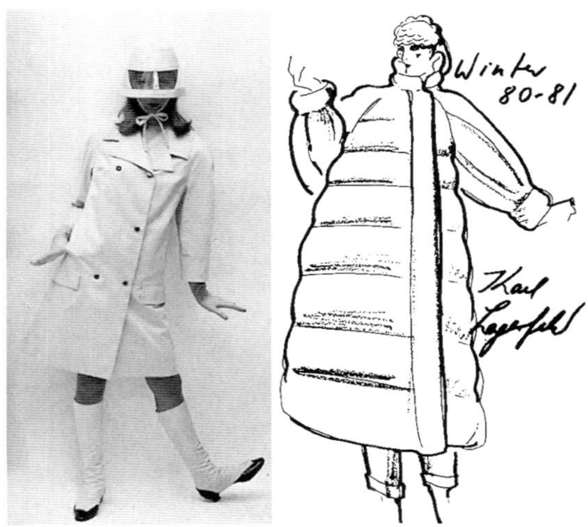

Abb. 405. a) Mantel im Courrèges-Stil, Kopfbedeckung im Astronauten-Look, Gamaschen. Modell von Staebe-Seger. Berlin, 1965/66. b) Daunensteppmantel von Karl Lagerfeld. Paris, Winter 1980/81.

Zeltform geschnitten, mit einem Reißverschluss vorn. 1963 wurde der *Macintosh* in schwarzweißem Op-Art-Muster oder durchsichtig und mit weißen geometrischen Linien samt dazu passenden Stiefeletten entdeckt. Anfang der 1970er Jahre stand die M.-Mode noch im Zeichen der Maxilänge; zweireihige, taillierte M. mit breitem Gürtel gab es neben Kurz-M.n und Cabans zu Hosen. Danach pendelte sich auch der M. auf die knapp wadenlange Midilänge ein. Nach 1976/77 bis etwa 1980 brachten der ‣Folklore- und der Zwiebel-Look (mehrschichtige Kleidung) weite Capes, ‣Plaids (3), ‣Ponchos und Lederblousons anstelle des M.s. Der M. selbst wurde im sog. Oversize-Stil (engl., ›Übergröße‹) lose und weit mit tief angesetzten Fledermaus-, Raglan- oder modisch abgewandelten Hammelkeulenärmeln oder mit ‣Chasuble-Falte[177] getragen. Pelz-M., noch in den 1970er Jahren gefragter denn je (auch Pelze als M.-Futter), kamen in den 1980er Jahren durch Tierschutzkampagnen stark aus der Mode. Stattdessen wurden mit Daunen wattierte Stepp-M. sowie Plüsch-M. aktuell; 1988–93 der ‣*Swinger.* Seit etwa 2000 ist wieder der Kamelhaar-M. in Mode.

Mantelet, *der*[400] (frz., ›kleiner Mantel‹), in Frankreich *Visite* (›Besuch‹) genannt, um 1740–1888, mit Ausnahme der Zeit der À-la-grecque-Mode (‣Grecque, Mode à la) (1795–1815), gebräuchlicher Umhang der Frau. Im 18. Jh. war er etwa hüftlang, ohne Armschlitze, nur am Halsausschnitt mit einer Schleife zusammengehalten, und hatte eine ‣Kapuze. Ab etwa 1848 erneut aktuell; man unterschied zwischen einem leichten, schmalen, vorn nicht geschlossenen, sondern nur übereinander gehaltenen Sommer-M. und einem eher in dunklen Farben gehaltenen und aus starkem oder warmem ‣Stoff (Samt, Taft, Kaschmir, Wolle, Grosgrain) bestehenden Winter-M., auch ‣*Pardessus* genannt. Der Winter-M. wurde zu einem etwa oberschenkellangen, in der anliegenden Taille mit Haken oder über der Brust mit Stoffpatten geschlossenen Umhang mit Scheinärmeln, d.h., über einem tief sitzenden Armausschnitt war ein zipfelig, eckig oder rund geschnittener Stoff angeschnitten oder angesetzt. Oder der M. war eine Art ‣Mantel mit tief angeschnittenen, kurzen echten Ärmeln, die nur die Unterarme bedeckten. Der M. konnte einen Pelerinenkragen, seltener eine Kapuze haben. Für den Sommer war er häufig aus Volants (‣Falbel) zusammengesetzt, für den Winter mit ‣Posamenten, Fransen oder Samtbordüren verziert.

Abb. 406. Frauenmantel im Grunge-Stil aus gecrashtem Leder mit ausgefranstem Leinenfutter von Marlboro classics. 2005.

Mantelkleid ‣Enveloppe, ‣Houppelande, ‣Manteau (Oberkleid), ‣Mantel, ‣Pelisse-Robe.

Mantilla, *die* (span.). **1.** Kopf- und Schultertuch der Spanierin, aus ‣Blonden oder Chantilly-Spitzen (‣Spitze), ab dem 18. Jh. über einem hochstehenden Schildpattkamm getragen. Die M. entwickelte sich Ende des 16. Jh.s aus dem andalusischen Mantón, einem großen Körperschal orientalischen Ursprungs. **2.** Feinfädiges, dünnes, durchsichtiges Seidengewebe.

Mantille, *die* (frz.), seit etwa 1640 bis gegen Ende des 19. Jh.s – mit Unterbrechung – gebräuchlicher Umhang. Anfangs war die M. eine Art breiter Langschal. Zur Zeit des Biedermeier und der ‣Krinoline (ca. 1825–68/69) nahm sie die Form eines hinten dreieckigen Umhangs mit Kragen und vorn lang herabhängenden Stoffteilen an. In dieser Form wurde sie vorn mit den Händen zusammengehalten oder gekreuzt und hinten zusammengebunden. Es handelte sich bei der M. nie um einen Kaschmirschal (‣Schal).

Mantua, *die.* **1.** Meist kostbarer, lose geschnittener Hausmantel der Dame vom Spätbarock bis Mitte des 18. Jh.s ‣Hauskleidung, ‣Negligé. **2.** Engl. für ‣*Manteau.*

Mao-Look, Mao-Anzug, Herrenanzugform, später auch ‣Hosenanzug der Frau, mit langem, bis über die Hüften reichendem Rock, einreihig und hochgeschlossen mit Stehkragen. Der M. wurde eher von jungen Leuten und nur kurze Zeit getragen.

Der M. kam 1967 in England auf,[302, 314] in Nachahmung des Gewandstils in der Volksrepublik China 1935–76 zur Zeit Mao Zedongs und als Zeichen totaler Konformität, in Grau, Grün oder Blau. Das Design geht auf den bürgerlichen Revolutionär Sun Yat-sen (1866 bis 1925) zurück und war Symbol für westlichen Neuanfang. Der Stehkragen (später Umlegekragen) war abgeleitet von japanischen Schuluniformen, die Pattentaschen von Militäruniformen und die Rückenfalte von chinesischen Bauernjacken. Der Mao-Anzug wird in China Sun-Yat-sen- bzw. Zhongshan-Anzug genannt.

Marabu, *der,*[400] in der Mode die unteren Schwanzfedern des gleichnamigen Storchs, die als Meterware in kräftigen Farben vertrieben werden. Der M. wird seit etwa 1800 für ‣Boas, Abendjäckchen, ‣Hauben und Hutschmuck verwendet. ‣Feder.

Marcel-Welle[267c] ‣Haarmode (Frau, Anfang 20. Jh.), ‣Ondulation.

Marinehose ‣Manchesterhose.

Marinière, *die* (frz. von *à la marinière* ›nach Seemannsart‹), vom Matrosenanzug übernommene Kragen- und Ausschnittgestaltung für ‣Blusen und ‣Freizeithemden: nur bis zur Brust zweireihig zu öffnender Halsausschnitt mit breitem, eckigem, flachem ‣Kragen. ‣Matrosenanzug.

Marken, auch Labels, repräsentieren meist als Initialien oder Logo den Designer oder Hersteller und sind als Prestigesymbol von hoher Kaufentscheidung.

Abb. 407. Markenlogo von Louis Vuitton als Allover-Print. Modell-Design von Marc Jacobs für Louis Vuitton. Paris, 2003/04.

Marlborough-Hut ‣Gainsborough-Hut.

Marlota, *die* (von arab. *mallûta*), spanisch-maurisches Obergewand Ende des 15. bis Ende des 17. Jh.s, für den Mann eine Art Schoßrock, etwa knie- bis wadenlang, vorn durchgehend geknöpft, untailliert und eventuell durch seitliche Zwickel, ‣Gêren, erweitert. Die M. war meist aus Seide, häufig aus Damast und oft in Symbolfarben. In der Spanischen Mode auch mit ‣Hals- und ‣Handkrausen und dekorativ zugenestelt (‣Nestel). Die

M. wurde auch der arabischen *Aljuba* (‣Djubbeh) gleichgesetzt. In längerer Form trug sie auch die Frau, und zwar die maurische Dame aus Wolle, die Spanierin aus Seide oder Samt, zuweilen im ‣Mi-parti.

Marlotte, *die* (frz.; ‣Marlota),[53] der am Hals oder auch über der Brust geschlossene ‣Manteau um 1555 bis Anfang des 17. Jh.s. Die M. ist gleichzusetzen mit der ‣*Gamurra,* dem frühen ‣*Vlieger* und dem ‣*Weiten Rock.*

Marquise, *die* (frz., ›Gräfin‹), sehr kleiner Sonnenschirm (Parasol) aus Seide oder Spitze, dessen Stock zusammenklappbar war; von der Frau im 19. Jh. verwendet. ‣Schirm (1).

Martingale, *die*[455] (engl.; frz., span., ital. *martingala;* abgeleitet von den Bewohnern von Martigues in der Provence). **1.** Fachbezeichnung für ‣Rückengurt, Zierkette oder Spange, die eingelegte Gewandfalten in Ordnung hält. In Österreich *Riegel* genannt. **2.** Ende 15. / Anfang 16. Jh. eine Art Hosenlatz, der zwischen den Beinen angebracht war, am Gürtel mit Knöpfen und Bändern befestigt wurde und mit dessen Hilfe wahrscheinlich auch Strümpfe (‣Strumpf) oder die Strumpfhose nur einmal an das Wams angeknöpft oder genestelt werden mussten.

Masche, österr. für ‣*Schleife.*

Maschenware ‣Filet, ‣Strick- und Wirkware.

Mascotte ‣Zylinder.

Maske[134] ‣Cachenez (1).

Matelassé ‣Stoff (20. Jh.).

Matelot, *der* (frz., ›Matrose‹), ehem. ‣*Matelote.* **1.** ‣Pantalon[332, 422] (1). **2.** ‣Canotier.

Matelote, *die* (frz.; ‣Matelot), *Hose à la m.,* um 1820–50 getragene modische ‣Hose des Mannes mit zum Saum hin leicht glockig ausgestellten Hosenbeinen, nach Art der Matrosenhose. ‣Matrosenanzug.

Matinee, *die* (frz., ›Morgenkleid, Frisierjacke‹), morgendliche ‣Hausjacke der Bürgerin, aufgekommen in der 1. Hälfte des 17. Jh.s in Holland.[63] Die M. war gerade hüftbedeckend mit Dreiviertelärmeln, meist aus schwarzem Samt und oft mit Pelz verbrämt. Sie hielt sich auch als *Morgenjacke* oder ‣*Kamisol* (3) bis Anfang des 20. Jh.s. Im 19. Jh. ging die Bezeichnung auch auf ein elegantes Morgenkleid über. ‣Negligé.

Matrosenanzug. Bereits im 15. Jh. und wahrscheinlich schon früher trugen Seefahrer und auch Seereisende einen Kittel und eine weite, daher bequeme, wadenlange Hose mit Latz zum Schließen, die ‣Matelote (‣Pantalon (1)). ‣Kittel und ‣Hose könnten sich aus der Kleidung nordgermanischer Stämme und der Seegermanen der Eisenzeit (nach 750 v. Chr.) erhalten haben.

Im 18. Jh. kam es zu einer Festlegung der Matrosenkleidung, bestehend aus z. B. einer blauen Jacke, hellblauer Weste, weißer Hose und blauen Strümpfen. In den 1780er Jahren fand die Matelote Eingang in die Knabenkleidung. Sie wurde Ende der 1780er Jahre von französischen Arbeitern der Hafenstädte und danach von allen Revolutionären der unteren Stände angenommen. Um 1820–50 war zeitweise eine Herrenhose à la matelote mit zum Saum hin leicht ausgestellten Hosenbeinen modisch. Um 1830 bildete sich schließlich jener dunkelblaue (marineblaue) Anzug heraus, der heute als M. charakteristisch ist: lange, weite Hose (Original stets mit Hosenlatz), Kittel mit breitem, eckigem Rückenkragen, der sich aus dem am Matrosenkittel vorhandenen Lederbesatz gebildet haben könnte, welcher zur Schonung der Kleidung beim Ziehen der schweren Taue notwendig war. Der Lederkragen schützte auch vor den um 1770 stark geölten Zöpfen (damit das lange Haar nicht hinderlich war) der Matrosen. Der Kragen des Exerzierkittels bekam nun in England drei weiße ‣Borten, in Erinnerung an den Kampf des englischen Admirals Nelson gegen die Flotte Napoleons, die in drei Seeschlachten geschlagen wurde. Die festgenähte ‣Krawatte hatte sich aus dem traditionellen Halstuch der Matrosen entwickelt. Dieser M. wurde um Mitte des 19. Jh.s Knabenkleidung.[333] Aus der Arbeitskleidung der Matrosen wurde außerdem der ‣Jumper aus ‣Trikot (2) übernommen. 1880 kam die dem Matrosenkittel adäquate Matrosenbluse für Mädchen[139] zu einem dunkelblauen Faltenrock auf.

Während des Nationalsozialismus wurde der M. als bürgerlich-dekadent geächtet. Nach dem 2. Weltkrieg wurde er zum »Matrosen-Look« erweitert und als Freizeitanzug des Herrn oder als ‣Hosenanzug der Frau modisch.

Maxi, 1966 bis um 1973 gebräuchliche, modewirksame Saumlängenbezeichnung für mindestens wadenlange Kleidung, im Gegensatz zu ‣Mini und ‣Midi. Die Bezeichnung »M.« kam 1966/67 im Zusammenhang mit dem ‣Schiwago-Look[114] auf, wurde 1969 von Y. ‣Saint Laurent[290] nochmals (erfolglos) zu lancieren versucht und war erst wieder 1971–73 bei der weiblichen Jugend beliebt, besonders am ‣Mantel, aber auch an Kleidern.

Medici-Kragen, ein seitlich mehr oder weniger das ‣Dekolleté rahmender und im Nacken hochstehender, über Draht versteifter Spitzenkragen, der Ende 16. / Anfang 17. Jh. in Italien und Frankreich anstelle der spanischen ‣Halskrause getragen wurde. Er war anfangs gefältelt, später glatt, mit dem ‣Rebato als Unterkragen. In Italien am Hofe der Medici aufgekommen und durch Maria von Medici bekannt gemacht, später nach ihr benannt. ‣Kragen.

Medisches Gewand,[4] heutige Bezeichnung des urspr. knöchellangen, weiten ‣Hemdgewandes der Meder (8.–6. Jh. v. Chr.) mit weiten, trichterförmigen Ärmeln. Es wurde von den Persern als Hof- und Staatstracht übernommen und schleppend lang, so dass es auf einer oder zwei Seiten in den Gürtel hochgesteckt wurde, wodurch eine charakteristische Faltendrapierung entstand. (Das M.G. wurde über die eigene Kleidung der Perser, ‣Rock (1) und ‣Hose, angelegt.) Über dem M.G. wurde als Mantel die ‣Kandys[3] getragen.

Melange-Whipcord ‣Stoff (20. Jh.).

Melbourne-Hemd, vom »International Fashion Council«, für die Olympischen Spiele 1956 in Melbourne entworfenes ‣Freizeithemd, über der Hose zu tragen. Es hatte eine tiefliegende Brustpasse mit latzartigem Einsatz und daran zwei Schließknöpfen. Der Einsatz ging in einen Stromlinienkragen mit halblangen oder langen Raglanärmeln (‣Raglan) und zwei aufgesetzten, oben schräg geschnittenen Taschen über.

Abb. 408. Melbourne-Hemd, entworfen für die Olympiade 1956. Nach Eelking.

Melone ‣Bowler.

Melonenhose,[312] ugs. für die *Spanische Hose* (‣Hose, 16. Jh.).

Menjou-Bärtchen, auch unter der Sammelbezeichnung *Englischer Schnurrbart* bekannt. Gepflegter, schmaler Oberlippenbart der 1920er Jahre, benannt nach dem amerikanischen Schauspieler Adolphe Menjou (1890 bis 1963). ‣Bart (1), ‣Schnurrbart.

Mente, *der* (‣Manteau), ungarischer Männermantel mit Pelzverbrämung, bis zur Taille gerade, dann leicht ausgestellt und vorn offen zu tragen; im 16. Jh. noch fast knielang, im

Abb. 409. Ungarische Magnatenkleidung: Mente aus rotem Samt, darunter Dolman aus Brokat. Um 1895. Kunsthistorisches Museum, Wien.

18. Jh. nur hüftlang und mit angeschnittenen oder eingesetzten Ärmeln. Der M. wird meist nur über eine Schulter gelegt, über dem ‣Dolman (2) getragen und ist Teil der ungarischen Nationaltracht.

Merveilleuse, *die* (frz., ›die Wunderbare‹)[355c], auffallend und übertrieben modisch gekleidete Dame im Directoire (1795–99); ihr entsprach der ‣Incroyable. Die Bezeichnung »M.« wurde für die sehr aufgeputzte Mode um 1815 wieder aufgegriffen.

Merveilleux ‣Futter.

Merzerisierung ‣Stoff (19. Jh.).

Messjackett, *das* (von *Messe* ›Speiseraum der Marineoffiziere‹), kurze ‣Jacke, zuweilen ‣*Spenzer* (1) genannt, in der Art eines schoßlosen ‣Fracks, ergänzt durch eine tief ausgeschnittene ‣Weste in Weiß oder Dunkelblau, weißes Hemd mit Klappenkragen und steifer Brust, einen schwarzen Querbinder und eine blaue oder schwarze Hose mit ‣Galonen (1). In dieser Form trugen Marineoffiziere ihren Gesellschaftsanzug in der Messe. In Zivil sah man diesen Anzug erstmals in den 1930er Jahren während einer Silvesterkreuzfahrt; bald wurde er in den USA für exklusive sommerliche Bord- und Strandfeste populär, dabei ersetzte ein ‣Kummerbund die Weste, ein Umlegekragen den Klappenkragen des Hemdes. In den 1950er Jahren kam das M. allmählich aus der Mode, wurde aber um 1985 neu belebt, modisch abgewandelt mit gestreifter Hose und weißem Kummerbund. Es gilt als abendlicher Gesellschaftsanzug anstelle des ‣Smokings.

Midi,[113] Anfang der 1970er Jahre gebräuchliche Saumlängenbezeichnung für gerade kniebedeckende Kleidung, im Gegensatz zu ‣Mini und ‣Maxi. M. kam 1970 im Zusammenhang mit dem ‣Slinky, einem nostalgischen, sich an die 1930er Jahre anlehnenden Modestil, der besonders von ‣Biba vertreten wurde. M. setzte sich endgültig nach 1973 als Saumlänge durch, jedoch nicht mehr unter dem Terminus »M.«.

Midinette, *die* (frz.), Näherin in einem Haute-Couture-Salon. Sie steht unter der Aufsicht der ‣Première main.

Abb. 410. Messjackett. 1950er Jahre. Nach Eelking.

Mieder (von ahd. *muoder,* mhd. *mueder* ›Mutter‹, aber auch ›Leib‹, später übergehend auf das Brust und Leib umschließende Kleidungsstück), auch ‣*Leibchen, Schnürleib,* zeitweilige ‣*Taille* (2) genannt; meist durch Schnürung enganliegendes Oberteil der Frauenkleidung, zunächst der Oberkleidung (in der Tracht bis heute erhalten; ‣Kleid), in Directoire (1795–99) und Empire (1800–15/20) sowie im 20. Jh. Unterkleidung.

In der kretisch-minoischen Kultur[11] (1720 bis 1200 v. Chr.) trugen vornehme Frauen und Priesterinnen ein enges, auch geschnürtes M.-Leibchen, das die Brust freiließ und kurze Ärmel hatte. In der 2. Hälfte des 12. / Anfang des 13. Jh.s und in der 2. Hälfte des 14. Jh.s strebte man eine anliegende Form des Kleidoberteils an, weshalb es seitlich oder hinten senkrecht geschlitzt und auf Figur geschnürt wurde.[336] Dieser enganliegende Kleidschnitt wird als Vorläufer des M.s angesehen. Bereits in der 2. Hälfte des 14. Jh.s führten vornehme Damen eine dünne Holzschiene, die Planchette (‣Blankscheit), zur Versteifung vorn ein. Auch wurde mittels einer Leibbinde die Taille verengt, die Brust gehoben. Diese Tailleneinschnürung praktizierte auch der modebewusste Mann unter der engen ‣Schecke (was Petrarca in einem Brief an seinen Bruder erwähnt haben soll, aber auch Darstellungen der bildenden Kunst vermuten lassen). Im 15. Jh. wurde mit der Burgundischen Mode auch eine Schnürbrust als Untergewand getragen

(▸Korsett). Gegen Ende des 15. Jh.s wurde das enge Oberteil vorn aufgeschnitten und mit einer sichtbaren Schnürung geschlossen[39,442], der Ärmel angenestelt. Das hochgeschlossene, mit Ärmeln versehene M. hieß *Leibchen.* Unter der Schnürung kam das ▸Hemd oder ein ▸Brusttuch zum Vorschein.

In der 1. Hälfte des 16. Jh.s war in der höfischen Mode Frankreichs und Englands das M. vorn geschlossen und wattiert, so dass weibliche Formen nicht zur Geltung kamen; das ▸Dekolleté stieg in der Mitte an. Bis gegen Ende des 16. Jh.s waren M. und Rock zusammengenäht.[40] In der Spanischen Mode (2. Hälfte 16. / Anfang 17. Jh.) war das Oberteil, das ▸*Corps piqué,* vorn in der Mitte anfangs durch Nestel, später durch Haken und Ösen geschlossen (▸Manteau). Es bestand aus doppelter Stofflage und wurde mit Holz-, Eisen- oder Fischbeinstäben und der Planchette versteift, die in spezielle Absteppungen geschoben wurden. Die Planchette bildete eine tiefe, spitze Schneppe (▸Schnebbe (2)), die in Italien abgerundet war. Statt des versteiften M.s wurde unter Kleid oder Manteau auch ein Korsett getragen. In Frankreich und England blieb der Manteau auch vorn in einem Dreiecksausschnitt offen und wurde an das versteifte Kleid-M. oder einen Einsatz angehakt. Die Bürgerin trug ein vorn offenes, geschnürtes M.[55, 306b] mit daran angesetztem Rock oder das ▸Kamisol (3).

Im 17. und 18. Jh. waren M. und Rock separat. Das M. erhielt in der Taille herabhängende Laschen, die seitlich unter dem Rock lagen. Die Schneppe vorn und eine breitere, längere, abgesteifte Lasche hinten lagen über dem Rock. Der Unterstoff des M.s bestand aus zwei Lagen festen Leinens mit den in Absteppungen eingefügten Fischbeinstäben dazwischen und dem Oberstoff darüber, dessen ▸Abnäher nicht denen des Unterstoffs folgen mussten.

In der 1. Hälfte des 17. Jh.s erhielt das M. der spanischen Hofmode vorn eine breite, abgerundete Schneppe, die beim holländischen ▸Regentinnen-Kostüm zum ▸Borst vergrößert wurde. Während des Dreißigjährigen Kriegs wurde das M. lockerer, erhielt einen angenestelten oder angeschnittenen, geschlitzten ▸Schoß (1), auch *Schoß-M.* genannt, eine tiefe, abgerundete Schneppe, wobei die in der Taille schön verzierte Planchette sichtbar blieb und zuweilen mit einer Schleife am Rock befestigt wurde, die Haken und Ösen der hier zusammengehaltenen Robe verbarg. Die Taille rückte etwas hinauf; vorn konnte eine Zierschnürung angebracht sein. Das Schoß-M. hielt sich in der bäuerlichen und kleinbürgerlichen Kleidung bis ins 18. Jh. In den 1640er Jahren wurde das M. wieder straffer, die Schneppe spitz und lang. Es war vorn geschlossen, konnte aber auch offen und unter einem Übertritt unsichtbar zugehakt und hinten geschnürt sein. Um 1640–90 wurde ein M. mit angesetztem Rock ▸*Justaucorps* (1) genannt. In den 1660er Jahren war die Taille kurzzeitig rund. In den 1670er Jahren kam erneut der Manteau in Mode. Das M. war vorn geschlossen, mit doppeltem Blankscheit (ehem. Planchette). Ab etwa den 1690er Jahren wurde das Manteau-Oberteil meist zu einem Dreiecksausschnitt[69] geöffnet. Es war entweder als abgesteiftes M. ausgestattet und im Ausschnitt an einen mit Blankscheit und Schneppe versehenen ▸Stecker[471] gehakt oder unversteift mit dem Korsett darunter, das im Ausschnitt mit schönem Stoff überzogen oder vom Stecker bedeckt war.

Im 18. Jh. konnte bei der höfischen Rokokorobe das mit Fischbein oder anderen biegsamen Stäben versteifte M. oder ein mit Oberstoff überzogenes und mit Ärmeln versehenes Korsett[332] sichtbares Oberteil sein. Meist war der Manteau vorn offen und wurde im Oberteil von dem mit ▸Échelles verzierten Stecker ausgefüllt.[75]

In Directoire (1795–99) und Empire (1800–15/20) wurde unter der ▸Chemise (2) ein Brustband nach antikem Vorbild oder ein leichtes Leinen-M. als Unterkleidung getragen. Das Leinen-M. erhielt sich im 19. Jh. als anliegendes *M.-Leibchen,* auch *Kamisol* genannt, das über dem Korsett, in der ▸Hauskleidung auch statt diesem getragen wurde. Nach 1810 wurde das Unter-M. länger, bekam seitliche Zwickeleinsätze und wurde hinten geschnürt. Ab etwa 1820 trug die höhergestellte Frau das separate Korsett; das Kleidoberteil konnte indessen auch als stark mit Fischbein verstärktes M. gearbeitet sein, wie es besonders beim tief dekolletierten Abendkleid der Fall war. Das eigentliche, nun meist vorn geschnürte M. als Oberkleidung hielt sich in der Volkstracht und ist bis heute in den Alpenländern beim ▸Dirndl zu finden. Un-

Abb. 411. Mieder als elastischer »Bodyslip« von Triumph International. 1986.

ter dem ‣Reformkleid (1898 – etwa 1910) – bei den ‣Künstlerkleidern und dem Bloomer-Kostüm (‣Bloomers) schon nach 1850 – gab es ein unversteiftes sog. *Reform-M.* oder ‣Büstenhalter mit ‣Hüftgürtel aus Leinen oder Baumwolle.

Im 20. Jh. verschwand in der Benennung zunehmend der Unterschied von M. und Korsett. Das M. wurde, abgesehen von der Trachtenkleidung, Unterkleidung; es ist meist als ein leichtes, stark elastisches Korsett aufzufassen. Kurz nach 1947 erfand der französische Modeschöpfer M. ‣Rochas die ‣Guêpière, welche die enge »Wespentaille« des ‣New Look garantieren sollte. Nach etwa 1963 nahm die Verbreitung des M.s stark ab. Es wird seit den 1970er Jahren ohne Metall- oder Fischbeineinlagen aus vollelastischem Material gearbeitet, der Büstenteil auch thermoplastisch geformt. Im Allgemeinen wird das M. in der ‣Konfektion hergestellt, das Korsett im Fachgeschäft auch nach Maß angefertigt. Allerdings findet seit 1988 das Schnürmieder als modisches Oberteil Verbreitung, ‣Korsett.

Miedereinsatz ‣Brusttuch, ‣Einsatz, ‣Stecker.

Miederleibchen ‣Kamisol (3), ‣Mieder.

Miederrock. 1. ‣Rock (2) der Dame mit angeschnittenem, bis über die Taille hinaufgehendem Bund (Taillenmieder); insbesondere in den 1950er Jahren modern. In dieser Art werden auch Oberhosen, besonders Skihosen, gearbeitet. **2.** Bezeichnung einer in den 1950er Jahren aufgekommenen Kombination von Hüftmieder und ‣Unterhose.

Military-Look, in Schnitt, Form, Farbe und Ausstattung an Uniformen angenäherte Oberkleidung beider Geschlechter (breite Schultern, Schulterklappen, Vorder- und Rückenpasse, Gürtel, Ärmelgurte, breite Steppnähte usw.). Dazu gehören Caban (‣Gaban (3)), ‣Cargo pants in Tarnfarben (Camouflage-Muster[98]), ‣Natojacke, ‣Parka, Springerstiefel (‣Fußbekleidung 20. Jh.), ‣Trenchcoat.

Mille fleurs, Millefleurs, *Pl.* (frz., ›tausend Blumen‹), Stoffmuster mit unzähligen kleinsten Blüten. Besonders im Biedermeier 1825–35 und bei Liberty-Stoffen verwendet. ‣Stoff, 19. Jh.

Mini Crini ‣Krinoline, V. ‣Westwood.

Minimalismus. In der Mode ein dem ‣Purismus nahe stehender Stil, bei dem der strengen Konstruktion durch minimale Effekte das Besondere gegeben wird. Designer wie H. ‣Lang, J. ‣Sander oder G. Strehle (‣Strenesse) sind dem M. ebenso wie dem Purismus verpflichtet.

Mini(-Mode),[436] jugendliche Mode, etwa 1963/64–73 (mit Unterbrechung 1970/71: ‣Midi), bei der der Rock höchstens die Oberschenkel bedeckte oder noch kürzer war; Höhepunkt: 1967–69. Die M. wurde von der Engländerin M. ‣Quant bereits 1959/60 als Gesamtmodelinie[113] (Total Look) mit Betonung der Beine anstelle weiblicher Formen entworfen: kindliches, kurzes Hängerkleid (‣Hänger (2)) mit klar abgegrenzten Schnittlinien und hohem Armausschnitt, niedrige Spangenschuhe oder flache Stiefeletten, im Winter dicke Wollstrümpfe und kurzes, glattes, in betont geometrischen Linien geschnittenes und geföntes Haar (sog. Fönfrisur, 1963 von Vidal Sassoon entworfen). 1964/65 führte A. ‣Courrèges[291] die Minilänge auch in der ‣Haute Couture[290, 292] ein (‣Courrèges-Stil).

Mi-parti, *das* (frz.-lat., ›halb geteilt‹), im 14. Jh. *Demi parti* genannt, eine meist vertikale Teilung eines Gewandstückes in verschiedene Farben, insbesondere an Strümpfen und Strumpfhosen des Mannes (‣Strumpf), nur anfänglich und seltener auch des Kleides, 14.–16. Jh. Das M., orientalischer, wahrscheinlich maurischer Herkunft, ist erstmals in Europa auf wenigen Miniaturen des 10. Jh.s zu sehen. Es verbreitete sich in Süd- und Mitteleuropa[33] aus dem Wunsch nach farbenfroher Kleidung heraus; denn bunt gemusterte Stoffe waren noch selten und daher kostbar. So konnten Strumpfbeine von verschiedener Farbe sein (z. B. rechts rot, links blau); im 15./16. Jh. konnte ein Strumpfbein vertikal in verschiedenen Farben gehalten, schließlich auch in verschiedenfarbigen Rhomben, Zickzack- oder Schrägstreifen gemustert sein. Im 15. Jh. hatte sich daraus eine wahre Farbensymbolik entwickelt, mit der u. a. die Gemütsverfassung des Trägers ausgedrückt wurde. Daneben wurden Ende des 15. / Anfang des 16. Jh.s auch Ärmel und das ‣Futter zur Unterlegung der ‣Schlitze in verschiedenen Farben gewählt. Gegen Ende des 16. Jh.s verschwand das M. aus der Mode, es ist heute im Narrenkostüm erhalten.

Mitaine, *die*[275] (frz., heute ›Fausthandschuh‹), im 14./15. Jh. aufgekommener fingerloser ‣Handschuh (Halbhandschuh), später auch Handschuh ohne Fingerspitzen, wie heute meist bei Arbeits- und Sporthandschuhen.

Mitra, *die* (griech., ›Einschlagfaden, Gurt‹), urspr. Bezeichnung für *Binde,* auch die Busenbinde (‣Fascia pectoralis) sowie das Haar- und Kopfband bestimmter Götter, wofür es genaue Regeln zur Knotenschlingung gab. Ferner jede orientalische Kopfbedeckung aus einem langen Streifen Tuch, der zu einer Art Mütze oder zum ‣Turban geschlungen wurde, ebenso für die ‣Tiara (1). Im Mittelalter lebte die Bezeichnung »M.« als Kopfbedeckung mannigfaltiger Formen und Verwendungszwecke fort und erhielt sich bis heute in der mit ‣Infulen (1) versehenen liturgischen Kopfbedeckung (Bischofsmütze) der Kardinäle, Bischöfe und Äbte.

Mod Mode (von engl. ›*mod*‹*ern*), betont moderne bis dandyhaft gekleidete, radikale britische Jugendliche der ›lower middleclass‹ Englands um 1960, genannt Mods (Abkürzung von Modernists). Ihr gepflegtes Äußeres fiel auf durch Jackett oder Parka mit Pelzverbrämung, engen Hüfthosen, Perry-Como-(Schlagersänger)-Messerschnittfrisur, Fred-Perry-Poloshirts (nach dem ersten Wimbledon-Sieger aus dem Arbeitermilieu) und Clarks-Schuhen (‣Fußbekleidung, Mann 1964). Diverse modische Revivals u. a. 1979 durch den Film »Quadrophenia« und um 1995 als Retro-Look (Neo-Mods) in der Herrenmode von ‣Gucci und M. ‣Prada.

Mode (von lat. *modus* ›rechtes Maß, Art und Weise (des Lebens)‹; ital. *moda*; frz. *mode*). Die 1600 als Gemahlin König Heinrichs IV. nach Frankreich gekommene Maria de' Medici brachte ihren Kleidungsstil »al moda italiana« (›nach italienischer Art‹) ins Land. Als Frankreich in der 1. Hälfte des 17. Jh.s kulturell tonangebend zu werden begann, wurde der Begriff (»M.« bedeutete Sitte und Brauch, auch in der Kleidung) auch in Deutschland, ab etwa 1628/30, gebräuchlich, und zwar in der sprachlichen Form ‣*à la m.* und *Alamode.* Damit wurde eine stutzerhafte Übertreibung der französischen M. charakterisiert. Im 18. Jh. kamen die Begriffe *altmodisch* (in Deutschland im 15. Jh. als ‣*altfränkisch* bekannt) und *neumodisch* auf.

Das Bemalen, Behängen und Bekleiden des Körpers entspringt Urtrieben des Menschen. Geltungs- und Nachahmungstrieb, Imponiergehabe, Spieltrieb und Schmuckbedürfnis sind ursprüngliche Beweggründe, auch gibt es kultisch-magische Motivationen, wie das Verbergen sekundärer Geschlechtsmerkmale vor dem »bösen Blick«. Die Scham muss sich nicht unbedingt auf die Geschlechtsmerkmale beziehen und ist somit nicht notwendigerweise Ursache des Bedeckens. Ebensowenig diente die erste Bekleidung dem Schutz gegen die Natur, da der menschliche Körper dieser weitaus mehr angepasst war. Geltungs- und Nachahmungstrieb, geboren aus der Tatsache, dass der Mensch nicht als Einzelwesen veranlagt ist, sind Ursachen für das Verändern der Kleidung und somit der M. Demnach ergibt sich folgende Definition: M. ist eine auf Imponier-, Geltungs- und Nachahmungstrieb, auf Schmuckbedürfnis (schöpferische Phantasie), erotische Anziehung, seit geschichtlicher Zeit auf Äußerung sozialer, seit der Neuzeit auch finanzieller Unterschiede, auf Zeitgeschmack, Sitte und Gesellschaftsform beruhende Art und Weise der äußeren Lebenshaltung. M. ist somit Selbstdarstellung ebenso wie Ausdruck der Lebens- und Denkweise zumindest einer Gruppe von Menschen in einer Zeit. Die Lebensweise ihrerseits ist von sozialen, wirtschaftlichen, kulturellen, politischen und technischen Faktoren bestimmt. Ein M.-Vorschlag vermag sich durchzusetzen, wenn er mit dem Zeitgeist korrespondiert, aber erst dann: z.B. hatte M. ‣Quant mit dem bereits 1958/59 kreierten ‣Mini erst 1964 Erfolg. Ein Kleidungsstil gilt als »M.«, sobald er zumindest von einer größeren Gruppe der Gesellschaft angenommen worden ist. Im allgemeinen Sprachgebrauch wird »M.« allerdings mit »Kleidung« gleichgesetzt.

Vom Altertum bis gegen Ende des 18. Jh.s wurde der modische Aufwand durch ‣Kleiderordnungen festgelegt, um Standesunterschiede und merkantile Interessen aufrechtzuerhalten. Dadurch wurde zwar indirekt das M.-Bild mitbestimmt, aber keinesfalls eine M. verursacht; es wurden höchstens Übertreibungen gefördert bzw. unterbunden. Modische Übertreibungen und Verbote von M. gab es zu allen Zeiten. So haben Christen die exzentrische spätrömische Kleidung abgelehnt und im 12. Jh. den körpernahen Kleidschnitt als böses Werk des »Kleyder- und Putzsuchtsteufels« angeprangert.

Modisch tonangebend ist die jeweils politisch oder kulturell dominierende Schicht. Es war dies bis zur Französischen Revolution in der Hauptsache der Großadel, im späten Mittelalter allerdings das gehobene Bürgertum, im 16. Jh. z.T. das Patriziat, gegen Ende des 18. Jh.s das aufgeklärte Bürgertum, während der Französischen Revolution das Proletariat und im 19. Jh. bis zum 1. Weltkrieg das Großbürgertum. Nach dem 1. Weltkrieg kam es im deutschsprachigen Raum zu einem stärkeren modischen Anteil der Mittelschicht und seit Mitte der 1960er Jahre zu einer M.-Dominanz der Jugend.

Der M.-Wechsel ist im Wesen der M., basierend auf dem Geltungs- bzw. Nachahmungstrieb der Menschen, begründet. Bis in die 1. Hälfte des 19. Jh.s beschränkte sich der schnelle M.-Wechsel aus herstellungstechnischen Gründen auf heute kaum mehr wahrnehmbare Details, wie Verzierungen und modisches Beiwerk. Der fast monatliche Wechsel derselben wird in ‣M.-Journalen des späten 18. und 19. Jh.s deutlich. Durch die zunehmende Technisierung der Stoff- und Bekleidungsherstellung konnten modische Veränderungen die gesamte Kleidung erfassen. Äußere Umstände, die wirtschaftliche Lage z.B., können eine Verlangsamung bzw. Beschleunigung des M.-Wechsels mit bewirken (der M.-Wechsel ist hier Ausdruck der Zeit). Die Industrialisierung der Bekleidungsherstellung, insbesondere die Erfindung und Produktion von Chemiefasern, bewirkten seit dem 2. Weltkrieg preisgünstige Angebote und damit die Beteiligung auch der finanziell Schwächeren am modischen Geschehen. Die Bereitschaft zu schnellem M.-Wechsel ist seither nicht mehr vom Einkommen abhängig, sondern ist in jenen Gesellschaftskreisen am ausgeprägtesten, die die höchste Mobilität haben, z.B. in der mittleren Einkommensklasse und allgemein in jüngeren Altersgruppen (Milieutheorie), wie der Soziologe René König festgestellt hat. ‣Kostümforschung, ‣Modetheorie.

Mode à l'anglaise ‣Englische Mode.

Modejournale *(Modezeitschriften), Modealmanache* und *Trachtenbücher* enthalten die Mode betreffende Stiche, Zeichnungen, Fotos oder Berichte und sprechen ein allgemeines Laienpublikum an. (Die seit Anfang des 19. Jh.s publizierte Modefachpresse, die sich an Experten der Modebranche, an Modisten, Händler, Stofferzeuger, Schneider usw. wendet, ist hier nicht berücksichtigt.)

Die Verbreitung der ‣Mode fand seit frühester Zeit unbewusst durch Eroberungszüge, Reisen, Nachlässe und private Korrespondenz statt; seit Ende des 14. Jh.s auch durch ‣Modepuppen (‣Pandora), Chroniken und Hausbücher, durch Graphiken und Gemälde sowie durch Sitten- und Tagebücher. Als schriftliche bzw. bildliche Primärquellen gelten außerdem Modesatiren und Modekarikaturen, die hauptsächlich als von der Kirche verfasste Flugblätter zur Anprangerung des Hoffarts-, Mode- und Prunksuchtsteufels vom 15. bis ins 17. Jh. erschienen. Modesatiren wurden im 17. und

Abb. 413. Modepuppe. Aus einem englischen Stich. 1784.

18. Jh. in Buchform, im 18. Jh. oft als Periodika herausgebracht. Weitere Quellen sind die »Moralischen Wochenschriften« um 1700–80. Für die Verbreitung wichtig waren auch ‣Kleiderordnungen, besonders im 16. und 17. Jh., und natürlich Schnittmusterbücher (die ältesten gedruckten sind: Juan de Alcega, »Libro de Geometria, Practica y Traça«, Madrid 1580, und Benoît Boullay, »Le Tailleur sincère«, Paris 1671).

Im 16. Jh. erlaubten Holzschnitt und Kupferstich die eigentliche Verbreitung von Modevorlagen, Darstellungen aktueller wie historischer internationaler Mode. Die Illustrationen erschienen zunächst als Einzelblätter ohne Titel, bald als Bildfolgen und ab etwa 1520 in Trachtenbüchern (mit Bildbeschreibungen) vornehmlich in Venedig, Paris, Lyon, Antwerpen und Frankfurt, während es in England bis 1587 nur Übersetzungen ausländischer Trachtenbücher gab. Auch Reise- und Stammbücher wurden von nun an mit Modebildern versehen. In den 1670er Jahren erschienen die ersten M. Oft wurde ein Modejournal mit gleichem Inhalt, aber unterschiedlichem Arrangement in verschiedenen Städten herausgebracht. Viele nichtfranzösische M. erhielten dennoch einen französischen Titel. Bis Anfang des 20. Jh.s konnten die M., die beim Text jeweils nur ein bis zwei Modegravuren enthielten, nicht einzeln erworben werden, sondern nur im Abonnement (weshalb viele jahrgangsweise durchgehende Seitennummerierung aufweisen; am Jahresende wurde ein Ledereinband für den Jahrgang geliefert).

Eine chronologische Übersicht der wichtigsten M., Modeillustrationen, Modezeichner und -fotografen enthalten die Literaturhinweise (S. 603–609).

Model. 1. ‣Mannequin. **2.** ‣Zeugdruck.

Modenschau. Meist von Modehäusern, -agenturen, -messen und -verbänden, aber auch von den ‣Designern und ‣Modeschöpfern selbst organisierte Kollektionsvorführungen (frz. *défilées*), seit den 1980er Jahren zum Teil als spektakuläre Inszenierung. In der Regel werden u.a. in den Modemetropolen Paris, Mailand, London und New York zweimal jährlich Prêt-à-porter-Schauen je für Damenmode (DOB) und Herrenmode (HAKA) sowie in Paris zweimal jährlich Haute-Couture-Schauen (‣Chambre Syndicale) abgehalten. In Deutschland werden die meisten M.en im Zusammenhang mit der cpd-Messe in Düsseldorf sowie der Bread & Butter und der Premium seit 2001 in Berlin gezeigt. ‣Stylist/in.

Modefotografie/Modefotografen ‣Modejournale, s. Literaturhinweise, S. 602f.

Modepuppe,[305] mehr oder weniger nach der neuesten Mode bekleidete Puppe, auch in Lebensgröße, zur Verbreitung der Mode und Modeinformation im Ausland. Bereits Ende des 14. Jh.s wurde eine M. von Italien und Frankreich an den englischen Hof geschickt. Die M. wurde auch auf Marktplätzen und z.B. dem Markusplatz in Venedig ausgestellt. Zunächst waren die M.n aus Holz, später auch aus Porzellan oder Wachs, und hatten bewegliche Glieder. Im 17. Jh. kamen die ‣*Pandora*, um 1790 preisgünstigere Papierpuppen (Ankleidepuppen) auf. Nach 1900 erhielt sich die M. in der Schaufensterpuppe.

Moderne. Die M. ist keine abgeschlossene Epoche und hat sich in der Mode – wie in der Kunst – im ganzen 20. Jh. etabliert. Ihr Credo ist die Forderung nach ständiger Erneuerung und die Ablehnung jeglicher Tradition; Letzteres im Unterschied zur ‣Postmoderne. Zur M. gehören der italienische ‣*Futurismus*, der russische ‣*Konstruktivismus* ebenso wie der *Funktio-*

Abb. 412. Kostüm mit konstruktiven Schnittlinien im Stil der Moderne von Gaetano Navarra. Mailand, 2004/05.

nalismus einer G. ‣Chanel und der *Modernismus* eines A. ‣Courrèges sowie (mit Vorbehalten) der ‣Dekonstruktivismus.

Modeschöpfer, heute auch Modekreateur, ‣Designer, Grand Couturier (‣Haute Couture), ‣Konfektion, ‣Prêt-à-porter.

Modestiche, Modekupfer ‣Modejournale.

Modestile. M. richten sich weitgehend nach den kulturhistorischen Epochen (siehe Teil 1 des Bandes: Mode- und Kostümgeschichte, S. 9). Darüber hinaus entwickelte sich im 20. Jh. eine verstärkte gegenseitige Beeinflussung zwischen freien bzw. angewandten Künstlern (mit deren Stilrichtungen) und Modeschaffenden. ‣Art Déco, ‣Dekonstruktivismus, ‣Farben und Muster, ‣Futurismus, ‣Jugendmode, ‣Jugendstil, ‣Klassiker, ‣Konstruktivismus, ‣Künstlerkleider, ‣Minimalismus, ‣Moderne, ‣Postmoderne, ‣Purismus, ‣Reformkleid, ‣Simultanées, ‣Surrealismus, ‣Suprematismus, ‣Wiener Werkstätte.

Modestylist(in) ‣Stylist(in).

Modetheorie. Die M. begreift sich als Analyse und Beschreibung von Bekleidung einschließlich Haargestaltung und Accessoires als Teil komplexer, kultureller Prozesse. Sie setzt sich auseinander mit dem Aufkommen und der Verbreitung von ‣Mode, bedingt durch biologische, soziale und psychische Verhaltensweisen des Menschen (Humanethologie, Kulturanthropologie) sowie durch ökonomische und ökologische Strukturen. Untersucht werden Mode als Teil der Kultur (von lat. ›Pflege‹ des Körpers und Geistes; Kulturwissenschaft), als kommunikativer Faktor sowie die Wechselwirkung von Mode mit anderen kulturellen Äußerungen wie Kunst, Architektur und Musik, aber auch neuen Medien. Darüber hinaus sind gegenseitige Beeinflussungen von Mode in Abgrenzung zu ethnischen Kleidungen (‣Tracht als Teil von Volks- und Völkerkunde) sowie zivilen (Arbeits-), höfischen und militärischen Uniformen (als Teil der Uniformkunde) von Interesse.

Die Mode als hand- bzw. kunsthandwerkliches Produkt und als Zeitdokument steht im Mittelpunkt der ‣Mode- und Kostümgeschichte (‣Modestile) sowie der ‣Kostümforschung und ist mit der Textilforschung und Textilgeschichte eng verknüpft.

Mit dem Beginn der ‣Haute Couture Mitte des 19. Jh.s wurde die Haute-Couture-Mode als Kunsthandwerk (angewandte Kunst) anerkannt; mit dem Beginn der individuellen, künstlerischen Gestaltung des sog. ‣Prêt-à-porter, nach Mitte des 20. Jh.s wurde dieses zu einem Designprodukt. Als solche wird Mode auch als Teil der Designwissenschaft in Zusammenhang mit Innovations- und Kreativitätstheorie, Wahrnehmungspsychologie, Ästhetik und Semiotik und darüber hinaus als Gender-Studie untersucht.

Bedeutende Publikationen zur M. ‣Literaturhinweise, S. 610–613.

Modezeichner/Modezeichnung, s. Literaturhinweise, S. 603–609, ‣Modejournale.

Modistin (‣Mode), *Putzmacherin,* heute in der Hutherstellung bzw. einem Hutgeschäft zuständig für die letzte Formgebung und den Aufputz eines Hutmodells. Gegen Ende des 18. Jh.s war der (die) Putzmacher(in) für die modische Ausstattung der Kleidung zuständig, da wegen der langwierigen und teuren Herstellung modische Aktualisierung nur in Details, speziell dem Aufputz, in Frage kam. So war weniger der Schneider als vielmehr der Putzmacher, der zur Zunft der Marchands des modes (frz., ›Modehändler‹) gehörte, für modische Veränderungen zuständig. ‣Haute Couture.

Mods ‣Mod Mode.

Moiré ‣Stoff (17. Jh.).

Mokassin, *der* (indian.), flacher, loser, meist mit farbigen Stachelschweinborsten bestickter und mit Lederfransen verzierter Schlupfschuh der nordamerikanischen Indianer und kanadischen Jäger, an dem Oberteil und Sohle aus einem Stück frischgegerbtem Leder bestehen (also ohne separate Sohle). In den 1930er Jahren wurde der M. dicksohliger, sportlicher Modeschuh, zunächst für den Herrn, mit rund um den Fuß hochgebogenem Sohlenleder, flachem Blatt und U-förmiger Steppnaht; seit 1936 wird der M. meist mit der damals neuerfundenen ‣Kreppsohle [244] hergestellt.

Moonboots, *Pl.* (engl., ›Mondstiefel‹), Schneestiefel mit geschweißten Nähten und angeschweißter Sohle, außen aus speziellem, imprägniertem Plastik, innen geschäumt oder dick wattiert. Die M. kamen Anfang der 1970er Jahre auf, ausgerichtet nach den 1969 für die erste Mondbetretung entwickelten Stiefeln.

Morgenhaube ‣Cornet(t)e, ‣Dormeuse, ‣Nachthaube.

Morgenmantel, Morgenrock ‣Hauskleidung.

Morning Coat, *der* (engl., auch *morning gown,* ›Morgenmantel‹), in England Bezeichnung für den ‣*Cutaway* (2).

Mouche, *die* (frz., ›Fliege‹). **1.** Im 17. und 18. Jh. gebräuchlich für ‣*Schönheitspflaster.* **2.** Ende des 17. Jh.s vereinzelt getragener Oberlippenbart in Form zweier kleiner Pünktchen. ‣Bart (1).

Mouchoir, *der* (frz., von lat. *muccus* ›Rotz‹), in den 1790er Jahren Bezeichnung für ein kleines, den Miederausschnitt bedeckendes Tuch (‣Brusttuch). Heute ‣Taschentuch.

Mühlsteinkragen[51] ‣Halskrause.

Mütze (von mlat. *almutium,* Umhang um Schultern und Kopf der Geistlichen; mhd. *almuz;* die Bezeichnung ging auf den Teil des Umhangs über, der den Kopf bedeckt; spätmhd. *mutze, mütze;* österr. im 15./16. Jh. *mutz, muzen, mizli* für jedes sehr kurze, Hals und Schultern bedeckende Oberbekleidungsstück), weich verarbeitete, anliegende Kopfbedeckung ohne Krempe, seit dem 20. Jh. zuweilen mit ‣Schirm (2). Der Begriff ist nicht eindeutig von ‣*Kappe* (2) unterschieden. Zur historischen Entwicklung vgl. ‣Kopfbedeckung, ‣Zipfelmütze (einschließlich Headsocks und Beanies).

Muff (von mlat. *muffula* ›Pelzhandschuh‹; frz. *moufle,* heute *manchon;* frühniederd. *muffel* ›Halbhandschuh‹), zylindrisch zusammengenähter Pelz oder Stoff mit Pelzverbrämung zum Warmhalten der Hände. Die Herkunft des M.s (aus der ‣Muffe?) ist ungeklärt. Erstmals schon 1590 in Vecellios venezianischem Trachtenbuch (s. Literaturhinweise, S. 604) belegt, verbreitete er sich erst im 17. Jh. auch in Deutschland und Frankreich und war zunächst den höheren Ständen vorbehalten. Er wurde bis ins 18. Jh. in unterschiedlichen Formen als modisches Beiwerk, auch aus Pfauenfedern und reich verziert, getragen. Der Herr trug ihn unter Ludwig XIV. an der ‣Passe(-)caille[69]. Regional wurde der M. in Deutschland *Schlurpfer* genannt. An seiner Stelle trug die Bürgerin eine ‣Decke über den Händen. Ab Ende des 18. Jh.s wurde der M. nur von der Frau und mehr als modischer Zweckgegenstand[80, 398] getragen. Im 20. Jh. kam er, mit diversen kurzen modischen Aufleben – wie um 1910[101] in überdimensionaler Form –, außer Gebrauch, verdrängt von Handtasche und Pelzhandschuh.

Muffe, *die*[336] (‣Muff; niederd. *vörmouve*; frz. *manchon*), Ende des 14. Jh.s auch *Prieschen* (mhd., von *brîse* ›Einfassung‹) genannt, trichterförmige Erweiterung des Ärmelendes am ‣Wams im letzten Drittel des 14. Jh.s sowie am Kleid 1374–89. Die M. war zunächst eine Ärmelverlängerung zum Halten des Wamsärmels beim Anziehen des ‣Rocks (1). Ende des 15. Jh.s wurde die M. vom Mann erneut aufgegriffen, über das Handgelenk fallend oder aufgeschlagen, zuweilen mit Pelz gefüttert und als separates Stück bei Kälte an den Ärmel genestelt. Ende des 20. Jh.s Wiederbelebung durch gestrickte sog. Pulswärmer der weiblichen Jugend.

Mukluks (eskimoisch), weicher Stiefel der Indianer Nordamerikas, in Form eines ‣Mokassin mit angesetztem hohen Schaft aus Rentier- oder Seehundfell, oft mit Perlen oder Stachelschweinborsten bestickt. Seit etwa den 1950er Jahren wird der Schaft aus Baumwolldrillich, die Sohle aus Gummi hergestellt. Der M. kam 2004 als Winterstiefel in Pastellfarben in Europa in Mode.

Mule, *die* (frz.), im 16. bis 18. Jh. allgemein gebräuchlich für ‣*Pantoffel.*

Mullet, engl. Bez. unbekannter Herkunft (ev. von frz. *mulet* ›Esel‹) für einen meist männlichen Haarschnitt mit kurzem Oberkopf- und langem Nackenhaar, wie schon bei dem ‣Incroyable modern; meist jugendliches Männlichkeitssymbol.

Mulleus ‣Fußbekleidung (röm. Antike).

Muscadin, *der* (frz.), junger Stutzer royalistischer Gesinnung im Directoire (1795–99), der in Opposition zum ‣Incroyable stand und durch breite, grüne, mehrmals um den Hals geschlungene Halstücher (‣Krawatte) und ungewöhnlich enge Hosen auffiel. So genannt wegen der übertriebenen Verwendung von *musc* (frz., ›Moschus‹).

Muschelseide, ‣Stoff, Antike.

Musselin ‣Stoff (18. Jh.).

Muster ‣Farbe und M.

N

Nachthaube. Die N. bestand vom 14. bis 16. Jh. aus einer anliegenden, die Ohren bedeckenden Haube mit Halsbändern, frz. ‣*Coiffe* genannt. Sie war aus weißem Leinen, Wolle, Barchent oder Samt, im 16. Jh. auch gestrickt und oft in Rot. Im 16. Jh. kannte man auch gezogene runde N.n.

Für den Mann gab es im 17. und 18. Jh. N.n in steifer, den ‣Hauskappen ähnlicher Form, aus Leinen und bestickt. Im 18. Jh. findet man auch hohe, bauschige, am Rand gezogene N.n, im 19. Jh. eine weiße oder gestreifte ‣*Zipfelmütze* mit Quaste, aus Leinen oder Baumwollstoff oder gestrickt. Anfang des 20. Jh.s legte der Mann im Allgemeinen die N. ab.

Die Römerin trug in der Antike während des Schlafes ein Tuch oder eine Art Haube. In der 2. Hälfte des 16. Jh.s begann die Frau eine einfache Form der *Stuarthaube,* auch ‣*Attif(f)et* genannt, zu tragen, die oft durch ein Stirntuch ergänzt werden konnte. Im 18. Jh. trug die Frau die ‣*Dormeuse,* die auch Morgenhaube war, wie die bis Mitte des 19. Jh.s getragene sog. ‣*Cornet(t)e.* Daneben gab es in der 1. Hälfte des 19. Jh.s eine weiche Form der *Kapotte* (‣Capote (2)). Die N. hielt sich, besonders als Schutz der Frisur oder um Lockenwickler zu verbergen, bis zur Kurzhaarfrisur der 1920er Jahre, war jedoch in keiner Weise modisch. Ende des 19. Jh.s hatte sie noch die Form eines bauschigen, gezogenen, spitzenverzierten Häubchens.

Nachthemd. Bis ins 16. Jh. war es üblich, unbekleidet zu schlafen. Mitunter ließ die Frau das Taghemd (‣Hemd) an, was ab dem 13. Jh. bei Wohlhabenden zunahm. Kranke und Wöchnerinnen trugen eine Art Hemdgewand aus weißem Leinen. Um 1500 wurde erstmals in Italien ein N. erwähnt. Danach verbreitete sich das im Dt. zunächst *Herzschützer* genannte N. für beide Geschlechter allmählich in der ganzen europäischen Oberschicht. Es hatte einen mit zwei Knöpfen zu schließenden Halsschlitz, war meist knöchellang und weiter als das Taghemd, das vom Bürgertum gleichzeitig in der Nacht getragen wurde. Eine Form des N.s war in England das ‣*Smock* (1). Das N.

Abb. 414. Nachthemd. Aus »Modenwelt«. Nr. 3. 1885.

war aus weißem Leinenbatist oder Barchent (‣Stoff), seltener aus Seide und je nach Stand mehr oder weniger reich mit Spitzen, Rüschen und Stickereien um die Säume verziert. Es gab ab dem 18. Jh. auch Nachtjacken gegen die Kälte. Um 1870 bekam das N. der Frau anstelle des üblichen Umlegekragens einen Stehkragen, wurde zunehmend mit Rüschen verziert und erhielt eine ‣Watteau-Falte im Rücken. Um 1880 erschien erstmals vorn eine durchgehende Knöpfung, ein Zugband in der Taille oder, gegen Ende des Jh.s, unter der Brust.

Das N. des Mannes dagegen blieb einfach und glatt. In den 1890er Jahren wurde es zunehmend durch den ‣Pyjama verdrängt. Es wird jedoch von älteren Herren bis heute beibehalten.

Die Frau lehnte den Pyjama bis zum 1. Weltkrieg ab, höchstens Frauenrechtlerinnen trugen ihn. Das N. der Frau war in den 1920er Jahren[507] ein knielanger, ärmelloser ‣Hänger (2), im Ausschnitt von Spitzen durchsetzt. Bevorzugt wurde glänzender Satin aus Seide oder Kunstseide. In den 1930er Jahren wurde das N. wieder lang, in Prinzess- (‣Prinzesskleid) oder Empireschnitt. Im Winter war es aus Flanell. 1956 kam das ‣*Baby Doll*[136] auf. Pflegeleichte Chemiefasern fanden auch in der Nachtwäsche Verwendung. Um 1964–73/75 waren N.en nur knielang, aus dünnen, »romantisch« gemusterten Stoffen und mit Rüschen verziert. Danach wurden wadenlange N.en aus Baumwollwirkware (da man wieder zur Naturfaser strebt), weitgehend ohne Aufputz, höchstens mit ▸Applikationen, bevorzugt.

Nackte Mode. 1. ▸Grecque, Mode à la. **2.** Ugs. für 1908–12/13 hochmodische enganliegende Kleider, oft im Schnitt der À-la-grecque-Mode und seitlich hochgeschlitzt.

Nadelstreifen ▸Farbe und Muster (19. Jh.).

Nankinett, *der* (▸Nanking), einfarbiger oder bedruckter, leichter Baumwollfutterstoff.

Nanking, *der.* **1.** Nach der chinesischen Stadt Nanking benannter, dicht gewebter Kattun (▸Stoff, 17. Jh.) aus einer rötlichgelben chinesischen Baumwollsorte. Heute eine in N.-Farbe (Eisenchamois) gefärbte oder gedämpfte leinwandbindige Baumwolle, auch kräftiges Baumwollgewebe für ▸Jeans und Sommerjoppen. Aus N. wurden die etwa wadenlangen englischen Röhrenhosen im letzten Viertel des 18. / Anfang des 19. Jh.s hergestellt, deshalb hießen sie auch *N.-Hosen.* **2.** Bezeichnung für eine weiße chinesische Seide.

Napoleonfrisur ▸Cäsarenfrisur.

Napoleonshut, auch *Bonapartehut,* Form des ▸Zweispitzes (2) mit steif emporstehender hinterer und in der Mitte stark ausgebuchteter vorderer ▸Krempe; etwa 1798–1815.

Nationale ▸Kokarde.

Natojacke, oberschenkellange Uniformjacke der Natostreitkräfte (North Atlantic Treaty Organization, 1949 gegründet), mit Taillengummizug und diversen Außentaschen, aus Drell (Kattun, ▸Stoff, 17. Jh.), von jungen Männern als strapazierfähige Freizeitjacke getragen.

Abb. 415. Napoleonshut mit Kokarde. 1814. Nach Wilcox.

Negligé, *das* (von frz. *negligé* ›ungepflegt‹; heute gleichbedeutend mit ›Hausmantel, Morgenrock‹, unter Ludwig XVI. (1774–92) auch *Deshabillé,* in Österreich *halber Anzug* genannt. In Hofkreisen der 2. Hälfte des 17. Jh.s und im 18. Jh. Bezeichnung der Straßen-, Reise- und ▸Hauskleidung (▸*Robe de chambre*) im Unterschied zur höfischen Galakleidung (▸Grande parure) und dem sog. Halbputz (▸Parure). Das N. war die eigentliche Modekleidung. Zum N. der Frau gehörten ▸*Innocente* und ▸*Adrienne*[70], die nach 1815 unter der Sammelbezeichnung *Robe volante* (frz., ›wehendes Kleid‹) bekannt waren, ▸*Kontusch(e)*[72], ▸ *Robe à la levantine* und ▸*Robe à la lévite*[349], *Hausmantel,* ▸*Mantua* (2), Jacken wie ▸*Kamisol* (3), ▸*Caraco* und ▸*Casaquin* mit ▸*Jupe* (2). N. des Herrn als Straßenkleidung[226] nach etwa 1770: ▸*Frack,* ▸*Gilet* und *runder Hut* (▸Zylinder), als Hauskleidung: *Hausmantel* und ▸*Hauskappe* anstelle der ▸Perücke (▸Kopfbedeckung).

Nestel, *die* (ahd., nhd.), *Schnur, Binde,* auch *Bandschleife,* heute *Schnürsenkel,* an den Enden mit Metall-, heute Plastikspitzen, den sog. N.-Stiften, versteift. N.n wurden seit der Zeitenwende zum Zusammenhängen (▸Verschluss) bestimmter Gewandteile verwendet, z. B. an den Beinlingen (▸Strumpf), der ▸Bruch, der ▸Hose[310, 311], am ▸Wams, im 15. und 16. Jh. bei der Kleidung der Vornehmen an ▸Ärmel und ▸Kleid sowie am ▸Manteau. Mitte des 17. Jh.s wurde die N. durch Haken und Öse abgelöst. Seit Ludwig XIII. (1610–43) sind N.n als Achselschnüre, frz. ▸*Aiguillette,* Rang- und Dienstabzeichen an Uniformen.

New-Edwardian-Style, *der* (engl.), korrekter englischer Herrenanzugstil, Anfang der 1950er Jahre in Anlehnung an den ▸Edwardian-Style aufgekommen und zusammen mit dem »Mayerlingstil« (▸Sakko, 19. Jh.) lanciert. Jugendliche ahmten den N. auf ihre Weise nach (▸Teddy-Boys).

New Look, *der* (engl., ›neues Aussehen‹), urspr. *Ligne corolle* (frz., ›Blütenkelchlinie‹) genannt, dann von amerikanischen Journalistinnen als N. L. gelobt. Mit dem N. L. trat Chr.

Abb. 416. Eleganter New-Edwardian-Style. Um 1952. Nach Eelking.

‣Dior sein Debüt am 12. Februar 1947[110] als selbständiger Modeschöpfer an und erntete Weltruhm, allerdings erst nach Protesten, die sich gegen den großen Stoffverbrauch und die enge Tailleneinschnürung richteten. Der N. L. zeichnete sich als sehr weibliche Modelinie aus, mit runden, weichen Schultern, betonter Oberweite und enger, wieder durch ein ‣Korsett oder einen Taillengürtel, die ‣Guêpière, unterstützter Wespentaille (‣Taille (1)) sowie einem weiten, schwingenden, wadenlangen ‣Rock (2) mit 30 cm über dem Boden liegendem Saum. Dior verarbeitete dafür feste ‣Stoffe und ließ sie zudem durch Perkal, Taft, Rosshaar oder Steifleinen abfüttern, anstelle der in den 1930er Jahren üblichen weichen Crêpe- und Jersey-Stoffe. Er ergänzte die Kleidung durch eine weiche, wellige Frisur (‣Haarmode) und durch besonderes Augenmerk für passende ‣Accessoires, wie ‣Handschuhe, ‣Kopfbedeckung und ‣Tasche (1). Allerdings war der Wechsel vom die Figur modellierenden zum weiten Rock nicht neu. Bereits vor dem 2. Weltkrieg hatten ihn 1937 N. ‣Hartnell und V. ‣Stiebel sowie E. ‣Schiaparelli mit ihren »Walzerkleidern« und 1938 Dior selbst, als er noch Designer bei R. ‣Piquet war, gebracht; eine Stilentwicklung, die jedoch durch den Krieg unterbrochen wurde. Danach wurde der krinolinenartige Rock bereits 1946 im Haus ‣Lelong, von M. ‣Rouff und C. ‣Balenciaga bei Abendkleidern lanciert. Jedoch blieb jener sensationelle Erfolg, wie er nur ein Jahr später Diors N. L. beschieden war, aus. Sein Erfolg ist in dem insgesamt neu durchdachten Erscheinungsbild der Frau zu sehen.

Nicki, *der,* Markenname für ein Freizeitoberteil, meist ‣Pullover, aus Wirkplüsch (u. a. Baumwoll-Stretch-Velours), der ebenfalls »N.« genannt wird.

Niderkleit, Nidergewant, *das* (mhd., ›niedriges, geringes Kleid‹ bzw. ›Gewand‹), auch *Niderwât (die,* wahrscheinlich von ahd. *wâtan* ›gehen‹), im Mittelalter Bezeichnung für Unterkleidung, wie ‣Hemd (‣Unterhemd) und Unterkleid (‣Unterrock, ‣Chainse) beider Geschlechter; Niderwât besonders für die ‣Bruch.

Nietenhose ‣Jeans.

Nikituch, kleines, quadratisches ‣Halstuch, in den 1950er Jahren jugendlich-modischer Aufputz.

Nivernois ‣Macaroni.

Nonnenärmel, auch *Bischofsärmel,* mäßig ausgestellte Form des ‣Pagodenärmels in den 1840er Jahren, gilt als dessen Vorstufe. ‣Ärmel.

Norfolkgamasche, wadenlange ‣Gamasche aus sandfarbenem Boxcloth, 1902 durch Edward VII. von England zur Jagdkleidung in Mode gebracht, inspiriert durch die Gamasche der Schotten und benannt nach der englischen Grafschaft Norfolk. Nach 1904 wurde die N. hinten schräg nach oben geschnitten[323], da sie immer öfter zum Halbschuh statt zum Stiefel getragen wurde.

Norfolk-Jacke, Norfolk, *der*[323], etwa oberschenkellanges Sportjackett (-jacke) mit seitlichen Pilasterfalten vorn und hinten, aufgesteppten Gürtel und Blasebalgtaschen (‣Tasche (2)), nach dem 1. Weltkrieg auch mit ‣Sattel und im Rücken mit Kellerfalte (‣Golffalte, ‣Falte). Der nach der gleichnamigen englischen Grafschaft benannte N. kam um 1880 auf. Hergestellt wurde er aus Homespun, Donegal oder Tweed (‣Stoff); ‣Knickerbocker (1), Schirmmütze, farbiges Hemd, gemusterte ‣Krawatte, Stiefel, später Halbschuhe und ‣Norfolkgamasche oder gemusterte, wollene Kniestrümpfe gehörten dazu. In den 1950er Jahren wurde er besonders in England wieder modern.

Norweger-Anzug ‣Skikleidung.

Norweger-Pullover. Pullover mit eingestrickten, stilisierten Eissternen, ein Muster, das erstmals 1930 in der norwegischen Stadt Setesdal auftauchte. Den N. brachte der norwegische Skisportler Stein Eriksen anlässlich der Winterolympiade 1956 in Mode.

Nostalgie-Look ‣Revival.

Nuditätenmode ‣Grecque, Mode à la.

Nuschenmantel,[336] dreiviertelkreisförmiger Umhängemantel, vorn in Brusthöhe mit einer Nusche (Spange) zusammengehalten. Der N. wurde im 14. Jh., den Tasselmantel ablösend, bis ins 15. Jh., dann in besonders weiter Form, von beiden Geschlechtern getragen. ‣Mantel.

Nylon ‣Stoff (20. Jh.).

O

Oben-ohne-Mode, Bezeichnung für die die Brust freilassende Frauenmode, die R. ‣Gernreich 1964 in Kalifornien vorstellte und in den 1970er Jahren in der ‣Badekleidung *(Monokini*[144]) verwirklichte. Die O. war grundlegend für den unversteiften, den sog. *molded* und als *»no bra« bra* (›»kein BH«-BH‹) vorgestellten ‣Büstenhalter. 1968 wurde die O. im ‣Transparent-Look[115] aufgegriffen.

Obi ‣Kimono.

Ochsenmaul(schuh) ‣Kuhmaulschuh.

Ökomode, um 1992 besonders in Deutschland aktuelle Konfektions- und Markenmode aus ökologisch unbedenklichen Materialien.

Ölhaut, Ölzeug, mit Leinöl und Firnis, früher mit ‣Gummi stark imprägnierter Baumwoll- oder Seidenbatist für Regenjacken und -mäntel. ‣Barbour-Jacke.

Öse ‣Verschluss.

Ogal ‣Agal.

Ondulation, *die* (frz., ›Wellenbildung, Wellenlinie‹), auch *Marcel-Welle*[267c] genannt, weiche, mittels eines Brenneisens erzeugte Haarwelle. O. und Onduliereisen wurden 1872 vom Pariser Friseur François Marcel Grateau (1852–1930) erfunden als Verbesserung des Krepp- oder Welleneisens, das starre, kleine Löckchen formte. Setzte sich jedoch erst in den 1890er Jahren durch. ‣Haarmode.

Opanke, *die* (slaw.; serb. *opanka* ›Sandale‹), südslawischer sohlen- und absatzloser Schuh aus einem Stück Leder, der durch kreuzweise gebundene Lederriemen gehalten wird; ähnlich dem ‣Bundschuh. Zuweilen von der Mode aufgegriffen.

Op-Art-Mode (engl., von *Optical Art* ›optische Kunst‹, oft auf Augentäuschungen beruhend), um 1963–65 wurde Op Art als Muster und modischer Effekt bei ‣Accessoires, meist in Schwarz-Weiß-Kontrasten, adaptiert. ‣Haute Couture, ‣Prêt-à-porter.

Abb. 417. Coordinate im Oversize-Stil von Sandra Pabst. Berlin, 1986.

Operahut ‣Chapeau claque.

Oreilles de chien[319] ‣Haarmode (1789–94).

Organdy ‣Stoff (19. Jh.).

Ottoman (von *Osmane,* vulgärsprachl. für ›Türke‹). **1.** *Die O.,* glockenförmiger Frauenumhängemantel mit Armschlitzen zur Zeit der ‣Krinoline. **2.** *Der O.,* ‣Stoff (19. Jh.).

Overall, *der*[280] (engl., ›über alles‹), einteiliger Schutzanzug aus in der Taille zusammengenähtem Hemd und langer Hose meist aus starkem Drell (Kattun, ‣Stoff (17. Jh.)). Der O. kam in den USA als Monteuranzug auf und wurde während des 1. Weltkriegs auch von der Frau in Europa übernommen als sog. *Schürzen-* oder *Blusenhose* mit hochknöpfbarem Gesäßlatz. In den 1950er Jahren wurde er als weiblicher Hausanzug, auch Televisionsanzug genannt, entweder mit enger Capri- oder weiter Türkenhose modern. Seit den 1970er Jahren ist er, durch den ‣Reißverschluss vereinfacht, als jugendlicher Freizeit- und bequemer Alltagsanzug[171] und, aus entsprechendem Stoff und wattiert, als Skianzug (‣Skikleidung)[467] beliebt. 1975 machte Y. ‣Saint Laurent den O. in verschiedenen Modefarben zum Modeanzug.

Oversize,[417] körperverneinender Stil mit voluminösen Ärmeln und breiten, von Achselpolstern unterlegten Schultern, etwa von 1978 bis 1988.

Oxford[239a] ‣Fußbekleidung (Mann, 19., 20. Jh.).

Oxfordhose, engl. *Oxfordbags* genannt, betont modische Herrenhose mit sehr langen und extrem weiten, ab den Knien etwas ausgestellten Hosenbeinen. Die O. brachten Anfang der 1920er Jahre Studenten der englischen Universität Oxford auf, in Opposition zu den kaum knöchellangen, engen, mit ‣Gamaschen getragenen Hosen der Zeit. Die O. wurde bald von Stutzern bevorzugt, besonders in Berlin, und *Tangohose* genannt. Zu seinem knapp geschnittenen ‣Sakko getragen, erreichte sie 1925 ihren modischen Höhepunkt und bewirkte danach allgemein ein Weiter- und Längerwerden der Hosenbeine. (‣Hosen mit ausgestellten Beinen gab es bereits 1820–50 als Hose à la ‣Matelote und 1968/69 als ‣Manchesterhose.)

P/Q

Pad, *das* (engl.), Polster; in der Englischen Kleidmode der 1770er/80er Jahre (▸Kleid) über Hüften und Gesäß befestigt, um dem Rock einen volleren Faltenwurf zu geben. Auf den ▸Reifrock dagegen wurde verzichtet. Anfang der 1790er Jahre wurde das P. kurze Zeit vorn über dem Bauch getragen (sog. Schwangerschaftsmode; frz. *Ventre postiche* ›falscher Bauch‹).

Padding (▸Pad), engl. Bezeichnung für wattierte Schultern, Polsterung, Wattierung.

Paenula, *die* (lat.), römischer Überziehmantel mit Kopfschlitz, dessen Grundform ein Oval und der entweder geschlossen geschnitten oder vorn offen und zugenäht war; zuweilen mit Kapuze (▸Cucullus) und vorn in der Mitte von unten her aufgeschlitzt, so dass die Kanten zur größeren Bewegungsfreiheit zurückgeschlagen werden konnten. Die P. ist etruskisch-vorderasiatischen Ursprungs und entspricht in der Form dem ▸Poncho. Sie ist seit dem 4. Jh. v. Chr. belegt, zunächst als Mantel der niederen Stände aus derbem, *Gausape* (lat.) genanntem Gewebe in rötlichem bis gelblichem Braun, gelegentlich aus Leder. Seit etwa der Zeitenwende wurde die P. auch von der Oberschicht beider Geschlechter, dann etwas größer und auch in Purpur, als Wettermantel aus haarigem, aber weichem Wollstoff und seit dem 3. Jh. n. Chr. von Senatoren getragen. Die einfache P. erhielt sich in der ▸*Kotze,* die seit dem 1. Jh. n. Chr. bei Gebirgsbauern nachgewiesen ist. In Gallien ist die P. mit der sog. *Planeta* (lat.) gleichzusetzen. Im Byzantinischen Reich war die P. Mantel der Frau, wobei eine Vorderkante aufgenommen und über die Schulter gelegt wurde. Wegen der körperverhüllenden Form wurde die P. von den Christen als Mantel übernommen. Sie erhielt sich in der *Casula* (Kasel) und im *Pluviale* der Priester. Außerdem war die P. im Mittelalter Teil des Ornats hoher weltlicher Beamter.

Page, *der* (frz.; von griech. *pais* ›Knabe‹, mlat. *pagius,* langobard. *pahis, pais* ›Diener‹), Schnur zum Hochschürzen des Frauenoberrocks. Der P. wurde bei der ▸Robe à la polonaise[449] um 1766–85 und der ▸Polonaise (1) 1867 bis etwa 1888 verwendet. ▸Kleid.

Abb. 418. Paenula. Nach Weiss.

Pagenfrisur, Pagenkopf. 1. Vom hohen Mittelalter bis zum Barock übliche Frisur der Edelknaben (Pagen), bei der das glatte Haar rundum etwa kinnlang und vorn die Stirne bedeckend geschnitten war. **2.** Anfang der 1920er Jahre setzte sich erstmals allgemein für die Frau eine Kurzhaarfrisur in Anlehnung an (1) durch. Bereits 1911 hatte P. ▸Poiret kurzes Haar lanciert, jedoch ohne Erfolg. Um diese Zeit hatte es Aufsehen erregt, dass sich die französische Ausdruckstänzerin Caryathis aus einer Laune heraus ihr langes Haar abgeschnitten hatte. (Schon 1912 brachte die »Elegante Welt« eine *Pudelfrisur* genannte Kurzhaarfrisur auf dem Titelblatt.) G. ▸Chanel griff diese Frisur 1916/17 auf und schlug einen kurzen Haarschnitt, passend zu ihrer vereinfachten Frauenkleidung, vor. In Deutschland setzte sich die P. durch das Vorbild der schwedischen Schauspielerin Asta Nielsen durch, die sich für die Rolle des Hamlet 1920 eine P. zulegte. Neben dem P. gab es bald den kürzeren ▸*Bubikopf*[105] mit Seitenscheitel und im extremen Herrenschnitt den ▸*Eton Boy.*

Pagenhose[115] ▸Bundhose (2).

Pagodenärmel, auch *progressiver Ärmel,* ein am Oberarm anliegender und sich zum Handgelenk erweiternder ▸Ärmel in Dreiviertellänge, der in den 1690er Jahren und im 18. Jh. beim ‣Manteau, um 1700 auch beim ‣Justaucorps (2) (*à la Pagode* genannt), um 1848–60[512] (seit 1840 vorbereitet durch den ‣Nonnenärmel) und erneut um 1870 am ‣Kleid modern war.

Pagodenschulter ‣Haute Couture, ‣Kleid (1933).

Paillette, *die* (frz., ›Flitter‹), glitzerndes Metall- oder Kunststoffplättchen mit einem Loch in der Mitte zum Aufnähen auf Kleidern und Handtaschen; heute auch als fertige »Paillettenstoffe« oder auf Stretchoberteilen erhältlich. ‣Flitter.

Paisley-Muster[277] ‣Farbe und Muster.[458]

Paisley-Tuch ‣Schal.[458]

Palästinensertuch ‣Keffijeh.

Palatine, *die* (von frz. *Princesse palatine* ›pfälzische Prinzessin‹). **1.** In der 1. Hälfte des 17. Jh.s ein Spitzentuch, das kragenartig das ‣Dekolleté verhüllte und nach Aufkommen von (2) die Bezeichnung »P.« erhielt. **2.** 1676 durch Herzogin Elisabeth Charlotte von Orléans, die gebürtige Prinzessin Liselotte von der Pfalz, in Frankreich eingeführter Pelzkragen (z. B. Zobel) oder dicker Samtkragen. Anfang des 19. Jh.s wurde die P. zur ‣Chemise (2) als eine Art ‣Boa, auch aus ‣Marabu *(P. en marabou),* umgelegt, bald als ‣Kragen mit vorn zwei schmalen, herunterhängenden Streifen verwendet und nach 1820/22 auch ‣*Stola* (6) genannt.

Paletot, *der* (frz.; ‣Palla). **1.** *Palto(c)k,* im 14. und 15. Jh. ein kurzes, dem ‣Wams ähnliches Obergewand mit angenestelten Ärmeln und daran genestelten Beinlingen bzw. einer Strumpfhose (‣Strumpf), von jungen Edelleuten getragen. **2.** Im 15. Jh. ein über dem Harnisch getragener Rock (span. *Paletoque*); davon wahrscheinlich abgeleitet *Paltrock* (‣Faltrock) in der 1. Hälfte des 16. Jh.s. **3.** Als »P.« tauchten um 1836 Herrenüberzieher (‣Mantel) auf, durchgehend ohne Taillennaht, mit breitem Kragen und ‣Revers, zunächst nur oberschenkellang mit hinteren Schoßfalten, zweireihig und stark tailliert. Um 1850 waren verschiedene P.-Formen in Mode: der gerade, lose *Sack-P.*, das kurze *P.-Cape* mit Armschlitzen, der *P.-Mantel*[83,85] und in den 1860er Jahren die *P.-Redingote* (‣Redingote (1)), knielang und antailliert. Ab Ende des 19. Jh.s wurde der P. zum bis heute getragenen eleganten Tagesmantel, leicht tailliert, zweireihig, mit stets steigendem Revers und einem Gehschlitz hinten; die eingeschnittenen Taschen mit oder ohne ‣Patte, die Knöpfe parallel oder auf der Brust trapezförmig angeordnet. Der dunkle P. bekam einen Samtkragen und samtene Ärmelaufschläge. Im 20. Jh. richteten sich Schnitt, Ausschnitt und ‣Fasson (2) stark nach der Mode des ‣Sakkos. Eine Abart war Ende 19. / Anfang 20. Jh. der ‣*Gehrock-P.*[84], in den 1950er Jahren der *Ulster-P.* (‣Ulster) und der ‣*Guardscot.* Der bis heute aktuelle P. ist meist aus warmem, leichtem Wollstoff, bevorzugt Kamelhaar. **4.** Damenumhang zur ‣Krinoline mit kurzer steifer ‣Pelerine und Armschlitzen, aber auch in Prinzessform (‣Prinzesskleid) durchgehend geschnittener, halblanger Mantel mit glockigem Rock. Nach 1875 Damenmantel in der Fasson des Herren-P.s.[400] **5.** Im 20. Jh. ein dreiviertellanger (kaum knielang), gerader Damen- und Herrenmantel.

Palis(s)ade, *die* (frz., engl., ›Pfahl, Zaun‹), kleine Drahtstütze für die hohe, kegelförmige Haartracht der Frau in der Spanischen Mode (2. Hälfte 16. / Anfang 17. Jh.) sowie nach 1685 für die ‣Fontange. 1690 wurde die P. von der ‣Commode (1) ersetzt. ‣Haarmode.

Palla,[16,474] *die* (griech.-lat., wahrscheinlich von idg. *pel* ›einfalten, umhüllen‹, ‣Paletot, oder von lat. *pannus* ›Faden, Gewebe‹), rechteckiges Tuch für verschiedene Zwecke, auch Kleidungsstück der Römerin, besonders Übergewand (Mantel; entsprechend dem griechischen ‣Himation), aber auch Obergewand (‣Peplos oder von Kitharöden getragene ‣Tunika). Die P. war meist aus weicher, schmiegsamer Wolle, seltener aus Leinen, von vielfältigen Farben (bevorzugt Purpur, Malve oder Heliothrop, bei den Christen Weiß), sehr weit und faltenreich, auch bestickt, und wurde von Frauen auch über dem Kopf getragen. Zum Zeichen der Trauer zerrissen sie die P. Ungeklärt ist, ob sich die P. als über den Kopf gelegter Umhang in byzantinischer und vorkarolingischer Zeit erhielt.

Pallium, *das* (‣Palla). **1.** In der griechischen und römischen Antike, auch bei den ersten Christen in Rom jedes rechteckige Stück Stoff, Zeug. **2.** Mantel, Übergewand von rechteckiger Form in der Art des griechischen ‣Himation, aus Wolle, später bei Vornehmen auch aus Seide, meist purpurfarben, weiß oder schwarz; ab dem 3. Jh. auch mit Purpurstreifen, kleinen Rechtecken, bei Christen gelegentlich mit einem Kreuz oder mit Buchstaben, deren Bedeutung unbekannt ist, durchwirkt. Es wurde in der römischen Antike zunächst bei Anhängern der griechischen Kultur, Philosophen, Pädagogen usw. beliebt, bald wegen seiner Einfachheit allgemein anstelle der ‣Toga getragen, die jedoch offizielles Gewand des römischen Bürgers blieb. Ein Erlaß von 382 n. Chr. bestimmte das P. zum Gewand der Beamten (lat. *officiales*), das somit Standeszeichen geworden war und über der ‣Paenula getragen wurde. Eine klare Scheidung von P. und Palla ist nicht möglich. Im Allgemeinen wird der Mantel der Frauen »Palla« und der weniger weite und faltenreiche der Männer »P.« genannt. Das einfache P. wurde von den Christen als Würdezeichen übernommen und war bis ins 13. Jh. verbindlich für Christus- und Apostel-Darstellungen. **3.** Im 6. Jh. n. Chr. entstand aus (2) als Teil der liturgischen Kleidung von Päpsten und Erzbischöfen das sog. *Streifen-P.*, ein Band, das ringförmig die Schultern umzieht und mit je einem Streifen auf Brust und Rücken herabfällt.

Abb. 419. Pallium. Nach Weiss.

Abb. 420. Paludamentum mit Tablion über Dalmatika und Sandalia. a) Kaiser Justinian. Nach einem Mosaik des 6. Jh.s in S. Vitale, Ravenna. b) Kaiserin Eudokia. Nach einem Elfenbein des 11. Jh.s. Bibliothèque Nationale, Paris. Beide nach Weiss.

Palm-Beach-Kombination ‣Badekleidung.

Palto(c)k ‣Paletot (1).

Paltrock ‣Faltrock, ‣Paletot (2).

Paludamentum, *das*[21] (lat.; ‣Palla), römischer Feldherrenmantel aus einem urspr. rechteckigen Stück Wollstoff, purpurn, rot oder weiß, das über die linke Schulter gelegt und auf der rechten Schulter durch eine ‣Fibel gehalten wurde. Zur größeren Bewegungsfreiheit wurde das vorn herabhängende Stück auch um den Arm gewickelt oder über die linke Schulter zurückgeworfen. Das P. war aus dem ‣Sagum entstanden und wurde während der Kaiserzeit, nun mit 2 abgerundeten Ecken, so dass ein Halbkreis entstand, Insignie des Kaisers und Symbol der Herrschaftsgewalt. Es hielt sich im byzantinischen Herrscherornat mit Tablion (‣Clavus) und bis in die Neuzeit im Krönungsornat. In der späten Kaiserzeit wurde die Bezeichnung »P.« durch ‣*Chlamys* ersetzt.

Pamelahut ‣Capote (2).

Panache, *der*[322] (frz., ›Federbusch‹), in den 1670er Jahren verbreiteter Schmuck des ▸Dreispitzes, bestehend aus zwei vorn befestigten wehenden Straußenfedern (▸Feder). Die P. ist sowohl von der Plumage als auch von der Plume à deux points (▸Plumage) zu unterscheiden.

Panamahut, auch *Chile-* oder *Guayaquilhut,* leichter Herrenstrohhut aus den Blättern der Kolbenpalme (Heimat Ecuador), benannt nach deren Umschlagplatz Panama. Die ausgesuchten Blätter werden handgeteilt und unter Wasser geflochten, damit das Stroh nicht brüchig wird. Die Form des P.s ist verschieden: breite, schlaffe oder geformte ▸Krempe, ovaler Kopf mit Scheitelkniff, Seitendellen oder Triangelbeule, mit farbigem, häufig gemustertem Band. Kam um 1826 auf, war Ende des 19. / Anfang des 20. Jh.s sehr begehrt und wurde zur ▸Tenniskleidung, im Sommer zum ▸Frack getragen. Er wurde auch aus billigeren Palmenblättern imitiert.

Abb. 421. Panamahut aus der Kollektion von Marlboro classics. 2005.

Pandora, *die*[305] (griechische Mythengestalt: ›die Allbeschenkte‹), im 17. Jh. kleine, danach lebensgroße Modepuppe, die ab Mitte des 18. Jh.s monatlich nach der neuesten französischen Mode, nur aus französischen Stoffen, gekleidet und frisiert, zunächst nach England (auch während des Krieges), später in Kopien auch nach anderen europäischen Großstädten, selbst nach Nordamerika mit genauen Modebeschreibungen geschickt wurde, zur Verbreitung der französischen Mode. Im Pariser Hôtel Rambouillet in der Rue Saint-Honoré wurde sie von Damen der französischen Hofgesellschaft bekleidet, eine *Große P.* in der Staatstoilette, eine *Kleine P.* im ▸Negligé (Tageskleidung). Napoleon verhinderte 1804 die Verschickung der P. nach England.

Panier ▸Reifrock.

Panne ▸Stoff (20. Jh.).

Pantalettes ▸Hose (Frau, 1800–10), ▸Kinderkleidung, ▸Pantalon (2).

Pantalon, *der* (frz. ›lange Hose‹, erst später durch die engl. Übersetzung *Pl.*: *die P.s*).

1. Kaum knöchellange, anliegende Röhrenhose des Mannes mit offenen, also unten nicht abgebundenen Beinen, die durch die Französische Revolution 1789–94 in Mode kam, nach 1830 allgemein akzeptiert wurde und sich bis heute als fuß- bis knöchellanges Beinkleid (▸Hose) des Mannes – unter modischen Variationen – hielt.

Der P. ist nach Pantalone, einer Figur der Commedia dell'arte, benannt, der diese Hosenform (beschrieben als »Kniehose und Strümpfe in einem«) bereits im 17. Jh. trug und wahrscheinlich von der Tracht der venezianischen Fischer und Schiffer übernommen hatte. Knöchellange Hosen in etwas weiterer Form, ▸*Matelote* genannt, trugen bereits im 15. Jh. (vielleicht schon früher) Matrosen und Schiffsreisende mit einem Kittel, der Steuermann im 16. Jh. mit ▸Schaube (s. Christoph Weiditz' Trachtenbuch von 1529–31; ▸Matrosenanzug), im 17. Jh. auch Fuhrknechte. Der P. war bereits 1743 Hose bestimmter Regimenter, u. a. der französischen Husaren, Ende

Abb. 422. Fischer mit Matelote und Phrygischer Mütze. Aus Teodoro Vieros »Raccolta di 126 Stampe«. 1783–91.

des Jh.s der fortschrittlichen ‣Kinderkleidung[332]. Ende der 1780er Jahre wurde die lange Hose zuerst von den Arbeitern in den Hafenstädten, um 1789 von den Revolutionären[78], nach 1791 von den radikalen Jakobinern übernommen, die auch »Sansculotten« (frz., ›ohne Kniehosen‹, ‣Culotte) genannt wurden. Der P. lag etwa 1795–1810 eng an, war aus starker baumwollener, selten seidener Wirkware[79] mit nur einer Außennaht hergestellt und wurde in Deutschland deshalb *Strumpfhose* genannt. Die Hosenbeine waren nur waden- bis knöchellang. Die Außennaht war vom Saum bis zum Knie aufgeschlitzt und zuknöpfbar oder durchgehend mit Knöpfen verziert. Ein um den Schuh geführter Steg, der an den Seitennähten des Hosenbeinsaums angenäht war, konnte die Hosenbeine straff halten. Stutzer trugen darunter auch künstliche Waden. Bis 1817 war der P. im Schluß sehr hoch, bis unter die Brust reichend, der hohen Empire-Taille bei der Frau (‣Chemise (2)) entsprechend. Diese Hosenmode wurde von den ‣Incroyables übertrieben. Erst nach 1817 verlängerte man den P. bis zum Knöchel, er wurde damit zur eigentlichen langen Herrenhose. Bis dahin gab es daneben die weiteren Matelotes und in den beiden ersten Jahrzehnten des 19. Jh.s die allgemein in konservativen Kreisen getragenen ‣Kniehosen. Um 1830 kamen P.s auch aus Wollwirkware auf, die gerippt, aber auch kariert waren. Die Bezeichnung »P.« wurde im Dt. nun zunehmend durch *Hose* ersetzt und diese allgemein um 1830 akzeptiert.

2. Die um 1800–10 zur Chemise vorgeschlagenen langen Hosen für die Frau, offensichtlich als Kälteschutz, wurden »P.s« oder *Pantalettes* genannt (‣Hose). Sie hielten sich in der ‣Kinderkleidung bis Mitte des 19. Jh.s und kamen unter dem nur wadenlangen Kleidrock zur Geltung. ‣Unterhose.

Pantine, *die* (nordostd., von mniederl. *patijn* aus frz. *patin* ›Schuh mit dicker Sohle‹), Holzschuh. ‣Pantoffel.

Pantoffel (frühnhd.; von frz. *pantoufle* aus dem Wortstamm *patt-* ›Pfote, Tatze‹; dt. *Schlappen* [niederd., seit dem 18. Jh. für ›Hausschuh‹, von *schlappen* ›lose sitzen‹], österr. ugs. *Patschen* [von *Baboschen, Babuschen, Pl.* frz. *babouches,* von pers. *papūsch* aus *pa* ›Fuß‹ und *pûsch* ›Decke‹]), seit Ende des 4. Jh.s n. Chr. belegte ‣Fußbekleidung aus Sohle und Vorderkappe, ohne Fersenteil. Eine Sonderform ist der P.-Schuh mit niedergedrückter Ferse. Im 15. Jh. gelangte der P. von Italien *(Pantofla)* nach Frankreich und nach Deutschland. Im 16. Jh. war seine Sohle oft aus Kork und sehr dick, wie bei ‣Zoccolo[234] und ‣Chopine[187]. Im 17. und 18. Jh. hatte der P. der Dame (16.–18. Jh. allgemein ‣*Mule*[236a] genannt) einen Absatz. Im 18. Jh. wurde der P. besonders zum ‣Negligé getragen, er war aus feinster Seide und hatte den ‣Französischen Absatz. Mit flachem Absatz wurde der P. als Hausschuh vom Mann und in einfacherer Ausführung von Mägden getragen. Im 19. Jh. ging die Bezeichnung »P.« ugs. auf den als Hausschuh getragenen weichen, flachen Schlupfschuh, mit oder ohne Ferse, über. Der norddeutsche Holz-P. heißt ‣*Pantine* (auch mit Lederkappe), der niederländische ‣*Klompe,* der französische *Sabot,* der englische ‣*Clog.*

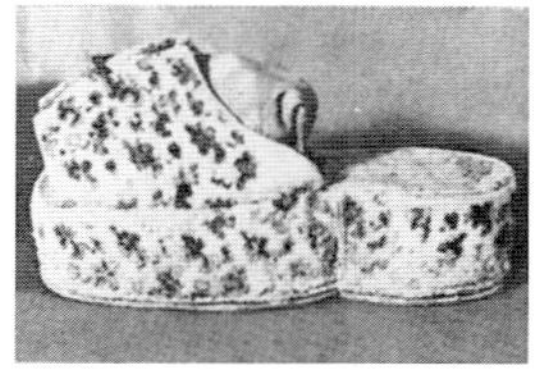

Abb. 423. Pantoffel. Um 1600. Museo de Indumentaria, Barcelona.

Pants, *Pl.* (engl.-amerik., abgeleitet von ‣*Pantalon*), auch *Panty* (*die,* auch im Dt. gebräuchlich), ‣Unterhose, Miederhöschen, Strumpfhose. ‣Hot p., ‣Strumpf.

Papillote, *die* (lat.-frz.), Haarwickel aus Papier. Zu einer Sechserlocke gelegte Haarsträhne wird in Papier eingeschlagen und ab dem 18. Jh. mit dem erwärmten Papilloteneisen gepreßt, heute auch nur getrocknet. Bereits Ende des 12. / 1. Hälfte des 13. Jh.s trugen Männer papillotierte Locken, die mit einer Art Doppellöffel gepresst waren. Bei manchen Lockenfrisuren der Frau werden heute wieder P.n angewandt. ‣Haarmode.

Parapluie, Parasol ‣Schirm (1).

Pardessus, *der* (frz., ›Überzieher‹), taillierte, vorn meist nur in der Taille geschlossene, auch

‣*Mantelet* genannter ‣Mantel der Frau zur Zeit der ‣Krinoline (1848–68/69).

Pareu, *der* (polynes.) um den Körper gewickeltes rechteckiges Tuch (Lendentuch) beider Geschlechter; heute Vorbild für Strandmode.

Pariser Steiß, auch *Französischer Steiß,* ‣Bouffanten, ‣Cul de Paris.

Parka, *der* oder *die* (eskim.-engl.), knielange, oft mit Pelz oder Plüsch gefütterte Jacke aus Drell oder Popeline (‣Stoff), auch mit ‣Kapuze und Tunnelgürtel (‣Gürtel). Urspr. in Sibirien und Alaska aus Leder, auch mit Innenpelz, gearbeitet; als Militärjacke und Anfang der 1970er Jahre als sportliche Allzweckjacke allgemein übernommen.

Parure, *die* (frz.),[75] im 18. Jh. gebräuchliche Bezeichnung für ›Halbputz‹ im Unterschied zur ‣Grande p. und dem ‣Negligé.

Pashmina (von pers. *pashm* ›Wolle‹), Wolle aus den Unterhaaren der himalayischen Bergziege Carpa Hircus; auch Bez. für ‣Schals aus P.-Wolle (auch Mischgewebe).

Paspel, *die* (von frz. *passepoil*), ‣Borte, Streifen; formgerecht zugeschnittener Streifen aus Oberstoff oder Futter als Vorstoß und Versäumung von Kanten, Schlitzen oder Tascheneingriffen (*P.-Tasche*). In bestimmten Farben, je nach Dienstgrad, auch Verzierung von Uniformen, Dienstkleidung und ‣Livreen.

Passagère, *die* (frz., ›die Flüchtige‹), zur ‣Fontange frisiertes Seitenlöckchen.

Passe ‣Sattel.

Passe(-)caille, Passacaille,[69] *die* (frz.), Muffhalter (‣Muff) des Herrn in Form eines um die Hüften geschnallten Leder-, Stoff- oder Bandgürtels zur Zeit Ludwigs XIV. (1643 bis 1715). Die Bezeichnung wurde von dem Bühnentanz Passecaille abgeleitet.

Passement, *der* (frz., ›Borten, Tressen‹, wahrscheinlich von lat. *passare* ›durchziehen, nämlich die Fäden), bis Anfang des 20. Jh.s auch im Dt. gebräuchlich für ‣*Posament.*

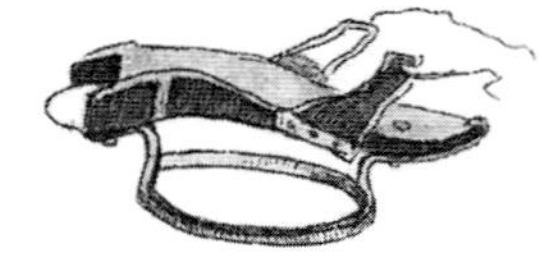

Abb. 424. Patten. Aus »Journal des Luxus und der Moden«. 1786.

Patchwork, *das* (engl.-amerik., ›Flickwerk‹), urspr. von nordamerikanischen Siedlerfrauen aus Stoffresten verschiedener Farben und Muster zusammengesetzter Stoff für meist gefütterte Decken (Quilts) und Vorhänge. Gegen Ende der 1960er Jahre wurde P. als bedruckter Modestoff von Y. ‣Saint Laurent besonders für Kleider im ‣Gipsy-Look lanciert. P. wird in kunstvollen Mustern, heute auch aus Leder, hergestellt.

Patschen ‣Pantoffel.

Patte, *die*[485] (frz., ›Pfote‹, übertragen auf ›Übergreifendes, Deckendes‹, ›Stoffklappe‹), breiter, doppelter Besatzstreifen, der besonders die Kante von eingeschnittenen Gewandtaschen bildet (*Pattentasche*). Heute in der Schneiderei auch für *Klappe,* ‣*Tasche* (2).

Patten, *die* (engl., ›Stelzschuh‹), Unterschuhe mit einem oder zwei Lederstegen und einem flachen oder zwei vertikalen Eisenringen als Lauffläche; von Damen der Oberschicht zum Schutz ihrer eleganten Absatzschuhe im 17. und besonders im 18. Jh. getragen. ‣Fußbekleidung.

Peignoir, *der* (frz.), Haar- oder ‣Pudermantel. ‣Frisierumhang, ‣Hauskleidung, ‣Puder.

Pekesche, *Bekische, die* (poln.), seit dem 16. Jh. anliegender Mantelrock mit Querlitzen und Tressen, auch mit Pelzverbrämung; Anfang des 19. Jh.s als Jacke der Studenten und Herrenhausjacke übernommen.

Pékin, Pequin ‣Stoff (18. Jh.).

Pelerine, *die* (von frz. *pèlerin,* spätlat. *pelegrinus,* lat. *peregrinus* ›Wanderer, Pilger‹ zu frz. *pèlerine* ›Umhang‹), seit dem 17. Jh. üblicher, von Pilgern, aber auch Wanderern getragener weiter, kragenförmiger Umhang. Ende des 18. Jh.s wurde die P. zum Schulterkragen und so mit dem Mantel verbunden (‣Carrick[172]).

Im 19. Jh. auch wieder selbständiger Umhängemantel beider Geschlechter mit Armschlitzen[399]. Heute Bezeichnung für den Regenumhang im Gegensatz zum eleganteren ‣Cape. ‣Havelock[296].

Pelisse, *das* oder *die* (frz., von afrz. *la pelice* oder *le peliçon* ›pelzgefüttertes Gewand‹), in der 2. Hälfte des 12. bis 14. Jh.s ein pelzgefüttertes oder pelzverbrämtes Gewand beider Geschlechter, das sowohl Über- als auch Obergewand sein konnte. Erneut in der 2. Hälfte des 18. Jh.s bis um 1867 in Mode als ein etwa knielanger, weiter, capeartiger Mantel (Umhang) mit Armschlitzen und Kragen oder Kapuze, häufig pelzverbrämt, aus Satin oder Samt. Im Empire (1800–15/20) hatte die P. eine hohe Taille.

Pelisse hongroise, *die* (frz., ›ungarische ‣Pelisse‹), ein mit Schnurverschluss (‣Bouton à queue) und Tressen (‣Litze) verzierter, pelzgefütterter Herrenmantel mit Schnurverschluss, um 1878 in Mode. Davon abgeleitet um 1900 ein eleganter Pelzüberzieher für den Herrn.

Pelisse-Robe, *die* (frz.; ‣Pelisse, ‣Robe), in der Art einer Pelisse vorn durchgehend zu öffnendes ‣Kleid; besonders als Winterkleid vom Directoire (1795) bis 1869/70 modern; seit 1864 auch ‣*Prinzesskleid* genannt.

Pelz (von lat. *pellis* ›Fell, Haut‹; mlat. *pellicius* ›aus Fellen gemacht‹; ahd. *pelliz;* mhd. *belliz*), eigtl. das vom Rauchwarenzurichter haltbar gemachte und veredelte Fell, im weiteren Sinn die behaarte Tierhaut, das Tierfell. Die *Rauchware* (*Rauche, Rauch,* von mhd. *ruch, ruoch* ›rau, grob‹, bis ins 19. Jh. für ›Haariges, Behaartes‹) wird vom Kürschner für Bekleidung verarbeitet und erst dann »P.« genannt (*Kürschner* von mhd. *kürsen,* mdal. *chorsen, chursina,* entlehnt aus dem Slaw.: ein in Deutschland und slawischen Ländern getragener, meist ärmelloser P.-Rock; erst seit dem 15./16. Jh. in der Bedeutung ›P.-Schneider‹).

Felle sind das älteste Bekleidungsmaterial; bereits in der Jüngeren Altsteinzeit legten die Menschen sich Felle um den Körper, um ihn zu wärmen und zu schützen, aber auch, um sich ihrer magischen, symbolischen und sozialen Wirkung zu bedienen (‣Mode). Die Zurichtung der Felle erfolgte durch Abschaben der Fleisch-

Abb. 425. Pelisse aus geblümtem Chintz, angeblich von Marie Antoinette getragen. Frankreich, spätes 18. Jh. Musée de l'Impression sur Étoffes, Mulhouse. *Abb. 426.* Pelisse aus Seide. 1818. Bremer Landesmuseum für Kunst- und Kulturgeschichte (Focke-Museum).

reste und Trocknen, seit der Jungsteinzeit (ca. 3000–1800 v.Chr.) auch durch Gerben (‣Leder). In der Frühdynastischen Periode Mesopotamiens (3200/2900–2150/2020) wurde eine Breitrandkappe (‣Kopfbedeckung) aus dem persianerähnlichen, gelockten *Krimmerfell* (vom Fettschwanzschaf) getragen. Im ägyptischen Altertum (ca. 3000–30 v.Chr.) war ein um den Körper gelegtes *Leopardenfell* mit Kopf, Klauen und Schwanz Zeremonientracht hoher Würdenträger mit dem Adelstitel »Großer des Fellwerks«. Kleinasiatische Krieger gaben sich mit umgelegten Fellen ein grimmiges Aussehen, wie die Thraker mit *Fuchsfellkappen,* die Lykier mit zottigem *Ziegenfell.*

In griechisch-archaischer Zeit (ca. 800–500 v.Chr.) gehörte P. zur Kleidung Vornehmer, während in klassischer Zeit (500–336 v.Chr.) raue P.-Kleidung als ‣Exomis, ‣Schurz oder Umhang Hirten, Jägern und Sklaven überlassen wurde. Allein im Winter trug man den ‣Pilos aus P. und die Embades (‣Embas), d.h. P.-Gamaschen. Der Pantherrock des Dionysos war ein Symbol der Wollust, das undurchdringliche Fell des Nemeischen Löwen, das Herkules anhatte, meist über den Rücken gehängt, den Rachen des Tieres als Helm über den Kopf gestülpt und die Klauen über der

Brust verknotet, war Ausdruck seiner Stärke. (Mit dem Fell des Nemeischen Löwen wurden Herrscher und Feldherrn bis ins 18. Jh. dargestellt.) In der Mythologie aller europäischen Völker sind die Vegetationsdämonen mit einem Fell bedeckt.

Abgesehen von einfachen Fellen in der Hirten- und Jägerkleidung, dienten den Römern die Felle nicht zur Herstellung von Kleidung, sondern zum Auslegen von Räumen und Liegestätten. Um die Preise in Grenzen zu halten, setzte Kaiser Diokletian 301 n. Chr. Höchstpreise für Fellwerk fest. Die P.-Kleidung der Germanen und Gallier übernahmen nur die römischen Soldaten nördlich der Alpen. Die Wikinger wärmten sich in langen Fellumhängen aus grauem *Feh* (Eichhörnchenfell), die Gallier in *Schaf-, Ochsen-, Bären-* und anderen Wildtierfellen. Die Germanen trugen einen vorn mit einer ‣Fibel geschlossenen Umhang oder einen Kittel aus *Wolfs-* oder *Bärenfell* (‣Rheno), ihre Frauen gegen Ende des 1. Jh.s n. Chr. Mäntel, Jacken und kragenartige Umhänge aus verschiedenen, mitunter zu Mustern zusammengesetzten Fellen. Antike und mittelalterliche Darstellungen zeigen häufig Barbaren (Fremde) bzw. Hirten, Landleute und Jäger im Fell heimischer Tiere zum Zeichen ihres primitiven oder des naturverbundenen Lebens.

Im Mittelalter war P. als Kälteschutz noch üblich, auch im Haus. Doch wurde bald die jedem Stand zustehende Fellart in ‣Kleiderordnungen festgelegt. 808 setzte Karl d. Gr. Höchstpreise für Felle fest. *Marder, Zobel, Luchs, Feh* und *Hermelin* (der kostbarste P.) standen nur führenden Geschlechtern, *Bär, Wolf, Schaf* und *Iltis* dem gemeinen Volk zu. Allerdings zog Karl d. Gr. das heimische Schaffell ausländischen Fellen vor und trug nur an Feiertagen *Fischotter* oder *Zobel.* Die Fellseite wurde stets nach innen getragen (den Kragen später ausgenommen), weil sie wärmer ist. So waren Mantelumhang, seltener ‣Cotte (‣Kleid und Rock) und ‣Surkot mit P. gefüttert[31,33], die Ärmelenden oder Armlöcher zuweilen damit verbrämt. Bereits nach 1000 entstand ein ganz Asien umfassender Fellhandel. Felle wurden begehrte Tauschobjekte und oft Währungseinheit. Bis 1453 war Byzanz Haupthandelsplatz außerhalb des alten Europa. 1160 bestätigte Heinrich I. von Frankreich erstmals den P.-Werkern eigene Statuten, 1250 entstanden in Deutschland die ersten Kürschnerzünfte.

Ab dem 14. Jh. wurde P. immer mehr Statussymbol. Im 14. Jh. wurde das weit ausgeschnittene Oberteil des Surkots der vornehmen Frau zuweilen außen ganz aus P. gearbeitet.[320,484] Übergewänder wie ‣Tappert, ‣Giornea, ‣Giubberello, ‣Giubbone und ‣Houppelande des Adeligen konnten mit P. gefüttert und/oder verbrämt sein.[37,38] Die Herren trugen bis ins 19. Jh. den ‣*Biberhut.* Die ‣Schaube des gehobenen Bürgers war mit einem breiten P.-Kragen und an den Vorderkanten mit P. besetzt, zuweilen auch ganz mit P. gefüttert. Dazu trug die reiche Dame eine *Marderhaube*[248,318]. Besonders in Italien gefiel sich die Patrizierin des 16. Jh.s im ‣*Flohpelzchen.* Die Schoßjacke (‣Hongreline (2), ‣Koller (2)) der Bürgerin und die ‣Harzkappe[56,396] konnten verbrämt, das spanische ‣Cape des Mannes pelzgefüttert sein. 1567 tauchte erstmals auf einem Modestich der ‣Muff auf, der bis Ende des 18. Jh.s wichtiges Accessoire besonders für Herren, aber auch Damen war. Im 17. Jh. konnte die Hausjacke (‣Matinee) mit P. umsäumt sein. Das Winterkleid der Dame gehobenen Standes war pelzverbrämt, ein breiter P.-Kragen wurde darübergelegt. 1676 kam die ‣Palatine (2) aus Pelz auf. Die ‣Pelisse des 18. Jh.s konnte mit P. gefüttert, ihre Armlöcher und der Kragen konnten damit verbrämt sein. Auch andere Umhänge waren pelzgefüttert. Die besonders Ende des 18. Jh.s enorm großen Muffs waren aus *Fuchs-, Feh-, Zobel-, Wolfs-, Otter-, Skunk-* (Stinktier), *Bären-, Luchs-, Ziegen-* oder *Leopardenfell.* Neu war der aus Südamerika eingeführte *Chinchilla.*

Um 1800 schlang die Dame eine ‣Boa aus P. um Hals und Dekolleté. Mantelartige Überkleider (‣Mantel) wurden gern mit dem bereits im 16. Jh. bekannten *Schwanen-P.* verbrämt, der aus dem Federbalg des Höckerschwans bestand. Auch gab es bereits Imitations-P.e., wie z. B. eine hochflorige, entsprechend eingefärbte Samtart. Um 1808 kam die ‣Witzschoura, ein Damenmantel zuweilen mit Außen-P., aus Russland oder Polen nach Paris. Napoleons Russlandfeldzug (1812) brachte es mit sich, dass auch Herrenmäntel, z. B. die ‣Redingote (1), mit P., häufig *Bisam,* gefüttert wurden. Biedermeierkleider, auch Ballkleider, hatten im Winter breite P.-Streifen – oft Imitations-P. oder veredeltes Fell, wie ein auf Her-

Abb. 427. Mantel aus Astrachanstoff als Pelzimitation. Aus »Das Blatt der Hausfrau«. Jg. 16. H. 16. 21. Januar 1906.

melin veredelter Schneehase. Von Mitte des 19. Jh.s an gehörte eine pelzgefütterte und -verbrämte ‣Schoßjacke oder ein Umhang mit Außen-P. zur Garderobe jeder bürgerlichen Frau. Bei der ersten Weltausstellung in London 1851 gab es eine eigene P.-Abteilung, wo *Astrachan* (Fell kirgisischer Lämmer) für Herrenkragen, *Affen-P., Nerz* und *Seal* (Seehund) modisch besonders herausgestellt wurden. Wildkatzen dagegen fanden noch nicht so viel Gefallen wie 50 Jahre später. 1866 wurde eine Jacke erstmals mit *Seal* als Außen-P. gezeigt, nachdem es einem Engländer gelungen war, die borstigen Grannenhaare des Seal zu entfernen, ohne das Unterfell zu zerstören. Im letzten Viertel des 19. Jh.s kamen P.-Stolen (‣Stola (6)) mit ausgestopftem Tierkopf, Klauen und Schwanz und für den Herrn der ‣Geh-P. in Mode[409], in den 1880er Jahren der knöchellange Außenpelzmantel für die Frau; Stoffmäntel erhielten zu dieser Zeit breite Bahnen aus P.-Besatz.

Um 1900 schwelgte die Bourgeoisie in exklusiven Mänteln, großen Stolen und Muffs aus *Zobel, Hermelin, Chinchilla*[101] und *Fuchs.* Weltruhm erlangte das P.-Haus Révillon in Paris. Der Kürschner wurde zum Haute Fourreur (frz., ›großer Kürschner‹), das Entwerfen von P.-Kleidung hielt Einzug in die ‣Haute Couture. J. ‣Doucet und Mme ‣Paquin waren die ersten Grand Couturiers, die um 1900 auch P.-Mode kreierten. Das Autofahren brachte den Außenpelzmantel für den Herrn in Mode. Durch die Erfindung der P.-Nähmaschine (1900) setzte sich um 1910 immer mehr die P.-Konfektion durch, die preisgünstigere Felle wie *Maulwurf, Bisam, graues Feh, Skunk* und *Kaninchen* verarbeitete. Dafür wurden in Kaufhäusern eigene P.-Abteilungen eingerichtet. Schon vor dem 1. Weltkrieg wurde die Ausbeutung bestimmter Tierarten erkannt und *Biber* in Skandinavien, *Opossum* in Australien, *Seal* auf den Pribiloff-Inseln, *Zobel* in Russland, *Chinchilla* in Südamerika und ganz strikt seit 1911 (bis 1968) *Seeotter* geschützt. 1903 begann man Chinchilla, 1913 *Silberfuchs* in Europa (Norwegen) zu züchten. 1894 gelangen erstmals Kreuzung und Aufzucht des Silberfuchses in Kanada. Seit 1907 werden Karakulschafe (für *Persianer*) in Südwestafrika auf Farmen gehalten.

Während des 1. Weltkriegs kamen teure Felle aus dem Umlauf, jedoch nicht der P. insgesamt. Er wurde nun als Innenfutter für Schuhe, Handschuhe und Mützen verwendet, besonders in der Herrenkleidung. 1917 erfand der Engländer Sidney Cotton einen ganz mit *Schaffell* und einer Lage Seidenstoff gefütterten ‣Overall, »Sidcot« genannt, außen mit Burberry-Gabardine (‣Burberry). In den 1920er Jahren war der P.-Mantel oder zumindest der reichlich pelzverbrämte Mantel fast unerlässlich in der Garderobe der Frau. Es konnten meist nicht die hochbegehrten *Zobel, Hermelin* oder *Chinchilla* der reichen Amerikanerinnen sein oder *Luchs, Fuchs* und das extravagante *Affenfell,* genügen mussten *Maulwurf, Fohlen, Kalb* oder *Murmeltier.* In jedem Fall aber durfte der P.-Kragen nicht anders als ausladend und anschmiegsam sein. Felle wurden bereits bunt eingefärbt, gestuft, gezackt oder mit Leder und Samt kombiniert verarbeitet. Damit nicht genug, propagierte man für die exklusiven Badeorte leichte Sommer-P.e. Billige Felle mussten durch entsprechende Zurichtung (»Veredelung«) Teures vortäuschen. In Deutschland begnügten sich die Frauen auch mit Chinchilla-Ersatz oder mit Plüsch, einem Florgewebe, später -gewirke. Dem eleganten Herrn war bis zum 2. Weltkrieg der Geh- oder Stadt-P. angemessen. In den 1930er Jahren wurden große P.-Kragen auf Stoffmänteln sowie Capes und Jäckchen ganz aus P. favorisiert. Am meisten gefragt war *Silberfuchs,* ge-

Abb. 428. Nerzmantel im Trenchcoat-Stil von Peter Kujath. München, 1984.

folgt von *Blaufuchs* und *Ozelot.* Die Dame des gehobenen Bürgertums zeigte sich im soliden *Persianermantel. Nerz* wurde erstmals kommerziell gezüchtet.

Während des 2. Weltkriegs und in der Nachkriegszeit erhöhte sich die Zahl der imitierten, speziell veredelten P.e., wie *Biber-Lamm* (ein geschorenes, geglättetes, biberähnlich zugerichtetes Lamm), *Seal-Kanin* (Kanin, nach Art von Sealskin gefärbt) oder *Ozelot-Lamm* (Lammfell mit aufgedruckter Ozelot-Zeichnung). In den 1950er Jahren stieg *Nerz* zum meistbegehrten P. auf, gefolgt von *Ozelot.* Nerz besonders deshalb, weil er leicht, weich, dauerhaft und gut verarbeitbar ist, während der seit 1954 in großem Umfang gezüchtete Chinchilla leicht zerfällt. Persianer- und *Nutriamantel* wurden zum gutbürgerlichen Statussymbol. Als sportliche Mäntel, auch für Herren, kamen Lammfellmäntel und Dreivierteljacken mit Innenpelz und Wildleder außen auf.

In den 1960er Jahren wurde das formelle P.-Image abgebaut. Bereits 1956 hatte Chr. ▸Dior Regenmäntel mit Nerz-P. innen vorgestellt. Nicht kostbare P.e., sondern individuelle Verarbeitung und Mut zu schockierenden Farben waren gefragt. Die Jugend trug sog. *Funfurs* (engl., ›Pelzspaß‹), meist aus Kaninchenfell, Plüsch oder synthetischem P.-Imitat. ▸Bikinis, ▸Hot pants und ▸Pullover aus P., sogar Nerz, wurden vorgestellt. P. war nun durch die allgemeinen Lebensumstände weit weniger als Kälteschutz notwendig denn zuvor. Als sportlich und sehr wärmend gelten bis heute Wildledermäntel mit Schaf-P. innen.

Um 1970–75 wurde Langhaar-P. wie *Waschbär, Luchs, Wolf* und *Fuchs* – querverarbeitet und häufig mit Leder kombiniert – auch vom Herrn favorisiert. Um 1970 putzte ein Leder- oder Posamenteriegürtel den P.-Mantel auf. Italien stellt seither die Avantgarde an P.-Designern, allen voran die Geschwister ▸Fendi, für die K. ▸Lagerfeld P.e. entwirft. Die Bundesrepublik Deutschland wurde größtes P.-Verbrauchsland der Welt; statistisch besitzt hier jede zweite Frau eine P.-Oberbekleidung, und die Internationale P.-Messe in Frankfurt ist *der*

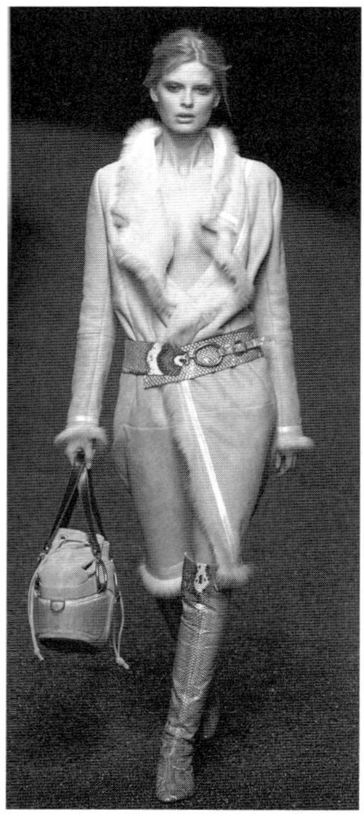

Abb. 429. Fellmantel mit Gürtel und Stiefel aus Schlangenleder von Loewe. Madrid, 2004/05.

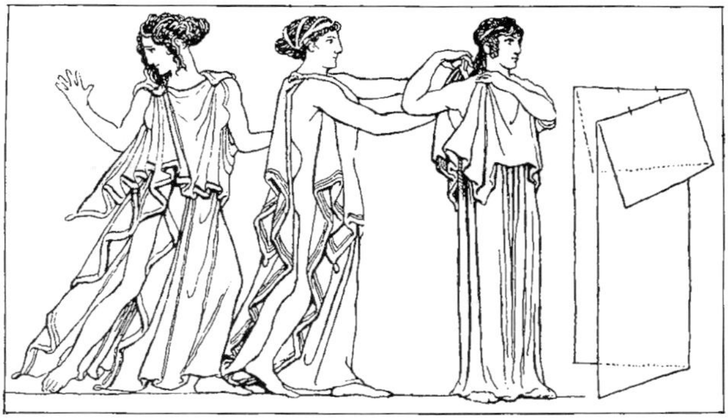

Abb. 430. Anlegen des Peplos. Nach Mützel.

Weltmarkt für Felle und P.-Mode, während London Hauptort der Fellauktionen ist.

In den 1980er Jahren kamen sog. Reversible-Mäntel (»Wendemäntel«) in Mode, bei denen entweder Stoff (häufig ‣Loden (2), Popeline oder Gabardine), Leder oder P. beliebig nach außen bzw. innen gewendet werden können. Das Leder wurde bunt gefärbt oder bemalt, der Stoff mit Applikationen verziert. Felle wurden auseinandergeschnitten und zu Mustern (Streifen, Zickzack, Ornamente, Blumen) zusammengesetzt. Die Längsverarbeitung der Felle stand wieder im Mittelpunkt. Kapuzen, P.-Umschlagtücher, ausgestopfte Tierköpfe und Schwänze wurden wieder gefragt. Meist wird heute *Nerz,* bei dem es große Qualitätsunterschiede gibt, verarbeitet; infolge der Tierschutzkampagnen auch Pelzimitate. Über 90% aller verarbeiteten Felle stammen von Zuchttieren. Um 2003 kam P. wieder in Mode, allerdings mehr als Aufputz (P.-Kragen und -manschetten) und Accessoire (P.-Tasche, -Stola), bei Mänteln mehr als Patchwork oder als gewachsenes Fell verarbeitet, um mehr das ›authentisch Animalische‹ als den Luxus sichtbar zu machen.

P.-Kappen und -Hüte ‣Kopfbedeckung.

Pepita ‣Farbe und Muster (19. Jh.).

Peplos, *der* (griech.), dorisches Frauenobergewand aus Wollstoff, das unmittelbar auf dem Körper getragen wurde. Es bestand aus einem rechteckigen Stoffstück, das entweder zur Gänze in doppelter Stofflage, griech. ‣»Diploma« genannt, genommen werden konnte oder dessen oberer Rand breit nach außen als »Apoptygma« (griech., ›Überfall‹) umgeschlagen werden konnte. Es ist nicht geklärt, ob das Apoptygma auch ein eigenes Gewandstück, die ‣Epumis, sein konnte. Der P. wurde um den Rücken, die linke Seite und den Vorderkörper gelegt, so dass die rechte Seite offen blieb. Deswegen wurde der P. auch der ›Schenkelzeigende‹ genannt; später wurde er von den Hüften abwärts, mitunter auch ganz geschlossen. Auf den Schultern hielten ihn ‣Fibeln zusammen, oft so, dass das Rückenteil links und rechts nach vorn auf die Schultern gezogen wurde. Damit wurde das linke Armloch aus der Oberkante des Stoffes ausgespart. Urspr. ohne Gürtel, wurde der P. später hochgegürtet[14], vorn höher, so dass er hinten etwas schleppte. Seine Ränder waren mit breiten Streifenornamenten umsäumt. Er war ganz oder teilweise gemustert, manchmal Ober- und Rockteil unterschiedlich. Der aus ungemustertem Leinen genähte ionische ‣Chiton verdrängte kurz vor dem 6. Jh. den dorischen P., der aber nach dem Ende der Perserkriege (448 v. Chr.) als Übergewand über dem Chiton wieder getragen wurde. Im 4. Jh. hing der Bausch hinten besonders tief über den Gürtel herab, so dass der Stoff über den Kopf gelegt werden konnte. Zunehmend wurde der Chiton bevorzugt, so dass nach etwa 150 v. Chr. der P. ebenfalls seitlich geschlossen wurde.

Peplum, *das* (latinisierte Form von ‣*Peplos*), das dem Peplos entsprechende römische Gewand, die ‣Palla. »P.« bezeichnete den fast knielangen ‣Schoß (1) des Herrenrocks (‣Rock (1) im 15., ebenso den etwa knielangen Damenoberrock (‣Rock (2)), auch ‣*Tunika* genannt, um 1864/65. ‣Kleid[89].

Perfecto, kurzes, ledernes Motorradblouson mit Gürtel, 1927 von den Gebrüdern Irving Scott erfunden und von Harley Davidson vertrieben. In den 1950er Jahren Rockeroutfit (‣Halbstarke), danach zeitweilig Modejacke beider Geschlechter.

Perkal ‣Stoff (18. Jh.).

Perlon ‣Stoff (20. Jh.).

Pero, *der* (lat), derber, roh gearbeiteter Schuh, auch mit Innenpelz, oberhalb der Knöchel zugebunden. Im 4.–3. Jh. v. Chr. von den Römern getragen, Senatoren ausgenommen; eigentlich mehr ‣Fußbekleidung des Landmannes. Im 2. Jh. n. Chr. wurde der P. auch aus weichem Leder gefertigt und von der Frau getragen.

Perücke (frz. *perruque;* span. *peluca;* von lat. *pilus* ›Haar‹), künstliche Haartracht, Haarersatz oder Modebeiwerk, aus Menschen- oder Tierhaar, Wolle, Pflanzenfasern, Seide oder Gräsern, heute auch aus Kunsthaar, meist auf eine Haube oder ein Netz aufgenäht bzw. geknüpft. Als Herrscherattribut oder Modebeiwerk war die P. bis zur Französischen Revolution nur den höheren Ständen erlaubt.

Sie wurde bereits im Alten Reich (2640–2134 v. Chr.) Ägyptens von beiden Geschlechtern[8] getragen, der natürlichen Haartracht ähnlich, jedoch im Neuen Reich (1551–1070 v. Chr.) sehr voluminös[259, 260], manchmal mit Goldplättchen verziert. Es waren gelegentlich mit Pflanzenfasern verstärkte Echthaar-P.n, oder Woll-P.n, die mit einem Stirnband, aber auch mit ‣Haarnadeln gehalten werden konnten, da das natürliche Haar nie (die Amarna-Zeit, 1364–1347 v. Chr., ausgenommen) vollkommen geschoren wurde und oftmals am Stirnansatz zu sehen war. Man unterscheidet für diesen Kulturkreis zwischen der halblangen *Locken-P.*, der *Strähnen-P.*, der *Flügel-P.* mit kurzen, gestuft geschnittenen Strähnen und einzelnen Zopf- oder Flechtteilen.

Auch in den mesopotamischen und altpersischen Kulturen war die P. bekannt, jedoch seltener; hohen Würdenträgern vorbehalten war eine P. in Form eines Helms aus Goldblech oder Bronze mit stilisiertem Zopfkranz, Nackenknoten und Stirnreif, wobei vielfach das Eigenhaar im Nacken sichtbar blieb. Von jenen Kulturen übernahmen die Griechinnen die P., die sie jedoch nur als Haarersatz trugen. Der vornehmen Römerin galt die P. als Modebeiwerk. In der römischen Kaiserzeit des 2./3. Jh.s n. Chr. waren P.n aus blondem germanischen Frauenhaar begehrt. (Von da an war Frauenhaar, das sich am besten verarbeiten ließ, am meisten geschätzt.) Im fränkischen und karolingischen Reich konnte eine P. beim Mann die gewünschte Haarfülle vortäuschen. Frauen trugen keine P.

Erst in der Spanischen Mode (1550 bis 1618/20) machte der steil hochtoupierte Haarknoten der Frau oft die P., neben Drahtstützen, notwendig. Zum häufigen Gebrauch der P. durch den Herrn kam es nach etwa 1610/15, als kinn- bis schulterlange Frisuren die spanische Kurzhaarfrisur ablösten; Ludwig XIII. von Frankreich, der sehr schütteres Haar hatte, lancierte ihren Gebrauch (1656 entstand die erste Perückenmacherinnung in Paris). Als Ludwig XIV. wegen seines spärlich gewordenen Haares ab 1673 zur P. griff – zuvor trugen sie nur Höflinge und Kahlköpfige –, wurde sie wichtigstes Standeszeichen und Repräsentationsstück der höfischen Kleidung in ganz Europa. Um 1660–75 hielt man sie entsprechend der natürlichen Haartracht in ungeordneten Locken oder Krausen, nach 1673 jedoch nützte man sie zur übersteigerten Vorstellung dichter Lockenpracht. In den 1680er Jahren war die P. extrem hoch und breit, die Kräuselung wurde zugunsten geordneter Locken, *in-folio* genannt, aufgegeben. Die P. war gelb oder löwenbraun (frz. *Perruque à la lion*[67] genannt). Ihr Haar wurde länger, fiel bis über die Brust; so wurde sie später ‣*Allonge-P.*, damals *Perruque* ‣*Binette grande in-folio,* genannt. Die P. in-folio wurde auch *P. carrée* und jene mit Mittelscheitel *P. à la Fontange à deux points*[68] (nach der damaligen Damenfrisur ‣Fontange) oder ugs. *P. à crinière* (frz., ›Rosshaar-P.‹[69]) genannt. Nach 1700 wurden die Locken waagrecht angeordnet und in drei Partien aufgeteilt zur weißgepuderten Staats-P. Da menschliches Haar nicht ausreichte, sehr teuer und zu wenig fest war, nahm man Ross- oder Ziegenhaar dazu, auch Hanf oder Flachs. Die Haare wurden auf eine, manchmal nach

Abb. 431. Herrenperücken des 18. Jh.s. Tafel aus François Alexandre de Garsaults »L'Art du Perruquier«. 1767. Reihe 1: Perruque nouée (zusammengeknotete Perücke), Perruque Quarré. Reihe 2: Perruque d'Abbé, Perruque courte (Stutzperücke). Reihe 3: Perruque en bourse (Haarbeutelperücke), Perruque à la brigadière. Reihe 4: Perruque à Cadenettes, Perruque naturelle. Kunstbibliothek, Berlin.

Maß gearbeitete, Haube genäht. Je nach Art der P. wurde in Deutschland Steuer auf sie erhoben. Soldaten und Reisende trugen die wesentlich kürzere und anliegendere *Stutz-P.*, Bauern und Handwerker gar keine. Aus Bequemlichkeit und der Wärme wegen wurden die langen Lockenpartien schon 1690 ein wenig hochgebunden, was nach 1710 als *P. à la* ‣*Cadogan*[67] in Mode kam. Nach 1690 setzte sich auch in der Tracht der Priester die P., trotz Verboten des Papstes, durch. Allerdings musste beim Messelesen die Tonsur, anfangs durch Abnehmen der P., später durch eine Klappe in der P., entblößt werden. Schließlich hielt sich in der geistlichen Tracht die Locken-P. noch, als sie bereits aus der Mode verschwunden war. Um 1690 war die *Perruque à la moutonne* (frz., ›Schäfchenperücke‹) mit einer kurzen, dichten Krause in Mode. Die Frau trug höchstens gegen Ende des 17. Jh.s Haarteile.

Nach dem Tod Ludwigs XIV. (1715) kam die Allonge-P. auch in höfischen Kreisen aus der Mode und hielt sich nur in bestimmten Amtstrachten. Am Hofe Philipps II. von Orléans (1715–23) setzte sich die P. à la Cadogan, ansonsten die Stutz-P.[71] (frz. *Perruque courte*) durch, bei der das Haar am Hinterkopf glatt war und erst dann regelmäßig gewellte Locken ansetzten. Soldaten trugen in Frankreich die *Perruque à la brigadière* mit zwei im Nacken mit einer Seidenschleife zusammengebundenen Spirallocken, Bürgermeister und andere hohe Amtspersonen die *Perruque Quarré* (nach einem gleichnamigen Friseur) mit regelmäßigen, auf beide Schultern fallenden Wellen und einer Spirallocke im Nacken. Außerdem gab es die *Perruque à Cadenettes* (benannt nach der früheren ‣*Cadenet*) mit zwei sehr langen und dünnen, mit je einer Schleife zusammengefassten Spirallocken. Daneben setzte sich etwa 1725 in Frankreich die *Beutel-P.*[70] (frz. ‣*Vergette,* ‣Haarbeutelfrisur) durch, in Deutschland fast ausschließlich die *Zopf-P.* (‣Zopf[258]), in England beim Militär die ‣*Ramillies-P.* (geflochtener Zopf) und die *Pigtail-P.* (engl., ›Schweineschwanz-P.‹, gedrehter Zopf), allgemein eine einfache P., bei der das lange Nackenhaar durch eine schwarze Schleife zusammengefasst wurde (engl. *tie wig*). Dabei war der Haaransatz über der Stirn zu einer schmalen Lockenrolle, das Seitenhaar in zwei bis drei waagrechten ‣Ailes, Lockenrollen, oder einer senkrechten gelegt, während am Hinterkopf das Haar glatt blieb. In den 1770er Jahren wurde das Haar über der Stirn zu einer sehr hohen, schräg in die Höhe gekämmten Rolle (‣Toupet, ‣Vergette) gekämmt. Etwa 1770–90 war eine große Nackenrolle, der ‣Cadogan, modern (bis 1795 noch in der Haartracht). Den starren Rolllocken verlieh heiß aufgetragene Pomade Festigkeit. Es gab auch *Halb-P.n,* sog. *Toupets.* Die P. war bei der Oberschicht weiß gepudert, was als Standesmerkmal den unteren Schichten verboten war. Nach 1760 wurde die P. nur in bürgerlichen Kreisen, generell erst mit der Französischen Revolution abgelegt. Seither trägt der Herr eine P. höchstens als Haarersatz.

Die Frau griff weitaus seltener zur P.[71]; selbst die höfische Hochfrisur des Spätrokoko war höchstens aus Haarteilen mit Drahtgestellen oder Rosshaarkissen aufgebaut (‣Haarmode). Im Directoire (1795–99) und Empire (1800 bis 1815/20) dagegen trug sie eine je nach Tageszeit und Anlaß in den Farben wechselnde P., tagsüber schwarz oder braun, abends blond. Zu den kunstvollen Frisuren des frühen Biedermeier (um 1820–35) wurden Haarteile verwendet.

In den 1920er Jahren waren für den Abend weiße *Bubikopf-P.n* modern. 1958 kam in Paris wieder die P. für den Tag auf, lanciert durch ‣Givenchy. Sie blieb während der ganzen 1960er Jahre als Zweitfrisur in Mode, gestaltet nach modisch aktuellen Frisuren. Besonders nach 1962 setzte sich die P. durch, da sie durch die neue Technik des Maschinenknüpfens wesentlich preisgünstiger geworden war. Echtes Haar oder Kunsthaar wurde in eine elastische Netzhaube geknüpft. Seit den 1970er Jahren ist die P. wieder mehr oder weniger Haarersatz.

Petasos, *der* (griech.),[351c] altgriechischer (thessalischer) Hut mit rundem, flachem, seltener spitzem Kopf, breiter, verschieden geformter, meist hinten aufgebogener Krempe und Kinnband (Sturmriemen), an dem bisweilen der Hut auf den Rücken hing. Der P. war aus Filz, Stroh oder Leder und verschiedenfarbig. Er wurde auf Reisen, von Jägern, Soldaten und insbesondere von den attischen Epheben, später auch in Rom als Sonnenschutz getragen. Wahrscheinlich entwickelte er sich aus der ‣Kausia und ist von dieser kaum zu unterscheiden.

Pet-en-l'air ‣Caraco.

Petit point, *das,* auch *der* (frz., ›kleiner Punkt‹), auch *Wiener Arbeit,* sehr feine Perlsticharbeit auf Kanevas (Gitterstoff), verarbeitet für Handtaschen, Verzierung auf Puderdosen usw.

Petticoat, *der* (engl., ›kleiner Rock‹), in Deutschland auch *Wipprock* genannt, weiter, steifer ‣Unterrock aus Perlon oder gestärkter Baumwolle, oft mit Spitzenvolants, der den weiten, glockigen, jugendlichen, anfangs fast wadenlangen, später nur knielangen Rock, den *P.-Rock* der 1950er und beginnenden 1960er Jahre, unterstützte.[112, 213] Zuweilen war der P. auch an das ‣Korsett genäht. (Charakteristisch für die P.-Mode waren Modelle von M. ‣Rouff und B. ‣Becker.) 1982 wurde der in P. in Minilänge, 1983 wadenlang von Mädchen wiederentdeckt.

Pfauenhut ‣Kopfbedeckung (12. Jh.).

Pfeifenkopf, Bobine-Absatz (‣ Fußbekleidung, Frau, 1869/70–88).

Pfeillinie ‣Haute Couture (1956).

Pfellel ‣Stoff (Mittelalter).

Phrygische Mütze[3,7], kegelförmige ‣Mütze, die über Schläfen und Nacken, zuweilen bis über die Schultern reichte und mit seitlich herabhängenden Bändern unter dem Kinn gebunden werden konnte. Die Spitze fiel weich nach vorn, was ihr die charakteristische Form gab. Die Ph. M. wurde von den kleinasiatischen Phrygiern und Lydern[478], ähnlich von Skythen und Parthern getragen und kann formal als Abart der ‣Tiara (1) angesehen werden. Frauen trugen eine der Ph. M. ähnliche Kopfbedeckung. Die Ph. M. war ‣Kopfbedeckung der Galeerensklaven, wurde dann als *Pilleus libertatis*[78] (‣Pilos) zum Freiheitssymbol und als solches während der Französischen Revolution als *bonnet rouge* und von den Jakobinern als ‣*Jakobinermütze* übernommen[422]. In veränderter Form lebt die Ph. M. bis heute im ‣Südwester fort.

Piccadill, Picadilly(abschluss),[125] der bogig oder zinnenartig ausgezackte Rand am Armloch (‣Achselstück) und Halsausschnitt der Obergewänder (‣Wams, ‣Kleid und ‣Manteau) in der 2. Hälfte des 16. / Anfang des 17. Jh.s.[50,51] Der P. war auch Stütze für die ‣Halskrause. Benannt nach einem darauf spezialisierten Schneider, der auch einer eleganten Geschäftsstraße Londons den Namen gab.

Pièce d'estomac, *die* (frz., ›Bauchstück‹), ‣*Stecker.*

Piercing (von engl. *pierce* ›durchbohren‹), gestochene Ringe und Silberkugeln, besonders am Ohr, Nasenflügel, über einer Augenbraue, aber auch in der Zunge und anderen Weichteilen, in den 1990er Jahren bei der modebewussten Jugend ›in‹.

Pierrotkragen, eine meist ungesteifte, einfache oder doppelte ‣Halskrause der 1620er Jahre, die sich zum Kostüm des Pierrot (Lustspielfigur) hielt und nach diesem benannt wurde. In den 1930er Jahren und um 1980 in Mode. ‣Kragen.

Pigache, Pigage, *die* (frz.), dt. auch *Pigasche,* Bezeichnung für die kleine, aufgebogene Schuhspitze im 12. Jh. ‣Fußbekleidung.

Pikee ‣Stoff (19. Jh.).

Pilgerkragen ‣Pelerine.

Pil(l)eolus, *der* (lat., Diminutiv von ‣*Pilos*), Käppchen, seit dem 14. Jh. Scheitelkäppchen der Kleriker.

Pilos, *der*[351b] (griech., von *piléo* ›ich drücke nieder, walke‹ zu *pílos* ›Filz‹, übertragen auf Kopfbedeckung), lat. *Pilleus* (*der*) oder *Pilleum* (*das*), halbkugelförmige Mütze, auch mit umgerolltem oder angesetztem hängenden Rand, eventuell mit Kinnriemen und an der Spitze einem Ring zum Aufhängen oder Tragen. Der P. diente unterschiedlichen Zwecken, war Helm, Unterkappe, Sonnenhut und bestand aus verschiedenen Materialien: Fell, Leder, Filz, zottiger Wolle, Stroh. Er war in der römischen und griechischen Antike ‣Kopfbedeckung besonders der einfachen, aber auch der vornehmen Klasse. Der P. der Etrusker hatte eine steife Kegelform und war dem ‣Tutulus gleichgesetzt. Den Römern bedeutete der sog. *Pilleus libertatis* (›P. der Freiheit‹) ein Freiheitssymbol[386], er wurde von Freigelassenen während der Saturnalien getragen. Der *Pilleus Pannonicus* stammte aus Ungarn-Ostösterreich, war aus Karakulschaffell und wurde von in Pannonien stationierten gemeinen römischen Soldaten getragen. (Mit »P.« wurden auch eine Fußbekleidung, eine Decke und ein Schildpanzer bezeichnet.) ‣Jakobinermütze.

Pinet-Absatz ‣Fußbekleidung (Frau, 1869/1870–88).

Pinner, engl. für ‣*Cornet(t)e.*

Pistaigne, *die* (frz.), Verzierung des Rocksaums (‣Jupe (2)) in Form eines Seidenstoffstreifens mit ‣Posamenten, Ende 17. / Anfang 18. Jh.

Plaid, *das* oder *der* (schott.-engl.). **1.** Heutige Bezeichnung des aus Wollfransen zusammengefügten ‣Kleides (P.-*Kleid*) oder ‣Mantels der Frühdynastischen Periode Mesopotamiens (3200/2900–2150/2020 v. Chr.) sowie der Fransenschärpe der Assyrer[2], die um das lange Ärmelgewand am Saum horizontal, dann spiralförmig nach oben über die linke Schulter gelegt wurde. **2.** Decke, Tuch aus kariertem Wollstoff (‣Tartan), aus dem der ‣Kilt besteht und das als großer Umhang der schottischen

Männertracht um die Schultern gelegt wird. **3.** In der Mode des 19. und 20. Jh.s wurde das P. als großes, viereckiges Umhangtuch unterschiedlicher modischer Muster zu einem Dreieck zusammengelegt und von der Frau im Biedermeier (1825–48) und zur ‣Krinoline (1848 bis um 1860) um beide Schultern, neuerdings (um 1980) nur über eine Schulter fallend getragen. ‣Regenkappe, ‣Schal.[458]

Planchette ‣Blankscheit, ‣Mieder.

Planeta ‣Paenula.

Plastron, *der* oder *das* (von mlat. *plastra* ›Brustharnisch, Bruststück‹). **1.** Brustpanzer der Rüstung. Heute Brustschutz aus Leder oder wattierter, abgesteppter Leinwand beim Fechtanzug. **2.** Von (1) abgeleitet wurde im 19. Jh. die »Serviteur« (frz., ›Diener‹) und »P.« genannte ‣Chemisette. **3.** Übertragen auf eine die Brust bedeckende Form der ‣Krawatte, kam das P. um 1860 auf.[381a] (Vielfach werden die breiten, mehrmals um den Hals geschlungenen Krawatten heute bereits als »P.« bezeichnet.) Es war eine breite, vorn auf bestimmte Weise geknotete Seidenbinde, deren lose Enden kreuzweise übereinander gelegt und von einer Perlennadel gehalten wurden. Das P., in England *Ascot-tie* (nach der durch die Pferderennen berühmten englischen Stadt Ascot) genannt, wurde zum ‣Cutaway (2) (beide waren für Pferderennen standesgemäße Herrenkleidung), nach 1880 auch zum ‣Gehrock, meist in Schwarz, später auch in Grau oder Weiß, auch mit dezentem Muster, getragen. **4.** Um 1900 ein Lingerie-Stehkragen (‣Lingerie); danach Bezeichnung für einen separaten, ein- oder aufgenähten, in Stoff oder Verzierung abgehobenen Brusteinsatz an Blusen und Kleidern, ugs. ‣*Betrügerchen*[181], engl. *Vestee, Dick(e)y* genannt. Seit den 1920er Jahren auch ein separater Strickrollkragen. **5.** Bestickter Brustlatz, *Brüstlein* (‣Brusttuch) oder ‣*Stecker,* bei Frauentrachten. ‣Borst.

Plateausohlen-Schuhe. Schuhe mit einigen Zentimeter hohen Laufsohlen, wie sie bei Frauen 1940–45 und in der Jugendszene beider Geschlechter 1968–73 und 1996–99 (nun häufig bei Joggingschuhen) beliebt waren. ‣Fußbekleidung (Mann, 1968–73[242]; Frau, 1940–45 und um 1996).[119]

Pleureuse, *die* (frz., im 16./17. Jh. ›Klageweib‹, von frz. *pleurer* ›weinen‹; Ende 17. und 18. Jh. *Pl.*: *pleureuses, manchettes pleureuses,* dt. *Pleureusen,* ›Trauerbinden‹). **1.** Ende 17. und im 18. Jh. weißes Leinenband, das am Ärmelaufschlag des ‣Justaucorps (2) sowie auf der ‣Weste zur großen Trauer getragen wurde. Später die schwarze, am Oberarm getragene Trauerbinde. Mitte des 19. Jh.s die am Hut befestigte Trauerbinde. **2.** Geknüpfte oder gekräuselte Straußenfeder nach 1900 als Schmuck an Frauenhüten (‣Feder, ‣Kopfbedeckung).

Plissee, *das* (von frz. *pli* ›Falte‹), meist schmale, regelmäßig gepreßte ‣Falte in einem Gewebe, auch durch Web- oder Nähtechnik gefälteltes Gewebe. Schon im Altbabylonischen Reich (um 2040 v. Chr.) und im ägyptischen Altertum gab es Faltenstoffe aus Leinen[9], an denen die Falten beim Weben durch zwei ver-

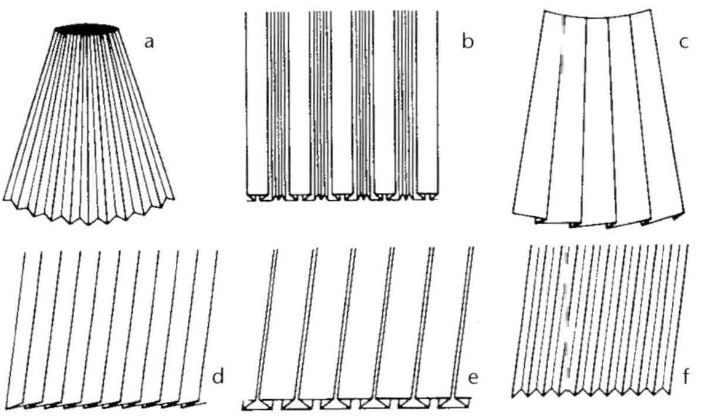

Abb. 432. Plisseegrundformen: a) Sonnenplissee nach Formzuschnitt. b) Bahnenplissee mit Parallelfalten nach geradem Zuschnitt. c) Bahnenplissee mit konischen Falten nach geradem Zuschnitt. Plisseegrundfalten: d) Liegefalten, einseitig verlaufend. e) Tollfalten, zweiseitig im Wechsel verlaufende Liegefalten. f) Stehfalten. Nach Hofer.

schieden gespannte Ketten, später durch Kreppgarne in Hohlschussverbindung entstanden. Das P. wurde für ganze Gewänder sowie für Umhänge verwendet (‣Mantel). Sehr fein und regelmäßig plissiertes Leinen grub man in Birka, dem schwedischen Handelszentrum (ca. 800–975) der Wikinger, aus. Da die Falten rund sind, wurde wahrscheinlich das P. durch Einnähen und Zuziehen von Fäden erreicht, die man nach dem Waschen und Trocknen des Stoffes wieder entfernt hat. In der Neuzeit wurden die Falten in den glatten Stoff zwischen kartonartigem, in Falten gelegtem Papier sowie mittels Plissierrollen, -eisen und -zangen eingepresst. Das P. wurde besonders für Ärmel und Brustteil des sichtbar werdenden Hemdes verwendet[55, 56, 306], aber auch für den Rock der Frau während der Zweiten ‣Turnüre (1882–88). Seit dem 19. Jh. wird P. mit Hilfe der Plissiermaschine, heute auch mittels eines gestauchten Alu-Rohrs besonders für die japanische Shibori-Technik unregelmäßiger Falten dauerhaft eingepresst. Anordnung und Breite der Falten sind vielfältig (*Waffel-P., Sonnen-P., Liege-P.* usw.). *Wirk-P.* ist eine Kettenwirkware mit Längsfalten. I. ‣Miyake.

Abb. 433. Landsknecht in geschlitzter Pluderhose und Wams aus dem Heer Herzog Heinrichs d. J. von Braunschweig, 1553. Stich von Friedrich Hortleder, 1642. Germanisches Nationalmuseum, Nürnberg. WuK. H. 1. 1987.

Pluderhose, ehem. *ausgezogene Hose* genannt, da sie länger (ausgezogen) als die Spanische ‣Hose war. Weite, knie- bis wadenlange Überfallhose, bestehend aus einem nur in einem breiten Gürtelband zusammengefassten breiten Längsstreifen aus Tuch, einer Oberhose, und einer extrem weiten Futterhose aus hellem Leinen, leichtem Seidenzeug, »Kartek« genannt, oder farbig unterschiedlich zusammengesetztem Taft (‣Stoffe, die ein Rascheln erzeugen). Oft wurde der Überfall in Hüfthöhe wiederholt, die ‣Schamkapsel stark hervorgehoben und mit Schleifen aus Futterstoff verziert. Die P. ist (im Gegensatz zu den ‣Schlitzen) eindeutig eine Erfindung der Landsknechte und soll 1553 im Lager des Kurfürsten von Sachsen trotz Verbot des Fürsten aufgekommen sein. Die aus den Längsstreifen stark herausquellende Futterhose[47] wurde im Volksmund *Diebssäcke* genannt. Die P. verbreitete sich auch in der zivilen Mode, wobei die unteren Stände sie zuerst aufnahmen. Sie wurde vielfach schon um 1590 dezenter und spätestens Anfang des 17. Jh.s durch die geschlossene ‣Schlumperhose verdrängt. Bei den Schweizer Soldtruppen hielt sich die P. bis ins 17. Jh. Eine ähnliche längsgeschlitzte, bunte Hose gehört noch heute zu der von Michelangelo entworfenen Uniform der Schweizer Garde des Papstes.

Plüsch ‣Stoff (19. Jh.).

Plumage, *der*[67] (frz., ›Gefieder, Federn‹), um 1670–1780 Federbesatz aus einer gespaltenen Straußenfeder, die den inneren Rand des Filzhutes mit rund aufgebogener Krempe, danach den des ‣Dreispitzes säumte (‣Feder, ‣Kopfbedeckung). Neben dem P. gab es anfangs die ‣Panache, zwei vorn befestigte, wehende Federn. Der P. war Rangabzeichen der Stabsoffiziere und Generäle. Er wurde auch beim ‣Zweispitz (2) verwendet, aber seltener.

Plume à deux points, *die* (frz., ›Feder mit zwei Spitzen‹), in den 1670er Jahren modischer Federschmuck des Herrenhuts, bei dem zwei Straußenfedern flach in der Krempe lagen und sich vorn mit ihren Spitzen trafen. ▸Feder.

Plumet ▸Dreispitz.

Plusfours ▸Knickerbocker (1).

Poche ▸Tasche (2).

Polnischer Rock, Männerrock mit Pelzverbrämung, Knebelverschluss (▸Verschluss) und Schnurbesatz über der Brust, in den ersten Jahrzehnten des 19. Jh.s als eine Sonderform des ▸Gehrocks in Mode. Bereits in vorhergehenden Jh.en bedeutete die Beifügung »polnisch« sowohl beim ▸Rock (1) als auch bei der Frauenjacke einen reichen Schnurbesatz. In Sachsen war eine Art P. R. unter dem Namen Atlaspelz im 18. Jh. als Frauenmantel verbreitet. Der ▸Dufflecoat geht auf den P. R. zurück.

Polohemd,[489] sportliches Polo-, Tennis- und ▸Freizeithemd zum Überziehen mit kurzer Knopfleiste, die in den in einem Stück geschnittenen Auslegekragen übergeht, und mit kurzen Ärmeln, selten auch mit Manschettenärmeln, meist aus ▸Trikot (2). Das P. kam Anfang des 20. Jh.s in Indien zum dort so beliebten Polospiel auf, angeblich angeregt durch das 1901 vom Maharadscha von Dschodphur (▸Jodhpurhose) getragene quergestreifte, rund ausgeschnittene und hüftlange Trikothemd. In den 1930er Jahren war es in weiter, um 1965–75 in anliegender Form modern und wird seither in legerer Weite von beiden Geschlechtern getragen. ▸Lacostehemd.

Polonaise, *die* (frz., ›polnisch‹). **1.** Jacken- oder tunikaartiges, halb- bis dreiviertellanges Oberkleid, dessen Rock an den Seiten und hinten mittels Schnüren hochgerafft ist[489] (▸Bouillonieren). Die P. kam um 1859/60 auf, als der Rock über der ▸Krinoline zu schleppen begann (▸Kleid). Die P. sollte die Krinoline im Saumumfang etwas verringern; gleichzeitig wurde der Kleidrock knöchelfrei und möglichst andersfarbig als die P. gehalten. Man nimmt an, dass Ch. F. ▸Worth die P. in Anlehnung an die ▸Robe à la p. des 18. Jh.s für die berühmte Demimondäne Cora Pearl (1835–86) schuf. Die P. hielt

Abb. 434. Polnischer Rock mit Kapuze, Spazierstock, Zylinder, Backen- und Oberlippenbart.
Aus »Allgemeine Moden-Zeitung«. 1851.

sich in modischen Abwandlungen 20 Jahre lang auch zur ▸Turnüre[93] und ▸Engen Mode (ca. 1869–88). **2.** ▸Polnischer Rock.

Polos, *der* (griech.), niedrige, zylindrische Kopfbedeckung (▸Tiara (1) oder ▸Toque (1)) der Griechen im 5. Jh. v. Chr., auch Haartracht gleicher Form; zuvor auf Kreta zu finden. Die hellenistische ▸Tholia wird mitunter auch »P.« genannt.

Polster ▸Bouffanten, ▸Cul de Paris, ▸Hüftpolster, ▸Pad, ▸Turnüre.

Polyacryl ▸Stoff (20. Jh.).

Polyester ▸Stoff (20. Jh.).

Pompadour, *der.* **1.** Nach der Marquise de Pompadour (1721–64) benannter, mit Blumenmuster bedruckter Seidenstoff. **2.** Aus (1) hergestellter ▸Beutel im letzten Viertel des 18. Jh.s. Hin und wieder wurden auch später solche Beutel, obwohl aus anderem Stoff oder aus Spitze, »P.« genannt. **3.** Eine aus der Stirn frisierte Haarwelle in den 1930er/40er Jahren.[267e]

Pompon, *der* (frz., ›Troddel, Quaste‹), kugel- bis eiförmiges Büschel aus Woll- oder Seidenfäden in Posamentarbeit (▸Posament).

Poncho, *der* (indian.-span.), ärmelloser Überwurf (Decke) mit Kopfschlitz aus Wollstoff, aber auch Fell, von mittel- und südamerikanischen Indianern und Gauchos; in manchen Teilen Asiens ebenfalls getragen. Die Form des P.s als einfacher Überwurf ist eine der ältesten Bekleidungsformen überhaupt, in der römischen Antike sowie bei Galliern, Kelten und Germanen bekannt und bis heute erhalten (▸Mantel). Von manchen Kostümforschern wird eine bestimmte Form des Lendenschurzes (▸Schurz) als *Hüft-P.* bezeichnet, ebenso der schürzenartige Hüftüberwurf der kretisch-minoischen Frauenkleidung (1720–1200 v. Chr.)[11]. Die Form des P.s gab es in der ▸Paenula, ▸Glocke (1), dem ▸Tappert und ist bis heute in der ▸Kotze und im ▸Chasuble (1) erhalten.

Pongé ▸Stoff (19. Jh.).

Pony, Ponyfransen ▸Stirnfransen.

Poor-Look ▸Grunge.

Popelin(e) ▸Stoff (18. Jh.).

Popovers ▸Sportswearmode.

Porkpie, *der*[358b] (engl., ›Schweinefleischpastete‹), in Österreich volkstümlich *Reindl* (österr. für ›Kasserolle‹) genannt, runder Herrenhut, der einen flachen Kopf mit Tellerbeule, eine mäßig breite Krempe und einen leicht aufgebogenen Rand aufweist. Kam Mitte der 1920er Jahre als eleganter Herrensporthut auf; je nach Material und Farbe wurde er auch als legerer Hut zum ▸Smoking getragen. In den 1950er Jahren wurde vergeblich versucht, ihn wieder einzuführen.

Portefraise, *die*[60, 274] (frz., ›Stütze der Halskrause‹), ▸Halskrause, ▸Rebato.

Posament, *das*[67, 68, 322] (lat.-frz.), textiler Besatzartikel, wie Schnur, ▸Borte, ▸Quaste, Troddel, genähter oder geflochtener ▸Knopf, ▸Brande(n)bourg[278, 409], ▸Galon (1), ▸Lampassen, Tresse, ▸Litze als Verzierung von Kleidung und Möbeln. P.en fertigt der Posamentierer von Hand oder sie werden maschinell hergestellt. Die Arbeit der Band- und Fransenmacher wurde im 18. Jh. als *Dorloterie* (von frz. *dorloter* ›verzärteln‹) bezeichnet.

Posamentstickerei (▸Posament), jede ▸Stickerei, die anstelle von Garn mit Posamenten hergestellt wird.

Postiche, *adj.* (frz., ›unecht, falsch‹). **1.** Im Engl. Bezeichnung für den falschen ▸Bart (1) der Könige im ägyptischen Altertum. **2.** Im Spätbarock allgemein falsche Haarteile (▸Haarmode). **3.** *Cul p.,* ▸Cul de Paris.

Postillon, *der* (frz.), abstehendes Schößchen (▸Schoß (1)), Schoßfalte im verlängerten Rücken des Oberteils des ▸Kleides, um 1860/61 und erneut um 1888 in Mode; hielt sich bei manchen Trachtenoberteilen, z. B. beim Tegernseer Schalk (▸Jacke, ▸Kamisol (3), ▸Trachtenmode).

Postmoderne. Die Postmoderne wird in der Kunst allgemein als ein Stil der letzten Jahrzehnte des 20. Jh.s verstanden, der sich des Eklektizismus (von griech. *eklégein,* ›auswählen‹) bedient und das Credo verfolgt: ›form produces visions‹. Entsprechend einem symbolischen Inhalt, aber auch rein gefühlsmäßig werden historische Stile sowie ethnische Elemente aufgegriffen und unter Nutzung neuester Technologien, Materialien und funktioneller Analysen zu einem neuen Ganzen zusammengesetzt. Einen postmodernen Stil vertreten u. a. J.-P. ▸Gaultier, J. ▸Galliano und V. ▸Westwood.

Pouf, *der* (frz., ›Bausch‹), nach 1774 Bezeichnung der Rosshaarpolster, die als Unterlage der hohen Frisuren (▸Haarmode) des höfischen Spätrokoko verwendet wurden. Den Namen »P.« gab der Pariser Friseur Léonard den hohen Haaraufbauten.

Poulaine, auch *Soulier à la p., der* (frz., ›Schuh nach Art des Galion‹), in Frankreich Bezeichnung für *Schnabelschuh,* ▸Fußbekleidung (Mitte 14. und 15. Jh.).

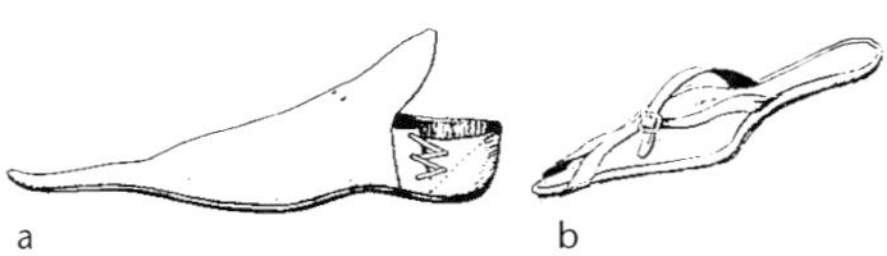

a b

Abb. 435. a) Poulaine (Schnabelschuh) mit einer Gesamtlänge von 37 cm (Spitze 14 cm). b) Trippe mit lederüberzogener Korksohle sowie Kreuzriemen mit Schnalle (Gesamtlänge 25 cm). Beide 15. Jh. Deutsches Ledermuseum, Offenbach a. M.

Poult de soie ▸Stoff (19. Jh.).

Pourpoint, *der* (frz., ›Wams, Koller‹), frz. Bezeichnung für ▸*Gippe,* ▸*Schecke* und ▸*Wams.*

Première main, *die* (frz., ›erste Hand‹), die erste Schneiderin eines Haute-Couture-Salons, die Ausführung und Umsetzung der Schnitte sowie die Näharbeiten überwacht. ▸Midinette.

Prêt-à-porter, *das* (frz., ›fertig zum Tragen‹; engl. *Ready-To-Wear;* ital. *Alta Moda Pronta*), von Grands Couturiers und ▸Designern (▸Designermode) entworfene jugendliche, avantgardistische Mode, die in beschränkter Anzahl und meist in kleinen Größen und meist in weltweiten Lizenzen, auch als ›corners‹ in Nobelkaufhäusern, angeboten wird. Im Gegensatz bzw. in kreativer Wechselwirkung zum P. stehen die sehr exklusive, auch maßgeschneiderte und handgenähte ▸Haute Couture, die gediegene, auch in großen Größen und in konservativer Linie zur Verfügung stehende Luxuskonfektion, die breit angelegte ▸Konfektion und die kommerziell kleiner ausgebaute, modisch dem P. ähnlich ausgerichtete ▸Boutique-Mode.

Das P. ging aus der Mode-Boutique, dem kleinen Straßengeschäft mancher Grands Couturiers, hervor, das bereits in den 1930er Jahren in Paris entstanden war und dessen Funktion und Stil nach dem 2. Weltkrieg ausgebaut wurde. In den 1950er Jahren gab es bereits in Italien Designer, die ihre Ideen und ihr Können in kleinen Manufaktur- oder Industriebetrieben realisierten und in Boutiquen vertrieben. In Deutschland gehörten zu den sehr frühen Modeschöpfern dieser Art, die zudem allein junge Mode machten, B. ▸Becker und der in die Boutique-Mode (bereits 1946 mit Jeans) um 1970 in die P.-Mode vordringende W. ▸Bogner.

Die Wurzeln des eigentlichen P. aber liegen in den 1960er Jahren, als eine vollkommen neue Situation in der Modebranche entstand. Die Jugend, die nach dem 2. Weltkrieg geboren war, begegnete der Mode mit anderer Selbstverständlichkeit und mit neuen Maßstäben. Sie wollte sich nicht in das Liniendiktat der Pariser Haute Couture zwängen lassen. Diese Situation wurde zuerst in England und nicht in Paris erkannt. Bereits unmittelbar nach dem Krieg war im London's Royal College of Art und in anderen Kunstcolleges begonnen worden, Modedesign zu unterrichten. Ende der 1950er / Anfang der 1960er Jahre gelangten die ersten neuen, unkonventionellen Kreationen der nun fertigen Modedesigner, wie M. ▸Quant, John Stephen, L. ▸Ashley, O. ▸Clark, Jan Finch, Z. ▸Rhodes, B. ▸Hulanicki, J. ▸Bates, G. ▸Fratini u. a., an die Öffentlichkeit. Nicht das Kommerzielle, sondern die Verwirklichung einer reinen Jugendmode war ihr Hauptanliegen. Diesem kam nach 1965 nicht zuletzt die ▸Hippie-Mode entgegen. Bereits 1958 stellte Mary Quant, der Motor der Bewegung, die ersten minikurzen Hängerkleider vor (▸Mini-Mode). Ihre Kreationen (Kleidung, Accessoires und Make-up) wurden in Boutiquen und Kaufhäusern ab 1963 weltweit vertrieben und waren für die Jugend erschwinglich. Ihr unkomplizierter, kindlicher Modestil veränderte das gesamte Image der Frau.

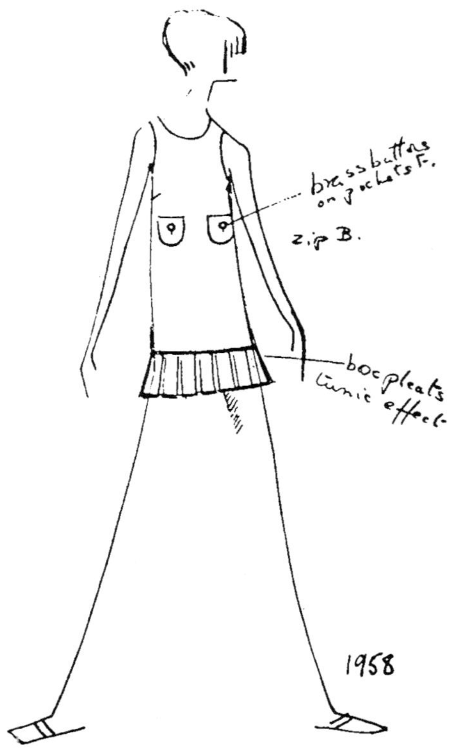

Abb. 436. Entwurf für ein Mini-Kleid von Mary Quant. London, 1958.

Im Versandhaussystem und in einer zum Kaufhaus expandierten Großboutique »Biba« bot Barbara Hulanicki ihre romantische, retrospektive Mode an, die die 1920er und 1930er Jahre zum Vorbild hatte. Zandra Rhodes entwirft romantische Kleider von höchst individuellem Schnitt aus hauchdünnen Stoffen.

In Paris wurde die Dynamik der neuen Modesituation wegen der Dominanz der Haute Couture anfänglich nicht klar genug erkannt. Aber auch hier kamen bald junge Designer hinzu, die ihre Verwirklichungsmöglichkeiten allein im P. sahen. Unter den Ersten waren E. ‣Khanh, die für Frankreich das wurde, was Mary Quant für England war, J. ‣Cacharel, ‣Dorothée Bis und Pierre d'Alby. Allmählich konnte es sich kaum ein Grand Couturier, in welchem Land auch immer, leisten, ohne P. als Pendant zur Haute Couture auszukommen. Seit der 2. Hälfte der 1960er Jahre stellen fast alle neben ihrer jährlich zweimaligen Haute-Couture-Modeschau, dieser vorausgehend, eine jugendliche, avantgardistische P.-Kollektion vor (im Frühjahr für den Winter, im Herbst für den Sommer, um Order und Herstellung, wie in der Konfektion, zu berücksichtigen). Das P. war zum Antrieb der Mode geworden. 1965 wurde die erste Modemesse in Paris, der »Salon du Prêt-à-porter«, 1973 die nur für das P. zuständige »Chambre Syndicale du Prêt-à-porter des Couturiers et Créateurs de Mode« eingerichtet.

Das italienische P. wurde in den 1960er Jahren von der englischen Avantgarde-Mode überschattet, obgleich seit 1966 die Alta-Moda-Pronta-Modeschauen im Florentiner Palazzo Pitti von sich reden machten. In Deutschland gab es neben Bessie Becker F. ‣Queisser und den immer mehr in die allgemeine P.-Mode vordringenden W. ‣Bogner.

Um 1970 folgte bereits eine zweite Generation von Designern. Ihre Mode ist jedoch extravagant und preislich exklusiv. Es lag nun wieder an der Konfektion und an kleineren Boutique-Lieferanten, die Ideen des P. zu einer allgemein erschwinglichen Mode umzusetzen. (»Mode ist erst Mode, wenn sie auf die Straße geht«, lautet ein Diktum Karl Lagerfelds.) Die P.-Designer boten ab etwa 1975 mehr denn je dem Konsumenten nicht eine »fertige«, für die nächste Saison gültige Mode, sondern eine breite Palette von Stilen zur individuellen Auswahl und Zusammenstellung an. Der Mode wurde ein neuer Aspekt des Tragens gegeben. Sie sollte die individuelle Persönlichkeit unterstreichen und die Möglichkeit zur Verwandlung geben. Die neuen Modeschlagworte waren in den 1980er Jahren ‣Coordinates (2), ‣Separates, Modemix und Zwiebel-Look. Als »Ideenmann des französischen P.« galt der Japaner Kenzo ‣Takada. Ferner: A.-M. ‣Beretta, J.-Ch. de ‣Castelbajac, T. ‣Giudicelli, J.-C. de ‣Luca, K. ‣Lagerfeld[405b], C. ‣Montana, Th. ‣Mugler, S. ‣Rykiel, A. ‣Tarlazzi und Ch. ‣Thomass. Als Industrielle des P. gelten u. a.: D. ‣Hechter, J. ‣Cacharel, Jacques Jaunet (New Man) und N. ‣Cerruti (Italien/Frankreich).

Hinzu kam nun die starke Konkurrenz aus Italien. Ab den 1970er Jahren konnte man die italienischen Trendsetter nicht mehr übersehen: W. ‣Albini, G. ‣Armani, L. ‣Biagiotti, ‣Byblos, Callaghan, Roberta di Camerino, R. ‣Capucci[112, 115], Giorgio Correggiari, Complice und E. ‣Coveri, ‣Ferragamo, G. ‣Ferré, E. ‣Fiorucci, Gracia Gherardini, ‣Krizia, P. ‣Lancetti, ‣Missoni, Bruno Piatelli, L. ‣Soprani, Sportmax, G. ‣Versace sowie Jole Veneziani und ‣Fendi für modernste, unkonventionelle Pelze. Daneben alle jene Hautes Couturiers, die – ähnlich wie in Paris – auch P. machen. Für das P. wurde Mailand zur Modestadt und die dortige Alta Moda Pronta zur großen italienischen internationalen P.-Show. Maßgeblich am Erfolg von P.-Schauen ist der Stylist für ‣Accessoires etc. beteiligt.

Aus Deutschland wurde in den 1970er Jahren J. ‣Sander international im P. bekannt, auch machten sich u. a. C. ‣Pfleger, Rena Kraft, Petra Schmolz (Petronella), Jürgen Weiss, M. ‣Schneider, B. ‣Hympendahl einen Namen.

In Österreich sind H. Lang (s. u.) sowie Resi Hammerer in der Sport- und ‣Trachtenmode bekannt. 1976 bis Anfang 1980 dominierten im P. der ‣Folklorelook (von Y. ‣Saint Laurent bestätigt) und eine von National- und Volkstrachten beeinflusste Mode (1976 nach sehr unkonventionellen Ideen bei Kenzo vorgestellt). Mongolen-, Indien-, Beduinenlook, peruanische Wollröcke, ‣Ponchos, große ‣Plaids (3) und alpenländische Trachtenkleidungsstücke wurden gekonnt gemischt, umfunktioniert und auch farblich verfremdet. Damit erweiterten sich auch die Hosenvariationen wie ‣Zuavenhosen, Harems-, Berber-, Kosaken- und ‣Gauchohosen, Karotten- und Zigarrenhosen,

Abb. 437. Modell von Romeo Gigli, Mailand 1992/93.

‣Jodhpurs, ‣Pump-, Wickel- und Pyjamahosen neben ‣Overalls und ‣Latzhosen. In den 1980er Jahren war auch das P. vom ‣Oversize, die Avantgarde von der ‣Punk-Mode bestimmt. Der gebürtige Hamburger K. ‣Lagerfeld, der u.a. das P. für ‣Chanel, ‣Chloé und ‣Fendi entwirft, verblüfft bis heute durch seine kreative Vielfalt. Auch die Herren-Freizeitmode war stark in den breitschultrigen, sportlichen Modetrend einbezogen.

Bestärkt durch den Wirtschaftsaufschwung ihres Landes, drängten besonders die Japaner auf den Pariser Modemarkt, der noch immer die internationale Anerkennung in der Mode gibt. 1981/82 sorgten die japanischen Designer R. ‣Kawakubo, die den ‣Fetzen- und Löcher-Look initiierte, sowie Y. ‣Yamamoto für Modeschlagzeilen ebenso wie I. ‣Miyake mit seinen Tattoo-Bodystockings, Plastik-Bodys, Rattan-Oberteilen und Plissees. Basierend auf traditioneller japanischer Kleidung stellten Kawakubo und Yamamoto locker um den Körper drapierte Kleidung und extrem weite Hosen vor, die kaum mehr als solche zu erkennen waren. Der Stoff soll dem Körper keine enge zweite Haut, sondern räumlich wirkende Hülle sein. R. ‣Gigli machte mit seinem Modestil Furore.

1984 stellte der französische Designer J.-P. ‣Gaultier Röcke – kniekurze oder knöchellange Wickelröcke – für den Mann vor und fand in der Avantgarde mit seiner ‣androgynen Mode Anklang. Gleichzeitig brachte er Kleider mit betont spitzen »Ringelbusen«, die er ähnlich für Madonnas Korsett für ihre Tournee 1990 entwarf und die in Form von BH-Oberteilen selbst von der Konfektion aufgegriffen wurden. Nicht zu vergessen F. ‣Moschinos witzige Moden. In den 1990er Jahren machten mit ‣Grunge und Poor-Look die Belgier A. ‣Demeulemeester[193] und M. ‣Margiela Furo-

Abb. 438. Modell mit Cul de Paris von Rei Kawakubo für Comme des Garçons. Paris, 2005.

re. Die Engländerin V. ‣Westwood fand internationale Anerkennung mit ihren schockierenden Neuinterpretationen historischer Modeteile, wie 1984 den ersten *Mini Crini* (‣Krinoline). Zwei weitere Briten, J. ‣Galliano und A. ‣McQueen[448], die durch opulente P.-Mode auffielen, wurden Designer in den Pariser Häusern ‣Dior und ‣Givenchy. Von üppig barocken Mustern bis zu *Bondage*-Mode reichte die Mode-Palette von G. ‣Versace[376]. Im Gegensatz dazu perfektionierten H. ‣Lang und J. ‣Sander ihren puristischen Stil und lancierten eine transparente Mode, die sich im P. stark durchsetzte, ebenso wie die italienischen Designermarken ‣Gucci und ‣Prada[216]. Einst konservative Marken wie ‣Burberry, ‣Hermès und L. ‣Vuitton[407] sind in das hochmodische P. eingestiegen mit zum Teil wechselnden Designern. Mit ihrer bequem-sachlichen Mode wurden die Amerikaner D. ‣Karan, C. ‣Klein und R. ‣Lauren auch in Europa erfolgreich.

Prétintailles, *Pl.* (frz., ›Zubehör, Nebensache, Zierrat‹), aus gemustertem Stoff ausgeschnittenes und zu einem Bandstreifen zusammengesetztes Muster, das Ende des 17. Jh.s auf den Rocksaum der Frau (‣Jupe (2)), seltener auch auf den ‣Justaucorps (2) des Mannes genäht wurde.

Prieschen ‣Muffe.

Priese, *die,* auch *Preise, Preis, der* (von mhd. *brise*), mdal. für ›Saum, Einfassung‹; auch ‣Manschette des Hemdes und ‣Muffe.

Prince Albert, *der* (benannt nach dem Prinzgemahl Albert, 1819–61, der englischen Königin Victoria), auch *English coat* (›englischer Rock‹), engl. für ‣*Gehrock.*

Prinzesskleid,[89] in der Taille durchgehend, nur mit Längsnähten auf Taille gearbeitetes Kleid; 1864 von Ch. F. ‣Worth kreiert, zur Zeit, als die ‣Krinoline eine vorn abgeflachte Form annahm und dieser damit eine gestrecktere Linie gegeben war. Worth benannte es nach der damaligen Princess of Wales; vorn durchgehend geknöpft hieß es auch *Gabrielle.* Das P. war erneut um 1900, auch zur Sans-Ventre-Linie, in den 1930er Jahren und um 1955–65 in Mode. ‣Kleid.

Prinz-Heinrich-Kappe, Hamburger Lotsenkappe mit Schild, benannt nach Prinz Heinrich von Preußen (1862–1929), Bruder Kaiser Wilhelms II. Die P. wird seither gerne als alltägliche Kopfbedeckung von Norddeutschen, speziell Hamburgern getragen.

Protestkleidung ‣Anti-Mode.

Psyche, à la, Modebezeichnung für die Verzierung der ‣Jupe (2) um 1680, bestehend aus drei Reihen gefältelter oder plissierter Spitze (‣Plissee).

Pudelfrisur ‣Haarmode (Mann, 17. Jh.), ‣Pagenfrisur.

Puder, *der* (von lat. *pulvis* ›Staub‹; frz. *poudre*). Das Pudern des Gesichts soll in China aufgekommen sein. In Europa wurde P. im 15. Jh. als Haarfärbemittel zunächst in Italien, später auch in Frankreich und Deutschland verwendet. Um 1600 puderte König Heinrich IV. von Frankreich sein Haar violett oder rosa, um dessen Ergrauen zu verbergen; eine Gepflogenheit, die damals auch von den unteren Ständen aufgegriffen wurde. 1703 kam, als Privileg der oberen Stände, das weiße Pudern des Haares bzw. der ‣Perücke (‣Allongeperücke) in Mode; Ludwig XIV. griff den Brauch im Alter auf, da weißes Haar die Altersunterschiede ausgleiche. Nach etwa 1720 begann auch die Frau ihr Haar zu pudern, zunächst bevorzugt in Rosa-Grau und Violett. Das Nackenhaar des Herrn wurde in einen Beutel (‣Haarbeutelfrisur) gesteckt oder der gedrehte ‣Zopf mit einem schwarzen Seidenband umwunden, um das Gewand vor P.-Staub zu schützen. Der Höhepunkt des weißen Haar-P.s war um 1760–76. Es wurde aus feinem Kartoffel- oder Reismehl hergestellt. Um ein gleichmäßiges Verteilen des P.s zu erreichen, wurde es an die Decke geschleudert; ein Haar- oder ‣P.-Mantel schützte die Kleidung, eine Tüte das Gesicht vor dem herabfallenden P. Für kurze Zeit kam weißgepudertes Haar erneut im Directoire (1795–99) und zum ‣Bubikopf der 1920er Jahre bei der Frau in Mode. Der Gesichts-P. kam erst Ende des 19. Jh.s auf. Bis dahin gab es nur Schminkcremes.

Puderbeutel, ugs. für ‣*Cadogan.*

Pudermantel, im 18. Jh. zum Schutz der Kleidung vor Puderstaub umgelegter Hausmantel. ‣Puder.

Pullmankappe ‣Baskenmütze.

Pullover (engl., ›zieh über‹), in den 1930er Jahren aufgekommene Bezeichnung für den ‣*Jumper*[107], der vor dem 1. Weltkrieg *Sweater* genannt wurde; gestricktes oder gehäkeltes Oberteil zum Überziehen mit rundem, V- oder Rollkragen, für beide Geschlechter; für den Mann mehr Freizeitkleidung. Besonders bei der Frau in der modischen Form und dem Material (Wolle, Seidengarn, Lurexfaden) stark variierend.

In den 1930er Jahren (ab 1927) gab E. ‣Schiaparelli dem Damen-P. modische Impulse

Abb. 439. Grobmaschiger Strickpullover von Alexander McQueen. Paris, 1999/2000.

durch gestickte oder eingestrickte Phantasiemuster im ‣Trompe l'œil, ähnlich der späteren Op-Art. In den 1950er Jahren waren sehr enge, figurbetonende P. modern, oft mit ‣Fledermausärmeln, neben extrem weiten sportlichen, von den Seeleuten übernommenen *Rollkragen-P.n*[292, 401, 464]; in den 1960er Jahren taillenkurze *Ringel-P.* (durch reihenmäßig abwechselndes Rechts- und Linksstricken) und ärmellose *Pullunder* (engl., ›zieh unter‹, urspr. Unterzieh-P.) neben dem bis heute aktuellen ‣Nicki sowie dünnen Unterzieh-Rollkragen-P.n und schnittgerecht gewirkten P.n, ‣*Fully fashioned* genannt (‣Strick- und Wirkware). Hinzu kommen seit der ‣Mini-Mode nach 1965 *P.-Kleider,* bis zu den halben Oberschenkeln bzw. den Knien reichende P., die ohne Rock oder Hose getragen werden. Seit etwa Mitte der 1970er Jahre sind die P. mäßig weit mit geometrischem und zunehmend mit figuralem Muster, z. B. Giraffenköpfen und einem Ärmel als Giraffenhals, bis zu ganzen landschaftlichen Szenen. Um 1982 kamen ‣*Sweatshirts* auf.

In der Herrenmode kann seit den 1920er Jahren ein ärmelloser P. die Anzugweste ersetzen, um einen sportlichen Stil zu betonen. 1967 kam anstelle des Hemdes ein dünner, weißer *Rollkragen-P.* als Abend-P., auch zum Smoking, für einige Zeit in Mode. Dieser Abend-P., der mehr Bewegungsfreiheit als Hemd und Krawatte gab, wurde durch die Dirigenten Herbert von Karajan und Leonard Bernstein populär. Er hielt sich in Künstlerkreisen bis heute. A. ‣McQueen lancierte H/W 1999/2000 grob gestrickte P. mit dicken Rollkragen[439] zur allg. Mode. Kurzfristig modern waren Pullover mit separaten, abnehmbaren Ärmeln, die einen Spaltbreit den blanken Oberarm frei lassen.

Pumphose (von *Pomp* ›Prunk, glanzvoller Aufzug‹), knielange Herrenhose (‣Hose) mit um die Oberschenkel mehr oder weniger weiten, zu den Knien enger anliegenden, mit Werg (‣Stoff, 16. Jh.), Rosshaar o. Ä. ausgestopften Hosenbeinen, die knapp oberhalb oder unterhalb der Knie, mit dem darüberliegenden Strumpfband bedeckt, abgebunden wurden. Die P. war geschlossen, d. h. ohne die im 16. Jh. modischen ‣Schlitze, und hatte einen Hosenlatz. Sie wurde an das ‣Wams genestelt, in der Spätzeit nur noch festgehakt, wobei in der Wamstaille als Zierde ‣Nesteln zu

Rosetten gebunden waren. Die P. wurde in der 2. Hälfte des 16. / 1. Hälfte des 17. Jh.s (z.T. bis in die 1630er Jahre) als Mittelding zwischen Spanischer Hose und ‣Pluderhose getragen. In Deutschland und den Niederlanden war sie vor allem in bürgerlichen Kreisen verbreitet.[60] In Frankreich wurde sie ab 1580 – anfangs in etwas engerer Schnittform – auch am Hof getragen und *Chausse à la polacre* (›Kniehose nach Polenart‹), *à la gigotte* (›Hammelkeulchen‹) oder *à la vénitienne*[49] genannt. In England hieß sie *Venetians,* in sehr praller, weiter Form *Galligaskins, Gascoynes* oder *Slops.* Nach etwa 1625 wurde in der spanischen Hofmode eine anliegende P. (frz. *Culotte à l'espagnole,* ‣Kniehose) und in den Niederlanden[58] eine P. in etwas weiterer Form modern. In den beiden letzten Jahrzehnten des 19. Jh.s trug der Herr eine P. zum Radfahren.

In der Frauenmode kam die P. (‣Hose) um 1900 mit knapp wadenlangen, weiten, jedoch unausgestopften Beinen zum Radfahren[85] auf; die ‣Bloomers[160] galten als ihr Vorbild. Die P. kam Ende der 1970er Jahre in etwas engerer Form erneut in Mode.

Abb. 440. Punk. London, um 1980.

Pumps, *der*[102] oder *Pl.* (Anfang des 20. Jh.s vom gleichbedeutenden engl. *pumps* übernommen), weit ausgeschnittener Schlupfschuh urspr. des Herrn, ohne Schnürung oder Riemen, mit dünner Sohle und niedrigem Absatz. In England wurde der P. erstmals im 16. Jh. als Lakaienschuh erwähnt. Nach 1770 erschien der P.-Schnitt als vollkommen absatzloser Herrenschuh unter der Bezeichnung ‣*Escarpin*[236e] und hielt sich als solcher im 19. Jh. als Tanz- und Galaschuh aus Lackleder mit Seidenschleife und im 20. Jh. unter der Bezeichnung »P.« zum ‣Frack, bis in die 1930er Jahre auch zum ‣Smoking. Seit etwa 1900 trägt die Frau den P., allerdings mit einem zeitmodischen Absatz. ‣Fußbekleidung.

Punk-Mode, Punk-Stil (von engl. *punk* ›mies, häßlich‹), auch *Brutal-Look,* vielfach als ‣*Anti-Mode* bezeichneter Kleidungsstil einer Gruppe antibürgerlich, zuweilen auch paramilitärisch eingestellter Jugendlicher: schwarze, enge ‣Lederhose (1) oder extrem enge, wadenlange Hose mit auffallendem Muster (breite Streifen oder Tigermuster) bzw. enger Lederminirock mit schwarzen Strümpfen, breitschultrige Lederjacke, auch alte Militärjacke, bei beiden Geschlechtern kurzes, pechschwarzes oder verschiedenfarbig (violett, gelb, grün, rot) gefärbtes Haar, mit Gel klebrig-naß bis steif abstehend gemacht; als Schmuck Sicherheitsnadeln in Ohr und Wange, mit einer Kette verbunden, Hundehalsbänder um den Hals, Rasierklingen als Amulett und bei Mädchen dämonisch schwarz geschminkte Augenpartie. Der P. kam 1977 in Londoner Elendsvierteln auf, er stand eng in Beziehung zu Entwicklungen im Underground (insbesondere dessen Musikern) und sollte bewußt provokativ-schockierend wirken. Er wurde vom ‣Prêt-à-porter und der ‣Boutique-Mode, später auch z.T. von der ‣Konfektion zu einem sog. *Edel-Punk* sowie zum ‣*Fetzen-und-Löcher-Look* umgesetzt.

Der Edel-Punk zeichnet sich durch breitschultrige, nietenverzierte Jacken und enge Hosen aus Nappaleder (‣Leder) sowie durch kurzes, stacheliges, zuweilen mit einer Farbsträhne versehenes Haar aus.

Puppe ‣Modepuppe, ‣Pandora.

Purismus (von lat. *purus,* ›rein‹). In der Mode strebt der P. einen einfachen, dem Körper leicht angepassten Schnitt an und lässt keine Verzierungen oder Dekoration gelten, was eine Ablenkung vom Wesentlichen, des Authentischen, bedeutet. Die Grenze zum ‣Minimalismus ist oft fließend.

Pyjama, *der,* österr. und schweiz. auch *das* (von Hindi-pers. *paijschama, pajdschama* ›Hose‹), die anliegende, genähte Hose der indischen und persischen Tracht. Sie wurde um 1850 zusammen mit einer Jacke von europäischen Reisenden übernommen, in den 1890er Jahren vom Mann als Schlafanzug in tropischen Ländern getragen (obwohl anfangs in Europa noch verspottet). Nach dem 1. Weltkrieg nahm zur Empörung vieler auch die Frau den P. an.[507] Er war urspr. aus Baumwolle, für die Frau auch aus Seide, heute meist aus Wirkware (‣Strick- und Wirkware). In den 1930er Jahren gab es sog. Strand-P. in Form von leichten, weiten Hosen, auch Latzhosen als weibliche Urlaubskleidung am Meer. 1959/60 stellte Prinzessin ‣Galitzine der Haute Couture in Rom den sog. *Palazzo-P.*, einen seidenen Hosenanzug mit tunikaartigem Oberteil und Hosen mit weiten, nach unten ausgestellten Beinen, für die Frau vor.

Quäkerhut,[355c] großer Filzhut (meist aus Biberfilz) mit flachem runden, im 19. Jh. mit flachem zylindrischen Kopf und mit breiter, geschwungener Krempe. Der Q. war Anfang des 17. Jh.s Hut der Puritaner, die ihn nach Nordamerika brachten, wo ihn die Quäker übernahmen. Nach 1776 kam er, popularisiert durch Benjamin Franklin (1706–90), damals amerikanischer Gesandter in Paris, als Hut für den Landaufenthalt in Europa in Mode.

Quaste,[400] *Troddel, Bommel,* einseitiges Büschel aus Woll-, Seidenfäden o. Ä.; als Zierde verwendetes ‣Posament.

Quellen der Kostümforschung ‣Kostümforschung, ‣Modejournale, ‣Modetheorie, ‣Restaurierung.

Querbinder ‣Krawatte, ‣Schleife (1).

Quetschfalte,[204] das Paar einer nach rechts und einer nach links gebügelten oder plissierten ‣Falte; nur gelegt *Tollfalte* genannt. Die Q. wurde besonders bei der ‣Halskrause angewandt, heute meist beim ‣Faltenrock.

Quilt ‣Patchwork.

R

Rabat, *der* (frz., ›Auf- oder Umschlag am Halskragen‹; heute ›Kragen, Beffchen‹), länglich rechteckiger, vorn herunterhängender Herrenhemdkragen (auch separat umlegbar) aus Spitzen oder Weißzeug, der vorn mit einer in einer Weißzeugquaste endenden Schnur zusammengehalten wurde. Der R. entstand um 1650 aus dem breiten Schulterkragen (Schwedenkragen), als infolge des schulterlang gewordenen Haares diese Kragenform seitlich verschmälert und, vorn zwei Falten bildend, zu einer länglich rechteckigen Form zusammengeschoben wurde. Der R. war bis etwa 1670/75 in Mode[331] (in konservativen Kreisen auch bis Ende des 17. Jh.s), wurde ehem. in etwas größerer Form auch *Augsburger Kragen* genannt und entwickelte sich zum schmäleren ▸Beffchen.

Rabato ▸Rebato.

Radfahrmode, Radfahrkleidung. Um 1880 bis 1900 für den Herrn: ▸Pumphose, um 1900 mäßig weite ▸Knickerbocker (1), Sweater (▸Jumper), auch vorn zuknöpfbarer Sweater aus ▸Trikot (2), ▸Joppe oder ▸Norfolk-Jacke, buntes Wollhemd mit weichem Umlegekragen, farbige Strümpfe, flache Schnürschuhe und ▸Schirmmütze; für die Dame: taillenkurzes Jäckchen, auch *Spenzertaille* genannt, ▸Schoßjacke oder anliegende ▸Bluse mit langen ▸Ärmeln und großen Oberarmpuffen, 1890 bis 1906 mit Keulenärmeln (▸Hammelkeulenärmel), wadenlange Pumphose[85], bei der erstmals die Waden der Frau sichtbar wurden, auch fußfreier ▸Hosen- oder ▸Glockenrock, oder auch ein Beinkleid aus Trikot mit einem Rock darüber, Schnürstiefeletten, Wollstrümpfe, ▸Canotier oder schräg nach hinten gesetzte Sportkappe (▸Gibson Girl). Die Modelle des englischen Schneiders ▸Redfern waren am begehrtesten. Nach 1900 verschwand diese spezielle R. Seit etwa 1980 wird sie von den eng anliegenden Oberteilen und langen oder kurzen Hosen aus grell gemustertem, häufig neonfarbenen Lycrastretch, seit um 2000 aus Hightech-Materialien der Radrennfahrer beeinflusst.

Radmantel ▸Balagny, à la, ▸Capa, ▸Cape, ▸Imponiermantel (2), ▸Mantel.

Raglan(mantel),[130] urspr. sportlicher Herrenmantel (Wettermantel) mit charakteristischen, von der Armhöhle schräg zum Kragen angesetzten Ärmeln (*Raglanärmel*)[408], die auch als »eingeschnitten« bezeichnet werden. Das Wort »R.« geht zurück auf den einarmigen Lord James Henry Raglan (1788–1855), englischer General im Krimkrieg 1854/55. Der Raglanärmel ermöglicht ein bequemes An- und Ausziehen. Der R. ist verschieden ausgeführt: mit steigendem ▸Revers, fallendem Ulsterrevers oder Sliponrevers, mit vertikal eingeschnittenen Pattentaschen (▸Patte), aber auch horizontal aufgesetzten Klappentaschen, um das Handgelenk mit Laschenstreifen, selten zweireihig und mit Gürtel. Als ▸Abendmantel gilt der ▸Balmacaan, als Automantel der ▸Benny. Beim Raglanärmel[97] unterscheidet man *Steilraglan* und den in einem Bogen zur Mitte des Oberkörpers verlaufenden *Zungenraglan.* Der R. wurde etwa in den 1930er Jahren als sportlicher Damenmantel, der Raglanärmel auch an Kleidern verwendet.

Ramillies. 1. In englischen Militärkreisen favorisierte ▸Perücke mit geflochtenem ▸Zopf und oben und unten einer Schleife. Sie wurde nach der für die Engländer siegreichen Schlacht von Ramillies (1706) benannt. Nach 1780 wurde das Zopfende oft hochgebunden. **2.** Englische Fasson des ▸Dreispitzes im 18. Jh. mit stark aufgebogener, höherer Hinterseite; die beiden Seiten bildeten vorn eine flache Mulde.

Rappermode ▸Hip-Hop-Mode.

Rapport, regelmäßige Wiederkehr des Bindungsbildes (Muster) in Kett- und Schussrichtung. ▸Farben und Muster, ▸Stoffe, ▸Zeugdruck.

Rasch ▸Stoff (Mittelalter).

Rasieren. 1. ▸Bart (1). **2.** Bei der Frau wurden im 14. Jh. Stirne und Schläfen hoch ausrasiert; in den 1930er Jahren die Augenbrauen rasiert oder ausgezupft und mit dem Augenbrauenstift nachgezogen; seit Ende des 2. Weltkriegs werden infolge der dünnen (Nylon-)Strümpfe (‣Strumpf) die Beinhaare entfernt.

Rastas, engl. Dreadlocks (von engl. *dread* ›Furcht‹), eine Symbolfrisur – auch für eine Löwenmähne – für die Anhänger des Rastafarianismus, der 1914 von Marcus Garvey auf Jamaica gegründeten Universal Negro Improvement Association. 1929 prophezeite er, dass bald ein schwarzer König in Afrika gekrönt werde; ein Jahr später war dies Ras Tafari (danach der Name der Frisur) als König Haile Selassie I., Kaiser von Äthiopien. Dort war die zu Strähnen gedrehte, zerzauste Frisur verbreitet. Der Reggae-Musiker Bob Marley (1945–81) machte die Frisur bei seinen Anhängern populär.

Rauchjacke[278] ‣Hausjacke.

Rauchware, auch *Rauchwerk,* ‣Pelz.

Rebato, *der*[60, 274] (span.), auch *Rabato,* stützender Unterkragen, meist aus Draht, für die ‣Halskrause, aber auch für den ‣Medicikragen, um 1580–1635.

Redingote, *die*[397] (von engl. *riding-coat* ›Reitmantel‹), um 1800 auch ‣*Capote* (1) genannt. **1.** Englischer Reitmantel des Herrn im 18. Jh., der 1728 erstmals in Frankreich erwähnt und hier sprachlich zu »R.« umgewandelt wurde. Die R. war stets zweireihig, leicht tailliert, urspr. etwa wadenlang, mit vollen, vorn übereinander geschlagenen Schößen und einem doppelten Kragen, so dass der obere aufgestellt und der untere umgeschlagen werden konnte. Nach Mitte des 18. Jh.s wurden die R.-Schöße vorn unterhalb der Taille bis zum Saum etwas zurückgeschnitten. Die R. wurde über dem ‣Justaucorps (2) bzw. ‣Habit getragen. In Frankreich gab es Ende des 18. bis vor Mitte des 19. Jh.s die R. auch aus feinem Wollstoff als eng anliegenden ‣Rock (1) (‣Gehrock) mit vollen Schößen und doppeltem, zuweilen sogar dreifachem Kragen. Eine Sonderform war die *R. à la chevalier* (›nach Ritterart‹), ein mit Tuch- oder Samtriegeln geschlossener und mit Samtkragen ausgestatteter Rock. Sehr selten in Frankreich selbst, aber in den meisten anderen Ländern bezeichnete »R.« bis zum 1. Weltkrieg einen taillierten, doppelreihigen, knielangen Mantel, der über dem Gehrock getragen wurde. **2.** Um 1785 übernahm die Frau den R.-Mantel mit großem Halsausschnitt und vorn zurückgeschnittenen Schößen, so dass ‣Gilet und Rock zur Geltung kamen. Im Empire (1800–15/20) wurde die R. zu einem von oben bis unten durchgehend geknöpften Mantelkleid, auch ‣*Pelisse-Robe* genannt. Im 20. Jh. war die R. als Mantel in ein- oder zweireihiger, stark taillierter Form mit oft weitem, glockigem Schoß zeitweilig wieder in Mode.[404]

Reformkleid,[99] engl. rational dress, frz. costume rationnel, ein von den Schultern lose herabhängendes Kleid mit bequem weiten Ärmeln, bei dem die Last des Rockes von der Taille genommen war (Reformschnitt) und das ohne ‣Korsett getragen werden sollte. Es wurde 1898 propagiert und von gesundheitsbewussten Frauen bis ca. 1910 getragen, stand jedoch im Gegensatz zur herrschenden Sans-Ventre-Linie (‣Kleid). Der Idee für das R. ging vielfache Kritik am gesundheitsschädlichen, eng geschnürten Korsett voraus, besonders von Ärzten, aber auch von Künstlern (‣Künstlerkleider des Aesthetic Movement), Sozialreformern und Frauenrechtlerinnen. Ein erster Reformierungsversuch der Frauenkleidung kann der Amerikanerin Amelie Bloomer (‣Bloomers) zugeschrieben werden. Weiters hatte bereits 1881 die Engländerin Lady Haberton die »Rational Dress Society« gegründet, die 1883 eine Ausstellung durchführte. In ganz Europa bildeten sich Frauenvereine u.a. zur Verbesserung der weiblichen Kleidung. Die Anhänger der Reformkleidbewegung vertreten oft eine konsumkritische Ansicht.

Das R. ging konform mit der Reformierung der Unterkleidung durch leibchenartige Brustgürtel oder sog. Reformkorsetts mit breiten Trägern und daran anknöpfbarem Unterrock aus luftdurchlässigen Naturstoffen oder durch Hemdhosen. Als Vorläufer des R.es kann das ‣Teekleid angesehen werden. Namhafte Jugendstilkünstler, wie Henry van de Velde, Peter Behrens, Richard Riemerschmid, Alfred Mohrbutter, Bernhard Pankok, Josef Maria Olbrich und Hermann und Anna Muthesius, unterstützten die Reformkleidbewegung durch eigene Entwürfe. Ihre langschleppenden Klei-

Abb. 441. Reformrock und Seidenbluse. Entwurf: Brinckmann-Werkstätten, Berlin. Aus »Das Blatt der Hausfrau«. Jg. 16. H. 42. 22. Juli 1906.

der mit Jugendstil-Ornamentik blieben aber im Ästhetizismus stecken, wurden kaum einer arbeitenden Frau des unteren Mittelstands gerecht. (▸Künstlerkleider). Immer wieder wurde durch Ausstellungen versucht, eine breite Öffentlichkeit zur Mitarbeit an der Neugestaltung der Frauenkleidung zu gewinnen. So wurde am 1.10.1902 die »Ausstellung für die Neue Frauentracht« im Hohenzollern-Kunstgewerbehaus in Berlin eröffnet. Am 8.12.1902 fand ein rauschendes Reformkleid-Fest im Berliner Künstlerhaus statt. Modische Anregungen für das R. sollte 1903 in Berlin die Ausstellung »Die Neue Frauentracht« geben mit Modellen von *Henry van der Velde, Anna Muthesius, Alfred Mohrbutter, Paul Schultze-Naumburg* und anderen. Programmatisch für individuelle Frauenkleidung setzt sich *Anna Muthesius* in ihrem Buch »Das Eigenkleid der Frau«, das 1903 in Krefeld erscheint, ein.

Vom R. u.a. beeinflusst wurde P. ▸Poiret ferner die ▸Kittelkleider von G. ▸Chanel und die nachfolgenden ▸Hänger (2) der 1920er Jahre.

Reform-Männerkleidung. Reformversuche in der Männerkleidung basierten auf grundsätzlichen Überlegungen über Hygiene und die Funktionen der Kleidung, gediehen indessen über Vorschläge nicht hinaus. Verhältnismäßig großen Erfolg erzielte in den beiden letzten Jahrzehnten des 19. Jh.s die Jaeger-Kleidung[321] (▸Jaeger-Hemd). Zu erwähnen wären die Reformen russischer Funktionalisten, wie Wladimir E. Tatlin (1895–1956) und Alexander Rodtschenko (1891–1956), die um 1925 zumal Arbeitskleidung nach künstlerisch-funktionellen und materialgerechten Gesichtspunkten entwarfen und ausführten. Nationalistisch geprägt dagegen waren die Entwürfe des französischen Malers Jacques Louis David für eine nationale, republikanische Männerkleidung im Jahr 1794, ebenso die ▸Altdeutsche Kleidung 1813–15 und die am wenigsten erfolgreiche Neudeutsche Kleidung von 1914, die eine Art Kittel und Kniehose – in Anlehnung an die Wandervogelbewegung nach 1898 – als Männerkleidung für jede Gelegenheit vorstellte.

Regenkappe, Regentuch, von der ▸Kappe (1) bzw. der ▸Heuke übernommenes, Kopf und Körper bedeckendes Umhängetuch, das im 17. und 18. Jh. der Frau als Regenschutz diente und von regional verschiedener Farbe (in Nürnberg grün) und Verzierung war. Das R. konnte auch mittels eines runden Drahtgestells, der *Wiehre,* über den Kopf gelegt werden. Erhielt sich in Volkstrachten bis heute.

Regenschutz ▸Barbour-Jacke ▸Burberry, ▸Cape, ▸Heuke, ▸Kalesche, ▸Kappe (1), ▸Kleppermantel, ▸Macintosh, ▸Mantel, ▸Ölhaut, ▸Pelerine, ▸Pelisse, ▸Regenkappe, ▸Schirm (1), ▸Südwester, ▸Trenchcoat, ▸Wellingtons.

Regenten- und Regentinnen-Kostüm,[51] heutige Bezeichnung der konservativen Kleidung der wohlhabenden, in den Stadtverwaltungen dominierenden holländischen Patrizier (seltener in den ganzen Niederlanden) um 1600–60. Das R. stand in Opposition zur modischen, an Frankreich orientierten Kleidung des Hofes. Seine Hauptelemente waren die schwarze oder wenigstens dunkle Farbe, dazu beim Mann: dunkles, spanisches ▸Wams, mäßig weite ▸Pumphose, schwarze Strümpfe, schwarze Schuhe, ▸Halskrause, die allerdings früher als von der Frau zugunsten des breiten Schulterkragens (▸Kragen) abgelegt wurde; bei der Frau: schwarzer ▸Manteau, oder ▸Vlieger, ▸Mieder mit ▸Borst (1610–30) oder

‣Schoßjacke, ‣Hüftpolster, ‣Diadem- oder ‣Flügelhaube und extrem breite (im Norden 7–8, im Süden über 10 cm) Halskrause.

Reifrock, durch Reifen aus Holz, Draht oder Fischbein in einer bestimmten Form gehaltener Frauenrock, meist Unterrock (Halbrock). Um die Mode zu signifizieren, wird auch der darüberliegende, unversteifte obere Rock oft als »R.« bezeichnet.

Bereits um 1470 wurde in Spanien der Kleidrock außen sichtbar mit etwa 6 Gertenringen zu einer Glocken- bis Kegelform abgesteift. Dieser R. wurde 1507 in Venedig verboten, jedoch in Frankreich unter Franz I., also nach 1515, sowie in England vor Mitte des 16. Jh.s angenommen. Von span. *verdugo* ›biegsame Gerte, Rute‹ wurde die erste Bezeichnung für »R.« abgeleitet, *Verdugado,* auch *Verdugada* (span., ›etwas aus Reifen Gemachtes, Reifrock‹), frz. zu *Vertugale, Vertugade* oder *Vertugadin,* engl. zu *Verdingale, Farthingale.*

Um Mitte des 16. Jh.s wurde in Spanien der mit Reifen ausgestattete Rock zu einem unteren Rock und verschmolz mit der ‣Basquina (1). Zusätzlich wurde der Oberrock mit Wachstuch, Filz- oder Rosshaarauflagen abgesteift. Diese Stützen dienten auch dazu, die Last der Roben aus schwerem Brokat, Damast oder Samt tragen zu helfen. Der Verdugado nahm die für die 2. Hälfte des 16. Jh.s charakteristische Kegelform[46, 53] an, über die sich der aus keilförmigen Teilen zusammengesetzte Rock des ‣Manteaus oder ‣Kleides faltenlos spannte. Diese berührten genau den Boden, so dass die Füße stets bedeckt waren. Außerhalb Spaniens, besonders in Italien, war der Oberrock jedoch seitlich in Falten an das Oberteil angesetzt. In Italien wurde die extreme spanische Form des R.s nicht angenommen. Nach 1580 öffnete sich vorn der obere Rock und gab in einer Dreiecksform den vorn mit Oberstoff versehenen unteren Rock, frz. ‣»Jupe« (2) genannt, oder die Basquina frei.

In Frankreich und England entwickelte sich der R. zunächst zu einer Glockenform, nach 1575/80 zu einer Tonnenform, *Vertugade en tambour*[57] (frz., ›Trommelreifrock‹) genannt, bei dem der Rock in der Taille fast horizontal

Abb. 443. Reifrock »Panier«. Aus einem französischen Stich. 1719.

Abb. 442. Reifrock und Schnürmieder, Zopffrisur. Aus »Salome tanzt vor dem Hofstaat des Herodes«. Um 1470. Privatsammlung, Barcelona.

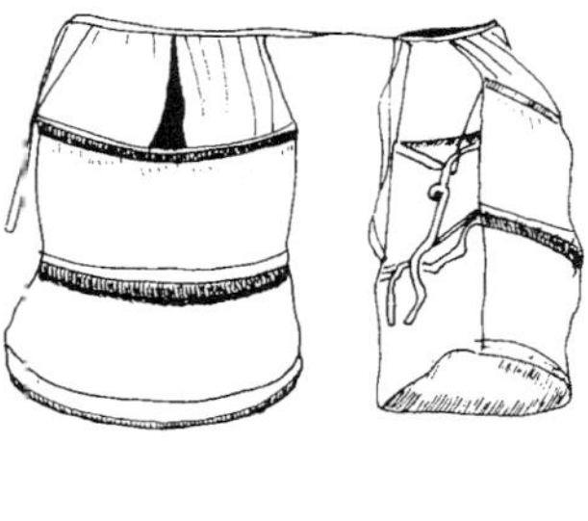

Abb. 444. Reifrock »Demi-panier«. Um 1750. Nach Cunnington.

Abb. 445. Reifrock »Panier à coudes«. Um 1740. Nach Waugh.

abstand, was oft zusätzlich durch einen kurzen Volant (‣Falbel) betont wurde. In Frankreich schleppte das Kleid darüber am Boden, während es in England gerade knöchellang war. In nordischen Ländern hielt sich die Vertugade en tambour bis um 1630. In der spanischen Hofmode gab es den steifen, kegelförmigen R. bis nach 1630. Um 1650 nahm er eine ovale, vorn und hinten abgeflachte Form an, die in Spanien *Guarda infantes*[62], in Frankreich *Garde-infant, Sacristain* oder *Tontillo* genannt wurde. Dieser R. hielt sich in der höfischen Zeremonialkleidung bis ins 18. Jh. (Am österreichischen Kaiserhof wurde er 1787 durch Joseph II. abgeschafft.) Ansonsten wurde bereits um 1600 der R. zugunsten eines runden ‣Hüftpolsters aufgegeben. Zur Robe à la fontange[69] (‣Kleid) kam um 1700 in England ein R. auf, der aber in Frankreich nur kurze Zeit in Mode war.

Der R. erschien erneut Anfang des 18. Jh.s. Er bestand aus 7–8 mit Wachstuch verbundenen Rohrreifen, die beide zusammen beim Gehen ein unverkennbares Knarren verursachten, weshalb er ugs. frz. *Criarde* (von frz. *criard* ›kreischend, knarrend‹), dt. *Kreischerin* genannt wurde. 1718 nahm er die Form des *Panier*[70] (frz., ›Korb‹, ugs. *Hühnerkorb*) an, eine Bezeichnung, unter der sich der R., in welcher Form auch immer, in Frankreich im ganzen 18. Jh. hielt; in England *Hoop petticoat* genannt. Die Reifen bestanden nun aus Fischbein und waren mit Stoff verbunden; bis etwa 1725 in noch mäßig umfangreicher Kegelform, danach in Kuppelform (frz. *Panier en coupole* oder *en guéridon* genannt), deren Höhepunkt bis etwa 1750 war. Der Rock des Manteau war vorn geöffnet und ließ die Jupe sichtbar werden. Bereits ab etwa 1745–86 wurde für die Hofgala (‣Grande parure) der *Panier à coudes*[74] (frz., ›Reifrock für die Ellbogen‹), ein vorn und hinten abgeflachter und seitlich über den Hüften stark aufgetriebener R., getragen. Um 1760–75 hatte dieser eine etwas dezentere Form. Im ‣Negligé und in der bürgerlichen Kleidung dagegen kamen nach Mitte des 18. Jh.s kleinere und leichtere R.e auf: um 1750 der sog. *halbe Panier,* frz. *Demi-panier, Panier double* oder *Janséniste,* im Dt. ugs. *Springrock* oder *Hänschen* genannt, der aus Hüftculs bestand (zwei mit Reifen verbundenen Reifengestellen, ‣Cul de Paris), die bis zu den Knien reichten. Diesen R. ersetzten um 1770 die noch leichteren ‣Considérations. Der Oberrock wurde nun fußfrei getragen. In den 1780er Jahren verdrängte den R. mehr und mehr der Cul de Paris[75]. Im 18. Jh. sicherten ‣Kleiderordnungen den R. der Oberschicht, doch setzten sich Bauern- und Dienstmädchen mehr denn je darüber hinweg.

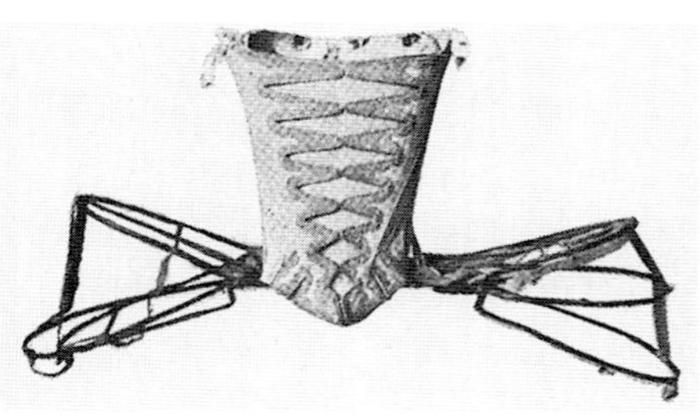

Abb. 446. Reifrock »Considération« und Korsett. Um 1770. Bayerisches Nationalmuseum, München.

1856–68/69 (Zweites Rokoko) war der R. erneut in Form der künstlichen ‣Krinoline in Mode. Er verkleinerte sich danach zur ‣Turnüre, deren Vorbild der Cul de Paris vom Ende des 18. Jh.s und für V. ‣Westwoods ‣*Mini Crini* war. Y. ‣Yamamoto greift immer wieder, besonders als Brautkleid, den R. auf: 1998 ein reifrockartiger Hut, der einem Baldachin gleich über einem sehr ausladenden Reifrock von einem Model mit vier Begleitern getragen wurde; Frühjahr/Sommer 1999 das »geheime Kleid«, ein Brautkleid mit großen Taschen zwischen den mit Reißverschlüssen versehenen Reifen. Auch andere Designer wie J. ‣Galliano und A. ‣McQueen interpretieren in ihren Laufstegkreationen immer wieder den R. neu, womit Aussagen gemacht werden sollen, wie: die Überformung des menschlichen Körpers durch Mode, zur Steigerung der Aufmerksam-

Abb. 447. Reifrock und perforiertes Lederkleid von Alexander McQueen. Paris, 2000/2001.

keit, die Erotik des Unnahbaren, das Supranormale. ‣Revival.

Reißverschluss, Verschluss für biegsame Stoffe, bestehend aus zwei an Webbändern befestigten Reihen gegenüberstehender Zähne (Krampen) aus Metall oder Kunststoff, auf der einen Seite mit Haken, auf der anderen mit einer entsprechenden Vertiefung. Zum Schließen werden die Zähne mittels eines Schiebers ineinander geschoben, zum Öffnen mittels eines im Schieber befindlichen Keils auseinander gedrückt. Seit Mitte des 19. Jh.s wurden von verschiedenen Erfindern handgemachte R.e entwickelt, die auch patentiert wurden. 1914 stellte der Schwede G. Sundback einen verbesserten R. maschinell her. Während des 1. Weltkriegs wurden erstmals R.e in größerem Umfang in amerikanische Fliegeranzüge, 1923 von der Firma B. F. Goodrich unter der Bezeichnung *Zipper* in ‣Galoschen genäht. 1924 wurde der R. entscheidend durch den Schweizer M. Winterhalter verbessert und um 1930 erstmals in der ‣Konfektion sowie von C. ‣James und E. ‣Schiaparelli in der Haute Couture verwendet.

Reitkleidung.[455] Reitervölker des Altertums, wie die Perser, kannten als erste die ‣Hose und brachten einen ‣Absatz an ihrem Stiefel an. Edelfrauen diente das Reiten, besonders im 17. Jh., als fürstliche Zurschaustellung im höfischen Gewand der Zeit. Bedeutsam ist, dass Katharina von Medici im 16. Jh. den seitlichen Damenreitsitz veränderte und die Füße nicht mehr auf ein Brettchen stellte, sondern das rechte Bein über ein Sattelhorn schlug. Wegen des flatternden Rockes führte sie knielange, samtene oder wildlederne ‣Unterhosen ein.

Erst im 18. Jh. wurde Reiten eine Art Zeitvertreib (wofür im 19. Jh. der Ausdruck »Sport« gebräuchlich wurde), womit bei der Frau eine eigene Reitkleidung, *Amazonenkleid*[322] (frz. *Amazone*) genannt, aufkam. Sie war die erste Sportkleidung, eine den Richtlinien der Mode folgende Zweckkleidung: ‣Schoßjacke, ‣Weste, mäßiger ‣Reifrock und ‣Dreispitz; gegen Ende des 18. Jh.s ‣Caraco, ‣Gilet und runder Hut (‣Zylinder). Von großer Bedeutung war, auch beim Mann, die Farbe der R.; Rot neben gedeckten Farben wurde bevorzugt.

Der Herr trug im 18. Jh. ‣Redingote (1) und ‣Kniehose, nach Mitte des Jh.s den Reitrock, dessen Schöße zurückgeschlagen oder zurück-

Abb. 448. Amazonenkleid. Um 1921. Kunstbibliothek, Berlin.

geschnitten wurden und der sich damit zum ‣Frack entwickelte; dazu nach etwa 1770 die dreiviertellange, anliegende englische Reithose und nach der Französischen Revolution den kaum knöchellangen, anliegenden ‣Pantalon (1) aus starkem Baumwoll-Jersey, auch mit lederner Gesäßverstärkung. Ende des 17. bis Ende des 18. Jh.s setzte der Herr dazu den Dreispitz auf, den Mitte des 18. Jh.s, von England ausgehend, der Zylinder, der eigentlich als Reithut[226] gesellschaftsfähig wurde, verdrängt hat.

Im 19. Jh. trug die Frau nach 1830 eine anliegende, weiße Lingeriebluse (‣Lingerie) oder eine Tuchtaille (‣Jacke) mit kleinen Frackschößen und modischen ‣Ärmeln, darunter stets ein ‣Korsett. Der Rock entsprach bis Anfang des 20. Jh.s der Zeitmode mit wenigen, den Erfordernissen entsprechenden Vereinfachungen und hatte, je nach der Abendmode (‣Kleid), auch eine Schleppe. Nach 1850 bis Anfang des 20. Jh.s trug die Frau den Reitrock[168], der auf der linken Seite bis zu den Sporen reichte, rechts aber wesentlich länger war und zum Gehen auf gleiche Länge hochgeknöpft wurde, darunter ein langes Beinkleid mit Steg oder eine Kniehose mit ‣Gamaschen. Dazu eine im Stil des Herrenhemdes gehaltene Bluse, ‣Plastron (3) oder ‣Krawatte und Zylinder mit Schleier sowie Schnürstiefeletten mit niedrigem Absatz. Die R. der Frau beeinflusste das Aufkommen des ‣Kostüms (2).

Der Herr trug bis Mitte des 19. Jh.s den Frack[179], in England den ‣Cutaway (2), wadenlange, anliegende Reithosen und Stiefel, danach einen Rock mit kurzem, in der rückwärtigen Mitte geschlitztem Schoß[455], lange Hose mit Steg und Zylinder oder Melone (‣Bowler); gegen Ende des Jh.s weite Kniehose mit einer breiten, zuknöpfbaren Passe unterhalb der Knie und Wickelgamasche. Daraus entwickelten sich um 1900 die heute noch aktuellen ‣Breeches, mit Stiefeln getragen, später kam die ‣Jodhpurhose mit ‣Jodhpurstiefeln dazu.

Anfang des 20. Jh.s trug die Frau einen langen Rock, bald darauf einen langen, weiten ‣Hosenrock, »Rockbeinkleid« genannt, der 1909 als »Safety habit« in London aufgekommen war, oder einen in der Mitte vorn oder hinten bis über die Knie zuknöpfbaren Rock. Diese Entwicklung war nicht ohne Einfluss auf die ‣Hose für die Frau. Zur klassischen, bis in die 1930er Jahre getragenen R. gehörte ein links etwas kürzerer, geschlitzter Rock. Unter all diesen Rockformen wurden Kniehose und Stiefel getragen, dazu eine lange Schoßjacke in Herrenfasson mit modischen Ärmelformen. Nach dem 1. Weltkrieg nahm die Frau die Reithosen des Mannes an (mit dem Herrensattel). ‣Fußbekleidung.

Rembrandthut ‣Rubenshut.

Respondent ‣Schlapphut.

Restaurierung, Wiederherstellungsmaßnahmen an beschädigter oder verfallener (historischer) Kleidung, Accessoires und Zubehör sowie Textilien mit dem Ziel, die ästhetischen, handwerklichen und historischen Werte zu erhalten und interpretierbar zu machen. Einer R. geht immer die *Konservierung*, d.h. die rein materielle Sicherung des vorliegenden Bestandes voraus. Die Konservierung beinhaltet auch optimale Aufbewahrung, Wartung und Pflege der Objekte. Davon zu trennen ist die Rekonstruktion, d.h. eine neue, möglichst authentische Herstellung eines Objekts.

Für die ‣Kostümforschung bietet die R. wertvolle Hinweise für Herstellungstechniken, Zuschreibung und Datierung von Modeobjekten. R.en werden in der Regel durch Restauratoren an Museen, aber auch Restaurierungswerkstätten vorgenommen, wie u.a. der Abegg-Stiftung in Riggisberg, Schweiz.

Reticula ‣Haarnetz.

Retikül ‣Ridikül.

Retro-Look ‣Revival.

Retroussis, *der*[226] (frz., ›Hutkrempe, umgeschlagener Rockschoß, Stiefelstulpe‹), um 1760 auch im Dt. gebräuchlich für den umgeschlagenen Schoß des ‣Justaucorps (2), der das andersfarbige Futter zur Geltung brachte.

Revers, *das* oder *der* (frz.; von lat. *reversus* ›umgekehrt‹), Umschlag, Aufschlag (in Frankreich auch am Ärmel) oder Klappe. Am sog. R.-Bruch in verschiedener Länge und Breite nach außen geschlagene Vorderkante des Herrenrocks (‣Rock (1)), des ‣Mantels oder der Kostümjacke (‣Kostüm (2)). Das R. ist meist durch die ‣Spiegelnaht mit dem ‣Kragen ver-

bunden.[191] Beide gemeinsam bilden das ‣Fasson (2) (‣Sakko), das ein wichtiges Modedetail besonders beim Herrenanzug darstellt. Nach der Formgestaltung des Fassons[218, 455] (die Bezeichnung »Fasson« wird ugs. meist durch »R.« ersetzt) unterscheidet man beim Rock: *fallendes R.*[83] mit nach unten weisender R.-Spitze[84] (nur beim Einreiher); gebrochene C-Fasson[85], mit verschieden großen Crochet-Ecken (‣Crochet), mit spitzem Crochet-Winkel auch *Knize-R.,* nach dem berühmten Wiener Herrenschneider J. ‣Knize benannt, Haifischkragen (vergrößertes R. ohne Kragen); *steigendes R.* mit nach oben weisender R.-Spitze, auch *Spitzfasson* genannt, gerade oder geschwungen geschnittene R.-Kante; beim Mantel: *Sliponfasson* (‣Slipon), hochgeschlossen, nur mit Umlegekragen oder mit offenem Kragenknopf, so dass eine sehr kleine R.-Ecke entsteht; *Ulster-R.,* d.h. großes fallendes R. mit gerolltem R.-Bruch (im Unterschied zum sonstigen scharfkantig gebügelten), auch ohne Spiegelnaht, so dass das R. auch hochgeschlossen werden kann. Daneben gibt es noch Phantasie- und Spezial-R. sowie seiden- (‣Frack, ‣Smoking) oder samtbesetzte (‣Abendmantel) R., ‣*Spiegel* genannt. Das R. kam im 18. Jh. bei der ‣Redingote (1) auf, wurde auf den englischen Tuchrock, der sich zum Frack entwickelte, und um 1780 auf das französische ‣Habit übertragen. Allerdings gab es schon beim ‣Justaucorps (2) um 1689 und 1708 ausgeschlagene Kanten, also eine Art R. Beim Militär diente das mit farbigem Futter besetzte R. als Unterscheidungsmerkmal der Regimenter.
Zu den modischen R.-Formen vgl. die einzelnen Arten von ‣Mantel und ‣Rock (1) (insbesondere ‣Sakko).

Reversible (frz., ›umdrehbar‹). **1.** *Der* R., Sammelbezeichnung für Gewebe mit einer glänzenden und einer matten Seite, besonders in der Seidenweberei, z.B. Crêpe-Satin. **2.** *Das* R., Kleidungsstück, das beidseitig getragen werden kann, wie Wendemantel, Wendejacke. Heute im Winter oft Stoff, oder Leder und Pelz, als umkehrbarer Innen- bzw. Außenmantel.

Revival (engl. für ›Re-Vitalisierung‹; auch Nostalgie- und Retro-Look genannt). In der Geschichte der Mode kam es immer wieder zu R. So wurde der ‣Reifrock der Spanischen Mode der 2. Hälfte des 16. Jh.s, im Rokoko des 18. Jh.s und abermals Mitte des 19. Jh.s als ‣Krinoline wieder belebt, die ihrerseits unter Verwendung steifer, weiter Unterröcke während des Ersten Weltkriegs als ‣Kriegskrinoline und neuerlich 1947 in C. ‣Diors ‣New Look sowie im ‣Petticoat der 1950er Jahre in eine gesamt neue Optik integriert wurde.

Damals wie heute werden auffällige, prägnante Merkmale einer vergangenen Mode verwendet, die einen hohen Wiedererkennungseffekt hervorrufen. Die Vergangenheit kann so, auch wenn sie nicht selbst erlebt worden ist, vertraut wirken. R.s sind geprägt von dem Bild oder der Vorstellung von Vergangenem, nicht von den Tatsachen. Möglichst authentische R.s eines ‣Modestils erfolgen, weil – trotz eines kurzen zeitlichen Abstandes – eine neue Generation von Modeträgern vorhanden ist. R.s im Sinne der ‣Postmoderne dagegen schaffen eine neues Ganzes, indem z.B. bewährte Details unterschiedlicher Epochen gemixt werden. ‣Second-Hand.

Reyon ‣Stoff (19. Jh.).

Rheingrafenhose,[331] auch (frz.) *Rhingrave* oder *Unterrockhose* (engl. *Petticoat breeches*) genannt, um 1655–80 modische, zur Kavalierskleidung gehörende weite, etwa knielange Rockhose des Mannes, die überreich mit Bandschluppen, den ‣Galants (1), seitlich am Saum und um den Bund besetzt war. Es gab verschiedene Schnittarten: als sehr faltenreichen Rock, der unten waagrecht geschlossen war und zwei zusammenziehbare Ausschnitte für die Beine hatte; als weite oder enge Rockhose, darunter eine abgesteifte, unsichtbare oder um die Knie sichtbare und um den Saum zusammengezogene Art ‣Pumphose aus Seide. Zur R. wurden ein kaum taillenlanges ‣Wams, ein üppig hervortretendes weißes Hemd (aus Seide mit Spitzeneinfassung), zuweilen unterhalb der Knie breite Volants (‣Falbel), ‣Canons (1), Seidenstrümpfe und Absatzschuhe getragen; nach 1670 auch, jedoch selten, der ‣Justaucorps (2). Die R. war um 1645 in Holland aus einer unten offenen, kniekurzen ‣Hose entstanden und 1655 durch den holländischen Gesandten Karl Florentin Rheingraf von Salm (1651–85) in Paris in Mode gebracht worden. Sie setzte sich in ganz Europa auch im Bürgertum durch.

Rheno, Reno, *der* (lat.), Pelzumhang, später ärmelloser Pelzrock der Germanen, der bereits im 1. Jh. n. Chr. von den Römern (zuerst den Rheinlegionen) übernommen und bis in die Frankenzeit beibehalten wurde. Im 12. Jh. auch Bezeichnung für einen pelzgefütterten Umhang der Oberschicht. ‣Pelz.

Rica, *die* (lat.), purpurnes, mit Fransen versehenes Kopftuch der vornehmen Römerin, das nicht über den Rücken fiel. Wurde in der Spätzeit zu einem Band.

Ricinium, *das* (lat.), viereckiger, nicht sehr langer, mantelartiger Überwurf der Römerin in der Frühzeit, wurde später von der ‣Palla verdrängt, hielt sich aber in der ‣Trauer- und Kultkleidung.

Ridikül[155], auch frz. *Ridicule* (›lächerlich‹), aber korrekt *Retikül, der* oder *das* (von lat. *reticulum,* frz. *réticule* ›Netz‹), im 18. Jh. ein Strickbeutel für Arbeitsutensilien, z. B. Stricksachen. Nach 1795 wurde er mit Aufkommen der ‣Chemise (2) zu einer Beuteltasche mit Zugbändern, die am Handgelenk hing; in England scherzhaft *Indispensable* (›unentbehrlich‹) genannt. Der R. hatte oft Urnen- oder Vasenform. Um 1825 wurde der R. auch *Farceur* (frz., ›Hanswurst, kleiner Schäker‹) und in extrem kleiner, nur ein Taschentuch aufnehmender Form *Coup de poing* (frz., ›Faustschlag‹) genannt. Letzteren hielt die Frau so in der Hand, dass nur die Tragebändchen zu sehen waren. Nach etwa 1830 gab es R.s in Körbchenform oder flach abgesteift und der späteren Taschenform angenähert. Sie bestanden aus Seide, Seidenatlas, Baumwolle oder gestrickter Perlarbeit und hatten je nach Form einen festen Boden aus Holz, Strohgeflecht oder Karton, auch Eisendraht hielt sie auf Form. Verziert waren sie mit ‣Spitzen, ‣Pailletten, Metallfäden (‣Kantille), ‣Petit point oder Glasperlen. Der R. hielt sich bis Mitte des 19. Jh.s, zum Ball- oder Brautkleid bis heute. ‣Tasche (1).

Rise, Riese,[336] *die* (von mhd. *risen* ›herabhängen‹), Tuch (‣Halstuch) aus weißem Leinen oder Schleierstoff, das von einer Schläfe um Hals und Kinn zur anderen drapiert und zusammen mit einem Kopfschleier von der Frau im 14. und 15. Jh. getragen wurde; im 1. Drittel des 15. Jh.s entsprechend dem ‣Kruseler auch mit gerüschtem Saum. In England wurde die R. als *Wimple*[508] (‣Wimpel) bezeichnet. Nicht zu verwechseln mit der ‣Barbe. ‣Kopfbedeckung.

Robe (von afränk. *rauba* ›Raub‹, als Raub gewonnene kostbare Kleider und Stoffe; diese Bezeichnung ging im Dt. verloren, kam im 14./15. Jh. im Frz. wieder auf und wurde erst im 18. Jh. ins Dt. übernommen; heute frz. *robe* ›langes Kleid, Gewand‹). In Frankreich im 14. Jh. jede aus einem Stoff geschnittene Ober- und Unterkleidung beider Geschlechter; ab Ende des 15. Jh.s nur die Oberkleidung; ab dem 16. Jh. übergehend auf das höfische Frauenoberkleid; im 18. Jh. gleichgesetzt mit ‣Manteau; in der 2. Hälfte des 19. Jh.s zuweilen das bürgerliche Frauenoberkleid. Heute allgemein elegantes, langes Abendkleid. ‣Kleid. In der Herrenkleidung hielt sich das Wort »R.« nur für Amtskleidung (Amts-R., Talar).

Robe à l'anglaise, *die* (frz., ›Kleid nach englischer Art‹), auch *falsche Robe* oder ‣*Fourreau* (1) genannt, ‣Kleid nach etwa 1770–85. 1786–89 wurde die R. à l'a. als ‣Grande parure getragen.

Robe à la circassienne ‣Robe à la polonaise.

Robe à la française, *die* (frz., ›Kleid nach französischer Art‹), auch *Robe à plis* (frz., ›Robe mit Falte‹), in den 1730er Jahren als ‣Parure und etwa 1740–86 als ‣Grande parure über dem Reifrock à coudes[74] (‣Reifrock) getragene Robe, bestehend aus dem sog. Manteau à dos flottant, einem ‣Manteau, der von der ‣Adrienne bzw. von der späteren Robe volante die ‣Watteaufalte übernommen hatte. Unter dem vorn offenen Manteau kamen der ‣Stecker oder das ‣Mieder und die ‣Jupe (2) zur Geltung, die nach 1750 meist vom gleichen Stoff wie der Manteau waren und mit diesem die Robe bildeten.

Robe à la hollandaise ‣Adrienne.

Robe à la levantine, *die* (frz., ›Kleid nach morgenländischer Art‹), oder *Robe volante* (frz., ›wehendes Kleid‹), Frauenoberkleid in der Art der ‣Adrienne mit vorn ein bis zwei Agraffen zum Schließen und hinten von der Schulter lose fallenden ‣Quetschfalten, auch mit Hermelin verbrämt; durch Königin Marie Antoinette, die sie vor ihrer ersten Niederkunft 1778 trug, in Mode gekommen und in den 1780er Jahren als Straßenkleid getragen (‣Negligé).

Robe à la lévite, *die*[72] (frz., ›Kleid nach Levitenart, Kaftan‹), vorn offenes Oberkleid, mit einer Agraffe oder einer ‣Schärpe in der Taille geschlossen, ohne Rückenfalten, mit etwas zurückgeschnittenem ‣Schoß (1), auch mit ‣Schleppe; ähnlich der ‣Redingote (2). In den 1780er Jahren als Straßenkleid (‣Negligé) über ‣Mieder und Rock getragen.

Robe (Manteau) à la polonaise, *die*[75] (frz., ›Kleid nach polnischer Art‹), vorn nur in der Taille geschlossenes Frauenoberkleid, dessen Rock seitlich und hinten mit einer durch einen Ring gezogenen Kordel (frz. »Page«) zu zwei oder drei Puffen hochgerafft und nach etwa 1775 fußfrei getragen wurde. Darunter wurde vorn ein Korsett oder ‣Gilet sowie die ‣Jupe (2) sichtbar. Unter der Jupe wurde ein halber ‣Reifrock getragen. Eine Abart der R. à la p. war die *Robe à la circassienne* (›Kleid à la Zirkassierin‹, d.h. ›Tscherkessin‹) mit kurzen, die Ärmel des ‣Kamisols (3) freigebenden Ärmeln. Die R. à la p. wurde in ganz Europa in der städtisch-bürgerlichen Kleidung und im Halbputz (‣Parure) der adeligen Dame um 1766–85 getragen und kam 1867 in abgewandelter Form als ‣*Polonaise* (1) wieder auf.

Abb. 449. Konstruktion der Robe à la polonaise von innen. Um 1780. Nach Bradfield.

Robe à la romaine ‣Grecque, Mode à la.

Robe à la tronchin ‣Adrienne.

Robe à la turque, *die* (frz., ›Kleid nach türkischer Art‹), auch *Robe à la muselmane,* vorn nur am ‣Dekolletékragen geschlossenes und von da ab schräg zur Seitennaht geöffnetes, jedoch auf Taille gearbeitetes Frauenoberkleid, das über ‣Korsett, ‣Jupe (2) und ‣Reifrock angelegt wurde. In etwas abgewandelter Form bereits Mitte des 18. Jh.s von der Marquise de Pompadour getragen und um 1779 als ‣Grande parure sehr beliebt. Dieses mit Girlanden aus Kunstblumen reich verzierte Kleid entsprach der Vorliebe für alles Asiatische im 18. Jh.

Robe ballante ‣Adrienne.

Robe Chemise oder *Robe gaulle, à la créole* (›Kleid nach gallischer‹ bzw. ›kreolischer Art‹, à *l'enfant* (›Kinderkleid‹), *die* (frz.), im Oberteil unversteiftes, daher als ›Hemdkleid‹ bezeichnetes Kleid, in der Taille von einer ‣Schärpe zusammengehalten; aus leichtem Musselin oder Gazestoff. Im 18. Jh. in Amerika von Französinnen als ‣Negligé getragen.

Robe de chambre, *die* (frz., ›Hauskleid, Morgenrock‹), ‣Negligé, erst im 19. Jh. Hausmantel (‣Hauskleidung).

Robe ronde, *die* (frz., ›rundes Kleid‹), im 18. Jh. das ringsum geschlossene ‣Kleid.

Robe-Tablier ‣Schurzrobe.

Robe volante[70] ‣Adrienne, ‣Robe à la levantine.

Roc ‣Kleid.

Rock (kelt., ›Gespinst‹, wohl von *Rocken* ›Spinnstab‹; ahd., mhd. *roc*), bis ins 14. Jh. Bezeichnung des Obergewands beider Geschlechter.

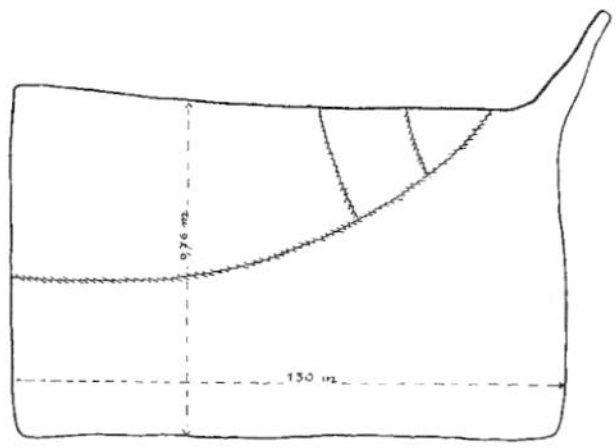

Abb. 450. Rekonstruktion des Männerrocks der Bronzezeit von Karl Schlabow nach dem Fund von Trindhøi. Original im Nationalmuseum, Kopenhagen.

1. *Obergewand des Mannes.* Die Perser trugen etwa im 7. bis 6. Jh. v. Chr. einen kittelartigen (d. h. über den Kopf zu ziehenden), knielangen, anliegenden R. (*Leib-R.*)[3,5] mit langen, anliegenden Ärmeln und Gürtel; aus Leder, später aus Wolle, am Hofe auch farbig und mit reicher Bortenverzierung. (Vornehme trugen ab dem 5. Jh. v. Chr. darüber das ▸Medische Gewand.) Zur Zeit der Sassaniden (224 v. – 651 n. Chr.) wurde der R. durch eingesetzte Keile zum Saum hin erweitert. Diese Art R. trugen auch Sarmaten, Hebräer (▸Kasack (1)) und die Parther, bei denen der R. einem ▸Hemdgewand (▸Tunika) angenähert war. Die Skythen trugen einen vorn offenen, übereinandergehenden, knielangen, gegürteten R. mit langen Ärmeln und halsfernem Ausschnitt (daher der Nackenschutz ihrer ▸Kopfbedeckung). Die Griechen und Römer hatten keine R.e, sondern Hemdgewänder (▸Chiton und Tunika).

Das Obergewand der Germanen der Bronzezeit (1800–750 v. Chr.), ein um den Leib gewickelter R.[24,395], bestand aus einem als Einzelstück gewobenen, länglich-rechteckigen Wollstoff mit einer verlängerten Ecke und angesetztem Lederstreifen (Achselband), das über die linke Schulter gelegt und hinten mit einem Doppelknopf aus Bronze oder Horn geschlossen wurde. In der oberen Stoffhälfte waren Keilstücke ausgeschnitten und dann nach einer leichten Drehung wieder eingesetzt worden, um die Dehnfähigkeit der diagonalen Webstellung auszunützen und den R. der Körperform faltenlos anzupassen. Zusätzlich wurde der R. in der Taille durch einen gewebten Bindegürtel gehalten.

Kelten der Eisenzeit (etwa 750 v. – 400 n. Chr.) trugen einen knielangen, hemdartigen ▸Kittel[26] aus Wolle mit oder ohne Ärmel, der durch den Einfluss der Römer faltenreicher wurde; er hatte eine charakteristische ▸Kapuze. Der Kittel der Germanen[308] war etwa oberschenkellang, hatte lange, angesetzte (!) Ärmel, wurde über den Kopf gezogen, war seitlich unter den Armen offen und wurde durch Schnürung beliebig eng geschlossen. (Etwa seit dem 3. Jh. n. Chr. trugen Germanen ein leinenes ▸Hemd darunter.)

Der fränkische R.[28] war kittelartig, mit eingefaßtem Brustschlitz, im Schoß faltenreich, gerade oberschenkellang, in der Spätzeit (10. Jh.) knielang und gegürtet, mit sehr langen, Querfalten bildenden Ärmeln, die bereits um das Handgelenk mit einer ▸Fibel oder Nadel geschlossen wurden. Der R. war urspr. aus Wolle, später bei Vornehmen aus Leinen, auch farbig und mit Borten an den Säumen verziert, dazu mit dem ▸Tiraz am Ärmel versehen.

Mitte des 11. Jh.s nahm der Mann vereinzelt, ab Mitte des 12. Jh.s allgemein durch zunehmenden Einfluss der byzantinischen und liturgischen Kleidung das etwa knöchellange, hemdartige, d. h. ohne Taillennaht geschnittene Gewand[30] an. Es glich dem ▸Kleid der Frau und wurde wie dieses ahd. *Hamo* genannt, auch *Roc,* was ›Gewand‹ schlechthin bedeutete; afränk. *Kotta* ›Obergewand aus grobem Wollstoff‹ (davon ▸*Kotze,* ▸*Kutte,* engl. *Coat* ›Mantel‹); afrz. ▸*Bliaud,* ab dem 13. Jh. *Cotte* (auch im Dt. sehr verbreitete Bezeichnung) oder *Tunika* sowie – meist nur das Gewand des Mannes – ▸*Gonne* oder *Gonnele.* Reisende, Soldaten und der einfache Mann behielten den knielangen R. bis ins 13. Jh., z. T. auch darüber hinaus. In der 1. Hälfte des 12. Jh.s war der R. gerade, untailliert und gut wadenlang mit bis zur Hüfthöhe reichendem vorderen oder seitlichen Reitschlitz, der ebenso wie der Halsschlitz durch Pelzverbrämung betont sein konnte. Die Ärmel öffneten sich ab den Ellbogen tütenförmig. In der 2. Hälfte des 12. Jh.s war der Reitschlitz geschlossen, zugeknöpft oder kürzer, die Ärmel wurden wieder anliegend und glatt, der R. meist gegürtet. Ab Mitte des 12. Jh.s kamen über dem R. getragene Obergewänder wie der ▸Surkot, ab dem 13. Jh. die ▸Suckenîe, die ▸Joppe und ▸Gippe, ab Ende des 13. Jh.s die ▸Cotardie auf, die alle bis ins 14. Jh., vereinzelt bis ins 15. Jh. getragen wurden.

Im 13. Jh. wurde der R. fast bodenlang, blieb jedoch stets kürzer als das Kleid der Frau und ohne Schleppe. Er war weit, gegürtet und im Oberteil hochgerafft. Ende des Jh.s fiel der Gürtel zugunsten des freien Gewandfalls weg, wodurch Körperformen weitgehend negiert wurden. Die Ärmel waren lang und anliegend, daneben gab es aber auch diverse Sonderformen, so einen nur bis zu den Ellbogen reichenden Ärmel mit Aufschlag, der den Ärmel des ▸Hemdes zur Geltung brachte. (Ärmellos oder mit Scheinärmel dagegen waren die über der Cotte getragenen Gewänder.)

Anfang des 14. Jh.s gab es wieder einen hohen Reitschlitz. Um 1330/40 verkürzte sich der lange R., wurde am Oberkörper anliegend[34] und z.T. vorn durchgehend offen, knöpfbar und zur Straffung in Hüfthöhe gegürtet, während der ▸Schoß (1) noch faltig und seitlich geschlitzt blieb. Die Entwicklung der Körperbetonung begann in Frankreich und griff zuerst auf Gebiete mit politisch enger Beziehung, wie Neapel, über. Nach Mitte des 14. Jh.s wurde daraus die gerade das Gesäß bedeckende, enge ▸*Schecke*[36] für den jungen Mann. Als jetzt verkürztes Untergewand wurde das ▸Wams getragen. Ältere Bürgerliche zogen einen halblangen ungegürteten oder langen gegürteten, vorn zuknöpfbaren R.[283] (auch zum kurzen Untergewand) oder mantelartige Obergewänder vor, wie ▸*Houppelande* und ▸*Tappert*[37]. All diese Oberrockformen übernahmen die modischen Formen des ▸Ärmels und waren hochgeschlossen, überwiegend mit Stehkragen.

In der 1. Hälfte des 15. Jh.s erweiterte sich die Vielfalt der weiten, mantelartigen, gerade waden- bis knöchellangen Ober-R.e: neben Tappert und Houppelande gab es in Italien ▸*Giubberello,* ▸*Giubbone,* ▸*Zimarra,* in Spanien die ▸*Marlota.* Der oberschenkellange italienische R. war die ▸*Giornea*[255]. Darunter wurde das Wams getragen. Sie waren z.T. vorn wieder geschlossen, mit Kopfschlitz oder Schulterverschluss, im Vorder- und Rückenteil mit tiefen Röhrenfalten und seitlich glatt, mit dem ▸»Peplum« genannten Schoß, üppigen Ärmeln mit Zattelung (▸Zattel), später Pelzverbrämung, Stickereien und Applikationen.

Etwa ab Mitte des 15. Jh.s kam es zu einer erneuten Verengung und Verkürzung der R.-Formen. Sie blieben anfangs noch hochgeschlossen, vorn knöpfbar, Brust, Rücken und Schöße in starre Falten gelegt. Die Ärmel waren dreiviertellang, anliegend, am Oberarm etwas gebauscht, nach 1480 mit ▸Schlitzen versehen. Etwa 1460 kam für Jüngere ein der Schecke der 2. Hälfte des 14. Jh.s ähnlicher, im Oberkörper enger, jedoch ungegürteter Ober-R., nun mit breitem, tiefem Brustausschnitt und einem analogen dreieckigen Ausschnitt im Nacken. Der Schoß bedeckte nur knapp das Gesäß, war vorn und hinten in Falten gelegt und seitlich geschlitzt. Im Halsausschnitt kamen das ebenfalls ausgeschnittene, vorn geschnürte Wams und das Hemd zur Geltung. Auch wurde im letzten Viertel des 15. Jh.s anstelle des Ober-R.s häufig nur ein kurzes Mäntelchen über dem Wams getragen. Um 1465/70 verbreitete sich für den gesetzten Bürger die ▸*Schaube*[41, 44, 48], die den Tappert ersetzte.

In der 1. Hälfte des 16. Jh.s bildeten die vorn offen getragene Schaube und das Wams die Oberbekleidung des Mannes. Daneben gab es regional unterschiedliche, etwa knielange Leib- und Schoß-R.e; wenn man sie über den Kopf ziehen konnte, hießen sie in Deutschland auch *Kittel.* Dazu gehörten der mit reicher Schlingenverschnürung versehene ▸*Kasack* (2) und der *Ungarische* bzw. ▸*Polnische R.,* ▸*Pekesche* genannt, die ▸*Capote* (1) und besonders in England der ▸*Falt-R.* Es gab auch aus Seidengarn gestrickte Leib-R.e. Um die Jh.-Mitte wurde der *Schoß-R.* kürzer und knapper. In der 2. Hälfte des 16. Jh.s war das *Wams* Hauptoberkleidung des Mannes; spanische Varianten waren die ▸*Ropilla* und der ▸*Sayo.* Manchmal wurden auch zwei leicht unterschiedlich gestaltete Wämser oder der ▸Koller (1) über dem Wams getragen. (Die Schaube wurde zur Amtstracht.) Höflinge und Edelmänner gefielen sich um 1570–1620 im ▸*Mandilion,* einem mantelartigen Über-R.

In der 1. Hälfte des 17. Jh.s wurden neben dem Wams die ▸*Hongreline* (1) und andere Schoß-R.e getragen. Um 1655–80 war das Wams ein kurzes Jäckchen (▸Rheingrafenhose), danach verschwand es aus der Mode. Stattdessen bildete sich um 1660 der ▸*Justaucorps* (2)[67–69] zum Ober-R. mit der ▸Weste darunter. Nach 1770 setzte sich in bürgerlichen Kreisen der ▸*Frack* durch, während der Justaucorps, nun *Frac* oder *Habit à la française*[225] genannt, allein höfische Galakleidung blieb. Revolutionäre trugen 1792 die ‣*Carmagnole,* republikanisch gesinnte Bürger einen blauen Frack. In Directoire (1795–99) und Empire (1800 bis 1815/20) wurde als Überjacke der ‣*Spenzer* getragen.

In der 1. Hälfte des 19. Jh.s war der *Frack* R. für jede Gelegenheit. Der ‣*Geh-R.* und später der ‣*Twine* waren Tagesanzüge, die *Polonaise* (‣Polnischer R.) ein modischer R. um 1820. Insgesamt kamen polnische oder ungarische R.e in Mode; deren Merkmale waren Schnurverzierung und lange, geschlitzte Ärmel, die von der Schulter lose herabfallen konnten. Außerdem gab es eine Fülle von sog. *Ober-R.n,* die wir heute bereits als ‣*Mantel* bezeichnen. Als Reit-R. war in England der ‣*Cutaway* (1), in Frankreich die ‣*Redingote* (1) gebräuchlich. Mitte des Jh.s wurde der Frack reiner Abendanzug, der *Cut*[85] (noch »R.« oder *R.-Jackett* genannt, ‣Cutaway (2)) in Deutschland zum privaten Repräsentationsanzug, der Geh-R. ab 1870 offizieller Tagesanzug. ‣*Janker* und ‣*Joppe* gingen in die Wanderkleidung ein. Die Bezeichnung ‣Jackett wurde jetzt für den R. üblich. 1867 kam das Sakko Jackett, bald kurz ‣*Sakko*[83, 451] genannt, der mit einer ‣Hose aus dem gleichen Stoff korrekter Geschäftsanzug wurde[452, 453, 455]; 1894 fand erstmals auf dem Kontinent der ‣*Smoking* Erwähnung. Als Sportanzug kam um 1880 die ‣*Norfolk-Jacke,* die mit ‣Knickerbockern (1) getragen wurde, 1905 der ‣*kombinierte Herrenanzug*[97] auf. In den 1930er Jahren setzte sich auch in Deutschland der ‣*Blazer*[84] für Mitglieder exklusiver Sportklubs durch und wurde in den 1950er Jahren Freizeitsakko des gehobenen Städters. 1967 kam kurzfristig der ‣*Mao-Anzug* in Mode.

2. *Halb-R.* (österr. auch *Schoß*). Die primitivste Art des R.es ist der ‣*Wickel-R.,* bestehend aus einem Stoffstück, das um die Hüften gelegt und durch Lederriemen oder Klammern gehalten wird. Vgl. ‣*Falt-R.,* ‣*Kilt,* ‣*Sarong.*

In Mesopotamien gab es etwa 3000–2500 v. Chr. für den Mann einen Wickel-R. aus stufenweise zusammengenähten Wollzotten[1] (Zottenstoff) sowie aus in breiten Fransen oder Schlingen endendem Wollstoff. Dieser R. wurde um den Körper gelegt und durch Ineinanderrollen des oberen Randes gehalten, so dass das durchgeschlungene Ende hinten seitlich herabhing. (Die Frau trug einen gewickelten ‣Mantel.) Einem rockähnlichen Gewand begegnet man auch bei den Ägyptern, als der Überschurz (‣Schurz) eine wadenlange Form annahm.

In der kretisch-minoischen Kultur[10] (um 1720–1200 v. Chr.) trugen vornehme Frauen und Priesterinnen einen glocken- bis kegelförmigen Halb-R., der an den Zotten-R.[1] der Frühdynastischen Periode Mesopotamiens erinnert, aus horizontalen Volants (‣Falbel), die z. T. aus verschiedenfarbigen Rechtecken zusammengesetzt waren.

In der Bronzezeit[22] (1800–750 v. Chr.) hatte die Frau einen hinten zusammengenähten, sehr faltenreichen, knöchellangen R. an, der unter der Brust mit einer zweifach umgelegten, in Quasten endenden Wollschnur gehalten wurde. Der R. wurde nicht aus einer Meterware Wollstoff geschnitten, sondern als Tuchstück für einen R. gewoben, und zwar zum Saum hin weiter. Mädchen trugen kurze Wickel-R.e aus gedrehten und in einer Webborte zusammengefassten Wollschnüren.

Nach 1380 kam es zu einer Zweiteilung des Kleides in Oberteil und R., doch waren beide zusammengenäht und bildeten eine Einheit, das ‣Kleid. Separat blieben meist der untere R., ‣*Basquina* (1), ‣*Jupe*[70] (2) und ‣*Reif-R.*

Der Halb-R. spielte in der bürgerlichen Kleidung des 15. bis 18. Jh.s als Ergänzung zu ‣Jacken (‣Schoßjacke)[71, 73] eine Rolle. Er war meist in der Art des Kleid-R.s in der Taille faltig gereiht, innen mit einem etwas unterhalb der Kante sitzenden Taillen- oder Gürtelband, das hinten in der Mitte zusammengebunden wurde. Hinten, den Einstiegschlitz freilassend, und zuweilen auch vorn in der Mitte war der R. zusammengenäht. Etwa 1820–35 wurde eine ‣Bluse und zur Zeit der ‣Krinoline (1848–68/69) eine ‣Schoßtaille zusammen mit einem separaten R. getragen. Dieser glich sich im Schnitt ganz dem an das Oberteil angesetzten R. des Kleides an. Um 1880 kam das ‣Kostüm (2) auf, das den separaten R. zur Selbstverständlichkeit werden ließ.

‣Bahnen-R., ‣Ballon-Look, ‣Falten-R., ‣Glocken-R., ‣Haute Couture, ‣Kamin-R., ‣Mieder-R. (1); ‣Farbe und Muster, ‣Stoff.

Rockelor, *der* (von frz. *roquelaure, die*), loser Herrenreisemantel, waden- bis knöchellang, durchgehend geknöpft und mit kleinem Schulterkragen. Der R. wurde um 1720 in

Frankreich angeblich durch den Herzog de Roquelaure (gest. 1738), um 1740 auch in Deutschland eingeführt und bis Ende des 18. Jh.s getragen.

Rockhose[63, 65] ‣Rheingrafenhose, ‣Hosenrock.

Rockjackett ‣Cutaway (2).

Röhrenhose,[59] jede Hose mit geraden, rundgebügelten Beinen (ohne ‣Bügelfalte). ‣Hose (Anfang 17. / Ende 18. Jh., um 1900), ‣Pantalon (1).

Röllchen ‣Manschette.

Romantik-Look,[114] nach Mitte der 1960er Jahre aufgekommene jugendliche Frauenmode (dazu gehört z. T. auch die ‣Hippie-Mode) mit bunten, spitzen- und rüschenbesetzten Baumwollkleidern. Neuerlich um 1972/73 mit weißen Baumwollmiedern und Volantröcken aktuell.

Root, *der* (engl., ›Wurzel‹, i. S. v. ›mit der Natur verwurzeln‹), kanadischer flacher Gesundheitsschuh, bei dem die Ferse tiefer liegt als die Zehen; 1973 erstmals in Toronto handgearbeitet und seit etwa 1980 auch in Europa erhältlich.

Ropa, *die* (span.),[46] in der Spanischen Mode (2. Hälfte 16. / Anfang 17. Jh.) ein vorn durchgehend offenes, mantelartiges Oberkleid ohne Taillenmarkierung, eine Art ‣Manteau, mit kurzen oder langen und im Ellbogen abgerundeten, vorn durch einen Längsschlitz offenen Ärmeln, sog. *R.-Ärmeln,* oder ärmellos und im Nacken mit hohem, steifem Kragen; vergleichbar dem späten niederländischen ‣Vlieger; Anfang des 18. Jh.s war die R. wahrscheinlich vorbildlich für den losen Schnitt der ‣Adrienne.

Ropilla, *die* (span.), anliegender ‣Rock (1) (Schoßwams) des vornehmen Mannes der Spanischen Mode (2. Hälfte 16. / Anfang 17. Jh.), mit knapp oberschenkellangem, kurzem angeschnittenen ‣Schoß (1), hohem Stehkragen und meist offenen ‣Hängeärmeln mit ‣Achselstücken. ‣Sayo, ‣Wams.

Roquelaure ‣Rockelor.

Rosenkranzfrisur ‣Haarmode (1789).

Rosshaar, Schweif- und Mähnenhaare des Pferdes, schon früh zur Absteifung und als formbeständiges Einlage- und Zwischenfutter, mit Baumwoll- oder Wollkettfäden verwoben, verwendet. ‣Krinoline, ‣Turnüre.

Rotonde, *die* (von lat. *rotundus* ›rund‹; ital. *rotonda;* frz. *rotonde* ›Rundgebäude‹, auch ›runder Damenmantel‹), österr. auch ‣*Wickler,* halbkreisförmiger, etwa hüftlanger Frauenumhang mit rundem Umlegekragen oder ‣Kapuze, manchmal mit Plüsch gefüttert; um 1820–35.

Rubenshut, Rembrandthut,[60] heutige Bezeichnung eines etwa 1615–30 modischen dunklen Filzhuts mit niedrigem runden bis hohem zylindrischen Kopf und breiter, flacher, geschwungener Krempe. Der R. löste den steifen Spanischen Hut ab und wurde von beiden Geschlechtern der Oberschicht besonders in den Niederlanden getragen. Diese Hutform erscheint häufig auf Gemälden von Rubens und Rembrandt. Um 1900 hieß ein breitkrempiger Frauenhut *Rembrandthut.* ‣Kopfbedeckung.

Rucksack. Beutelförmige Tasche mit zwei Gurten, um auf dem Rücken getragen zu werden. Bereits seit der Bronzezeit, u. a. zum Transport von Salz aus Bergwerken; erhielt sich besonders bei Jägern und Wanderern. Meist aus Leder oder starkem Leinen. Seit den 1970er Jahren sind R.e aus pflegeleichtem Nylon, bis hin zu anatomisch angepassten Travellerrucksäcken. Mitte der 1980er Jahre verbreitete sich ein kleiner R. als City-R. (‣Prada) anstelle der Handtasche, aber auch als Schultasche.

Rückengürtel ‣Martingale (1).

Rückengurt,[375b, 455] auch ‣*Martingale* (1), österr. *Dragoner* genannt, loser und nur in der Seitennaht angenähter oder anknöpfbarer, auch durchgehend aufgenähter Halbgürtel im Rücken von Mänteln, seltener auch von Jacken oder Jacketts und der ‣Norfolk-Jacke.

Rüsche,[161] durch Einziehen, Falten oder Umbügeln gefältelter Stoffbesatz, der aus einem geraden Stoffstreifen geschnitten ist, im Unterschied zum rundgeschnittenen Streifen beim Volant (‣Falbel).

Rüschenhaube ‣Kopfbedeckung (14./15. Jh.), ‣Kruseler.

Russenbluse, kittelartige ‣Bluse mit niedrigem Stehkragen und angeschnittenen oder tief und gerade angesetzten weiten Bündchenärmeln. Ihr seitlicher Kopfschlitz hat eine verdeckte, bordierte oder bestickte Knopfleiste. Teil der russischen Nationaltracht und zeitweilig, u.a. in den 1830er Jahren und um 1965–72, Vorbild für modische Blusen und ‣Hemden.

S

Sabot, *der* (frz.). **1.** In der höfischen Damenkleidung des 18. Jh.s ein Unterärmel, der in Abständen gezogen (abgebunden) oder aus mehreren Volants (‣Falbel) übereinander bestand; er war aus Gaze, Spitzen oder Taft. **2.** ‣Klompe.

Sack (von hebr. *saq;* griech. *sákkos;* lat. *saccus* ›grober Stoff (aus Haar), Sack‹). **1.** Grober, dicker Wollstoff, aus dem in der Antike ein Hemdgewand für Trauer und Buße gearbeitet wurde. In der griechischen Antike auch Haar-S. und Kopftuch der Frau. ‣Kopfbedeckung. **2.** ‣Tasche (1). **3.** ‣Französischer S. **4.** ‣Sakko.

Sackkleid ‣Kleid (1925–27/28).

Sacklinie ‣Haute Couture (1956).

Saey, Saie ‣Stoff (Mittelalter).

Sagum, *das*[28] (lat., wahrscheinlich von kelt. *saie,* ein Wollstoff), keltischer Mantelumwurf, der von den Germanen und römischen Soldaten übernommen wurde. In seiner Form entsprach er der griechischen ‣Chlamys. Das S. bestand aus einem viereckigen, langhaarigen, groben Stück Wollstoff, das über die linke Schulter gelegt und auf der rechten Schulter mit einer ‣Fibel oder Schnalle geschlossen wurde. Bei den Römern bedeutete das Anlegen bzw. Ablegen des S. Kriegserklärung bzw. Friedensschluss. Der römische Feldherrnmantel unterschied sich durch die purpurne oder weiße Farbe vom gewöhnlichen S. und wurde später ‣*Paludamentum*[420] genannt. Als Zeichen der Trauer wurde das schwarze S. angelegt. *S. cucullatum* hießen bei den Römern der ‣Bardocucullus und der ‣Cucullus. Die Form des S. hielt sich bis ins späte Mittelalter (‣Mantel); bei den Franken hieß er *Sayon.* In Spanien im 15./16. Jh. war der *Saie* oder *Saye* ein kurzer, vorn mit Haken geschlossener Rock des Edelmannes (der ‣*Sayo* ein bürgerlicher Rock der 2. Hälfte des 16. Jh.s).

Saie ‣Sagum.

Sakko, *der*[83] (österr. *das;* von ital. *sacco* aus amerik. *sack* ›Sack‹), urspr. auch *Sackjackett,* Herrenrock, um 1867 aus dem ‣Jackett (Rock-Jackett) entwickelt und im Unterschied zu diesem zweireihig. Der S. war urspr. untailliert und schoßlos, d.h. gerade, sackförmig geschnitten. Er wurde noch stets mit einer Hose aus dem gleichen Stoff getragen und entwickelte sich zum Straßen- und Geschäftsanzug (‣Konfektion).

In den 1870er Jahren war der S.[84,85] gerade gesäßbedeckend, der Halsausschnitt groß, so dass die heile Weste sichtbar blieb, der Kragen klein, das ‣Revers etwas größer und steigend (‣Crochet[191], ‣Fasson (2)). Die Ärmel waren um die Ellenbogen sehr weit. Um 1885 wurde der Halsausschnitt kleiner. Ende des 19. Jh.s hat man den S. bereits auf Figur geschnitten. Auch der Einreiher wurde nun als »S.« bezeichnet; er war vom mittleren Knopf aus stark zurückgeschnitten (‣Abstich[124]). Der S.

Abb. 451. Sakkoanzüge (links mit Lavallière). Berlin. 30. Oktober 1884. Kunstbibliothek, Berlin.

fiel nun etwas länger aus, der Halsausschnitt sehr klein, so dass nur der Krawattenknoten sichtbar blieb und die Reverskanten fast waagrecht verliefen. (Dieser Schnitt wurde nach dem 2. Weltkrieg als »Mayerling-Stil« wiederbelebt, nachdem ein Film über den Tod des Kronprinzen Rudolf von Österreich in Mayerling die Gemüter aufgewühlt hatte.) Selten gab es auch schon einen tiefgeführten Schalkragen. Weitere Kennzeichen waren gerade eingeschnittene Klappentaschen, eine schräge Brusttasche, zuweilen mit Klappe, selten auch eine ▸Billetttasche. Die Ärmel lagen an und konnten einen anliegenden, festgenähten Aufschlag haben. Man bevorzugte dunkel- bis hellmelierte Stoffe.

Im 1. Jahrzehnt des 20. Jh.s[95] schätzte man den sog. ▸Edwardian-Style: Wieder bedeckte der S. gerade das Gesäß, hatte als Einreiher drei oder sogar vier Schließknöpfe, eine gerade Vorderfront, einen kleinen Halsausschnitt und ein kurzes Revers, selten auch ein langes Rollrevers sowie einen Rückenschlitz. Die Kanten waren oft abgesteppt, die Ärmel ohne Umschlag. Die seitlichen Knöpfe hatten sich aus jener Zeit erhalten, als die sehr langen, wärmenden Rockärmel für Arbeit oder Kampf hochgeknöpft wurden. Um 1902 war der Schluss hoch. Der S.-Anzug war von gedämpfter Farbe. 1905 kam der ▸kombinierte Herrenanzug auf.

1910–13 wurde der Halsausschnitt etwas größer, die Weste jedoch blieb unsichtbar, der Abstich rund und tief angesetzt. 1918–22 gab es den sog. *Stehbrust-* oder *Brust-S.*, bei dem Brust und Hüften durch eine Leinen- oder Rosshaarauflage verstärkt waren, ein Hilfsmittel, zu dem die schlechten Stoffe nach dem 1. Weltkrieg zwangen. Die Taille lag zudem sehr hoch, wodurch der Eindruck langer Schöße entstand, obwohl der S. kaum das Gesäß bedeckte. Amerikanische Anzüge waren modisch extremer und die sehr enge und noch höher liegende Taille durch eine Taillennaht zusätzlich betont. Auch französische Anzüge betonten die Figur. Der S. hatte zwei bis drei Knöpfe, wobei der unterste in der Taille saß, ein breites, aber eher steigendes Revers und Klappentaschen. Insgesamt gab es nun aufgelockertere Stoffdessins, lebhaftere Streifen, dazu Karos und andersfarbige Noppen. Dandys trugen knapp geschnittene S.s in auffallenden Farben und dazu ▸Oxfordhosen.

Abb. 452. Anzüge mit Stehbrustsakkos, Langbinder oder Schleife, Canotier, Gamaschen, Handschuhe. 1918/19.

Abb. 453. Sommer-Sakkoanzug, Klapprandhut, Schirm. 1960. Kunstbibliothek, Berlin.

Nach 1922 verlor der S. den allzu strengen Schnitt, der Halsausschnitt wurde etwas tiefer, die Weste sichtbar.[105] 1924/25–29 war der Schnitt betont leger, ohne Absteifungen, schmal und anliegend um die Hüften, die Taille lag tief, der unterste Knopf unterhalb der Taille, Kragen und Revers waren breit, das Revers fallend mit leicht geschweifter Reverskante, der Abstich unten leicht rund. Dezente Muster nahmen zu.

Von 1929 an zeigte der S. wieder stärkere Betonung des Oberkörpers durch breite, mit Achselpolstern unterlegte Schultern (keine abgesteifte Brust) und durch ein steigendes, breites und bis zum mittleren Knopf (nur dieser wurde geschlossen) hinabgezogenes, zuweilen gerolltes Revers. Die Taille lag etwas hoch, um die Hüften war der S. ein wenig ausgestellt, so dass ein sog. Hüftknick entstand. Die Brusttasche hatte stets ein weißes ▸Stecktuch, die Seitentaschen wieder Klappen. 1934 kam die sehr tief ausgeschnittene ▸Kentfasson auf. Der Einreiher wurde bevorzugt, der Doppelreiher galt mehr offiziellen Anlässen. Streifen- oder Jacquardmuster in Blau oder Braun dominierten, kein Karo.

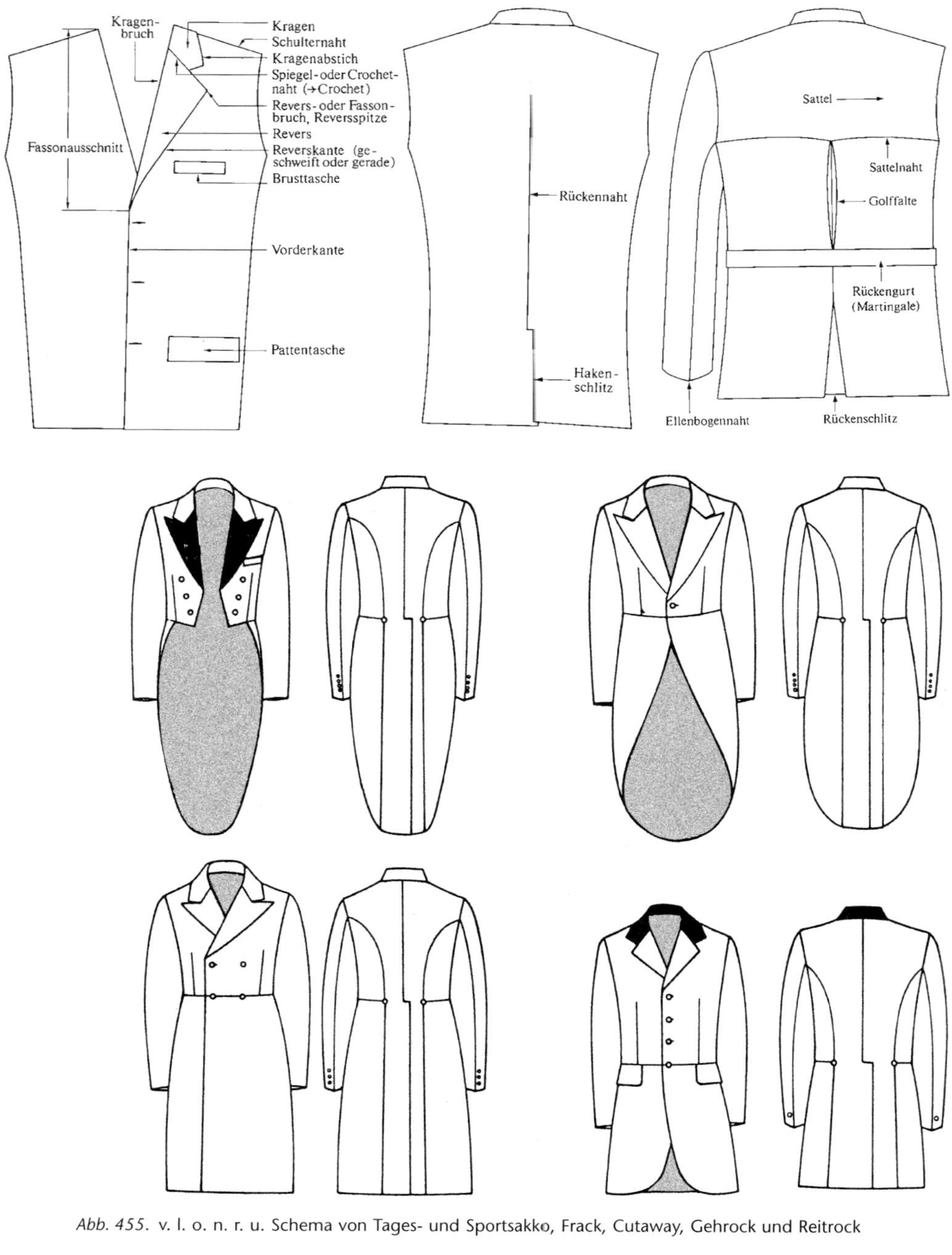

Abb. 455. v. l. o. n. r. u. Schema von Tages- und Sportsakko, Frack, Cutaway, Gehrock und Reitrock

1946 wurde der S. extrem weit, übergroß und sackartig geschnitten, meist zweireihig, da infolge der Stoffrationierung die Weste fehlte. 1947 bis ca. 1955 war die amerikanische V-Silhouette in Mode mit breiter Schulter- (Achselpolster) und Brustpartie, breiten, gerollten, steigenden Revers mit betonten Reversspitzen und tiefem Halsausschnitt, so dass die Weste sichtbar wurde, zu den Hüften hin anliegend und relativ lang. Im Gegensatz dazu stand der korrekte ‣New-Edwardian-Style[416], der 1950 von Londons eleganten Herrenschneidern zusammen mit dem Mayerling-Stil propagiert wurde. Dieser Stil wurde von italienischen Schneidern aufgegriffen und konsequent weitergeführt (vgl. ‣Haute Couture). Der oberste Knopf der Drei-, vielfach auch Vierknopffront wurde vom Revers nicht mehr überrollt, sondern geschlossen, wodurch der Halsausschnitt bedeutend kleiner, das Revers kürzer und schmäler ausfiel. Der Zweireiher hatte allerdings noch eine lange Reversfront.

1955 kam es unter dem Einfluss der italienischen Herrenmode allgemein zur mehr körperbetonten Y-Silhouette: leicht tailliert, breite, runde Schultern, kurzes, breites Revers, Dreiknopffront (unterster Knopf stets offen). Sport-S.s hatten Seitenschlitze im Rücken. Außerdem kam der ‣Autoschlitz in Mode. Man bevorzugte kleine Dessins, Ton in Ton. Neuer Anzugstoff war der Terylen (‣Stoff). Mitte der 1960er Jahre wurde von italienischen Herrenschneidern die ‣Fly-front propagiert. Nach 1965 war der S. zunehmend figurbetont bis knapp sitzend (besonders bei italienischen Anzügen[96]), meist ohne Weste darunter (falls mit Weste, war diese im Halsausschnitt sichtbar), hatte ein relativ kurzes Revers und eine Dreiknopffront und reichte bis knapp unterhalb der Hüftknochen. Zunehmend sah man Sport-S.s mit aufgesetzten Taschen und (auch aufgesteppten) Gürtel oder Rückengürtel, sowie Phantasieschnitte und asymmetrische Knopffront. Daneben gab es den ‣Mao-Anzug. In der 1. Hälfte der 1970er Jahre kamen starke Taillierung, schmale Schultern und ein sehr breites Revers hinzu. Nach 1976 herrschten schlanker, aber bequemer Schnitt (zunächst unter dem Motto ‣Gatsby-Look), durch Achselpolster leicht betonte Schultern, leichte Taillierung, schmale Revers, etwas tiefer liegende Schließknöpfe und insgesamt längere Form.

Abb. 454. »Beatles« Ringo Starr und John Lennon 1962, in kragenlosen, bordierten Sakko-Anzügen nach einem Design von Pierre Cardin. 1960.

Eine Weste darunter wurde wieder bevorzugt. Extrem modisch war ein ungefütterter S. aus weichem Stoff mit aufgestelltem Kragen. Der S. Ende der 1970er Jahre zeigte deutliche Schulterverbreiterung durch Achselpolster, war um die Hüften anliegend und wieder etwas kürzer. In den 1990er Jahren wurden schmale Schnitte modern.

Sakkoanzug ‣Anzug, ‣Hose, ‣Kombinierter Herrenanzug, ‣Konfektion, ‣Sakko, ‣Weste.

Saloppe ‣Adrienne.

Salz und Pfeffer ‣Farbe und Muster (19. Jh.).

Samarra, Samarro ‣Gamurra, ‣Zamarro.

Samt ‣Stoff (Kopten und ab Mittelalter).

Sandale, Sandalia ‣Fußbekleidung.

Sansculotte ‣Pantalon (1).

Sans Ventre[501] ‣Korsett (1899/1900–06/07).

Sans-Ventre-Linie[100] ‣Kleid (1899/1900 bis 1906/07).

Sari, *der* (sanskr.-Hindi), um den Körper gewickeltes, den Kopf umhüllendes Gewand der

Inderin; dazu gehören Unterrock und Leibchen.

Sarong, *der* (malai.), um die Hüften gewickeltes Tuch der Malaien (Wickelrock); heute Vorbild für Strandmode. Fälschlicherweise auch Bezeichnung für den ▸Rock (2) in Mesopotamien.

Satin ▸Stoff (15. Jh.).

Sattel, auch *Passe*[401] (lat.-frz.) und in der Herrenkonfektion ▸*Koller* (3), auf- oder angesetzter (*falscher S.*) Stoffteil als oberer Abschluss sportlicher Oberbekleidung; *S.-Rock, Hinterhosen-S., Vorder-* und *Rücken-S.* u. a.

Saya, *die* (span.), in der Taille zusammengesetztes ▸Kleid, im 15. Jh. der einfachen Frau, in der 2. Hälfte des 16. Jh.s der spanischen Adligen, nun aus kostbaren Stoffen.

Sayo, *der*[186] (span., ›hochgeschlossen‹; engl. *jerkin*), ▸Rock (1) des einfachen Mannes im Spanien der 2. Hälfte des 16. Jh.s (▸Ropilla: Rock des Vornehmen). Der S. war im Oberteil anliegend, stark tailliert, bis zum Stehkragen zuknöpfbar, mit langen anliegenden Ärmeln und angesetztem, gut oberschenkellangem, vorn offenem und durch eingesetzte Zwickel faltenreichem ▸Schoß (1). Anfang des 16. Jh.s hatte der S. einen großen mit einem Brustlatz unterlegten Brustausschnitt. Der tiefe Ausschnitt wurde von der Kirche bald verboten. Der S. wurde über dem ▸Jubón (Wams) getragen. Die Diminutive *Sayete, Sayuelo* bezeichneten einen Rock ohne Ärmel oder mit kürzerem Schoß.

Sayon, *der* (▸Sagum). **1.** Eine Art ▸Kasack (1), den gallische Krieger unter der Rüstung trugen. **2.** Fränk. für *Sagum.*

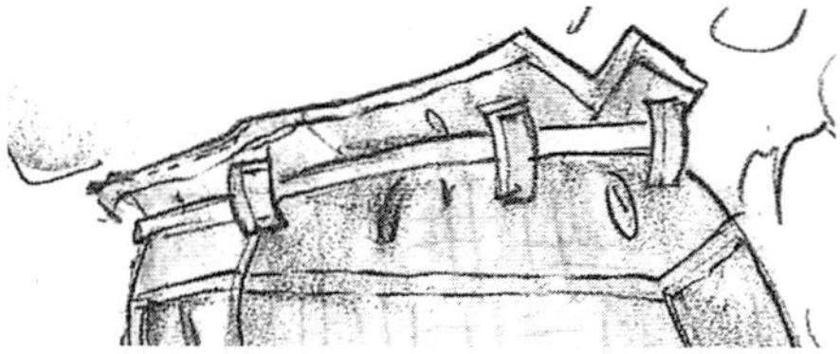

Abb. 456. Sattel einer Hose der Firma H. I. S.-Jeans. 1984/85.

Abb. 457. Schärpe eines Offiziers. Aus einem Kupferstich von Simon de Passe. 1631.

Sbernia ▸Berne.

Schador ▸Chador.

Schärpe (von ahd. *scharpe,* afrz. *escharpe* ›Pilgertasche‹ nach dem Band, an dem die Tasche hing), breiter Stoffstreifen, der zur Zierde meist um Taille oder Hüften, als Würdezeichen von der rechten Schulter zur linken Hüfte geschlungen wird. In assyrisch-babylonischer Zeit (2150/2030–612 v. Chr.) trugen hohe Würdenträger und Beamte[2] eine breite Sch. mit Wollfransen, die über dem ▸Hemdgewand spiralförmig vom Saum bis über die linke Schulter gewickelt wurde; heute auch *Emporwurf* genannt. In Europa war die Sch.[49, 248, 422] (abgesehen von verschiedenen militärischen Schärpenarten)[59, 457] bekannt als ▸*Hornfessel,* ▸*Baudrier,* ▸*Berne,* ▸*Écharpe,* ▸*Passe(-)caille.* In der Frauenkleidung kam die Sch. als breites Gürtelband in der englischen Kleidmode[76] im letzten Viertel des 18. Jh.s in Gebrauch[91, 386]. ▸Gürtel, ▸Kleid, ▸Schal.

Schal (um 1800 von engl. *shawl* entlehnt, das auf pers. *šāl* zurückgeht), um Hals und Schultern getragenes Tuch beliebiger Größe (▸Mantel, ▸Mantille).

Der Sch. ist orientalischen Ursprungs.[2] Die ersten kostbaren Sch.s, aus feinster, weicher Wolle der Kaschmirziege in farbintensiven, orientalischen Mustern gewebt, kamen im

Abb. 458. Kaschmir-Schal, Plaid. Frankreich. Um 1860. Musée de la Mode et du Costume, Paris.

15. Jh. als Fürstengeschenke nach Europa. (Im 17. und 18. Jh. kannte die Bürgerin als Umhängetuch die ‣Regenkappe.) Jedoch erst Ende des 18. Jh.s wurde der Sch. als wärmendes und schmückendes Beiwerk erkannt. Neben dem ‣Fichu kamen sog. *Long-Sch.s* (›Lang-Sch.s‹, bis zu 6 Ellen (4, 66 m) lang und 2 Ellen (1, 55 m) breit) auf, die zu den dünnen ‣Chemisen (2) der Directoire- und Empire-Zeit (1795–99 bzw. 1800–15/20) unentbehrlich wurden. Die Long-Sch.s wurden einfach um die Schultern gelegt oder vorn geknotet mit langen flatternden Enden, auch vorn gekreuzt und im Rücken gebunden. Die kostbarsten Exemplare waren *Kaschmir-Sch.s* oder *indische Sch.s* mit breiten fernöstlichen Blumen- oder Palmblattmustern aus stilisierten, halbaufgerollten, stengellosen Palmblättern an den Enden. Sie wurden in ganz Europa nachgeahmt. Berühmt waren die *Wiener Sch.s* (in Wien hießen sie *Türkische Sch.s,* weil anfangs türkische Farben für die orientalischen Muster verwendet wurden). Sie waren aus Woll- und Kaschmirstoff mit gewebtem, meist aber gedrucktem Muster, obgleich das Bedrucken von Wollstoff noch schwierig war. Auch die in Paris als *Persische Sch.s* bezeichneten Sch.s konnten Wiener Sch.s sein. 1801 stellte der Franzose Guillaume Ternaux erstmals in Paris Sch.s aus.

In Edinburgh webte man etwa 1790–1840 *Kaschmir-Sch.s* in Imitation der indischen. Die *Paisley-Tücher* (seit 1802), nach der gleichnamigen englischen Stadt benannt und dort hergestellt, waren mit Palmblattmotiven verzierte Seiden-Wolle-Tücher. Seit 1806 wurden auch in Russland Kaschmir-Sch.s gewebt. Alle Tücher waren weiß oder farbig und entweder nur am Rand oder vollständig gemustert. Die Muster konnten mit Tambourstickerei nachgezogen sein. Kaschmir-Sch.s wurden Anfang des 19. Jh.s auch zu Kleidern, Herrenwesten, Morgenmänteln und Turbanen verarbeitet.

Im frühen Biedermeier (um 1820/25) wurde das Dekolleté mit der ‣*Bayadère,* einem langen, schmalen Sch. aus Seide oder Spitze, bedeckt. Zu einem neuen Höhepunkt kam es um 1840–70; nun hatte der Sch. eine sehr große quadratische und zu einem Dreieck zusammengelegte Form. Das in kräftigen Farben gehaltene Muster (ab 1856 ersetzten vielfach die neuen Anilinfarben die orientalischen Farben) bedeckte vielfach das ganze Tuch, das nunmehr mit Fransen eingesäumt war. Der Sch. ersetzte jetzt oft den Mantel. Kaschmir-Sch.s wurden in den 1870er Jahren auch zu ‣*Mantelets* verarbeitet.

Mit dem Durchsetzen des ‣Mantels für die Frau nahm der Sch. eine wesentlich kleinere Form an und wurde meist nur im Mantelausschnitt getragen. P. ‣Poiret entdeckte für die Mode des ‣Art Déco den *Long-Sch.* wieder, der auch bei der Fahrt im offenen Auto nicht fehlen durfte. Für den Wintersport gibt es von nun an gestrickte Sch.s, passend zum Pullover oder zur Haube. Die Pariser ‣Haute Couture, allen voran E. ‣Ungaro, brachte etwa 1976/ 1977–81/82 das große ‣Plaid (3) über Mantel oder Jacke, meist nur über eine Schulter drapiert, in Mode. Der Sch. kann heute aus jedem Material sein, seit 2000 bevorzugt aus ‣Pashmina, meist passend zur Kleidung, und wird dekorativ um den Hals geschlungen[97] oder über eine Schulter gelegt.

‣Cachenez (2).

Schalk ‣Jacke, ‣Kamisol (3).

Schamkapsel[46], auch *Braguette, die* (frz.), beutel- oder kapselförmiger Latz der Männerhose Ende des 15. Jh.s bis um 1590. Die Sch.

entstand aus dem einfachen Hosenlatz der Strumpfhose des 15. Jh.s[311] (‣Strumpf). Sie diente im 16. Jh. auch als Tasche und wurde mit ‣Schlitzen, Puffen und Schleifen aus Futterstoff[47,433] (wie die Hosenbeine) verziert; auch an der Rüstung aufgenommen. (In Gemäldereproduktionen des 19. Jh.s wurde die Sch. als unziemlich weggelassen!)

Schamlot ‣Stoff (16. Jh.).

Schap(p)el, *das* (mhd. *schep(p)el*), Reif aus Metall (mit Edelsteinen verziert), Schnüren oder Blumen, aber auch ‣Federn, als Haarschmuck von Jünglingen und Jungfrauen Ende 12. bis 15. Jh. getragen. Auch Verzierung der ‣Kopfbedeckung (‣Gebende). In süddeutschen und schweizer Volkstrachten Bezeichnung der Jungfrauenkrone.

Schap(p)(e)ron[38,39,176] oder *Schap(p)(e)run, der* (mhd., entlehnt aus dem gleichbedeutenden frz. *chaperon,* Diminutiv von *chape* ›Kappe‹, mlat. *cappa,* ital. *cappuccio*), seit dem 12. Jh. eine ‣Kapuze mit Schulterkragen, die im 13. Jh. durch die ‣Gugel verdrängt wurde; Ende 14. bis 15. Jh. Bezeichnung für die turbanartigen, ital. ‣*Cappuccio,* frz. ‣*Chaperon* und dt. auch ‣*Sendelbinde* genannten ‣Kopfbedeckungen. ‣Cappa, ‣Kappe (2).

Scharlach ‣Farbe, ‣Farbe und Muster, ‣Stoff (Mittelalter).

Schaube, *die*[41,44,48] (mniederd. *sube,* mhd. *schuhe* von aruss. *šuba,* russ. *szuba,* arab. *djubbeh;* frz. *chamarre* von span. *samarra,* bask. *zamarra* ›Schafspelzmantel des Hirten‹), ‣Mantel (beim Mann zugleich Ober- und Übergewand, »Mantelrock«) des gehobenen Bürgerstands, der 1465/70 den ‣Tappert ablöste, 1491 auch von der Frau angenommen wurde, bis um 1550 in Mode blieb und sich danach in der Amtstracht der Richter und Gelehrten, auch als Robe oder Talar evangelischer Geistlicher, Professoren und hoher Magistratspersonen hielt. Die Sch. gilt zusammen mit dem ‣Barett als charakteristische deutsche Humanistenkleidung und Tracht Luthers. Sie ist vorn stets offen, knielang, um 1516–30 etwas kürzer, als Amtskleidung oder bei alten Männern auch wadenlang. Sie hatte im Rücken einen ‣Koller (3), an dem sie leicht faltig ansetzte. Die Ärmel, trichterförmig bis zum Handgelenk reichend oder als Sackärmel gearbeitet, hatten manchmal vorn in Ellbogenhöhe einen vertikalen Armschlitz, so dass der untere Teil des Ärmels leer herabhängen konnte. Daneben gab es auch kurze Puffärmel, die zuweilen in enge Ärmel (span. *Cañons,* ‣Canon (2), dt. ugs. ‣*Stößl*) mündeten. Bei den geschlitzten sowie den kurzen Ärmeln konnten die kostbaren Wamsärmel zur Geltung kommen. Der breite, oft pelzbesetzte Kragen bedeckte nach 1515 die Schultern, seine umgeschlagenen Vorderkanten bildeten einen im Rücken runden oder geraden Schalkragen. Im Winter war die Sch. ganz mit Pelz gefüttert. Die meist bodenlange Frauen-Sch. hatte einen Stehkragen. Als ‣Stoffe wurden Scharlach, Atlas, Damast, Samt, bei Frauen auch Taft oder Brokat verwendet. Als Abart der Sch. trug man in manchen Teilen Deutschlands die vorn mit silbernen Haken geschlossene ‣Hussecke oder Assucke. Eine verkürzte und verengte Form der späten Sch. war der ‣*Gestalt-* oder *Ehrrock* und diesem entsprechend die ‣*Harzkappe.*

Schecke, *die*[36] (mhd. *schecke, schegge* von frz. *jaque,* eigtl. ›Hans‹, später zu *jaquette* ›Jackett‹, ›Jacke‹), ab Mitte des 14. Jh.s bis um 1420/30 modisches Obergewand (Oberrock) meist des jüngeren Mannes. Die Sch. war extrem kurz, ab etwa 1360 gerade gesäßbedeckend, extrem eng anliegend und deshalb vorn durchgehend knöpf- oder verschnürbar. Die starke Taillierung wurde auch mittels eines vertikalen, verschnürbaren Schlitzes an den Seiten unter den Armen erzielt. Zur Betonung der engen Taille wurde diese einerseits mit Binden geschnürt (‣Mieder), andererseits wurden 1365–80 Brust und Schultern mit Baumwolle ausgepolstert (wattiert) oder Brustlätze daruntergezogen und der angesetzte ‣Schoß (1) abgesteppt. (Die Wattierung mag die Sch. vom unteren Rock, dem ‣Wams, übernommen haben, als es schützend unter dem Plattenpanzer lag. Die Tendenz war Verknappung des Gewandes und Körperbetonung.) Die Sch. war kragenlos oder hatte einen kleinen Stehkragen. In Hüfthöhe, beinahe am Rocksaum lag als ritterliches Attribut ein Ziergürtel, der ‣Dusing. Um ein Herabgleiten des ‣Gürtels zu verhindern, wurde er seitlich angehängt; zugleich hielt die Schwere des Gürtels das Oberteil straff. Ende des 14. Jh.s kam ein Taillengürtel hinzu. Die zunächst noch bis zum Handgelenk reichenden ‣Ärmel waren tüten- oder beutelförmig, selten glatt und anliegend. Gegen Ende des 14. Jh.s erhielt das Ende des engen Ärmels innen eine zungenartige Verlängerung, die zur ‣Muffe wurde. Auch gab es vom Oberteil getrennte Ärmel. Um 1400 verlängerten sich Beutel- und Tütenärmel (‣Flügelärmel) bis mindestens zum Knie und erhielten die modische Zattelung (‣Zattel), zuweilen auch eine Pelzfütterung. ‣Jacke, ‣Jackett.

Scheibl, Scheubl, *das* (spätmhd.; wahrscheinlich von ‣*Schaube,* obwohl schnittmäßig nicht übereinstimmend), kurzer, kreisrunder Umhang Ende 15. / Anfang 16. Jh.

Schellen, in Deutschland vom 14. Jh. bis zu ihrem Verbot 1480 ein beliebter modischer Schmuck an ‣Ärmeln, ‣Kragen, Schnabelschuhen, an ‣Dusing und ‣Hornfessel, anfangs nur von vornehmen Herren, nach 1370 auch von der Frau und von Klerikern getragen, in der Kirche jedoch verboten. (Erstmals war der Krönungsmantel Kaiser Ottos III. im Jahr 996 mit 355 granatapfelförmigen Glöckchen verziert, im Andenken an den Sieg Ottos I. über die Sch. tragenden Ungarn 955.) Die Sch. wurden in den nördlichen und südlichen, jedoch nicht in den westlichen Ländern außerhalb Deutschlands übernommen. Bis heute erhielten sie sich in der Narrentracht[39]; im 18. Jh. wurde die Narrenkappe als *Sch.-Kappe* bezeichnet.

S(c)henti ‣Schurz.

Schiebermütze ‣Schirmmütze.

Abb. 459. Schillerkragen. Aus einem Schiller-Porträt von Anton Graff. 1786–91.

Schildkappe ‣Kopfbedeckung (ab Ende 18. Jh.), ‣Schirmmütze.

Schillerkragen,[332] offener, über den Rockkragen gelegter Hemdkragen, wie Friedrich Schiller (1759–1805) ihn nach der Mode seiner Zeit trug; modischer Ausdruck der Sturm-und-Drang-Bewegung. Die Bezeichnung Sch. kam Anfang des 20. Jh.s mit der Jugendbewegung der Wandervögel auf.

Schinkenärmel ‣Hammelkeulenärmel.

Schirm. 1. Schutzdach gegen die Sonne und seit dem 18. Jh. gegen den Regen, heute bestehend aus Krücke, Stock, Metallgestell und Stoffbezug. Der Sonnen-Sch., meist in Kuppelform und mit einem daran seitlich oder hinten angebrachten Stock[2], war im ägyptischen Altertum, im Orient, in China und Japan Hoheitszeichen und wurde von einem Diener (Sch.-Träger) getragen.

In der griechischen Antike ist der Sch. für die vornehme Frau seit dem 5. Jh. v. Chr. belegt, in einer flachen Kegelform mit einem Tragestab hinten, aber auch schon in der Mitte (offensichtlich zum Selbsttragen). Literarische Quellen lassen bereits auf einen zusammenklappbaren Sch. schließen. Römerinnen scheinen den Sch. auch schon gegen Regen verwendet zu haben. In der Spätantike gab es für die Wohlhabenden Sch.e. aus Elfenbeinstäben und mit Seidenüberzug. Im Mittelalter tauchte der Sch. als Nutzgegenstand nicht auf. Erst in der 2. Hälfte des 16. Jh.s wurde er zuweilen in Italien als Sonnenschutz verwendet, nicht zuletzt um einen hellen Gesichtsteint zu bewahren. Es gab auch große, zusammenklappbare Sch.e. für mehrere Personen aus einem Holzgestell mit Lederdach, *Umbral* genannt. Maria de' Medici brachte nach 1600 den Sch. nach Frankreich. Im 17. Jh. waren französische Sch.e aus Fischbeingestell mit Wachstuchbezug noch sehr schwer. Aber die vornehme Dame fuhr ja in der Kutsche, und die Bürgerin trug die ‣Regenkappe. Mitte des 17. Jh.s sah man erstmals in Frankreich chinesische Sch.e aus Papier. Im 18. Jh. wurde der Sch.-Aufbau zusehends verbessert, auch der in der Mitte zusammenklappbare Stock erfunden, der jedoch noch sehr unvollkommen war und sich nicht durchsetzte. Nun wurde zwischen dem kleineren mit Volants oder Fransen verzierten *Sonnen-Sch.* (*Parasol,* frz.) aus hellem Stoff und dem größeren, dunkelfarbigen *Regen-Sch.* aus Wachstuch sowie zwischen einem *Herren-* und *Damenregen-Sch.* unterschieden. Gefertigt wurde der Sch. vom Beutler (Taschner).

In den letzten Jahrzehnten des 18. Jh.s verwendete die Dame gern den *Stock-Sch.,* auch als Spazierstock, den man zusammengeklappt an der Sch.-Spitze hielt. 1795–1860 war der *Knicker,* in Frankreich *Marquise* genannt, in Mode, ein zierlicher Sonnen-Sch., dessen Dach zur Seite umgeklappt und damit graziler, wie ein Fächer, gehandhabt werden konnte. 1806 wog ein Regen-Sch. noch 10 Pfund. 1829 kam Sch.-Seide auf, und erst 1852 ersetzte der Engländer Samuel Fox die Fischbein- und Holzstäbe durch relativ dünne Stahlreifen, wodurch das Gewicht des Sch.s entschieden verringert wurde. Der Sonnen-Sch. wurde im 19. Jh. in der Farbe des Kleides gehalten[91,93], kam um 1910 aus der Mode, da ein heller Gesichtsteint nicht mehr unbedingtes Schönheitsideal war, und ist gänzlich seit dem 1. Weltkrieg verschwunden. Seither ist der Sch. weitgehend ein Regen-Sch., beim Herrn meist in Schwarz. 1926 erfand H. Haupt den *Knirps,* einen Patent-Sch. mit zusammenschiebbarem Stock. Der Stock-Sch. unterliegt geringen modischen Änderungen meist in der Krücke und Spitze[375,453]; es gibt u.a. den reinseidenen Taft-, den bäuerlichen Baumwoll- und einen Ölhaut-Sch.

2. Bezeichnung der waagrecht abstehenden vorderen ▸Krempe einer ▸Kopfbedeckung.

Schirmmütze, Mütze mit flachem, weichem Kopf und einem Schild als Sichtschutz, als Schildkappe zur Jagd (engl. *hunting cap,* frz. *casquette*) spätestens seit dem 16. Jh. bekannt. Im 19. Jh. typische Kopfbedeckung der Arbeiter (seit dem 1. Mai 1889 als Symbol des Arbeiters in Paris eingeführt) und Handwerker, als solche auch Schiebermütze genannt, nach dem Kleinkriminellen, der Waren ›verschiebt‹; mit einem steiferen Kopf auch Studentenkappe. Wurde Ende des 19. Jh.s zur Sportmütze[468] (▸Tenniskleidung), in den 1920er Jahren auch zur ▸Golfkleidung.

Schiwago-Look, durch den erfolgreichen US-Film »Dr. Schiwago« (1966) angeregte kurzlebige, waden- bis knöchellange weibliche Mantelmode (gerade zur Zeit der ▸Mini-Mode!) in einem pseudorussischen Stil (Pelzverbrämung, doppelreihiger Posamentenverschluss, ▸Posament, breiter Kragen und ▸Revers), ergänzt durch eine russische Pelzkappe mit aufgeschlagenen Ohrenklappen und Nackenrand, ▸Chapka.

Abb. 460. Schirmmütze (Schiebermütze) aus Leder. 2001/02.

Schlafanzug ▸Nachthemd, ▸Pyjama.

Schlafrock ▸Hauskleidung.

Schlaghose, Hose mit extrem weiten Beinen, um 1925 als ▸Oxford-Hose, um 1970 als ▸Manchesterhose modern. Auch Teil der ▸Techno-Mode.

Schlappe ▸Pantoffel.

Schlapphut,[131] auch *Schwedenhut, Kavaliershut* oder *Respondent* genannt, dunkler Biberfilzhut mit extrem breiter, weicher Krempe und rundem, ungesteiftem Kopf. Die Krempe konnte auf der einen oder anderen Seite hochgeschlagen, mit einer großen, nach hinten wehenden Straußenfeder oder einem Fuchsschwanz, der Kopf mit einem Hutband verziert werden, der Gemütsverfassung des Trägers entsprechend (lat. *respondere* ›antworten, entsprechen‹, daher *Respondent*). Der Sch. war in der Renaissance Kopfbedeckung der Bauern und erhielt sich in der Kriegstracht; er findet sich neben dem ▸Barett in der Kleidung der Landsknechte. In der 1. Hälfte des 17. Jh.s war er beim Zivil als Kavaliershut[331] Mode und wurde (durchaus als »emanzipatorisches« Symbol) von adligen Damen getragen.[62] ▸Kalabreser, ▸Kopfbedeckung.

Schleier ‣Autoschleier[135], ‣Bavolet, ‣Brautkleidung, ‣Chador, ‣Hennin, ‣Kopfbedeckung, ‣Sturz, ‣Trauerkleidung.

Schleife.[83,85,105] **1.** *Querbinder,* österr. *Masche(rl).* Die Sch. entstand aus der Halsbinde (‣Krawatte). Vorläufer der Sch. war die in den 1670er und 1680er Jahren über das Halstuch gebundene separate Sch. aus steifem Taft oder Moiré, oft in kräftigen Farben, sowie in den 1730er/40er Jahren die *Solitaire,* d.i. das vorn als Pendant zur Nacken-Sch. gebundene Ende der ‣Haarbeutelfrisur. In der 1. Hälfte des 18. Jh.s wurde auch noch die Krawatte mit einer Sch. (*Schleifenkrawatte*) gebunden.

Im 2. Viertel des 19. Jh.s entwickelte sich aus der breiten Halsbinde (‣Krawatte) eine schmälere Sch., die nach etwa 1867 mit Aufkommen des Langbinders zu einem selbständigen Begriff wurde. In der 2. Hälfte des 19. Jh.s galt die ‣*Lavallière* als Künstler-Sch., als deren Vorbild die *Cravate à la Byron* (‣Krawatte, um 1828) angesehen werden kann. Es entwickelte sich eine große Vielfalt an Schleifenformen und deren Knoten, die meist Phantasienamen erhielten. Ende des 19. Jh.s wurde die blaue, weißgepunktete *Lipton-Sch.* mit herabhängenden Enden, benannt nach dem englischen »Teekönig« Sir Lipton, berühmt und mit ‣Klappenkragen zu offizieller Tageskleidung getragen.

Die *Butterfly-* oder *Schmetterlings-Sch.* mit asymmetrisch diagonalen Enden, dezent farbig oder gemustert, kam durch Puccinis Welterfolg der »Madame Butterfly« 1904 in Mode. Im Unterschied dazu gibt es die auch zum Klappenkragen korrekte ‣*Battoir-Form* mit zwei sichtbaren, eckigen oder abgerundeten Flügelenden. In den 1930er Jahren kam die *Boheme-Sch.* mit schmalen, waagrechten Flügeln und herabhängenden Enden auf.

Um 1950 kam die *Libelle* oder *Fliege* mit langen, schmalen Flügeln und kleinem Knoten in Mode, die den Querbinder zum Tagesanzug insgesamt wieder populär machte. Zum ‣Frack ist der weiße Querbinder aus Pikee oder Batist, zum ‣Smoking die schwarze Sch.

Abb. 461. Schleifen. a) Butterfly. b) Helgoland.

aus Atlas, zuweilen aus Samt, korrekt. (Nur Kellner tragen zum Frack eine schwarze Sch.) Im Unterschied zum eleganteren Selbstbinder gab es stets auch fertige Sch.n mit einer Schließe hinten.[382]

2. *Schluppe,* österr. auch *Masche,* in der 2. Hälfte des 16. Jh.s aus der ‣Nestel mit einfacher Schluppe hervorgegangene Zier-Sch. aus einem Stück ‣Band (nur vereinzelt gab es diese auch schon früher), die zu einer sog. *Doppelaugen-Sch.* gelegt wurde. Nach dem Verhaltensforscher Otto Koenig soll sie zur Abwehr des »bösen Blicks« entstanden sein. Im Früh- und Hochbarock zierten Sch.n besonders die Männerkleidung wie die Taille des ‣Wamses und die ‣Rheingrafenhose[65,331], wofür bei Vornehmen 150 m Band verbraucht wurden. Im Spätbarock ging der Schleifenschmuck auf die Frauenkleidung[200], insbesondere auf ‣Stecker (‣Échelle) und Kleidsaum, sowie auf die Schuhe über und hielt sich bis ins letzte Viertel des 18. Jh.s Seither wird Schleifenschmuck wesentlich sparsamer angewandt. ‣Kokarde.

Schlender ‣Adrienne, ‣Kontusch(e).

Schleppe (mhd. *swanz, swenzelin;* im 16./17. Jh. *Schweif*). Der hinten am Boden nachschleppende Teil des Kleid- oder Mantelsaumes; auch selbständiges Kleidungsstück, an den Schultern oder der Taille befestigt. Die Sch. war meist Rang- oder Würdezeichen.

In den letzten Jahrzehnten des 12. Jh.s verlängerte sich erstmals das ‣Kleid hinten zu einer Sch. Im 13. Jh. schleppte das Kleid ringsum und wurde von der Frau vorn hochgerafft, hatte jedoch keine eigentliche Sch. Im 14. Jh. bestimmte die Sch. die Mode der vornehmen Frau am burgundischen Hof[38]; im 15. Jh. wurde sie von Deutschland übernommen. Die Länge der Sch. war in ‣Kleiderordnungen je nach Stand und Rang der Trägerin festgelegt. In Frankreich wurde die Sch. 1470 unmodern, während sie in den Niederlanden und in Deutschland noch große Mode blieb.

Im Hochbarock war das Kleid hinten nur leicht schleppend. Neuerlich kam die Sch. im Spätbarock am ‣Manteau[69] auf und hielt sich im 18. Jh., nur gering am Boden aufliegend, an ‣Adrienne und ‣Robe à la française, jedoch nicht an der ‣Grande parure[74] und dem Reifrock à coudes (‣Reifrock). Hier war eine lange

Sch. zum Anknöpfen, frz. *Bas de robe,* vorgesehen, die erst unmittelbar vor der großen ‣Gala angelegt wurde. Auch die englische Kleidmode der adeligen Dame im letzten Viertel des 18. Jh.s endete sozusagen in einer Sch. (Die bürgerliche Kleidung kannte noch keine Sch.) Selbst die ‣Chemise (2) um 1800 hatte eine Sch.[178] Hier konnte sie auch separat am Taillenband angesetzt sein.

Nach 1806 kam die Sch. in der Tageskleidung aus der Mode; sie erhielt sich in der sog. ‣*Cour-Sch.* 1869–75 wies erstmals das bürgerliche Tageskleid eine Sch. auf. Der hinten über der ‣Turnüre hochgeraffte Oberrock, seltener der untere Rock lief in einer Sch. aus, allerdings trennte man zwischen fußfreiem Straßenkleid und dem Nachmittagskleid mit Sch. Zur Zeit der ‣Engen Mode (1875–81) hielt man nur noch beim Gesellschafts- und Ballkleid an der Sch. fest; sie setzte unterhalb der Knie am hinten zu einem schmalen Stoffstreifen zusammengerafften oberen Rock an. Zur Zweiten Turnüre (bis 1888) hatte nur das große Ballkleid eine schmale Sch. Um 1900, zur Zeit des Sans ventre (‣Kleid), präsentierten sich Gesellschafts- und Ballkleider, danach phantasievolle Abendroben des ‣Art Déco mit einer Sch.[402]

Im 20. Jh. tauchte die Sch. bei ‣Abendkleidern in den 1930er (nach 1933) und 1950er Jahren (bei der ‣Engen Linie) auf.

Schließe ‣Verschluss.

Schlips ‣Krawatte.

Schlitz, dt. ehem. auch *Gehacktes* oder *Zerhauenes.* Um 1480 wurde in Italien begonnen, die anliegenden ‣Ärmel an Schultern und Ellbogen aufzuschlitzen[310, 311], so dass das weiße ‣Hemd hervorquoll[39, 40], sowie die Strumpfhose (‣Strumpf), des Mannes an den Oberschenkeln zu senkrechten Sch.en aufzuschneiden[310, 311] und diese mit einem andersfarbigen Stoff zu unterlegen. Die Sch.e wurden in den Stoff eingeschlagen oder mit einem Locheisen eingebrannt, aber auch bereits von den Webern als sog. *gehackte Stoffe* hergestellt[42]. Die Mode der Sch.e war in ganz Europa in der Oberkleidung beider Geschlechter um 1500 bis Anfang des 17. Jh.s verbreitet.[46, 49] Den Höhepunkt stellte die Kleidung der Landsknechte dar, die oft in über 5000 mit bunter Kartek- oder anderer Futterseide (‣Stoff) unterlegte Sch.e aufgelöst war.[433] Die Sch.e waren krummlinig, bogenförmig (S-Form), quer oder zu einem Blumen- oder Sternenmuster angeordnet und konnten in den einzelnen Gewandteilen unterschiedlich sein. Knöpfe, Nestel oder Edelsteine hielten sie oft zusammen. Besonders extrem geschlitzt war die ‣Pluderhose[131]. Selbst ‣Handschuh, ‣Kuhmaulschuh, und ‣Barett wiesen Sch.e auf. Um 1630–50 gab es erneut an den Ärmeln Längs-Sch.e.[433]

Schlüpfer. 1. Frauenunterhose mit Gummizug in der Taille und kurzen Beinen[499], im Unterschied zum kleineren *Slip,* der keinen Beinansatz hat. Der Sch. kam etwa 1914, der Slip erst in den 1960er Jahren auf. **2.** Loser, sportlicher Herrenmantel mit großen, tiefen Armlöchern und Raglan- oder Kugelärmeln (*Kugel-Sch.;* ‣Raglan). Der Sch. kam Anfang des 20. Jh.s als ‣Auto- oder ‣Staubmantel auf und war in den 1920er Jahren ein besonders weiter, glockiger Reisemantel, einreihig, mit dem später so genannten Slipon-Revers (‣Revers). Aus dem Sch. entwickelte sich in den 1930er Jahren der ‣*Slipon.*

Schlumperhose,[131] im 1. Drittel des 17. Jh.s getragene wadenlange ‣Hose des Mannes mit gleichmäßig weiten, nicht mehr geschlitzten oder gepolsterten Beinen, die unter dem Knie einen leichten Überfall bildeten und dort mit einem breiten, seitlich zu einer Schleife gebundenen Band zusammengehalten wurden[131]. Die Seitennaht war oft mit Knöpfen verziert. Die Sch. war noch mit ‣Nesteln an die Wamstaille befestigt, das einfache Volk behalf sich mit einem Gürtel. Vor allem in Deutschland und den Niederlanden verbreitet. ‣Knickerbocker (1).

Schluppe ‣Schleife (2).

Schlurpfer ‣Decke, ‣Muff.

Schmetterlingshaube[38] ‣Hennin.

Schnabelhaube ‣Schnebbe (1).

Schnabelschuh[39, 435] ‣Fußbekleidung (Altertum, Antike, 2. Hälfte 14., 15. Jh.).

Schnauzbart ‣Schnurrbart.

Schnebbe, *die* (mhd., ›Schnabel, Spitze‹). **1.** *Schniepe, Schnibbe,* kleine, dreieckige Frauenhaube mit einer in die Stirn ragenden Spitze, zuweilen auch mit zwei seitlichen Spitzen. Die Sch. entwickelte sich um 1600 aus der Stuarthaube (▸Attif(f)et) und war in der 1. Hälfte des 17. Jh.s allgemein. Maria de' Medici (Gattin Heinrichs IV. von Frankreich) soll 1610 die Sch. als Bestandteil der ▸Trauerkleidung[491] eingeführt haben. Danach wurde die Sch. noch von Landfrauen getragen, war um 1825 kurzfristig erneut modische Kopfbedeckung und lebt bis heute in Volkstrachten fort. **2.** *Schneppe, Schnebbentaille*[61,66] vorn spitze, mehr oder weniger tief in den ▸Rock (2) reichende ▸Taille (2) des Kleidoberteils[71,72], im 16. bis 19. Jh.[337b,339] ▸Blankscheit, ▸Borst[51,60], ▸Kleid, ▸Korsett, ▸Mieder.

Schneiderhandwerk ▸Haute Couture, ▸Konfektion, ▸Schnittmuster.

Schnittmuster, individuelle oder standardisierte Musterschablonen, denen eine S.-Konstruktion anhand einer Entwurfzeichnung (▸Design) sowie anhand von Körpermaßen oder Formschablonen zugrunde liegt. ▸Haute Couture, ▸Konfektion.

In erster Linie ist es das S., das die gleichsam unendliche Reproduzierbarkeit einer Kleidung gewährleistet. S. sind die wichtigsten Multiplikatoren in der Mode.

Die ältesten erhaltenen (gedruckten) S.-Bücher stammen aus dem 16. Jh.; eines der berühmtesten ist von Juan de Alcega »Libro de geometria practica y traça«, Madrid 1589. Brachte das 17. und 18. Jh. kaum Innovationen in der Bekleidungsherstellung, so wurde im 19. Jh. die Schnitttechnik erheblich verbessert. Zahlreiche Schnittsysteme wurden im 19. Jh. aus der Vermessung und Normierung des menschlichen Körpers entwickelt und verbessert. Im 20. Jh. setzte sich die preisgünstige Vervielfältigung von S. in Form von S.bogen durch, die u.a. Modezeitschriften beilagen. Diese Schnittbogen wurden in den 1950er bis zu Beginn der 1960er Jahre zum eigentlichen Motor der Mode, einerseits aus Mangel an Konfektionsmode, andererseits aus Mangel an professionellen Schneiderinnen.

Schnürbrust, Schnürleib ▸Leibchen, ▸Mieder.

Schnürsenkel ▸Nestel.

Schnurrbart, im süddeutschen Raum urspr. *Schnauzbart* genannt. Im 18. Jh. bei Soldaten aufgekommene Bezeichnung für den Oberlippenbart. Die Fasson des Sch.s wechselte stark nach der Mode. ▸Bart (1), ▸Bürste, ▸Englischer Sch., ▸Es ist erreicht, ▸Fliege (1), ▸Granne, ▸Menjou-Bärtchen, ▸Zwirbelbart.

Schönheitspflaster (frz. *mouche* ›Fliege‹). Als Kontrast zum hellen Teint wurden im 17. und 18. Jh. von Damen wie Herren Sch. getragen. Sie waren aus gummiertem schwarzen Taft, in vielerlei Formen (Mücken, Halbmonde, Sterne, selbst zierliche Kutschen mit Pferden, später Punkte) und hatten je nach Platzierung eine besondere Bedeutung, u.a.: am Mundwinkel *la baiserie* (frz., ›die Kussfreudige‹), auf der Wange *la galante* (›die Galante‹), am Busen *la révéleuse* (›die Offenherzige‹). ▸Mouche (1).

Schößchen, sehr kurzer, meist gezogener, auch nur im Rücken angesetzter ▸Schoß (1) der Frauenjacke, des zur ▸Krinoline (1848–1868/69) getragenen ▸Schoßleibchens und der verlängerten Taille des ▸Kleides zur Zeit der Zweiten ▸Turnüre (1882–88). Bei den beiden Letzteren wurde das Sch. ▸*Postillon* genannt und erhielt sich im Tegernseer Trachtenoberteil, dem Schalk.

Schoß. 1. *Der Sch.,* in der Taille angesetzter, bis zum Saum reichender, also Hüften, Oberschenkel, auch die Knie bedeckender Teil von ▸Jacke, ▸Mantel, ▸Rock (1), ▸Wams und ▸Weste. **2.** *Die Sch.,* österr. für ▸*Rock* (2).

Schoßbluse ▸Badekleidung.

Schoßjacke, ▸Jacke (2) der Frau mit ▸Schoß (1), in Stoff und Farbe auch vom ▸Rock (2) verschieden. ▸Basquina[62].

Schoßleibchen, Schoßtaille, miederartig anliegendes, eventuell vorn zu knöpfendes oder mit einer ▸Chemisette unterlegtes Oberteil des Kleides mit angeschnittenem ▸Schoß (1), besonders zur ▸Krinoline um 1848–56. (Im Unterschied zur ▸Schoßjacke stets an den Kleidrock genäht und aus dem Stoff des Rockes.)

Abb. 462. Schoßtaille aus Jersey mit Metallperlenstickerei. Um 1888. Bremer Landesmuseum für Kunst- und Kulturgeschichte (Focke-Museum).

Schoßrock, engl. *Jerkin,* ‣Faltrock, ‣Gehrock, ‣Marlota, ‣Rock (1), ‣Ropilla, ‣Sayo, ‣Wams.

Schrägschnitt (engl. *bias cut*). Beim S. wird der Stoff nicht parallel zum Fadenlauf, sondern quer zugeschnitten. ‣Haute Couture[346], ‣Kleid (1930er Jahre)[108], M. ‣Vionnet.

Schürze (erst im 17. Jh. aufgekommene Bezeichnung; ‣Schurz). In der kretisch-minoischen (1720–1200 v. Chr.) Frauenkleidung findet man einen schürzenartigen Hüftüberwurf, heute auch als *Hüftponcho* (‣Poncho) bezeichnet[11], als königliches oder priesterliches Rangabzeichen. Seit dem 11. Jh. sind das Kleid schützende, um die Taille gebundene Sch.n (Halb-Sch.)[39, 42, 44], seit dem 16. Jh. Latz-Sch.n belegt. Ende 15. bis 17. Jh. in Deutschland *Fürtuch*[55, 63] genannt. In der 2. Hälfte des 16. Jh.s wurde eine dichtgefältelte, lange Sch. zum modischen Frauenkleid, auch zur Festkleidung[306] getragen. Im Spätbarock war eine kostbare Zier-Sch. aus feinem Leinen und Seide oder Spitzen hoffähig. Sie war mit Volants (‣Falbel) oder ‣Froschmäulchen eingefasst und hatte einen kleinen viereckigen, rauten- oder schildförmigen Latz (frz. *Bavette).* Im Rokoko gehörte zum modischen Kleid »à la Schäferin« eine sog. *Tändel-Sch.,* die sich in der Sch. des Stubenmädchens[73] erhielt. In der bürgerlichen Alltagskleidung wurde stets eine schlichte Sch., um 1835–45 eine Sch. aus feinem Batist getragen. Eine bunte Sch. war zur Zeit der ‣Turnüre (1869–75) in Mode, die danach zur Zeit der Engen Mode (1875–81) und der Zweiten ‣Turnüre (‣Kleid 1882–88) aus dem Kleidstoff gearbeitet, querdrapiert und in der Kleidtaille befestigt war, so dass sie Teil des Oberrocks wurde. Im 20. Jh. kamen *Kleider-* und *Kittel-Sch.n,* in den 1950er Jahren die sehr kleine *Cocktail-Sch.* auf.

Sch.n sind in Volkstrachten, auch bei Männern, und als Arbeits-Sch. bis heute erhalten. Eine *Männer-Sch.* ist als Arbeitskleidung für Handwerker, z. B. Schmiede, seit dem 13. Jh. und seit dem 14. Jh. auch als Latz-Sch. belegt. Wurde zum Berufssymbol, z. B. der Metzger.

Schuh ‣Fußbekleidung.

Schulterklappe, *Schulterspange,* über die Schulternaht zuknöpfbarer oder angenähter Stoffstreifen; erstmals auf Grenadieruniformen kurz nach 1700 angebracht, um die Handgranatentasche zu halten. Sch.n hielten sich an Uniformen, am ‣Trenchcoat[428] und an betont sportlicher Kleidung. (Die ‣Epaulette leitet sich nicht von der Sch. her, wie oft fälschlich angenommen wird.)

Schulterkragen, Schultertuch[172] ‣Can(n)ezou, ‣Fichu, ‣Kragen, ‣Palatine.

Schulterpolster, Schulterpuffe, Schulterwulst ‣Achselstück, ‣Ärmel, ‣Mahoître.

Schulterumhang ‣Capa, ‣Cape, ‣Mantel, ‣Pelerine.

Schurz (von ahd. *scurz* ›abgeschnitten, kurz‹), *Lenden-Sch.,* eines der ältesten Kleidungsstücke, zum Schutz der Schamteile um die Hüften geschlungen.

In der späten Altsteinzeit (um 20 000 v. Chr.) bestand der Sch. aus Fellen oder Flechtwerk, in der Jungsteinzeit (7./6. Jahrtausend v. Chr.) bereits aus einem schmalen Stoffrechteck.

Im ägyptischen Altertum (etwa seit 3200 v. Chr.) stellte der Sch.[8, 9] (zuweilen mit ‣*S(c)henti* transkribiert) aus einem meist feingefältelten, dünnen Leinenstück das Hauptbekleidungsstück des Mannes dar. Der Sch. wurde von allen Ständen getragen, unterschied sich aber in der Drapierung und war bei König und Priester mit farbigen Bordüren und Goldfäden durchwirkt. Der ägyptische Sch. weist

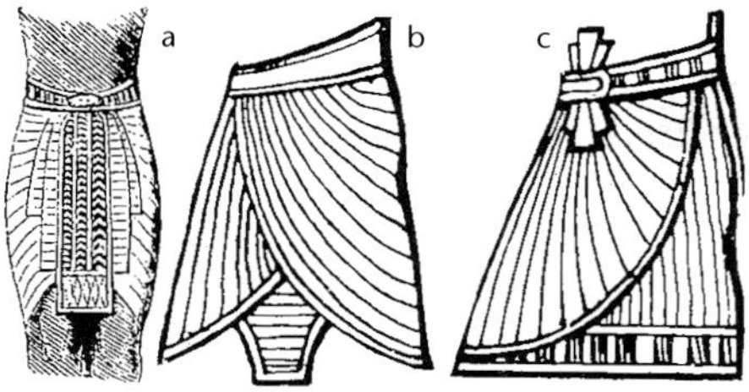

Abb. 463. Variationen des ägyptischen Schurzes. Nach Weiss (a) und Mützel (b–c).

etwa 40 verschiedene Drapierungsweisen auf, entweder gefältelt oder glatt, vorn einfach geknotet oder so geschlungen, dass ein vielfach abgesteiftes Stoffdreieck mit der Spitze nach oben, zur Zeit Amenophis' IV. Echnaton (1406–1370 v. Chr.) nach unten entstand. Der königliche Kurz-Sch. hatte 2 Teile, d. h. in der vorderen Mitte einen quergefältelten, trapezförmigen Mittel-Sch. und den eigentlichen Lenden-Sch., die beide an einem Gürtel befestigt waren. Als im Mittleren Reich (2040–1650 v. Chr.) lange Gewänder aufkamen, wurde der Sch. darunter, seltener darüber beibehalten.

Die kretisch-minoische (1720–1200 v. Chr.) Kleidung vornehmer Jünglinge[10] bestand aus einem reichgemusterten, vorn spitz zulaufenden Sch., der an einem engen, wulstigen Gürtel befestigt war. In der Bronzezeit (1800–750 v. Chr.) trug der Mann außer dem ‣Rock (1) einen knielangen, um die Hüften gewickelten und mit einer Wollschnur gehaltenen Sch. In der griechischen Antike trugen Athleten, sofern sie nicht nackt blieben, ein durch die Beine geführtes und an der Hüfte geknotetes Tuch. In der frühesten Zeit der römischen Antike hatten Männer unter dem Umhang bzw. Wickelgewand einen Sch., das ‣*Subligaculum* oder den *Cinctus* (lat., ›mit einem Sch. bekleidet‹, auch für ›altmodisch, altrömisch‹), den bis in die Kaiserzeit die Anhänger alter Sitten der ‣Tunika vorzogen. Auch als Badehose beider Geschlechter war ein Sch. üblich, in einer schmäleren Form *Hemicinctus* (lat., ›Halbschurz‹) genannt, sowie als Turnkleidung das *Campestre,* das man bei den Übungen auf dem Marsfeld und anderen Übungsplätzen *(campus)* trug.

Der Lenden-Sch. ist bis heute, meist in Form eines an einer Schnur befestigten Schamtuchs, einziges Bekleidungsstück bestimmter Naturvölker.

Schurzrobe, ehem. *Robe-Tablier* (frz., ›Kleiderschürze‹), schürzenartiges Überkleid mit Achselbändern, im Rücken mit Bändern oder Haken und Ösen geschlossen, mit der ‣Chemise (2) zu einer selbständigen modischen Kleidform verbunden; etwa 1815–20 als Promenadenkleid beliebt.

Schute,[169] *die* (wahrscheinlich abgeleitet von dem gleichnamigen Schiffstyp durch Vergleich mit dessen weit ausladendem Vordersteven[179]), zunächst in zeitgenössischen Modezeitschriften unübliche Bezeichnung für die ‣Capote[170] (2) mit halbzylindrischem, mehr oder weniger waagrechtem Schirm um 1806–14 und um 1840. Erst als diese Hutform altmodisch geworden war, bürgerte sich die Bezeichnung Sch. allgemein ein. Auf schutenförmigen Hauben trifft man bereits im 15. und in den ersten Jahrzehnten des 16. Jh.s in deutschen Küstengebieten. Inwieweit eine Verbindung zur Sch. des 19. Jh.s besteht, ist ungeklärt.

Schwalbennest[125] ‣Achselstück, ‣Hängeärmel.

Schwangerschaftsmode ‣Pad.

Schwedenhut ‣Schlapphut.

Schwedenkragen ‣Kragen (17. Jh.), ‣Rabat.

Schweif, 16. bis 1. Hälfte 18. Jh. Bezeichnung für ‣*Schleppe.*

Schweizer (Militär-)Hut ‣Androsmane.

Second-hand-Mode, bereits getragene Kleidung, die im Zuge eines Nostalgie- oder Retro-Looks entdeckt und im originalen oder veränderten Zustand wieder getragen oder redesigned (‣Adrover) wird. Ähnlich der S. ist die Vintage-Mode (von amerik. *vintage,* ›Jahrgang‹, übertragen auf Mode eines alten Jahrgangs). ‣Grunge, ‣Hippie-Mode, M. ‣Prada.

Segmenta ‣Tunika.

Seide ‣Stoff.

Seit ‣Stoff (Mittelalter).

Sella, *die* (ital., ›Sattel‹), kleinere Abart der ‣Hörnerhaube der Frau in der italienischen Frührenaissance. Die S. war mit Edelsteinen und Perlen sowie mit einem oft lang herabwallenden Schleier verziert.

Sendel, *der* (von griech. *sindōn;* arab. *çandal;* mlat. *cendalum*), in der Antike ein vom Sinduh (Indus) stammendes Baumwollgewebe. Im Mittelalter eine leichte Seide (mhd. *zendal, zindal*), die schon im 13. Jh. in Florenz (ital. *zendado*) und Regensburg (*Zendeltaft*) hergestellt wurde.

Sendelbinde,[37,38,257] langer, wahrscheinlich aus ‣Sendel gearbeiteter Schwanz der ‣Gugel, der auch als Trageband diente oder mit dem man die Gugel auf den Rücken herabhängen ließ. Wurde die Gugel nur lose aufgesetzt und nicht über den Kopf gestülpt, konnte sie mit der S. um das Kinn befestigt werden. Als die Gugel nach etwa 1360 auch turbanartige Kopfbedeckung wurde, fiel die S. dabei meist leer herab. Die Bezeichnung »S.« ging nun – auch *Sendelring* genannt – auf die gesamte turbanartige Kopfbedeckung, ital. ‣*Cappuccio,* frz. ‣*Chaperon*[176] genannt, über. ‣Schap(p)(e)-ron.

Separates, *Pl.* (engl., ›einzelne Teile‹), 1956 aus den USA kommende Bezeichnung für mehrere Kleidungsstücke, die in Schnitt, Material oder Farbe zusammenpassen, jedoch nicht als Ganzes angeboten werden; auch Bezeichnung für den ‣kombinierten Herrenanzug. Im Unterschied dazu ‣Coordinates (2), ‣Complet (1), ‣Ensemble, ‣Set.

Séparéstreifen ‣Bandelierstreifen.

Serge ‣Stoff (Mittelalter).

Serviteur ‣Chemisette, ‣Plastron (2).

Set, *das* oder *der* (engl., ›Satz‹), in der Kleinkonfektion durch gleiches Material, gleiche Farbe oder Verzierung zusammenpassende Teile, z. B. Pullover und Weste; auch *Twinset* (engl., ›Zwillingsgarnitur‹) genannt. Besonders in den 1950er Jahren aktuell.

Sevilla ‣Halbzylinder.

S-Form,[100,501] auch *Sans-Ventre-Linie* genannt, ‣Kleid und ‣Korsett (1899/1900–1906/07).

Shantung ‣Stoff (19. Jh.).

Shetland ‣Stoff (19. Jh.).

Shiftkleid (von engl. *shift,* einfaches Leinenhemd der 2. Hälfte 16. / Anfang 17. Jh.), von H. de ‣Givenchy um 1955 lanciert, auch Etui- und Futteralkleid genannt. Charakteristisch: Rücken- und Vorderteil sowie die Ärmel des Kleides sind angekraust an eine die Schultern mit einbeziehende Schulterpasse (‣Sattel). Das

Abb. 464. Shorts als Freizeitkleidung, beim Herrn kombiniert mit Hemd und Krawatte, bei der Frau mit anliegendem, schulterfreiem Ringelpullover. 1956. Kunstbibliothek, Berlin.

Abb. 465. Boxershorts von Montgommery. 1986.

Sh. als gerades, schmales Kleid kreierte O. ‣Cassini Anfang der 1960er Jahre für Jacqueline Kennedy, in den 1990ern wieder modern.

Shirt, *das* (engl., ›Hemd‹), Sammelbezeichnung für Oberbekleidung im Hemdschnitt. *Sh.-Jacken* aus Jeansstoff (‣Jean) waren Anfang der 1970er Jahre in Mode. ‣*T-Shirt,* ‣*Sweatshirt.*

Shorts, *Pl.* (von engl. *short,* ›kurz‹), gerade bis zu den Oberschenkeln reichende Sport- oder Freizeithose. Die Sh. wurden ab etwa 1932, von der englischen Tennisspielerin Runny Austin als erster, noch etwas länger und mit Bundfalten, zum Tennissport getragen. In den 1960er Jahren wurden sie immer mehr zur knapp sitzenden, kurzen Freizeithose und erreichten einen Höhepunkt 1971/72 als ‣*Hot pants.* 1979 waren *Boxer-Sh.* aus glänzendem, buntem Satin mit seitlichen, kleinen, abgerundeten Schlitzen und Gummizug in der Taille Mode.

Abb. 466. Skikleidung (Kristianiahose, Anorak und Schildkappe) von Löwenthal & Reichenberg. 1937/38. *Abb. 467.* Ski-Overall von Willy Bogner. München, 1957.

Sibirienne oder *Siberienne,* ‣Stoff (19. Jh.).

Sigillum, *das*[21] (lat., ›Medaillon, Siegel‹), eine runde oder ovale, gestickte, eingewebte oder eingesetzte Gewandverzierung an ‣Tunika und ‣Dalmatika. Das S. findet man vorzugsweise in Gelenknähe, also im Knie- und Schulterbereich, sowie als Abschluss des ‣Clavus. Der Verhaltensforscher Otto Koenig sieht im S. eine magische Darstellung des Auges zur Abwehr des »bösen Blicks« (das Abwehrauge gegen Leiden findet sich bei allen Völkern) und im Besonderen als Abwehrzeichen gegen die gefürchteten Gelenkkrankheiten.

Simarra ‣Zimarra.

Simpelfransen ‣Haarmode (Frau, 17., 20. Jh.), ‣Stirnfransen.

Simultanées ‣Farben und Muster, ‣Delaunay, Sonia.

Sinus, *der* (lat.), Falte(nbogen) der ‣Toga.

Skikleidung (als Sportkleidung). Im letzten Jahrzehnt des 19. Jh.s sah man im Alpengebiet die ersten Schneeschuhläufer (Skiläufer), die Männer in ‣Knickerbocker (1) mit Wickelgamaschen und Strickweste (Sweater, ‣Jumper), die wenigen Frauen im langen ‣Falten- oder ‣Glockenrock mit ‣Gamaschen und vorn knöpfbarem Sweater, um 1900 im ‣Hosenrock. 1911 trug die Frau erstmals einen nur wadenlangen Rock oder eine ‣Kniehose mit Wickelgamaschen (Vorschlag), jedoch meist einen Rock darüber. Besonders beliebt waren lange ‣Schals. In den 1920er und 1930er Jahren war der sog. Norwegeranzug mit knöchellanger Überfallhose (Kristianiahose, nach dem ehem. Namen von Oslo) und lumberjackartiger Jacke aus Wolltuch aktuell. 1936 wurde er von ‣Keilhose und ‣Anorak abgelöst, anfangs aus Garbardine, nach 1956 aus Lastex, produ-

Abb. 468. Snowboardkleidung mit Daunenweste über Karo-Jacke, Cargo pants und Strickmütze mit Schirm. Modell Willy Bogner 2005/06.

ziert von M. ‣Bogner und in den USA als ›The Bogners‹ bekannt. 1960 brachte Bogner den ersten einteiligen Stretchanzug mit Rennstreifen und den Steppanorak aus Nylon. In den 1960er Jahren wurde das vollelastische Material zunehmend verbessert. Für Schnitt und Ausstattung der S. spielten Windschnittigkeit, Bewegungsfreiheit, Wärme und Wasserdichte eine gewichtige Rolle. Elastische Keilhosen mit in Wadenhöhe angenähtem zweiten ausgestellten Hosenbein kamen auf.

In den 1970er Jahren sah man in der Taille hochgeschnittene Trägerhosen, Anoraks, ‣Overalls und Hosen mit anzippbarem (‣Reißverschluss) Oberteil aus wattiertem, abgestepptem Nylon sowie ‣Jet-Hosen und Ski-Überhosen aus Polyamidfaser mit seitlich durchgehenden Reißverschlüssen. Rennanzüge sind aus bi-elastischem (nach Länge und Breite dehnbarem) Material mit Gelenkpolstern und liegen trikotartig an. 1976 kamen Liftmäntel in Knielänge mit Tunnelgürtel. 1978 setzte sich der sog. Oversize-Stil (engl., ›Übergröße‹) durch: breitschultrige Anoraks oder ‣Parkas aus Daunenstepp kombiniert mit einer superengen Elastikhose. Im Prinzip ist diese S. für beide Geschlechter gleich, die der Frau nur in grelleren Modefarben gehalten. Zum Skilanglauf werden Kniebundhose (‣Kniehose) und Anorak bzw. einteilige Spezialanzüge getragen. Snowboarder tragen extrem weite, den ‣Baggy Pants ähnliche Hosen mit Protektoren und überweite Anoraks mit verlängertem Gesäßteil.

Skinhead. Bereits Mitte der 1960er Jahre formten sich in England die S.s aus diversen Jugendkulturen, u. a. den ‣Mods und Rude Boys (Gangs aus jamaikanischen Einwandererkindern). Die S.s verstanden sich (im Gegensatz zu den eher intellektuellen ‣Hippies) als Arbeiterjugend und unterstrichen dies mit hochgeschlagenen ‣Jeans oder ‣Cordhosen, derben Arbeitsschuhen (‣Doc Martens) und herunterhängenden Hosenträgern, Fred-Perry-Polohemden (nach dem ersten Wimbledonsieger aus dem Arbeitermilieu) extrem kurzen, geschorenen Haaren und waren urspr. Anhänger der jamaikanischen Musik Ska. Erst in den 1970er Jahren wurde die Bez. S. geläufig, im Zusammenhang mit der starken Politisierung der Gruppe und ihrer Spaltung in recht(sradikal)en, auch Boneheads (›Knochenschädel‹) als Identitätssymbol mit weißen Schnürsenkeln und Sweatshirts von der Firma Lonsdale (1960 gegr. Sportartikelhersteller, zumal für den Boxsport, benannt nach dem 5. Earl of Lonsdale, selbst ein passionierter Boxer. We-

Abb. 469. Skinhead mit Blouson, Jeans und typisch herabhängenden Hosenträgern. Um 1998.

gen der mittleren, an »NSDAP« (Nationalsozialistische deutsche Arbeiterpartei) erinnernden Buchstaben »NSDA« wurde die Marke Lonsdale von den rechten Skins entdeckt; zum Entsetzen des Herstellers) sowie den linken »Redskins« (Rothäute) oder Sharps (*Skinheads against racial prejudice*, ›Skinheads gegen rassistische Vorurteile‹) mit roten Schnürsenkeln.

Slacks, *Pl.* (von engl. *slack* ›schlaff, nachlässig‹), urspr. weite Arbeitshose. In den 1930er Jahren aus den USA gekommene lange Oberhose beider Geschlechter mit gerade geschnittenen Beinen und ‣Bügelfalte; durch die Schauspielerin Marlene Dietrich in Mode gebracht. ‣Hose.

Slammerkin ‣Adrienne.

Slim-Jim ‣Krawatte (1950er Jahre), ‣Teddy-Boys.

Slinky, *adj.* (engl., ›hauteng, schlank‹, für hautenges Kleid‹), figurumspielender, fließender Kleidstil in Anlehnung an die Kleidlinie der 1930er Jahre, Anfang der 1970er Jahre in Mode. ‣Kleid.

Slip ‣Schlüpfer (1).

Slipon, *der* (von engl. *slip on* ›hineinschlüpfen‹), aus dem ‣Schlüpfer (2) entstandener, lose geschnittener Herrenmantel mit Raglanärmeln (‣Raglan), die Spangen oder Aufschläge hatten, mit verdeckter, einreihiger Knopfleiste, falschem, leicht angerolltem sog. *S.-Revers,* das durch Offenlassen des obersten Knopfes entsteht, und schrägen Pattentaschen (‣Patten), ab 1937 auch mit Gürtel und geraden Klappentaschen.

Slipper, *der* (engl., von *slip* ›hineinschlüpfen‹), seit etwa 1947 Bezeichnung für einen weitausgeschnittenen Schlupfschuh mit niedrigem Absatz.

Slit-Look ‣Kleid (1971/72).

Slops ‣Hose (Mann, 16. Jh.), ‣Pumphose.

Smock, *der* (engl., ›Kittel‹). **1.** Im 16. und 17. Jh. in England Bezeichnung für ein um Halsausschnitt und Ärmelenden mit Stickerei, Spitzen oder Ziernähten verziertes ‣Hemd, auch Nachthemd mit unter den Armen eingesetzten Stoffzwickeln aus Leinen, meist der Frau. **2.** *Smock (frock)* (engl.), *Smok* (niederd.), knie- bis oberschenkellanger Hemdkittel (Bauernkittel) mit besticktem oder mit Ziernähten versehenem Brust- und Rückenteil, meist aus grobem Leinen. Der S. war bäuerliches Obergewand des Mannes[334] in vielen Teilen Europas (u. a. auch in der altenglischen Volkstracht; die einfache Form wurde in der 2. Hälfte 16. / Anfang 17. Jh. *Shift,* ‣Shiftkleid, genannt). **3.** *Smok(arbeit)* (von engl. *smocking* ›Smokarbeit‹), kleine Stofffalten, die durch Zierstiche zu Mustern gebündelt werden; heute auch mit Mehrnadelmaschinen unter Verwendung von Gummifäden besonders für Kleinkinderkleider und leinene Oberhemden verschiedener Volkstrachten hergestellt.

Smoking, *der* (von engl. *smoke* ›rauchen‹), in England ‣*Dinnerjacket* genannt, auf das 1889 vom Herzog von Sutherland erfundene Frackjackett (‣Frack) zurückgehend, das nie in Damengesellschaft getragen und auf dem Kontinent unter der Bezeichnung »S.« erstmals 1894 erwähnt wurde; »S.« deshalb, weil die Herren zum Aufenthalt im Rauchsalon des Clubs einen offiziell wirkenden Sakko, ein Abend- oder Frack-Jackett, anzulegen wünschten. Von den USA in manche europäische Länder übertragen ist die Bezeichnung *Tuxedo,* nach einem exklusiven Erholungsort bei New York.

Im Schnitt dem Sakkoanzug ähnlich, unterliegt der S. mehr oder weniger dessen modischen Veränderungen (‣Sakko, ‣Hose). Urspr. war anstelle des Knopfes ein Knopfriegel üblich (deshalb meist auch heute nur ein Knopf), damit die ‣Weste zur Geltung kam. Besonders korrekt war der S. ohne Knopf und Taschen. Um die Jahrhundertwende war ein seidenbesetzter Schalkragen modern, der sich bis vor dem 1. Weltkrieg hielt, danach jedoch erst wieder um 1950 aufgegriffen wurde. Im Übrigen waren Kragen und steigendes, stets mit Seide besetztes ‣Revers sowie eingeschnittene Seitentaschen üblich, selten Ärmelaufschläge[85]. Nach dem 1. Weltkrieg verlief das Revers bis zur Taille, um die Hemdbrust besser zur Geltung zu bringen. Mitte der 1920er Jahre kamen der zweireihige S. und eine Brusttasche für das weiße ‣Stecktuch auf. In den 1950er Jahren waren weinrote, türkisch gemusterte oder brokatene Sakkos mit einfarbig abgestimmter Hose besonders modisch. Im Sommer wird häufig ein weißer S. mit weißem Seidenspiegel (‣Spiegel) getragen.

Die *S.-Hose* ist im Schnitt der Sakkohose angeglichen, jedoch stets ohne Aufschlag (‣Stulpe); ihre Seitennähte waren Ende des 19. Jh.s mit ‣Galonen (1), später ‣Lampassen verziert, die jedoch schmäler als bei der Frackhose ausfielen.

Weste, Hemd und ‣Schleife (1) waren bis ins 1. Jahrzehnt des 20. Jh.s noch stark am Frack orientiert, was zunehmend als unkorrekt empfunden wurde, da man dem S. nur den Status des »kleinen« Gesellschaftsanzugs zugestehen wollte. Die *S.-Weste* war urspr. weiß, doppelreihig, mit tiefem U-förmigen Ausschnitt und Schalkragen. Ab etwa 1913 setzte sich zunehmend die schwarze Weste, stets mit Rücken aus Futterseide, einreihig auf drei Knöpfe geschlossen, mit tiefem Ausschnitt und Schalkragen sowie zwei spitzen Ecken vorn in der Taille durch. In den 1930er Jahren wurde die weiße Weste wieder toleriert und, anfänglich nur im Sommer, durch einen seidenen, schwarzen oder burgunderroten ‣Kummerbund ersetzt. Bis in die 1950er Jahre wurden Weste und Kummerbund, mitunter auch in Weinrot oder gemustert, noch nebeneinander getragen, danach setzte sich der Kummerbund durch. Für kurze Zeit kam dann noch die ‣Kummerweste auf. In den 1970er Jahren ließ man unkorrekterweise oft den Kummerbund weg.

Das *S.-Hemd* hatte um die Jahrhundertwende noch einen Stehkragen, bald jedoch einen ‣Klappenkragen mit leicht abgerundeten Ecken und im 2. Jahrzehnt einen steifen Stehumlegekragen sowie Doppelmanschetten (‣Manschette) und eine stets gestärkte Hemdbrust. Im 3. Jahrzehnt kam zum weißen Sommer-S. ein Hemd nur mit gesteiftem Brusteinsatz aus Pikee oder Waffelleinen (‣Stoff), dann auch mit einem leicht gestärkten Bieseneinsatz und Umlegekragen auf, das sich bald auch für den schwarzen Winter-S. durchsetzte. In den 1960er Jahren wurde die Hemdbrust mit eingewebten Phantasiemustern versehen. 1967 lancierten die Dirigenten Leonard Bernstein und Herbert von Karajan anstelle des Hemdes einen dünnen weißen Rollkragenpullover (‣Pullover). Heute herrscht das klassische S.-Hemd vor.

Die *S.-Schleife* war urspr. wie die Schleife zum Frack weiß und wurde im 2. Jahrzehnt des 20. Jh.s durch eine schwarze oder eine weiß paspelierte (‣Paspel) ersetzt. In den 1950er Jahren sah man kurze Zeit zum Kummerbund oder zum farbigen Sommer-S. weinrote oder türkisch gemusterte Schleifen.

Vor dem 1. Weltkrieg gehörte zum S. die Melone (‣Bowler), danach auch der ‣Chapeau claque (dazu Hemd mit Klappenkragen) und in den 1930er Jahren der schwarze ‣Camber. Im Sommer konnte der Herr einen ‣Canotier aus schwarzem Stroh mit breiter Schärpe und auf Schiffsreisen eine ‣Baskenmütze wählen. Nach dem 2. Weltkrieg wurde der schwarze ‣Homburg oder ein schwarzer Hut mit seidener Unterkrempe getragen.

Mitte der 1920er Jahre trug die Garçonne (‣Garçonne-Mode) einen leicht abgewandelten Herren-S., häufiger ein S.-Kostüm mit engem Rock. Beide kamen um 1975 und 1982 modisch variiert wieder. ‣Messjackett.

Smoking-Jacket ‣Hausjacke.

Snapbrim, *der* (engl., ›Schnapprand‹), sportlich-eleganter Herrenhut aus weichem Filz, mit individuell aufgebogener Krempe und Triangelbeule.

Sneaker (von engl. *sneak* ›schleichen‹) ‣Fußbekleidung, Mann (20. Jh.).

Soccus, *der* (lat., wahrscheinlich von griech. *sýkchos,* einer Art Schuh morgenländischer Herkunft), leichter, niedriger Schlupfschuh oder ‣Pantoffel der Griechen aus Stoff mit Ledersohle oder ganz aus Leder, purpur- oder scharlachfarben, weiß oder vergoldet und reich mit Perlen geschmückt. Der S. wurde bei den Römern zunächst nur von der Frau, später auch vom Mann als Hausschuh getragen. In der Antike der Schuh der Komödienschauspieler (im Gegensatz zum ‣Kothurn (2)). In der Spätzeit wandelte sich der S. zu einem wadenlangen, strumpfartigen Schuh (ahd. *soc,* zu nhd. *Socke*), der auch von den Franken[28] getragen wurde. ‣Strumpf.

Socke ‣Strumpf.

Sockenhalter ‣Strumpf (20. Jh.).

Solea[232] ‣Fußbekleidung (röm. Antike).

Solitaire[258a] ‣Haarbeutelfrisur, ‣Krawatte, ‣Schleife (1).

Sombrero[186], *der* (span., von *sombra* ›Schatten‹), breitkrempiger Hut, der bereits im Mittelalter von spanischen Frauen als Sonnenschutz getragen wurde. Heute breitkrempiger Strohhut mit spitzem Kopf, besonders in Mittel- und Südamerika; Vorbild für den amerikanischen Cowboyhut, den ‣Stetson; mitunter auch modische Sonnenhutform.

Sommer-Eskimo ‣Castor (2).

Sonnenblume, ugs. für ‣*Canotier.*

Soutache, *die* (ungar.-frz.), Fachbezeichnung für eine feine, geflochtene (Seiden-)Schnur für Besatzzwecke (*Soutachierung, S.-Stickerei*).

Span[32] ‣Haarmode (Mann, Ende 12. / 1. Hälfte 13. Jh.).

Spanier ‣Cape.

Spanische Hose[46, 312] ‣Hose (Mann, 2. Hälfte des 16. Jh.s).

Spanische Kappe[46, 47] ‣Capa, ‣Kappe (1).

Spanischer Hut[48] ‣Kopfbedeckung (nach 1580).

Spazierstock, Stock mit Knauf, Krücke oder schnabelartiger Halbkrücke. Seit dem Altertum ist der Stock Hoheitszeichen und Statussymbol (Zepter, Bischofs-, Richter-, Zeremonien-, Herold-, Kommando- und Regimentsstab) sowie Waffe und Stütze (für den Greis, für Hirten und Wanderer). Diese Verwendungszwecke vereinten sich im Sp., der zum modischen ‣Accessoire erstmals – und noch sehr selten – in der burgundischen Hofmode der 2. Hälfte des 15. Jh.s wurde. Im 16. und 17. Jh. war der Sp. oft aus Elfenbein oder Schildpatt mit rundem Knauf aus Edelstein[131]. Im 18. Jh. wurde der lange Sp. wichtiges Modeattribut, vom Herrn seit den letzten Jahrzehnten des 17. Jh.s neben dem Degen, von der Dame besonders Ende des 18. Jh.s als ‣*Badine*[75] mitgeführt. Der Sp. war nun meist aus Spanisch Rohr, aber auch aus naturbelassenem Wurzelholz mit oblongem, kantigem, gegossenem oder geschnitztem Knauf meist aus Silber[77], Bronze, Elfenbein oder Porzellan. Es gab den *Stockdegen,* bei dem aus dem hohlen Schaft am Stockgriff eine Klinge gezogen werden konnte, sowie den *Systemstock,* der in sich ein Necessaire, eine Flöte, eine Parfumflasche o. Ä. barg. Im 19. Jh. gab es den Sp., zunehmend mit Krücke, fast nur noch beim Herrn.[95, 434]

Spenzer, *der.*[116] **1.** Anliegende, bis zur Taille reichende Überjacke des Mannes, mit Umlegekragen, ‣Revers und kurzen Ärmeln, eingeführt durch einen Lord Spencer, der sich die Schöße seiner ‣Redingote (2) angesengt haben soll. Um 1800 trugen Stutzer den Sp. als Reitjacke über dem ‣Frack. Im 19. Jh. wurde der Sp. zunächst in weibliche, später auch in männliche Volkstrachten übernommen. Nach dem 2. Weltkrieg gab es Versuche, den Sp. als schoßlose Frackjacke (‣Mess-Jackett) mit einer Schneppe (‣Schnebbe (2)) hinten sowie als Herrenstrickjacke einzuführen. **2.** ‣Can(n)ezou.

Sphendone ‣Diadem.

Spiegel, Seiden- oder Samtbesatz (Samt-Sp.) des ‣Revers an ‣Frack und ‣Smoking.[83–85, 105]

Spiegelnaht, auch *Crochetnaht* (‣Crochet), Naht, die ‣Revers und ‣Kragen verbindet und das ‣Fasson (2) bildet. ‣Sakko.

Spitze (ahd. *spizza, spizzi*; mhd. *spitze*; in der Bedeutung ›Garngeflecht‹ bzw. ›in Zacken auslaufende Borte‹ erst seit dem 17. Jh. gebräuchlich; zuvor *Zinnichen, Zinnigen,* von *Zinne* ›Zacke‹, genannt; frz. *dentelle, point;* engl. *lace*; niederl. *kant*), nach kunstvollen Motiven durchbrochen gemustertes, textiles Erzeugnis in Hand- oder Maschinenarbeit. Technisch entstand die Nadelspitze aus dem Doppeldurchbruch, die Klöppelspitze aus dem Geflecht.

Es werden zwei Grundgruppen als sog. klassische, echte Sp. unterschieden: die Nadel-Sp. und die Klöppel-Sp.

Vorstufe der NADEL-SP. ist die Näharbeit, d. h. die einfache Durchbrucharbeit, die seit dem 4. oder 3. Jh. v. Chr. z. B. in der alten Wirktechnik bekannt ist. Die Nadel-Sp. ist nach den Schlingstichen mit der Nähnadel be-

a

b

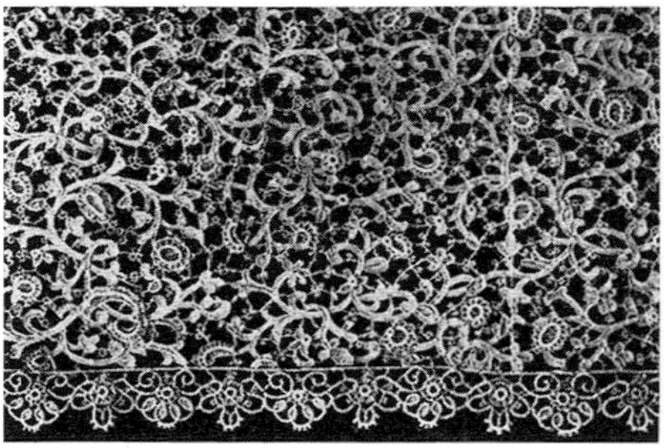
c

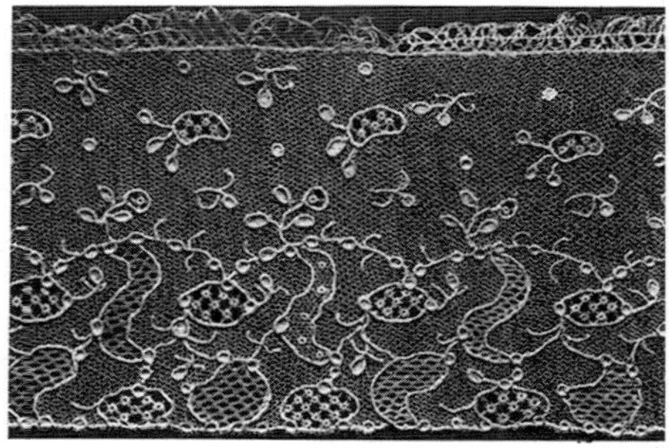
d

e

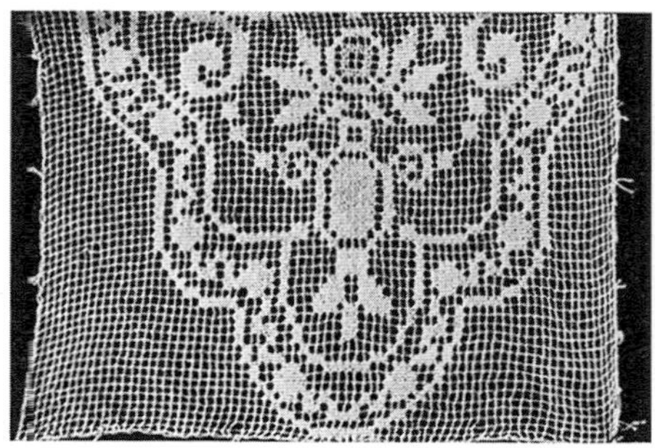
f

g

h

i

k

l

m

n

o

p

Abb. 470. Spitze. a) Reticella. b) Point de Venise. c) Point de rose. d) Point d'Alençon. e) Point Colbert. f) Filet. g) Cluny-Spitze. h) Mechelner Spitze. i) Valenciennes. k) Point de gaze (Brüssel). l) Blonde. m) Chantilly-Spitze. n) Applikationsspitze. o) Spachtelspitze. p) Irische Häkelspitze.

nannt; sie entstand unmittelbar aus der Doppeldurchbrucharbeit, bei der Gewebefäden in Schuss- und Kettrichtung ausgezogen und die restlichen Gewebefäden abgenäht werden. Als erste Nadel-Sp. wird die um 1530 in Italien entstandene *Reticella* angesehen, die durch ihre Diagonalverarbeitung Ranken, Blüten oder Blätter als Muster ermöglichte. Sie fand bereits Mitte des 16. Jh.s an Kragen, Manschetten und Taschentüchern Anwendung und war dank der regelmäßigen, dichten Stiche erstaunlich fest. Der Ornamentik der italienischen Renaissance entsprechend, dominiert die Linie, bald geometrisch streng, bald ge- und verschlungen, und das Muster ist übersichtlich und klar (man erkennt Blumengattungen, Tierarten und Menschen). Der ‣Rapport ist anfangs noch klein, wächst aber im Laufe der Zeit. Symmetrisch, friesartig komponierte Streifen begegnen in der 1. Hälfte des 17. Jh.s als unmittelbare Vorläufer der großgerankten *Barock-Sp.*, die, in Italien zuerst als *Venezianische Sp.* bezeichnet, ihren Höhepunkt um 1660 erreichte. Sie tritt meist als Relief-Sp. mit plastischem Motiv (Steggrund, der stilisierte Ranken und Blüten zusammenhält), seltener als Flach-Sp. auf. Die Barock-Sp. strebt nach Fernwirkung und sprengt den engen Rapport, die Ranken werden wuchtig schwer und weichen von der Natur ab; menschliche und tierische Figuren erscheinen selten. Die Sp. hat selbst Licht und Schatten und ist zu etwas Körperhaftem geworden.

Im 18. Jh. richtete sich das Augenmerk auf kleinteilige Muster. Hier ist der *Rosellino* (›Rosen-Sp.‹) das Reichste und Zarteste an venezianischer Nadel-Sp., mit den Blüten aufgelegten zarten, abstehenden Blättchen und zierlichem Bogenbesatz am Rande. Zu dieser Zeit aber hatte Frankreich die führende Position in der Spitzenherstellung bezogen, dank der durch Minister Colbert 1665 gegründeten Staatsbetriebe mit einem Produktionsmonopol für 10 Jahre und staatlicher Unterstützung, in denen ausschließlich – auch gegenüber Privatpersonen – Sp.n, die sog. *Points de France,* erzeugt und nur in Paris zum Verkauf angeboten werden durften. Ihre Näh-Sp.n lehnten sich an die italienischen, die Klöppel-Sp. an die flandrischen an. Anfang des 18. Jh.s entstand in Alençon (Normandie) die Sp. mit Netzgrund: Die Musterkonturen sind fest umrahmt, Blüten und Blätter vertieft gearbeitet. Von der ebenso berühmten *Argentan-Sp.* unterscheidet sich die *Alençon-Sp.* durch einen feineren Netzgrund. Im 19. Jh. wurden sie durch Aufträge Napoleons I. und Napoleons III. gefördert. Die sog. *Palästina-Sp.*, die *Orientalische,* die *Armenische,* die *Brasilianische* (mit rund gearbeitetem, strahlenförmigem Muster) und die *Band-Sp.* sind Abarten der Nadel-Sp., aber alle eigentlich als *Knüpf-Sp.* zu bezeichnen, da sie, obwohl mit der Nadel gearbeitet, durch besondere Knotung des Fadens hergestellt werden. Bei der Band-Sp. werden die Spitzenformen von einem gewebten Bändchen gebildet, während die verbindenden Stege und Füllmotive mit der Nadel gearbeitet sind. Eine weitere Abart der Nadel-Sp. ist die *gestickte Sp.,* bei der der Leinengrund weggeschnitten und durch Stege ersetzt ist; auch die *Filet-* und die *Tüll-Sp.* gehören zur gestickten Sp. Der 1809 erfundene Maschinentüll löste das ‣Filet, ein mit Filetnadel und Filetstab in der Art eines Fischernetzes hergestelltes gitterförmiges Maschengewebe, ab und machte die feine Tüllstickerei sehr beliebt. In den 1920er Jahren hat die ‣Wiener Werkstätte die Tüllstickerei auf ein hohes künstlerisches Niveau geführt.

Die KLÖPPEL-SP. beruht auf Verflechten, Verkreuzen, Verzwirnen und Verweben von Fäden, »Schläge« genannt. Das Ende der Fäden wird mit Stecknadeln auf einem Kissen befestigt und der Rest der Fäden auf je einen Holzstab, den Klöppel, aufgewunden. Die Technik des Klöppelns entwickelte sich aus der Posamenterie (‣Posament) zu einer enormen Formenvielfalt, die sich nicht eindeutig einordnen lässt. Auch die Klöppel-Sp. ist venezianischen Ursprungs und schon 1536 als allgemein verbreitet belegt. Stilistisch verfolgte die Klöppel-Sp. den Weg der Nadel-Sp. Technisch unterscheidet man Klöppel-Sp.n mit fortlaufenden und solche mit geschnittenen Fäden. Zur ersten Gattung gehört die *Flecht-Sp.,* die durch vierteiliges Flechten entsteht. Sie ist drahtartig dünn und weist geometrische, spitze Zacken auf. Mit ihr wurden um 1699 Manschetten und Kragen umrandet. Die *Formen-* und *Leinenschlag-Sp.* als zweite Gattung ist dichter und fester, wurde in Italien vollendet und gibt klare Renaissanceornamente wie Ranken, Figuren und Tiere wieder.

Im 17. und 18. Jh. übernahmen die Niederlande die Führung in der Klöppelkunst. Dort hatte die *Leinenriss-Sp.*, bei der ein Band im Leinenschlag das Muster bildet, in der 1. Hälfte des 17. Jh.s ihren Höhepunkt. Danach vollendete sich die reine *Leinenschlag-Sp.* (Bezeichnung abgeleitet von der Leinwandbindung), die wie gewebt wirkt und auch geschnittene Fäden verarbeitet. Sie wurde als *Flandrische Sp.* bekannt. Mit ihr wurden in komplizierten Mustern herrliche, großflächige Barockranken kreiert. Ungefähr von 1660 an erscheint neben dem Steg- der Netzgrund. Die Klöppel-Sp.n des Rokoko werden als *Ziernetz-Sp.n* zusammengefasst. Sie sind von höchster Vollendung und größter Mannigfaltigkeit, ihre berühmtesten Vertreter sind *Binche, Valenciennes* und die *Mechelner Sp.,* bei der ein starker Leinenfaden die Konturen des Musters umzieht. Für die *Brüsseler Sp.* war die Arbeitsweise mit geschnittenen Fäden und die gesonderte Herstellung von Grund und Muster für die künstlerische Entwicklung von entscheidender Bedeutung. Die Brüsseler Sp.n sind technisch mannigfaltig – in Nadel- oder Klöppeltechnik; ein besonderes Erkennungszeichen ist ihr feines, bandartiges Relief. Sie wurden auch *Dentelles d'Angleterre* (›englische Klöppel-Sp.‹) bzw. *Points d'Angleterre* (›englische Nadel-Sp.‹; beide Bezeichnungen zutreffend, da es eine kombinierte Sp. ist; feinste Teile geklöppelt, der Grund mit der Nadel hergestellt) genannt, da sie illegal nach England kamen und dort als landeseigene Ware verkauft wurden.

Zur *Ziernetz-Sp.* gehört auch die *Blonde,* eine mit durchgehenden Fäden gearbeitete Seiden-Sp. in Weiß oder Schwarz. Sie kam im 18. Jh. in Frankreich auf und erhielt ihren Namen von der Farbe des Materials. Das Muster aus stark glänzender Seide wirkt atlasartig schwer infolge der beinahe unsichtbar feinen bindenden Fäden des Grundnetzes. Die leider wenig widerstandsfähigen Blonden wurden in Streifen gearbeitet und auch zu großen Tüchern zusammengesetzt. Königin Marie Antoinette hatte sie in Mode gebracht. Eine weitere berühmte Ziernetz-Sp. ist die *Chantilly-Sp.* aus der 1. Hälfte des 18. Jh.s, für die schwarze Seide bevorzugt wurde. Im 18. Jh. setzte auch die kombinierte Technik ein, eine Verbindung der Nadel- mit der Klöppel-Sp. sowie mit der *Applikations-Sp.* (auf Netzgrund aufgelegte Spitzenmotive).

Eine stark verbreitete Gebrauchs-Sp. wurde in der 2. Hälfte des 19. Jh.s die *Torchon-Sp.,* urspr. eine Klöppel-Sp. mit geometrischem Muster, die nun maschinell hergestellt wurde. Eine unechte, sehr haltbare Sp. ist die *irische Häkel-Sp.*

Von Italien, ihrem Ursprungsland, von wo auch die ersten bedeutenden Spitzenmodelbücher stammen, ist die Sp. nach Frankreich, der Schweiz, nach Deutschland (Erzgebirge) und den Niederlanden gekommen. Spanien entwickelte keine eigene Spitzentradition, obgleich spanische Spitzenbezeichnungen auftauchen.

Spornleder,[58, 65] ein Lederstück mit daran befestigtem Sporn, das um den Fuß des Stiefels geschnallt wurde. Dabei lag das Sp. vorn auf dem Spann und war im 17. Jh. großlappig in Schleifenform ausgeschnitten. Im letzten Viertel des 18. Jh.s war es zu einem schmalen Riemen reduziert. ‣Fußbekleidung.

Sportkleidung (*Sport* in der heutigen Bedeutung in den 1820er Jahren aus dem Engl. übernommen, von engl. *disport* ›Zerstreuung, Vergnügen‹). Viele heutige Bekleidungsstücke kamen als Sp. und ‣Reitkleidung auf[84, 85] (‣Absatz, ‣Hose, ‣Kostüm (2), kniekurzer ‣Rock (2) der 1920er Jahre, ‣Kleid, ‣Shorts[211], ‣T-Shirt, ‣Zylinder). Jede wurde nach ihrer Etablierung modisch beeinflusst. Heute beeinflussen sich Mode und Sp. wechselseitig. ‣Anorak ‣Bade-, ‣Golfkleidung, ‣Jogging-Anzug, ‣Radfahr-, ‣Ski-, ‣Tennis-, ‣Wanderkleidung.

Sportliche Kleidung, Kleidung in einem praktisch-zweckmäßigen Stil, ab 1914 charakterisiert durch Bezeichnungen wie ‣Trotteurkostüm, Trotteurschuh, später Straßenkostüm, Straßenschuh; heute auch ‣Freizeitmode und ‣Sportswearmode.

Sportswear(mode), (von amerik. *sportswear* ›legere Freizeitkleidung‹), amerik. Begriff für jede Kleidung – unter Umständen auch Abendmode[294] – von betont praktisch-funktionellem Grundcharakter. Entscheidend geprägt wurde die Sp. bereits in den 1940er Jahren, als Amerikaner gezwungen waren, eigene Modeideen zu verwirklichen. Die amerikanische Designerin Claire McCardell (1906–58) stellte bereits 1938 Kleider in Zeltform vor, gab Abendkleidern große Taschen, verwendete einfache Baumwolle für Cocktailkleider. 1942 stellte sie Hauskleider, sog. Popovers (engl., ›Überzieher‹) aus Denim (Jeansstoff) sowie den ersten ‣Body-Suit (»Playsuit« genannt) und Ballerinaslippers vor. Nach dem 2. Weltkrieg kam die Sp. unter dem Begriff *American Look* (G. ‣Beene, B. ‣Blass, ‣Halston) nach Europa und wurde z.T. von der Jugend bzw. erst in den 1970er Jahren angenommen. Seither präsentieren Sp. vor allem R. ‣Lauren, ‣Bogner, ‣Missoni. Heute Bez. S. auch für ‣Sportliche Mode üblich.[217]

Springrock ‣Hänschen (1), ‣Reifrock.

Staatsperücke ‣Allongeperücke, ‣Perücke.

Stadtpelz ‣Gehpelz.

Staubmantel,[135] ehem. auch ‣*Auto-* oder *Reisemantel* genannt, um 1900 bis etwa 1914 reiner Schutzmantel, der über dem eleganten ‣Paletot (5) getragen wurde. Der St. war sehr weit, hatte tiefe Armlöcher und eingesetzte Achselzwickel. Für Damen war er aus knisternder Seide, für Herren aus Leinen, sandfarben oder havannabraun. Heute ist der St. ein heller Popelin-Mantel mit verdeckter Knopfleiste und Slipon-Fasson (‣Slipon), zum Saum hin ausgestellt.

Stecker, *der,* ehem. auch *Fürstecker* (mniederd. *Vörlegge* ›Vorstecker‹), *Miedereinsatz* oder *Pièce d'estomac* (frz., ›Magenstück‹; engl. *stomacher* von *stomach* ›Magen‹; span. *puerta* ›Pforte‹), Vor- oder Einstecktuch: ein über einen schmalen dreieckigen Hartkarton gezogener Stoff, der die vordere Öffnung des ‣Mieders ausfüllte und seitlich eingehakt oder unter die Schnürung des Mieders gesteckt wurde. Der St. entwickelte sich um 1680 aus Brüstlein bzw. ‣Brusttuch, war im 18. Jh. für die höfische Mode charakteristisch und meist aus Brokat, mit reicher Gold- und Silberstickerei nach modischen Mustern zum Kleidstoff passend oder mit ‣Échelles verziert. Erhielt sich bis heute in Volkstrachten. ‣Borst.

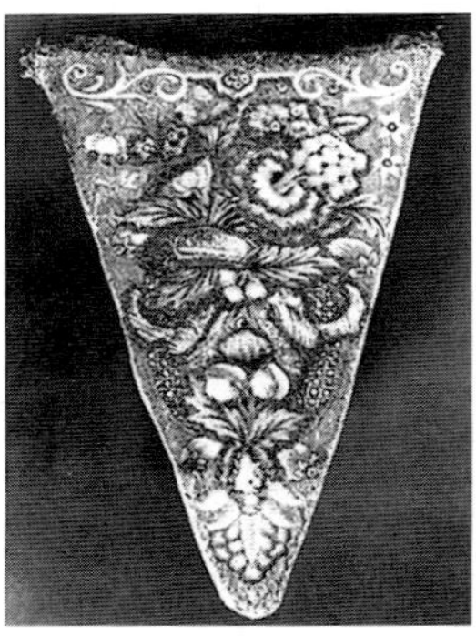

Abb. 471. Stecker aus Silberbrokat mit »Nadelmalerei«. Frankreich, um 1710–20. Bayerisches Nationalmuseum, München.

Stecktuch, Ziertuch in der Art eines kleinen ‣Taschentuchs, das in die Brusttasche des ‣Rocks (1) oder ‣Paletots (5) gesteckt wird. Das St. kam mit dem ‣Sakko (1867)[452,453], der auf der linken Seite eine Brusttasche hatte, in Mode. Erst in den 1930er Jahren erschienen Brusttasche und St. auch am ‣Frack. Zum eleganten Sakko wird das St. so zusammengelegt, dass zwei Ecken sichtbar bleiben[105], beim Sportsakko werden diese auseinander gezogen. In den 1930er Jahren waren betont lässig heraushängende Zipfel auch beim Paletot in Mode. In den 1950er Jahren blieb, durch amerikanischen Einfluss, eine Kante des St.s parallel zum Taschenrand daumenbreit sichtbar. Ab Ende der 1950er Jahre wurde das St. vom Füllhalter verdrängt, war höchstens am sehr korrekten Anzug[416] noch zu sehen.

Steg ‣Hose (Mann, 1. Hälfte 19. Jh., Frau, 1950er Jahre), ‣Gamasche, ‣Keilhose, ‣Pantaon (1).

Steinkerke,[69] auch *Steenkerke,* lange, breite ‣Krawatte (Halsbinde), die nur um den Hals gelegt (nicht gebunden), vorn verschlungen und gedreht und links in den Hemdschlitz oder in das Knopfloch des ‣Justaucorps gesteckt wurde. Sie war aus Seide oder Musselin, hatte mitunter Enden aus Spitze. Von den Franzosen nach der für sie siegreichen Schlacht bei Steenkerke (1692) benannt, wo ihnen keine Zeit geblieben sein soll, die Krawatte sorgfältig zu binden. Tatsächlich ist diese Art Halsbinde schon eine Zeit lang vorher nachweisbar. Die St. wurde auch von der Dame, nach rechts geschlungen, zum Reithabit angelegt. Kam nach 1715 aus der Mode.

Steirerhut ‣Trachtenmode.

Steißrolle ‣Hüftpolster.

Stelzschuh ‣Chopine, ‣Fußbekleidung, ‣Kapkap, ‣Trippe, ‣Zoccolo.

Stephanos ‣Diadem.

Stepp(mantel), Stepper,[217,468] wattierter Steppstoff als wärmendes Material ist bereits seit dem 17. Jh. verbreitet.[148] ‣Mantel (1980er Jahre).[405]

Stetson, *der* (amerik.), Filzhut mit breiter Krempe in der Art eines Cowboyhutes, auch dieser selbst. Der Form nach geht der Cowboyhut auf den spanischen ‣Sombrero zurück. Benannt nach dem Hersteller (»Huterer«) John B. Stetson aus Philadelphia, der in den 1870er Jahren einen für Cowboys bequemen Hut erfand.

Stickerei (von mhd. *sticken* in heutiger Bedeutung), mit der Hand, seit Ende des 19. Jh.s mit der Maschine ausgeführte Verzierungen mittels ein- oder aufgenähter Fäden, gespaltener Federkiele (meist bei Trachten), Perlen oder ‣Pailletten auf Geweben, seltener auf Leder oder Papier. St.en werden unterschieden nach der Art des Grundgewebes (Leinen-, Seiden-, Tüll-, Stramin-St.), nach der Art des aufgestickten Materials (Woll-, Baumwoll-, Gold-, Stroh-, Perlen-St. usw.) sowie nach der Stichart (Kreuz-, Platt-, Flechtstich usw.). Kombinierte St.en erhalten ihren Namen nach Herstellungsort oder -gegend. Gestickt wird meist in einem Rahmen, auch »Trommel« genannt.

St. war bereits in vorchristlicher Zeit in China, Mesopotamien, Ägypten und Kleinasien verbreitet und wurde den Griechen durch die Phrygier bekannt, weshalb die Hellenen jedes bestickte Gewand »phrygisch« nannten. Die Römer nannten kostbare St. »opus phrygius« und den Goldsticker »phrygio«. Kaiser Augustus führte persische Stickarbeiten als Muster ein. Die orientalische Sticktradition, besonders die Silber-St., wurde in Byzanz weitergeführt.

Man unterschied bereits im Altertum die *Bunt-St.* von der *Gold-* und *Silber-St.* (‣Kantille) sowie von der *Weiß-St.* Die Weiß-St. wurde bereits damals zur Durchbrucharbeit abgewandelt und führte als Doppeldurchbrucharbeit im 16. Jh. zur ‣Spitze. Im Mittelalter wurde Sticken vor allem in Klöstern und seit dem 13. Jh. als eigener Beruf, auch von Männern, praktiziert. In der Burgundischen Mode des 15. Jh.s wurden die Obergewänder mit figürlichen und symbolischen Mustern, mit Sinnsprüchen und heraldischen Motiven reich bestickt. Seit dem 16. Jh. war die St. besonders als Verzierung von Leibwäsche, Hemdkragen und Manschetten[297], aber auch von Taschentüchern beliebt. Die Bunt-St. des Barock und Rokoko[225,471] – erlesene Beispiele sind auf ‣Justaucorps (2) und ‣Habits[505] sowie Herrenwesten erhalten – wird als *Nadelmalerei* bezeichnet. Zur Zeit Ludwigs XVI. kamen indische Motive, wie Palmetten, aber auch Streublümchen in Mode; zuerst farbig, im Empire (1800–15/20) in Weiß. Vorbilder für St. werden in eigenen Modebüchern, seit dem 19. Jh. auch in Modezeitschriften gegeben.[285,462]

Stiefel, Stiefelette ‣Fußbekleidung.

Stiletto (von ital. ›kleiner Dolch‹), dünner, hoher Schuhabsatz, ‣Fußbekleidung, Frau 20. Jh.

Stilkleid. 1. Allg. Bezeichnung des einem historischen Vorbild nachempfundenen Kleids. **2.**[283] In den 1920er Jahren ein Gesellschafts- oder ‣Abendkleid mit weitem, »krinolinenartig« ausgestelltem Rock, der tief auf den Hüften an das anliegende Oberteil (in Prinzesslinie, ‣Prinzesskleid) angesetzt war. Das St. setzte gewissermaßen die ‣Kriegskrinoline (1916/17) fort und war besonders Anfang und Ende der 1920er Jahre modisches, auch im Saum etwas länger gehaltenes Pendant zum geraden ‣Hänger (2) und ‣Futteralkleid. J. ‣Lanvin hat es in der Pariser ‣Haute Couture favorisiert und nach 1927 mit dem modisch zipfeligen Saum – und einem Rock aus Volants (‣Falbel), in Stoff imitierten Blütenblättern oder Fischschuppen – vorgestellt.

Stirnband ‣Diadem, ‣Tenniskleidung.

Stirnfransen, in die Stirn gekämmtes, maximal bis zu den Augenbrauen reichendes Haar. In der Haartracht der Frau waren St. erstmals um 1620–50 als ‣*Garcettes* in Mode, in den 1880er Jahren als *Gisela-* oder *Simpelfransen* (da als einem »Simpel« entsprechend verspottet, ‣Haarmode), seit den 1920er Jahren als *Pony(fransen)* (nach der Stirnmähne der Ponypferde). ‣Haarmode (Frau, 17.–20. Jh.), ‣Pagenkopf.

Stöpsellocke,[61] österr. *Stoppellocke*; auch *Schlangen-, Korkenzieher-* oder *Hängelocke,* frz.

Boucle pendante genannt, ehem. eine papillotierte (‣Papillote) und über ein stabförmiges Lockenholz gedrehte, herabhängende Haarsträhne. St.n waren in der Haartracht der Frau um 1650–60[200], zur ‣Fontange[224] um 1685–1713 und darüber hinaus bis um 1750/60, dann wieder zur Lamballe (‣Haarmode) um 1789 und um 1835 bis etwa 1888, jedoch in der Spätzeit nur als einzelne Nackenhängelocke bei Ballfrisuren in Mode. In den 1950er Jahren waren St.n bei Kinderfrisuren beliebt.

Stößl, Stimpfl, *der* (spätmhd.), der an den Puffärmel (‣Ärmel) genähte enge, röhrenförmige untere Ärmelteil der ‣Schaube; auch ‣Stützel.

Stoff (afrz. *estoffe*; nfrz. *étoffe*; abgeleitet vielleicht von afränk. *stopfon* ›ausstopfen‹), GEWEBE (von *weben,* ahd. *weban,* zurückgehend auf die idg. Wurzel *uebh-* ›weben, flechten, knüpfen, sich hin und her bewegen‹; im Gegensatz zur sprachlichen Herkunft des Wortes wird jedoch unter »Gewebe« kein Geflecht und keine ‣Strick- und Wirkware verstanden), TEXTILIEN (*Pl.,* im 19. Jh. aus frz. *textile* entlehnt, das auf lat. *textilis* bzw. *texere* ›weben, flechten, fügen‹ zurückgeht; im 20. Jh. werden darunter ›gewebte, gestrickte oder gewirkte, aus Faserstoffen hergestellte Waren‹ verstanden), ZEUG (abgeleitet von *ziehen,* zurückgehend auf die gleichbedeutende idg. Wurzel *deuk,* zu ›das Ziehen‹, auch ›Mittel zum Ziehen‹, daraus die Bedeutung ›Mittel, Gerät, Stoff‹).

Die ersten Gewebe sollen aus Wolle im 7. oder 6. Jahrtausend v. Chr. im Gebiet von Mesopotamien, aus Baumwolle in ebendieser Zeit in Mexiko entstanden sein. In Europa wurde Wolle und Leinen etwa ab 4000 v. Chr. (Jüngere Steinzeit) verarbeitet. Sie setzen die Kenntnis des *Spinnens* – die Herstellung des Fadens aus Fasern – und des *Webens* – die Verkreuzung senkrechter Längsfäden (Kette) mit dem waagrechten Querfaden (Schuss) – voraus. Die gesetzmäßige Fadenkreuzung beim Weben heißt *Bindung.* Sie bestimmt Aussehen und Haltbarkeit des Gewebes. Es gibt drei Grundbindungen, die Leinwand-, die Köper- und die Atlasbindung, von denen viele andere Bindungen abgeleitet sind und die auch innerhalb eines St.es gemischt werden, um Webmuster zu erzielen.

Die LEINWANDBINDUNG heißt in der Seidenweberei *Taftbindung,* in der Wollweberei *Tuchbindung* und in der Baumwollweberei *Kattunbindung.* Von der Leinwandbindung abgeleitet sind häufig die *Panamabindung* mit würfelartigem Effekt und die *Ripsbindung,* die durch plastisch hervortretende Rippen gekennzeichnet ist.

Die KÖPERBINDUNG, auch *Diagonal-* oder *Sergebindung* genannt, ist durch eine diagonale Struktur gekennzeichnet.

Die ATLAS- oder SATINBINDUNG hat eine glatte, strukturlose Oberfläche, da sich die Bindungspunkte nicht berühren, wodurch eine einheitliche Lichtbrechung auf der Stofffläche entsteht.

Eine spezielle Art des Webens ist das *Wirken* (nicht gleichbedeutend mit der Wirkware, der maschinell hergestellten Maschenware). Beim Wirken wird der farbige Schussfaden nur so weit durch die Kettfäden gezogen, wie es das einzelne Muster erfordert. Er kehrt dann sofort um und vollendet jedes Muster für sich. (Beim Weben dagegen wird der Schuss in der nach dem Muster übrig gebliebenen Breite unsichtbar durchgeführt.) Die Wirkerei war bereits im ägyptischen Altertum seit etwa 1500 v. Chr. bekannt, ist für die St.e der Kopten (4./5. bis 9. Jh. n. Chr.) bezeichnend und für die Wikinger durch Funde aus Birka (Schweden) aus dem 9. und 10. Jh. belegt. Diese Technik wurde ab dem 12. Jh. meist für Bildteppiche (Gobelins) angewandt.

Den Völkern Mesopotamiens war seit dem 7. oder 6. Jahrtausend v. Chr. WOLLE (in der Textilkunde gebräuchliche Bezeichnung für ›Wollstoff‹) zu eigen, und zwar in der sehr hohen Qualität der Wolle des Merinoschafes.

Im ägyptischen Altertum spielte aus Flachs hergestelltes LEINEN (von griech. *línon,* lat. *linum*) die größte Rolle. Eine leinene Mumienbinde ist aus dem 3. Jahrtausend v. Chr. im British Museum London erhalten. Den Ägyptern war Leinen Symbol der göttlichen Reinheit und des Lichtes. Sie woben es in Leinwandbindung von unterschiedlicher Feinheit und plissierten es auch (‣Plissee). Das zarteste Gewebe wurde später von den Griechen *Byssos* (›Leinennebel‹) genannt.[16] Durch Handelsbeziehungen mit den Kleinasiaten lernten die Ägypter zur Zeit der Ptolemäer (323–30 v. Chr.) Wolle und erst später Baumwolle und Seide kennen.

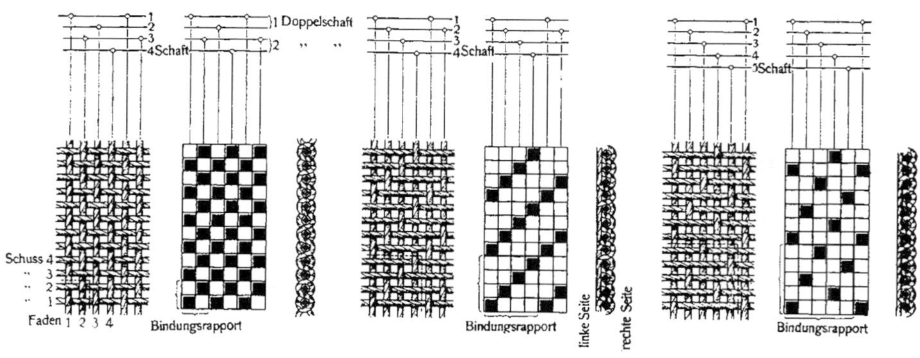

Abb. 472. Grundbindungen. a) Leinwandbindung. b) Köperbindung. c) Atlasbindung.

SEIDE wusste man in China seit ca. 2640 v. Chr. aus dem sich von Maulbeerblättern ernährenden edlen Seidenspinner (Schmetterlingsart) herzustellen. Im 3. Jh. v. Chr. begann der Seidenhandel mit Persien. Das von den Persern höchsten Standes getragene ‣Medische Gewand soll aus Seide gewesen sein. Im 2. Jh. v. Chr. erweiterte sich der Seidenhandel nach Kleinasien und Ägypten.

In der griechischen Antike war Woll-St. das ursprüngliche Gewebe, das für die ‣Chlaina des Mannes und den ‣Peplos der Frau verwendet wurde. Woll-St. gab es aus Schafshaaren, nur die sog. Kilikischen Kleider waren aus Ziegenhaaren in loden- und filzähnlichen bis feinen Qualitäten. Die Frauen stellten ihn zu Hause her und brachten ihn nur zum Walken und Färben außer Haus. Ab etwa 1500 v. Chr. wurde durch Handelsvermittlung der Phönizier Leinen (‣Chiton) aus Ägypten nach Griechenland eingeführt und bald auch selbst Flachs angebaut. Unter Alexander d. Gr. führte man 325 v. Chr. erstmals aus Indien BAUMWOLLE ein (griech. *sindōn* ›Leinenstoff‹, da es keinen eigenen Namen für Baumwolle gab; die dt. Bezeichnung stammt aus dem 12. Jh. aus der Vorstellung von Schafen, die auf Bäumen leben). Seide gelangte erstmals unter dem chinesischen Kaiser Wu-ti (140–85 v. Chr.) nach Europa. Allerdings war auf der griechischen Insel Kos vorher schon aus den Kokons der wilden Seidenspinner, die sich von Fichten, Eschen, Zypressen und Eichen ernähren, Seide gesponnen worden.

Die Etrusker verfügten dank ihres ausgeprägten Handels ebenfalls über die den Griechen bekannten St.e. Der landeseigene St. der Römer war auch aus Schaf-, seltener Ziegenwolle. Daraus wurden zunächst die später leinene ‣Tunika sowie alle Übergewänder gefertigt. Dazu kamen Leinen aus Ägypten und Baumwollzeug (lat. *carbasus,* eigtl. ›Leinenstoff‹) aus Indien. Seit dem 1. Jh. v. Chr. gehörten gazeartige Seidengewebe (lat. *serica*) aus China zu den hochbezahlten Luxusartikeln. Durch Gesetz wurde ihre Verwendung limitiert, teils aus wirtschaftlichen Überlegungen, teils zur Sicherung der Seide allein für den Kaiserhof (so erhielt Caligula, 37–41 n. Chr., den Beinamen »sericatus«). Seit dem 2. Jh. n. Chr. gelangten auch Seidenfäden über die Grenzen Chinas in den Westen, doch wur-

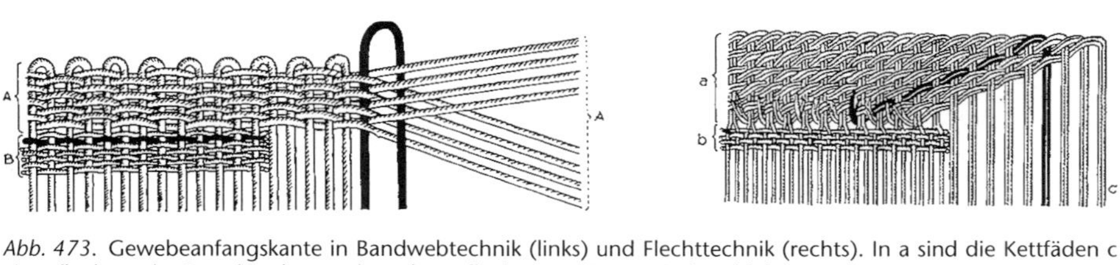

Abb. 473. Gewebeanfangskante in Bandwebtechnik (links) und Flechttechnik (rechts). In a sind die Kettfäden c eingeflochten. b: Gewebeschuss neben der geflochtenen Kante. Nach Schlabow.

den sie meist in Syrien, seit dem 4. Jh. n. Chr. auch in Persien verarbeitet. Seiden-St.e. sowie mit Gold- und Silberfäden durchsponnene Gewebe, auch mit Purpur gefärbte, waren in der Kaiserzeit nur den Patriziern zugänglich. Die Oberschicht trug Gewänder auch aus Halbseidengeweben, d. h. aus Leinen und Seide. Außerdem waren die schleierartigen Seiden aus Kos in der römischen Kaiserzeit berühmt. Wahrscheinlich war schon in der Antike, seit dem 4. Jh. n. Chr. *Muschelseide* bekannt, hergestellt aus dem bis zu 20 cm langen Faserbart, dem sog. *Byssus* (daher auch Byssus-Seide) der Edlen Steckmuschel. (Allgemein wurde Byssus zur Bez. von besonders feinen, kostbaren Geweben, auch aus Leinen oder Baumwolle.) Belegt sind ferner St.e. aus Kamelhaar (Kamele gab es am Kaspischen Meer; Gewebereste wurden auch in germanischen Provinzen gefunden).

Die Kopten, eine christliche Minderheit in Ägypten, stellten in der Spätantike eine textile Sonderform, die sog. KOPTISCHEN ST.E[19] her. Sie bestanden aus leinenen Kettfäden, in die der wollene, oft gefärbte Schuss eingewirkt war. Häufig bildete auch ein glatter Leinen-St., in dem Schussfäden streifenweise fehlten, die Grundlage; in die freiliegenden Kettfäden wurde ein Wollschuss eingewirkt. Die Kopten kannten auch eine Art Noppengewebe in Form eines Schlingengewebes, bei dem durch Einschießen eines Drahtes (Samtrute), um den sich die Kette legte, eine Schlinge entstand, die aufgeschnitten wurde und so einen Flor bildete. (Flor oder Pol sind Fäden, die vom Grundgewebe abstehen.) Zusätzlich wurden Muster eingewebt oder mit der Fliegenden Nadel eingefügt.

In Mitteleuropa ist seit etwa 3500 v. Chr. Wolle nachgewiesen. Die Kleidung in der Bronzezeit[22, 24] (um 1800–750 v. Chr.) bestand aus schwarzen oder braunen, naturfarbenen Schafwoll-St.en, deren Fäden stark gekräuselt waren und dicke, 3–5 cm lange, steife Stichelhaare des Urschafs, eines primitiven Wildschafs, enthielten. Die Woll-St.e waren in einfacher lockerer Tuchbindung und durch Walken[352] verfestigt, wobei die Oberfläche verfilzte und so dem Wetter besser standhielt. Für die jüngere Bronzezeit werden auch Flachs- und Hanfstoffe (Leinen) angenommen. Die Gewebeanfangskanten stellte man in Bandwebtechnik in einem Arbeitsgang her; bei diesem Verfahren wird der Schuss zur Kette des Gewebes. Auch das Einweben von Zwickeln (Keilen) beherrschten die Menschen der Bronzezeit, ebenso das Einknoten von Wolllocken. Genäht wurde mit gezwirnten Wollfäden. (Die Beschaffenheit der bronzezeitlichen St.e belegen vor allem die jütländischen Baumsargfunde, vgl. S. 22.) In der Eisenzeit war die Wollqualität bereits besser, die Stichelhaare fehlten. Neben haarigem ‣LODEN (2) und flanellartig aufgerauten Woll-St.en nahmen feinere Qualitäten zu. Die Köperbindung in Grat-, Fischgrat- und Rautenstruktur dominierte. Kittel, Hose und Umhang des Mannes waren aus Woll-St. Für die Frau sind Hemdgewänder und ein Mantelumhang aus Leinen durch den römischen Schriftsteller Tacitus (um 55 – um 120 n. Chr.) bezeugt. Bei den Kelten war die St.-Herstellung nicht mehr nur Heimarbeit, sondern fast Handwerk. Aus dem 3. und 4. Jh. sind St.e durch Moorleichenfunde bekannt (vgl. S. 23).

Im Mittelalter wurden für die Oberbekleidung hauptsächlich *Woll-St.e,* natürlich von ganz unterschiedlicher Güte, verwendet. Am kostbarsten und sehr selten waren scharlachfarbene, gemusterte und golddurchwirkte Woll-St.e von bester Qualität und allgemein verbreitet friesische, flandrische und Londoner TUCHE, das sind gewalkte, gefilzte und geraute Woll-St.e in Leinwandbindung (Tuchbindung). Oft gibt die Herkunftsbezeichnung eines Tuches den Namen des St.es. (»Tuch« ist auch die Bezeichnung für ein wollenes STREICHGARNGEWEBE, bei dem kurze, raue und nur leicht versponnene Fasern wirr durcheinander liegen und eine geschlossene Gewebeoberfläche ohne sichtbare Bindung durch Walken, Rauen, Scheren und Streichen erreicht wird. Diese Veredelung wird als »Tuchausrüstung« bezeichnet. Im Unterschied dazu hat das KAMMGARN parallele Faserlagen dank wiederholtem Auskämmen der Kurzfasern. Bei der Verarbeitung von Tuchen ist auf den Strich zu achten.) Für Strümpfe (‣Strumpf) verwendete man zumindest seit dem 14. Jh. häufig SCHARLACH (von mlat. *scarlatum,* pers. *sakarlât,* das zunächst jeden St. von intensiver Farbe bezeichnet), ein feines, durch die Art der Fadendrehung und des Webens dehnbares Wollgewebe (auch Bezeichnung einer ‣Farbe). Ferner gab es den SAYE (oder *Saie;* afrz. *saye;* ‣Sagum), den festen SEIT (frz. *Sayette*) und für

Reisen und die Kleidung des einfachen Volkes Loden und FILZ, ein nicht gewebtes Zeug, bei dem Tierhaar, meist Wolle, durch mechanische Behandlung in feuchtem Zustand zu einer mehr oder weniger innigen Faserverbindung »verfilzt« wurde. Seit dem 12. Jh. gab es den SERGE (von mlat. *sargium,* lat. *sericus* ›seiden‹; ahd. *sarsche*), ein glattes Köpergewebe (heute Sammelbezeichnung für glatte Köpergewebe), urspr. aus Seide, nun aus Wolle und ab dem 15. Jh. auch aus Baumwolle; später häufig mit namentlicher Beifügung des Herstellungsortes, wie *Serge de Nîmes* (‣Jeans) und RASCH (angeblich Verkürzung der französischen Stadt Arras, wahrscheinlich aber von lat. *rasus* ›geschoren, glatt‹), ein lockeres glattes Wollzeug, aber auch Seidenzeug; außerdem gab es den KAMELOT(T) (oder *Kämelzeug*), ein entweder ganz aus Kamelhaar hergestellter oder mit Schafwolle gemischter St., sowie den mittelgroben sog. *Grobgrün* (s. S. 456). Ein weitverbreiteter guter Woll-St. war der BERNISCH (oder Pernisch, wahrscheinlich von ‣*Bernia*).

Leinen wurde im Mittelalter in Zentraleuropa in ausreichenden Mengen hergestellt und, neben der Haushaltswäsche, hauptsächlich für Unterkleidung verwendet. Das Gewand des niederen Volkes bestand, die wollenen Übergewänder ausgenommen, aus einem unreinen Leinengewebe, dessen Material kurzfädiger Flachs- oder Hanfabfall, das WERG (von *Werk, wirken,* das, was beim Wirken, d. h. Arbeiten, abfällt) war, und aus dem groben, dichtgewebten ZWILLICH (mhd., ›zweifach, doppelt‹, gemeint ist ›zweifädig‹). Im schwedischen Birka wurden fein plissierte Leinen-St.e. aus dem 9. und 10. Jh. gefunden.

Baumwolle war im Mittelalter noch selten und wurde durch die Araber Kleinasiens gehandelt. Sie brachten sie im 8. Jh. nach Nordafrika, deshalb die Bezeichnung FUST(I)AN (nach *Fostat* oder *Fossat* für ›Kairo‹, wo bald Baumwolle angepflanzt und zu einem Barchentgewebe verarbeitet wurde; davon auch abgeleitet *Fustanella,* das Albaneser Hemd). Schließlich gelangte die Baumwolle nach Spanien, wo sie in Barcelona seit Mitte des 13. Jh.s auch angebaut und verarbeitet wurde. Nach Mitteleuropa gelangten Baumwollfasern seit dem 14. Jh., zunächst wahrscheinlich über Venedig. Konstanz dürfte die erste deutsche Stadt gewesen sein, in der Baumwolle versponnen wurde. Nach etwa 1320 begründeten die Baumwollspinnereien und -webereien sowie der Handel mit Baumwollprodukten den Reichtum von Städten wie Ulm und Augsburg, später Leipzig und Chemnitz. Da es bis zum Jahr 1769 nicht gelang, die dünne und kurze Faser zu Kettfäden zu verarbeiten, wurde sie zu BARCHENT (von arab. *bar(r)akan;* engl. *fustian*), einem St. mit Leinenkette und Baumwollschuss in Köperbindung, verarbeitet und einseitig aufgeraut. Barchent fand Verwendung für die Kleidung der unteren Stände.

Die an den Herrscherhöfen begehrte *Seide* war in Byzanz und im europäischen Mittelalter sehr kostbar. Bis um 642 n. Chr. waren Syrien, Persien und das in jenem Jahr von den Arabern unterworfene Ägypten führend in der Seidenweberei; sie alle bezogen die Rohseide aus China, ihre Muster waren von Griechenland beeinflusst. Erst unter dem byzantinischen Kaiser Justinian (527–556 n. Chr.) kamen um 552 Seidenraupe und Maulbeerbaum nach Byzanz, das vom 7. bis 13. Jh. führend in der Seidenmanufaktur wie schon zuvor gewichtiges Handelszentrum persischer Seiden war. Arabische Seidenwebereien entstanden in Spanien ab dem 8./9. Jh. (zusammen mit dem Anbau von Maulbeerbäumen und der Seidenraupenzucht) und in der 2. Hälfte des 10. Jh.s auf Sizilien. Im 11. Jh. begann die Seidenweberei in Lucca (Höhepunkt im 13. Jh.) und um 1200 in Venedig, das nicht nur im Handel bis ins 16. Jh. führend war.

Bereits im hohen Mittelalter wurde in Deutschland (Köln und Regensburg) Rohseide verwoben; in Regensburg machte man einfache, ungemusterte Seidenstoffe oder gemusterte Halbseidengewebe von geringer Breite mit zusätzlicher leinener Kette, um die venezianischen Seiden in billigerer Art nachzuahmen. In Köln wurden breite Seidenborten, die sog. Kölner Borten, hergestellt.

Der große Bedarf an Seiden-St. ließ im 13. Jh. Manufakturen auch in Paris und in Zürich (Seidenschleier und Bänder) entstehen. Seidenstoffe aus Byzanz drangen über Russland in das äußerste Nordeuropa vor, wo sie als schmale Verzierungsstreifen verwendet wurden, wie Textilfunde aus Birka, dem schwedischen Handelszentrum (808–975) der Wikinger, beweisen. Bekannte Seiden-St.e waren der leichte ‣SENDEL, die durchsichtige, schleierartige GAZE (pers.) und der TAFT (von pers. *tâfteh* ›gesponnen, gewebt‹; mhd. *daffet, taffet, daphat*), ein leichtes, glattes Seidengewebe in Taftbindung (Leinenbindung). Sehr erlesen war BALDIKIN (von *Baldac* ›Bagdad‹), ein mit Goldfäden durchzogener und dem späteren Brokat vergleichbarer, für Thronhimmel verwendeter, doch auch in ‣Kleiderordnungen erwähnter St., sowie mit Purpur gefärbte Seiden-St.e. Bis in das 14. Jh. verbreitet war SAMIT, ein gemustertes Seidengewebe mit einer Hauptkette, einer Bindekette und zwei oder mehr Schüssen. Seit dem 13. Jh. war SAMT bekannt und begehrt, ein Kettsamt mit zusätzlicher Polkette, die während des Webens über Ruten läuft und Schlingen bildet, die aufgeschnitten werden. Samte wurden in vielen Seidenwebereien hergestellt und waren zum Großteil der Oberschicht vorbehalten, ebenso SEIDENPFELLEL (von mlat. *pallium*), ein Seidensamt mit eingewebten, auch golddurchwirkten Mustern, gefolgt von PFELLEL, einem weißen, im Spätmittelalter auch farbigen Wollsamt. Seiden- und Samtstoffe wurden wegen ihrer Kostbarkeit häufig nur als Besatzstreifen verwendet.

Im 15. Jh., zur Zeit der Frührenaissance[37], übernahm Florenz die Führung in der Seidenweberei mit schweren, im Webverfahren mit Metallfäden reich gemusterten BROKATEN (im Grund eine unpräzise Bezeichnung, da von ital. *broccato* ›gestickt‹; bereits in der Antike gab es mit Goldfäden durchzogene Seiden-St.e), mit BROSCHIERTEN GEWEBEN (von frz. *brocher* ›durchwirken‹), die zusätzlich einen »Musterschuss« enthalten, der an den Konturen des Musters umkehrt, und mit SEIDENDAMAST, bei dem sich das Muster durch den Wechsel von Kett- und Schussatlas bildet. (Die Bindekette ist eine zusätzliche Kette für weitere Bindungen.) Das Muster erscheint somit matt auf glänzendem Grund. DAMAST (von der Seidenstadt Damaskus abgeleitet) wurde in Italien seit dem 13. Jh. gewebt, später in den Niederlanden und speziell in Lyon; neben dem Samt war er der beliebteste St. der im späten 14. und im 15. Jh. tonangebenden Burgundischen Mode. Seit dem 15. Jh. wird aus dem Orient der ATLAS[338] (arab., ›glänzend‹; im 15. Jh. auch *attlaß, adles, adlas, welsch rasat*), ein stark glänzendes, glattes Seidenzeug als Schuss- oder Kettatlas (davon in der Seidenweberei die Bezeichnung »Atlasbindung«) eingeführt: Der nur geschleifte Schussfaden liegt flott und bildet die glatte, glänzende Oberfläche. Er ist gleichzusetzen mit dem SATIN (von mlat. *seta* ›Seide‹; lat. *seta serica* ›Seidenhaar‹), der allerdings im Deutschen eine geringe, leichte Sorte Atlas als Futter-St. bezeichnet. (Außerdem gibt es z.B. den *Satin de laine,* einen atlasartigen Wollstoff, und den *bruggischen* oder *purgerischen Atlas,* dessen Kette aus Leinen ist.)

Im 16. Jh. bevorzugte die Oberschicht in Italien[40] oder zumindest in Spanien hergestellte *Samte* (besonders aus Genua) und Seiden-St.e. Besonders am französischen Hof waren Gold- und Silber-St.e begehrt, die jedoch – wie auch in Spanien – um Mitte des Jh.s verboten wurden. Insgesamt wurden die jeweils inländischen Seidenmanufakturen stark gefördert. Futterstoff für die Spanische ‣Hose und die ‣Pluderhose des Mannes war KARTEK, eine leichte, billige Seide. In der 2. Hälfte des 16. Jh.s kamen die allerdings schon früher bekannten *Hohl-* oder *Doppelgewebe* in Mode. Sie bestanden aus einem seidenen Grundgewebe, in das mit einer zweiten Bindekette ein Muster aus Baumwolle, manchmal Leinen, eingewebt war. Als leichte Seiden wurden GAFFA (frz. *Caffart*), FLORET(T) (Abfallseide) und Taft, als mittelschwere SEIDEN-SCHAMLOT verwendet. Die tonangebende spanische Hofmode erforderte in vielen Teilen ein Absteifen und Ausstopfen, besonders bei der Herrenhose, durch BOMBAST (von griech. *bómbyx* ›Seide‹, hier für ›Baumseide‹), ein Baumwollmischgewebe, oder Werg. Die Bürgerin trug gewöhnlich Kleider aus Woll-St., zuweilen mit Samt- oder Brokatbesatz, aber auch Mischgewebe, wie GROBGRÜN (frz. *gros grain;* mhd. *grobgrien, gruftgrien*), ein starkfädiges Zeug aus Wolle oder Seide geringer Qualität. Von guter Qualität waren SCHAMLOT und BURSAT. Ein grobes Wollzeug, auch Woll-Seidengemisch, war der BURATH (mhd. *purat, buryt, burchat, burschatin, wursat;* von frz. *burat,* ital. *borato,* spätlat. *burra* ›grobe Wolle‹). Die Landsknechte gefielen sich in sog. *zerhauenen St.en,* in die Lochmuster in Form von Blumen und Sternen u.Ä. eingebrannt und mit andersfarbigem Kartek unterlegt waren. Halskrausen, Manschetten und Hemden[297,298] wurden aus Leinen gemacht, z.B. aus KAMBRA (nach dem Herstellungsort Cambrai an der Schelde; engl. *Cambric,* dt. auch *Kammertuch*), einem sehr dicht gewebten, zugleich aber dünnen, batistähnlichen Leinengewebe, das im 18. Jh. auch mit baumwollenem Schuss und ab dem 19. Jh. ganz aus Baumwolle gewebt wurde; ferner aus grobem englischen CANVAS, der in gehobener Qualität mit Seiden- oder Metallfäden durchzogen vorkommt, sowie aus BUCKRAM (engl., ›Steifleinen‹), einem dichten, dauerhaften Leinengewebe, und SCHÄTER (*Schetter, Schater*), ebenfalls einem Steifleinen.

Im 17. Jh. ging die Führung in der Seidenweberei endgültig von Italien auf Frankreich (Lyon, Tours und Paris) über, dank der Direktiven des Finanzministers Colbert 1665. In Deutschland gab es in der 2. Hälfte des 17. Jh.s neue Anfänge, besonders in Sachsen und Preußen, ebenfalls dank landesherrlicher Förderung, ebenso in Österreich. Viele europäische Länder profitierten nach 1685 von den Kenntnissen der ihres Landes verwiesenen Hugenotten. So entstand durch Privatinitiative der Familie von der Leyen 1721 in Krefeld das bis in 20. Jh. wichtigste Seidenzentrum in Deutschland, das besonders für seine *Seidensamte* berühmt war. Neben den schweren, bis ins 18. Jh. nur großen Staatsaktionen vorbehaltenen Brokat- und Seiden-St.en kamen nun leichtere Gewebe auch für höfische Kleider in Mode: die Mischgewebe *Kamelot(t)* aus seidener Kette und wollenem Schuss (s. S. 455), BOMBASSIN (von griech. *bómbyx* ›Seide, Baumseide‹) aus Seide und Baumwolle sowie der von Frauen unterer Stände getragene graue GRISETT (von frz. *gris* ›grau‹) aus Seide und Baumwolle oder Wolle. (Daher auch die Bezeichnung »Grisette« für die früher meist in Grau gekleideten Näherinnen.) Ferner BROKATELLE, ein seit Mitte des 15. Jh.s bekanntes Mischgewebe aus Seide und Leinen oder, seltener, Baumwolle, das meist auf einem gelben oder roten köperbindigen Grund große, leicht erhabene Muster in Atlasbindung aufweist. Darüber hinaus waren neu: MOIRÉ[293] (frz.; arab. Ursprungs; dt. urspr. *Mohr*; allerdings dürfte es im 16. Jh. bereits einen gewässerten Taft gegeben haben), ein durch teilweises Plattdrücken der Schussfäden auf der Oberfläche in einem welligen Ton-in-Ton-Effekt schillerndes, sog. moiriertes (gewässertes oder geadertes) Seiden- oder Halbseidengewebe in Ripsbindung, TOBIN (von pers. *utabi*, ein kostbarer Seidenstoff; frz. urspr. *tabis*; dt. *Tabin*; engl. *tabby*), ein moirierter Doppeltaft, auch *Silbermohr* genannt, und ‣FLOR (1), ein dünner, schleierartiger St. aus kurzen Fäden der Naturseide, deshalb auch *Florett*- oder *Abfallseide* genannt. Adelige Damen schätzten die »Robes transparentes« (frz., ›durchsichtige Kleider‹), Kleider aus Seide mit farblich kontrastierender Spitze darüber. An Woll-St.en wurden im 17. Jh. u. a. verwendet: der dünne ETAMINE (frz.; dt. urspr. *Stammet*; engl. *estamine*; von lat. *stamineus* ›aus Faden bestehend‹), der außen aufgeraute, mitunter Baumwolle enthaltende BAI, *Boy, Poy, Pey* oder *Bay*, ein billiger, aus England stammender und urspr. als Futter-St. verwendeter St. in Leinen- oder Köperbindung, und *Serge* (s. S. 455). Anfang des 17. Jh.s tauchten buntbedruckte Baumwoll-St.e aus Indien in Europa auf, die leichten, feinfädigen INDIENNEs[173] (frz.) oder KATTUNE (von arab. *qûtᵉn*; niederl. *kattoen*), die in England meist *Calico(t)*, dt. *Kaliko(t)* (nach der indischen Stadt Calicut, heute dt. Kalkutta; später engl. *cotton* ›Baumwolle in Leinwandbindung‹) genannt wurden, mittelfeine, leinwandbindige CRETONNE und die in lebhaften Farben großblumig bedruckten und einseitig gewachsten CHINTZE in Leinwandbindung, die ehem. in Deutschland *Zitze* hießen (engl. *chintz*, von Hindi *chint* ›bunt‹ oder ›gefleckt‹). In der 2. Hälfte des 17. Jh.s wurden auch in Europa Kattundruckereien begründet. Diese buntbedruckten Baumwoll-St.e wurden meist für ‣Negligés verarbeitet.

Das 18. Jh. bevorzugte für die höfische Repräsentationskleidung des Adeligen französische Seiden-St.e. Am Hof Ludwigs XV. wurden nur Seiden-, Samt- und Brokat-St.e getragen, die überdies reich mit Gold- und Silberstickerei bedeckt waren. Das Hemd des Adeligen war aus Seide oder feinstem Leinen. Die höfischen Damenroben bestanden nun aus leichteren St.en. Mit dem CHENILLEGARN (lat.-frz., ›Raupenzwirn‹) und seinen eingewebten, kurzen Fadenenden gelang erstmals die Nachahmung der Wirkung des Samtes. Neu war auch der bunte Kettendruck, CHINÉ genannt, der dem Gewebe ein geflammtes Aussehen und ein leicht verschobenes Musterbild gibt, da die Kettfäden schon vor dem Weben bedruckt werden. Nun wurde auch in Frankreich *Moiré* beliebt. Unter Ludwig XVI. kamen die seidenen DROGUETS auf mit schmalen Musterrapporten, die u. a. dadurch erzielt werden, dass der Kettfaden das Muster bildet und man für mehrfarbige Wirkung zwei Kettfäden verwendet. Ferner der PÉCIN oder PEQUIN (frz., nach der chinesischen Hauptstadt), ein St. mit parallelen Längsstreifen in verschiedenen Bindungen. Charakteristisch für die Droguets ist die Längsstreifung der Farben. Für kostbare Handschuhe, Strümpfe, Krawatten und Schals kam auch feinste Muschelseide (Byssus; siehe Antike), meist aus Italien, in Frage. Das Kleid der Bürgerin war aus Halbseide, Wolle oder importiertem, bedrucktem Baumwoll-St., der sich trotz aller obrigkeitlichen Restriktionen durchsetzte.

Aus wirtschaftlichen Gründen wurden in Frankreich ab 1686 und in den meisten Teilen Deutschlands 1721–43 alle, in England in der 1. Hälfte des 18. Jh.s nur ausländische Kattune und Chintze verboten. (In Frankreich war zeitweise das Bedrucken von St.en überhaupt verboten.) Nach Aufhebung dieser Beschränkungen Mitte des 18. Jh.s wurden England, Holland, Deutschland (Großmanufaktur J. H. von Schüle in Augsburg) und Frankreich (Großmanufaktur C. P. Oberkampf bei Versailles) führend in der Herstellung bedruckter Kattune und Chintze[425].

Im letzten Viertel des 18. Jh.s spielte BAUMWOLLE bei den entscheidenden neuen Modeimpulsen aus England eine bedeutende Rolle. Der Siegeszug des Baumwoll-St.es als eines der gefragtesten St.e im 19. und 20. Jh. begann bereits damals in England mit der Erfindung der ersten Spinn- und Webmaschinen und der dort erstmals (1769) gelungenen Herstellung von Kettfäden aus Baumwolle. Kleider aus Baumwoll-St. trug nun selbst der Hochadel. Die Eleganz des St.es lag in seiner Feinheit, die besonders die ‣Chemise (2) des Directoire (1795–99) prägte. Modische Kleider-St.e waren: MUSSELIN, benannt nach der Stadt Mossul im Iran, woher das sehr feinfädige Baumwollgewebe in Leinwandbindung nach Europa kam; seltener bestand der Musselin aus Seide, Halbseide oder Wolle (Erkältungskrankheiten hießen um 1800 »Musselinkrankheiten«), dann der ebenfalls feine BAUMWOLL-BATIST, benannt nach *Baftas,* einem weißen indischen Kattun, oder nach dem bereits im 16. Jh. bekannten Taufleinen (frz. *batiste,* nach *baptiser* ›taufen‹), ferner der schleierartige VOILE (frz., ›Schleier‹; später auch aus Seide und Kunstseide), LINON (von lat. *lin, linum* ›Leinen‹; allgemeine Bezeichnung für feine Leinengewebe), hier ein leinenähnliches Baumwollgewebe, der feinfädige dichtgewebte PERKAL (von pers. *pergâlah*) und POPELIN(E), ehem. *Papeline* (von frz. *pape* ›Papst‹; Gewebe aus Avignon, dem Papstsitz im 14. Jh.) aus gezwirntem Schuss und schwachem Rippeneffekt, der durch eine meist doppelt so große Anzahl an Kett- wie an Schussfäden entsteht, wobei der Schuss gröber als die Kette ist. Über die dünnen Chemisen wurden wärmende ‣Schals aus dem sehr teuren, echten ‣Pashmina-KASCHMIR[458] getragen, einem weichen Wollstoff aus den Haaren der Kaschmirziege – ein begehrter, zeitweilig mit Einfuhrverboten belegter Luxusartikel. Der schon seit einem Jh. bekannte FLANELL avancierte zum geschätzten Wintermaterial. Es ist dies ein köperbindiger, ein- oder beidseitig aufgerauter St. aus Wolle, Halbwolle oder Baumwolle, ähnlich dem Barchent und dem ‣BIBER (2). Die ‣Englische Mode des letzten Viertels des 18. Jh.s begann den Woll-St. für den Herrenanzug gerade zu der Zeit gesellschaftsfähig zu machen, als sie Baumwolle als Kleider-St. propagierte. Allerdings war die modische Reithose nun auch aus Baumwolle, und zwar aus ‣NANKING (1). Baumwolle begann aber auch in der Arbeitskleidung eine Rolle zu spielen.

Im 19. Jh. wurden während des französischen Empire (1800–15/20) Kleider (allgemein aus weißen Baumwollstoffen) und ‣Habits des Adels aus Seide hergestellt – eine von Napoleon I. unterstützte Entwicklung zur Förderung der heimischen Seidenmanufakturen. Insgesamt jedoch dominierte der WOLL-ST. in der Herrenoberbekleidung während des 19. Jh.s. Die begehrten englischen Tuche – zunehmend aus der feinen australischen Merinowolle – und die schottischen und irischen Woll-St.e für Mäntel wurden zu einem Begriff in der Herrenkleidung, als man Herrenwintermäntel nach den St.en zu bezeichnen pflegte (‣Ulster, ‣Inverness, ‣Aquascutum, ‣Covercoat (2)). Mantelwoll-St.e waren: der ESKIMO, ein Doppelgewebe, also mit je zwei Kett- und Schusssystemen, aus Streichgarn; der schwere BOXCLOTH (‣Boxcoat (1)); DÜFFEL oder SIBIRIENNE, eine dicke, meist durch einen Unterschuss verstärkte, tuchartig geraute Halbwollware in Köperbindung (‣Dufflecoat); NOPPENSTOFFE (Salz- und Pfeffer-Muster) wie CHEVIOT und DONEGAL, ein grobfädiges, meist noppiges Streichgarngewebe, nach einer irischen Grafschaft benannt; der TWEED oder HOME-

SPUN (›heimgesponnener‹ englischer Woll-St.; in Übernahme der Bezeichnung eines urspr. in Harris auf der schottischen Insel Lewis hergestellten Mantels; »Homespun« hieß dann auch ein etwas leichterer Kostüm-St. aus groben Wollgarnen in Köperbindung; heute gilt die Bezeichnung auch für ein meliertes, haariges oder genopptes Mischgewebe). Ab Mitte des 19. Jh.s wurde GABARDINE (von span. ‣*Gabardina,* ‣Gaban (1)) ein beliebter Mantelstoff, ein dichtes Köpergewebe mit steil ausgeprägten Schrägrippen aus Baumwolle, im 20. Jh. meist aus Kammgarn oder Halbwolle und kahlappretiert (ein Spezialverfahren) (‣Burberry, ‣Skikleidung). Sakkoanzüge waren zumeist ebenfalls aus leichten Tuchen sowie aus FLANELL (Anfang des 18. Jh.s übernommen von engl. *flannel* ›Wollstoff‹), ein ein- oder beidseitig gerauter, köperbindiger Woll-, Halbwoll- oder Baumwoll-St. Nur die Weste bildete zusammen mit der Seidenkrawatte eine Ausnahme in der Dominanz der Woll-St.e in der Herrenkleidung. Die Tagesweste bestand in der 1. Hälfte des 19. Jh.s noch aus Seide, Samt oder Kaschmir (Vorderteil) und aus Futterseide oder Leinen (Rückseite). Danach wurde die Abendweste aus weißem PIKEE (von frz. *piqué* ›Steppstich‹), einem Doppelgewebe aus Baumwolle mit reliefartigem Muster, z.B. Rillen oder Karos, bevorzugt. Eine textile Revolution ging Mitte des 19. Jh.s von der Arbeitskleidung aus, als Levi Strauss in USA DENIM (amerik. für *Serge de Nîmes,* s. S. 455) für ‣Jeans entdeckte.

Für die Damenkleidung wurde im 19. Jh. das Stoffangebot durch spinn- und webtechnische Erfindungen wesentlich differenzierter, wenn sich die Mechanisierung der Textilherstellung auch nur zögernd durchsetzte. (Eine bahnbrechende Erfindung für die Herstellung buntgemusterter Gewebe war der 1805 von dem Franzosen Joseph-Marie Jacquard erfundene Jacquard-Webstuhl[209]. Auf ihm konnte mittels dem Muster entsprechenden Lochkarten eine beliebig große Anzahl von Kettfäden automatisch und zugleich für einen Schuss gehoben werden.)

Das frühe Biedermeier brachte nach 1820 in der Kleidmode wieder schwerere St.e; *Samt* (für Überkleidung), *Moiré, damaszierte Seide*[87], *Brokate* und GROS, ein dichtes, schweres, geripptes oder feinkörniges Seiden- oder Halbseidengewebe in Taft- oder Ripsbindung mit zwei- oder dreifädiger Kette und mehrfachem Schuss. Für Sommerkleider jedoch gab es leichte Baumwoll-St.e, wie *Perkal, Linon, Etamine* sowie FOULARD (frz.), einen weichen, dünnen, bedruckten Seiden-St. in Köper- oder Atlasbindung. Für Winterkleider rangierten Woll-St.e an erster Stelle, so *Wollbatist* (frz. *batiste de laine*), *Wollmusselin* (frz. *mousseline de laine*), ALPAKA, ein in England seit 1830 hergestellter glänzender St. aus Baumwollzwirn und Wolle der gleichnamigen südamerikanischen Kamelart, CIRCASSIENNE, ein dem Kaschmir ähnlicher, aber gröberer St., und OTTOMAN (frz., ›türkisch‹), ein stark rippiges Gewebe aus Wolle, Seide oder Baumwolle. Ballkleider waren entweder aus *Taft, Atlas* oder aus über Seiden-St. gelegten durchsichtigen St.en, wie BARÈGE, einem nach dem französischen Herstellungsort benannten gazeartigen Mischgewebe aus baumwollener Kette und seidenem Schuss (später aus Rohseide und Kammgarn), und ORGANDY, einem feinen, gesteiften Baumwollgewebe urspr. aus Ostindien. Nach 1825 kamen in Mode: MADRAS, ein gemustertes, nach der ostindischen Stadt benanntes Halbseidengewebe, an Baumwoll-St.en der feste, karierte oder gestreifte GINGHAM (engl.), der feine, glänzende, kattunähnliche JAKONETT (frz. *Jaconet;* urspr. aus Ostindien), der gestreift gewebt oder bedruckt war, und nach 1830 der dünne, gestreifte und bedruckte TARLATAN (urspr. aus Indien, heute steif appretiert).

Zur Zeit der großen ‣Krinoline[89] und bis zur ‣Turnüre (1848–69/70) waren Straßenkleider wieder mehr aus Seide, besonders Lyoneser. In Mode kam KREPP (frz. *crêpe*), ein durch Kreppbindung oder stark überdrehte Garne mit abwechselnder Drehrichtung wellig gekräuseltes Gewebe in etwa 80 verschiedenen Arten[90]. Außerdem nahmen Mischgewebe zu, wie die GRENADINE (frz. *grénade, granate,* von mlat. *granatus* ›Stein, Granat‹ oder *granum* ›Korn‹) aus leichter Seide und Wolle (auch ein damastartig gewebtes Leinen), einfarbig oder gemustert, und die nun aus Seide und Wolle oder Baumwolle und Wolle gefertigten *Droguets.* Der hochflorige PLÜSCH aus Wolle, Seide oder Baumwolle fand für alle Umhangarten Anklang. Leichte und luftige St.e dienten für Sommerkleider und für die vielen bis 1856 üblichen Volantreihen, so *Gaze, Barège, Musselin, Organdy* und TÜLL, ein Gittergewebe mit regelmäßigen sechseckigen Öffnungen. Der Tüll, nach der französischen Stadt Tulle benannt, wo im 17. Jh. musterlose Klöppelnetzstreifen zur Verbreitung der eigentlichen ‣Spitzen angefertigt wurden, konnte von nun an maschinell und in breiteren Bahnen produziert werden. Für Ballkleider wurden Mitte des 19. Jh.s CHANGIERENDE ST.E bevorzugt, Gewebe, deren Kette und Schuss stark abweichende Farben haben und so je nach Lichteinfall wechseln. Dazu gehören *Moiré antique, Moiré changeante, Tafte* und SURAH, eine breitrippige, zunächst in Indien hergestellte und in Europa gefärbte oder bedruckte Seide in Köperbindung.

Von etwa 1870–88 an war der Unterschied in den St.en für Straßenkleider und für Ballkleider ausgeprägter denn je. Für Straßenkleider wurden durch erneuten Einfluss englischen Lebensstils Woll-St.e, für die Ballkleider nach dem Pariser Modevorbild Seiden-St.e gewählt. In Mode waren taftähnliche *Seidenripse,* wie FAILLE (frz.; Sammelbezeichnung) und der POULT DE SOIE (frz., auch *pou, pout* oder *poux,* angeblich von der italienischen Stadt Padua und afrz. *soye* ›Seide‹), LIBERTY, ein feiner achtbindiger Kettatlas (benannt nach Arthur Lasenby Liberty, dem englischen Kunsthändler und Kaufhausgründer), der leichte, dünne, taftbindige PONGÉ (chines.-engl.-frz., heute Futterseide) aus Naturseide einer chinesischen Schmetterlingsart, ferner SHANTUNG (nach der chinesischen Provinz), eine Wildseide von unregelmäßig noppigem und daher weniger glänzendem Aussehen, LÜSTER (von frz. *lustre* ›Glanz‹), ein stark glänzender, steifer St. aus Baumwolle als Kette und Mohair, Alpaca oder Kammgarn als Schuss. Während des ‣Cul de Paris (1882–88), als die Kleider häufiger denn je aus mehreren St.-Arten kombiniert wurden, um die modische Wirkung zu beleben, war der ZEPHIR gefragt, ein feiner Baumwoll-St. in Leinwandbindung, dessen Fasergut durch Laugen und Strecken glänzend gemacht (*merzerisiert*) worden war. (Das Verfahren war 1844 von dem Engländer John Mercer entwickelt und dann nach ihm benannt worden.) Für das in den 1880er Jahren aufgekommene ‣Kostüm (2) und für Damenmäntel wurden kräftige *Woll-St.e,* häufig in Grat- und Fischgratbindung, verarbeitet. Etwa 1886–1900 spielten festgewebte *Tafte* für Unterröcke und Rockfutter eine Rolle, um das gewünschte ‣Frou-Frou (1) zu erzielen. Für den Abend waren durchsichtige St.e in Mode, wie der CHIFFON (frz., ›Lappen‹), ein hauchdünnes, feines Seidengewebe (heute auch aus Chemiefaser) mit unregelmäßigem Oberflächenbild; ferner alle zarten *Krepparten* und besonders *Spitzen* über leicht getönten Unterkleidern aus *Atlas,* sowie *Gold-* und *Silberlamé-St.e.* Gerade im späten 19. Jh., als der Stil der Damenmode so sehr vom Historismus geprägt wurde, kam es zu den grundlegenden Erfindungen der Kunstfasern. Am Ende des Jh.s standen KUPFER-, ACETAT- und VISKOSEKUNSTSEIDE – Letztere hieß später RAYON (engl. *Reyon;* seit den 1950er Jahren auch Bezeichnung für eine Chemiefaser aus Polimerisaten) – der Bekleidungsindustrie zur Verfügung; alle gewann man aus natürlichem Ausgangsmaterial, der Zellulose. Neben Borten, Litzen und Bändern wurden bald Strickkrawatten, Blusen und Futter-St.e aus den noch stark glänzenden, knitternden und leicht entflammbaren Kunstseiden hergestellt.

Im 20. Jh. stehen in der Herrenoberbekleidung bis heute *Woll-St.e* an erster Stelle im Verbrauch. Die Mantel-St.e entsprechen zum Großteil den bereits im 19. Jh. verwendeten Arten.

ZELLWOLLE wurde besonders während und kurz nach dem 2. Weltkrieg als Ersatz für echte Wolle und als Beimischung zu Wollgarnen verwendet. Nach dem 2. Weltkrieg setzten sich Oberhemden aus bügelfreiem NYLON bzw. PERLON durch. Jeans aus *Denim* (‣Jean) verbreiteten sich ab jetzt auch in Europa. In den 1960er Jahren war als Anzug-St. TREVIRA aus synthetischen Fasern, als Hosen-St. und ‣CORDSAMT gefragt. Nach etwa 1975 setzten sich jedoch wieder vermehrt Woll-St.e durch.

In der Damenmode wurde das immer breiter werdende Angebot an St.-Arten weitaus mehr genutzt als in der Herrenmode. Zu Anfang des Jh.s wirkten die Jugendstil-Kleider durch schmiegsame Wollgewebe, wie *Mohair,* durch leichte Seiden, wie *Chiné, Pongé, Chiffon* und das Mischgewebe *Seidenalpaca,* überdies durch *Samte,* wie PANNE, einen Seidensamt, dessen Oberfläche durch Pressen des Flors Glanz erhielt. Zur Sans-Ventre-Linie (‣Kleid, 1899/1900–06/07) waren ‣Spitzen als Verzierung und für besondere Effekte unerlässlich. Etwa 1907–14/15 hat man Kleider mit Vorliebe aus verschiedenen St.en zusammengesetzt: z. B. Vorder- und Rückenpartie aus Seide, die Seitenteile aus Samt, der Dekolletéeinsatz aus Spitze oder Tüll, die Manschetten aus Seide, die Schulterstücke aus Seide oder Tüll. Kostüme waren aus Woll-St., Tuch, Cheviot oder MELANGE-WHIPCORD, einem Steilköpergewebe mit Kammgarn- oder Baumwollkette und Streichgarnschuss in einem durch verschiedenfarbige Fasern (Melangegarn) verwaschen wirkendem Mehrtonmuster. Gesellschaftskleider waren aus dem neuen CRÈPE GEORGETTE[102], einem leichten, durchsichtigen, jedoch formbeständigen Kreppgewebe (benannt nach einer Schneiderin namens Georgette, die einen Stofffabrikanten zur Herstellung dieses Stoffes angeregt haben soll).

Während des 1. Weltkriegs ließ der Mangel an Naturfasern den Wert der Kunstseide steigen. Blusen, Haus- und Morgenkleider wurden aus künstlicher Seide geschneidert; damals unter der Sammelbezeichnung WASCHSEIDE, weil waschecht. Mit Kunstseidenstrick-St.en begegnete man dem Nachteil des starken Knitterns der Kunstseide. Für Kleider im Stil der ‣Kriegskrinoline (1916/17) wurden *Tafte,* für Kostüme und Mäntel *Ripsgewebe* verwendet. Die Strümpfe waren um 1900–20 häufig aus ‣FLOR (2). In den 1920er Jahren erlaubte die Kunstseide auch den unteren sozialen Schichten modische Kleidung. Es gab kunstseidene Tages- und Abendkleider, Strümpfe (‣Strumpf) und Unterwäsche aus CHARMEUSE (frz., maschenfester Kettstuhltrikot aus Kunstseide). An Naturfasergeweben wurden für Tageskleider *Foulardseide* und weiche Woll-St.e, für Sommerkleider *Batist* und Schleier-St.e, für Kostüme und Jackenkleider Woll-St.e, wie *Tweed, Homespun,* KASHA (wahrscheinlich eine verstümmelte Wortbildung von *Kaschmir*), ein weiches mit Kaschmir gemischtes Streichgarngewebe, *Gabardine, Rips, Tuch* und besonders in Frankreich ‣JERSEY[284] (1), ferner für Tagesmäntel Tuch, *Wollsamt* (frz. *Velours de laine*) und vielerlei genoppte und gesprenkelte Woll-St.e verwendet. Nachmittags- und Abendkleider waren aus *Liberty-Seide, Pongé, Taft, Atlas,* bedrucktem *Seidensamt, Kreppgewebe,* EPINGLÉ und OTTOMANE FRISÉ (einem Gewebe mit starken Querrippen, unter Verwendung von Schlingenzwirn, Friségarn, hergestellt), Abendmäntel aus *Velourschiffon* oder goldbroschiertem *Samt.* MATELASSÉ (arab.-ital.-frz., ›gepolstert‹) galt für Morgenmäntel, aber auch für Abendmäntel als sehr geeignet, weil es ein Relief-Doppelgewebe ist, dessen plastische Wirkung durch Wattierung gesteigert werden kann.

Noch vor dem 2. Weltkrieg wurden die ersten Vollchemiefasern, die sog. SYNTHETICS (synthetische Chemiefasern), erfunden. Aus Kohle, Teer, Erdgas und Öl werden die Vorprodukte, die in drei Hauptarten zu fassen sind, gewonnen: *Polyamide* (NYLON, PERLON[212] u. a.), *Polyester* (DIOLEN, TREVIRA, DACRON, TERYLENE u. a.), *Polyacrylnitrile* (DRALON, DOLAN, REDON, ORLON). 1935 wurde in den USA Nylon entwickelt, das 1937 in den Handel kam, 1938 in Deutschland das im Prinzip ähnliche Perlon. Diese Polyamide sind weitgehend reiß- und scheuerfest und stark feuchtigkeitsabweisend, dauerbiegebeständig, aber mäßig lichtbeständig. 1941 folgten die Polyester, die nassfest, bauschelastisch, knitterresistent und formbewahrend sind (Terylene wird seit 1955 in Deutschland hergestellt), und 1942 die Polyacryle, die sehr hitze- und lichtbeständig sind, hohes Wärmerückhaltevermögen haben, weich, elastisch, bauschkräftig, wetterfest bleiben, aber zum Vergilben neigen. In den 1940er Jahren ersetzten häufig *Zellwolle, Zellwollbatist* und *-musselin* Wolle und Baumwolle. Nach dem 2. Weltkrieg kam Kleidung, vor allem ‣Strümpfe aus *Nylon* von den USA nach Europa. Aus der Mode der 1950er Jahre waren Chemiefasern kaum wegzudenken. Es folgte die Entwicklung und bis heute stetige Verbesserung von STRETCH, der durch Ausnutzung thermoplastischer Eigenschaften synthetischer Chemiefasern entsteht und zu sehr dehnfähigen Web- und Wirkwaren verarbeitet wird. Im Laufe der 1960er und besonders in den 1970er Jahren wurden die chemischen Fasern zunehmend mit Naturfasern gemischt, um die sog. Pflegeleichtigkeit und Formbeständigkeit der Synthetics mit den hautverträglicheren Naturfasern zu kombinieren. Anfangs der 1990er Jahre standen ökologisch einwandfreie Materialien im Vordergrund, für die diverse Gütesiegel wie *Öko-Tex-Standard 100* standen. Um 1997 wurden 100%-Chemiefasern bei der Jugend wieder beliebt und für Freizeit- und Sportmode *Gore-Tex,* ein patentiertes Material mit Teflonmembran, das extrem haltbar, winddicht, wasserdicht und zugleich atmungsaktiv ist, sowie zunehmend Hightech-Textilien aus Microfaser, sog. ›intelligente Stoffe‹, auch ›non-wovens‹, neben ›dauerhaft‹ geknitterten sowie papierartigen Materialien. ‣Alcantara, ‣Farbe und Muster, ‣Leder, ‣Pelz, ‣Zeugdruck.

Einteilung der Faserstoffe (nach Paul-August Koch)

Naturfasern

- pflanzliche (Zellulose)
  - Pflanzenhaare
    - Baumwolle
    - Kapok (Pflanzendunen)
  - Bastfasern (Stengelfasern)
    - Flachs
    - Hanf
    - Jute
    - Kenaf (= Bimli, Java-Jute)
    - Ramie
    - Sunn
  - Hartfasern
    - Sisal
    - Henequen
    - Manila = Abáca
    - Phormium (Neuseeland-Faser)
    - Kokos
- tierische (Eiweiß)
  - Wollen/Haare
    - Schafwolle
    - Ziegenhaare (Mohair-, Kaschmir-, Tibetwolle)
    - Schafkamelwollen (Alpaka-, Lama-, Vikunjawolle)
    - Kamelhaar/-wolle
    - Angora(kanin)wolle
    - Roßhaar
    - sonstige Tierhaare
  - Seiden
    - Echte Seide (Maulbeerseide)
    - Wilde Seide (Tussahseide)
- mineralische
  - Asbest (Serpentin- u. Hornblende)

Chemiefasern

- aus natürlichen Polymeren
  - pflanzlicher Herkunft
    - aus Zellulose
      - *Nitrat-
      - Kupfer-
      - Viskose-
      - Azetat- (2 ½-/Tri-)
      - Papiergarn
    - aus Latex
      - Gummifäden (geschnitten bzw. gespritzt)
    - aus Algen
      - Alginat-Chemieseide
    - aus Eiweiß
      - Maiseiweißfaser (Zein-)
      - *Erdnußeiweißfaser
  - tierischer Herkunft
    - aus Eiweiß
      - Kaseinfaser
- auf anorganischer Basis
  - Glasseide
  - Glasfaser
  - Schlackenwolle
  - Gesteinsfaser
  - Lavafaser
  - Metallfäden (Drähte, Lahn)
- synthetisch erzeugt
  - aus Polykondensationsprodukten
    - Polyester-Typen
    - Polyamid-Typen PA 6.6, PA 11
  - aus Polymerisationsprodukten
    - Polyamid-Type PA 6
    - Polyvinylchlorid
      - Polyvinylchlorid, nachchloriert
    - Polyvinylnitril
    - Polyvinylacetal
    - Polyvinylidenchlorid
    - Polyolefin (Polyäthylen, Polypropylen)
    - Multipolymerisat
  - aus Polyadditionsprodukten
    - Polyurethan

* nicht mehr im Handel

Stoffdruck ‣Zeugdruck.

Stola, *die* (griech.). **1.** Zuweilen wird heute die Fransenschärpe der Assyrer »St.« genannt (‣Schärpe). **2.** In der griechischen Antike Bezeichnung für die gesamte Bekleidung und Ausrüstung des Menschen. **3.** In der römischen Antike wurde im 8. bis 6. Jh. v. Chr. die Bezeichnung für die allgemeine Bekleidung beibehalten, ging jedoch auf das Obergewand (Ehrenkleid) der verheirateten, ehrbaren Frau der Oberschicht über. Die St. war ein knöchellanges, gegürtetes, ärmelloses ‣Hemdgewand, das auf den Schultern durch Bänder gehalten wurde und die geknöpften Scheinärmel der darunter getragenen ‣Tunika[16] sichtbar ließ. Die Achselbänder waren in augusteischer Zeit (31 v. – 14 n. Chr.) zuweilen zopfartig, danach auch lang und gedreht, bei der älteren Römerin kurz. Die St. konnte auch als ‣Diploma angelegt werden. Sie hatte um den Saum einen angesetzten gewebten Purpur- oder Goldstreifen (»Instita«) und konnte einen solchen auch um den Halsausschnitt haben (»Patagium«); so entsprach sie der Toga praetexta (‣Toga) des Mannes. In der 1. Hälfte des 4. Jh.s n. Chr. hatte die St. einen senkrechten, purpurnen Mittelstreifen und um den Saum drei Purpurstreifen. Sie konnte aus purpurner Wolle sein und war stets von matter Farbe; Vestalinnen trugen eine St. aus weißer Wolle oder Leinen. Auf der Straße wurde über die St. die ‣Palla (als Mantel) angelegt, unter der St. die Toga. **4.** In altchristlicher Literatur wird die St. hauptsächlich als vornehmes Männergewand, als leinenes Priesterkleid und Königsgewand genannt; im Neuen Testament auch als Gewand der Bürger. **5.** In byzantinischer Zeit (4.–13. Jh.) war die St. mit langen Ärmeln nicht nur Gewand der vornehmen Frau, sondern, aus Seide gefertigt, auch Teil des Kaiser- und Priesterornats. Die priesterliche St. wurde mit farbigen Senkrechtstreifen besetzt, die sich zu einer um die Schultern gelegten Binde verselbständigten, die »St.« genannt wurde. In der katholischen Liturgie ist sie bis heute erhalten. **6.** Gerader, schmaler Schulterumhang der Frau. Nach etwa 1820/22 wurde die ‣Palatine (2) auch »St.« genannt. Bis Mitte des 19. Jh.s behielt sie diese Form, wurde um 1910 zu einem schalartigen Umhang, meist aus ‣Pelz, aber auch aus Stoff oder Wolle; sie wird bis heute zum ‣Abendkleid getragen. ‣Boa[80].

Abb. 474. Stola über Tunika, darüber Palla. Nach Weiss.

Strandkleidung. Im 19. Jh., als Seebäder an Nordsee und Atlantik in Mode kamen, begann man eine St. vorzuschlagen. Sie unterschied sich jedoch weniger im Schnitt als durch hellere und leichtere Stoffe von der Alltagskleidung. Der Herr trug einen hellen Jackettanzug (‣Anzug, ‣Jackett) und Strohhut (‣Canotier); bei der Dame wurde der Kleidersaum kürzer,[138, 139] d. h. kaum knöchellang. ‣Badekleidung, ‣Bermudas, ‣Hose (nach 1930), ‣Pareu, ‣Sarong, ‣Shorts, Strandpyjama (‣Pyjama), ‣T-Shirt.

Straps, der (engl.), breites Band aus ‣Gummi zum Halten des ‣Strumpfes[372, 373] der Frau bzw. der Socke des Mannes. Der St. kam Mitte des 19. Jh.s in Form einer Kordel, erst um 1900 in der heutigen Art, als Gummiband, auf und war einzeln oder paarweise in der Frauenkleidung am ‣Korsett, ‣Hüftgürtel oder Strumpfhalter, in der Herrenkleidung an dem um die Waden geschnallten Sockenhalter angebracht.

Strass, *der,* ein sehr stark lichtbrechendes blei- und borhaltiges Kaliglas (Glaspaste, Glasfluss), das zur Edelsteinimitation, besonders zum Aufsticken, verwendet wird. Im 18. Jh. von dem Straßburger Juwelier Georges-Frédéric Stras (1700–73) erfunden und durch den

Wiener Goldschmied Joseph Strasser um 1752 wiederentdeckt. Seit den letzten Jahrzehnten des 20. Jh.s wird S. häufig durch Kristallsteine ersetzt, vor allem vom Hersteller Swarovski in Wattens/Tirol.

Streetstyle, seit den 1990er Jahren geläufige Bez. für ▸Jugendmode, die nach dem häufig von Musikgruppen beeinflussten (Szenemode) Geschmack der Jugend eigenständig zusammengestellt wird. Basis bilden meist jugendliche ▸Markenmoden, gemischt mit ▸Secondhand-(Vintage)-Mode. Auch beeinflussen sich ▸Designermode (nach dem ›trickle down‹-Effekt) und S. (nach dem ›bubble up‹-Effekt) gegenseitig.

Streichgarn ▸Stoff (Mittelalter).

Stresemann, heute auch *Bonner Anzug* genannt, bestehend aus schwarzem, einreihigem ▸Sakko, hellgrauer ▸Weste, dezent schwarzweiß gemusterter ▸Krawatte und gestreifter, stulpenloser ▸Hose nach dem jeweils modischen (jedoch nicht extremen) Schnitt. Der St. wurde in den 1920er Jahren durch den deutschen Reichskanzler und späteren Außenminister Gustav Stresemann (1878–1929) lanciert, jedoch erst später nach ihm benannt. Der St. war feierlicher, offizieller Tagesanzug (weniger formell als der ▸Cutaway (2)), wird heute höchstens bei Hochzeiten von den Brautzeugen getragen. Politiker haben ihn für offizielle Anlässe allerdings wieder in Gebrauch gebracht.

Stretchs ▸Stoff (20. Jh.).

Strick- und Wirkware, eine Maschenware, die mit einem fortlaufenden, sog. endlosen Faden hergestellt wird. Beim *Handstricken* geschieht dies durch Bildung von Maschen nacheinander über einem runden Stab, der Stricknadel, d.h. durch »Anschlagen«, dann Durchziehen und damit neuerlicher Maschenbildung mit dem fortlaufenden Faden. Bei der Maschinenarbeit, der sog. *Wirkware,* werden nach dem Anschlag die Maschen einer Reihe gebildet (»kuliert«), wobei so viele mit Haken versehene und »Platine« genannte Nadeln, wie das Warenstück an Maschen breit sein soll, verwendet werden. (Die Bezeichnung »W.« gilt auch einer Gewebeart, vgl. ▸Stoff.)

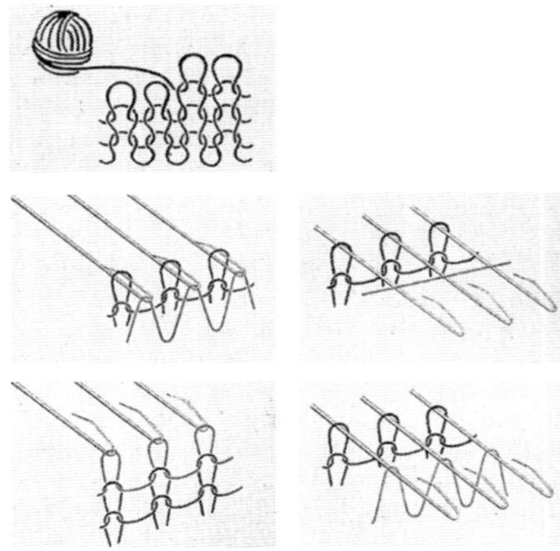

Abb. 475. Herstellungsschema von Strickware (oben) und Wirkware (unten).

Das Stricken hat sich wahrscheinlich aus dem Verschlingen oder Verknoten weiterentwickelt.[220] Bis zur Erfindung der Wirkmaschine 1589 gab es ausschließlich handgestrickte Arbeiten. Gestrickte Kleidungsstücke sind im Altertum und in der Antike sehr selten. Allerdings kannten Semiten und andere kleinasiatische Stämme um 1900 v. Chr. eine Art Stricksocken (▸Strumpf). Trojanische Edelleute sind mit enganliegenden, gemusterten Beinkleidern dargestellt,[478] die wahrscheinlich eine Art St. waren. Den Griechen waren Strickso-

Abb. 476. Lydisch-phrygische Kleidung mit einem anliegenden, vermutlich gestrickten Anzug (oder einer Tätowierung?). Nach Weiss.

cken bekannt. Zu ihrem Bühnenkostüm gehörte eine Art gestricktes, den ganzen Körper bedeckendes ‣Trikot (1), das auch die spezifischen Polster am Körper der Schauspieler zusammenhielt. Die Kopten kannten ebenfalls den Strickstrumpf.[479]

Nach dem 5. Jh. n.Chr. scheint die Technik des Strickens in Vergessenheit geraten zu sein. Sie tauchte erst wieder vereinzelt im Italien des 13. Jh.s auf (1254 wurde Papst Innozenz IV. mit gestrickten Pontifikalhandschuhen beerdigt). Auf einem dem Meister Bertram (um 1340–1414/15) zugeschriebenen Gemälde (Kunsthalle Hamburg) strickt Maria mit vier Nadeln den Rock des Jesuskindes – ein Beispiel von Rundstricken. Bertram war in Italien gewesen und hätte dort die Kunst des Strickens sehen können, mindestens auf Bildern. Andere Quellen besagen, dass über die Mauren das Stricken nach Spanien gekommen und sich von dort über ganz Europa verbreitet habe. Es hat sich indessen bei vielen Völkern, u.a. bei den Indianern Mittelamerikas, selbständig entwickelt, ohne dass Zusammenhänge bekannt wären. Im 15. Jh. tauchten gestrickte ‣Baretts, ‣Mützen und ‣Handschuhe auf. Stricken wurde von Männern wie Frauen besorgt. Zu Beginn des 16. Jh.s wurden erstmals Strümpfe flachgestrickt, d.h. als Fläche gestrickt, dann hinten zusammengenäht. Man unterschied zwischen Woll- und Seidenstrickern.

1589 erfand der englische Pfarrer William Lee den *Strumpfwirkstuhl* oder *Handkulierstuhl,* auf dem das Stricken mechanisch bewerkstelligt werden konnte. Königin Elizabeth I. verbot ihn aber aus Sorge um die Zukunft der vielen Handstricker; sie verfügte, dass alle Untertanen ein gestricktes Barett zu tragen hätten (selbst trug sie gestrickte Unterkleidung). Shakespeare erwähnte dieses sog. Statute cap (›Gesetzes-Mütze‹) oft als »grässliche, schwarze Mütze«. Lee stellte seinen Strumpfwirkstuhl dann in Frankreich her. England hat ihn erst Mitte des 17. Jh.s zugelassen. 1685 brachten ihn Hugenotten nach Deutschland; man nannte ihn »Rösschenstuhl«, nach dem »Ross«, dem Eisenkeil, der Nadeln und Platine bewegt. Nun wurden vereinzelt auch Obergewänder, wie Wams und Hose, gewirkt.

Nach Mitte des 18. Jh.s entwickelte England Wirkstühle zur Herstellung von Mustern (zunächst die sog. Derby rips) und 1767–69 den ersten *Rundkulierstuhl* für nahtlose Strümpfe.

Abb. 477. Strickkleid. 1921. Wiener Werkstätte.

Es kam die *Ketten-W.* auf, bei der ein oder mehrere Systeme von Einzelfäden zur Maschenbildung herangezogen werden, von denen aber kein Faden mehr als zwei Nadeln Maschen bildet. Dazu gehört auch die Trikotware. Auf der sog. *Petinetmaschine* konnten ab 1763 Strümpfe mit spitzenartig durchbrochenen ‣Zwickeln hergestellt werden.

1786 kamen gewirkte ‣Gilets und wenige Jahre danach gewirkte Reithosen auf. Um 1800 gab es ‣Pantalons (1) aus starker Baumwoll-W., die extrem anlagen. Modebewusste Frauen trugen fleischfarbene Trikots als Unterkleidung unter den dünnen ‣Chemisen (2). Es gab auch gestrickte Kleider, die über einem Musselinunterkleid getragen wurden. Tücher, Muffs, Hüte, Hausschuhe und Schuhe, die in einem mit dem Strumpf gestrickt wurden und

Abb. 478. Wickelmantel in Strick- und Häkeltechnik von Keita Maruyama. Tokyo/Paris, 2004/05.

sogar Kreuzbänder vortäuschten, fanden bei Strickern und Strickerinnen Anklang. Mit Hilfe der sog. *Tambourin-Nadeln* wurden Perlen kunstvoll eingestrickt.[155] 1856 kam die erste *Strickmaschine,* die die Technik des Handstrickens anwendet. 1859 wird das Stricken von Unterröcken beschrieben. Samtähnliche Wirkungen erzielte man mit dem sog. *Chenille-Strick.* In der 2. Hälfte des 19. Jh.s ging das Handstricken zugunsten der W. zurück, da mehr Strickerinnen in der Fabrik zu arbeiten begannen. 1861 erfand der Engländer Arthur Paget (1832–95) die erste (nach ihm benannte) *Flachwirkmaschine* mit horizontal beweglichen Nadelbarren für die Strumpfwirkerei. William Cotton (1819–87) verbesserte sie 1868 durch eine Wirkmaschine mit vertikal beweglichen Nadelbarren, auf der bis zu 40 Strumpfteile in einem Arbeitsgang hergestellt werden konnten. Handschuhe, Manschetten und das Innere der Zugstiefeletten wurden nunmehr als Ketten-W., d.h. ‣*Trikot* (2), hergestellt. In dieser Zeit fertigte man schon gewirkte Leibchen für Sportler, sog. Jerseys (‣Jersey (2)), zuerst in England. Um 1870 kamen Herrenunterwäsche, Überschuhe, Nachtjäckchen, Kapuzen und Pulswärmer aus Trikotware hinzu. 1879 gab es das erste Jerseykleid, danach setzten sich Oberteile (Blusen) aus ‣Jersey (1), sog. Tricottaillen, für Telefonistinnen durch. In den 1880er Jahren kam die aus Wolle gestrickte ‣Jaegerkombination auf. 1885 wurde der erste Matrosenanzug aus Trikot für Knaben hergestellt. In den 1890er Jahren griff die Mode den Sweater (‣Jumper) auf. Um 1900 gab es zum Radfahren für den Herrn die vorn zuknöpfbaren Sweater aus Trikotware, Vorläufer der Strickjacke. Noch war die Bezeichnung *Jersey* für Trikotware oder W. selten, sie hieß landläufig *Strickwebstoff.*

Während des 1. Weltkriegs besann man sich wieder auf das Handstricken, das von da an in Mode blieb. Handgestrickte Schals, Mützen und Handschuhe wurden selbstverständlich. Andererseits »entdeckte« G. ‣Chanel 1917 baumwollenen Trikot zur Herstellung von ‣Kittelkleidern, Segel- und Matrosenjacken. Um 1920 gab es gestrickte Wickelblusen, aber auch gehäkelte Kleider[477] und Mäntel. Unterwäsche[499] aus Charmeuse, einem maschenfesten Kettstuhltrikot in Kunstseide, aber auch Wäsche aus Seidentrikot war sehr begehrt. 1927 fing E. ‣Schiaparelli mit handgestrickten ‣Pullovern an (‣Haute Couture). In den 1930er Jahren kamen Herrenblousons aus W. auf. In den 1950er Jahren war der anschmiegsame *Rippenstrick* (Rechts-Links-Strick) Mode. St.- und W. setzten sich in der ‣Konfektion durch (‣Fully fashioned, ‣Sweatshirt). Seit den 1980er Jahren gewann die Strickmode an Eigenständigkeit. Strick wurde mit Stoff und Leder kombiniert. Einen eigenständigen S.-Stil mit Zickzackmuster schuf Ehepaar ‣Missoni[195], J. ‣McDonald schuf hochmodische, filigran gestrickte Netzwerke, A. ‣McQueen extrem dick gestrickte (z. T. auch gehäkelte) ‣Pullover[439] und I. ‣Miyake das revolutionäre A-POC-Konzept.

Strohhut ‣Kopfbedeckung.

Strophion, *das*[137] (griech., *von stréphein* ›drehen‹), lat. *Strophium.* **1.** Die umlaufend um den Oberkörper gewickelte Busenbinde (‣Fascia pectoralis). **2.** Von griech. *stróphos* ›Reif‹, Kopfband, Haarband, für Herrscher und Priester purpurfarben. **3.** Selten Bezeichnung für den gewöhnlichen ‣Gürtel.

Strumpf. Das seit dem 13. Jh. bezeugte Wort bedeutete urspr. und z.T. bis ins 18. Jh. ›Stumpf, Rumpf‹. Die Beinkleidung (‣Beinbinde, Beinlinge) wurde ahd. *hosa,* mhd. *hose* und die Hose ‣*Bruch* genannt. Erst Anfang des 16. Jh.s gibt es die Bezeichnung »St.« bzw. »Hose« im heutigen Sinn.

St.e, in welcher Länge auch immer, waren im Altertum und in der Antike selten. Semiten und andere kleinasiatische Stämme kannten *Socken,* d.h. Waden-St.e. Sie sollen auch den Griechen bekannt gewesen sein. Trojanische Edelleute sind mit enganliegenden, gemusterten Beinkleidern dargestellt. Germanen trugen *Beinbinden.* Ostseegermanen nähten an ihre langen Hosen auch Füßlinge, so dass eine Art genähte, weite St.-Hose entstand. Aus koptischen Grabfunden sind gestrickte Socken mit geteilten Zehen für die Sandalenriemen, aus Mosaiken des 5. Jh.s n.Chr. gestrickte Pontifikal-St.e bekannt. Sie beweisen, dass eine Technik des St.-Strickens ausgeübt wurde, die jedoch danach in Vergessenheit geriet. Bis ins 13. bzw. 16. Jh. sind alle St.e aus einem Zeugstück hinten in der Mitte vertikal zusammengenäht. Diese Arbeit wurde vom Hosenschneider (frz. *hosier*) verrichtet. Im Byzantinischen Reich trug die Oberschicht weiße, farbige oder gemusterte Waden-St.e aus Brokat oder Seide. (Der purpurne Schuh des Kaisers war am St. festgenäht.)

Im 7. Jh. kam der *Waden-St.* (‣*Soccus*) nach Mitteleuropa. War er aus Leder, wurde der Beinling im Mhd. auch *Lersen* (‣Ledersen) genannt. Der Waden-St. wurde etwa im 9. Jh. bis über das Knie zum eigentlichen St.[28] verlängert und an die Bruch gebunden, nach neuerer Forschung stets an ihren Gürtel, mittels an der Außenseite befestigter Bänder (‣Nestel). Mitunter scheinen die Bänder auch vom oberen Gürtel des Rockes durch besondere Öffnungen im Rock gelaufen zu sein. Die Franken behielten bis ins 10. Jh. neben den St.en die Beinbinden. Die Frau trug ebenfalls St.e, jedoch galt es als unziemlich, sie zu zeigen. Nur die St.e der Vornehmsten waren aus Seidenstoff, auch farbig, selten gemustert. Sonst waren die St.e je nach Stand aus feinem oder grobem Wollstoff, Leinen oder Leder genäht. Für den anliegenden Sitz kannte man verschiedene Arten der Zurichtung, u.a. ließ man den St. einlaufen und fütterte ihn dann.

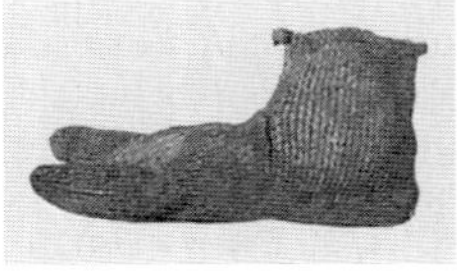

Abb. 479. Koptische Kindersocke mit Zehenteilung. 5. Jh. n. Chr. Staatliche Museen, Berlin.

Abb. 480. Seidenstrumpf. 14. Jh. Dommuseum, Halberstadt.

Handgestrickte St.e erschienen sehr vereinzelt wieder im 13. Jh. in Italien und Ende des 14. Jh.s in England (Heinrich IV. soll gestrickte Strümpfe gehabt haben). War die Sohle des St.es, wie bis Ende des 14. Jh.s, mit Leder unterlegt, brauchte es keinen Schuh mehr. In der 2. Hälfte des 14. Jh.s wurden – infolge des stark verkürzten Männerrocks – die St.e des Mannes bis über die Oberschenkel verlängert und an das ‣Wams genestelt.[36] Bei körperlicher Arbeit unterblieb das Annesteln, die St.e glitten unordentlich herab, wie auf vielen mittelalterlichen Gemälden zu sehen.[310] Die St.e wurden, besonders bei jungen Männern, wegen des jetzt kaum hüftlangen Rocks (‣Schecke) bis zu den Hüften verlängert und hinten in der Mitte zusammengenestelt, etwas später zusammengenäht und vorn durch einen dreieckigen Latz geschlossen. Damit war eine Art *St.-Hose* entstanden, die am Gürtel des Untergewandes befestigt wurde. Um jedem St.-Bein eine anliegende Form zu geben, war es partiell (meist an der Innennaht) der Länge nach geschlitzt und zusammengeschnürt oder wurde bei jedem Tragen neu zugenäht.[255] (Auf Kniehöhe konnte die Naht zwecks Bewegungsfreiheit auch offen bleiben. Ältere Bürger und Bauern trugen weiterhin einzelne St.e. Häufig wurden St.e und St.-Hose aus Scharlach, einem dehnbaren Wollstoff (‣Stoff, Mittelalter), gearbeitet und die Beine in unterschiedlichen Farben (‣Mi-parti) gehalten.

In Italien begann man jedoch bereits um 1480/90, die enge und unbequeme St.-Hose an den Oberschenkeln in einzelne vertikale ‣Schlitze[311] aufzuschneiden. Um 1500 wurde die St.-Hose, die sich allerdings in den unteren Ständen und bei Stutzern bis um 1520 hielt, in ‣Kniehose (‣Hose) und separate St.e getrennt. Den St. hielt unterhalb der Knie ein horizontal herumgeschlungenes und seitlich gebundenes *St.-Band,* bald war er aber auch innen an die Hose genestelt (‣Martingale (2)). Landsknechte lösten im Kampf zur größeren Bewegungsfreiheit wenigstens ein St.-Band, wodurch der St. teilweise herabfiel. Diese martialische »Gefechtssaloppheit« behielten sie auch in Zivil bei. Nun begann der gestrickte St. seinen Siegeszug – ob von Spanien (der gestrickte St. gilt als urspr. maurisch) oder von Italien (wo Beweise des Strickens schon im 14. Jh. auftauchen, ‣Strick- und Wirkware) aus, bleibt offen. Der gestrickte St. war dehnfähiger und passte sich weit besser den Körperformen an als der genähte. In England wurden schon sehr früh, nämlich 1519 in den »Records« (Parlamentsprotokollen) in Nottingham, Strick-St.e erwähnt. Die St.e wurden auf zwei Nadeln gestrickt und hinten zusammengenäht. Die kostbarsten St.e waren gestrickte Seiden-St.e mit seitlicher Stickereiverzierung und gewachsten Nähten aus Spanien und Italien, wo es die besten Hosenstricker oder -lismer (›St.-Stricker‹) gab. (Die Bezeichnung deshalb, weil die Hose aus zwei Teilen wie der St. – daher engl. *hose* ›Schlauch, Strumpf‹ – bestand.) Die älteste bekannte Gilde der St.-Stricker wurde 1527 in Paris gegründet. Die kostbarsten St.e. gingen als Fürstengeschenke ins Ausland. Der adelige Herr trug weiße, die Frau schwarze St.e.

In der 2. Hälfte des 16. Jh.s wurde zu der kurzen Spanischen ‣Hose die St.-Hose[49] getragen, zu allen anderen Hosenformen trug man jedoch St.e., eventuell auch ‣*Canons*[50] (1). An der bis unter das Knie reichenden Hose wurden die St.e mit seidenen St.-Bändern[47, 312] (auch *Kniegürtel* genannt) gehalten, die in Fransen oder Spitzen endeten, und bei nur oberschenkellangen Hosen innen am Hosenbein befestigt. Da die Form der Unterschenkel sehr stark zur Geltung kam, wurde ihr Aussehen, falls notwendig, durch künstliche Einlagen verbessert. Die St.e wurden durch Einreiben mit Kreide besonders weiß, mit Kreide und Kohle »silbern« gemacht. Im Winter zog der Mann häufig zwei bis drei St.e übereinander oder feine Leder-St.e unter den oberen St.en an. Der einfache Bürger und der Bauer trugen weiterhin genähte St.e aus Leinen oder Wollstoff, seltener handgestrickte Woll-St.e. 1589 erfand der englische Pfarrer William Lee den Strumpfwirkstuhl, nach dessen Prinzip bis ins 20. Jh. gearbeitet wurde. Bei diesem Wirkstuhl konnte in einem Arbeitsgang eine ganze Maschenreihe gebildet werden, wobei die Ferse durch seitliche, über dem Knöchel beginnende und sich zur Ferse erweiternde ‣Zwickel gestaltet wurde. Der rohe St. wurde gewalkt (verfilzt), glatt geschoren und eventuell mit Kreide geweißt. Dieses Verfahren hieß frz. *apprêter*; im 17. und 18. Jh. gab es in Deutschland sog. Appretierstuben dafür. Die Zwickel wurden bei kostbaren St.en durch gleich- oder andersfarbige Zierstickerei bis ins 18. Jh., beim Frauen-St. bis ins 20. Jh. betont.

Königin Elizabeth I. von England verbot den Wirkstuhl, da sie um die Arbeit der Stricker bangte (‣Strick- und Wirkware). Der Herzog von Sully, Minister König Heinrichs IV. von Frankreich, aber holte Lee nach Rouen. Der Hosenstricker oder -lismer wurde zum Handwerker, der den Zunftregeln unterlag.

Im 17. Jh. verbreitete sich beim Handstricken nach und nach das Rundstricken mit 4 Nadeln für den St. Der St. reichte im 17. und 18. Jh. bis über die Knie. Er war beim Herrn bis um 1680 auch farbig und wurde von einem besonders auffälligen St.-Band, frz. *Jarretière*[59, 131], gehalten. Im 2. Viertel des 17. Jh.s hielt der ‣à la mode gekleidete Kavalier auch zu der unten nicht abgebundenen Hose die St.e mit einem auffälligen St.-Band fest und trug darüber die zu Waden-St.en gewordenen Canons. Zur ‣Rheingrafenhose[331] galten schlaffe, Querfalten bildende St.e als besonders elegant. Das Ende des St.-Bands war nun mit Bandschluppen verziert, und die Canons wurden zu breiten, um die Knie gelegten und üppig herabfallenden Spitzenvolants. Einfache St.-Bänder waren gestrickt, der Elastizität wegen. Mit Aufkommen der ‣Culotte um 1680 trug der Herr weiße St.e und weniger auffallende St.-Bänder. Die adelige Dame zog im 17. Jh. meist weiße Seiden-St.e an, doch hat sie auch mit farbigen St.en und mit den bunt ausgestickten ‣Zwickeln großen Aufwand getrieben. Den Bürgern beiderlei Geschlechts wurden in ‣Kleiderordnungen wiederholt seidene St.e, den Frauen lang herabhängende St.-Bänder verboten. Die unteren Stände trugen handgestrickte Woll-St.e. In Deutschland begann erst Ende des 17. Jh.s, mit der Ansiedlung von Hugenotten, die St.-Wirkerei. St.-Wirker, die mangelhafte Ware herstellten, wurden »Stümperer« genannt (s. Worterklärung von »St.«, S. 467).

Anfang des 18. Jh.s waren die St.e des adeligen Herrn noch mit andersfarbig bestickten Zwickeln und Nähten ausgestattet und bis etwa 1740 über das Ende der Kniehose gelegt, mit einem St.-Band gehalten und darüber geschlagen.[71] Danach wurde der St. ausschließlich unter der Kniehose getragen und von deren Abschlussband gehalten. Bei Trauer waren schwarze St.e vorgeschrieben. Als Kälteschutz wurden wollene oder lederne Unterzieh-St.e getragen und für Reisen seitlich knöpfbare Woll- oder Leinengamaschen von der Soldatenkleidung übernommen. Zum ‣Negligé trug der Herr gestreifte oder melierte St.e. Ende des 18. Jh.s liebten betont modisch gekleidete Herrn fingerbreit blau-, violett- oder rosa-weiß gestreifte St.e. Der Damen-St. konnte auch farbig sein, die kostbarsten Exemplare zierten Gold- und Silberstickerei, figürliche Darstellungen (sog. *bas historiés,* frz., ›Strumpfbilder‹), Spitzeneinsätze oder spitzenähnliche Musterung, in England farbige, gestickte Blumenornamente. Die seitlich gebundenen St.-Bänder waren reich mit Symbolen bestickt, aber auch mit Edelsteinen besetzt. In den 1790er Jahren trug die viel umjubelte Tänzerin Maria Medina Viganó bei ihren Auftritten ein gewirktes ‣Trikot (1) als Unterkleidung. Es führte zu der Idee, unter den leichten ‣Chemisen (2) des Directoire (1795–99) Trikots zu tragen. Diese waren fleischfarben und bedeckten Rumpf und Beine. Es gab auch Trikots mit um die Unterschenkel eingewirkten Kreuzbändern, um nackte Beine und Sandalen mit Kreuzbändern, wie in der Antike, vorzutäuschen. Seit 1730 wurden in England Baumwoll-St.e hergestellt, nach Mitte des Jh.s Wirkstühle zur Herstellung von Mustern gebaut. 1758 baute Jesedia Strutt (1726–97) eine Maschine für waagrecht gerippte und daher besonders elastische St.e, die sog. *Derby ribs* (nach dem Standort seiner Manufaktur), die sehr beliebt wurden. Unabhängig von der englischen Maschine kam es 1785 in Chemnitz zur Erfindung einer ähnlichen. 1767 konstruierte Samuel Wise den ersten Rundwirkstuhl für *nahtlose St.e,* die sich Ende des 19. Jh.s bei den Flor-St.en durchsetzten, allerdings weniger anschmiegsam waren. Der erste französische Rundwirkstuhl, 1798 gebaut, wurde besonders für Trikotagenfabrikation eingesetzt. Im letzten Viertel des 18. Jh.s trat mit der bürgerlichen ‣Englischen Mode der *Seiden-St.* an zweite Stelle hinter dem grauen Woll-St. Im Winter trug die Dame St.e aus Angorawolle.

Im 19. Jh. verlor der Herren-St., infolge der langen ‣Hose, immer mehr an modischer Bedeutung. Nur zu der anfangs zur höfischen ‣Gala bzw. zu bestimmten Hofuniformen verbreiteten ‣Kniehose wurde der weiße Seiden-St. getragen. Der St. verkürzte sich zum Waden-St. (*Socke*) und wurde durch einen gerippt gestrickten Rand oder von *Sockenhaltern* gehalten. Der Sockenhalter bestand aus einem über der Wade umgelegten Band mit einem oder zwei herabhängenden Bändern (‣*Straps*), an denen die Socke befestigt wurde. Ende des 19. Jh.s verwendete man dafür auch Gummibänder.

Die Dame trug im Empire (1800–15/20) fleischfarbene St.e mit farbigem, eingesetztem Zwickel. Im Biedermeier (1820–48) am beliebtesten war der St. aus glänzendem Baumwollgarn (frz. »Fil d'Écosse«, ›Schottengarn‹), den späteren Flor-St.en vergleichbar, meist rundgestrickt, fleisch- oder pastellfarben, auch weiß. Der St. war über Spann und Fessel mit Durchbrucharbeit (»à jour«) und zarter, erhabener Stickerei versehen. Zur Zeit der bodenlangen ‣Krinoline, um 1850–68/69, kam der St. dann weniger zur Geltung und war entsprechend einfacher. 1868 erfand William Cotton (1819–87) in Loughborough (Leicester) die später viel verwendete Cotton-Maschine,

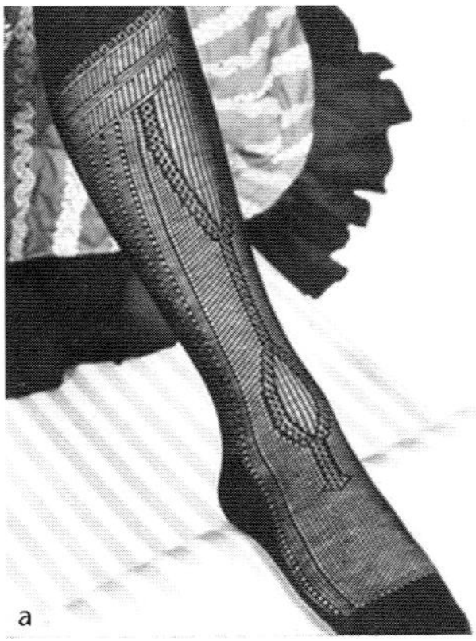

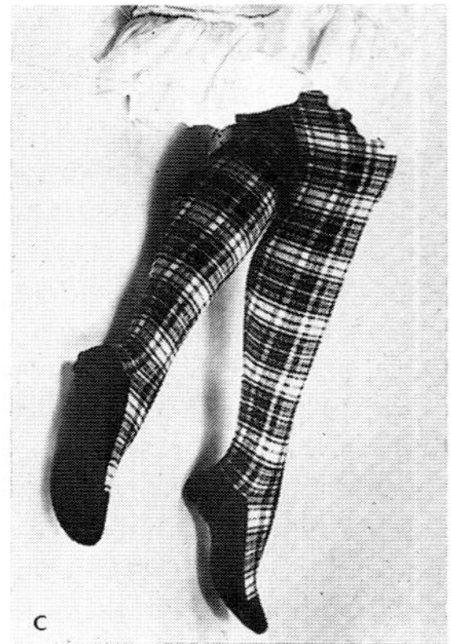

Abb. 481. a) Stiefel-Petinet- Strumpf. 1910. b) Handbedruckter Strumpf. 1890 (?). c) Schotten-Strumpf. 1895. d) Naturseiden-Strumpf mit Einsatz aus Brüsseler Spitze. 1910. e) Jacquard-Strumpf. 1905. Alle Elbeo-Strumpfmuseum, Augsburg.

bei der bis zu 40 St.-Teile in einem Arbeitsgang hergestellt werden konnten, die anschließend hinten in der Mitte zusammengenäht wurden. Gleichzeitig stand eine verbesserte Rundstrickmaschine zur Verfügung. Im letzten Viertel des 19. Jh.s wurden unter dem Einfluss des ‣Genre Canaille und des modischen ‣Frou-Frou (2) bis zur Wadenhöhe reichende Phantasiemuster und, durch die sportlichere Lebenshaltung, Karo- und Streifenmuster modern. Besonders *Ringel-St.e* mit bunten, horizontalen Streifen fanden Anklang. Die St.e waren oberschenkellang und in der Regel aus Baumwolle. Das St.-Band aus bunter Seide hatte nun eine Einlage aus Gummiband und oft zierliche Rosetten. In den 1880er Jahren kam der um die Taille befestigte *St.-Halter* auf. Erst Ende des 19. Jh.s wurden Strapse, Gummibänder zum Halten der St.e, am ‣Korsett angebracht.

Um 1900 kamen St.e mit inkrustierten Spitzen (frz. *Jambière*), eingewirkten Spinnennetzen, Vögeln, Blumenranken, vertikalen Streifen, farbigen »Fliegen« oder Zwickeln auf. Am beliebtesten waren die rundgestrickten *Flor-St.e* bis etwa 1920: St.e aus gasiertem, merzerisiertem Baumwollzwirn und in der Spätzeit aus Zellwollgarn; gefolgt von *Seiden-St.en,* die oft spitzenartig durchbrochen waren.

Im 20. Jh. spielt beim Herrn ausschließlich die *Socke* eine Rolle; anfangs speziell aus Naturseide, allgemein jedoch aus Wolle oder Baumwolle, nach dem 2. Weltkrieg aus Nylon, dann aus Mischwirkware (Naturfaser und Synthetics). Die Socken werden farblich auf den Anzug abgestimmt. Zu sportlicher Kleidung, besonders zu ‣Knickerbockern (1), werden *Knie-St.e* (österr. *Stutzen*) in farbkräftigem Karomuster[464] oder einfarbig gemustert, zur kurzen Lederhose der Alpenländler Wadenstutzen ohne Füßlinge (die sog. *Loferl*)[392] getragen.

Technische und modische Neuerungen in der St.-Herstellung gingen vom Damen-St. aus. 1912 kamen die ersten *Kunstseiden-St.e* in England auf, doch hat ihre Weiterentwicklung und Verbreitung der 1. Weltkrieg unterbrochen.

(Bereits 1884/85 wurde Kunstseide hergestellt, doch war sie für St.e noch zu hart.) Während des 1. Weltkriegs wurden einfache St.e in Schwarz oder Grau aus Wolle oder Baumwollgarn gewirkt. Ab den 1920er Jahren verdrängte der Kunstseiden-St. den Reinseiden-St. und den Flor-St. Mit dem Kunstseiden-St. erhielt die flachwirkende Cotton-Maschine großen Aufschwung, da ein rundgewirkter Kunstseiden-St. eine schlechte Passform hatte. Mit dem Kunstseiden-St. konnten sich Frauen einen feinen, seidenähnlichen St. leisten, der die Verkürzung des Saums (‣Kleid) unterstützte. Jede Musterung des St.es fiel nun weg, nur Feinheit, Schmiegsamkeit und Farbe bestimmten die Eleganz. Am beliebtesten waren fleischfarbene Töne, anfangs auch *ombrierte,* d.h. vorn heller und hinten dunkler gehaltene St.e. Allerdings konnte der Kunstseiden-St., da sehr stark glänzend, den Naturseiden-St. noch nicht ganz verdrängen. Zum kurzen Abendkleid wurden mit Silberfäden durchwirkte Seiden-St.e getragen. Zu sportlicher Kleidung waren karierte Woll-St.e Mode. In den 1930er Jahren wurden St.e aus Halbmattseide mit außen linkem Maschenbild getragen, da dieses weniger glänzte. Da der Kleidsaum nun wadenlang war, konnte es sich die Frau leisten, nur knielange St.e mit einem eingearbeiteten Gummi am oberen Rand zu tragen.[372] Während des 2. Weltkriegs musste mangels jeglicher Rohstoffe im Sommer auf den St. verzichtet werden. Auch zum eleganten Kleid wurden *Söckchen* getragen. Braune Schminke und ein schwarzer Strich mit dem Augenbrauenstift mussten St. und St.-Naht vortäuschen. Im Winter dominierten handgestrickte Woll- oder Zwirn-St.e.

Abb. 482. Strumpfhose von ARWA-Vita. 1960.

Nach dem 2. Weltkrieg setzten sich in ganz Europa die aus den USA kommenden *Nylon-St.e,* kurz *Nylons* genannt, durch. (1938 war in den USA Nylon, 1941 in Deutschland Perlon, beides Polyamid-Fasern, erfunden worden. In Deutschland standen sie jedoch nur Kriegszwecken, nicht dem Modeschaffen zur Verfügung.) Erst der sehr feine und nicht mehr glänzende Nylon-St. konnte den Seiden-St. ganz verdrängen. Außerdem gab der gegenüber der Kunstseide wesentlich dauerhaftere Nylon- bzw. Perlonfaden samt seiner großen Plastifiziereigenschaft, d.h. Einhaltung der Passform, 1954 die Voraussetzung zur Herstellung von *Nahtlos-Fein-St.en.* Dazu wurden rundstrickende Zylindermaschinen mit besonderer Fersentechnik erfunden, die die flachwirkenden Cotton-Maschinen vollkommen verdrängten. In den 1950er Jahren dominierte noch der *Naht-St.* Halbstarken-Mädchen und Existentialistinnen trugen schwarze, undurchsichtige St.e bzw. St.-Hosen. Besonders dehnbar waren die *Kräuselkrepp-St.e* aus einem Dehn- bzw. Stretchgarn. Kurze Zeit waren auch laufmaschensichere *Netznylons* verbreitet. Neben dem Korsett mit Straps setzten sich die *St.-Haltergürtel* mit Straps durch. Um 1960 setzte sich ein gegenüber dem St. der Jahrhundertwende wesentlich verbesserter *Nahtlos-St.* durch. Auch heute noch gebräuchlich und aus dauerhaftem synthetischen Garn, weist er ein hohes Maß an Plastifizierung auf, d.h., er hält die durch Hitze und Druck erreichte Passform. Die meisten St.e werden seitdem auf Großapparaten in einem Arbeitsgang gefärbt, geformt und getrocknet. Dabei werden die St.e jeweils zu 60 Paar auf einmal in der Färbe- und Druckkammer einer Temperatur bis ca. 125° Celsius und einem Druck von ca. $2^1/_2$ atü ausgesetzt. 1960 wurde erstmals in Deutschland der »St. bis zur Taille«[482] vorgestellt, der sich um 1964/65 als *St.-Hose* durchsetzte. Zu Beginn war sie noch aus wenig durchsichtigem Kräuselkrepp, der Rumpfteil verstärkt. Die St.-Hosen wurden laufend verbessert, um möglichst dünn und elastisch zugleich zu sein. Die Nylonstrumpfhose trug entscheidend zur Verbreitung der ‣Mini-Mode bei. In den 1980er Jahren stimmte die Frau die St.-Farbe – Rot, Gelb, Lila, Blau – auf die Kleidung ab. Im Winter sind *Leg warmers* (engl. ›Beinwärmer‹, ‣Gamasche) beliebt. In den 1990er Jahren wurden schwarze, blickdichte St. bevorzugt.

Strumpfband[312] ‣Straps, ‣Strumpf.

Strumpfhalter ‣Hüftgürtel, ‣Straps, ‣Strumpf.

Strumpfhose[482] ‣Strumpf.

Stuarthaube ‣Attif(f)et.

Stuartkragen,[134, 298] nach der schottischen Königin Maria Stuart (1542–87) benannte kleinere, abgerundete Form des ‣Medici-Kragens, 2. Hälfte 16. / 1. Hälfte 17. Jh. als dezentere Kragenform neben der ‣Halskrause; erneut um 1810–20 (‣Altdeutsche Kleidung) sowie um 1916/17 (‣Kriegskrinoline) in Mode.

Stuche, *die* (mhd.; ahd. *stucha*; nhd. *Stauche*). **1.** Mittelalterliche, den Kopf ganz umhüllende Kopfbedeckung der Frau aus weißem Leinen. Die St. gehörte zur Kirchgangstracht, hielt sich als solche im deutschsprachigen Raum regional bis um 1800 und darüber hinaus als dreiteilige *Leidstucha* und einteilige *Kreuzstucha* in bäuerlichen Trachten bis heute. Die Leidstucha besteht aus dem den eigentlichen Kopfteil bildenden Sack, dem sichtbaren Tuch (ehem. auch Bezeichnung für Schleier und Kinnverhüllung) und dem Band. **2.** Weißer, leinener Zierärmel der Frau, der nur angenestelt wurde und so ausgewechselt werden konnte; im 11. und 12. Jh. gebräuchlich.

Stützel, *der* (spätmhd., wahrscheinlich von *stutzen* ›verkürzen, beschneiden‹), ugs. für die röhrenförmigen, angenähten ‣*Canons* (1), eine Art verkürzter Strumpf oder verkürztes Hosenbein, bei der Spanischen ‣Hose. Daraus vielleicht im 18. Jh. ‣Stutzen.

Stulpe (von *stülpen*),[183, 452] Auf- oder Umschlag des Saumes von Hosenbeinen (‣Hosenumschlag), ‣Ärmeln und Stiefelschäften (‣Fußbekleidung).

Stumpen, kegelförmige Grund- oder Rohform eines Filzhutes, der warm auf Form gezogen wird. ‣Kopfbedeckung.

Sturz, *der,* oder **Stürze,** *die* (mhd., von idg. *ster* ›stolpern, fallen‹), wohl seit dem 14. Jh. ein über den Kopf gestülptes Tuch aus gestärktem Leinen, das sehr ausladend über einer stützenden Unterhaube (ohne Drahtgestell) drapiert und vorn mit einer Schnur geknotet war. Der St. war den ehrbaren Frauen z. B. vom Rat der Stadt Nürnberg vorgeschrieben (‣Kleiderordnungen), bis er 1522 durch kaiserliches Privileg vom anliegenderen Bündlein ersetzt wurde (‣Kugelhaube). Um 1500 verstand man unter »St.« auch eine Kopf und Körper bedeckende Art ‣Heuke, die bei Trauer als *Klag-St.* angelegt wurde. Das Wort »St.« für ›Kopftuch‹ behauptete sich z. T. bis ins 19. Jh. in Süddeutschland und der Schweiz.

Stutzen, *der* (‣Stützel), dt. regional für *Wadenstrumpf.*

Stutzer, Herrenkurz- oder -halbmantel mit Seitenschlitzen, der in den 1920er Jahren als ‣Automantel aufkam, in den 1950er Jahren ‣*Benny* und danach *Caban* (‣Gaban (3)) genannt wurde.

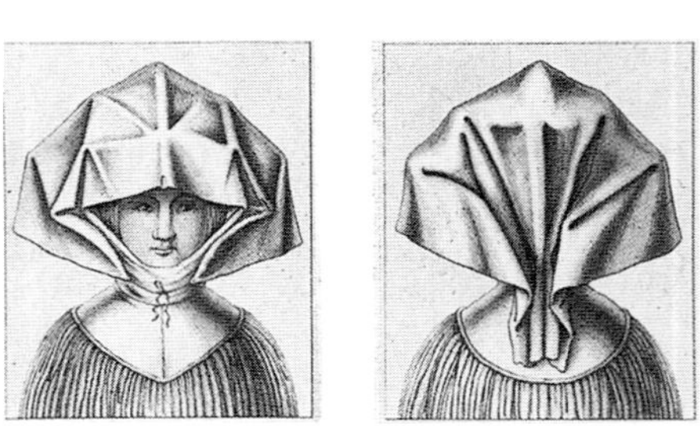

Abb. 483. Sturz. Nach einer Nürnberger Zeichnung von 1555.

Stylist(in) (engl., ›Formgestalter(in)‹, *von style* ›Stil‹, *styling* ›Formgebung‹). In der Modebranche gestaltet der St. die Gesamtwirkung eines Modevorschlags; d.h., er zeichnet verantwortlich für die Harmonie von Kleidung und Accessoires sowie für die Gestaltung der Frisur und des Kopfschmucks und gibt den Make-up-Stil bei Modenschauen und Fotoaufnahmen vor.

Subligaculum, *das* (lat., von *subligare* ›an-, umbinden‹), Schurzfell (▸Schurz).

Subucula ▸Tunika.

Sucke, ▸Weiter Rock; eine etymologische Verbindung zu ▸Suckenîe liegt nahe.

Suckenîe, *die* (mhd., von slaw. *suknó* ›Wolltuch‹, Wollgewand des 12. Jh.s; frz. *souquenie, sorquanie*), über dem ▸Kleid und dem hemdgewandartigen ▸Rock (1) des Mannes (▸Cotte) getragenes Obergewand im 13. / 1. Hälfte 14. Jh., in der Spätzeit besonders der Frau. Die S. wird nicht eindeutig vom ▸Surkot unterschieden.

Suebenknoten[263] ▸Haarmode (Germanen).

Südwester, Seemannshut, meist aus ▸Ölzeug, mit hinten breiter, Nacken und Schultern bedeckender, vorn abstehender ▸Krempe. Der S. ist eine Abart der ▸Phrygischen Mütze und wird heute auch zum modischen Regenhut abgewandelt.

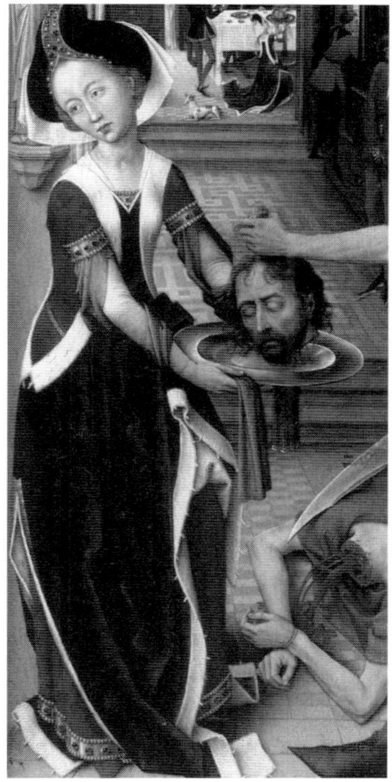

Abb. 484. Surkot mit weiten Armlöchern und darunter sichtbar werdendem Kleid und Gürtel. Aus dem Johannisaltar des Roger van der Weyden. Um l440. Gemäldegalerie, Berlin.

Suprematismus. 1913–19 von dem russischen Künstler Kasimir Malewitsch (1878–1935) geprägte Richtung der gegenstandslosen Malerei, die auf der geometrischen Abstraktion basiert. Malewitsch malte Sportler, deren Kleidung aus suprematistischen, das heißt aus gegenstands- und raumlosen Formelementen wie Kreisen und Dreiecken, bestand. Er skizzierte Kleid- und Stoffentwürfe als Teil eines »generellen Ensembles der Formen«.

Surah ▸Stoff (19. Jh.).

Surkot, Surcot, *der*[32] (mhd. *sorkôt;* im 14. Jh. auch *sorkeit* ›über der ▸Cotte‹; ital. *cioppa* oder *gioppa*), über dem ▸Kleid bzw. dem hemdgewandartigen ▸Rock (1) des Mannes getragenes, repräsentatives Obergewand der Ritter und Edelfrauen. Der S. kam um Mitte des 12. Jh.s auf, zur halben Wade reichend oder nur knielang, zunächst mit dreiviertellangen Ärmeln. Stufenweise wurden darunter der weite farbige Rock oder das Kleid und die ▸Chainse sichtbar. Der S. ist auf Bildern nicht eindeutig vom ▸Bliaud zu unterscheiden. Etwa ab 1200 war der S. ärmellos, im Rock sehr faltenreich, beim Mann mit Seitenschlitzen, und stets ungegürtet. Nach 1230 entwickelte sich der S. zu einem Obergewand mit charakteristisch tief ausgeschnittenen Armlöchern. Daneben gab es besonders in Frankreich um Mitte des 13. Jh.s eine Form mit hinten von den Schultern frei herabhängenden Scheinärmeln oder mit nur sehr knapp ausgeschnittenen Armlöchern. Es ist nicht eindeutig zu klären, ob es sich hierbei um die ▸Suckenîe handelt. Im 13./14.

Jh. war der S. bei der Frau rundum schleppend und wurde vorn hochgerafft. Im 14. Jh. vergrößerten sich die Armlöcher zu einem großen, bis unter die Taille führenden und bis in den Rücken und das Vorderteil hineinreichenden Oval, so dass der S. vorn und hinten oft nur aus einer schmalen Stoffbahn bestand. Die Armlöcher waren häufig mit Pelz eingefasst. Der S. konnte vorn oder auf einer Schulter geknöpft werden, in letzterem Fall gab es vorn Zierknöpfe. In dieser Form hielt er sich in Frankreich bis ins 15. Jh. Der S. war im Sommer mit Seide oder ‣Sendel, im Winter mit Pelz gefüttert. Sehr selten bestand das Oberteil ganz aus Pelz. Über dem S. konnte ein Übergewand getragen werden. ‣Cotardie.

Surrealismus. In der Mode ergaben sich durch die enge Zusammenarbeit u. a. von G. ‣Chanel und E. ‣Schiaparelli mit den surrealistischen Künstlern Salvador Dalí und Jean Cocteau[285] Modelle mit surrealen Elementen, wie das Schreibtischkostüm von 1936 und der Schuhhut von 1937.

Surtout, *der* (frz., ›über allem‹), engl. *Great Coat* (›großer Mantel‹), Herrenmantel (Überrock) des 18. Jh.s, im Schnitt dem ‣Justaucorps (2) ähnlich, jedoch mit doppeltem Kragen wie die ‣Redingote (1), aber weiter und bequemer als diese. Der S. entwickelte sich wahrscheinlich aus dem ‣Brande(n)bourg. Als eine Abart des S. kann der ‣*Rockelor* angesehen werden.

Suwarowstiefel ‣Fußbekleidung (Mann, um 1800).

Suzie-Wong-Kleid (‣Cheongsam). Das S., als vermeintlich traditionell chinesischer Stil, etablierte sich in Hongkong in den 1920er und 1930er Jahren und wurde durch den Film »Die Welt der Suzie Wong« von 1960 weltbekannt. Das ursprünglich *qipao* oder *cheongsam* genannte Kleid mit »Mandarin«-Stehkragen stellt einen westlichen, weil körperbetonten Schnitt der ursprünglich weiten Robe im Manchu-Stil aus chinesischer Seide dar. Um 2003 kam es zu einem ‣Revival der figurbetonten S.er mit asymmetrischem Verschluss, neben Blusen und T-Shirts in diesem Stil.

Sweater ‣Jumper.

Sweatshirt, *das* (engl., ›Schwitzhemd‹), weites, langärmliges ‣T-Shirt aus innen gerautem Baumwolltrikot, als ‣Fully-fashioned hergestellt. Das S. entwickelte sich aus dem Oberteil des ‣Jogging-Anzugs und ist seit 1981/82 bei der Jugend in Mode.

Swinger (von engl. *swing* ›schwingen‹), ein glockenförmig geschnittener, kniekurzer Mantel, 1988 bis 1993 in Mode.

Synthetics ‣Stoff (20. Jh.).

Szür, auch *Szurdolmány, das* (ungar.), ungarischer Hirten- und Bauernmantel asiatisch-archaischen Ursprungs (‣Kandys), von rechteckigem Schnitt aus schwerem, geköpertem und meist gewalktem Wollgewebe (‣Stoff); wurde über die Schultern gelegt. Später auch mit kragenartigem Rückenstück als Kapuze und gerade geschnittenen Ärmeln, ab dem 19. Jh. mit reicher Stickerei, auch mit Fellfutter. Bis zum 2. Weltkrieg in Ungarn allgemein getragener Mantel, heute zur ungarischen Volkstracht des Mannes gehörend.

T

Tab, *das*[401, 428] (engl., ›Schnürband, Aufhänger, Lasche‹), Fachbezeichnung für *Ärmel-* und *Kragenspange*; am Ärmelende eine horizontale Lasche, mit der der Ärmel enger geschnallt und abgedichtet werden kann, am Kragen eine Verbindungslasche zwischen den ‣Revers[301], mit der der Halsabschluss enger geknöpft werden kann. ‣Flasques.

Tablion ‣Clavus.

Tätowierung (von samoisch *ta-tau,* das Einbringen von Farbstoffen unter die Haut). Prähistorische Funde belegen, dass Körperbemalung, Narbenzeichnung und T. zu den frühesten menschlich-sozialen Zusammengehörigkeits- bzw. Unterscheidungsmerkmalen gehören, dass sie Abschreckungs- wie Bekleidungsform und Kunstäußerung waren. Noch heute gibt es die T. bei Naturvölkern aus kultischen und hierarchischen Gründen sowie als Schmuck.

Im Altertum war T. u. a. bei Thrakern, Kelten und Galliern verbreitet. Thrakerinnen edler Abstammung ließen sich Arme und Beine farbig tätowieren, so dass auf Abbildungen der Eindruck langer, bunter Beinkleider und Ärmel bzw. eines den ganzen Körper bedeckenden Trikots entsteht. Die Römer setzten Brandmarkung und Nadel-T. zur Kennzeichnung von Verbrechern und geworbenen Söldnern ein. Die frühen Christen wurden mit T.en gewaltsam gezeichnet, die sie bald freiwillig als Zugehörigkeitszeichen übernahmen. Im 8. bis 10. Jh. verbot die christliche Kirche die T., weshalb in Mittelalter und früher Neuzeit in Europa die T. weitgehend verschwand. Allerdings wollten sich Kreuzritter mit eintätowierten christlichen Zeichen ein christliches Begräbnis sichern. In außereuropäischen Ländern dagegen war T. weit verbreitet. Nach 1769 – Entdeckung von Tahiti durch James Cook, der das Wort *ta-tau* nach England brachte – wurde die T. in Europa wiederbelebt. Vornehmlich ließen sich Seeleute, Soldaten und soziale Randgruppen, im 19. und 20. Jh. auch hohe Adelige (u.a. Kronprinz Rudolf und Erzherzog Franz Ferdinand von Österreich, König Frederik IX. von Dänemark) tätowieren, wogegen in der zukunfts- und aufstiegsorientierten bürgerlichen Gesellschaft das T. verpönt war. Es gab vier Grundmotive: Seemotive, religiöse Motive, Zugehörigkeits-, Erinnerungs- und Identifikationszeichen, erotische Motive. Heute wird T. als »Body-Art« (›Körperkunst‹) besonders in Japan und den USA praktiziert. Eine T. – nun Tattoo genannt – wurde in den 1990er Jahren neben ‣Piercing bei der Jugend zum modischen Insiderzeichen.

Taft ‣Stoff (Mittelalter).

Taftkappe, rechteckiges, schwarzes Tafttuch, etwa 1685–1713, das mittels eines seidenumwundenen Drahtgestells, der Wiehre, locker über die ‣Fontange gelegt wurde und hinten am Saum mit einer Blende leicht eingereiht (gefältelt) war. Diente als Wetterschutz. ‣Kalesche.

Taille, *die* (frz., von *tailler,* mlat. *talare* ›(zu)schneiden‹; zu frz. *tailleur,* engl. *tailor* ›Schneider‹). **1.** Im 16. Jh. dt. *Wiex* oder *Weich* genannt. Engste Stelle des Rumpfes; natürliche Gürtellinie. Die besonders schmale T. wird in der Mode ugs. als *Wespen-T.* bezeichnet. (Zum jeweils modischen Taillenschnitt s. die Stichworte zu den einzelnen Kleidungsstücken, wie ‣Kleid, ‣Sakko.) **2.** 19. / Anfang 20. Jh. gebräuchliche Bezeichnung (heute Fachbezeichnung) für das bis zur T. reichende, enganliegende Kleidoberteil, im Unterschied zur längeren ‣Korsage (1); seit dem 18. Jh. zuweilen auch Bezeichnung des ‣Mieders. ‣Leibchen[327], ‣Schoß-T. **3.** Schnitt, Leibschnitt eines Kleides.

Tailleur, *der* (frz.; ‣Taille). **1.** Schneider. **2.** Auf Taille geschnittenes sog. klassisches ‣Kostüm (2) oder ‣Jackenkleid.

Tailormade, *das* (engl., ›vom Schneider gemacht‹), das vom Schneider selbst hergestellte Schneiderkostüm und -kleid (‣Kostüm (2)); heute auch ein streng »klassischer« Schnitt. ‣Klassiker.

Talar, *der* (von lat. *talaris* ›bis an die Knöchel reichend‹), langes Obergewand (Amtstracht) von Richtern, Universitätsprofessoren, katholischen und evangelischen Geistlichen. Entstand aus der ▸Schaube.

Talma, *der,* kurzer, gerade das Gesäß bedeckender Herrenmantel mit ▸Pagodenärmeln und erstmals einer ▸Billetttasche, um 1855 von Stutzern getragen. Der T. wurde als Umhang mit Armschlitzen von der Frau übernommen. Er ist nach dem französischen Tragöden François Joseph Talma (1763–1826) benannt.

Tam-o'-shanter, *die,* Schottenmütze mit flachem, rundem, in einem engen Abschlussband zusammengefasstem Kopf, benannt nach Tam-o'-shanter, einer Person in dem gleichnamigen Gedicht (1834) von Robert Burns. Die Schottenmütze war danach im 19. Jh. bei beiden Geschlechtern sowie in den 1930er und 1950er Jahren bei Frauen und Kindern beliebt.

Tanga, *der* (nach der gleichnamigen afrikanischen Stadt), Damenunterhose (Slip) mit hohem Beinausschnitt sowie Bikini-Hose mit einem Stoffdreieck vorn und Gesäßschnur (String-T.). Die Vorform des T. ist beim ▸Schurz mancher Naturvölker zu suchen, setzte sich in südamerikanischen Ländern als Badehose durch und wird seit etwa 1982 auch in Europa von jungen Frauen getragen.

Tangohose ▸Oxfordhose.

Tangomode.[102] 1912, als sich der argentinische Gesellschaftstanz Tango in Europa zu verbreiten begann, setzte sich dafür eine charakteristische Tanzkleidung für die Frau durch: Kleid meist mit V-Dekolleté, drapierter, knöchellanger Rock mit hohem vorderen oder seitlichen Schlitz, ▸Pumps mit Ristspange, dazu »obligatorisch« senkrecht stehende Reiherfeder (▸Aigrette) im Haar oder auf dem ▸Turban. P. ▸Poiret.

Tank-Top (amerik. von *tank,* ›Panzer‹), urspr. in den USA für ▸Pullunder. Seit den 1980er Jahren zunehmend auch für ärmelloses, nur von Trägern gehaltenes ▸T-Shirt (amerik. auch *muscle-shirt*).

Tappert, *der*[37] (aus dem Kelt.; später *t(r)apphart, daphart*; ital. *tabarro*; span., port. *tabardo* ›Waffenrock‹), weites, faltenreiches Obergewand des Mannes (▸Mantel und ▸Rock (1) zugleich), selten auch von der Frau getragen, im frühen 14. bis 15. Jh. (Blütezeit 1400–20). Der rundum geschlossene T. wurde über den Kopf gezogen. Vom 3. bis 7. Jahrzehnt des 15. Jh.s besaß er nur Armschlitze und wurde ungegürtet getragen. Der Halsausschnitt war in Deutschland und den Niederlanden vorn und hinten weit, mit Knöpfen oder einer Verschnürung geschlossen, in Italien lief er in einer langen Spitze auf dem Rücken aus, während in England und Frankreich ein Stehkragen üblich war. Besonders in Spanien (aber auch in Deutschland) war der T. seitlich geschlitzt und hatte im 14. Jh. auch seitlich leer herabhängende sog. ▸Hängeärmel[156]. Er war knie-, zuweilen auch knöchellang. Der ▸Schoß (1) konnte vorn oder seitlich geschlitzt sein. Um 1430 wurde der T. kaum knielang und gegürtet getragen, so dass der Schoß abstand; zuweilen hatte er modische ▸Ärmel, wie Tüten- (▸Flügelärmel) oder Beutelärmel. Bei Vornehmen aus Samt, Seide oder Brokat und mit Pelz gefüttert oder verbrämt; in Italien hieß er in dieser Form ▸*Giubberello*[36]. Ende des 15. Jh.s gab es ihn auch als einfachen, viereckigen, seitlich durchgehend offenen Überwurf; so erhielt er sich als Wappenrock der Herolde. Den modischen T. löste 1465/70 die ▸Schaube ab, die allerdings nicht aus ihm entstanden ist. In den Niederlanden wurde er dennoch von älteren Herren und allgemein als ▸Hauskleidung bis ins 17. Jh. getragen.

Tarbusch ▸Turban.

Tarlatan ▸Stoff (19. Jh.).

Tartan, *der* (engl.), buntkarierte Wolldecke, die von den Bergschotten als Umhang verwendet wird. ▸Plaid (2); auch Bez. für den karierten Wollstoff (▸Tartanmuster).

Tartanmuster (Clanmuster, ▸Tartan), je nach Stamm unterschiedliches Schottenkaro. ▸Kilt.

Tasche (ahd. *tasca* ›Ranzen, Säckchen‹; nordd. *Tasche* verdrängte südd. *Sack,* der sich regional mehr für die Gewand-T. (▸2) hielt).

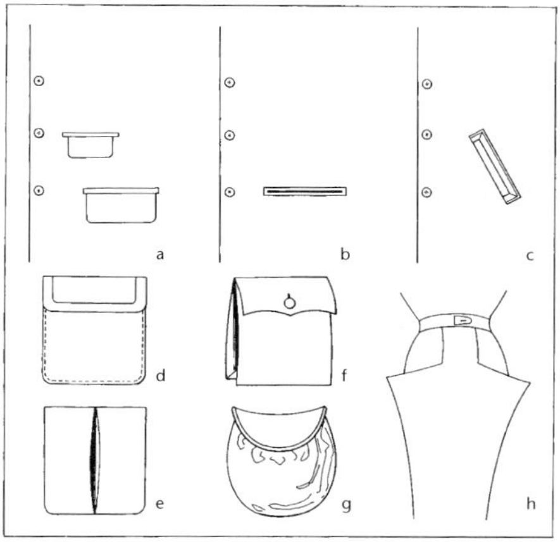

Abb. 485. Gewandtaschen. Eingeschnittene Taschen: a) Klappentasche: Seiten- und Billetttasche. b) Schlitztasche. c) Pattentasche. Aufgesetzte Taschen: d) Klappentasche. e) Quetschfaltentasche. f) Faltentasche. g) Beuteltasche. Kombinierte Tasche: h) Tütentasche.

1. *Gewand-T.* (frz. *poche,* engl. *pocket*). Die Gewand-T. ist abhängig von Gewandschnitt und -stoff, d.h., wenn das Gewand eng am Körper anliegen sollte bzw. relativ durchsichtig war, konnte keine T. verborgen eingearbeitet sein. Allgemein zog man bis ins 15. Jh. unter dem Gewand getragene separate T.n (‣1) der Gewand-T. vor. Erst in den sehr weiten Ärmeln der Männerkleidung der 1. Hälfte des 15. Jh.s ließ sich die Geld-T. gut aufbewahren, in der 1. Hälfte des 16. Jh.s unter dem Ärmelausschnitt des ‣Wamses, in der 2. Hälfte des Jh.s in einer Hosen-T. oder in der ‣Schamkapsel. Auch diente die Futterhose der ‣Pluderhose selbst als T. Daher hießen die weiten Hosenbeinformen »Diebssäcke« (‣Hose). Damit war die eingeschnittene Gewand-T. bei der Hose, mit Aufkommen des ‣Justaucorps (2)[67,68] um 1670/75 beim Ober- und Übergewand üblich (‣Rock (1), ‣Weste, ‣Mantel).

Nach 1550 konnte auch die Frau infolge der steifen Unterröcke (‣Unterrock) sowie des späteren ‣Reifrocks ihren Geldbeutel oder andere Wichtigkeiten in einer Gewand-T. im unteren ‣Rock (2) verbergen, die über den vorn geteilten Rock oder seine Seitenschlitze zu erreichen war. Auch wurden flache Stoff-T.n an einem Band befestigt um die Taille unter den Oberrock gebunden. Von da an hielt sich die verborgene T., mit kurzfristigen Ausnahmen, wie zur Zeit der ‣Chemise (2) (um 1789 bis 1915/20), in der Garderobe der Frau; sie befand sich z.B. während der ‣Turnüren (1869 bis 1875 und 1882–88) im hinteren Rockbausch. Um 1916–19 sowie nach 1945 – mit Ausnahme zur Zeit der ‣Mini-Mode 1965–73 – wurde die Gewand-T. in die modische Silhouette einbezogen bzw. bestimmte diese mit. Dafür waren die Hüften betonende *Beutel-* oder *Tüten-T.n* geeignet, während ansonsten die eingeschnittene Gewand-T. unscheinbar zu sein hatte. Sportlich wirken Tunneltaschen[98] und alle aufgesetzten T.n[307] (‣Cargo pants). Heute werden T.n vermehrt in sportliche Überkleidung integriert, ‣elektronische Kleidung.

2. *Trage-T.,* Behälter für persönliche Gegenstände, bei der Frau zugleich modisches Accessoire. Aus der Antike ist nur die ‣*Geld-T.* (Geldbeutel) bekannt, die an den ‣Gürtel gehängt wurde. Im Mitttelalter waren bei beiden Geschlechtern ‣*Beutel*[154] und ‣*Almosen-T.* verbreitet. Um 1000 begann der Mann eine flache *Leder-T.* mit Klappe am Gürtel[30,39] *(Gürtel-T.)* sichtbar zu tragen. Anfang des 14. Jh.s wurden Gürtel und T. unter das Obergewand verlegt, das seitlich senkrechte Schlitze für den Zugriff erhielt. Als bald darauf der Mann die T. wieder über dem Obergewand trug,[283] wurden oftmals die Schlitze beibehalten. Die Frau dagegen pflegte »Unentbehrliches« an dem »Châtelaine« genannten Gürtel zu tragen. Die Burgundische Mode (1365–1477) kannte für die Herren-T. eine Fülle phantasievoller Bezeichnungen. Die Verschlussbügel waren mit Sicherungen in Form von Tierköpfen versehen oder sonst künstlerisch gestaltet. Die separate T. wurde auch an das Wehrgehenk oder quer über die Brust *(Schulter-T.)* gehängt.

Im 16. Jh. setzte sich auch bei der Bürgerin die feste Leder-T., z.T. mit Metallbügel, durch, die, wie auch der Beutel, stets vom Gürtel herabhing. Die T., aus ‣Leder oder Stoff, meist Samt, hatte Zierbeschläge, Posamenterien (‣Posament), Metallstickerei und Lederbesatz. In der 2. Hälfte des 16. Jh.s verlor mit Aufkommen der steifen Unterröcke und des ‣Reifrocks die Trage-T. zugunsten der Gewand-T. an Bedeutung. Nur die Frau mittleren und unteren Standes, die keine steife Unterkleidung trug, befestigte weiterhin den Beutel am Gürtel.

Abb. 486. Bodybag von Anna Sui. New York, 1998/99.

Selbstverständlich war der aus Stroh oder Reis geflochtene Einkaufskorb.

Dem Mann diente im 18. Jh. neben der nun üblichen Gewand-T. der ‣*Muff* als T., außerdem hielt sich bis ins 19. Jh. die separate *Jagd-* oder *Sattel-T.* Daneben gibt es seit dem 17. Jh. für den Mann eine flache T. in Kuvertform – *Kuvert-T.* – für Dokumente, Briefe, weniger für Geldscheine. Im 19. Jh. gab es eine längliche, bauchige *Bügel-T.*, die von Ärzten, Beamten, Kaufleuten, aber auch Arbeitern getragen wurde.

Die Frau pflegte sich um 1800 bis ins 1. Drittel des 19. Jh.s mit dem ‣*Ridikül*[155] zu zeigen, nach etwa 1825 bereits mit einer flachen, abgesteiften Trage-T.[169] aus Leder oder Schildpatt mit kurzem Henkel. Bei der ‣Krinoline (1848–69) und den ‣Turnüren (1869–75 und 1882–88) erwies sich eine am Gürtel hängende, nun mit Metallrahmen gearbeitete Leder-T. als praktisch. Mit zunehmender Selbständigkeit der Frau wurden sowohl Trage- als auch Gewand-T.n unentbehrlich. Nun sah man größere *Reise-T.n* aus Segeltuch, mit Wolle ausgestickt, in England *Teppich-T.n* oder *Gobelin-T.* genannt, sowie *Bade-T.n.* Die Bügel-T.[100] mit breitem Boden aus schwarzem Leder war um 1900 alltägliche Hand-T.

Um 1910 waren sehr große, flache sog. *Dokumenten-T.n* mit Henkel Mode. T.n aus Eidechsen-, Krokodil- und anderem exotischen Leder sowie aus Schwanenhaut kamen auf. Als Abend-T.n gab es *Opern-T.n* mit einem eingearbeiteten Teil für das Opernglas, vor allem in Deutschland hergestellte *Silberkettchen-T.n*[427], Wiener *Petit-point-T.n* (‣Petit point) und, beeinflusst durch die »Ballets Russes« in Frankreich, T.n in Pagodenform mit Quasten. In den 1920er Jahren waren wieder *Kuvert-T.n* in hellen Farben Mode. Die sehr teuren *Schildpatt-T.n* wurden durch T.n aus gepresstem Galalith oder Lactoid ersetzt; Abend-T.n waren mit ‣Pailletten bestickt. In den 1930er Jahren war Sämischleder für T.n aktuell. 1935 zeigte E. ‣Schiaparelli transparente T.n sowie T.n in Schuh- oder Muschelform. In den 1950er Jahren liebte die Frau Leder-T.n mit Metallrahmen[375b]. Aus den USA kamen erste *Plastik-T.n,* selbst durchsichtige und solche aus Lederimitat. Anfang der 1960er Jahre waren große Kuvert-T.n, um 1963 T.n mit Op-Art-Dessin, um 1965 weiche Sämischleder-T.n, auch mit bunten ‣Applikationen, zur ‣Hippie-Mode passend, beliebt. Zur Hose setzte sich die *Schulter-T.* durch. Der Mann griff wegen des eng geschnittenen Sakkoanzugs um 1965–76 zu einer flachen Leder-T. mit langem Schulterriemen oder einer kurzen Schlaufe für das Hand-

Abb. 487. »Baguette«-Handtasche von Fendi. 1999/2000.

gelenk. 1975 lancierte ‣Kenzo quer umgehängte kleine Stoff-T.n für die Frau. Seither hat die Marke der T. wie ‣Vuitton, ‣Chanel, ‣Fendi, ‣Gucci, ‣Hermès *(Kelly Bag),* ‣Prada, ‣Tods Prestigesymbol. In den 1980er und 1990er Jahren ersetzten Cityrucksäcke – als Symbol für Mobilität – weitgehend die Hand-T. 1997 löste das Haus Fendi mit der Baguette-Hand-T. ein ‣Revival für feminine Hand-T.n aus, so dass seither eine Fülle von T.n mit zwei Henkeln, meist unter den Arm geklemmt, getragen werden. Abend-T.n gibt es im Kleinstformat, meist aus Stoff oder Fell, mit Perlen, Pailletten oder Swarovski-Kristallen bestickt oder aus silbernem Gitterwerk mit Seide unterlegt. Geräumig sind Bowling-T. sowie Kurier-T., die mit der ‣Freitag-T. bei der Jugend in Mode kamen. Um 2000 waren kurzfristig sog. Bodybags sowie Hipbags aktuell, die mittels Klettverschluss eng um den Körper getragen wurden. Sie lancierten Ideen für in die Kleidung integrierte T.n im Sinne der ‣elektronischen Kleidung.

Die T. wird zur Kleidung passend oder zweckbestimmt – Einkaufs-, Reise-[429], Bade-, Abend-T. – ausgewählt.

Taschentuch. Das T. kam Ende des 15. Jh.s in Italien auf (‣*Fazzoletto*)[46, 54], in Deutschland hieß es folglich *Facelet* oder *Facilettlein,* in Frankreich *Pochette* (von *poche* ›Tasche‹, im 12. Jh. von fränk. *pokka* ›Sack‹), in Spanien *Pañuelo*[62]. Bis ins 19. Jh. fast ausschließlich Ziertuch der Oberschicht aus Seide, Batist oder Spitze, sichtbar in einer Hand gehalten. Ein Gebrauchstuch war mehr oder weniger unbekannt, obwohl es das *Snuveldök* (mniederd., ›Schnaubtuch, Schnupptuch‹; frz. *Mouchoir,* von lat. *muccus* ›Rotz‹, nicht von *mouche* ›Fliege‹, also zur Fliegenabwehr) gab. Im 19. Jh. kamen zuerst bei Bürgern und Bauern buntgetupfte leinene oder baumwollene *Sacktücher* in den eigentlichen Gebrauch und verbreiteten sich, meist in Weiß, allmählich allgemein. Das Ziertuch erhielt sich im ‣*Stecktuch.*

Tassel(mantel)[32, 35] ‣Mantel (13., 14. Jh.).

Tattoo ‣Tätowierung.

Taubenflügel[259] ‣Ailes (de pigeon).

Tea-gown ‣Teekleid.

Tebenna[15] ‣Toga.

Techno-Mode. In engem Zusammenhang mit den Stilrichtungen der Techno-Musik (vom ›Computer-Sound‹ der deutschen Gruppe »Kraftwerk«, über die House-Szene aus Chicago und Detroit oder Acid House aus London) und ihrer DJs stehende Jugendmode – auch als Clubwear bezeichnet – mit Höhepunkt in den 1990er Jahren. Die insgesamt schrille, bunte, auch metallisch glänzende Mode wird mit medientechnischem Müll, wie alte CDs, Chips, gestylt.

Bereits um 1987 kamen in der Londoner Acid-House-Szene Smiley-T-Shirts (später von Dinosauriern abgelöst), bald Allover-print-‣Bandana-Kopftücher und X-Large-Hosen in Mode. Der Frankfurter DJ Sven Väth brachte Anfang der 1990er Jahre eher enge Mode aus High-Tech-Materialien (Karbon in T-Shirts als Schutz gegen tiefe Bässe, Keramikfaser, die kühlt und Schweiß nach außen transportiert) von Sabotage und ein schmales Kinnbärtchen (›Ziegenbärtchen‹, Goatee) und kurze Haare in Mode. Frauen trugen enge Minikleider der Trendmarke ‣Xuly Bët. DJ Mark Spoon wurde von Homeboy (auch Hip-Hop-Marke) gesponsert, sein ›Markenzeichen‹: übergroße Cord-Over-Shirts. Techno-Hippies trugen Batikteile mit bunten Aufdrucken der Marke The People of the Labyrinths. 1992 lancierte das Londoner Clubwear-Label Daniel Poole den Straßenbauarbeiter-Look mit reflektierenden Zonen, Wollmütze und Schweißerbrille (auch als Zeichen gegen ›Schnee‹, also Kokain).

Die Anhänger von Techno – Raver – zeichnen sich durch progressives, medientechnisches Denken aus, in dessen Mittelpunkt der Körper als Ort der Selbstinszenierung steht. ›Mega-Event‹ der Techno- bzw. Raver-Szene war die 1988 durch DJ Dr. Motte gegründete Berliner Love Parade.

Teddy-Boy (engl.),[268] Jugendlicher der 1950er Jahre, der den ‣New-Edwardian-Style auf eine misskreditierende Weise kopierte: durch überweiten, dunklen ‣Sakko in V-Form, um die Hüften weite Hose mit zum Saum hin extrem eng werdenden, überlangen Hosenbeinen, die um die Knöchel zahlreiche Querfalten bildeten, helle ‣Weste, schmale ‣Krawatte (»Strick«, »Slim-Jim« genannt), spitze Schuhe, mit Brillantine kunstvoll gehaltenen ‣Bürstenhaarschnitt und vorn zum sog. Enten-po hochfrisierte Haarwelle (‣Haarmode).

Teekleid, auch *Tea-Gown* (*das,* engl.), ein ‣Prinzesskleid, in der Taille etwas weiter gehalten als dieses, 1864 als Negligékleid (‣Negligé) von Ch. F. ‣Worth (‣Haute Couture) entworfen, jedoch zunächst weitgehend abgelehnt. In den beiden letzten Jahrzehnten des 19. Jh.s wurde es als luxuriöses Hauskleid (‣Hauskleidung), mit weiten ‣Hängeärmeln und Spitzenvolants, Rüschen oder Borten vorn, aus doppeltem ‣Stoff (meist Chiffon über Satin) beliebt. T.er haben oft bildende Künstler sowie die englische Firma Liberty & Co. (‣Stoff, 19. Jh.) entworfen (‣Künstlerkleider). Das T. kann als Vorläufer des ‣Reformkleids angesehen werden.

Abb. 488. Teekleid. Aus »Illustrirte Frauen-Zeitung«. 10. März 1895.

Teenager-Mode, seit den 1960er Jahren übliche Bezeichnung für betont jugendliche Mode der 13–19-Jährigen, zuvor *Backfisch-Mode* genannt. Seit etwa 1975 gehört zur T. die ‣*Disco-Mode,* heute auch die Mode der Kids. ‣Jugendmode.

Televisionsanzug ‣Overall.

Tenniskleidung. Mit der Verbreitung des Tennissports in der bürgerlichen Oberschicht seit den 1870er Jahren kam eine vorschriftsmäßige T. auf, deren obligatorische Farbe bis heute Weiß ist. 1877 (1. Wimbledon-Tennis-Turnier) bestand die T. des Herrn aus langer weißer Hose, weißem, langärmligem Hemd mit hohem Umlegekragen und ‣Manschetten, dazu ‣Krawatte und ‣Panamahut; die T. der Frau aus knöchellangem, hochgeschlossenem Kleid mit langen Ärmeln und einem Korsett darunter, Kapotthütchen (‣Capote (2)) und Knöpfstiefeletten. 1905 tauchte ein nur wadenlanger ‣Glockenrock auf, dazu wurden eine langärmlige ‣Bluse mit hochgeschlagenen Ärmeln und ein ‣Canotier getragen. Bei den Herren waren blaues Sportjackett und Schirmmütze in Mode. Bereits 1919 spielte die französische Sportlerin Susanne Lenglen im gerade kniebedeckenden, weiten ‣Faltenrock ohne den üblichen Unterrock und mit weißen Kniestrümpfen. Auch führte sie das Stirnband ein. Sie beeinflusste den französischen Couturier J. ‣Patou, der ihre Sportkleidung entwarf. Nach 1924 nahm die Frau auch in der T. den kniekurzen Rock, meist einen Faltenrock, an, den sie nach Verlängerung des Saums in der Tagesmode beibehielt. Dazu trug sie von nun an eine gerade fallende Bluse oder einen ärmellosen ‣Jumper (kein Korsett darunter), lange weiße Strümpfe und ein breites Stirnband. 1926 und kurz danach waren farbige »Lenglen-Sweater« modern. Der Herr behielt die lange Hose noch bis in die 1950er Jahre, trug dazu allerdings ein kurzärmeliges Hemd mit weichem Umlegekragen, keine Krawatte. 1931 tauchten bei der Frau ein gerade kniebedeckender ‣Hosenrock, zwei Jahre später kniefreie, bequem geschnittene ‣Shorts, erstmals ohne Strümpfe getragen, auf. Beim Herrn setzte sich das ‣Lacoste-Hemd durch. Anfang der 1950er Jahre war ein knielanges, vorn zuknöpfbares, kurzärmeliges ‣Hemdblusenkleid, vorn vom Saum bis zur Taille offen, mit Shorts darunter, modern; dazu Söckchen und Tennisschuhe. Seit Ende der 1950er Jahre werden Shorts oder kniefreier Tennisrock getragen. Auch der Herr nahm die Shorts an. In den 1970er Jahren kamen farbige Streifen und farbig akzentuierende Einzelmotive auf, besonders am Oberteil, dem ‣T-Shirt. Für viele der neuen Tennismoden zeichnete 1927 – ca.

Abb. 489. Tenniskleidung (Herr mit Polohemd). Aus »Deutsche Moden-Zeitung«. Nr. 1. 1932/33.

1970 der Engländer Ted Tinling verantwortlich, der u.a. 1949 durch ein rüschenbesetztes Tennisunterhöschen für Damen, in den 1960er Jahren mit Pastellfarben, für Aufregung sorgte.

Terylene ▸Stoff (20. Jh.).

Texashosen ▸Jeans.

Textilien ▸Stoff, ▸Strick- und Wirkware.

Thérèse, *die* (frz.), große, lose, d.h. am Mantelumhang nicht befestigte ▸Kapuze, meist aus Taft (ähnlich der ▸Kalesche), die die Dame zum Spaziergang über die hohe Frisur (▸Haarmode) 1775–90 zog.

Tholia,[13] *die* (griech., von thólos ›Kuppel‹), Kuppelhut der Frau, zur Zeit des Hellenismus (330–30 v.Chr.), mit hoher Spitze und kreisrunder, breiter, flacher Krempe. Die Th. diente der Frau als Sonnenhut und wurde auch über dem den Kopf bedeckenden ▸Himation getragen. Zuweilen war die Th. nur eine Art Scheibe, auch ▸*Polos* genannt.

Tiara, *die* (griech. Lehnwort eines oriental., vielleicht pers. Wortes unbekannten Ursprungs; lat. *tiara* ›Turban, Diadem, Krone‹). **1.** Zylindrische, steife ▸Kopfbedeckung der assyrischen, medischen[2], persischen und armenischen Könige. Die assyrische T. weist eine kurze, kegelförmige Spitze auf, geschmückt zunächst mit einem ▸Diadem, sodann mit Reifen. Wahrscheinlich bestand die T. aus gefilzter Wolle, später aus steifem Leinen. Bei den altpersischen Großkönigen war die T. auch aus Metall[4] und hatte verschiedene Verzierungen, wie Rillen, Zacken, Zinnen oder Punkte, war vielfach mit Edelsteinen und den Infulen (▸Infula (1)) versehen. Auch konnte sie nach oben weiter werden und hieß in besonders hoher Form *Kidaris* (lat. *cidaris).* Alexander d. Gr. übernahm diese persische T. (Eine ähnliche Form ist im griechischen Polos erhalten. T., Kidaris und ▸*Mitra* sind in der Literatur oft nicht eindeutig unterschieden.) Vom persischen und chaldäischen Volk dagegen wurde im Altertum eine kegelförmige (wahrscheinlich Vorbild für ▸Turtur und ▸Tutulus) oder eine ungesteifte, flache (ähnlich dem griechischen ▸Pilos), nach vorn gebogene T. getragen. Die T. des Volkes setzte sich aus horizontalen Stoffstreifen zusammen; wahrscheinlich ist sie es, auf die die lat. Übersetzung ›Turban‹ angewandt wurde. Eine Abart der T. ist die ▸*Phrygische Mütze.* **2.** Dreifachkrone des Papstes, die bei außerliturgischen feierlichen Anlässen ab Mitte des 11. Jh.s bis 1964 getragen wurde (Papst Paul VI. schenkte sie am 13. November 1964 den amerikanischen Katholiken als Dank für ihre Spenden zugunsten der Armen). Die päpstliche T. war urspr. eine aus weißem Zeug hergestellte spitze Mütze, die im 12. Jh. mit einem goldenen Reif geziert wurde, zu dem Ende des 13. Jh.s unter Papst Bonifatius VIII. (1294–1303) ein zweiter und im 14. Jh. ein dritter Reif hinzukamen. ▸Kamelaukion.

Tibialia ▸Fascia cruralis.

Timberland, ein nach dem Hersteller benannter, bequemer Freizeithalbschuh mit Lederschnürsenkel, die sich durch Ösen am Schaftrand ziehen, urspr. mit Kreppsohle; auch als *Boot* (Halbstiefel) typisch aus hellem Nubuck-Leder und dunklem Schaftrand.

Tipheuke, Tiphoike[60] ▸Heuke.

Tiraz, Thiraz, *das*[30], ringförmiger Schmuckstreifen am oberen ▸Ärmel, entweder eingewebt oder als aufgesetzte Borte. Das T. ist altorientalischer Herkunft, ist an byzantinischen Obergewändern des Hofes üblich und hielt sich an Gewändern der Oberschicht bis etwa ins 13. Jh.

Tirolerhut ‣Trachtenmode.

Titihemd, *Titiclubhemd,* benannt nach der ehem. berühmten Herrenbekleidungsfirma »Trasformazioni Tessili« (abgekürzt zu »T. T.«, ital. ausgesprochen »Ti Ti«), sommerliches Freizeithemd des Herrn von italienischem Design, das in den 1950er Jahren durch amerikanische Werbung weltweit in Mode kam. Das T. hatte einen vorn horizontalen Halsausschnitt und einen vorn weit auseinander stehenden Umlegekragen, so dass das Hemd ohne Krawatte getragen werden konnte. Es war farbig, jedoch nicht bunt, höchstens gestreift und wurde über oder in der Hose getragen.

Tituskopf, nach dem römischen Kaiser Titus (79–81 n. Chr.) benannte Herrenfrisur um 1795–1835, bei der das Haar vom Wirbel aus nach allen Seiten gekämmt, gleichmäßig kurz geschnitten und gelockt ist und seitlich mit den ‣Favoris getragen wurde. Der T. wurde durch den französischen Maler Jacques Louis David erstmals für die Rolle des Titus in Voltaires »Brutus« 1789 (dargestellt von François Joseph Talma) vorgeschlagen. Der T. stand im Einklang mit der À-la-grecque-Mode (‣Grecque, Mode à la). Im Directoire (1795 bis 1799) frisierte ihn sich auch die Frau.

Tobin ‣Stoff (17. Jh.).

Tods, ‣Mokassin mit Gumminoppen versehener Sohle, 1979 von dem Italiener Diego Della Valle als exklusiver Autoschuh unter der Bez. *J. P. Tods* erfunden; in den 1990er Jahren Modeschuh.

Toga, *die* (lat., von *tegere* ›bedecken, bekleiden‹, altrömisches Übergewand (Mantel; ‣Amictus) des freien Römers (daher *togatus* römischer Bürger‹), das ihn vor dem Sklaven und Fremden auszeichnete und ausgesprochenes Friedensgewand war. (Nur in frühester Zeit trug auch die Frau die T.) Die T. ist formal eine Übernahme der etruskischen *Tebenna*[15], deren Name sich im Griech. erhielt, im Lat. jedoch zu Beginn des 2. Jh.s v. Chr. durch die kürzere Bezeichnung »T.« abgelöst wurde.

Die T., die dem griechischen ‣Himation entspricht, bestand aus einem ovalen Stück Wollstoff (in dieser Form fertig gewebt), das der Länge nach auseinander geschnitten oder zusammengefaltet (‣Diploma) wurde, so dass sie einen geraden und einen runden Saum und nur zwei Zipfel hatte. Die Länge (5 ½ m) entsprach mindestens dreimal der Größe eines Mannes, die mittlere Breite (3 ½ m) mindestens zwei Manneslängen. Der gerade Saum wurde in voller Länge leicht gerafft, über die linke Schulter nach vorn geworfen, so dass ein Zipfel (lat. »Lacinia«) bis unterhalb des linken Knies hing. Die restlichen 2/3 wurden um den Rücken und unter der rechten Achsel quer um die Brust zur linken Schulter geführt, so dass der zweite Zipfel an der linken Rückenseite herabhing oder abermals über die rechte Schulter nach vorn genommen und über den linken Unterarm gelegt wurde. Der runde Saum ließ das rechte Fußgelenk frei und überschnitt den linken Unterschenkel in halber Höhe.

In der Frühzeit wurde die T. straff in wenigen großen Falten (‣Balteus) über die Brust geführt. Um Mitte des 1. Jh.s v. Chr. wurde die T. wesentlich stoffreicher, der Balteus breiter und faltenreicher. Es bildete sich vorn ein durchhängender Faltenzug, der für die Kaiserzeit charakteristische ‣Sinus, der, den rechten Arm bedeckend, hochgenommen wurde, so dass der rechte Arm wie in einer Binde ruhte. Das linke herabhängende Ende des geraden Saums wurde in einem Bausch (lat. *umbo*) über dem Balteus in dessen oberen Saum gesteckt. Im 1. Jh. n. Chr. verringerte sich die Stoffmasse wieder. Von nun an wurden der Form nach die offizielle T. und die des einfachen Bürgers unterschieden. In der späten Kaiserzeit des 3./4. Jh.s umgab die T. in einer straffen Fältelung[18] (lat. *contabulatio*) den Körper, der Umbo legte sich, den Balteus ganz verdeckend, wie ein Brett über die Brust. Für diese Drapierung waren geschulte Diener zuständig. Diese starre T. wurde nun häufig durch das ‣Pallium (2) ersetzt, doch blieb sie offizielles Staatsgewand.

Der erwachsene Mann trug nach Ablegen der Knabentracht die weiße T. (*T. alba,* auch *T. virilis* ›männliche T.‹ genannt), der Ritter, auch der minderjährige Sohn der Noblen die pur-

purverbrämte T. *(T. praetexta)* mit schmalem, der Senator und Priester mit einem breiten, purpurnen Randbesatz (‣Clavus, ‣Limbus), Trauernde und Angeklagte trugen die dunkle bis schwarze *T. pulla* (›dunkelfarbige T.‹). Die Triumphal-T. (*Toga picta* ›farbige T.‹) blieb siegreichen Feldherrn und Herrschern vorbehalten. Sie war purpurn und reich mit goldenen Ornamenten, Palmen und Sternen bestickt. Kinder beiderlei Geschlechts trugen eine einfache T. bis in die späte Kaiserzeit. Danach büßte die T. ihre Stellung als Nationaltracht und Rangabzeichen immer mehr ein.

Die T. wurde über die ‣Tunika, in frühester Zeit jedoch nur über den ‣Schurz (Subligaculum, ‣Unterhose) angelegt. Über der T. konnte als Wetterschutz die ‣Lacerna getragen werden. In byzantinischer Zeit war die Faltung des Umbo auf der linken Schulter fächerförmig auseinander gezogen, in der 2. Hälfte des 5. Jh.s ähnlich auch auf der rechten Schulter, jedoch bestand dieser Faltenzug aus einer gesondert umgelegten, häufig bestickten Art Schal, der unter dem Balteus[20] durchgesteckt wurde und vorn herabhing.

Tollfalte ‣Quetschfalte.

Tonnenlinie, Fasslinie[103] ‣Haute Couture (1957), ‣Kleid (1917–19).

Topfhut[106] ‣Kopfbedeckung (Frau, nach 1924/1925).

Topper, *der* (engl., von *top* ›Kopf(ende)‹). **1.** Auch *Top-hat* oder *High-hat,* engl. für ‣*Zylinder.* **2.** Auch *Top-coat* ›Überzieher, Hänger‹ in der Art des ‣Boxcoat, ‣Raglans oder ‣Schlüpfers (2).

Topper-Abstich (‣Topper), Fachbezeichnung für den rechtwinkligen ‣Abstich.

Topper-Jacke (‣Topper), kurze, lose Herren- und Damenjacke mit ‣Topper-Abstich, abfallenden Schultern und kurzer Armkugelhöhe.

Toque, *die* (frz.; von bask. *tauka,* einer Art Haube). **1.** Die T. stimmt formal mit der ‣Tiara (1) assyrischer, medischer, persischer und armenischer Könige überein. Die Bezeichnung »T.« allerdings wurde erstmals in Frankreich Ende des 15. Jh.s für eine flache Kopfbedeckung aus Stoff mit aufgeschlagenen Rändern gebraucht. In der 2. Hälfte des 16. Jh.s war die T. eine Kopfbedeckung der Spanischen Mode[150b]. Sie war krempenlos (dann mit breitem, senkrechtem Band) oder schmalkrempig und hatte entweder einen bauschigen, an Krempe bzw. Band[312] füllig eingenähten[48] oder einen steifen, zylindrischen Kopf. In letzterer Version wurde die T. in Deutschland *Spanische T.* oder *Spanischer Hut* genannt. In Frankreich wurden sowohl das ‣*Barett* als auch der Spanische Hut als »T.« bezeichnet. 1794/95 wurde die T. vom Maler Jacques Louis David für Mitglieder der Nationalversammlung als französische Nationaltracht vorgeschlagen. Napoleon I. machte die T. zum Sinnbild des neuen französischen Adels von seinen Gnaden. Ab dem 19. Jh. war die T. ausschließlich Kopfbedeckung der Frau. Um 1808–20 hatte die T. einen gefalteten Kopf, dazu Perlenketten und Federn als Schmuck, nach etwa 1864 sehr niedrige steife Form, und gegen Ende des 19. Jh.s konnte sie aus Pelz sein. Um 1938–45/46 wurde sie, auch von einem Schleier gehalten[357b, 361], wiederbelebt. **2.** Frz. Bezeichnung des 17. Jh.s für ein Baumwoll-Musselin, aus dem Hauben mit Gold- und Silberflitter für das Theater hergestellt wurden.

Toupet, *das* (german.-frz., ›Tolle, Stirnhaar, Schopf‹), im Dt. *Halbperücke, Haarersatz.* ‣Perücke (1770er Jahre).

Tournüre ‣Turnüre.

Tracht (ahd. *draht(a),* mhd. *traht(e)* gehört zur Wortgruppe *tragen* und bedeutete urspr. ganz allg. ›das, was getragen wird‹; somit wurde bis ins 20. Jh. in kostümgeschichtlichen Werken jede Kleidung als »T.« bezeichnet und zuweilen sogar von einer *Mode-T.* im Unterschied zu *Standes-T.en* gesprochen), eine in Form, Farbe und Trageweise einheitliche Kleidung einer Gruppe, geprägt durch einen gemeinsamen Stilwillen.

Die T. ist in ihrem Ursprung eine Standeskleidung, wie z. B. die ‣Toga des freien Römers eine nationale Standeskleidung war. Als Standes- oder Berufs-T. sind anzusehen: *Amts-T.* und *Ornat* (›feierliche Amts-T.‹, von lat. *ornare* ›ausstatten, schmücken‹) sowie die im mittelalterlichen Gesellschaftsgefüge entstandene

Bürger-T. oder die sich im 16. Jh. ausbildende *Bauern-T.*, die *Jäger-T.* usw. Die T. nimmt zeitlich verzögert und formal abgeschwächt Details des modischen Gewandes auf und repräsentiert somit z. T. eine erstarrte Mode, wie die ‣Halskrause richterlicher Amtsroben oder das Schnürmieder weiblicher Bürger- und Bauern-T.en. Die T. unterliegt ihrerseits modischen Wandlungen, d. h., sie gleicht sich, meist ebenfalls zeitlich verzögert, aktuellen Moden an. Beispielsweise war um 1815/20 das ‣Mieder weiblicher Bauern-T.en extrem kurz, die Taille somit hochliegend, wie es die Mode à la Grecque (‣Grecque, Mode à la) zur Zeit des Directoire und Empire (1795–1815/20) vorgab; oder: Die Ärmel zur Zeit des Biedermeier (um 1820–35) schwollen zu den sog. ‣Hammelkeulenärmeln an. Andererseits wird auch die Mode von der T. beeinflusst (‣Dirndl). *Volks-T.en*[392] (heute auch sog. *National-T.en*) bildeten sich aus ersten Kleidungsformen eines Volkes bzw. aus einer bestimmten Standestracht aus, z. B. der ‣Kimono der Japaner beiderlei Geschlechts, der ‣Sari der Inderin oder der ‣Kilt der Schotten. (Die Trachtenkunde fällt daher zum Großteil in die Bereiche Völker- und Volkskunde.)

Die im Zuge der seit den letzten Jahren aktuellen »Trachtenerneuerung« entstandenen »Volks-T.en sind landsmannschaftliche Bekenntnisse, die – zumal in Europa – meist auf die regionale Bauern-T.[392] zurückgehen« (Paul Ernst Rattelmüller). Eine freie Verarbeitung von Trachtenelementen und modischer Kleidung findet in der ‣Trachtenmode statt.

Trachtenbuch ‣Modejournale.

Trachtenmode (‣Tracht), seit den 1950er Jahren gängige, in der Kostümkunde jedoch zuweilen als unzulänglich angegriffene Bezeichnung eines Bekleidungsstils, der verschiedene, speziell alpenländische Trachtenelemente, auch nur Stoffe, Farben oder Aufputz, modisch abwandelt und zu einem neuen Ganzen fügt. (Vgl. im Unterschied dazu ‣Folklore-Mode.)

Die Entstehung der T. verlief etwa parallel mit jener der ‣Wanderkleidung, die beim Mann vielfach die ‣Jagdkleidung aufgriff. (Bereits Kaiser Maximilian I., 1493–1519, ein leidenschaftlicher Gamsjäger, institutionalisierte das grau-grüne Lodengewand als Tracht des Hochgebirgsjägers.) Die ‣Tracht erhielt durch die Höfe in Österreich und Bayern besondere Förderung.

Nach Mitte des 19. Jh.s gingen ‣Joppe (nun mit grünem Kragen und grünen Aufschlägen) sowie ‣Kotze und ‣Lederhose (2) in die Wanderkleidung ein und wurden zur Mode für den Gebirgsaufenthalt. Das ‣Kostüm (2) der Frau (aufgekommen um 1875) erhielt bald trachtenmäßiges Aussehen; es bestand aus ‣Loden (2), selbst wenn es mit modischer ‣Turnüre gearbeitet war. Dazu trug die Frau ‣Chasseur[357a], ‣Fedora oder den Tyrolese (eine Art Tirolerhut).

Um 1900 wurde das um 1870 aufgekommene ‣Dirndlkleid für den Landaufenthalt der Städterin modern. Nach dem 1. Weltkrieg kamen aus Wolle gestrickte Dirndlkleider und Kostüme. In den 1930er Jahren wurde die Hinwendung zu alpenländischen Trachten besonders gefördert. Für das modische Sommerkleid übernahm man Trachtenelemente, wie weiße Puffärmelblusen, Schnürmieder und ‣Schürze, für das Winterdirndl aus Flanell Elemente der bäuerlichen Arbeitstracht; beliebt waren grau-grüne, modisch geschnittene Loden- oder Leinenkostüme mit Hirschhornknöpfen oder Eichenlaub-Applikationen. Der Herr trug in München und Wien ‣Janker oder Joppe, dazu sogar die kurze Lederhose. Auch der Sakkoanzug (‣Sakko) wird seitdem trachtenmäßig zum sog. Trachtenanzug abgewandelt. Dazu trägt der Herr Lodenmantel und ‣Lamberghut, Steirer- oder Tirolerhut. Steirer- und Tirolerhut sind rein modische Begriffe und formal einander, zumal in der konfektionierten T., ähnlich, besonders da sie sich der allgemeinen Herrenhutmode anglichen. Der landläufig so genannte Steirerhut geht auf den Ausseer Hut zur Zeit des Biedermeier zurück und stellt eine sehr vereinfachte Form, mit kleinerem Kopf und kleinerer Krempe, desselben dar; er ist eigentlich schwarz (manchmal grau) mit grünem Band. Der sog. Tirolerhut hat einen nach oben schmäler werdenden Kopf mit kleiner Triangelbeule und eine schmale, hinten aufgebogene, selten eine heruntergeschlagene Krempe und verschiedene Garnierungen. Durch Edward VIII., ab 1937 Herzog von Windsor (1894–1972), ging der Tirolerhut in die Weltmode ein und wurde besonders von Studenten in den USA getragen. Von der T. wurden des Weiteren der Bauernkittel (‣Kittel, ‣Smock (1)) sowie Teile der

Abb. 490. Trauerkleidung. (Herr in »Klagekappe« und »Laidrock«.) Aus dem Trachtenbuch von Matthäus und Veit Konrad Schwarz. 2. Hälfte des 16. Jh.s. Kunstbibliothek, Berlin.

Abb. 491. Claudia de' Medici in Trauerkleidung mit Trauerschnebbe. Um 1650. Kunsthistorisches Museum, Wien.

schottischen Nationaltracht, wie ‣Kilt und ‣Plaid (2), aufgenommen. Nach dem 2. Weltkrieg wurden »Austrian Look« und »Bavarian Style« zu Schlagworten und beeinflussten die internationale Mode, nicht zuletzt auch die Stoffdessins. Unter dem Dirndl trug die Frau den modischen ‣Petticoat. Die ‣Bundhose (1) wurde zur Wanderhose beider Geschlechter. Ende der 1950er Jahre kamen Salon- und Abenddirndl sowie Trachtensmoking (‣Smoking) auf. Die T. ist seither in der ‣Konfektion, im ‣Prêt-à-porter und in der ‣Haute Couture vertreten.

Trägerkleid, im ägyptischen Altertum, bereits seit 2640 v. Chr., ein knöchellanges, nur bis knapp unter die Brust reichendes, ärmelloses Kleid, von zwei seitlichen Achselbändern gehalten. Es lag eng an, was durch feine Fältelung des sehr dünnen, durchsichtigen Leinens erzielt wurde (‣Plissee[8]). Dieses T. wird heute zuweilen als ‣*Kalasiris* bezeichnet.

Trägerrock, Frauen- und besonders Mädchenrock mit breiten, angesetzten Trägern, so dass die Taille des Rockes locker gearbeitet werden kann; kurzfristig um 1966 in Mode. ‣Kinderkleidung.

Trainingsanzug, Anzug aus langärmeliger Schlupfbluse oder ‣Blouson mit ‣Reißverschluss und langer Hose. Beide haben in der Taille, die Hose auch an den Beinenden einen Gummizug. Der T. besteht aus innen gerautem Baumwolltrikot. Er kam um 1930 für Sportübungen auf und wird seit Ende der 1970er Jahre durch den ‣Jogging-Anzug verdrängt. Trainings-Shirt ‣T-Shirt.

Transparent-Look. Der T. wurde durch R. ‣Gernreichs ‣Oben-ohne-Mode angeregt. 1968 durch Pariser Haute Couturiers, vor allem Y. ‣Saint Laurent, kreierte durchsichtige Oberteile (Blusen), die ohne Unterwäsche getragen wurden und höchstens verhüllende ‣Rüschen oder ‣Biesen hatten. 1995–98 wurde der T. allgemein im ‣Prêt-à-porter[115,195] aufgegriffen, zuweilen mit Satin unterlegt, als ‣T-Shirts bedruckt mit Tätowierungsmotiven.

Trapezlinie, Zeltlinie.[347] Bereits während des 1. Weltkriegs gab es nach unten weit ausgestellte Mäntel mit nur angedeuteter hoher Gürtellinie. 1948/49 brachte J. ‣Fath, als Alternative zur ‣Redingote (2), Mäntel in glockiger T.; 1958 kreierte Y. ‣Saint Laurent einen taillenlosen Kleid- und Mantelschnitt mit schmalen Schultern und weitem Saum, der sich in modischen Abwandlungen während der ganzen 1960er Jahre, auch als Minikleid, hielt.

Trauerkleidung. Die Formen der T. sind nach Region, Stand, öffentlichem oder privatem Bereich, dem verwandtschaftlichen Grad und der Dauer der Trauer (Tief-, Voll-, Halb- oder Austrauer) stark unterschiedlich.

Im ägyptischen Altertum war Gelb die Farbe der Trauer. In der griechischen und römischen Antike zeigten Schwarz, zerschlissenes oder vernachlässigtes Gewand sowie wirre Haupt- und Barthaare bzw. geschorene Kopfhaare Trauer an. Das Rasieren des Bartes und das Wachsenlassen eines Bartes hatten die gleiche Bedeutung, in der christlichen Religion das Verhüllen des Antlitzes.

Für das europäische Mittelalter sind wenige bildliche oder literarische Hinweise erhalten, jedoch war Schwarz bereits Trauerfarbe. In Deutschland trugen Frauen lange, schwere Mäntel aus schwarzem Samt und weiße Kopftücher, auch um Kinn und Hals (‣Gebende). Der Mann hüllte sich im 15. Jh. in eine schwarze »Clagcape« (›Klagekappe‹, eine vorn über die Stirn hinausragende, geschwänzte Art ‣Gugel) und einen schwarzen »Laidrock«, einen knie- oder knöchellangen Mantel. Bis ins 18. Jh. gingen die ‣Kleiderordnungen auch auf die T. ein.

Im 16. Jh. kam die Trauergugel aus der Mode, stattdessen begann man, wie zuvor schon beim Adel üblich, den Hut mit einem schwarzen Band zu umwinden. Dazu wurde ein weiter, schwarzer Mantelumhang mit kleinem hochstehenden Genickkragen angelegt. In tiefer Trauer trugen auch Männer einen seitlich am Hut befestigten Schleier um Mund, Kinn und Hals, Frauen einen schwarzen Mantel und ein weißes Kopftuch, in Süd- und Mitteldeutschland einen bis zu den Hüften reichenden weißen Überwurf, »Stürze« (‣Sturz) genannt, über einem schwarzen Mantel. Weiße Trauerhauben waren auch in Frankreich üblich. Französische Könige trugen rote, bis ins 17. Jh. auch violette T., Letztere ebenso der englische Hof, während Schwarz die bürgerliche Trauerfarbe war. Das weiße Trauertuch hielt sich in manchen Volkstrachten.

Im 17. Jh. war die Trauerfarbe adeliger Damen meist weiß, während der männliche Adel einen schwarzen Trauermantel trug, auch waren regional Gugel und Klagmantel wieder Teile einer vornehmen T. Schon damals konnte man T. ausleihen. Ende des 17. und im 18. Jh. trug der adelige Herr eine weiße Batist-Binde, die ‣Pleureusen (1), um die Ärmelaufschläge des schwarzen ‣Justaucorps (2) bzw. ‣Habits, gegen Ende des Jh.s einen schwarzen ‣Frack mit blauen stählernen Knöpfen. Die französischen Revolutionäre lehnten T. ab. Die Frauen trugen ein schwarzes Kleid und einen ebensolchen Mantelumhang, auf dem Kopf eine schwarze ‣Schnebbe (1).

Im 19. Jh. bestand die T. im Allgemeinen aus der modischen Kleidung, jedoch ohne Verzierung und in Schwarz. Mitte des Jh.s ging die Bezeichnung »Pleureuse« auf den am Hut befestigten Stoffstreifen über. Hausdiener trugen Trauerlivree, Uniformierte keine T., Kinder schwarze T., zuweilen auch weiße mit einer breiten, schwarzen Schärpe. Seit Mitte des 19. Jh.s bis zum 2. Weltkrieg trug der Herr zu offiziellen Begräbnissen den schwarzen ‣Gehrock und ‣Zylinder, die Frau in Tieftrauer schwarze Kleidung mit einem Schnebbenhut und einem auch vorn bis auf die Brust herabfallenden Schleier aus schwarzem Krepp. Bei einfachen Leuten konnte es auch ein kleiner Kapotthut (‣Capote (2)) oder eine ‣Toque (1) sein. Im Alltag wird dunkle Kleidung (nur engste Verwandte in Schwarz) mit einer schwarzen Binde am Ärmel (‣Flor (1)), heute z.T. auch nur noch im Knopfloch des ‣Revers, getragen. Auf dem Lande bestimmte die Volkstracht die T.

Trenchcoat, *der*[428] (engl., ›Schützengrabenmantel‹), Regenmantel der englischen Soldaten im 1. Weltkrieg. Der T. wurde danach in England vom Zivil, bald auch auf dem Kontinent sowie von der Frau übernommen und passte sich in der Länge – sonst nur geringfügig – der Mode an. Er blieb bis heute als Regenmantel aktuell. Urspr. zweireihig, hat der T. Vorder- und Rückensattel, einen Umlegekragen und ein breites ‣Revers, das zugeknöpft werden kann, so dass der ‣Sattel eine geschlossene Linie aufweist, die als *T.-Schulter* bezeichnet wird. Weiter hatte der T. Achselklappen und Ärmelspangen, einen breiten Gürtel mit Metallschließe und -ösen und schräge Pattentaschen (‣Patte). Er war aus dem besonders dichtgewebten Gabardine, ist jetzt auch aus Popeline (‣Stoff) und hat ein knöpfbares Wollfutter.

Tresse ‣Litze.

Trevira ‣Stoff (20. Jh.).

Tribon, *der* (griech.), altgriechisches Übergewand (Mantel) aus grobem, kratzigem Wollstoff, der in der Art des ‣Himation, jedoch um den bloßen Körper gelegt wurde. Der T. war aus einem breiteren Stoffstück und somit länger als das Himation, wurde jedoch oft der Länge nach doppelt genommen, so dass er kürzer als jenes war. Es ist nicht sicher, ob den T. auch eine ‣Fibel zusammenhielt, er so der ‣Chlaina entsprach. Zunächst von Spartanern und Kretern, nach den Perserkriegen (nach 448 v. Chr.) auch in Athen von jungen Leuten und Philosophen asketischen Lebensstils getragen. Der T. war besonders das Übergewand armer Leute sowie z. T. der Sklaven (die allerdings meist die ‣Exomis (2) trugen), deshalb auch gleichbedeutend mit ›durchlöchert‹ und ›geflickt‹.

Trikot (von frz. *tricot* nach einem nordfranzösischen Textilort; »T.« wurde um 1800 zu einem allgemeinen Begriff). **1.** *Das T.,* enganliegendes, meist den ganzen Körper bedeckendes Kleidungsstück in Maschenware[462], von großer Dehnbarkeit und Schmiegsamkeit; heute meist rundgewirkt. ‣Strumpf. **2.** *Der T.,* eine Maschenware[499]. ‣Strick- und Wirkware.

Trimmer ‣Kopfbedeckung (Mann, 1930er Jahre).

Trippe, *die*[435b] (mniederd., mniederl., von *trippen* ›gehen, laufen‹), dicke hölzerne Untersohle als Schutz gegen Straßenschmutz unter der eigentlichen ‣Fußbekleidung. Sie wurde mit einem Steg über dem Spann oder mit Riemen gehalten und war zusätzlich durch zwei Holzklötze erhöht. Sie ist orientalischen Ursprungs (jedoch kein Stelzschuh wie der ‣Kapkap). Bereits in koptischer Zeit (4.–9. Jh.) belegt, kam die T. durch die Kreuzritter nach Europa und wurde im 14. und 15. Jh. besonders vom Mann unter dem Schnabelschuh oder dem mit einer Ledersohle verstärkten ‣Strumpf angelegt. Sie hatte vorn eine lange, spitze Fasson, stützte so auch die Spitze des Schuhs. ‣Galosche.

Trochas, Trochadion ‣Gallica.

Troddel ‣Quaste.

Trollopy, französisiert *Trollopée,* ‣Adrienne.

Trompe l'œil, *der* (frz., ›Augentäuschung‹), ‣Haute Couture (1930er Jahre), ‣Op-Art-Mode, ‣Pullover.

Trompeterflügel ‣Hängeärmel.

Trompeuse ‣Carcasse, ‣Fichu, ‣Gorge postiche.

Trotteurkostüm, Trotteur(schuh) (von frz. *trotter* ›laufen, traben‹; in der Mode svw. ›zum Gehen geeignet‹ im Sinne sportlicher Kleidung), Ende 19. / Anfang 20. Jh. gebräuchliche Bezeichnung für *Straßenkostüm* bzw. *-schuh;* im Dt. auch *Laufkostüm* oder *-schuh.* ‣Fußbekleidung (Frau, nach 1875, 1920er Jahre), ‣Kostüm (2).

Trousses ‣Hose (Mann, 16. Jh.).

Tschapka ‣Chapka.

T-Shirt, *das* (engl., ›T-Hemd‹, von *Trainingsshirt*), anliegendes, pulloverartiges Oberteil aus Baumwolltrikot (auch aus Mischfaser) mit anliegenden, zunächst kurzen, später auch langen Ärmeln und rundem Halsausschnitt. Das T. entstand aus dem Trikotleibchen der Matrosen, dem späteren Ruderleibchen, bzw. dem gewöhnlichen Trikotunterhemd des Mannes, das nach dem 2. Weltkrieg die US-Truppen in Khakifarbe bündelweise verkauften. Es wurde in den 1950er Jahren von zivilen jungen Männern auch als Oberhemd getragen (‣Halbstarkenmode). In den 1960er Jahren wurde es, bunt bedruckt, gebatikt oder bestickt (‣Hippie-Mode), zum modischen sommerlichen Freizeitoberteil beider Geschlechter. Je nach Muster, Aufschrift oder Emblem war es preisgünstiger Werbeartikel oder Gesinnungszeichen. 1978/79 gab es überweite, im Saum seitlich geknotete sog. *Big-Shirts* und *Disco-Shirts* mit Flitter- und Leuchtschriften. ‣Techno-Mode.

Tuch. 1. Eckiges Zeugstück, in Größe und Material unterschiedlich. ‣Brust-T., ‣Cachenez (2), ‣Hals-T., ‣Kopfbedeckung, ‣Schal, ‣Steck-T., ‣Taschen-T. **2.** ‣Stoff (Mittelalter).

Tudorhaube[43] (engl. *gable-hood* ›Giebelhaube‹), moderne Bezeichnung einer charakteristischen englischen ‣Kopfbedeckung der Frau Ende des 15. Jh.s bis um 1540, d. h. besonders zur Zeit König Heinrichs VIII. aus dem englischen Königshaus der Tudors[355a], wovon die Haube ihren Namen erhielt. Die T. besteht aus einer anliegenden Leinen-, Samt- oder Brokathaube (‣Coiffe), darüber einem vorn giebelförmigen Drahtgestell, über das ein Schleier aus Brokatstoff oder mit Goldschnürenverzierung gelegt wurde. Hinten fiel ein meist schwarzer, schwerer Schleier (frz. ‣Cornet(t)e), der vorn in der Mitte der Haube auch hochgesteckt wurde, herab.

Tüll ‣Stoff (19. Jh.).

Türkische Hose, weite, sackförmig geschnittene, knöchellange ‣Hose mit nur kurzen eigentlichen Beinen, die um die Knöchel zusammengefasst sind; in der Türkei von beiden Geschlechtern getragen und Vorbild modischer Hosenformen für die Frau.[280] ‣Bloomers[160].

Tütenärmel ‣Flügelärmel.

Tugendwächter ‣Hüftpolster.

Tulpenlinie ‣Haute Couture (Paris 1953).

Tunika, *die*[474] (lat. *tunica;* unter den Römern wurden Hemdgewänder der Asiaten »T.« genannt, ‣Rock (1)), altrömisches ‣Hemdgewand beider Geschlechter zunächst aus Wolle, etwa ab dem 3. Jh. n. Chr. aus Leinen, bestehend aus Vorder- und Rückenteil, die seitlich und an den Schultern zusammengenäht wurden, mit schlitzartigem oder T-förmigem Halsausschnitt. Die T. ist semitischen Ursprungs[2] (vgl. hebr. ‣Kthoneth).

Die Frau der Ober- und Mittelschicht eignete sich bereits gegen Ende des 2. Jh.s v. Chr. den griechischen Schnitt und die Trageweise des ‣Chitons an, was besonders an der Schulterknöpfung deutlich wird. Der Name »T.« wurde allerdings beibehalten. Beim Mann war die T. bis gegen Ende der Republik um 27 v. Chr. ärmellos oder hatte kurze, nur die Achseln bedeckende Scheinärmel (die der Überfall der Stoffesfülle bildete). Die T. bedeckte beim Mann die Knie, während sie bei der Frau länger war[474]. Sie wurde über einen Gürtel (‣Cingulum), der von der Frau etwas tiefer, auf den Hüften, umgelegt wurde, hochgerafft, im Haus aber ungegürtet getragen. Ungegürtet war auch die mit Purpurstreifen versehene amtliche T. (die *T. laticlavia* mit breitem, die *T. angusticlavia* mit schmalem ‣Clavus)[18]. Zu Beginn der Kaiserzeit um Christi Geburt wurde

Abb. 492. Abendkleid mit »Zuaven-Saum« in Anlehnung an eine Türkische Hose von Madeleine Vionnet. Paris, 1918. Nach Arnold.

die zuvor noch als weibisch abgetane und nur von wenigen Dichtern (und den Göttern) getragene T. beträchtlich länger (knöchel-, später bodenlang) und *T. talaris* (›bis an die Knöchel reichend‹) genannt. Auch wurde sie weiter, so dass lange Scheinärmel entstanden (‣Chiridotae), die zunächst als unziemlich galten. Im 3. Jh. n. Chr. setzten sich durch den Einfluss des Orients angewebte Ärmel ohne Schulter- und obere Ärmelnaht durch, wodurch die T. zur *T. manicata,* der *Ärmel-T.*[309b] mit kreuzförmigem Grundschnitt (wie die ‣Dalmatika), wurde. Auch die Gewandkonstruktion entsprach der Dalmatika. Krieger trugen die T. weiterhin kurz.

Die T. ist bei allen Schichten zu finden, doch gab es beim Mann standesmäßige Unterschiede durch Streifen (‣Clavus), die in der Spätzeit zu reinen Zierstreifen (‣Limbus) wurden. Zum Triumphalgewand gehörten die purpurne, mit Palmen bestickte *T. palmata* und die goldbestickte *T. picta.* Seit dem 3. Jh. trat eine reichere Ornamentik in Erscheinung: neben dem Clavus ein bandartiger Besatzstreifen um den Saum, lat. »Instita« oder »Limbus« genannt, sowie ein Streifen um den Halsausschnitt und um die Ärmelenden; im 4. Jh. das Lorum, ein verkürzter Clavus, sowie runde Purpurflecken an der Achsel und in Kniehöhe, die »Segmenta« (lat. *segmentum* ›Abschnitt,

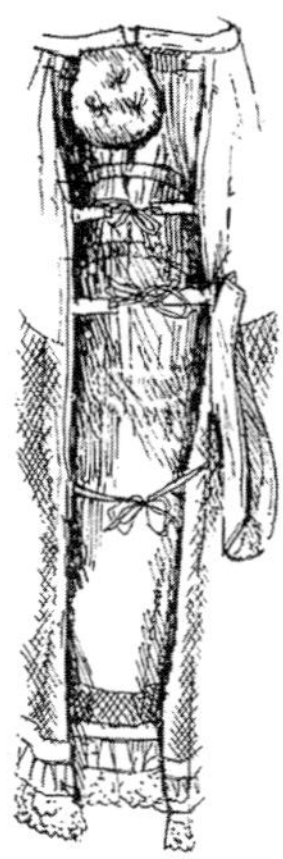

Abb. 493. Turnüre, Reifen mit Rosshaarpolster. 1884. Gallery of English Costume, Manchester.

Abb. 494. Konstruktion der Turnüre von innen. 1885–87. Nach Bradfield.

Borte‹). Die T. wurde nur im Haus ohne ‣Toga bzw. ohne ‣Stola (3) und ‣Palla darüber getragen. In der Kaiserzeit legte man bei Kälte zwei oder mehrere Tuniken übereinander an. Die T., die zugleich Unterkleid bzw. Hemd war, wurde *T. intima* oder *T. subucula* (auch nur *Subucula* ›Untergewand, Hemd‹) genannt und höchstens von Frauen oder schwachen Männern getragen; sie war seit dem 4. Jh. immer aus Leinen. Seit etwa dem 4. Jh. trugen Christen die *Talar-T.* mit langen Ärmeln.

In byzantinischer Zeit hatte die T. weite, um das Handgelenk durch eine enge Borte geschlossene Ärmel, die bei Vornehmen mit Perlen oder dem ‣Tiraz geschmückt waren. Auch die Dalmatika der Kopten und die Stola erhielten nun zusätzlich die Bezeichnung »T.«. Die T. erhielt sich in der Albe (*T. alba* ›weiße T.‹), dem leinenen Chorhemd katholischer Geistlicher.

Die Bezeichnung »T.« griff die Frauenmode immer wieder für einfache, gerade Kleider in der Art eines Hemdgewandes und ebensolcher kürzerer Überkleider auf. In der Neuzeit wurde auch das Hemdgewand der Ägypter (‣Kalasiris) zuweilen »T.« genannt. Besonders dann wurde die Bezeichnung gewählt, wenn man eine Nachahmung der Antike signalisieren wollte. So hießen im Frz. die ‣Chemise[178] (2) sowie die darüber getragenen knie- bis wadenlangen Überröcke »T.«. Als eine Art Überkleid war die T. erneut in Mode beim ‣Kleid 1864–67[89] (‣Polonaise, (1)), 1869–75 und um 1906–14[102, 315] (‣Haute Couture, ‣Art Déco)[314].

Turban, *der*[37] (von pers. *dulband* ›Schärpe‹, schleierartiger Stoff, aus dem der T. gewickelt wird), orientalische Kopfbedeckung, besonders der Hindus und Mohammedaner und von diesen auch in Nordafrika getragen. Der T. besteht aus einem nach Region, Sekte oder Kaste verschieden um den Kopf selbst oder um eine Kappe (‣Fez oder Tarbusch) gewickelten, sehr langen Stoffstreifen aus Leinen, Seide, Baumwolle oder Wolle. Der T. gelangte durch die Kreuzfahrer nach Europa, wo er Ende des 14. und im 15. Jh. die ‣Kopfbedeckung beider Geschlechter beeinflusste[176] (‣Cappuccio), zeitweilig sogar von der Frau als modische Kopfbedeckung[484] angenommen wurde (‣Kopfbedeckung, der Frau, um 1790–1830[80, 178], um 1910[119, 281, 315] bis Ende der 1920er Jahre, nach etwa 1936 bis um 1945/46 und 1977/78). Eine Art T. mit ‣Sendelbinde gehörte auch zum 1430 gestifteten Orden vom Goldenen Vlies.

Turnschuh, auch Joggingschuh oder ‣Sneakers genannt, ‣Fußbekleidung, Mann 20. Jh.

Turnüre, *die,* ehem. *Tournure* (frz., ›(Körper-) Haltung‹) oder *Crinolette* (‣Krinoline) genannt, halbkreisförmiges, langes Gestell aus Stahl- oder Fischbeinstäbchen oder ein Rosshaarpolster, das über das Gesäß gelegt und mit Bän-

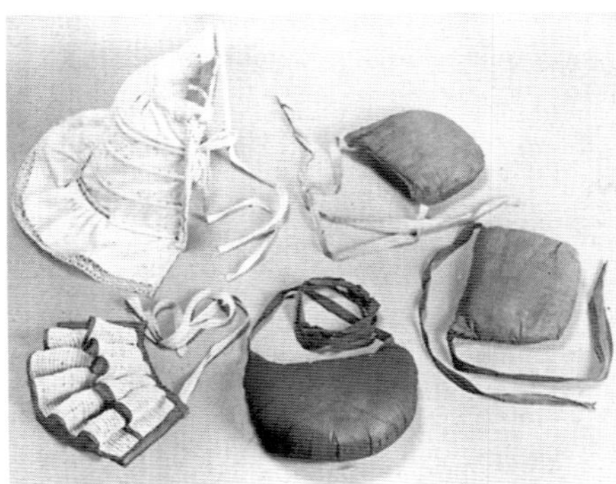

Abb. 495. Gesäßauflagen, Culs oder Bouffanten. 1882–88. Münchner Stadtmuseum.

dern um die Taille festgebunden wurde, oder eine neuartige Krinoline, die nur hinten über dem Gesäß waagrechte Reifen aufwies. Darüber wurde der Rock des ▸Kleides bauschig zusammengerafft; die Bezeichnung »T.« ging auf das so geformte Kleid über.[90] Man spricht auch von einer T.-Mode. Die T. war 1868/69–75 und ein zweites Mal 1882–88[92, 333], nun *Zweite T.* oder, wie Ende des 17. Jh.s ▸*Cul de Paris* genannt, in Mode. Vorläufer der T. war die ▸Polonaise, die sich auch zur T. hielt. Eine Abart des T.-Kleides war das ▸Dolly-Varden-Kleid. Die Zweite T. saß etwas tiefer, da die verlängerte Taille (▸Kürasstaille) beibehalten wurde, und stand unterhalb der Taille extrem waagrecht ab. (Der T. ähnlich waren Ende des 17. Jh.s die ▸Bouffanten.) *Mini Crini* ▸Krinoline.

Turtur, *der,*[303] auch *Tartura, die* (wohl von der idg. Wurzel *tu;* griech. *túlos* ›Anschwellung‹; ▸Tutulus), sehr hohe, schmale, kegel- bis stabförmige Kopfbedeckung der Frau, die formal wohl auf die kegelförmige ▸Tiara (1) des einfachen persischen und chaldäischen Volkes zurückgeht und bis ins 20. Jh., z. T. bis heute (im Südlibanon), von Jüdinnen in Algerien und Tunesien, von Drusinnen im Libanon und von christlichen Maronitenfrauen getragen wird. Der T. bestand anfangs aus Pergament, Papyros o. Ä. und war mit Trapant (einer Pflanze, aus der ein Klebstoff gewonnen wurde) oder Mehlkleister verstärkt. Als durch die Kreuzfahrer im 14. Jh. orientalische Trachtenelemente nach Europa kamen, wurde der T. Vorbild für den ▸Hennin[304].

Tutu, Tütü, *der* (frz.), Ballettröckchen aus Tüll; 1982 als Miniröckchen aus farbig unterschiedlichen Tüllvolants für Teenager (▸Disco-Mode) modern und um 1988 als ▸Cocktailmode.[188]

Tutulus, *der* (lat., ›das Erhabene, Gerade, Aufrechte‹, hoher Kopfputz). **1.** Kegelförmige, wollene Kopfbedeckung[351e–f], die von Bändern und Reifen umschlungen war. Die Form des T. wurde wahrscheinlich von den Karthagern aus Asien (nach Vorbild der persischen ▸Tiara (1)?) nach Italien gebracht, von den Etruskern, danach von den freien Römern und Römerinnen angenommen und erhielt sich in der Tracht der römischen Priester und Priesterinnen. Der T. wird auch mit dem etruskischen Pilleus (▸Pilos) gleichgesetzt. **2.** Haartracht, bei der mit purpurnen Binden durchzogene Flechten (Zöpfe) kegelförmig hochgesteckt wurden[261a], getragen von etruskischen Priestern und deren Frauen, später auch von den römischen Priestern anstelle der Kopfbedeckung.

Tuxedo, amerik. für ▸*Smoking.*

Tweed ▸Stoff (19. Jh.).

Twine, *der* (engl., ›Zwirn, Faden‹), Mitte des 19. Jh.s Bezeichnung für den ▸Gehrock, danach auch für einen geraden, in der Taille jedoch zusammengesetzten Herrenmantel.

Twinset ▸Set.

Tyrolese ▸Trachtenmode.

U

Überfallhose, Oberhose, deren Beine unterhalb der Knie in einem engen Bund zusammengehalten werden und darüber je nach Mode unterschiedlich lang fallen. ‣Hose, ‣Knickerbocker (1), ‣Schlumperhose.

Überzieher, im 19. Jh. Bezeichnung für den ‣*Mantel* des Herrn.

Ulster, *der,* sehr schwerer, wuchtiger Herrenmantel, benannt nach dem derben, dichtgewalkten und gerauten (sehr strapazierfähigen) U.-Stoff aus der gleichnamigen nordirischen Provinz. Der U. ist gerade geschnitten, stets zweireihig mit parallelen Knopfreihen bis zum Kragen, so dass das großflächige, gerollte ‣Revers auch hochgeschlossen werden kann; daher immer fallendes Revers, sog. *U.-Revers.* Die angesetzten Ärmel haben handbreite Aufschläge, die Kanten sind fingerbreit abgesteppt. Urspr. hatte der U. einen Gürtel, eingeschnittene Taschen und hinten im Schoß einen Hakenschlitz. Diese Anfang des 19. Jh.s aufgekommene Standardform ändert sich modisch wenig. In den 1920er Jahren erhielt der U. im Rücken von der Schulter weg eine Kellerfalte (‣Falte), einen breiten ‣Rückengurt, aufgesetzte Taschen und betont große Knöpfe. Etwa 1930 kam der *U.-Paletot,* eine elegante Version (‣Paletot (3)), auf: leicht antailliert, doppelreihig, jedoch ohne blindes Knopfpaar, mit geradem Revers, ohne Steppnähte. Heute wird der U.-Schnitt meist bei Regenmänteln u. a. aus Popeline (‣Stoff) übernommen.

Abb. 496. Zweireihiger Ulster. Aus »Deutsche Moden-Zeitung«. H. 12. 1932/33.

Umhang[15, 395] ‣Boa, ‣Cape, ‣Mantel, ‣Plaid (2, 3), ‣Schal, ‣Stola (6).

Umschlag oder *Aufschlag,* ‣Ärmel, ‣Hosenumschlag, ‣Stulpe.

Union Alls ‣Jeans.

Unterhemd. Für den Mann kam in den 1830er Jahren infolge des separat umgelegten oder angeknöpften ‣Vatermörderkragens das ‣Hemd aus einfachem Stoff oder, ab etwa 1870, aus Wirkware (‣Strick- und Wirkware) auf, mit nur dem Brustteil, der ‣Chemisette, aus Oberstoff. Auch die ‣Manschetten (Röllchen) waren separat. Da man dieses allerdings als unelegant geltende Hemd aus warmem Stoff herstellen konnte, begann der Herr nach etwa 1870, ein solches Hemd (ohne Chemisette) als U. unter dem ganz aus Oberstoff hergestellten Oberhemd beizubehalten. Vielleicht machte sich auch ein Einfluss des um diese Zeit aufkommenden Sportleibchens aus ‣Trikot (2) bemerkbar. Das U. aus Baumwolltrikot, meist ärmellos, hielt sich bis heute.

Bei der Frau trat im Laufe des 18. Jh.s das weiße Hemd kaum mehr unter der Oberbekleidung in Erscheinung und wurde zum eigentlichen U. (Die als Dekolletée-Einfassung sichtbare Lingerierüsche[367], ‣Lingerie, gehörte nicht mehr zum Hemd, sondern war an das Kleid genäht, ebenso waren die ‣Engageantes separat angeknöpft.) Das U. war weit geschnitten, am Hals meist zusammenziehbar und hatte ellbogenlange Ärmel. Zur Mode à la grecque (‣Grecque, Mode à la, 1795 – ca. 1810) verzichteten viele Frauen ganz auf ein Hemd unter der ‣Chemise (2). Danach hatte

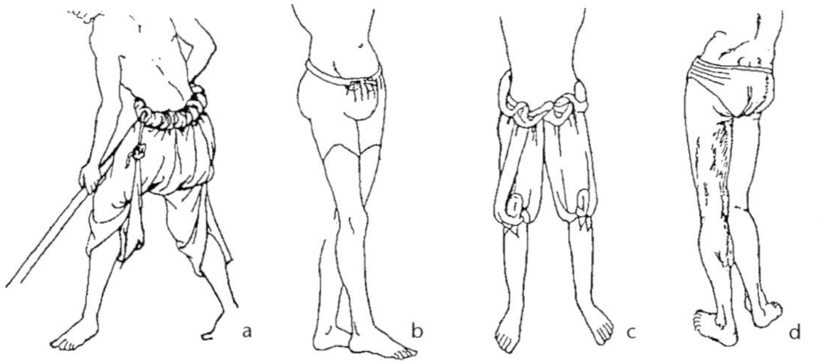

Abb. 497. Unterhosen. a) Wickelhose. 14. Jh. b) Bruch. 1. Hälfte des 15. Jh.s. c) An den Knien abgebundene Hose. Spätes 15. Jh. d) Kurze Bruch. Spätes 15. Jh. Alle nach Cunnington.

Abb. 498. Offene Frauenunterhose. 1880. Nach Bradfield.

das U. in der Seitennaht und unter den Achseln eingesetzte Zwickel zur größeren Bewegungsfreiheit und einen mäßig ausgeschnittenen, spitzenumsäumten Halsausschnitt. In den 1870er Jahren wurde das U. figurbetonter, oberschenkel- bis hüftlang und auch ärmellos. Es war meist aus Leinen, aber auch aus Woll- oder Baumwollstoff sowie aus Seide. Seit etwa den 1870er Jahren verbreitete sich das U. aus Baumwollwirkware. Seither ist es je nach Witterung lang- oder kurzärmelig oder ärmellos[501]. Seit den 1920er Jahren gibt es U.en aus Charmeuse[316,499], einem maschenfesten Kettstuhltrikot aus Kunstseide (‣Stoff, 20. Jh.). Heute ersetzt häufig ein ‣T-Shirt das U. ‣Combinaison[190] (1).

Unterhose. Existenz, Verbreitung und Aussehen der U. sind bis ins 19. Jh. meist nicht eindeutig geklärt. Vom Altertum bis in das frühe Mittelalter ist die ‣Hose des Mannes entwicklungsgeschichtlich nicht in Oberhose und U. getrennt, es sei denn, es handelt sich in Schnitt oder Funktion um eine U. im heutigen Sinn.

Im ägyptischen Altertum war keine U. bekannt, der Mann trug einen ‣Schurz als Ober-, später auch als Untergewand. Kleinasiatische Völker, wie Hebräer und Hethiter, kannten eine beinlose *Lendenhose* als U. Eine solche, vielleicht auch in der Funktion einer Oberhose, ist an einer sumerischen Mädchenfigur aus Terrakotta der Zeit um 3000 v. Chr. (heute Museum in Bagdad) zu sehen. In der griechischen Antike trug die Frau zuweilen die *Zona,* einen Leibgürtel, der in etwas breiterer Form auch der Römerin bekannt war. Römer beiderlei Geschlechts, besonders Athleten und Schauspieler, legten das ‣*Subligaculum* um, ein Tuch, das zwischen den Beinen hindurchgeführt und um die Hüften verknotet wurde. Es wurde auch beim Baden getragen und ersetzte in ältester Zeit die ‣Tunika unter der ‣Toga.

Kelten und Germanen trugen in der Bronzezeit (1800–750 v. Chr.) die kurze ‣*Bruch.* Von der Eisenzeit bis ins 11. Jh. hielt sie sich in mittel- und westeuropäischen Ländern neben der langen Hose. Die lange Hose hatte ausgefranste, aufgerollte oder abgebundene Beine; danach hat sie nur die männliche Landbevölkerung getragen, neben einer gewickelten Hose mit herunterhängenden Beinzipfeln, die im Bund um eine Schnur gerollt wurde. Im Übrigen war die nur oberschenkellange Bruch, deren Beine meist über den Knien abgebunden waren und die vorn offen und in Hüfthöhe über einen Gurt gerollt war, allgemein. Die Frau trug wahrscheinlich keine Bruch, höchstens im frühen Mittelalter.

Für die 2. Hälfte des 15. Jh.s ist anzunehmen, dass der Mann unter der Strumpfhose keine U. trug. Im 16. und 17. Jh. gab es, je nach Länge der Oberhose, eine etwa knie- bis wadenlange und an den Beinen abgebundene sowie eine kurze U. Beide waren hinten offen und wurden mit einem Zugband im Taillenbund vorn zusammengebunden. Mit der um 1675 aufgekommenen ‣Kniehose wurde die U. enger und über den Knien abgebunden. Mitte des 16. Jh.s hatte die italienische Oberschicht eine etwa knielange U. für Frauen. Sie wurde durch Maria de' Medici nach 1600 in

Frankreich bekannt und dort *Caleçon* genannt. Allgemein jedoch trug die Frau bis Anfang des 19. Jh.s keine U. Eine Hose wurde nur zum Reiten oder mancherorts von Bäuerinnen und Tänzerinnen unter dem Kleid angezogen.

Im 19. Jh. gab es knie- und knöchellange U.n für die Männer, die knöchellangen wurden nach 1820 bevorzugt. Unter dem bereits Ende des 18. Jh.s getragenen ‣Pantalon (1) konnte die lange U. auch angesetzte Füße haben. Die U. hatte ein breites Hüftband, seltener eine Bundschnur, war zuweilen in der vorderen Öffnung etwas übereinander geschnitten, hatte einen vorderen Knopfverschluss und manchmal hinten im Bund einen kleinen Schlitz, der durch ein Band zusammengehalten wurde. 1870 kam die lange U. aus Baumwoll- oder Seidentrikot, in den 1880er Jahren die ‣Jaegerkombination auf.

Die Frau eignete sich um 1803/06 neben dem ‣Trikot (1) eine unter den Knien mit einer Schleife oder einem Knopf zusammengehaltene (engl. *Drawers* oder *Knickerbockers* ›Unterhose‹) oder eine am Knöchel zusammengefasste Hose, die sog. ‣*Pantalons* (2) oder *Pantalettes,* an, die als »Oberhose« unter halblangen ‣Chemisen (2), ‣Pelissen oder Tuniken (‣Tunika) sichtbar wurden. Diese Hosen waren aus Seidentrikot, Leinen oder Baumwolle, an den Beinenden mit Spitzen und Rüschen verziert, in der vorderen und hinteren Mittelnaht offen, vorn im Bund mit Knöpfen geschlossen und hinten mit einem Band zusammengezogen. Die Pantalettes kamen bis Mitte des 19. Jh.s in der ‣Kinderkleidung unter dem nur wadenlangen Kleidrock zur Geltung. Erst nach

Abb. 499. Unterhemd und Schlüpfer aus Trikotware. 1935. Kunstbibliothek, Berlin.

1840 wurde infolge der weiter werdenden Röcke und insbesondere nach 1856 durch die steife, künstliche ‣Krinoline die U. für die Frau allgemein[385], mit Ausnahme der unteren Schichten. Die U. war wadenlang, ab den 1870er Jahren knielang und bestand zuweilen nur aus zwei Beinen, die eine Zugschnur in der Taille zusammenhielt. Ab den 1880er Jahren jedoch wurde die U. im Leib geschlossen. Die Hosenbeine waren um den Saum zusammengefasst. Die U.n waren aus Seide, Flanell, Batist, Musselin, merzerisierter Baumwolle oder Merino- und anderer Schafwolle (‣Stoff). Sie wurden, wie die gesamte Unterwäsche, im letzten Viertel des Jh.s mehr mit Spitzen und Rüschen aufgeputzt als zuvor. Ende des 19. Jh.s wurden die Beine der U. sehr weit in der Form einer Unterrockhose. Die U. wurde meist vorn in der Taille gebunden. Selten waren U.n, deren Gesäßteil aus einem hochknöpfbaren Latz bestand. Ab 1877 gab es einteilige sog. ‣Combinaisons (1) oder Kombinationen, wie die *Hemdhose*[189, 190], ab 1897 die *Unterrockhose,* ab 1898 die *Korsett-Unterrockhose.* Nach dem 1. Weltkrieg setzten sich für den Mann U.n aus Seide oder Baumwolltrikot mit nur oberschenkellangen Beinen und vorderem Schlitz durch. Ende der 1950er Jahre kam der beinlose Slip aus Trikotware auch für den Mann auf; die weite amerikanische U. mit kurzen angeschnittenen Beinen (amerik. *Boxershorts*[465]) setzte sich erst in den 1980er Jahren durch. 1985 kam der griech. Designer Nikos Apostolopoulos mit U.n mit breitem Gummiband und hohem Beinausschnitt, die sowohl die weibliche U. als auch die ‣Badekleidung beeinflussten.

Für die Frau kam um 1914 der ‣*Schlüpfer* (1) mit Gummizug in der Taille und nur kurzen, angeschnittenen Beinen auf. Nach 1924 wurde die U. generell höchstens oberschenkellang und war aus Seide, Kunstseide oder Charmeuse, einem maschenfesten, kunstseidenen Kettstuhltrikot. In den 1950er Jahren kamen Kombinationen aus Hüftmieder (‣Hüftgürtel) und U., sog. *Miederhöschen,* in den 1960er Jahren der beinlose *Slip* auf. Seit den 1970er Jahren sind ‣*French Knickers*[190] en vogue, seit Ende der 1980er Jahre auch U. mit hohem Beinausschnitt[167] (s. o.).

Unterkleidung, Damen-U., auch *Dessous* (*Pl.,* frz.), ‣Bruch, ‣Büstenhalter, ‣Camisia,

‣Combinaison (1), ‣French Knickers, ‣Hüftgürtel, ‣Kamisol (3), ‣Korsett, ‣Mieder, ‣Petticoat, ‣Reifrock, ‣Schlüpfer (1), ‣Strumpf, Subucula (‣Tunika), ‣Unterhemd, ‣Unterhose, ‣Unterrock.

Unterrock, Unterkleid, ein unter dem Kleid, aber über dem Hemd getragenes, meist ärmelloses ‣Hemdgewand (Unterkleid) oder ein separater Rock (Unterrock), beide stets etwa in der Länge des Oberkleidrocks.
In der griechischen Antike wurde im Prinzip kein Untergewand getragen. Die Frau legte unter dem ‣Peplos zuweilen noch einen ‣Chiton an. In der römischen Antike zogen beide Geschlechter höchstens als Kälteschutz zwei oder mehrere untere Tuniken (lat. *Tunica intima* oder *Tunica subucula,* ‣Tunika) an.

Im Mittelalter war bei beiden Geschlechtern höheren Standes die *Niderwât,* auch ‣*Niderkleit* und afrz. ‣*Chainse* genannt, verbreitet. In der 2. Hälfte des 14. Jh.s wurden mit der Verkürzung des Männerobergewandes Unterrock und Unterkleid zu einem reinen Frauenbekleidungsstück. Vom 16. bis zur 1. Hälfte des 18. Jh.s hieß der U. im Dt. ‣*Kotillon.* Ab dem 16. Jh. wurden meist mehrere U.e zur Stützung des weiten Kleidrocks unentbehrlich; eine Zugschnur in der Taille hielt sie. Der U. galt als Standeszeichen; umso vornehmer war das Tragen mehrerer U.e. Neben dem unter dem hochgerafften Kleidrock sichtbar werdenden unteren Rock aus kostbarem Stoff (auch als *oberster U.* bezeichnet) wurden U.e aus Leinen, Wolle und Baumwollgemisch in Weiß oder Rot getragen (‣Basquina (1)). In der 2. Hälfte des 16. bis Anfang des 17. Jh.s (in der spanischen Hofmode bis Mitte des 17. Jh.s) verminderte der ‣Reifrock die Zahl der U.e. Im 17. Jh. wurden im Sommer bis zu 8, im Winter bis zu 12 U.e getragen. Der oberste, oftmals mit einer Schleppe ausgestattete U. hieß »la modeste« (frz., ›die Sittsame‹), der mittlere »la friponne« (frz., ›die Schelmische‹), der unterste »la secrète« (frz., ›die Verschwiegene‹). Rote, auch reich mit Spitzen besetzte U.e waren besonders modisch. Zuweilen wurde der U. auch an das »Leibstück« genestelt. Im Rokoko bezeichnete man den unter dem Reifrock getragenen U. als ‣*Jupon,* im Dt. ugs. als *Appetitröckl* (da er beim Hochheben des Reifrocks sichtbar wurde); er war aus Seide und um den Saum bestickt oder bordiert. Der unterste U., der *Sabenque* (span.), dagegen war aus Leinen. Der über dem Reifrock liegende, vorn sichtbare Rock war die ‣*Jupe* (2), der jedoch nicht als eigentlicher U. gilt.

Abb. 501. Unterrock mit Frou-Frou, Korsett »Sans Ventre«, Brust- und Hüftverbesserer. Um 1903.

Abb. 500. Unterrock mit Balayeuse. Aus »Harper's Bazar«. 20. 1. 1872.

In Directoire (1795–99) und Empire (1800 bis 1815/20) wurde unter der ‣Chemise (2) neben einem ‣Trikot (1) ein meist zartfarbener U. im Schnitt des Obergewandes getragen. Nach 1816 wurden die U.e etwas abgesteift und allmählich ihre Zahl erhöht. Ende der 1820er Jahre begann man, den U. an ein ‣Leibchen zu nähen, und erhielt so ein Unterkleid; es war hinten zu schließen und bekam, wie das Kleid, die Schneppentaille (‣Schnebbe (2)). Der U. selbst war zum Saum hin ausgestellt und mit waagrecht aufgelegten Schnüren abgesteppt, ab 1827 mit Fischbein und ab 1840 mit Rosshaar um den Saum abgesteift (‣Krinoline). Der oberste U., meist aus weißer Baumwolle, war mit Durchbrucharbeit (‣Spitze) verziert. 1842 wurde die »Crinolisation«[384], 1856 die künstliche ‣Krinoline erfunden[385], unter der, ebenso wie später unter der ‣Turnüre, ein einfacher Baumwoll-U. getragen wurde. An die Stelle eines Unterkleides konnten auch Unterrock und ‣Kamisol (3) treten. 1857 tauchten im Pariser ‣Genre canaille wieder rote U.e auf, die noch schockierend wirkten, etwa ab 1866 aber allgemein Verbreitung fanden. Unter der Turnüre und dem ‣Cul de Paris konnte auch der U. über dem Gesäß zusammengerafft werden, oder es gab halbe U.e[493]. Während der ‣Engen Mode (1875–81) gab es ein separates Schlepp-U., das in den Kleidrock geknöpft wurde. Etwa 1890–1907 war der U. als ‣Bahnen- oder ‣Glockenrock geschnitten und um den Saum mit Rosshaar abgesteift. 1897 kam eine *Unterrockhose,* 1898 eine *Korsett-Unterrockhose* auf (‣Combinaison (1)). Nach 1898 war das U. dekolletiert, der U. hatte eine ‣Schleppe mit ‣Balayeusen, die das gewünschte ‣Frou-Frou (1) erzeugten. Verarbeitet hat man Seiden, Tafte, zunehmend Kunstseide und im Winter Flanell.

Das im 20. Jh. bevorzugte U. passte sich weitgehend dem Schnitt des Oberkleides an. In den 1920er Jahren behauptete sich neben dem Unterkleid in Hängerform mit waagrechtem Ausschnitt und dünnen Trägern die Unterrockhose.

1947 brachte der ‣New Look den U. wieder, der in den 1950er und Anfang der 1960er Jahre zu dem bei Mädchen sehr beliebten ‣*Petticoat* aus gestärkter Baumwolle, Nylon oder Tüll wurde. Zuweilen war der Petticoat an das ‣Korsett genäht. Nach 1964/65 nahm die Verbreitung von Unterkleid und Unterrock stark zugunsten einer durchgehenden Fütterung des Kleides ab (‣Futter). Außerdem wurde von nun an weniger Anstoß an durchsichtiger Oberkleidung genommen als früher.

Unterrockhose ‣Combinaison (1), ‣Rheingrafenhose, ‣Unterrock.

Unterschuh ‣Trippe.

V

Vague, Le[281] (frz., ›das Unbestimmte, Duftige‹), die von dem Pariser Couturier P. ‣Poiret 1905/06 kreierte erste eigene Modelinie in Form eines weiten, oft plissierten Gewandes, im Schnitt einer ‣Chemise (1) ähnlich, meist mit knie- bis oberschenkellanger ‣Tunika darüber und etwas engerem unteren Kleidrock. ‣Haute Couture.

Vasquine[62] ‣Basquina.

Vatermörder(kragen)[82] (frz., urspr. *carcans* ›Halseisen‹ oder *parasites* ›Schmarotzer‹, um die Lästigkeit für den Träger anzudeuten; aus *parasites* wurde *patricide* ›Vatermörder‹, eine Bezeichnung, die sich sowohl im Frz. wie im Dt. erhielt), ugs. für den steifen, vorn offenen Stehkragen des Herrenoberhemdes, der jedoch separat angeknöpft wurde und dessen scharfe Ecken (Vatermörder) bis über das Kinn und die darüber breit gewickelte ‣Krawatte hinausragten. Der V. entwickelte sich Anfang des 19. Jh.s und erreichte sein größtes Ausmaß im 2. und 3. Jahrzehnt. ‣Hemd (1830er Jahre), ‣Kragen, ‣Unterhemd.

Ventarola ‣Fächer.

Ventre postiche ‣Pad.

Verdugada, *die,* **Verdugado,** *der* (span.), **Vertugade, Vertugadin,** *der,* **Vertugale,** die (frz.), ‣Reifrock.

Vergette, *die* (frz., ›(kleine) Rute, Bürste‹, weil urspr. aus Reisern gemacht, übertragen ›kurz geschnittenes Vorderhaar‹),[258] in Frankreich Bezeichnung für die Beutel- und Zopfperücke, übernommen von der »V.« genannten breiten, hochstehenden Stirnlocke. ‣Haarbeutelfrisur, ‣Zopf.

Verschluss. Der erste, bereits seit dem frühen Altertum bekannte V. an der Kleidung ist die *Nadel* aus Dornen, Gräten, Knochen, Holz, dann aus Horn, Schildpatt und Metallen; mit ihr wurden Leder, Felle und Stoffe zusammengesteckt, aber auch unter Verwendung von Sehnen, Flechten oder Faden zusammengenäht. Der ‣*Knopf ist* zentralasiatischen (mongolischen) Ursprungs und war im Altertum und in der Bronzezeit bekannt, jedoch nicht sehr gebräuchlich. Die Gewänder der Antike wurden um den Körper drapiert oder mit ‣*Fibeln*[219] zusammengehalten, höchstens die Schulterkanten des ‣Chiton dürften auch geknöpft worden sein. Auch Kelten und Germanen benutzten Fibeln, während ‣Hose und ‣Rock (2) der Frau mit einer Schnur (‣*Gürtel*) um die Taille gehalten wurden. Den ‣Rock (2) des Mannes hat man in der Bronzezeit (1800–750 v. Chr.) an einem ‣Doppelknopf befestigt. Im Byzantinischen Reich war der Knopf zusammen mit einer Schlinge üblich.

Im Mittelalter wurden *Fibel,* ‣*Nestel,* ‣*Fürspan* und *Tassel* (‣ Mantel, 13. Jh.) verwendet. Erst im 13. und Mitte des 14. Jh.s war der Knopf allgemein, besonders zum Schließen des engen Ärmels[283], aber auch der vorderen Halsöffnung. Im 15. Jh. dominierten erneut Nesteln oder Haken und Bandschlaufen oder Metallschlingen, die unsichtbar unter einem Vorstoß lagen. Häufig wurden die Gewänder beider Geschlechter auch durch Zusammenschnüren eines vertikalen Schlitzes unter dem Armloch bis über die Taille auf Figur gehalten und über den Kopf angezogen.[337]

Erst im 16. Jh. setzte sich der *Knopf* in der Männerkleidung, nun sichtbar, am ‣Wams durch, ohne dass es auch nur andeutungsweise zu einer Regel der Knöpfungsweise gekommen wäre. Oftmals waren an beiden Kanten des Wamses Knöpfe und Knopflöcher angebracht, so dass der Knopf je nach Belieben durchgesteckt werden konnte. Dafür eignete sich besonders der ‣*Bouton à queue,* der unter der Bezeichnung ‣*Brande(n)bourg*[409] eine z. T. bis ins 20. Jh. beliebte Art von Schnurverschluss der Herrenoberbekleidung wurde. Auch gab es im 17. Jh. Durchsteckknöpfe, ähnlich den im 20. Jh. als ‣Manschettenknöpfe verwendeten. Im 17. Jh. wurde der Knopf zum vielverwendeten Schmuckstück, besonders in der Herrenkleidung. In der Frauenkleidung lag bis ins 19. Jh. der eigentliche V. im Rücken unter einem Übertritt, im 18. Jh. bestand er auch noch in *Schnürung,* häufiger in *Haken* und *Ösen.*

In der Herrenkleidung des 18. Jh.s, an ‣Justaucorps (2) und ‣Weste, begann die Knöpfung von links auf rechts (wie heute) vorzuherrschen. Es läge die Erklärung nahe, der Herr sei zu dieser Knöpfungsweise übergegangen, da er so die rechte Hand in die vordere Rocköffnung stecken konnte, um diese für das Ziehen des Degens stets warm zu halten, doch war dieser, der sog. Kavaliersdegen, nur noch ein Zierstück. Gegen Ende des 18. Jh.s übernahm die Frau mit der Annahme der ‣Redingote[400] (2) die Knöpfungsweise des Mannes.

Die etwas verspieltere Zeit des Biedermeier (1815/20–48) ließ dem Herrn erneut die Wahl der Knöpfung[180]. Schließlich hatte er den Degen gegen den ‣Spazierstock eingetauscht. Endgültig in der 2. Hälfte des 19. Jh.s wurde die Links-auf-rechts-Knöpfung – Knopf rechts, Knopfloch links – zur ungeschriebenen Regel in der Herrenschneiderei. Die seitlichen Knöpfe am Sakkoärmel sollen sich aus dem 18. Jh. erhalten haben, als die sehr langen, wärmenden Rockärmel für Arbeit oder Kampf hochgeknöpft wurden. Die Frau jedoch behielt im Sinne der gewohnten Haken und Ösen den Knopf auf der linken und das Knopfloch auf der rechten Seite, damit die Schließung von rechts auf links bei, wie es erstmals an ‣Schoßjacken um 1868/69 zu sehen ist. Diese Regel wurde für den 1885 aufgekommenen ‣*Druckknopf* und nun auch am Mantel beibehalten. Um 1914 begann sich der ‣*Reißverschluss* zu verbreiten. Nach 1945 ist an ‣Gaban (3, 4) und ‣Dufflecoat der ‣*Knebelknopf*[278] zu finden, der sich aus den Brandenbourgs entwickelt haben mag. Seit den 1970er Jahren werden Sport- und Freizeitkleidung zunehmend mit ‣Klettverschluss geschlossen.

Veston ‣Weste.

V-Form, V-Silhouette ‣Sakko (1947–55).

Vintage ‣Second hand.

Vlieger, *der*[51, 60] (niederl.; dt. *Flieger* oder ‣*Weiter Rock*), für die holländische Patrizierkleidung (‣Regentinnen-Kostüm) der Frau charakteristischer ‣Manteau (Frauenüberkleid), der ‣Gamurra, später der ‣Ropa ähnlich. Der V. war um 1570 noch über der Brust mit Kugelknöpfen geschlossen, öffnete sich Anfang des 17. Jh.s, erhielt um 1610 einen vorn durchgehend offenen, steifen, etwas taillierten Schnitt und hielt sich bis etwa 1660, bei älteren Frauen bis Ende des 17. Jh.s Der V. hatte meist Achselwülste und darunter separat angenestelte Ärmel, oder er gab die Ärmel des ‣Mieders frei. Selten waren angesetzte Puffärmel. Bei sehr reichen Patrizierinnen findet man zusätzlich einen angesetzten oder angenestelten Rückenmantel. Der V. hatte einen Stehkragen mit der ‣Halskrause darüber und war meist aus schweren, dunklen Seidenstoffen.

Voile ‣Stoff (18. Jh.).

Volant, *der*[69, 71, 90] (schweiz. *das*; frz., von *voler* ›fliegen‹), lose herabhängender Besatz an Kleidern, ‣Falbel.

Vürspan, Vorspange ‣Fürspan.

W

Wagenrad,[109] ugs. Bezeichnung eines Frauenhutes, ▸Kopfbedeckung (um 1910, 1950er Jahre).

Wagnerkappe ▸Barett, ▸Kopfbedeckung (Frau, 1930er Jahre).

Waikiki-Hemd, nach dem gleichnamigen Honolulu-Strand benanntes sommerliches ▸Freizeithemd des Herrn, von geradem, bequemem Schnitt, mit kurzen Ärmeln, offenem Kragen, aufgesetzten Taschen und charakteristisch großflächigem, farbigem Südseemuster. War in den 1950er Jahren über langer Hose oder ▸Shorts modern.

Waldtran-Mantel (spätmhd.; von span. *balandran,* dt. *waltrappen,* ital. *gualdrappa* ›Rossdecke‹), Ende 16. / Anfang 17. Jh. im deutschsprachigen Raum weiter, im Rücken halbkreisförmig geschnittener Mantel mit Ärmeln und Kragen anstelle der spanischen ▸Kapuze. ▸Balandran.

Walkjanker, ▸Janker, an dem durch Verfilzen (Walken) die Strickware unsichtbar geworden ist.

Wallensteiner ▸Bart (1) (1. Hälfte 17. Jh.), ▸Knebelbart.

Walzerkleid[122] ▸Abendkleid, ▸New Look.

Wams[503] (von afrz. *wambais,* zurückgehend auf griech. *pámbax* ›Baumwolle‹; seit dem hohen Mittelalter frz. *pourpoint* für ›nicht wattiertes W.‹, *doublet* für ›wattiertes, abgestepptes W.‹; auch in der Schneiderei wurde zwischen »doubletiers« und »pourpointiers« unterschieden; engl. *doublet,* span. *jubón;* ital. *giubba,* kurzes W.: *giubbetto*), im 13. Jh. aus dem Afrz. übernommene Bezeichnung für den unter dem Panzerhemd getragenen, mit Baumwolle auswattierten, vorn zugeknöpften Leibrock des Mannes mit glatten, anliegenden Ärmeln, den der Ritter manchmal auch als Hausgewand trug. Nach 1335/40 wurde das W. in Zivil unter der knappen ▸Schecke und über dem ▸Hemd getragen, an deren Schnitt es sich

Abb. 502. Waikiki-Hemd. 1950er Jahre. Nach Eelking.

weitgehend anpasste; es hatte jedoch stets lange, anliegende Ärmel, die sich Ende des 14. Jh.s zur ▸Muffe verlängerten. Die Beinlinge (▸Strumpf) wurden nun an das W. genestelt. Auch unter den weiten, mantelartigen Oberröcken des 14. und 15. Jh.s wurde das anliegende W. getragen. Es hatte einen runden, anliegenden Halsausschnitt oder einen Stehkragen und nun zuweilen auch gebauschte Ärmel. In den letzten Jahrzehnten des 15. Jh.s erhielt das W. in Deutschland einen tiefen, spitzen Halsausschnitt, wurde vorn geschnürt und ließ das Hemd oder ▸Brusttuch zur Geltung kommen. In den 1480er Jahren konnte das W. einen kleinen ▸Schoß (1) haben. (Der tiefe Halsausschnitt blieb in der Kleidung der Stutzer bis um 1530.)

Im 16. Jh. emanzipierte sich das W. zum Obergewand und erhielt eine Vielfalt an regional unterschiedlichen modischen Schnitten.[310] In der 1. Hälfte des 16. Jh.s (seit etwa 1470) trug es der Bürger sichtbar unter der vorn stets offenen ▸Schaube, der Landsknecht, aber auch jede Standesperson mit dem ▸Faltrock darüber. Der Landsknecht trug das W. auch ohne Oberbekleidung, als Kälteschutz mit Werg gefüttert und abgesteppt. Jedermann konnte auch zwei Wämser übereinander anziehen, eines davon oft ärmellos. Allerdings war häufig das ‣Kamisol (2) Unterwams. Das W. hatte zunächst meist einen großen horizontalen, ovalen oder runden Brustausschnitt, war bald auch hochgeschlossen und kragenlos, zuweilen vorn am Hals offen und zu einer Art ‣Revers umgeschlagen. Es wurde vorn oder seitlich durchgehend mit Knöpfen geschlossen (‣Knopf, ‣Verschluss). Die Ärmel waren weit, mehrfach gebauscht und geschlitzt, auch wurde ein separater Unterärmel in Ellenbogenhöhe an den Oberärmel genestelt. Vorder- und Rückenteil konnten ebenso in kleine ‣Schlitze zerhauen und mit andersfarbiger Futterseide unterlegt sein[42] (‣Stoff). Oft war der Oberstoff vorn in dichte vertikale, von einem Halsbündchen zusammengehaltene Falten gelegt. Das W. schloss in der Taille rund ab, selten waren kurze Schöße daran angesetzt. In der 2. Hälfte 16. / Anfang 17. Jh. wurde es stark auswattiert, damit es faltenlos den Körper umspannte. Es war hochgeschlossen mit einem immer höher werdenden Stehkragen[46,50] (darüber lag die ‣Halskrause); ‣Achselwülste[125] verbreiterten die Schultern[52] (‣Piccadill). Die ebenfalls auswattierten, glatten und langen Ärmel hatten höchstens kleine Schlitze. Die Ärmel waren zuweilen aus anderem Material als der Rumpf und wurden unter den Achselwülsten unsichtbar angehakt. Die Taille rückte tiefer, wurde extrem eng und spitzte sich vorn in einer Form zu, die in Frankreich und den Niederlanden zu einem extremen ‣Gänsebauch[47,49] gesteigert wurde.

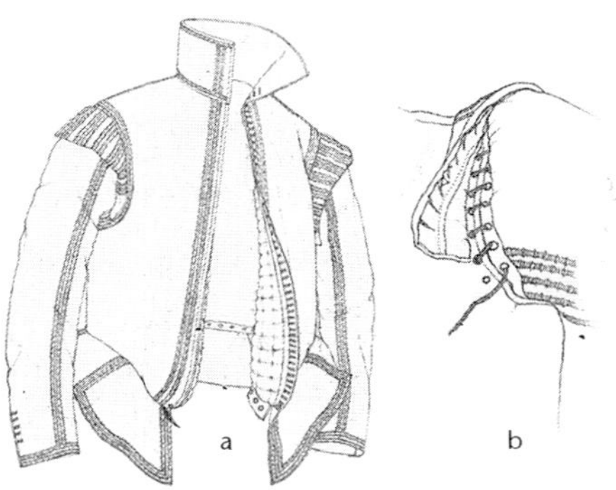

Abb. 503. a) Wams (Doublet) mit Gänsebauch. 1600–05. Victoria and Albert Museum, London. b) Konstruktion eines unter dem Achselstück angenestelten Wamsärmels. Um 1595–1605. Nederlands Kostuummuseum, Den Haag. Nach Arnold.

In Spanien hatte das W. (auch ‣Ropilla und ‣Sayo) einen in der Taille angesetzten, nach außen geschweiften oder abgeschrägten, zunächst oberschenkellangen Schoß, der sich allmählich etwas verkürzte. In den meisten übrigen Ländern war er nur sehr kurz und fiel in Frankreich zuweilen ganz weg. Das W. wurde nun vorn durchgehend mit zahlreichen Zierknöpfen geschlossen, der Schoß blieb jedoch offen. Zuweilen wurden zwei leicht unterschiedliche Wämser, das obere ärmellos, übereinander getragen oder ‣Jubón und W. bzw. W. und ‣Koller (1) zusammen. Das W. bestand aus Tuch, Seide, Samt, Atlas oder Damast (‣Stoff), war bestickt und mit Borten verziert. Das untere W. konnte auch aus schlechterem Stoff sein.

Bereits in den beiden ersten Jahrzehnten des 17. Jh.s lockerten sich die Gewandformen; Polsterungen und Versteifungen ließen nach. Im 3. Jahrzehnt rückte die lose Taille höher. Der breite, vorn in einer Spitze auslaufende Schoß[131] setzte sich nun aus mehreren (zum Schutz des Unterleibs) abgesteiften Teilen (frz. ‣Flasques[58]) zusammen, die an das Oberteil genestelt, nach unten breiter wurden[457] und sich z.T. auch übereinander schoben. Das W. war hochgeschlossen, über der Brust zuweilen längsgeschlitzt, wie die Ärmel, die am Handgelenk in einer breiten ‣Stulpe abschlossen. Um die Säume saß Borten- oder Stickereiverzierung. Über dem W. wurde manchmal das Koller getragen. Im 4. Jahrzehnt des 17. Jh.s begann man Oberteil und Schoß in einem zu schneiden[63], die Taille blieb unbetont und wie der Schoß rund: aufgesetzte Bandschluppen und Rosetten in der Taille ersetzten die ‣Nesteln. Insgesamt wurde der Schnitt sehr locker, die Schultern blieben unbetont, die Ärmel vorn längsgeschlitzt. Höflinge trugen das W. aus Damast, Samt oder Seide, Vornehme aus Taft, Bürger und Bauern aus Tuch. Um die Mitte des Jh.s war das W. durchgehend, gerade, ohne jede Taillenbetonung, vorn ganz offen oder höchstens über der Brust geknöpft und kaum das Gesäß bedeckend. Bald danach schmolz das W. zu einem kaum taillenlangen, losen, vorn offenen Jäckchen zusammen, dessen Ärmel höchstens bis zu den Ellenbogen reichten. Es war üppig mit Bandschluppen besetzt, ließ das Hemd stark hervorquellen und diente als Ergänzung zur ‣Rheingrafenhose[65,331]. Nach 1670 wurde das W. durch ‣Justaucorps (2) und ‣Weste ersetzt und schied so aus der Mode aus.

Für die Frau gab es in der 2. Hälfte des 16. Jh.s in der bürgerlichen Kleidung eine *Borstwams* (›Brust-W.‹) genannte ‣Jacke oder ‣Kamisol (3).

Wanderkleidung.[92] Als im 19. Jh. das Interesse am Alpenländischen wuchs, wurde die Kleidung – zuerst des Mannes – den Anforderungen angepasst, meist die des Gebirgsjägers übernommen: graue ‣Joppe mit grünen Aufschlägen, ‣Kniehose oder kurze ‣Lederhose (2). Nach Mitte des Jh.s findet man Vorschläge modischer W. für die Frau.[107] Ihre W. zeichnet sich durch einen relativ kurzen, d.h. gerade noch wadenbedeckenden Rock, spärlichen Aufputz und feste Wollstoffe aus. W. und ‣Trachtenmode stehen unter wechselseitigem Einfluss. ‣Bundhose (1), ‣Dirndl, ‣Goiserer, ‣Janker, ‣Knickerbocker (1), ‣Kostüm (2), ‣Kotze, ‣Norfolk-Jacke, ‣Wetterfleck.

Wappenrock (im 16. Jh. *wapenrockh,* von mhd. *wapen* ›Waffen, Wappen‹ [Kampfgerät]), ein auf Taille gearbeiteter ‣Rock (1) des Mannes mit knielangem, meist faltigem ‣Schoß (1). Auch das Heroldskleid wurde »W.« genannt.

Wasserfall[346] ‣Dekolleté, ‣Jabot.

Waterproof, *der* (engl., ›wasserdicht‹), in der 2. Hälfte des 19. Jh.s ein langer Regenmantel mit Schulterkragen; auch allg. Bezeichnung für wasserdichte Regenoberbekleidung. ‣Kleppermantel, ‣Macintosh, ‣Ölhaut.

Watteaufalte, von dem französischen Maler Antoine Watteau (1684–1721) oft gezeichnete und gemalte, später nach ihm benannte Faltenpartie, die nur am Rückenansatz eingelegt und festgenäht war und frei zum Boden herabfiel. Die W. ist im Rücken der ‣Adrienne[70] und an der Robe volante, der ‣Robe à la française, der ‣Kontusch(e) und an Schoßjacken[173], wie dem ‣Caraco, zu finden. Sie kam Anfang des 18. Jh.s mit der Adrienne auf und ist bis 1794 modisch geblieben. ‣Falte.

Watteauhut[355, 363] ‣Kopfbedeckung (Frau, 1770er Jahre).

Abb. 504.
Wellingtonhut (Zweispitz) aus schwarzem Biber. Um 1810. Nach Wilcox.

Wearable computing, wearable electronics, wearables ‣elektronische Kleidung, ‣Stoffe, intelligente.

Weiberspeck ‣Hüftpolster.

Weiter Rock, ein nur vorn am Hals oder auch über der Brust geschlossener ‣Manteau, getragen etwa 1555 bis Anfang des 17. Jh.s, als holländischer ‣*Vlieger* bis etwa 1660. (Eine Verbindung zum Jängger, ‣Janker, sowie zur ‣Hussecke, ‣Schaube, liegt nahe.)

Wellingtonhut, ‣Zweispitz (2) mit nach vorn und rückwärts getragenen Spitzen, Anfang des 19. Jh.s; benannt nach dem britischen Feldmarschall Arthur Wellesley Herzog von Wellington (1769–1852).

Wellingtons, *Pl.* (engl.), ab etwa 1850 Bezeichnung für wasserdichte Überschuhe aus ‣Gummi; bis heute in England für Gummistiefel.

Wellingtonstiefel[239g] ‣Fußbekleidung (Mann, Anfang 19. Jh.).

Weltraum-Look ‣Courrèges-Stil.

Werg ‣Stoff (Mittelalter).

Wertherkleidung, auch *Werthertracht,* der von Johann Wolfgang Goethe geschilderte Anzug des Titelhelden aus: »Die Leiden des jungen Werthers« (1774), bestehend aus: blauem ‣Frack mit Messingknöpfen, gelber ‣Weste, englischer Reithose aus gelbem Leder, Stiefeln mit anliegenden Stulpen (sog. Jockeystiefel,

▸Fußbekleidung), rundem grauen Filzhut und lockerem ungepuderten Haar. Die W. wurde von den Anhängern des Sturm und Drang als Gesinnungszeichen getragen und galt ihnen als Ausdruck persönlicher Freiheit und als Absage an die höfischen Sitten. Goethe führte die W. am Weimarer Hof ein. Vorbild der W. war die ▸Englische Mode.

Weste (von lat. *vestis* ›Kleid, Gewand‹; engl. *veste* u. a. für den Kaftan ebenso wie für die venezianische ▸Zimarra des 15. und 16. Jh.s; frz. *veste*: Ende 17. und 18. Jh. ›Weste‹, im 19. Jh. eine spezielle ▸Jacke (Jagdrock, Negligéjacke oder Frauenjacke); im 20. Jh. bedeutet frz. *veste* ›Rock (Jackett)‹, während die W. mit *gilet* bezeichnet wird).

Die W. war in Asien und den Balkanländern als Untergewand des Mannes seit frühester Zeit verbreitet.[120] In Kleinasien und auf dem Balkan hatte sie oft den Schnitt eines kurzen ▸Kaftans und war so Vorbild für die europäische W.

Mit Aufkommen des ▸Justaucorps (2) aus dem Soldatenrock um 1660/65 entstand die darunter getragene W., die bis Ende des 18. Jh.s einen dem Oberrock ähnlichen Schnitt aufwies. Sie war anfangs nur hüftlang, wurde ab 1680 knielang, leicht tailliert[67], vorn geknöpft, bis 1690 hochgeschlossen, danach oben etwas offen (um die ▸Krawatte besser sichtbar werden zu lassen), um 1695 auch nur in der Taille geschlossen und über der Brust reversartig ausgeschlagen. Der ▸Schoß (1) war vorn offen, seine Vorderkanten traten ein wenig schräg übereinander (wie bei der orientalischen W.), hinten war er zum Reiten und seitlich für den Degen geschlitzt. Die stets kragenlose W. hatte lange, anliegende Ärmel ohne Aufschlag, die horizontal eingeschnittenen Taschen lagen sehr tief. Die W. konnte aus dem gleichen Stoff wie der Justaucorps sein, jedoch auch zu ihm kontrastieren, meist heller und gemustert. Zum Justaucorps à brevet war die W. aus hellem Brokat, ebenso reich bestickt und mit Kugelknöpfen verziert wie der Rock.

Abb. 505. Staatsfrack und Gilet eines Würdenträgers des Wiener Hofes. Um 1815. Kunsthistorisches Museum, Wien.

Nach 1700 wurde die W. kürzer. Im 2. Viertel des 18. Jh.s wurde der Schoß der reich bestickten Gala-W.[70, 71] leicht abgesteift und seitlich, jedoch ohne zusätzliche Falteneinsätze, ausgestellt. Die Alltags-W. blieb anliegend. Bei beiden – bei der Alltags-W. traten schnittmäßige Veränderungen immer etwas früher ein – reichte der Schoß nun bis zum halben Oberschenkel. Die Vorderkante war im Schoß leicht zurückgeschnitten, so dass die W. nur über Brust und Taille geschlossen werden konnte. Die Taschen lagen knapp unter der Taille und hatten breite Klappen. Nach Mitte des Jh.s verkürzte sich die W. abermals. Der Schoß erhielt einen starken ▸Abstich. Die W. wurde bis zur Taille geknöpft oder auch über der Brust offen gelassen und nach außen geschlagen. Sie wurde zunehmend leichter gearbeitet und verlor die Ärmel, der Rücken bestand aus leichtem Futterstoff. Um 1770 bildete sich das schoßlose ▸*Gilet* aus.[225] Gegen Ende des 18. Jh.s verlor die Alltags-W. ihren Schoß und schloss unter der Taille gerade ab[226, 227]; die Gala-W. konnte noch einen Schoß haben. Im letzten Viertel des Jh.s wurde die Alltags-W. mit der Verbreitung des einfarbigen, bürgerlichen Tuchfracks zunehmend farbiger, u. a. durch Streifen, bunte Blumenstickerei oder Litzenbesatz. Die nach der Französischen Revolution bis ins 19. Jh. der höfischen ▸Gala verbleibende Schoß-W. hieß nunmehr *Veston* (*der,*

Abb. 506. Ärmellose Weste aus Tuch über Bluse mit Bubikragen und Krawatte. Aus »Moderne Welt«. H. 9. 1919.

frz.), die W. aber bis in die 1840er Jahre zumeist *Gilet*. Es konnten auch zwei Gilets übereinander getragen werden. Zu jener Zeit verlängerte es sich bis etwas unterhalb der Taille zur neuerdings so genannten W., die ärmellos blieb und sich in zwei Schnittformen ausbildete: zweireihig mit geradlinigem Abschluss in der Taille oder einreihig mit zwei Ecken vorn in der Taille. Der Umlegekragen mit ‣Revers fand sich meist an der höher geschlossenen W., daneben der Schalkragen, der für die sich immer deutlicher ausbildende Abend-W. mit tiefem Ausschnitt bevorzugt wurde. Der Westenrücken war stets aus einfachem, meist hellem Leinen oder aus Baumwolle gearbeitet. Noch bildete die W. einen farbigen Akzent in der Herrenkleidung, doch war sie kaum mehr bestickt. Nach etwa 1860 wurde die Alltags-W. in Stoff und Farbe dem ‣Rock (1) (‣Sakko) und der ‣Hose angepasst. Es bildete sich nun zu jedem Rock bzw. ‣Anzug eine spezielle W. aus, die sich modisch nur wenig änderte (‣Cutaway (2), ‣Frack, ‣Gehrock, ‣Smoking, ‣Stresemann).

Die W. des Sakkoanzugs, die nun meist einreihig war, hatte mehr oder weniger betonte Ecken in der Taille. Gegen Ende des 19. Jh.s war sie einreihig, auf Figur geschnitten, bis etwas unterhalb der Taille reichend, mit großen Knöpfen hochgeschlossen, daher meist ohne ‣Fasson (2); sie hatte kleine, gerade eingeschnittene Taschen für die Uhr. Aus dem Stoff des Anzugs oder heller, hatte sie öfter auch ein Phantasiemuster. Der Rücken war aus Leinen, Baumwolle oder Kunstseide gearbeitet. Zum sportlichen Sakko wurde auch eine Wildleder-W. getragen.

Im 1. Jahrzehnt des 20. Jh.s (‣Edwardian-Style) waren Kragen und Revers sowie Blumenmuster etwas häufiger. 1913 wurde der Sakkoanzug ohne W. erstmals im Sommer getragen (in den USA bereits seit 1904). Im Übrigen hatte die W. V-Ausschnitt, war ohne Fasson und reichte handbreit bis unter die Taille. Die Brust war etwas abgesteift. 1918–22 gab es die sog. *Stehbrust-W.* mit einer durch Leinen oder Rosshaar versteiften Brustpartie wie beim Sakko, fast hochgeschlossen und mit sehr kleinem Fasson, wenn überhaupt. In den 1920er Jahren war die W. ein- oder zweireihig, meist ohne Fasson und im Sakkoausschnitt sichtbar. Vielfach wurde aber auf sie verzichtet, oder man trug sie nur zum Sportsakko, zum ‣Jumper oder zum ärmellosen Westover (engl., ›ärmelloser Pullover‹). In den 1930er Jahren wurde wieder der korrekte Anzug mit zweireihiger W. bevorzugt.

Nach dem 2. Weltkrieg musste auf die W. wegen Stoffmangels verzichtet werden. Anfang der 1950er Jahre wurde die W. wieder häufiger, gefördert vom ‣New-Edwardian-Style, auch mit Phantasiemuster. (1953 haben Londoner einen »Waistcoat-Club« gegründet.) Mitte der 1960er Jahre kam die W. wegen des knappsitzenden Sakkos fast gänzlich aus der Mode und wurde erst nach 1975 (‣Gatsby-Look) und besonders in den 1990er Jahren zum eleganten Business-Anzug wiederbelebt.

In der Frauenkleidung wird die Bezeichnung »W.« erst seit etwa den 1920er Jahren auf die langärmlige oder ärmellose *Strick-W.* angewandt (‣Strick- und Wirkware). Die zum ‣Kostüm (2) zuweilen lancierte Herren-W. heißt *Gilet*. In den 1930er Jahren und um 1980 waren Strick-W.n mit alpenländischen Mustern, in der Taille gezogen und mit kurzem Schoß, modern. Im Lagenlook um 1980 und um 1993 war eine kurze Giletweste über einer langen weißen, außen über Hose oder Rock getragenen Bluse beliebt. ‣Jacke.

Westover ‣Weste.

Wetterfleck ‣Kotze.

Whiskers ‣Backenbart.

Wichs ‣Lederhose (2).

Wickelgamasche ‣Beinbinden, ‣Canon (1), ‣Gamasche.

Wickelgewand, ein Gewand (‣Mantel, ‣Kleid oder ‣Rock (1)), dessen Stoff nicht auf eine Form geschnitten ist, sondern aus einem flächig geschnittenen oder fertig gewebten Stück Stoff besteht. Dieser Stoff wird auf verschiedene Arten um den Körper drapiert, »gewickelt«, wie im Altertum der Emporwurf (‣Plaid (1), ‣Schärpe) der Assyrer[1], ‣Himation und ‣Tribon der Griechen, ‣Palla, ‣Pallium (2) und ‣Toga der Römer[2,6,9]. Dazu gehören auch das Nationalgewand der Inderin, der ‣Sari, und das der Polynesierin, der ‣Pareu. Nicht unter den eigentlichen Begriff »W.« fallen bzw. eine Sonderform bilden jene um den Körper gelegten und mit einer Spange (‣Fibel, ‣Verschluss) geschlossenen Gewänder. Kreative W. sind seit den 1980er Jahren in der Mode vor allem japanischer Designer wie R. ‣Kawakubo und J. ‣Watanabe zu finden.

Wickelrock,[1] urspr. ein ungenähter Halbrock (‣Rock (2)), dessen Kanten stark übereinander treten und der durch Umrollen des oberen Randes oder durch eine seitliche Spange, heute auch durch einen oder mehrere Knöpfe, gehalten wird; ‣Kaunakes der Frühdynastischen Periode Mesopotamiens (3000–2700 v. Chr.). Der ‣Kilt der schottischen Nationaltracht ist bereits ein z. T. genähter, weil u. a. mit einem Taillenbund versehener W. Auf Figur genäht sind auch die W.e der Frau um 1910–14, 1924, Anfang der 1950er Jahre und um 1970. ‣Kostüm (2), ‣Wickelgewand.

Wickler, österr. für ‣*Rotonde.*

Wiehre ‣Regenkappe, ‣Taftkappe.

Wiener Arbeit ‣Petit point.

Wiener Mode. Die W. M. – ein um 1890–1910 werbewirksames Stichwort – brachte Pariser Modelle, jedoch gefälliger und verspielter; auf einwandfreie Handarbeit legte sie großen Wert. Bekannt waren die rüschenverzierte *Wiener Bluse* und das in klassischem Stil gehaltene *Wiener Schneiderkostüm.*

Wiener Modeclub, 1888 auf Anregung des Wiener Damenschneiders Johann Masarek gegründete Vereinigung von Schneidern, die als Abteilung der Genossenschaft der Kleidermacher Wiens zu verstehen war. Der W. M. war um die Verbesserung der ‣Wiener Mode bemüht und hatte den Zusammenschluss aller Modegewerbe zum Ziel. 1890 organisierte er eine erste Ausstellung und nahm 1892 an der »Internationalen Theater- und Musikausstellung« teil. 1894 und 1909 große Modeausstellungen.

Wiener Muster ‣Schal, ‣Wiener Mode.

Wiener Schal ‣Schal.

Wiener Werkstätte. 1903 gründeten in Wien der Baumeister und Sezessionskünstler Josef Hoffmann (1870–1956), der Kunsthandwerker Kolo Moser (1868–1918) und der Industrielle Fritz Wärndorfer die W. W. als »Productiv-Gemeinschaft von Kunsthandwerkern in Wien«. 1905 wurde begonnen, Seidenstoffe nach Entwürfen verschiedener Künstler zu bedrucken. Wahrscheinlich 1909 wurde eine Abteilung für Textilien und 1911 offiziell eine solche für Mode eingerichtet, obgleich man schon zuvor der Beschäftigung mit Mode viel Raum gegeben hatte. Leiter der Modeabteilung, die insbesondere die W. W. international bekannt werden ließ, war bis 1922 E. J. ‣Wimmer-Wisgrill. Für die Modeabteilung arbeiteten 1914–32 M. ‣Snischek, Maria Likarz (1893–1971), Marianne Zels (1876–?), 1915–1920 Gertrud Kornhas-Brandt (1892–1964; 1930–57 Leiterin der »Deutschen Meisterschule für Mode« in München), Erna Putz, Dagobert Peche (1887–1923) sowie mehr als Modegraphiker u. a. Otto Lendecke (1886–1918) und Mela Köhler (1885–1960). In den Kleidschnitten wurde anfangs jegliche Körpereinschnürung, den Forderungen der Reformkleid-Bewegung (‣Reformkleid[99]) entsprechend, vermieden. Desgleichen wurde das Thema »Hose für die Frau« um 1910/14 aufgegriffen, während sich danach die Modegestaltung mehr und mehr dem Stil der allgemeinen Mode anschloss. Einem Modeatelier in der Wiener Kärntner Straße 41, in dem sowohl Gewänder als auch Stoffe, Tücher, Stickereien, Perlarbeiten und Accessoires verkauft wurden, folgten Filialen in Zürich (1917) und New

York. Zahlreiche (Verkaufs-) Ausstellungen, Teilnahme an der Pariser Ausstellung »Les arts décoratifs« (1925). Die Arbeit der W.W. war vorrangig auf künstlerische Qualität, handwerkliche Perfektion und materialgerechte Kreationen ausgerichtet. Anfangs stand der streng geometrische bis abstrakt florale und figurale Stil im Mittelpunkt, der nach 1915 durch den Einfluss Dagobert Peches einem phantastischen ornamentalen bis verspielten Stil Platz machte. 1932 wurde die Gemeinschaft wegen finanzieller Schwierigkeiten aufgelöst. (Umfassendes Archivmaterial besitzt das Österreichische Museum für angewandte Kunst.) ‣Haute Couture, ‣Künstlerkleider.

Wimpel, *der* (mhd.; ahd. *wimpal* ›leichtes Gewand, Schleier‹; mniederd. *wumpel* oder *wimpel*; afrz. *guimple*; engl. *wimple*), ein um Kopf, Hals und Nacken auf verschiedene Weisen drapiertes Tuch aus weißem Leinen oder Seide. Der W. ist als Kopfbedeckung der verheirateten Frau in Deutschland bereits im 9. Jh.[186, 354a], in Frankreich als *Guimpe* ab der 2. Hälfte des 12. Jh.s belegt und hielt sich bis ins 15. Jh. Bedeckte die Guimpe die Nasenspitze, so fand sich im Frz. dafür bereits die Bezeichnung ‣*Cache-nez* (2). Im Engl. und Frz. wird er auch mit dem ‣*Gebende* des 13. Jh.s und im Dt. in der 2. Hälfte 14./1. Drittel 15. Jh. auch mit der ‣*Rise* gleichgesetzt, wobei er sich zu einem Halstuch verkleinert haben müsste.

Windjacke, Windbluse ‣Anorak, ‣Canadian.

Windsorknoten,[383] durch Edward VIII., seit 1937 Herzog von Windsor (1894–1972), nach 1935 lancierter und 1940 nach ihm benannter Krawattenknoten, der durch eine doppelte Verankerung besonders dick und festsitzend ist und für den es zwei verschiedene Bindemethoden gibt. Der W. ist besonders beim Kentkragen (‣Hemd, 1930er Jahre) angebracht. ‣Krawatte.

Wirkware ‣Strick- und Wirkware.

Witzschoura, *die,* Damenmantel mit Innenpelz (sehr selten auch mit Außenpelz) und Pelzverbrämung um die Säume. Die W. kam um 1808 aus Russland nach Paris und war anfangs entsprechend der Kleidmode mit hoher Taille gearbeitet. (Oft wird der Ursprung der W. auch in den traditionellen polnischen Mänteln aus Wolfspelz gesehen.) ‣Mantel, ‣Pelz.

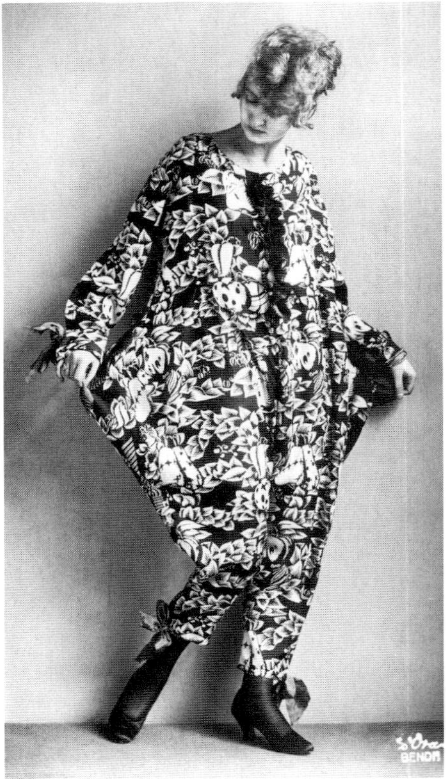

Abb. 507. Wiener Werkstätte: Pyjama von Eduard J. Wimmer-Wisgrill. Wien, 1920.

Wolkenperücke ‣Allongeperücke.

Wolle, Wollstoff ‣Stoff.

Abb. 508. Wimpel. Elisabeth aus der »Heimsuchung« vom Meister des Marienlebens. Um 1470–80. Alte Pinakothek, München.

Y/Z

Y-Linie[287] ▸Haute Couture (1955/56).

Y-Silhouette ▸Sakko (1955–65).

Yuppies (engl., *young urban professionals*), Karrieregeneration der 1980er Jahre mit hohem Anspruch an korrekte Kleidung teurer Marken. Basis bilden Kleiderordnungen (korrekter Anzug mit Weste/Business-Kostüm), wie sie in Büchern von John T. Molloy *Dress for Success*, 1975 und *The Women's Dress for Success Book*, 1977 festgeschrieben wurden.

Zamarra ▸Gamurra, ▸Zamarro.

Zamarro, *der* (bask.; span. *samarro;* von arab. *çammor* ›Pelzumhang‹), mantelartiges, knöchellanges, vorn zu schließendes Obergewand, stets mit Innenpelz aus sehr feinem Schaffell, auch von ungeborenen Schafen. Der Z. war sehr faltenreich und meist mit Tütenärmeln (▸Flügelärmel) ausgestattet. Er war Gewand der Städter in Spanien; Vornehme beiderlei Geschlechts trugen ihn im 15. Jh. als Kälteschutz. Im Gegensatz dazu steht die Zamarra, der grobe Schafpelzmantel der Hirten (▸Gamurra).

Zattel, Zaddel, *die*[34, 39, 156] (frühnhd., ›herabhängende Zacken‹), Stofflappen. Ende des 14. und im 15. Jh. wurden als modische Verzierung die Säume der Obergewänder zu Lappen (Z.n) ausgeschnitten (Zattelung) bzw. diese Lappen in einer Kontrastfarbe an die Säume angesetzt. Die Z.n waren besonders an den weiten Tütenärmeln (▸Flügelärmel) beliebt und schleppten am Boden. Sie konnten auch mit Sternen, Goldflitter und Perlen besetzt sein. Anfangs waren sie bei Spielleuten und Gauklern zu finden; sie setzten sich im 15. Jh., besonders mit der Burgundischen Mode, in vornehmen Kreisen bei beiden Geschlechtern durch. Die Z. ist als Verzierung ein Vorläufer der ▸Spitze. Ende des 15. Jh.s wurden die Z.n durch Pelzverbrämung ersetzt.

Zellwolle ▸Stoff (20. Jh.).

Zeltlinie ▸Trapezlinie.

Zendal, Zindal ▸Sendel.

Zephir ▸Stoff (19. Jh.).

Zeug ▸Stoff.

Zeugdruck, Fachterminus für *Stoff-* oder *Textildruck* (▸Stoff). Das Bedrucken von Textilien ist ein partielles Färben mit in bestimmten Abständen, den Rapporten, wiederkehrenden Mustern (▸Farbe und Muster).

Die erste und zugleich einfachste Form des schon Jahrtausende v. Chr. betriebenen Z.s war das Bemalen mit natürlichen Pigmentfarben, denen als Bindemittel Öl zugesetzt war. Sie verbinden sich nicht sehr innig mit dem Stoff. (Lösliche Farben waren zwar bekannt, wurden jedoch nur zum Färben ganzer Stücke verwendet.) Im ägyptischen Altertum wurden die Stoffe mit Wachs, das die Farbe nicht aufnimmt, bemalt und anschließend gefärbt. Eine Weiterentwicklung war der *Modeldruck,* später *Reliefdruck* genannt. Die ersten Model sind in Form irdener Stempel aus dem 15. Jh. v. Chr., als hölzerne Stempel aus dem 7. oder 8. Jh. v. Chr. bekannt. Bis ins späte Mittelalter wurde der Modeldruck nur vereinzelt angewendet. Oft spielten wirtschaftliche Überlegungen eine Rolle, da der Z. wesentlich billiger als gemustert gewebte Stoffe war. Vor allem in Klöstern wurde der *Pigmentfarbendruck* für kirchliche Gewänder und Altardecken gehandhabt. So wurden, besonders in Deutschland, als Nachahmung teurer Brokate klebrige schwarze Muster aufgedruckt, die man mit Gold- oder Silberstaub bestreute. Im profanen Bereich diente der Z. vor allem für Stickereivorlagen und Tapeten. Im Spätmittelalter lassen feinziselierte Muster auf die Verwendung von Metallstempeln schließen. Ende des 15. Jh.s wurde der Z. zu einem Handwerk.

Der *Leinwanddruck* oder *Blaudruck* (ein Negativ- oder Reservedruck) ist an einer Mädchentunika aus dem 4. Jh. n. Chr. aus Oberägypten belegt. Für Europa gibt es Nachweise aus dem 6. Jh. n. Chr. Hier wird das Muster durch Auftragen einer Schutzschicht (Leim oder Kleister) mit dem Model reserviert und der Stoff in ein Farbbad aus Waid oder in Indigo (ab 1516 in Europa) getaucht. Auf dem reservierten Muster greift die Farbe nicht an und bleibt nach Entfernen der Reservemasse weiß, während der Rest blau gefärbt ist. Der Blaudruck wurde besonders für Schürzen und Tischdecken angewandt.

Zu einem großen Aufschwung des Z.s kam es durch die ab Anfang des 17. Jh.s aus Indien eingeführten, in mehrfarbigem Negativdruck bunt gemusterten Baumwollstoffe, die sog. Indiennes (auch »Toiles peintés«, »Toiles teintés« (frz., ›bemaltes‹ bzw. ›gefärbtes Zeug‹) genannt), sowie Kattune und Chintze (‣Stoff, 17. Jh.). Sie wurden bald in Holland, England und Frankreich kopiert. 1676 entstand in Richmond an der Themse die erste Kattundruckerei, 1678 folgte Holland. Die Kattune waren besonders für ‣Negligés gefragt. Kupferplatten lösten im 18. Jh. die schnell abgenützten Holzmodel ab. 1785 erfand der Schotte Bell die sog. Walzen- oder Rouleauxdruckmaschine mit gravierten Kupferwalzen (frz. *rouleaux*), bei der mit maximal 16 Walzen je eine andere Farbe aufgetragen werden konnte. Das *Rouleauxdruckverfahren* ist bis heute von Bedeutung. 1834 folgte eine Reliefdruckmaschine, die sog. Perrotine, des Franzosen Perrot. Im 18. Jh. waren Negligékleider aus Kattun sowie mittels Kupferplatten bedruckte ‣Taschentücher und ‣Fächer (*Bilderdruck*), im letzten Viertel des Jh.s auch bedruckte Bordüren an Baumwollkleidern und ‣Schals in Mode. Nach 1856 steigerte der erste synthetische Farbstoff aus Anilin (Teerfarbstoff) die Farbintensität; weitere Kunstfarben folgten.

Während des 1. Weltkriegs wurde in den USA der sog. *Film-, Schablonen-, Rahmen-* oder *Siebdruck* entwickelt. Druckform beim Filmdruckverfahren ist eine Schablone in einem Holz- oder Metallrahmen von der Breite des Stoffes. Der Rahmen wird mit einem feinmaschigen Textil- oder Drahtgewebe (Gaze) bespannt. Danach wird nach einem fotochemischen Verfahren das Muster auf die Schablone aufgebracht. Die auf den Stoff aufgestrichenen Farben werden nur vom Muster angenommen. Die Gaze verhindert einen ungleichmäßigen Farbauftrag. Für ein Druckmuster können bis zu 20 Schablonen verwendet, d. h. Farben aufgetragen werden. Beim Reservedruckverfahren wird heute großteils der *Ätzdruck* angewandt, bei dem man die bereits mit ätzbaren Farbstoffen gefärbten Stoffe mit Oxidations- oder Reduktionsmitteln als »Ätzen« bedruckt. Beim nachfolgenden Dämpfen wird die Färbung an den bedruckten Stellen zerstört, und es entsteht ein weißes Muster. Durch Mitverwendung von ätzbeständigen Farbstoffen, wie Indanthren, können auch Buntätzen hergestellt werden. Nach dem Bedrucken wird die Ware getrocknet, je nach Farbstoff zum Entwickeln und Fixieren meist gedämpft, gewaschen, die Druckverdickungen entfernt, geseift und appretiert. (Im 17. und 18. Jh. geschah die Nachbehandlung u. a. in kochendem Kuhfladenbad, in dem der Stoff entfettet und die Farben farbfest und leuchtend gemacht wurden.) Seit Ende des 20. Jh.s weitgehend computergesteuerte Druckverfahren, einschließlich dem ohne Rapport arbeitenden Inkjet.

Zimarra, Simarra, *die* (venezian.; frz. *simarre*), faltenreiches, vorn nicht sichtbar geschlossenes oder übereinander gehaltenes, bodenlanges, mantelartiges Obergewand (‣Robe) venezianischer Magistratspersonen, Senatoren, Professoren und Kardinale im 15. und 16. Jh. Die Z. wurde mit langer ‣Schleppe auch von Venezianerinnen der Oberschicht getragen und ging in die ‣Gamurra des 16. Jh.s über. Die ‣Ärmel waren meist lang und anliegend, es gab auch ‣Hängeärmel und weite, herabhängende Tütenärmel (‣Flügelärmel). ‣Dogaline.

Ziparello ‣Giubberello.

Abb. 509. Zimarra (Dogaline), Ohrenklappen-Barett, Handschuhe. Rektor der Universität Padua. Aus Cesare Vecellios »De gli habiti antichi et moderni«. 1590.

Abb. 510. Schuster mit Zipfelmütze als Hauskappe. Aus G. E. Opiz' »Le bon bourgeois«. Um 1825. Deutsches Ledermuseum, Offenbach a. M.

Zipfelmütze (von spätmhd. *zipf* ›Spitze, Ende‹; mhd. *zippel* ›Kapuze‹; »Z.« seit dem 17. Jh. in Nord- und Mitteldeutschland gebräuchlich), schirm- und krempenlose, kegelförmige ‣Kopfbedeckung, urspr. des Mannes. Ihre nach hinten oder zur Seite fallende Spitze ist mit ‣Pompon oder ‣Quaste geschmückt. Vorläufer waren die ‣Phrygische Mütze und die ‣Gugel[44]. Die Gugel wandelte sich in Deutschland im 15. Jh. zur Z., die Ende des Jh.s in der Hauskleidung des deutschen Mannes zu finden ist. Sie diente dem Mann allgemein vom 16. bis Anfang des 19. Jh.s als Haus- und bis Anfang des 20. Jh.s als Schlafmütze, entwickelte sich im 18. Jh. auch zur militärischen Kopfbedeckung und erhielt sich bis heute in Volkstrachten. Im 20. Jh. wurde die aus dicker Wolle gestrickte Z. Kopfbedeckung beider Geschlechter für den Wintersport. In den 1990er Jahren waren ›Headsocks‹, ein oben zusammengebundener Strickschlauch, ebenso wie ›Beanies‹ (amer. ugs., ›Birne, Kopf‹, Strickmützen mit querverlaufender Naht, so dass zwei kleine Zipfeln entstehen, urspr. zur ‣Techno-Mode gehörig), modern.

Zippverschluss ‣Reißverschluss.

Zitz, Chintz ‣Stoff (17. Jh.).

Zoccolo, *der*[234] (ital., *Pl. Zoccoli*; heute ›Holzschuh, Holzpantoffel‹), Stelzpantoffel orientalischen Ursprungs, dessen hohe Holz- oder Korksohle (bis zu 40 cm) im Unterschied zur ähnlichen ‣Chopine geschwungen, nach unten verjüngt oder zweigeteilt war. Der Z. wurde von der Venezianerin im 15. und bis ins 17. Jh. getragen; er war damals unter dem Namen *Calcagnini* (ital., ›Ferschen‹) bekannt. ‣Fußbekleidung, ‣Kapkap.

Zoot-Suit (afr.-amer. Slang für ›suit‹), ein extrovertiert eleganter Herrenanzug mit ‣gehrockartig langem Jackett und extrem weiten Hosen, in den 1940er Jahren populär bei zu Reichtum gelangten farbigen Amerikanern und Jazzmusikern. Revival in den 1980er Jahren auch außerhalb Amerikas.

Zopf (ahd., mhd., ›Ende, Zipfel, Zopf‹). Beim Mann war der Z. in Mesopotamien im 3. Jahrtausend v. Chr. als eine Art Stirnband sowie im ägyptischen Altertum (seit ca. 2000 v. Chr.) in der ‣Haarmode und als ‣Bart (1) bekannt. In der frühen griechischen Antike (9.–7. Jh. v. Chr.) trug der Mann einen echten oder falschen Z.[264b] 1630–50 war eine seitlich herabhängende geflochtene Haarsträhne, der ‣*Cadenet,* in Mode. (In China war zur Zeit der

Abb. 511. Zoot-Suit. Cab Calloway im Film »Stormy Weather«. 1943.

Mandschu-Dynastie, 1644–1911, der Z. Gesetz.) 1713 führte Friedrich Wilhelm I. von Preußen im Heer anstelle des langen, freifallenden und oft hinderlichen Haares einen auf den Rücken herabhängenden Z. ein. Diese Haartracht ging auf die Perücke der Offiziere und danach auf das Zivil über, auch außerhalb Deutschlands. (In Frankreich wurde die Z.-Perücke wie die ‣Haarbeutelfrisur ‣*Vergette* genannt.[258]) Der »Z.« des 18. Jh.s war selten geflochten, hatte vielmehr die Form eines dünnen, gedrehten und mit einem gesteiften schwarzen Band umwickelten Schwanzes (der häufig mit Blei beschwert war), das restliche Haar entsprach der Haarbeutelfrisur. Die Z.-Perücke wurde in der Oberschicht stets weiß gepudert. In den 1760er Jahren wurde der Z. kürzer und dicker, da das Haar unten umgeschlagen, also doppelt genommen und mit dem Taftband umwickelt wurde. In bürgerlich fortschrittlichen Kreisen wurde der Z. vom eigenen Haar gebildet, doch kam die Z.-Perücke erst mit der Französischen Revolution außer Gebrauch.

Der Frauen-Z. ist erstmals in assyrischer Zeit nachzuweisen, als er zu einem Kranz hochgesteckt war. Im ägyptischen Altertum bestand die während der 12. Dynastie (1991–1786 v. Chr.) modische Voluten- oder Hathorfrisur aus vielen dünnen, geflochtenen Strähnen. Der ‣Tutulus der Etruskerin konnte eine aus Flechten kegelförmig aufgesteckte Frisur sein. In der römischen Antike kannte die Frau einen aus einem Z. gedrehten Hinterhauptknoten. Die Germanin trug während der Völkerwanderungszeit ein oder zwei Z.e. Im 11. bis 16. Jh. trat der Z. wiederholt als modische Haartracht, bei jungen Mädchen herabfallend und unbedeckt (Zeichen des Unverheiratetseins), bei verheirateten Frauen meist aufgesteckt und bedeckt auf. Im 15. Jh. wurden in Teilen Deutschlands über den Schläfen gesteckte Flechten getragen, wobei das ‣Gefrens den Nacken[253] bedeckte. In Italien dagegen waren sie meist von einem Goldnetz überspannt sowie zur ‣Hörnerfrisur stilisiert. Zur Zeit der Renaissance war in Italien ein fast hüftlanger Nacken-Z., häufig von einem Goldband durchflochten oder umwunden[318], modern. Danach hielt sich der Z. in Volkstrachten. In der Haarmode kehrte er um 1850 wieder in Form zweier seitlicher Z.e, die über das Ohr zu einer sog. *Schnecke* gelegt wurden. Dicke Z.e bedeckten um 1868/69 den Hinterkopf. In den 1930er Jahren wurde der Z. bei Mädchen modern, durch die offizielle Förderung als »nationale deutsche« Haartracht. Für Abendfrisuren hat man allgemein auch einen falschen Z. verwendet. Um 1980 waren Z.e, auch in ländlichen Flechtarten, in den 1990er Jahren auch *Braids* in Mode (‣Haarmode).

Zottenrock ‣Kaunakes.

Zuavenhose, wadenlange Überfallhose, deren Beine zum Saum hin sehr weit und durch einen engen Bund oder eine Zugschnur zusammengehalten werden.[492] Die Z. gehörte zur Uniform der französischen Zuavenregimenter (‣Zuavenjacke) und war um 1970 Modehose der Frau.

Zuavenjacke. 1. Taillenkurze, vorn offene blaue ‣Jacke der Zuavenregimenter (die Zuaven sind ein Berberstamm in Algerien, aus dem 1831 die Franzosen eine Infanterietruppe bildeten). **2.** Von (1) übernommene, in der 2. Hälfte des 19. Jh.s modische taillenkurze und höchstens mit zwei Haken geschlossene Frauenjacke, deren ‣Ärmel sich der jeweils modischen Form anpassten.

Zughut ‣Capote (2).

Zuppone, Zipone ‣Giubbone.

Zweireiher, ugs. für den zweireihig geknöpften ‣Sakko[95] mit starkem Übertritt.

Zweispitz, Hut mit an zwei gegenüberliegenden Seiten senkrecht aufgeschlagenen ‣Krempen, so dass zwei Spitzen entstanden. **1.** Voluminöser Frauenhut der Straßburger Tracht in der 1. Hälfte des 18. Jh.s. **2.** Als Herrenhut entwickelte sich in den 1780er Jahren aus dem zusammengelegten ‣Dreispitz der Z., der auch zusammengeklappt unter dem Arm getragen werden konnte, daher die Bezeichnung ‣*Chapeau brisé* oder *Klapphut.* Die Spitzen des Z.es konnten zur Seite weisen, wie am ‣*Napoleonshut*[415], oder nach vorn und hinten, wie am ‣*Wellingtonhut*[504]*;* der ‣Incroyable[319] erlaubte beide Versionen. Der Z. kam im 2. Jahrzehnt des 19. Jh.s aus der Mode, hielt sich darüber hinaus nur beim Militär, sowie mit den Spitzen nach vorn und hinten in

Abb. 512. Rechts: Zuavenjacke mit Pagodenärmeln, Bluse, Krinolinenrock und Zuavenmütze. Links: Prinzesskleid und Kapot. »Moniteur des Modes Parisiennes«, 1860.

der Hoftracht und in der Galatracht von Diplomaten und Marineoffizieren.

Zwickel, dreieckiger (keilförmiger) Einsatz in Kleidungsstücken, schneidertechnisch zum Erweitern bzw. Einhalten eines Schnittteils. ‣*Gêren,* ‣*Godet.*

Zwillich ‣Stoff (Mittelalter).

Zwillichbart[186] (von ahd. *zwillich* ›zweifach, doppelt‹), Gabelbart, ‣Bart (1) in der 2. Hälfte des 14. Jh.s (Doppelspitzbart) und der 1. Hälfte des 16. Jh.s.

Zwirbelbart (von nhd. *zwirbeln* ›drehen‹)[379], Oberlippenbart mit gedrehten Enden, wie ihn Napoleon III. (1852–70)[150c] trug, oder seitlich hochstehend, wie der ‣Es-ist-erreicht-Bart Kaiser Wilhelms II. (1888–1918). Der Z. wurde mit Hilfe von Bartwichse, Barteisen und einer in der Nacht getragenen Bartbinde in Form gehalten. Er kam um 1900, spätestens jedoch im 1. Weltkrieg aus der Mode. ‣Bart (1).

Zylinder(hut) (zunächst *Hoher Hut,* ab den 1840er Jahren *Cylinder,* später *Zylinder,* engl. ‣*Topper*), Herrenhut mit zylindrischem, steifem, mehr oder weniger hohem Kopf und runder, steifer Krempe. Eine dem Z. nahekommende Form hatte bereits der ‣Biberhut des 15. und 17. Jh.s (Puritanerhut) und der Spanische Hut im letzten Viertel des 16. Jh.s (‣Kopfbedeckung).

Der heute als »Z.« bezeichnete Hut entwickelte sich entweder aus dem in den 1780er Jahren getragenen Z.-ähnlichen Hut aus Wollfilz oder aus dem Biberhut des englischen Landedelmannes. Der Biberhut galt um Mitte des 18. Jh.s noch als unelegant und diente den höheren Ständen höchstens als Reithut[226]. Der Hohe Hut wurde nach 1780 frz. *Castor,* dt. *Castorhut* genannt (‣Demi-Castor) und mit einem hohen, verjüngten Kopf, zuweilen mit einer ‣Kokarde, ein Kennzeichen der französischen Revolutionäre, auch der Frauen, getragen. In Russland war der Z. verboten. Angeblich genau am 16. Januar 1797 kam der *Seiden-Z.* auf: An diesem Tag soll der

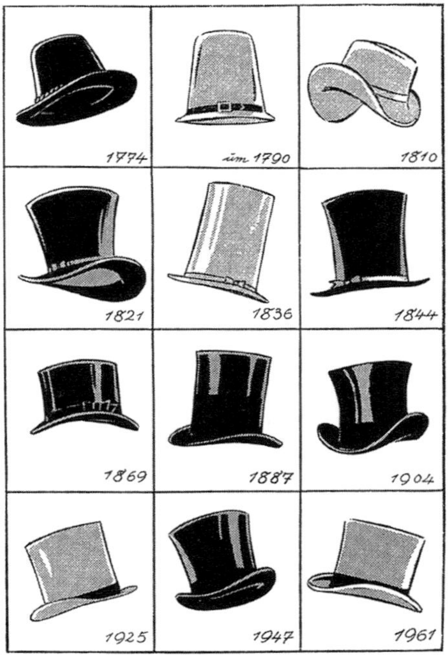

Abb. 513. Modische Zylinderformen. Nach Eelking.

englische Hutmacher John Hetherington ihn erstmals getragen und öffentliches Ärgernis damit erregt haben. (Jedoch erst in den 1830er Jahren nahm ihn der elegante Herr allgemein an.)

Der Z. wurde erst nach 1813 bürgerlicher Hut und war meist noch aus hellgrauem oder hellbeigem Filz, seltener aus schwarzem, und mit einem schmalen Band verziert[179]. In den beiden ersten Jahrzehnten des 19. Jh.s verbreiterte sich der Kopf des Z.s nach oben, während die Krempe vorn und hinten sich herabsenkte und seitlich aufgebogen war. In den 1820er Jahren wurde der Kopf für kurze Zeit sehr hoch, röhrenförmig, mit seitlich aufgebogenem Rand, in den 1830er Jahren nach oben zu verjüngt, die Krempe schmal. Es gab bereits den ‣*Chapeau claque,* der sich jedoch noch nicht durchsetzte, und einen besonders in Wien verbreiteten senkrecht zusammenlegbaren Z. Ab 1830 war der Z. Reithut der Frau. In den 1840er Jahren verbreiterte sich der Kopf nach oben. 1848 wurde der bürgerliche Z. ‣*Angströhre* genannt und in der Folge betont hoch und röhrenförmig mit geradem Rand. In der 2. Hälfte des 19. Jh.s galt der Z. zunehmend als eleganter Abendhut in schwarzer, glänzender Seide[83, 84, 85] und mit kontrastierendem, meist rotem, Futter; so hieß er *Glanz-* oder *Reflex-Z.*[434] Der graue Z. war Tageshut für feierliche Anlässe.

Um 1870 war der Kopf sehr niedrig. Danach nahm der Z. eine insgesamt ausgeglichene, sich wenig ändernde Form an.

Schon im 19. Jh. war der Z. auch in ‣Tracht und Berufskleidung eingegangen, u.a. in die der Kaminfeger und Kutscher (als Symbol des freien Unternehmers). Um 1900 gehörte in der Oberschicht erneut der schwarze Glanz-Z. zu ‣Gehrock, ‣Cutaway (2) und Gehrockpaletot (‣Paletot (3)), zum schwarzen ‣Chesterfield und ‣Gehpelz. Im Ballsaal trug man den matten Filz, den *Mascotte* (frz., ›Glücksbringer‹). 1913 kam der *Turf-Z.* (von engl. *turf* ›Rasen, Rennbahn‹) aus grauem Filz mit seitlich stark aufgebogener Krempe für Pferderennen zum grauen Cut in Mode. Als Abend-Z. begann sich der Chapeau claque bis Ende der 1920er Jahre durchzusetzen. In den 1950er Jahren wurden Z. nur noch zu höchst feierlichen, offiziellen Anlässen getragen.

Modeschöpfer, Designer und Designfirmen

Adlmüller, Wilhelm Alfred, geb. Nürnberg 16.3.1909, gest. Wien 25.9.1989; Name des in Wien weiterbestehenden Salons »W.F. Adlmüller«. 1929 begann A. eine Lehre im Wiener Modehaus »Ludwig Zwieback & Bruder«. Nach 1930 Verkäufer und bald kreativer Leiter im Modehaus »Tailors Stone & Blyth« im Palais Esterhazy in der Wiener Kärntnerstraße. 1933 erste eigene Kollektion; 1950 übernimmt A. das Modehaus, das die ehemaligen jüdischen Eigentümer Ignaz und Stefanie Sass nach dem Krieg wieder erhalten hatten. Der Filiale in Bad Gastein fügte A. eine weitere in München sowie eine Herrenmode-Abteilung hinzu. 1974–79 Professor an der Hochschule für angewandte Kunst in Wien.

Stil und Kreationen: Erlesene Haute Couture in einem femininen, eher klassischen Stil. Abendkleider häufig mit Straß und Perlenstickerei. – *Parfüm:* Eau de Vienne.

Adrover, Miguel, geb. Mallorca Dezember 1965. Eröffnete 1995 zusammen mit dem farbigen amerikanischen Schneider Douglas Hobbs den kleinen Modeladen »Horn« in East Village, New York. Sie verkauften ihre eigene Modelinie Dugg und die anderer Avantgardisten wie Alexander McQueen. A. hatte keinerlei Designausbildung. 2000 erhielt er den CFDA Perry Ellis Award als bester Avantgardedesigner und den »Vogue« Fashion Award.

Stil und Kreationen: Die ersten Modenschauen, »Manaus-Chiapas-NYC« und »Midtown«, ernteten heftige Kritik, aber auch Lob für die klare Schnittführung und das innovative Farbgefühl. International bekannt durch seine Dekonstruktion bzw. sein Re-designing des ‣Burberry-Trenchcoat aus dem Original-Futterstoff im Jahr 2000, das seine kritische bis humorvolle Annäherung an Mode erkennen ließ, auch wenn das Haus Burberry dagegen protestierte.

Agnes B. (Agnès Troublé), geb. Versailles 26.11.1941. 1964 begann sie als Redakteurin für Jugendmode beim Modemagazin »Elle«; übernahm Designassistenz bei ‣Dorothée Bis, 1966 freie Designerin. 1975 eröffnete sie eine Modeboutique im Pariser Hallenviertel, dem weitere in Europa und USA sowie 26 in Japan, wo ihre Mode bis heute sehr erfolgreich ist, folgten; 1981 folgte eine Männer- und Kindermoden-Boutique; 1989 kam das Design von Sonnenbrillen und Uhren hinzu. Seit 1982 entwirft sie auch für den französischen Versandkatalog »3 Suisses«. Stammhaus in Paris, 17 rue Dieu.

Stil: Betont jugendliche Mode, die einen bewusst »unmodischen« Stil des Understatements verfolgt. In den 1980er Jahren färbte sie Arbeiteruniformen ein, brachte Overalls und T-Shirts aus gestreiften Rugby-Stoffen. Lehnt elitäre Designermode ab. – *Parfüm:* Le B, 1987; Le petit B (für Kinder), 1990; Courant d'air, 1992.

Aigner, Etienne, geb. in Ungarn 1904, gest. New York 2000. Als gelernter Buchbinder entdeckte er in den 1930er Jahren seine Liebe zu Leder und begann nach dem Zweiten Weltkrieg in Paris Taschen und Gürtel herzustellen. C. ‣Dior und E. ‣Molyneux ließ Taschen von A. entwerfen. 1950 zog er nach New York, entwickelte dort sein Monogramm A in Form eines Hufeisens. 1965 verkaufte A. die Lizenz an Heiner Rankl, der in München die Aigner GmbH gründete; 1972 weiterer Firmensitz in Italien und Angebotserweiterung durch Koffer und Schuhe, nach 1974 Tücher und Krawatten, 1978 Damenmode, 1982 Uhren und 1987 Herrenmode und Brillen. Heute mit Chefdesigner Johann Stockhammer (geb. München 1960), weltweit 155 Geschäfte.

Stil: Charakteristisch wurden die antikroten Ledertaschen mit offenkantiger Verarbeitung. – *Parfüm:* Etienne Aigner N° 1, 1975; Blue Emotion, 2002.

Akris. 1922 durch Alice Kriemler-Schoch (Firmenname aus deren Initialen) in St. Gallen (Schweiz) gegründete Schneiderei. Ihre Enkel Albert Kriemler (geb. 1960) als Chefdesigner und Peter Kriemler als Produktionschef übernahmen um 1982 das Unternehmen. In den 1990er Jahren weltweite Expansion und Zweitlinie Punto.

Stil: Klassische Linie mit modernen Details, elegant-sportive Tageskleidung, glamouröse bis minimalistische Abendroben aus erlesenen Schweizer Stoffen, zumal St. Gallener Spitze.

Alaïa, Azzedine, geb. in Tunesien um 1940; studierte Bildhauerei an der Kunstakademie in Tunis und ging nebenbei bei einer Schneiderin in die Lehre. 1957 kam er nach Paris, wo er neben verschiedenen Tätigkeiten 1960 Assistent bei G. ‣Laroche war. 1970 bezog er seine erste Atelierwohnung in der Rue de Bellechasse. 1980 kam sein erster Erfolg, als das französische Journal »Dépêche Mode« seinen perforierten, nietenverzierten Lackledermantel abbildete. Bald danach erfand A. seine schon heute legendären, hautengen Stretchkleider. Diese arbeitete er vorwiegend für Kundinnen aus dem Show-Business. 1985 inszenierte er mit dem Fotografen Jean-Paul Goude ein Defilée im New Yorker Palladium, mit dem er später Fotoserien, wie 1996 Kleidung für Massai-Krieger, produzierte. 1985 zog er ins Marais-Viertel in die Rue du Parc Royal 17, 1990 in ein ehemaliges Lagerhaus in der Rue de Moussy 7, das er von dem Künstler Julian Schnabel ausstatten ließ, wie schon 1988 seine Boutique im New Yorker Stadtteil Soho. A. distanzierte sich bald von den regelmäßigen Pariser Modenschauen. 2000 wurde A. mit dem Prada-Konzern fusioniert.

Stil: Hautenge, seitlich oft durchgehend geschlitzte und geschnürte Kleidkreationen aus Glanzleder, Latex mit hohem Stretchanteil, aus Lycra oder Jersey. Kreationen aus Perlenschnüren und Bast sowie aus elastischer Spitze. Halboffene Reißverschlüsse und Musselin-Einsätze mit Tattoo-Motiven, Bustier mit Push-up-bra und knallenges Gesäß wirken bewusst provokant.

Ausstellungen: Groninger Museum, Niederlande, 1998; Guggenheim Museum, New York, 2000.

Albers, Detlev, geb. Berlin 2.7.1918, gest. Berlin 16.11.1986. Lehre im Berliner Haute-Couture-Haus »Erich Vogel«; Mitarbeiter von H. ‣Oestergaard; 1956 Eröffnung eines Modesalons in Berlin, Uhlandstraße 25, für den er Helmut Gschwilm als Designer engagierte; nahm Prêt-à-porter-Kollektionen unter dem Markennamen »Miss Albers« auf. 1982 schloss der Salon.

Stil: Betont feminine, modisch zurückhaltende Haute Couture.

Albini, Walter ‣Ferré, Gianfranco.

Alix ‣Grès, Madame.

Amies, Hardy (Edwin), geb. London 17.7.1909, gest. London 5.3.2003. Sohn einer Näherin; studierte Sprachen in Frankreich und England. 1930–34 Ausbildung in einer Modefirma in Birmingham, 1934–39 Modeentwerfer, später Manager des Modehauses »Lachasse« in London. Nach Kriegsdienst 1946 Gründung eines eigenen Haute-Couture-Hauses in London, Savile Row 16. 1948–55 Schneider der englischen Königin und 1989 geadelt. 1950 Eröffnung einer Boutique; 1959 erste Herrenkollektion; Gründungsmitglied der »Incorporated Society of London Dress Designers«. Bereits 1962 entwarf er auch Herrenkleidung. 1973 wurde der Salon an die Modefirma »Debenham« verund 1981 zurückgekauft. 1974 verpflichtete A. Ken Fleetwood (gest. 1996) als Design-Direktor, nach 1996 verschiedene Designerteams, seit 2003 unter Ian Garlant.

Stil und Kreationen: 1947 entwarf er ein Sommerkleid zeitgleich und ganz im Stil von Diors berühmtem ‣New Look. Strenge bis ruhig elegante Tageskostüme, elegantes Sportswear, aber auch Cocktail- und Abendroben. 1968 entwarf er die Kostüme für »2001. Odyssee im Weltraum«.

Armani, Giorgio, geb. Piacenza (Emilia-Romagna) 11.7.1934. Nach abgebrochenem Medizinstudium Schaufensterdekorateur, bald Modeeinkäufer und Leiter der Herrenmodeboutique des Mailänder Warenhauses »La Rinascente«, Einkäufer und schließlich Designer für Herrenmode bei ‣Cerruti. 1970 Eröffnung eines eigenen Designstudios in Mailand zusammen mit Sergio Galeotti (gest. 1985). Arbeitet seit 1975 unter eigenem Namen für die exklusive »Giorgio Armani«-Linie, 1981 folgte die Zweitkollektion »Emporio Armani« mit in der Zwischenzeit rund 2000 eigenen Läden, danach die preiswertere »Mani«-Kollektion, ebenso eine Wintersport- und Golfkollektion, neben Accessoires und Kosmetika. Haupthaus in der Via Borgonuovo 21 in Mailand.

Stil und Kreationen: A.s Herren- und Damenmode besticht durch ruhige Eleganz und neutrale Farben, wie Beige, Grau oder Wollweiß, die oft als »greige« bezeichnet werden; Dekor lehnt er ab. Sein Purismus – mit »gentle chic« bezeichnet – resultiert aus perfekten Schnitten und edlen Stoffen. Lancierte das mit einem Stehkragen versehene Herrenhemd, modernisierte den Blazer, setzte in den 1970er Jahren bei Pullovern neutrale Farben (Grau, Beige, Schwarz u. a.) mit grellen Farben in geometrischen Mustern gegeneinander und favorisiert weiche Stoffe für Herrenanzüge. In die Damenmode übernahm A. den Anzug-Stil des Mannes, setzte ihn jedoch vollkommen ins Feminine um. Er entwirft bequeme Blazer in unendlich vielen Variationen und ergänzt sie durch modische Hosen oder Röcke. Seine Abendmode ist von kühler Eleganz geprägt. Seine Herbst-/Winter-2004/05-Kollektion überraschte durch einen neuen, sehr körperbetonten Stil in Anlehnung an die Mode des Jugendstils. Eine einmalige Haute-Couture-Kollektion nur mit Abendroben für 2005 stellte er in Paris vor.

Parfüm: Armani, 1982; Armani Uomo, 1984; Gio, 1992; Aqua di Gio, 1994; Emporio Armani Donna, Uomo, 1998; 1999 Mania (für Damen); 2003 Emporio Armani Night.

Ausstellungen: 1996 wurde das Leben und Werk von Giorgio Armani in der Theateraufführung »G. A. Story« von Regisseur Bob Wilson in Florenz gewürdigt. Im Herbst 2000 widmete das Solomon R. Guggenheim Museum in New York Armani – und damit erstmals einem Modedesigner – eine umfassende Retrospektive, inszeniert von Robert Wilson. 2001 wurde die Ausstellung vom Guggenheim-Museum in Bilbao, Spanien und 2003 von der Neuen Nationalgalerie in Berlin übernommen.

Ashley, Laura, geb. Merthyr Tydfil (Wales) 7.9.1925, gest. Coventry (England) 17.9. 1985. Begann mit dem Bedrucken von Haushaltswäsche nach eigenen Entwürfen mit Blumen, gründete 1954 mit ihrem Mann Bernard A. eine kleine Firma, die ihre Produkte in angesehenen englischen Geschäften und Warenhäusern verkaufte. 1961 Vergrößerung und erste Kleidkreation in Form eines gestreiften Gärtnerhemdkleides. 1965 erstes eigenes Geschäft in London, weltweite Lizenzen und Geschäfte folgten, in denen auch selbstentworfene Dekorstoffe und Inneneinrichtung angeboten werden. Nach verschiedenen Designerteams übernahmen 1995 Ann Iverson die Geschäftsführung und Laura Ashleys Kinder verschiedene Designaufgaben. Stammhaus in London, Fulham Road 157.

Stil: Nostalgisch-romantisch bis verspielt, nur zum Teil von der aktuellen Modelinie beeinflusst, Bevorzugung von wadenlangen, mit Rüschen verzierten Kleidern aus selbstbedrucktem Baumwollstoff mit Blumenmuster. – *Parfüm:* 1989 Laura Ashley No.1; 1994 L'Eau de Laura Ashley; 2001 Magic Garden.

Augustabernard, Künstler- und Geschäftsname von Augusta Bernard (1886–1946). 1920 Eröffnung eines Haute-Couture-Salons für Damenmode in Biarritz, ab 1922 in Paris, Rue Rivoli, 1928–34 Rue du Faubourg-St-Honoré 3.

Stil und Kreationen: Bevorzugte pastellfarbene und weiße Kleider aus Crêpe de Chine, die schräg zum Fadenlauf geschnitten oder deren Rock plissiert waren.

Azzaro, Loris, geb. in Tunesien 1933, gest. Paris November 2003. Sohn italienischer Eltern; 1957–62 Professor für französische Literatur an den Universitäten Tunis und Toulouse. 1962 begann er Accessoires und perlenbestickte Abendkleid-Oberteile für ein Pariser Modehaus zu entwerfen und eröffnete 1966 eine Boutique, später ein eigenes Modehaus, Rue du Faubourg-St-Honoré 65. 1992 lancierte er die Zweitlinie »Bis« für den japanischen Markt und eine Herrenmode. Seine Tochter Beatrice führt das Unternehmen fort, für das Design verantwortlich ist Vanessa Seward (geb. 1972; arbeitete neun Jahre zusammen mit Karl ‣Lagerfeld für Chanel und zwei Jahre für YSL Rive Gauche unter Tom Ford).

Stil und Kreationen: Extravagante, figurbetonte Abendkleider, auch für Bühne und Film. In seiner letzten Kollektion für F/S 2004 griff er ein berühmtes Abendkleid mit zwei Dekolletéausschnitten aus den 1960er Jahren wieder auf, das Diane Lane bei der Oscar Award Ceremony im February 2004 trug. – *Parfüm:* Azzaro, 1975; Azzaro for Men, 1978; Eau Belle, 1995; Chrome, 1996; Azzuro, 2000; Visit for me (for men) 2003.

Bailey, Christopher ‣Burberry, ‣Gucci.

Balenciaga, Cristobal, geb. Guetaria (Spanien) 21.1.1895, gest. Javea (Spanien) 23.3.1972. Höchst einflussreicher Grand Couturier, Sohn eines baskischen Fischers und einer Näherin. Gefördert von der Marquesa Casa Torres, konnte er 1915 einen Schneidersalon in San Sebastián eröffnen, dem Haute-Couture-Salons in Madrid (»Eisa«) und in Barcelona folgten. 1937, zu Beginn des Bürgerkriegs, verließ B. Spanien und eröffnete mit Hilfe spanischer Freunde ein Haute-Couture-Haus in der Pariser Modestraße Avenue George-V 10. Außer H. de ‣Givenchy, dem er 1952 zum eigenen Salon verhalf, bildete er u. a. A. ‣Courrèges, Ph. ‣Venet und E. ‣Ungaro aus. 1968 schloss B., enttäuscht über die schwindende Eleganz, sein Haus und zog sich nach Spanien zurück; er hatte sich stets geweigert, mit Prêt-à-porter zu beginnen. Danach wechselten mehrmals die Besitzer, bis 1986 das Unternehmen von einer Finanzgruppe gekauft wurde und der Designer M. ‣Goma die künstlerische Leitung übernahm und eine Herrenkollektion ergänzt wurde. 1991 wurde er durch den Niederländer Josephus Melchior Thimister (geb. 1962), abgelöst, der 1996 mit einer Hommage-Kollektion brillierte. Seit 1997 ist Nicolas Ghesquière (geb. Loudun, Frankreich, 1971; Assistent bei ‣Gaultier und bei ‣Mugler) sehr erfolgreich als Chefdesigner. Im Juli 2001 wurde das Haus B. von der Gucci Group übernommen. 2003 wurde ein großer Flagshipstore in New York eröffnet.

Die Fondation B. richtete ein Museum in B.s Geburtsort Guetaria im Palazzo Aldamar ein.

Stil und Kreationen: B. sah Mode als Kunst an und vertrat einen sehr eleganten, harmonischen Stil, in dem er oft zukünftige Modelinien vorwegnahm. Er konnte selbst entwerfen, schneidern und nähen; in jeder Kollektion befand sich ein von ihm allein gefertigtes Kleid: 1954/55 extrem anliegende I-Linie, 1956 Sack-Linie, 1958 Empire-Linie und Pillbox-Hut; bevorzugte Schwarz. B. kreierte auch praktische Kleidung, so 1962 warme, gemusterte Strumpfhosen und Regenstiefel. Ghesquière führte einen sehr modernen, dekonstruktiven Stil in Verbindung mit typischer Balenciaga-Linie ein. – *Parfüm:* u. a. Balenciaga; Le Dix, 1947; Quadrille, 1955; Ho Hang (für Herren), 1971; Cialenga, Eau de Balenciaga, Lavande, 1973; Michelle, Portos (für Herren), 1980; Prélude, 1982; Rumba, 1988; Balenciaga pour Homme, 1990; Talisman, 1994; Cristobal, 1998. – *Ausstellungen:* Metropolitan Museum of Art, New York, 1973; Musée Historique des Tissus, Lyon, 1985; Münchner Stadtmuseum, 2002.

Balestra, Renato, geb. Triest 3. 5. 1934. Studierte Bauingenieur; kurze Lehrzeit bei Jole ‣Veneziani; 1960 Gründung eines eigenen Haute-Couture-Salons in Rom, Via Gregoriana 36. Prêt-à-porter unter »The Balestra International«, weltweite Lizenzen u. a. für Sport- und Strickmode sowie Accessoires und Sonnenbrillen, ebenso für Heimtextilien. Seit 1962 enge Geschäftsverbindungen mit den USA und dem Fernen Osten. Seit 1983 Hauptsitz in Rom, Via Sistina 67.

Stil und Kreationen: Haute-Couture und Prêt-à-porter in einem sehr femininen, eleganten Stil, klare, konstruierte Schnittführung, Bevorzugung von Seidenstoffen. B. wird als »modischer Traditionalist« bezeichnet. – *Parfüm:* Balestra, 1978; Balestra pour Homme, 1979; Blue Balestra, 1995; Via Sistina, 2001.

Balmain, Pierre, geb. Saint-Jean-de-Maurienne, Savoie (Frankreich) 18. 5. 1914, gest. Neuilly-sur-Seine 29. 6. 1982. Die Eltern führten ein Stoffgeschäft. Architekturstudium an der École des Beaux Arts, 1934–39 Assistent von E. ‣Molyneux, 1939–45 bei L. ‣Lelong zusammen mit Ch. ‣Dior tätig. 12. 10. 1945 Eröffnung eines eigenen Haute-Couture-Hauses im Pariser Modeviertel, Rue François Ier 44. 1948 Eröffnung einer Boutique für Accessoires; Auslandstournee, u. a. nach Australien und USA. 1953 erste Prêt-à-porter-Kollektion für die USA. B. entwarf zahlreiche Theater- und Filmkostüme sowie Hostessenkleidung von Luftfahrtgesellschaften. Nach seinem Tod übernahm der dänische Modeschöpfer Erik Mortensen (geb. Frederikshaven, Dänemark, 1926, gest. Paris 1998), seit 1950 sein Assistent und nach Balmains Tod sein kreativer Nachfolger, das Design. 1977 bereits hatte der Besitzer gewechselt, der 1992 O. de la ‣Renta die künstlerische Leitung übertrug, der 2002 die Aufgabe an Laurent Mercier (geb. Schweiz 1966; ausgebildet an der Modeschule des Chambre Syndical in Paris, Assistent von J.-P. ‣Gaultier und bei ‣Escada) weitergab. 2003 übernahm Christophe Lebourg (geb. 1963), der als Designer für verschiedene Modehäuser tätig war, das Design des Hauses B.

Stil und Kreationen: Feminine, figurbetonte Kleider von untertreibendem Luxus, z. B. 1952 bis 1957 die Kollektionen »Jolie Madame« (»Bezaubernde Madame«): Figurbetonte, enge Linien mit etwas verbreiterten Schultern. Glamouröse Abendkleider. – *Parfüm:* Élysées 64–83, 1946; Vent Vert, 1947; Jolie Madame, 1949; Miss Balmain, 1960; Monsieur Balmain,

1964; Ivoire, 1979; Ebène, 1983 (für Herren); Balmya, 2002. – *Ausstellung:* Musée de la Mode et du Costume, Palais Galliera, Paris, 1985.

Barentzen, Patrick de ‣Barocco, Rocco.

Barocco, Couture-Salon, gegründet 1966 in Rom durch den Designer Rocco Muscariello (geb. Neapel 1944) und dem Schweizer Modisten Monsieur Gilles. Beide arbeiteten zunächst unter anderem für das bis 1971 existente Modeatelier von Patrick de Barentzen (geb. Kopenhagen 1932). 1968 lancierten sie die Luxus-Prêt-à-porter-Linie »Rocco Barocco«; 1982 Strickmoden. 1975–77 war Muscariello auch für ‣Valentino tätig.

Bates, John, geb. Portland (England) 1938, zunächst Journalist, verkaufte 1957–60 Modeskizzen an die Designerin Belinda Bellville, gründete 1961 die Modefirma »Jean Varon«. Seit 1989 lebt B. in Wales und kreiert kleinere, exklusive Kollektionen.

Stil: Sehr einflussreicher, typischer Stil der »Sixties«. 1965 erregte B. Aufsehen mit einem durchsichtigen Minikleid, in den 1970ern mit Kreationen in Maxi-Länge.

Becker, Bessie (Irmgard Becker), gest. Kitzbühel 30.1.1971. Fing 1946 als Bühnen- und Kostümbildnerin in München an, machte Modeentwürfe für die von der amerikanischen Besatzung in München herausgegebene Zeitschrift »Heute«, stellte 1952 ihre erste, betont jugendliche Modekollektion in München vor, wo sie ein eigenes Prêt-à-porter-Atelier gründete.

Becker, Jeanne ‣Paquin, Madame.

Beene, Geoffrey, geb. Haynesville (USA) 30.8.1927; nach einigen Semestern Medizinstudium studierte er 1947/48 Modedesign in New York und in Paris an der École de la Chambre Syndicale de la Couture Parisienne und arbeitete danach als Assistent in verschiedenen Modeateliers. 1963 machte er sich in New York als Haute Couturier selbständig, zwei Konfektionsmarken, eine Herrenkollektion und Accessoires folgten.

Stil und Kreationen: 1963–65 wurden seine eleganten Empire-Kleidchen von amerikanischen Society-Damen sehr geschätzt. Danach wandte er sich der ‣Sportswearmode zu und kreierte einfache Abendkleider aus Tagesstoffen wie Flanell und Wolljersey, setzte dagegen Satin und Spitze für Tagesmodelle ein. 1967 machte er »American football-outfits« zu Abendkleidern aus Paillettenstoff. 1970 brachte er Elegantes aus Seersucker, Jeans- und Sweatshirtstoffen. Bis heute brilliert B. mit multifunktioneller Mode mit experimentellen Schnitten. – *Parfüm:* Grey Flannel for men, 1975; Geoffrey Beene, 1998. – *Ausstellungen:* 25 Years Geoffrey Beene, Academy of Design, New York, 1988; Geoffrey Beene Unbound, Fashion Institute of Technology, New York, 1994.

Beirendonck, Walter Van, geb. Brecht (Belgien) 4.2.1957; graduierte 1980 zum Modedesigner an der Königlichen Akademie der Schönen Künste in Antwerpen. 1985 zeigte er als einer der später so genannten »Antwerp Six« seine Kollektion in London. Seine futuristisch experimentelle Mode fand erst Anklang, nachdem seit 1993 (–1999) B. von der Jeansfirma Mustang gesponsert und vertrieben wurde. Unter dem Slogan »Kiss the future« lancierte die Firma unter anderem seine Marke »W. & L.T.« (gesprochen *wɔlt;* engl. »Wild and Lethal Trash«, wilder und tödlicher Abfall), die Jugendliche beiderlei Geschlechts stark ansprach. B. war 1994/95 einer der Ersten, der seine Designphilosophie via Internet unter »http://www.walt.de« vermittelte. Er entwickelte für seine Ware auch ein eigenes Display nach einem bunten Baukastensystem. 1998 eröffnete er den »walter®-store« in Antwerpen, wo er auch andere Designer wie B. ‣Willhelm promotet. Eine Kinderkollektion folgte. 1999 nahm er teil an Ausstellungen wie »Visions of the Body: Fashion or Invisible Corset« des Kyoto Costume Institute. 2001 organisierte er die hervorragende multimediale Ausstellung »Mode 2001 Landed geland« in Antwerpen.

Stil und Kreationen: Er kreiert Unisex-Kollektionen und bevorzugt – nach seinem eigenen Vorbild – korpulente Männer. 1994 brachte er Cyberpunks in Neopren-Latzhosen mit Dinosaurierstacheln, Sakkoanzüge mit breiten grünen Seitenstreifen, gefolgt von engsten Nylon-Hemden, durchsichtigen, bedruckten T-Shirts und schmalen Hosen. 1997 erstaunte er mit seiner »Avatar«-Kollektion (Hindi für

»die menschlich erkennbare Gestalt der Hindugötter«), in der er seine Cyberspace-Vorstellungen realisierte. Er ist bekannt für Cyberpunk, Pop-Art-Fashion und witzige Modenschauen, einschließlich »stage-costumes« für Rockgruppen wie U2. 2003 zeigte er für sein Label»• æstheticterrorists® by walter« die Kollektion »Respect, Rethink, React«.

Benetton, italienische Modefirma in Ponzano bei Treviso, gegründet 1966 von Luciano B. (geb. Treviso 1935) und seiner Schwester Giuliana (geb. Treviso 1937). Der Erfolg der Firma B. mit ihren über 7000 Geschäften in 100 Ländern ist die Vorfabrizierung von Einzelteilen, die erst kurz vor Auslieferung in den aktuellen Modefarben eingefärbt werden. Bekannt wurde neben dem weltweiten Werbeslogan »United Colors of Benetton« der zum Teil provokante Werbestil der Firma, für den 1982–2000 der Fotograf Oliviero Toscani (geb. 1942) zuständig war.

Stil und Kreationen: Schwerpunkt der B.-Mode ist eine hochgenrige Mode für die Jugend, bestehend aus T- und Sweat-Shirts sowie Strickwaren. – *Parfüm:* u. a. Colors of Benetton, 1987; Benetton Sport, 2001; Killer Loop, 2002.

Berardi, Antonio, geb. Grantham (Großbritannien) 1968; italienischer Herkunft. Lernte drei Jahre bei John ‣Galliano in Paris, graduierte anschließend 1993 an der Saint Martin's School of Art and Design, machte sich selbständig und zeigte 1995 seine erste eigene Kollektion. Seit 2001 (mit Unterbrechungen) Design für die italienische Modefirma Extè und seit 2004 Chefdesigner (als Nachfolger von Antonio Marras, ‣Takada) für Trend Les Copains.

Stil: erotisch-romantisch mit Corsagen und Hot-pants, mit Rüschen und Bändern verziert.

Beretta, Anne-Marie, geb. Béziers (Hérault) 1937; französische Prêt-à-porter-Designerin seit 1958 bei Jacques Esterel und bei A. ‣Castillo, 1965 in der Konfektion, 1968 in der Sportmode ausgebildet. Chefberaterin für die italienische Modefirma ‣MaxMara; 1974 begann sie mit Modekollektionen unter eigenem Namen als Marke und eröffnete eine Boutique in Paris, Rue St-Sulpice 24.

Bernard, Augusta ‣Augustabernard.

Bertin, Rose (Marie Jeanne B.), geb. Abbeville bei Amiens (Frankreich) 1744, gest. Épinay-sur-Seine 22.9.1813. Lehre in Pagelles Modehandlung »Trait Gallant« in Paris, dessen Teilhaberin sie mit Unterstützung einer Fürstin Conti wurde. Eröffnete die Modehandlung »Au Grand Mogol« in der Rue St-Honoré, gewann einflussreiche adelige Damen wie die Herzogin von Chartres und Mme de Lamballe als Kundinnen und wurde nach 1772 Putzmacherin der Dauphine Marie Antoinette (die spätere Königin beglich leider viele Rechnungen nicht). Unterhielt dann ein elegantes Modehaus in der Rue de Richelieu. B. pflegte zu sagen, sie lasse sich nicht nur die Ware, sondern vor allem ihren künstlerischen Geschmack bezahlen. 1787 geriet sie in finanzielle Schwierigkeiten und versuchte nach Ausbruch der Revolution 1789, sich in England einen neuen Kundenkreis zu schaffen, kehrte jedoch bald wieder nach Paris zurück, wo sie dann die Geschäftsführung ihres wiedereröffneten Hauses ihrem Neffen Louis Nicolas B. überließ. Joséphine Beauharnais wurde Kundin. Ihre angebliche Autobiographie, »Mémoires de Mademoiselle Bertin sur la Reine Marie Antoinette«, Paris/Leipzig 1824, ist nicht authentisch; der Verfasser, J. Peuchet, hatte Zeitgenossen befragt.

Kreationen: Da B. nicht Schneiderin, sondern Putzmacherin war, richtete sich ihr großer Einfluss auf die häufig wechselnden Details im Aufputz von Kleid und Coiffure der höfischen Mode ihrer Zeit.

Biagiotti, Laura, geb. Rom 4.8.1943. Trat 1962 in die Konfektions-Exportfirma ihrer Mutter ein, übernahm sie 1966 und fertigte Kleider für namhafte italienische Grand Couturiers, wie R. ‣Capucci, A. ‣Litrico und E. ‣Schuberth, nach deren Entwürfen. 1972 gestaltete sie ihre erste eigene Kollektion. Sie übernahm die Kaschmir-Firma »Mac Pherson« in Pisa, unter deren Namen sie Herrenstrickmode herstellt. Eröffnete eine Reihe von Boutiquen. Im Jahr 2000 eröffneten B. und ihre Tochter Lavinia Cigna »Biagiotti Roma« für Strickmoden. Stammhaus in Guidonia bei Rom, Via Palombarese.

Stil und Kreationen: Unkonventionell, d. h. nicht unbedingt der allgemeinen Mode folgend; spezialisiert auf Strickmode, Kleider aus

Kaschmir und aus exklusiven Seidendruckstoffen. – *Parfüm:* Laura, 1982; Night, 1985; Roma, 1988; Venezia 1992; Tempore, 1999; Emotion, 2001.

Biba (Barbara (Sophia) Hulanicki), geb. Warschau (Polen) 8.12.1936. Freie Modeschöpferin, in Palästina aufgewachsen und 1948 erstmals nach England gekommen. 1953/54 Studium am Brighton College of Art (England), Illustrationen für Modejournale und Zeitungen, 1955 erfolgreich in einem Designwettbewerb des »Evening Standard« mit einem Badekostüm (das sie in abgewandelter Form 1969 wieder aufgriff), 1960/61 mit einem kleinen, nach ihrer Schwester benannten Versandunternehmen, »Biba's Postal Boutique«, für dessen erstes Kleid 17 000 Bestellungen eingingen. Eröffnete 1964 eine kleine Boutique in einer Nebenstraße der Londoner King's Road und übersiedelte bald in ein größeres Geschäft in der Kensington High Street. 1968 erschien ihr erster Versandkatalog. 1972–75 unterhielt sie ein großes Warenhaus im Art-déco-Stil (ehem. »Derry & Toms«), das sie nostalgisch bis exotisch in Braun bis Schwarz ausstattete und wo auch Herrenkleidung und Innenausstattung verkauft wurde. Ging 1975 nach Brasilien, dort bis 1980 ein Modegeschäft führend und nur die Kosmetikserie in England aufrechterhaltend. Sie ist heute als Innenarchitektin in Florida erfolgreich. 1978 eröffneten ihre beiden Schwestern ein Geschäft in der vornehmen Londoner Conduit Street 22 unter dem Namen »New Biba«.

Stil und Kreationen: Nostalgisch-romantischer, sehr jugendlicher Stil mit einem Hang ins Exotische, in deutlicher Opposition zum zeitgleichen Courrèges-Stil. B. war eine der ersten, die sich vom modischen Mini abwandte und Kleider und Mäntel in Maxi- und Midi-Länge brachte.

Bikkembergs, Dirk, geb. Bonn 3.1.1959, Belgier. Studierte Mode an der Königlichen Akademie der Schönen Künste in Antwerpen. Er stellte 1986 seine erste Männerkollektion vor, 1993 nahm er die ersten Modelle »Homme pour la Femme« auf, fand jedoch erst 1996 zu einer wirklich weiblichen Damenlinie. Zeigt seit 1988 in Paris und arbeitet in Antwerpen. 2003 kleidete er die italienische Fußballnationalmannschaft ein.

Stil: Experimenteller, minimalistischer Stil: Jacketts mit Taillennaht, asymmetrischen Revers; Gehrock-Versionen für Frauen, transparente Tops zu strengen Männerhosen.

Blass, Bill, geb. Fort Wayne (USA) 22. 6. 1922, gest. New Preston (USA) 12.6.2002. Begann als Autodidakt Modeskizzen an diverse Kleiderfabrikanten zu schicken, ging 1942 nach New York und arbeitete sich bis zum Chefdesigner der Modefirma Maurice Rentner empor, die er 1970 kaufte. Er machte daraus Bill Blass Ltd. mit seinen beiden Linien »Bill Blass Couture« und »Bill Blass USA«. Außerdem kreierte er für Lizenznehmer Herrenmode, Sportmode, Accessoires, Kosmetika etc. Im Jahr 2000 zog er sich zurück und übergab die kreative Führung an Lars Nilsson (Schweden, 1967), bald darauf an den Designer und Modezeichner Michael Vollbracht (geb. 1947 in Kansas City, Missouri, USA), der den eleganten bis glamourösen Stil fortsetzt.

Stil: Sportliche Tagesmode, oft im Ranger- oder Safari-Look. Der Abendmode gibt er dekorative Effekte, wie eine große aufgestickte Blüte, oder üppige Muster. – *Parfüm:* Bill Blass, 1970; Nude, 1990; Basic Black, 1991; Amazing, 1999.

Blumarine ‣Molinari, Anna.

Bogner, Sportmodenfirma, gegründet von Willy B., geb. Traunstein (Oberbayern) 7.2.1909, gest. München 27.7.1977, und seiner Frau Maria B. (geb. 29.4.1914, gest. 24.11.2002). 1932 eröffnete Willy B. sen., ein erfolgreicher Skisportler der nordischen Kombination, in München ein Importgeschäft für Norwegerski und norwegische Strickwaren. 1936 entwarf Maria B. erstmals Wintersportkleidung, kurze Windblusen, denen Keilhosen und Anoraks folgten. 1944–47 unterhielten beide eine provisorische Sportbekleidungsfirma in Oberaudorf (Oberbayern). 1950 wurde eine Sportmodenfirma in München, heute Sankt-Veit-Straße 4, eingerichtet; Prêt-à-porter-Kollektionen für Tagesmode und eine Boutique in München, Residenzstraße 15, kamen hinzu. Das Unternehmen wird seit 1972 (bis 1979 nur Werbeabteilung und Sportkollektion) von Willy B. jun. (geb. 23.1.1942), einem ebenfalls sehr erfolgreichen Skisportler, sowie dessen Frau Sônia B. (geb. Rio de

Janeiro 5.8.1950) geleitet. Die Tochtergesellschaft »Bogner of America« in Newport (Vermont) wurde 1972 gegründet und steht seit 1980 unter der Leitung seines Bruders Michael B., der »Bogner Menswear« gründete. Die Firma B. stattete seit 1936 mehrmals die deutschen Teilnehmer von Winterolympiaden aus. Diverse Accessoires wie Sonnenbrillen, Uhren (2004), Lederwaren (seit 1988) und Schmuck werden neben Jeans sowie seit 2004 Carving Skis in Lizenz hergestellt. Willy B. jun. drehte zahlreiche erfolgreiche Skifilme (Dokumentations- und Spielfilme), wie 1964 »Ski-Faszination«, 1986 »Fire and Ice«, 1990 »Fire, Ice and Dynamite« und 2000 »Ski to the Max« (IMAX-Film). 1985 kam Herren- und Damenkosmetik und 1992 »Sônia Bogner« (Luxus-Prêt-à-porter) hinzu.

Kreationen: Richtungsweisende Sportmode, besonders Skimode, aber auch Golf- und Tenniskleidung, für Herren und Damen. Bekannt wurden bereits Ende der 1930er Jahre Anoraks und Keilhosen, die seit den 1950er Jahren in den USA als »The Bogners« bekannt sind, und nach 1955 Ski-Overalls sowie das B als Logo am Reißverschluss. Die Prêt-à-porter-Damen- und Herrenmode ist betont sportlich mit folkloristischen Elementen. »Sônia Bogner« bevorzugt eine minimalistische Linie mit klassischen Hosenanzügen. – *Parfüm:* Bogner, 1988; Bogner Snow, 2000; Bogner High Speed, 2004.

Bohan, Marc, geb. Lyon 22. 8. 1926. Sohn einer Modistin; nach Kunststudium Assistent bei R. ‣Piquet 1945–53, arbeitete 1949–54 auch für E. ‣Molyneux und Madeleine de Rauch. 1954–58 führender Modeschöpfer bei J. ‣Patou. Schuf 1958 die Kollektion »Christian Dior Londres« für die Dior-Gesellschaft; 1960 bis 1989 künstlerischer Direktor des Hauses »Christian Dior«, wo er auch Prêt-à-porter und Luxuskonfektion für Herren einrichtete. 1990–92 war er künstlerischer Direktor des Hauses N. ‣Hartnell; danach Design unter eigenem Namen.

Stil: Zurückhaltend, elegant, verspielte Details wie Spitzen und Plissees.

Boss, Hugo. 1923 gründete Hugo Boss in Metzingen, Baden-Württemberg, eine Firma zur Herstellung von Arbeitskleidung, später auch von Uniformen. 1967 übernahmen Uwe und Jochen Holy, Enkel von Hugo Boss, die Firma und erweiterten das Angebot um Herrenanzüge und Mäntel, für die seit 1973 vorrangig italienische Stoffe verwendet werden. 1984 kam eine Kosmetik-Linie, 1989 eine Brillen-Linie sowie weitere Accessoires, wie Schuhe seit 1995, und Bodywear hinzu. Nach dem Ausscheiden der Brüder Holy übernahm der italienische Textilhersteller Gruppo Marzotto das Unternehmen. 1993 wurden drei Linien etabliert: »Hugo Boss« für den eleganten Business-Mann, »Hugo« als avantgardistisch-individuelle Linie und »Baldessarini« als Exklusivlinie. 1997 kam »Hugo Boss Golf«, 1998 »Hugo Boss Woman«, designed von Grit Seymour (geb. Halle an der Saale 1966), ab 2002 von Catarina Salvador. Die Männerlinien werden von verschiedenen Designerteams entworfen, denen bis 2002 Werner Baldessarini (geb. Kufstein, Österreich, 23.1.1945; auch im Vorstand, nun im Aufsichtsrat), danach Lothar Reiff (geb. 1955) vorsteht. Die Firma betätigt sich als Sport- (Rennwagen) und Kunstsponsor (Guggenheim Museum New York – Bilbao).

Parfüm: u.a. Boss No 1 Architecture (limitiert), 1996; Hugo, 1995; Hugo Woman, 1997; Boss – Hugo Boss, 1998; Baldessarini, 2000.

Branquinho, Véronique, geb. Vilvoorde (Belgien) 1973, graduierte 1995 an der Akademie der Schönen Künste in Antwerpen. 1997 erste Kollektion in Paris.

Stil: aus dem Grunge entwickelt, »edeltrashig«; zum Teil 1970er Revival.

Brioni (Gaetano Savini), geb. Terni (Italien) 10.9.1909, gest. Rom 4.8.1987. Gründete in Rom 1943/44 ein Atelier für Herrenschneiderei, kurz darauf ein Herrenmodegeschäft in der Via Barberini 79–85, den heutigen Stammsitz. 1961 zeigte er erstmals eine Herren-Haute-Couture-Kollektion in London, 1962 eine in Japan. 1978 eröffnete Brioni eine vierjährige Schneiderausbildungsschule, die »Scuola Superiore di Sartoria Nazarero Fonticoli in Penne, Italien. Weltweite Lizenzen für Accessoires. Nach dem Tod von Gaetano Savini übernahm seine Tochter Gigliola Savini-Perrone mit ihrem Mann die Geschäftsführung. Heute besteht die Brioni-Gruppe aus sieben Companies mit eigenen Marken: Brioni Roman Style, Burini, Sabri, Roman Look, Erreghe, Sforza, Ciceri.

Stil und Kreationen: B. vereint Eleganz und Perfektion zuweilen mit ungewöhnlichen, belebenden Ideen. Wurde »Dior der Herrenmode« genannt. 1952 brachte er eine figurbetonte Anzuglinie im Gegensatz zur ebenso modischen amerikanischen V-Silhouette und konservativeren englischen Linie, hatte erste internationale Erfolge mit einem farbigen Smokingmodell aus Kaschmir oder Goldbrokat. Betont die Nähte an Brust und Rücken von Sakkos durch Paspelierung, zeigt figurbetonte, aber bequeme Schnitte. Brioni kreiert die Filmgarderobe für den jeweiligen James-Bond-Darsteller.

Burberry. 1856 begann der Engländer Thomas Burberry (1835–1926) Sportbekleidung für Herren herzustellen und eröffnete etwa 15 Jahre später ein Herrenmodengeschäft in Basingstoke, Hampshire. In den 1870er Jahren entwickelte er einen wasserresistenten, gleichzeitig luftdurchlässigen Stoff, den Gabardine, den er zu Arbeitshemden, bald auch zu Wander- und Sportmänteln verarbeiten ließ. Weiters gründete er zwei Textilfabriken, 1891 ein Geschäft in London, noch heute Firmenhauptsitz, und 1900 ein Geschäft in Paris und in New York. 1902 wurden Gabardine und 1909 Burberry als Handelsmarke registriert. Der große Durchbruch kam während des 1. Weltkriegs, als das britische Militär mit funktionellen, regenfesten Mänteln, den »Burberry-Trenchcoats«, ausgestattet wurde. Nach dem Krieg erwies sich der Burberry als funktioneller Reisemantel, der in den 1920er Jahren mit dem berühmten Karofutter versehen wurde. Der durchgreifende Erfolg der Marke »Burberry« (bis 1999 »Burberry's«) begann mit dem Kultfilm »Casablanca« (1942) und dem Hauptdarsteller Humphrey Bogart. Als Klassiker wiederbelebt wurde der Burberry-Trenchcoat in den 1980er Jahren durch eine japanische Modeklientel auf ihrer Suche nach authentisch Europäischem. 1997 übernahm Rose Marie Bravo, ehemals Direktorin des Nobelkaufhauses Saks Fifth Avenue, die Traditionsmarke und engagierte den italienischen Designer Roberto Menichetti (geb. New York 1967, italienischer Abstammung; zuvor im Designerteam von C. ‣Montana und J. ‣Sander) für die kreative Vitalisierung der Marke. Menichetti kehrte den berühmten Futterstoff nach außen. Seither gibt es vom Kleid über Schuhe mit *high heels* bis zur Badehose alles aus dem neuen Techno-Gabardine, einem extrem dehnbaren Wollgarn im typischen Karomuster. Seit 1999 werden die Modekollektionen auf der London Fashion Week gezeigt. Die exklusive »Prorsum«-Linie, die seit 2001 von Christopher Bailey (geb. 1971, Designer bei Donna ‣Karan, danach bei ‣Gucci) geführt wird, verzichtet bewusst auf das B.-Karo, sie zeigt das B.-Markenzeichen von 1900, einen Ritter auf steigendem Pferd, Symbol für *prorsum* (lat., ›vorwärts‹). 2003 wurde »Thomas Burberry«, eine sportlich-jugendliche Linie, eingeführt. Stammsitz in London.

Parfüm: Society, 1991; Burberry Touch, 2000; Brit, 2003.

Byblos, 1973 von A. Girombelli (‣Genny) gegründete Modefirma, mit Guy Paulin (‣Chloé) als Chefdesigner, nach 1981 mit Keith Varty (geb. 19.1.1952) und Alan Cleaver (geb. 30.5.1952), die Modedesign bzw. Graphik in London studierten, 1996–98 mit dem US-Designer Richard ‣Tyler und seit 1997 John Bartlett (geb. Columbus, USA, 1963, studierte Modedesign am FIT, New York. 1992 erste eigene Männer-, 1997 Frauenkollektion), 1998 bis 2002 mit M. ‣Sitbon, danach mit einem Designerteam. 2001 ging die Genny-Group an Prada über, 2002 Byblos an den italienischen Konfektionär Swing.

Stil: Citylook in einer Mischung von englischer Sportmode und italienischem Purismus, nach 2001 romantischer ethnischer Stil. – *Parfüm:* u.a. Byblos Woman, 1988; Byblos Man, 1992; Byblos Brezza, 2001; Byblos Musk, 2003.

Cacharel, 1962 von dem gelernten Schneider Jean Bousquet (geb. Nîmes 30.5.1932) gegründete Modefirma, deren Kollektionen u.a. 1962–67 von E. ‣Khanh entworfen wurden. Nach 1966 entwarf Corinne Sarut-Grandval die Kollektionen sowie die Stoffdessins. Accessoires und eine Kinderkollektion von L. ‣Lempicka kamen hinzu. C. ist auf Hemden und Blusen spezialisiert. 2000 übernahmen ‣Clements Ribeiro das Design. Seit 2001 ist sein Sohn Guillaume Bousquet für das Geschäft in den USA zuständig. Stammhaus: Paris, Rue Étienne Marcel 49.

Stil: Betont sportlich, feminin, oft Hosenröcke und Hemdblusen; seit Clements Ribeiro verspielter. – *Parfüm:* Anaïs Anaïs, 1978; Cacharel, 1981; Loulou, 1987; Eden, 1994; Nemo, 2000; Amor Amor, 2003.

Callot Sœurs, 1888 gründeten die Schwestern Marie, Marthe, Régine und Josephine C. in Paris ein Geschäft für Wäsche und Spitzenwaren. Diesem folgte 1895 eine Maison de Couture in der Rue Taibout 24, deren Leitung die Älteste, Marie Gerber (gest. 1927), innehatte. 1901–06 war M. ‣Vionnet Assistentin. 1919 übersiedelte der Salon in die Avenue Matignon. 1927–37 leiteten ihn Mme. Gerbers Söhne Pierre und Jacques.

Kreationen: Reich mit Spitzen und Samt ornamental verzierte Kleider aus schweren Stoffen. Negligékleider. In den 1920er Jahren Gesellschafts- und Abendkleider mit Verzierungen nach chinesischen Motiven.

Capucci, Roberto, geb. Rom 2.12.1930, studierte an der Accademia di Belle Arti, eröffnete 1950 sein erstes Modeatelier in der Via Sistina in Rom, präsentierte 1951 erstmals seine Modelle im Palazzo Pitti in Florenz und gehört seither zur »Alta Moda Italiana«. 1957 Umzug in die Via Gregoriana 56. 1962–66 unterhielt er auch ein Atelier in der Pariser Rue Cambon. 1982 zog er sich vom »institutionalisierten Modebetrieb« zurück und zeigte seine Kollektion einmal jährlich nach deren Vollendung in verschiedenen Weltstädten. 2003 zeigte Capucci erstmals wieder eine Modekollektion in Mailand, designed von B. ‣Willhelm, die Haute Couture von der spanischen Designerin Sybilla (Sorondo-Myelzwynska, geb. New York 1963, seit 1983 eigenes Label in Madrid, auch Schuhdesign). Nach den Plänen des Inhabers Franco Bruccolari und von C. werden weitere Jungdesigner engagiert.

Stil und Kreationen: Von der Architektur bestimmter, stark geometrisierter Stil, der die Kleidung als Raum sieht. Er arbeitet häufig mit doppelseitigem Plissee und anderen Absteifungen. Berühmt wurde 1956 seine erste Schachtellinie, andere Modelle haben so charakteristische Namen wie »Umhüllungen«, »Fächer«, »Masken«, »Mechanismen«, »Skulpturen«, »Weiß«. B. Willhelm interpretierte C.s Stil, indem u.a. eingeflochtene Seile den biomorphen Schnitten Halt geben. – *Parfüm:* Capucci, 1960; Graffiti, 1963; Parce que, 1963; Capucci pour Homme, 1967; Yendi, 1974; Ballade à Venise, 1996. – *Ausstellungen:* Palazzo Strozzi, Florenz, 1990 und 2001; Münchner Stadtmuseum, München, 1990; Neue Hofburg, Wien, 1991; Tokyo, 2002.

Cardin, Pierre (P. Cardini), geb. bei Treviso 7.7.1922. Wuchs in Saint-Étienne (Frankreich) auf, studierte Architektur in Paris. Während der deutschen Besetzung von Paris Zuschneider und Näher in einer Schneiderwerkstatt bei Vichy. 1945 Rückkehr nach Paris, wo C. für Mme ‣Paquin und kurzfristig für E. ‣Schiaparelli arbeitete. Bekam 1946 die Chance, zusammen mit Christian Bérard für Jean Cocteaus Film »La Belle et la Bête« die Kostüme anzufertigen. 1947 war er Mitarbeiter von Chr. ‣Dior. Eröffnete 1950 ein kleines Atelier in der Pariser Rue Richepense, wo er insbesondere Kostüme und Masken für das Theater realisierte. 1953 stellte er seine erste Damen-Haute-Couture-Kollektion in seinem neuen Haus, Rue du Faubourg-St-Honoré 118, vor, eröffnete 1954 seine Boutiquen »Adam« und »Ève«. C. war einer der Ersten, die nach dem 2. Weltkrieg mit dem traditionellen, luxuriösen Haute-Couture-Stil brachen und abstrakte Formen der modischen Linie zugrunde legten sowie Stoffe aus Chemiefasern verwendeten (sein eigenwilliger Stil unter Bevorzugung runder Linien kommt auch bei seinen Entwürfen für Innenausstattung und Möbel zum Ausdruck). 1959 erste Damenkonfektions-Kollektion für das französische Kaufhaus »Printemps« und bald darauf für den deutschen Kaufhauskonzern »Hertie«. Kollektionsvorführung in Japan. Kreierte Herrenhemden und Krawatten und 1960 die erste Herrenkollektion. 1961 Eröffnung einer Abteilung für Herrenkonfektion, 1963 einer zweiten für Damenkonfektion. 1966 erste Kinderkollektion. Weltweite Lizenzen mit Modegeschäften auch in China und Moskau. Erstmals 1979 stellte er als erster westlicher Modeschöpfer eine Damen- und Herrenkollektion in Peking und Shanghai mit chinesischen Mannequins vor. Für die Prêt-à-porter-Kollektionen verantwortlich zeichnet André Olivier, einer der engsten Mitarbeiter. C. und seine Mitarbeiter entwerfen sämtliche Accessoires sowie Sportmode für Herren, Damen und Kinder. Für das Unternehmen Cardin arbeiten direkt oder indirekt 200 000 Menschen, es produziert über 1000 Artikel, die in 140 Ländern verkauft werden. Monsieur C. arbeitet weiterhin zusammen mit einem Designerteam. Runde Formen und Scheiben sind sein Markenzeichen.

Stil und Kreationen: Sehr individuelle, avantgardistische Haute-Couture- und Prêt-à-porter-Kreationen, bei denen sein Interesse an Technik und Geometrie und seine Vorliebe für runde Linien zum Ausdruck kommt. 1954 großer internationaler Erfolg mit seinen »Robes bulles«, denen große Ballonformen zugrunde lagen. 1958 kreierte er »Unisex«-Kleidung, 1960 eine »Zylinder-Linie«, 1963 seine »Kleid-Skulpturen« mit geometrischen Ausschnitten u.a. in der Taille und anschließend Anzüge im »Weltraum-Look« mit Bodysuits, Helmen und Stiefeln. 1966 setzte er BH-artige Oberteile als textile Quader außen auf das Kleid, ähnlich erhielten 1968 Röcke nach außen gemoldete Quadrate. 1967 waren Shiftkleider mit sog. *cut outs* berühmt, d.h. Ausschnitte in Form von Zacken, Ovalen, Mäandern oder Orbitalkreisen, unter denen Rollkragenpullover getragen wurden. C. kreierte eine Art Trägerröcke, die in der Mitte von nur einem Träger gehalten wurden, der auf der Brust eine Scheibe bildete oder zu einem Kragen auslief. Alle Modelle waren in der noch keineswegs selbstverständlichen Minilänge. Er kreierte Bodysuits mit Lendenschurzröckchen aus einzelnen Stoffstreifen und verwendete Vinyl und Plastik sowie silbergefärbtes Leder selbst in der Haute Couture (!), die er als Laboratorium für Ideen ansieht. 1982/83 verbreiterte er die Schultern durch angesetzte »Scheiben«; 1987 Minikleider mit großen Mohnblumen als Rock, 1988 Tuturöckchen in Form horizontaler Scheiben. Seine erste Herrenkollektion 1960, für die er auch selbst Modell stand, war eine innovative Sensation: hochgeschlossene, kragenlose Jacketts mit bordierten Kanten und sehr schmalen Hosen, die zwei Jahre später für die Beatles adaptiert wurden. C. schuf weiters Männeranzüge aus Jersey, deren Jacketts mit Reißverschluss und kleinem ‣Mao-Kragen versehen waren. – *Parfüm:* Singulier, 1955; Pierre Cardin pour Monsieur; Cardin de Pierre Cardin (für die Frau); Bleu Marine, 1965; Men's Cologne, 1972; Cardin, 1976; Choc de Cardin, 1981; Paradoxe de Cardin, 1984; Maxim's de Paris, 1985; Bleu Marine de Cardin, 1986; Centaure, 1997; Tristan, 2000. – *Andere Aktivitäten:* 1970 Eröffnung des von ihm gänzlich ausgestatteten Pariser Theaters »Espace Pierre Cardin«, in dem Avantgarde-Stücke und Konzerte aufgeführt werden, an der Stelle des in den 1930er Jahren berühmten Nachtclubs »Les Ambassadeurs«; 1977 Eröffnung seiner Galerie »Évolution«, in der C. seine erste von ihm entworfene Kollektion exklusiver Möbel vorstellte, sowie Eröffnung des ersten »Maxim«-Geschäftes für Essen und Esskultur, dem weitere folgten; erwarb das Pariser Nobelrestaurant »Maxim's« und ließ ein solches 1982 in Peking nachbauen. C. entwirft auch Kugelschreiber, Porzellan, Stoffe, Tapeten, Autoausstattung, Glaswaren, Fahrräder, Schlauchboote und lässt Schokolade herstellen. – *Ausstellungen:* u.a. Victoria & Albert Museum, London, 1991; Galleria Carla Sozzani, Mailand 2004; Akademie der Bildenden Künste, Wien 2005.

Carven, Madame (Carmen de Tommasso), geb. Châtellerault (Frankreich) 31.8.1909. Studium an der École des Beaux-Arts in Paris. 1945 Eröffnung des Haute-Couture-Hauses »Maison Carven« in Paris, Rondpoint des Champs Élysées 6. 1968 begann Madame C. eine Schmuck- und eine Herrenmode-Kollektion zu entwerfen. Das bis 1990 eigenständige Couture-Haus wird seither von Edmond de Rothschild mitfinanziert, die Haute Couture führte 1993–95 Maguy Muzy, 1995–98 Angelo ‣Tarlazzi, danach Edward Achour aus. 1998 gestaltete sie selbst eine retrospektive Modenschau in Bangkok, Thailand. 2002 wurde das Unternehmen von der Daniel Harlant Group gekauft, mit Pascal Millet (geb. 1965) als Chefdesigner.

Stil: Ihre Haute-Couture war besonders auf zierliche Frauen abgestimmt (daher besonders auf dem japanischen Markt erfolgreich) und von zahlreichen Reisen inspiriert. – *Parfüm:* MA Griffe, 1947; Robe d'un Soir, 1947; Vert et Blanc, 1957; Vétiver (für Herren), 1959; Eau Vive, 1966; Variations, 1971; Monsieur Carven, 1977; Madame, 1979; Carven Homme, 1999. – *Ausstellung:* Musée Galliera, Paris 2002.

Cassini, Oleg, geb. Paris 11.4.1913. Entstammt dem russischen Hochadel, studierte Kunst in Florenz, entwarf Modeskizzen für J. ‣Patou in Paris und emigrierte 1936 in die USA, arbeitete für verschiedene Modehäuser in New York, wo er kurzfristig einen eigenen Salon unterhielt. U.a. war er mit der Schauspielerin Grace Kelly, der späteren Fürstin von Monaco, verlobt. 1950 eröffnete er seine eigene Konfektionsfirma. 1961 entwickelte er, mit dem Auftrag, für seine gute Freundin Jacqueline Kennedy als First Lady die Garderobe zu entwerfen, einen neuen jugendlichen Stil. Nach 1963 vergab er nur noch Lizenzen.

Stil und Kreationen: Gerade geschnittene, sog. ‣Shiftkleider mit leicht erhöhter Taille oder Antaillierung und einer einfachen Schleife als Blickfang; lose Bolerojäckchen; Kleid-Mantelensembles, dazu Pillbox-Hüte von ‣Halston; Abendkleider häufig mit asymmetrischem Diana-Dekolleté. Kreierte fast die gesamte offizielle Garderobe der First Lady Jacqueline Kennedy, bekannt als »Jackie-Stil«. – *Parfüm:* Oleg Cassini, 1978; Cassini, 1994; Black Tie, 1999.

Castelbajac, Jean-Charles de, geb. Casablanca (Marokko) 28.11.1949. Ausbildung als Prêt-à-porter-Designer bei verschiedenen Modefirmen. 1970 erste eigene Prêt-à-porter-Kollektion, 1972 Mitglied der Gruppe »Créateurs et Industriels«, 1978 Eröffnung eines Hauses in Paris, Avenue Robert Schuman 16. Kreiert u.a. »Sportmax« für ‣MaxMara; 1985–87 und erneut 1997 Professor an der Hochschule für angewandte Kunst in Wien. Seit 1994 realisiert C. die Kollektionen für André ‣Courrèges.

Stil und Kreationen: C. stellt Kleidungskonventionen in Frage mit seinem berühmten »Poncho für Zwei« (1974), seinem sechsärmeligen Pullover, einem aus Handschuhen zusammengesetzten Pullover, oder mit einem zum Rock umfunktionierten Blazer. Der Pop-Art nahe stehen seine »Bildkleider« mit aufgemalter Cola-Flasche, US-Flagge oder dem Time-Magazine, dazu gehören seit 1983 seine »Robes Hommages« (Kleider mit Kultfiguren). Seine Jeans-Kollektion, seit 1976, nennt er »Jesus«. Er verarbeitete so ausgefallene Materialien, wie Pferdedecken, Rohnessel, Fallschirmseide, Segeltuch, Armee-Tarnstoffe, Küchenhandtücher, Verbandmull, Taschentücher und Fischernetze. C. machte Anoraks, Parkas, Overalls und Windjacken zu Tagesmode. Er war damit einer der Ersten, der in den 1970er Jahren Sportswearmode schuf. 1997 entwarf er eine liturgische Kleidung für den Papst und Klerus. Ende der 1990er Jahre erfuhr sein poppiger Modestil ein Revival: 1999/2000 »State of Emergency« mit Schlafsäcken als Kleidung; 2004 »Poptimist« u.a. mit Porträt von Gouverneur Arnold Schwarzenegger; 2004/05 mit Designerporträts wie K. ‣Lagerfeld. – *Parfüm:* Première, 1980; Jean-Charles pour Homme, 1981; Jean-Charles de Castelbajac N°2, 1987; The Nomad, 2001. – *Ausstellung:* Österreichisches Museum für angewandte Kunst, Wien 1988, sowie zahlreiche Gruppenausstellungen.

Castillo, Antonio (Conde Cánovas del C. del Rey), geb. bei Madrid 13.12.1908, gest. Spanien 1984. Jurastudium in Madrid. Ging 1936 nach Paris, wurde Assistent und Modedesigner bei G. ‣Chanel, R. ‣Piquet und Mme ‣Paquin. 1942–50 Designer für Elizabeth Arden in New York, 1950–62 künstlerischer Leiter des Hauses ‣Lanvin in Paris unter der Firmenbezeichnung »Lanvin-Castillo«. 1964–68 eigenes Haute-Couture-Haus im Pariser Modeviertel, Rue du Faubourg-St-Honoré 76. Kreierte viele Kostüme für Theater, Ballette und Film, u.a. für »Nicholas und Alexandra«, 1971, für den er den Oscar erhielt. Verkaufte 1969 sein Unternehmen.

Cavalli, Roberto, geb. Florenz 15.11.1940, besuchte die Kunstakademie in Florenz. 1965 begann er T-Shirts, anfangs der 1970er Jahre Körper zu bemalen, nach 1977 mit seiner Frau Eva Strickwaren herzustellen. Allmählich baute er ein großes Modeimperium auf, mit »Just Cavalli« für die junge Frau. Stammsitz ist Mailand.

Stil: Animal prints in Verbindung mit Spitze oder mit bemaltem Stoff, üppige Stickerei auch auf Denim und Stiefel, sowie eigene Jeans-Linie. Seine Mode ist sexy und sehr körperbetont. Er liebt alles Auffallende, seine Mode wird daher besonders von Film- und Popstars getragen. – *Parfüm:* Roberto Cavalli, 2002.

Cazaubon, Jean ‣Chanel, Gabrielle.

Céline. 1947 wurde C. als Kinderschuhgeschäft gegründet. In den 1950er Jahren wurde das Angebot auf Lederwaren und Accessoires erweitert, in den 1960er Jahren auch auf Damenmode. C. ist weltweit mit exklusiven Geschäften vertreten. Der Konzern C. wurde von der LVMH-Gruppe gekauft. 1997–2004 war Michael Kors (geb. New York 1959, studierte am Fashion Institute of Technology, New York; 1981 erste eigene Kollektion, seit 1995 eigene Linie »Kors Michael Kors«) für das Design verantwortlich, danach Roberto Menichetti (‣Burberry), der C. zu einer Luxusmarke führen soll.

Stil: Kaschmir und Leder, verarbeitet in einem modern-klassischen Stil mit Trenchcoats, Dufflecoats und Schlauchkleidern. – *Parfüm:* Magic, 1996; Céline, 2001; Céline Oriental Summer, 2003.

Cerruti 1881, Luxuskonfektion und Prêt-à-porter für Herren und Damen sowie Stofffirma, gegründet 1881 als Tuchweberei in Biella bei Mailand durch Antonio, Quintino und Stefano C, fortgeführt von Silvio C. und seit 1949/50 von Nino C. (geb. Biella 25.9.1930) als künstlerischem Direktor. 1957 Angliederung der Herrenkonfektionsfirma »Hitman«, 1963 Gründung einer Hemden- und Strickwarenfirma »Cernaia« in Mailand und 1965 der Strickwarenfirma »Bryant of Scotland«. 1967 Eröffnung eines Haute-Couture-Hauses »Cerruti 1881«, zunächst für Herrenmode, in Paris, Rue Royale. Weltweite Lizenzen folgten. 1977 erste Kollektion für Damen-Prêt-à-porter und -konfektion. 1979 Aufnahme von Lederwaren, 1980 von Sportbekleidung, später von Dessous. 1995–97 war der Amerikaner N. ‣Rodríguez, danach der Grieche Peter Spelioupoulos (geb. 1961, zuvor bei D. ‣Karan) für die Damenkollektionen verantwortlich, die von einer Escada-Division hergestellt wird. C. setzt sehr auf Internationalität. 2001 zog sich Nino C. aus dem Unternehmen zurück und verkaufte an die finpart-Gruppe. 2002 wurde der Jugoslawe Istvan Francer (geb. 1957, 1987–2001 bei D. ‣Karan) als Designer verpflichtet, danach David Cardona (geb. Los Angeles 1964; zuvor bei Richard ‣Tyler).

Stil und Kreationen: Modische bis lässig sportliche Herrenmode für den jungen Geschäftsmann, erstklassige Qualität und perfekte Verarbeitung. 1967 erfolgreich mit Partnerlook. In der Damenmode Bevorzugung von Hosenanzügen und Kostümen. Filmkostüme u.a. für »Bonnie and Clyde« (1967) und »Basic Instinct« (1992). – *Parfüm:* Nino Cerruti pour homme, 1978; Nino Cerruti pour femme, 1987; Cerruti 1881 (Herren), 1991; Cerruti 1881 pour femme, 1995; Image, 1998; Mambo, 2001; Amber, 2002; Cerruti Si, 2004.

Chalayan, Hussein, geb. Zypern 1970, kam mit zwölf Jahren nach England und besuchte 1989 bis 1993 das Central Saint Martins College of Art & Design in London. Seine Diplomkollektion kaufte das Modehaus »Brown's«. 1994 gründete er seine eigene Prêt-à-porter-Marke. Er selbst sagt, er mache nicht Mode, sondern designe Ideen, ganz im Sinne eines Konzeptkünstlers. Besonders interessiere ihn der christliche und muslimische Kulturvergleich, weshalb er 1995 nackte ebenso wie ganz verhüllte Frauengestalten auf den Laufsteg brachte. Seine Mode wie auch Modepräsentationen haben einen symbolischen und intellektuellen Anspruch. 1994–97 entwarf er Kollektionen für die US-amerikanische Modefirma TSE, danach für Aspey sowie Opern- und Ballettkostüme.

Stil und Kreationen: Seine Kreationen sind zwischen Minimalismus und Dekonstruktivismus einzuordnen, wobei der dekorative, ebenso wie der funktionelle Charakter Teil der Struktur des Kleides ist. Auch greift er Ideen immer wieder auf und setzt sie neu um. 1994 brachte er bei seiner ersten Show »Cartesia« lange, schmale Kleider, mit eigenen poetischen Texten bedruckt. Er band die Arme mit in das Kleideroberteil ein oder ließ die Seitennähte seiner *tabard dresses* (dt. Tappert, Heroldsgewand) vollkommen offen, als große, ovale Löcher (1997). Mittel der Überzeichnung setzt er dekorativ ein, wie ein übergroßes ‣Jabot (1999), Funktionelles wird in die Kleidung integriert, wie eine Kapuze, die zu einem Nackenpolster wird (2000). Furore machten auch seine aus geformtem Fiberglas zusammengeschraubten Kleider (mit horizontalem Schlitz F/S 1999), an denen sich einzelne Teile auseinander schieben (H/W 1999) und aufklappen ließen (F/S 2000) und darunter nicht minder starre Kleider aus dichten Rüschen. Die Kleider – *Aeroplane dresses* (mit remote control) – erinnern an ein Flugzeug, das seine Landeklappen bewegt. Er ersinnt Mobiles ebenso wie Multifunktionelles, wie seine sensationelle Kollektion »After Words« H/W 2000/01, einer Zusammenarbeit mit dem Produktdesigner Paul Topen. Sofaüberzüge wurden zu Kleidern und das Sofa selbst zum Koffer. Ein runder Tisch ließ sich zu einem langen Rock »ausziehen«. Das Mobiliar eines Zimmers war zu Kleidung geworden. Die Idee repräsentierte Zeiten des Kriegs, wenn Menschen gezwungen sind, in wenigen Minuten ihre Wohnungen zu verlassen und doch möglichst viel, oft auch unauffällig, mitnehmen zu können. F/S 2003 setzte C. seine Auseinandersetzung mit Öffnungen fort, die sich aus Drapierungen ergeben. Dadurch geben »Hohlräume« den Körper beliebig frei und erzeugen eine »zweidimensionale« Skulptur. H/W 2003/04 war der türkischen Folklore mit entsprechender Stickerei, F/S 2004 den 1950er Jahren gewidmet. H/S 2005/06 löste er die Kleider in Fransen und Rüschen auf.

Ausstellungen: Het Modemuseum, Antwerpen, 2003; Museum Groningen (Niederlande), 2005.

Chanel, Gabrielle, genannt »Coco« Ch., geb. Saumur (Frankreich) 19.8.1883, gest. Paris 10.1.1971. 1895–1902, nach dem Tod der Mutter (der Vater war Gelegenheitsarbeiter) Erziehung in einem Kloster. 1902 Lehrstelle als Verkäuferin in einem Spezialgeschäft für Aussteuer- und Babyartikel in Moulins. Lebte 1908–10 auf dem Gut eines reichen Offiziers, Étienne Balsan, durch den sie in die Gesellschaft eingeführt wurde. 1909 erste Hutentwürfe und Errichtung eines Hutateliers in Balsans Pariser Haus. 1910 Einrichtung eines Geschäfts in Paris, Rue Cambon 21, mit Hilfe ihres neuen Geliebten Arthur Capel (»Boy«). 1913 Eröffnung eines Geschäfts in Deauville. Unterstützung ihrer vier Geschwister mit Familien. Erregte 1914 mit ihrem eigenen Kleidungsstil erstmals Aufsehen und eröffnete 1915 mit Capel ein Modehaus in Biarritz. Sie arbeitete Ballen von beiger Baumwollwirkware für Kostüme auf, ihr Hemdblusenkleid wurde in dem amerikanischen Modejournal »Harper's Bazaar« vorgestellt. 1918 Trennung von Capel, 1919 Ausdehnung des Geschäfts auf Nr. 31 der Rue Cambon (heute noch Firmensitz). Liaisons mit vermögenden Persönlichkeiten, wie dem Großfürsten Dimitri von Rußland (stellte 1920/21 russische Verkäuferinnen und Mannequins ein und kreierte eine bestickte »Rubaschka«), dem Herzog von Westminster, genannt »Bend'or« (1924–30 längere Aufenthalte in England und englische Einflüsse in ihren Kreationen), dem Schriftsteller Pierre Reverdy und dem Maler Paul Iribe (P ‣Poiret). Freundschaft mit Picasso, Diaghilev, Cocteau und Strawinsky. 1934 finanzielle Schwierigkeiten infolge der Wirtschaftskrise. Ch. mietete ein Appartement im Hotel Ritz, wo sie bis zu ihrem Tod hauptsächlich wohnte, behielt aber manche ihrer Villen bei. Scharfe Konkurrenz mit E. ‣Schiaparelli. 1939 Aufgabe der Haute Couture, Fortsetzung nur der Boutique und der Parfümherstellung; die Unterstützung der Geschwister stellt sie ein. 1940–44, während der deutschen Besetzung von Paris, Liaison mit dem deutschen Offizier Hans Günther von D., eine Verbindung, die ihr viele Feinde und Schwierigkeiten einbrachte; Reisen nach Spanien, Italien und Deutschland. 1945 mit von D. in der Schweiz, wo sie in Lausanne ein Haus erwarb. Am 5.2.1954 Wiedereröffnung ihres Modehauses unter der alten Adresse Rue Cambon 31 mit einer neuen Ch.-Kollektion, die beim Publikum und besonders bei der Presse zunächst keinen Anklang fand, ein Jahr später aber als »Chanel-Look« in den USA ein großer Erfolg wurde. 1957 erste und einzige USA-Reise zum Empfang des Neiman-Marcus-Award. Ch. kreierte alle Accessoires, insbesondere den Modeschmuck, und entwarf Bühnenkostüme. Im Alter galt sie als sehr schwierige, egozentrische Dame, sie pflegte ihre Modeschauen von der Treppe ihres Salons aus kritisch zu beobachten. Ihre Lebensgeschichte wurde zur Vorlage des Musicals »Coco« von Alan Jay Lerner (Text) und André Prévin (Musik), für dessen Uraufführung 1969 Cecil Beaton die Kostüme entwarf. Das Haus Ch. stand nach 1971 unter der künstlerischen Leitung von Yvonne Dudel (geb. 15.2.1922), die 14 Jahre bei Mme ‣Grès Assistentin, seit 1956 aber bei Ch. war, und Jean Cazaubon (geb. 26.6.1923). 1978 Beginn mit Prêt-à-porter-Kollektionen, »Chanel-Créations«, unter Philippe Guibourgé als Designer. Am 1.2.1983 zeichnet erstmals K. ‣Lagerfeld für die Haute-Couture-Kollektion und seit 1984 für das Prêt-à-porter im Haus »Chanel« verantwortlich.

Stil und Kreationen: 1914/15 entwickelte Ch. ihre charakteristische einfache Linie: Sweaters, Matrosenjacken, wadenlange Faltenröcke, gerade Kittel- und Hemdblusenkleider, für die sie beige Baumwollwirkware, die für die Herstellung von Unterwäsche bestimmt war, aufarbeitete. Lancierte 1915 einen Kurzhaarschnitt für die Frau und einen braunen Gesichtsteint. In den 1920er Jahren waren sportliche Jerseykleider und -kostüme mit Faltenrock, Pullover aufgeputzt mit langen Perlenketten sowie Canotier oder Barett für ihren androgynen Stil charakteristisch. Ch. gilt als »Erfinderin« des Modeschmucks, den sie anstelle stofflicher Verzierungen dekorativ einsetzte. 1926 lancierte sie das »kleine Schwarze«, ein durch seine schlichte Eleganz wirkendes schwarzes Gesellschaftskleid. Ab 1954 hatte sie große Erfolge mit dem ‣»Chanel-Kostüm«. Ch. konnte weder zeichnen noch nähen, sondern schnitt und steckte Entwürfe aus Nesselstoff. Sie wollte einen von allen Frauen kopierbaren Kleidungsstil. Seit 1983 belebt K. ‣Lagerfeld den Chanel-Stil durch immer neue Variationen, wie Leder- und Jeanskostüme, Hosenanzüge und Längenvariationen oder auch sportliche ‣Cargo pants (1994/95), und versteht es, neue Modelinien, wie den mit Bordierung versehenen Chanel-Trenchcoat (2004), zu integrieren. 1998 brachte das Haus C. die neue Taschenform »2005« in steifer, geschwungener Form mit seitlich dominanten Scharnieren. 2005 stellte das Haus Ch. eine erste Männerkollektion vor.

Parfüm: Chanel N° 5, 1921 (1924 Gründung der Ch.-Parfum-Gesellschaft unter dem Vorstand der Brüder Wertheimer); Chanel N° 22, 1922; Cuir de Russie, 1924; Gardénia, 1925; Bois des Iles, 1926; Chanel Sycomore, 1930; Chanel pour Monsieur, 1955; Chanel N° 19, 1970; Cristalle, 1974; Antaeus pour Monsieur, 1980; Coco, 1985; Egoïste, 1990; Cristalle, 1993; Allure, 1996; Coco Mademoiselle, 2001; Allure pour L'Été, 2003, u.a.

Ausstellung: Metropolitan Museum, New York, 2005.

Chaussade, Emmanuel ‣Scherrer.

Chloé. Die Prêt-à-porter-Firma »Chloé« in der Avenue Franklin-D.-Roosevelt 71, wurde 1952 von Jacques Lenoir und Gaby Aghion gegründet. Erst K. ‣Lagerfeld führte die Marke zu Weltruhm, als er 1963–83 und 1992–97 das Design übernahm. Dazwischen waren Guy Paulin (1945–90; zuvor für ‣Dorothée Bis, E. ‣Khanh, M. ‣Quant und für ‣Byblos tätig) und 1989–92 M. ‣Sitbon für die Mode von C. verantwortlich. 1997 übernahm S. ‣McCartney den kreativen Part von den neuen Eigentümern der englischen Dunhill Group, 2001 gefolgt von ihrer ehemaligen Assistentin Phoebe Philo (geb. Paris 1974, Absolventin des Saint Martin's College of Art and Design in London).

Stil: Lagerfeld vertrat einen jugendlichen, betont modischen bis witzigen Stil; seit Stella McCartney zeitgemäß sexy-jugendlich. – *Parfüm:* Chloé 1975; Narcisse, 1992; Chloé Innocence, 1996.

Clark, Ossie (Raymond), geb. Liverpool 2.6.1942, gest. London 6.8.1996. 1957–61 Studium für Modeentwurf an der Kunsthochschule Manchester. 1966 entwarf C. eine Prêt-à-porter-Kollektion für die Modemarke »Quorum«, danach eine für die französische Konfektionsfirma »Mendès«. C. war ein Vertreter des typischen Londoner »Carnaby-Street-Look«.

Stil und Kreationen: In den 1960er Jahren ausgefallene, vielfach schockierende Kreationen aus metallic glänzendem Leder und Schlangenhaut, oft Op-Art-Muster und superkurze Miniröcke und durchsichtige Blusen. In den 1970er Jahren stilistische Anlehnung an die 1940er Jahre in einem geziert modischen Stil.

Claussen, Hans W., geb. Holstein 23.12. 1906, gest. Berlin 28.11.1986. Gründete 1941 eine Modellkonfektionsfirma in Berlin, eröffnete 1945 ein Damenmodengeschäft am Kurfürstendamm 217 und 1948 eine Modellfirma für Haute Couture und Luxuskonfektion. 1969 Geschäftsaufgabe wegen eines Augenleidens.

Stil: Vorliebe für strahlende Farben und blumengemusterte Stoffe.

Cleaver, Alan ‣Byblos.

Clements Ribeiro, Designerehepaar Suzanne Clements (geb. Surrey, England 1969) und Inacio Ribeiro (geb. Itapecerica, Brasilien, 1963) studierten in London, Saint Martin's School of Art and Design, Abschluss 1991. Seit 1993 eigene Marke C.R., seit 2000 auch Chefdesigner des Hauses ‣Cacharel.

Stil: Starke grafische Muster und knallige Farben, auch Applikationen, sowohl auf Kaschmir- als auch auf Denim-Kleidung.

Cobson, Corinne, geb. Paris 1960, Tochter von Elie und Jacqueline Jacobson (‣Dorothée Bis). Nach dem Besuch einer privaten Modeschule wurde sie Assistentin ihrer Mutter. 1986 gründete sie ihre eigene Modemarke unter ihrem Namen. Seit 1992 leitet sie auch das Dessous-Design der Firma ‣Cacharel.

Stil: Unkonventionelle, jugendliche Strick- und Jerseymode mit gelappten und gefransten Teilen und kreativen Stricktechniken.

Colonna, Jean, geb. Oran 7.4.1955. Brach sein Medizinstudium ab, um 1975 in Paris an der École de la Chambre Syndicale de la Couture Parisienne zu studieren. 1977 Assistent bei P. ‣Balmain, entwarf Modeschmuck und Accessoires für J.-P. ‣Gaultier, C. ‣Montana und andere. Seit 1985 zeigt C. Mode unter eigenem Namen, seine Schauen finden immer in einer zu seiner Mode passenden Kulisse im Elysée Montmartre statt. 1997 eröffnete er seine erste Boutique in Tokyo.

Stil: C. verherrlicht in seiner Mode die Ästhetik des Heruntergekommenen, des schlechten Geschmacks und des Nuttigen. Er kombiniert Lingerie aus glänzendem Satin und transparenten Stoffen mit hartem Leder oder Animalprints.

Comme des Garçons ‣Kawakubo, Rei und ‣Watanabe, Junya.

Complice ‣Genny.

Costelloe, Paul, geb. Dublin 1945. Studierte 1967/68 in Paris an der École de la Chambre Syndicale de la Couture, machte Designs für J. ‣Esterel, 1969–72 für »Marks and Spencer« in London. Nach drei weiteren Designjahren in New York kehrte er nach Dublin zurück, wo er eine Designfirma gründete.

Stil: C. versteht es, Modetrends in traditionellen irischen Materialien, wie Tweed und Leinen, umzusetzen. Sein Name steht für Country-Fashion.

Courrèges, André, geb. Pau, Pyrenäen (Frankreich) 9.3.1923. Der Techniker und Brückenbauingenieur studierte Modedesign und war 1950–61 Assistent bei C. ‣Balenciaga, wo er eine grundlegende Ausbildung erhielt. 1961 Eröffnung eines ganz in Weiß gehaltenen Ateliers zusammen mit seiner späteren Frau Jacqueline Barrière, ebenfalls einer Balenciaga-Schülerin, in Paris, Avenue Kléber 48. 1965 Übersiedlung in die vornehme Rue François Ier 40. 1967, nachdem er kurzfristig sein Haus geschlossen hatte, legte er sich auf drei Sparten fest: »Prototype« (Maßarbeit), »Couture Future« (teure Luxuskonfektion) und »Hyperbole« (preisgünstiges Prêt-à-porter) sowie Badeartikel und Accessoires. 1972 Ausstattung der französischen Teilnehmer der Olympischen Sommerspiele in München. 1973 Beginn mit Herrenmode, 1974 Geschäftseröffnung in New York, der weitere in anderen Weltstädten folgten. 1984 ging das Unternehmen an die japanische Gruppe Itokin über. Seit 1994 realisiert J.-C. de ‣Castelbajac seine Kollektionen.

Stil und Kreationen: Der 1964 kreierte, sehr erfolgreiche ‣»Courrèges-Stil« wurde als »harter Schick« charakterisiert, weil ihm »konstruierte Schnitte und geometrischer Aufbau« zugrunde liegen. C. führte den Mini in die Pariser Haute Couture ein, brachte 1965 den »Mondmädchen-Look« und 1969 gestrickte Overalls. 1972 änderte sich sein Stil grundlegend zugunsten einer femininen Linie, auch mit Rüschenverzierung und in Pastellfarben. – *Parfüm:* Empreintes, 1971; Eau de Courrèges, 1974; Courrèges pour Hommes, 1977; Courrèges in Blue, 1983; Sweet Courrèges, 1993; Niagara for Men, 1995; Generation, 1996; 2020, 1997.

Coveri, Enrico, geb. Florenz 1953, gest. 1990. Nach Ausbildung zum Bühnenbildner begann C. 1973 Strickmode zu entwerfen, kreierte Damenmode für die Marke »Touche« und eröffnete 1978 ein eigenes Atelier in Mailand, Via Visconti di Modrone 28. Das Modeunternehmen »Enrico Coveri« besteht noch heute unter der Führung seiner Schwester Silvana und deren Sohn Francesco Martini (geb. 1975). 1996 lancierten sie die farbenfrohe »Young Coveri«-Linie. Für Lizenzen werden auch Pelz, Lingerie und Möbel entworfen.

Stil und Kreationen: Farbenfrohe bis avantgardistische, betont jugendliche Mode. Wird wegen seiner unkonventionellen Ideen als der »italienische ‣Kenzo« bezeichnet. – *Parfüm:* Paillettes, 1984; Enrico Coveri, 1987; Firenze, 1993.

Crahay, Jules-François, geb. Lüttich 21.5.1917, gest. 1988. Der Sohn einer Schneiderin studierte Mode und Modekreation am Institut Mondial de Coupe in Paris, war Assistent von Mme Jouvin (Modeschöpferin im Haus ‣Paquin und kurze Zeit selbständig). 1951–63 Modeschöpfer bei N. ‣Ricci, 1963–84 Couturier, künstlerischer Direktor sowie Designer des Prêt-à-porter im Hause ‣Lanvin.

Stil: Elegant, zurückhaltend, der Folklore-Mode nahestehend. Liebte lebendige Farben.

Creed, Charles, geb. Paris 1909, gest. London Juli 1966. Letzter Couturier der C.-Dynastie, ausgebildet in Wien, England und Deutschland, arbeitete für das New Yorker Kaufhaus »Bergdorf Goodman«, eröffnete 1932 einen neuen Salon in London und war maßgebend an der Gründung der »Incorporated Society of London Fashion Designers« 1942 beteiligt. – *Parfüm:* An die 50 Parfüms: u.a. 1760 Zeste Mandarin (für Damen, relaunched 1975); 1781 Royal English Leather; 2000 Flowers (für Damen, »inspired by Salvador Dalí lithograph of 1978«); 2003 Spring Fling (für Damen). Seine Parfümherstellung besteht noch heute.

Creed, Henry, der Mitte des 19. Jh.s bekannteste englische Herrenschneider, auch Schneider für Damen-Reitkostüme. Entstammte einer bis 1710 zurückverfolgbaren Herrenschneider-Familie, die bereits zur Zeit des englischen Regency (1811–20) führend war. »Creed & Son« waren Hofschneider für Königin Victoria und für Napoleon III. von Frankreich, sie eröffneten in Paris einen Herrenschneidersalon in den 1880er Jahren, einen Damensalon 1905.

Stil und Kreationen: Konservative Herrenkleidung, Reitkostüme im zeitgenössischen Modestil. Aufsehen erregte die Reitkleidung für den spanischen Herzog und die Herzogin von Alba aus gleichem Stoff und in einem einheitlichen Stil. (Die Spionin Mata Hari wurde 1917 in einem C.-Kostüm hingerichtet.)

Custo Barcelona, 1981 von den Brüdern Custo und David Dalmau in Barcelona gegründetes Modelabel. Zunächst entwarfen sie Männershirts, ab 1985 auch T-Shirts für Frauen mit Comic-artigen Prints, die 1997 mit großem Erfolg den US-Markt eroberten. Die Kollektion wurde auf Kleider und Accessoires erweitert.

Delaunay, Sonia, geborene Terk, geb. Ukraine (Rußland) 14.11.1885, gest. Paris 5.12.1979. Malerin, Kunsthandwerkerin und Modeschöpferin. Mit ihrem Mann, dem Maler Robert D. (1885–1941), entwickelte sie nach 1909 die »Simultanées«: ungegenständliche, rhythmisierte, auf Farbkontrasten aufbauende Kompositionen, die sie nach 1914 auf Stoffe, zunächst für ihre eigenen Kleider, übertrug. Ab 1920 Entwürfe von »Simultanée-Tüchern«, ab 1922 Dessins zu Seidenstoffen für die Firma »Bianchini Férier«, Lyon; 1923 Eröffnung eines eigenen Modeateliers in Paris, Boulevard Malesherbes 19, wo Wollmäntel, Jacken und Seidenkleider, »Robes simultanées«, nach ihren Angaben gewebt, gestrickt und geschneidert wurden. 1925, bei der »Exposition des Arts Décoratifs« in Paris, gestaltete sie zusammen mit J. ‣Heim die »Boutique simultanée«. Kehrte nach 1929/30 zur Malerei zurück.

Demeulemeester, Ann, geb. Courtrai (Belgien) 29.12.1959. Schloss 1981 ihr Modestudium an der Königlichen Akademie der Schönen Künste in Antwerpen ab. Mit anderen Diplomanden war sie als »Groupe des Six« beziehungsweise »die Belgier« erfolgreich, distanzierte sich davon und zeigte 1992 erstmals eigene Kreationen in Paris. Sie ist gegen »Prestige- und Labelprotzerei«. Seit 1996 kreiert sie auch eine Männerkollektion sowie Schuhe.

Stil: 1992 schockierte ihr dem ‣Grunge nahen Stil des Trostlosen mit zerrissenen Charmeuse-Unterkleidern, ungebügelten Kleidern, abgerissenen Säumen, hinuntergerutschten Strümpfen. 1993 übergroße weiße Hemden, die willkürlich am Körper hingen; danach häufig transparente Oberteile, asymmetrisch gewickelte Röcke, Mäntel und Jacken in Herrenfasson. In den 1990er Jahren war ihr Stil, den sie immer wieder variiert und weiterentwickelt, sehr einflussreich.

Dessès, Jean (J. Dimitre Verginie), geb. Alexandria (Ägypten) 6.8.1904, gest. Athen 2.8.1970. Griechischer Abstammung und aufgewachsen in Alexandria, entwarf D. schon während seines Jurastudiums in Paris Modeskizzen. 1925 wurde er Modeentwerfer für den Salon von Mme Jane. Drapierte seine Kleider auf Schneiderpuppen. 1938 Eröffnung eines eigenen Hauses in der Pariser Modestraße, der Avenue George V^{e} 37. 1949–55 assistierte ihm G. ‣Laroche. 1955 führte er die Prêt-à-porter-Kollektion »Diffusions« ein. 1956 Übersiedlung seines eigenen Hauses nach Rond-point Champs Élysées 12. 1963 schloss D. sein Haute-Couture-Haus, entwarf Luxuskonfektion und zog sich später nach Griechenland zurück.

Stil und Kreationen: Abendkleider in einem von griechisch-antiken Gewändern inspirierten Stil. Bevorzugung von weichen, fließenden Chiffon- und Musselin-Stoffen. – *Parfüm:* Gymkana, 1961; Celui, Kalispera, 1962.

Dior, Christian, geb. Granville, Normandie (Frankreich) 21.1.1905, gest. Montecatini Terme (Italien) 23.10.1957. Diplomaten-Akademie in Paris, galt als guter Maler und war mit Christian Bérard und Jean Cocteau befreundet. Eröffnete 1928 eine kleine Kunstgalerie und begann nach deren Bankrott 1931 Hutskizzen für die Modistin Agnès und Modeillustrationen für »Le Figaro Illustré« zu machen, danach Modeskizzen für R. ‣Piquet, der ihn 1938 als Modeentwerfer engagierte. Trat 1942 dem Designerteam von L. ‣Lelong bei. Als sich 1945 der Textilfabrikant Marcel Boussac entschloss, ein Modehaus in Paris, Avenue Montaigne 30, zu eröffnen, engagierte er Chr. D. als Modeschöpfer und Jacques Rouet als Administrator; am 12.2.1947 wurde die erste Kollektion, »Ligne Corolle« (»Glockenblumen-Linie«), von amerikanischen Journalisten als »New Look« gepriesen, vorgestellt. 1947 kam eine Pelzabteilung hinzu, 1948 wurde das Eckhaus der Rue François Ier angegliedert. 1949 Gründung der »Christian Dior New York Inc.«, die D.-Modelle für den Wiederverkauf vertrieb; Eröffnung eines Geschäftes in New York. 1951 Schaffung eines »Diffusion Departments« für den weltweiten Vertrieb der Handelsmarke »Dior«; weltweite Lizenzen auch für D.-Accessoires. 1953 Gründung von »Dior-Delman« für Maßschuhe nach Entwürfen von Roger Vivier, 1955 von »Christian Dior London Ltd.«. Nach dem Tod des als bescheiden und introvertiert geltenden D. übernahm 1957 sein Assistent Y. ‣Saint Laurent die künstlerische Leitung des Hauses, wurde jedoch 1961 als »zu avantgardistisch« entlassen. Sein Nachfolger wurde der im November 1960 als Assistent eingetretene M. ‣Bohan. Außer Herren-Accessoires kamen 1967 »Baby Dior«, 1968 Pelz-Haute-Couture und 1970 »Christian Dior Monsieur« für Herren-Luxuskonfektion, ferner u.a. Unterwäsche, Schuhe, Lederwaren, Handschuhe, Pullover, Brillen, Modeschmuck, Badeartikel, Uhren und Herren-Accessoires hinzu. Nachfolger Bohans ist Gérard Penneroux für die Herrenkollektionen. 1989 berief der Louis-Vuitton-Moët-Henessy-Konzern als Inhaber des Hauses Dior den Italiener G. ‣Ferré und 1996 den Engländer J. ‣Galliano als Designer. 2001 wurde Hedi Slimane (geb. Paris 1968, Autodidakt; 1997 Designer für Yves Saint Laurent Rive Gauche Homme) als Designer für die Herrenkollektionen verpflichtet, der großen Wert auf exakte Schnitte und Verarbeitung in einem modernen Design legt. Im Jahr 2000 wurde das Musée Christian Dior, im Haus seiner Kindheit »Les Rhumbs« in Granville, eingerichtet.

Stil und Kreationen: 1941–57 schuf D. die für die Damenmode richtungsweisenden Linien, in einem sehr femininen Stil (‣Haute Couture). Er war sehr auf die Übereinstimmung aller Accessoires bedacht. Bei Abendkleidern liebte er Corsage-Oberteile. Ferré brachte eine distinguierte Interpretation aktueller Mode, insbesondere voluminöse durchsichtige Organza-Blusen, die auch als Jacke getragen werden konnten. Galliano überträgt – im Stil der Postmoderne – spektakuläre Roben der Vergangenheit, zumal des Fin de siècle, und asiatisches Flair auf aktuelles Modeverständnis; Eklektizismus und Opulenz revitalisieren einen Neo-New-Look. – *Parfüm:* Christian Dior C°, 1947; Diorama, 1949; Diorissimo (für Herren), 1956; Miss Dior, 1957; Diorling, 1963; Eau Sauvage (für Herren), 1966; Dior, Dior, 1976; Jules (für Herren), 1980; Poison, 1985; Dune; Fahrenheit (für Herren); Eau de Dolce Vita, 1995; J'Adore, 1999; Addict, 2002; Higher Energy, 2003.

Dolce & Gabbana. Domenico Dolce (geb. Palermo, 13.8.1958, Sohn eines Schneiders) und Stefano Gabbana (geb. Mailand 14.11.1962, Graphiker) begannen 1982, ein gemeinsames Design-Atelier in Mailand aufzubauen; 1986 zeigten sie ihre erste Kollektion bei den Mailänder Modenschauen, 1989 folgten Bade- und Lingeriemode, Letztere als essentieller Teil ihrer Damenmode. 1990–94 kreierten sie unter anderem die Kollektionen von »Complice« (‣Genny). Nach »Dolce & Gabbana Basic«, auch als Herrenkollektion, kam 1994 ihre jugendliche, preiswertere Zweitlinie »D & G« auf den Markt und wurde zu einer der erfolgreichsten Designermarken. Jeans, Accessoires und Brillen kamen hinzu.

Stil: Sehr körperbetonte Mode, in der Unterwäsche à la 1950er Jahre (sehr geschätzt von Madonna als Stage-Costume), die wie ein schwarzes Korsett oder Unterkleid als Oberbekleidung eingesetzt wird. Erotisches erhält durch Kunstblumen oder Schmetterlinge einen Hauch von Romantik. Die sizilianisch-mediterrane Herkunft von Domenico Dolce wird immer wieder deutlich, auch in der Herrenmode. Das Designer-Duo gab ein deutliches

Statement gegen den Irakkrieg, indem sie zum Abschluss ihrer H/W-2003-Schau alle Models, angeführt von Naomi Campbell, in ihren sehr erfolgreich gewordenen »PACE tops« defilieren ließen. 2004 war geprägt von Baby Dolls und Capri-pants-Revival. – *Parfüm:* Dolce & Gabbana, 1993, für Herren 1995; DG, 1998; Sicily, 2003.

Domínguez, Adolfo, geb. Orense (Spanien) 1950. Nach einem Studium für Ästhetik begann der Spanier D. 1973 in der väterlichen Schneiderei. 1983 stellte er seine erste Damen-, 1984 die erste Herren-Kollektion international vor. 1985 eröffnete er eine Boutique in Paris, danach eine in London sowie eine Distribution in Japan.

Stil: D. vertritt einen sehr puristischen Stil konstruierter Schnitte, der jenem von Y. ‣Yamamoto nahe steht. Er vertritt die Ansicht »Knitterfalten sind schön«.

Dorothée Bis (von Bis, Dorothée), Firmen- bzw. Künstlername. Von Jacqueline (geb. 1930) und Elie (geb. 1925) Jacobson 1962 in Paris gegründete Boutique und ab 1965 Prêt-à-porter-Firma. Viele andere Designer, wie 1960–64 ‣Agnès B., haben für D. kreiert. Expansion durch Sportfirma »Dorotennis«. Sitz des Ateliers: Paris, Rue de Sevrès 17. 1988 wurde zusammen mit der Tochter C. ‣Cobson die Männerlinie »L'Homme bis« lanciert. 1997 wurde D. von der Naf Group gekauft.

Stil und Kreationen: Bequemes, Sportliches aus Jersey und Strick wie überlange Strickjacken mit Kapuze, passendem Schal und Haube im Stil der End-1960er Jahre. Erfindung (?) der Hot pants 1971/72 und gestrickte Maxi-Mäntel.

Doucet, Jacques, geb. Paris 1853, gest. Paris 1929. D. begann mit Malerei und Stoffdessin sowie Kleiderentwürfen, u. a. für Bühnenkostüme. 1871 erweiterte er das Geschäft seines Vaters durch eine Abteilung für elegante Abendkleider. 1896–1900 engagierte er P. ‣Poiret und 1903 bis 1908 M. ‣Vionnet als Mitarbeiter. 1928 Geschäftsverbindung mit H. C. Dœuillet.

Stil und Kreationen: Vor 1900 noch stark inspiriert von den Roben Ch. F. ‣Worths und der Malerei des 18. Jh.s (Watteau, Fragonard). Höchste Eleganz unter reichlicher Verwendung von Spitzen und edlen Materialien. Wandte sich dann unter dem Eindruck der Reformkleid-Bewegung und später des Modeschaffens von Poiret einem avantgardistischen Stil zu und stand stilistisch der Art-Déco-Mode nahe.

Drecoll, Christoph, geb. Hamburg 21.11.1851, gest. 1933. Der Urenkel eines französischen Emigranten (Drécolle) absolvierte die Lehre im Hamburger Modehaus »Röper & Messerschmidt« und arbeitete im Wiener Modehaus »Josef Hallauer«, ehe er in den 1880er Jahren in Wien einen eigenen Salon eröffnete. Stellte besonders Bühnenkostüme her, aber auch Reitkostüme, u. a. für Kaiserin Elisabeth. 1895 ging sein Salon in den Besitz der holländischen Firma »Kahn und Berg« über. 1905–30 unterhielt D. einen Salon in Paris unter Leitung von Mme Besançon de Wagner, der Mutter von M. ‣Rouff. Zwei weitere Häuser in New York und Berlin.

Stil und Kreationen: Sehr extravaganter Stil, der oft der allgemeinen Mode voraus war. Gab 1892 angeblich den entscheidenden Anstoß zum Aufkommen der Ballonärmel. Andere Modeneuheiten, wie die lange ‣Hose für die Frau (1911) und die ‣Tangomode (1912), dürften jedoch nicht, wie in der Biographie von Dorothea Ziegel (*Der Mann, der die Frauen anzog. Der Lebensroman des Modekönigs Drecoll*, Berlin 1933) behauptet wird, auf ihn zurückgehen.

Dudel, Yvonne ‣Chanel, Gabrielle.

Elbaz, Alber (geb. Casablanca 1961), aufgewachsen in Tel Aviv (Vater Israeli, Mutter Spanierin). Nach Abschluss der Modeschule in Tel Aviv ging E. 1989 nach New York als Assistent von G. ‣Beene. 1996–98 war er Chefdesigner im Hause G. ‣Laroche, danach bis 2000 für die Damenmode von Yves Saint Laurent Rive Gauche. Großes Aufsehen erregte sein Designdebut der Kollektion H/W 2002/03 für das Haus ‣Lanvin.

Ellis, Perry, geb. Portsmouth (USA) 3.3. 1940, gest. New York 30.5.1986. Nach einem Wirtschaftsstudium wurde er Einkäufer für ein Kaufhaus, danach Leiter der Designabteilung. 1974 wurde er Sportswear Designer für Vera

Company. 1975 gründete er sein eigenes Label »Portfolio«, 1978 Perry Ellis Sportswear Inc. Männer- und Frauenmode-Kollektionen, nach 1985 kam eine Jeans-Linie für Levi Strauss dazu. Das Council of Fashion Designers of America hat einen Perry Ellis Award für Jungdesigner eingerichtet. 1988–93 war Marc ▸Jacobs Designer des Unternehmens, dessen Besitzer immer wieder wechselte. 2003 wurde Patrick Robinson Designer (geb. New York 1967; studierte an der Parson's School of Design und arbeitete für Giorgio Armani Le Collezioni).

Stil: P. Ellis ist berühmt für Polo- und T-Shirts; er bevorzugte Naturfasern. Robinson erweitere den strengen Sportswearstyle durch eine Vintage-Optik. – *Parfüm:* Perry Ellis, 1985; America, 1996; Portfolio, 2000; Perry 2003.

Erté (Romain de Tirtoff; »Erté« ist die französische Aussprache seiner Initialen R. T.), geb. St. Petersburg 23.11.1892, gest. Paris, Mai 1990. Zeichner, Bühnenbildner und Modeschöpfer in einem ausgeprägten Art-Déco-Stil. Nach Kunststudien bei Privatlehrern in Petersburg, wo er 1911 eine Modenschau von P. ▸Poiret sah, ging er 1912 mit einer Mappe voller Modeskizzen nach Paris zu Poiret, der ihn anstellte, seine Modelle für Kundinnen und Presse zu skizzieren. 1913 erstes eigenes Modell für die Tänzerin Mata Hari. Verließ 1914 Poiret, besuchte die Pariser Kunstakademie Julian und widmete sich dem Zeichnen. 1915–36 wurden seine bizarr-phantastischen Modezeichnungen im amerikanischen Modejournal »Harper's Bazaar« veröffentlicht. E. machte Modezeichnungen auch für »Vogue«, »Cosmopolitan«, »Femina«, »La Gazette du Bon Ton«, »Art et Industrie« u. a., widmete sich jedoch vor allem Bühnenkostümen und -dekoration. Er hatte 1925 einen Vertrag mit Metro Goldwyn Mayer für Filmkostüme, stattete 1970–74 Revuen von Roland Petit mit Zizi Jeanmaire aus sowie zahlreiche Theaterstücke und Opern, u. a. auch André Hellers Revue »Flic Flac«. Lieferte der Haute Couture mit seinen Bühnenkostümen oft grundlegende Ideen.

Stil und Kreationen: Ausgeprägter, »theatralischer« Art-Déco-Stil, kontrastreiches Gegeneinandersetzen von Farben, besonders aber von Schwarz und Weiß. Versucht das Zerschneiden des Stoffes und damit zu viele Nähte zu vermeiden. Sein 1921 vorgestelltes Kleid mit asymmetrischem Dekolleté erregte großes Aufsehen.

Escada, deutsche Modefirma, gegründet 1976 in München durch Margaretha und Wolfgang Ley. Margaretha Ley (geb. Själevad, Schweden, 13.2.1933, gest. München 4.6. 1992) absolvierte eine Schneiderlehre in Stockholm, ging 1953 als Mannequin nach Wien in das Modehaus von F. ▸Adlmüller, bald darauf nach Paris zu J. ▸Fath. 1974 heiratete sie den Unternehmer Wolfgang Ley (geb. Köln 11.10.1937) und übernahm das Design der Firma E., der 1979 die Marken Laurèl und 1984 Crisca folgten. 1992–94 war Michael Stolzenburg (1958–94), danach Brian Rennie (geb. Dundee, Schottland, 6.5.1963) für das Design verantwortlich. Der Amerikaner Todd Oldham (geb. Texas, 22.10.1961) war 1993 kurzfristig Fashion Consultant für bestimmte Escada-Linien.

Stil: Extrovertiertes feminines Prêt-à-porter von hervorragender Qualität, in den 1980er Jahren mit auffallenden Goldverzierungen, Mustermix und Raubkatzendrucken auch bei den Accessoires. – *Parfüm:* u. a. Escada, 1990/91; Escada Sport, 1996; Casual Friday (for Men), 1999; Sentiment, 2000; Tropical Punch, 2001; Magnetism, 2003; Island Kiss, 2004.

Esterel, Jacques (Charles Henri Martin), geb. 1918, gest. 1974. In den 1950er Jahren zusammen mit ▸Féraud, machte E. 1958 sein eigenes Modeunternehmen in der Pariser Rue Pierre-Charron auf. E. kreierte 1959 das kurze Brautkleid aus lilaweißem Vichy-Karo für Brigitte Bardot, das großes Aufsehen erregte. E. blieb »enfant terrible« der französischen Mode, als er 1970 lange Röcke für Männer vorstellte und 1972 einen ausgeprägten Unisex-Look. Nach seinem Tod wurde das Haus weitergeführt, u. a. von Benoit Bartherotte und der Designerin Marion Lesage. Seit 1994 wird das Haus von Jean-Michel Chauffour geführt.

Parfüm: u. a. Jacques Esterel (für Damen); Je-Pour Elle 1984.

Etro, 1968 von Gerolamo (Gimmi) E. (geb. Mailand 1940) begründete Textilveredelungsfirma. 1981 erstmals Entwürfe für Heimtextilien, die durch Paisley-Muster geprägt sind, das inzwischen zum Symbol für Etro geworden ist. Erweiterung des Angebots aus Schals, Tüchern und Krawatten sowie Lederwaren einschließlich Schuhen. Ende der 1980er Jahre erste Damen- und Herrenkollektion und weltweite Expansion, mit Einstieg der Kinder Jacopo, Kean, Ippolito und Veronica (geb. 1974, studierte am Saint Martin's College of Art and Design in London, auch Fotografin, übernahm 2000 das Design der Damenkollektion) in das Unternehmen. Erfolgreiche Werbekampagne mit Tierköpfen und Mode.

Stil: Paisley-Muster sowie starke, pastellige Farben, Mustermix. – *Parfüm:* u.a. Etro Heliotrope, 1988; Etro Ambra, 1989; Etro New Tradition, 2002; Magot, 2003.

Fabiani, Alberto, geb. Rom 18.11.1910, gest. 1987. Sohn eines Schneiders, eröffnete 1952 ein Couture-Haus in Rom und 1962 gemeinsam mit seiner damaligen Frau ‣Simonetta (Visconti) »Simonetta et Fabiani« in der Pariser Rue François Ier (es wurde wegen persönlicher Differenzen der beiden 1964 geschlossen). F. gründete dann allein ein Haute-Couture-Haus in Rom, Via Condotti 11, und erweiterte sein Angebot durch Prêt-à-porter-Kollektionen. Das besonders in den 1950er Jahren erfolgreiche Unternehmen wurde in den 1970er Jahren geschlossen.

Stil und Kreationen: Ungewöhnlich, erfindungsreich und sehr sicher im Schnitt. Vollendete Verarbeitung.

Fassett, Kaffe, geb. San Francisco 1937. Studierte Malerei an der Schule des Museums of Fine Art in Boston, ging 1964 als Maler nach London. F. entdeckte die intensiven Farben schottischer Wollgarne und lernte stricken. In seine erste Weste verstrickte er bis zu zwanzig Farben. 1969 erschien seine bunte »Maroccan waistcoat« in der »Vogue Knitting«. U.a. entwarf er Strickmode für Bill ‣Gibb und ‣Missoni. Sehr erfolgreich mit seinen typisch bunten Mustern auch bei Stoff- und Porzellan-Kollektionen.

Stil: Handgestrickte, sehr bunte Pullover, Jacken und Mäntel für beide Geschlechter, auch traditionelle Stickmotive und Patchwork. – *Ausstellung:* Victoria and Albert Museum, 1988.

Fath, Jacques, geb. Vincennes (Frankreich) 12.9.1912, gest. Paris 13.11.1954. F.s Großmutter, Caroline Georges F., war eine Mitte des 19. Jh.s bekannte Modezeichnerin. F. selbst, gelernter Buchhalter, stellte 1937 in der Pariser Rue de la Boétie 32 seine erste Kollektion von 20 Modellen vor, meist inspiriert durch den Typ seiner Frau Geneviève Boucher de la Bruyère, eines ehemaligen Top-Mannequins von G. ‣Chanel. 1944–46 war H. de ‣Givenchy bei ihm Assistent. Während F.s Kriegsdienst und Gefangenschaft führte seine Frau den Salon und vergrößerte ihn durch Umzug erst in die Rue François Ier, dann, 1944, in die Modestraße Avenue Pierre Ier-de-Serbie 39. Bereits 1948 Vertrag mit dem Konfektionär Joseph Halpert, New York, für zwei Kollektionen jährlich. F. plante eine Herrenkonfektionsfirma. Nach seinem frühen Tod 1954 führte seine Frau bis 1957 den Salon fort; die Parfüm-Gesellschaft existierte weiter. 1996 Wiedereröffnung des Hauses, Rue du Boccador 3 durch die Banque Saga Group. Der junge holländische Designer Tom van Lingen (geb. Delft, 1962; Studium an der École de la Chambre Syndicale de la Couture, 1984–88 Assistent von ‣Cardin) zeichnet für Damen-Prêt-à-porter und Accessoires verantwortlich. 1997 wurde die künstlerische Leitung des Hauses an die bis dahin in New York lebende russische Designerin Elena Nazaroff (geb. 1970) übertragen. 2002 kaufte die France Luxury Group von Mounir Moufarrige das Haus Jacques Fath und übertrug die kreative Leitung der britischen Designerin Lizzy Disney (geb. 1972, Abschluss am St. Martin's College of Art and Design).

Stil und Kreationen: Sehr feminine, figurbetonende Modelle. Lancierte 1947 den schmalen Rock, brachte weite Mäntel mit großen Kragen und bevorzugte strahlende Farben. Entwarf auch Herrenkleidung und lancierte ein Smoking-Jackett aus Karostoff. Zahlreiche Filmkostüme. – *Parfüm:* Iris Gris, 1946; Canasta, 1950; Fath de Fath, 1953; Green Water, 1967; Ellipse, 1971; Expression, 1977; Yang, Ying, 1999. – *Ausstellung:* Musée de la Mode et du Costume, Palais Galliera, Paris, 1993.

Fendi, 1925 von Adele F. (geb. 1897, gest. 19.3.1978) gegründeter Pelz-Salon in Rom, der durch ihre fünf Töchter Carla (Geschäftsführerin, geb. 12.7.1937), Franca, Paula, Anna und Alda, mit deren Gatten und Kindern, bedeutend vergrößert und international bekannt gemacht wurde. Lederbekleidung, Lederwaren aller Art und Accessoires kamen hinzu. K. ‣Lagerfeld wurde 1965 Chefdesigner für Pelzmäntel und Pelzjacken, später Damen-, Herren- und Bademode. 1955 erste Modenschau, 1966 Eröffnung des großen Stammgeschäftes in Rom, Via Borgognone. Weltweite Lizenzen und Boutiquen. Seit 2001 besitzt die Louis-Vuitton-Moët-Hennessy-Gruppe den Hauptanteil der Fendi-Aktien. Lagerfeld verleiht durch sein unerschöpflich kreatives Design Fendi-Pelz und -Leder ein jeweils aktuelles Prestige.

Stil und Kreationen: Die Pelze sind seit 1974 berühmt für ihre neuartige, besonders leichte, auch ungefütterte Verarbeitung von Fellen und deren Einfärbung. Exklusiv in der Fellzusammensetzung und in den Farben. 1997 löste das Haus F. mit der Baguette-Handtasche ein Revival für feminine Handtaschen nach Jahren des City-Rucksacks aus. – *Parfüm:* Fendi, 1986; Fendi uomo, 1989; Asja, 1993; Theorema, 1998; Profumi, 2003.

Féraud, Louis (Edouard), geb. Arles 13.2. 1921, gest. 28.12.1999. Gelernter Bäcker, eröffnete nach 1945 mit seiner ersten Frau Zizi eine Modeboutique in Cannes, entwarf besonders Filmkostüme. 1953 Eröffnung eines Geschäftes im Pariser Modeviertel, Rue du Faubourg-St-Honoré 88. 1955 Begründung der Handelsmarke »Louis Féraud«. 1959–62 verpflichtete er J. L. ‣Scherrer und 1963–77 P. ‣Spook als Assistenten. 1965 erste Prêt-à-porter-Kollektion. Engagierte als erster farbige Mannequins. F., der auch malte und schriftstellerisch tätig war, entwarf auch Herren- und Kinderkleidung, Accessoires und seit 1978 Heimtextilien. Weltweite Boutiquen und Lizenzen, allein in Japan 16 Lizenzen. 1995 übergab F. das Unternehmen seiner Tochter Kiki F. (geb. 1962), die zum Teil auch für das Design verantwortlich ist. Alistair Blair war 1995 bis 1999, danach bis 2002 Yvan Mispelaere und bis 2003 Jean-Paul Knott (geb. Belgien 1967, Ausbildung an Fashion Institute New York, zuvor bei ‣Saint Laurent, seit 1999 auch eigenes Label) als Chefdesigner verantwortlich sowie der Belgier Matthias Heitzler für das Prêt-à-porter, der nunmehr auch für die Haute Couture zuständig ist. Herstellung und Vertrieb der F.-Mode erfolgte durch die deutsche Modefirma Lilo Fink, seit Juli 2001 durch ‣Escada in Zusammenarbeit mit Secon of Holland.

Stil und Kreationen: Vertrat bereits in den 1950er Jahren einen sehr jugendlichen, unkonventionellen Stil; führte Segelleinen und kräftige Farben in die Haute Couture ein; vertritt seit den 1970er Jahren einen sehr femininen, zudem besonders in der Abendkleidung ideenreichen Stil. Seit Ende der 1990er Jahre sehr moderner Stil mit leichten, fließenden Modellen. – *Parfüm:* Justine, 1965; Corriola für Herren, 1968; Féraud, 1974; Java Bleu, 1976; Fantasque, 1981; Féraud, 1982.

Ferragamo, Salvatore, geb. Bonito bei Neapel 6.6.1898, gest. Florenz 7.8.1960. Eröffnete mit 13 Jahren in seiner Heimatstadt eine kleine Schuhwerkstatt, emigrierte 1914 in die USA, wo er die industrielle Schuhfabrikation kennen lernte. Er eröffnete zusammen mit seinem Bruder ein Schuhgeschäft in Hollywood, Boulevard Las Palmas, wo er zunächst Cowboystiefel für Filme anfertigte und bald auch Maßschuhe für Filmstars, wie Pola Negri, Gloria Swanson und Rudolfo Valentino. Daneben unterhielt er eine Schuhfabrik. 1927 kehrte er nach Italien zurück und eröffnete ein Geschäft in Florenz in der Via Mannelli 57, wo er Schuhe entwarf und selbst anfertigte. 1935 Übersiedlung in den Palazzo Ferroni-Spini. In den 1930er Jahren fertigte F. Stiefel für Benito Mussolini, Schuhe für Claretta Petacci und Eva Braun sowie für indische Maharadschas an. Belieferte weiterhin amerikanische Filmstars, für die er eine kleine Schuhwerkstatt in Santa Barbara betrieb. Bis zum Jahr 1960 hatte F. 10 Fabriken in Italien und Großbritannien aufgebaut, 20000 Modelle entworfen und 350 Patente angemeldet. Nach seinem Tod führte seine Frau Wanda die Schuhfabrikation fort und nahm Prêt-à-porter-Kollektionen und Leder-Accessoires hinzu. Seit 1965 werden auch Herrenschuhe, seit 1974 Herren-Prêt-à-porter hergestellt. Das Unternehmen F., mit seinem Stammhaus in Florenz, Via dei Tornabuoni 2, wird nun von den sechs Kindern mit Giovanna (geb. 1943) als Designerin der Damenmode und Ferruccio (geb. 1945) als Geschäftsführer geleitet. 1996 kaufte das Familienunternehmen das Modehaus E. ‣Ungaro. Nunmehr ist die dritte Generation F. im Unternehmen tätig. Vivia F. (geb. 1974), die drei Jahre bei ‣Ungaro gelernt hatte, designed seit 2002 eine eigene jugendliche Linie »Vivin« in London. Kurzfristig waren Marc Audibet und Nicole Fischelis im Designteam, seither ist der Schotte Graeme Black (zuvor bei ‣Armani) Chefdesigner des Hauses.

Kreationen: 1923 Schuhe mit Pyramidenabsatz (inspiriert durch die Entdeckung des Grabes des ägyptischen Pharaos Tut-ench-amun), um 1925 Patchwork-Schuhe; es folgten Schuhe mit Oberleder aus Känguru, Krokodil, Fischhaut, Spitzen (1935) und Bast, neben den üblichen Schuhledersorten. Nach 1935, als hochwertiger Stahl der Schuhindustrie nicht mehr zur Verfügung stand, der zur Unterstützung des Bogens zwischen Sohle und Absatz notwendig ist, erfand er die Plateausohle, die er aus Kork oder Holz anfertigte und mit Gravuren und bunter Bemalung verzierte, und Schuhe aus Zellophan statt Oberleder; 1936 kamen Keilabsätze, 1938 Plateausohlen aus einzelnen, unterschiedlich farbigen Korklagen, 1947 Schuhe mit dünnen Nylonfäden statt Oberleder sowie der F-Keilabsatz (ein konkav geschwungener Absatz). Bereits 1950 brachte er Schuhe mit dünnen Französischen Absätzen, 1955 Stiletto- (Bleistift- oder Pfennig-)Absätze und durchsichtige Schuhe (auch der Absatz) aus Kunststoff. – Die Damenmode ist von einem klassischen Understatement geprägt. – *Parfüm:* F de Ferragamo, 1973; Monsieur F, 1975; Salvatore Ferragamo, 1998; Subtil, 2002; Incanto, 2003. – *Ausstellungen:* Palazzo Strozzi, Florenz, 1985; Victoria and Albert Museum, London, 1987.

Ferré, Gianfranco, geb. Legnano bei Mailand 15.8.1944. 1969 Promotion (Architekturstudium) an der Universität Mailand. Entwurf von Schmuck und Accessoires für andere Modedesigner, wie Walter Albini (1941–83; Elegant- bis Casual-Modestil), von Hemden für E. ‣Fiorucci und nach 1972 von Regenmänteln und Sportkleidung für eine Genueser Firma. Seit 1974 Prêt-à-porter-Kollektionen für die Modefirma »Bayla« in Mailand. 1978 großer Erfolg seiner ersten eigenen Prêt-à-porter-Kollektion für Damen, der 1982 eine für Herren und 1986 Haute Couture für Damen folgte. Daneben Strickkollektionen, Jeans und Accessoires. Weltweite Lizenzen. Stammhaus in Mailand, Via Spiga 19. 1989–96 war F. als künstlerischer Direktor und Designer für das Haus ‣Dior verantwortlich.

Stil und Kreationen: Funktionen; einfache, klare Linien ohne verspielten Aufputz. Liebt sportliche bis abendliche Trenchcoats, voluminöse Organza-Blusen und Zeltlinien. Seine Lieblingsfarben sind Rot, Weiß und Schwarz und grafische Muster. Sein Stil reicht von Biker-Chic bis zur voluminösen Abendgarderobe. – *Ausstellung:* »Fashion – Italian Style«, Fashion Institute of Technology New York, 2003. – *Parfüm:* Gianfranco Ferré, 1984; Gianfranco Ferré Homme, 1986; Ferré by Ferré, 1991; Gieffeffe Donna und Uomo, 1998; Pontaccio 21, 1999.

Ferretti, Alberta, geb. Riccione (Italien) 1950. Schon sehr früh arbeitete F. im Modeatelier ihrer Mutter mit. Mit 18 Jahren eröffnete sie ihre erste Boutique in Cattolica. 1974 kreierte und produzierte sie ihre erste Kollektion; 1980 Gründung ihrer Firma »Aeffe« in San Giovanni, ein Jahr später zeigte sie »Alberta Ferretti« auf dem Laufsteg in Mailand, 1984 kamen die Linien »Ferretti Jeansphilosophy« und »Philosophy« hinzu. Zusammen mit ihrem Bruder Massimo produzieren sie in ihrer Firma auch die Kollektionen von ‣Moschino, R. ‣Ozbek, J.-P. ‣Gaultier und N. ‣Rodriguez. 2000 startete sie ihre »Tech«-Kollektion. Hauptsitz in Mailand im Palazzo Donizetti.

Stil: Romantisches und Transparentes aufgearbeitet in einem tragbaren Business-Stil; zwischen Exzentrik und ruhiger Eleganz. – *Parfüm:* Femina, 1993; Parfum de Nuit, 1995.

Fiorucci, Elio, geb. Mailand 10.6.1935. Begann 1962 mit einem Geschäft für betont modische, doch preisgünstige Schuhe in Mailand. 1967 Eröffnung eines »futuristisch« ausgestatteten Geschäftes in Mailand, wo F. »verrückte Mode« aus Frankreich und England verkaufte. Brachte 1970 sein erstes eigenes Produkt, von einem ehemaligen Schnittzeichner entworfene »Fiorucci-Jeans«, heraus und wählte zwei Engelsgesichter als sein Logo. 1975 Eröffnung eines Geschäftes in New York, dem weitere in den USA und Europa folgten. Richtete eine Schuh-Designer-Schule für 18–25-Jährige ein. Verpflichtete andere Designer, wie Barbara Hulanicki (‣Biba). Herstellung und Vertrieb erfolgt seit 1986 über ‣Benetton. Seit den 1990er Jahren sind seine Jeanskollektionen in allen erdenklichen Farben sein Hauptgeschäft. 2003 schloss F. nach 36 Jahren seinen berühmten Lifestyle-Shop in Mailand, Corso Vittorio Emmanuele. Für 2005 entwarf er eine Sommerkollektion für Hennes & Mauritz.

Stil und Kreationen: Sehr ausgefallene, betont »sexy« bis verspielt wirkende Kleidung und modisches Beiwerk für Teenager beiderlei Geschlechts. Sein Motto lautet »fun and fashion«. – *Parfum:* Fiorucci, 2000; Fiorucci loves you, 2001.

Fish, Michael, Künstlername Mr. Fish, eröffnete Anfang der 1960er Jahre ein Herrenmodehaus in London, Mount Street 100, mit finanzieller Unterstützung der englischen Backwarenfirma »Sainsbury«.

Stil und Kreationen: In den 1960er Jahren führende englische Herren-Haute-Couture in einem sehr modischen Stil. Lancierte Hemden mit exklusiven Mustern, um 1966 den »Nehru-Stil« (Sakkos mit Stehkragen) und Abendhemden mit rüschenverzierter Brust, seit den 1970er Jahren eher konservative, international anerkannte Herrenmode, sowohl Haute Couture als auch Prêt-à-porter.

Flöge, Schwestern, Name der Firma von Pauline, Emilie und Helene F., die 1904–38 einen Modesalon in Wien, Mariahilferstraße 1b (»Casa Piccola«) unterhielten. Emilie F. (geb. Wien 30.8.1874, gest. Wien 26.5.1952), die künstlerische Leiterin, wandelte Pariser Modelle ab und ließ Entwürfe des ihr nahe stehenden Wiener Sezessionskünstlers Gustav Klimt ausführen.

Stil und Kreationen: Vom Modestil der Wiener Werkstätte ebenso wie von Pariser Haute-Couture-Modellen der Zeit beeinflusst.

Fong Leng (Tsang), geb. 1940. Chinesisch-holländische Modeschöpferin, bekannt seit den 1960er Jahren. F.L. vertritt einen sehr künstlerischen Stil, bei dem sie den Anspruch erhebt, jede Kreation müsse eine eigene Aura ausstrahlen. Ihre aufwendigen Modelle sind begehrte Sammlerstücke. Seit 1985 auch Prêt-à-porter.

Fontana. 1907 von den Sorelle (Schwestern) F. (Zoe, geb. 1911, gest. 1978; Micol, geb. 1913, gest. 1996; Giovanna, geb. 1915, gest. 2004) in Parma begründete Maßschneiderei, die 1936 nach Rom verlegt und zu einem Haute-Couture-Haus ausgebaut wurde, streng nach ihrer Philosophie »Wir machen nicht Mode, wir kreieren Eleganz«. In den 1950er Jahren führender Salon in der Via S. Sebastianello 6, in dem die italienische Aristokratie und internationale Filmstars, u.a. Ava Gardner, orderten. Filmkostüme für »La Dolce Vita« und »Ein Herz und eine Krone«. Die Haute Couture bestand bis in die 1980er Jahre, danach nur Accessoires, 1992 von der italienischen Micol-Gruppe gekauft.

Parfüm: IF, Jeans for Women, 1995.

Fontana, Lucio, geb. Argentinien, 19.2. 1899, gest. bei Varese, Italien, 7.9.1968, Maler und Bildhauer der Moderne und Avantgarde, der seine theoretischen Ansätze auch auf Bekleidung ausdehnte. F. lebte zeitweise in Argentinien oder Italien. 1961 eröffnete er ein Atelier in Mailand zusammen mit Bruna Bini und Giuseppe Telese.

Stil und Kreationen: 1961 Monochrome Shiftkleider mit Schlitzen oder runden Löchern, ähnlich seinen Gemälden.

Ford, Tom ›Gucci.

Fürstenberg, Diane von, geborene Diane Michelle Halfin, geb. Brüssel 1946; russisch-jüdischer Herkunft, studierte Ökonomie in Genf, arbeitete bei dem italienischen Textilhersteller Angelo Ferretti. Sie übersiedelte mit ihrem österreichischen Mann Egon von und zu Fürstenberg nach New York. 1984–90 lebte sie in Paris. 2003 ging sie eine Zusammenarbeit mit Reebok Sportkleidung ein und führte die neue Linie »RBK by DVF« ein, die u.a. die Tennisspielerin Venus Williams trägt.

Stil: Sie ließ selbstentworfene Tunikas und schräg geschnittene Wickeloberteile aus Seidenjersey meist mit geometrischen Mustern anfertigen, die 1972 in der US-»Vogue« erschienen und auf Anhieb sehr erfolgreich wurden. Ihre bequemen Wickelkleider, *wrapper* genannt, blieben seither ein Verkaufserfolg. Kosmetika, Accessoires und Modeschmuck kamen hinzu.

Fortuny y Madrazo, Mariano, geb. Granada 11.5.1871, gest. Venedig 2.5.1949. Maler, Architekt, Fotograf, Erfinder, Stoffdesigner, Stoffhersteller und Modeschöpfer. Der Sohn eines spanischen Malers, nach dessen Tod (1875) die Familie nach Paris und 1889 nach Venedig übersiedelte, begann als Maler und

Bühnenbildner, richtete 1901 ein technisches Studio in Paris ein, erfand eine indirekte Beleuchtung und ein mobiles, zusammenlegbares Zyklorama als Bühnenbild, für dessen Realisation 1906 mit der AEG das »Beleuchtungs-System Fortuny G. m. b. H. A. E. G.« in Berlin gegründet wurde, das in vielen deutschen Theatern sowie 1922 in der Mailänder Scala installiert wurde. 1907 begann er sich in Venedig in seinem Palazzo Pesaro-Orfei dem Färben und Pressen von Seidenstoffen zu widmen und gründete 1919 dort eine Fabrik für das Bedrucken, Färben, Plissieren und Weben von Stoffen. 1920 Eröffnung einer Modeboutique in Paris, Rue Pierre-Charron 67, und später eines Geschäfts in New York, das von Elsie Mac-Neill, spätere Fürstin Gozzi, geleitet wurde. Bis 1942 Teilnahme an allen Kunstbiennalen. Nach dem Tod F.s 1949 wurde die Fürstin Gozzi Verwalterin des F.-Erbes. Sie übernahm die Geschäftsführung von »Fortuny Venedig« und ließ weiterhin Stoffe nach F.s Entwürfen herstellen; sein Palazzo am Campo S. Benedetto wurde zum »Museo Fortuny«, seine Roben zu höchstdotierten Sammlerobjekten; sie sind in den großen Museen der Welt zu sehen.

Stil und Kreationen: 1907–49 im Stil eines griechisch-antiken Chitons gehaltene Roben (in Anlehnung an das Gewand des berühmten Wagenlenkers von Delphi), »Delphos« genannt, aus feinstem plissierten Seidenstoff in leuchtenden Farben, dessen Herstellungsverfahren von ihm patentiert wurde und bis heute unbekannt blieb. Die Delphos-Roben lagen rundum auf dem Boden auf, Schulter und Ärmel waren mit Glasperlen zusammengehalten, die auch den Saum der mit einer Tunika getragenen Roben zierten. Sie wogen nur 150 Gramm und wurden, zu Schläuchen gedreht, in kleinen Schachteln verschickt. F.s sehr große sog. Knossos-Schals konnten auf ganz verschiedene Weise, z. B. wie ein indischer Sari, um den Körper drapiert oder über den Delphos getragen werden. Schwere Damast-, Brokat- und Samtstoffe ließ er mit Mustern des 15. und 16. Jh.s, mit persischen und koptischen Ornamenten oder kufischen und arabischen Schriftzeichen nach eigenem Patent bedrucken, wobei auch der historische Oberflächencharakter nachempfunden wurde. Diese Stoffe verarbeitete er zu Gewändern im Stil einer Aba, eines Burnus oder einer Tunika (die meist über der Delphos-Robe getragen wurde), zu mittelalterlichen Hemdgewändern oder »Directoire-Roben« und zu Capes. – *Ausstellungen:* U. a. Palazzo Fortuny, Venedig, 1978; Musée Historique des Tissus, Lyon, 1980; Österreichisches Museum für angewandte Kunst, Wien, 1985; Kyoto Costume Institute, 1985.

Fratini, Gina, geb. als Georgina Butler in Kobe (Japan) 1931, aufgewachsen in England, Kanada, Burma und Indien. Studierte am Royal College of Art, London, und lebte bis zum Tod ihres zweiten Mannes, des italienischen Künstlers Renato F., in Italien. War zwei Jahre Kostümentwerferin einer Tanztruppe und anschließend Designerin für Bühnen- und Filmkostüme. 1964 eröffnete sie ihren eigenen Salon in London, Great Castle Street 21–22. Sie kreierte Roben für Prinzessin Ann und Prinzessin Diana, auch nachdem sie in den 1980er Jahren ihren Salon geschlossen hatte.

Stil und Kreationen: Verbindet stilsicher romantische Schnitte mit verspieltem Aufputz und mit zeitgenössischen Materialien, Farben und Mustern. Exklusives Prêt-à-porter.

Galitzine, Prinzessin Irene, geb. Tiflis (Russland) 1916. Seit der Oktoberrevolution 1917 in Rom, dort Kunststudium. Lernte in diversen Haute-Couture-Häusern Modedesign, eröffnete 1949 ein Atelier, in dem sie auch französische Haute-Couture-Modelle verkaufte. Stellte 1960 ihre erste, sehr erfolgreiche Kollektion der »Palazzo Pyjamas« bei den Modenschauen im Palazzo Pitti, Florenz, vor. 1969 Eröffnung eines eigenen Salons und Studios für Haute Couture und Prêt-à-porter in Rom, Via Veneto 84, der mit Unterbrechung bis in die 1980er Jahre bestand. 1988 kehrte G. nach Georgien zurück, zeigte in Moskau ihre Modekollektionen. 1990 kaufte die Xines Company die bis heute, mit Massimo Rubini als Designer, bestehende Marke.

Stil und Kreationen: Seidenkleider in einem romantischen, durch Volant- und Rüschenbesatz verspielten Stil. – *Parfüm:* Princess Galitzine, 1969.

Galliano, John, geb. als Juan Carlos Antonio G. in Gibraltar 28.11.1960, spanischer Herkunft; aufgewachsen in London, graduierte er an der St. Martin's School of Art. Seine Abschlusskollektion von 1984 ‣»Incroyables« erregte bereits Aufsehen. Danach zeigte er seine Mode unter bestimmten Themen anlässlich der British Fashion Week. Sein Talent fand sofort große Anerkennung, u.a. als er 1988, 1994 und 1995 zum »Designer des Jahres« gewählt wurde. Seit 1990 zeigt er seine eigene Kollektion ebenfalls in Paris. 1996 wurde ihm das Modedesign für das Pariser Couture-Haus ‣Givenchy übertragen, ein Jahr später »transferierte« der Besitzer, der Louis-Vuitton-Moët-Henessy-Konzern, G. an das Modehaus ‣Dior.

Stil und Kreationen: G. versteht es, den luxuriösen Charakter der Dior-Roben zeitgemäß zu interpretieren und in seinen postmodernen Stil zu integrieren. Er mixt Ethnisches (z.B. Schottentracht, traditionelle japanische Hofkleidung) mit Historischem (Fin de siècle) und gleicht es dem heutigen Tragekomfort an. Er gibt Romantischem und Phantastischem einen opulenten Charakter, der sich jedoch meist durch das Styling auf dem Laufsteg ableitet, während die Kleidung wohlgeschneidert und durchaus tragbar ist. Er schätzt besonders den von M. ‣Vionnet erfundenen ‣Schrägschnitt, den er durch seine enge, fließende Silhouette für zeitgemäß hält. Seine eigenen Kollektionen hießen u.a. »The Ludic Game« 1985, »Fallen Angels« und »Forgotten Innocents« 1986, »Blanche Dubois« 1988, »Napoleon und Josephine« und »Princess Lucretia« mit extravaganten Krinolinen-Kleidern 1992. Er erfindet seinen glamourös-genialen Ethno-Mix immer wieder aufs Neue, z.B. 2004/05 beeinflusst durch die Yemeni-Nomaden, gemixt mit Touristen-Utensilien wie Plastikwasserflaschen am Gürtel, Koffer oder Hutschachtel als Kopfbedeckung.

Gaultier, Jean-Paul, geb. Arcueil bei Paris 24.4.1952. 1970 Beginn als Designer bei P. ‣Cardin, 1971 im Haus J. ‣Patou als Assistent von M. ‣Goma, nach 1973 von A. ‣Tarlazzi. 1974/75 wieder bei Cardin für Design der USA-Kollektion. 1976 stellte G. seinen ersten »elektronischen Schmuck« vor. 1976 Debüt mit eigener Kollektion. 1978 Partnerschaft, mit dem Japaner Kashiyama, der nach 1981 für Kollektionen für den Fernen Osten zuständig ist. 1984 erste Herrenkollektion. Seit 1985 Studio in Paris Galerie »Vivienne« 70, seit 1988 Zweitlinie »Junior Gaultier«. 1997 präsentierte er seine erste Haute Couture-Schau. 2003 wurde er Chefdesigner von ‣Hermès.

Stil und Kreationen: Sehr ausgefallen, kaum allgemein tragbar, aber mit starkem Einfluss auf die allgemeine Mode. Seine Modenschauen gleichen Happenings in einer Stilmischung aus aggressivem Sex und Kitsch. Nach 1988 großer Einfluss durch Korsetts und Büstenhalter als Ober- und Überkleidung; initiierte Körbchen-BHs und schuf Outfits für Popstar Madonna (u.a. für ihre Tournee 1990). 1979/80 »James Bond« (Re-Interpretation der Mini-Mode vom Ende der 1960er Jahre); 1980/81 »High Tech« (Verwertung von Konservendosen, Mülleimern etc.); 1981 »Été Papier«; 1981/82 »Les Sorcières«; 1982/83 »Paris Gaultier« (in Anlehnung an die Existentialisten-Mode der 1950er Jahre); 1983 »Le Dadaïsme« (Korsettkleider); 1983/84 »Les Cinq Dernières Minutes«; 1984 »L'Homme Objet« (mit Rücken-Dekolletés für Herren); 1984/85 »Barbes« (Kulturschock); 1985 »Et Dieu Créa L'Homme« (Männerrock) und »Une Garde Robe Pour Deux« (‣Androgyne Mode); 1985/86 »Jolie Monsieur« (Barockroben für den Mann); 1986 »Histoire D'Homme«; 1986 »Les Poupées«; 1986/87 »French Gigolo« (Netz- und Spitzenstrümpfe für den Mann, dazu ein kurzer Rock); 1988/89 »Robin Wood«; 1989/90 »Fantomas« (Cut- und Fecht-Jacken in fluoreszierenden Farben); »Les Sœurs RAP« (beeinflusst durch den Maler Richard Lindner); 1991 »Adam et Eve«; 1991/92 »Les prisonniers«; 1993 erste Jeans-Kollektion; 1993/94 »Les Vicings«; 1993/94 »Les Rabbins chics«; 1995 »Mad Max«; 1996 »Cyberbaba«, »Pin-up Boy's« für Herren; 1997 »Dim-dam-Dom«, 2003 Baby-Doll-Look auch mit Pelz. Fülle an kreativen Ideen, etwa für das Prêt-à-porter 2004/05, als Models wie Stoff- und Holzpuppen-Marionetten aussahen in Kleidung mit Trompe l'oeil- sowie surrealen Effekten; für 2005 »Zigeunerinnen«, 2005/06 »La Venus Lottentote« mit Ethnischem. – *Filmkostüme* u.a. für »Der Koch, der Dieb, seine Frau und ihr Liebhaber«, 1989, für »Das fünfte Element«, 1996, und diverse Videoclips. – *Parfüm:* Jean-Paul Gaultier, 1993; Le Mâle, 1995, The Buddhist, 2002; Classic, 2003; u.a. – *Ausstellung:* Retrospektive im Victoria and Albert Museum, London 2003.

Genny, italienische Modefirma, gegründet 1961 durch Arnaldo Girombelli (geb. Ancona, Italien, 26.5.1932, gest. 13.2.1980). 1974

wurde der damals noch unbekannte G. ‣Versace als Designer gewonnen. 1975 wurde die Avantgarde-Modemarke »Complice« gegründet. 1980 übernahm Donatella G. (geb. Marzocca, Italien, 17.2.1944), seit 1966 Produkt- und Designmanagerin bei »Genny«), nach dem Tod ihres Mannes, die Leitung des gesamten Unternehmens. 1980–86 hatte C. ‣Montana, später ‣Dolce & Gabbana das Design für »Complice« übernommen. »Genny« und ‣Byblos etablierten sich auf dem amerikanischen Markt. 1998–2001 war der Belgier Josephus Thimister (geb. Maastricht 1962; 1992–97 bei ‣Balenciaga, danach auch eigene Marke) für das Design zuständig. Seither Designerteam, nachdem das Unternehmen 2001 von ‣Prada gekauft worden war. Die Firma stellt Damen-, Herren- und Kinderkollektionen, Strandmoden sowie sämtliche Accessoires her.
Stil: elegante, feminine Genny-Linie. – *Parfüm:* Genny, 1985; Genny Shine, 1992.

Gerber, Marie ‣Callot Sœurs.

Gernreich, Rudi, geb. Wien 8.8.1922, gest. Los Angeles 20.4.1985. Kam 1938 in die USA und wurde 1943 amerikanischer Staatsbürger. Tänzer und nebenher Vertreter einer Textilienfirma, aus deren Stoffen er zu Demonstrationszwecken Kleider zu entwerfen begann. Gründete 1960 sein eigenes Unternehmen in Los Angeles, Santa Monica Boulevard 8460, für Mode ebenso wie für Möbel und Haushaltsartikel nach eigenen Entwürfen.
Stil und Kreationen: 1964 erregte er internationales Aufsehen mit der Oben-ohne-Mode und seinem sog. »›no Bra‹ bra« (engl. ›kein-BH-BH‹), mit dem er weltweit den Büstenhalter revolutionierte. – Obgleich dem Op-Art-Look sehr verbunden, waren seine Designs immer der Zeit voraus. Peggy Moffitt war zeitlebens Muse und Mannequin; William Claxton fotografierte sein gesamtes Œuvre. – *Ausstellung:* Neue Galerie Graz, 2000.

Ghesquière, Nicolas ‣Balenciaga, Cristobal.

Gibb, Bill (William Elphinstone G.), geb. Schottland 23.1.1943, gest. London 1988. 1962–66 Studium an der St. Martin's School of Art in London. Unterhielt als Stipendiat des Royal College of Art eine Modeboutique, für die er Kleidung entwarf; durch eine Auszeichnung dafür kam er nach New York, wo er internationales Aufsehen mit seinen Entwürfen erregte. Entwarf 1967–71 für die Konfektionsfirma »Baccarat«. Zusammen mit K. ‣Fassett kreierte er maschinengestrickte Ensembles, u.a. für ‣Missoni. 1972 Gründung von »Bill Gibb Ltd.« in London, Knightsbridge 67. *Stil:* sehr bunter, typischer 1970er-Jahre-Hippie-Stil. – *Ausstellung:* »Retrospective Fashion Show«, Royal Albert Hall, London, 1977 und in der Aberdeen Art Gallery, Schottland 2003.

Gigli, Romeo, geb. Faenza (Italien) 12.12. 1949. Studierte Architektur, Reisen nach Asien; 1977 erste Modeentwürfe für verschiedene Firmen. Unterhält seit 1984 ein Designatelier in Mailand. 1989 zeigte er zum ersten Mal seine »Romeo Gigli«-Kollektion in Paris mit großem Erfolg und seine preisgünstigere Zweitmarke »G by Gigli«; finanziell unterstützt von der Firma »Zamasport«, für die er die Linie »Callaghan« entwarf, sowie seit 1997 von japanischen Geldgebern.
Stil: 1986 bereits schmale Linie mit hochliegender Taille, schmale Schultern (Abkehr von Oversize und Schulterpolstern!), inspiriert durch Modestil der italienischen Frührenaissance, 1988 V-Dekolleté mit Schaldraperie, lange Ohrgehänge à la Byzanz, bevorzugt transparente, romantisch bedruckte Stoffe in gedämpften Farben. – *Parfüm:* Romeo Gigli, 1991; Sud Est for Men, 1995.

Girbaud, Marithé & François, Marithé Bachellerie (geb. Lyon 1942) und François Girbaud (geb. Mazamet 1945), gründeten 1965 ein Modeunternehmen, zeigten 1968 ihre erste Prêt-à-porter-Kollektion, lancierten ein Jahr später Girbaud-Markenjeans. Entwerfen Mode und Accessoires für eine Reihe von Lizenzen. Stammhaus in Paris, Rue des Colonnes du Trône 12 bis.
Stil: Reich an originellen Ideen, zum Beispiel ein weites Hemdblouson mit Tätowierungsmuster und Hosen mit Cargo-Taschen (1984). Setzen häufig Alltägliches, wie Overalls, in hochgenrige Mode, zumal Sportswear und Casuals, um.

Girombelli ‣Byblos, ‣Genny.

Giudicelli, Tan, geb. Saigon 14.9.1940 als Sohn italienisch-vietnamesischer Eltern. Seit

1957 in Paris, lernte Modegestaltung in Paris bei M. ‣Bohan im Hause ‣Dior, bei N. ‣Ricci und J. ‣Heim. 1968 trat er der Ende der 1960er Jahre durch Gunther Sachs begründeten Modefirma »Micmac« bei, da er jugendliche Prêt-à-porter-Mode für zukunftsweisend hielt, engagierte H. ‣Léger für das Accessoires-Design. 1979 Eröffnung einer eigenen Modeboutique. Entwürfe für die Mailänder Modefirma »Trell«. 1981–86 unterhielt er, unterstützt durch kuweitische Geldgeber, einen Couture-Salon in der Pariser Rue de la Paix. Danach war er einige Jahre für die Abendmode von ‣Hermès verantwortlich.

Stil: In den 1960er Jahren sportlicher »Saint Tropez«-Look und bekannt durch seine Verquickung von 1930er Jahre und Hippie-Stil. Kreierte bereits 1968 einen Maxi-Mantel und farbige Pelzmäntel. – *Parfüm:* Zen de Tan Giudicelli.

Givenchy, Marquis Hubert de, geb. Beauvais (Frankreich) 21.2.1927. Erste Modeskizzen brachten ihm 1944 die Anstellung bei J. ‣Fath ein. Danach kurze Zeit Entwerfer bei R. ‣Piquet, L. ‣Lelong und einige Jahre bei E. ‣Schiaparelli, wo er besonders die Boutique-Mode entwarf. 1951 Eröffnung eines kleinen Ateliers in Paris; 1952 erste sehr erfolgreiche Kollektion aus preisgünstiger Baumwolle. Siedelte 1956 in ein großes Haus, Avenue George V^{e} 3, des Pariser Modeviertels über. Es kamen Boutique-Mode, Accessoires und Herrenkleidung sowie Parfüms hinzu. G. kreierte zahlreiche Modelle für Audrey Hepburn privat und für den Film. 1996 begann eine neue Givenchy-Ära, als die nunmehrigen Besitzer, die Louis-Vuitton-Moët-Henessy-Gruppe, den Briten J. ‣Galliano als Designer verpflichtete, gefolgt 1997 von A. ‣McQueen und 2001–04 von J. ‣MacDonald. Seit 2005: der Italiener Riccardo Tisci (geb. 1975).

Stil und Kreationen: Sehr damenhafter Stil. Fühlt sich dem Stil C. ‣Balenciagas verpflichtet, wagte jedoch modisch ausgefallene Kreationen; z.B. Vorliebe für große Volants und Rüschen. Berühmt wurde 1952 seine »Bettina-Bluse« mit ihren volantbesetzten Ärmeln und dem einfachen, aufgestellten Kragen, benannt nach seinem Starmannequin Bettina Graziani. In den 1970er Jahren brachte er Applikationen im Malstil von Miro, Braque und Rothko. Seit den 1980er Jahren zunehmend elegant-klassisch. Mit Galliano bzw. McQueen kam eine sehr extrovertierte, opulente Mode, kreativ und körpernah drapierte Spitzen und Goldstoffe.

Parfüm: L'Interdit (kreiert für die Schauspielerin Audrey Hepburn), Le Dé, 1957; Vetyver, 1959; Monsieur de Givenchy, 1959; Givenchy III, 1970; Gentleman, 1974; Eau de Givenchy, 1980; Ysatis, 1984; Xeryus, 1986; Amarige, 1991; Extravagance d'Amarige, 1998; Insense Ultramarine, 2003; Organza First Light, 2004; u.a. – *Ausstellungen:* Fashion Institute of Technology, New York, 1982; Musée de la Mode et du Costume, Palais Galliera, Paris, 1991.

Gn, Andrew, geb. 1966, aufgewachsen in Singapur, besuchte die Domus-Modeschule in Mailand, die er 1992 abschloss. Während des Studiums arbeitete er für die Textilfirma Ratti und für ‣Basile; danach Assistent von E. ‣Ungaro. 1996 lancierte er seine erste eigene Kollektion; 1997 entwarf er kurzfristig eine Kollektion für P. ‣Balmain.

Stil: Er liebt exotische Stoffe mit witzigen kleinteiligen Mustern, die er modern, z.T. auch für den Alltag, verarbeitet.

Gockel, Anja, geb. Mainz 1968; studierte an der Fachhochschule für Kunst und Design in Hamburg Modedesign. 1993 ging sie nach London an das renommierte Central Saint Martins College of Art and Design. Nach ihrem Abschluss arbeitete sie ein Jahr im Team von Vivienne ‣Westwood. 1996 machte sie sich in London selbständig unter ihrem einprägsamen Logo, einem kleinen roten Hahnenkamm und einem Punkt in der Mitte als Auge. Sie verkauft in renommierten Boutiquen bis nach Japan ihre Kollektionen. Neben ihrer kreativen »Just for me«-Linie bietet Anja Gockel eine gemäßigte »Business Line« mit Basics.

Stil und Kreationen: Ihr Stil ist unverkennbar poetisch, feminin, sanft und fließend und hat wenig mit allgemeinen Trends zu tun. Ihre Röcke umspielen fließend den Körper, Bustiers, auch für Business, geben eine betont weibliche Note. Die Namen ihrer Kollektionen sind ungewohnt poetisch, »Lucy in the Sky«, »Moonflowers«, »Life is Elsewhere«, »Out of the Blue« (2002), »The Real Life of Angels« (2003), »Burning Desire« (2003/04), »Taxi« (2005), »world full of mirrors (2005/06).

Goma, Michel, geb. Montpellier (Frankreich) 12. 3. 1932. In Paris Kunststudium und Besuch der École de la Chambre Syndicale de la Couture. 1953–58 Entwerfer im Modehaus Jeanne Lafaurie. Unterhielt 1958–64 ein eigenes Modehaus. 1964–72 Modellist bei J. ‣Patou, danach erneut selbständig mit einem Atelier in Paris, Rue Richer 41. 1987 (mit Unterbrechung) bis 1992 kreierte G. die Prêt-à-porter-Linie des Hauses ‣Balenciaga.

Gonzales, Roy ‣Patou, Jean.

Grès, Madame (Germaine Krebs; ihr Künstlername nach ihrem Mann, dem Maler Serge Czerefkov, der seine Bilder mit »Grès« signierte), geb. Paris 30. 11. 1903, gest. Südfrankreich 24. 11. 1993. Wollte Bildhauerin werden. Lehrzeit im Modehaus »Premet«. 1931 Eröffnung des eigenen Salons »Alix« nach nur drei Monaten Berufserfahrung. 1939 Verkauf des Salons, für den sie jedoch weiterhin die Modeentwürfe machte. Entwarf in den 1930er Jahren viele Kostüme für Hollywood-Filme. 1942, während der deutschen Besetzung von Paris, eröffnete sie neuerlich einen Modesalon, nun unter dem Namen »Grès« in der Rue de la Paix 1, den sie jedoch aus politischen Gründen wieder schließen musste (eine ihrer Kollektionen war ganz in den französischen Flaggenfarben Blau-Weiß-Rot gehalten). 1945 Wiedereröffnung des Salons, 1965 erstmals Modenschau in New York. 1972 Ehrenpräsidentin der »Chambre Syndicale de la Couture Française«. Stellte 1980 ihre erste Prêt-à-porter-Kollektion vor, für die sie andere Designer engagierte. 1988 wurde das Haus an einen japanischen Modelizenznehmer verkauft. 2002 wurde das Design revitalisiert mit Kohji Tatsuno (geb. Tokyo 1962, 1982 gründete er in London die Marke »Culture Shock«, 1994 seine eigene Linie in Paris) als Chefdesigner.

Stil und Kreationen: Kleider von zeitloser Eleganz, die sie in der Art griechisch-antiker Gewänder direkt an einem Mannequin zusammensteckte, wonach dann der Schnitt abgenommen wurde; Bevorzugung von asymmetrischer Linienführung, weichen Woll- und Seidenjerseys in neutralen, gedämpften Farben. Lehnte das »Zerschneiden« der Stoffe ab.

Parfüm: Cabochard, 1959; Grès pour homme, 1965; Qui pro quo, 1976; Grès Monsieur, 1980; Cabotine, 1990; Air de Cabochard, 2000; Cabaret, 2002; Cabotine, 2003.

Griffe, Jacques, geb. Carcassonne (Frankreich) 1910, gest. 1996. 1947 eröffnete der gelernte Herrenschneider, der auch im Salon von M. ‣Vionnet gearbeitet hatte, einen Haute-Couture-Salon in Paris. 1950 übernahm G. den Salon von ‣Molyneux in der Rue Royal, Paris. 1974 zog er sich ins Privatleben zurück.

Stil: Dem Stil von M. Vionnet und ihrem ‣Schrägschnitt nahestehend, gestaltete auch G. die Modelle erst an einer Holzpuppe. 1957 war seine kindlich-naive »Baby Doll«-Linie, 1958 seine Sacklinie berühmt. – *Parfüm:* Griffonage, Mistigri, Enthousiasme.

Groult, Nicole (geb. Marie Poiret), geb. 1887, gest. 1940 (?). Schwester von P. ‣Poiret, verheiratet mit André G., einem führenden Pariser Innenarchitekten des Art déco. 1910–35 (1914–19 geschlossen) Haute-Couture-Salon in der Rue d'Anjou 29.

Stil und Kreationen: Avantgardistische, auffallend starkfarbige Kreationen von sehr eigenwilligen Schnitten, etwa in der Art Poirets, obwohl sie unabhängig von ihm arbeitete. – *Ausstellung:* Paul Poiret et Nicole Groult, Musée de la Mode et du Costume, Palais Galliera, Paris, 1987.

Gucci, 1904 durch den Sattlermeister Guccio Gucci (1881–1953) in Florenz gegründete Lederwarenfabrikation. Seine Söhne Aldo und Rudolfo eröffneten Filialen in Rom und Mailand und erweiterten das Angebot von Taschen und Reisegepäck auf Schuhe, Tücher, Krawatten und schließlich auf Damen- (seit 1978) und Herrenmode sowie auf Sportswear; allmählich Ausbau zu einem weltweiten Unternehmen und Etablierung des Markenzeichens der drei Streifen in Grün-Rot-Grün. In der dritten Generation nahmen finanzielle Schwierigkeiten zu, so dass 1989 die Mehrheitsanteile an eine arabische Finanzgesellschaft gingen, die Amerikanerin Dawn Mello wurde als Geschäftsführerin, 1994 Tom Ford (geb. Texas 1962) als Designer verpflichtet, der an der Parson's School in New York Modedesign belegt und bei P. ‣Ellis gearbeitet hatte. Ford gab der klassischen Gucci-Mode einen neuen Trend (‣Halston Style), verwendete High-Tech-Materialien zu einem minimalistischen, körperbetonten Stil, auch in der Männermode. Er machte das »G« zum neuen Prestigemarkenzeichen, auch bei Uhren. Für die Damenkollektion mitverantwortlich war 1996–2001 Christopher Bailey (‣Burberry). Für die Männerkollektion war Neil Barrett 1989–93 zuständig. Ab 2001 war Ford auch für das Design von ‣Saint Laurent tätig, da beide Häuser der Pinault Group gehören. 2004 verließ Ford, zusammen mit seinem Geschäftspartner Domenico de Sole (ersetzt durch den Holländer Robert Polet, geb. 1955) zur großen Überraschung für Gucci das Unternehmen. Neue Designerin für die Damenmode wurde Alessandra Facchinetti (geb. Bergamo 1972; zuvor bei ‣Prada für die Linie »Miu Miu« verantwortlich und seit 2000 Assistentin von Tom Ford); seit 2005 Frida Giannini (geb. Rom 1972), zuvor für Accessoires zuständig.

Accessoires: 1957 wurde die Gucci-Tasche mit Bambusgriff international berühmt, die 1997 erneut in Mode kam; Reisegepäck mit Verstärkungsgurt in Grün-Rot-Grün; 1960 Gucci-Loafer (engl., ›Faulenzer‹), ein mokassinartiger Schuh mit einer kleinen, metallenen Pferdetrense als Verzierung.

Stil: Ford aktualisierte die konservative Mode des Hauses G. in einem erotisch-minimalistischen Stil. Er revitalisierte die Mode im Stil der 1960er Jahre mit engen Hüfthosen und Shirts aus glänzenden Polymaterialien, glänzenden Satinblusen und geraden Shiftkleidern. Hinzu kamen durchsichtige Stretchspitzenkleider, knapp sitzende Hosenanzüge, doppelreihige ‣Cabanjacken und hochhackige Stiefel, die gleichsam ein Markenzeichen wurden.

Parfüm: Envy, 1996; Rush, 1999; Rush Summer, 2004.

Günthert, Peter ‣Lange.

Haas-Heye, Otto, geb. Heidelberg 16.12. 1879, gest. Mannheim 9.6.1959. Nach Kunststudium unterhielt er 1914–16 das exklusive Modehaus »Alfred-Marie« in Berlin. Lehrte 1920–24 an der Unterrichtsanstalt des Kunstgewerbemuseums Berlin Mode, entwarf Bühnenkostüme. Um 1923 Präsident der von ihm gegründeten »Société Parisienne de la Haute Couture Artistique«, gründete 1931 die Zürcher Kunst- und Modeschule. 1937–58 in London. Modelle H.-H.s sind nach Zeichnungen von Annie Offterdinger publiziert (Berlin 1917).

Stil: Sehr exklusive, kreative Mode im Stil der Zeit.

Halston, Roy Frowick, geb. Des Moines (Iowa, USA) 23.4.1932, gest. New York 16.3.1990. Halston studierte Kunst in Chicago und lernte nebenher das Putzmacherhandwerk, kreierte Hüte für Charles ‣James und die legendäre Hutmacherin Lilly Daché in New York, wohin er 1957 gezogen war, danach für das New Yorker Nobelkaufhaus Bergdorf Goodman. Als die hutlosen 1960er Jahre anbrachen, propagierte er den »Schalhut«, den Pelzhut und den Pillbox-Hut, u.a. für Jackie Kennedy. 1966 bot ihm Bergdorf Goodman einen Exklusivvertrag für eine komplette Halston-Modelinie an. 1968 gründete er Halston Limited in der Madison Avenue. 1982 begann Halston für die US-Warenhauskette J.C. Penney eine Low-Budget-Kollektion zu entwerfen, ein Schritt, der große Kritik auslöste – war das Label »Halston« doch für »high fashion« bekannt – und zur Schließung der Halston-Boutiquen in den exklusiven New Yorker Kaufhäusern wie Bergdorf Goodman, Saks Fifth Avenue und anderen führte. Danach geriet Halstons Unternehmen zunehmend in größere Schwierigkeiten. 1994 stießen die Brüder Marc und Jack Setton, Inhaber des Label-Fertigungs-Konglomerats Tropic Tex International zufällig auf den Namen Halston und kauften den noch immer zugkräftigen Namen einschließlich aller Lizenzen – außer jener für das Parfüm – und engagierten den Sportswear-Designer Randolph Duke (geb. 1959). Duke entwirft für Halston International die jugendliche Bridge-Kollektion »Halston Lifestyle« und die edlere »Halston Signature«-Kollektion. Seit 2003 ist Bradley Bajou (geb. Texas 1956) Chefdesigner.

Stil: Einfachen, komfortablen Jersey-Kleidern »for all day« mit sportiven Silhouetten gab er eine extravagante Abendnote durch erlesene Stoffe. Weite, duftige Organza-Hemden zog er über seidene Schlauchkleider, machte Tuniken aus Waschleder salonfähig, kreierte Abendpyjamas, sog. Loungesuits, ebenso wie asymmetrisch dekolletierte Kaftankleider und bodenlange Sarong- und Hemdblusenkleider. Luxuriöse Einfachheit war sein Markenzeichen. 1994 kam es zu einem Revival seines Stils. – *Parfüm:* u.a. Halston, 1974; Nautica, 1992; That's Amore, 2000; Unbound, 2001.

Hamnett, Katherine, geb. Kent (England) 16.8.1947, studierte 1965–69 Modedesign an der St. Martin's School of Art London, war bis 1976 freischaffend und gründete 1979 eine Modefirma unter eigenem Namen in London, New North Road 202. 1986 eröffnete sie das erste Geschäft in Brompton Road und zeigte 1989 erstmals in Paris, seit 1994 jedoch in Mailand ihre Kollektion. Seit 2003 zeigt sie wieder in London und blieb politisch aktiv mit T-Shirts wie »Stop War, Blair Out« gegen die britische Teilnahme am Irakkrieg oder »Use a Condom« gegen Aids.

Stil: Ihre Message-T-Shirts mit politisch-ökologischen Statements, wie »Stop Acid Rain«, »Education not Missiles«, erregen seit 1983 Aufsehen. Als eine der ersten lancierte sie abgewetzte, zerrissene Jeans, hautenge Bodysuits mit Pflanzendrucken.

Hartnell, Sir Norman, geb. London 12.6.1901, gest. Windsor 8.6.1979. Ausgebildet bei ‣Lucile, eröffnete er 1924 seinen eigenen Salon unter der anfänglichen Mitarbeit von E. ‣Molyneux. Seine Kollektionen fanden bei amerikanischen Einkäufern Anklang. 1932/33 konnte er erstmals für Königin Mary arbeiten und blieb Modeschöpfer des Königshauses, auch von Elizabeth II. Wurde 1942 Gründungsmitglied der »Incorporated Society of London Fashion Designers«. Nach H.s Tod übernahm eine Gesellschaft seinen Salon und setzte zunächst Murray Arbeid und 1989–92 Marc ‣Bohan für den Entwurf der Prêt-à-porter-Kollektionen ein, die besonders in den USA gefragt waren. Heute werden unter verschiedenen Designern noch Hochzeitsgarderoben übernommen.

Stil und Kreationen: H. war 1927/28 einer der ersten Modeschöpfer, die den kniekurzen Saum wieder verlängerten, auch 1937 unter den ersten, die Abendkleider mit krinolinenartig weitem Rock kreierten. Nach 1938 folgte er weitgehend dem persönlichen Geschmack der späteren Königin Elizabeth II. Während des 2. Weltkriegs entwarf er viele »Utility Clothes« (»Nützlichkeitskleider«), wie sie von der Regierung gefordert wurden, ebenso die Frauenuniform des Royal Air Corps und des Roten Kreuzes. Schuf 1947 das Brautkleid und 1953 die Krönungsrobe von Elizabeth. – *Parfüm:* In Love, 1950. – *Ausstellung:* Art Gallery and Museum, Brighton, 1985/86.

Hechter, Daniel, geb. Paris 30.7.1938. Nach einer Designer-Ausbildung bei Pierre D'Alby eröffnete er 1962 in Paris sein eigenes Prêt-à-porter-Unternehmen für Damenmode, dem 1970 Sportmode für Herren folgte. Seine Sportmode expandierte weltweit; 1978 eröffnete er eine Boutique in New York. Stammhaus: Paris, Avenue Hoche.

Parfüm: Caractère, 1989.

Heim, Jacques, geb. Paris 8.5.1899, gest. Paris 8.1.1967. Begann 1920 mit Modedesign und schloss 1925 dem 1898 gegründeten Pelzmodenhaus seiner Eltern in Paris, Rue Laffite 48, einen Haute-Couture-Salon an; im selben Jahr unterhielt er zusammen mit S. ‣Delaunay die »Boutique Simultanée« auf der Pariser »Exposition des Arts Décoratifs«. 1936 eröffnete er als einer der Ersten eine Boutique für Junge Mode »Heim Jeunes Filles«, 1939 übersiedelte er mit seinem Salon in die Avenue des Champs-Élysées 50 und später in das Pariser Modeviertel, Avenue Matignon 15. 1946–66 kamen weitere Boutiquen, danach Prêt-à-porter-Kollektionen hinzu. 1958–62 Präsident der »Chambre Syndicale de la Haute Couture Française«. Nach 1967 führte sein Sohn Philippe H. das Geschäft zwei Jahre lang weiter; in den 1970er Jahren wurde es verkauft.

Stil und Kreationen: 1925 standen seine Entwürfe unter dem Einfluss der Malerei des Kubismus, 1933 machte er Furore durch die Verwendung von Baumwollstoff für Haute-Couture-Modelle und führte den Pareu als Strandmode ein, 1950 stellte er einen zweiteiligen Badeanzug »Atome« vor. – *Parfüm:* Shandoah; J'aime; Monsieur Heim.

Hermès. 1837 eröffnete der Sattler Thierry H. (1801–78) ein Geschäft in Paris, Rue du Faubourg-St-Honoré 24, das heute noch Stammhaus des Unternehmens ist. Für viele Adelshöfe stellte H. die gesamte lederne Reitausstattung her. Um 1900 kamen Reisegepäck, 1925 erstmals Sportmode wie Golfkasacks, ab 1929 allgemeine Damenmode und 1937 die berühmten Seidentücher mit den Reitemblemen, 1930 der Prototyp der seit 1956 als »Kelly Bag« berühmten, voluminösen Handtasche (entstanden aus einer Tasche für Reitutensilien), benannt nach Fürstin Gracia Patricia von Monaco, vormals Grace Kelly, die »Constance Bag«, eine Schultertasche mit zwei Riemen und einem großen H als Klappverschluss, die

Jackie Kennedy-Onassis trug und auch »Jackie O«-Tasche genannt wird, 1984 die »Birkin Bag«, benannt nach dem in den 1960er Jahren berühmten Filmstar Jane Birkin, später auch Krawatten. Heute steht als Generaldirektor Jean-Louis Dumas-Hermès (geb. 1938) in der fünften H.-Generation an der Spitze des Unternehmens, das noch in privatem Besitz ist. 1988–97 waren Claude Brouet (geb. 1929), die dem bisher üblichen klassisch-sportiven Understatement einen jugendlicheren, modischeren Charakter bis hin zu Transparenz gab, 1998 gefolgt von M. ‣Margiela zusammen mit einem Team für das Modedesign verantwortlich, seit 2003 J.-P. ‣Gaultier. Markenzeichen ist »Le Duc«, eine vierrädrige, von zwei Pferden gezogene und vom Passagier selbst gelenkte Kutsche.

Stil: sportlich elegant, seit Gaultier erotisch-ironisch (mehr Korsagen) mit Sinn für die Tradition des Hauses. – *Parfüm:* u.a. Calèche, 1961; Equipage, 1970; Amazone 1974; Parfum d'Hermès, 1984; Bel Ami, 1986; Rouge Hermès, 2000; Eau des Merveilles, 2004. – *Ausstellung:* Metropolitan Museum, New York, 1986.

Hilfiger, Tommy Jacob, geb. Elmira (New York, USA) 1952. 1970 eröffnete er ein Geschäft für Poster, Kerzen etc. sowie auch für unter dem Namen Jacob Alan selbst entworfene Kleidung, 1975 hatte er bereits 7 Läden, musste jedoch ein Jahr später Insolvenz anmelden. 1985 Eröffnung einer Firma, für die seine Frau Susie Mode entwarf; zusammen mit Mohan Murjan machten sie Jugendmode für das Coca-Cola-Logo. 1992 kam der Durchbruch mit Jugendmode, die von Hip-Hoppern wie Snoop Doggy Dog getragen wurden. Weltweiter Vertrieb und eigene Geschäfte. – *Stil:* Sportliche Jugendmode u.a. mit den charakteristischen Farben Rot, Weiß und Blau.

Höchsmann, Gertrud, geb. Wien 30.9. 1902, gest. Wien 1990. Studium an der Wiener Kunstgewerbeschule in der Klasse von Josef Hoffmann. 1925–26 Mitarbeiterin der Modeabteilung der Wiener Werkstätte, 1927 Gründung eines eigenen Salons. 1939 eröffnete H. einen großen Salon mit Atelier in der Wiener Mariahilferstraße lc (nach Kriegszerstörung 1947 wiedereingerichtet und bis 1967 weitergeführt); viele ihrer Modelle wurden nun nach Deutschland verkauft. 1959–72 Leiterin der Modeklasse an der Akademie für angewandte Kunst in Wien.

Stil und Kreationen: Sehr sorgfältig entwickelte Schnitte in klarer Linienführung. Sie stand dem Stil der Wiener Werkstätte nahe, der sich durchaus an dem allgemeinen zeitgenössischen Modestil orientierte, diesen jedoch künstlerisch interpretierte.

Hulanicki, Barbara (Sophia) ‣Biba.

Hympendahl, Beatrice, geb. Kiel 31.8. 1940. Besuch der École des Beaux Arts in Paris und der Modeschule in Frankfurt mit Meisterprüfungsabschluss. In den 1980er Jahren erfolgreiche Designerin mit eigener Modefirma »Beatrice Hympendahl & Co.« in Düsseldorf, Luegplatz 3. Seit 1986 Entwurf von Pelz- und Schuhkollektionen.

Stil: ‣Oversize der 1980er Jahre und Cocktailkleider mit ‣Tütürock.

Iceberg ‣Sui, Anna.

Jacobs, Marc, geb. New York 9.4.1963, Absolvent der Parson's School of Design, 1988–93 Designer bei P. ‣Ellis. 1987 gründete J. seine eigene Marke für Damenmode, seit 1996 auch eine Herrenlinie sowie Design für Pelze, Accessoires und Stoffe. 1997 übernahm er die künstlerische Leitung des Hauses Louis ‣Vuitton und führte dieses einem modischen Revival zu.

Stil: jugendliche Klassik. – *Parfüm:* Marc Jacobs, 2001; Marc Jacobs Essence, 2003.

Jaeger, Dr. Gustav ‣Jaegerhemd.

James, Charles, geb. Camberley (England) 18.7.1906, gest. New York 23.9.1978. Der Autodidakt J. gilt als größtes Genie unter den Modeschöpfern. 1926 eröffnete er in Chicago ein Hutgeschäft unter dem Namen »Boucheron«. 1928 ging er nach New York, war zeitweilig aber auch in London. Es sollten 50 (!) immer neu eröffnete und bald wieder geschlossene Modesalons folgen. In den 1930er und 1950er Jahren gehörte es zum Erstrebenswertesten, eine Robe von J. zu besitzen, selbst für eine so namhafte Modeschöpferin wie E. ‣Schiaparelli. Stets war er in Geldnöten und starb mittellos.

Stil: J. ersann die kompliziertesten Schnitte, ungewöhnliche Silhouetten und Drapierungen, Überröcke in Blüten- oder Kleeblattformen, geraffte Schleppen, gewagteste Dekolletés, mit dramatischen Kragenformen eingerahmt. Oft ließ er Kleidentwürfe liegen, um nach Jahren wieder daran bis zur Perfektion weiterzuarbeiten. – *Ausstellungen:* »The Genius of Charles James«, Brooklyn Museum, New York 1982; Fashion Institute of Technology, New York 1993.

JAP ‣Takada, Kenzo.

Johnson, Betsey, geb. Hartford (Connecticut, USA) 1942. Graduierte 1964 an der Syracuse University und begann gleich mit Modedesign. 1969 eröffnete sie in New York die Boutique »Betsey, Bunkey and Nini«, seit 1978 auch Sportswear.

Stil: poppig ausgeflippte Mode.

Joop, Wolfgang, geb. Potsdam 18.11.1944. In den 1970er Jahren arbeitete J. anonym als Modezeichner und Designer für internationale Modeunternehmen. Schuf erstmals 1978 unter eigenem Namen eine Pelzkollektion und seit 1981 eigene Prêt-à-porter-Kollektionen unter dem Markennamen JOOP! (mit Ausrufezeichen). 1985 folgten die erste Herrenkollektion sowie Accessoires, Schmuck und ein Speiseservice. 1986 eröffnete J. sein erstes Exklusiv-Geschäft. 1987 lancierte er die eigene Parfum- und Kosmetik-Serie JOOP!. Es folgten eine sehr erfolgreiche Brillen-Kollektion und »Joop!«-Jeans, die sich als Designer-Jeans selbst in den USA behaupten. 1988 wurde die JOOP! Fashion GmbH in Hamburg, Harvestehuder Weg 22, gegründet, bis heute Hauptsitz. 1987–92 Professur an der Hochschule der Künste, Berlin. Seit 1994 zeigte J. seine Prêt-à-porter-Kollektionen in New York. 2004 verkaufte er seine Marke »JOOP!« und gründete »Wunderkind Couture«, eine Kollektion, die er in New York zeigt. Eine seiner Töchter, Jette J. (geb. Braunschweig 17.2.1968, Designstudium in Kalifornien), designed Schmuck und Accessoires.

Stil und Kreationen: J. wurde zunächst für eine extreme Oversize-Mode bekannt, bei der viele Bekleidungsschichten übereinander getragen wurden. 1984 wadenlange Abendkleider mit straßbesetzten Reißverschlüssen. 1987/88 flossen Elemente der italienischen Frührenaissance in seine Kreationen. In den 1990er Jahren feminine, figurbetonte Linie mit betont modischen Ideen, liebt Pelz-Accessoires. 2004/05 Kollektion »American Art Déco«. – *Parfüm:* JOOP!, 1987; Nuit d'Été, 1990; Eve, 1996; Adam, 1997; Rococo, 2000; Muse, 2003; Jump, 2005.

Karan, Donna, geb. Long Island (USA) 2.10.1948; besuchte zwei Jahre die Parson's School of Design in New York; wurde Chefdesignerin in der namhaften amerikanischen Modefirma Anne Klein (1923–74); 1985 gründete sie ihre eigene Marke »Donna Karan New York«, 1988 die jugendlichere, preisgünstigere »DKNY«-Kollektion und 1997 »D Karan« für Twens. Unterwäsche, Accessoires, Schmuck, Kosmetika und zwei Männerkollektionen erweiterten das Angebot. 2001 verkaufte sie ihr Unternehmen an die LVMH-Gruppe.

Stil: Ihr Stil – mit Schwarz als Basisfarbe – ist ganz der amerikanischen ‣Sportswearmode und bequemer »Allday-Fashion« (»casual chic«) für die berufstätige Frau verbunden. Sie liebt Wickelröcke aus Jersey, windet Pullover oder Westen als »wrappers« um die Hüften, um diese zu kaschieren, lanciert den ‣Body anstelle von Blusen und favorisiert ebenso bequeme Abendmode im Stil von Schlauchkleidern aus Jersey. – *Parfüm:* Donna Karan New York, 1992 (in einem schwarz-goldenen Flakon in Form eines abstrakten Frauenkörpers, entworfen von Donna K.s Mann Stephan Weiss, gest. 2001); DKNY, 2000; Black Cashmere, 2002; DKNY Energy, 2003.

Kawakubo, Rei, geb. Tokyo 1942. Studierte Kunst in Tokyo, trat 1964 in die Werbeabteilung des Chemiekonzerns und größten Herstellers von Acrylfasern ein; 1967 wurde sie freie Stylistin und begann 1969 eigene Mode zu entwerfen. 1973 gründete sie ihre Firma und Marke »Comme des Garçons«. Ihr Mann Adrian Joffe ist gleichzeitig ihr Businesspartner. 1976 erste Boutique (Stammhaus) in Minami-Aoyama Tokyo, seit 1980 in Paris, heute Place Vendôme 16. 1978 kam die Männerlinie »Homme plus« hinzu, gefolgt von Accessoires und Möbeln. 1988 erste Ausgabe des jedes 2. Jahr erscheinenden eigenen Magazins »Six«. 1992 übertrug sie ihrem langjährigen Assistenten Junya ‣Watanabe eine eigene Comme-des-Garçons-Linie. 1997 Ballett-Ausstattung für Merce Cunningham. 2004 entwirft sie Sportswearmode für Perry ‣Ellis.

Stil und Kreationen: Initiierte in den 1980er Jahren »den neuen japanischen Stil«, dem ‣Dekonstruktivismus nahe, mit seiner eher zeitlosen körperverneinenden Mode. Drapierungen, Asymmetrien, Schichten signifizieren ihren in allen Grau- bis Schwarzschattierungen gehaltenen »Kultstil«. In ihrem vollkommen neuen Mode-, Erotik- und Schönheitsverständnis geht es um die Ästhetik von Zerstörung, Armut und Hunger und von Schwarz und Grau. 1982 waren eingestrickte Löcher als moderne Form einer Spitze und ausgefranste Säume richtungsweisend. 1986 fand K. zu mehr Körperbetonung und farbigen Details. 1990 zog sie mehrere Lagen von durchscheinendem Nylon übereinander. 1992/93 zeigte sie Modelle mit nicht versäumten, nach außen gekehrten Nähten und Reißverschlüssen oder scheinbar unfertigen Details, um – ähnlich wie A. ‣Demeulemeester – die Schönheit des Unvollkommenen sowie die Prozesshaftigkeit als Teil des Lebens zu zeigen. 1995 ging sie zu graphischen Mustern, ein Jahr später zu Blumenmustern über. 1997 gab sie dem Körper neue Formen durch Umwickelung der Arme oder durch unterlegte Polster, genannt »Body meets Dress«. Ebenso unkonventionell ist ihre Männermode, bei der sie zum Beispiel zwei Sakkos, das eine kürzer, das andere länger, übereinander schichtet oder Hemden mit doppelten Kragen und asymmetrischen Verschlüssen bringt. 2004/05 viktorianischer Stilmix mit großen Puffärmeln; 2005 Tütü- und Cul-Röckchen. – *Parfüm:* u.a. Comme des Garçons, 1994; Leaves Series 1, 2000; Red Series 2, 2001 Incence 2003; Flower Power, 2004. – *Ausstellungen:* Centre Georges Pompidou, Paris, 1986; Fashion Institute of Technology, New York, 1987.

Kenzo ‣Takada, Kenzo.

Khanh, Emmanuelle, geb. Plain (Frankreich) 7.9.1937. War Mannequin bei C. ‣Balenciaga und H. de ‣Givenchy, begann dann Sportmode und Strickwaren für die Modefirma ‣Cacharel zu entwerfen. 1960 begründete sie mit ihrem Mann, einem Innenarchitekten, eine eigene Modefirma in Paris, Rue Pierre-Lescot 6 (großer Erfolg mit durchsichtigen Schirmen), ihr Mann begann Herrenkollektionen zu entwerfen. 1970 Gründung einer Tochterfirma für rumänische Handstickerei, Strickwaren und Leder-Accessoires. Das Haus besteht weiterhin unter der France Luxury Group als Inhaber.

Stil und Kreationen: Mitte der 1960er Jahre gingen von E.K. viele modische Impulse für das französische Prêt-à-porter aus, ähnlich wie in England von M. ‣Quant. Sie bevorzugt Kleider aus Strickstoff und Jersey.

Klein, Calvin, geb. New York 19.11.1942. Sohn jüdischer Einwanderer aus der Bronx, besuchte 1960–62 das Fashion Institute of Technology in New York; arbeitete für verschiedene Konfektionäre. Mit vielen Anfangsschwierigkeiten gründete er 1968 mit seinem Partner Barry Schwartz sein eigenes Modeunternehmen. Sämtliche Modesparten und Inneneinrichtung deckt K. mit seinem Design ab. 2002 verkaufte er das Unternehmen an Phillips Van Heusen, während er selbst einen Kontrakt als Consultant für neun Jahre schloss. Als Designer wurde 2003 der Brasilianer Francisco Costa (geb. 1969, zuvor bei ‣Gucci und Oscar de la ‣Renta), für die Männerlinie Italo Zucchelli angestellt.

Stil und Kreationen: In den 1970er Jahren war seine Mode stark von Pariser Kreationen beeinflusst, denen er allerdings einen bequemeren, alltäglicheren Stil gab. Besonders erfolgreich war 1970 sein »pea coat«, ein zweireihiger Kurzmantel mit großem Revers, einer ‣Caban-Jacke ähnlich. Er favorisiert Kombinationen aus anliegenden Pullovern oder ‣Cardigans und schmalen Röcken; in der Abendmode Schlauchkleider mit »halter-necks« (Halsträger). Im Design glaubt K. an »form follows function«. Seinen internationalen Durchbruch schaffte er jedoch 1982 mit Herrenunterwäsche (!): die einfache Feinrippunterhose versah er im Gummibund mit seinem Namen und machte sie damit zur »Designersache«, die mit einer entsprechend provokanten Werbung unterstützt wurde. Letztere verstand er auch anzuwenden bei seinen Jeans, die bald als »Calvins« zu einem Begriff wurden, sowie auf sein Unisex-Parfum »cK one«. – *Parfüm:* Obsession, 1985; Eternity, 1989; Escape, 1991; cK one, 1994; Contradiction, 1998; Truth, 2000; cK One Summer, 2004; u.a.

Knize, J. (Josef) gest. Wien 1902. Wiener Herrenschneider und k.k. Hofschneider, der

1858 einen Salon in der Spenglergasse eröffnete, 1909 Am Graben 13, später Filialen in Karlsbad (1921), Berlin (1924; Wilhelmstraße), Paris (1928–72, Avenue des Champs Élysées), Prag (1934), Bad Gastein (1937), New York (1941–74, 5th Avenue) unterhielt. (Seine österreichischen Geschäfte hat Adolf Loos, Architekt der Wiener Sachlichkeit, ausgestattet.) 1902 führte K.s Schwester Gisela Wolff den Salon weiter, der berühmte Zeichner Ernst Dryden wurde 1921 Mode- und Werbeberater. »Knize« ist bis heute weltweit als edelste Herrenmode bekannt. Während des 2. Weltkriegs als Kommanditgesellschaft weitergeführt. Den heute noch existenten Salon in Wien übernahm 1963 der Schneidermeister Rudolf Niedersüß, der das Geschäft um einen Damensalon erweiterte und dessen Sohn nun am Geschäft beteiligt ist.

Parfüm: Knize Ten, 1924; Knize Two, 1978; Knize One, 1979; Glencheck (alle für Herren).

Knott, Jean-Paul ‣Féraud.

Kors, Michael ‣Céline.

Krizia ‣Mandelli, Mariuccia.

Lacoste, René, geb. Paris 2.7.1904, gest. Saint Jean-de-Lac (Frankreich) 12.10.1996. Tennisspieler und 1927 Davis-Cup-Gewinner, genannt »Le crocodile«, das er auf seine Tennishemden sticken ließ. 1933 entwickelte er zusammen mit Gilles Rosier, Besitzer der größten Strickwarenfirma Frankreichs und Designer, das ‣Lacostehemd mit dem bald berühmten Krokodil als Logo. Das Angebot wurde auf sportliche Damen-, Herren-, Kinder- und Golfmode ausgeweitet. Seit 1963 ist sein Sohn Bernard L. Präsident des Unternehmens, und seit 2001 ist Christophe Lemaire (geb. 1965) Chefdesigner.

Parfüm: Lacoste (für Herren), 1984; Land, 1990; Eau de Sport, 1994; Booster, 1996; Lacoste, 1999 (für Damen); Lacoste pour Femme, 2003; u.a.

Lacroix, Christian, geb. Arles, 16.5.1951. Kunstgeschichtsstudium, 1978 Eintritt in das Designer-Team von ‣Hermès, Assistent von Guy Paulin (‣Chloé). 1981–87 künstlerischer Direktor des Hauses J. ‣Patou, 1987, als das Couture-Geschäft wenig erfolgversprechend war, eröffnete er dennoch mit Hilfe des Louis-Vuitton-Moët-Henessy-Konzerns einen Couture-Salon in Paris, Rue du Faubourg-St-Honoré 73. 1989 kamen Accessoires, 1994 die Sportswear-Kollektion »Bazar« und 1995 Jeans hinzu. Neben seinen eigenen Haute-Couture- und Prêt-à-porter-Kollektionen und Accessoires seit 2002 auch jene für ‣Pucci, Design der Hostessenkleidung der Air France, Inneneinrichtung der TGV-Züge. 2005 wurde das Haus an die Falic Group, USA, verkauft.

Stil und Kreationen: Ideenreiche, farbenfreudige, extrovertierte bis exaltierte Haute Couture. Berühmt für sein unkonventionelles Mustermix, wie Stoffe mit unterschiedlich großen Karos, breiten Markisenstreifen und Punkten; theatralische Überladenheit mit Borten, Quasten und Stickereien. 1985 lancierte er Cocktailkleider mit kurzen Tutu- und Ballonröckchen. Im 21. Jh. Verjüngung durch willkürlichen Stil- und Mustermix sowie zipfelnde Saumlängen. Modische Inspirationen schöpft L. aus seiner Heimat Provence oder aus Spanien. – *Parfüm:* C'est La Vie, 1990; Christian Lacroix, 2000; Bazar, 2002; u.a.

Lagerfeld, Karl, geb. Hamburg 10.9.1938. Der Erbe der Hamburger Firma »Glücksklee-Milch« kam 1952 mit seiner Mutter nach Paris, wo er das Lycée Montaigne besuchte, gewann 1954 den 1. Preis des Internationalen Wollsekretariats für ein Mantelmodell, war 1955–58 Modellist bei P. ‣Balmain. 1958–63 Assistent, später künstlerischer Direktor bei J. ‣Patou. Da L. die Zukunft nicht in der Haute Couture, sondern im Prêt-à-porter sah, wurde er 1964 freier Designer, u.a. für die Modefirma Krizia (‣Mandelli). Er entwarf Filmkostüme und absolvierte ein Kunststudium, begann 1965 für ‣Fendi Pelzkollektionen zu entwerfen und verhalf 1963–84 und 1992–97 der Modefirma ‣Chloé als Chefdesigner zu Weltruhm. 1974 Gründung der deutschen Firma »Karl-Lagerfeld-Impression«. Entwirft für andere Firmen Unterwäsche und sämtliche Accessoires. 1979–81 Professor an der Hochschule für angewandte Kunst in Wien, seit Februar 1983 Designer für die Haute-Couture-Kollektion und seit 1984 für das Prêt-à-porter des Hauses ‣Chanel. 1984 gründete er seine eigene Gesellschaft mit der Prêt-à-porter- und Accessoire-Marke »KL«, der Sportswearlinie »KL by Karl Lagerfeld« und einer Herrenlinie.

1987–96 entwarf Lagerfeld eine Konfektionskollektion für die deutsche Modefirma Klaus Steilmann, danach für das Versandhaus Quelle und 2004 für Hennes & Mauritz. 1999 lancierte L. eine neue Kollektion mit eigenen Geschäften »Lagerfeld Gallery« (2005 an ‣Hilfiger, USA, verkauft), ein Buchgeschäft für (eigene) Fotobände und Kunstbücher kam hinzu. L. gilt als einer der vielseitigsten Designer, u.a. mit mehr als 10 Modekollektionen pro Jahr, in denen er immer aufs Neue den Zeitgeist trifft. L. ist auch ein hervorragender Modezeichner und Fotograf. Er fotografiert nicht nur Teile seiner Kollektionen selbst, sondern brachte als Fotokünstler auch zahlreiche Bildbände heraus. Er illustrierte Andersens Märchen »Des Kaisers neue Kleider«, Münster 1992. L. erfindet sich immer wieder neu, ob als Mann mit dem Fächer und Pferdeschwanz oder als schlanker Dandy mit hohen Hemdkragen.

Stil und Kreationen: L. fasziniert durch seinen ideenreichen, jugendlich-avantgardistischen Modestil. Er bestickte Kleider mit glitzernden Gitarren und sprudelnden Duschen, brachte kleine Rokoko-Möbel und Nähzubehör als Kopfbedeckung. Seine Fendi-Pelz-Kollektionen sind modisch führend, auch durch neue, leichtere Verarbeitungstechniken. Er belebte den Chanel-Stil durch kreative Innovationen und Variationen wie Lederkostüme, Hosenanzüge, kurze Plisseeröckchen oder asymmetrische Kragen, weite wadenlange Röcke bis superkurze Minis. »Lagerfeld Gallery« ist eine betont jugendliche Kollektion.

Parfüm: Lagerfeld (für Herren), 1980; KL, 1982; KL pour Homme, 1986; Lagerfeld Photo Fragrance for Men, 1990; Sun Moon Stars, 1994; Jako 1997; Lagerfeld pour Femme, 2000; Lagerfeld Man, 2003; u.a.

Lancetti, Pino, geb. Perugia (Italien) 27.11.1932. Maler und Keramik-Designer; lernte schrittweise die Techniken der Schneiderei. Entwarf für ‣Simonetta und A. ‣Fabiani, eröffnete 1961 sein eigenes H.-C.-Haus in Rom, Via Condotti 61. Zeigte 1963 erstmals seine Kollektion bei den Modenschauen im Palazzo Pitti, Florenz. Begann Prêt-à-porter, Pelze, Modeschmuck und Kaschmirstrickwaren (auch für Männer) zu entwerfen. Macht Stoffdessins für den Seidenhersteller »Etro« in Como. 2001 verkaufte er sein Unternehmen an den Parfumhersteller Ugo Paci mit Enzo Fusco als Designmanager.

Stil und Kreationen: Haute-Couture-Modelle, oft in Anlehnung an vergangene Modestile; liebt fließende Linien und zarte Farben. – *Parfüm:* Lancetti Uomo (für Herren), Via Condotti Lancetti, 1982; Lancetti Femme, 2001.

Lang, Helmut, geb. Wien 10.3.1956, gründete 1977 ein Modestudio in Wien und 1979 die Boutique »Bou Bou Lang« in der Singerstraße; 1984 erste Damenkollektion. Seit 1986 zeigt er seine Kollektionen in Paris, seit 1987 Herrenkollektionen. 1989 Lizenz an Mitsubishi und Aufbau eines Marktes in Japan. 1990 erste Herrenschuh-Kollektion. 1993 kreierte er die Dienstkleidung für das Museum für angewandte Kunst in Wien und war Professor an der Hochschule für angewandte Kunst in Wien. 1994 Aufbau eines amerikanischen Marktes und Einführung von »Helmut Lang Eyewear« mit Optical Affairs in New York. 1998 zog er nach New York und zeigte dort seine Kollektionen. 2000 verkaufte er Teile, 2004 den Rest seines Unternehmens an ‣Prada, um weltweit zu expandieren. 2003/04 zeigte er wieder in Paris und kündigte 2005 gänzlich seinen Designervertrag mit dem Prada-Konzern.

Stil: Mit seiner minimalistischen Mode erreichte er in den 1990er Jahren internationalen Einfluss. Er verwendete stark glänzende Synthetics und Plastikmaterialien ebenso wie Gummi. Ein Shiftkleid aus rosa Gummi mit darauf geschmolzener Chantilly-Spitze wurde 1995 zum Kultobjekt. Er unterlegte transparente Tops mit farbigen Nylonbandeaus, er ließ Satinunterröcke unter Musselin-Röcken am Saum hervorblitzen und brachte Satinstreifen an der Seitennaht von Hosen, den früheren ‣Lampassen gleich, groß in Mode. Seine Modenschauen in einfachen Hallen und ohne Laufsteg stehen im Gegensatz zu jeder Opulenz. Kollektion 2004/05: Stiefelschächte enden in Spitzenbordüren oder Bastfransen, drapierte und verschlungene T-Shirt-Tops. – *Parfüm:* Helmut Lang (für Damen und Herren), 2000; Velviona 2001; Cuiron (für Herren), 2002.

Lange ‣Rena Lange.

Lanvin, Jeanne, geb. Paris 1.1.1867, gest. Paris 6.7.1946. Begann 1880 in Paris eine

Lehre als Modistin; eröffnete 1889 ein eigenes Hutgeschäft und machte nebenher Kleider für ihre jüngere Schwester und bald für ihre Tochter in einem damals ungewöhnlich bewegungsfreundlichen Schnitt im Stil kurzer Hängerkleidchen. Es folgten Jungmädchenkleidung und 1909 Erwachsenenmode. Gründete ein Atelier im Pariser Modeviertel, Rue du Faubourg-St-Honoré 22, das sie ständig erweiterte. Als eines der ersten Haute-Couture-Häuser hatte es Abteilungen für Parfüms, für Herren- (ab 1926) und für sportliche Damenkleidung, neben einer Abteilung für Kinderkleidung. L. verfügte über ein großes Organisations- und Geschäftstalent, 1937 stand sie dem Haute-Couture-Komitee der Weltausstellung in Paris vor. Zusammen mit Armand-Albert Rateau, einem Innenarchitekten des Art Déco, und Paul Plumet schuf sie die Innenausstattung des Théâtre Danon in Paris, für das sie später auch Kostüme entwarf. 1939 präsentierte sie Pariser Haute Couture in New York. Nach 1946 führte ihre Tochter, Gräfin Marie-Blanche de Polignac (gest. 1963) das Geschäft fort und stellte 1950 als künstlerischen Leiter den spanischen Couturier A. ‣Castillo ein (Firmenbezeichnung: »Lanvin-Castillo«). 1963 übernahm L.s Neffe, Bernard L. (geb. Neuilly-sur-Seine 27.12.1935) die Administration; bis 1984 war J.F. ‣Crahay künstlerischer Direktor der Haute Couture und des Prêt-à-porter. 1990 wurde das Haus von L'Oréal gekauft, wechselnde Designer wie 1989 G. ‣Armani, 1990 C. ‣Montana, danach Dominique Morlotti (geb. Paris 1950) und 1996–98 Ocimar Versolato (geb. Sao Paulo, Brasilien 1961; studierte Architektur und 1987 an einer privaten Modeschule in Paris), bis 2001 die Haute Couture von Christina Ortiz übernommen wurde. 2001 von einer taiwanesischen Mediengesellschaft gekauft, ab 2002 Alber ‣Elbaz als Chefdesigner. (1920–22 von Rateau entworfene Schlaf- und Badezimmer befinden sich heute im Musée des Arts Décoratifs in Paris.)

Stil und Kreationen: »Phantasie und Raffinement« (Anny Latour) zeichneten ihren Stil aus; man schätzte besonders ihre Kleider für Mutter und Tochter. Sie lancierte 1918 das Stilkleid und behielt es während der 1920er Jahre bewusst als Gegensatz zum funktionellen Tageskleid, dem Hängerkleid. Liebte Stickerei, Posamenterie, Goldspitzen und Bänder als Verzierung. Alber Elbaz vermittelt ein neues Modebild, im H/W 2002/03 mit riesigen Pailletten, locker flatternden Bändern und unvollendeten Säumen. – *Parfüm:* My Sin, 1925; Arpège, 1927 (das originelle Glasflakon, eine schwarze Kugel, entwarf Armand-Albert Rateau, die Zeichnung darauf, die J.L. und ihre Tochter im Ballkleid zeigt, der Maler Paul Iribe); Scandal, 1931; Eau de Lanvin, 1933; Rumeur, 1934; Prétexte, 1937; Monsieur Lanvin, 1964; Crescendo, 1965; Chiaro, 1969; Via Lanvin, 1971; Lanvin for Men, 1981; Claire de Jour, 1983. Lanvin Homme, 1997; Oxygen, 2000; Eclat d'Arpège, 2002; Vetiver (für Herren), 2003.

Lapidus, Ted (Edmund), geb. Paris 23.6.1929. Während des Medizinstudiums entwarf der Sohn russischer Immigranten zum Nebenverdienst Kleider, die er an kleine Pariser Boutiquen verkaufte. Er studierte dann in Tokyo Schnittgestaltung und eröffnete 1949 einen kleinen Modesalon für Damen- und Herrenkleidung in Paris. Nach 1955 baute er ein weltweites Vertriebsnetz für seine Kleidung auf mit dem Stammhaus in Paris, Avenue Pierre Ier-de-Serbie 37, das sein Sohn, Olivier L. (geb. Neuilly, 2.6.1958), seit 1991 in der Rue François Ier weiterführt. Ted L.s Schwester, Rosette Mett (geb. 1936), baute 1969 die Modemarke ‣»Torrente« auf.

Stil und Kreationen: Jugendliches, unkonventionelles Prêt-à-porter für Damen und Herren. Besonders bekannt wurde 1965 seine Unisex-Mode mit Nehru-Jacken und schmalen Hosen. Olivier L. verwendet High-Tech-Materialien, denen er einen feminin-romantischen Flair durch Rüschenkragen und Volantmanschetten zu geben versteht. – *Parfüm:* Vu, 1976; Ted, 1978; Création, 1984; Lapidus pour Homme, 1987; Lapidus Woman, 2001; TL Pour Elle und TL Pour Lui, 2003.

Laroche, Guy, geb. La Rochelle (Frankreich) 16.7.1921 (1923?), gest. Paris 17.2.1989. 1949–56 Assistent und Modeschöpfer bei J. ‣Dessès. 1951 stellte er seine erste eigene Kollektion mit 60 Modellen in seinem Appartement vor. 1957 eröffnete er ein kleines Atelier in Paris, informierte sich in den USA über Modetrends, aber auch über neue Herstellungsverfahren und war Designer für verschiedene Firmen. 1961 Eröffnung eines großen Haute-

Couture-Hauses inklusive einer Boutique im Pariser Modeviertel, Avenue Montaigne 29. Baute die Vertriebsgesellschaft »Guy Laroche Femme« auf, begann 1966 Herrenmode zu kreieren und fügte eine Herrenboutique an. 1968 erste Prêt-à-porter-Kollektion (für die seit 1972 Guy Douvier zeichnet); weltweite Boutiquen und Lizenzen folgten. Nach seinem Tod übernahm A. ‣Tarlazzi die kreative Leitung des Hauses, 1993 die Haute Couture Michel Klein (geb. Paris 1957); 1997–98 A. ‣Elbaz und seit 2001 Laetitia Hecht (Paris 1968). Stammhaus: Rue du Faubourg-St-Honoré.

Stil und Kreationen: Sehr individueller, ideenreicher Stil: 1965 Mini-, 1967 Maxi-Tageskleider; 1972 Pailletten-Smokings für Damen und Pullover-Ensembles als Abendkleidung. 1975 »Marine-Stil«, 1978 »Arlequin«-Hosenanzüge. 2003 Neo-Rokoko und Gypsi-Mix – *Parfüm:* Fidji, 1967; Eau Folle, 1970; Drakkar, 1972; J'ai osé, 1977; Drakkar Noir pour Homme, 1982; Clandestine, 1986; Drakkar Dynamic, 1998.

Lauren, Ralph (eigtl. Ralph Lipschitz), geb. New York 12.10.1939. Sohn russischer Einwanderer aus der Bronx. Als Verkäufer in einem Krawatten-Geschäft begann er 1967 selbst breite Krawatten mit auffallenden Mustern zu entwerfen. Bald gelang es ihm, das Angebot auf die gesamte Männergarderobe auszuweiten. 1971 bereits kam Damenmode hinzu. In den 1980er Jahren wurde »Polo Ralph Lauren« mit einem Polo-Spieler als Logo zur teuren Insider-Marke. Lauren vertreibt unter seinem Namen auch Kinderkleidung, sämtliche Accessoires sowie Schmuck und Sonnenbrillen.

Stil: Sein Stil ist der anglo-amerikanischen Tradition verbunden. In einem edlen Country-Western- und College-Stil, die er »American Classics« nennt, kreiert er nicht nur Mode, sondern Lifestyle (Inneneinrichtung). Lauren splittet sein Angebot in diverse, in Stil und Preislage unterschiedliche Kollektionen, von der couturigen sog. »Signature-Linie: Collection«, der betont modischen »Ralph« und der sportiven »Double RL«-Linie bis zum »Polo Sport«. – *Parfüm:* Polo, 1989; Safari, 1991; Safari for Men, 1995; Polo Sport, 1996; Ralph Lauren Polo Sport Woman, 1997; Extreme Polo Sport, 1998; Romance Sparkling Mist, 2003; u. a.

Lecoanet Hemant, Geschäftsname von Didier L., geb. Chaumont 8.4.1955, Ausbildung an der École de la Chambre Syndicale de la Couture, und Hemant Sagar, geb. Delhi, 26.9.1957, Schneiderausbildung in Deutschland. 1979 erste gemeinsame Prêt-à-porter-Kollektion für eine deutsche Textilfirma. 1981 Gründung einer Boutique in Paris, Rue du Faubourg-St-Honoré. 1984 Einstieg in die Haute Couture und Aufnahme in die »Chambre Syndicale de la Couture Parisienne«, Hauptsitz Rue vieille du Temple 24. Seit 1988 wirtschaftliche Zusammenarbeit mit japanischen Firmen auch für Accessoires, seit 1990 auch Prêt-à-porter.

Stil: Femininer Business- und Cocktailstil auf modischer Basis fließender Wickelungen und Drapierungen, inspiriert durch asiatische Kleidung.

Léger, Hervé, geb. Baupaume (Frankreich) 30.5.1957. Nach kurzem Studium der Bildhauerei begann er Accessoires zu entwerfen, u. a. für den österreichischen Kristallglasfabrikanten Swarovski. 1980 engagierte ihn K. ‣Lagerfeld als Assistenten für ‣Fendi, später ein Jahr für ‣Chanel, für ‣Lanvin und Pelze für ‣Chloé. 1989 wurde er freier Designer und stellte 1993 seine erste Prêt-à-porter-Kollektion vor. 1999 wurde sein Geschäft, das zur Hälfte der Seagram Group Canada gehörte, verkauft und Jerome Dreyfuss (geb. Nancy, 1974) als Designer eingesetzt. L. eröffnete somit eine kleine Boutique in St. Germain unter dem Namen Hervé Leroux (so viel wie ›Hervé der Rote‹) und blieb seiner figurbetonten Linie treu.

Stil und Kreationen: 1992 kreierte L. durch Zufall Kleider aus Spandexbändern. Diese maßgeschneiderten, handgenähten »Robes à bandes« wurden spontan in Model- und Filmstar-Kreisen heiß begehrt. Diese engsten und dennoch bequemen Körperkleider wirkten wie Korsetts Ende des 20. Jh.s L. fand Möglichkeiten einer preisgünstigeren, konfektionellen Herstellung bei weiterer Exklusivität, auch mit vielfarbigen Bändern. Seither blieb er einer sehr erotischen Linie auch in Kombination mit Spitze und Musselin treu. – *Parfüm:* Hervé Léger, 1999.

Lelong, Lucien, geb. Paris 11.10.1889, gest. Paris 11.5.1958. Der Sohn eines Schneiders eröffnete 1923 ein Modehaus an der Place de la Madeleine in Paris und zog 1928 in die Avenue Matignon 16. Er entwarf die Modelle nicht selbst, sondern engagierte junge Designer, so 1942–45 Ch. ‣Dior und 1939–45 P. ‣Balmain. 1937–45 als Präsident der »Chambre Syndicale de la Haute Couture Parisienne« war es sein Verdienst, zur Zeit der deutschen Okkupation Frankreichs die Pariser Haute Couture, die nach dem Willen der deutschen Besatzung nach Berlin oder Wien hätte verlegt werden sollen, am Ort zu halten, sie sogar weitgehend von Stoffrationierungen zu befreien und gleich nach Kriegsende wieder dem amerikanischen Markt zu öffnen. 1947 zog sich L. aus Gesundheitsgründen ins Privatleben zurück. Die Parfümmarke besteht noch heute.

Stil: Zurückhaltende Eleganz bei exzellenter Verarbeitung. – *Parfüm:* 27 Parfüms, u. a. N, 1932; Indiscret, 1936; Sirocco, 1947; Lelong pour Femme, 1998; Opening Night, 1999; Orgueil, 2002.

Lempicka, Lolita (eigtl. Josiane Pividal), geb. Bordeaux 1954. 1983 gründete das Ehepaar Josiane und Joseph Pividal die Marke »Lolita Lempicka«. Ein Lizenzvertrag mit einer japanischen Gruppe erlaubte es, 1988 eine zweite, jugendliche Linie »Lolita bis« und 1995 die Basiclinie »Lolita Studio Design« zu lancieren.

Stil und Kreationen: Durchgehend romantisch-feminine Mode, die sie immer nach neuesten Trends zu interpretieren vermag: 1993 Korsagenoberteile mit Rüschen und Blumen verziert, 1996 Transparentes mit floral überstickten Mustern, Pannesamtwestchen und Lingeriekleidchen. – *Parfüm:* Lolita Lempicka, 1997.

Léonard Fashion, 1943 von Jacques L. gegründete Firma für Seidenjersey und Trikotwaren, die nach eigenen Dessins bedruckt wurden. 1958 wurde Daniel Tribouillard (geb. Paris 8.1.1935) künstlerischer Leiter und seit 1987 Inhaber des Hauses mit Stammsitz in Paris, Avenue de l'Opera 19. Prêt-à-porter für Damen, Bademoden, Accessoires und Porzellan kamen hinzu. Aufbau weltweiter Boutiquen und Lizenzen. Neben Tribouillard sind weitere Designer Veronique Leroy (geb. Belgien 1965, 2000–04) und das Designerehepaar Michele and Olivier Chatenet (entwerfen auch ihr eigenes Label E2). Generaldirektor von »Léonard-Parfum«, gegründet 1969, ist Philippe L. (geb. 9.9.1945). 1992 erste Herrenmodenkollektion. Daniel Tribouillard veröffentlichte vier Bände *Art and Fashion,* Kyoto 1983–95.

Stil und Kreationen: Unter ein bestimmtes saisonales Motto gestellte Prêt-à-porter-Kollektionen mit ausschließlich selbst entworfenen, z. T. handbedruckten oder handgemalten Stoffdessins, wie Marine-, Amerika- oder Tropen-Look. Klare, einfache Schnittführung, um die Stoffmuster besser zur Geltung zu bringen. – *Parfüm:* Fashion de Léonard, 1970; Eau Fraîche, 1974; Tamango, 1977; Léonard pour Homme, 1980; Balahé, 1983; Fabuleuse, 1998; Léonard, 2002.

Lepape, Serge, geb. Metz 1936; seit 1959 freier Designer, besonders für ausländische Modefirmen, zeitweilig auch für Nina ‣Ricci und ‣Molyneux. 1967 Eröffnung eines eigenen Modehauses in Paris, Rue Cambon 14, 1977–79 künstlerischer Leiter des Hauses E. ‣Schiaparelli; 1980–90 eigener Salon in der Rue François Ier.

Kreationen: Vielfach von früheren Mode- und Kunststilen beeinflusste Kreationen. 1977 machte sein mit Diamanten in Form von Blumenbouquets besticktes Abendkleid »Botticelli« Furore.

Leroy, Louis Hippolyte, Pseudonym für Roy?, geb. Paris 1763, gest. 1829. Begann mit 12 Jahren als Theater-Friseur und wurde um 1780 von R. ‣Bertin für die Ausführung der Coiffuren von Königin Marie Antoinette verpflichtet. Trotz royalistischer Gesinnung gelang es dem bürgerlichen L. die Französische Revolution (1789–95) unbeschadet zu überstehen; er wurde berufen, einen Anzug für die republikanischen Abgeordneten zu entwerfen. L. wurde begehrter Modeschöpfer des Directoire und Empire (1795–1810/15), er kleidete Thérèse Tallien, Mme Récamier u. a. und wurde Hofschneider von Kaiserin Joséphine wie von Kaiserin Marie Luise, Napoleons Gattinnen. Er hatte Joséphines Krönungsgewand 1804 ausgeführt, das allerdings von Jean Baptiste Isabey (1767–1855) entworfen worden war. Als letzten großen Auftrag führte er 1824 die Roben für die Feierlichkeiten anlässlich der Krönung Karls X. von Frankreich aus.

Litrico, Angelo, geb. Catania (Sizilien) 15.8.1927, gest. Rom 13.3.1986. Begann 1952 in Rom in einer kleinen Schneiderwerkstatt als Herrenschneider zu arbeiten und übernahm sie bald. Schickte als Erster männliche Mannequins (später »Dressmen«, danach »male model« genannt) als Begleiter von Mannequins auf den Laufsteg, wodurch die Herrenkleidung größere Beachtung fand; nun begannen sich Herren-Modenschauen durchzusetzen. L. wurde Maßschneider vieler berühmter Persönlichkeiten, besonders Politiker. 1967 brachte er seine erste Damenkollektion, später auch Herren-Prêt-à-porter-Kollektionen für Kaufhäuser, die heute von Bruder Franco und Schwester Giusi L. geleitet werden. Stammhaus in Rom, Via Sicilia 51.

Stil und Kreationen: Besonders in den 1950er Jahren fielen seine betont modischen Details, z.B. eine extreme Reversgestaltung, und Farben in der Herrenmode auf. – *Parfüm:* Litrico, 1988.

Loewe. Modekonzern, gegründet als Lederwarenhersteller 1846 in Madrid durch Enrique Loewe (geb. Deutschland 1829, gest. um 1900). 1947 wurde L. durch die Verkaufsrechte für C. ‣Dior's New Look in Spanien bekannt, in den 1960er Jahren durch eigene Modekollektion. 1997–2001 neuer zeitgemäßer Stil durch N. ‣Rodríguez, danach durch Jose Enrique Ona Selfa (geb. Brüssel 1975, span. Herkunft).

Stil: Pelz und Leder in die Tageskleidung modisch integriert.

Louiseboulanger, Geschäftsname von Mme Louise Melenotte, geb. Paris 1878, gest. um 1950. Ausbildung bei M. ‣Chéruit in Paris, 1922–34 selbständig zusammen mit ihrem Mann Louis Boulanger in der Rue de Berri, danach, mit kurzer Unterbrechung, in der Rue Royale 6.

Stil und Kreationen: L. war bekannt für einen »melodramatischen« Stil und für die Verwendung verschiedener durchsichtiger Materialien. 1927/28 soll sie den zipfelnden Kleidsaum lanciert haben.

Luca, Jean-Claude de, geb. Paris 1948. Nach dem Jurastudium war er Kostümassistent an der Mailänder Scala, 1971–73 erfuhr er bei H. de ‣Givenchy eine Grundausbildung im Modeschaffen. Er begann 1976 unter seinem eigenen Namen Damenmode zu entwerfen und gründete ein Modeunternehmen in Paris, Avenue de l'Opéra 10. Entwarf eine Damenkollektion für die deutsche Konfektionsfirma »Klaus Steilmann«.

Lucile, Künstler- und Geschäftsname für Lucy Christina Kennedy, spätere Lady Duff Gordon, geb. Sutherland (England) 1864, gest. 2.4.1935. Nach der Scheidung 1886 von ihrem ersten Mann brachte L. sich und ihre Tochter mit dem Nähen von Kleidern durch. Unterstützt von ihrer Schwester, der Schriftstellerin Elinor Glyn, konnte sie einen eigenen kleinen Salon in London, Hanover Square, eröffnen, wo ihre Kreationen sehr erfolgreich wurden. Durch die Heirat mit Sir Cosmo Duff Gordon um 1900 eine Persönlichkeit in der Gesellschaft geworden, führte sie in England Modeschauen mit Mannequins ein und begann auch Bühnenkostüme und Accessoires selbst zu entwerfen; E. ‣Molyneux lernte bei ihr Modeentwurf. 1911 eröffnete sie ein Geschäft in Paris; je ein weiteres in New York und Chicago folgten. Kleidete Stars in Stummfilmen. Nach dem 1. Weltkrieg schwand ihr Erfolg.

Stil und Kreationen: Stilistisch waren ihre Kreationen der Persönlichkeit der Kundin angepasst, L. bevorzugte Teekleider aus dünnen, durchsichtigen Stoffen, sie schockierte Ende des 19. Jh.s mit farbiger, dünn-seidener und spitzenverzierter Unterwäsche. Nach 1904 war ihr Stil stark durch P. ‣Poiret und die neue Korsettlosigkeit beeinflusst. – *Ausstellung:* »Designing the It Girl: Lucile and Her Style«, Museum at FIT, New York, 2005.

Luke ‣Amies, Hardy.

Lupfer, Markus, geb. Kisslegg (Allgäu) 1968, studierte Modedesign an der Universität Trier und an der University of Westminster in London. Machte sich 1997 in London selbständig und zeigt seine Kollektion bei der London Fashion Week.

Stil: experimentiert bei der Verwendung ungewöhnlicher Stoffe und geometrischer Muster.

MacDonald, Julien, geb. Merthyr Tydfil (Wales) 1974, schloss sein Modedesignstudium an der Royal College of Art London mit großem Erfolg ab. Bereits während seines Studiums machte er Entwürfe für ‣McQueen und ‣Lagerfeld, der ihn als Designer für Strickware und für »Lagerfeld Gallery« verpflichtete. 2001–04 war er Chefdesigner für das Haus ‣Givenchy. Daneben auch Kollektion unter eigenem Namen, gezeigt in London.

Stil: M. revolutionierte die Strickware, machte sie von der Handarbeit zur Designersache. Seine ausgefallenen, löchrigen und durchsichtigen Strick- und Spitzenkleider wurden berühmt.

Mainbocher (Main Rousseau Bocher), geb. Chicago 21.10.1890, gest. München 26.12.1976. Während der Ausbildung zum Sänger und Musiker in Paris nach dem 1. Weltkrieg machte M. Modeskizzen für die Modejournale »Vogue« und »Harper's Bazaar«. 1923–29 war er Chefredakteur und kurzfristig Herausgeber der »Vogue«, 1929–39 hatte er einen eigenen Modesalon in Paris, Avenue George V^e^ 12, und wurde der erste in Paris erfolgreiche amerikanische Grand Couturier. Während des 2. Weltkrieges Rückkehr in die USA, 1941 Eröffnung eines Modesalons in New York. M. entwarf verschiedene Frauenuniformen, u.a. 1942 für das Women's Marine Corps und das Rote Kreuz, 1948 für die Pfadfinderinnen in den USA. 1971 schloss er seinen Salon und zog sich nach Paris und München zurück.

Stil und Kreationen: Sehr eleganter, konservativer Stil, wirksam durch ausgefallene Schnitte besonders für die Ärmel. Bereits in den 1930er Jahren Corsage-Oberteile an Abendkleidern, pelzgefütterte Strickjacken und unauffällige, schwarze Gesellschaftskleider. 1936 internationale Anerkennung durch das Hochzeitskleid für Wallis Simpson zur Vermählung mit dem Herzog von Windsor.

Mandelli, Mariuccia, geb. Bergamo (Italien) 1933. Die ehemalige Volksschullehrerin gründete 1954 in Mailand mit Flora Dolci die Modefirma »Krizia«, die mit betont einfachen und damit in Opposition zur herrschenden Mode stehenden Kleidern Erfolg hatte. Sie verpflichtete Walter Albini (1941–83) und später K. ‣Lagerfeld als Designer. 1964 erste Teilnahme an den Modenschauen im Florentiner Palazzo Pitti. 1967 Beginn mit Strickwaren »Kriziamaglia« und 1969 mit »Kriziababy«, seit 1989 Kollektion »K of Krizia«, 1991 Herrenkollektion »KM by Krizia«, seit 1992 »MM by Krizia«. Entwirft sämtliche Accessoires. Ihr Mann Aldo Pinto übernahm das weltweite Management der Firma. M. arbeitet zusammen mit anderen Designern wie 1987–2000 mit Greg Myler, 1995–97 mit Gianbattista Valli (später bei ‣Ungaro), für die Herbstkollektion 2000 mit Alber ‣Elbaz, 2001–02 mit dem Belgier Jean-Paul Knott (‣Féraud), 2002–04 mit dem Engländer Hamish Morrow (geb. Südafrika 1968). Stammhaus: Mailand, Via Manin. 1986 gründete sie »Spazio Krizia« für kulturelle Veranstaltungen.

Stil und Kreationen: Extrem modisches, funktionelles Prêt-à-porter für Teenager und junge Frauen. 1964 sehr erfolgreiche Op-Art-Kollektion. Ende der 1960er Jahre Röcke in Midi- und Maxilänge sowie bereits 1970 die ersten Hot pants. M. verwendet gerne dicke Stoffe, in die sie dünne, durchsichtige Stoffe in malerischen Linien einsetzt. In den 1970er und 1980er Jahren waren Raubkatzen und andere Tier- sowie Pflanzenmotive, die sie auf Kleider applizierte oder als Pullovermuster strickte, für ihre Mode charakteristisch. Ihre Mode entspricht immer den neuesten Trends. Die Kollektion 2004/05 präsentierte sich als »Biker-Look«. – *Parfüm:* K de Krizia, 1980; Krizia uomo, 1983; Teatro alla Scala, 1986; Moods, 1989; Spazio Krizia, 1993; Easy Krizia, 1999; Krizia, 2001 u.a.

Margiela, Martin, geb. Genk (Belgien) 9.4.1957. 1981 schloss er an der Königlichen Akademie der Schönen Künste in Antwerpen mit dem Modediplom ab (A. ‣Demeulemeester). Er war drei Jahre Assistent bei J.-P. ‣Gaultier, gründete 1988 zusammen mit Jenny Meirens (geb. 1945) das Modeunternehmen »Sarl Neuf« und präsentierte 1989 seine erste Damen-Prêt-à-porter-Kollektion. Seine Modenschauen finden in Metroschächten, Turnsälen und an anderen ungewöhnlichen Plätzen statt. Oft verzichtet er auf professionelle Mannequins oder lässt deren Gesichter bis zur Unkenntlichkeit schminken oder ganz verschleiern. Beim Defilee im Herbst 1997 verzichtete er ganz auf Mannequins und ließ seine Kleider nur auf Drahtbügeln über den Laufsteg tragen, während im Hintergrund auf einer großen Leinwand als Kurzfilm das jeweilige Kleidungsstück am Körper einer Frau gezeigt und erklärt wurde. Er »dekonstruiert« damit die großen Modenschauspektakel. In seinen Kreationen ist anstelle eines Markenzeichens nur ein leeres, namenloses Wäscheband mit einem weißen Faden an den vier Ecken eingenäht, so dass außen der weiße Faden sichtbar bleibt. Seit 1999 werden die Wäschebänder mit einer Zahlenfolge zur Kennzeichnung bestimmter Kategorien und Jahreszahl versehen. M. vermeidet jegliches Aufsehen um seine Person. 1998–2003 Designer für das Prêt-à-porter des Pariser Hauses ‣Hermès, wo er, vollkommen anders als in seinen eigenen Kollektionen, den traditionsbewussten Stil von Hermès aufgriff und in einen ‣Minimalismus kehrte.

Stil und Kreationen: M. kann als Vertreter des ‣Dekonstruktivismus angesehen werden. Er recycelt alte Mode, zertrennt, färbt um, dreht um, kehrt Nähte und Reißverschlüsse nach außen, so dass die Konstruktion des Kleidungsstückes sichtbar wird. Er lässt Armlöcher offen (1991/92) oder setzt einen viel zu großen Ärmel in ein kleines Armloch. Aufgeplatzte Nähte und ausgefranste Säume sind Teil seiner »Ästhetik des Unvollendeten« bzw. der Sichtbarmachung von Zeit; dennoch ist seine Mode »perfekt« gearbeitet. 1997 stellte er seine Kleider auf die Balkone des Museums in Rotterdam und bestrich sie mit Bakterien, um deren Verfall sichtbar zu machen. Immer wieder experimentiert er mit »Blow ups«, das ist übergroße Kleidung, die er am Körper eng drapiert oder steckt. 2004/05 zeigte er seine Kollektion in 19 Pariser Cafés als Video, es waren Modelle mit Mustermix und Capes aus Hüten.

Massei, Enrica ‣Sanlorenzo.

Mattiolo, Gai, geb. Rom 23.12.1968. 1987 stellte M. – ohne jegliche einschlägige Ausbildung – eine Mini-Prêt-à-porter-Kollektion in Mailand vor. Er hatte Erfolg und lancierte 1994 seine erste Alta-Moda-Kollektion in Rom. Seine kometenhafte Karriere erinnert an ‣Valentino. 1997 hatte M. die Ehre, für Papst Johannes Paul II. vier Messgewänder zu entwerfen, in denen er versuchte, Gefühle und Aussagen wie Freiheit, Weltreligionen, die »ewige Stadt« Rom mittels Farben und Muster auszudrücken.

Stil und Kreationen: Seine Mode zeichnet sich durch einen leichten, spielerischen Umgang mit wertvollen Stoffen aus. Seine Kollektion 1998 ist charakteristisch dafür: Die Oberteile der Abendkleider sind, nach dem Motto »Art goes Fashion«, verziert mit Gemäldeausschnitten in Miniaturformat – handgemalt oder per Computerdruck –, die Karnevalszenen aus Gemälden von Tintoretto bis hin zu den rokokohaften Schäferinnen-Sujets von Tiepolo zeigen. Entgegengesetzt dazu bietet M. minimalistische Schlauchkleider, deren besondere Wirkung von asymmetrischen, oft gezackten Ausschnitten oder durchsichtigen Gazeeinsätzen ausgeht. Auch dem »Kleinen Schwarzen« verleiht M. Opulenz durch asymmetrisch eingesetzte, mit bis zu 30000 Swarovski-Kristallen überstickte Silberstreifen. – *Parfüm:* Gai Mattiolo, 1997.

MaxMara. 1951 durch Achille Maramotti (1927–2005) gegründete Prêt-à-porter-Firma, für die A. ‣Beretta, L. ‣Soprani (seit 1967), kurzfristig Guy Paulin (‣Chloé) und J.-Ch. de ‣Castelbajac (seit 1975) und andere kreieren. M. vertritt viele Linien, wie die klassische »MaxMara«, die jugendlich, trendige »Sportmax« und die Freizeitlinie »Weekend by MaxMara«. Nach 1989 übernahmen seine Kinder, Ignazio, Luigi und Maria Maramotti, schrittweise die Leitung des Unternehmens. Zweimal jährlich erscheint die Hauszeitschrift »MaxMara Magazine« mit von berühmten Fotografen fotografierten Modellen.

McCardell, Claire ‣Sportswearmode.

McCartney, Stella, geb. London 1971; Tochter des Rockmusikers Paul McCartney, 1995 Abschluss des Saint Martins College of Art and Design in London und gründet ihr eigenes Label. 1997–2001 Designerin für ‣Chloé, machte sich 2001 in Paris selbständig, finanziert durch die Gucci Group. Für 2006 kreiert sie eine Kollektion für Hennes & Mauritz.

Stil: Transparente Oberteile mit Volants und Spitze, Schrägschnitt als Stoff- und Mustermix, jugendlich-sexy neben klassischen Hosenanzügen. Lehnt Verarbeitung von Leder und Pelz ab. – *Parfüm:* Stella, 2003.

McQueen, Alexander, geb. London 17.3.1969. Lernte bei einem traditionsbewussten Londoner Herrenschneider, legte

1992 sein Modediplom am Central Saint Martin's College of Art and Design in London ab, erstellte Bühnenkostüme und war Assistent bei R. ‣Gigli in Mailand. 1994 – gefördert von der Stylistin Isabella Blow – gründete M. seine eigene Marke. Seine Schockinszenierungen als Modenschau stießen bei der internationalen Presse weitestgehend auf Empörung, tragbare Kreationen fielen dagegen weniger auf. Zunächst wurde sein eigenes Label von der japanischen Firma Onward Kashiyama mitfinanziert. 1997 war M. von der Louis-Vuitton-Moët-Henessy-Gruppe als Inhaber des Hauses ‣Givenchy zum künstlerischen Leiter desselben berufen. Auch hier brachte M. das Haus Givenchy in die Schlagzeilen, obgleich, abgesehen vom Styling, die Basisgarderobe hoher Couture entsprach. 1999 eröffnete er sein erstes Geschäft in London, Conduit Street. Im Jahr 2000 verließ er Givenchy, um sich auf sein eigenes Label zu konzentrieren, das die Gucci Group mitfinanziert und dessen Kollektionen seither in Paris gezeigt werden. Männermode und Brillenkollektion. Anlässlich einer Fünfjahresfeier von American Express Centurion Card im Juni 2004 zeigte er eine spektakuläre Fashionshow »Black«.

Stil und Kreationen: Seine Kollektionen sind postmodern (Historisches, Ethnisches und Futuristisches mischend), dekonstruktiv und konzeptionell, mehrdimensional und abstrakt. Seine Provokationen haben tiefe Bedeutungen. McQueen thematisiert Traumatas ebenso wie die Dialektik von Genuss und Schmerz, von Erotik und Tod, von Mensch und Maschine, von Liebe und Brutalität, von Opfer und Aggressor. Dies vermag er in einem einzigen Kleid zu visualisieren wie in einem Kleid mit einem Oberteil aus roten Glasplättchen und einem Rock aus roten Straußenfedern aus der Kollektion »Voss«, F/S 2001. U.a. beinhalteten seine Kollektionen: 1994 Kleider mit aufgedruckten Reifenspuren, 1995 »Highland Rape« mit zerrissenen, blutverschmierten Spitzenkleidern als durchaus politische und soziale Anspielung, 1996 Hosenanzüge (gut verarbeitet) mit endlos langen Reversspitzen, die um Nacken oder Taille geschlungen wurden, Röcke mit flossenartigen Schleppen, die Hosen als »Bumsters« saßen weit unter den Hüftknochen. In seinen Kollektionen für Givenchy mixt er, ganz im Sinne der ‣Postmoderne, wie seine Kollektion 1997/98 eine Mischung aus »schottischem Hochland, Eskimos und Verbotener Stadt« darstellt. 1997 »Bellmer la Poupée«, 1998 trat das beinamputierte Model Aimee Mullens in einem Reifrock-Gestell und einem Bolero aus filigranen hölzernen Fächern, einem ledernen T-Shirt und mit von M. entworfenen, handgeschnitzten, hölzernen Beinprothesen auf. Thema Mensch–Maschine F/S 1999 endete mit dem Auftritt eines Models, das wie eine Spieluhrenpuppe auf einem Drehteller kreiste und ihr weißes Kleid von zwei, wild kreisenden Farbspritzrobotern ein Muster erhielt. 2001/02 Karussell; 2002 Spanien, 2002/03 Rotkäppchen; 2003 eurasische Kollektion, 2003/04 Eispalast; 2004/05 brillierte er mit einer sehr klassischen Kollektion. Seine Mode ist kreativ und radikal, hervorragend gearbeitet und von hohem Langzeiteinfluss. – *Parfüm:* Kingdom, 2003.

Menichetti, Roberto ‣Céline.

Mett, Rosette ‣Lapidus, Ted.

Micmac ‣Giudicelli, Tan.

Missoni, Ottavio und Rosita, O. (Taj) M., geb. Ragusa (Jugoslawien) 11.2.1921, seine Frau R. (Tita) M., geb. Jelmini, geb. Golasecca (Italien) 20.11.1931. 1947 Gründung einer kleinen Strickerei in Trient, 1953 eines Studios für Strickwaren in Mailand. Taj entwarf die Muster für die Wirk- und Strickwaren. 1959 großer Erfolg mit Wollkleidern im Hemdblusenstil, die unter eigenem Namen im italienischen Kaufhaus »Rinascente« verkauft wurden. 1964 wurde E. ‣Khanh als Kollektionsberaterin gewonnen; 1967 erste Modenschau bei der Modemesse im Palazzo Pitti in Florenz. Stetige Vergrößerung, weltweite Lizenzen und Geschäfte. 1970 Errichtung einer großen Fabrik in Sumirago bei Mailand; für Damenkleidung sowie Herrenpullover und -westen. 1975 Beginn mit Deko- und Möbelstoffen sowie mit Wandteppichen. Die drei Kinder übernahmen verschiedene Aufgaben: Vittorio (geb. 1954) besorgt Verkauf und Produktion, Luca (geb. 1956) ist Assistent des Vaters und Angela (geb. 1958) übernahm 1998 selbständig das M.-Design. Seit 1985 Konfektions- und Sportlinien.

Stil und Kreationen: Die gesamte Oberbekleidung für Damen, dazu die Pullover und Westen für Herren in den von M. entworfenen und hergestellten Strick- und Wirkwaren (meist Doppelwirkware) aus Wolle oder Baumwolle, auch mit Rayon, sind in farbigen – vielfach regenbogenfarbenen – welligen bis melierten Streifen, Schachbrettmustern oder südamerikanischen Folkloremustern gehalten. Nach dem Muster lassen sich die von den M. auch selbst entworfenen Modelle datieren. Sie lancierten 1971 Patchwork. Jugendlich-sexy unter Angela M. – *Parfüm:* Missoni, 1980. – *Ausstellungen:* Metropolitan Museum, New York, 1973; Whitney Museum of American Art, New York, 1978; M.-Patchwork in der Galleria del naviglio, Mailand, 1978; Haus der Kunst, München, 1982, »Missonologia« Teatro della Pergola, Florenz, 1994; Retrospektive in Seattle, 1998.

Miu Miu ‣Prada.

Miyake, Issey, geb. Hiroshima (Japan) 22.4.1938. Kunststudium in Tokyo. 1964 Diplom für Design der Tama University of Art und erste Modekollektionen. 1965 zweite Kollektion und Beginn des Studiums an der École de la Chambre Syndicale de la Couture Parisienne. 1966 Assistent für Modeentwurf bei G. ‣Laroche, 1968 bei H. de ‣Givenchy. 1969 Stylist für G. ‣Beenes Konfektionsfirma in New York. 1970 Gründung des »Miyake Design Studio« in Tokyo: Ausstellung eigener, revolutionierender Strickwaren: »The Knit Exhibition«; Entwurf der Hostessenuniformen der »Expo 70« in Osaka. 1971 gründete er »Issey Miyake International Inc.« für den Vertrieb seiner Prêt-à-porter-Kollektion und zeigte erstmals seine Kollektion in New York und seit 1973 in Paris. 1974 Retrospektive-Show »Issey with Kansai« (d.h. mit K. ‣Yamamoto) in The Olympic Youth Centre, Tokyo; erste Boutique in Tokyo. 1976 Modenschau »Issey Miyake and the Twelve Black Girls« im Seibu Theater, Tokyo; 1977 »Fly with Issey« im Meji Jingu Indoor Field, Tokyo; 1979 »East meets West« in Aspen. Entwurf von Kostümen für Ballette von Maurice Béjart und William Forsythe sowie von Stoffmustern (zusammen mit anderen Dessinateuren). Seit 1981 Kollektionslinie »Plantation«. Seit 1993 designed Naoki Takizawa (geb. Tokyo 1960) die Männerkollektion und seit 2000 auch die Frauenlinie. Studio in Paris, Rue du Bac 116. M. widmet sich dem 2000 eingeführten A-POC- (»a piece of cloth«-)Konzept.

Stil und Kreationen: Theatralischer, von japanischen Gewandformen beeinflusster Stil individueller Prägung. Die erste Modekollektion von 1963 trug den Namen »A Poem of Cloth and Stone«. Miyake arbeitet in einem skulpturalen Stil, vielfach mit Plissees, den »Pleats«, mit geknitterten oder gewrungenen »Twist« oder aufgeblasenen Gewandteilen aus Kunststoff. Sein oberstes Gebot ist Bewegungsfreiheit in »Luft und Raum«. A-POC-Kleider werden aus einem Stoffballen an perforierten Stellen vom Kunden selbst herausgeschnitten und gestaltet. 2004/05 »Journey to the Moon« mit kindlichen bis witzigen Mustermotiven basierend auf der Kunst von Aya Takano. – *Parfüm:* u.a. L'Eau d'Issey, 1992; Sun Mist, 1995; Le Feu d'Issey, 1998; Soleil d'Issey, 2001; Air and Light, 2002; L'Eau d'Issey Souffle, 2003. – *Ausstellungen:* »A Piece of Cloth«, Seibu Museum of Art, Tokyo, 1977; »Issey Miyake Spectacle Bodyworks«, Tokyo, Los Angeles und San Francisco, 1983; »Issey Miyake A-Un«, Musée des Arts Décoratifs, Paris, 1988; »Issey Miyake Pleats Please«, Touko Museum of Contemporary Art, Tokyo, 1990.

Mizrahi, Isaac, geb. New York 14.10.1961. Als Sohn eines Kindermodenfabrikanten besuchte M. anfangs der 1980er Jahre die Parson's School of Design in New York. Erste praktische Erfahrungen holte er sich bei dem Sportsweardesigner P. ‣Ellis und bei C. ‣Klein. 1987 Eröffnung eines eigenen Modestudios in Manhattan. 1996 lancierte er seine preisgünstigere Kaufhauslinie »IS**C«, im selben Jahr entstand der Kinofilm »Unzipped«, ein Film mit und über M. 1998 scheiterte die Finanzierung durch das Haus Chanel, M. wurde Interviewer in einer eigenen TV-Show. Seit 2003 designt er eine klassische Sportswearlinie für die New Yorker Firma Target.

Stil: M. versteht sich auf eine einfache Linie, die Jugendlichkeit ausstrahlt. Sie steht in der amerikanischen Sportsweartradition einer Claire McCardell (‣Sportswearmode) und eines G. ‣Beene. In der Abendmode liebt er weite, krinolinenartige Taftröcke.

Molenaar, Frans, geb. Amsterdam 1940. 1955–58 Schneiderausbildung in Amsterdam; entwarf verschiedene Konfektionskollektionen, arbeitete für G. ‣Laroche, war Assistent von G. ‣Pipart für das Haus Nina ‣Ricci, unterhielt 1967–78 ein eigenes Couture-Haus in Amsterdam, van Baerlestraat 14, danach Oranje Nassaulaan 13. Entwirft weiterhin für Modefirmen.

Stil: Der Mode angepasster, femininer Stil. – *Ausstellungen:* Nederlands Kostuummuseum, Haags Gementemuseum, Den Haag, 1986.

Molinari, Anna, geb. Mailand 1954. M. war Schauspielerin, bevor sie 1977 gemeinsam mit ihrem Mann Gianpaolo Tarabini ihr Modelabel »Blumarine« gründete. Höhepunkt ihrer ersten Kollektionen waren Pullover mit romantischen Blumenmotiven. Noch heute ist die Rose das Symbol für »Blumarine«. 1982 präsentierte Anna M. ihre erste Designer-Kollektion in Mailand. Sie kreiert zwei Nebenlinien »Blumarine Folies« und »Miss Blumarine«. Im Design tätig sind Tochter Rossella Tarabini (geb. 1968) und Sohn Gianguido T. für die Männerkollektion.

Stil: Jugendlich-romantischer Stil für die »Kindfrau«. In den 1990er Jahren bringt sie Spitzen über hautfarbenem oder knallrosa Futterstoff, darüber kleine, wie geschrumpft wirkende Strickjäckchen mit Leopardenprint und dazwischen gestreuten Rosen. Ihre Röcke und Hosen sind als Hipsters gearbeitet und lassen den Bauchnabel frei.

Molyneux, Captain Edward, geb. London 5.9.1891, gest. Monte Carlo 22.3.1974. Aristokrat hugenottisch-irischer Abstammung. Begann 1908 als Zeichner im englischen Modehaus ‣Lucile, für das er zeitweilig die Geschäfte im Ausland übernahm. 1917, während seines Kriegsdienstes in der britischen Armee, Ernennung zum Captain, eine Auszeichnung, die er im Firmennamen beibehielt. Eröffnete 1919 ein eigenes Haute-Couture-Haus in Paris, Rue Royale 14, mit unmittelbar großem Erfolg; 1922 vergrößerte er sich in Rue Royale 5. (Die führenden Angestellten waren Engländer.) Es folgten Geschäfte in Cannes, Biarritz und Monte Carlo, 1932 in London, Grosvenor Street 48. M. kleidete die griechische Prinzessin Marina, später Herzogin von Kent, schuf auch ihr Brautkleid. Er entwarf zahlreiche Bühnen- und Filmkostüme, gründete mit der amerikanischen Kolumnistin Elsa Maxwell die Nachtclubs »Les Acacias« und »Le Jardin de ma Sœur«. 1934 stellte er P. ‣Balmain als Assistenten ein. 1940–45 in London, wo er das britische Modeschaffen unterstützte und 1942 Gründungsmitglied der »Incorporated Society of London Fashion Designers« und später deren Präsident wurde. 1945 eröffnete er wieder sein Pariser Haus, musste sich aber 1950 wegen starker Verschlechterung seines Sehvermögens (er hatte im Krieg ein Auge eingebüßt) ins Privatleben nach Jamaica zurückziehen; sein Haus erwarb J. ‣Griffe. Versuchte im Januar 1965 auf Drängen von Freunden einen neuen Beginn, sogar unter seiner alten Adresse, doch war er der Mode der Zeit in keiner Weise mehr verbunden, und so blieb der Erfolg aus, doch wurde der Salon 1969 bis 1977 von seinem Neffen John Tullis fortgeführt.

Stil und Kreationen: Ruhige, zurückhaltende Eleganz, bevorzugt in Beige- und Grautönen. M. lehnte Neuheiten um ihrer selbst willen ab. Kostüme im Marine-Stil. 1934 »Eastern-Look«, den er jedoch subtil und schlicht nur durch Bambusknöpfe und einen kleinen gelben Bambusstrohhut andeutete, ohne die dafür übliche Kimono-Jacke. Verkürzte 1935 die Saumlänge zwischen Wade und Knie. Romantische Reminiszenzen in seinen weiten, krinolinenartigen Röcken von 1937 beeinflussten Chr. ‣Dior und seinen New Look, wie dieser selbst einräumte. – *Parfüm:* N° 5, 1927; Fète, 1962; Vivre, 1971; Captain Molyneux pour Homme, 1975; Quartz 1977; Le Chic, 1995; I Love you, 1998; Modern Quartz, 2000.

Montana, Claude, geb. Paris 29.6.1949. Begann 1971 in London Mode zu entwerfen und fertigte Modeschmuck an. 1973 machte er Entwürfe für die französische Lederfirma »MacDouglas«, 1976–79 für die spanische Firma Ferrer y Sentis und machte sich darauf als Prêt-à-porter-Designer in Paris, Rue St-Denis 131, selbständig; entwirft Damen- und Herrenkollektionen. 1990–93 kreierte M. die Modellkollektionen für ‣Lanvin. Seit 1992 Zweitlinie »State of Claude Montana«. 1996 lancierte er eine Jeanslinie. 1997 musste M. sein Unternehmen wegen finanzieller Schwierigkeiten teilweise schließen. 2002 übernahm Stephane Parmentier das Design.

Stil und Kreationen: M.s Stil war sehr dem ‣Oversize verbunden, als dessen entscheidenden Kreateur man M. schon Mitte der 1970er Jahre zu nennen vermag. Seine voluminösen Jacken bestachen durch überdimensionale

Schalkragen zu schmalen Hosen oder Röcken mit hochangeschnittenem Miederbund. M. liebt die Kombination mit Leder sowie sehr ausgefallene Accessoires. 1987/88 Tulpenoberteil; 1989/90 Erdnusssilhouette; seit 1990 stark körperbetonte Linien. – *Parfüm:* u.a. Montana, 1987; Suggestion, 1994; Just Me, 1996; Montana Man, 1998; Montana Blue, 2000; Montana Green, 2003.

Moreni, Popy, geb. Turin 3.12.1947. Studierte in Turin am Istituto d'Arte Moda e Costume, übernahm 1967 die Entwurfsabteilung des Pariser Stylingbüros Promostyl. 1976 eröffnete sie ihre eigene Modeboutique im Pariser Hallenviertel und zeigte drei Jahre später ihre erste Prêt-à-porter-Kollektion.

Stil: Liebt witzige, farbenfrohe Mode meist von streng geometrischen Schnitten. Immer wieder taucht in ihrer Mode eine Pierrot-Halskrause auf. – *Ausstellung:* »Les Collerettes de Popy Moreni«, Galerie des Femmes, Paris, 1985. – *Parfüm:* Popy Moreni, 1997.

Mori, Hanae, geb. Tokyo 8.1.1926. Studierte Literatur, arbeitete in der Textilfirma ihres Schwiegervaters und besuchte eine Modedesign-Schule. Gründete 1950 ihr erstes Gestaltungsatelier als Kostümbildnerin für Filme in Japan. 1955 Eröffnung einer Modeboutique auf der Ginza in Tokyo. 1965 begann M. Haute Couture zu entwerfen. 1968 wurde sie in den USA bekannt, wo sie ein Vertriebsnetz mit 300 Verkaufsstellen aufbaute. 1972 entwarf sie die Skikleidung der japanischen Teilnehmer an den Olympischen Winterspielen in Sapporo. 1977 Gründung eines Haute-Couture-Salons in Paris, Avenue Montaigne 17–19. 1978 Eröffnung eines großen Verwaltungs- und Geschäftshauses »The Hanae Mori Building« in Tokyo und einer Niederlassung in New York, geleitet von ihrem Sohn Akira. Ihr Mann Ken M. ist Leiter der Finanzen. Neben Haute Couture und Prêt-à-porter sowie ihren eigenen Stoffen entwirft M. Badekleidung, Schmuck und Accessoires und vertreibt eine Kosmetikserie. 2002 wurde das Prêt-à-porter an die Rothschild Gruppe und an Mitsui Japan verkauft. Ihre Schwiegertochter Pamela übernahm mit das Design. 2004 beendete Hanae M. ihre Haute Couture und zog sich ins Privatleben zurück. Ready-to-wear und Accessoires unterstehen weiter der Mitsui Gruppe.

Stil und Kreationen: Femininer, romantischer, anspruchsvoller Stil, beeinflusst durch japanische Tracht und Kunst. Bevorzugt Cocktail- und Abendkleider. Ihr Markenzeichen ist der oft als Dekor verwendete Schmetterling. *Parfüm:* u.a. Hanae Mori, 1995; Haute Couture, 1998.

Mortensen, Erik ‣Balmain, Pierre und ‣Scherrer, Jean-Louis.

Morton, Digby (Henry), geb. Dublin 27.11.1906, gest. 1983. Studierte an der Metropolitan School of Art in Dublin und an der Polytechnic Art School in London. 1928–34 Modeentwerfer für das Haute-Couture-Haus »Lachasse«, daneben seit 1930 eigenes Couture-Haus in London. Während des 2. Weltkrieges entwarf er die Uniformen des »Women's Voluntary Service«. 1942 Gründungsmitglied der »Incorporated Society of London Fashion Designers«. Führte 1948 als erster Engländer nach dem Krieg eine Kollektion in Paris und 1952 eine in New York vor. 1953 begann er für »Lady Hathaway's« Hemden zu entwerfen und wurde 1955 Vizepräsident dieser Firma, 1958 künstlerischer Direktor der Firma »Reladan-Digby Morton«. Zog sich 1973 aus dem Modegeschäft zurück.

Stil: Sportlich-eleganter Stil, verarbeitete häufig Tweed.

Moschino, Franco, geb. Mailand 27.2.1950, gest. Mailand 18.9.1994. Studierte an der Akademie der Künste in Brera, begann 1970 mit Illustrationen für verschiedene Modemagazine, arbeitete zwei Jahre für die Werbekampagnen von G. ‣Versace, machte das Design für »Cadette«, die Pelzkollektion »Motta« und andere italienische Konfektionsfirmen. 1983 stellte er seine erste eigene Kollektion »Couture!« vor, gefolgt von seiner Zweitkollektion »Cheap and Chic« und den »Moschino Jeans«. 1986 erste Männerkollektion. Seit seinem Tod kreiert ein Designer-Team unter Rossella Jardini (geb. 1950) »Moschino«. 1999 verkauften die Firmeneigner ihre Anteile an das Modeproduktionsunternehmen Aeffe, das Alberta ‣Ferretti und ihrem Bruder Massimo Ferretti gehört. Alternativ entwirft auch Vincent Darre seit 2003.

Stil und Kreationen: M. machte sich sehr schnell einen internationalen Namen durch provokative, witzige Ideen (z.B. ein dickes Tau als Krawatte), die das herkömmliche Modedesign oft in Frage stellen. M. brachte z.B. ein T-Shirt mit der Aufschrift »Channel N° 5« und einer stilisierten TV-Scheibe, das ihn einen Prozess mit dem Haus Chanel kostete, und eine Jacke, die mittels Fotodruck ein Chanel-Kostüm imitierte. Seine Modenschauen gleichen Happenings oder Theateraufführungen: einmal ließ er Tomaten an das Publikum austeilen, die auf jene Modelle, die nicht gefielen, geworfen werden sollten. 1989 wurde ein Cocktailkleid mit einem von Plüschbärchen gerahmten Dekolleté, getragen von Fürstin Gloria von Thurn und Taxis, berühmt. Cocktailkleid ganz aus schwarzen BH's und aus Einkaufstüten. 2002 Kollektion mit Trompe-l'œil-Zeichnungen wie ein auf einen einfachen Mantel gemalter Trenchcoat. – *Ausstellung:* »X Anni di Kaos! 1983–1993«, Museo della Permanente, Mailand, 1993, »Fashion – Italian Style«, Institute of Technology, New York, 2003. – *Parfüm:* Moschino, 1990; Cheap and Chic by Moschino und Oh! de Moschino, 1996; Moschino Uomo, 1997.

Moshammer, Rudolph, geb. München 27.9.1945, gest. München 14.1.2005. 1967 eröffnete M. ein exklusives Herrenmodegeschäft in der Münchner Maximilianstraße 14, 1970 ein Designstudio für Herren- und Damenmode, 1979 ein Geschäft für Silber- und Silberschmuck-Antiquitäten. Entwarf auch Pelze und Krawatten. Viele Werbeverträge.

Stil und Kreationen: Herren- und Damen-Haute-Couture und Prêt-à-porter in sehr exklusivem, bis exzentrischem Stil (besonders in der Herrenmode) und gediegener Verarbeitung. – *Parfüm:* Carneval de Venise.

Mugler, Thierry, geb. Straßburg 1948. Frühe Ausbildung als Tänzer, danach Besuch der École des Arts Décoratifs in Straßburg. 1968 begann M. Mode für verschiedene Firmen in Paris zu entwerfen; 1973 lancierte er seine eigene Marke »Café de Paris« und gründete ein Jahr später sein Prêt-à-porter-Unternehmen »Thierry Mugler«, dessen Stammsitz heute in der Àvenue de l'Opéra 49 ist. 1977 präsentierte er erstmals ein »collection spectacle«, wie er seine aufwendigen Modenschauen nennt. Es sind theatralische Inszenierungen, in denen die Mannequins wie aus fernen Galaxien in silbrig glitzernden Korsetts oder Paradiesvögeln gleich über den Laufsteg schweben. 1984, zum zehnjährigen Firmenjubiläum, ließ M. eine Schneepiste anlegen, wo auf schnellen Schlitten die Models im Schneegestöber zu Tale rasten und im Finale die Madonna vom Himmel herabschwebte.

Mugler fotografiert, ähnlich wie K. ‣Lagerfeld, seit 1978 seine Werbekampagnen selbst, die nicht minder theatralisch sind: auf dem Dach der Pariser Oper oder dem des Chrysler Buildings in New York, vor einem gigantischen Eisberg oder auf einem überdimensionalen Sowjetstern.

Stil: Äußerst figurbetont bis übersteigert durch Korsagen und Hüftpolster; aggressive Erotik durch lederne Micro-Minis oder Rubbersuits. Hohes schnitttechnisches Können, Effekte durch gezackte Nähte und unorthodoxes Materialmix. Bevorzugte »Farben« sind Silber, Schwarz und Blau. – *Parfüm:* Angel, 1992; Angel * Man, 1993; Angel Celestial Sparkle, 1997; Angel Innocent, 1998; Thierry Mugler, 2001; Angel Fatal Star, 2002; B * Man, 2004.

Muir, Jean (Elisabeth M.), geb. London, gest. London 28.5.1995. Begann 1950 als Entwerferin für das Warenhaus »Liberty & Co.« in London; ab 1956 entwarf sie für die Firma »Jaeger Ltd.« Kleider und Strickwaren. Gründete 1960 eine eigene Markenfirma in London, Bruton Street 22, 1967 eine Modefirma in New York, zusammen mit ihrem Mann Harry Leukert. Die Kollektionen werden von ihrem ursprünglichen Designerteam unter Sinty Stemp and Joyce Fenton ganz im Stil von Jean M. weitergeführt.

Stil: Bevorzugt Modelle aus weichen Stoffen, insbesondere Jersey, sowie aus weichem Leder; besonders in den frühen 1970er Jahren richtungsweisend.

Noten, Dries Van, geb. Antwerpen 12.5.1958. Sohn eines Textilienhändlers, studierte an der Königlichen Akademie der Schönen Künste in Antwerpen, Diplomabschluss 1981. Nachdem er für verschiedene belgische und italienische Modemarken entworfen hatte, begann er 1985 mit seiner ersten eigenen Männerkollektion und erst zwei Jahre später mit Damen-Prêt-à-porter. 1986 zeigte er in der Gruppe der »Antwerp Six« eine Kollektion in London. 1989 eröffnete er seinen Showroom – Het Modepaleis – in Antwerpen, Geschäfte in anderen Großstädten folgten. Seit 1993 führt er seine Kollektionen in Paris vor.

Stil: N. lässt sich besonders von Farben und Stoffen inspirieren, die er häufig verschiedenen Ethnien entlehnt und mit westlichen Modeelementen zu einer neuen Einheit verbindet. Zum Beispiel kombiniert er einen romantischen Sarong-Rock mit einer sakkoartigen Nadelstreifenjacke. So verleiht er nicht selten seiner Frauenmode einen maskulinen Touch.

Nutter, Tommy (Thomas Anthony N.), geb. Barmouth (Wales) 17.4.1943, gest. 17.8. 1992. Lernte ab 1962 nach kurzem Architekturstudium beim renommierten Herrenschneider »Ward & Co.« in London, eröffnete 1969 ein eigenes Herrenmodengeschäft in der Savile Road 35a. Entwarf die Garderobe für viele Musik- und Showstars.

Stil und Kreationen: Sehr qualitätvolle, gut verarbeitete, jedoch extrem modische bis dandyhafte Herrenmode von perfekter Schnittführung.

Oestergaard, Heinz, geb. Berlin 15.8.1916, gest. Bad Reichenhall 10.5.2003. Nach Kunststudium (bei Prof. Breuhaus de Groot und Prof. Otto Arpke) Besuch der Hirsch'schen Zuschneideakademie in Berlin, 1936/37 Lehre und Ausbildung im Berliner Modehaus »Schröder-Eggeringhaus«, 1938–40 Modeschöpfer im Salon »Erich Vogel«, 1946 Gründung des Modehauses »Schröder-Eggeringhaus & Oestergaard«, 1952–67 führender Haute-Couture-Salon in Berlin unter eigenem Namen, Ahornstraße 4. 1967 Übersiedlung nach München, wo er bis 1981 ein »Studio für kreatives Design« unterhielt mit Modeberatung für verschiedene Firmen, wie »Triumph«, »Girmes« und das Großversandhaus »Quelle«, für das er bis 1986 Modekollektionen, Accessoires und Brillen entwarf; kreierte Modelle für Textilfirmen und versuchte, neue Materialien, wie Cupresa und Cuprama, zu lancieren; zeichnet verantwortlich für die bundesweite Einkleidung der Polizei, für die Schutzbekleidung des ADAC, die Berufskleidung der Firma InterRent und der Fernfahrer von Mercedes-Benz, für die Uniformen der russischen Handelsmarine u.a. Er entwarf zahlreiche Theater- und Filmkostüme. 1979–84 Professor für Modedesign an der Fachhochschule für Gestaltung in Pforzheim.

Stil: Als Grand Couturier betont feminine, meist figurbetonende Modelle, die immer einen jugendlichen Charakter bewahrten; unter stilistischem Einfluss von J. ‣Fath. Gab in den 1950er Jahren talergroßen Tupfen die seither übliche Bezeichnung »Polkatupfen«, da sie so fröhlich hüpfen. – *Ausstellungen:* Berlin Museum, Berlin, 1992; Museum für Angewandte Kunst, Köln, 1993.

Oldham, Todd ‣Escada.

Ozbek, Rifat, geb. Istanbul 8.1.1953. Kam 1974 nach London, um Architektur zu studieren, wechselte jedoch an die St. Martin's School of Art, die er 1977 abschloss. Arbeitete als freier Designer meist für italienische Konfektionäre, bis er 1984 seine erste eigene Prêt-à-porter-Kollektion herausbrachte. 1987 lancierte er seine funktionellere Zweitlinie »Future Ozbek«. Ab 2003 auch Accessoires, Bademoden und Schmuck.

Stil: O. gilt als Meister des Ethno-Mix. Er kombiniert Orientalisches mit westlichen Strömungen, vermischt die aktuelle Szene-Mode der Kids mit ethnischen Stoffen und verarbeitet dünne und dicke Materialien in einem Outfit. Er bringt Transparentes, das jedoch reich an Ornamenten und Stickereien sein kann. Er setzt auf effektvolle Farben. – *Parfüm:* Ozbek, 1995; 1001, 1999.

Palazzi, Carlo ‣Hemd, 1960er Jahre.

Paquin, Madame, Geschäftsname von Jeanne Becker, verheiratete P., geb. Saint-Denis 1869, gest. Paris 1936. Ausbildung zur Schneiderin im Pariser Modesalon ‣Drecoll, 1891 Gründung eines eigenen Salons in Paris, Rue de la Paix 3, dessen Geschäftsführung nach dem Tod ihres Mannes (gest. 1919), eines Bankiers, ihr Bruder Henri Joire übernahm. Zeitweilig Präsidentin der »Chambre Syndicale de la Couture Parisienne«; Vorsitzende der Modenschau-Organisation der Pariser Weltausstellung 1900. 1910 war sie die Erste, die zum Werbezweck Mannequins in ihren Roben zu Pferderennen schickte. Eröffnete Salons in London (1912), Madrid und Buenos Aires sowie ein Pelzgeschäft in New York. Einer ihrer Assistenten war A. ‣Castillo, der 1936–44 auch ihr Nachfolger war. Sie startete nach P. ‣Poirets Beispiel eine USA-Tournee mit vier Mannequins. Zog sich um 1920 aus dem Geschäft zurück, während ihr Haus, nun in der Rue du Faubourg-St-Honoré 120, bis 1956 weiter existierte.

Kreationen: Luxuriöse Abendkleider in zarten, delikat abgestimmten Farben. 1913 besonders beachtete Tangokleider. Berühmt für ihre pelzverbrämten Kostüme und Mäntel. – *Parfüm:* Goya, 1946.

Patou, Jean, geb. Normandie (Frankreich) 1880, gest. Paris 1936. 1908 wurde P. selbständiger Schneider, 1912 eröffnete er das Damenmodengeschäft »Parry« in Paris am Rondpoint des Champs-Élysées; seine erste Kollektion wurde komplett von einem New Yorker Kaufhaus aufgekauft. 1919 Eröffnung eines Haute-Couture-Salons in der Rue St-Florentin 7, der dort heute noch existiert. P. pflegte enge Kontakte zu Einkäufern aus USA, schuf für sie eigene Modellkollektionen und stellte ab 1924 amerikanische Mannequins ein, die seiner Meinung nach ein natürlicheres Schönheitsideal als die Pariserin verkörperten. Entwarf auch Haute Fourrure (Pelze). Sein Schaffen stand stets im Schatten von ‣Chanel. Nach seinem Tod führte ein Schwager, Raymond Barbas, den Salon weiter mit Hilfe von Designern, wie M. ‣Bohan (1954–58), G. ‣Pipart, Mme Carpentier (1957/58), K. ‣Lagerfeld (1958–63), M. ‣Goma (1964–72), A. ‣Tarlazzi (1973–76), Roy Gonzales (1976–84), Sohn eines angesehenen philippinischen Couturiers, der an der École de la Chambre Syndicale de la Couture studiert und bei P. ‣Cardin assistiert hatte. 1981–87 hatte C. ‣Lacroix die künstlerische Leitung des Unternehmens, das seither von P.s Enkel, Jean de Moüy, geführt wird.

Stil und Kreationen: In der Tageskleidung vertrat P. einen sehr sportlichen Stil, ähnlich dem der Chanel (kleidete den führenden Tennisstar Suzanne Lenglen). Er bevorzugte eine klare Linienführung und schlichte Eleganz bei den Abendkleidern; viele seiner Kreationen waren stilistisch richtungsweisend, z.B. setzte er bereits um 1925 die Kleidtaille an die natürliche Stelle und brachte 1929, seinem erfolgreichsten Jahr, wadenlange Tages- und knöchellange Abendkleider (weil ihm die modische Knielänge nicht feminin genug erschien). – *Parfüm:* u.a. Sublime, 1922; Amour-Amour, 1924; Joy, 1926; Moment Suprême, 1933; Monsieur Net, 1955; Câline, 1964; Eau de Sport, Lacoste, 1969; Mille, 1972; Eau de Patou, 1976; Patou pour Homme, 1980; Ma Liberté, 1987; Forever, 1998; Hip, 2001, Enjoy, 2003.

Paulin, Guy ‣Byblos, ‣Chloé, ‣MaxMara.

Perris, Bernard ‣Scherrer.

Pfleger, Caren, geb. Oberhausen 7.4.1945. In den 1960er Jahren deutsches Top-Mannequin, im In- und Ausland tätig. 1973–76 Galeristin für moderne Kunst in München und Köln; 1977–82 Generalagentur für die Modehäuser ‣Givenchy und ‣Castelbajac für den deutschsprachigen Raum und die Benelux-Länder, Design-Beratung. 1979 zusätzlich Aufbau einer eigenen Prêt-à-porter-Kollektion, 1980 Gründung der »Caren Pfleger GmbH«, 1982 Eröffnung einer Exklusiv-Boutique in Berlin; Aufbau weltweiter Lizenzen; Design für Strickwaren und Ledermode. Seit 1983 eigene Parfüm- und Kosmetikserie, später auch Accessoires einschließlich »Caren Pfleger Eyewear«. Stammhaus in Frechen-Köln, Europaallee 50. In den letzten Jahren blieben die Parfüm- und Kosmetikserie erfolgreich.

Stil: Sachliche, vielseitig kombinierbare Mode von sportlich-legerer Eleganz. – *Parfüm:* Caren Pfleger, 1983; CP Signature, 2003.

Philo, Phoebe ‣Chloé.

Pipart, Gérard, geb. Rueil-Malmaison bei Paris 25.11.1933. Studierte an der École de la Chambre Syndicale de la Couture in Paris, war zunächst Modezeichner und freier Modeschöpfer, später Assistent bei P. ‣Balmain und J. ‣Fath sowie M. ‣Bohan im Hause ‣Patou. Kam 1952 an das Haus N. ‣Ricci, dem er 1964–89 als künstlerischer Leiter vorstand. 1999 zog sich Pipart in das Privatleben zurück.

Piquet, Robert, geb. Yverdon (Schweiz) 6.5.1898, gest. Lausanne 22.2.1953. Ausbildung im Bankwesen. Nach 1918 Assistent im Hause ‣Redfern und von P. ‣Poiret, als dessen Schüler er sich verstand. 1933 Eröffnung eines Modehauses in Paris, Rue du Cirque 5, 1938 Übersiedlung in ein größeres, elegantes Haus,

Rond-point des Champs-Élysées 3. P. entwarf nun die Modelle nicht selbst, sondern engagierte junge talentierte Designer, wie A. ‣Castillo, P. ‣Balmain, H. de ‣Givenchy, 1938–40 Chr. ‣Dior und 1945–53 M. ‣Bohan. P. selbst war ein guter Schneider; sein Salon fertigte auch zahlreiche Bühnenkostüme an. Wegen schwerer Krankheit schloss er seinen Salon am 15.7.1951.

Parfüm: Bandit, 1944; Visa, 1945; Fracas, 1948; Baghari, 1950; Caravache, 1963; Futur 1967; Jeunesse, 1975. – *Ausstellung:* Suisse Musée de la Mode, Yverdon-Les-Baines 2005.

Poiret, Paul, geb. Paris 20.4.1879, gest. Paris 28.4.1944. Sohn eines Tuchhändlers; drei Schwestern (N. ‣Groult) waren Modeschöpferinnen. Abitur; 1896 auf Drängen des Vaters Verkäufer in einem Schirmgeschäft; aus Spaß machte P. Modeskizzen und Kostümmodelle aus Musselin für Puppen, die er verschiedenen Couture-Salons verkaufte; 1898–99 erhielt der an Theater und Kunst interessierte P. eine Ausbildung bei J. ‣Doucet, 1901–03 war er im Haus ‣Worth angestellt. Einen eigenen Haute-Couture-Salon eröffnete er 1903 in der Rue Auber 5, wo seine Schaufenstergestaltung Aufsehen erregte. Erste berühmte Kundin und Förderin war die Schauspielerin Réjane. Die zarte Figur seiner 1905 geheirateten Frau, Denis Boulet, Tochter eines Textilfabrikanten, inspirierte ihn zum Schaffen der neuen Kleidlinie »Le Vague«. 1909–24 gehörte ihm Haus 107 in der noblen Rue du Faubourg-St-Honoré, bald das »Hôtel d'Antin« in der Avenue d'Antin 26 und das Modegeschäft »Rosine« in der Rue Pierre-Charron. P. ließ seine Roben 1908 von dem Maler Paul Iribe und 1911 von Georges Lepape veröffentlichen, womit den Modejournalen und der Modezeichnung neue künstlerische Impulse gegeben wurden. Sagenhaft wurde sein 1911 veranstaltetes Fest »1002. Nacht« in seinem Park und manches folgende. In dieser Zeit war ‣Erté sein Assistent. An der von P. gegründeten, nach seiner Tochter »Martine« genannten Schule für angewandte Kunst in Paris lehrten er, Erté, Paul Iribe u.a. Seine Modelle ließ er von einem der berühmtesten Künstlerfotografen, Edward Steichen (1879–1973), aufnehmen und ab 1910/11 Stoffe von dem französischen Maler Raoul Dufy (1877–1953) entwerfen (der von dem Textilfabrikanten Bianchini als Designer bis 1927/28 engagiert wurde). P. war der erste Grand Couturier, der mit seinen Modellen und Mannequins auf Auslandstourneen ging: 1911 London, Berlin, Wien, Brüssel, Moskau und St. Petersburg, 1913 New York. Wegen der allzu vielen unlizenzierten Kopien seiner und anderer Schöpfungen regte er 1914 die Gründung des »Syndicat de Défense de la Grande Couture Française« an. Während des 1. Weltkriegs blieb das Haus geöffnet, brachte aber keine aufsehenerregenden Neuigkeiten. 1919 setzte P. seinen exklusiven und meist von Fernöstlichem inspirierten L'art-pour-l'art-Stil fort, der jedoch mehr bei Theater und Film Anklang fand, und unternahm die zweite USA-Tournee. 1921–25 Eröffnung von Filialen in Cannes, Deauville, Biarritz und La Boule, 1925 letzter großer Erfolg anlässlich der »Exposition des Arts Décoratifs« in Paris, wo er Ausstellungen und Modeschauen auf drei verankerten Seine-Booten (»Amours«, »Délices«, »Orgues«) darbot. Dennoch hatte bereits 1924 sein Geschäft wegen mangelnder Anpassung an die neue Struktur der Haute Couture und daher finanzieller Schwierigkeiten von einer Gesellschaft übernommen werden müssen. Seine Kunstsammlung wurde verkauft und der Salon in ein kleineres Haus, Rond-point des Champs-Élysées 1, umgesiedelt. 1929 kam der Konkurs. P. malte und schauspielerte, arbeitete um 1930 kurzfristig wahrscheinlich für das französische Kaufhaus »Printemps« und vermutlich 1932/33 für das Londoner Kaufhaus »Liberty«. Eine Pension von Seiten der »Chambre Syndicale de la Couture Parisienne« scheiterte am Veto von J. ‣Worth. P. starb verarmt als Clochard.

Stil und Kreationen: P. ließ sich von Ideen der Reform- und Künstlerkleider, vom Stil der Wiener Werkstätte und der Kunst und dem Kunsthandwerk der zeitgenössischen Avantgarde beeinflussen. »Le Vague« von 1905/06 war eine damals vollkommen ungewohnte Kleidlinie in Reminiszenz an die Chemisen des Empire, mit einem langen Hüftgürtel darunter anstelle des üblichen starken Sans-Ventre-Korsetts. P. verwendete Stoffe in grellen, expressiven Farben, inspiriert von den Farben der Malergruppe »Les Fauves« um Matisse und u.a. von Dufy. 1907–14 war P. modestilistisch richtungsweisend. Nach 1909 wurde er beeinflusst von fernöstlichen Kostümen der in Paris gastierenden »Ballets Russes« Diaghilews. Tuniken, auch über Türkenhosen, Turbane, Kimonoärmel und flache Schlupfschuhe wurden zu wichtigen Elementen seines Stils. Seine Mäntel waren weit, hatten Kimonoärmel und wurden um den Körper geschlungen. 1910 kreierte er den Humpelrock, 1911 lange Hosen für die Frau, dann Overalls und Hosenröcke. Der Fortsetzung seines künstlerischen Modestils nach 1919 fehlten funktionelle Modelle. Für die Art-déco-Mode war P. richtungsweisend. – *Parfüm:* Rosine, 1911; Le Minaret; Le Balcon u. a. – *Ausstellungen:* Galerie Charpentier, Paris, 1944 (noch vor P.s Tod); Musée Jacquemart-André, Paris, 1974; Fashion Institute of Technology, New York, 1976; Musée de la Mode et du Costume, Palais Galliera, Paris, 1987.

Prada, Miuccia, geb. Mailand 1950. Als Nichte von Mario P., der 1913 eine edle Lederwarenmarke in Mailand gegründet hatte, übernahm M. P. nach einem abgeschlossenen Studium der Politikwissenschaft Ende der 1970er Jahre das Unternehmen. Sie aktualisierte das Angebot mit City-Rucksäcken aus dem wasserdichten Nylonmaterial Pocone und lancierte weitere, ebenso teure Taschen mit dem »Prada«-Logo, die in Modekreisen bald Prestige-Objekt wurden. 1985 ergänzte sie das Angebot mit Damen-Prêt-à-porter, das sie allerdings erst zehn Jahre später zum »Prada«-Stil entwickelte. 1996 kam ihre preisgünstigere Zweitlinie »Miu Miu« hinzu, 1995–2002 designt von Stefano Pilati (‣Saint Laurent), außerdem eine Herrenlinie. Miuccia Pradas Mann, Patricio Bertelli leitete den Konzern mit unterschiedlichem Erfolg und kaufte Ende der 1990er Jahre H. ‣Lang, J. ‣Sander und ‣Fendi, das an LVMH weiterverkauft wurde. Fabio Zambernardi, der 1997 als Designer zu Prada kam, wurde 2002 Designdirektor der Linien »Prada« und »Miu Miu«. 2003 wurde der von den Stararchitekten Herzog & de Meuron in Tokyo erbaute Flagshipstore eröffnet.

Stil: Der sog. »Prada«-Stil um 1996, den sie selbst als »bad taste« bezeichnet hatte, basierte auf einem Revival von Fünfziger-Jahre-Stoffmustern und Polyesterjersey, in Second-Hand-Läden in New York entdeckt, in Verbindung mit dem Modestil der späten 1960er Jahre. 1997 machte sie Furore mit fein gezeichneten Blumenranken- und Bambusmustern. Prada-Kreationen, einschließlich der Schuhmode wie 2000 silberfarbene Joggingschuhe mit breitem roten Fersenstreifen, beeinflussen stark die allgemeine Mode: 1997 Mäntel mit applizierten Efeuranken, 1998 transparente Oberteile, deren Nähte mit gläsernen Stiftperlen verziert waren, die an die 1920er Jahre erinnerten, und schmal geschlitzte Mäntel und Röcke; 1999 solche mit applizierten Plastikblättern. 2004 zeigen die Faltenröcke Drucke mit Landschaften und Städten Italiens; 2004/05 schmücken Bänder mit Swarovski-Kristallen Ausschnitte und Säume. Prada-Schnitte sind minimalistisch, manchmal Wickeloberteile. Stoffmuster und Verzierungen dagegen sehr einprägsam. – *Parfüm:* Prada, 1990.

Pucci, Emilio (Marchese E. P. di Barsento), geb. Neapel 20. 11. 1914, gest. Florenz 30. 11. 1992. Stammte aus russisch-florentinischer Adelsfamilie, die bis heute im Palazzo Pucci, Via de' Pucci 6, in Florenz residiert; dort auch P.s Modeatelier und -salon. Studierte in Mailand, Florenz (Dr. der Politologie) und Portland (USA), strebte die diplomatische Laufbahn an. Während des 2. Weltkriegs Pilot und danach 14 Jahre lang Verkehrsflieger. Wurde 1947 beim Skifahren von der Modefotografin Toni Frissell des amerikanischen Modejournals »Harper's Bazaar« gebeten, seinen selbst angefertigten Skianzug für Frauen herauszubringen. Der Anzug mit schmaler ‣Keilhose (»streamliners«) ist 1948 in den USA vervielfältigt und in exklusiven Warenhäusern verkauft worden. 1949 stellte P. jugendliche Sommerkleidung, einschließlich ‣Capri-Hosen, auf der Insel Capri vor und eröffnete ein kleines Atelier in Florenz, 1950 präsentierte er seine erste Modenschau für Ski-, Tennis- und Golfkleidung und erntete bereits weltweiten Erfolg. Hinzu kamen Damenmode, Dessous, Accessoires und für Herren Krawatten und Sporthemden. Er war der erste Grand Couturier, der Dessins für Seidenjerseys entwarf, wie es nach ihm ‣Leonard und I. ‣Galitzine zu tun pflegten. Nach seinen Entwürfen sind die Hostessenkleidung der australischen Quantas-Airways, das NASA-Emblem der Apollo-Raumflüge, Porzellan für die deutsche Firma »Rosenthal«, Sonnenbrillen, Parker-Kugelschreiber und Teppiche entstanden. P. wurde 1965 Parlamentsmitglied. In den 1970er Jahren wurden die Pucci-Muster als »psychedelische Muster« von Hippies entdeckt. Anfang der 1990er Jahre, besonders durch die Mode der

‣Leggings, und um 2001 durch ein 1970er-Revival kam es zu einer Renaissance der Pucci-Dessins.

Nach dem Tod von E. P. führten sein Sohn Alessandro (1959–2000) und seine Tochter Laudomia (geb. 1962) zeitweilig das Unternehmen weiter, das 2000 an den Luxuskonzern LVMH verkauft wurde. 2002 wurde C. ‣Lacroix Designdirektor.

Stil und Kreationen: In den 1950er Jahren sportlich-jugendliche Mode unter Bevorzugung einfacher Schnitte als Kontra zur französischen ‣Haute Couture. Das Besondere wurden seine Seidenjerseystoffe in intensiven Farben und abstrakten Mustern. Sizilianische Mosaiken, mexikanische Sonnenräder, maurische Motive etc. inspirierten ihn zu Textildrucken, u. a. auf Seidentüchern, die er zu Blusen zusammensetzte. Seine leichten, knitterarmen Stoffe waren prädestiniert als Reisekleidung des »Jet-Set«. Seine bevorzugten Farben waren Korallrot, Capriblau, Mandelgrün, »Emilio-Rosa« und »Pucci-Türkis«. Er erarbeitete die Verbesserung von Stretchgeweben, bis er 1959 den höchst elastischen Stoff »Emilioform« fand, der sich für seine Bodysuits, »Capsula« genannt, eignete. In den 1970er und 1980er Jahren eher damenhafte Tagesmode und schlichte, elegante Abendkleider. Lacroix überträgt die Pucci-Muster auf einen zeitgemäß-jugendlichen Modestil. – *Parfüm:* Vivara, 1965; Signor Vivara, 1970; Miss Zadig, Monsieur Zadig, 1971; Zadig, 1973; Pucci Eau de Parfüm, Pucci Eau Fraîche, 1980. – *Ausstellungen:* u. a. Palazzo Pitti, Florenz, 1996; Kent State University, USA 1997.

Quant, Mary, geb. Blackheath (Kent) 11.2.1934. Studierte am Goldsmith's College of Art, entwarf Hüte und eröffnete 1955 zusammen mit ihrem Mann, Alexander Plunket Greene, eine kleine, bald sehr berühmte Modeboutique »Bazaar« in der Londoner King's Road, wo sie ihre ersten selbstentworfenen Kleider verkaufte. 1959 Eröffnung eines zweiten Geschäftes »Bazaar« in Knightsbridge. 1961 entwarf sie eine Kollektion für die amerikanische Modefirma »J. C. Penney«, 1963 gelang ihr der Durchbruch dank ihrer Mini-Mode. Sie gründete die »Ginger Group« für die Massenanfertigung ihrer Entwürfe. Eine neue Art von Modenschau als inszenierte und choreographierte Aktionsschau ist ihre Idee gewesen. Es folgte eine Pelzkollektion für das Kaufhaus »Debenham«, 1965 begann sie Nylon-Strumpfhosen zu entwerfen, 1966 entstand eine bis heute existente Kosmetikserie für Teenager. In den 1970er Jahren gab Qu. ihr Unternehmen auf; sie entwirft seither in St. Ives Street, London, Pelze, Unterkleidung, Haushaltswäsche, Augengläser für andere Firmen.

Stil und Kreationen: Bereits 1959 entwarf sie minikurze, kindliche Hängerkleidchen, mit denen sie jedoch noch der Zeit voraus war und die erst 1963/64 – nachdem sie in der englischen Modezeitschrift »Vogue« abgebildet worden waren – erfolgreich und richtungsweisend wurden. 1963 stellte sie Regenmäntel und flache Stiefel aus PVC, Knickerbocker für Mädchen und Schultertaschen vor, die alle große Mode wurden. Qu. wollte stets eine populäre, keine elitäre Mode, die bis heute Revivals und Kopien erlebt. – *Parfüm:* Mary Quant, 1966; Havoc, 1974. – *Ausstellungen:* u. a. London Museum, London, 1975.

Queisser, Felicitas, geb. Mährisch-Schönberg (heute Šumperk, Slowakische Republik) 17.7.1920. Sportstudium in Prag. Übersiedlung nach München, wo sie sich beruflich für Mode zu interessieren begann. Dort 1950 erste Modenschau. 1972 wurde die Firma »Felicitas Queisser Moden« (Prêt-à-porter) gegründet. Salon in München, Theatinerstraße 47. Das Unternehmen existierte bis 1989.

Stil: Betont jugendlich bis sportlich elegant; ein Stil, der besonders in USA Anklang fand.

Rabanne, Paco (Francisco Rabaneda-Cuervo), geb. San Sebastián (Spanien) 18.2.1934. Der Sohn einer »Première Main« (Erste Schneiderin) im Hause ‣Balenciaga studierte 1952 bis 1964 Architektur in Paris und erregte 1963 Aufsehen mit einer Skulptur (Musée d'Art Moderne), nebenher entwarf er Accessoires für Balenciaga, H. de ‣Givenchy und Chr. ‣Dior. 1966 stellte er erstmals Kleider aus Plastikteilen vor, denen weitere unkonventionelle Kleidung folgte; R. entwarf Filmkostüme, gründete 1966 die Künstlergruppe »Verseau«, 1967 sein eigenes Haute-Couture-Haus in Paris, Rue du Cherche-Midi 7, und wurde 1969 Mitglied der Gruppe »Théâtre Panique«. 1989 brachte er sein erstes Damen-, 1990 sein erstes Herren-Prêt-à-porter. 1999 zeigte R. seine letzte

Kollektion, zog sich zurück und verpflichtete Aurelien Tremblay und Christophe Decamin als Designer für das Prêt-à-porter und Oliver Debias als Designer für die Paco-Linie. 2000 wurde das Unternehmen an die spanische Finanzgruppe Puig verkauft. 2002 wurde Rosemary Rodriguez (geb. 1966) für das Design verantwortlich.

Stil und Kreationen: R. wurde als »Modeklempner« bezeichnet, da viele seiner Modelle bis heute aus Metall- oder Plastikteilen (auch aus Papier oder Leder) zusammengesetzt sind. 1967 stellte er erstmals die »Moulded dresses« vor, aus Metall oder Kunststoff gepresste Kleider. 1968 Kleider aus Aluminium-Fäden-Wirkware und Mäntel aus Webpelz. Unter Rosemary Rodriguez sehr zeitgemäß mit typischen Metalleffekten. – *Parfüm:* u. a. Paco, 1968; Calandre, 1969; Paco Rabanne Pour Homme, 1973; Métal, 1979; Soin pour Homme, 1984; La Nuit, 1985; Sport, 1986; Ténéré, 1988; XS, 1993; Excess, 1995; Chrome, 1996; Energy, 1998; Ultra Violet Metal, 2001; Ultraviolet Loquid Crystal, 2003. – *Ausstellungen:* Weltausstellung, New York, 1966; 1967 erstes Plastikkleid vom Museum of Modern Art in New York angekauft, gefolgt vom Philadelphia Museum; Musée de la Mode de Marseille, 1996; Galleria Carla Sozzani, Mailand, 2002.

Red or Dead. Die englische Modemarke R. wurde 1982 von Wayne (geb. Morecambe, Großbritannien, 1961, kanadisch-indianischer Herkunft; Sohn des Mohawk-Häuptlings Billy Two Rivers und daher der Name R.) und seiner Frau Geraldine Hemingway in London gegründet, mit einem ersten Verkaufsstand am Camden Market. R. waren die Ersten, die die Arbeitsschuhe Doc Martens als Modeschuhe verkauften. Heute ist R. in vielen Großstädten vertreten. Die Hemingways kreieren zusammen mit einem Designerteam komplette Jugendoutfits. Besonders bekannt sind ihre Schuhkollektionen. Internationale Expansion mit eigenen Geschäften. 1996 wurde die sehr erfolgreiche Jugendmarke R. von der Pentland Group gekauft. 2002 wurde Katie Greenyer (Liverpool School of Art, arbeitete bei ▸Lacroix und ▸Westwood) Chefdesignerin. Das Stammhaus ist in Wembley, Middlesex.

Stil: Jugendlicher Londoner Street Style.

Redfern, John. Begann in den 1850er Jahren als Tuchhändler in Cowes auf der Isle of Wight (England), verkaufte ab 1871 auch Seidenstoffe und ließ daraus Trauerkleidung anfertigen. Als Cowes Zentrum für den Segelsport wurde, entwarf und fertigte er dafür geeignete, zweckmäßige Kostüme, natürlich nicht ohne auf die damals modische Turnüre zu verzichten. Damit eröffnete er ein zweites Geschäft, »Redfern & Sons« in London. 1879 wurden seine Kostüme aus Wolljersey durch die Demimondäne Lillie Langtry berühmt. R. wurde auch Schneider des englischen Hofes. 1881 eröffnete er mit seinem Assistenten Charles Poyntner (1853–1929), der in Paris selbst Straßen- und Bühnenkostüme entwarf und später den Namen R. annahm, einen Salon in Paris, der bis 1929 existierte. Geschäfte in New York und Chicago folgten, die von Sohn Ernest R. (1855–1947) übernommen wurden.

Stil und Kreationen: Maßgeschneiderte Yacht-, Reise- und Tenniskostüme im jeweils aktuellen modischen Stil. 1916 entwarf R. die ersten Frauenuniformen für das englische Rote Kreuz.

Rena Lange, 1953 durch Peter Günthert (geb. München 10. 9. 1936) in der Münchner Brienner Straße eröffnete Modefirma (hervorgegangen aus einem 1916 gegründeten Miederwaren- und Bademodensalon in der Theatinerstraße). 1958 Entwicklung von Damen-Couture-Kollektionen durch seine Frau Renate G. Seit 1963 Prêt-à-porter, später Accessoires, die in Salons u. a. in Wien und Mailand und seit 1995 in New York vertrieben werden. Sohn Daniel L. (geb. 1971) arbeitet in der Firma neben Chefdesigner James Waldron.

Stil: Femininer Business-Stil in Übereinstimmung mit aktueller Mode.

René Lezard, Modeunternehmen, das 1978 Thomas Schaefer (geb. Mühlhausen, Thüringen, 29. 3. 1952; Ausbildung in der Strickwarenfirma März in München) in Schwarzach, Bayern gründete. Er entwirft Herrenmode und ist führender Gesellschafter. Seit 1987 fungiert Gunter Eschemann (geb. 1955) als Geschäftsführer. Zu der ursprünglichen Herrenbekleidung kamen Damenmode sowie Lizenzen für Accessoires hinzu.

Stil: Klassische Luxuskonfektion. – *Parfüm:* René Lezard, 2002.

Renta, Oscar de la, geb. Santo Domingo (Dominikanische Republik) 22.7.1932. Ging mit 18 Jahren nach Madrid, um Malerei zu studieren. Seine Modeskizzen beeindruckten C. ‣Balenciaga, der ihn als Assistenten engagierte und zwölf Jahre lang in der Haute Couture ausbildete. Nachdem de la R. weitere vier Jahre im Modehaus von J. ‣Lanvin Modeschöpfer war, wurde er 1963 für die Couture-Kollektion von Elizabeth Arden nach New York engagiert. 1965 übernahm er ein Modehaus in New York, das er unter eigenem Namen weiterführte. 1967 heiratete er Françoise de Langlade (gest. 1983), Chefredakteurin der französischen »Vogue«. Seine zweite Frau ist Annette Reed. 1992–2001 war er zusätzlich als Designer für das Pariser Modehaus P. ‣Balmain engagiert. 1996 gründete er seine preisgünstigere Linie »Oscar«. Außerdem kreiert de la R. Accessoires und Interieurs. 2004 begann sein Sohn Moises (geb. 1985) mit einer Frauen-, Männer- und Kinderkollektion ganz aus Denim. Außerdem übergab er die Geschäftsführung seinem Stiefschwiegersohn Alex Bolen (geb. 1968).

Stil: Während seine Tagesmode durch eine zurückhaltende Eleganz bestlicht, wirken seine Abendroben durch luxuriöse Stoffe wie Gold- oder Silberlamé mit reichen Stickereien und einen Hauch von Exotik. – *Parfüm:* Oscar de la Renta, 1976; Oscar, 1978; Pour Lui, 1980; Ruffles, 1983; Eau Active, 1989; Volupte, 1992; So de la Renta, 1997; Intrusion, 2002; Oscar Tropical, 2002; Oscar Latin Light, 2003; Rosamor, 2004.

Reville and Rossiter, 1906 durch William Terry Reville als Modeschöpfer und Miss Rossiter als Verwalterin begründetes Modenhaus in London, Hanover Square 15–17. Reville wurde 1910 Dressmaker »by appointment to Her Majesty Queen Mary« und schuf den Großteil ihrer offiziellen Garderobe, dazu Zeremonienkleidung, u.a. 1911 die Krönungsrobe. Blieb nach dem 1. Weltkrieg dem englischen Hochadel verpflichtet. Trotz schwindenden Ruhms in den 1920er Jahren blieb das Modehaus, seit 1927 in Grosvenor Square, bis in die 1930er Jahre bestehen und wurde vom »House of ‣Worth« übernommen.

Stil und Kreationen: Reichverzierte, exklusive Abendroben. Insgesamt konservativer Stil.

Rhodes, Zandra (Lindsay), geb. Chatham (England) 11.9.1940. Studierte Textildruck und Lithographie bis 1964 am Medway College of Art in Kent, wo ihre Mutter, die bei Ch. ‣Worth in Paris gearbeitet hatte, Mode lehrte. Bereits in dieser Zeit trug sie das Haar grün- und rotgefärbt und mehrfarbig lackierte Fingernägel, was sie als Vorwegnahme der Punk-Mode von 1977 interpretiert. In den 1970er Jahren Stage-Costume-Design für Rockgruppe Queen. In Zusammenarbeit mit Alexander McIntyre entwarf sie Stoffdessins für verschiedene Firmen. Weil sie mit den Kleidern, die daraus gemacht wurden, nicht einverstanden war, begann sie eigene zu entwerfen und eröffnete eine Boutique in der Londoner Fulham Road. Ihr großer Erfolg, besonders in den USA, ließ sie 1968 ein eigenes Haute-Couture-Unternehmen gründen, dem sie 1979 auch Prêt-à-porter anschloss, »Zandra Rhodes Ltd.«, London, Rochford Street 85. 2003 eröffnete sie ihr eigenes Mode- und Textilmuseum in einer ehemaligen Lagerhalle im Süden Londons, in dem sie nicht nur eigene Kreationen ausstellt.

Stil und Kreationen: Höchst individueller, ultraromantischer (jedoch nicht nostalgischer) Stil, unkonventionelle Schnitte. D.h., Stoffteile sind oft so zusammengefügt, dass lose Zipfel, meist am Saum und Unterärmel, herunterhängen; Säume sind bogig oder gezackt. Dazu verwendet sie zarte, fließende Stoffe, deren Muster graphisch reduzierte Kunststile oder Natur darstellen, die sie selbst entwirft. Federn und Quasten sind ein beliebter Aufputz. Bereits um 1970 lancierte R. vielfarbiges Haar und Kleider mit dekorativen Löchern, 1978 »Lumpenkleider« mit Löchern und Zipfeln, verziert mit Sicherheitsnadeln und Glitzersteinen, der jedoch nicht als ‣»Fetzen- und Löcher-Look« zu verstehen ist. Es folgten Kollektionen unter mexikanischen, afrikanischen und chinesischen Einflüssen. Zu jeder Kollektion entwirft sie das passende Make-up, eine Art Visage, sowie die passende Frisur mit farbig abgestimmtem Haar. – *Parfüm:* Zandra Rhodes, 1994.

Ricci, Nina, Mädchenname Marie Nielli, geb. Turin 1883, gest. Paris 29.11.1970. Begann 1896 eine Lehre als Näherin in Paris, eröffnete 1905 einen eigenen Salon und 1932 zusammen mit ihrem Sohn Robert (geb. 29.7.1905, gest. 1988), der die Administration übernahm, ein Haute-Couture-Haus in Paris, Boulevard des Capucines 20. Sie entwarf auch Accessoires und Pelze und entdeckte den Modefotografen David Hamilton. Bereits 1950 Eröffnung einer Boutique. 1952 wurde J.F. ‣Crahay künstlerischer Mitarbeiter und 1959–63 künstlerischer Leiter des Hauses, gefolgt von G. ‣Pipart. 1976 Eröffnung einer zweiten, größeren Boutique: »Nina Ricci – George Vᵉ«. 1979 Umzug des Modehauses in das Modeviertel Ecke Avenue Montaigne / Rue François Iᵉʳ, unter der Leitung ihres Enkels Jean Louis R. Prêt-à-porter-Design, Accessoires und Herrenmode kamen hinzu. 1989–94 stand der Engländer Philip Waghorne (geb. 1953) dem kreativen Team vor, gefolgt von Myriam Schaefer. 1998 kaufte der Spanier Mariano Puig das Unternehmen. 1999–2002 war Nathalie Gervais (geb. Quebec, Studium am Fashion Institute of Technology, New York und Esmod, Paris) Chefdesignerin des Hauses, danach der Amerikaner James Aguiar und seit 2003 der Schwede Lars Nilsson (geb. 1967; arbeitete für einige berühmte Designer, u.a. für C. ‣Lacroix und B. ‣Blass).

Stil und Kreationen: R. arbeitete in der Art einer Bildhauerin: Sie steckte ihre Modelle – ohne vorherige Modeskizze – direkt an einem Mannequin zurecht, wonach dann der Schnitt abgenommen wurde. Betont femininer, modischer Stil. – *Parfüm:* Cœur Joie, 1945; L'Air du Temps, 1948 (das Flakon wurde von dem Art-Déco-Künstler René Lalique kreiert); Capricci, 1960; Mlle Ricci, 1967; Bigarade, 1971; Farouche, 1973; Signor Ricci 1, 1965; Signor Ricci 2, 1976; Eau de Fleurs, 1980; Philéas, 1984; Nina, 1987; Ricci-Club, 1989; Deci Delà, 1994; Belles de Ricci, 1996; Premier Jour, 2000; u.a.

Richter, Uli, geb. Potsdam 28.12.1926. Der Textilkaufmann mit (abgebrochenem) Chemiestudium entwarf Stoffdessins, wurde nach 1945 im Modehaus »Horn«, Berlin, ausgebildet und später Chefdesigner. 1959 in Berlin Eröffnung eines eigenen Modehauses für Haute Couture und ab 1963 für – besonders in die USA verkauftes – Prêt-à-porter. R. entwarf die Hostessen-Uniformen für die Deutsche Lufthansa (‣Strenesse Gabriele Strehle). 1982 wurde sein Unternehmen geschlossen. Bis 1996 Professor an der Hochschule der Künste Berlin.

Stil: Konservativ bis modisch, betont feminin.

Rochas, Marcel, geb. Paris 24.2.1902, gest. Paris 14.3.1955. Eröffnete 1925 einen Haute-Couture-Salon in Paris, Rue du Faubourg-St-Honoré, den er 1931 in die Avenue Matignon 12 verlegte. Stand in harter Konkurrenz zu E. ‣Schiaparelli und nahm manche ihrer Ideen für sich in Anspruch, doch war Schiaparelli zeitlebens erfolgreicher. R. schuf zahlreiche Bühnen- und Filmkostüme, u.a. für Jean Cocteaus Film »L'Éternel Retour« (1943). Nach seinem Tod wurde der Salon geschlossen. Seine Frau, Helene R., kümmerte sich um den Vertrieb des Parfüms und der Kosmetikserie. 1980 kamen Accessoires für Damen und Herren hinzu. 1987 von der deutschen Kosmetikfirma Wella gekauft. 1989 eine Herrenlinie sowie eine Damen-Prêt-à-porter-Linie mit dem Iren Peter O'Brian als Chefdesigner, seit 2003 mit Olivier Theyskens (geb. Brüssel 1977; 1999 erste Modelle, von denen Madonna eines orderte, 2001 erste Kollektion). Modesalon in der Rue François Iᵉʳ 33.

Stil und Kreationen: 1931 breitschultrige Kostüme, beeinflusst durch die Kleidung der Tänzerinnen auf Java und Bali. 1934/35 weite, wadenlange Pumphosen – »Le Spahiski« aus Jersey zum Skifahren. Liebte dramatische Effekte, wie eine applizierte seidene Calla oder abstrakte Stickereien. 1935 Verkürzung des modischen wadenlangen Saums; 1941 dagegen Verlängerung des kniekurzen Saums; lancierte die Canadienne als Jacke. 1942 schlug er einen Miedergürtel, die Guêpière (engl. *waspie*), vor. 1946/47 war seine Kollektion durch tiefe Dekolletés, dreiviertellange Mäntel und Redingotes geprägt. Eine häufig wiederkehrende Verzierung, quasi als Emblem, war ein ausgestopfter Vogel, häufig eine weiße Taube, mit gespreizten Flügeln. Als Muster bediente er sich oft des Trompe l'œil; bevorzugte Stoffe waren Spitzen und Tüll, denen auch Theyskens treu bleibt. – *Parfüm:* Femme, 1942 (Flakon von René Lalique in Form eines weiblichen Körpers); Moustache, 1947; Madame Rochas, 1960 (spitzenverziertes Flakon); Monsieur Rochas, 1969; Eau de Rochas, 1970; Audace, 1971; Mystère, Mister de Rochas, 1978; Macassar, 1980; Byzance, 1987; Globe, 1991 und Eau de Rochas, 1993 (beide für Herren); Tocade, 1994; Byzantine, 1995; Alchminie,

1998; Aquaman, 2001; Poupee 2004; Lui, 2004, u.a.

Rodríguez, Narciso, geb. New Jersey (USA) 1960. Kubanisch-amerikanischer Herkunft, schloss 1982 die Parson's School of Design in New York ab, war 1985–91 Assistent in der US-Modefirma Anne Klein, 1991–95 bei C. ‣Klein, danach 1995–97 bei N. ‣Cerruti. 1997–2001 war er Designer der Damenkollektion des spanischen Mode- und Accessoireherstellers ‣Loewe sowie für eine eigene »Narciso Rodríguez«-Marke, finanziert und hergestellt von der italienischen Aeffe Group.

Stil: R. vertritt einen eher puristischen Stil, entsprechend der Mode der neunziger Jahre. – *Parfüm:* Narciso Rodríguez, 2002.

Rouff, Maggy, Mädchenname M. Besançon de Wagner, geb. Paris 1.9.1897, gest. Paris 7.8.1971. Die Eltern leiteten das Haute-Couture-Haus ‣Drecoll in Paris, in dem Mme ‣Paquin ausgebildet wurde. 1925 eröffnete R. einen eigenen Salon in Paris, Avenue des Champs-Élysées 136. Bis 1946 entwarf sie alle Modelle selbst, während ihr Mann die Administration innehatte. 1946–65 hatte ihre Tochter, Mme de Dancourt, die künstlerische Leitung des Hauses, das sich 1947–61 in der Avenue Matignon und 1961–65 in der Avenue Marceau befand.

Stil: Repräsentativ, dennoch zweckmäßig, in der Art von ‣Chanel.

Rykiel, Sonía. geb. Paris 25.5.1930. Als Kind jüdischer Immigranten aus Russland absolvierte sie in Paris ein Kunststudium. 1961 begann sie für die Modeboutique ihres Mannes (Rykiel) sehr erfolgreich Frauenkleidung aus Trikotware zu entwerfen. 1968 eröffnete sie ein eigenes Geschäft im Pariser Prêt-à-porter-Viertel, Rue de Grenelle 6. 1975 machte sie eine Boutique für legere Herrenmode auf sowie ein Lebensmittel- und Haushaltswarengeschäft. 1977 begann sie, exklusive Modeteile für den französischen Versandkatalog »3 Suisses« zu kreieren. 1978 lancierte sie große eckige Brillen in vielen Farben. Begann 1979 Tragetaschen für verschiedene Warenhäuser zu entwerfen und schreibt Kinderbücher. Entwirft auch Innendekoration für Pariser First-Class-Hotels. 1984 folgten Kinder-, 1990 Herrenkollektionen, 1992 Uhren und Schuhe. 1989 stellte die Tochter Nathalie R. (geb. 1962) ihre jugendliche Kollektion »Inscription Rykiel« vor und übernahm 2002 das Design des Hauses. Stammhaus in Paris, Boulevard St-Germain 175.

Stil und Kreationen: Zweckmäßige, »superlegere«, unkonventionelle bis avantgardistische Mode, meist aus Trikot oder Strickstoffen. Ihren Stil bezeichnet sie selbst als »démode« (›Antimode‹), da sie bereits 1974, lange vor M. ‣Margiela, zum Beispiel Nähte nach außen kehrte. Die Amerikaner nennen sie »Queen of Knitwear«. – *Parfüm:* 7ème Sens, 1979; Sonía Rykiel Parfum, 1993; Rykiel Homme, 1999; Rykiel Rose, 2000; Rykiel Woman, 2003.

Saab, Elie, geb. Beirut (Libanon) 4.7.1964. Bereits 1982 richtete er als Autodidakt ein Schneideratelier in Beirut ein und konzentrierte sich auf Abend- und Brautkleider. 1997 zeigte er erstmals eine Kollektion in Rom als neues Mitglied der italienischen Camera Nazionale delle Moda; seit 1998 zeigt er seine Prêt-à-porter-Kollektion in Mailand, die er in Italien auch herstellt. Stammhaus in Beirut; seine Haute Couture zeigt er seit 2002 in Paris als Mitglied der Fédération Française de la Haute Couture

Stil und Kreationen: Abendkleider in einer Mischung aus reich besticktem orientalischen und westlichen Stil. Berühmt wurde seine Robe aus transparentem Oberteil mit Blumen inkrustiert und dunkelrotem Taftrock für Filmstar Halle Berry 2002 zur Oskar-Verleihung. Für Herbst 2004 wurden seine Roben von Hollywood-Stars der 1940er Jahre, wie Jean Harlow, inspiriert.

Sagar, Hemant ‣Lecoanet Hemant.

Saint Laurent, Yves (Mathieu), geb. Oran (Algerien) 1.8.1936. Gymnasium in Oran. 1953 Abschluss einer Schneiderschule in Paris, 1. Preis für ein schwarzes Cocktailkleid in einem Wettbewerb des Internationalen Wollsekretariats, Modeskizzen für die französische Ausgabe von »Vogue«, Assistenz bei Chr. ‣Dior. 1957 künstlerischer Leiter des Hauses Dior. 1958 erster Welterfolg mit der »Trapez-Linie«. 1961, nach Abbruch des Militärdienstes, Auflösung des Vertrags mit dem Haus Dior, da sein Stil vom Finanzier des Hauses als zu avantgardistisch abgelehnt wurde. 29.1.

1962 Eröffnung eines eigenen Hauses mit Pierre Bergé als Partner im Pariser Palais Forain, Rue Spontini 31, mit finanzieller Unterstützung des amerikanischen Geschäftsmannes Jo Mack Robinson und des Kosmetikkonzerns »Charles of the Ritz«. 1966 Eröffnung der ersten »Saint Laurent, Rive Gauche Boutique« für Prêt-à-porter und Accessoires im entstehenden Prêt-à-porter-Viertel, Rue de Tournon 21. 1974 Umzug des Haute-Couture-Hauses in die Avenue Marceau 2. 1979 gab es weltweit 160 Rive-Gauche-Boutiquen für Damen und 12 für Herren. S. L. entwirft neben der Damen-Haute-Couture alle Accessoires, Pelze, Kinderkleidung, seit 1973 Herrenkleidung, Heimtextilien und vertreibt Parfüm- und Kosmetikserien; er entwirft Theater- und Filmkostüme, u. a. für die Ballette »Cyrano de Bergerac« (1959) und »Les Chants de Maldoror« (1962), beide von Roland Petit, 1964 für »Le Mariage de Figaro«, inszeniert von Jean-Louis Barrault, 1970 für »Spectacle Silvie Vartan«, 1961–77 für sämtliche »Spectacles Zizi Jeanmaire« sowie für die Filme »Belle de Jour« von Luis Buñuel mit Cathérine Deneuve (1967) und »Providence« von Alain Resnais (1976). Uniformen für Quantas Airlines. Im Jahr 2000 übergab S. L. das Design seiner Rive Gauche Kollektion an A. ‣Elbaz, 2001 wurde er durch Tom ‣Ford auch für das Accessoire-Design ersetzt, da die Linie an die Gucci-Group verkauft wurde. Im März 2004 zeigte Ford seine letzte Y.-S.-L.-Rive-Gauche-Kollektion, Nachfolger wurde Stefano Pilati (geb. 1965), der seit 2002 Designdirektor bei Y. S. L. und davor bei ‣Prada war. Am 22. 1. 2002 zeigte S. L. seine letzte Haute-Couture-Kollektion in einer großen Abschiedsgalashow, am 31. 10. 2002 schloss das Schneideratelier in der Avenue Marceau seine Pforten, das mit Hilfe der Fondation Y. S. L. zu einem Museum umgewandelt und März 2004 eröffnet wurde mit »Yves Saint Laurent: Dialogue with Art«.

Stil und Kreationen: 1958 »Trapez-Linie«; 1959 kniekurze Saumlänge; 1960 Pelz kombiniert mit Strick; 1960 »Beat-Look«; durchweg schwarz und Leder mit Pelz kombiniert; 1963 Op-Art-Mode; 1965 Mini, Design à la Mondrian, waagrecht verarbeiteter Pelz mit Leder, Kniebundhosen aus Samt für den Abend; 1966 Smoking-Kostüme, die als Provokation aufgenommen wurden, und »Schiwago-Look«, Pop-Art-Kleider; erster »Transparent-Look«, City-Hosen; 1967 Afrikanische Kleider; 1968 »Safari-Look« und »Oben-ohne-Mode«, bei der ein Kleid nur aus schwarzem, durchsichtigem Chiffon mit Straußenfeder-Gürtel um die Hüften Furore machte, »Carmen-Look«, Bermudas und Pumphosen; 1969 »Nostalgie-Look« und Patchwork-Pelz-Mäntel; 1970 »Slinky-Look«; 1971 Hot pants und Marcel-Proust-Kollektion; 1976 russische »Edel-Bäuerinnen-« und »Folklore-Look« mit ungewöhnlichen Farbkombinationen, wie Rot, Orange und Lila, die anhaltenden Einfluss auf die Mode hatten; 1977 »Mongolen-Look«, breite Schultern, vielfältige Hosenschnitte; 1979 »Scottish-Look«, Modelle à la Ballets Russes, Pierrotkragen, Hommage à Picasso; 1981/82 Bolero- und Lift-Boy-Jacken sowie Plaids in leuchtenden Farben; 1987 minikurzer Ballon-Look; 1988 Hommage an den Kubismus. Tom Ford vermischte Maskulines und Feminines in seinem typisch erotischen Stil, 2004/05 (letzte Kollektion) brachte er bouillonierte Kleider und Röcke aus schwarzem Satin und Abendkleider in einem modernen ‣Suzy-Wong-Stil.

Parfüm: Y, 1964; Rive Gauche, 1970; YSL pour homme, 1971; Eau libre, 1975; Opium, 1977; Kouros (für Herren), 1981; Paris, 1983; YSL, 1986; Champagne, 1993; Yvresse, 1993; Opium pour Homme, 1995; Paris Baby Doll, 2003; Paris Roses des Bois und Cinema, 2004; u. a.

Ausstellungen: Bühnenskizzen in London und New York 1968; Bühnenbilder und Kostüme in der Galerie Proscenium, Paris, 1974; Metropolitan Museum, New York, 1983; Musée des Arts de la Mode, Paris; Tretjakow-Galerie, Moskau, 1986; Sezon Museum of Art, Tokyo, 1990; Musée de la Mode, Marseille, 1993; u. a.

Saizew, Slawa, geb. Iwanowo (Russland) 1938, Studium an der Hochschule für angewandte Kunst und der Hochschule für Modedesign in Moskau; nach 1965 Leiter des Moskauer »Allunions Modellhauses«; 1979 Eröffnung eines eigenen Ateliers, Chefdesigner des »Hauses der Mode« und Professor an der Technischen Hochschule in Moskau. Er kreiert Accessoires, Theaterkostüme, Inneneinrichtung.

Stil und Kreationen: S. bezieht seine Inspirationen aus alten russischen Trachten sowie dem üppigen Kleidungsstil am Zarenhof, die er gekonnt in heutige Mode umzusetzen versteht; dem entsprechend standen seine Abendroben 1987 z. B. unter dem Motto »1001 russische Nacht«.

Sander, Jil, geb. Wesselburen (Schleswig-Holstein) 27. 11. 1943. Ausbildung zur Textilingenieurin in Deutschland, Besuch der Textilhochschule in Los Angeles. Moderedakteurin der amerikanischen Zeitschrift »Mc Calls«, später Moderedakteurin in Hamburg. 1967 Eröffnung einer Modeboutique in Hamburg, Milchstraße 8; 1975 begann sie mit eigenen Modekollektionen, die in Boutiquen in ganz Europa und den USA verkauft werden. Seit 1978 eigene Kosmetikserie und Accessoires. 1983–85 Professorin an der Hochschule für angewandte Kunst in Wien. Seit 1985 Kollektionsvorführung nur in Mailand. 1989 wurde das Unternehmen in eine Aktiengesellschaft umgewandelt. 1997 erfolgreiche erste Herrenkollektion. 1999 veräußerte Jil S. die Mehrheitsanteile an den Mailänder Modekonzern ▸Prada, 2000 verließ sie das Unternehmen. Milan Vukmirovic wurde Designer des Hauses J. S. 2003–04 kehrte Jil S. als Chefdesignerin sowohl der Frauen- als auch der Männerkollektion zurück. 2005 wurde Raf Simons (geb. Neerpelt, Belgien, 1968; Studium Industriedesign in Genk, 1995 erste Männermodekollektion; 2000–05 an der Universität für angewandte Kunst in Wien) Kreativdirektor.

Stil und Kreationen: 1976 machte ihr Zwiebel-Look als Coordinate-Stil Furore. Ihr anfangs betont legerer Stil wandelte sich in den 1990er Jahren zu einer puristischen Mode für die selbst- und persönlichkeitsbewusste Frau. Ihre Mode lässt vielfältige Kombinationen zu und vermeidet Dekor und Übertreibungen. Sie bevorzugt ungemusterte Stoffe und gedämpfte Farben, wie Beige, Braun, Grau und Schwarz, sowie Weiß. Die F/S-2004-Kollektion erhielt einen jugendlich-femininen Charakter durch Kleider in transparentem Weiß mit Faltenröcken, flatternden Oberteilen und innovativen Musterdetails. – *Parfüm:* Jil Sander Women, Jil Sander Men, 1979; Jil Sander Men Two, 1981; Jil Sander Women Two, 1983; Jil Sander N° 4, 1995; Jil, 1996; Jil Sander Sensation, 2000; Jil Sander Sun, 2002; Jil Sander pure, 2003.

Sanlorenzo. Teresa S. eröffnete 1945 einen Haute-Couture-Salon in Turin. 1968 übernahmen ihre Töchter Paola und Enrica (geb. 1947) die Haute Couture und zeigten sie in Rom. Seit 1976 stellt S. nur Prêt-à-porter her, 1978 gründete Enrica (verheiratete Massei) die eigene Marke »Enrica Massei«.

Scherrer, Jean-Louis, geb. Lyon 1935. Studierte klassisches Ballett, ehe er Bühnenkostüme entwarf. 1956–57 Besuch der École de la Chambre Syndicale de la Couture in Paris und Assistenz bei Chr. ▸Dior. 1957–59 Assistent von Y. ▸Saint Laurent im Haus Dior. 1963 Eröffnung eines eigenen Haute-Couture-Salons in Paris, Rue du Faubourg-St-Honoré 132. 1972 Übersiedlung in die Avenue Montaigne 51–52. 1976 Eröffnung einer »Scherrer Boutique« für Prêt-à-porter in Paris; 1992 übernahm Erik Mortensen (▸Balmain) die Haute Couture und Emmanuel Chaussade (geb. 1962) das Prêt-à-porter. 1994 wurde das Unternehmen verkauft und Bernard Perris (geb. Millau, Frankreich, 5. 10. 1942, ausgebildet bei G. ▸Laroche und ▸Valentino) als künstlerischer Leiter eingesetzt. Das Haus besteht im Besitz der France Luxury Group fort. Seit 1997 ist Stephane Rolland (geb. 1966) für das Design der Haute Couture verantwortlich. Das Prêt-à-porter verantwortete 2001/02 die Inderin Ritu Beri.

Stil und Kreationen: Exklusive Haute Couture, glamouröser Stil. – *Parfüm:* Jean-Louis Scherrer, 1979; Scherrer 2, 1986; Evere, 1989; Nuits Indienne, 1994; Immense, 2002.

Schiaparelli, Elsa, geb. Rom 10. 9. 1890, gest. Paris 14. 11. 1973. Stammt aus einer römischen Gelehrtenfamilie; nach kurzer missglückter Ehe mittellos in New York; entwarf und strickte Pullover, einer davon, schwarz mit einer weißen gestrickten Schleife und ebensolchen Manschetten, fiel 1927 auf. Diese Art Muster, »Trompe l'œil« (›Augentäuschung‹) genannt, machte sie berühmt, ein amerikanisches Warenhaus kaufte zunächst 40 Stück davon. 1922 ging sie nach Paris und engagierte für die Pullover die armenische Strickerin Kohar Bedoyan. 1928 eröffnete sie ein Atelier in Paris, Rue de la Paix 4, gefolgt von einem Salon in London. 1935 übernahm sie das große Modehaus von M. ▸Chéruit, Place Vendôme 21, unter eigenem Namen, wo sie neben der Haute Couture auch eine Boutique mit preisgünstigerer Fertigkleidung einrichtete. Sie pflegte Verbindungen bzw. Zusammenarbeit mit zahlreichen bildenden Künstlern (u. a. Pablo Picasso, Jean Cocteau, Christian Bérard und Salvador Dalí, denen sie Anregungen verdankte; Dali entwarf für sie Stoffe. 15 Jahre lang war B. Mosca als Designerin bei ihr angestellt, zeitweilig H. de ‣Givenchy als Assistent und Jean Schlumberger für Schmuckdesign. Während des 2. Weltkrieges blieb der Salon geschlossen, Sch. lebte von der Parfüm-Herstellung und von Vorlesungen in den USA und arbeitete für wohltätige Zwecke. 1945 eröffnete sie ihr Haus wieder, zog sich indessen schon 1954 zurück. 1977 wurde das nämliche Haus von einem Designer-Team, allen voran S. ‣Lepape, wiedereröffnet und stand unter der künstlerischen Leitung von Karin Sassoli de Bianchi. Heute bestehen nur noch die Lingerie-Kollektionen und das Parfüm.

Stil und Kreationen: Sch.s ideenreicher, unkonventioneller künstlerischer Stil war in den 1930er Jahren richtungsweisend, wenn auch viele der Modelle als »shocking« galten. Sie stand in starker Konkurrenz zu G. ‣Chanel und – was sie nicht so empfand – zu M. ‣Rochas. Die Pullover mit Trompe-l'oeil-Effekten – z.B. Schleifen, menschliche Skelette –, mit denen sie 1927 die Op-Art vorwegnahm, zeigten auch Tätowierungsmotive und afrikanische Muster. Ihre Kleider und Mäntel von 1931 hatten breite Schultern, die sie den Uniformen britischer Guardsmen abgeschaut hatte. Die ähnlich breiten Pagodenschultern von 1933 machten bis 1947 breite Schultern modisch. Papierhüte dänischer Fischerinnen und Arbeiten Picassos inspirierten sie zu den mit Zeitungsartikeln bedruckten Stoffen, die sie zu Schals, Hüten und Blusen verarbeitete. 1935 verwendete sie eine Art Vorhängeschlösser als Kleidungsverschluss, brachte »Abendregenmäntel« und machte ein stechendes Rosa, das sie »Shocking« nannte, zu ihrer Markenfarbe. 1936 »Schubladenkostüm«, inspiriert durch Dalí, 1937 brachte sie ihre berühmte »Musik-«, eine Saison später ihre »Zirkus-Kollektion« mit Elefanten und Zirkuspferden, auf Boleros gestickt, und als Abendkleid »Walzerkleider« mit weiten, krinolinenartigen Röcken sowie das »Hummerkleid«. 1938 ließ sie sich von der Sternkunde inspirieren und brachte eine riesige Sonne oder den Sonnengott mit Sonnenwagen in Goldstickerei auf Abendcapes und die »Harlekin«-Kollektion. Sie lancierte asymmetrische sog. »Diana«-Dekolletés bei Abendkleidern, Hüte in Form einer umgekehrten Eistüte, eines umgekehrten Schuhs oder einer Scheibe, verarbeitete Stoffe mit Dalís surrealistischen Dessins und war die Erste, die synthetische Materialien (Seide mit Glasfaser) in der Haute Couture verarbeitete und bereits 1930 Reißverschlüsse in bunten Farben als Aufputz verwendete. 1939 nannte sie ihre letzte Kollektion vor dem Krieg »Cash and Carry«. – *Parfüm:* u.a. Shocking, 1938 (in einem die weiblichen Formen nachahmenden Flakon); Snuff (für Herren), 1939; Le Roy Soleil, 1947 (?) (Flakon nach Entwurf von Dalí, mit einer goldenen Muschel, Sonne und Schwalben auf gold-blauem Meereshintergrund); Shocking you, 1976; Snuff (für Herren), 1977; Shocking Schiaparelli, 1998; Exciting Arrogance, 1999. – *Ausstellungen:* u.a. Hommage zum 30. Todestag »Shocking Attire«, Philadelphia Museum of Art, 2003.

Schneider, Manfred, geb. Bremen 1.1.1940, gest. Modena 27.1.1988. Nach Kunstschule in Bremen und Modeschule in Hamburg Modedesigner bei U. ‣Richter, später bei H. ‣Oestergaard. Freier Modedesigner für verschiedene Konfektionsfirmen, Entwerfer für das Modestudio ‣»Lange« in München. Seit 1970 selbständiger Couturier in München, Martiusstraße 3. Entwarf seit 1982 auch Prêt-à-porter für exklusive Boutiquen. Johann Stockhammer (‣Aigner) setzte kurzfristig das Unternehmen fort.

Stil: Sehr exklusiv, modisch, feminin.

Schön, Mila (Maria Carmen Nustrizio), geb. Trau (Dalmatien) 1919. Die Tochter einer aristokratischen, bei der Machtübernahme der Kommunisten nach Italien geflohenen Familie wurde Kundin von C. ‣Balenciaga und begann 1958 in einem kleinen Mailänder Atelier Pariser Haute-Couture-Modelle zu kopieren. 1965 stellte sie ihre erste eigene Kollektion zusammen. Sie entwarf die Hostessenuniformen für Alitalia und Iran Air, führte auch Prêt-à-porter-Kollektionen, die von einem Designerteam kreiert wurden. Begann 1977 mit einer Herrenlinie, 1987 mit »Miss Schön«. Kleidete die italienischen Olympioniken 1992 ein. Unterhält allein in Japan 80 Geschäfte. Sitz des Haupthauses: Mailand, Via Montenapoleone 2. 1993 ging das Unternehmen an den Konzern Mariella Burani. Obwohl das Haus immer eine Reihe von Designern beschäftigt (seit

2002 Marc Helmuth), bleibt M. Schön stark involviert.

Stil: ruhige Eleganz, liebt Double-Face-Stoffe. – *Parfüm:* Mila Schön, 1981; Haute Couture, 1990; Schön, 1997; Y-10 Avenue, 1995.

Schuberth, Emilio (Emil Friedrich Sch.), geb. Glauchau (Sachsen) 8.1.1904, gest. Rom 4.1.1972. Der Sohn eines Exportkaufmanns kam mit seinen Eltern nach Neapel. Nach Studium in Paris und Shanghai begann er mit Modeentwürfen und baute nach dem 2. Weltkrieg sukzessive einen Haute-Couture-Salon auf, den er in den 1950er Jahren, zur Zeit seiner größten Erfolge, im Palazzo Calabresi in Rom, Via XX Settembre 4, unterhielt. In den 1960er Jahren musste er sich neben der ihm näher stehenden Haute Couture dem Prêt-à-porter widmen und richtete erstmals 1967 in dem Münchner Kaufhaus »Kaufhof« eine Boutique ein. Er begann Sonnenbrillen, Bade- und Unterkleidung zu entwerfen. Finanzielle Gründe zwangen ihn, seinen Palazzo aufzugeben. Nach seinem Tod führte seine Tochter Gretel (geb. 1936) einen Modesalon »Emilio Schuberth« in der Via Condotti in Rom weiter, für den bis 1984 Sch.s Première Main (Erste Schneiderin) Eugenia Bricchi arbeitete. Kreationen, Zeichnungen u.a. wurden der Universität in Parma vermacht.

Stil und Kreationen: Sehr luxuriöser, damenhafter Stil. Reich mit Strass und Perlen bestickte Abendkleider, häufig mit Korsage-Oberteil und weitem, krinolinenartigem Rock, im Stil des New Look. Tageskleider meist in einer figurbetonten Linie, wobei der enge Rock durch einen kürzeren, an den Hüften etwas ausgestellten Oberrock überspielt wurde, wodurch die Taille noch enger erscheinen sollte. – *Parfüm:* Emilio Schuberth. *Austellungen:* u.a. Guggenheim Museum New York, 1995.

Schulze-Varell, Heinz, geb. Berlin 21.8. 1907, gest. München 29.5.1985. 1926–30 Lehre im Modehaus »Hermann Gerson«, Berlin. Designer für den Konfektionär Norbert Jutschenka. 1934 Eröffnung des Haute-Couture-Salons »Schulze-Bibernell« in Berlin, Budapester Straße, später Stülerstraße. 1939 Kostümchef bei der Filmgesellschaft Ufa. Während des 2. Weltkriegs, nach kurzer Freistellung, Militärdienst. 1947 Neubeginn mit einem kleinen Salon in München-Schwabing, der allmählich in der Prinzregentenstraße 89 vergrößert werden konnte.

Stil: Sehr elegant, feminin, durch sehr komplizierte Schnitte ausgezeichnet; nicht unbedingt allgemeinen Modelinien folgend. – *Ausstellung:* Münchner Stadtmuseum, München 1991.

Selfa, Jose Enrique Ona ‣Loewe.

Simonetta (Duchessa S. di Cesaro), geb. Rom 10.4.1922. Begann Mitte der 1930er Jahre Kleider zu entwerfen und ein großes Haute-Couture-Haus aufzubauen. In den 1950er Jahren international sehr erfolgreich. 1962 eröffnete sie zusammen mit ihrem zweiten Mann, dem Grand Couturier A. ‣Fabiani, ein Haute-Couture-Haus »Simonetta et Fabiani« in Paris, Rue François Ier 40, dem sie (nach ihrer Scheidung) ein Prêt-à-porter-Unternehmen anschloss. 1964 verkaufte sie das Pariser Modehaus und zog sich zurück.

Stil und Kreationen: In den 1950er Jahren vertrat sie einen sehr luxuriösen Stil, dem komplizierte Schnitte und raffinierter Aufputz zugrunde lagen.

Simons, Raf ‣Sander, Jil.

Sitbon, Martine, geb. Casablanca (Marokko) 1951. Kam mit zehn Jahren nach Paris, schloss 1974 eine Ausbildung als Kostümbildnerin ab. Arbeitete als freie Designerin unter anderem in New York für das Theater und für verschiedene Konfektionsfirmen. 1985 gründete sie ihre Marke »Martine Sitbon«, unterstützt von ihrem Mann, dem Innenarchitekten Marc Ascoli, der viele Designgeschäfte gestaltet. 1988–92 kreierte sie das Prêt-à-porter für ‣Chloé; seither wieder unter eigenem Namen erfolgreich sowie 1998–2002 für ‣Byblos.

Stil: 1988 fiel sie bereits mit ihrem »Seventies Look« auf, den sie seither immer wieder zu aktualisieren versteht. Ihre Mode zeichnet sich durch jugendliche Romantik aus. In den 1990er Jahren reifte ihr poetischer Stil zu einem neuen Art Nouveau mit metallisch schimmernden Pannesamt-Tuniken und weichen Jersey-Tops. Sie kombiniert »männliche« Materialien, wie Nadelstreifenstoffe, zu transparenten Chiffons mit zarten Jugendstilmustern; nach 2003 verstärkt Raffungen.

Skoda, Claudia, geb. Berlin 23.5.1943. Nach Studium an der Freien Universität Berlin Lektoratsstelle. Seit 1973 Mitinhaberin einer Modeboutique in Berlin, für die sie entwirft und herstellt. Seit 1977 stellt sie ihre Kollektionen in einfallsreichen Modeschauen vor. Entwirft Frauen- und Männerstrickkollektionen auch für andere Firmen, u.a. für ‣Escada, ‣Joop! und Marc Cain (in Bodelshausen, Deutschland, 1973 gegründet). 1982 Eröffnung einer Boutique in New York, seit 2002 Stammsitz in der Alten Schönhauser Straße 35, Berlin.

Stil: Ihre elegante bis avantgardistische Strickkleidung behielt sie auch im 21. Jh. bei. Diverse Theaterkostüme.

Slimane, Hedi ‣Dior.

Smith, Paul, geb. Nottingham (England) 5.7.1946. S. ist Autodidakt in Sachen Mode. 1970 eröffnete er unter großen finanziellen Schwierigkeiten ein kleines Modegeschäft in Nottingham, bis er 1976 seine erste Männerkollektion in Paris zeigen konnte; drei Jahre später Einrichtung eines Herrenmodegeschäfts in der Floral Street im Londoner Covent Garden-Viertel, das bald zu einem Insidertip für Künstler und Intellektuelle wurde. In der Zwischenzeit ist »Paul Smith« – mit 150 Geschäften allein in Japan – der meistverkaufte europäische Designer. Seit 1993 kreiert er auch Damenmode, Kindermode, eine Jeans-Kollektion, Sportswear, sämtliche Accessoires und Lifestyle-Produkte sowie die Zweitmarke »PS«. 2001 wurde er in den Adelsstand erhoben.

Stil: Klassische britische Herrenmode mit leichter Exzentrik und Witz. Liebt Buntes, vielfach im 1960er-Jahre-Stil. Die H/W-Kollektion 2003 wurde von den russischen Konstruktivisten, die F/S-Kollektion 2005 von jungen Mädchen in pastellfarbenen Blümchenkleidern beeinflusst. – *Parfüm:* Paul Smith, 2000; Paul Smith Summer, 2002; Paul Smith Extreme, 2003. – *Ausstellung:* Design Museum, London, 1995.

Snischek, Max ‣Wimmer-Wisgrill.

Soprani, Luciano, geb. Reggiolo (Italien) 1946, gest. 14.10.1999. S. begann 1967 bei ‣MaxMara und übernahm das Design der meisten Kollektionen. Nach 1975 machte er das Design auch für andere Firmen, nach 1978 das Damen-Prêt-à-porter für »Basile« und begann dort mit Herrenkollektionen. 1981 erste Kollektion unter eigenem Namen. 1986 Kontrakt mit der japanischen Firma Kashiyama. Nach seinem Tod wurde das Unternehmen weitergeführt durch seinen Partner Dilio Ortigoza und den Designer Alessandro Turci.

Stil: Klare italienische Linie von schlichter, modischer Eleganz. Seit 1999 jugendlicher. – *Parfüm:* Luciano Soprani, 1987; Solo, 1995; Solo white, 2001; u.a.

Spook, Per, geb. Oslo 2.7.1939. Der Sohn einer Schneiderin studierte in Norwegen Malerei und Bildhauerei, ging 1961 nach Paris an die École des Beaux Arts, danach an die École de la Chambre Syndicale de la Couture Parisienne. 1962–63 Praktikum im Hause ‣Dior und 1963/64 bei Y. ‣Saint Laurent. 1963–77 Assistent von L. ‣Féraud; danach Eröffnung eines eigenen Haute-Couture-Ateliers am Boulevard Saint-Germain-des-Près und 1979 eines Haute-Couture-Hauses sowie eines Prêt-à-porter-Salons im luxuriösen Pariser Modeviertel, Avenue George V^e^ 18. Sp. entwirft auch Accessoires und Modeschmuck und Glaskunst.

Kreationen: Extravagante Schöpfungen von hoher Qualität, mit denen Sp. seine grundsätzliche Verbundenheit mit der luxuriösen Haute Couture vergangener Jahrzehnte bekundet.

Staebe-Seger. Am 1.1.1948 von Hans S. (geb. 15.2.1894, gest. 1972) eröffneter Haute-Couture-Salon in Berlin, seit den 1950er Jahren Kurfürstendamm 36. S. entwarf zuerst für das Modehaus »Gerson«, übernahm 1936 die Firma »Loewinberg & Dannenbaum«, 1938 umbenannt in »Corves & Seger« und hatte im Salon Staebe-Seger die kaufmännische Leitung. Gerd St. (geb. Elbing 31.3.1909, gest. Berlin 1990) war Modeschöpfer des Hauses. Er bevorzugte Modekreationen für Sport und Cocktail. Das Haus schloss am 31.12.1971.

Sterling, Dietmar, geb. Berlin 8.9.1944, gest. 1990 (?). Besuch der Berliner Kunstschule, 1970–75 »Versuchsjahre« als freier Designer in München, 1975 ging er nach Paris und bekam den Auftrag zur Herstellung einer

Strickkollektion für die Pariser Firma »Jacques Gillès«. 1976 ermöglichte ihm die Mèndes-Gruppe, seine erste Strickkollektion unter eigenem Namen vorzustellen.

Stil und Kreationen: Vorliebe für symmetrisch aufgebaute Schnitte, einfache, klare Linien, starke Farben, mit denen er gekonnt spielt. Sein Stil strahlt jugendlichen Elan aus. 1984 Serie: Ringel-Strick.

Stiebel, Victor, geb. Burban (Südafrika) 1907, gest. London 1976. Nach abgebrochenem Studium in Cambridge drei Jahre Schneiderlehre im Modehaus ‣Reville and Rossiter; eröffnete 1932 einen eigenen Haute-Couture-Salon in London, Bruton Street. Während des 2. Weltkriegs entwarf er als Mitglied der »Incorporated Society of London Fashion Designers« sog. »utility clothes«. Nach dem Krieg Entwürfe für das Modehaus »Jacquemar«, 1958–63 unterhielt er wieder ein eigenes Modehaus in Cavendish Square; in den 1930er Jahren zahlreiche Bühnen- und Filmkostüme.

Stil und Kreationen: Brachte bereits 1937 Abendkleider mit weitem, krinolinenartigem Rock in der Art des späteren New Look.

Strenesse Gabriele Strehle. Die 1992 etablierte Modemarke Strenesse wird von Gabriele Strehle (geb. Hecke, geb. Hawangen/Allgäu 11. 3. 1951) und einem Designerteam kreiert. Der Name S. setzt sich zusammen aus: Strehle und »jeunesse« (frz., ›Jugend‹). G. Strehle beendete 1973 ihre Ausbildung an der Deutschen Meisterschule für Mode München und übernahm die kreative Leitung eines 1949 gegründeten Modebetriebs. Gerd Strehle, Sohn des Firmengründers, strebte eine Erneuerung des Unternehmens an und verpflichtete 1973 Gabriele Hecke, die er 1985 heiratete. Ergänzt wurden die Leger- und Homekollektion »Strenesse Blue« sowie Schuhe und Taschen, die in Lizenz hergestellt werden. Die »Strenesse«-Kollektionen werden in Mailand gezeigt. 1998 Umbenennung zur Designermarke »Strenesse Gabriele Strehle«. 2002 kam eine Herrenlinie dazu. 2004 Werbekampagne mit Claudia Schiffer und Boris Becker, fotografiert von Jürgen Teller.

Stil: G. Strehle vertrat in den 1990er Jahren einen minimalistischen Stil von einer sehr schlanken, dennoch legeren Optik, ohne jeglichen Aufputz oder Verspieltheit. Moderne Stoffe, wie hochwertige Synthetikmischungen in gedämpften Farben, wie dunkles Blau, Petrolgrün und Schwarz, wurden bevorzugt. Nach 2002 Annäherung an einen romantischen Stil mit Volants und asymmetrischen Schnitten sowie in Weiß oder zarten Farben. – *Parfüm:* Gabriele Strehle, 2001; L'Eau, 2002.

Sui, Anna, geb. Dearborn (Michigan, USA) 4. 8. 1955. Die Tochter chinesischer Immigranten besuchte die Parson's School of Design in New York. 1973 begann sie für den späteren Top-Modefotografen Steven Meisel das Styling für Modefotos zu übernehmen. 1981 machte sie sich mit einem Modeatelier selbständig, zehn Jahre später zeigte sie ihre erste große Modenschau. 1995 kreierte sie für die italienische Gilmar Group das Modelabel »Iceberg«, die auch ihre preisgünstigere Zweitmarke »Sui by Anna Sui« vertreibt. 1997 kamen Schuhe und 1999 Kosmetika hinzu.

Stil: S. liebt Kitsch und Provokation, poppige Farben und Hippie-Chic. Immer wieder greift sie die End-Sechziger-Jahre-Mode auf und bringt sie in Einklang mit aktuellen Trends wie 2005 ihr Prairie-Look. – *Parfüm:* Anna Sui, 1999; Dreams, 2000; Sui Love, 2002; Sui Dolly Girl, 2002; Ooh La Love, 2003.

Sybilla ‣Capucci, Roberto.

Takada, Kenzo, Firmenname »Kenzo«, geb. Himeji (Japan) 28. 2. 1939. Studierte Sprachen und kurze Zeit an der Bunka Gakuen Modeschule in Tokyo. Machte Modezeichnungen und ging 1965 nach Paris, wo er mit Hilfe einer Textilfirmengruppe avantgardistische Prêt-à-porter-Modelle herstellen konnte, mit denen er bald Furore machte. 1970 eröffnete T. seine erste Boutique »Jungle Jap« im Pariser Prêt-à-porter-Viertel, der Galerie Vivienne; seit 1976 Firmenbezeichnung »Kenzo«. Neben Damen- und seit 1983 Herrenmode unter eigenem Namen entwirft er für andere Firmen Herrenmode, Wintersportbekleidung, Badekleidung und Haushaltswäsche. 2004 wurde Antonio Marras (geb. Sardinien 1961, 1996 erste eigene Kollektion in Mailand) als Kreateur verpflichtet. Hauptsitz: Palace des Victoires 3.

Stil und Kreationen: K. wurde in den 1970er Jahren als »Ideenmann« des französischen

Prêt-à-porter bezeichnet. Er liebt Kasacks und Tuniken über weiten Röcken oder engen Hosen und bevorzugt großflächige Blumenmuster in ungewöhnlichen Farbkompositionen. Viele seiner Ideen entnimmt er Volks- und Nationaltrachten. Marras bleibt diesem Stil treu und mixt Westliches mit Folkloristischem und mit Patchwork. – *Parfüm:* Kenzo, 1989; Kenzo pour homme, 1991.

Tarlazzi, Angelo, geb. Italien 18.2.1942. Ausbildung bei Carosa in Rom, nach 1966 Assistent im Haus ‣Patou. Danach war T. vier Jahre freier Modedesigner. 1972 gestaltete er eine Kollektion für L. ‣Biagiotti, 1973–76 künstlerischer Leiter des Hauses »Patou«; 1977 gründete er seine eigene Prêt-à-porter-Marke »Angelo Tarlazzi« mit einem Designer-Stab und dem Hauptsitz in Paris, Rue du Louvre 3. 1983 lancierte er »Tarlazzi II« und eine Herrenlinie. 1989–93 kreierte er die Haute-Couture-Kreationen des Hauses »Guy Laroche«.

Tayama, Atsuro, geb. Kumamoto (Japan) 1955. Graduierte 1975 an der Bunka Fashion School in Tokyo, arbeitete für ‣Yamamoto und Cacharel, etablierte seine eigene Firma 1982 und zeigt seine Kollektionen seit 1991 in Paris.
Stil: ruhige elegante Linie mit Wickeleffekten und sehr kreativen Details.

Ter et Bantine ‣Thomass, Chantal.

Theyskens, Olivier ‣Rochas.

Thomass, Chantal, geb. Paris 5.9.1947. Entwarf aus Spaß ein Kleid, das sie einer Boutique verkaufte, die weitere orderte. Gründete 1967 die Modefirma »Ter et Bantine« in Paris zusammen mit ihrem Mann, und erst 1975 gründete sie ihre eigene Marke »Chantal Thomass« in Paris, Rue Madame 11. Seit 1985 wird ihr Unternehmen von einer japanischen Gruppe unterstützt. 1988 startete sie ihre Zweitmarke »Chantal Thomass suit«.
Stil und Kreationen: Minikurze taillierte Kleidchen versteht sie immer wieder dem aktuellen Modetrend anzupassen, ebenso wie ihre Vorliebe für romantische Spitzenkragen. Sie entwirft Unter- und Nachtwäsche aus Seide, Crêpe de Chine und Baumwollbatist in einem phantasievollen, verspielten Stil. – *Parfüm:* u.a. Chantal Thomass Ame Coquine, 2004.

Tirtoff, Romain de ‣Erté.

Toledo, Isabel, geb. Kuba 9.4.1961. T. studierte am New Yorker Fashion Institute of Technology und an der Parson's School of Design. Erste Kollektion 1986. Ihre Kleider werden auf dem Laufsteg ebenso wie in Kunstausstellungen präsentiert. Isabel Toledo ist verheiratet mit dem Künstler und Modezeichner Ruben Toledo (geb. Kuba 1961).
Stil: Kleidskulpturen mit außergewöhnlichen, surrealistischen bis futuristischen Konstruktionen. T. sieht jede Kleidung dreidimensional, faltet Stoffe wie ein Origami und experimentiert mit starren Taften ebenso wie mit fließendem Jersey, oft ohne zu ahnen, wie das Ergebnis sein wird. – *Ausstellung* »Toledo/Toledo: A Marriage of Fashion and Art«, Kent State University, USA, 1997.

Topell, Elise, geb. Minden (Westfalen) 7.5.1904, gest. Wiesbaden 8.10.1984. In den 1930er Jahren Ausbildung im Modehaus »Hermann Gerson« in Berlin. 1945 Gründung eines eigenen Haute-Couture-Salons in Berlin, 1948 Übersiedlung desselben nach Schloss Biebrach bei Wiesbaden. Ihre Assistentin Lollo Grund (geb. 21.6.1943) übernahm den Salon in Wiesbaden, Wilhelmstraße 56.
Stil und Kreationen: T. galt als »deutsche ‣Vionnet«, da sie sich von den Stoffen inspirieren ließ und die Kleider vom Schnitt her aufbaute, ohne vorherige Modeskizze. Der Kleidschnitt musste stets den Bewegungen des Körpers folgen können.

Torrente. Modehaus, das 1968 von Rose (Rosette) Torrente-Mett (geb. 1936), Schwester von Ted ‣Lapidus, in der Pariser Avenue Matignon gegründet wurde. Mit Unterbrechungen führt sie ein angesehenes Haute-Couture-Haus und ist Mitglied des ‣Chambre Syndicale de la Haute Couture. Prêt-à-porter-Linien: »Miss Torrente« und »Torrente Homme«. Hauptsitz am Rond-Point des Champs Élysées I. 2003 verkaufte sie ihr Unternehmen, neuer Kreativdirektor wurde der Jungdesigner Julien Fournié (geb. 1975).
Stil: eleganter, tragbarer Stil. – *Parfüm:* L'Or, 2001; My Torrente, 2004.

Tribouillard, Daniel ‣Léonard Fashion.

Trussardi, Nicola, geb. Bergamo (Italien) 17.6.1942, gest. bei Bergamo 3.4.1999. Die Firma »Trussardi« für erlesene Lederhandschuhe existiert seit 1910. 1970 übernahm sie Nicola T. (Ökonom) und erweiterte das Angebot in Ledermode, Lederaccessoires mit einem Windhund als Logo, seit 1983 auch Damen- und seit 1984 Herren-Prêt-à-porter sowie Jeans. 1991 stellte er seine erste Haute-Couture-Kollektion in Rom vor. Heute bietet das Unternehmen eine gesamte Lifestyle-Produktpalette einschließlich Fahrrädern an und stattet Opern, Ballette und Filme aus. Nach dem Tod von N.T. übernahmen Tochter Beatrice (geb. 1971) als Designerin und Sohn Francesco (geb. 1974) das Unternehmen und verpflicheteten diverse Desiger. Sohn Francesco T. starb im Januar 2003 bei einem Autounfall. Beatrice T. führt das Haus weiter.

Stil: Die von einem Designerteam kreierte Mode ist von sportlicher Eleganz, zuweilen auch von einem modernen minimalistischen Stil geprägt. Erlesene Ledermode. – *Parfüm:* 14 Düfte, u.a. Fresh, 2000; Skin, 2002; Trussardi Jeans, 2003.

Tyler, Richard, geb. Sunshine (Australien) 1946. Sohn einer Schneiderin für Theater- und Ballettkostüme, ging in die Lehre zu Londoner Herrenschneidern, 1964 eröffnete er das Geschäft »Zippity-doo-dah« in Melbourne, wo er Modelle seiner Mutter verkaufte, bald entwarf er selbst für Rockstars und ging 1984 nach Los Angeles, eröffnete 1987 eine Boutique für Herrenkleidung und 1989 für Frauenmode. 1993–94 designte T. für Anne Klein und 1996–98 für ‣Byblos, danach für sein eigenes Label, in das er Sportswear (Lizenz für Gruppo Nadini, Italien) und Haute Couture integrierte.

Stil: z.T. theatralische Haute Couture.

Ungaro, Emanuel, geb. Aix-en-Provence (Frankreich) 13.2.1933. Sohn eines Schneiders italienischer Abstammung, bei dem U. lernte. 1955–61 zweiter Assistent von C. ‣Balenciaga. 1961/62 bei A. ‣Courrèges. Eröffnete ein kleines Studio, 1965 ein großes Haute-Couture-Haus in Paris, Avenue Montaigne 2, mit Prêt-à-porter. Er entwirft auch Accessoires, Modeschmuck und Sonnenbrillen sowie Herrenmode und seit 1978 eine Strickwarenkollektion für die USA. 1996 wurde das Unternehmen von S. ‣Ferragamo gekauft, unter der künstlerischen Leitung von U. mit Robert Forrest (geb. 1949) als Co-Designer, seit 2002 mit Giambattista Valli (geb. Rom 1966, seit 1998 Assistent von U., davor von R. ‣Capucci). Mit der H/W-2004-Kollektion stieg U. aus der Haute Couture aus. Im Herbst 2004 machte sich G. Valli selbständig und wurde durch Vincent Darre, vormals bei ‣Moschino, ersetzt.

Stil und Kreationen: U. gilt als »Erfinder« des Mustermix, das er in vollendeten Mischungen von graphischen Mustern sowie unterschiedlichen Blumendessins beherrscht. Seit 1968 Dessins von Stoffdrucken. »Einfachheit, verbunden mit Perfektion« ist U.s Prinzip. Kreationen, deren Stil und Stoffmuster von der zeitgenössischen Kunst inspiriert waren, brachten 1965 erste internationale Erfolge. »Ligne géometrique« 1968. Sein Schaffen teilt U. in drei Kollektionen ein: Haute Couture, Ungaro Parallele (Prêt-à-porter) und Ungaro Ter (Konfektion). Seit Valli modern-romantische Linie mit flatternden Musselin, Tüll- und Spitzenpatchwork, 2002 gekonnter Mix von männlicher Torerotracht mit weiblichen Flamencokleidern. – *Parfüm:* u.a. U de Emanuel Ungaro, 1977; Diva, 1983; Senso, 1987; Ombre de la Nuit, 1993; Fleur de Diva, 1997; Desnuda, 2000.

Valentino (V. Garavani), geb. Voghera (Italien) 11.5.1932. Nach Studium der bildenden Kunst in Mailand und an der École de la Chambre Syndicale de la Couture in Paris arbeitete V. 1951–56 als Assistent bei J. ‣Dessès und zwei Jahre bei G. ‣Laroche in Paris. 1959 kehrte er nach Italien zurück, wurde für kurze Zeit Assistent von I. ‣Galitzine und eröffnete 1959 einen eigenen Haute-Couture-Salon mit Atelier in Rom, Via Gregoriana 24. Partner und Manager ist Giancarlo Giammetti. Gab 1962 seine erste Modenschau im Palazzo Pitti in Florenz. 1970 brachte er zum ersten Mal Prêt-à-porter und eröffnete eine Boutique in Mailand; 1972 gründete er eine Herrenkollektion, 1973 »Valentino Più« für Dekorstoffe und erweiterte auf Inneneinrichtung. V. entwirft auch Accessoires, Schmuck und Jeans für eine amerikanische Firma; seine Modelle werden besonders nach Japan verkauft. 1985 begründete er die Zweitmarken »Miss V«, »Oliver Homme« und 1988 »Oliver Femme«. 1990 wurde die »Accademia Valentino« in Rom eröffnet, ein Ausstellungszentrum für Kunst.

1998 verkaufte V. sein Unternehmen, das 2002 an die Marzotto Group ging, blieb jedoch als Kreateur tätig und feierte im 21. Jh. ein Comeback seines eleganten erotischen Stils.

Stil und Kreationen: Sehr luxuriöser, femininer Haute-Couture-Stil, mit komplizierten Schnitten und ausgefallenen Ideen im Aufputz. Inspirationen bezieht V. häufig aus der bildenden Kunst. 1967 großer Erfolg mit einer »Ganz-in-Weiß«-Kollektion und für sein »Valentino-Rot«; im 21. Jh. glamouröse Abendkleider mit drapierten, bauchnabelfreien Ausschnitten. – *Parfüm:* Valentino, 1978; Valentino de Valentino, 1985; Vendetta, 1993; Very Valentino, 1997; Valentino Gold, 2002. – *Ausstellungen:* »Valentino. Thirty Years of Magic«, Kapitolinisches Museum, Rom, 1991; Metropolitan Museum of Art, New York, 1992.

Vandevorst, AF. Labelname 1997 von dem Designerehepaar An Vandevorst (geb. 1968) und Filip Arickx (geb. 1969) gegründet. Beide graduierten 1991 an der Akademie der Schönen Künste in Antwerpen, waren Assistent von D. van ‣Noten bzw. D. ‣Bikkembergs.

Stil: Inspirationen aus dem Reit- und Militarysport, wie ein Sattel als Mieder, schlichter Grunge-Stil mit humorvollen Details.

Varty, Keith ‣Byblos.

Venet, Philippe, geb. Lyon 22.5.1929. 1943–49 Schneiderlehre bei Pierre Court in Lyon, 1951–53 Schneider bei E. ‣Schiaparelli und danach bis 1962 Erster Schneider bei H. de ‣Givenchy. 1962 Eröffnung eines eigenen Hauses im Pariser Modeviertel, Rue François Ier 62, mit einer Boutique und Prêt-à-porter-Angebot. 1996 schloss das Haus, nur das Parfümgeschäft blieb erhalten. *Parfüm:* Madame de Venet, Mlle Venet, 1965; Eau de Monsieur, 1971, Eau de Couture, 1997; Couture, 2000.

Versace, Gianni, geb. Kalabrien (Italien) 2.12.1946, gest. Miami Beach (USA) 15.7.1997. Begann 1964 bei seiner Mutter, einer Schneiderin, zu arbeiten und erledigte den Modeeinkauf für ihre Boutique, entwarf selbst für die italienischen Modemarken ‣»Genny«, »Complice« und »Callaghan«. 1978 erste Prêt-à-porter-Kollektion für Damen und für Herren unter eigenem Namen und Eröffnung der ersten V.-Boutique in Mailand, 1989 neue jugendliche Linie »Versus«. 1990 stellte er seine erste Haute-Couture-Kollektion und 1991 die klassische »Signature«-Linie sowie die Männerkollektion »V2 By Versace« (zunächst nur für die USA) vor. Sein goldenes Medusen-Haupt ist zum Markenzeichen auf seinen Accessoires und Stoffdesigns geworden. 1995 kam seine betont jugendliche »Istante«-Linie hinzu. V. entwarf Opernkostüme für die Mailänder Scala und für Maurice Béjarts Ballette. Nach seinem Tod übernahm V.s Schwester Donatella (geb. 1957) die kreative Leitung des Hauses neben ihrem Bruder Santo als Geschäftsführer. Stammhaus in Mailand, Via Gesù 12. Mit der H/W-2004-Kollektion stieg V. aus der Haute Couture aus.

Stil und Kreationen: In den 1980er Jahren war V.s Mode stark vom ‣Oversize beeinflusst; auch seine 1984 kreierten, berühmten Abendkleider aus Oroton, ein leichtes, anschmiegsames »Metalltrikot« aus winzigen Metallscheibchen; 1986 brachte er strassbestickte Mode in schwarz-weißer Op-Art. Ab Ende der 1980er Jahre ließ sich V. mehr von der Kunst inspirieren und mixte Ornamente aus Antike, Renaissance und Barock zu neuen üppigen Stoffmustern, die er 1992 für so Zeitgemäßes wie selbst ‣Leggings verwendete. Er kombinierte – ganz im Sinne der Postmoderne – einen barockisch gemusterten, langen Seidenrock zu einer einfachen Jeansjacke oder ließ Jeans mit Strass und Pailletten besetzen. 1991/92 sorgte seine fetischistische »Bondage«-(Fesseln-)Kollektion für Aufsehen, ebenso wie 1994 seine durchgehend geschlitzten Roben, die nur durch große goldene Sicherheitsnadeln zusammengehalten wurden. 1995/96 verwendete er für seine jugendliche »Istante«-Linie neoprenähnliche Materialien mit auffallenden Reißverschlüssen. 1997 wandte sich V. einem minimalistischen Stil zu, der bei ihm jedoch durch grafisch eingesetzte Farben sowie asymmetrische Lageneffekte einen dekorativen Blickfang erhielt. Donatella V. versteht es, seit V.s Tod den Stil sehr erotisch-gewagt fortzuführen. Ihre Tochter Allegra (geb. 1986) ist Erbin des Versace-Unternehmens. – *Parfüm:* u. a. Donna, 1981; Versace l'Homme, 1984; Versus, 1991; Versus donna, 1992; Red & Blue Jeans, 1994; Versace's Blonde, 1997; Essence, 2000; Jeans Couture, 2002; Crystal Noir, 2004. – *Ausstellungen:* Victoria and Albert Museum,

London 1985; Musée de la Mode et du Costume, Palais Galliera, 1986; Castello Sforzesco, Mailand 1989; Royal College of Art, London 1991; Villa Stuck, München 1992; Kunstgewerbemuseum, Hamburg; Metropolitan Museum of Art, New York 1997; Victoria and Albert Museum, London, 2002, u.a.

Versolato, Ocimar ‣Lanvin, Jeanne.

Viktor & Rolf, die Designer Viktor Horsting (geb. Holland 1969) und Rolf Snoeren (geb. Holland 1969) begannen nach Abschluss der Kunstakademie von Arnheim 1992 sich als »Viktor & Rolf« mittels Installationen wie 1993 »Detachment«, 1994 »Passiv Violent clothes«, 1996 ausschließlich Goldstoff-Modellen in Galerien zu vermarkten. 1998 präsentierten sie ihre Debüt-Kollektion während der Haute-Couture-Woche in Paris an überdimensional aufgeblähten Oberkörpern. 2003/04 stellten sie ihre erste Männerlinie als »Viktor & Rolf im Doppelpack« vor.

Stil: Sehr kreativ-künstlerische Designer-Mode. F/S 1999 Haute-Couture-Kollektion bei Schwarzlicht, H/W 1999/2000 »Diva«, in dem einem Model acht Outfits übereinander angezogen wurden, F/S 2000 American Flag, H/W 2000/01 Kreationen mit hunderten verschiedenförmigen Glöckchen verziert. F/S 2001 erste Prêt-à-porter-Kollektion mit durchweg in Schwarz-Weiß gehaltenen Modellen. Haute-Couture-Modelle H/W 2001/02 in Pechschwarz einschließlich der Models, so dass nur die weißen Augäpfel der Models leuchteten. F/S 2002 alles in Weiß; H/W 2002/03 Chromblau; H/W 2003 Lagen; F/S 2003 Blumen; H/W 03/04 Volumen; 2004 zeigte das Prêt-à-porter surreale Verdrehungen, wie ein Trenchcoat mit Rock im ‣New Look. Im F/S 2005 stellen die Kreationen Bänder und Schleifen in den Mittelpunkt, ganz in Schwarz oder in Rottönen. – *Parfüm:* Flowerbomb, 2004. – *Ausstellungen:* Viktor & Rolf, Stedelijk Museum, Amsterdam, 2003; Groninger Museum, 2000; Kunsthaus Bregenz, 2004. Colors – Viktor & Rolf & KCI, Kyoto und Tokyo 2004.

Vionnet, Madeleine, geb. Aubervilliers (Frankreich) 22.6.1876, gest. Paris 2.3.1975. Kurze Ausbildung zur Näherin in Paris, dann fünf Jahre in London Leiterin einer Schneiderei. 1901–06 im Pariser Modeatelier von ‣Callot Sœurs Zuschneiderin von Modellen in Nesselstoff und Schnittentwerferin für die Lizenzen. 1907–12 bei J. ‣Doucet, 1912 Eröffnung eines eigenen Salons in Paris, Rue de Rivoli 222, der während des 1. Weltkriegs geschlossen blieb. 1922/23 Wiedereröffnung des Hauses im Pariser Modeviertel, Avenue Montaigne 50, das bis 1940 bestand. V. stand in engem Kontakt mit ihren Kundinnen und lehnte weitgehend Modellentwürfe für Lizenzen ab. Marcelle Chaumont (1891–1990) und J. ‣Griffe lernten bei ihr. Der kuwaitische Handelsmann Majed al Saben kaufte 2002 den Markennamen Vionnet, für den der Italiener Maurizio Pecoraro für 2004 eine Haute-Couture-Kollektion kreierte.

Stil und Kreationen: V. galt als die »Königin des Schnittes«. Sie machte keine Modeskizzen, sondern drapierte und schnitt den Stoff an Holzpuppen zurecht; danach wurde der Schnitt auf Körpergröße umgesetzt. Sie erfand den »Schrägschnitt«, bei dem der Stoff diagonal zum Fadenlauf zugeschnitten wird, wodurch er sich, zum Kleid verarbeitet, dem Körper besser anschmiegt; dafür veranlasste sie Textilhersteller, extra breite Stoffe zu weben. Schwere und doch transparente Stoffe bevorzugte sie, lehnte ein Korsett darunter sowie Aufputz und auch Schmuck dazu ab, um damit nicht von der Kleidlinie abzulenken. Ihr Stil war gegen Ende der 1920er und in den 1930er Jahren besonders gefragt. 1934 brachte sie eine Kollektion in der Linie des Stilkleids. Alle ihre Modelle sind fotografisch dokumentiert und im Besitz der »Union Française des Arts du Costume«, Paris. – *Parfüm:* A-Oriental, B-Oriental/Western, C-Wild Aroma und D-Romantic Aroma, 1927; Madeleine Vionnet, 1996; Madeleine Vionnet Green, 2003.

Vuitton, Louis, geb. Cons-Le-Saunier (Frankreich) 1821, gest. Asnières (Frankreich) 1892. Louis Vuitton war Kofferpacker am Hofe Napoleons III., spezialisierte sich 1854 auf die Herstellung von Koffern mit flachen Deckeln, um sie in den neuen Reisezügen stapelbar zu machen. Für die Wasserundurchlässigkeit wurde der Leinenüberzug mit Knochenleim bestrichen, 1886 der Bezug mit Schachbrettmuster und bald darauf mit dem verschlungenen Signet der Buchstaben LV, umrahmt von stilisierten Blüten und Sternen, versehen. In den 1980er Jahren ging das Unternehmen in dem

Luxuskonzern Louis-Vuitton-Moët-Hennessy auf, der 1997 beschloss die Marke »Louis Vuitton« auf Herren- und Damen-Mode auszuweiten, mit dem US-amerikanischen Designer Marc ▸Jacobs. Handtaschen mit dem berühmten LV-Logo stehen weiterhin im Mittelpunkt des Angebots: 2001 designte Stephen Sprouse Taschen mit Graffiti-Muster, 2002 Verhoeven Märchen-Figuren und 2003 der Japaner Takashi Murakami bunte Blumen und LV-Logos.

Stil: zeitaktuelle Mode und Accessoires. 2004/05 Kombination von Schottenkaros mit glamourösen Pelzkragen und Manschetten, Abendkleider mit Tüllvolants und Seidenbändern. – *Parfüms.*

Watanabe, Junya, geb. Fukushima (Japan) 1961. Graduierte an der Bunka Fashion School und wurde 1984 Design-Assistent für ▸Comme des Garçons. 1992 übertrug R. ▸Kawakubo W. die eigenständige Linie Junya Watanabe Comme des Garçons.

Stil: experimentiert mit Überformungen (1998/99 über Draht), Drapierungen und Asymmetrien, mit Origami-artigen Faltungen (2000/01) und Bauschungen und aus diaphenen Geweben in strahlenden Farben. 2004/05 Jacken aus Schottenkaro zum Teil asymmetrisch drapiert oder mit Daunenstepp sowie Capes in einem konventionellen Häkelstil. 2005 dicht aneinander gereihte, goldene Reißverschlüsse als eine Art Kragen oder Gürtel.

Westwood, Vivienne, geb. Tintwistle (England) 8.4.1941, ursprünglich Lehrerin, kam W. durch Malcolm McLaren (Pop-Gruppe »The Sex Pistols«) zur Mode. Gemeinsam machten sie ein Modegeschäft in King's Road auf, dem sie immer wieder neue Namen gaben, die den Zeitgeist reflektierten: 1971 »Let it Rock«, 1972 »Too Fast to Live, Too Young to Die«, 1974 »Sex«, 1977 »Seditionaries«, 1980 »World's End«. Seit 1984 selbständige Modedesignerin mit ihrem eigenen Markennamen. Seit 1990 Männerkollektionen, die seit 1996 Andreas Kronthaler (geb. 1969), ihr dritter Mann, kreiert. 1992 Anerkennung durch den Order of the British Empire. Ihre beiden Linien sind das jugendliche »Red Label« und das »Gold Label« von Couture Status. Ihr Markenzeichen ist ein Reichsapfel mit Saturnring. Sie unterrichtete an der Hochschule für angewandte Kunst in Wien und derzeit an der Hochschule der Künste in Berlin. Sie entwirft Theaterkostüme. Hauptgeschäft: Conduit Street, London. W. ist eine der einflussreichsten Designerinnen.

Stil und Kreationen: In den 1970er Jahren war W. fasziniert von der Off-Mode der Randgruppen, wie Punks, Rockers oder Teddy Boys, beeinflusste diese aber auch ihrerseits und kreierte besonders Leder- und Gummimode. 1981 fand sie erstmals als »Modedesignerin« Anerkennung durch ihre »Piraten«-Kollektion. Ein Jahr später zeigte sie in Paris, wo 1983 ihre »Buffalo«-Kollektion, in der sie Schlamm- und Tarnfarben zeigte und die Mode des ▸Grunge vorwegnahm, großen Erfolg erzielte. 1984 brachte sie ihre legendäre »Mini Crini«-Kollektion mit modernen ▸Cul de Paris-Kostümen mit Schößchenjacken; eine Mode, die sie zehn Jahre später unter dem Namen »Vive la Cocotte« wieder aufgriff. 1987 schickte sie zu ihrer »Harris Tweed«-Kollektion die Models erstmals mit dicksohligen Kothurnschuhen auf den Laufsteg; Schuhe, die 1993 in der Kollektion »Anglomania« mit ihrem berühmten »Highlander«-Ensemble eine Höhe von 25 Zentimetern erreichten und 1996/97 als jugendliche Schuhmode verbreitet waren. W. lässt sich von der Kunst und Literatur inspirieren und beherrscht fulminant den für die ▸Postmoderne so typischen Stilmix (Eklektizismus). So brachte sie 1989, inspiriert von einer antiken Apollo-Statue, weiße Strumpfhosen mit einem aufgenähten Feigenblatt. 1990 und 1991 brillierte sie mit Kleidern, auf deren Korsagen berühmte Gemäldeporträts aufgedruckt waren. 1995 Kollektion »Erotic Zones«. Ihre »Wiederbelebung« historischer Moden fand einen Höhepunkt 1996 mit ihren ▸»Watteau-Roben« und 1997 in der Kollektion »Five Centuries Ago«, die sie nach berühmten Gemälden stilisiert fotografieren ließ, unter anderem sie selbst als »Queen Elizabeth I.«. Seit 2002 weisen ihre Modelle Bänder, Gurte, Schnürungen, Raffungen und verdrehte Säume auf. 2004/05 retrospektive Kollektion. F/S 2005 Zusammensetzung geometrischer Kuben und Einfluss von Porträts von François Boucher. – *Parfüm:* Boudoir, 1998; Libertine, 2000; Libertine Flirtations, 2003; Anglomania, 2004. – *Ausstellungen:* u. a. Groningen (Holland), 1994; Retrospektive im Viktoria and Albert Museum, 2004.

Willhelm, Bernhard, geb. Ulm 1972. 1998 schloss W. sein Modedesignstudium an der Königlichen Akademie der Schönen Künste in Antwerpen mit der witzigen Kollektion »Le Petit Chapeau Rouge« ab, die u.a. der isländischen Sängerin Björk gefiel. Schon während des Studiums hatte W. Praktika bei ‣Beirendonck, ‣McQueen, ‣Westwood und ‣Bikkembergs absolviert. Weitere Berufserfahrung machte er bei der Miederwarenfirma Schiesser in Radolfszell in der Herrenwäscheabteilung. Danach zog W. ganz nach Antwerpen. Bereits im März 1999 führte er seine erste Frauenmode-Kollektion in Paris vor. Im Oktober 2000 kamen Männerbekleidungsteile hinzu; drei Jahre später stellte er seine erste Männerkollektion in Paris auf den Laufsteg. 2002 verlegte W. Atelier und Showroom nach Paris, zusammen mit Geschäftspartnerin Jutta Kraus. Produziert wird nach wie vor in Belgien. Sein außergewöhnliches Modedesign-Talent erkannte auch das italienische Haute-Couture-Haus Roberto ‣Capucci und engagierte ihn für drei Prêt-à-porter-Linien, erstmals für F/S 2004. Sie strahlte Jugendlichkeit und – ganz im Stil von Capucci – Strukturiertheit aus durch vertikal eingenähte Schnüre, die kleine Bogen im Saum eines Rockes oder die Hüftlinie einer Jacke formen. 2005 kreierte er eine »Gespenster«-Kollektion für die Internet-Firma Yoox.

Stil: W. lässt sich von der Landschaft seiner süddeutschen Heimat inspirieren ebenso wie von unterschiedlichen ländlichen Kleidungskulturen wie zum Beispiel von Schwarzwälder Trachten. Verspielt, farbenfroh und keinesfalls Mainstream ist seine Mode. Aus seiner bunten Phantasie entsteht eine eigene, atemberaubende Welt. Nach dem Motto »Life is a picnic« brachte er für F/S 2001 Kleider aus Tischdecken mit Filzapplikationen und aufgenähten Halsketten, Pullover mit eingestrickten Libellen und mit Bommeln verziert, Röcke in Strickliesel-Optik und bunt gemusterte Kniestrümpfe. Die in den 1930er Jahren so beliebten Teufelskappen brachte er verziert mit Quastenohren für H/W 2001/02; in gemäßigter Form wurden sie drei Jahre später die Winterkopfbedeckung der Jugend. Die F/S-2003-Kollektion »Just a Spoonful of Sugar« zeigte weite Röcke mit naiv gestickten bayerischen Landschaften, Kleider mit Dirndl-Dekolletés, Schürzen, Schleifen, Knoten und großen gehäkelten Knöpfen. W. mixt folkloristische Gretchen-Elemente mit venezianischen Masken oder mit neuzeitlichen Computer-Bildern, zitiert aus Pop- und Straßenkultur, aus Kunsthandwerk und Folklore. Seine fruchtbare Phantasie entzündet sich an allem, an »Jurassic Park«, Dinosauriern und Kochbüchern, Balletttütüs, Kimonos und Strampelanzügen. Folkloristische Stickereimotive, die sowohl als rumänisch, spanisch oder mexikanisch durchgehen, finden sich auf einem Blazer, der mit einer aufgestickten Schärpe ein männliches Attribut erhält. Immer wieder besinnt W. sich auf traditionelle Handarbeiten; so besteht auch sein Markenzeichen aus in Kreuzstichen ausgeführten Initialen, wie aus Urgroßmutters Zeiten, oder aus einem schwarzen Band in Form eines Fausthandschuhs mit abgesteppten Fingern und einem »bernhard willhelm«-Knopf.

Wimmer-Wisgrill, Eduard Josef, geb. Wien 2.4.1882, gest. Wien 15.12.1961. Nach Gymnasium und Handelsakademie 1901–07 Studium an der Kunstgewerbeschule des Österreichischen Museums für Kunst und Industrie (heute Hochschule für angewandte Kunst) in Wien, Schüler von Alfred Roller und Josef Hoffmann. 1907–22 künstlerischer Mitarbeiter der Wiener Werkstätte und ab 1911 Leiter ihrer Modeabteilung (eine Modedirectrice der Wiener Werkstätte, Clara Solm, wurde seine Frau). (1922 wurde Max Snischek, 1891–1968, sein Nachfolger, der dann 1932 bis Ende der 1930er Jahre Leiter der Münchner Meisterschule für Mode war.) 1914–18 Kriegsteilnahme. 1922/23 selbständiger Modezeichner in New York, 1923–25 Leiter der Kunstgewerbe- und Modeklasse am Art Institute in Chicago, 1925 Mitarbeit an der »Exposition des Arts décoratifs« in Paris, 1925–55 Leiter der Meisterklasse für Mode und der Werkstätte für Textilarbeiten an der Kunstgewerbeschule Wien, 1930 bis 1939 ständiger Mitarbeiter der »Neuen freien Presse« für Modeberichte. Nach 1955 Hinwendung zur Malerei.

Stil und Kreationen: W. vertrat den künstlerischen sachlichen Stil der Wiener Werkstätte, der sich durchaus an der allgemeinen zeitgenössischen Mode orientierte. Immer wieder war zwischen 1910 und 1914 schon die Hose für die Frau eines seiner Modethemen.

Worth, Charles Frederick, geb. bei Bourne (Lincolnshire, England) 13.11.1826, gest. Paris 10.3.1895. W. gilt als Begründer der Haute Couture, da ihm außerordentliche kreative und organisatorische Fähigkeiten eigen waren. Nach 1837 hatte er eine Verkaufslehre für Stoffe in den Londoner Kaufhäusern »Lewis and Allenby« und »Swan and Edgar« absolviert. 1845 ging er nach Paris und wurde Verkäufer im Modehaus »Gagelin«, wo er Marie Vernet, seine spätere Frau, kennen lernte und es ihm ermöglicht wurde, nicht nur eigene Kreationen vorzustellen, sondern sie auch erstmals an einem lebenden Mannequin, seiner Frau (statt der üblichen Puppen), vorzuführen. 1855 gewann er bei der Pariser Weltausstellung den 1. Preis für einen frei von den Schultern herabhängenden »Manteau de cour«. Um 1856 wurde er Partner des Hauses »Gagelin«, 1857/58 ging er eine Geschäftsverbindung mit Otto Bobergh, Sohn eines schwedischen Bankiers, ein und eröffnete mit ihm 1858 den Modesalon »Worth et Bobergh«. Fürstin Metternich von Österreich, Kaiserin Eugénie von Frankreich, Königin Victoria von England, die berühmte Demimondäne Cora Pearl und Lillie Langtry wurden Kundinnen, das erlaubte die Eröffnung eines Geschäftes in London. 1867 stellte W. ein Verkaufsprogramm für Adaption und Vervielfältigung seiner Modelle durch ausländische Einkäufer auf, 1868 regte er die Gründung der »Chambre Syndicale de la Couture Française« an. 1870/71 wurde sein Salon während der deutschen Belagerung von Paris Krankenstation, Bobergh trat aus, dafür wurden 1874 seine Söhne (Gaston, geb. 1853, als Geschäftsführer, Jean-Philippe, geb. 1856, als Entwerfer) leitende Mitarbeiter. Sie führten den Salon nach 1895 weiter. 1901–03 war P. ‣Poiret Assistent, Geschäfte in Biarritz und Dinard wurden eröffnet, das erste »Couture-Parfum« eingeführt. Ende der 1920er Jahre übernahmen Gastons Kinder (Jean Charles als künstlerischer Leiter und Jacques als Geschäftsführer) den Betrieb. Jacques W. war 1927–31 und 1933–35 Präsident der »Chambre Syndicale de la Couture Parisienne«. 1956 wurde der Pariser Haute-Couture-Salon geschlossen, während der Londoner Salon bis Anfang der 1970er Jahre aufrechterhalten wurde. Der Parfüm-Vertrieb besteht bis heute.

Stil und Kreationen: Im 3. Viertel des 19. Jh.s waren W.s Kreationen stilistisch richtungsweisend. Er lancierte 1856 die »künstliche« Krinoline, schuf 1863 die ovale Form der Krinoline und des schleppenden Kleidrocks, 1864 die »Prinzesslinie«, 1867 die Polonaise, 1869 die Turnüre, 1875 die »Enge Mode«, 1882 den Cul de Paris (die Daten geben die allgemeine Aufnahme der Neuheiten an; W. dürfte sie jeweils etwas früher kreiert haben). W. verwendete einen einzigen Schnitt für viele Kreationen. Für seine Modezeichnungen ließ er Köpfe und Arme lithographieren und skizzierte nur das Modell dazu. Da seine Modelle extrem teuer waren, wurden sie selbst von den sehr begüterten Kundinnen nach der neuesten Mode geändert, was die Datierung der erhaltenen Roben erschwert. – *Parfüm:* Parfüm Worth, um 1900; Je Reviens, 1932; Monsieur Worth, 1969; Fleurs Fraîches, 1973; Miss Worth, 1977; Worth pour Homme, 1980; Dans la nuit, 1985. – *Ausstellung:* Brooklyn Museum, New York, 1962.

Yamamoto, Kansai, geb. Yokohama (Japan) 1944. 1971 richtete er eine eigene Modehandelsfirma in Japan ein und gab Modenschauen in Tokyo. 1974 erstmals internationale Anerkennung als Prêt-à-porter-Designer, Teilnahme an der Schau »Issey with Kansai«, im Olympic Youth Centre in Tokyo. Stellt seit 1978 seine Prêt-à-porter-Kollektionen in Tokyo vor und entwirft neben Damen- und Herrenmode Accessoires, Heimtextilien und Autoinnenausstattung. Studio in Paris, Rue des Écoles 22.

Stil: Bequeme, funktionelle, den Körper nicht einengende Kleidung, z.T. aus der Tradition alter japanischer Gewänder.

Yamamoto, Yohji, geb. Tokyo 1943. Nach einem abgeschlossenen Studium der Rechtswissenschaften studierte Y. Modedesign an der Modeschule Bunka Gakuen mit dem Diplomabschluss 1969. 1972 gründete er eine eigene Modefirma Y's und präsentierte 1977 seine erste Prêt-à-porter-Kollektion in Tokyo; es folgten 1981 Paris, ein Jahr später New York. Entwirft seit 1984 auch Herrenmode und seit 1991 Unterwäsche. Von ihm stammen u.a. die Bühnenkostüme für »Tristan und Isolde« bei den Bayreuther Festspielen 1993. Wim Wenders drehte 1989 einen Film über Y. und seine Arbeit: »Aufzeichnungen zu Kleidern und Städten«. Hauptsitz in Paris, Rue Saint-Martin 155. 2002 ging Y. eine Zusammenarbeit mit dem deutschen Sportbekleidungshersteller Adidas ein; F/S 2003 erschien seine erste Kollektion Y-3 für Männer und für Frauen, zu der auch eine Joggingschuhkollektion (bereits seit H/W 2000/01) gehört. Seine eigene Kollektion zeigt er oft eine Woche vor den Haute-Couture-Schauen.

Stil: Y. kreiert aus dem Zuschnitt und der Silhouette heraus, die immer locker und scheinbar formlos ist. Er sieht Kleidung als bequeme Hülle, für die er nur Asymmetrisches – meist als Drapierung einzelner Teile übereinander – in Schwarz und als Hemd oder Bluse in Weiß gelten lässt. Jedes seiner Kleidungsstücke ist ein Experiment des Drapierens, Knotens, Wickelns, Faltens, Bindens oder Nähens. Keine Accessoires, mit Ausnahme von Schuhen, sollen von seiner Kleidung – er vermeidet den Ausdruck »Mode« dafür – ablenken. Oft integriert er überdimensionale Umhängetaschen als Teil seiner Kleidung. Er liebt auch Unvollendetes und überlässt dem Träger die individuelle Trageweise. Er bevorzugt Schwarz, bringt jedoch auch Farben in gedämpften Tönen. Oft mixt er traditionelle japanische Kleidung mit westlicher Tradition. 2004 brachte er erstmals Blumenmuster. 2004/05 interessierten ihn militärische Uniformen und Autorennsportkleidung. Für F/S 2005 ließ er sich von den Faltendrapierungen einer Madame ‣Grès inspirieren. Seine Y-3-Kollektionen sind sportlich, lose und meist mit Einbeziehung von einem oder drei Adidas-Streifen als Blickfang. – *Parfüm:* Yohji Yamamoto, 1996; Yohji essential, 1999. – *Ausstellungen:* u.a. Musée des Arts de la Mode, Paris, 2005.

Yuca, Pseudonym für Hasegawa (Yutaka), geb. Tokyo 8.9.1946, gest. Hamburg 26.5. 1994. Ausgebildet an der Modeschule Bunka Gakuen in Tokyo, entwarf Y. Damenmode für den japanischen Bekleidungskonzern »Itokin«. 1975 eröffnete er eine Exklusiv-Boutique in Hamburg, der 1978 die »Yuca fashion studios« in der Fehlandstraße 43 folgten.

Stil: In der Tradition des modernen japanischen Modedesigns, dessen Schwerpunkt auf Schnitt- und Drapierungsideen beruht, vertritt er einen puristischen Stil in gedeckten Unifarben.

Zegna, Ermenegildo, geb. Trivero (Italien) 1892, gest. 1966. Z. übernahm 1923 die 1912 von Angelo Z. gegründete Wollweberei bei Biella und gliederte eine Maßschneiderei an. Ermenegildos Söhne Aldo und Angelo bauten nach 1966 das Unternehmen zu einem weltweiten Herrenmode-Konfektionär aus, seit 1993 wird eine Prêt-à-porter-Linie entworfen von Kim Herring. In der Zwischenzeit ist die dritte Generation Z. im Unternehmen tätig. Die Zegna-Gruppe stellt u.a. die Herrenmode für G. ‣Versace und R. ‣Gigli her.

Stil: Klassisch moderne Herrenmode.

Abkürzungen

Die Pfeile (▸) verweisen auf den Eintrag im Sachwörterteil und im Teil »Modeschöpfer, Designer und Designfirmen«, die hochgestellten Zahlen ([1] [2] [3]) auf die Abbildungsnummern.

Gängige allgemeine Abkürzungen wurden nicht berücksichtigt.

adj.	adjektivisch
ägypt.	ägyptisch
aengl.	altenglisch
afränk.	altfränkisch
afrz.	altfranzösisch
agäl.	altgälisch
ags.	angelsächsisch
ahd.	althochdeutsch
aind.	altindisch
alat.	altlateinisch
amerik.	amerikanisch
aprovenz.	altprovenzalisch
arab.	arabisch
aruss.	altrussisch
bask.	baskisch
bayer.	bayerisch
bibl.	biblisch
bulg.	bulgarisch
byzant.	byzantinisch
dt.	deutsch
engl.	englisch
eskim.	eskimoisch
florentin.	florentinisch
fränk.	fränkisch
frz.	französisch
frühmhd.	frühmittelhochdeutsch
frühnhd.	frühneuhochdeutsch
frühniederd.	frühniederdeutsch
gall.	gallisch
german.	germanisch
griech.	griechisch
hebr.	hebräisch
hochd.	hochdeutsch
idg.	indogermanisch
indian.	indianisch
iran.	iranisch
isl.	isländisch
ital.	italienisch
japan.	japanisch
jidd.	jiddisch
kelt.	keltisch
kroat.	kroatisch
langobard.	langobardisch
lat.	lateinisch
lombard.	lombardisch
malai.	malaiisch
mask.	maskulin
mdal.	mundartlich
mengl.	mittelenglisch
mfrz.	mittelfranzösisch
mhd.	mittelhochdeutsch
mlat.	mittellateinisch
mniederd.	mittelniederdeutsch
mniederl.	mittelniederländisch
nfrz.	neufranzösisch
nhd.	neuhochdeutsch
niederd.	niederdeutsch
niederl.	niederländisch
nordd.	norddeutsch
nordostd.	nordostdeutsch
norweg.	norwegisch
oberd.	oberdeutsch
österr.	österreichisch
pers.	persisch
Pl.	Plural
poln.	polnisch
polynes.	polynesisch
port.	portugiesisch
röm.	römisch
roman.	romanisch
russ.	russisch
sanskr.	sanskrit
schles.	schlesisch
schott.	schottisch
schwäb.	schwäbisch
schweiz.	schweizerisch
semit.	semitisch
serbokroat.	serbokroatisch
südd.	süddeutsch
slaw.	slawisch
spätlat.	spätlateinisch
spätmhd.	spätmittelhochdeutsch
span.	spanisch
südamerik.	südamerikanisch
südd.	süddeutsch
südfrz.	südfranzösisch
svw.	soviel wie
türk.	türkisch
ugs.	umgangssprachlich
ungar.	ungarisch
venezian.	venezianisch
westgerm.	westgermanisch

Literaturhinweise

Abkürzungen

Anziehungskräfte	Anziehungskräfte. Variété de la Mode 1786–1986. Begleitbuch zur Ausst. des Münchner Stadtmuseums. München 1986.
CR	Ciba-Rundschau.
LB	Lenzinger Berichte.
Lit.	Weiterführende Literatur.
RL	Reallexikon zur deutschen Kunstgeschichte. Hrsg. vom Zentralinstitut für Kunstgeschichte. Bd. 1 ff. München 1937 ff.
WuK.	Waffen- und Kostümkunde. 3. Folge. 1959 ff.
WuK. A. F.	Zeitschrift für historische Waffenkunde. 1897–1922.
WuK. N. F.	Zeitschrift für historische Waffen- und Kostümkunde. 1923–45.

Mode- und Kostümgeschichte

Bibliographien

Bergler, Georg: Bibliographie der Mode und der Textilwirtschaft. Essen 1971.

Colas, René: Bibliographie générale du costume et de la mode. 2 Bde. Paris 1933.

Hiler, Hilaire / Meyer, Hiler: Bibliography of Costume. New York 1939. Nachdr. Arno 1976.

Katalog der Lipperheideschen Kostümbibliothek. Bearb. von Eva Nienholdt und Gretel Wagner. Berlin ^{2}1965.

Sichel, Marion: Costume Reference. 1950 to the Present Day. 10 Bde. London 1977–79.

Nachschlagewerke (s. a. **Männermode**)

Arnold, Janet: A Handbook of Costume. London 1973.

Bekleidung und Mode. Praxiswörterbuch. Englisch, Deutsch, Französisch, Italienisch, Spanisch. Berlin [u. a.] 2004.

Bekleidungslexikon. Hrsg. von Wilfried Schierbaum. Berlin 1993. [Zit. als: Schierbaum.]

Cunnington, C. Willet und Phillis: A Dictionary of English Costume. London 1960. [Zit. als: Cunnington.]

Encyclopédie de la Mode. Ed. Agnes Adriaenssen. Paris 1989.

The Fashion Book. London 1998.

Guida internazionale ai musei e alle collezioni pubbliche di costumi e di tessuti. Palazzo Grassi. Venedig 1970.

Hofer, Alfons: Textil- und Mode-Lexikon. Frankfurt a. M. ^{7}1997. [Zit. als: Hofer.]

Kühnel, Harry (Hrsg.): Bildwörterbuch der Kleidung und Rüstung. Vom Alten Orient bis zum ausgehenden Mittelalter. Stuttgart 1992.

Kybalová, Ludmila / Herbenová, Olga / Lamarová, Milena: Das große Bilderlexikon der Mode. Gütersloh 1966.

Leloir, Maurice: Dictionnaire du costume et de ses accessoires, des armes et des étoffes des origines à nos jours. Paris 1951. Faks. Nachdr. Paris 1993.

McDowell's Directory of Twentieth Century Fashion. London ^{2}1987.

O'Hara Callan, Georgina: Dictionary of Fashion and Fashion Designers. London / New York 2002.

Pauly, August: Real-Encyclopädie der klassischen Altertumswissenschaft. Stuttgart 1839 ff. Neu hrsg. von Georg Wissowa und Wilhelm Kroll. Stuttgart 1893 ff.

Reallexikon zur deutschen Kunstgeschichte. Hrsg. vom Zentralinstitut für Kunstgeschichte. Bd. 1 ff. München 1937 ff. [Zit. als: RL.]

Remaury, Bruno: Dictionnaire de la Mode au XXe Siècle. Paris ^{4}2004.

Steele, Valerie (Hrsg.): Encyclopedia of Clothing and Fashion. 3 Bde. Detroit 2004.

Tarrant, Naomi: Collecting Costume. The Care and Display of Clothes and Accessories. London 1983.

Vergani, Guido: Dizionario della Moda. Milano 1999.

Wilcox, Ruth Turner: The Dictionary of Costume. London 1969.

Allgemein (s. a. **Karikatur, Männermode**)

Boehn, Max von: Die Mode. Eine Kulturgeschichte vom Mittelalter bis zum Jugendstil. 2 Bde. Bearb. von Ingrid Loschek. München ^{5}1996. [Lit.]

Bönsch, Annemarie: Formengeschichte europäischer Kleidung. Wien 2001.

Boucher, François: Histoire du costume en occident de l'antiquité à nos jours. Paris 1969. [Lit.]

Bruhn, Wolfgang / Tilke, Max: Kostümgeschichte in Bildern. Eine Übersicht der Kostüme aller Zeiten und Völker vom Altertum bis zur Neuzeit einschließlich der Volkstrachten Europas und der Trachten der außereuropäischen Länder. Tübingen ^{2}1973.

Cumming, Valerie: Understanding fashion history. London 2004.

Davenport, Millia: The Book of Costume. A Comprehensive Detailed Account of Costume Through the Ages, Covering Dress, Jewelry, Ornament, Coiffure and All Other Elements. New York [2]1972.

Falke, Jacob von: Costümgeschichte der Culturvölker. Stuttgart 1881.

Four Hundred Years of Fashion. Ausst.-Kat. des Victoria and Albert Museum. Hrsg. von Natalie Rothstein. London 1984.

Koch-Mertens, Wiebke: Der Mensch und seine Kleider. Die Kulturgeschichte der Mode. 2 Bde. Düsseldorf 2000.

Köhler, Carl: A History of Costume. New York 1963.

Krause, Gisela / Lenning, Gertrud: Kleine Kostümkunde. Berlin 1995.

Mackrell, Alice: An illustrated History of Fashion – 500 Years of Fashion Illustration. London 1997.

Mützel, Hans: Vom Lendenschurz zur Modetracht. Aus der Geschichte des Kostüms. Berlin 1925. [Zit. als: Mützel.]

Oakes, Alma / Hill. Margot Hamilton: Rural Costume. Its Origin and Development in Western Europe and the British Isles. London 1970.

Ribeiro, Aileen / Cumming, Valerie: The Visual History of Costume. London 1989.

Rolf, Elli: Entwicklungsgeschichte des Kostüms. Wien 1979.

Schnurnberger, Lynn: Let There be Clothes. 40 000 Years of Fashion. New York 1991.

Thiel, Erika: Geschichte des Kostüms. Die europäische Mode von den Anfängen bis zur Gegenwart. Wilhelmshaven/Locarno [8]2004.

Turnau, Irena: European Occupational Dress from the 14th Century to the 18th Century. Warschau 1994.

Weiss, Hermann: Kostümkunde. 2 Bde. Stuttgart 1881–83. [Zit. als: Weiss.]

Epochen

Altertum

Bieber, Margarete: Entwicklung der griechischen Tracht. Von der vorgriechischen Zeit bis zum Ausgang der Antike. Berlin [2]1967.

Hampel, Lucie: Über die Bekleidung der Etrusker. In: LB. F. 21. 1966.

Houston, M. G. / Hornblower, F. S.: Ancient Egyptian, Assyrian and Persian Costumes and Decorations. London [2]1954.

Kühnel, Harry (Hrsg.): Bildwörterbuch der Kleidung und Rüstung. Vom Alten Orient bis zum ausgehenden Mittelalter. Stuttgart 1992. [Mit Vorbehalt.]

Jones, Bernice R.: Revealing Minoan Fashions. In: Archaeology 53 (2000).

Nickel, Helmut: Bemerkungen zur Frauenkleidung der europäischen Bronzezeit. In: WuK. Bd. 46. 2004.

Pekridou-Gorecki, Anastasia: Mode im alten Griechenland. München 1989.

Reimpell: Geschichte der babylonischen und assyrischen Kleidung. Hrsg. von Eduard Meyer. Berlin 1921.

Rolle, Renate / Müller-Wille, Michael / Schietzel, Kurt (Hrsg.): Gold der Steppe. Archäologie der Ukraine. Archäologisches Landesmuseum. Schleswig 1990.

Scheer, Anne: Versuch einer Rekonstruktion gravettienzeitlicher Kleidung. Ein Beitrag zur experimentellen Archäologie. In: Archäologisches Korrespondenzblatt 14 (1984).

Schlabow, Karl: Trachten der Eisenzeit aus Moorfunden in Schleswig-Holstein, Neumünster 1950.

– Gewebe und Gewand zur Bronzezeit. Neumünster 1962. [Zit. als: Schlabow.]

Sebesta, Judith Lynn / Bonfante, Larissa: The World of Roman Costume. The University of Wisconsin Press, Madison 1994.

Staehelin, Elisabeth: Untersuchungen zur ägyptischen Tracht im Alten Reich. Berlin 1966.

Tilke, Max: Studien zu der Entwicklungsgeschichte des orientalischen Kostüms. Berlin 1923.

Wilpert, Joseph: Die Gewandung der Christen in den ersten Jahrhunderten. Vornehmlich nach den Katakomben-Malereien dargestellt. Köln 1898.

Zoffili, Ermano: Kleidung und Schmuck im Alten Ägypten. Hamburg 1992.

Mittelalter

Brüggen, Elke: Kleidung und Mode in der höfischen Epik des 12. und 13. Jahrhunderts. Heidelberg 1989.

– Die weltliche Kleidung im hohen Mittelalter. Anmerkungen zu neueren Forschungen. Beiträge zur Geschichte der deutschen Sprache und Literatur 110, 1988.

Crowfoot, Elizabeth / Pritchard, Frances / Staniland, Kay: Textiles and Clothing c. 1150–c. 1450. Medieval Finds from Excavations in London. Museum of London 1992.

Hägg, Inga: Die Textilfunde aus dem Hafen von Haithabu. In: Berichte über die Ausgrabungen von Haithabu. Nr. 20 und 29. Hrsg. von Kurt Schietzel. Neumünster 1984 und 1991.

Kühnel, Harry: Mentalitätswandel und Sachkultur. Zur Entstehung der Mode im 14. Jahrhundert. Menschen, Dinge und Umwelt in der Geschichte.

Neue Fragen der Geschichtswissenschaft an die Vergangenheit. (Sachüberlieferung und Geschichte 3.) Sankt Katharinen 1989.

Piponnier, Françoise / Mand, Perrine: Se vêtier au Moyen Age. Paris 1995.

Post, Paul: Die französisch-niederländische Männertracht. 1350–1475. Berlin 1910.

Purrucker, Barbara: Hochmittelalterliche Bauernkleidung. Quellen und Probleme der Rekonstruktion. Tl. 1. WuK. 1989. Tl. 2. WuK. 1990. [Lit.]

Raudszus, Gabriele: Die Zeichensprache der Kleidung. Untersuchung zur Symbolik des Gewandes in der deutschen Epik des Mittelalters. Ordo, Studien zur Literatur und Geschichte des Mittelalters und der frühen Neuzeit. Hrsg. von Ulrich Ernst. Hildesheim / Zürich / New York 1985.

Rohde-Lundquist, Eva: La Mode et son vocabulaire de la mode féminine au moyen âge. Göteborg 1950.

Ronsdorf, Margarete: Frauenkleidung der Spätgotik (ca. 1380–1490). Ein Beitrag zur Kostümgeschichte des Mittelalters. Opladen 1933. [Lit.]

Sronková, Olga: Die Mode der gotischen Frau. Prag 1955.

Wilckens, Leonie von: Terminologie und Typologie Spätmittelalterlicher Kleidung. Veröffentlichungen des Instituts für mittelalterliche Realienkunde Österreichs 10. Krems 1988.

Neuzeit (s. a. Berufsbekleidung, Jugendmode, Männermode)

Allongeperücke und Schleppenkleid. 1670–1730. Kostüme aus der Zeit des Max Emanuel. Ausst.-Kat. des Münchner Stadtmuseums. München 1976.

Anziehungskräfte. Variété de la Mode 1786–1986. Begleitbuch zur Ausst. des Münchner Stadtmuseums. München 1986. [Lit.]

Apel, Friedmar: Angezogen – Ausgezogen. Bilder und Texte zum inszenierten Leben. Berlin 1984.

Borkopp-Restle, Birgitt: Textile Schätze aus Renaissance und Barock. Aus den Sammlungen des Bayerischen Nationalmuseums. Hrsg. von Renate Eikelmann. München 2002.

Breward, Christopher: The Culture of Fashion. A New History of Fashionable Dress. Manchester 1994.

Bringemeier, Martha: Ein Modejournalist erlebt die Französische Revolution. Münster 1981.

Byrde, Penelope: Nineteenth Century Fashion. London 1992. [Lit.]

Coleridge, Nicholas: The Fashion Conspiracy. London 1989.

Davanzo Poli, Doretta: Männliche Elemente in der Frauenmode. / Weibliche Elemente in der Männermode. In: Anziehungskräfte. [Lit.]

– Le Costume. De la Restauration à la Belle Epoque. Paris 1990.

An Elegant Art. Fashion & Fantasy in the 18th Century. Kat. des Los Angeles County Museum of Art, Collection of Costumes and Textiles. Zsgest. von Edward Maeder. Los Angeles / New York 1983.

Ewing, Elizabeth: History of 20th Century Fashion. London [2]1975.

– Everyday Dress 1650–1900. London 1984.

Fashion. A History of Costume 18th and 19th Century. Vol. 1: The Collection of the Kyoto Costume Institute. Köln 2002.

Fashion. Eine Modegeschichte vom 18. bis 20. Jahrhundert. Die Sammlung des Kyoto Costume Institute. Köln 2002.

Hollander, Ann: Anzug und Eros (Sex and Suits). Eine Geschichte der modernen Kleidung. Berlin 1995.

Kathke, Petra: Porträt und Accessoires. Eine Bildnisform im 16. Jahrhundert. Berlin 1997.

Kaut, Hubert: Sittenprediger als Modekritiker. In: Die Bekleidung. H. 2. 1959.

Kessler-Aurisch, Helga: Mittelalterliche Elemente in der Damenmode zwischen Biedermeier und Jugendstil. In: WuK. Bd. 29. 1987.

Kleider machen Leute. Kunst, Kostüme und Mode von 1700 bis 1940. Ausst.-Begleitbuch des Seedamm Kulturzentrums. Pfäffikon 2000.

Kleider und Leute. Begleitbuch zur Vorarlberger Landesausstellung 1991. Hohenems 1991. [Lit.]

Kleidung zwischen Tracht und Mode. Aus der Geschichte des Museums 1889–1989. Museum für Volkskunde, Staatliche Museen zu Berlin. Berlin 1989.

Martin, Richard: Orientalism. Visions of the East in Western Dress. The Metropolitan Museum of Art. New York 1994.

– Swords into Ploughshares. (Dt. Der Einfluß der Uniform auf die Mode.) The Metropolitan Museum of Art. New York 1995.

Mode. Von Kopf bis Fuß. 1750–2001. Katalog des Historischen Museums der Stadt Wien. Wien 2002.

Pezzini, Isabella: Bürger und Angestellte. In: Anziehungskräfte.

Schierbaum, Wilfried: Modegeschichten. Berlin 1987.

Schmitt, Christine: Artistenkostüme – Zur Entwicklung der Zirkus- und Variétégarderobe im 19. Jahrhundert. Tübingen 1993.

Spohn, Jürgen: Kleider von damals. Nachw. von Ingrid Loschek. Dortmund 1985.

Steele, Valerie: The Red Dress. New York 2001.

– Femme fatale: Fashion and visual culture in fin-desiècle Paris. In: Fashion Theory. Nr. 3. 2004.

Touches d'Exotisme XIVe-XXe siècles. Ausst.-Begleitbuch Musée de la Mode et du Textile. Paris 1998.

Voilà. Glanzstücke historischer Moden 1750–1960. Ausst.-Katalog des Museums für Kunst und Gewerbe Hamburg. Hrsg. von Wilhelm Hornbostel. München 1991.

Zander-Seidel, Jutta: Kleiderwechsel. Frauen-, Männer- und Kinderkleidung des 18. bis 20. Jahrhunderts. Die Schausammlungen des Germanischen Nationalmuseums. Bd. 1. Nürnberg 2002.

20. und 21. Jahrhundert (s. a. Neuzeit, Jugendmode, Männermode, Prêt-à-porter)

Ash, Juliet / Wilson, Elizabeth: Chic Thrills. A Fashion Reader. Berkeley / Los Angeles 1993.

Battersby, Martin: Art Déco Fashion. French Designers 1908–1925. London / New York 1974.

Baudot, François: Die Mode im 20. Jahrhundert. München 1999.

Becker, Susanne / Schütte, Stefanie: magisch angezogen. Mode, Medien. Markenwelten. München 1999.

Beyond Desire. Ausst.-Begleitbuch des Modemuseums Antwerpen. Antwerpen 2005.

Böhm, Thomas / Lock, Birte / Streicher, Thomas (Hrsg.): Die zweite Haut. Über Moden. Berlin 1987.

Bolton, Andrew: The Supermodern Wardrobe. London 2002.

Bowman, Sarah / Molinare, Michel: A Fashion for Extravagance. Art Déco Fabrics and Fashions. New York 1985.

Brattig, Patricia (Hrsg.): Femme fashion. Stuttgart 2004.

Buxbaum, Gerda: Mode! Das 20. Jahrhundert. München 1999.

Chic Simple. Der Stil der 90er Jahre. Outfit. München 1993.

Curtis, Eleanor: Fashion Retail. Chichester 2004.

déjà vu. Moden 1950–1990. Katalog des Museums für Kunst und Gewerbe Hamburg. Bearb. von Ursula Strate. Mit einem Beitrag von Ingrid Loschek. Hamburg 1994.

Delpierre, Madeleine: Le Costume. La haute couture de 1940 à nos jours. La grammaire des styles. Paris 1991.

Deslandres, Yvonne / Müller, Florence: Histoire de la mode au XXe siècle. Paris 1986.

Dorner, Jane: Fashion in the Twenties and Thirties. Shepperton 1973.

– Fashion in the Forties and Fifties. London 1975.

Evans, Caroline: Fashion at the edge. New Haven (Conn.) 2003.

Ewing, Elizabeth: History of 20th Century Fashion. London ²1975.

Fastforward. Mode in den Medien der 90er Jahre. Ausst.-Kat. Künstlerhaus Wien. Wien 1999.

Feldman, Elane: Fashions of a Decade – The 1990's. London 1992.

– The Forties in Vogue. London 1985.

Frisa, Maria Luisa (Hrsg.): Excess: fashion and the underground in the '80s. Katalog Stazione Leopolda. Florenz 2004.

Herald, Jacqueline: Fashions of a Decade – The 1970's. London 1992.

Hermanns, Arnold / Wißmeier, Kilian / Krebs, Jost: Internet und Mode-Marketing. Frankfurt a. M. 1997.

Holman Edelman, Amy: Das kleine Schwarze. München ²2001.

Howell, Georgina: In Vogue. Six Decades of Fashion. London 1975.

Jenß, Heike: Retro-Looks in Modedesign und Jugendkultur. Tom Ford (Gucci), Anna Sui und die Mods. In: Mentges, Gabriele / Nixdorff, Heide (Hrsg.): zeit.schnitte. Textil – Körper – Mode. Dortmunder Reihe zu kulturanthropologischen Studien des Textilen. Bd. 1. Dortmund 2001.

Jones, Mablen: Getting it on. The Clothing of Rock 'n' Roll. New York 1987.

Jones, Terry / Mair, Avril: Fashion Now. Köln 2003.

Kawamura, Yuniya: The Japanese Revolution in Paris Fashion. Oxford 2004.

Kessemeier, Gesa: Sportlich, sachlich, männlich. Das Bild der ›Neuen Frau‹ in den Zwanziger Jahren. Zur Konstruktion geschlechtsspezifischer Körperbilder in der Mode der Jahre 1920 bis 1929. Dortmund 2000.

Lehnert, Gertrud: Mode, Models, Superstars. Köln 1996.

Lischka, Gerhard Johann (Hrsg.): Mode-Kult. Köln 2002.

Lobenthal, Joel: Radical Rags. Fashion of the Sixties. New York 1990.

Loschek, Ingrid: Fashion of the Century. Chronik der Mode 1900 bis heute. München 2001.

– Mode im 20. Jh. Eine Kulturgeschichte unserer Zeit. München ⁴1990. [Lit.]

– Androgyne Mode. In: Anziehungskräfte.

MacGill, Leonard: Disco Dressing. Englewood Cliffs (N. J.) 1980.

McDowell, Colin: Forties Fashion and the New Look. Ausst.-Begleitbuch Imperial War Museum. London 1997.

Mendes, Valerie D.: Utility Collection. In: Anziehungskräfte.

– / Haye, Amy de la: 20th Century Fashion. London 1999.

Molloy, John T: Dress for Success. New York 1975.

Mueller-Stindl, Eleonore: Mode, Macher, Märkte. Von der Haute Couture auf die Straße – 50 Jahre Mode von 1946 bis 1996. Frankfurt a. M. 1997.

Mulvey, Kate / Richards, Melissa: Beauty & Mode. Frauenschönheit im 20. Jahrhundert. Berlin 1999.

New Nomads. An exploration of wearable electronics by Philips. Rotterdam 2000.

Nylon und Caprisonne. Das Fünfziger-Jahre-Gefühl. Kat. des Modemuseums im Münchner Stadtmuseum. Wolfratshausen 2001.

Palmer, Alexandra: Couture & Commerce. The Transatlantic Fashion Trade in the 1950s. Toronto/Vancouver 2001.

Palmer, Alexandra / Clark, Hazel: Old Clothes, New Looks. Second-Hand Fashion. Oxford 2004.

Quinn, Bradley: Techno Fashion. Oxford / New York 2002.

Reineking von Bock, Gisela: 200 Jahre Mode. Kleider vom Rokoko bis heute. Ausst.-Buch des Museums für Angewandte Kunst Köln. Köln 1991.

Revolution in Fashion. Ausst.-Katalog des Kyoto Costume Institute. New York 1990.

Richard, Birgit: Smarte Mode und intelligente Textilien. In: Mode-Kult. Hrsg. von Gerhard Johann Lischka. Köln 2002.

Rivers, Victoria Z.: The Shining Cloth: Dress and Adornment That Glitters, London 2003.

Robinson, Julian: Fashion in the Thirties. London 1978.

– Fashion in the Forties. New York 1980.

Seeling, Charlotte: Mode. Das Jahrhundert der Designer 1900–1999. Köln 1999.

Smith, Courtenay / Topham, Sean: Xtreme Fashion. München 2005.

Steele, Valerie: Fifty Years of Fashion. From New Look to Now. New Haven 1997.

Troy, Nancy J.: Couture Culture. A Study in Modern Art and Fashion. Cambridge (Mass.) 2003.
Vinken, Barbara: Mode nach der Mode. Kleid und Geist am Ende des 20. Jahrhunderts. Frankfurt a. M. 1993.
Weibel, Peter: The Essence of Dress Sense: Die Militarisierung der Mode In: Mode-Kult. Hrsg. von Gerhard Johann Lischka. Köln 2002.
Wilcox, Claire / Mendes, Valerie: Modern Fashion in Detail. London 1998.
– Radical Fashion. London 2001.
Wolter, Gundula: Der Televisions-Anzug für Damen. In: WuK. Bd. 42. 2000.
Die 20er Jahre. Mode, Graphik, Kunstgewerbe. Ausst.-Begleitbuch des Modemuseums im Münchner Stadtmuseum. München 2005.

Länder

Asien (Auswahl)

Bullis, Douglas: Fashion Asia. New York 2000.
Dressing the Silk Road. From Nomadic Tradition to Paris Collection. Ausst.-Begleitbuch Tokyo Metropolitan Teien Art Museum. Tokyo 2004.
Martin, Richard: Orientalism. Visions of the East in Western Dress. The Metropolitan Museum of Art. New York 1994.
McVeigh, Brian J.: Wearing Ideology. State, Schooling and Self-Presentation in Japan. Oxford 2000.
Niessen, Sandra / Ann Marie Leshkowich / Carla Jones: Re-orienting fashion. The globalization of asian dress. Oxford 2003.
Steele, Valerie / Major, John S.: China chic. East Meets West. New York 1999.
Tucker, Andrew / Kingswell, Tamsin: Mode. München 2000.

Benelux

Coppens, Marguerite: Mode en Belgique au XIXe siècle. Brüssel 1996.
Derycke, Luc / Veire, Sandra van de (Hrsg.): Belgian Fashion Design. Gent/Amsterdam 1999.
Fashion 2001. Landed – Geland. Hrsg. von Walter van Beirendonck und Luc Derycke. 2 Bde. Antwerpen 2001.
Meyer, Maria: Das Kostüm auf niederländischen Bildern. Zum Modewandel im 17. Jh. Münster 1986.
De Mode in Rubens' Tijd. Ausst.-Katalog des Provinciaal Museum Sterckshof. Deurne/Antwerpen 1977.
Thienen, Frithjof van: Die Blütezeit Hollands. In: Das Kostüm. Hrsg. von James Laver. München 1951.
Windels, Veerle: Young Belgian Fashion Design. Gent/Amsterdam 2001.

Deutschland

Bäumel, Jutta: Der Kleider-Nachlaß des Kurfürsten Moritz von Sachsen. Das Inventar von 1553 und die in der Dresdner Rüstkammer überlieferten Originale. In: WuK. Bd. 35. 1993.
Belting, Isabella: Mode und Revolution, Deutschland 1848/49. Hildesheim 1997.
Biegler-Sander, Heide: Sammlung Bassermann-Jordan, 1760–1860. Speyer 1992. [Lit.]
Deneke, Bernward: Beiträge zur Geschichte nationaler Tendenzen in der Mode von 1770–1815. Eine Studie zur deutschen Volkstracht von 1814/15 mit besonderer Berücksichtigung der Verhältnisse in Frankfurt. Frankfurt a. M. 1966. (Schriften des Historischen Museums Frankfurt. Nr. 12.)
Fingerlin, Ilse: Die Grafen von Sulz und ihr Begräbnis in Tiengen am Hochrhein. Forschungen und Berichte der Archäologie des Mittelalters in Baden-Württemberg. Stuttgart 1992. [Lit.]
Fink, August: Die Schwarzschen Trachtenbücher. In: Deutscher Verein für Kunstwissenschaft. Berlin 1963.
Günther, Irene V: Nazi »Chic«? German Politics and Women's Fashions, 1915–1945. In: Fashion Theory. The Journal of Dress, Body & Culture 1 (1997).
– Nazi Chic? Fashioning Women in the Third Reich. Oxford 2004.
Hackspiel-Mikosch, Elisabeth: Zwei Galakleider aus der Garderobe August des Starken. In: WuK. Bd. 42. 2000.
Hecker, Heinz: Trachten unserer Zeit. Hrsg. vom Amt Feierabend der NS-Gemeinschaft »Kraft durch Freude«. München 1939.
Ein Hauch von Eleganz. 200 Jahre Mode in Bremen. Katalog des Bremer Landesmuseums für Kunst- und Kulturgeschichte. Bearb. von Waltraud Dölp. Bremen 1984.
Hettler, Ines: Arbeits- und Berufskleidung erwerbstätiger Frauen und Mädchen in Deutschland zwischen 1890 und 1918. In: WuK. Bd 34. 1992.
– Frauenberufskleidung in Deutschland 1890–1918 als Indikator soziokultureller und sozioökonomischer Prozesse. München 1994.
– Mode für die Arbeiterin in der Weimarer Republik: »Die Modenschau der ›Frauenwelt‹«. In: WuK. Bd. 36. 1994. Tl. 2 in: WuK. Bd. 37. 1995.
Junker, Almut (Hrsg.): Frankfurt macht Mode 1933–1945. Ausst.-Kat. Historisches Museum. Frankfurt a. M. 1999.
Kittelberger, Susanne: Mode und sozialistische Bekleidungskultur in offiziellen Veröffentlichungen der DDR der 50er und 60er Jahre. In: WuK. Bd. 42. 2000.
Köhle-Hezinger, Christel / Mentges, Gabriele (Hrsg.): Der neuen Welt ein neuer Rock. Studien zu Kleidung, Körper und Mode an Beispielen aus Württemberg. Stuttgart 1993.
Larraß, Eva: Zeit und Kleid. 900 Jahre Kostümgeschichte in Darmstadt. Darmstadt 1986.
Lindskog-Wallenburg, Gudrun: Bezeichnungen für Frauenkleidungsstücke und Kleiderschmuck im Mittelniederdeutschen. Diss. FU Berlin 1978. [Lit.]

Loschek, Ingrid: Zeitgeschichte. Die Bedeutung von *Burda Moden* für die Mode der 50er und 60er Jahre. In: Aenne Burda – Die Macht des Schönen. Zum 90. Geburtstag von Aenne Burda. Hrsg. von Judith Betzler. München 1999.

Mode der 20er Jahre. Bestandskatalog des Berlin Museums. Bearb. von Christine Waidenschlager und Christa Gustavus. Berlin 1991.

Moritz, Cordula / Härtung, Gerd: Linienspiele. 70 Jahre Mode in Berlin. Berlin 1991.

Nach Rang und Stand. Deutsche Ziviluniformen im 19. Jahrhundert. Ausst.-Begleitbuch des Deutschen Textilmuseums. Krefeld 2002.

Post, Paul: Das Kostüm und die ritterliche Kriegstracht im Deutschen Mittelalter von 1000–1500. In: Lüdtke, Gerhard / Mackensen, Lutz: Ergänzung zum Deutschen Kulturatlas. Berlin 1928–39.

Purdy, Daniel: The Veil of Masculinity. Clothing and Identity via Goethe's *Die Leiden des jungen Werthers.* In: Lessing Yearbook 27 (1995).

Rasche, Adelheid: Peter Jessen, der Berliner Verein Moden-Museum und der Verband der deutschen Mode-Industrie, 1916 bis 1925. In: WuK. Bd. 37. 1995.

– (Hrsg.): Berliner Modefotografie. Die Dreißiger Jahre. Kunstbibliothek. Staatliche Museen zu Berlin. Berlin 2005.

Schieber, Matthias: Lebensformen und Kleidermoden in der Zeit Ottheinrichs. Neuburg 1978.

Stitziel, Judd: Fashioning Socialism. Clothing, Politics and Consumer Culture in East Germany. Oxford 2005.

Stolleis, Karen: Die Gewänder der Lauinger Fürstengruft. München 1977.

Stracke, Johannes C.: Tracht und Schmuck Altfrieslands nach den Darstellungen im Hausbuch des Häuptlings Unico Manninga. In: Quellen zur Geschichte Ostfrieslands. Bd. 6. Aurich 1967.

Sultano, Gloria: Wie Geistiges Kokain ... Mode unterm Hakenkreuz. Wien 1996.

Texte zur Kunst. Mode. Heft 56 (2004).

Wagner, Gretel: Das Deutsche Mode-Institut 1933–1941. In: WuK. Bd. 39. 1997.

Weber, Christiane / Möller, Renate: Mode und Modeschmuck 1920–1970 in Deutschland. Stuttgart 2000.

Westphal, Uwe: Berliner Konfektion und Mode 1836–1939. Die Zerstörung einer Tradition. Berlin ^{2}1992. [Lit.]

Zander-Seidel, Jutta: Textiler Hausrat. Kleidung und Haustextilien in Nürnberg von 1500–1650. München 1990. [Lit.]

Frankreich

Bourhis, Katell de (Hrsg.): The Age of Napoleon, Costume from Revolution to Empire, 1789–1815. Ausst.-Katalog des Metropolitan Museum New York. New York 1989.

Coffin, Judith: The Politics of Women's Work. The Paris Garment Trades, 1750–1915. Princeton 1996.

Costume, Coutume. Ausst.-Katalog der Galeries nationales du Grand Palais. Paris 1987.

Delpierre, Madeleine: Dress in France in the Eighteenth Century. London 1997.

Drost, Julia: Mode unter dem Vichy-Regime. Pfaffenweiler 1998.

Godard de Donville, Louise: Signification de la mode sous Louis XIII (1610–43). Aix-en-Provence 1978.

Grumbach, Didier: Histoires de la Mode. Paris 1993.

Kleinert, Annemarie / Wagner, Gretel: Mode und Politik. Die Vermarktung der französischen Revolution in Frankreich und Deutschland (1789 bis 1793). In: WuK. Bd. 31. 1989. [Lit.]

Marly, Diana de: Louis XIV & Versailles. London 1987.

La Mode au Parc Monceau-époque Napoléon III. Ausst.-Katalog des Musée des Arts Décoratifs. Zsgest. von Yvonne Deslandres und Nadine Gasc-Bergé. Paris 1981.

Modes & Revolutions. 1780–1804, Ausst.-Katalog des Musée de la Mode et du Costume, Palais Galliera. Paris 1989.

Moments de Mode. À travers les collections du Musée des Arts de la Mode. [18.–20. Jh.] Paris 1986.

Piponnier, Françoise: Costume et vie sociale dans la cœur d'Anjou XIVe-XVe siècle. Paris 1970.

Ribeiro, Aileen: The Art of Dress. Fashion in England and France, 1750–1820. London 1995.

– Fashion in the French Revolution. London 1988.

Ritgen, Lore: Die Kleidung der Isle de France in der 2. Hälfte des 13. Jh.s. In: WuK. Bd. 4. 1962. [Lit.]

Ruppert, Jacques: Le Costume. Louis XIV. – Louis XV. Paris 1990.

– / Delpierre, Madeleine / Davray-Piékolek, Renée / Gorguet-Ballesteros, Pascale: Le Costume Français. Paris 1996.

Steele, Valerie: Paris Fashion. A Cultural History. Oxford ^{2}1999.

Varron, A.: Pariser Modekünstler und Schneiderwerkstätten des Rokoko. In: CR. Nr. 26. 1938. [Lit.]

Veillon, Dominique: Fashion under the Occupation. Oxford 2002.

Vrignaud, Gilberte: Vêture et Parure en France au dixhuitième siècle. Paris 1995.

Wescher, Herta: Moden und Textilien am Hofe von Burgund. In: CR. Nr. 63. 1944.

Richard Wrigley: The Politics of Appearances. Representations of Dress in Revolutionary France. Oxford 2002.

Großbritannien

Arch, Nigel / Marschner, Joanna: The Royal Wedding Dresses. London 1990.

Arnold, Janet: Queen Elizabeth's Wardrobe Unlock'd. Leeds 1988. [Lit.]

Ashelford, Jane: Dress in the Age of Elizabeth I. London 1988.

The Art of Dress. Clothes and Society 1500–1914. London 1996.
Breward, Christopher: Fashioning London. Clothing and the Modern Metropolis. Oxford 2004.
– / Conekin, Becky / Cox, Caroline: The Englishness of English Dress. Oxford 2002.
Buck, Anne: Victorian Costume and Costume Accessories. Austin ²1984.
– Dress in the 18th Century England. London 1979.
Byrde, Penelope: The Male Image. Men's Fashion in England. 1300–1970. London 1979.
Cumming, Valerie: Royal Dress. London 1989.
Cunnington, C. Willett und Phillis: Handbook of English Medieval Costume. London 1973. [Lit.]
– Handbook of English Costume in the 17th Century. London 1972. [Lit.]
– Handbook of English Costume in the 18th Century. London 1972. [Lit.]
– Handbook of English Costume in the 19th Century. London 1966. [Lit.]
Cunnington, Phillis / Lucas, Catherine / Mansfield, Alan: Occupational Costume in England. From the 11th Century to 1914. London 1976.
Dunlevy, Mairead: Dress in Ireland. London 1989. [Lit.]
Evans, Caroline: The London Look: Fashion from Street to Catwalk. Yale 2004.
Goodrum, Alison: The National Fabric. Britain, Britishness and British Fashion. Oxford 2005.
Hart, Avril: Englische Schneiderei. In: Anziehungskräfte. [Lit.]
Halls, Zillah: Men's Costume 1580–1750. London 1970. / Women's Costume 1600–1750. London 1970. / Women's Costume 1750–1800. London 1972. [Bestands-Kataloge des London Museum.]
Harris, Kristina: Victorian and Edwardian Fashions for Women, 1840–1919. Springfield 1995.
Haye, Amy de la (Hrsg.): The Cutting Edge. 50 Years of British Fashion 1947–1997. London 1997.
Lemire, Beverly: Redressing the History of the Clothing Trade in England: Ready-made Clothing, Guilds, and Women Workers, 1650–1800. In: Dress 21 (1994).
McCrum, Elizabeth: Fabric & Form. Irish Fashion since 1950. Stroud/Belfast 1996.
McDermott, Catherine: Street Style. British Design in the 80s. London 1987.
– Mode Made in Britain. Zwischen Tradition und Avantgarde. München 2002.
McRobbie, Angela: British Fashion Design. Rag Trade or Image Industry? London / New York 1998.
Mansfield, Alan / Cunnington, Phillis: Handbook of English Costume in the 20th Century, 1900–1950. London 1975. [Lit.]
Maxwell, S. / Hutchinson, R.: Scottish Costume 1550–1850. London 1958.
Oven-Crocker, Gale G.: Dress in Anglo-Saxon England. Manchester 1986.
Ribeiro, Aileen: The Art of Dress. Fashion in England and France, 1750–1820. London 1995.
Staniland, Kay: In Royal Fashion. The Clothes of Princess Charlotte of Wales and Queen Victoria 1796–1901. Museum of London 1997.
Stevenson, Pauline: Edwardian Fashion. London 1980.
Tucker, Andrew: The London Fashion Book. London 1998.
Walker, Richard: The Savile Row Story. London 1988.
Wescher, Herta: Moden und Textilien im Elisabethanischen Zeitalter. In: CR. Nr. 88. 1949.
York, Peter: Style Wars. London 1980. [Kleidungsstile von Jugendgruppen bes. in London.]

Italien

Amendola, Eva Paola (Hrsg.): Vestire italiano. Quarant'anni di moda negl'immagini dei grandi fotografi. Mailand 1984.
Aspesi, Natalia: Il lusso & l'autarchia, Storia dell'eleganza italiana 1930–1944. Milano 1982.
Birbari, Elizabeth: Dress in Italian Painting 1460 bis 1500. London 1975.
Butazzi, Grazietta: Il costume in Lombardia. [14. bis 19. Jh.] Mailand 1977. [Lit.]
– Vent'anni di moda italiana 1922–43. Ausst.-Katalog des Museo Poldi Pezzoli. Mailand 1981.
– Faschismus und Mode. / Vom Höfling zum Bürger. In: Anziehungskräfte. [Lit.]
Cappi Bentivegna, Ferruccia: Abbigliamento e costume nella pittura italiana. Bd. 1: Rinascimento. Bd. 2: Barocco e Impero. Rom 1962–64.
Davanzo Poli, Doretta: Abiti antichi e moderni dei Veneziani. Vicenza 2001.
Deruisseau, L. G.: Die Moden der italienischen Renaissance. In: CR. Nr. 17. 1937.
Frisa, Maria Luisa (Hrsg.): Italian Eye. Florenz 2005.
Die Gewerbe der Mode in Venedig vom 13. bis 18. Jahrhundert. Ausst.-Begleitbuch Martin-Gropius-Bau. Berlin 1994.
Gigli Marchetti, Ada: Le mutazioni del gusto: la moda dal 1700 al 1850. Bologna 1989.
– Regina della casa, regina della moda. Bologna 1990.
– Il vestito al mare, ai monti, in città. Bologna 1993.
– Dalla crinolina alla minigonna. La donna, l'abito e la società dal XVIII al XX secolo. Bologna 1995.
Herald, Jacqueline: Renaissance Dress in Italy 1400–1500. London 1980. [Lit.]
Levi-Pisetzky, Rosita: Storia del costume in Italia. Mailand ²1966. [Lit.]
Newton, Stella Mary: The Dress of the Venetians 1495–1525. Aldershot 1988.
Niccoli, Bruna: Il Costume a Lucca. Contenuti e problemi di moda dalla Repubblica al Principato. Lucca 1995.
Paulicelli, Eugenia: Fashion under Fascism. Beyond the Black Shirt. Oxford 2004.
White, Nicola: Reconstructing Italian Fashion. America and the Development of the Italian Fashion Industry. Oxford 2000.
Zito, Adele: Moda Italiana, i protagonisti. Rom 1993.

Niederlande

Klederdrachten kleedgedrag, 1898–1998. Nijmwegen 1998.

Kostuum Verzamelingen in beweging. Twaalf studies over Kostuumverzamelingen in Nederland. Inventarisatie van het Kostuumbezit in Nederlandse openbare collecties. Zwolle 1995.

Österreich

Brandstätter, Christian (Hrsg.): Design der Wiener Werkstätte 1903–1932. Wien 2003.

Buxbaum, Gerda: Mode aus Wien. Salzburg 1986. [Lit.]

Drüber und Drunter. Wiener Damenmode von 1900–1914. Ausst.-Katalog des Historischen Museums der Stadt Wien. Wien 1988.

Emilie Flöge und Gustav Klimt. Doppelporträt in Ideallandschaft. Ausst.-Katalog des Historischen Museums der Stadt Wien. Wien 1989.

Hansen, Traude: Wiener Werkstätte. Mode, Stoffe, Schmuck, Accessoires. Wien 1984. [Lit.]

The Imperial Style: Fashions of the Habsburg Era. Begleitbuch zur Ausst. des Metropolitan Museum of Art. New York 1980.

Jankowitsch, Regina Maria: K. u. K.-Eitelkeiten. Mode und Uniformen unter Franz Josef. Wien 1997.

Kleider und Leute, Ausst.-Katalog der Vorarlberger Landesausstellung, Schloß Hohenems. Hohenems 1991. [Lit.]

Kugler, Georg / Haupt, Herbert: Uniform und Mode am Kaiserhof. Hofkleider und Ornate, Hofuniform und Livreen des 19. Jahrhunderts aus dem Monturdepot des Kunsthistorischen Museums. Ausst.-Katalog des Kunsthistorischen Museums. Wien-Eisenstadt 1983.

Völker, Angela: Die Mode der Wiener Werkstätte. Von den Anfängen bis zum Ende des Ersten Weltkriegs. / Von 1919 bis 1932. In: WuK. Bd. 25. 26. 1983–84. [Lit.]

Völker, Angela: Wiener Mode + Modefotografie. Die Modeabteilung der Wiener Werkstätte 1911–1932. Katalog des Österreichischen Museums für angewandte Kunst. München/Paris 1984. [Lit.]

200 Jahre Mode in Wien. Aus den Modesammlungen des Historischen Museums der Stadt Wien. Ausst.-Katalog mit Beiträgen von Lucie Hampel und Otto Koenig. Wien 1976.

Russland

Costume in Russia. 18th – Early 20th Centuries. [Engl.] Leningrad 1983.

Les Costumes Historiques Russes du Musée de l'Ermitage de Leningrad. Présente par Yves Saint Laurent. Ausst.-Buch des Musée Jacquemart-André. Paris 1989.

History of Russian Costume from the 11th to the 20th Century. Ausst.-Katalog des Metropolitan Museum of Art. New York 1976. [Aus Beständen russischer Museen.]

Onassis, Jacqueline (Hrsg.): In the Russian Style. London 1977.

Striženova, Tatjana: Moda e rivoluzione. Mailand/Florenz 1979.

– Soviet Costume and Textiles 1917–1945. Moskau/Paris/Verona 1991.

Schweiz

Schneider, Jenny: Schweizer Damenkostüme des 18. und 19. Jh.s. Aus dem Schweizerischen Landesmuseum. Bern 1967. [Lit.]

Stockar, Jürg: Zürich. Mode durch die Jahrhunderte. Zürich 1974. [Lit.]

Skandinavien

Broholm, Hans Christian / Hald, Margarethe: Costumes of the Bronze Age in Denmark. Oxford 1940.

Flamand-Christensen, Sigrid: Zur Kostümgeschichte des 17. und 18. Jh.s auf Grund der dänischen Königsgewänder im Schloß Rosenborg. Sonderdr. aus: WuK. N. F. Bd. 8. 1943–44.

Geijer, Agnes: Birka III. Die Textilfunde aus den Gräbern. Uppsala 1938. [Lit.]

Pylkkänen, Riitta: Barokin pukumuoti Suomessa 1620–1720. Helsinki 1970.

Spanien

Anderson, Ruth Matilda: Hispanic Costume 1480 bis 1530. New York 1979.

Bernis Madrazo, Carmen: Modas españolas medievales en el renacimiento europeo. In: WuK. Bd. 1. 1959. [Lit.] [Dt. Resümee ebd. Bd. 3. 1961.]

– Échanges pendant la Renaissance entre les Modes Espagnoles et les Modes de l'Europe Centrale et Orientale (Hongroise, Albanise et Turque). Sonderdr. der Ungarischen Akademie der Wissenschaften. Budapest [1959].

– Indumentaria Española en tiempos de Carlos V. Madrid 1962.

– Trajes y modas en la Espaňia de los reyes católicos. Bd. 1: Las mujeres. Bd. 2: Los hombres. Madrid 1978–79. [Lit.]

Dihle, Helene: Neue Forschungen zur spanischen Tracht. In: WuK. N. F. Bd. 6. 1937–39.

– Nachklänge der spanischen Tracht. In: WuK. Bd. 16. 1974.

Moda en Sombras. Ausst.-Katalog des Museo Nacional del Pueblo Español. Madrid 1991.

Ungarn

Földi-Dózsa, Katalin: Letünt idök, eltünt divatok 1867–1945. Budapest 1989.

Földi-Dózsa, Katalin: Paris – Budapest. Mode, société et littérature 1750–2003. Ausst.-Begleitbuch Budapesti Történeti Muzeum. Budapest 2003.
Gervers-Molnár, Veronika: The Influence of Ottoman Textiles and Costumes in Eastern Europe with Particular Reference to Hungary. Toronto 1982. [Lit.]

USA

Baumgarten, Linda: What Clothes Reveal: The Language of Clothing in Colonial and Federal America. Williamsburg 2003.
Bensimon, Kelly Killoren: American Style from A to Z. Paris 2004.
Dalrymple, Priscilla Harris: American Victorian Costume in Early Photographs. New York 1991.
Hall, Lee: Common Threads. A Parade of American clothing. Boston/Toronto/London 1992.
Lee, Sarah Tomerlin (Hrsg.): American Fashion. The life and lines of Adrian. Mainbocher. McCardell. Norell. Trigère. New York 1975.
Marly, Diana de: Dress in North America. The New World 1492–1800. New York 1990.
Martin, Richard: All-American. A Sportswear Tradition. Fashion Institute of Technology. New York 1985.
Milbank, Caroline Rennolds: New York Fashion. The Evolution of American Style. New York 1989.
Rexford, Nancy: Dressed for the Photographer: Ordinary Americans and Fashion, 1840–1900. Kent 1997.
– Women's Clothing in America 1795–1930. New York 1994.
Severa, Joan: Dressed for the Photographer. Ordinary Americans and Fashion 1840–1900. Kent 1995.
Warwick, Edward / Pitz, Henry C. / Wyckoff, Alexander: Early American Dress. The Colonial and Revolutionary Periods. New York 1955.
Wright, Meredith / Rexford, Nancy: The Everyday Dress of Rural America, 1783–1800, with Instructions and Patterns. London 1992.
Welters, Linda / Patricia Cunningham: Twentieth-Century American Fashion. Oxford 2005.

Weitere Länder / Überblick Ethnien

Beyond Desire. Ausst.-Begleitbuch des Modemuseums Antwerpen. Antwerpen 2005. [Afrika.]
Crill, Rosemary / Wearden, Jennifer / Wilson, Verity: Mode im Detail. Die internationale Sammlung des Victoria and Albert Museum. München 2004.
Fitzhugh, William W. / Crowell, Aron: Crossroads of Continents. Cultures of Siberia and Alaska. New York 1988.
Kümper, Susanne (Hrsg.): Cairo Fashion Design. Stuttgart 2005.
Nicolescu, Corina: Istoria costumului de curte în tărīle române. (Höfische Kostümgeschichte in den rumänischen Ländern vom 14.–18. Jh.) Bukarest 1970.
Samuel, Cheryl: The Raven's Tail. Indian of North America. Vancouver 1987.
Uchalová, Eva / Zeminová, Milena: Ceská Móda 1780–1870. Prag 1989.
– Czech Fashion. 1918–1939. [Engl.] Prag 1996.
– [u. a]: Fashion in Bohemia. From the Waltz to the Tango 1870–1914. Prag 1994.

Nachschlagewerke ethnische Kleidung
(Auswahl, s. a. **Länder, Tracht**)

Crill, Rosemary / Wearden, Jennifer / Wilson, Verity: Mode im Detail. Die Internationale Sammlung des Victoria and Albert Museum. München 2004.
Hansen, Henny Harald: Kleider der Völker in Farben. Ein Trachtenlexikon. Berlin 1976.
Kennett, Frances: Ethnic dress. A comprehensive guide to the folk costume of the world. New York 1995.
Laffon, Martine / Laffon, Caroline: Kinder in den Kulturen der Welt. Hildesheim 2003.
Rubens, Alfred: A history of jewish costume. New York 1973.
Schevill, Margot Blum: Costume as communication. Ethnographic costumes and textiles from Middle America and the Central Andes of South America. Bristol 1986.
Tilke, Max: Trachten und Kostüme aus Europa, Afrika und Asien in Form, Schnitt und Farbe. Tübingen [2]1978. [Zit. als: Tilke.]
Welters, Linda: Folk dress in Europe and Anatolia. Beliefs about protection and fertility. Boston 2003.
Xun, Zhou / Chunming, Gao: Fünftausend Jahre Chinesische Mode. Kleidung. Kopfputz. Schuhwerk. Schmuck. Tübingen 1985.
Yamanaka, Norio: The book of Kimono. The complete guide to style and wear. Tokyo / New York 1984.

Sachwörter von A bis Z

Accessoire (s. a. die einzelnen Accessoires)

A propos Accessoires. Ausstellungskatalog Museum für Kunst und Gewerbe. Hamburg 1999.
Boehn, Max von: Das Beiwerk der Mode. Spitzen, Fächer, Handschuhe, Stöcke, Schirme, Schmuck. München 1928.
Cumming, Valerie: A Visual History of Costume Accessories. From Hats to Shoes: 400 Years of Costume Accessories. London 1998.
Dubbs Ball, Joanne / Hehl-Iorem, Dorothy: The Art of Fashion Accessoires. Atglen 1993.
Indispensables Accessoires, XVI–XX siècle. Ausst.-Katalog des Musée de la Mode et du Costume, Palais Galliera. Paris 1984.
Kathke, Petra: Porträt und Accessoire. Eine Bildnisform im 16. Jahrhundert. Berlin 1997.
Loschek, Ingrid: Accessoires, Symbolik und Geschichte. München 1993. [Lit.]
Modisches aus alter Zeit. Accessoires aus 4 Jahrhunderten. Ausst.-Katalog des Bayerischen Nationalmuseums. Zsgest. von Saskia Durian-Rees. München 1979.

Abendkleid

Black, Alexandra: Das Abendkleid. München 2004.
Robe du Soir, 1850–1990. Ausst.-Kat. des Musée de la Mode et du Costume, Palais Galliern. Paris 1990.

Achselstück

Nickel, Helmut: About Ailettes and Achselschilde. In: WuK. Bd. 44. 2002.

Aiguillette s. **Achselstück**

Baby Doll

Harrolk, Edgar: Baby Doll. In: Anziehungskräfte. [Lit.]

Badekleidung (s. a. **Bikini**)

Davanzo Poli, Doretta: Costumi da bagno. Modena 1995.
– Beachwear and Bathing Costume. A detailed world history from the third century to 1995. New York 1997.
Hampel, Lucie: 100 Jahre Badekleidung. In: LB. F. 16. 1964.
Martin, Richard / Koda, Harold: Splash! A History of Swimwear. New York 1990.

Ballettkleidung s. **Bühnenkostüm**

Band

Schaltenbrand, Theresa (Hrsg.): Modeband. Seidenbänder aus Basel. Basel 2004.

Bandelierstreifen

Gordon, Beverly: The Great Lakes Indian Bandolier Bag: Cultural Persistence and Elaboration. In: Dress 19 (1992).

Bart s. **Haar- und Bartmode**

Berne

Boucher, François: La Berne en Europe. In: WuK. Bd. 3. 1961. [Lit.]

Berufsbekleidung (inkl. Uniform)

Abler, Thomas: Hinterland Warriors and Military Dress. European Empires and Exotic Uniforms. Oxford 1999.
Boehn, Max von: Polizei und Mode. Berlin 1926.
Bonami, Francesco / Frisa, Maria Luisa / Tonchi, Stefano (Hrsg.): Uniform. Order and Disorder. Mailand 2000.
Craig, Jennifer: Uniforms Exposed. From Conformity to Transgression. Oxford 2005.
Cunnington, Phillis: Costume of Household Servants. From the Middle Ages to 1900. London 1974.
– / Lucas, Catherine: Charity Costumes of Children, Scholars, Almsfolk, Pensioners. London 1978.
Deutsche Arbeitsschutzausstellung. Bundesanstalt für Arbeitsschutz und Arbeitsmedizin. Dortmund 1998.
Ewing, Elizabeth: Women in Uniform through the centuries. London 1975.
Hettler, Ines: Arbeits- und Berufskleidung erwerbstätiger Frauen und Mädchen in Deutschland zwischen 1890 und 1918. In: WuK. Bd 34. 1992.
– Frauenberufskleidung in Deutschland 1890–1918 als Indikator soziokultureller und sozioökonomischer Prozesse. München 1994.
Kraus, Jürgen: Die deutsche Armee im Ersten Weltkrieg. Uniformierung und Ausrüstung 1914–1918. Wien 2004. (Kataloge des Bayerischen Armeemuseums Ingolstadt. 2.)
Lister, Margot: Costumes of Everyday Life. An Illustrated History of Working Clothes from 900 to 1910. London 1977.
Martin, Richard: Swords into Ploughshares. (Dt. Der Einfluß der Uniform auf die Mode.) The Metropolitan Museum of Art. New York 1995.
McVeigh, Brian J.: Wearing Ideology. State, Schooling and Self-Presentation in Japan. Oxford 2000.

Nach Rang und Stand. Deutsche Ziviluniformen im 19. Jahrhundert. Ausst.-Begleitbuch des Deutschen Textilmuseums. Krefeld 2002.
Purrucker, Barbara: Läufer – eine Dienersparte im 18. Jahrhundert. In: WuK. Bd. 41. 1999.
Williams-Mitchell, Christobel: Dressed for the Job. The Story of the Occupational Costume. Poole/ Dorset 1982. [Lit.]

Bikini

Berger, Beate: Bikini. Eine Enthüllungsgeschichte. Hamburg. 2004.
Silmon, Pedro: Der Bikini. Kehl 1986.

Bloomers

Wood Murray, Anne: The Bloomer Costume and Exercise Suits. In: WuK. Bd. 24. 1982. [Lit.]

Brautkleidung

Arch, Nigel / Marschner, Joanna: The Royal Wedding Dresses. London 1990.
Bradley Foster, Helen / Clay Johnson, Donald: Wedding Dress across Cultures. Oxford 2003.
Die Braut. Geliebt, verkauft, getauscht, geraubt. Zur Rolle der Frau im Kulturvergleich. Hrsg. von Gisela Völger und Karin von Welck. 2 Bde. Rautenstrauch-Joest Museum für Völkerkunde. Köln 1985. [Lit.]
Cox, Caroline: Braut-Couture von Grace Kelly bis Vivienne Westwood. München 2002.
Cunnington, Phillis / Lucas, Catherine: Costume for Births, Marriages and Deaths. London 1972.
McBride-Mellinger, Maria: The Wedding Dress. New York 1993.
Sgubin, Raffaella / Bellina, Marina: Fiori D'Arancio. Gorizia 1998.
Wiswe, Mechthild: Brautkleidung im Wandel. 220 Jahre regionale Identität und internationale Mode. Braunschweig 1990.

Bühnenkostüm (inkl. Ballett-, Film- und Tanzkleidung; s. a. Schneiderhandwerk)

Barton, Lucy: Historic Costume for the Stage. Boston 1935.
Boehn, Max von: Das Bühnenkostüm. Berlin 1921.
Delpierre, Madeleine / Fleury, Marianne de / Lebrun, Dominique: L'élégance Française au Cinéma. Austt.-Begleitbuch Musée de la Mode et du Costume. Palais Galliera. Paris 1988.
Englmeier, Regine und Peter W.: Film und Mode. Mode im Film. München 1990.
Leese, Elizabeth: Costumedesign in the Movies. An History Guide to the World of 157 Great Designers. London 1991.
Moss, Sylvia: Costumes & Chemistry. A Comprehensive Guide to Materials & Applications. Canberra 2001.
Richard, Birgit: Dance 2000. Tanzmoden des ausgehenden 20. Jahrhunderts. In: Kunstforum International. Bd. 141. 1998.

Caraco

Braun-Ronsdorf, Margarete: Eine Caraco-Schoßjacke des 18. Jh.s. In: WuK. Bd. 14. 1972. [Lit.]

Dandy

Laver, James: Dandies. London 1968.
Schickedanz, Hans-Joachim: Der Dandy. Texte und Bilder aus dem 19. Jh. Dortmund 1980.
Schramm, Hans: Der Stutzer. In: CR. Nr. 134. 1957. [Lit.]

Dekonstruktivismus (s. a. **Kunst und Mode**, **Modetheorie**)

Loschek, Ingrid: Dekonstruktivismus in der Mode. In: Mode! Das 20. Jahrhundert. Hrsg. von Gerda Buxbaum. München 1999.

Fächer

Alexander, Hélène: Fans. Aylesbury 1989. (Shire Album 243.)
Barisch, Günter und Marie-Louise: Fächer. München 2003.
Fächer. Kunst und Mode aus fünf Jahrhunderten. Katalog. Zsgest. von Saskia Durian-Rees und Elisabeth Heller-Winter. Aus den Sammlungen des Bayer. Nationalmuseums (Hrsg.) und des Münchner Stadtmuseums. München 1987. [Lit.]
Kammerl, Christi: Der Fächer. München 1989.
König, Irmgard: Wedeln und Werben. Der Werbefächer um 1900. Badisches Landesmuseum. Karlsruhe 2001.
Mayor, Susan: Fächer. München 1981. [Lit.]
Mesmer, Philippe: Die geheime Sprache der Fächer. New York 2002.
Ohm, Annaliese: Fächer. In: RL. Bd. 6. [Lit.]
Tscherwiakow, Alexander: Fächer aus dem 18. bis zum frühen 20. Jahrhundert. Bournemouth 1998.

Farben und Muster (s. a. **Stoffe**, **Zeugdruck**)

Bolton, Andrew: Wild: Fashion Untamed. New York / New Haven / London 2004.
Chevalier, A.: Die Farbenfreudigkeit im Mittelalter. In: CR. Nr. 16. 1936.
Heller, Eva: Wie Farben wirken. Farbpsychologie, Farbsymbolik, Kreative Farbgestaltung. Hamburg 2002.
King, Donald (Hrsg.): British Textile Design in the Victoria and Albert Museum. Bd. 1: The Middle Ages to Rococo (1200–1750). Bd. 2: Rococo to Victoria (1750–1850). Tokyo 1980.

Klesse, Brigitte: Seidenstoffe in der italienischen Malerei des 14. Jahrhunderts. Bern 1967.
Kreuz und Quer der Farben. Karo und Streifenstoffe der Schweiz für Afrika, Indonesien und die Türkei. Ausst.-Begleitbuch Museum Bellerive Zürich. Zürich 1997.
Mendes, Valerie: Black in Fashion. London 2004.
Nixdorff, Heide / Müller, Heidi: Weiße Westen, Rote Roben. Buch zur gleichnamigen Ausst. des Museums für Völkerkunde und Museums für Deutsche Volkskunde. Berlin 1983. [Lit.]
Pastoureau, Michel: Des Teufels Tuch. Eine Kulturgeschichte der Streifen und der gestreiften Stoffe. Frankfurt a. M. / New York 1995.
Pitoiset, Gilles: Toiles imprimées 18e–19e siècles. Paris 1982.
Prokop, S.: Die Entwicklung der Modefarben. Wien 1981.
Tessuti serici italiani 1450–1530. Hrsg. von Chiara Buss. Mailand 1983.
Thornton, Peter / Rothstein, Natalie: 18th Century Silk Designs. London 1984.
Urquhart, B.: Tartans. The new compact study guide and identifier. London 1994.
Zaunschirm, Thomas (Hrsg.): Die Farben Schwarz. Ausst.-Begleitbuch Landesmuseum Joanneum. Wien / New York 1999.

Feder

Felmayer-Brunswick, Johanna / Middeldorf-Kosegarten, Antje / Philiüüovich, Eugen von: Feder. In: RL. Bd. 7. [Lit.]

Filmkostüm s. **Bühnenkostüm**

Flohpelz

Veale, Elspeth: On So-Called ›Flea Furs‹. In: Costume 28 (1994).

Fußbekleidung

Anderson, Ruth Matilda: El Chapín y otros zapatos afines. / The Chopine and Related Shoes. Sonderdr. aus: Cuardernos de la Alhambra. Nr. 5. 1969. Hrsg. von The Hispanic Society of America. New York.
Bäumel, Jutta / Swann, June: Die Schuhsammlung in der Dresdner Rüstkammer. Ein Überblick über die Geschichte und den Bestand. In: WuK. Bd. 38. 1996.
Beard, Tyler / Arndt, Jim: The Cowboy Boot Book. Salt Lake City 1992.
Brandon, Sue: Buttonhooks and Shoehorns. Aylesbury 1984. (Shire Album 122.)
Broenman-van Waateringe, Willy: Die Lederfunde von Haithabu. In: Berichte über die Ausgrabungen von Haithabu. Nr. 21. Hrsg. von Kurt Schietzel. Neumünster 1984.
Cox, Caroline: Stiletto. London 2004.
Deutsches Ledermuseum. Katalog H. 6: Deutsches Schuhmuseum. Offenbach a. M. 1980.
Durian-Ress, Saskia: Schuhe. Vom späten Mittelalter bis zur Gegenwart. Ausst.-Katalog des Bayerischen Nationalmuseums. München 1991. [Lit.]
Eenennaam-Meijer, Puck van: Tokyo Kumagai. schoenen/shoes. Nederlands Leder- en Schoenenmuseum. Waalwijk 1991.
Fingerlin, Ilse: Zwei Schuhpaare aus einer Gruft in Tiengen am Oberrhein. (16./17. Jh.) In: WuK. Bd. 26. 1984. [Lit.]
Gall, Günter: Die Entwicklung des Absatzes in der Schuhmode. Resümee eines Vortrages. In: WuK. Bd. 13. 1971.
– Die Krönungsschuhe der Deutschen Kaiser. In: WuK. Bd. 15. 1973.
– Der Bundschuh. Versuch einer klärenden Definition. In: Hessische Museen. Bd. 4. 1975.
Geldner, Wilfried. Adi Dassler. Made in Germany. Berlin 1999.
Grew, Francis / Neergaard, Margrethe de: Shoes and Pattens. In: Medieval Finds from Excavations in London 2. Museum of London. London 1988.
Jürgenssen, Birgit: Schuhwerk. Subversive Aspects of »Feminism«. Wien 2003.
McDowell, Colin: Manolo Blahnik. London 2005.
– Schuhe. Schönheit, Mode, Phantasie. München 1989.
Müller, Florence: Baskets. Une histoire des chaussures de sport, de ville. (Turnschuhe.) Paris 1997.
O'Keeffe, Linda: Schuhe. Eine Hommage an Sandalen, Slipper, Stöckelschuhe. Köln 1997.
Pattison, Angela / Cawthorne, Nigel: A Century of Shoes. Icons of Style in the 20th Century. London 1997.
Pratt, Lucy / Woolley, Linda: Shoes. London 1999.
I protagonisti della moda. Salvatore Ferragamo (1898–1960). Ausst.-Katalog des Palazzo Strozzi. Florenz 1985.
Rexford, Nancy: Women's Shoes in America, 1795–1930. New York 1998.
Sedler, Irmgard / Schreier, Wilfried / Koch, Gerlinde: Schuhtechnik in Barock und Rokoko. Zur historischen Schuhsammlung im Museum Weißenfels. In: WuK. Bd. 44. 2002.
Sneakers. Das ultimative Handbuch. Hrsg. von Unorthodox Styles. München 2005.
Steele, Valerie: Schuhe. Köln 1998.
Swann, June: History of Footwear in Norway, Sweden and Finland. Prehistory to 1950. Stockholm 2001.
– Shoes. London 1982. (The Costume Accessories Series. Hrsg. von Aileen Ribeiro.)
– Shoemaking. Aylesbury 1986. (Shire Album 155.)
– Shoes Concealed in Buildings. In: Costume 30 (1996).
– Historie Footwear at the Dresden Armoury. Work Wear, Shoemakers' Samples and East European Regional Styles. In: Wuk. Bd. 40. H. 1. 1998.
Vass, László / Molnár Magda: Herrenschuhe handgearbeitet. Köln 1999.

Die Verlassenen Schuhe. Ausst.-Begleitbuch des Rheinischen Landesmuseums Bonn und des Deutschen Leder- und Schuhmuseums Offenbach am Main. Bonn 1993.
Vigeon, Evelyn: Clogs or Wooden Soled Shoes. In: Costume 11 (1977).
Weber, Paul: Schuhe. 3 Jahrtausende in Bildern. Aarau/Stuttgart 1980.
– Der Schuhmacher. Ein Beruf im Wandel der Zeit. Stuttgart 1988.
Weber, R. E. J.: Postillonstiefel. In: WuK. Bd. 6. 1964.
Wintour, Anna: Manolo Blahnik Drawings. London 2003.
z. B. Schuhe. Vom bloßen Fuß zum Stöckelschuh. Eine Kulturgeschichte der Fußbekleidung. Hrsg. v. Michael Andritzky, Günter Kämpf und Vilma Link. Werkbund-Archiv 17. Gießen 1987.
Zündorf, Hans Mathias: Die Symbolfunktion des Schuhs in der Rock-'n'-Roll-Musik. Erkelenz 1988.

Gürtel

Dübner-Manthey, Birgit: Die Gürtelgehänge als Träger von Kleingeräten, Amuletten und Anhängern symbolischer Bedeutung im Rahmen der frühmittelalterlichen Frauentracht. Archäologische Untersuchungen zu einem charakteristischen Bestandteil der weiblichen Tracht. Diss. Berlin 1987.
Fingerlin, Ilse: Gürtel des hohen und späten Mittelalters. München/Berlin 1971. [Lit.]
Gürtel, Ursprung und Bedeutung. Katalog des Streemuseum. Ijzendijke 1993.
Hancar, Franz: Der Gürtel als Träger urtümlicher Kultgedanken. In: Asienberichte. H. 7. 1940.
Larraß, Eva: Der Keuschheitsgürtel – Phantasie und Wirklichkeit. In: WuK. Bd. 34. 1992.
Leurquin, Anne: A world of belts. Genf/Mailand 2004.
Sommer, Markus: Die Gürtel und Gürtelbeschläge des 4. und 5. Jahrhunderts im Römischen Reich. Diss. Bonn 1984. (Bonner Hefte zur Vorgeschichte. 22.)
Stoermer, Hans W: Lederhosen, Gürtel, Ranzen. Leder in der bairisch-alpenländischen Tracht. Pfaffenhofen 1986.
Winkler, Hannelore: Die tiefe Gürtung. Ein verkanntes Motiv der griechischen Frauenkleidung. Rheinfelden 1996.

Haar- und Bartmode

Battle-Welch, Gerald / Marighetti, Luca P. / Möller, Werner: Vidal Sassoon und das Bauhaus. Stuttgart 1992.
Collins, Amy Fine: Hair Style. New York 1995.
Cox, James Stevens: An Illustrated Dictionary of Hairdressing and Wigmaking. London [3]1989.
Gnegel, Frank: Bart ab. Zur Geschichte der Selbstrasur. Köln 1995.
Janecke, Christian (Hrsg.): Haar tragen. Eine kulturwissenschaftliche Annäherung. Köln/Weimar 2004.
Jedding-Gesterling, Maria (Hrsg.): Die Frisur. Eine Kulturgeschichte der Haarmode von der Antike bis zur Gegenwart. Veranschaulicht an Kunstobjekten der Sammlung Schwarzkopf und internationaler Museen. München 1988. [Lit.]
Jones, Dylan: haircults. fifty years of styles and cuts. London 1990.
Larson, Mark / Hoskyns, Barney: The Mullet. Hairstyle of the gods. London 1999.
Marly, Diana de: The Vocabulary of the Female Headdress 1678–1713. In: WuK. Bd. 17. 1975. [Lit.]
McCracken, Grant: Big Hair. A Journey into the Transformation of Self. London 1997.
Nienholdt, Eva: Das Gefrens. In: WuK. Bd. 16. 1974.
Peterkin, Allan: One Thousand Beards. A Cultural History of Facial Hair. Vancouver 2001.
Phillips, Kathy: Blond. Glamour, Glanz und helle Köpfe. London 1999.
Schelle, Karl Gottlob: Geschichte des männlichen Bartes. Nachw. von Ingeborg Kappler. Dortmund 1983.
Walther, Rolf: Über den Umgang mit Perücken und Perücken-Machern. Aus dem Alltag der Mode im 18. Jh. In: WuK. Bd. 20. 21. 1978–79.
Widmann, Marion: Bart. In: Anziehungskräfte. [Lit.]
Wilcox, Ruth Turner: The Mode in Heads and Headdresses. New York [2]1959. [Zit. als Wilcox.]
Zdatny, Steven: Hairstyles and Fashion. A Hairdresser's History of Paris. Oxford 1999.

Halstuch

Baseman, Andrew: The Scarf. New York 1989.
Braun-Ronsdorf, Margarete: Cachenez. In: RL. Bd. 3. 1954.
Wagner, Gretel: Fichu. In: RL. Bd. 8. 1987.
Weiss, Hillary: The American Bandanna. Culture on Cloth from George Washington to Elvis. San Francisco 1990.

Handschuh

Braun-Ronsdorf, Margarete: Die Handschuhe der Elisabeth Stuart. In: WuK. Bd. 5. 1963.
Cumming, Valerie: Gloves. London 1982. (The Costume Accessories Series. Hrsg. von Aileen Ribeiro.) [Lit.]
Griesshammer, Birke: Handschuhmacher, ein altes Hugenottenhandwerk. Ausst.-Katalog des Erlanger Stadtmuseums. Erlangen 1982.
Latour, Anny: Der Handschuh. In: CR. Nr. 71. 1947.
Schwineköper, Berent: Der Handschuh im Recht, Ämterwesen, Brauch und Volksglauben. Mit einer Einführung: Die Erforschung der mittelalterlichen Symbole, Wege und Methoden von Percy Ernst Schramm. Berlin 1938.

Hauskleidung

Nienholdt, Eva: Der Schlafrock. In: WuK. Bd. 9. 1967.
Wilckens, Leonie von: Ein Haarmantel des 16. Jh.s. In: WuK. Bd. 22. 1980.

Haute Couture (s. a. **Prêt-à-porter**, **Modeschöpfer und Designer**)

Araggno, Giordani B.: Il disegno dell'alta moda italiana. 1940–1970. Rom 1982.
Charles-Roux, Edmonde / Lottman, Herbert R. / Garfinkel, Stanley / Gase, Nadine / Seidner, David: Le Théâtre de la Mode. Ausst.-Buch Musée des Arts de la Mode. Paris 1990.
Coleman, Elizabeth Ann: The Opulent Era. Fashions of Worth, Doucet and Pingat. London 1989.
Dé d'Or. Die Magier der Haute Couture Française. Berlin 1990.
Garnier, Guillaume: Paris Couture, Années Trente. Paris 1990.
Hellmeister, Anette: Die Pariser Haute Couture. Trier 1996.
Kinzel, Rudolf: Die Modemacher. Die Geschichte der Haute Couture. München 1990.
Marly, Diana de: The History of Haute Couture 1850–1950. London 1980. [Lit.]
Metropolen machen Mode. Haute Couture der Zwanziger Jahre. Ausst.-Katalog des Kunstgewerbemuseums Berlin. Zsgest. von Barbara Mundt. Berlin 1977.
Mininni, Massimo: Alta Moda. In: Anziehungskräfte. [Lit.]
Palmer, Alexandra: Couture & Commerce. The Transatlantic Fashion Trade in the 1950s. Toronto/Vancouver 2001.
Robert, Jean-Noel: Les modes à Rome. Paris 1988.
Steele, Valerie: Paris Fashion, a Cultural History. New York 1988.
Taylor, Lou: The Work and Function of the Paris Couture Industry during the German Occupation of 1940–44. In: Dress 22 (1995).
Vergani, Guido: The Sala Bianca. The Birth of Italian Fashion. Mailand 1992.
Wordon, Suzette / Seddon, Jill: Woman Designers in Britain in the 1920s and 1930s: Defining the Professional and Redefining Design. In: Journal of Design History 3 (1995).

Hemd (s. a. **Smock**, **T-Shirt**, **Unterkleidung**)

Arnold, Janet: Elizabethan and Jacobean Smocks and Shirts. In: WuK. Bd. 19. 1977. [Lit.]
Flury-von Bültzingslöwen, Regina: Das Hemd. In: CR. Nr. 131. 1957.
Greef, John de: Männermode. Hemden. Bonn 1989.
Robers, F.: Das Herrenhemd. In: CR. Nr. 4. 1970.
Steele, Thomas: The Hawaiian Shirt. London 1984.

Herstellung s. **Schneiderhandwerk**

Hose

Metken, Sigrid: Der Kampf um die Hose. Geschlechterstreit und die Macht im Haus. Die Geschichte eines Symbols. Frankfurt a. M. / New York 1996.
Wolter, Gundula: Die Verpackung des Männlichen Geschlechts. Eine illustrierte Kulturgeschichte der Hose. Marburg 1988. [Lit.]
– Hosen, weiblich. Kulturgeschichte der Frauenhose. Marburg 1994.
Wood Murray, Anne: From Breeches to Sherry vallies. In: WuK. Bd. 16. 1974.
Zander-Seidel, Jutta: Der Teufel in Pluderhosen. In: WuK. Bd. 29. 1987.

Jaegerhemd s. **Reform-Männerkleidung**

Jeans

Beagle, Peter / Wolman, Baron: American Denim. A New Folk Art. New York 1975.
Dartmann, Lisa / Hartung, Susann / Krah, Eva-Susanne: Jeans. Forever Young. Frankfurt a. M. 1991.
Friedmann, Daniel: Das Jeans Buch. Berlin 1988.
Masson, Irmalotte / Wiese, Ursula von: Die Levi Strauss Saga. München 1978.

Jersey (s. a. **Strick- und Wirkware**)

Birkett, Jeremy / Richardson, John: Lillie Langtry. Poole 1979.
Gerson, Noel B.: Lillie Langtry. London 1972.

Judentracht

Rubens, Alfred: A History of Jewish Costume. London 1973.

Jugendmode

Aoki, Shoichi: Fruits. Phaidon 2001.
Baacke, Dieter / Volkmer, Ingrid / Dollase, Rainer / Dresing, Uschi: Jugend und Mode. Opladen 1988.
Barnes, Richard: Mods! Over 150 photographs from the early 60s of the original Modes. London 1979.
Diedrichsen, Diedrich / Hebdige, Dick / Marx, Olaph-Dante: Schocker. Stile und Moden der Subkultur. Hamburg 1983.
Gorman, Paul: The Look. Adventures In Pop & Rock Fashion. London 2001.
Harden, Rosemary: Punk. In: Anziehungskräfte.
Haye, Amy de la / Dingwall, Cathie: Surfers, Soulies, Skinheads and Skaters. Subcultural Styles from the Forties to the Nineties. Stuttgart 1997.
Hennessy, Val: In the Gutter. London 1978.

Hodkinson, Paul: Goth. Identity, Style and Subculture. Oxford 2002.
Janalik, Heinz / Schmidt, Doris: Grufties. Jugendkultur in Schwarz. Hohengehren 2000.
Jenß, Heike: Retro-Looks in Modedesign und Jugendkultur. Tom Ford (Gucci), Anna Sui und die Mods. In: Mentges, Gabriele/ Nixdorff, Heide (Hrsg.): zeit.schnitte. Textil – Körper – Mode. Dortmunder Reihe zu kulturanthropologischen Studien des Textilen. Bd. 1. Dortmund 2001.
Könenkamp, Wolf-Dieter: Popmusik und Mode. In: Anziehungskräfte.
McDermott, Catherine: Street Style. British Design in the 80s. London 1987.
Muggleton, David: Inside Subculture. The Postmodern Meaning of Style. Oxford 2000.
Neumann-Braun, Klaus / Richard, Birgit: Coolhunters. Jugendkulturen zwischen Medien und Markt. Frankfurt a. M. 2005.
Polhemus, Ted / Procter, Lynn: Fashion and Anti-Fashion. An Anthropology of Clothing and Adornment. London 1978.
– Pop Styles. London 1984.
– Street Style. From Sidewalk to Catwalk. New York 1994.
Steele-Perkins, Chris / Smith, Richard: The Teds. London 1979.
Sommer, Carlo Michael / Wind, Thomas: Menschen, Stile, Kreationen. Ein Streifzug durch die verwirrende Welt der Jugend-Stile. Frankfurt a. M. / Berlin 1986.
Sims, Joshua: Rock Fashion. London 1999.
Steffen, Alfred: Portrait of a generation. The love parade family book. Köln 1997.

Kandys

Gervers-Molnár, Veronika: The Hungarian Szür, an Archaic Mantle of Eurasian Origin. [Darin:] Artistic Depictions and Written Descriptions of the Kandys, a Long Coat Worn over the Shoulders. In: History, Technology and Art. H. 1. Toronto 1973.

Karikatur

Fuchs, Eduard: Die Frau in der Karikatur. München 1907.
Rasche, Adelheid / Wolter, Gundula: Ridikül. Mode in der Karikatur. 1600–1900. Köln 2003.
Walkley, Christine: The Way to Wear. 150 Years of Punch on Fashion. London 1985.
Wendel, Friedrich: Die Mode in der Karikatur. Dresden 1928.
Wolter, Gundula: Teufelshörner und Lustäpfel. Modekritik in Wort und Bild 1150–1620. Marburg 2002.

Kinderkleidung

Bleckwenn, Ruth: Gesellschaftliche Funktionen bürgerlicher Kinderkleidung in Deutschland zwischen etwa 1770 und 1900. Diss. Münster 1989. [Lit.]
– Das Gängelband, ein Detail der Kinderkleidung im 16. bis 18. Jahrhundert. In: WuK. Bd. 33. 1991. [Lit.]
Buck, Anne: Clothes and the Child. A Handbook of Children's Dress in England 1500–1900. London 1996.
Cunnington, Phillis / Buck, Anne: Children's Costume in England. From the 14th to the End of the 19th Century. London 1972.
Ewing, Elizabeth: History of Children's Costume. London 1977.
Gigli Marchetti, Ada: I bambini e la moda tra Ottoe Novecento. Bologna 1998.
Higonnet, Anne / Albinson, Cassi: Clothing the Child's Body. Fashion Theory. The Journal of Dress, Body & Culture 2 (1997).
Laffon, Martine und Caroline: Kinder in den Kulturen der Welt. Hildesheim 2003.
Lühr, Dora: Matrosenanzug und Matrosenkleid. Entwicklungsgeschichte einer Kindermode von 1770 bis 1920. In: Beiträge zur deutschen Volks- und Altertumskunde 1960/61. Hamburg 1961.
La Mode et l'Enfant (1780–2000). Musée Galliera. Paris 2001.
Purrucker, Barbara: Knaben in »Mädchenkleidern«. In: WuK. Bd. 17. 1975. [Lit.]
Rose, Clare: Children's Clothes. London 1989.
Weber-Kellermann, Ingeborg: Der Kinder neue Kleider. 200 Jahre deutsche Kindermode. Frankfurt a. M. 1985. [Lit.]

Kleid s. **Epochen**, **Haute Couture**, **Konfektion**, **Prêt-à-porter**, **Umstandskleidung**

Kleiderordnungen

Baur, Veronika: Kleiderordnungen in Bayern vom 14. bis zum 19. Jh. München 1975. [Lit.]
Deruisseau, L. G.: Die wichtigsten Kleidergesetze vor und während der italienischen Renaissance. In: CR. Nr. 17. 1937.
Eisenbart, Liselotte: Kleiderordnungen in deutschen Städten zwischen 1350 und 1700. Göttingen 1962. [Lit.]
Kallbrunner-Hampel, Gertraud: Beiträge zur Geschichte der Kleiderordnungen unter Berücksichtigung Österreichs. Wien 1962. [Lit.]
Kovesi Killerby, Catherine: Sumptuary Law in Italy (1200–1500). Oxford 2002.
Lehner, Julia: Die Mode im alten Nürnberg. Nürnberg 1984. (Schriftenreihe des Stadtarchivs Nürnberg. Bd. 36.) [Lit.]
Lüttenberg, Thomas: Spitzen und Politik. Acht Kupferstiche zu zwei Kleiderordnungen Ludwigs XIII. von Frankreich. In: WuK. Bd. 39. 1997.
Steinmann, A. L.: Kleiderverordnungen im Mittelalter. In: CR. Nr. 23. 1938.

Knopf (s. a. **Verschluss**)

Epstein, Diana / Millicent, Safro: Buttons. London 1993.
Hostert, Walter: Lüdenscheid und die Knöpfe. Eine kleine Kulturgeschichte des Knopfes. Lüdenscheid 1976.
Luscomb, Sally C.: The Collector's Encyclopedia of Buttons. New York [2]1968.
Whittemore, Joyce: 1000 Knöpfe. Alles über ein schönes Accessoire und seine Verwendung. Köln 1992.
Wilzbach, Annette / Wilzbach-Wald, Martina: Knopf Design. Frankfurt a. M. 1990. [Lit.]

Konfektion

Berliner Konfektion und Mode. 1836–1936. Hrsg. von Uwe Westphal. Berlin [West] 1987. [Lit.]
Brosche, Oliver: Die Handhabung des Moderisikos. Wiesbaden 1993.
Coffin, Judith: The Politics of Women's Work. The Paris Garment Trades, 1750–1915. Princeton 1996.
Dähn, Brunhilde: Berlin Hausvogteiplatz. Über 100 Jahre am Laufsteg der Mode. Göttingen/Zürich 1968. [Lit.]
Deneke, Bernward: Bemerkungen zur Geschichte vorgefertigter Kleidung. In: WuK. Bd. 29. 1987.
Green, Nancy L.: Ready-to-Wear, Ready-to-Work. A Century of Industry and Immigrants in Paris and New York. Durham/London 1997.
Gröner, Margarete: Versandhausmode. In: Anziehungskräfte. [Lit.]
Krause, Gisela: Altpreußische Uniformfertigung als Vorstufe der Bekleidungsindustrie. Hamburg 1965. [Lit.]
Ley, Sandra: Fashion for Everyone. The Story of Ready-to-wear 1870s–1970s. New York 1975. [Lit.]
Liberty's 1875–1975. Ausst.-Katalog des Victoria and Albert Museums. Zsgest. von Madeleine Ginsburg. London 1975.
Schramm, Hans: Die Herrenkonfektion einst und heute. In: CR. Nr. 134. 1957.
Weiguny, Bettina: Die geheimnisvollen Herren von C & A. Frankfurt a. M. 2005.

Kopfbedeckung

Akkent, Meral / Franger, Gaby: Das Kopftuch. Ein Stückchen Stoff in Geschichte und Gegenwart. Frankfurt a. M. 1987.
Biebuyck, Daniel P. / Abbeele, Nelly van den: The Power of Headdresses. A Cross-Cultural Study of Forms and Functions. Brüssel 1984.
Buchet: Martine: Panama: A Legendary Hat. Paris 2004.
Buxbaum, Gerda: Die Hüte der Adele List. München / New York 1995.
Campione, Adele: Il Cappello da Donna. Mailand 1989.
– Il Capello da Uomo. Mailand 1988.
Clark, Fiona: Hats. London 1982. (The Costume Accessories Series. Hrsg. von Aileen Ribeiro.) [Lit.]
Demornex, Jacqueline: Le Siècle en Chapeaux. Claude Saint-Cyr. Histoire d'une Modiste. Paris 1991.
Eelking, Hermann-Marten von: Das Bildnis des eleganten Mannes. Ein Zylinderbrevier von Werther bis Kennedy. Berlin 1962.
Foltin, Hans: Die Kopfbedeckung und ihre Bezeichnungen. Diss. Marburg 1961.
Ginsburg, Madeleine: The Hat. Trends and Traditions. London 1990.
Guindi, Fadwa el: Veil. Modesty, Privacy and Resistance. Oxford 1999.
Hopkins, Susie: The Century of Hats. Headturning Style of the Twentieth Century. London 1999.
(K)ein alter Hut. Schriften des Rheinischen Museumsamtes 36. Köln 1986.
Liebreich, Aenne: Der Kruseler im 15. Jh. In: WuK. N. F. Bd. 1. 1923–25.
List-Hüte zwischen 1914 und 1970. Ausst.-Katalog der Hochschule für angewandte Kunst. Wien 1983.
Mattausch-Schirmbeck, Roswitha: Praktisch, schön, mörderisch. Hutnadeln 1860–1920. Ausst.-Begleitbuch Museum im gotischen Haus. Bad Homburg 1999.
McDowell, Colin: Hats. Status, Style and Glamour. London 1992.
Miller Robinson, Fred: The Man in the Bowler Hat. His History and Iconography. Chapel Hill 1993.
Nienholdt, E[va]: Die deutsche Frauenhaube der Frührenaissance. In: WuK. N. F. Bd. 2. 1926–28.
Peacock, Primrose: Decorative Hatpins. In: Costume. Nr. 19. 1975.
Piltz, Elisabeth: Kamelaukion et mitra. Insignes byzantines impériaux et ecclésiastiques. Uppsala 1977.
Probert, Christina: Hats in Vogue, Since 1910. New York 1981.
Rady, Ottilie: Der Kruseler. In: WuK. A. F. Bd. 1. 1923–25.
Reitz-Töller, Maria-Luise: Die Putzmacherin. Ein weibliches Handwerk. Mainz 1998.
Relang, Regi / Riederer, Marietta: Faszination Hüte. Von 1934 bis 1984. Königsbach-Stein 1985.
Ribbert, Margret: Auf Basler Köpfen. Kulturgeschichtliche Aspekte von Hüten, Hauben, Mützen ... Basel 2003.
Schubert, Gabriella: Kleidung als Zeichen. Kopfbedeckungen im Donau-Balkan-Raum. In: Balkanologische Veröffentlichungen. Bd. 20. 1993.
Shilliam, Nicola J.: Cocardes Nationales and Bonnets Rouges. Symbolic Headdress of the French Revolution. In: Journal of the Museum of Fine Arts Boston. 1995.
Simon, Hertha / Knötel, Herbert: Dreispitz. In: RL. Bd. 4.
Tragen Sie Hut? An- und Einsichten über Hüte und andere Kopfbedeckungen, Ausst.-Katalog der Universität Köln. Hrsg. von Bärbel Kerkhoff-Hader. Köln 1991.

Verspohl, Franz: Joseph Beuys. Da ist zunächst einmal dieser Hut. In: Kritischer Bericht 2. 1986.
Von Kopf bis Hut. Kopfbedeckungen aus der Textilsammlung des Münchner Stadtmuseums vom 18. Jh. bis 1984. Zsgest. von Andreas Ley. München 1984.
Wilcox, Ruth Turner: The Mode in Heads and Headdress. New York ²1959. [Zit. als: Wilcox.]
Zander-Seidel, Jutta: Das erbar gepent. Zur ständischen Kleidung in Nürnberg im 15. und 16. Jh. In: WuK. Bd. 27. 1985.

Korsett (s. a. **Unterkleidung**)

Fontanel, Beatrice: Support and Seduction. The History of Corset and Bras. New York 2001.
Steele, Valerie: The Corset. Yale 2003.
– Fetish Fashion. New York / Oxford 1996.
Waugh, Norah: Corsets and Crinolines. New York ³1981. [Zit. als: Waugh.]

Kostümforschung (heute auch Bekleidungsforschung, s. a. **Modetheorie**, **Schneiderhandwerk und Schnittmuster**)

Brückner, Wolfgang: Mode und Tracht. Ein Versuch. Referat der Österreichischen Volkskundetagung, Lienz 1986. Sonderdr. des Vereins für Volkskunde. Wien 1987.
Hansen, Wilhelm: Aufgaben der historischen Kleidungsforschung. In: Geschichte der Alltagskultur. Hrsg. von Günter Wiegelmann. Münster 1980.
Heinemeyer, Elfriede: Ein Kleiderinventar des Grafen Anton Günther von Oldenburg (1583–1667). In: WuK. Bd. 40. 1998.
Herzog, Marianne / Royl, Wolfgang (Hrsg.): Textilunterricht in europäischer Dimension. Baltmannsweiler 1992.
Kraft, Kerstin: Akademisches Puppenspiel? – Für eine objekt-basierte Bekleidungsforschung. In: WuK. Bd. 45. 2003.
Mecheels, Jürgen: Körper – Klima – Kleidung. Grundzüge der Bekleidungsphysiologie. Berlin 1991.
Nickel, Helmut: Bemerkungen zur Frauenkleidung der europäischen Bronzezeit. In WuK. Bd. 46. 2004.
Pietsch, Johannes: Technologische Bekleidungsforschung. Überlegungen zur Methodik. In: WuK. Bd. 46. 2004.

Kragen

Anderson, Ruth Matilda: The Golilla. A Spanish Collar of the 17th Century. In: WuK. Bd. 11. 1969. [Lit.]
Thienen, Frithjof van / Braun-Ronsdorf, Margarete: Eine niederländische Silberschmiedearbeit des 17. Jahrhunderts. In: WuK. Bd. 12. 1970.

Krawatte

Chaille, François. The Book of Ties. Paris 1994.
Colle, Doriece: Collars. Stocks. Cravats. A History and Costume Dating Guide to Civilian Men's Neckpieces 1655–1900. London 1974.
Eelking, Hermann-Marten von: Bilanz der Eitelkeit. Die Geschichte der Krawatte. Göttingen 1976.
Gibbings, Sarah: The Tie, Trends and Traditions. London 1990.
Greef, John de: Krawatten & Accessoires. Bonn 1989.
Hart, Avril: Ties. London 1999.
Mosconi, Davide / Villarosa, Riccardo: Fliegen und Krawatten. Die verbindliche Kunst des feinen Knotens. 188 verschlungene Möglichkeiten. Köln 1985.
Thalheim, Yvonne / Nadolny, Harald: Krawatten. Fliegen, Schals und Tücher gekonnt binden. Niedernhausen 1990.
Thull, Stefan: Krawatten. Das Handbuch. Berlin 1990.
– (Hrsg.): ›Die Kunst des Krawattenbindens‹. Faks. Bonn 1989.
Varron, A.: Die Krawatte. In: CR. Nr. 35. 1939. [Lit.]

Krinoline

Beder, Jutta: Die Krinoline im Spiegel von Modekarikaturen. Rezeption und Wirkungsmöglichkeiten. In: WuK. Bd. 34. 1992.

Künstlerkleider (**Mode als angewandte Kunst;** s. a. **Kunst und Mode**)

Crispolti, Enrico: Il Futurismo e la Moda. Ausst.-Katalog der Padiglione d'arte contemporanea. Mailand 1988.
Droste, Magdalena: Bauhaus. In: Anziehungskräfte. [Lit.]
Drühl, Sven: Verstrickungen. In: Kunstforum International. Bd. 141. 1998.
Europe 1910–1939. Quand l'Art habillait le Vêtement. Paris 1997.
Francis, Mark: The Warhol Look: Fashion, Style, Glamour. Ausst.-Begleitbuch Whitney Museum. New York 1997.
Künstler ziehen an. Avantgarde-Mode 1910–1939. Ausst.-Katalog Museum für Kunst und Kulturgeschichte. Dortmund 1998.
Lewenhaupt, Tony and Claës: Crosscurrents. Fashion Art Design 1890–1989. New York 1989.
Looking at Fashion. Biennale di Firenze. Florenz 1996.
Martin, Richard: Fashion and Surrealism. New York 1987.
Mazza, Samuele: Brahaus. San Francisco 1992.
Ormond, Leonée: Dress in the Painting of Dante Gabriel Rossetti. In: Costume 8 (1974).
Schafler Dale, Julie: Kunstkleiderkunst. Berlin 1987.
Stern, Radu: Gegen den Strich. Kleider von Künstlern. 1900–1940. Bern 1992.
– Against fashion: clothing as art, 1850–1930. Cambridge 2004.
Strizhenova, Tatiana: Soviet Costume and Textiles 1917–1945. Paris/Verona 1991.

Thiel, Erika: Künstler und Mode. Vom Modeschöpfer zum Modegestalter. Berlin 1979.

Kunst / Architektur und Mode / Mode und Kunst (ausgenommen Textilkunst)

Addressing the Century. 100 Years of Art & Fashion. Kunstmuseum Wolfsburg. Wolfsburg 1999.
Anna, Susanne, Heinzelmann, Markus (Hrsg.): untragbar. Mode als Skulptur. Ausst.-Kat. des Museums für angewandte Kunst Köln. Ostfildern-Ruit 2001.
Fausch, Deborah / Singley, Paulette / El-Khoury, Rodolphe / Efrat, Zvi: Architecture: in Fashion. New York 1994.
Folie, Sabine (Hrsg.): Oberflächen. Zur Erscheinung in Kunst und Mode. Klagenfurt 1998.
Harather, Karin: Haus-Kleider. Wien/Köln/Weimar 1995.
Hartung, Elisabeth: Zweite Haut – Kunst und Kleidung. Seconda pelle – Arte e Abito. Begleitbuch zur Ausst. im Frauenmuseum Evelyn Ortner. Meran 2001.
Künstler ziehen an. Avantgarde-Mode 1910–1939. Ausst.-Kat. Museum für Kunst und Kulturgeschichte. Dortmund 1998.
Loschek, Ingrid: Mode- und Architektur in der zweiten Hälfte des 20. Jahrhunderts – ein stilistischer Vergleich. In: WuK. Bd. 40. 1998.
Martin, Richard / Koda, Harold: The Historical Mode. Fashion and Art in the 1980s. Fashion Institute of Technology. New York 1989.
Neuburger, Susanne / Buxbaum, Gerda / Pamminger, Walter: Das doppelte Kleid. Zu Mode und Kunst. Galerie Schloss Ottenstein. Wien 1996.
Quinn, Bradley: The Fashion of Architecture. London 2004.
Schneede, Marina: Mode in der surrealistischen Kunst. In: Anziehungskräfte.
Schütze, Yvonne: Kleidung als und im Kunstwerk des 20. Jahrhunderts unter sozialtheoretischer Perspektive. Diss. Berlin 2001.
Troy, Nancy: Couture Culture. A Study in Modern Art and Fashion. Cambridge (Mass.) 2003.

Leder (s. a. **Pelz**)

Farren, Mick: The Black Leather Jacket. London 1985.
Langer-Korsch, Sonja: Lederbekleidung im Verkauf. Nachschlagewerk für Lederbekleidung. Hrsg. vom Verband der Deutschen Lederbekleidungsindustrie e.V. München 1981.

Lederhose (s. a. **Tracht**)

Grieshofer, Franz J.: Die Lederhose. Kleine Kulturgeschichte des alpenländischen Beinkleids. Husum 1996.
Schädler, Karl: Die Lederhose in Bayern und Tirol. Ein Beitrag zur Kostüm-, Trachten- und Zunftgeschichte. Innsbruck 1962. [Auch allgemein über die Entwicklung der Oberhose.]

Macaroni

Steele, Valerie: The Social and Political Significance of Macaroni Fashion. In: Costume 19 (1985).

Männermode

Bolton, Andrew: Men in Skirts. London 2003.
Buzzaccarini, Vittoria de: Men's Coat. A world history of men's sports jackets and suit coats from the fourteenth century to the present. Bournemouth 1994.
Chenoune, Farid: A History of Men's Fashion. Paris 1993.
Costantino, Maria: Men's Fashion in the Twentieth Century. From Frock Coats to Intelligent Fibres. London 1997.
Damase, Jacques: Premier vestiaire pour l'histoire du costume masculin. Paris 1983.
Eelking, Hermann-Marten von: Lexikon der Herrenmode. Göttingen [u. a.] 1960. [Zit. als: Eelking.]
Flamand-Christensen, Sigrid: Die männliche Kleidung in der süddeutschen Renaissance. Berlin 1934.
Folledore, Giuliano: Men's Hats. A world history of men's hats from ancient times to the new millennium. Modena 1989.
Greef, John de: Männermode. Sakkos & Anzüge. Bonn 1989.
Haas, Reinhard / Thorer, Axel: Das neue Männerbuch. München 1992.
Harvey, John: Men in Black. Chicago/London 1995.
Hollander, Ann: Anzug und Eros (Sex and Suits). Eine Geschichte der modernen Kleidung. Berlin 1995.
Jobling, Paul: Man Appeal. Advertising, Modernism and Menswear. London 2005.
Marly, Diana de: Fashion for Men. London 1989.
Martin, Richard / Koda, Harold: Jocks and Nerds. Men's Style in the Twentieth Century. New York 1989.
McDowell, Colin: The Man of Fashion. Peacock Males and Perfect Gentlemen. London 1997.
Pietsch, Johannes: Zwei Schauben aus dem Bayerischen Nationalmuseum München. Ein Beitrag zur Kostümforschung. München 2004.
Schoeffler, O. E. / Gale, William: Esquire's Encyclopedia of 20th Century Men's Fashions. New York 1997.
Thull, Stefan: Männermode-Lexikon. Stuttgart 1998.
Walker, Richard: The Savile Row Story. London 1988.

Mannequins

Campbell, Naomi: Naomi. München 1996.
Gross, Michael: Model. Das häßliche Geschäft der schönen Frauen. Frankfurt a. M. 1995.

Lehnert, Gertrud: Mode, Models, Superstars. Köln 1996.
Liaut, Jean-Noël: Modèles et Mannequins 1945–1965. Paris 1994.
Moncur, Susan: Topmodel. Berlin 1993.
Morris, Sandra: Catwalk. Inside the World of the Supermodels. New York 1996.
Nadja Auermann. München 1996.
Rasche, Adelheid (Hrsg.): Botschafterinnen der Mode. Berlin 2001.
Schiffer, Claudia: Claudia Schiffer. Memories. New York 1995.
Seidner, David: Lisa Fonssagrives. Drei Jahrzehnte klassischer Modephotographie. München 1996.
Souham, Philippe: Top Models. Paris 1994.

Manschettenknopf

Jonas, Susan / Nissenson, Marilyn: Cuff Links. New York 1991.

Mantel

Post, Paul: Vom mittelalterlichen Schnurmantel. In: WuK. N. F. Bd. 4. 1932–34.

Marken (s. Geschichte 20./21. Jahrhundert)

Loschek, Ingrid: Authentisch kopiert. In: Zeitschrift der Gesellschaft für Historische Waffen- und Kostümkunde. Heft 2. 2003.
– Lust auf Marken. In: Accessoiremaximierung. Ausstellungskatalog Kunsthalle Kiel. Kiel 2003.
– United Look of Fashion. In: Zeitschrift für Kultur-Austausch 42 (2002).
Becker, Susanne: Marken-Kult: Mode als Medium in Zeiten der Bilderflut. In: Mode-Kult. Hrsg. von Gerhard Johann Lischka. Köln 2002.

Maske

Ebeling, Ingelore: Masken und Maskierung. Kult, Kunst und Kosmetik. Von den Naturvölkern bis zur Gegenwart. Köln 1987.
Teuten, Timothy: A Collector's Guide to Masks. London 1990.

Mieder (s. a. **Unterkleidung**)

Hutter, Ernestine: Adrett geschnürt. Schnür- und Steppmieder vom Rokoko bis zur Gegenwart aus der Sammlung des Carolino Augusteum. Salzburg 1999.

Mi-parti

Mertens, V.: Mi-Parti als Zeichen. Zur Bedeutung von geteiltem Kleid und geteilter Gestalt in der Ständetracht, in literarischen und bildnerischen Quellen sowie im Fastnachtsbrauch vom Mittelalter bis zur Gegenwart. Remscheid 1983. (Kulturgeschichtliche Forschungen 1.)

Modefotografie

L'Atelier Nadar et la mode 1865–1913. Ausst.-Katalog des Musée de la Mode et du Costume. Paris 1978.
Avedon, Richard: Photographs 1947–1977. London 1979.
Beaupre, Marion de / Baumet, Stephane / Poschardt, Ulf: Archeology of Elegance. Ausst.-Begleitbuch Deichtorhallen Hamburg. München 2002.
Beckers, Marion / Moortgat, Elisabeth: Yva. Photographien 1925–1938. Tübingen 2001.
Bildermode – Modebilder: Deutsche Modephotographien 1945–1995. Hrsg. vom Institut für Auslandsbeziehungen. Stuttgart 1995.
Bourgeron, Jean Pierre (Hrsg.): Les Reutlinger, photographes à Paris, 1850–1937. Paris 1979.
Cantoni, Lamberto / Mora, Gilberto: Nei luoghi del disincanto. Florenz 1994.
Chermayeff, Catherine: Mode Fotografie Heute. Knesebeck 2000.
Cotton, Charlotte: Imperfect Beauty: The making of Contemporary Fashion Photographs. London 2002.
Ewing, William A. / Rasche, Adelheid: Rico Puhlmann: A Fashion Legacy. Photographs and Illustrations 1955–1996. London / New York 2004.
Faber, Monika: Madame d'Ora. Wien – Paris. Portraits aus Kunst und Gesellschaft 1907–1957. Wien/München 1983.
Farber, Robert: Professional Fashion Photographs. New York 1982.
Garner, Philippe / Mellor, David Alan: Cecil Beaton. Photographien 1920–1970. München 1998.
Gernsheim, Alison: Victorian and Edwardian Fashion: a Photographic Survey. London 1982.
Ginsburg, Madeleine: Fashion Plates and Photographs (1836–1900). In: Bulletin. Bd. 1. 1981.
Gundlach, F. C.: Modewelten. Star- und Modephotographie 1950 bis heute. Hrsg. von Klaus Honnef. Berlin 1985.
– / Honnef, Klaus: Die Pose als Körpersprache. Köln 2001.
– / Philipp, Claudia Gabriele: Mode – Körper-Mode. Photographien eines Jahrhunderts. Museum für Kunst und Gewerbe. Hamburg 2000.
– / Richter, Uli (Hrsg.): Berlin en vogue. Berliner Mode in der Photographie. Tübingen/Berlin 1993.
Hall-Duncan, Nancy: History of Fashion Photography. International Museum of Photography. New York 1981.
Harrison, Martin: Appearances – Modephotographie seit 1945. München 1991.
Horst, Horst P.: Horst. Hamburg 2001.
Larg, Alex / Wood, Jane: Modefotografie. München 1999.

Lehmann, Ulrich / Morgan, Jessica: Chic Clicks. Modefotografie zwischen Auftrag und Kunst. Ostfildern-Ruit 2002.
Kleinert, Annemarie: Französische Modefotografie im 19. Jahrhundert. In: Lendemains 23 (1981) H. 6.
Krawehl, Irene / Ley, Margaretha / Wunderlich, Werner: Michael Doster, Relections. München 1983.
Lagerfeld, Karl: Karl Lagerfeld. Fotograf. Köln 1990.
– KL off the Records. 1994.
La Mode en Photo. Ausst.-Katalog. Institut de la Mode. Marseille 1993.
Lambert, Miles: Fashion in Photographs 1860–1880. London 1991.
Lautenbacher, Walter E.: Inszenierte Modefotografie 1953–1983. Ostfildern ²2001.
Levitt, Sarah: Fashion in Photographs 1880–1900. London 1991.
Maywald, Willy: L'élégance du regard. Paris 2002.
Meier, Cordula: Fashion goes virtuell? Zur schicksalhaften Allianz von Mode und Fotografie. In: Kunstform International. Bd. 141. 1998.
Moderegger, Johannes Christoph: Modefotografie in Deutschland. 1929–1955. Norderstedt 2000.
Morris Hambourg, Maria / Heilbrun, François / Néagu, Philippe (Hrsg.): Nadar. München 1995.
Muir, Robert: Norman Parkinson Portraits/Fashion. London 2004.
Nickerson, Camilla / Wakefield, Neville (Hrsg.): Fashion Photography of the Nineties. Zürich / New York 1996.
Parkinson, Norman: Lifework. London 1983.
Penn, Irving: Inventive Paris Clothes. 1909–1939. A Photographic Essay. Text von Diana Vreeland. London 1977.
Pohlmann, Ulrich / Förster, Simone: Die Eleganz der Diktatur. Modephotographien in deutschen Zeitschriften 1936–1943. Fotomuseum im Münchner Stadtmuseum. München 2001.
Rasche, Adelheid (Hrsg.): Berliner Modefotografie der 30er Jahre. Kunstbibliothek. Staatliche Museen zu Berlin. Berlin 2005.
Relang, Regi: 30 Jahre Mode Paris. 1951–1981. Königsbach-Stein 1982.
– 30 Jahre Mode Italien. 1951–1981. Königsbach-Stein 1983.
Ruelfs, Esther / Pohlmann, Ulrich (Hrsg.): Regina Relang. München 2005.
Shots of Style. Great Fashion Photographs Chosen by David Bailey. Begleitbuch zur Ausst. im Victoria and Albert Museum. London 1985/86.
Svoboda, Wolfram D. (Hrsg.): Modefotos. Eine Sammlung aus 3 Jahrzehnten (1945–80). Berlin 1980.
Vogue. Geschichte der Mode-Photographie. Text von Polly Devlin. Herrsching 1980.
Wagner, Gretel (Hrsg.): Mode in alten Photographien. Berlin 1979.
Willy Maywald et la Mode. Ausst.-Katalog des Musée de la Mode et du Costume, Palais Galliera. Paris 1986.
Zdenek, Felix / Schwander, Martin (Hrsg.): Cindy Sherman. Photoarbeiten 1975–1995. München 1998.

Modejournale, Primärliteratur

Quellen (Journale, Illustrationen, Fotografien)

16. Jahrhundert

Modeillustrationen wurden von sog. Kleinmeistern, aber auch von bekannten Malern angefertigt, so von Albrecht Dürer (1471–1528), Hans Burgkmair (1473–1531), Hans Holbein d. J. (1497–1543), Urs Graf (um 1485–1527/28), Christoph Weiditz (um 1500–59), Hans Sebald Beham (1500–50), Barthel Beham (1502–40), Heinrich Aldegrever (um 1502 bis um 1555), Jost Amman (1539–91), Abraham de Bruyn (1540–87?).

1. Hälfte 16. Jh. Matthäus und Veit Konrad Schwarz, »Schwarzsche Trachtenbücher«, Augsburg (140 Bilder).
1522–1654 »Das Melemsche Hausbuch« der Frankfurter Melem und Brun, Frankfurt a. M.
1529/31 »Trachtenbuch des Christoph Weiditz von seinen Reisen nach Spanien (1529) und den Niederlanden (1531/32)«, Nürnberg.
um 1530–40/50 Barthel und Hans Sebald Beham, Kupferstiche und Holzschnitte.
1536 Hans Burgkmair d. J. und Heinrich Vogtherr, »Augsburger Geschlechterbuch«, Straßburger Ausg.; Augsburger Ausg. 1550.
1538 Heinrich Aldegrever, Kupferstichfolge der »Hochzeitstänzer«.
1556 Enea Vico, »Habitus Nostrae Aetatis« (»Kleidung aller Völker«), 98 Bl., u. a. kopiert in »Omnium Fere Gentium Nostrae Aetatis Habitus«, Paris 1563).
1560 Sigmund Freiherr von Herberstein, »Picturae variae, quae generosum ac magnificum Domi […]«, Wien (Biographie mit 5 Holzschnitten: Herberstein als Ambassadeur).
1560–80 Sigmundt Heldt, »Heldt'sches Trachtenbuch«: »Abconterfaittung allerlei Ordenspersonen in iren klaidungen und dan viler alten klaidungen […]«, Nürnberg.
1562 »Recueil de la diversité des habits qui sont de present en usaige tant en pays d'Europe, Asie, Affrique & Illes sauvage« (110 Holzschnitte, z. T. nach Stichen von Enea Vico, mit Beschreibungen von François Deserpz).
1568 Jost Amman, Holzschnitte zum sog. Ständebuch: »Eygentliche beschreibung aller stände auff erden […] von Hans Sachs beschrieben«, Frankfurt a. M.
um 1570 Unico Manninga, »Ostfriesische volks- und rittertrachten«.
1577 Hans Weigel, Trachtenbuch: »Habitus praecipuorum populorum […] Darin fast allerley und der

fürnembsten Nationen / die heutigs tags bekandt sein / Kleidungen / beyde wie es bey Manns und Weibspersonen gebreuchlich [...]«, Nürnberg (nach Zeichnungen verschiedener Künstler, u. a. Jost Amman und Bertelli (Vico)).

1580/81 Jean Jacques Boissard, »Habitus variarum orbis gentium. Trachten mancherley völcker des erdskreyses«, Mecheln (Kupferstiche nach eigenem Erleben).

1581 Abraham de Bruyn, »Omnium pene Europae, Asiae, Aphricae Atque Americae [!] Gentium Habitus«, ausgef. von Michiel Colyn, Antwerpen.

1585 Bartolomeo Grassi, »Dei veri ritratti de gli habiti [...] Di tutte le parti del mondo [...]«, Rom (49 Radierungen).

1586 Jost Amman, »Im Frauwenzimmer wirt vermeldt von allerley schönen Kleidungen und Trachten der Weiber, hohes und niders Stands, wie man fast an allen Orten geschmückt und gezieret ist [...]«; lat. Ausg.: »Gynaeceum [...]«, Frankfurt a. M.

1589 Jost Amman, »Wapen- und Stammbuch darinnen der Keys. Maiest. Chur und Fürsten, Graffen, Freyherrn [...]«, Frankfurt a. M.

1589–96 Pietro Bertelli, »Diversarum Nationum Habitus [...]«, Patauji (3 Bde. Kupferstiche).

1590 Cesare Vecellio (ein Neffe Tizians), »De gli habiti antichi et moderni di diverse parti del mondo«, Venedig (418 Holzschnitte).

17. Jahrhundert

Berühmte Zeichner und Stecher:

In Frankreich: Jacques Callot (1592–1635), Jean le Pautre (1618–83), Abraham Bosse (1620–76), Nicolas Bonnart (1636–1718), Henri Bonnart (1642–1711), Robert Bonnart (1652 – nach 1729), Jean-Baptiste Bonnart (1654–1726), Jean-Baptiste Henri Bonnart (1678–1726), Jean Bérain (1637–1711), Antoine Trouvain (1656–1708), Bernard Picart (1673–1733), Nicolaus Arnoult, Jean Dieu de Saint Jean.
In Deutschland: Wenzel Hollar (1607–77).
In Holland: Romeyn de Hooghe (1645–1708).
Ansonsten folgten dt. Modeillustratoren weitgehend frz. Darstellungen.
Hinzu kamen Modebeschreibungen in den sog. galanten Zeitschriften (Zeitschriften mit kulturellen Themen).

1601 Anton Möller, Danziger Frauentrachtenbuch: »Omnium statuum feminei sexus ornatus«, Danzig. Jean de Glen, »Des Habits, Moeurs, Cérémonies, Façons de faire anciennes & modernes du Monde [...]«, Liège (104 Holzschnitte, Großteil Kopien aus Vecellio 1590).

um 1610 Giacomo Franco, »Habiti delle Donne Venetiane intagliate in rame«, Venedig.

1611–48 »Le Mercure François« (jährl. Chronik mit Berichten über Feste).

1639/40 Wenzel Hollar, »Ornatus Muliebris Anglicanus or the Several Habits of English women from the Nobilitie to the Country [...]«, London (26 Taf.).

1643 Wenzel Hollar, »Theatrum Mulierum [...]«, London (48 Taf.).

1643/44 Wenzel Hollar, »Die großen Jahreszeiten«.

1644 Wenzel Hollar, »Aula Veneris [...]«, London.

um 1670/80 Jean Louis Bérain, »Maskenanzüge«, Paris.

1672–1723 »Mercure Galant«, Hrsg. Jean Donneau de Vizé, Paris (und verschiedene lokale Ausg., sporadisch mit kurzen, dennoch bemerkenswerten Modeberichten, selten – so 1678/79 – mit Modegravuren; 1724–91 Forts. »Mercure de France«, bis 1729 mit Modeberichten, danach politische Zeitschrift).

um 1695 Sébastien le Clerc, »Divers Costumes Français du Règne de Louis XIV.«, Paris.

18. Jahrhundert

Berühmte Zeichner und Stecher:

In Frankreich: Charles Nicolas Cochin (1688–1754), Nicolas Bonnart (1689–1762), Hubert François Gravelot (1699–1773), Augustin de Saint-Aubin (1736 bis 1807), Jean Michel Moreau, gen. Moreau le Jeune (1741–1814), Claude Louis Desrais (1746–1816).
In England: William Hogarth (1697–1764), Isaac Cruikshank (1756–1810/11), Thomas Rowlandson (1756–1827), James Gillray (1757–1815).
In Deutschland: Daniel Chodowiecki (1726–1801), Ernst Ludwig Riepenhausen (1765–1840).

1703 Abraham a Santa Clara, »Neu eröffnete Welt-Galleria [...]«, Stecher Christoph Weigel, Nürnberg.

um 1720–30 Bernard Picart, »Diverses Modes dessinées d'après nature«, Paris.

1725–26 Bernard Lens, »The Exact Dress of the Head Drawn from Life at the Court, the Opera [...]«, London (87 Bl.).

1729 Antoine Hérisset, »Recueil des différentes modes du Temps«, o. O.

um 1730 J. M. Motz, »Augsburger Bürgertrachten« (kolorierte Kupferstiche, ausgeschnitten und mit Textilien unterlegt).

1744 Hubert François Gravelot, Modegravuren, u. a. »Grandes figures de Mode«, Paris.
Eigentliche Modejournale kamen in der 2. Hälfte des 18. Jh.s auf, waren jedoch bis ins 19. Jh. hinein meist von kurzer Erscheinungsdauer. Wichtige Informationen bieten nunmehr auch die sehr beliebten Modealmanache.

1758–59 »Der neuen Moden und Galanterie-Zeitung«, Erfurt (nur mit Vorbehalt als Modejournal zu bezeichnen, da bei den Gravuren nicht die Mode im Mittelpunkt steht).

1765 Le Gros de Rumigny, »L'Art de la Coëffure des dames dans le nouveau goût d'aprésent«, Paris.

1767–70 Le Gros de Rumigny, »L'Art de la Coëffure des dames dans françoises avec des estampes«, Paris.
1768–70 »Courrier de la Mode ou le Journal du Goût«, Paris (monatl.; erstes periodisches Journal zum Thema Mode, jedoch ohne Abb.).
1770 »Almanach de la Toilette et de la Mode pour l'année)«, Dresden (noch ohne Modebilder).
1770–1843 (mit Unterbrechungen) »The Lady's Magazine, or Entertaining Companion for the Fair Sex«, London (monatl.).
1772–73 »The Macaroni and Theatrical Magazine or Monthly Register of the Fashions and Diversions of the Times«, London (Hauptaufgabe Modeberichte).
1774 »Almanach Nouveau ou Recueil des plus Jolies Coëffures à la Mode«, hrsg. von dem Friseur Davault, Paris.
1774–83 Jean Michel Moreau le Jeune, »Monument du Costume. Suites d'estampes pour servir à l'histoire des mœurs et du costume des Français dans le dixhuitième siècle«, Paris (3 Folgen).
1776 Jacques Esnault und Michel Rapilly, »1ère Suite des Costumes François pour les Coëffures depuis 1776; 2e Cahier des Nouveaux Costumes Français pour les Coëffures; 3e Cahier des Modes Françaises pour les Coëffures depuis 1776«, Paris.
1777–89 »La Feuille sans Titre«, Amsterdam (erste niederl. Zeitschrift – in frz. Sprache! – mit Modenachrichten), fortges. bis 1789 als »L'indicateur«.
1778 »Neuester Moden-Almanach auf das Jahr 1778«, Wien (mit 12 Modekupfern).
1778–87 »Gallerie des Modes (et Costumes Français)«, Hrsg. J. Esnaut und M. Rapilly, Paris (unregelmäßig, mit 342 Modekupfern von C.-L. Desrais, P.-T. Le Clerc, Moreau le Jeune, F.-L.-J. Watteau (nach 1783), A. de Saint-Aubin (1786/87), koloriert von Mme. le Beau, mit kurzer Beschreibung).
1782–89 »Magazin für Frauenzimer«, ab 1787 »Neues Magazin für Frauenzimmer«, Straßburg.
1785–86 »Cabinet des Modes«, Hrsg. F. Buisson, Paris (eigtl. erstes frz. Modejournal), 3 x monatl. (ab Nov.) als:
1786–89 »Magasin des Modes Nouvelles Françaises et Anglaises«, Paris (mit hervorragenden Gouachen; auch in Wien, verlegt von Hieronymus Löschenkohl).
1786–95 »Giornale delle Dame e delle Mode di Francia«, Florenz.
1786–1828 »Journal des Luxus und der Moden« (Titel kurzzeitig abgeändert), Hrsg. Friedrich Justin Bertuch, ab 1811 Carl Bertuch und Georg Melchior Kraus, Weimar (monatl.; mit kolorierten Kupferstichen und Radierungen).
1787–89 »Pandora oder Kalender des Luxus und der Moden für das Jahr 1787« (usw.), Hrsg. Friedrich Justin Bertuch und Georg Melchior Kraus, Weimar/Leipzig.
1787–89 »Mode-Fabriken- und Gewerbszeitung«, Prag (Nachstiche aus »Magasin des Modes«).
1788–1808 »Journal für Fabrik, Manufaktur, Handlung (ab 1793) und Mode«, Leipzig (mit Kopien guter Originale und mit Stoffproben).
1790–93 »Journal de la Mode et du Goût«, Red. M. Le Brun, Tossa de Pierrelatte, Paris (10-tägig; es erschien anschließend ein gleichnamiger Almanach).
1791–94 »Kabinet van Mode en Smaak«, Haarlem.
1794–1803/04 »Gallery of Fashion«, Hrsg. Niklaus Wilhelm von Heideloff, London (monatl.; mit handkolorierten Aquatinten).
1794–97 gab es keine frz. Modejournale. »Gallery of Fashion« übernahm deren Stellung.
1797–99 »Tableau général du goût des modes et costumes de Paris«, Paris (14-tägig).
1797–1839 »Journal des Dames et des Modes« (mit Modekupfern »Costume(s) Parisien(s)«), Hrsg. Pierre de la Mésangère, Paris (5tägig; vielfach auch als »Le La Mésangère« bekannt; in Frankfurt a.M. erschien 1798–1848 ein Modejournal gleichen Titels mit einer Übersetzung der frz. Modebeschreibungen und gekürzten Texten; wöchentl.). Druckgraphische Blätter erschienen daraus auch getrennt in Serien unter verschiedenen Titeln, wie:
1797–1821 »Costumes parisiens de la fin du XVIIIe siècle et du commencement du XIXe siècle« (mit 100 Abb.).
1798–1808 »Modes et Manières du jour«, Hrsg. La Mésangère, Paris (52 Ill. von P. L. Debucourt).
1798–1806 »Magazin des neuesten Geschmacks in Kunst und Mode«, Leipzig (nicht an Frankreich orientiert).
1799–1903 »Allgemeine Moden-Zeitung. Eine Zeitschrift für die gebildete Welt«, Hrsg. J. A. Bergk, Leipzig (2 x wöchentl.).

19. Jahrhundert

Bekannte Illustratoren und Stecher:

In Frankreich: Honoré Daumier (1808–79), Jules David (1808–92), Horace Vernet (1789–1863), Anaïs Toudouze (1822–99), Héloïse Leloir (1820–73).
In England: George Cruikshank (1792–1878), John Leech (1817–64).
In Deutschland: Philipp von Stubenrauch (1784 bis 1848). Die dt. Modejournale übernahmen meist Modezeichnungen aus Pariser Journalen.

1800–17 »Le Bon Genre«, Hrsg. P. de La Mésangère, Paris (Serie von 104 Modekarikaturen).
1801–18 »Hamburgisches Journal der Moden und Eleganz«, Hamburg (monatl.).
1801–59 »Zeitung für die Elegante Welt«, Jg. 47 und 48 »Die Mode. Zeitung für die Elegante Welt«, Leipzig (3x wöchentl.; ab 1843 Red. Heinrich Laube; mit Beiträgen von Jean Paul, A.W. Schlegel, J. W. Goethe, L. Tieck, E.T.A. Hoffmann).
1802–35 »Meubles et Objets de Goût«, Hrsg. P. de la

Mésangère, Paris (Serie von 18 Modeill. pro Jahr mit erklärendem Text).
1803–06 »Miroir de la Mode«, Hrsg. Mme. Lanchester (Modeschöpferin), London.
1806–10 »Le Beau Monde«, Hrsg. S. R. Bell, London.
1806–36/37 »La Belle Assemblée«, Hrsg. John Bell (daher auch »Bell's Court«), London.
1806–56 »Allgemeine Theaterzeitung und Originalblatt für Kunst, Literatur, Musik, Mode und geselliges Leben« (Titeländerungen), Hrsg. Adolf Bäuerle, Wien.
1809–28 »The Repository of Arts, Literature, Commerce, Manufacture, Fashion and Politics«, ab 1816 »The Repository of Arts, Literature, Fashions and Manufactures«, Hrsg. Rudolf Ackermann (daher auch »Ackermann's Repository«), London (monatl.).
1810–18 »Incroyables et Merveilleuses«, Hrsg. P. de La Mésangère, Paris (33 Abb.).
1814–22 »Almanach des Modes«, Hrsg. Rosa, Paris.
1816–48 »Wiener-Moden-Zeitung und Zeitschrift für Kunst, schöne Literatur und Theater« (zeitweilige Titeländerungen), ab 1817 »Wiener Zeitschrift für Kunst, Literatur, Theater und Mode«, Hrsg. Wiener Moden-Verein zur Hebung inländischer Industrie, Wien (3 x wöchentl.; Zeichnungen u. a. von Stubenrauch, Ender und Stöber).
1817–27 »Costumes des marchands et ouvrières«, Paris (50 Abb.).
1817–28 »Costumes des Parisiennes de haute et moyenne classe«, Paris.
1818–23 »L'Observateur des Modes«, Paris.
1821–27 »Costumes des femmes de Hambourg, du Tyrol [...]«, Paris (142 Abb.).
1821–68 »Petit Courrier des Dames. Annonces des Modes, des Nouveautés et des Arts«, ab 1865 mit dem »Journal des Demoiselles« (s. 1833) vereint; Hrsg. Société de femmes de lettres et d'artistes (zunächst ausschließlich Frauen), Paris (5-tägig; Aufl.: 2000–2800 pro Jahr).
1827–46 »Neue Pariser Modeblätter«, Hamburg/ Leipzig.
1828–47/48 »Der Spiegel. Blätter für Kunst, Industrie und Mode« (ab 1842 zweimalige Abänderung des Titels), Pest-Ofen (wöchentl.).
1829–55 »La Mode – Revue du Monde Élégant«, Paris (wöchentl.; April 1830 bis Juli 1831 mit Blättern von Paul Gavarni, zeitweilige Mitarbeit von Honoré de Balzac). (Die Brüder Goncourt gaben 1873 ein Buch »Gavarni« heraus.)
1829–82 »Le Follet. Courrier des Salons«, Hrsg. seit 1830 Th. Lafuite, Paris (wöchentl.; höchste Gesamtaufl. z. Z. der Juli-Monarchie: 3714; erscheint in USA ab 1843, in England 1849–53, in Italien 1850–62, in Deutschland 1848–71).
1830–96 »Journal des Tailleurs« (Herrenjournal), Paris (14-tägig, später monatl.).
1832–34 »L'Iris. Album de l'Élégance«, Paris (14tägig).
1832–42 »Schnellpost für Moden – Blätter für in- und ausländische Literatur« (3 x Titeländerung), Leipzig (wöchentl.; mit Original-Modekupfern des »Petit Courrier des Dames«).
1832–49 »Berliner Modenspiegel. Eine Zeitschrift für die elegante Welt«, Hrsg. W. von Kesteloott, Berlin.
1833–34 »Journal des Gens du Monde«, Paris (Hrsg. und ill. von Gavarni).
1833–1922 »Journal des Demoiselles«, ab 1869 »... et Petit Courrier des Dames«, Paris (monatl.; bis 1848 nur unregelmäßig Modebilder, ab 1858 aus dem »Petit Courrier des Dames, s. 1821, übernommen).
1834–84 »Le Bon Ton. Journal de Modes, Littérature, Beaux-Arts, Théâtres, etc.« Paris (wöchentl. Aufl. 900–2700 z. Z. der Juli-Monarchie).
1836–40 »La Moda. Giornale dedicato al bel sesso«, Mailand (2 x wöchentl.).
1836–71 »Le Journal des Modes d'Hommes«, Paris.
1836–1905 (mit kurzen Unterbrechungen) »Le Caprice«, Paris (meist 14-tägig).
1837–78 »Le Psyché«, Paris (wöchentl.).
1837–81 »Paris Élégant«, Paris (14-tägig).
1839–48 »Pariser Moden-Journal«, nach 1842 »Neuestes Pariser Modenjournal«, Ulm (erstes dt. Modejournal mit Schnittmustern).
1839–85 »La Sylphide, Journal de modes, de littérature, de théâtre et de musique«, Paris (wöchentl.; Ill. von Gavarni, Leloir).
1841–71 »Die Wiener Elegante« (Modefachzeitschrift), Hrsg. W. Kratochwill, Wien (14-tägig; mit je 3 Modebildern und technischer Tabelle für Zuschnitte).
1841–1905 »Le Caprice, Journal de la Lingerie«, Paris.
1842–89 »Le Petit Messager des Modes«, Paris (14-tägig).
1842–91 »The London and Paris Ladies'‹ Magazine of Fashion«, London.
1843–85 »Les Modes Parisiennes (Ilustrées, Journal de la bonne Compagnie)« (Titel seit 1844, zuvor »Le Musée des Modes Parisiennes«), Paris (wöchentl.).
1843–1913 (mit Unterbrechungen) »Le Moniteur de la Mode. Journal du Grand Monde«, Paris (10-tägig; Zeichner u. a. Jules David).
1844–66 »Allgemeine Muster-Zeitung. Album für weibliche Arbeiten und Moden«, ab 1866 vereint mit »Damenkleider-Magazin«, Stuttgart (14-tägig).
1847–51 »Der Wiener Galanthomme. Original-Modeblatt für Herrenkleidermacher«, Wien (monatl.).
1847–92 »Le Conseiller des Dames«, Paris (monatl.).
1849–65 »Iris. Original-Pariser- und Wiener-Moden-, Muster- und Kleider-Magazin für Damen«, Wien; nach 1850 »Iris. Pariser Moden-, Muster- und Kleider-Magazin« (5 Titeländerungen folgten), Graz (wöchentl.).
1851–79 »Victoria. Illustrirte Muster- und Modezeitung«, Berlin (wöchentl.; ab 1879 vereint mit »Berliner Modeblatt«, ab 1881 mit »Modewelt«).
1853–1902 »Journal des Dames et des Demoiselles«, Paris (14-tägig, später wöchentl.).

1854–90 »La France Élégante. Journal des Modes« (Untertitel auch »Journal des dames et des salons«), Paris (14-tägig).

1854–1902 »Le Moniteur des Dames et des Demoiselles et la Brodeuse Illustrée Réunis, Littérature, Modes, Beaux Arts« (zeitweilige Titeländerung), Paris (monatl.; Zeichner u. a. Jules David).

1855–1936 »Der Bazar. Illustrirte Damen-Zeitung« (auch niederl. und ital. Ausg.), Hrsg. L. Ullstein, Berlin (monatl. 2 Doppelnummern).

1856–58 »Hermann Gerson's Mode-Zeitung«, Berlin (qualitätvoll).

1856–62 »La Mode Nouvelle«, Paris (Forts. von »La Mode«, s. 1829).

1857–59 »Le Stéréoscope«, Hrsg. A. M.de Lilliers, Paris (darin 1857 Veröffentlichung der ersten Modefotos als Stereobilder).

1857–1905 (mit Unterbrechungen, u. a. 1882–87) »Le Courrier de la Mode«, Paris (monatl., nach 1887 wöchentl.).

In den 1860er und 1870er Jahren gab es Modefotos in Visitenkartenformat, die wahrscheinlich von Schneidern und Modehändlern zu Werbezwecken angefertigt wurden.

1860–1923 »Universal Moden-Zeitung«, Dresden.

1860–1937 »La Mode Illustrée«, Paris (wöchentl.).

1865–1932 »Die Modenwelt. Illustrirte Zeitung für Toilette und Handarbeiten« (in 14 Sprachen übers.; engl. »The Season«, frz. »La Saison« (1867–97), Hrsg. Franz (1838–1906) und Frieda von Lipperheide, Berlin (14-tägig; daraus ging 1874 die »Illustrirte Frauen-Zeitung« hervor).

1866–1910 »Le Printemps«, Paris.

1868–1901 »Die Coiffure. Zeitschrift für Kopfputz und Frisur«, Berlin.

1869–1922 »Journal des Demoiselles et Petit Courrier des Dames« (s. 1821), Paris.

1872–1913 »Revue de la Mode. Gazette de la Famille«, Paris (wöchentl.; Zeichner u. a. Jules David).

1874–75 »La Dernière Mode«, Text von Stéphane Mallarmé, Paris (14-tägig).

1875–93 »Myra's Journal of Dress and Fashion«, London.

1876–1914 »Le Salon de la Mode«, Paris (wöchentl.).

1878–1923 »Frauen- und Modenzeitung für die Schweiz«, Zürich.

1880–1967 »L'Art de la Mode. Journal de la Vie Mondaine«, nach 1919 »L'Art et la Mode« (Organ der Pariser Haute Couture; im Nov. 1880 brachte es als eines der Ersten ein gedrucktes, ganzseitiges Modefoto), Paris (wöchentl.).

1886 ff. »Dies Blatt gehört der Hausfrau«, Hrsg. Friedrich Schirmer, Berlin (ab 1905 Hamburg; ab 1954 »Brigitte«; wöchentl., 1941–50 monatl., danach 14-tägig).

1886–99 »London Journal of Fashion«, London.

1887–1937 »Wiener Mode«, Wien (14-tägig).

1890–1917 »Die elegante Mode. Illustrirte Zeitung für Mode und Handarbeiten«, 1918–32 vereint mit »Große Modenzeitung«, 1937–40 Forts. als »Neue Modenwelt« und 1941–43 als »Modenwelt«, Berlin.

1890–1955 (mit Unterbrechung 1944–50) »Das Blatt der Hausfrau. Oesterr.-ungar. Zeitschrift für Angelegenheiten des Haushaltes«, Hrsg. Friedrich Schirmer, Wien (14tägig; Forts. 1954 als »Brigitte«).

1891–1965 »La Mode Pratique. Revue de la Famille«, Paris (wöchentl.; bereits von den ersten Jahren an mit Gravuren nach Fotovorlagen sowie Fotos von Leopold Reutlinger, s. 20. Jh.).

1892–1913 »Wiener Chic. Mode-Journal«, Hrsg. B. Finkelstein, Wien (monatl.).

1893–1910 »Cutter's Gazette«, ab 1895 »Master Tailor's and Cutter's Gazette of Fashion«, London.

1894–1909 »The Queen. The Lady's Newspaper & Court Chronicle«, London (14-tägig).

1895–1934 »Sport im Bild. Das Blatt der guten Gesellschaft«, Berlin (Forts. s. 1934 »Der Silberspiegel«).

1897–1934 »Le Miroir des Modes«, Paris (monatl.).

20. Jahrhundert

Bekannte Illustratoren:

In Frankreich: Francisco Javier Gosé (1876–1915), Raoul Dufy (1877–1953), Umberto Brunelleschi (1879–1949; Italiener), Bernard Boutet de Monvel (1881–1949), Georges Barbier (1882–1932), André Édouard Marty (1882–1974), Paul Iribe (1883–1935), Charles Martin (1884–1934), Étienne Drian (1885–1961), Pierre Brissaud (1885–1964), Robert Bonfils (1886–1952), Georges Lepape (1887–1971), Édouard Garcia Benito (1891–1953; Spanier), Carl Erickson (Eric; 1891–1958; Schwede), Erté (Romain de Tirtoff; 1892–1990), Pierre Mourgue (geb. 1892?), Christian Bérard (gen. Bébé, 1902–1949), René Bouët-Willaumez (1900–74), Arnoud Guy (gest. 1951), René Bouché (1906–1963), René Gruau (1910–2004), Pierre Louchel (1906–88), Bernard Blossac (1913–?), Antonio (Lopez; 1943–87), Werner (Bernskötter, 1950–1991; Deutscher), Ruben Alterio (geb. 1949; Brasilianer), Pierre Le-Tan (geb. 1950), Mats Gustafson (geb. 1952; Schwede), Jean-Philippe Delhomme (geb. 1959), Edmond Kiraz, Carlotta.

In Deutschland: Paul Scheurich (1883–1945), Gerda Wegener (1889–1940), Annie Offterdinger (1894–?), Ludwig Kainer (1885–?), Ernest Deutsch-Dryden (1887–1939), Lieselotte Friedländer (1898–1973), Gerd Hartung (1913–2004), K. T. Garden (geb. 1903), Marietta Riederer (1906–86), Gerd Grimm (1911–98).

In Italien: Lorenzo Mattotti (geb. 1954), Tony Viramontes (geb. 1961), François Berthoud (Schweizer, geb. 1961).

In Spanien: Jordi Labanda (geb. 1968).

In Großbritannien: Jason Brooks (geb. 1969).

In USA: Marcel Vertès (Ungar, 1895–1961), Ruben Toledo (geb. 1961), Kareem Iliya (geb. 1967), Anja Kroencke (geb. 1968).

Bekannte Modefotografen:

In England: William Fox Talbot (1800–77), Sir Cecil Beaton (1904–80), Norman Parkinson (1913–90), David Bailey (geb. 1938), Anthony Armstrong-Jones (geb. 1930), David Hamilton (geb. 1933), Peter Knapp (auch Deutschland), Nick Knight (geb. 1958).

In Italien: Oliviero Toscani (geb. 1942), Paolo Roversi (geb. 1947), Mario Testino (geb. 1954).

In Österreich: d'Ora (Dora Philippine Kallmus, 1881–1963), Arthur Benda (1885–1969), Elfie Semotan (geb. 1941).

In Frankreich: Paul Nadar (1856–1939), Léopold Reutlinger (1863–1937), Adolphe de Meyer (1868–1946), Henri Manuel, Paul Boyer, Helmut Newton (1920–2004; Australier dt. Abstammung), Guy Bourdin (1928–91), Jeanloup Sieff (geb. 1933), Karl Lagerfeld (geb. 1938), Dominique Issermann (geb. 1947), David LaChapelle (geb. 1952), Inez van Lambsweerde (geb. 1963).

In Deutschland: Imre von Santho (1900 – nach 1945), Yva (Else Neuländer-Simon) (1900–42), Charlotte Rohrbach (1902–81), Regina Relang (1906–89), Hubs (Hubertus Augustinus) Flöter (1910–76), Karl-Ludwig Haenchen (geb. 1911), Herbert Tobias (1924–82), F. C. Gundlach (geb. 1926), Gisela Them (geb. 1928), Charlotte March (geb. 1930), Peter Lindbergh (geb. 1944), Willy Maywald (1907–85), Rico Puhlmann (1934–96), Christin Losta (geb. 1947), Rainer Leitzgen (geb. 1961), Wolfgang Tillmans (geb. 1968), Jürgen Teller (geb. 1964).

In den USA, z. T. für »Vogue« (Frankreich): Edward Steichen (1879–1973), Man Ray (Emmanuel Rudnitzky, 1890–1977), Erwin Blumenfeld (1897–1969), George Hoyningen-Huene (1900–68; Russe), Horst P. Horst (geb. 1906–99), Irving Penn (geb. 1917), Richard Avedon (1923–2004), William Klein (geb. 1928), Bert Stern (geb. 1929), Franco Rubartelli, Francesco Scavullo, Bruce Weber (geb. 1946), Herb Ritts (geb. 1952), Cindy Sherman (geb. 1954), Steven Meisel (geb. 1954), Ellen von Unwerth (geb. 1954), Annie Leibowitz.

1900–48 »La Mode Parisienne«, Paris/Wien (monatl.).
1901–37 »Les Modes«, Paris (monatl.; mit Fotos von Reutlinger und Nadar).
1901–56 »Fémina«, Paris (14-tägig bis monatl., in Kriegszeit alle 3 Monate; mit Fotos von Nadar und Reutlinger).
1903–14 »The Gentleman«, Berlin.
1904–21 »Die Mode«, Berlin.
1904–37 »Modern Style«, London.
1907–36 »Mademoiselle«, Paris (monatl.).
1908 Paul Iribe, »Les Robes de Paul Poiret«, Album, Hrsg. Paul Poiret, Paris (limit. Aufl.; handgeschöpftes Papier, handkolorierter Schablonendruck).
1910–28 »Fashion. Zeitschrift für Herrenkleidung«, Berlin.
1910 ff. »Women's Wear Daily«, Hrsg. J. Fairchild, New York (tägl. [!]).
1911 Georges Lepape, »Les Choses de Paul Poiret vues par Georges Lepape«, Album, hrsg. von Paul Poiret, Paris (limit. Aufl.; handkolorierter Schablonendruck auf handgeschöpftem Papier).
1911–71 »La Femme Chic«, Paris (vierteljährl.).
1912–14 »Journal des Dames et des Modes«, Paris (10-tägig; Texte u. a. von Anatole France (Vorw.) und Gabriele D'Annunzio (s. a. 1919); z. T. mit den Illustratoren der »Gazette du Bon Ton«, s. 1912–25).
1912–25 »Gazette du Bon Ton. Arts, Modes & Frivolités«. Hrsg. Lucien Vogel (bis 1924), Paris (unregelm.; finanziert durch die Grands Couturiers Chéruit, Dœuillet, Doucet, Paquin, Poiret, Redfern und Worth; unterbrochen 1915–20, stattdessen billigere Version »Le Style Parisien«, nach 1916 »Les Élégances Parisiennes«; ansonsten Pochoir-Technik auf handgeschöpftem Büttenpapier; Illustratoren: Bakst, Barbier, Boutet, Brissaud, Drian, Dufy, Erté, Gosé, Iribe, Lepape, Martin, Marty und de Monvel; in den 1920er Jahren mit individuellen Zeichnungen im dekorativen Art-Déco-Stil; Texte u. a. von Jean Giraudoux und Roger-Marx; dt. Ausg. von Paul Cassirer).
1912–43 »Die Dame«. Illustrierte Frauenzeitung«, Berlin (Forts. der seit 1874 erscheinenden »Illustrirten Frauenzeitung«; Illustrator u. a. Ernest Dryden; erstes dt. Modejournal mit Modefotos).
1912–69 »Elegante Welt«, Berlin/Stuttgart (seit 1970 zusammen mit »Madame«).
1914–20 »Der Herr. Zeitschrift für elegante Herrenmode«, Berlin.
1914–24 »Gustav Lyons Modealbum«, Berlin. Während des 1. Weltkriegs mußten die Herausgabe vieler Modejournale eingestellt oder billigere Versionen geliefert werden. Insgesamt wurden in dieser Zeit nur sehr wenige M. gegründet:
1916–24 »Die Herrenwelt«, Berlin.
1916 ff. »Vogue«, engl. Ausg., London (seit 1892 amerik. Ausg.), Condé Nast Verlag (monatl.; »Vogue« konnte so bedeutende Künstler wie Salvador Dalí, Erté, Giorgio de Chirico, Jean Pagès, Coltelacci, Benito, Brunelleschi, Bérain, Gruau u. a. verpflichten).
1917–24 »Mode für Alle«, Wien.

1918 ff. »Vogue«, frz. Ausg., Paris.
1919–39 »Journal des Dames et des Modes«, Paris (s. 1912–14).
1920–36 »Très Parisien«, Paris (mit Gouachen).
1920–39 »Revue des Modes«, Paris/Wien (monatl.).
1921–33 »Art, Goût, Beauté, Feuillet de l'Élégance, Féminine«, Paris (monatl.).
1921–77 »La Mode du Jour«, Paris (wöchentl.).
1921 ff. »L'Officiel de la Couture et de la Mode de Paris«, Paris (8 x jährl.).
1921 ff. (mit Unterbrechung 1971–77) »Le Jardin des Modes«, Hrsg. Lucien Vogel (bis 1923), Paris (monatl.).
1922–24 »Styl. Blätter für Mode und die angenehmen Dinge des Lebens«, Hrsg. Verband der dt. Modeindustrie, Berlin (finanziert durch die Modeschöpfer Friedländer, Gerson, Gerstel, Löwenthal, Manheimer, Marbach, Friedmann & Weber; Zeichnungen u. a. Annie Offterdinger).
1922–38 »La Femme, le Sport, la Mode«, Paris.
1924–30 »Die deutsche Elite. Das Blatt der Gesellschaft«, Berlin.
1924 ff. »Femme d'Aujourdhui«, Genf (wöchentl.).
»Meyers Modeblatt«, Zürich (wöchentl.).
1927–31 »Der Modediktator« (Herrenmodejournal), Hrsg. Baron von Eelking, Berlin/London/Paris (Forts. »Das Herrenjournal«).
1927 ff. »Arbiter«, Mailand (Herrenmode: 3 x jährl.).
»Grazia«, Rom.
1929–42/43 »Die neue Linie«, Berlin/Leipzig.
1931–81 »Das Herrenjournal«, Köln (s. 1927 bis 1931).
1933 ff. »Eva«, Mailand.
1934–43 »Der Silberspiegel«, Verlag Scherl, Berlin (ehem., seit 1895, »Sport im Bild«).
1934–64 (mit Unterbrechungen) »Hermelin. Illustrierte Monatsschrift für Pelz und Mode«, Berlin/Leipzig.
1935 ff. »Tout Pour Vous«, Lugano.
1937 ff. (mit Unterbrechung 1941–46) »L'Officiel de la couture de la mode de Paris«, Paris.
»Marie-Claire«. Paris (wöchentl., später monatl.).
1938 ff. »Annabelle«, Zürich.
»Gioia«, Mailand.
1943 ff. »Elegance«, Amsterdam (monatl.).
1944 ff. »Marie France«, Paris.
1945–48 »Chic«, Berlin.
1945 ff. »Berlins Modenblatt«, Berlin.
»Elle«, Paris.
»Elegantissima«, Mailand (vierteljährl.).
1947 ff. »Pramo«, Leipzig (monatl.).
1948–70 »Constanze« (mit »Brigitte«, s. 1954 ff.), Hamburg.
1948 ff. »Neue Mode«, Hamburg (monatl.).
»Chic«, Köln (monatl.).
1949 ff. »Donne Eleganti«, Mailand.
»burda Moden«, Offenburg.
1950 ff. »Vogue«, ital. Ausg., Mailand.
1950–52 »Figaro«, fortges. als:
1952 ff. »Madame«, München (monatl.).
1953 ff. »Femme Chic«, Paris (vierteljährl.).
»Linea Maglia«, Mailand (vierteljährl.).
1954 ff. »Jours de France«, Paris.
»Marie Claire«, Paris (monatl.).
»Brigitte« (ehem., seit 1886, »Dies Blatt gehört der Hausfrau«, seit 1970 »Brigitte mit Constanze«), Hamburg. (1944–47 unterbrochen.)
1955 ff. »Chérie Moda«, Mailand.
1958–90 »Mode«, Hrsg. Mode-Institut der DDR Leipzig.
Seit den 1960er Jahren lassen Redaktionen von Modezeitschriften auch eigene Modelle ausführen.
1961 ff. »Vogue«, ital. Ausg., Mailand.
»L'Homme«, Paris.
1963 ff. »Spectrum der Herrenmode«, Niederlande (2 x monatl.).
1964 ff. »Petra« (ab 1969 »Petra, die moderne Frau«), Hamburg (monatl.).
1965 ff. »Linea Italiana«, Mailand.
1966 ff. »Lui«, Paris.
»Rendez-Vous de la Mode«, Zürich (halbjährl.).
»Hers«, London.
»Mode Chic de Paris«, Paris.
»Freundin«, München.
1969 ff. »Harper's Bazaar«, ital. Ausg., Mailand.
1973 ff. »Vogue Hommes«, Paris (10 x jährl.).
1975 ff. »L'Homme«, Paris.
1979 ff. »Vogue«, dt. Ausg., München (monatl.).
»Men's Harper's Bazaar«, Mailand (alle 2 Monate).
1985 ff. »Männer Vogue«, München; 1997 umbenannt in »GQ« (monatl.).
»Harper's Bazaar«, München (alle 2 Monate).
1986 ff. »Up(to)date«, Overath (2 x jährl.).
1988 ff. »Elle« (monatl.).
1989 ff. »Collezioni donna«, Modena (4 x jährl.).
»Uomo Collezioni«, Modena.
»Accessori Collezioni«, Modena. »Bambini Collezioni«, Modena (2 x jährl.).
1990 ff. »Marie Claire« (monatl.).

Modejournale, Sekundärliteratur

Abadas, Bea: Spielball der Mode. Von der ersten deutschen Frauen- zur Modezeitschrift. Münster 1996.
Ackermann's Costume Plates. Women's Fashions in England. 1818–1828. Hrsg. von Stella Blum. New York 1978.
Adler Davis, Shane: Lucien Vogel. In: Costume. Nr. 12. 1978.
Bleckwenn, Ruth (Hrsg.): Gazette du Bon Ton. Eine Auswahl aus dem 1. Jahrgang der Modezeitschrift (1912/13). Dortmund 1980.
Betzler, Judith (Hrsg.): Aenne Burda – Die Macht des Schönen. Zum 90. Geburtstag von Aenne Burda. München 1999.
Buxbaum, Gerda: À la mode. Die Modezeitschriften des 19. Jh.s. Dortmund 1983.
Costume. The Journal of the Costume Society. De-

partment of Textiles, Victoria and Albert Museum. London 1965 ff.
Die Dame. Ein deutsches Journal für den verwöhnten Geschmack 1912 bis 1943. Hrsg. und zsgest. von Christian Ferber. Berlin 1980.
Devlin, Polly: Vogue 1920–1980: Moda, immagine, costume. Mailand 1980.
Fortassier, Rose: Les écrivains français et la mode de Balzac à nos jours. Paris 1988.
French Fashion Plates in Full Color from the Gazette du Bon Ton (1912–1925). New York 1979.
Furbank, P. N. / Cain, A. M.: Mallarmé on Fashion. A Translation of the Fashion Magazine La Dernière Mode, with Commentary. London 2004.
Jaacks, Gisela: Modechronik, Modekritik oder Modediktat? Zu Funktion, Thematik und Berichtstil früher deutscher Modejournale. In: WuK. Bd. 24. München 1982. [Lit.]
Journal des Dames et des Modes. 1985. Het Hoogtijd van de Louis-Philippe-Mode. Einf. von Mary de Jong. Amsterdam 1981.
Journal des Luxus und der Moden. Kolorierte Kupferstiche aus Deutschlands erster Modezeitschrift. Ausgew. und erl. von Christina Kröll. Dortmund 1979.
Kleinert, Annemarie: Die Auflagen französischer Modezeitschriften aus der Zeit der Juli-Monarchie (1830–1848). In: Publizistik 24 (1979) H. 1.
– Die frühen Modejournale in Frankreich. Studien zur Literatur der Mode von den Anfängen bis 1848 und Zeitschriftenverzeichnis bis 1926. Berlin 1980.
Lambert, Eleanor: World of Fashion. New York / London 1976. [Auswahl weltweit aktueller Modejournale.]
Latour, Anny: Das Modejournal. In: CR. Nr. 12. 1959.
Lott-Almstadt, Sylvia: Die ersten 100 Jahre Brigitte. Chronik einer Frauen-Zeitschrift. Hamburg 1986.
Packer, William: The Art of Vogue. Covers 1909 bis 1940. London 1981.
Pariser Mode vor 100 Jahren. 52 Modebilder von Jules David aus dem »Moniteur de la Mode« – Jahrgang 1879. Nachw. von Ruth Bleckwenn. Dortmund ^{2}1979.
Pariser Modelle, Journal des Dames et des Modes. Einf. von Christina Nuzzi. 2 Bde. Genf 1980–1981.
So herrliche Kleider. Bilder aus dem »Courrier des Dames« (1826). Nachw. von Gretel Wagner. Dortmund 1982.
Streit der Moden. Modejournale von 1780 bis 1930. Ausst.-Katalog der Stadt Bielefeld 1996.
Wagner, Gerhard: Von der Galanten zur eleganten Welt. Das Weimarer Journal des Luxus und der Moden 1786–1827 im Einflußfeld der englischen industriellen Revolution und der französischen Revolution. Hamburg 1994.
– Modezeitschriften der Zwanziger Jahre aus Berliner Verlagen: »Deutsche Elite«, »Vogue«, »Blau-Rot«. WuK. Bd. 45. 2003.
Zeitschrift für historische Waffenkunde. Berlin 1897–1920. Als: Zeitschrift für historische Waffen- und Kostümkunde. Berlin 1921–45. Als: Mitteilungen der Gesellschaft für historische Waffen- und Kostümkunde. Berlin 1955–59. Als Waffen- und Kostümkunde. München/Berlin 1959 ff.

Modepuppe

Parrot, Nicole: Mannequins (Schaufensterpuppen). Bern 1982. [Lit.]

Modetheorie (s. a. **Jugendmode**, **Kostümforschung**, **Marken**)

Agins, Teri: The End of Fashion. London 2000.
Albrecht, Karl-Otto: Politik und Mode. Kassel 2001.
Arnold, Rebecca: Fashion, Desire and Anxiety. New Brunswick 2001.
Arthur, Linda B.: Undressing Religion. Commitment and Conversion from a Cross-Cultural Perspective. Oxford 2000.
– Religion, Dress and the Body. Oxford 1999.
Barnes, Ruth / Eicher, Joanne B.: Dress and Gender. Making and Meaning in cultural Contexts. Providence/Oxford 1993.
Barthes, Roland: Die Sprache der Mode. Frankfurt a. M. 1985. [Übers. der frz. Ausg. Paris 1967. Wiederabgedr. in: Bovenschen.]
Bartlett, Djurdja: Let them wear beige: The petit-bourgeois world of official socialist dress. In: Fashion Theory. Heft 2. 2004.
Benedek, Susanne / Binder, Adolphe: Von tanzenden Kleidern und sprechenden Leibern. Cross-dressing als Auflösung der Geschlechterpolarität? Dortmund 1996.
Bertschik, Julia: Mode und Moderne. Kleidung als Spiegel des Zeitgeistes in der deutschsprachigen Literatur (1770–1945). Köln/Weimar/Wien 2005. [Lit.]
Boehn, Max von: Bekleidungskunst und Mode. München 1918.
Bolz, Norbert: Mode oder Trend? Ein Unterschied, der einen Unterschied macht. In: Kunstforum International. Bd. 141. 1998.
Bovenschen, Silvia (Hrsg.): Über die Listen der Mode. Frankfurt a. M. 1986.
Brandstetter, Gabriele / Völckers, Hortensia / Mau, Bruce: ReMembering the Body. London 2000.
Brenninkmeyer, Ingeborg: The Sociology of Fashion. Diss. Fribourg 1962.
Breward, Christopher: Fashion. Oxford 2003.
– / Evans, Caroline (Hrsg.): Fashion and Modernitiy. Oxford 2005.
Brush Kidwell, Claudia / Steele, Valerie: Men and Women. Dressing the Part. Washington 1989.
Bruzzi, Stella / Church Gibson, Pamela (Hrsg.): Fashion Culture: Theories, Explanations and Analysis. New York 2001.
Brydon, Anne / Niessen, Sandra: Consuming Fashion. Adorning the Transnational Body. Oxford 1998.
Buckley, Cheryl / Fawcett, Hilary: Fashioning the Fem-

inine. Representation and Women's Fashion from the Fin de Siècle to the Present. New York 2002.
Calefato, Patrizia: Fashion and Worldliness: Language and Imagery of the clothed Body. Fashion Theory. The Journal of Dress, Body & Culture 1 (1997).
– The Clothed Body. Oxford 2004.
Chi, Immanuel: Eingetragen – Abgetragen. Zur Phänomenologie der Gebrauchsspur in der Mode. In: Kunstforum International. Bd. 141. 1998.
Cordwell, Justine M. / Schwarz, Ronald A.: Fabrics of Culture. The Anthropology of Clothing and Adornment. New York 1979.
Craig, Jennifer: The Face of Fashion. Cultural Studies in Fashion. London / New York 1994.
Davis, Fred: Fashion, Culture, and Identity. Chicago 1992.
Drengwitz, Elke: Mode und Selbstdarstellung. Diss. Hamburg 1985.
Drühl, Sven: Verstrickungen. In: Kunstforum International. Bd. 141. 1998.
Eicher, Joanne B.: Dress and Ethnicity. Change Across Space and Time. Oxford 1999. Entwistle, Joanne & Elizabeth Wilson: Body Dressing. Oxford 2001.
Evans, Caroline: Fashion at the Edge. Spectacle, Modernity and Deathlessness. New Haven 2003.
– Yesterday's Emblems and Tomorrow's Commodities. In: Fashion Cultures. Theories, Explorations and Analysis. Hrsg. von Stella Bruzzi und P. C. Gibson. London 2000.
Fabo, Sabine: Ephemeriden – Mode, Kunst, Medien. Strategien des Flüchtigen. In: Kunstforum International. Bd. 141. 1998.
Fähmel, Ingrid: Kleidung als Mittel individueller Identifikation. In: Textilunterricht in europäischer Dimension. Hrsg. von Marianne Herzog und Wolfgang Royl. Baltmannsweiler 1992.
Fashion Theory. The Journal of Dress, Body & Culture. Hrsg. von Valerie Steele. New York / Oxford 1997 ff.
Fausch, Deborah / Singley, Paulette (Hrsg.): Architecture: In: Fashion. Princeton 1994.
Flügel, John Carl: Psychology of Clothes. London 1930. [Nachdr. London / New York 1976. Wiederabgedr. in: Bovenschen.]
Garber, Marjorie: Vested Interests. Cross-Dressing & Cultural Anxiety. New York / London 1992.
Glynn, Prudence: Skin to Skin. Eroticism in Dress. New York 1982.
Goffman, Erving: The Presentation of Self in Everyday Life. New York / London 1959.
Griggs, Claudine: S/he. Changing Sex and Changing Clothes. Oxford 2003.
Guindi, Fadwa el: Veil. Modesty, Privacy and Resistance. Oxford 1999.
Het Teken van de Mode. Haags Gemeentemuseum. Den Haag 1985.
Hoffmann, Hans-Joachim: Kleidersprache. Eine Psychologie der Illusion in Kleidung, Mode und Maskerade. Berlin 1985. [Mit Vorbehalt.]
Hollander, Anne: Seeing through Clothes. Fashioning Ourselves. An Intriguing New Look at Imagemaking. New York 1978.
Janalik, Heinz/ Schmidt, Doris: Kleidung, Körper, Körperlichkeit. Textil – Körper – Mode. 2 Tle. Baltmannsweiler 1997–98.
Kammerer, Gudrun / Kursawe, Bärbel / Schützdeller, Norbert: Mode und Gesellschaft. Berlin 1982.
Kawamura, Yuniya: Fashion-ology. An Introduction to Fashion Studies. Oxford 2004.
Kleider machen Politik. Zur Repräsentation von Nationalstaat und Politik durch Kleidung in Europa vom 18. bis zum 20. Jahrhundert. Ausst.-Begleitbuch Landesmuseum Oldenburg. Oldenburg 2002.
Kunstforum international (diverse Bände).
Koda, Harold: Extreme Beauty: The Body Transformed. Ausst.-Begleitbuch des Metropolitan Museum New York. New York 2001.
Koenig, Otto: Die Kleidung aus kulturethologischer Sicht. In: 200 Jahre Mode in Wien. Aus den Modesammlungen des Historischen Museums der Stadt Wien. Ausst.-Katalog. Wien 1976.
– Kultur- und Verhaltensforschung. Einführung in die Kulturethologie. München 1970.
König, René: Menschheit auf dem Laufsteg. Die Mode im Zivilisationsprozeß. München/Wien 1985. [Z. Tl. Zusammenfassung früherer Werke. Lit.]
Lebens-Formen. Alltagsobjekte als Darstellung von Lebensstilveränderungen am Beispiel der Wohnung und Bekleidung der »Neuen Mittelschichten«. Hochschule der Künste Berlin. Berlin 1991.
Lehnert, Gertrud: Die Angst, gewöhnlich zu sein. Über die Performativität von Mode und das Spiel mit ›Geschlecht‹. In: Mode-Kult. Hrsg. von Gerhard Johann Lischka. Köln 2002.
– Wenn Frauen Männerkleider tragen. Geschlecht und Maskerade in Literatur und Geschichte. München 1997.
Lerche-Renn, Heidi (Hrsg.): Kleid und Menschenbild. Köln 1992.
Loschek, Ingrid: Mode – Verführung und Notwendigkeit. Struktur und Strategie der Aussehensveränderungen. München 1991. [Lit.]
– Mode – Notwendigkeit oder Verführung? In: Textilunterricht in europäischer Dimension. Hrsg. von Marianne Herzog und Wolfgang Royl. Baltmannsweiler 1992.
– Mode zwischen Identifikation und Identität. In: Zeitschrift für Balkanologie 31 (1995) H. 2.
– Kostümkunde. Gestern – Heute – Morgen. In: WuK. Bd. 39. 1997.
– Authentisch kopiert. In: WuK. Bd. 45. 2003.
– Von Avantgarde bis Klassik. Was die Entwürfe von Newcomern und Global Playern so anziehend macht. In: Deutschland. Forum für Politik, Kultur, Wirtschaft und Wissenschaft. 1/2004.
– United Look of Fashion. In: Zeitschrift für Kultur-Austausch 42 (2002).

Lurie, Alison: The Language of Clothes. London 1985.
Martin, Richard: A Charismatic Art: The Balance of Ingratiation and Outrage in Contemporary Fashion. In: Fashion Theory. The Journal of Dress, Body & Culture 1 (1997).
– Orientalism. Visions of the East in Western Dress. The Metropolitan Museum of Art. New York 1994.
Maynard, Margaret: Dress and Globalisation. Manchester 2004.
Mentges, Gabriele / Nixdorff, Heide (Hrsg.): zeit.schnitte. Textil – Körper – Mode. Dortmunder Reihe zu kulturanthropologischen Studien des Textilen. Dortmund 2001 ff.
Nixdorff, Heide: Bekleidung als Ausdruck der leiblich-seelischen Entwicklung des Menschen. In: Mensch und Kleidung. Heft 17/18. 1983.
– Körperbild und Kleid. Lebensweltlicher Vergleich zum textilen Outfit im Europa zu Beginn der »ersten« und »zweiten« Renaissance. In: Textilunterricht in europäischer Dimension. Hrsg. von Marianne Herzog und Wolfgang Royl. Baltmannsweiler 1992.
– Das Tier im Outfit des Menschen. Faunistische Elemente der Kleidung und ihre sozialanthropologischen und historischen Bezüge. In: Vortragsreihe zur 600-Jahr-Feier der Kölner Universität. Köln 1990. (Textilkunst und Kleidung. Kulturhistorische Beiträge. Bd. 1. Hrsg. von Jutta Beder.)
Ottenjann, Helmut (Hrsg.): Mode – Tracht – Regionale Identität. Historische Kleidungsforschung heute. Cloppenburg 1985.
Pantellini, Claudia / Stohler, Peter (Hrsg.): Body Extensions. Stuttgart 2004.
Parkins, Wendy: Fashioning the Body Politic Dress, Gender, Citizenship. Oxford 2002.
Portnoy, Ethel: De Geklede Mens. Den Haag 1986.
Poschardt, Ulf: Anpassen. Hamburg 1998.
– Mode und Militär. In: Kunstforum International. Bd. 141. 1998.
Rabine, Leslie W.: The Global Circulation of African Fashion. Oxford 2002.
Rath, Jan: Unravelling the Rag Trade. Immigrant Entrepreneurship in Seven World Cities. Oxford 2002.
Ribeiro, Aileen: Dress and Morality. London 1986.
Richard, Birgit: Die oberflächlichen Hüllen des Selbst. Mode als ästhetisch-medialer Komplex. In: Kunstforum International. Bd. 141. 1998.
– Dance 2000. Tanzmoden des ausgehenden 20. Jahrhunderts. In: Kunstforum International. Bd. 141. 1998.
Roach, Mary Ellen / Eicher, Joanne B. (Hrsg.): Dress, Adornment, and the Social Order. New York / London 1965.
Roach-Higgins, Mary Ellen / Eicher, Joanne B. (Hrsg.): Dress and Identity. New York 1995.
Root, Regina A.: The Latin American Fashion Reader. Oxford 2005.
Rouse, Elizabeth: Understanding Fashion. Oxford 1989.
Rudofsky, Bernard: The Unfashionable Human Body. New York 1947.
Runter, Annette: Der Schnitt aus dem die Schritte sind. In: Kunstforum International. Bd. 141. 1998.
Schnierer, Thomas: Modewandel und Gesellschaft. Die Dynamik von »in« und »out«. Opladen 1995.
Schwarz, Udo H.: Das Modische zur Struktur sozialen Wandels der Moderne. Berlin 1982.
Seiter, Dorothea: Die Mode als publizistischer Faktor im Kommunikationsprozeß. Diss. Wien 1972.
Simmel, Georg: Die Mode. In: Philosophische Kultur. Gesammelte Essays. Leipzig 1911.
Solomon, Michel R. (Hrsg.): The Psychology of Fashion. Lexington (Ken.) 1985.
Sombart, Werner: Wirtschaft und Mode. Sonderdr. aus: Der moderne Kapitalismus. Wiesbaden 1902.
Sommer, Carlo Michael: Soziopsychologie der Kleidermode. Regensburg 1989. [Lit.]
– / Wind, Thomas: Mode. Die Hüllen des Ich. Psychologie heute. Weinheim/Basel 1988.
Steele, Valerie: Fashion. In: Glamour. fashion + industrial design + architecture. Ausst.-Begleitbuch San Francisco Museum of Modern Art. San Francisco 2004.
– Fashion and Eroticism. Ideals of Feminine Beauty from the Victorian Era to the Jazz Age. Oxford 1985. [Lit.]
– Fetish, Fashion, Sex & Power. New York / Oxford 1996.
Stern, Norbert: Mode und Kultur. Bd. 1: Psychologie – Ästhetik. Bd. 2: Wirtschaft – Politik. Dresden 1915.
Texte zur Kunst. Mode. Heft 56. 2004.
Touches d'Exotisme XIVe–XXe siècles. Ausst.-Begleitbuch Musée de la Mode et du Textile. Paris 1998.
Veblen, Thorstein: Theorie der feinen Leute. New York 1899. Nachdr. München 1981. [Wiederabgedr. in: Bovenschen.]
Vêtement et sociétés. Hrsg. von Monique de Fontanès und Yves Delaporte. Paris 1981.
Vincent-Ricard, Françoise: Raison et Passion, Langage de Société: La Mode de 1940 à 1980. Paris 1983.
Vinken, Barbara: Mannekin, Statue, Fetisch. In: Kunstforum International. Bd. 141. 1998.
– Mode nach der Mode. Kleid und Geist am Ende des 20. Jahrhunderts. Frankfurt a. M. 1993.
– Fashion Zeitgeist. Trends and Cycles in the Fashion System. Oxford 2005.
– Kultkörper, verworfen und heilig: Marie-Antoinette. In: Mode-Kult. Hrsg. von Gerhard Johann Lischka, Köln 2002.
Warwick, Alexandra / Cavallaro, Dani: Fashioning the Frame Boundaries, Dress and the Body. Oxford 1998.
Wiederkehr-Benz, Katrin: Sozialpsychologische Funktion der Kleidermode. Diss. Zürich 1973.
Wilcox, Claire (Hrsg.): Radical Fashion. Ausst.-Begleitbuch des Victoria and Albert Museum. London 2001.
Wilson, Elizabeth: Bohemians. The Glamorous Outcasts. London 2000.

Wilson, Elizabeth: In Träume gehüllt. Mode und Modernität. Hamburg 1989.
– Adorned in Dreams: Fashion and Modernity. Tauris 2003.
White, Nicola / Ian Griffiths: The Fashion Business. Theory, Practice, Image. Oxford 2000.
Willingmann, Heike: Kleid auf Zeit. Über den Umgang mit der Vergänglichkeit von Bekleidung. In: Mentges, Gabriele/ Nixdorff, Heide (Hrsg.): zeit.schnitte. Textil – Körper – Mode. Dortmunder Reihe zu kulturanthropologischen Studien des Textilen. Bd. 1. Dortmund 2001.

Modezeichnung

Barbier, George: The Illustrations of George Barbier. New York 1977.
Borrelli, Laird: Illustrationen der Mode. Internationale Modezeichner und ihre Arbeiten. Mit einem Essay von Ingrid Loschek. München 2000.
– Illustrationen der Mode II. Die Visionen der internationalen Modezeichner. München 2004.
Caranicas, Paul/ Borrelli, Laird: Antonio's People. London 2004.
Dawber, Martin: Imagemakers: Cutting Edge Fashion Illustration. London 2004.
Le dessin sous toutes ses coutures. Croquis, illustrations, modèles, 1760–1994. Ausst.-Begleitbuch Musée de la Mode et du Costume, Palais Galliera. Paris 1995.
Dogramaci, Burcu: Lieselotte Friedlaender (1889–1973). Tübingen 2001.
Drake, Nicholas: Modezeichnungen heute. Stuttgart 1987.
Fashion Art. Eine Ausstellung der Mondi-Gruppe. München 1991.
Gaudriault, Raymond: La Gravure de mode féminine en France. Paris 1983. [Lit.]
– Répertoire de la gravure de mode française des origines à 1815. Paris 1988.
Ginsburg, Madeleine: An Introduction to Fashion Illustration. Warminster/London 1980.
Kainer, Ludwig: Kunst und Mode. Zeichnungen. Berlin 1914.
Koch, Achim: Regina May und die Mode. Wiesbaden 1999.
Lagerfeld, Karl: Karl Lagerfeld Creationen mit Anna Piaggi. Ein Mode-Tagebuch. Stuttgart/Berlin 1986.
Lepape, Claude / Defert, Thierry: Georges Lepape. Illustrationen, Plakate, Modedesign. Frankfurt a. M. / Berlin / Wien 1984.
Lipmann, Anthony: Der Dandy als Designer. Ernst Dryden. Plakatkünstler und Modeschöpfer. München 1989.
Mackrell, Alice: An Illustrated History of Fashion. 500 Years of Fashion Illustration. London 1997.
Mauries, Patrick / Gruau, René: René Gruau. Hrsg. Franco Maria Ricci. Mailand 1984.
Mode Illustration. Tokyo 1984.
Mode in Prent (1550–1914). Ausst.-Katalog des Nederlands Kostuummuseum. Bearb. von Ghering van Ierlant. Den Haag 1988.
Packer, William: Modezeichnungen in Vogue. Stuttgart 1983.
Ramos, Juan Eugène (Hrsg.): Antonio 60 – 70 – 80. Drei Jahrzehnte Mode. München 1995.
René Gruau – Monographie. Hrsg. von Joëlle Chariau. München 1984.
– Mode et Publicité. Ausst.-Katalog des Musée de la Mode et du Costume, Palais Galliera. Paris 1989.
Runde, Sabine: Welt ohne Alltag. Modegraphik der 20er Jahre von Annie Offterdinger. Museum für Kunsthandwerk. Frankfurt a. M. 1986.
Tamsin, Blanchard: Fashion & Graphics. London 2004.
Tatham, Caroline / Seaman, Julian: Modezeichnen. Grundlagen. Techniken. Übungen. München 2003.
Andy Warhol Fashion. London 2004.
Von Wien bis Hollywood. Ernst Deutsch-Dryden und Max H. Lang. Meister der Mode-Illustration und Werbegrafik von 1919–1960. Salzburg 1990.
Zahm, Volker (Hrsg.): Art Fashion. Originale berühmter Modezeichner des 20. Jahrhunderts. München [3]1999.

Nachthemd

Swain, Margaret H.: Men's Nightgowns of the 18th Century. In: WuK. Bd. 14. 1972. [Lit.]

Pelisse

Braun-Ronsdorf, Margarete: Eine Pelisse des 18. Jh.s. In: WuK. Bd. 12. 1970. [Lit.]

Pelz

Abbott, Reginald: What Becomes a Legend Most? Fur in the Medieval Romance. In: Dress 21 (1994).
Bolton, Andrew: Wild: Fashion Untamed. New York / New Haven / London 2004.
Delart, Robert: Histoire de la Fourrure. Paris 1991.
Ewing, Elizabeth: Fur in Dress. London 1981.
Municchi, Anna: Furs for men. Milano 1997.
– Ladies in Furs, 1900–1940. A world history of women's furs. Milano 1997.
Wirth, Ilse: Fellkleid als Attribut. In: RL. Bd. 7.

Piercing s. **Tätowierung**

Prêt-à-porter (s. a. Haute Couture, Modeschöpfer, Designer und Designfirmen)

Espanya, 50 anys de Moda. Ausst.-Begleitbuch (span.-engl.) des Centro de Promocion de Diseñio y Moda. Barcelona 1987.
Kawamura, Yuniya: The Japanese revolution in Paris fashion. In: Fashion Theory. Heft 2. 2004.

Koren, Leonard: New Fashion Japan. Tokyo / New York / San Francisco 1984.
Quinn, Bradley: Techno Fashion. Oxford / New York 2002.
Texte zur Kunst. Mode. Heft 56. 2004.

Reformkleid

Newton, Stella Mary: Health, Art & Reason. Dress Reformers of the 19th Century. London 1974.
Schnitger, Carin / Goldhoorn, Inge: Reformkleding in Nederland. Kat. Utrecht 1984.
Stamm, Brigitte: Das Reformkleid in Deutschland. Diss. FU Berlin 1976. [Lit.]
– Richard Riemerschmid: Unveröffentlichte Entwürfe zur Reformierung der Frauenbekleidung um 1900. In: WuK. Bd. 20. 1978.
Welsch, Sabine (Bearb.): Ein Ausstieg aus dem Korsett. Reformkleidung um 1900. Ausst.-Katalog Mathildenhöhe Darmstadt. Darmstadt 1996.

Reform-Männerkleidung

Jäger, Gustav: Die Normalkleidung als Gesundheitsschutz. Gesammelte Aufsätze aus dem »Neuen Deutschen Familienblatt« 1872–1880. Stuttgart ^{2}1881.
Wagner, Gretel: Reformversuche in der Männerkleidung. In: WuK. Bd. 26. 1984. [Lit.]

Reifrock s. **Korsett, Unterkleidung**

Reitkleidung s. **Sportkleidung**

Reisekleidung

Braun-Ronsdorf, Margret: Reisekleidung. Ciba-Rundschau 1962/63.
Hodgson, Barbara: Die Krinoline bleibt in Kairo. Reisende Frauen 1650 bis 1900. Hildesheim 2004.
Kaut, Hubert: Touristenkleidung von 1800–1850. In: Die Bekleidung. H. 2. 1960.

Rock (Halbrock)

Gandolfi, Fiora: Skirts & more skirts. A world history of skirts from ancient times to 1987. London 1988.

Sari

Banerjee, Mukulika / Miller, Daniel: The Sari. 2003.
Lynton, Linda: The Sari. Style, Patterns, History, Techniques. London 1995.

Schal

Arsenyeva, Ye. V.: Russian Kerchiefs and Shawls. Treasures of the Order of Lenin State History Museum. Leningrad 1990.
Clabburn, Pamela: The Norwich Shawl, its history and a catalogue of the Collection at Strangers Hall Museum, Norwich. London 1995.
Hampel, Lucie: Vom persischen und vom türkischen Schal zum »Wiener Schal«. In: LB. F. 23. 1967.
Levi-Strauss, Monique: Cashmere. Tradition einer Textilkunst. Frankfurt a. M. 1987. [Lit.]
Mayr-Oehring, Erika (Hrsg.): Cashmere. Der Shawl in der Malerei des Biedermeier. Residenzgalerie Salzburg 2000.
Reilly, Valerie: Der Paisley Schal. In: Textilunterricht in europäischer Dimension. Hrsg. von Marianne Herzog und Wolfgang Royl. Baltmannsweiler 1992.
Rock, Cyril Howard: Paisley Shawls. Paisley Museums and Art Galleries. Paisley 1966.
Rossbach, Ed: The Art of Paisley. New York 1980.
Schneider, Jenny: Kaschmir-Schals. In: WuK. Bd. in: ZGWK 28 (1986).
Völker, Angela: Die Produktion von ›Wiener Schals‹ in der ersten Hälfte des 19. Jahrhunderts. In: Documenta Textilia 7. München 1981.

Schirm

Bölling, Claudia / Horst, Rolf: Schirme. Der Himmel auf Erden. Berlin 1995.
Crawford, T. S.: A History of the Umbrella. Newton Abbot 1970. [Lit.]
Farrell, Jeremy: Umbrellas & Parasols. London 1985. (The Costume Accessories Series. Hrsg. von Aileen Ribeiro.)
Sagalow, Annie: Les Accessoires du Temps. Ombrelles, Parapluies. Ausst.-Katalog des Musée de la Mode et du Costume, Palais Galliera. Paris 1989.
Schirm, Objekte aus Handwerk, Mode und Kunst, Ausst.-Katalog des Landschaftsverbandes Rheinland, Schriften des Rheinischen Museumsamtes 55. Köln 1992. [Lit.]
Schramm, Percy Ernst: Der Schirm. Herrschafts-, Würde- und Rangzeichen in drei Erdteilen. In: Festschrift für Hermann Heimpel zum 70. Geburtstag am 19. September 1971. 3. Bd. Herausgegeben von den Mitarbeitern des Max-Planck-Instituts für Geschichte. Göttingen 1972.
Varron, A.: Der Schirm. In: CR. Nr. 52. 1941.

Schlitz

Arnold, Janet: Decorative Features: Pinking, Snipping and Slashing. In: Costume. Nr. 9. 1975.

Schneiderhandwerk / Schnittmuster (s. a. **Nachschlagewerke Länder**, **Herstellung**, **Modejournale**)

Arnold, Janet: Patterns of Fashion. Bd. 1: The Cut and Construction of Clothes for Men and Women c. 1560–1620. London 1985. Bd. 2: Englishwomen's Dresses and Their Construction c. 1660–1860. Lon-

don [5]1978. Bd. 3: English women's Dresses and Their Construction c. 1860–1940. London [4]1977. [Zit. als: Arnold.]
Baumgarten, Linda / Watson, John: Costume Close-up: Clothing Construction and Pattern 1750–1790. Williamsburg (Va.) 1999.
Bradfield, Nancy: Costume in Detail. Women's Dress 1730–1930. London [3]1981.
– Costume in Detail. London 1997.
Burman: Barbara: The Culture of Sewing. Gender, Consumption and Home Dressmaking. Oxford 1999.
Damenoberbekleidungsschnitte nach Müller & Sohn. Hrsg. von der Deutschen Bekleidungsakademie. München 1992ff.
Die Falte. Ein Konstitutivum menschlicher Kleidung? Ausst.-Buch des Instituts für Kostümkunde an der Hochschule für angewandte Kunst in Wien. Wien 1987.
HAKA-Schnitte nach Müller & Sohn. Hrsg. von der Deutschen Bekleidungsakademie. München 2000.
Harris, Christian: Authentic Victorian Fashion Patterns. A Complete Lady's Wardrobe. London 2000.
Hart, Avril: Historical Fashion in Detail. London 2000.
Historische Schnitte nach Müller & Sohn. Hrsg. von der Deutschen Bekleidungsakademie. München 2001.
Kaut, Hubert: Der Aufschwung des Schneidergewerbes im 19. Jahrhundert. In: Die Bekleidung. H. 1. 1962.
Kraft, Kerstin: kleider.schnitte. In: Mentges, Gabriele / Nixdorff, Heide (Hrsg.): zeit.schnitte. Textil – Körper – Mode. Dortmunder Reihe zu kulturanthropologischen Studien des Textilen. Bd.1. Dortmund 2001.
Loschek, Ingrid: Authentisch kopiert – Mode aus dem 20. Jahrhundert. In: WuK. Bd. 45. 2003.
Mooney, Sian-Kate: Making Latex Clothes. London 2004.
Niemann, Otto C. J.: Der Zuschnitt im Wandel der Zeiten. Ein kulturhistorischer Einblick in die Zuschneidekunst des Bekleidungsgewerbes. Braunschweig 1986.
Patronen – Patterns. Modemuseum. Antwerpen 2003.
Strobel, Marianne: Alte Bügelgeräte. München 1987.
Waugh, Norah: The Cut of Women's Clothes. 1600–1930. London [2]2000. – The Cut of Men's Clothes. 1600–1900. London [3]2001. [Lit.]

Schürze

Barber, Elizabeth W.: On the Antiquity of East European Bridal Clothing. (Entwicklung bestimmter Schürzenformen.) In: Dress 21 (1994).
Gaugele, Elke: Schurz und Schürze. Kleidung als Medium der Geschlechterkonstruktion. Köln/Wien 2002.
Purrucker, Barbara: Vom Körperschutz zum Kleiderschutz – Anfänge der Schürze. Tl. 1. In: WuK. Bd. 35. 1993. Tl. 2. In: WuK. Bd. 37. 1995.

Smock (s. a. **Hemd**)

Buck, Anne: The Countryman's Smock. In: Folk Life. Bd. 1. 1963.

Spazierstock

Coradeschi, Sergio / De Paoli, Maurizio: Stock und Knauf. Machtsymbole und Zierden für Kaiser und Bürger. Augsburg 1994.
Heller-Winter, Elisabeth: Stock. In: Anziehungskräfte. [Lit.]
Klever, Ulrich: Spazierstöcke. München 1984. [Lit.]

Spitze

Bleckwenn, Ruth: Dresdner Spitzen – Point de Saxe. Virtuose Weißstickereien des 18. Jahrhunderts. Bestands- und Ausst.-Kat. der Staatlichen Kunstsammlungen Dresden, Kunstgewerbemuseum. Dresden 2000.
Collingwood, Peter: The Techniques of Sprang. London 1974.
Coppens, Marguerite: Les dentelles. Brüssel 1990.
Earnshaw, Pat: Lace in Fashion – From the sixteenth to the twentieth Century. Guildford 1991.
– The Identification of Lace. Princes Risborough 1994.
Framke, Gisela (Hrsg.): Spitze – Luxus zwischen Tradition und Avantgarde. Heidelberg 1995.
Graff-Höfgen, Gisela: Die Spitze. Ein Lexikon zur Spitzenkunde. 400 Jahre Spitzengeschichte. München 1983. [Lit.]
Kraatz, Anne: Die Kunst der Spitze. Textiles Filigran. Hamburg 1989. [Lit.]
Levey, Santina M.: Lace. A History. London 1983.
Overloop, E. van: Catalogue des ouvrages se rapportant à l'industrie de la dentelle. Brüssel 1906. [Vollst. Bibliographie über die Spitzenindustrie bis 1906; danach s. Schuette.]
Schuette, Marie: Alte Spitzen. Nadel- und Klöppelspitzen. Braunschweig [4]1963. [Lit.]
Stradal, Marianne / Brommer, Ulrike: Mit Nadel und Faden. Kulturgeschichte der klassischen Handarbeiten. Freiburg/Basel/Wien 1990.

Sportkleidung (s. a. **Badekleidung, Fußbekleidung**)

Cunnington, Phillis / Mansfield, Alan: English Costume for Sports and Outdoor Recreations from the 16th to the 19th Centuries. London 1969.
Dartmann, Lisa / Huber, Irs [u. a.]: Fashion Sport. Frankfurt a. M. 1994.
Fluck, Cäcilia / Vogelsang-Eastwood, Gillian (Hrsg.): Riding Costume in Egypt. Origin and Appearance. Leiden/Boston 2004.
Lee-Potter, Charlie: Sportswear in Vogue. Since 1910. London 1984.
Loschek, Ingrid: Sportmode im 20. Jahrhundert. In:

Mode von Kopf bis Fuß. Ausstellungskatalog Historisches Museum der Stadt Wien. Wien 2001.
Martin, Richard: All-American. A Sportswear Tradition. Fashion Institute of Technology. New York 1985.
O'Mahony, Marie / Braddock, Sarah E.: SportLook. Mode im Sport – Sport in der Mode. Material-Design-Trends. München 2002.
Owen, Robert (Hrsg.): Correct Riding Clothes. London 1978. [Lit.]
Schramm, Hans: Das Sportkleid. In: CR. Nr. 4. 1965.
Sportswear. Zur Geschichte und Entwicklung der Sportbekleidung. Ausst.-Katalog des Deutschen Textilmuseums Krefeld. Bearb. von Brigitte Tietzel. Krefeld 1992. [Lit.]

Stickerei

Bridgeman, Harriet / Drury, Elizabeth (Hrsg.): Geschichte der Textilkunst. Ravensburg 1980. [Lit.]
Embroidery in Britain from 1200 to 1750. Hrsg. von Victoria and Albert Museum's Textile Collection. London 1993.
Gierl, Irmgard: Europäische Stickereien. Rosenheim 1983.
Köhler, Dorit: Die Schnürchenstickerei – Eine fast vergessene Sticktechnik. In: WuK. Bd. 41. 1999.
Längle Brandstätter, Elisabeth: Stickereien für die Welt der Mode. Wien 2004.
Rol, Nel: Kleines Lexikon der Stickerei. Stiche und Techniken. Hannover 1980.
Staniland, Kay: Medieval Craftsmen: Embroiderers. London 1991.

Stoffe und Materialien allgemein (s. a. **Farbe und Muster, Zeugdruck**)

Anquetil, Jacques: Silk. Paris / New York 2000.
Bling Bling. Traumstoffe aus St. Gallen. 2 Bde. St. Gallen 2004.
Bohnsack, Almut: Spinnen und Weben. Entwicklung von Technik und Arbeit im Textilgewerbe. Hrsg. vom Deutschen Museum, München. Reinbek bei Hamburg 1981. [Lit.]
Billeter, Erika (Hrsg.): 1. Europäische Textilien. 2. Außereuropäische Textilien. Sammlungskatalog des Kunstgewerbemuseums Zürich 1963.
Borkopp, Birgitt (Bearb.): Von China nach Byzanz. Frühmittelalterliche Seiden aus der Staatlichen Eremitage St. Petersburg. Ausst.-Katalog des Bayerischen Nationalmuseums. München 1996.
Borkopp-Restle, Birgitt: Textile Schätze aus Renaissance und Barock, aus den Sammlungen des Bayerischen Nationalmuseums. Hrsg. von Renate Eikelmann. München 2002.
Braddock, Sarah E. / O'Mahony, Marie: techno textiles. Revolutionary Fabrics for Fashion and Design. London 1998.
Buss, Chiara: Seta il Novecento a Como. Fondazione Antonio Ratti. Como 2001.
Carter, Michael: Fashion Classics from Carlyle to Barthes. Oxford 2003.
Desrosiers, Sophie: Soieries et autres textiles de l'Antiquité au XVIe siècle du Musée national du Moyen Âge. Paris 2004.
Erber, Christian (Hrsg.): Reich an Samt und Seide. Osmanische Gewebe und Stickereien des 16. und 17. Jahrhunderts. München 1994.
Falke, Otto von: Kunstgeschichte der Seidenweberei. 2 Bde. Berlin 1913.
Flemming, Ernst: Das Textilwerk. Gewebe von der Spätantike bis zum Anfang des 19. Jh.s einschließlich Ostasiens und Perus. Neu bearb. von Renate Jaques. Tübingen 1957.
Flury-Lemberg, Mechthild: Textilkonservierung im Dienste der Forschung. Abegg Stiftung. Bern 1988. [Lit.]
Gale, Colin / Kaur, Jasbir: The Textile Book. Oxford 2002.
– / – Fashion and Textiles. An Overview. Oxford 2004.
Ginsburg, Madeleine: The Illustrated History of Textiles. London 1991. [Lit.]
Handley, Susannah: Nylon. The Manmade Fashion Revolution. A Celebration of Design from Art Silk to Nylon and Thinking Fibres. London 1999.
Hofer, Alfons: Stoffe. Bd. 1: Rohstoffe, Fasern, Garne und Effekte. Frankfurt a. M. 2000. Bd. 2.: Bindung, Gewebe, Veredelung. Frankfurt a. M. 2004.
Irwin, Joan / Brett, Katherine B.: Origins of Chintz. London 1970.
Johnson, Kim K. P. / Torntore, Susan J. / Eicher, Joanne B.: Fashion Foundations Early Writings on Fashion and Dress. Oxford 2003.
Koch, Paul-August / Satlow, Günther (Hrsg.): Großes Textil-Lexikon. Fachlexikon für das gesamte Textilwesen. 2 Bde. Stuttgart 1965.
Koslowski, Hans J.: Chemiefaser-Lexikon. Frankfurt a. M. ¹¹1997.
Küchler, Susanne / Miller, Daniel: Clothing as Material Culture. Oxford 2005.
Künstliche Versuchung. Nylon–Perlon–Dederon. Haus der Geschichte der Bundesrepublik Deutschland. Bonn 1999.
Lösch, Josef: Fachwörterbuch Textil. Lexikon für die gesamte Textilindustrie. Frankfurt a. M. 1975.
Lubell, Cecil (Hrsg.): Textile Collections of the World. 2 Bde. London 1976.
Maeder, Felicitas / Hänggi, Ambros / Wunderlin, Dominik (Hrsg.): Muschelseide – Goldene Fäden vom Meeresgrund. Ausst.-Kat. des Naturhistorischen Museums und des Museums der Kulturen Basel. Mailand 2004.
– / Halbeisen, Marcel: Muschelseide. Auf der Suche nach einem vergessenen Material. In: WuK. Bd. 43. 2001.
Markowsky, Barbara: Europäische Seidengewebe des 13.–18. Jahrhunderts. Katalog des Kunstgewerbemuseums der Stadt Köln. Köln 1976. [Lit.]

Maute-Daut, Gabriele: Mode und Chemie. Fasern, Farben, Stoffe. Berlin 1995.
McQuaid, Matilda: Extreme Textiles. Ausst.-Begleitbuch Cooper-Hewitt National Design Museum. New York / London 2005.
Meyer zur Capellen, Thomas: Lexikon der Gewebe. Frankfurt a. M. 1996.
Moss, Sylvia: Costumes & Chemistry. A Comprehensive Guide to Materials & Applications. Canberra 2001.
Nauerth, Claudia: Koptische Textilkunst im spätantiken Ägypten. Die Sammlung Rautenstrauch im Städtischen Museum Simeonstift Trier. Trier 1978. [Lit.]
Otavsky, Karel / Salim, Muhammed: Mittelalterliche Textilien 1. Ägypten, Persien und Mesopotamien, Spanien und Nordafrika. Riggisberg, Abegg-Stiftung 1995.
Quinn, Bradley: Techno Fashion. Oxford / New York 2002.
Richard, Birgit: Smarte Mode und intelligente Textilien. In: Mode-Kult. Hrsg. von Gerhard Johann Lischka. Köln 2002.
Ried, Meike: Chemie im Kleiderschrank. Das Öko-Textil-Buch. Reinbek bei Hamburg 1989.
Schlabow, Karl: Germanische Tuchmacher der Bronzezeit. Neumünster 1937.
Schröder, Almuth: Gesteppt und wattiert – Zur Geschichte und Bifunktionalität der Stepparbeit. In: WuK. Bd. 33. 1991. [Lit.]
Schubert, Joachim: Fachwörterbuch Textil. Frankfurt a. M. [6]1994.
Schuette, Marie: Brettchenweberei. In: CR. Nr. 128. 1956.
Seide. Zur Geschichte eines edlen Gewebes. Hrsg. von der Commission Européene Promotion Soie und Barbara E. Messerli. Zürich 1985. [Lit.]
Seiler-Baldinger, Annemarie: Systematik der textilen Techniken. Basler Beiträge zur Ethnologie. Basel 1991.
Textiellexicon. Hrsg. von Johanna Diehtl, A. J. des Graaf und Daniel de Jonghe. (Textilstichworte in Holländisch, Englisch, Französisch, Italienisch, Spanisch und Schwedisch.) Amsterdam 1991.
Tietzel, Brigitte: Geschichte der Webkunst. Technische Grundlage und künstlerische Tradition. Köln 1988. [Lit.]
Thomas, Katharina (Hrsg.): Filz. Kunst, Kunsthandwerk und Design. Stuttgart 2000.
Thompson, Jon: Silk – 13th to 18th Centuries. Treasures from the Museum of Islamic Art, Qatar. Doha 2004.
Vokabular der Textiltechniken. Dt., Engl., Franz., Ital., Span., Schwed. Hrsg. vom Centre International d'étude des textiles anciens. Lyon 1971.
Wilckens, Leonie von: Die textilen Künste. Von der Spätantike bis um 1500. München 1991. [Lit.]
– Die mittelalterlichen Textilien. Katalog der Sammlung des Herzog-Anton-Ulrich-Museums. Braunschweig 1994.
Wortmann, Sigrid: Bauhaus-Textilien. Kunst und Künstlerinnen der Webwerkstatt. Berlin 1993.

Strick- und Wirkware (s. a. **Jersey**)

Black, Sandy: Mode gestrickt. München 2002.
Bäumel, Jutta / Bruseberg, Gisela: Eine gestrickte Seidenhose des Kurfürsten August von Sachsen – unikaler Beleg für die fürstliche Strickmode im 16. Jahrhundert. In: Jahrbuch der Staatlichen Kunstsammlungen Dresden. Bd. 22. 1995.
Burnham, Dorothy: Coptic knitting: an ancient technique. In: Textile History 3 (1972).
Fassett, Kaffe: Glorious Knitting. London 1985.
Flury-von Bültzingslöwen, Regina: Endlicher und endloser Faden. In: RL. Bd. 5. [Lit.]
– / Lehmann, Edgar: Nichtgewebte Textilien vor 1400. In: Wirkerei- und Stickerei-Technik. Coburg 1954.
Rutt, Richard: A History of Hand Knitting. London 1987. [Lit.]
Wyss, Robert L.: Die Handarbeiten der Maria. Eine ikonographische Studie unter Berücksichtigung der textilen Techniken. In: Artes Minores. Dank an Werner Abegg. Bern 1973.

Strumpf

Beinnahe. Strümpfe, Schuhe, Unterhosen aus vier Jahrhunderten. Ausst.-Katalog des Münchner Stadtmuseums. München 1990.
Braun-Ronsdorf, Margarete: Canons. In: RL. Bd. 3.
Buck, Susanne: Gewirkte Wunder, hauchzarte Träume. Von Frauenbeinen und Perlonstrümpfen. Marburg 1996.
Farrell, Jeremy: Socks & Stockings. London 1992. (The Costume Accessories Series. Hrsg. von Aileen Ribeiro.)
Latour, Anny: Der Strumpf. Strumpf und Mode. In: CR. Nr. 115. 1954. [Lit.]
Meyer-Schneidewind, Mechthild / Sauerbier, Ilona: Strümpfe. Mode, Markt und Marketing. Frankfurt a. M. 1992. [Lit.]
Weber, Aimé: Der Strumpf. In: CR. Nr. 115. 1954. [Lit.]

Tätowierung und Piercing (Auswahl)

Oettermann, Stephan: Zeichen auf der Haut. Die Geschichte der Tätowierung in Europa. Frankfurt a. M. 1979.
Rubin, Arnold (Hrsg.): Marks of Civilization. Artistic Transformations of the Human Body. Los Angeles [2]1992.
Thévoz, Michel: Der bemalte Körper. Zürich 1985.
Warlich, Christian: Tätowierungen. Hrsg. von Stephan Oettermann. Dortmund 1981. [Lit.]
Zbinden, Véronique: Piercing. Archaische Riten und Modernes Leben. Lausanne 1998.

Tanzkleidung s. **Bühnenkostüm**

Tasche

Anton, Annette C.: Das Handtaschenbuch. Frauen und ihre ständigen Begleiter. Frankfurt a. M. 2003.
Borrelli, Laird / Steele, Valerie: Handtaschen. Köln 1999.
Braun-Ronsdorf, Margarete: Die Tasche. In: CR. Nr. 129. 1956. [Lit.]
Dooner, Kate E.: Plastic Handbags. Sculptur to Wear. Atglen 1992.
– A Century of Handbags. Atglen 1993.
Foster, Vanda: Bags and Purses. London 1982. (The Costume Accessories Series. Hrsg. von Aileen Ribeiro.) [Lit.]
Gottlieb, Robert / Maresca, Frank: A Certain Style. The Art of the Plastic Handbag, 1949–1959. New York 1988.
Johnson, Anna: Handbags. The power of the purse. New York 2002.
Leiber, Judith: The Artful Handbag. New York 1995.
Wilcox, Claire: Bags. London 1999.
– Handtaschen. Moden und Designs im 20. Jahrhundert. München 2000.

Taschentuch

Braun-Ronsdorf, Margarete: The History of Handkerchief. Leighon-Sea 1967. [Lit.]
– Das Taschentuch. In: CR. Nr. 94. 1950. [Lit.]
Donder-Langer, Gabriele / Zwergel, Harry Michael: Menschen, Nasen, Taschentücher. Kassel 1998.
Peri, Paolo: The Handkerchief. A world history of the handkerchief from 1000 B.C. to 1990. Milano 2001.
Schoeser, Mary: Printed Handkerchiefs. Begleitbuch zur Ausst. ›This Gorgeous Mouchoir‹. Hrsg. von Valerie Cumming und Kay Staniland. London Museum. London 1988.

Tenniskleidung s. Sportkleidung

Textilien s. Stoffe

Tracht (alpenländische Volkstracht; keine Spezialliteratur, s. a. **Allgemein** und **Lederhose**)

Antretter, Georg: Der »Fanderl-Strick«. Einführung und Verbreitung eines Trachtenattributs in unserer Zeit. In: Passauer Studien zur Volkskunde. Bd. 13. Passau 1997.
Brückner, Wolfgang: Mode und Tracht. Ein Versuch. Referat der Österreichischen Volkskundetagung, Lienz 1986. Sonderdr. des Vereins für Volkskunde. Wien 1987.
Burckhardt-Seebass, Christine: Wie ethnographisch ist die ›peinture ethnographique‹?
Karlbacher, Ursula: Die Tracht im Kopf – zur Geschichte der Tracht als Idee. In: Kleider machen Leute. Kunst, Kostüme und Mode von 1700 bis 1940. Ausst.-Begleitbuch des Seedamm Kulturzentrum. Pfäffikon 2000.
Keller-Drescher: Lioba: Nach der Natur gemalt oder abgekupfert? Bilder und Vorbilder ländlicher Kleidung. Das Beispiel Württemberg. WuK. Bd. 45. 2003.
Kleidung zwischen Tracht und Mode. Aus der Geschichte des Museums 1889–1989. Museum für Volkskunde, Staatliche Museen zu Berlin. Berlin 1989.
Krajicek, Helmut / Lobenhofer-Hirschbild, Franziska / Thurnwald, Andrea: Ländliche Kleidung zwischen Mode und Tradition. Schriften des Freilichtmuseums des Bezirks Oberbayern. Nr. 17. Großweil 1991.
Kretschmer, Albert: Das große Buch der Volkstrachten. Eltville 1977.
Mentges, Gabriele: Vestimentäres Mapping. Trachtenbücher und Trachtenhandschriften des 16. Jahrhunderts. In: WuK. Bd. 46. 2004.
Rattelmüller, Paul Ernst: Dirndl, Jacke, Lederhose. München 1970. [Lit.]
Selheim, Claudia: Vom altmodischen Kleid zur Touristenattraktion. Zur Ausbildung der Hindelooper Tracht im 19. Jahrhundert. In: WuK. Bd. 46. 2004.
Tostmann, Gexi: Das alpenländische Dirndl. Tradition und Mode. Wien/München [3]2000.
Trachten in Bayern. Schriftenreihe. Hrsg. vom Bayerischen Landesverein für Heimatpflege e.V. München.
Wandinger, Alexander: Tracht ist Mode. Hrsg. vom Trachteninformationszentrum, Bezirk Oberbayern. 2002.

Trauerkleidung

Bönsch, Annemarie: Leichenkleidung – Trauerkleidung. In: Triumph des Todes. Ausst.-Kat. Museum Österreichischer Kultur. Eisenstadt 1992.
Heller-Winter, Elisabeth: Trauerkleidung. In: Die letzte Reise. Ausst.-Katalog des Münchner Stadtmuseums. München 1984.
Taylor, Lou: Mourning Dress. Costume and Social History. London 1983.
Wagner, Gretel: Beiträge zur Entwicklung der Trauertracht in Deutschland vom 13. bis zum 18. Jh. In: WuK. Bd. 28. 1986. [Lit.]

T-Shirt

Gordon, John/Hiller, Alice: The T-Shirt Book. London 1988.
T-Shirt T-Show. Storia e nuovi stili nella T-Shirt. Mailand 1984.

Uniform s. Berufsbekleidung

Umstandskleidung

Davanzo Poli, Doretta: Die Umstandskleider. Modena 1988.

Unterkleidung (s. a. **Hemd**, **Mieder**, **Korsett**)

Bachmann, Felicitas / Madeyka, Christiane [u. a.]: Wäsche, Mode, Markt und Marketing. Frankfurt a. M. 1994.

Carter, Alison: Underwear. The Fashion History. London 1992.

Cunnington, C. Willett: The History of Underclothes. London 1951.

Engel, Birgit: Unterhose. Köln 2005.

Ewing, Elizabeth: Dress and Undress. London 1978. [Lit.]

Greef, John de: Männermode. Wäsche. Bonn 1989.

Junker, Almut / Stille, Eva: Die zweite Haut. Zur Geschichte der Unterwäsche 1700–1960. Ausst.-Katalog des Historischen Museums. Frankfurt a. M. 1988.

Kunzle, David: Fashion and Fetishism. A Social History of the Corset, Tight-Lacing and Other Forms of Body-Sculpture in the West. Totowa (N. J.) 1982.

Martin, Richard / Koda, Harald: Infra-Apparel. The Metropolitan Museum of Art. New York 1993.

Pfeifer, Iris: Bodywear des 20. Jahrhunderts. München/Berlin 1996.

Saint-Laurent, Cécile: A History of Women's Underwear. London 1986.

Verschluss (s. a. **Knopf**)

Auf und Zu. Von Knöpfen, Schnüren, Reißverschlüssen. Ausst.-Begleitbuch Museum für Volkskultur in Württemberg. Schloß Waldenbuch 1994.

Friedel, Robert: Zipper. An Exploration in Novelty. New York 1994.

Kühn, Herbert: Die germanischen Bügelfibeln der Völkerwanderungszeit. 3 Bde. Graz 1965–80. [Lit.]

Wams

Arnold, Janet: Two Early 17th Century Fencing Doublets. In: WuK. Bd. 22. 1980. [Lit.]

– A Woman's Doublet of about 1585. In: WuK. Bd. 23. 1981.

Zeugdruck

Bolliger, Arthur: Ein Beitrag zur Entwicklung des europäischen Textildrucks. Historisch-systematische Untersuchung. Wien 1950. [Lit.]

Forrer, Robert: Die Kunst des Zeugdrucks vom Mittelalter bis zur Empirezeit. Straßburg 1898.

Lotz, Arthur: Bibliographie der Modelbücher. Leipzig 1933.

Spitzner, Karlheinz: Textildruck. Arbeitsmittel und Verfahren des Textildrucks. Leipzig [3]1980.

Modeschöpfer, Designer und Designfirmen

Allgemein (s. a. **Haute Couture** und **Prêt-à-porter**)

Gan, Stephen: Visionaire's Fashion 2000. Designers at the Turn of the Millenium. London 1997.

Herrera, Carolina / Kotur, Alexandra / Bowles, Hamish: Portrait or a Fashion Icon. Paris 2004.

Jenkyn Jones, Sue: Modedesign. Ein Handbuch und Karriereguide. München ²2005.

Jones, Terry / Mair, Avril: Fashion Now. i-D selects the world's 150 most important designers. Köln 2003.

Lehnert, Gertrud: Frauen machen Mode. Modeschöpferinnen vom 18. Jahrhundert bis heute. Dortmund 1998.

Loschek, Ingrid: Modedesigner. Ein Lexikon von Armani bis Yamamoto. München ²2002.

Martin, Richard: The St. James Fashion Encyclopedia. A Survey of Style from 1945 to the Present. Detroit 1997.

McDowell, Colin: McDowell's Directory of 20th Century Fashion. London 1984.

Milbank, Caroline Rennolds: Couture. Glanz und Geschichte der großen Modeschöpfer und ihrer Creationen. Köln 1986.

– New York Fashion. The Evolution of American Style. New York 1989.

Mulassano, Adriana / Castaldi, Alfa: The Who's Who in Italian Fashion. Florenz 1979.

Tucker, Andrew: The London Fashion Book. London 1998.

Winkler, Brigitte R.: Weltmeister der Mode. Von Armani bis Yamamoto. Wien 1992.

Personen (Auswahl)

[Adlmüller:] Adlmüller, Fred/Wojta, Rudolf: Ein Leben für die Mode. Wien 1989.

Schill, Herbert: Fred Adlmüller. Der Schönheit zu Diensten. Wien–München 1990.

[Alaïa:] Baudot, François: Magier der Mode. Alaïa. München 1996.

Alaïa, Azzedine: Alaïa. Göttingen 2000.

[Amies:] Amies, Hardy: ABC of Men's Fashion. London 1964.

Still Here. London 1984.

[Armani:] Combray, Richard de / Quintavalle, Arturo C. / Piaggi, Anna: Armani. Hrsg. von Franco Maria Ricci. Mailand 1983.

Martin, Richard: Armani. New York 1989.

Celant, Germano / Koda, Harold: Giorgio Armani. Guggenheim Museum. New York 2000.

[Balenciaga:] Jouve, Marie-Andrée / Demornex, Jacqueline: Balenciaga. Paris 1988.

Jouve, Marie-Andrée: Magier der Mode. Balenciaga. München 1997.

Miller, Lesley: Cristóbal Balenciaga. New York 1993.

[Balmain:] Balmain, Pierre: My Years and Seasons. London 1964.

Pierre Balmain. 40 Années de Création. Ausst.-Katalog des Musée de la Mode et du Costume. Paris 1985.

Salvy, Gérard-Julien: Pierre Balmain. Paris 1995.

[Beene:] Cullerton, Brenda: Geoffrey Beene. New York 1995.

Geoffrey Beene. The First Twenty-Five Years. Ausst.-Begleitbuch der National Academy of Design. New York 1988.

Geoffrey Beene. Unbound. Ausst.-Begleitbuch des Fashion Institute of Technology. New York 1994.

[Benetton:] Benetton, Luciano / Lee, Andrea: Benetton. Die Farben des Erfolgs. Zürich 1994.

Mantle, Jonathan: Benetton. The family, the business and the B …

Salvemini, Lorella: Toscani Benetton. 2004.

[Bertin:] Nouvion, Pierre de / Liez, Émile: Ministre de modes sous Louis XVI. Mademoiselle Bertin, Marchande des Modes de la Reine, 1747–1813. Paris 1911.

Dion, Anna: Die Kleidermacherin. Augsburg 1997.

Sapori, Michelle: Rose Bertin. Ministre des modes de Marie Antoinette. Paris 2004.

[Biba:] Hulanicki, Barbara: From A to Biba. London 1983.

[Bogner:] Zehle, Sibylle / Breier, Lo: Die Bogner Story. Wien/München 1988.

– 70 Jahre Bogner, München 2001.

– to B Willy Bogner. München 2002.

[Brioni:] Giorgetti, Cristina (Hrsg.): 50 Years of Style. Florenz 1995.

Chenoune, Farid: Brioni. Magier der Mode. München 1999.

[Cacharel:] Savignon, Jéromine: Cacharel. Le Liberty. Paris 2003.

[Capucci:] Roberto Capucci. Mode und Kunst. Volumen – Farbe – Methode. Ausst.-Begleitbuch des Münchner Stadtmuseums. München 1990.

– Roberto Capucci – Roben wie Rüstungen. Mode in Stahl und Seide einst und heute. Ausst.-Katalog der Hofjagd- und Rüstkammer des Kunsthistorischen Museums Wien. Wien 1991.

– Roberto Capucci – Timeless Creativity, Florenz 2001.

[Cardin:] Pierre Cardin. Past, Present, Future. Einführung von Valerie Mendes. London/Berlin 1990.

Längle Brandstätter, Elisabeth: Pierre Cardin. Wien 2005.

[Carven:] Paulvé, Dominique: Carven. Half a Century of Elegance. Paris 1995.

[Cassini:] Cassini, Oleg: A Thousand Days of Magic. Dressing Jacqueline Kennedy for the White House. New York 1995.

[Castelbajac:] Jean-Charles de Castelbajac. Anti-Körper. Mode 1970–1988. Ausst.-Begleitbuch des Österreichischen Museums für angewandte Kunst. Wien 1988.

[Cavalli:] Mazza, Samuele: Printglamour: Roberto Cavalli. Milano 2000.

Arroyuelo, Javier: Roberto Cavalli. Paris 2003.

[Chalayan:] Clarke, Judith: Hussein Chalayan. Het Modemuseum. Antwerpen 2003.
Hussein Chalayan. Ausst.-Begleitbuch des Groninger Museums. Groningen 2005.
Quinn, Bradley: A Note: Hussein Chalayan. Fashion and Technology. In: Fashion Theory 6/4 (2002).
[Chanel:] Baudot, François: Magier der Mode. Chanel. München 1996.
Chanel. Ausst.-Begleitbuch des Metropolitan Museum. New York 2005.
Charles-Roux, Édmonde: Chanel and her World. London 1982.
Leymarie, Jean: Chanel. Genf 1987.
Madsen, Axel: Chanel. Die Geschichte einer emanzipierten Frau. Aus dem Amerik. übers. von Elisabeth Hartmann. Hamburg 1992.
Morand, Paul: Die Kunst, Chanel zu sein. München 2003.
[Chloé:] Schoumann, Helene: Chloé. Paris 2002.
[Clark:] Watt, Judith: Ossie Clark 1965–1974. London 2005.
Ossie Clark 1965–1974. Victoria and Albert Museum. London 2003.
Rous, Henrietta (Hrsg.): The Ossie Clark Diaries. London 1998.
[Comme des Garçons:] s. Kawakubo.
[Courrèges:] Guillaume, Valérie: Magier der Mode. Courrèges. München 1998.
[Creed:] Creed, Charles: Maid to Measure. Norwich 1961.
[Delaunay:] Damase, Jacques: Sonia Delaunay. Mode und Design. Zürich 1991.
Sonia Delaunay, Art into Fashion. Einf. von Elizabeth Morani. New York 1986. [s. a. Künstlerkleider.]
[Dior:] Dior, Christian: Dior by Dior. London 1957.
Giroud, Françoise: Christian Dior. München 1987.
Keenan, Brigid: Dior in Vogue. London 1981. [Lit.]
Pochna, Marie-France: Christian Dior. The Man Who Made The World Look New. New York 1994.
– Magier der Mode. Dior. München 1997.
[Dolce & Gabbana:] Dolce & Gabbana. Animal Fashion. München 1998.
10 Years of Dolce & Gabbana. München 1996.
Sozzani, Franca: Magier der Mode. Dolce & Gabbana. München 1999.
[Doucet:] Chapon, François: Jacques Doucet. 1853–1929. Paris 1980.
[Drecoll:] Ziegel, Dorothea: Der Mann, der die Frauen anzog ... Der Lebensroman des Modekönigs Drecoll. Berlin 1933.
[Erté:] Barthes, Roland: Erté. Mailand 1978.
Erté: Things I Remember. London 1975.
– Les Modes d'Erté. Paris [2]1976.
Erté. Designs. Fashion Drawings and Illustrations from »Harper's Bazaar«. Hrsg. von Stella Blum. New York 1976.
Erté. Kunst ist mein Leben. Hamburg 1991.
[Etro:] Mazza, Samuele / Lo Vetro, Gianluca: Etro. Made in Italy. Milano 2000.
[Fassett:] Kaffe Fassett at the V & A: Knitting and Needlepoint. London 1988.
[Fath:] Jacques Fath. Ausst.-Katalog des Musée de la Mode et du Costume, Palais Galliera. Paris 1993.
[Féraud:] Louis Féraud. Hrsg. von Gilles Néret. Stuttgart 1985.
[Ferragamo:] Ferragamo, Salvatore: Shoemaker of Dreams. London 1957.
I protagonisti della moda.
Salvatore Ferragamo (1898–1960). Ausst.-Katalog des Palazzo Strozzi. Florenz 1985.
[Ferré:] Ferri, Edgarda: Ferré. Mailand 1995.
Ferré, Giusi / Mazza, Samuele: Gianfranco Ferré. Die Poesie der Form. Meister der Mode. München 1998.
[Ford:] Ford, Tom / Foley, Bridget / Wintour, Anna / Carter, Graydon: Tom Ford. Paris 2004.
[Fortuny:] Mariano Fortuny (1871–1949). Ausst.-Katalog des Musée Historique des Tissus. Lyon 1980.
Mariano Fortuny 1871–1949. Der Magier des textilen Design. Ausst.-Katalog der Hochschule für angewandte Kunst. Zsgest. von Gerda Buxbaum. Wien 1985. [Lit.]
Osma, Guillermo de: Fortuny. Mariano Fortuny. His Life and Work. London 1980. [Lit.]
[Galliano:] McDowell, Colin: Galliano. München 1997.
[Gaultier:] Chenoune, Farid: Magier der Mode. Jean-Paul Gaultier. München 1996.
Gaultier, Jean-Paul: À Nous Deux, la Mode. Paris 1990. [Autobiographie in Form eines Comics.]
McDowell, Colin: Jean-Paul Gaultier. London 2001.
[Gernreich:] Moffitt, Peggy / Claxton, William: The Rudi Gernreich Book. New York 1991.
Felderer, Brigitte (Hrsg.): Rudi Gernreich. Fashion will go out of Fashion. Ausst.-Begleitbuch Neue Galerie Graz. Köln 2000.
[Givenchy:] Riley, Robert: Givenchy: 30 Years. The Fashion Institute of Technology. New York 1982.
[Grès:] Martin, Richard / Koda, Harold: Madame Grès. Ausst.-Begleitbuch des Metropolitan Museum of Art. New York 1994.
[Gucci:] Gay Forden, Sara: Gucci. Mode, Mord und Business. Frankfurt a. M. 2002.
McKnight, Gerald: Gucci. A House Divided. New York 1987.
[Haas-Heye:] Wagner, Gretel: Otto Haas-Heye. Die Zeit in Berlin 1914–1925. In: WuK. Bd. 41. 1999.
[Halston:] Rottman, Fred / Gross, Elaine: Halston. An American Original. New York 1999.
[Hartnell:] Hartnell, Norman: Silver and Gold. London 1955.
Norman Hartnell. Ausst.-Katalog Art Gallery and Museum. Brighton 1985.
[Hermès:] Desbiolles, Maryline: La Beauté en voyage. Paris 2003.
[Höchsmann:] Bönsch, Annemarie: Wiener Couture. Gertrud Höchsmann 1902–1990. Wien 2002.
[Jacobs:] Foley, Bridget: Marc Jacobs. Paris 2004.
[James:] Coleman, Elizabeth Ann: The Genius of Charles James. New York 1982.

Martin, Richard: Charles James. New York 1999.
[Joop:] Joop, Wolfgang: Der Stillstand des Flüchtigen. Illustrationen und Grafiken 1960–2002. Berlin 2002.
[Karan:] Sischy, Ingrid: Magier der Mode. Donna Karan. New York. München 1998.
– The Journey of a Woman: 20 Years of Donna Karan. Paris 2004.
[Kawakubo:] Sudjic, Deyan: Rei Kawakubo and Comme des Garçons. London 1990.
Grand, France: Magier der Mode. Comme des Garçons. München 1998.
Grünfeld, Thomas: Déformation Professionnelle. Gummis, misfits & Kleider von Comme des Garçons. Ausst.-Kat. Kölnischer Kunstverein. Hrsg. von Udo Kittelmann. Köln 1997.
[Kenzo s. *Takado]*
[Klein:] Gaines, Steven / Chrucher, Sharon: Obsession. The Lives and Times of Calvin Klein. New York 1995.
[Krizia:] Krizia. Mailand 1995.
Vercelloni, Isa Tutino: Krizia. Una storia. Mailand 1995.
[Lacroix:] Barillée, Elisabeth: Magier der Mode. Lacroix. München 1997.
Baudot, François: Magier der Mode. Christian Lacroix. München 1996.
Lacroix by Lacroix. Pieces of Pattern. Hrsg. von Patrick Mauriès. London 1992.
Mauriès, Patrick: Christian Lacroix. The Diary of Collection. London 1996.
[Lagerfeld:] Lagerfeld, Karl: Ein deutsches Haus. Göttingen 1997.
[Lanvin:] Barillé, Elisabeth: Magier der Mode. Lanvin. München 1997.
McDowell, Colin: Ralph Lauren. The man, the vision, the style. London 2002.
[Leng:] Boffin, Renée: Fong Leng. Modeentwerpster. Amsterdam 1982.
[Lucile:] Lady Duff Gordon: Discretions and Indiscretions. Norwich 1932.
Mendes, Valerie: Lucile (1864–1935). A great English Couturiere. A Study of Lady Duff Gordon. London 1983.
[Mainbocher:] Lee, Sarah Tomerlin (Hrsg.): American Fashion. The life and lines of Adrian. Mainbocher. McCardell. Norell. Trigère. New York 1975.
[Margiela:] Aoki, Shoichi / Kojima, Noriko: Maison Martin Margiela. Street Magazine Vol. 1 & 2. Tokyo / New York 1999.
[Marimekko:] Aav, Marianne (Hrsg.): Marimekko. Yale 2003.
[McCardell:] Lee, Sarah Tomerlin (Hrsg.): American Fashion. The life and lines of Adrian. Mainbocher. McCardell. Norell. Trigère. New York 1975.
Yohannan, Kohle / Nolf, Nancy: Claire McCardell. Redefining Modernism. New York 1998.
[Missoni:] Missoni, Ottavio und Rosita: Missonologia. Die Welt von Missoni. Mailand 1994.
[Miyake:] A-Poc Making. Issey Miyake & Dai Fujiwara. Vitra Design Museum. Weil am Rhein 2001.
Bénaïm, Laurence: Magier der Mode. Issey Miyake. München 1997.
Holborn, Mark: Issey Miyake. Köln 1995.
Issey Miyake. East Meets West. Tokyo 1978.
Issey Miyake. Photographs by Irving Penn. Paris 1988.
Miyake, Issey / Sato, Kazuko: Issey Miyake: Making Things. Milano 1999.
– Body Works. London/Tokyo 1983.
[Molenaar:] Frans Molenaar: Haute Couture 1967 bis 1987. Ausst.-Katalog des Haags Gemeentemuseum. Den Haag 1987.
[Molyneux:] Edward Molyneux. Ausst.-Katalog des Kostuummuseum Den Haag. Den Haag 1987.
[Mortensen:] Eric Mortensen. Balmain. Ausst.-Katalog des Aalto Nordjylland Kunstmuseum Dänemark. Kopenhagen 1989.
[Moschino:] Casadio, Mariuccia: Moschino. London 1997.
Moschino, Franco / Castelli, Lida (Hrsg.): Moschino. X anni di kaos. 1983–1993. London/Mailand 1993.
[Mugler:] Baudot, François: Magier der Mode. Thierry Mugler. München 1998.
Lang, Jack: Thierry Mugler. London 1988.
Mugler, Thierry: Photographe. Paris 1994.
[Muir:] Adler Davis, Shane: Jean Muir. Artist in Detail. In: Costume 9 (1975).
[Noten:] Tucker, Andrew: Dries Van Noten. Shape, Print and Fabric. London 1999.
[Oestergaard:] Heinz Oestergaard. Mode für Millionen. Ausst.-Begleitbuch des Berlin Museums. Tübingen/Berlin 1992.
Vogel, Margrit: Stoff zum Träumen. Wie Heinz Oestergaard Mode machte. Berlin 1996.
[Oldham:] Todd Oldham without Boundaries. New York 1997.
[Ody:] Ley, Andreas: Tragbare Kunst. Michael Ody. Modemuseum im Münchner Stadtmuseum. München 2002.
[Paquin:] Paquin. Ausst.-Katalog des Musée Historique des Tissus. Lyon/Paris 1989.
Sirop, Dominique: Paquin. Paris 1989.
[Patou:] Etherington-Smith, Meredith: Patou. London 1983.
[Piquet:] Troy, Nancy J.: Couture Culture. A Study in Modern Art and Fashion. Cambridge (Mass.) 2003.
[Poiret:] Deslandres, Yvonne: Paul Poiret 1879–1944. Paris 1987.
Iribe, Paul: Les Robes de Paul Poiret. Paris 1908.
Lepape, Georges: Les Choses de Paul Poiret vues par G.L. Paris 1911.
Palmer, White: Paul Poiret. 1879–1944. Ein Leben für Mode und Schönheit in Paris. New York 1989.
Poiret, Paul: En habillant l'époque. Paris 1930. [Engl.: My First Fifty Years. London 1934.]
Paul Poiret et Nicole Groult. Maîtres de la Mode Art Déco. Ausst.-Katalog des Musée de la Mode et du Costume. Paris 1986.
[Pucci:] Kennedy, Shirley: Pucci. A Renaissance in Fashion. New York / London / Paris 1991.

[Quant:] Mary Quant's London. Ausst.-Katalog des London Museum. Einf. von Ernestine Carter. London 1973.
Quant, Mary: Quant by Quant. London 1966.
Quant, Mary: Colour by Quant. London 1984.
[Rabanne:] Kamitsis, Lydia: Paco Rabanne. A feeling for research. Paris 1996.
– Magier der Mode. Paco Rabanne. München 1998.
Paco Rabanne. Ausst.-Begleitbuch Musée de la Mode de Marseille. Marseille 1995.
[Red or Dead:] Kingswell, Tamsin: Red or Dead. The Good, the Bad and the Ugly. New York 1998.
[Renta:] Carrillo, Louis: Oscar de la Renta. London 1999.
Mower, Sarah: Oscar de la Renta. Paris 2002.
[Rhodes:] Rhodes, Zandra / Knight, Anne: The Art of Zandra Rhodes. London 1984.
[Ricci:] Pochna, Marie-France: Nina Ricci. Paris 1992.
[Rochas:] Mohrt, François: Marcel Rochas. Mode 1925–1955. 30 ans d'élégance et de créations. Paris 1982.
Rochas, Marcel: 25 ans d'Élégance Parisienne, 1925–1950. Paris 1950.
[Rouff:] Rouff, Maggy: La Philosophie de l'élégance. Paris 1942.
[Rykiel:] Chapsal, Madeleine / Sixsou, Hélène / Rykiel, Sonia: Rykiel par Rykiel. Paris 1985.
Rykiel, Sonia: Et je la voudrais nue. Paris 1979.
[Saint Laurent:] Bergé, Pierre: Magier der Mode. Yves Saint Laurent. München 1997.
Duras, Marguerite: Yves Saint Laurent und die Modephotographie. München/Paris/London 1992.
Saint Laurent, Yves: La Vilaine Lulu. Paris 1967.
Yves Saint Laurent. Buch zur gleichnamigen Ausst. des Metropolitan Museum of Art, New York. Dt. Ausg. Berlin 1984.
Yves Saint Laurent. Exotismes. Ausst.-Katalog Musée de la Mode de Marseille. Marseille 1993.
[Schiaparelli:] Baudot, François: Magier der Mode. Schiaparelli. München 1997.
Hommage à Elsa Schiaparelli. Ausst.-Katalog des Musée de la Mode et du Costume. Paris 1984.
Schiaparelli, Elsa: Shocking Life. London 1954.
White, Palmer: Elsa Schiaparelli. Empress of Paris Fashion. London 1986.
[Schön:] Giordani Aragno, Bonizza: Mila Schön. La Signora dello Stile. Museo Boncompagnie Ludovisi per le Arti Decorative. Florenz 2003.
[Schulze-Varell:] Auer, Anita: Der Couturier Schulze-Varell 1907 bis 1985. Entstehung und Entwicklung einer Haute Couture in Deutschland. Konstanz 1992.
Schulze-Varell. Architekt der Mode. Ausst.-Katalog des Münchner Stadtmuseums. München 1991.
[Smith:] Paul Smith, true brit. The Design Museum. London 1995.
[Strehle/Strenesse:] Baur, Eva Gesine: Gabriele Strehle. Ob ich das schaffe. Stuttgart/München [2]2002.
[Takado:] Kenzo. Tokyo 1985. [Japan.]
Sainderichin, Ginette: Kenzo. Paris 1990.
[Toledo:] Toledo/Toledo: A Marriage of Fashion and Art. Kyoto 1998.
[Ungaro:] Emanuel Ungaro. Turin 1992.
[Valentino:] Morris, Bernadine: Magier der Mode. Valentino. München 1997.
Talley, André Leon: Valentino. Hrsg. von Franco Maria Ricci. Mailand 1982.
Valentino. Thirty Years of Fashion. New York 1992.
[Versace:] Buckley, Réka C. V. / Gundle, Stephen: Flash Trash. Gianni Versace and the Theory and Pratice of Glamour. In: Bruzzi, Stella / Church Gibson, Pamela (Hrsg.): Fashion Culture: Theories, Explanations and Analysis. New York 2001.
Gianni Versace at the Victoria and Albert Museum. A Sense of Future. London 1985.
Gianni Versace. Ausst.-Begleitbuch des Metropolitan Museum of Art. New York 1998.
Martin, Richard: Magier der Mode. Versace. München 1997.
Versace, Gianni / Calabrese, Omar: Versace Signatures. New York / London 1992.
– Mann ohne Krawatte. München 1995.
– Theater der Mode. Rom 1992.
– / Strong, Roy: Do Not disturb. London 1996.
Wilcox, Claire (Hrsg.): The Art and Craft of Gianni Versace. London 2002.
[Viktor & Rolf:] E-Magazin. Viktor & Rolf par Viktor & Rolf. Antwerpen 2003.
Fashion in Colors. Viktor & Rolf & KCI. Ausst.-Begleitbuch des Kyoto Costume Institute. Kyoto 2004.
[Vionnet:] Demornex, Jacqueline: Vionnet. Paris 1991.
Madeleine Vionnet. Hrsg. von Betty Kirke. San Francisco 1997.
[Vuitton:] Hata, Kyojiro: The Building of Luxury: The Visionary Genius Behind Louis Vuitton Japan. Paris 2004.
Mostafavi, Mohsen: The Architecture Of Louis Vuitton. Japan 2003.
[Westwood:] Krell, Gené: Magier der Mode. Vivienne Westwood. München 1997.
McDermott, Catherine: Vivienne Westwood. London 1999.
Mulvagh, Jane: Vivienne Westwood. »Die Lady ist ein Punk«. München 1999.
Vermorel, Fred: Fashion & Perversity. A Life of Vivienne Westwood and the sixties laid bare. London 1996.
Wilcox, Claire: Vivienne Westwood. London 2004.
[Willhelm:] Schafhausen, Nicolaus / Müller, Vanessa Joan: bernhard willhelm – Moderne Mode. Ausst.-Begleitbuch der Ursula Blickle Stiftung Kraichtal. New York 2004.
[Wimmer-Wisgrill:] Eduard Josef Wimmer-Wisgrill. Modeentwürfe 1912–1927 aus dem Besitz der Hochschule für angewandte Kunst in Wien. Wien 1983.
[Worth:] The House of Worth: The Gilded Age, 1860–1918. Museum of the City of New York. New York 1982.
Marly, Diana de: Worth: Father of Haute Couture. London 1980. [Lit.]
[Yamamoto:] Baudot, François: Magier der Mode. Yohji Yamamoto. München 1997.

Abbildungsnachweis

Albertina, Wien: 44, 253. – Alinari, Florenz: 322. – Alte Pinakothek, München: 37, 42, 45, 71, 508. – Archiv für Kunst und Geschichte, Berlin: 16. – Artothek, Planegg: 60. – Atelier d'Ora-Benda: 507. – Bally-Schuhmuseum, Schönenwerd: 236a, 236c–d, 236f–g. – Bayerische Staatsbibliothek, München: 31. – Bayerische Versicherungskammer, München: 154, 155, 234, 235, 236b, 275, 471. – Bayerisches Nationalmuseum, München: 172, 275, 348, 471. – Michel Bechet: 292. – Bibliotheca Marciana, Venedig: 39. – Bibliotheque Nationale, Paris: 20. – Bildarchiv der Österreichischen Nationalbibliothek, Wien: 36, 38, 353. – Bildarchiv Foto Marburg: 32, 33, 35, 128, 250, 305, 480. – Bremer Landesmuseum für Kunst- und Kulturgeschichte (Focke-Museum): 173, 225, 338, 340, 356, 399, 426, 462. – British Museum, London: 2. – Chanel, Paris: 294 (Foto: Dick Ballarian). – City Art Gallery, Manchester: 148. – Civici Musei d'Arte. Storia, Brescia: 25. – Deutsches Ledermuseum, Offenbach a. M.: 123, 236e, 240, 254, 435, 510. – Deutsches Textilmuseum, Krefeld: 19, 209. – Martin Fenge: 469. – firstVIEW.com: 439, 448. – Hubs Flöter, München: 286, 467. – Gallery of English Costume, Manchester: 493. – Gemäldegalerie, Berlin: 484 (Foto: Jörg P. Anders, Berlin). – Germanisches Nationalmuseum, Nürnberg: 28, 63, 186, 349. – Giraudon, Paris: 68, 78, 156. – Aus: Gisela Graff-Höfgen: Die Spitze. Ein Lexikon zur Spitzenkunde. München: Callwey, 1983 (mit freundlicher Genehmigung der Autorin, der Eigentümer, der Fotografen und des Verlags): 470d–e, 470h, 470k–p. – haeberlein & mauerer ag, München: 406. – Heidi Harder-Lüders, München: 115. – Heimatmuseum, Neuburg a. d. Donau: 41. – William Klein: 291. – Kunsthistorisches Museum, Wien: 46, 58, 66, 379, 491. – Bernard Larsson: 295, 437. – Lawrie Lennie: 440. – Emy Limpert: 122. – Franz Loewy: 476. – Madeleine / Quelle PR: 373b (Foto: Andreas Them). – Mode-Woche-München: 116, 188. – Münchner Stadtmuseum: 241, 273, 333, 359, 360, 495, 505. – Museen der Stadt Wien: 99. – Musées Nationaux, Paris: 88. – Museum, Iraklion: 10, 11. – National Portrait Gallery, London: 50. – Neue Pinakothek, München: 76, 129. – Paul Getty Museum, Malibu: 51. – Hado Prützmann: 113. – Rheinisches Bildarchiv, Köln: 207, 208. – Rijksmuseum, Amsterdam: 59, 69. – Schleswig-Holsteinisches Landesmuseum, Schloss Gottorp, Schleswig: 26. – Schloss Frederiksborg, Hillerød: 65 (Foto: Lennart Larsen). – Schoeller & von Rehlingen PR, München: 243. – Axel Siebmann, Hamburg: 201, 216. – Staatliche Museen, Berlin: 3, 9, 479. – Staatliche Museen zu Berlin, Kunstbibliothek, Berlin: 73, 80–85, 95, 96, 100–103, 105, 107, 132, 133, 166, 183, 226, 230, 296, 401, 422, 424, 431, 447, 451, 453, 464, 466, 490, 499. – Städtisches Museum Schloss Rheydt, Mönchengladbach: 331. – Brigitte Stresemann, München: 389. – Studio Willy Maywald: 110. – Andreas Them: 98, 117, 143, 151, 162, 171, 174, 193, 195, 217, 245, 246, 347, 390, 405a, 407, 412, 429, 438, 477. – Textilmuseum, Neumünster: 22, 24. – The Timberland World Trading GmbH: 244. – Triumph International: 167 (Foto: M. Sedlmayr), 190 (Foto: Kristof von Kollenberg), 411, 501. – Tweiken: 293. – Vatikanische Museen, Rom: 14. – Gianni Versace, Presse Mailand: 376. – Verwaltung der Staatlichen Schlösser und Gärten, Berlin: 70 (Foto: Jörg P. Anders, Berlin). – Werkfoto elbeo, Augsburg: 481. – Westdeutsche Gerberschule, Reutlingen: 391. – Württembergisches Landesmuseum, Stuttgart: 202.

Alle übrigen Vorlagen stammen aus den Archiven der Autorin und des Verlags. Für einige lizenzpflichtige Abbildungsvorlagen konnten die Rechteinhaber nicht ermittelt werden. Hier ist der Verlag bereit, rechtmäßige Ansprüche abzugelten.